중국 반야사상사 연구
:길장과 삼론학파

KB201585

불교연구총서 ⑰

중국 반야사상사 연구
:길장과 삼론학파

히라이슌에이(平井俊榮) 저
강찬국 역

씨아이알

본 불교연구총서는 사단법인 불교학연구지원사업회에서 추진하는 교육불사의 일환으로 불교학의 학문적 발전을 위한 시도로 기획된 것입니다. 사단법인 불교학연구지원사업회는 불교를 연구하는 소장학자들을 위해 스님들과 신도들이 뜻을 한데 모아 설립한 단체입니다.

본서는 『중론中論』・『백론百論』・『십이문론十二門論』의 삼론三論에 기초하여 중국에서 일어난 삼론 학파의 성립과 그 교리의 특색을 대성자인 수隋의 길장 吉藏(549~623)의 저작을 중심으로 연구한 것이다. 종래 중국 불교를 대표하는 것이라고 말하자면 천태天台나 화엄華嚴이고 선禪이나 정토淨土이어서 삼론의 연구는 이 대표적인 중국 불교의 연구에 비할 때 거의 고려되지 않은 채 지금에 이르는 것이 학계의 실상이었다. 그러나 불교 또는 대승 불교의 근간을 이루는 것은 공空의 사상이고 반야般若의 사상이다. 중국 불교에서도 그 전래 당초 중국 고유의 사상인 노장老莊의 말을 빌려 반야나 공을 이해하려 했던 이른바 격의불교格義佛敎의 시대부터 후대 선종에서 반야주의의 표방에 이르 기까지 그것은 전체 중국 불교사를 관통하는 기본 사상이었다. 길장에 의해 집대성된 삼론 학파란 실은 이러한 반야나 공의 사상을 중심적 과제로 삼아 탐구한 학파이다. 따라서 그 연구도 종래처럼 단순한 종파적인 연구 대상으로 서 좁게 여겨 그 가치를 잊어버릴 것이 아니라 오히려 반야 사상이라는 중국 불교의 주류를 형성하는 사상사적 체계의 일환으로서 그에 상당하는 정당한 자리매김하에 새로운 연구가 요청되어야 할 것이었다. 본서는 이러한 관점에 서 감히 '중국 반야사상사 연구'라는 표제하에 간행하는 것인데, 무엇보다 중국 에서의 반야 사상의 전체 체계를 서술했던 것은 아니다. 말하자면 그 서론으로 서 중국 반야 사상 연구의 중핵적 존재였던 길장이나 삼론 학파의 인물들이 완수했던 역사적・사상적인 역할의 일단을 서술한 것에 지나지 않는다.

저자가 삼론의 대성자 길장의 연구에 뜻을 두게 된 계기는 도쿄東京 대학 대학원 재학 중 은사 히라카와아키라平川彰 선생의 지도에 의한 것이었다. 그 후 선생의 종용에 의해 1973년 4월부터 1975년 3월까지 비상근 강사로서 도쿄 대학 문학부에서 삼론 학파의 사상과 역사를 강의하였던 일을 계기로 지금까지의 연구를 정리하도록 일정한 지시를 받았다. 그래서 부랴부랴 종래의 연구 결과를 '길장을 중심으로 한 삼론 학파의 연구'라고 이름하여 1974년 6월 도쿄 대학에서 학위 청구 논문으로 제출했던 것이 본 연구이다. 다행히 학위를 받으면서 주심인 히라카와아키라平川彰 선생을 위시하여 타마키코시로玉城康四郎 선생, 하야시마쿄오쇼오早島鏡正 선생의 권유로 여기에 간행하기에 이른 것이다. 다만 여느 때라면 다시 전체적으로 손을 보아 보다 완전한 형태로 간행해야 했는데, 시간적 여유가 없는 대로 자료 편을 모두 생략했을 뿐 대부분 그대로의 모습으로 공표하는 결과가 되어버렸다. 그러므로 개개의 문제에 대해서는 장래에 보충하지 않으면 안 되는 점이 많다고 생각하고, 또 현존하는 것만으로도 대충 26부 112권이라는 길장의 방대한 저작에서 보아도 본 연구는 앞으로의 길장 연구의 방향을 시사하는 정도에 머문다. 그래서 저자로서는 이것을 이정표로 삼아 이후의 연구의 진전을 기약하기를 바란다. 많은 질정을 받을 수 있다면 참으로 다행일 것이다.

저자는 1958년 코마자와駒沢 대학 불교학부를 졸업한 후 다른 기회에 도쿄 대학 대학원에 입학하여 불교학의 연구에 뜻을 두었는데, 이 사이에 인도철학 연구실에서 하나야마신쇼오花山信勝·츠지나오시로오辻直四郎·미즈노코오겐水野弘元·유우키레이몬結城令聞·나카무라하지메中村元·히라카와아키라平川彰·타마키코시로玉城康四郎 등 여러 선생의 강의에 들어가 지도를 받을 수 있었던 일은 매우 행운이었다. 또 모교의 코마자와駒沢 대학에서 봉직하면서 쿠레바야시코오도오樗林晧堂·미즈노코오겐水野弘元·카가미시마겐류우鏡島

元隆의 역대 불교학부장을 위시하여 은사·선배·동료의 여러 선생들에게 늘 따뜻한 지도와 편달을 받으면서 연구를 진행할 수 있었던 일은 이 또한 무상의 행운이었다. 게다가 저자는 도쿄 대학 카마다시게오鎌田茂雄 박사, 타카사키지키도오高崎直道 박사, 법정대학 야스모토토오루泰本融 박사 세 분에게는 학생 시절부터 친히 돌봄을 받고 지금에 이르기까지 늘 적절한 조언과 따뜻한 격려를 받고 있다. 또 학계의 장로인 미야모토쇼오손宮本正尊 박사로부터 특별한 관심을 받고, 중국 불교의 연구에서는 오오쵸오에니치橫超慧日 박사, 야나기다세이잔柳田聖山 교수로부터 늘 따뜻한 지도를 받고 있다. 그 외 신세진 여러분을 하나하나 지면에서 열거하고 싶은데, 저자가 불완전하게나마 지금까지의 연구를 진행하면서 미숙하더라도 여기에 형식적으로 최초의 연구 업적을 정리할 수 있었던 것은 전적으로 은사 선생님들, 선배 친구 여러분의 비호 때문이다. 여기서 깊이 감사를 표한다. 특히 히라카와아키라平川彰 선생과 고인이 된 오가와코오칸小川弘貫 선생에게는 대학원, 학부의 여러 지도 교수로서 학문적 지도를 받았을 뿐 아니라 졸업 후에도 다년간에 걸쳐 연구·생활의 양면에 걸쳐 각별한 배려를 받았다. 저자의 지금이 있는 것은 두 선생의 덕분이다. 삼가 오가와코오칸小川弘貫 선생의 영전에 본서를 바친다.

또 본서는 문서성의 1975년도 연구성과 간행비를 받아 간행하였다. 교정 및 색인의 작성에 있어서는 코마자와 대학 강사 요시즈요시히데吉津宜英·하카마야노리아키袴谷憲昭·이토오타카토시伊藤隆壽의 세 분, 영역英譯에 관해서는 아론 켄 코세키 씨의 많은 도움을 받았다. 또 단시일 간에 곤란한 출판을 받아준 칸다타츠히토神田龍一 씨를 위시한 춘추사의 여러분 특히 히구마타케노리日隈威德 씨에게는 종종 신세를 졌다. 이 분들의 호의에 대해 깊은 감사를 드린다.

1976년 1월 20일
저자

1. 이 번역서는 사단법인 불교학연구지원사업회의 지원을 받아 출간되었다.
2. 이 번역서는 平井俊榮 著, 『中國般若思想史研究: 吉藏と三論學派』(東京: 春秋社, 1976) 제1쇄의 완역
   이다.
3. 이탤릭체 및 볼드체 등은 모두 저자가 해당 단어나 문장을 강조한 표시이다.
4. 본문에 나오는 현대 영어권이나 중국·일본의 책명에 대해서는 번역어와 함께 원문을 병기했다.
5. 저자가 본문에서 경론을 인용하는 대목에는 크게 두 가지 사정이 있는데, 저자가 인용 원문을 번역하는
   경우와 번역하지 않고 경론의 인용 원문을 그대로 제시하는 경우이다.
   ① 경론의 인용 원문을 저자가 직접 번역한 경우 저자는 각주에서 대장경의 출처만 표시하고 원문은
   제시하지 않으므로 각주에서 해당 원문을 보충했다. 본문에서 출처만 표시하여 각주를 달지 않거나
   출처를 표시하지 않는 경우도 간혹 있는데, 이때에는 역주의 형식을 빌렸다.
   ② 경론의 인용 원문을 번역하지 않고 원문을 그대로 본문에서 제시한 경우 각주를 달지 않고 인용
   원문을 본문에 둔 채 역자의 번역문을 게재했다.
6. 각주 번호가 원서와 동일하게 되도록 본문을 편집했으나, 역주가 끼어드는 경우 번호의 순서가 밀려나
   있으므로 원문을 인용하려는 독자에게는 주의가 필요하다. 해당 역주들의 서두에는 ⑲으로 표시했다.
7. 각주에서 제시되는 대장경 출전은 약자로 표기했다. T는 『대정신수대장경大正新修大藏經』, X는 『만자속
   장경卍字續藏經』을 가리킨다.
8. 저자는 책의 말미에서 'TABLE OF CONTENTS'와 'ABSTRACT'라는 제목으로 책의 목차와
   요약에 해당하는 내용을 영문으로 싣고 있으므로 이 내용도 모두 수록했다.

제2편 길장의 삼론 교학에 대한 사상적 연구

중국 반야사상사 연구
길장과 삼론 학파

/ 서론 /

1. 삼론이란 무엇인가

1)

삼론 학파란 서기 401년 장안에 들어온 쿳차(Kucha, 龜玆)의 번역 삼장 쿠마라지바Kumārajīva(鳩摩羅什, 350∼409)[1]에 의해 전역되었던, 『중론中論』·『백론百論』·『십이문론十二門論』이라는 세 가지 논서의 교의 연구를 중핵으로 전개된 중국 불교의 한 학파로, 수隋의 가상嘉祥 대사 길장吉藏(549∼623)에 이르러 대성한 것이다.

『중론』은 인도의 나가르쥬나Nāgārjuna(龍樹, 약 150∼250)의 작품으로 『반야경』에서 설해진 공空(śūnya)의 사상을 교리적으로 기초한 최초의 논서이다. 대승 불교의 근본 사상은 '공'의 사상이다. 가령 직접적으로는 아니더라도 공을 설하지 않고 공에 기반하지 않은 사상은 대승 불교가 아니다. 이 대승

---

1   구마라집의 생몰 연대는 일반적으로 344∼413인데, 본서에서는 츠카모토젠류우塚本善隆 박사의 설(『肇論硏究』 p.130 이하 참조)에 따랐다. 또 본론 제1편 서장, 주 9번) 참조.

불교의 공의 사상을 최초로 설했던 것이 『반야경』이라고 불리는 일군의 경전이었다. 따라서 『반야경』은 모든 대승 불교의 근원이라고 말할 수 있다. 대부大部의 반야 경전의 취지를 요약한 『반야심경』 초두의 "관자재보살이 깊은 반야바라밀다를 수행할 때 오온五蘊은 모두 공이라고 조견照見하고, 일체의 고통을 건너간다."[2]라는 문구는 널리 일반적으로 친숙하지만, 이 문장 중의 '오온개공五蘊皆空'이란 "일체의 존재는 모두 공이다."라는 의미다. 이 일체개공을 설한 것이 실로 『반야경』의 중심 과제였다. 그러나 경전의 표현은 흔히 『반야경』에서도 일체가 공이라고는 말해도 공이란 무엇인지, 무엇 때문에 모든 존재가 공인 것인지, 그것을 적극적으로 논리를 가지고 설명한 것은 전혀 이루어져 있지 않다. 그래서 이 『반야경』에서 설해진 공의 사상을 해명하려 쓰인 최초의 철학적 논서가 나가르쥬나의 『중론』이었다. 따라서 인도의 대승 불교 경전의 원류는 『반야경』인 동시에, 대승 불교 사상의 이론적 전개의 원점이 또한 이 나가르쥬나의 『중론』이라고 말할 수 있을 것이다.

『중론』은 게송(근본중송Mūla-Madhayamaka-kārikā이라 하고, 간략하게 중송中頌이라고도 함)만이 나가르쥬나의 저작으로, 이것을 4세기경 핑갈라Pingala(靑目)가 주석했던 것을 쿠마라지바가 409년(홍시弘始 11) 한역했는데,[3] 중국·일본에서 『중론』이라고 말하면 이 청목주·나집역의 한역 『중론』인 것으로서 현존하는 『중송』의 주석으로는 가장 오래된 것이다. 『중론』 4권은 「관인연품」 제1에서 시작하여 「관사견품」 제27에서 끝나는 27품 445게로 되어 있다. 『중론』은 『반야경』에 기초한 대승의 공사상의 입장에서 쓰인 불교의 개론이라고도

---

2   『반야바라밀다심경』(T8, 848c).

3   『중론』에 관한 해제에 대해서는 羽溪了諦(『國譯一切經』「中觀部」1)의 해제, 山田龍城『梵語佛典の諸文獻』(平樂寺書店, 1959) pp.120~121, 三枝充悳, 「中論研究序論」(『理想』388號, 1965年 9月號) 등을 참조.

해야 할 논서이므로 거기에는 불교 전체에 걸쳐 일체의 문제가 취급되어 있다고 해도 좋은데, 그 중심 사상은 공空과 연기緣起의 문제 및 세속과 승의의 이제二諦의 문제라고 말해진다.[4] 특히 중국의 삼론 연구자에 특징적인 것은 『중론』의 주요 논지를 이제라고 보았던 점이다. 예를 들면 나집 문하 전역 당초에 중국에서 처음으로 『중론』의 주석서를 저술한 담영曇影은 그 서문에서

> 그 논의論意를 세우면 말로 궁구하지 않은 것이 없고 법으로 다하지 않은 것이 없다. 그런데 그 요지를 통섭하자면 이제로 회통된다. 진제이므로 유인 것이 아니고 속제이므로 무인 것이 아니다. 진제이므로 유가 아니라면 무라고 하더라도 유이다. 속제이므로 무가 아니라면 유라고 하더라도 무이다. 유라고 하더라도 무라면 유에 누가 되지 않는다. 무라고 해도 유라면 무에 걸리지 않는다. 무에 걸리지 않는다면 단멸의 견해가 쉰다. 유가 있지 않다면 상주 등의 견해가 사라진다. 이 제변諸邊을 적멸하므로 중中이라 이름한다.[5]

라고 서술하여 『중론』의 요지가 이제에 있는 것을 분명히 한다. 또 길장은 『삼론현의三論玄義』에서

---

4   平川彰, 「中觀佛敎」(『インドの佛敎』, 講座佛敎 第3卷, 大藏出版社, 1959) 참조.

5   담영, 「중론서」(『출삼장기집出三藏記集』 권11, T55, 77b). "其立論意也, 則無言不窮, 無法不盡. 然統其
    要歸, 則會通二諦. 以眞諦故無有, 俗諦故無無. 眞故無有, 則雖無而有. 俗故無無, 則雖有而無. 雖有而無,
    則不累於有. 雖無而有, 則不滯於無. 不滯於無, 則斷滅見息. 不存於有, 則常等氷消. 寂此諸邊, 故名曰中."

다음으로 『중론』은 이제를 종지로 삼는다고 밝힌다. 이제를 종지로 삼는 까닭은, 이제는 불법의 근본인 것이다. 여래의 자행自行과 화타化他는 모두 이제에서 유래한다.[6]

라고 하여 똑같이 『중론』의 종지가 이제에 있는 것을 강조한다.

이제(2개의 진리)란 현상계의 개물의 본성이 공이라고 관하는 불·보살의 절대적인 입장이 승의제(paramārtha-satya, 제일의제)이고, 현상계의 일체를 세간 일반의 상식적 견지에서 승인하는 상대적인 입장이 세속제(saṁvṛti-satya)라고 하는 것이다. 이것을 『중론』에서는

모든 불타는 이제에 의거하여 중생을 위해 설법한다. 하나는 세속제로써, 둘째는 제일의제로써이다. (24-8)
무엇보다도 이 2개의 진리의 구별을 알지 못하는 사람은 깊은 불타의 진실한 뜻을 알지 못한다. (24-9)
세속제에 의거하지 않고는 제일의제는 설시될 수 없다. 제일의에 도달하지 않고서는 열반은 증득될 수 없다. (24-10)[7]

라고 설한다. 제불이 사람들을 교화함에 세속제와 승의제라는 2개의 진리 표현을 사용하는 것은 인간의 지성이 무명에 덮여 있는 한 항상 주객의

---

6 길장, 『삼론현의』(T45, 11a). "次明中論以二諦爲宗. 所以用二諦爲宗者, 二諦是佛法根本. 如來自行化他, 皆由二諦."

7 ㉰ 용수, 『중론』(T30, 32c~33a). "諸佛依二諦, 爲眾生說法. 一以世俗諦, 二第一義諦. 若人不能知, 分別於二諦, 則於深佛法, 不知眞實義. (중략) 若不依俗諦, 不得第一義. 不得第一義, 則不得涅槃." 본문의 숫자 표시에서 예를 들어 24-8은 『중론』 「관사제품제24觀四諦品第二十四」의 여덟 번째 게송이라는 의미이다.

대립이라는 집착을 버릴 수 없기 때문이다. 이러한 상대적 입장에 있는 사람들을 인도하기 위해서는 그것에 적당한 교화의 수단을 강구하지 않으면 안 된다. 그것이 세속제이다. 세속제에 의해 개안될 때 비로소 '공성'의 개시가 가능하다. 이것이 승의제이다. 승의제의 설시에 의해 사람들은 열반의 세계로 인도되어 들어간다. 따라서 『중론』에서 설하는 이제는 불타의 설법 교화의 방법(약교約敎의 이제)이어서 진리의 형식 그 자체(약리約理의 이제)는 아니다.[8] 요컨대 "세간의 한계와 열반의 한계는 조금의 차이도 없다."(25~20)[9] 라고 말하는 것처럼 세속의 세계와 깨달음의 세계라는 2개의 세계, 2개의 진리가 있는 것이 아니라 이 상대적 세계에서 상대의 자기 부정으로 현성現成하는 공성에의 오입이 중도이고 열반의 증득인데, 이제는 이것을 실현하는 방법·수단인 것이다. 따라서 후에 삼론 학파에서는 이 이제설을, 공에 집착하는 자에게는 세속제를 설하여 유를 밝히고 유에 집착하는 자에게는 승의제를 설하여 공을 밝히며 유와 공의 2개의 극단을 떠나 불이 중도不二中道를 실현하는 묘교妙敎라고 하여, 이제를 교의의 중심에 두고 이제에 의해 불법의 진실을 설명하려 시도했던 것이다. 이것은 실로 『중론』의 주요 논지를 이제로 보는 것에서 비롯한다.

---

8   ㉇ 약교의 이제와 약리(또는 약경約境)의 이제: 일반적으로 이 두 개념짝은 삼론 학파의 이제설과 양대梁代 성실 학파의 이제설의 특징을 대비하기 위해 사용된다. 길장의 『대승현론大乘玄論』에서 "이제는 오로지 교문일 뿐이지 경계나 이법과는 무관하다."("二諦唯是敎門, 不關境理" T45, 15a)라고 한 것이 그 전거가 된다. 말하자면 삼론 학파의 약교 이제설에서는 유무의 이제를 중생 교화의 방편인 교법으로 간주함으로써 비유비무인 불이중도의 이법을 드러낼 수 있는 반면 성실 학파의 약리 이제설에서는 이제를 자성自性의 유와 무로 이해하여 그 자체를 이법으로 간주함으로써 중도 실상을 드러낼 수 없다는 것이 대강의 취지이다. 보다 자세한 이해를 위해서는 김성철, 「三論學의 二諦說에 대한 재조명-理, 敎, 境, 智의 관계 및 於諦와 敎諦의 의미 분석」(『불교학연구』 제30호, 2011) 참조

9   ㉇ 용수, 『중론』(T30, 36a). "涅槃之實際, 及與世間際, 如是二際者, 無毫釐差別."

2)

『백론』은 이 『중론』에서 설해진 공의 사상을 보다 철저히 한 논서로서 불교 내의 여러 학파에 그치지 않고 당시 유행한 불교 이외의 인도 각 학파의 사설邪 說을 논파하는 것을 본지本旨로 삼는다. 『백론』 1권은 나가르쥬나의 제자로 3세기 즈음 활약한 아리야 데바Āryadeva(提婆)의 저작이고 404년(홍시 6) 쿠마 라지바에 의해 한역되었는데, 산스크리트 원전도 티벳 역도 전하지 않는다. 쿠마라지바의 제자인 승조僧肇[10](374~414)는 「백론서」 중에서 "『백론』은 본래 20품(장)이고 각 품은 5게로 되어 있는데, 모두 100게로 되어 있으므로 『백론』 이라 칭한다."[11]라고 하는데, 현존의 『백론』은 10품뿐이며 한역에서는 게송과 주석문의 구별도 그다지 분명하지 않다. 『백론』의 논파의 대상이 되었던 당시 의 인도 철학 제파의 주요 대상은 자연 철학과 논리학을 주로 하여 주창한 니야야 학파(정리파正理派)나 정신과 물질의 이원론을 설명한 상키야 철학(수 론파數論派), 6개의 범주에 의해 세계의 현상을 실재론적으로 설명한 바이셰시 카 학파(승론파勝論派) 등이 거론되며, 『중론』의 설을 이어 공사상의 입장에서 이것을 논파한다. 인도의 중관 학파가 오로지 나가르쥬나의 『중송』만을 연구 한 학파였던 것에 비해 중국의 삼론 학파는 이 파사破邪적 경향이 강한 『백론』 을 중시하여 3부의 논서의 하나로 꼽았던 것은 이 학파가 특히 '파사현정破邪顯 正'(그릇된 설을 논파하여 올바른 뜻을 드러냄)을 슬로건으로 내걸기 때문이다. 학파든 종파든 자기의 독자성을 주장하기 위해서는 크든 작든 다른 설의 논파 가 요청되는데, 삼론 학파에서는 특히 파사가 그대로 현정인 '파사즉현정'이라

---

10 승조의 생몰 연대에 대해서도 일반설로는 384~414이지만 이것도 塚本說(『肇論研究』 p.120 이하)
    을 택했다.

11 승조, 「백론서」, "論有百偈, 故百爲名, (중략) 論凡二十品, 品各五偈, 後十品, 其人以爲無益此土, 故闕而不
    傳."(T30, 167c~168a)의 요약 취의.

는 입장으로부터 다른 것을 논파하는 것에 의해 자기의 주장을 드러내었던 것이다. 이 삼론 학파가 주장하는 파사론은 학설의 선악보다는 공성을 알지 못하고 집착에 사로잡혀 있는 상대의 견해와 사고방식의 오류를 바르게 하는 것이 주안점이기 때문에 치우친 견해를 바꾸는 것에 의해 그릇됨도 다시 올바름이 되는, 이러한 의미의 파사즉현정이기도 하다. 후세의 삼론 학파에서는 외교外敎나 소승 불교에 대해서보다도 같은 대승 불교의 고집적인 견해에 대해 더 많이 파사의 예봉이 향해져 있었던 것은 이 때문이다. 이와 같은 삼론 교의의 특징은 『백론』이 갖는 파사의 정신을 계승했던 것이다.

3)

『십이문론』 1권은 『중론』과 똑같이 나가르쥬나의 저작으로 쿠마라지바가 같은 409년(홍시 11)에 한역한다. 산스크리트 원전 및 티벳 역도 전하지 않는다. 본서는 『중론』의 요약이라고도 할 수 있는 논서로서 『중론』에서 12개의 주제를 선택하여 그 사상을 추출하고 공성에 오입시키는 것을 목적으로 하여 쓰인 입문적인 약론이다. 논서 전체는 26개의 게송과 주석문으로 되어 있는데, 본래는 각 문門 1게가 원칙으로 12게 중 『중론』에서 17게, 『공칠십론空七十論』에서 2게를 인용하고 그 위에 기타의 게송에 대해서도 『중론』의 게송에 유사한 것이 많다. 이 사실에서 추론하자면 내용적으로 『중론』에 흡사한, 그 입문적인 요약으로서 지어진 서물이다.

4)

이상의 3부의 논서에, 마찬가지로 나가르쥬나가 『대품반야경』(이만오천송반야)을 주석한 『대지도론大智度論』을 더하여 사론四論이라고 칭하는 경우도 있는데, 쿠마라지바가 이들 나가르쥬나 계열의 대승 불교 논서를 한역한 5세기 초엽의 중국 불교계의 실상은 쿠마라지바 이전에 번역된 반야계 경전에 의해 설해진 공사상을 이해하느라고 이른바 '격의 불교'라 칭해진 중국 고유의 노장 사상에 의해 이것을 이해하려 하는 우회적인 방법을 사용했던 것이다. 마찬가지로 쿠마라지바의 제자로 한역『중론』의 서문을 쓴 승예僧叡(352~463)[12]는 "격의는 우회적이어서 근본에서 어그러지고 6가六家는 치우쳐 성공性空의 종지에 상즉하지 않는다."[13]라고 당시 불교계의 혼미한 실상을 지적한다. 그리고 중앙아시아에 대승 불교 철학자로서 중국 본토에까지 그 이름을 떨쳤던 쿠마라지바의 초빙을 추진하고 그 입관入關을 바라다가 결국 만나지 못한 채 세상을 떠난 저 선사先師 도안道安(314~385)을 예로 들어, "『중론』과 『백론』의 두 논서의 문장은 아직 여기에 이르지 않았고, 또 통감通鑒함이 없다. 누구와 함께 이것을 바르게 하겠는 가? 선장先匠이 장문章文을 수습하면서 깊이 탄식하여 말을 미륵에게서 결정 보려고 생각했던 바가 참으로 여기에 있다."[14]라 하여 그 깊은 개탄을 전한다. 그러나『중론』이 번역되었을 때 그는 그 서문에서 "지금부터 도를 말하는 현인 들이 비로소 함께 진실을 논할 수 있게 되었다."[15]라고 그 기쁨을 전한다. 이러한 승예의 감회에 의해서도 알 수 있듯이 인도에서『중론』의 성립이 그 후 대승 불교의 사상적 전개의 원점이었던 것과 같이 중국에서도『중론』을 비롯한 삼론 의 전역은 본격적인 대승 불교 사상 연구의 개시를 알리는 것이었다.

『중론』·『백론』·『십이문론』이라는 3부의 논서를 총칭하여 '삼론'이라 부르 게 된 것이 어느 때부터인지 그다지 분명하지는 않다. 승전僧傳에 의하면 같은

---

12 승예의 생몰 연대에 대해서는 본론 제1편 제2장 제3절 3 '승예의 강남 홍법'의 항 참조.

13 승예, 「비마라힐제경의소서毘摩羅詰提經義疏序」(『출삼장기집』 권8, T55, 59a). "格義迂而乖本, 六家偏而不即性空之宗."

14 위의 곳: "中百二論文未及此, 又無通鑒. 誰與正之. 先匠所以輟章遐慨思決言於彌勒者, 良在此也."

15 승예, 「중론서」(『출삼장기집』 권11, T55, 77a). "而今而後, 談道之賢, 始可與論實矣.

쿠마라지바의 제자로 승도僧導가 있어 그가 저술한 『삼론의소三論義疏』[16]가 삼론이라는 명칭의 시초라고도 말해지지만, 본서는 일찍이 산실되었고 일본 남도南都의 삼론종은 물론 중국에서도 전승된 흔적이 전혀 보이지 않으므로 확실한 것은 알 수 없다. 혜교慧皎(497~554)의 『고승전高僧傳』이 성립한 것은 양梁의 천감天監 18년(519)으로 『고승전』 중에서는 자주 "삼론을 잘했다."[17]라는 고승들에 대한 기록이 보이는 것으로부터 혜교의 시대에는 이미 '삼론'이라는 명칭이 확립되어 있었다고 생각된다. 따라서 단순히 중·백·십이문의 3부의 논서 각각에 승도가 『의소義疏』를 저술한 것을 승전의 저자가 총괄하여 '삼론의 의소'라 칭했다고도 생각된다. 그러므로 '삼론'의 명칭이 승도의 『삼론의소』에서 비롯한다는 것은 확실한 근거를 갖지 않는 후세의 속설일지도 모르는데, 승도는 후술하는 것처럼 그 연대에서 추정하여 쿠마라지바 만년의 제자이고 승예에게도 사사했던 사람이다. 이 승예가 이미 쿠마라지바 재세 중에 저술한 「중론서」 중에서

> 『백론』은 외도를 다스려서 그릇된 것을 가까이 하지 못하게 하였고, 이 논문(『중론』)은 불교 내의 잘못을 떨어뜨려 막힌 곳이 터져 흐르게 하였다. 『대지도론』은 그 내용이 아주 풍부하고 『십이문론』의 관법은 정교하고 깊으니, 이 네 가지 논서를 탐구하면 진실로 마치 해와 달을 가슴에 품은 듯 훤하게 꿰뚫어 비추지 못하는 것이 없게 된다.[18]

---

16 혜교慧皎, 『고승전』 권7 석승도전(T50, 371b). "洒著成實三論義疏及空有二諦論等."
17 ㉹ 일례를 들면 『고승전』 「혜의전慧義傳」(T50, 369a)에 다음과 같다. "後祇洹寺又有釋僧叡, 善三論."
18 승예, 「중론서」(『출삼장기집』 권11, T55, 77a). "百論治外以閑邪, 斯文袪內以流滯. 大智釋論之淵博, 十二門觀之精詣, 尋斯四者, 真若日月入懷 無不朗然鑒徹矣."

라고 서술하여 『대지도론』을 덧붙인 사론의 특징을 간결하게 서술하는 것에서도 이미 쿠마라지바에 의한 전역의 당초부터 '삼론' 내지 '사론'이라는 통칭은 자연스럽게 성립했던 것이라고 생각된다.

2. 길장과 삼론 - 일본에서 연구의 회고와 전망

1)

　이 삼론의 연구를 대성했던 것이 수隋의 가상嘉祥 대사 길장吉藏이다. 즉 길장은 삼론 모두에 주소註疏를 저술하여『중관론소』10권,『백론소』3권,『십이문론소』3권이 현존한다. 이들 3부의 삼론 주소는 거의 각자 현존하는 유일한 삼론의 주소이다. 그 외에 삼론의 깊은 뜻을 간결하게 정리한『삼론현의』1권이 있는데, 쿠마라지바의 전역 이래 2백 년에 걸친 삼론 연구의 성과를 근거로 삼아 이것을 정교하게 체계화하고 점점 새로워진 지식에 기초한 불교의 역사까지도 아울러 서술하여 일종의 불교 개론이라고도 해야 할 형태로 정리한 것이다. 그래서 후세 일본 남도의 삼론종에서『삼론현의』는 한 종파의 기본 성전으로 간주되어 저자인 길장은 삼론종의 대조大祖로서 추앙되었던 것이다.

　메이지明治 이전의 일본에서 삼론 연구의 대세는 이렇게 오로지 길장을 종조로 하여 추앙한 삼론종에 의해 진행되어갔는데, 삼론종은 종파로서의 존속도 비교적 짧고 또 연구의 대상도 길장의 저술, 그것도『삼론현의』를 중심으로 한 좁은 범위의 연구에 국한했기 때문에 근대에 이르기까지 중국의 삼론 학파나 길장에 관한 종합적인 연구에 대해서는 많은 것을 바랄 수 없었다. 그러나 확실히 일본 불교의 여명기인 아스카飛鳥·나라奈良 시대에 삼론은 다른 종파에 앞서 전래되고 그 연구도 매우 성행했다.

　즉 스이코推古 천황의 33년(625)에 도래한 고려승 혜관慧灌은 수에 들어가 직접 길장에게 가르침을 받은 승려로 원흥사元興寺에 머물고 645년에는 비로소 궁중에서 삼론을 강설한다. 일본 삼론종의 초전初傳이다. 혜관의 문하에 오吳(강소성江蘇省)의 귀화승 복량福亮이 있는데, 그도 입당入唐한 후 원흥사에 머물러 삼론을 홍법했다. 복량의 문하에는 지장智藏이 있는데, 입당하여 삼론을 배우고 귀국 후는 원흥사에서 머물러 삼론을 넓혔다. 삼론의 제2전이다. 거기에 지장 문하의 도자道慈(～744)는 대보大寶 원년(701)에 입당하여 17년간 중국에 체재하여 각 종파의 교의를 배우고 삼론에 가장 정통하여 양로養老 2년(718)에 귀국했다. 삼론의 제3전이다. 귀국 후 대안사大安寺에 머물러 삼론을 넓혔는데, 그는 당시 가장 걸출한 고승으로서 대안사파 삼론종의 개조로 숭앙되었다. 여기에 대해 같은 지장 문하로 도자와는 동문인 지광智光은 원흥사에서 원흥사파 삼론종의 개조가 되었다. 지광에게는 『반야심경술의般若心經述義』1권(T57, 일본대장경 반야장소般若章疏 수록)과 길장『정명현론淨名玄論』에 주석한 『정명현론약술淨名玄論略述』16권(현존 7권, 일본대장경 방등부장소方等部章疏)의 저작이 현존하고 그 외에도 산실되어버렸지만 『법화현론약술法華玄論略述』5권, 『중론소기中論疏記』3권이라는 길장 찬술서의 주석서가 있었다고 전해진다.[1] 후자는 후술하는 안징安澄『중관론소기中觀論疏記』중에서 인용되는 『(중론소中論疏)술의述義』가 이것에 해당하는 것이라고도 생각된다. 어쨌든 지광의 저술은 길장 찬술서에 대한 연구가 구체적인 성과가 되어 나타난 일본 최초의 것이다.

　일본 삼론종이 대안사파와 원흥사파로 나뉘어 대립한 것은 나라조奈良祖 말기부터였는데, 대안사 계통에서는 도자의 아래에 선의善議(729～812)가 있고, 선의의 아래에 안징安澄(763～814)과 근조勤操(754～827)의 두 사람이 나왔다. 안징의 『중관론소기中觀論疏記』8권(1부 결락, T65, 일본대장경 삼론장소, 10권 회본會本)은 현존하는 일본의 가장 오래된 삼론 주소로 길장『중관론소』에 대해 상세한 주해와 고증을 행했던 명저이다. 그 문하의 현예玄叡, 수원壽遠, 실민實敏은 함께 대안사에서 나뉘어 서대사西大寺에서 머물러 삼론을

1　지광의 전기에 대해서는 『원형석서元亨釋書』권2, 『본조고승전本朝高僧傳』권4 등을 참조.

넓혔으므로 서대사류의 삼론종이라 칭해지는데, 그중에서도 현예(~840)는 법상종을 필두로 하는 다른 종에 대한 논쟁의 필요에서 삼론의 종의를 체계적으로 서술하려고 하여 『대승삼론대의초大乘三論大義鈔』4권(T70)을 저술했다. 본서는 안징의 『중관론소기』와 함께 일본의 초기 삼론 교학을 대표하는 명저이다.

또 별도로 원흥사의 복량 문하의 신태神泰는 입당하고 귀국한 후 법륭사法隆寺에 머물러 삼론을 넓히고, 그의 계통은 선융宣融 - 현요玄耀 - 도전道詮 - 장현長賢으로 전수되어 법륭사류의 삼론이라 칭해졌다. 원흥사류의 삼론종은 그 명맥이 가장 길어 지광智光 - 영예靈叡 - 약보藥寶 - 원효願曉로 사자상전師資相傳하고 원효의 아래로 성보聖寶가 나왔다. 성보(831~909)는 정관貞觀 17년(875) 동대사東大寺에서 동남원東南院을 창립하여 영세로 삼론종의 본거지가 되고 스스로 그 제1세가 되어 원흥사·대안사 두 종파의 삼론 연구의 통합을 도모했다. 성보는 원효願曉에게 삼론을 배운 외에 법상·화엄에도 정통하고 또한 제호사醍醐寺를 열어 진언眞言 밀교密敎의 도량으로 삼는 등 현밀顯密의 2교에 회통했던 대가였다. 이리하여 동대사 동남원은 새롭게 삼론 연구의 본거지가 되었는데, 그러나 그것은 밀교 및 기타 제종파와의 겸학兼學으로 그 명맥을 유지했던 것에 지나지 않았다. 즉 이미 헤이안平安 초기 무렵부터 삼론종은 법상종의 세력에 압도되어 떨치지 못하였고, 게다가 천태·진언의 신흥 불교의 대두와 함께 겨우 이들 불교와의 겸학에 의해 그 연구가 진행되었던 것이다.

그러나 12세기에 들어오면 제호사 선나원禪那院에서 진해珍海(1091~1152)가 나와 『삼론현소문의요三論玄疏文義要』10권, 『대승현문답大乘玄問答』12권, 『삼론명교초三論名敎抄』15권(모두 T70) 등 대부大部의 저술을 지어 삼론의 연구를 다시 일으켰다. 이것들은 길장 찬술서 중에서 요체가 되는 문장을 집록集

錄하고 적절한 주석을 붙여 문답 결택問答決擇을 시도한 것으로 지금 산실되어 전해지지 않는 길장 장소章疏의 중요한 문구들도 다수 채집·수록되어 있다. 안징의『중관론소기』가 길장소의 전거가 된 중국 삼론 관계 문헌 고증에 그 우수한 특징이 있다고 한다면, 이것은 넓게 길장 찬술서의 중요한 문구들에 관한 적절한 해석에 탁월한 견해를 보여 특출나다.

또한 13세기에는 중관 징선中觀澄禪(1227~1307)이 나와 홍안弘安 3년(1280) 『삼론현의검유집三論玄義檢幽集』7권(T70)을 지었다. 본서는 현존하는 가장 오래된『삼론현의』의 말주末註로 후에 성립한 각종『삼론현의』주석서의 지침서가 되었다. 또 장해藏海는 홍안 10년(1287)에『대승현문사기大乘玄聞記』1권(일본대장경 삼론종장소三論宗章疏), 정응正應 3년(1291)에는『십이문론소문사기十二門論疏聞思記』1권(상동)을 지었다. 당시는 동대사에 지순智舜(1199~)이 나와 그 문하에 성연聖然(~1313) 등의 우수한 삼론 학자가 배출되어 삼론의 강학도 매우 융성해졌고 이른바 카마쿠라鎌倉 시기의 삼론 부흥의 기운이 넘쳐나는 시기였다. 이 저작들은 그 대표적인 성과이다. 지순이나 성연에서 보이는 동대사의 삼론 강학의 전통은 그 후로도 오래 이어져서 현재 동대사 도서관에는 이 연구의 전통을 보증하기에 충분한 삼론 관계의 사본 다수가 소장되어 있다. 그러나 실제로 간본刊本이 되어 유포되었던 것으로 생각되고 지금 대장경 중에 현존하는 것은 그 대부분이『삼론현의』의 말주에 제한되었던 것도 이 시대 이래의 특징이다. 예를 들면 강영康永 3년(1342)『삼론현의초三論玄義鈔』(『삼론현의계궁초三論玄義桂宮鈔』라고도 함. T70) 3권을 지었던 정해貞海는 쿄오토京都 태진太秦의 계궁원桂宮院에 머물러 길장의『삼론현의』·『중관론소』·『대승현론』의 3서書를 강의하고 여러 강의안을『계궁초桂宮鈔』,『습옥초拾玉鈔』,『계림초桂林鈔』라 하여 정리했다. 그러나 간본으로서 유포되고 현재의 대장경 중에 수록되어 있는 것은『삼론현의계궁초』뿐이다. 이러한 카마쿠라鎌倉·무로마치室町 시대에서의 삼론 연구의 부흥도 종파로서 이것을 재흥하기까지에는 이르지 못했고 삼론은 결국 한 종파로서의 독립을 완수할 수 없었다.

에도江戶 시대에 들면 다른 종파의 학자가 이것을 겸학하게 되어 정향貞享 3년(1686)에는 문증聞證(1635~1688)이 『삼론현의유몽급사의三論玄義誘蒙及事義』 3권(T70)을 저술하고, 정향 4년(1687)에는 진언종 풍산파豊山波의 존우尊祐 (1645~1717)가 『삼론현의과주三論玄義科註』 7권(일본대장경 삼론종장소)을, 원록元祿 14년(1701)에는 화엄종의 봉담鳳潭이 『삼론현의수서三論玄義首書』 2권 (T70)을 각각 지었다. 뒤의 2개는 모두 명저로서 유포된 것이다. 거기에 진종眞 宗 혜운慧雲(1730~1782)의 『삼론현의현담三論玄義懸談』 1권(불전강의록佛典講義錄 수록)도 간행되어 있다. 이외 사본으로는 신의진언종新義眞言宗의 여환 도공如幻道空의 『삼론현의대례三論玄義大例』 1권(1744, 사본)이나 여실如實의 『삼론현의발출기三論玄義拔出記』 8권(1748, 사본)이 있고 게다가 진언종의 명 도明道가 저술한 『삼론현의현담三論玄義玄談』 1권이나 이것을 부연한 진종眞宗 의 석학 담룡曇龍(1791~1847)의 『삼론현의기三論玄義記』 2권 등의 사본이 남아 있다. 이것들은 다른 종파의 학자에 의한 『삼론현의』의 연구가 성하게 된 형적을 말한다. 그리고 『삼론현의』를 제외하면 다른 길장의 저작에 대한 주목 할 만한 연구의 흔적이 보이지 않는 것은 에도江戶 시기에 들어 삼론은 전혀 독립된 종파로서 그 존속을 볼 수가 없었기 때문이다.

2)

메이지明治 이래 삼론 연구도 당초는 이러한 『삼론현의』 중심의 전승적 연 구 경향을 벗어날 수 없었다. 즉 메이지 35년(1902) 무라카미센쇼오村上專精 박사(1851~1929)에 의한 『삼론현의강의三論玄義講義』(東京, 哲學館)와 마에다에운前田慧雲 박사(1857~1930)에 의한 『삼론현의강화록三論玄義講話錄』(東京, 興教書院)이 잇달아 간행되었다. 마에다 씨는 게다가 1920년 『삼론현의』의 강의에 기초하여 『삼론종강요三論宗綱要』(東京, 丙午社)를 간행했는데, 본서는 삼론종의 종지를 간결하게 정리한 것으로서, 각종 강좌나 총서의 해설을 제외한 독립된 간본으로서는 우이하쿠쥬宇井伯壽 박사의 『불교범론佛教汎論』(1948, 東京, 岩波書店) 중의 삼론종의 항목('제8장 무득정관無得正觀의 법문法門')과 함께 거의 유일한 삼론종의 강요서이다. 『삼론현의』에 관한 연구로는 이것보다 먼저 이마드코오간今津洪巖 박사에 의한 『삼론현의회본三論玄義會本』 2책(『佛教大系』 12, 16, 1918, 1930)이 간행되었는데, 본서는 『검유집檢幽集』·『과주科註』·『유몽誘蒙』·『수서首書』라는, 전술한 『삼론현의』의 저명한 말주 4서를 참조한 회본으로 연구자에게 매우 편리한 것이다. 다음으로 1936년에는 타카오기켄高雄義堅 박사의 거대한 주해서 『삼론현의해설三論玄義解說』 1권(東京, 興教書院)이 나오고, 1937년에는 시이오벤쿄오椎尾弁匡 박사에 의한 국역 『삼론현의三論玄義』(『國譯一切經』 '諸宗部'1)가 간행되었다. 이어서 카나쿠라엔쇼오金倉圓照 박사의 이와나미분코岩波文庫 『삼론현의三論玄義』(1941)가 나옴에 이르러 본서는 널리 세간의 지식인에게 알려지게 된다. 1971년에는 사이구치미츠요시三枝充悳 박사의 『삼론현의三論玄義』(『佛典講座』27, 大藏出版)도 나와 있다. 이러한 『삼론현의』의 연이은 간행은 본서를 삼론종의 기본 성전으로 보아 연구해온 전승을 이어간 것이다.

쇼와昭和에 들어서부터는 인도 찬술의 경론뿐만 아니라 화한和漢 찬술의 경론에 대해서도 일역日譯의 대사업이 추진되고 길장의 저작도 얼마간 일역되었다. 먼저 1936년에는 사쿠라베분쿄오櫻部文鏡 박사의 『승만보굴勝鬘寶窟』(『國譯一切經』 '經疏部'10)이 간행되고, 1937년에는 시이오벤쿄오椎尾弁匡 박사의 앞에서 기술한 『삼론현의三論玄義』와 우이하쿠쥬宇井伯壽 박사의 『대승현론大乘

玄論』(『國譯一切經』'諸宗部'1)이 함께 간행되었다. 1939년에는 오오쵸오에니치橫超慧日 박사의 『법화의소法華義疏』 2권(『國譯一切經』'經疏部'3, 5)이, 이어서 1940년에는 같은 시이오椎尾 박사의 『백론소百論疏』(『國譯一切經』'論疏部')가 나왔다. 『백론소』에 대해서는 이것보다 먼저 1937년에 미야모토쇼오손宮本正尊 박사에 의한 『백론소회본百論疏會本』(『佛敎大系』62)이 완성되어 있다.

전쟁 후의 길장 찬술서의 일역으로 특기해야 할 것은 1967년 미야모토쇼오손宮本正尊·카지요시코오운梶芳光運·야스모토토오루泰本融의 세 명의 박사의 공역인 길장의 주저『중관론소中觀論疏』2권(『國譯一切經』'論疏部'6, 7)이 간행된 것이다. 본서의 제2권('논소부' 7)에는 나가오가진長尾雅人 박사, 탄지테루요시丹治昭義 씨의 공역인 『십이문론소』의 일역도 부가되어 있다. 이러한 일련의 길장 찬술서의 일역은 전후의 학계의 길장 연구를 점점 활발하게 하는 것이 되었지만 길장의 방대한 저술량에서 본다면 그것은 겨우 일부에 지나지 않으며, 또 지금 까지로도 길장에 관한 각각의 연구 성과에서 특별히 유익한 논문도 적지 않지만 이러한 일역의 성과 이외에 독립된 총합적·체계적인 길장 연구의 논서라고 할 수 있는 것은 아직 하나도 간행되어 있지 않은 것이다. 따라서 본격적인 길장 연구는 여전히 훗날을 기약하지 않으면 안 되는 것이 학계의 현황이다.

3)

길장이 활약했던 수대에서 초당初唐의 중국 불교는 육조六朝 시기의 연구 시대에서 벗어나 중국인 자신에 의한 새로운 불교의 창조로 향해갔던 시대다. 길장이 양대梁代 이래 융성했던 성실 학파를 논파하여 삼론의 종지를 확립했던 것은 남북조에 여러 학파의 불교 연구의 편향을 시정하고 중국 불교에서 새로운 종파 불교의 성립을 촉진하는 계기가 되었다. 이러한 수당 신불교의 모태가 된 남북조 제학파의 문헌에 대해서는 지금 거의 전부가 산실되어 그것을 볼 수 없다.

그런데 길장에게는 일본 남도의 삼론종 종조로서의 길장상 이외에 다수의
저술을 지었던 중국 불교 굴지의 박학자로서의 일면이 있고, 『속고승전』의
저자 도선道宣(596~667)도 "학문을 널리 섭렵하는 장점은 길장을 넘어서지
못한다."[2]라고 하여 그 박식함을 찬탄한다. 사실 길장에게는 당시 유행한 『반
야경』·『법화경』·『화엄경』·『유마경』·『승만경』 등의 5부 대경을 필두로 다
수의 경론에 주소를 지었고, 현존하는 것만으로도 그 수는 모두 26부 112권이
라는 방대한 분량이다. 게다가 그 저술은 모조리 자신의 필설인 것이어서
후세의 조사들에서 보이는 것 같은 제자의 조술이라는 형식에 의해 성립한
것은 거의 없다. 그래서 길장의 저작은 종래 중국 불교 사가에 의해 이러한
남북조 불교 연구의 자료적 미비를 보충하는 것으로서 단편적으로 자주 인용
되는데, 그의 박식과 삼론이라는 정통적 불교의 대성자에 어울리는 불교 이해
의 엄정함 때문에 가장 유력한 증언으로서 의빙依憑된 것이 많았다. 더구나
길장이 천분으로 삼았던 삼론의 연구는 5세기 초의 장안에서 쿠마라지바 문하
에 의한 눈부신 연구의 개시 이후 곧바로 중국 불교사의 표층에서 그 모습이
사라져버렸다. 이것이 어떻게 하여 200년 후의 강남 불교계에서 부흥되고 수
당 신불교의 성립에 선구적 역할을 수행했던가에 대해서는 대성자 길장의
증언을 빼고는 이것을 논의하는 것이 불가능하다. 그런데 종래의 길장을 종조
로 받드는 남도 삼론종의 연구에서는 이러한 중국 불교에 대한 배려가 전혀
없었던 것은 말할 것도 없지만 『삼론현의』를 중심으로 하는 연구에서는 그렇
게 많은 것을 기대할 수 없었다. 무엇보다도 중국 불교자로서의 길장의 전체상
을 올바로 중국 불교사상에 위치시키는 것이 급무였다. 근대의 중국 불교

---

2   도선, 『속고승전』 권11, 「석길장전」(T50, 514c). "目學之長, 勿過於藏."

사가에 의한 연구로는 이러한 시점에서 특히 유익한 것도 적지 않다. 그러나 이러한 불교 사가에 의한 연구는 수당 신불교에 관한 일환으로서 또는 전술한 것처럼 남북조 불교 연구의 자료적 미비를 보충하는 것으로서 가끔 길장이 원용된 것에 지나지 않는 경우가 많고, 근대의 사가에 의해서도 삼론 학파의 성립사적 연구로서 대전제이어야 할 길장에 관한 본격적 연구는 여전히 방치된 채로 오늘에 이르고 있다.

　종래 중국 불교자로서의 길장은 그 박식과 식견에도 불구하고 그의 연구에서 볼 만한 것이 적었던 까닭으로는 앞에서도 서술한 것처럼 종파적 요청에서 진행된 연구가 전무했다는 것 외에 길장의 사상이 일견 매우 모호하여 난해하다고 생각되어왔던 것, 또 그 교학이 동시대의 다른 이론 불교에서 보이는 것 같이 정연한 중국적 조직 체계를 가진 것이 아니었다고 하는 것 등이 거론된다. 그러나 길장의 교학은 의식적으로 교학 이론을 구축하고 체계화를 의도하는 것보다는 오히려 그것을 배제하고 '무소득無所得'의 입장에 철저한 것에서야말로 그 본령이 나타난다. 게다가 이 '무소득', '무집착'의 사상이라는 것은 결코 무내용인 것이 아니라 당시 불교계에서 논의되었던 여러 가지 중요 문제를 가지고 이것을 종횡으로 모든 각도에서 논의해갔던 맥락에서 궁극적으로는 반야 공관의 '무소득'의 원사상으로 회귀하려고 한 것이었다. 당연히 그의 사상의 근저에 있는 이러한 일종의 단순성에 대한 통찰을 결여할 때 그의 교학 사상은 쓸데없이 번쇄하고 난해한 것으로 비춰질 것이다.

　삼론 학파가 '무득정관종無得正觀宗'을 종지로 하고 '파사즉현정破邪卽顯正'을 표방했던 것은 『반야경』에 기초한 공성의 이론적 해명에 해당하면서도 그 공성과 표리 일체의 무소득·무집착의 실천을 오로지 강조했던 것을 의미한다. 길장은 그 『반야경』의 설인 무집착·무소득의 사상을 무주無住(apratiṣṭhita)라는 개념을 가지고 단적으로 표현하는 경우가 많았다. 예를 들면 길장은 스승인 법랑法朗(508~581)의 말이라 하여, 법랑이 고좌에 올라 문인을 교육할 때 늘 "말은 부주不住로써 단서를 삼고 마음은 무득無得으로써 위주로 삼는다."[3]라고 행도行道 본연의 모습을 강조했다고 전하면서, 자기도 자주 『유마경』의 "무주의 근본으로부터 일체법을 세운다."[4]라는 말을 애호하여 그것을 인용하고, "중도의 체는 무주이다."[5]라고까지 말한다. 그것은 무릇 다른 이론 불교의 목적인 종합과 귀납에 의한 교학의 체계화라고 하는 방향과는 역의 방향을 목표하는 것이었다. 그리고 설령 그 때문에 중국적인 정연한 이론 불교를 조직하지 못하고 종파로서의 존속을 보지 못하였다 하더라도 그것이 불교의 본래의 입장인 한에서 형태를 바꾸어 다음 대의 불교 속에서 살아 이어질 것은 틀림없다.

이러한 『반야경』의 무득·무주의 사상에 입각하여 이것을 보다 철저한 형태로 실천의 장으로 옮긴 선자禪者라는 일군의 수도자들이 역사의 무대에 등장하게 되었을 때 삼론 학파의 사람들은 아마 이러한 사람들과 일체가 되어 새로운 중국 불교의 개척자가 되었던 것은 틀림없다. 길장의 교학을 단순히 번쇄한 이론 불교로서만 볼 때 그것은 구역舊譯 불교의 최후를 장식하는 것으로서 현장玄奘(600~664)에 의한 신역新譯 불교의 유행과 함께 자연 소멸해갔던 것에 불과하지만, 그것은 저 교학 사상의 일면밖에 보지 못하는 것이다. 물론 똑같은 삼론 학파 안에서 당시 실천을 지향했던 사람에 관한 자료는 거의 남아 있지 않다. 그러나 우리들은 이러한 사람들과 괴리되어 별도의 차원에 선 존재로서 길장을 보는 것이 아니라 저들의 실천을 증명하기에 충분

---

3   길장, 『승만보굴』 권상(T37, 5c). "言以不住為端, 心以無得為主."
4   『유마힐소설경』 권중 「관중생품」 제7(T14, 547c). "從無住本, 立一切法."
5   길장, 『삼론현의』(T45, 14c). "義本者, 以無住爲體中."에서 취의取意.

한 자료로서 길장의 교학 사상으로부터 그 실천의 이론적 근거를 탐구해가는 것이 길장 연구의 과제인 것이 아닐까 생각한다. 이러한 관점으로부터 본서는 『반야경』과 삼론에 기초하여 대승 불교 사상을 연구했던 중국 불교의 한 학파인 삼론 학파가 어떻게 성립하고 그 교의와 사상의 특징이 어떤지를 대성자인 가상대사 길장을 중심으로 논하려고 한다.

3. 본서의 조직과 대강

본서는 본론 전편이 2부로 되어 있다. 제1편 '길장에서 본 삼론 학파의 성립 사적 연구'는 주로 길장이 그 저작 중에서 소개하는 각종 사료나 길장 자신의 의견을 중심으로 5세기 초 장안長安에서 쿠마라지바에 의해 삼론이 전역되면서 강남江南의 섭산攝山을 중심으로 연구 학파로서 성립하기까지의 경과와 그 이후의 전개에 대해 서술한 것이다. 삼론 학파 성립의 경과에 대해서는, 종래의 여러 연구의 성과에 관하여 길장의 입장에서 이것을 비판 검토하고 남도南都 삼론종 전승의 오류를 정정하는 등 새로운 관점에서 그 역사적인 체계화를 시도한다. 섭산 이후의 삼론 학파의 전개에 대해서는 습선자習禪者와 강론자講論者라는 분화의 경향을 관점으로 하여 그 역사적 전개를 서술한다.

제2편 '길장의 삼론 교학에 대한 사상적 연구'는 이 삼론 학파의 사상적 대성자인 길장의 교학에 대해 그 사상적 특징을 논한 것으로 동일한 대승 불교의 공관 사상에 기초한 것이면서도 인도의 중관파와는 달라서 길장을 중심으로 하는 중국의 삼론 학파에는 현실 긍정적인 면이 매우 현저하게 보이는 것과 그것이 다분히 대승의 『열반경』의 사상을 영향으로 한 것이어서 길장의 교학 사상이 『반야경』이나 삼론의 사상과 『열반경』의 사상을 유기적으로 통합하는 점에 그 특색이 있는 것을 논의한다.

제1편과 제2편은 각각 서장과 본론 5장으로 이루어져 있다. 제1편의 각 장의 요지는 다음과 같다.

서장 '중국 삼론종의 역사적 성격'은 종래 일본 불교의 전승에 기초하여 중국의 삼론에 대해서도 '삼론종'이라 불리는데, 이것은 중국 불교의 실정을 무시한 비역사적인 허칭虛稱이라는 것을 중국의 불교 사료에 기초하여 논증한 것이다. 이 서장은 본 연구가 '삼론종'의 연구가 아니라 '삼론 학파'의 연구인 까닭을 제시한다.

제1장 '삼론 학파의 원류 계보'는 종래의 여러 연구에서 보이는 삼론의 학계 史學系史가 모두 결함이나 미비점이 있는 것을 입증하고, 적어도 대성자인 길장에 의해 삼론 학파의 원류라고 지목되었던 사람들이 누구였는지를 논한 것이다. 이 경우 길장이 장안에서의 나집 문하의 삼론 연구를 자주 '관하 구설 關河舊說'이라 칭하는 지점에서 이 말이 지닌 의미를 재음미함으로써 길장에서 본 삼론 학파의 사상적 계보에 대해 새로운 의견을 서술한다.

제2장 '삼론 전역과 연구 전파의 여러 사정'은 나집에 의한 중관계 불교 논서 번역의 상황과 나집 문하의 삼론 연구의 의의 및 이 삼론이 강남에 전파 된 단서를 만들었던 사람들과 그 역사적 여러 사정에 대해 논한 것이다. 나집 문하의 삼론 연구에 대해서는 승예僧叡와 담영曇影과 승조僧肇의 3인이 중요하 다. 이것은 길장이 장안의 삼론을 대표하는 사람으로서 이 사람들을 특히 중시하기 때문이다. 특히 담영에 대해서는 최초의 『중론』 주석서를 저술한 사람으로서 담영소가 길장소에 준 영향을 지적하고, 승조에 대해서는 종래의 연구도 많으므로 관점을 바꾸어 길장의 승조 사상에 대한 이해가 정곡을 얻은 것이라는 점을 지적하며, 승조 사상의 특징인 체용 상즉적인 사상이 길장에 이르러 완성된 점을 체용 사상의 성립 과정의 고찰과 더불어 논증한다. 삼론의 강남 전파에 대해서는 여산廬山의 혜원慧遠 교단이 달성한 역할과 승예의 남방 홍법이 역사적 사실인 것을 확인하여 강남의 삼론 부흥의 초석이 된 것을 논술했다. 승도僧導에 대해서는 종래의 연구가 승도를 삼론 강남 전교의 최대 의 공로자로 간주하는 점에 대해 비판을 가하여, 승도의 의도와는 별도로 그의 교단에서 삼론·성실 병습의 풍조가 생기고 강남에서의 삼론 연구의 암 흑 시대를 초래한 점에서 공과가 절반씩이라는 점을 지적했다.

제3장 '삼론 교학 성립사상의 여러 문제'는 강남에 삼론이 전교되면서 섭산

에 삼론 학파가 성립하기까지 주로 송宋·제齊대의 삼론 연구에 관한 여러 문제를 논한 것이다. 특히 남제의 불교 학자 지림智琳(409~487)과 현학가 주옹周顒의 2인이 삼론의 부흥에 공헌한 의의를 강조하고, 전자의 『중론소』와 후자의 『삼종론三宗論』이 구체적인 연구 성과로서 중요하다는 것을 길장의 저작에서 보이는 영향이나 길장 자신의 평가에 의거하여 논술한다. 그 외에 길장 저서에서 언급되는 '북토北土 삼론사'가 구체적인 삼론 북지파를 의미하는 것이 아니라 개인적인 『중론』의 주석자의 의미라는 것, 거기에 전통적으로 신삼론·고삼론을 나누는 학설이 학적 근거를 결여한 속설이라는 것 등도 함께 논의한다.

제4장 '섭산 삼론 학파의 성립'은 섭산攝山을 중심으로 삼론의 연구가 부흥하는 경위를 서술한 것으로 길장의 이른바 '섭령 상승攝嶺相承'인 승랑僧朗·승전僧詮으로 이어지는 삼론 학파의 성립과 전개를 논한 것이다. 특히 승랑에 대해서는 주옹의 학설이 승랑의 전수에 의한 것이라고 하는 길장의 증언이 역사적으로도 그 가능성이 있다는 것을 논증한다. 승전에 대해서는 섭산 삼론 학파의 사실상 확립자로서의 위치를 명확히 하고, 삼론의 연구와 습선을 하나로 했다는 학풍이 차후의 삼론 학파 발전의 방향을 결정한 것이었음을 논의한다.

제5장 '흥황 상승興皇相承의 계보'는 흥황사 법랑法朗(507~581)과 그 문하에 의한 삼론 연구가 융성한 동향에 대해 논술한 것으로 법랑 득법得法의 제자들 중 후세에 영향이 비교적 현저했던 혜철慧哲·지거智炬·명법사明法師·길장吉藏 4인의 계통에서 삼론 학파의 전개를 추적한 것이다. 특히 법랑 문하의 삼론 학파에 현저한 사실로서 삼론의 연구 강론자講論者 계통과 습선자習禪者 계통의 이분화 경향이 끊임없이 보이고 번갈아 양자를 배출하는 점을 『속고승전續高僧傳』에 의해 확인하고, 승전 이래의 전통인 선禪과 삼론의 일체화가 후세의

역사적인 인맥상에서도 명료히 살펴지는 점을 지적한다. 그리고 사상적으로는 길장에 의해 대성된 법랑 문하의 삼론 학파가 오히려 대세로는 습선자, 특히 달마계 습선자와의 합류를 달성하고 그 속에서 발전적 해소의 방향으로 진행해간 것임을 시사했다. 또한 법랑 문하에서 공통적인 현상으로서 『열반경』의 연구가 거론되는데, 이것이 후에 길장 교학 사상의 최대의 특색이 되어 선과 삼론을 결합하는 사상적인 매개가 된 것을 시사한다.

제2편의 서장은 길장의 전기를 도선道宣의 『속고승전』을 중심으로 서술한 것이다.

제1장 '길장의 저작'에서는 현존하는 길장 저작 26부에 대해 그 찬술의 전후 관계를 추정하고, 특히 길장의 생애에서 저술 활동의 시기를 3기로 나누어 각 시기를 대표하는 저작에 대해 서술했다. 『법화경』의 주소에 대해서는 학계에 이론異論이 있으므로 특히 상술하고 종래의 설을 비판·검토했다.

제2장 '길장 사상의 논리적 구조'는 길장의 교학 사상의 특징을 논리적인 구조를 통해 파악한 것으로서 기초적인 범주로 보이는 '이교理敎', '체용體用', '중가中假' 등의 개념과 삼론 교의의 기본적 주제를 가리키는 '초장初章'과의 논리적인 연관에 대해 서술하고, 그것이 삼론의 중심적인 교의인 이제설과 어떤 관련을 가지는지를 논리 구조상에서 해명한 것이다.

제3장 '길장의 경전관과 인용 논거'는 길장이 중국 불교의 특질인 교상 판석의 관점에서 대승 경전을 어떻게 보았는지를 고찰하고, 길장에게는 결코 대승 경전에 대한 가치 서열적인 견해가 없으므로 종래와 같이 이장삼륜설二藏三輪說을 길장의 교판론으로 간주하는 것이 틀렸음을 논하고, 이어서 실제로 길장의 저술 중에서 인용된 여러 경론 중 가장 인용 빈도가 높은 것은 『열반경』과 『대지도론』인 것을 귀납적으로 증명하며, 특히 『열반경』이 성언

량聖言量의 입장에서도 길장의 교학 사상을 결정짓는 커다란 영향을 주는 것을 논했다.

제4장 '삼론 교의에 관한 몇 가지 문제'에서는 '이제의二諦義', '이지의二智義', '불성의佛性義'의 세 가지 주제를 선택하여 삼론 교의의 특징을 논했다. 이제의에 대해서는 특히 그 상즉相卽을 문제로 삼고, 이지의에 대해서는 이것이 삼론 학파의 실천적인 계기를 포함한 명제임을 논한다. 불성의에 대해서는 길장의 불성설 중에도 중심적인 사상인 5종 불성설의 성립에 대해 서술하고, 그중에서도 특히 중요한 중도불성=정성正性의 개념에 대해 그 전거와 의의에 관한 새로운 견해를 보였다.

제5장 '삼론 교학의 사상사적 의의'는 마지막 장으로서, 말하자면 결론에 해당한다. 길장의 사상은 인도의 공관 사상에는 없는 현실긍정적인 면이 강하고 공유空有의 상즉을 보았던 것인데, 이것은 첫째로 『열반경』의 사상의 영향에 의한 것이어서 길장에게는 『반야경』과 『열반경』 두 가지 사상의 결합이 의식적으로 이루어져 있었기 때문이다. 그런데 초기의 선자禪者에서도 그 사상적인 기반은 반야와 열반 두 가지 사상의 통합에 있었던 것이 논증된다. 따라서 사상의 형태로서는 양자가 공통의 기반에 서 있는 점이 지적된다. 그래서 제1편의 마지막 장에서 실증된 것처럼, 역사적·인적인 교류상에서의 양자의 일체감이 길장 사상을 통해 본 그 사상의 형식이나 특징상에서도 뒷받침된다는 것에 의해 무득 정관無得正觀을 설하는 삼론의 사상이 다음 대의 불교상에서 올바로 계승되었던 모습을 볼 수 있다고 결론지었다.

제1편
길장에서 본 삼론 학파의
성립사적 연구

중국 삼론종의 역사적 성격
특히 중국 불교에서 종파의 성립을 중심으로

1. 문제의 소재所在

카마쿠라鎌倉 시대의 불교학자 응연凝然(1240~1321)은 응장應長 원년(1311)에 『삼국불법전통연기三國佛法傳通緣起』를 저술하여 그 「진단불법전통震旦佛法傳通」에서 중국에서는 불법이 널리 전해지면서 차례로 모두 13종宗이 있었다고 서술한다.[1] 13종이란 (1)비담종毘曇宗, (2)성실종成實宗, (3)율종律宗, (4)삼론종三論宗, (5)열반종涅槃宗, (6)지론종地論宗, (7)정토종淨土宗, (8)선종禪宗, (9)섭론종攝論宗, (10)천태종天台宗, (11)화엄종華嚴宗, (12)법상종法相宗, (13)진언종眞言宗이다. 그런데 중국 불교사를 배우는 이들 누구라도 승인하는 것이지만 응연이 거론하는 비담종이나 성실종 등이 천태종이나 화엄종 혹은 정토종이나 선종과는 질적으로 다른 점이 존재하는 것은 분명하여서, 보통 우리는 육조六朝 시대에 성립한 전자를 연구 학파라 칭하고 수·당 이래 성립한 중국적인

---

[1] 응연, 『삼국불법전통연기』(大日本佛敎全書, 권101, pp.98~99) 참조.

신불교인 후자에 대해서는 이것을 이른바 종파 불교로서 이해한다. 학자에 의해 명칭 등에 각각 특색이 있지만 모든 중국 불교사의 시대 구분이 이러한 견지에서 행해지는 것도 또한 주지의 사실이다. 그럼에도 불구하고 우리는 부주의하게 열반종이라든가 지론종과 같이 불러온 것은 응연 이래의 전승에 기초하여 우선 중국 불교에 13종파가 존재했다고 하는 것을 전제하고 그런 다음에 이것들을 구별하여 격을 매긴다고 하는 구습을 여전히 벗어나지 못하기 때문이다. '비담종이란'이라고 칭하면서도 사실 이것은 금일의 일본 불교의 종파 의식에서 생각되는 것과 같은 이른바 '종파'는 아니었다고 주기註記하는 일은 무의미하다.[2]

수隋의 가상嘉祥 대사 길장吉藏(549~623)은 현존하는 그 저술의 숫자에서 말해도 중국 불교 굴지의 박식이어서 그가 직접 지은 장소章疏의 도처에서 보이는 앞 시대 각인 각설各人各說의 인용은 육조 시대의 교리사를 알기 위해서는 귀중한 자료를 제공하는데, 그 방대한 저술 어디에도 비담종·성실종 등의 호칭은 보이지 않는다. 이것은 아마 동시대인인 천태天台 대사 지의智顗(538~597)에 대해서도 마찬가지일 것이다.

---

2 蔣維喬 編著, 『중국불교사中國佛敎史』(국사연구실편인國史硏究室編印, 1972년 12월 영인 1판) 제6장 '수당 이전의 2대 계통(隋唐以前之二大系統)'에서 이 문제를 논하여 "불교가 중국에 오고부터 종파가 나뉘어 나짐 이후 **대개 13종이니**, 즉 비담, 성실, 율, 삼론, 열반, 지론, 정토, 선, 섭론, 천태, 화엄, 법상, 진언이 그것이다. 이 설은 일본의 응연 대덕이 저술한 『삼국불법전통연기』 및 『내전진로장內典塵露章』에 기재되어 있다. 만약 이 설을 믿는다면 수당 이전 나짐 이후 이미 비담, 성실, 율, 삼론, 열반, 지론, 정토, 섭론의 9종파가 마땅히 있어야 하니(또 응연 대덕이 저술한 『칠첩견문七帖見聞』에서는 열반, 지론, 섭론을 제외하여 10종파가 된다. 그러므로 수당 이전에 6종파가 된다.), **이러한 종류의 문제는 크게 연구할 만하다.** 대개 수당 이전에는 실제로 일찍이 이른바 종파가 있지 않았으니, 즐겨 삼론을 연구하는 자들은 삼론을 종지로 삼는다고는 말할 수 있지만 삼론종이라고 칭할 수는 없다. (후략)"(권1, p.40)(이탤릭강조 필자)라 서술한다. 중국의 불교 사가는 대체로 13종 내지 10종이라는 중국 불교 각 파의 호칭에 대해서는 부정적인데, 전前 북경대학 교수 탕용통湯用彤 씨도 「중국불교에 '10종'이 없음을 논함(論中國佛敎無十宗)」(『현대불학現代佛學』, 중국불교협회편中國佛敎協會編, 1962년 제4기)이라는 우수하고 유익한 논문에서 같은 취지를 서술한다.

그래서 종래 의문으로 생각한 것은 과연 중국 불교의 자료 중에 응연이 말한 것 같은 13종이라는 개개의 종에 대해 그 구체적인 명칭이 실제로 기록된 적이 있었는지 하는 점이다. 그리고 만약 있었다고 한다면 그것은 응연이 말하는 것과 같은 의미에서였는지가 마땅히 재음미되어야 하지 않겠는가 하는 것이다.

그리고 이를 위해서는 절차적으로 우선 중국 불교에서의 '종'의 의미가 명확히 되지 않으면 안 된다고 생각하는데, 이것에 대해서는 마노쇼오준眞野正順 박사의 유고『불교에서의 종 관념의 성립』[3]에 상세하게 논의되어 있다. 박사는 같은 책에서 인도· 중국· 일본에서 불교의 '종' 관념의 성립과 전개를 철학적· 종교학적인 견지에서 집요하게 추구하는데, 그 제2편의 '중국편'에서 중국 불교에서의 종 관념의 성립을 (1)불교 내 여러 사상의 통제를 위한 '교판'에서의 종과 (2)경經 혹은 교敎의 중추적 본질인 의미에서 '경종經宗'의 관념과 (3)현실 사회 집단으로서의 '중衆'이라는 세 가지 방면에서 검토하여 결국 중국 불교에서 종 관념의 발달은 교법의 진실성의 증명이라는 과정을 통해 그 의미의 절대성의 확립으로 향해갔던 점을 지적한다. 그리고 예를 들면 선종이나 삼계교三階敎 혹은 정토교淨土敎 등에 대해서는 그 종파로서의 특이한 입장을 보임에 있어서 타당한 새로운 종 관념의 성립이 중국 불교에서는 끝내 볼 수 없었다고 서술하여 이것의 성립은 일본 불교를 기다리지 않으면 안 된다는 것을 결론으로 삼는다. 여기서 논의되는 것은 어디까지나 종 관념의 철학적 해명이어서 중국 불교의 각 종에 관해 그 구체적인 실재성을 운운하지는 않는다. 그러나 이렇게 종파의 의미를 가진 종 관념의 이론들은 마침내 중국 불교에서

---

3   眞野正順,『佛教における宗觀念の成立』(東京 : 理想社, 1964年 12月).

성과가 없었다는 것은 그러한 종 관념으로서 이해된 중국 불교의 각 파는 사실상의 종파가 아니었다는 의미이다.

이렇게 고찰해간다면 10종 내지 13종을 종파로서 일렬로 병렬하는 것이 중국 불교사를 정당하게 이해하는 바가 아님은 물론이고 단순히 수당을 갈림 길로 삼아 학파와 종파의 두 가지로 구별하는 것도 같은 위험을 잉태하지 않을까라고 생각한다. 그것은 이어서 파생되는 두 번째 의문점인데, 지금 이 문제의 하나로서 앞서 서술한 수의 가상대사 길장을 한 종파의 개조로 삼는 삼론종의 기본적 성격을 고찰한다.

길장이 삼론의 개조라 칭해지는 까닭은 길장에서 인도의 삼론이 참으로 중국적인 것으로서 발전·완성되었기 때문이다. 그런 의미에서 길장은 멀리 격의 이래 인도의 공사상의 해석이나 나집의 전역으로 비롯된 인도의 삼론학 연구에서 중국 최대의 집대성자였던 것은 의문이 없다. 게다가 길장은 자기 가문의 학설이 나집 이래의 '관하 구설關河舊說'[4]을 대표하며 '섭령 상승攝讀相承'[5]의 사승師承과 교법의 전승을 유지하는 유서 깊은 학계인 것을 내외에 과시함에 의해 외견적으로는 한 종파의 개종으로 어울리는 격식을 갖춘다. 『한위양진남북조불교사』를 저술하여 일본에서도 유명한 중국의 탕용통湯用彤

---

4   관중關中과 하서河西의 구의 구설舊義舊說을 의미한다. 전자는 장안에서의 나집·승조·승예 등의 학설을 가리키고, 후자는 나집 문하와 동시대에 활동했던 하서 도랑道朗의 법화·열반 등에 관한 학설을 가리킨다. '관하 구설'의 의미에 대해서는 다음 장 '삼론 학파의 원류 계보'에서 상세히 논의한다.

5   승랑僧朗의 남도南渡에서 시작한 남지의 삼론학 발상지인 섭산攝山의 학계學系를 가리킨다. 길장에 의하면 승랑僧朗-승전僧詮-법랑法朗-길장吉藏의 차례였던 것으로 되어 있다. 이 중 승랑-승전의 사자 상승師資相承에 대해 자주 언급되는 말이다. 또 승랑의 전기에 대해서는 『양고승전』 권8 「법도전法度傳」에 부재되어 있다. 승전에 대해서는 「법랑전」 기타에 산견散見될 뿐인데, 하나로 정리되어 있는 전기는 없다.

교수는 같은 책에서[6] 육조 말기에서 수대에 걸친 삼론·성실의 상쟁을 중국에서 새로운 종파 성립의 맹아로 본다. 뿐만 아니라 일본에서 종래 중국 불교 연구도 예외 없이 삼론종을 수당에서 신종파의 일반적인 선구자로 인식하는 것이어서 이제 와서 의문을 품을 여지가 없을 것 같기도 하다. 그러나 길장 교학의 방대한 조직 체계가 보다 인도적인지 중국적인지는 당분간 남겨두더라도, 구체적인 중국 불교의 자료에 대해서 삼론종의 성립을 나타내는 것은 전혀 없고 "대중을 거느리는 덕은 그의 잘하는 바가 아니었다."[7]라고 평해지는 길장 개인의 역사적 인물됨이나 그 주변을 고찰하면 할수록 종파로서 삼론의 성립에 많은 의심이 생기는 것이다. 미리 양해를 구하지만 중국에서 삼론학 연구의 전통을 부정하는 것은 아니다. 문제는 이른바 종파로서 중국의 삼론종은 존재했는가 하는 것이다. 우리는 일본 남도南都에서의 삼론종의 성립과 그 전승을 통해 중국의 삼론종을 파악·이해하는 것에 너무나도 익숙해온 경향이 있는 것은 아닐까? 중국의 화엄종이나 천태종을 생각할 때 우리는 이러한 관점을 필요로 하지 않을 것이다. 말하자면 중국의 삼론종은 당대 이후 점차 쇠미하여 소멸했던 것이 아니어서 당대에도 아직 원강元康 이외의 저명한 삼론 학자가 존재했음에도 불구하고 만약 중국 불교사에서 길장을 개조로 하는 삼론종이 실재했다고 한다면 그것은 길장에서 시작하여 길장에서 끝났다는 느낌을 깊게 하는 것이다.

본 장에서는 중국 불교에서 종파 관념의 의의와 그 추이를 일별하면서 길장 이전에 존재했던 각 종과 그 이후에 성립한 각 종과의 대비를 통해 그 종파로서의 존재를 증명하는 각종 사료의 의문점을 해명하면서 양자의 과도기에

---

6   湯用彤, 『漢魏兩晋南北朝佛教史』 하책下冊, p.753 이하 참조.
7   도선道宣, 『속고승전』 권11 「석길장전」(T50, 514c). "御衆之德非其所長."

처했던 삼론종에 대해 그 기본적인 성격을 밝히는 것과 함께 이른바 거시적인 입장에서 그 역사적인 지위를 명확히 해보려 한다.

2. 종宗 – 그 기본적 의의

한자에서 '종'의 원의는 본래 (1)사당, 선조의 묘실이라든가 위패, 사祠 등 제사의 주체를 의미하는 것에서 (2)용마루, 근원, 주된 것, 가장 뛰어난 것, 머리 등의 의미까지 매우 다양하다.[8] 지금은 중국 내지 일본 불교의 종파에 관련된 의미들에 한하여 그 기본적 의의를 탐구해본다.

중국의 고전, 특히 노장의 학문에 매우 조예가 깊었던 승조[9](374~414)의 저술은 풍부한 노장의 언어를 가지고 불교 사상을 저술해서 유명한데, 그의 주저 『조론』의 「부진공론不眞空論」의 첫머리에서,

> 지극히 텅 비어 발생이 없음은 대개 밝은 거울 같은 반야의 묘취妙趣이자 사물의 종극宗極이다.
>
> 夫至虛無生者, 蓋是般若玄鑑之妙趣, 有物之宗極者也. (T45, 152a.)

와 같이 사용한다. 여기서 '유물有物의 종극宗極'이라는 것은 존재의 궁극적인 근원이라는 정도의 의미이다. 또 마찬가지로

---

8 諸橋轍次, 『大漢和辞典』 권5, p.257 참조.
9 『고승전』 권6 「석승조전」(T50, 365a)에서는 "진晉나라 의희義熙 10년 장안에서 졸卒하였는데, 나이 31세였다."(366a)라고 하여 생몰 연대는 384~414인데, 여기서는 츠카모토젠류우塚本善隆 박사의 설(『肇論研究』 「佛敎史上における肇論の意義」 pp.120~121)에 의거했다.

그러므로 요즈음의 담론이 허종虛宗에 이르러서는 매번 동일하지 않음이 있다.

故頃爾談論, 至於虛宗, 每有不同. (T45, 152a.)

라고 할 때의 '허종虛宗'이란 현허玄虛한 근원=반야의 근본의根本義라는 의미이다. 당대의 원강元康은 이 『조론』에 주석한 『조론소』에서

종이란 종조宗祖이니, 본래 근본根本을 말한다.

宗者宗祖, 本名根本. (T45, 165a.)

라고 '종본의宗本義'를 주석하는 곳에서 서술한다. 이렇게 사상의 근본의를 '종'이라는 말로 표현한 것은 이미 대승 경론의 도처에 보이고, 마노眞野 박사도 지적하며,[10] 카와다쿠마타로오川田熊太 박사도 일찍이 이 점에 유의한다.[11] 즉 '실단悉檀'의 뜻에 관해

실단은 siddhānta의 음역이어서 siddhānta는 siddha($\sqrt{\text{sidh}}$)+anta이므로 성취된 것의 극치라는 어원적 의미를 갖고, 술어로서는 논증된 결론 혹은 문제에 대해 확립된 견해, 확정된 교설 등의 의미이다.

라고 하는데, 이것이 4권본 『능가경楞伽經』에서는 '종'이라고 번역된다. 즉

---

10   眞野正順, 앞의 책, p.234 참조.
11   川田熊太郎, 『佛敎と哲學』(『サーラ叢書』 7, 京都 : 平樂寺書店, 1957年 3月) p.57 참조.

실단이란 '의義'라 번역하고, 또는 '종宗'이라고 하며, 또 '성취成就'라 하고,
또 '이理'라고 한다.

悉檀者譯義, 或言宗, 或言成就, 或言理也. (T16, 493a.)

라고 한다. 요컨대 '종'은 실단이라는 말의 번역어로 사용되는 것에서 추론하
여 그 기본적인 관념은 중국 불교에 고유한 것이 아니라 인도 불교에서 계승
된 것이다. 이러한 사상의 근본의를 나타내는 '종'이 육조 시대에서 개인의
학설·주의도 포함하여 넓게 사용되어가는 과정을 앞에서 기술한『조론』의
인용문에 관련하여 엿볼 수 있다. 즉 승조가 이 허종虛宗의 이해에 다름이
있다고 하는 것은 진대晉代의 격의 불교에서 반야공의 이해를 둘러싸고 각종
의 다른 학설을 발생시켰던 것을 서술하므로 이것이 이른바 '6가 7종六家七宗'[12]
이다. 여기서 6가의 '가家'와 7종의 '종宗'이 동의어인 것은 당대 원강의『조론
소』권상에서

본래 6가가 있었는데, 제1가가 2종으로 나뉘었다. 그러므로 7종이 되었다.

本有六家, 第一家分爲二宗. 故成七宗也. (T45, 163a.)

라는 것에서도 분명하다. 따라서 이른바 '본무종'이란 즉 '본무가'이고, '심무
종'은 '심무가'라는 것과 동일하다. 이 이론은 모두 당시의 청담淸談의 유행에
의한 담론을 통해 생겼던 것을 생각하면 '본무종'은 '본무의 이론'이라 칭할

---

12 6가 7종에 대해서는 길장,『중관론소』권2말「동이문同異門」제6(T42, 29a~b)에 상세하다. 또
    원강『조론소』권상에 "今尋記傳, 是六家七宗也. 梁朝釋寶唱, 作續法論一百六十卷云, 宋莊嚴寺釋曇濟,
    作六家七宗論, 論有六家, 分成七宗. 第一本無宗, 第二本無異宗, 第三即色宗, 第四識含宗, 第五幻化宗, 第六
    心無宗, 第七緣會宗. 本有六家, 第一家分爲二宗. 故成七宗也."(T45, 163a)라고 하여 송나라 장엄사 석담
    제釋曇濟의『육가칠종론六家七宗論』이 그 전거라고 한다.

수 있고, '심무종'은 '심무의 뜻'이라고 말할 만하다. 요컨대 이러한 의견에서는 각자가 주장하는 근본 학설을 '종'이라고 했던 것이다.

마찬가지로 승예는 『유의론喩疑論』[13]에서 그의 스승 도안道安(314~385)을 찬미하여

> 문장을 붙여 뜻을 추구하고 뜻이 종宗에서 멀지 않으며 말은 실질에 어긋나지 않으니, 돌아가신 스승을 상기한다.
> 附文求旨, 義不遠宗, 言不乖實, 起之于亡師.

라고 서술하는데, 이 '문文'이란 반야의 문장이고 '종宗'은 앞에서 기술한 승조의 '허종'이라는 의미이다. 이것을 원강은,

> 도안 법사가 뜻을 세운 것처럼 성공性空을 종宗으로 삼아 성공의 이론을 만들었다. 나집 법사는 뜻을 세우기를 실상實相을 종宗으로 삼아 실상의 이론을 만들었다. 이것을 일컬어 종을 명명한다고 한다.
> 如安法師立義, 以性空為宗, 作性空論. 什法師立義, 以實相為宗, 作實相論. 是謂命宗也. (T45, 162b.)

와 같이 설명한다.

이렇게 중국 불교에서는 본래 근원적인 의리 내지 그 주장하는 바의 근본적 학설을 가리켜 종이라 불렀던 것을 알 수 있다.[14] 그리고 이러한 종의 근본

13　『유의(론)喩疑(論)』 제6, 장안長安 예법사叡法師(『출삼장기집出三藏記集』 권5, T55, 41b).

14　湯用彤, 앞의 논문 참조.

뜻은 후대에 이르러서도 중국 불교사를 관통하여 변함이 없다.

즉 정영사淨影寺 혜원慧遠(523~592)에 이르러

> 종이라는 것은 두 가지 뜻으로 해석할 수 있다. 첫째, 법法에 대해 종을 변론하는 것이니, 법문은 무량하여 종의 요지는 여기에 달려 있다. 그러므로 종이라고 설한다. 둘째, 교敎에 대해 종을 변론하니, 교의 구별은 여럿이라 하더라도 종의 귀결은 세계 실단 등의 네 가지로 드러난다. 그러므로 종이라고 이름한다.
> 所言宗者, 釋有兩義. 一對法辨宗, 法門無量, 宗要在斯. 故說為宗. 二對教辨宗, 教別雖眾, 宗歸顯於世界等四. 故名為宗. (T44, 509c.)

라고 명확히 정의한다. 이 혜원의 종의 정의는 고전적인 종의 의미를 집대성한 것이라면 현장의 제자 규기窺基(631~682)는 그의 저서 『대승법원의림장大乘法苑義林章』에서

> 무릇 종을 논한다는 것은 주된 뜻을 존숭하는 것이니, 성스러운 가르침을 숭앙하고 존중하며 주인으로 삼는 것을 이름하여 종이라고 하기 때문이다. 또 외도, 내도, 소승, 대승의 경우 주된 법을 존숭하는 것이 각각 다름이 있으니, 종의 구별이라고 설한다.
> 夫論宗者, 崇尊主義. 聖教所崇所尊所主, 名為宗故. 且如外道內道小乘大乘, 崇尊主法, 各各有異, 說為宗別. (T45, 249c.)

라고 서술했던 '소숭所崇, 소존所尊, 소주所主'라는 종의 규정은 후세에 이른바 종의 세 가지 뜻 '독존獨尊, 귀취歸趣, 통섭統攝'의 원형이어서 이후 중국 불교에서

종의 개념 규정에 결정적인 방향성을 주었다.[15]

길장吉藏(549~623), 지의智顗(538~597), 법장法藏(643~712) 등의 대표적인 중국 불교자는 모두 이 종의 뜻에 관해 논술한 바가 많은데, 이것들에 관해서는 앞에서 기술한 마노眞野 박사의 저서에 상세하므로 모두 생략하고자 한다. 여기서는 '종'의 기본적인 의의에 관해서 그것이 자주 사용되기 시작한 육조시대부터 중국 불교사를 일관하여 그다지 변화가 없는 점을 시사하는 것에 그친다.

3. 경사經師·논사論師와 종宗

남북조 시대에는 제왕이나 사대부라는 유력한 후원자를 얻어 번역한 경전도 매우 많고, 특히 남조에서 경론 강습의 풍조가 크게 성행했던 것은 주지의 사실이다. 이것은 동진東晋 시대부터 청통간요淸通簡要를 숭상하고 득의망전得意忘筌을 주장했던 불교자가 "이를 위해서는 자의字義의 천착이나 원어原語의 규명보다도 종요宗要의 파악을 중요한 것으로 삼고 뜻이 잘 통하도록 종요를 고구하며 불교를 질서 정연하게 통일하는 이해를 얻으려고 한다면 자연히 뜻을 담론하고 경전을 강술하는 방법으로 기울지 않을 수 없었기"[16] 때문이다. 이리하여 제齊·양梁의 시대에 이르면 불교자는 가능한 한 여러 경전에 두루 능통하는 것을 기대하여 왕성하게 강설을 행했다. 여기서 종래 청담淸談의 깊은 이치에 능한 것을 으뜸으로 삼았던 것이 강경講經에 능한 것으로 이름이 알려지도록 되어간 것이다. 이것이 경사·논사이다.

---

15 眞野正順, 앞의 책, p.291, p.296 참조.
16 橫超慧日, 『中國佛敎の硏究』(京都 : 法藏館, 1958年 1月) p.267.

『고승전』에 따라 잠깐 번거롭더라도 당시 유명한 3인을 대표로 꼽자면 예를 들어 권8 석혜기釋慧基(412~496)의 전기에서는 다음과 같이 그 정황을 전한다.

석혜기는 성이 우偶이고 오吳나라 전당錢塘 사람이다. (중략) 밤낮으로 공부하여 많은 경전을 환히 해득하였다. 그 후 서역의 법사인 승가발마僧伽跋摩가 선禪과 율律을 홍포하고자 송나라 경내에 찾아왔다. 이에 혜의慧義 법사가 혜기에게 명령하여, 그의 입실 제자가 되어 공양하고 섬기게 하였다. 나이 만 20세가 되자 채주蔡州로 건너가서 구족계를 받았다. 이때 승가발마가 혜기에게 말하였다. "너는 양자강 남쪽 강동江東에서 진리의 왕이 될 것이니, 오래도록 서울에 머물 필요가 없다." 이에 4, 5년간을 강석을 떠돌아다니면서 많은 법사를 두루 방문하였다. 『소품경』, 『법화경』, 『사익경』, 『유마경』, 『금강반야경』, 『승만경』 등에 빼어났으니, 그 현묘한 진리를 생각하고 탐구하여 그윽하게 엉킨 진리를 투철하게 비춰보았으며, 단락을 나누고 구문을 비교함에 그 아름다움이 옛날을 뛰어넘었다. (중략) 이에 삼오三吳 지방을 두루 다니면서 경전의 가르침을 강론하였다. 그러니 학도로 찾아오는 사람이 1천여 명에 이르렀다. (중략) 그 후 주옹周顒이 섬주剡州를 다스리자 혜기를 초청하여 강설하였다. 주옹은 본래 배움에 공이 있어 특히 불교 교리에 깊은 조예가 있었는데, 혜기를 만나 찾고 파헤치자 날로 새롭고 남다름이 있었다. 유헌劉瓛·장융張融도 나란히 스승의 예로 섬기고, 교리의 가르침을 숭상하였다. 사도司徒인 문선왕文宣王도 그의 도풍을 흠모하고 덕을 그리워하였다. 그리하여 정중한 편지를 보내 『법화경』의 근본 되는 가르침을 물었다. 이에 혜기는 곧 3권의 『법화의소』를 지었고, 『문훈의서門訓義序』 33과를 짓는 데 이르러서는 간략하게 방편의 가르침을 펼쳐 서술하였으며, 공·유라는 두 말을 회통하였다. 그리고 『유교경遺教經』 등에 주석을 달았으니, 모두 세상에 행한다.

釋慧基, 姓偶, 吳國錢塘人. (중략) 學兼昏曉, 解洞群經. 後有西域法師僧伽
跋摩, 弘贊禪律, 來遊宋境. 義乃令基, 入室供事. 年滿二十, 度蔡州受戒. 跋
摩謂基曰, 汝當道王江東, 不須久留京邑. 於是四五年中, 遊歷講肆, 備訪眾
師. 善小品法華思益維摩金剛波若勝鬘等經, 皆思探玄頤, 鑒勒幽凝. 提章比
句, 麗溢終古. (중략) 於是遍歷三吳, 講宣經教. 學徒至者千有餘人. (중략)
後周顒蒞剡, 請基講說. 顒既素有學功, 特深佛理, 及見基訪覈, 日有新異. 劉
瓛張融, 並申以師禮崇其義訓. 司徒文宣王欽風慕德, 致書慇懃, 訪以法華宗
旨. 基乃著法華義疏, 凡有三卷, 及製門訓義序三十三科, 并略申方便旨趣
會通空有二言. 及注遺教等, 並行於世. (T50, 379a～b.)

이것에 의하면 경론의 강습講習이 매우 성행하여 불교자는 여러 논사들을
두루 방문하고 청강하면서 본인도 또한 점점 강경으로 저명해졌던 것을 알
수 있다. 게다가 각자가 전문 영역을 가졌던 일은 앞에서 기술한, 혜기가 『법화
경』에 대해 독보적이었기 때문에 문선왕文宣王의 귀의를 받았던 것에서도 분
명하다. 그러나 독보적인 까닭은 '장구章句를 나누는 것(提章比句)'에 지나지
않아 독자적인 창조가 있었던 것은 아니다. 따라서 그의 제자도 사방에서
청강하여서는 자기의 강설을 했던 것에 지나지 않아 결코 스승의 학설을
계승·발전시킨 것은 아니었다. 이것에 대해서는 혜기의 제자 혜집慧集(456～
515)의 전기가 똑같이 『고승전』 권8에 있는데, 거기에

혜집의 본래 성은 전錢씨이며, 오흥吳興의 어잠於潛 사람이다. 18세 때 회계
會稽 낙림산樂林山에서 출가하였다. 혜기 법사를 따라다니며 수업하였다.
(중략) 밤낮으로 배움에 부지런하여 한 번도 게을리한 적이 없었다. 그 후
서울로 나와서 초제사招提寺에서 머물렀다. 그러다가 다시 많은 스승을 두

루 찾아다니면서 다른 논설들을 융회 관통하였고 삼장과 대승의 경전들을 모두 종합하여 통달하였다. 널리 『대비바사론大毘婆沙論』, 『잡심론雜心論』, 『건도론揵度論』 등을 찾아서 서로 비교하며 교정했다. 그런 까닭에 아비담 한 부에 있어서는 당시 독보적인 존재였다. 어려운 문제와 굳은 의문점은 모두 펼쳐 풀이하였다. 나라 안의 학문하는 손님들이 반드시 찾아오지 않음이 없었으니, 한 번 개강할 때마다 책을 걸머지고 찾아오는 사람이 천 명이었다. 사문 승민僧旻·법운法雲 등도 모두 명성이 한 시대에 높은 이들이었는데, 그들도 역시 책을 손에 잡고 가르침을 청하였으며, 황제도 깊이 칭찬하고 접견하였다. 천감天監 14년(515)에 오정烏程에 돌아와 병을 얻어 세상을 떠났으니, 그때 나이는 60세이다. 『아비담대의소阿毘曇大義疏』 10만여 글자를 지어 세상에서 성행하였다.

釋慧集, 本姓錢, 吳興於潛人. 年十八於會稽樂林山出家. 仍隨慧基法師受業 (중략) 學勤昏曉未嘗懈息. 後出京止招提寺. 復遍歷眾師, 融冶異說, 三藏方等並皆綜達. 廣訪大毘婆沙及雜心揵度等, 以相辯校. 故於毘曇一部擅步當時. 凡碩難堅疑並為披釋. 海內學賓無不必至, 每一開講負帙千人. 沙門僧旻法雲並名高一代. 亦執卷請益, 今上深相賞接. 以天監十四年還至烏程, 遘疾而卒, 春秋六十. 著毘曇大義疏十餘萬言, 盛行於世. (T50, 382b~c.)

라고 하여 분명하다. 여기서 혜집의 강경의 정황은 혜기와 흡사함에도 불구하고 스승인 혜기가 오로지 법화에 정통하지만 제자인 혜집은 비담으로 유명했던 것이 주목을 끈다. 즉 그들은 전승의 권위를 인정하는 것이 아니라 오로지 뜻을 얻은 강설에 의거하여 강설을 자유롭게 했던 것이라 여겨진다. 이리하여 일경 일론一經一論에 대한 그 강설의 횟수가 많은 것도 또한 주목되는 점이다. 똑같이 『고승전』 권8에 기재된 보량寶亮(444~509)의 전기에 제齊나라 경릉竟陵의 문선왕이 몸소 보량이 거처하는 곳에 이르러 강사로 삼으려 청하였다. 보량이 마지 못하여 찾아갔다. 문선왕은 그의 발에 머리를 대고 공손히 절하고, 깨달음을 위한 사부대중의 인연을 맺었다. 그 후 영미사靈味寺로 자리를 옮겨 쉬면서 많은 경전의 강설을 계속하니, 서울보다 더 성대하였다. 『대열반경』을 모두 84번, 『성실론』을 14번, 『승만경』을 42번, 『유마경』을 20번, 그 밖에 『대품경』, 『소품경』을 10번, 『법화경』, 『십지경』, 『우바새계경』, 『무량수불경』, 『수능엄경』, 『유교경』, 『미륵하생경』 등도 10번 가까이 두루 강의하였다. 도인과 속인의 제자가 3천여 명이고, 묻고 배우는 문도들만도 항상 수백 명이 꽉 찼다.

齊竟陵文宣王, 躬自到居請為法匠. 亮不得已而赴. 文宣接足恭禮, 結菩提四部因緣. 後移憩靈味寺, 於是續講眾經, 盛于京邑. 講大涅槃凡八十四遍, 成實論十四遍, 勝鬘四十二遍, 維摩二十遍, 其大小品十遍, 法華十地優婆塞戒無量壽首楞嚴遺教彌勒下生等亦皆近十遍. 黑白弟子三千餘人, 諮稟門徒常盈數百. (T50, 381c.)

라는 것은 그 일례이다. 여기서 남지南地 강경의 유행이 왕성하게 됨에 따라 특정한 경론의 주소註疏도 많게 되었고 항상 강설되었으며, 주소된 경론 중에 『성실론』이나 『열반경』 등과 같은 것은 각각 유명한 논사가 있어서 각자 다른 강설을 행했던 것으로 여겨진다. 그래서 이른바 '열반사涅槃師', '성실사成實師' 등의 명칭이 유래한 것이다.

그렇기는 하지만 열반을 강설하는 이가 '종'으로 삼는 바는 『열반경』이고 성실을 강설하는 이가 '종'으로 삼는 바는 『성실론』이지만 실제로 수당 이전의 중국 불교의 사료 중에 '열반종', '성실종', '비담종' 등이라는 명칭을 만나는 것은 극히 드물다. 겨우 산발적으로 발견되는 이러한 호칭을 다음의 실제 중국 불교 사료에서 재음미해보려고 한다.

1)

『속고승전』 권10 수나라 석정숭釋靖嵩(537~614)의 전기에서 정숭이 북제北
齊에 머물렀을 때에

> 이에 운雲과 휘暉의 두 율사가 있는 곳에 나아가 널리 구하여 밝게 인도되
> 었고 2년간 두루 질문하여 뜻의 조목을 담박하게 밝혔다. 오직 소승을 아
> 직 상세히 연구하기에 미치지 못하다가 마침내 도유道猷, 법탄法誕의 2대
> 논주에 따라 성실과 잡심의 2종宗을 직접 받아들였다.
> 乃詣雲暉二律師所, 博求明誨, 涉問二載. 薄鏡宗條. 唯有小乘未遑詳閱, 遂
> 從道猷法誕二大論主, 面受成雜兩宗. (T50, 501b.)

라는 기술이 보인다. 그러나 여기서 정숭이 도유, 법탄의 2대 논사에 따라
'성실종', '잡심종'을 받아들였다고 하는 것은 여기서 분명한 것처럼 이 2부의
논서에서 설하는 바의 종의·종요를 받았다는 의미로서 '성실종'은 단지 『성실
론』의 근본이념을 가리키는 것에 지나지 않는다.

2)

길장의 『중관론소』 권1에서 광통 율사光統律師가 변론한 '사종 교판四宗判敎'
를 인용하여

> 옛 지론사 등의 경우 네 가지 종의宗義를 변론했으니, 말하자면 비담은 인
> 연종因緣宗이라 하고 성실은 가명종假名宗이며 반야교 등은 부진종不眞宗
> 이고 열반교 등은 진종眞宗이라고 하였다.
> 如舊地論師等, 辨四宗義, 謂毘曇云是因緣宗, 成實爲假名宗, 波若敎等爲不
> 眞宗, 涅槃敎等名爲眞宗. (T42, 7b.)

라는 한 문장이 있다. 이것을 해석한 일본 헤이안조平安朝의 석학 안징安澄 (763~814)은 다음과 같이 말한다.

첫째, 인연종因緣宗이다. 이제에서의 제법은 자성이 있지 않으니, 인연으로 일어나 만들어진 것을 속제로 삼고 이리理가 본래 적멸한 것을 진제로 삼는다. 단, 범부의 망정은 고정된 자성이 있다고 헤아리니, 이 망정을 공하다 하므로 색즉시공이라고 한다. **후대 사람들은 비담종이라고 이름했다.** 둘째, 가명종假名宗이다. 만법은 비록 달라서 서로 가명으로 존재하지만 모두 그 실체가 없다. 단, 이름의 작용이 있으므로 속제라 하고 이 가명법의 체성은 적멸이므로 진제라고 이름한다. 무릇 가명법은 인연에 의존하지만 그 체성은 적멸이다. 그러므로 색즉시공이라고 한다. **후대 사람들은 성실종이라고 이름했다.** 셋째, 부진종不眞宗이다. 일체 제법은 실체가 있지 않아서 신기루나 꿈과 같지만 업력의 기관을 헤아려 성립한 것을 속제라 이름하고 세속법이 신기루나 꿈처럼 허광虛誑하고 실체가 없어서 본래 적멸인 것을 진제라고 하니, 신기루나 꿈과 같은 색법의 체성은 이름도 없고 모습도 없다. 그러므로 색즉시공이다. **후대 사람들은 삼론종三論宗이라고 이름했다.** 넷째, 진종眞宗이다. 세속법이 꿈이나 신기루 같다는 뜻은 홀로 일어나 진리에 의탁된 것이 아니다. 진실을 떠나 허망이 없고, 허망은 진실에 말미암아 일어난다. 그러므로 경전에서 "생사는 여래장에 의존한다." 라고 하였다. 그런데 두 가지 뜻이 있다. 첫째, 세제는 망상이므로 공의 이치는 진실이 아니다. 둘째, 그 체성은 진실이고 적멸이다. 그러므로 공의 이치는 참된 묘함이라고 한다. (후략)

一因緣宗. 二諦諸法無有自性, 因緣起作以爲俗諦, 理本寂滅以爲眞諦. 但凡夫妄情計有定性, 空此妄情故云色卽是空. 後人諸毘曇宗. 二假名宗. 萬法雖殊相假而有, 皆無其實. 但有名用故名爲俗, 此假名法體性寂滅名之爲眞. 凡假藉緣其體寂滅. 故云色卽是空. 後人諸成實宗. 三不眞宗. 一切諸法無有實體, 似同幻夢, 業力機關與鼓成立, 名之爲俗, 俗法幻夢虛誑不實, 本來寂滅以爲眞諦, 幻夢色體無名無相. 故云色卽是空. 後人諸三論宗. 四者眞宗. 世法夢幻義. 非孤起託於眞理. 離眞無妄, 妄由眞起. 是故經云, 生死者依如來藏. 然有二義. 一者世諦妄想故空理非是眞. 二者其體眞實寂滅. 是故名空理是眞妙. (後略) (T65, 17a~b.)

일독하여 분명하듯이 길장 내지 옛 지론사에서는 '열반의 교' 등을 '진종眞宗'이라고 판별했던 것처럼 '비담의 논論'을 '인연종'이라 하고 '성실의 논'을 '가명종'이라고 칭했는데도, 안징에 와서는 이것이 "후대 사람들은 비담종이라고 이름했다."(後人諸毘曇宗), "후대 사람들은 성실종이라고 이름했다."(後人諸成實宗.)와 같이 역사적인 변용을 가미하여 확대 해석된다.

3)
또 규기窺基(632~682)의 『대승법원의림장』 권1에서 이 4종宗을 서술하여

> 옛 대덕은 4종宗을 총괄하여 세웠다. 첫째, 입성종立性宗은 『잡심론雜心論』 등이 그것이다. 둘째, 파성종破性宗은 『성실론』 등이 그것이다. 셋째, 파상종破相宗은 『중론』, 『백론』 등이 그것이다. 넷째, 현실종顯實宗은 『열반경』 등이 그것이다.
> 古大德總立四宗. 一立性宗雜心等是也. 二破性宗成實等是也. 三破相宗中百等是也. 四顯實宗涅槃等是也. (T45, 249c.)

라고 한다. 여기서도 안징의 이른바 '비담종'이란 규기의 '잡심 등의 논論'이고,

안징의 '성실종'이라는 것은 즉 규기가 말하는 '성실 등의 논'인 것이 살펴진다. 왜냐하면 셋째의 파상종(광통 율사의 입론에서는 부진종不眞宗)을 안징은 '삼론종'이라 명언하는데, 규기는 '『중론』,『백론』등(의 논)'이라 하기 때문이다. 따라서 '성실 등'이란 '성실 등의 논'인 것이고 안징이 말하는 것처럼 '성실종'은 아니기 때문이다.

4)

또 수당에 성립한 각종 경론의 장소章疏에서는 육조 시대의 학설이 풍성하게 인용되어 있는데, 그 경우 '성론운成論云', '성실론운成實論云'이라든가 '잡심운雜心云', '비담운毘曇云'이라 하는 것은 이 역출 경론들의 학설을 인용하는 것이고, 중국의 경사, 논사의 이론을 서술할 때는 항상 '성실사운成實師云', '비담사운毘曇師云' 등이라고 한다. 길장의 저작 중에는 도처에 이것을 볼 수 있다. 일례를 들면『중관론소』권7에 '상속相續'에 관한 다음과 같은 문장이 있다.

성실사成實師가 상속을 해석함에는 2가家가 있다. 첫째가 접속接續이고, 둘째가 보속補續이다. 접속接續에는 세 가지 해석이 있다. 첫째, 개선開善이 말한다. 앞 생각이 소멸하거나 소멸하지 않음에 따라 뒷 생각이 일어나 앞 생각에 연속함으로써 가명으로 동일하다는 뜻을 짓는다. 그러므로 속續이라 한다.

장엄莊嚴이 말한다. 앞 생각이 전변하여 뒷 생각이 되지만 뒷 생각이 일어나 앞 생각을 잇는다고 이름할 뿐이다. 상想이 전변하여 수受가 되는 것과 같다. 그러므로 수가 상에 이어진다고 말하지만 실제로는 별도로 수가 있어서 상을 잇는 것이 아니다.

다음으로 혜염慧琰 법사가 말한다. 상이 홀로 일어나 수와 더불어 하나가

되는 뜻이므로 잇는다고 할 따름이다. 다음으로 보속가補續假이니, 이것은 광택光宅이 사용하는 것이다. 옛날에 장엄은 권하가卷荷假, 개선은 등담가燈擔假, 광택은 수제보속가水滯補續假라고 하였다. 여기서 3가家의 뜻은 통하지만 별도로 개선과 똑같이 하자면 앞 생각이 소멸하고 뒷 생각이 발생하므로 같지 않고 상속하여 전변하므로 다르지 않은 것이다.

成實師釋相續有二家. 一接續, 二補續. 接續有三釋. 一開善云, 前念應滅不滅. 後念起續於前念作假一義. 故名為續. 莊嚴云, 轉前念為後念, 諂作後念起續前耳. 如想轉作受. 故言受與想續, 實無別受以續想也. 次琰師云, 想起懸與受作一義故云續耳. 次補續假, 是光宅用. 舊云, 莊嚴是卷荷假, 開善燈擔假, 光宅是水滯補續假. 此中通是三家義. 別正同開善前滅後生故不一, 相續轉作故不異. (T42, 105b.)

이것에 의해 보면 개선사 지장智藏(458~522), 장엄사 승민僧旻(467~527), 광택사 법운法雲(467~529) 및 초제사招提寺 혜염慧琰은 똑같이 모두 '성실사'라고 불린다. 게다가 길장 스스로 『법화현론法華玄論』 중에서

이에 양나라 때에 이르러 비로소 3대 법사의 박학함이 당시 한 시대에 이름 높았는데, 아비달마와 『성실론』 등을 크게 모아 뭇 경전을 두루 해석했다. 단, 개선은 『열반경』으로 이름을 날렸고, 장엄은 『십지경』, 『승만경』으로 명성을 누렸으며, 광택은 『법화경』으로 당시에 독보적이었다.

爰至梁始三大法師碩學當時名高一代. 大集數論遍釋眾經. 但開善以涅槃騰譽, 莊嚴以十地勝鬘擅名, 光宅法華當時獨步. (T34, 363c.)

라고 서술하는 것처럼 지장은 열반에, 승민은 십지·승만에, 법운은 법화의 각 경에 각각 일대의 권위자였던 것이다. 이것을 모두 '성실사'라고 칭했던

것은 그들이 '성실종'이라는 동일 종파에 속했기 때문이 아니라 "아비달마와 『성실론』 등을 크게 모아 뭇 경전을 두루 해석했다."라고 하는 것처럼 『성실론』에 대해 조예가 깊어 주소를 저술하거나 강석이 성행했기 때문이다.[17]

5)
　'비담사毘曇師', '잡심사雜心師'에 대해서도 똑같이 말할 수 있는데, 다만 길장은 일찍이 한 번 '비담종'의 호칭을 사용한다. 즉 『삼론현의』 권상에서

> 비담종에 따르면 삼승인은 똑같이 사제의 이치를 알고 난 후에 열반의 도를 얻는다고 하였으니, 이는 곧 『성실론』의 뜻(成實義)으로서 사제 중의 하나인 멸제를 알기만 하면 성인이 된다고 하였다.
> 依毘曇宗, 三乘則同見四諦, 然後得道, 就成實義, 但會一滅, 方乃成聖. (T45, 5c.)

라고 하는데, 이 '비담종'은 같은 문장에서 볼 수 있는 '성실의成實義'와 완전히 같은 취지로 사용되었던 것으로서 비담의 뜻, 비담의 이론을 가리켜 말하는 것에 지나지 않는다. 그 의미로서 '성실의'는 모두 '성실종'과 치환할 수 있는 것이다.

17　湯用彤, 『漢魏兩晉南北朝佛教史』 下冊, p.728에 의하면 이들 양대의 법사들에게 다음과 같은 『성실론』의 주석이 있었다고 말한다. 지장-『성실론대의기成實論大義記』(권수 미상), 『성실론의소成實論義疏』 14권. 법운-『성실론의소』 42권. 승민-『성실론의소』 10권. 혜염-『성실론현의成實論玄義』 17권. 탕용통은 이 일서逸書들을 『중관론소기』, 『대승현론』, 『고승전』, 『광홍명집』 등에서 전거를 구하는데, 길장 당시 이상의 장소章疏가 존재했던 것이라고 볼 수 있다. 또 境野黃洋, 『支那佛教史』(境野黃洋博士遺稿刊行會, 1935年 12月) p.946 이하를 아울러 참조.

6)

　'열반종'의 호칭이 필시 가장 이른 것은 양梁의 영미사靈味寺 보량寶亮[8](444~
509)의 『열반경집해涅槃經集解』 권6에서 보이는 한 문장일 것이다. 거기에서
남제南齊 도혜道慧[19](451~481)를 인용하여

　　　도혜가 기록하여 말한다. 크게 나누어 이 품은 4단락이 된다. 첫째, 대중이
　　　슬퍼 탄식함이다. 둘째, 불타가 열반종을 여는 것이다. 셋째, 우수한 수행
　　　을 설함이다. 넷째, 회통이다.
　　　道慧記曰, 大分此品為四段. 第一大眾哀歎. 第二佛開涅槃宗. 第三說勝修.
　　　第四會通也. (T37, 399a~b.)

라고 한다. 더하여 당 원강元康의 『조론소』 권하에서

　　　열반종에 의거하여 열반을 설한다.
　　　依涅槃宗, 而說涅槃也. (T45, 200c.)

라고 한다. 이 두 경우는 분명히 『열반경』의 종의를 가리키는 것에 지나지
않는다.

7)

　더하여 『지론』, 『섭론』, 『구사론』 등에 대해 말하자면 남진南陳, 북제北齊의

18　전기는 『고승전』 권8 석보량전(T50, 381b~382a).

19　전기는 『고승전』 권8 석도혜전(T50, 375b~c).

시대부터 이것들은 차례로 번역되어 매우 유행했다. 이리하여 중국 불교 찬술서 중에서는 자주 '지론사운', '섭론사운' 혹은 '섭대승사운' 등의 명칭이 보이는데, 이것은 유명한 특정의 논사의 학설을 소개했다기보다도 차라리 여러 논서들의 인용에 지나지 않는 것이 많다. 예를 들면 『중관론소』 권9에

> 또 섭론사는 말한다. 아뢰야식의 바탕에는 생멸이 없지만 명목으로는 생멸이라고 하니, 또한 이러한 뜻이다. 또 이러한 뜻은 『능가경』과 위배되는데, 『능가경』에서는 8식이 소멸한다는 뜻을 밝힌다.
> 又攝論師云, 梨耶體, 無生滅名用生滅. 亦是此義. 又此義違楞伽, 楞伽明八識滅義也. (T42, 134b.)

라는 것은 분명히 『섭대승론』의 설이 『능가경』의 설과 다른 점을 언급했던 것이다. 이렇게 '섭론사운'이라는 것은 불특정 다수의 섭론 연구자의 학설로서 일반적으로 사용될 때나 직접적으로 『섭대승론』을 인용하는 경우에 자주 보이기는 해도 '섭론종', '지론종' 내지 '구사종'이라고 하는 것은 매우 드물다.

8)

『속고승전』 권1 법태전法泰傳[20]에 법태가 동지와 함께 광주廣州 제지사制旨寺에서 진제眞諦 삼장의 번역장에 참가하여 중국에서는 종래 없었던 『섭대승론』이나 『구사론』의 역출을 이루었던 경위를 서술하는데, 그때에 팽성彭城 사문 정숭靜嵩이라는 자가 있어서

---

20 『속고승전』 권1 석법태전(T50, 431a~432b).

이 올바른 도리를 희구하여 낮에는 항상 강론 내용을 담론하고 밤에는 새로운 宗을 강론해주기를 청했다.

希斯正理, 晝談恒講, 夜請新宗. (T50, 431a.)

라고 한다. 이것은 정숭이 낮에는 오로지 평소에 강론한 바의 책을 담론하고 밤에는 법태에게 새로 번역된 섭론이나 구사의 종의를 강론해주기를 청했다는 의미이다.

9)

같은 책 권11의 변의辯義[21](541~606)의 전기에 수나라의 양제煬帝가 일엄사日嚴寺에서 대덕 40여 인을 초청했을 때

사문 도악道岳은 『구사론』에 으뜸이라고 명명되었다.

沙門道岳命宗俱舍. (T50, 510b~c.)

라는 한 구절이 있는데, 이것도 도악(568~636)이 진제로부터 『구사론』을 직접 구전하여 받은 현명사顯明寺의 개사凱師가 쓴 진제의 『구사소본俱舍疏本』 등을 얻어 다년간 연구한 후 『구사론』의 대가가 되었던 것을 의미한다(이 사이의 사정은 같은 책 권13의 석도악전[22]에 상세하다).

---

21 『속고승전』, 권11 석변의전(T50, 510b~c).

22 『속고승전』, 권13 석도악전에 "(전략) 昔天親菩薩作俱舍論, 真諦譯之, 初傳此土, 情寄於此耳. 安曰, 願聞其志. 岳曰, 余前學群部, 悉是古德所傳, 流味廣周未盡於後, 恨以俱舍無解, 遂豈結於當來耶. 安曰, 志之不奪, 斯業成矣. 後住京師明覺寺, 閉門靜故尋檢論文, 自讀其詞仍洞其義, 一習五載不出住房. 恨除食息初無閑暇, 遂得釋然開發了通弘旨. 至於外義伏文, 非疏莫了, 承三藏本義並錄在南方. 思見其言, 載勞夢寢, 乃重賂遺南道商旅. 既愚顧是重, 所在追求, 果於廣州顯明寺, 獲俱舍疏本幷十八部記, 幷是凱師筆迹, 親承真諦口

이것은 같은 책 권13의 법호法護[23](576~643)전에서 법호가 일찍이

> 또 팽성의 숭嵩 논사가 있는 곳으로 가서 이 섭론 명가攝論命家를 전국의
> 표지로 삼아 받들었다.
> 又往彭城嵩論師所, 以是攝論命家海內標仰. (T50, 530c.)

라는 것도 같은 용례이다. 즉 이 숭 논사란 전술한 정숭靜嵩일 것인데, 그가
'섭론 명가攝論命家'라고 했던 것과 도악이 '명종 구사命宗俱舍'라고 했던 것은
같은 의미이다. 이른바 종파로서의 '구사종'이라는 말의 용례라고는 결코 생각
되지 않는다.

10)
   찬녕贊寧의 『송고승전』에 이르러 비로소 '구사종'의 용례가 발견된다. 즉
권14의 법보전法寶傳에서

> 구사종은 법보法寶를 기준으로 삼았다.
> 俱舍宗以寶爲定量矣. (T50, 727a.)

라는 것이 그것이다. 이 경우도 현장玄奘 삼장의 학법의 고족高足이라고 평가
되는 법보의 설이 『구사론』의 종의·학설을 연구하는 기준이 되었다는 의미로
사용된 것이라고도 이해될 수 있지만, 이 문장이 유래된 까닭은, 현장이 『대비

     傳. 顯明即凱公所住寺也. 得此疏本欣戴仰懷. 諷讀沈思忘於寢食. (후략)"(T50, 527b~c)라는 것을 참조.
23 『속고승전』 권13 석법호전(T50, 530b~c).

바사론』을 역출할 즈음 범본에 없는 16글자를 의미상 덧붙인 것에 대한 법보의 항의를 서술하여 그 견식을 찬탄한 후에 말해진 것이므로 현장 일문—門에서의 법보의 지위를 드러내는 것으로서 한층 일반적으로 현장 일파의『구사론』연구라는 일종 일파—宗—派를 드러내는 것이라고 볼 수도 있을 것이다.[24] 또 시대적으로도『송고승전』의 기술이라는 점에서 후세에 가까운 의미를 가졌던 용례인 것으로 생각할 수 없는 것은 아니다.

이상 구체적으로 열 가지 용례를 거론하여 드러난 것처럼 수당 이전의 자료에서 볼 때 '종'이란 본래 '종지', '종의'라는 근본적 이념을 가리키는 것이어서 이것이 육조 후기의 강경·강론의 시대적 풍조하에서 경사·논사들이 각각 주장하는 학설 내지 경론의 이론 그 자체를 가리켜 '종'이라고 칭했던 것을 알 수 있다. 이에 대해 이른바 '종파', '교파'로서의 '종'이란 말할 것도 없이 창시와 전수가 있고 신도와 교의 내지 교규를 가지는 일개의 종교 집단이 아니면 안 된다.[25] 기본적인 의미 내용에는 양자가 공통되는 점을 가지면서도 명확하게 구별해야 할 역사적 발전이 보이는 것이다.

---

24 『송고승전』권4 법보전(T50, 727a~b)은 비교적 간단한 기록으로 마무리되어 있는데, 같은 곳에 "釋法寶, 亦三藏奘師學法之神足也. 性靈敏利最所先焉. 奘初譯婆沙論畢, 寶有疑情, 以非想見惑請盆之. 奘別以十六字入乎論中, 以遮難辭. 寶白奘曰, 此二句四句為梵本有無. 奘曰, 吾以義意酌情作耳. 寶曰, 師豈宜以凡語增加聖言量乎. 奘曰, 斯言不行我知之矣. 自此怡怡頡頏于奘之門, 至乎六離合釋義, 俱舍宗以寶為定量矣. (후략)"(727a)라는 것을 참조.

25 湯用彤, 앞의 논문 참조.

4. 중衆과 종宗의 문제

수당의 새로운 불교는 어떻게 성립하고 어떤 성격이었을까 또는 남북조 시대의 불교와 수당 시대의 불교는 어떤 차이를 가질까 등의 문제는 너무도 광범한 문제로 섣불리 논의될 성격의 문제가 아닐 것이다. 중국 불교의 수많은 우수한 선각자의 연구가 끊임없이 이 문제를 언급하고 지금도 모든 각도에서 검토가 진행되고 있다. 따라서 단순히 본 절에서는 앞 절에 이어서 교파로서의 각 종의 성립을 드러내는 것으로 보이는 문헌상의 기록을 중심으로 그것을 수당 이후의 종파 불교의 입장에서 살펴보려고 한다. 요컨대 종래 고찰되어왔던 것처럼 이른바 학파로서의 '종'은 늘 의리義理에 관해 말해졌다. 교파로서의 '종'은 이에 대비하여 사람에 관해 말하는 것으로 볼 수 있겠는데, 지금 그것이 각 종에 관해 중국 불교의 사료 중에서 실제로 어떻게 기록되어 있는가에 대해 거듭 검토해보려고 한다.

1) 중국 불교에서 중衆

이것에 관해서는 이미 학자에 의해 일찍부터 지적되었는데,[26] 종파로서의 '종'이 성립하기 이전의 형태로서 육조 말부터 그것을 전문으로 하는 사람들을 '중'이라 부르고, 수대에 이르러 예를 들면 십지중十地衆·강율중講律衆·대론중 大論衆·열반중涅槃衆·강론중講論衆 등과 같이 칭해졌던 '중'이 있었던 것이다. 즉 『속고승전』에서 전하는 다음의 5중衆이다.

---

26   山崎宏, 『支那中國佛教の展開』, p.298, p.309 참조.

(1) 혜천慧遷(548~626) - 십지중주十地衆主

대흥선사大興善寺에 머물면서 불법을 홍포하였다. 개황開皇 17년(597) 칙명
으로 5중衆이 설립되어 십지중주로 초빙되었다.

住大興善寺弘敷為任. 開皇十七年勅立五衆, 請遷為十地衆主. (T50, 520b~c.)

(2) 홍준洪遵(530~608) - 강율중주講律衆主

개황 7년(587) 칙명을 내려 왕궁에 오도록 하자 5대덕과 함께 알현하니, 특
별히 인도됨을 입어 흥선사에 머물게 되었다. (중략) 16년(596)에 다시 칙
명으로 강율중주로 초빙되었다.

開皇七年, 下勅追詣京闕, 與五大德同時奉見, 特蒙勞引, 令住興善. (중략)
至十六年, 復勅請為講律衆主. (T50, 611b~c.)

(3) 보습寶襲(547~626) - 대론중주大論衆主

개황 7년(587) 수도에 불려가 흥선사에 머물렀다. (중략) 후에 경론들을 듣
고서 『대지도론』만을 종의로 삼았다. (중략) 개황 16년(596) 칙명으로 대론
중주에 임명되었다.

開皇七年召入京輦住興善寺. (중략) 後聽經論偏以智度為宗. (중략) 開皇十
六年, 勅補為大論衆主. (T50, 520a~b.)

(4) 동진童眞(543~613) - 열반중주涅槃衆主

개황 12년(592) 칙명으로 대흥선사에 소집되어 범본을 번역했다. 16년(596)
별도로 알려 열반중주로 삼았다.

開皇十二年, 勅召於大興善, 對翻梵本. 十六年, 別詔以為涅槃衆主. (T50, 517c.)

(5) 지은智隱 - 강론중주講論衆主

개황 7년(587) 칙명으로 대덕을 부르자 장경과 함께 입경하여 대흥선사에

머물렀다. 『대지도론』, 『아비담심론』, 『금강반야론』 등을 두루 연마하여 그 깊은 뜻을 밝혔다. 16년(596)에 이르러 조리와 사례를 함께 해설함에 반드시 계승하여 발양함이 있으니, 칙명을 내려 강론중주로 임명하였다.

開皇七年, 勅召大德, 與藏入京, 住大興善. 通練智論阿毘曇心及金剛般若論, 明其窟穴. 至十六年, 以解兼倫例須有紹隆, 下勅補充講論眾主. (T50, 668a.)

여기서 수의 문제가 칙명으로 성립시킨 '5중주'란 (B)의 홍준의 전기로 보아 '5대덕'을 가리키는 것은 분명하다. 또 앞에서 기술한 각 인용문에서 명기하는 것처럼 그들은 모두 장안 대흥선사大興善寺에 머물러 있었던 것을 알 수 있다. 따라서 각 사람이 하나의 절에서 하나의 선사에 의해 오로지 하나의 경전을 강술한다고 하는 경향을 띠었던 것은 아니다. 그리고 (4)의 동진이 범본을 번역했다든가 (3)의 보습이 "『대지도론』을 종의로 삼았던" 것으로 '대론중주'에 임명되었던 것 등은 그대로 남북조시대의 경사·논사의 답습이므로 이것을 가지고 곧바로 교파로서의 '종'의 선구로 간주할 수는 없을 것이다.

이 5중과 함께, 『속고승전』이나 비장방費長房의 『역대삼보기歷代三寶記』는 25중의 존재를 전한다. 즉 『속고승전』 권15말의 기술에서

수나라 고조 황제는 몸에 국운을 걸머지게 되자 오로지 불교를 홍법하였는데, 개황開皇 초엽부터 불사佛寺를 널리 세웠고 승려의 수행처가 있으면 모두 사찰을 세웠으며 여러 학도들을 소집하여 수도에 모두 모아 그중에 우수한 자들로 자연히 등급을 나누었다. 이리하여 25중이 수도에 서로 줄지어 있게 되었다. 학문의 방향을 좋아하는 것에 따라서 그 교화를 펼치도록 맡겼고, 날마다 궁전에 오르면 일곱 명의 승려가 줄지어 앉아 바꾸어가며 여러 경전을 읽고 도리의 뜻을 개진하였다.

隋高荷負在躬, 專弘佛教, 開皇伊始, 廣樹仁祠, 有僧行處皆為立寺, 召諸學

徒普會京輦, 其中高第自為等級. 故二十五眾峙列帝城 隨慕學方任其拔化
每日登殿坐列七僧, 轉讀眾經及開理義. (T50, 549a.)

라는 문장에 의해 분명하다. 『역대삼보기』의 저자는 이 25중의 각 사람에 대해
예를 들면 『십종대승론十種大乘論』1권을 저술했던 승찬僧粲(529~613)에 대해

『십종대승론』 1권이다. 앞의 1부는 1권이다. 대흥선사 사문 석승찬이 찬술
하였다. (중략) 지금 25중에서 첫 번째 마하연장摩訶衍匠이다. 그러므로 이
논서를 저술하여 대승을 다방면으로 보좌하였다.
十種大乘論一卷. 右一部一卷. 大興善寺沙門釋僧粲撰. (중략) 今為二十五
眾第一摩訶衍匠. 故著斯論, 光贊大乘. (T49, 106a.)

라고 서술하여 이 사람을 '첫 번째 마하연장'이라 하고, 마찬가지로 승곤僧琨에
대해서는

『논장論場』 1부 31권이다. 앞의 1부는 모두 31권이다. 대흥선사 사문 성도
成都 석승곤집釋僧琨集이다. (중략) 지금 25중에서 교독경법주教讀經法主이다.
論場一部三十一卷. 右一部合三十一卷. 大興善寺沙門成都釋僧琨集. (중략)
今為二十五眾教讀經法主. (T49, 106b.)

라고 서술하여 이 사람을 '교독경법주'라고 칭한다. 이처럼 그들도 또한 모두
대흥선사에 머물렀던 것이어서 그 명목은 '마하연장'으로 불렸던 것이 살펴진
다. 이 '25중'과 '5중'의 관계를 드러내는 것으로서 『속고승전』 권19 「법응전法
應傳」에 있는 다음의 문장이 거론될 수 있다. 즉

개황 12년(592) 칙명으로 삼학三學의 업에 훌륭한 사람을 찾아 골라서 나라 안을 모두 교화하고 선문을 존숭하게 하고자 25인을 선발하였는데, 그중에 수행과 교리에 뛰어난 자는 법응이 으뜸이었다. 칙명으로 성 안에 따로 5중을 두고 각각 한 사람이 밤낮으로 가르치고 익히게 하였는데, 법응은 3백 명의 문도를 거느렸다.

開皇十二年, 有勅令搜簡三學業長者, 海內通化崇於禪府, 選得二十五人, 其中行解高者, 應為其長. 勅城內別置五眾, 各使一人曉夜教習, 應領徒三百. (T50, 580a.)

라는 문장에 의해 살펴볼 수 있다. 즉 삼학=불교 전반에 뛰어난 자 25인이라는 다수=중衆을 가려내어 세상에서 교화하기 위한 지도자 집단의 육성을 기도했던 것이 '25중' 본래의 사명이고, 그 위에서 특히 "수행과 교리에 뛰어난 자를 으뜸으로 삼았다." 하여 각종 경론의 전문적 교육을 담당했던 이가 그 '5중주衆主'였다고 보는 것이 타당하다. 거기에는 주周 무제武帝의 파불破佛에 이은 불교 부흥의 긴급 과제가 그 저류를 이루었던 것으로 볼 수 있을 것이다. 이 양자의 관계에 대해서는 선학의 연구도 명쾌함을 결여하는데, 이러한 의미로 사용된 '중'을 종래 그대로 중국에서 공적인 종파별 단체의 시초로 보았던 것은 도저히 수긍하기 어렵다. 따라서 '십지중', '열반중' 등의 기록이 있었다고 해도 그것으로써 곧바로 '지론종'이나 '열반종'의 역사적 존재를 예상하게 하는 자료로는 보고 싶지 않은 것이다.

이것은 문헌적으로 보아도 칙령에 의한 5중 내지 25중의 존속이 개황(581~600) 연간에 한정되어 있어서 그 이후에는 보이지 않는 것에서도 증명될 수 있는데, 그러나 본래의 '많다'고 하는 뜻인, '중'이 종파로서의 '종'의 의미로 사용된 맹아로서의 용례가 이즈음에 시작된 것도 사실이다. 『속고승전』권8

담연曇延의 전기에

　　도읍지를 용수龍首로 옮기고 칙명으로 광은방廣恩坊에 땅을 공급하여 담연
　　법사의 중衆을 설립하였는데, 개황 4년(584) 다시 칙명을 내려 연중延衆을
　　연흥사延興寺로 고치는 것이 좋다고 하였다. 절의 정면이 네거리와 통하므
　　로 경성의 동서에 있는 두 대문도 담연曇延의 이름을 취하는 것이 좋다고
　　하여 연흥문延興門과 연평문延平門으로 지었다.
　　移都龍首, 有勅於廣恩坊給地, 立延法師衆, 開皇四年下勅改延衆可為延興
　　寺. 面對通衢, 京城之東西二門, 亦可取延名以為延興延平也. (T50, 489a.)

라고 한다. 즉 담연(516~588)은 수의 개황 2년(582) 용수龍首에 도읍을 정한
문제文帝에 의해 토지를 받고 담연 법사의 '중'을 세웠던 사실을 알 수 있다.
이 '연중延衆'은 개황 4년(584)에 연흥사延興寺라고 개명되는데, 연중이란 단적
으로 말하면 담연 법사를 종주로 삼는 집단이다. 이것은 도선道宣(596~667)이
당나라의 인덕麟德 원년(664)에 찬술했던 『집신주삼보감통록集神州三寶感通錄』
권하에 기술한 담연에 관한 다음의 기록에서도 분명하다. 즉

　　수나라에서는 스님을 중히 여겨 계사戒師로 삼고 서울로 맞아들여 연흥사
　　를 건립하니, 그 문인들이 상존하였다.
　　隋祖重為戒師, 迎入京, 為建延興寺, 門人見在. (T52, 428c.)

라고 하여 마지막의 "문인들이 상존하였다."는 문장이 그간의 사정을 잘 전한
다. 마찬가지로 『속고승전』 권12 영간전靈幹傳에

개황 3년(583) 낙주洛州 정토사淨土寺에서 비로소 머리를 깎고 출가하였으며, 출가한 스님의 우뚝한 모습이 이때부터 뚜렷하게 일어나게 되었다. 해옥海玉 법사라는 스님이 있어 화엄중華嚴衆에게 강의하자 사방에서 좇아 모여 이 경전의 강의가 흥성하게 되었다. 이에 영간靈幹도 이 화엄중에서 『화엄경』을 강석하자 수나라 동쪽의 중수衆首 모두가 함께 그를 찬미하였다.

開皇三年, 於洛州淨土寺方得落髮. 出家標相自此繁興. 有海玉法師, 講華嚴衆, 四方追結用興此典. 幹即於此衆講釋華嚴, 東夏衆首咸共褒美. (T50, 518b.)

라고 하는데, 이것에 의해 개황 3년(583) 해옥海玉 법사가 구성했던 '화엄중'에서 영간靈幹이 『화엄경』을 강론했던 것이 살펴진다. 이와 같은 기록에서 보이는 '중'이란 분명히 하나의 집단을 가리키는 것이라고 생각되는데, 게다가 앞에서 기술한 문장의 말미에 "수나라 동쪽의 중수衆首 모두가 함께 그를 찬미하였다."는 곳을 보면 같은 집단이 다수 존재했던 것을 예측할 수 있다. 『속고 승전』권17 지의전智顗傳에

진陳나라 황제가 법석에서 내려오자 모든 신하들이 공경을 다하면서 아직 듣지 못한 법문을 들어 법을 받들고 도를 잇기를 희구하였다. 이리하여 칙명을 내려 영요사靈曜寺에 선중禪衆을 설립하니, 학도들이 다시 결집하여 바라보는 중衆들이 빽빽하였다.

陳主既降法筵, 百僚盡敬, 希聞未聞, 奉法承道. 因即下勅, 立禪衆於靈曜寺, 學徒又結, 望衆森然. (T50, 565c.)

라는 '선중禪衆'이나 같은 권29 승황僧晃의 전기에

개황 15년(595) 또 사찰에 두타중頭陀衆을 설치하였다.

開皇十五年, 又於寺中置頭陀衆. (T50, 694c.)

라는 '두타중頭陀衆'의 설치가 그것이다. 그러나 이것들이 곧바로 그대로의
모습으로 각 종의 성립으로 전개·발전되지는 않은 것은, 달마를 초조로 하는
중국 선종이 우선 '능가종楞伽宗', '동산종東山宗', '달마종'이라 불렸던 것이
머지않아 차례로 발전·형성되었으므로 '선중禪衆'→'선종禪宗'의 호칭은 아
마도 남악 혜사南岳慧思(514~577)나 천태 대사 지의(531~597)에 관해 사용된
다는 연구자의 지적에 의해서도 추론되는 바이다.[27]

2) 일본 불교에서 중衆

'종'의 선행 조건으로서 '중'의 존재가 매우 명확한 형태를 가졌던 것은 일본
불교에서였다. 즉 이시다모사쿠石田茂作 박사에 의하면[28] 천평天平 19년(747)
2월 11일 「법륭사자재장병대안사자재장法隆寺資財帳並大安寺資財帳」에서 처음
으로 수다라중修多羅衆, 유식중唯識衆, 삼론중三論衆, 별삼론중別三論衆, 섭론중
攝論衆, 율중律衆 등의 명칭이 기록되어 있다고 한다. 또 『속일본기續日本記』의
천평보자天平寶字 4년(760) 7월의 「승강주문僧綱奏文」에서 "4위位 13계階를 통
제하여 3학學 6종宗을 뿌리 뽑는다."라고 하고, 그 외에 『정창원문서正創院文書』
에서 (1)화엄종, (2)법성종, (3)수다라종, (4)삼론종, (5)율종, (6)구사종, (7)살바
다종薩婆多宗, (8)성실종의 8종宗의 종명宗名이 보인다고 한다. 이 중 (2)와 (3),
(6)과 (7)은 같은 것이라고 본다면 6종宗이 되고, 고래로 '남도南都 6종宗'이라고

---

27 關口眞大, 「禪宗の發生」(『福井博士頌壽記念東洋思想論集』, 1960年 11月) p.323, p.325 참조.
28 石田茂作, 『寫經より見たる奈良朝佛敎の硏究』 第2篇 第1章 「奈良朝の宗派組織に就いて」 p.62 이하 참조.

칭해왔던 전승과 부합한다. 앞서 기술한 「대안사자재장」에 '섭론중'이라는 명칭이 기록되었음에도 불구하고 '섭론종'의 명칭이 없는 것은 '중'으로서는 존재하여도 '종'으로서 성립하지 않았던 것을 의미한다. 그 외에 대해서는 대체로 일치하므로 곧 일본 불교에서 '중'은 매우 자연스럽게 '종'으로 발전했다는 것이다. 이러한 남도 6종의 성립 연대는 앞에서 밝힌 것처럼 천평 19년(747)부터 승보勝寶 3년(751)에 걸친 8세기 중엽이다. 서기 750년대로 말하면 당唐 현종玄宗의 천보天寶 연간(742~755)이고 수나라 때 관제官製로서의 '중'의 설치로부터 백여 년이 떨어져 있다.

이것이 9세기에 이르면 8종宗을 헤아리게 된다. 즉 지증智證 대사 원진圓珍(814~891)이 찬술한 『제가교상동이집諸家敎相同異集』에

> 묻는다. 일반적으로 말해 우리 일본국에는 모두 8종宗이 있다고 하는데, 그 8종이란 무엇인가? 답한다. 남경南京에 6종이 있고 상도上都에 2종이 있어서 8종이 된다. 남경의 6종이란 첫째로 화엄종, 둘째로 율종, 셋째로 법상종, 넷째로 삼론종, 다섯째로 성실종, 여섯째로 구사종이다. 상도의 2종이란 첫째로 천태종, 둘째로 진언종이다.
>
> 問, 常途所云我大日本國總有八宗 其八宗者何. 答, 南京有六宗 上都有二宗 是爲八宗也. 南京六宗者, 一華嚴宗, 二律宗, 三法相宗, 四三論宗, 五成實宗, 六俱舍宗也. 上都二宗者, 一天台宗, 二眞言宗. (T74, 312b.)

라고 하여 최징最澄(767~822), 공해空海(774~835)를 각각 개조로 삼는 '진언'과 '천태'의 2종宗이 덧붙여져 있다. 이리하여 응연凝然은 문영文永 5년(1268)에 찬술한 『팔종강요八宗綱要』에서 이 8종을 해설하면서 마지막에 '선종', '정토종'의 2종을 부가하여, 만약 이것을 덧붙인다면 곧 10종을 이룬다고 말하는

것이다.[29] 그리고 이 웅연에 의해 중국 불교에 13종이 헤아려졌던 것은 앞에서 기술한 대로이다.

5. 중국 불교 사료에서 본 각 종의 성립과 삼론종

1) '당무제종唐無諸宗' - 원진圓珍의 기록

일본 불교의 사료 중에 종파에 관한 기록은 매우 많은데, 일본에서 그 각 종파의 융성한 항쟁 대립을 보았던 당시 중당中唐의 불교에 관해 앞에서 기술한 지증智證 대사 원진圓珍이 흥미로운 기록을 남긴다. 즉 858년 당나라 유학에서 귀국했던 원진은 『불설관음보현보살행법경문구합기佛說觀音普賢菩薩行法經文句合記』 권하에서[30]

> 천축의 동쪽에서 일본의 서쪽으로 모든 불자들은 다 그릇된 견해에 든 무리들을 제압한다. (중략) 여기서 가장 심한 것도 일본보다 심하지는 않다. 당나라에는 여러 종宗이 없어도 악을 끊고 논의를 세워 함께 도리를 얻으면 곧 쉬고 그친다. 일본에서 뜻을 논할 때 남을 훼방하는 것과는 결코 비교할 수 없다.
>
> 天竺已東日本以西, 一切佛子, 悉皆制入邪見之徒 (중략) 於中甚者不如日域 唐無諸宗 絶惡執論 若同得理卽休止 我國論義自是毀他更無比類.

라고 서술한다. 여기서 주목해야 할 것은 "당나라에는 여러 종宗이 없어도 악을 끊고 논의를 세운다.(唐無諸宗, 絶惡執論.)"라고 원진이 중국에서의 실제

---

29 응연, 『팔종강요』(大日本佛教全書 卷3 「제종요의집諸宗要義集」 p.4 上 및 p.33 上~下) 참조.
30 『지증대사전집』 권2, p.480.

견문에 기초하여 감개를 서술한 대목이다. 850년대로 말하면 당대도 완당晩唐에 들어갔다고 간주되는데, 이 시대에 들어서도 아직 중국 불교의 실상은 원진으로 하여금 "여러 종이 없다."라고 말하도록 했던 것이다.

이것을 증명하기라도 하듯이 일본 불교의 종파에 관한 기록은 다채로운데 비해 중당中唐에서 북송北宋에 걸친 중국 불교에서는 종파에 관한 명확한 종합적 기록이 완전히 결여되어 있다. 여기서 우선 개개의 종파에 대해 보면 예를 들어 화엄종에 대해서는 나카무라하지메鎌田茂雄 박사에 의하면[31] '화엄종'이라는 종파 의식 그 자체의 성립은 청량 징관淸凉澄觀(738~839)에서 시작한다라 하고, 명확히 화엄종의 호칭이 사용된 것은 그의『화엄경소』권4의

> 화엄종華嚴宗에서는 무장애법계無障礙法界를 진여라고 한다.
> 若華嚴宗以無障礙法界, 曰如. (T35, 529b.)

나『연의초演義鈔』권7의

> 화엄종華嚴宗에 따르면 행포문行布門과 원융문圓融門의 둘은 서로 포섭하기 때문이다.
> 順華嚴宗, 由行布圓融二互相攝故. (T36, 51b.)

라는 것이 최초라고 한다.『화엄경소』의 완성은 당의 정원貞元 3년(787)이므로 원진의 입당(853~858)에 앞서 성립한 것이 거의 60여 년 전이다. 이『화엄경소』의 '화엄종'이라는 호칭도 다분히 추상적이지만, 징관에 있어서는 분명

31　鎌田茂雄,『中國華嚴思想史の研究』第1章 第4節「華嚴宗の成立」(東京大學出版會, 1965年 3月) p.51 참조.

히 자기의 종을 화엄종이라 자각하고 다른 종에 대한 종파 의식을 가졌던 것은 또한 학자가 지적하는 바이고 그의 제자 종밀宗密(780~841)에 이르러서 처음으로 화엄종의 입조설立祖說이 기술된 것[32]을 고려한다면 이것은 자연스럽게 수긍된다.

또 천태종에 대해 보면 천태종의 호칭이 처음으로 사용된 것도 징관과 거의 동시대인인 형계 담연荊溪湛然(711~782)부터여서 그『법화대의法華大意』에서

> 이제 이 한 권의 오묘한 경전 28품을 해석함에 여러 다양한 가문이 있지만, 지금 잠시 천태종天台宗에 돌아간다.
> 將釋此一部妙典二十八品, 多有諸家, 今暫歸天台宗. (X27, 532a.)

라고 보이는 것이 최초라고 말해진다.[33] 생각건대 이 각 종들에서는 중당 이후 이른바 중흥의 조조라 칭해지는 조사祖師가 배출되어 종파로서의 명확한 자각을 가지기에 이르렀을 것이다. 그것이 이러한 문헌상의 명료한 기록으로 되어 나타난 것이라고 이해할 수 있다. 또 앞서 서술한 것처럼 이 각 종들의 조사는 모두 '교상 판석'이라고 하여 그 신봉하는 바에 따라 인도 전래의 여러 경론에 대해 대소 권실大小權實의 평가와 판정을 역설할 때 많은 종명宗名을 나열하는데, 예를 들어 시대는 조금 거슬러 올라가지만 가장 대표적인 화엄종의 개조 법장法藏(643~712)의 '5교敎 10종宗'으로 보아도 '5교'란 '법에 나아가 교를 나눈' 것이고 '10종'이란 그 내용인 이리에 대하여 '이치로

---

32   종밀,『주화엄법계관문註華嚴法界觀門』, "京終南山釋杜順集. 姓杜, 名法順. 唐初時行化, 神異極多, 傳中有證, 驗知是文殊菩薩應現身也. 是華嚴新舊二疎初之祖師. 儼尊者為二祖, 康藏國師為三祖, 此是創製. (후략)"(T45, 684c).

33   硲慈弘,『天台讀本』p.1 참조.

써 종을 나눈' 것이었다.[34] 따라서 교상 판석이라는 것은 그것에 의해 각 종파가 성립한 이론적 근거이기는 해도 거기에 나타난 많은 종명宗名 그 자체는 결코 구체적인 종파에 관한 중국의 역사적 정황을 반영한 것이라고는 말할 수 없다.

2)『불조통기佛祖統記』에 기재된 종파

이리하여 중당 이후 중국인에 의한 중국 불교 통사通史의 본격적인 편찬은 남송 종감宗鑑의『석문정통釋門正統』8권을 기다리지 않으면 안 되었고, 이것을 계승했던 것이 마찬가지로 지반志磐의『불조통기』54권이다. 전자는 천태종의 상승 제조相承諸祖 및 그 문하의 기전紀傳을 편집한 것으로 5편으로 나눈 그 제5에「재기載記」1편을 서술하고 아울러 여타의 종을 서술한다. 거기서 거론된 천태 이외의 다른 종으로는

(1) 선종상섭재기禪宗相涉載記.   (2) 현수상섭재기賢首相涉載記.

(3) 자은상섭재기慈恩相涉載記.   (4) 율종상관재기律宗相關載記.

(5) 밀교사복재기密敎思復載記

의 5종宗이다.[35] 후자인 지반의 책도 또한 기전체로 쓰여「본기本紀」,「세가世家」,「열전列傳」,「표表」및「지志」의 5편 19과로 나뉘어 있다. 그중 제5편「지」에서 9과를 나누는 중에 제1이「산가교전지山家敎典志」라 제목하여 천태의 저서를 나열하고, 제2가「정토입교지淨土立敎志」3권(권26~28)이며, 제3이「제

---

34   법장,『화엄일승교의분제장華嚴一乘敎義分齊章』권1(T45, 481b). "第四分教開宗者. 於中有二. 初就法分教. 敎類有五. 後以理開宗. 宗乃有十. (후략)"

35   종감,『석문정통』(X75, 255b 이하).

종입교지諸宗立教志」이다. 즉 천태를 제외하고 이 2개의 지志에 기재된 여러 종파는 '정토교'와 (1)달마선종達摩禪宗, (2)현수종교賢首宗教, (3)자은종교慈恩宗教, (4)유가밀교瑜伽密教, (5)남산율학南山律學의 5종宗이다.[36] 이렇게 『불조통기』는 일반 종파의 연혁 및 현저한 사실史實 등을 약술하여 단순히 천태종사天台宗史로서 귀중할 뿐 아니라 불교 편년사로서 예부터 학자들이 의빙하는 바인데, 여기서 분명히 삼론종·성실종·비담종·구사종·열반종·지론종·섭론종 등의 존재를 명기했던 기록은 전혀 없다. 이것은 『불조통기』가 송대에 현존했던 각 종에 대해서만 서술했기 때문이 아니어서 이 책 중에서는 「법운통색지法運通塞志」(15권)라 제목이 달린 분과가 있고, 이것은 중국 불교의 편년 통사라고 칭해야 하는 것이다. 그런데 거기서도 일찍이 종파로서 이것들이 존재했던 것을 증명하기에 충분한 기록은 전혀 보이지 않는다. 종감의 『석문정통』의 성립은 송의 가희嘉熙 원년(1237)이고 지반의 『불조통기』는 함순咸淳 5년(1269)에 완성된다. 응연의 『삼국불법전통연기三國佛法傳通緣起』의 성립(1311)보다 먼저 성립하기를 거의 50년이고 그것은 중국 불교자 독자의 견해였던 것이다.

3) 중국 삼론종의 역사적 허구성

여기서 문제는, 이른바 중국 삼론종이 천태종이나 화엄종과 나란히 종감이나 지반에 의해 중국에서의 기성 종파로서 헤아려지는 것은 아니어서 오히려 '성실종'이나 '지론종'과 함께 그 기록으로부터 제외되는 점이다. 이것은 첫째로는 삼론이 중국 불교에서 교파로서의 전승이 짧았다고 하는 이유에 의한

---

36   지반, 『불조통기』 권29(T49, 290c~297c).

것인지도 모른다. 그렇다면 길장에게 종파로서의 명료한 자각이 있었을까라고 하면 아마 동시대인의 각 종의 조사에게조차 그것은 드러나지 않았던 것이므로, 없었을 것이다. 다만 후자에게는 그 후계의 문류門流에 의한 상승相承과 가르침의 전승이 있었는데, 길장에게는 그것이 없었던 것이다. 일찍이 길장은 그가 저술한 장소章疏에서 '삼론의 대종大宗'이라 호칭했던 것이 있었다. 즉 『삼론현의』에서

> 정관이 생기면 희론은 소멸한다. 희론이 소멸하면 고륜苦輪은 곧 파괴된다. 삼론의 대종大宗은 그 뜻이 이와 같으니, 대개 뭇 가르침의 귀의처를 총괄하고 뭇 성인의 심령을 통괄한다.
> 正觀若生, 則戱論斯滅. 戱論斯滅. 則苦輪便壞. 三論大宗, 其意若此. 蓋乃總衆敎之旨歸, 統羣聖之靈府. (T45, 6c.)

라는 것이 그것이다. 이 경우의 '삼론의 대종'이란 어떤 의미인지는 대번에 명료하리라고 생각되는데, 같은 곳에

> 다음으로 『십이문론』의 종을 밝히자면 이 논서도 불교 내부의 미혹을 논파하고 이제二諦를 펼쳐 밝히니, 역시 이제를 종으로 삼는다.
> 次明十二門論宗者, 此論亦破內迷, 申明二諦, 亦以二諦爲宗. (T45, 12a.)

라든가

> 다음으로 『백론』의 종을 밝히자면 『백론』은 그릇된 것을 논파하고 이제를 펼쳐 밝히니, 「파공품破空品」 말미에서 설한 것과 같아서 역시 이제를

종으로 삼는다.

次明百論宗者, 百論破邪, 申明二諦, 具如空品末說, 亦應以二諦爲宗 (T45, 11c.)

라고 하여 『십이문론』의 종', '『백론』의 종'이라는 '종'의 총칭으로 사용되었던 것에 지나지 않아서

이 논서의 종지宗旨는 어디에 의거하는가?
此論宗旨何所依據耶. (T45, 6c.)

라는 물음에 대한 답으로서 제시된 것이었다. 따라서 그것은 지금까지 고찰해 왔던 것처럼 종의 기본적인 원의를 보임에 지나지 않는 것으로 종파로서의 '삼론종'의 성립을 상정하는 것이 아니다. 그리고 다른 길장의 저서나 당대唐代의 삼론 학자에게도 이러한 발전적인 의미의 '삼론종'이라는 호칭을 발견할 수 없다. 계보·전기에 대해서는 분명하지 않지만 길장 교학을 계승한 것으로 보이는 당대唐代의 석법사碩法師[37]는 『삼론유의의三論遊意義』 중에서

삼론가三論家는 어떤 사람들에 대해 3종 중도三種中道를 밝히는가? 산문의 지관 법사가 말한다. "바로 성실 논사成實論師들에 대해 밝힌 것이다." 산문의 지관 법사는 항상 『대품경』을 독송하였으므로 그에 의거하여 설하였다.

---

[37] 석법사에 대해 안징安澄의 『중관론소기中觀論疏記』에서는 『술의述義』의 설을 인용하여 "吉藏師得業弟子碩旻邃等."(T65, 22a)이라 하여 길장의 제자였던 것을 알 수 있다. 저서로서 현존하는 『삼론유의의』 1권(T45) 외에 『중관론소』 12권(『東域傳燈目錄』, T55, 1159a)이 있어서 안징의 『소기疏記』 중에 자주 인용된다.

三論家對何人明三種中道耶. 山止觀法師云, 正對成實論明也. 山師常讀誦
大品經故, 依之而說也. (T45, 121c.)

라고 '삼론가三論家'라는 호칭을 사용하는데, 이것은 섭산攝山 지관사止觀寺의
승전僧詮을 가리켰던 것이고, 또 다른 곳에서는

또 성실 논사는 삼론사三論師가 『성실론』을 논파할 수 없다라고 말하고,
삼론사는 논파할 수 있다고 말한다. 성론사成論師가 논파할 수 없다고 말
하는 것에는 그 의도에 여덟 가지 뜻이 있다. (후략)
又成實論師云, 三論師不得破成論, 三論師云得破也. 成論師言不得破, 意以
有八義故. (후략) (T45, 121a.)

라고 서술한다. 이렇게 삼론은 항상 육조 시대의 '성론사', '지론사'와 대비되어
설해지며, 후대의 중국의 교판에서도 항상 학리學理로서, 사상의 근원적 의취
義趣 상에서 설해질 뿐이어서 결국 중국의 어떠한 불교 사료에서도 종파로서
등장한 적은 없었던 것이다.

따라서 일본 불교의 전승에 기초하여 종래 '삼론종'이라고 불려온 것은 중국
불교의 실정을 무시한 비역사적 허칭이라고 말할 수 있다. 일반적으로 중국
불교라는 것이 그 '종'의 의의에 관한 고찰에 의해 알려진 것처럼 종파적 관념
이 희박하여 후세의 성립 종파라고 하여도 일본적인 종파의 개념 규정에는
해당하지 않으며, 오히려 후대에서도 일본 불교와의 교류를 통해 일본적인
감성에서 규정된 종파관이 역수입된 결과 역으로 중국 불교의 실정에 부합하
지 않는 종파의 구별을 여과 없이 하고 있다고도 말할 수 있다. 그것이 후세에
서의 중국 불교의 역사적 자료의 실체이어서 엄밀하게는 오늘날 일본 불교에

서의 각 교단의 대립과 같은 종파는 근대에 이르러서도 중국 불교에서는 결국 실재하지 않았다고 말해도 좋을 것이다. 여기서는 중국인 자신에 의한 중국 불교 사료 기록의 일단을 고찰하여, 적어도 삼론에 관해서는 종파로서의 명목 그 자체로 중국의 불교 사료에 그 사적 성립을 뒷받침하는 기록이 전혀 보이지 않는다는 사실을 논한 것에 지나지 않는다. 그러나 동시에 이것은 나집의 전역에서 비롯한 중국 불교에서의 삼론 연구의 역사적 전개 그 자체를 무시하는 것은 아니다. 그것은 인도의 중관파에 의한 삼론 연구와는 전혀 성격을 달리 했던 중국 불교 독자의 전개이고, 그 의미에서는 틀림없이 중국의 삼론 연구사 그 자체가 중국 역사의 소산인 것이다. 게다가 사료적인 기록에서 나타나는 한에서 성실이나 지론이라는 육조 시대의 학파와 함께 나열되면서 삼론은 오히려 이 연구 학파들과의 항쟁·초극을 통해 그 역사적 성립을 이루었던 것이어서 이 의미에서는 후에 성립한 종파와 동질의 새로운 불교이다. 종래 이러한 면의 강조에서 수당 신불교의 선구적인 위치를 얻었던 것이다. 그러한 한에서는 종래의 학설은 정당하다. 그러나 오히려 불교 사상의 중국적 변용에서 말하자면 지론이나 성실이라는 육조 학파의 쪽이 훨씬 **중국적**이며 그 연장선에서 성립한 종파의 개화를 보았던 것에 대해, 삼론은 어느 쪽인가 하면 역사를 넘어 항상 불교의 정통적인 원사상原思想에 회귀하려고 하는 자세를 끊임없이 지켰다. 길장 일파의 강남에서의 삼론학의 확립이 나집·승조 등으로 대표되는 장안長安 삼론학의 부흥이라는 성격을 강하게 가지는 것도 이 때문이다. 이러한 의미에서 삼론은 역사적으로 이중의 성격을 가졌다고 말할 수 있다. 그 회귀해야 할 원점은 반야 공관의 사상이고, 이것에 충실하려고 하는 삼론의 기본적 성격은 순전히 중국적인 신종파로서의 성립을 억제했던 동시에 사상으로서 그리고 학리로서 이후의 중국 불교의 왜곡을 질정하는 근원적 원동력으로서의 역할을 이루었다고 말해도 지나치지 않다. 이것이

후에 예를 들면 중국 불교를 대표하는 선의 사상적 저류로서 발생했던 까닭이기도 하다. 다음에서는 본격적으로 삼론 학파라는 호칭하에서의 그 역사적 전개를 중심으로 위와 같은 점을 분명히 하려 한다.

/ 제1장 /

삼론 학파의 원류 계보

1. 학계學係에 관한 종래의 학설

삼론 학파가 나집(350~409)에서 길장(549~623)에 이르기까지 어떠한 계보를 거쳐 발전·전개해갔는가라는 문제는 자료의 불충분 등에 의해 종래 반드시 명확하게 규정되어 있지는 않다. 이 삼론의 학계에 관한 종래의 주요 학설을 여기서 정리해보면 다음의 세 가지 설에 의해 대표되는 것을 알 수 있다.

1)

첫째로 카마쿠라鎌倉 시대의 불교학자 응연凝然(1240~1321)은 그의 저서 『팔종강요八宗綱要』[1]에서 "조사의 혈맥이 삼국에 계승되어 사자 상승師資相承의 끈을 이은 것, 이 종의宗義의 실질에서 분명하다."라고 하여 중국에서의 삼론의 학계로

---

1   응연, 『팔종강요』하(大日本佛敎全書 「諸宗要義集」 p.29) 참조.

나집羅什1 – 도생道生2 – 담제曇濟3 – 도랑道朗4 – 승전僧詮5 – 법랑法朗6 –
길장吉藏7[2]

이라는 7대의 계보를 거론한다.[3] 이 응연이 말하는 삼론의 학계는 일본 남도
삼론종에서의 고래로부터의 전승이어서『수서삼론현의首書三論玄義』의 저자
봉담鳳潭(1664~1738)도 또한 여기에 따르니,[4] 말하자면 이 남도설이 가장 전통
적인 설로 되어 있다.

2)
　이것을 비판 시정한 설이 마에다에운前田慧雲 박사(1857~1930)의『三論宗綱
要』에서의 설이다.[5] 거기서는

나집1 – 승조僧肇·도융道融2 – 도랑3 – 승전4 – 법랑5 – 길장6

으로 된다. 정정의 요점은, 도랑을 삼론 열조列祖의 한 사람으로 덧붙인
점은 양자가 동일하지만 이 도랑이 제1설에서의 도생 – 담제의 전승인 사실
은 어떤 근거도 없기 때문이라고 하여 이것을 생략하고 나집1 – 승조·도융2

2　㉵ 여기서 승전의 스승으로 제시되는 제4조 '도랑'이 바로 고구려승 승랑에 해당한다. 이후의
　논의에서 밝혀지듯이 '관하' 구의의 한 축을 형성하는 '하서河西'의 도랑은 고구려승 승랑과는
　전혀 다른 인물로서, 삼론의 적통인 '관중'의 구의와는 구별되는 방류일 뿐이다. 이 일본 삼론종의
　전통설에서 제시되는 '도랑'과 고구려승 '승랑'의 동이 문제 및 승랑의 호칭 문제에 대한 연구사적
　이해와 자세한 해명을 위해서는 김성철,『승랑』(파주: 지식산업사, 2011), pp.36~44 참조.
3　도생을 특히 나집을 이은 자로 삼았던 것은 응연,『내전진로장內典塵露章』(大日本佛教全書「諸宗要
　義集」p.55)에 상세한데, "道生大師卽其之一, 生公之下有曇濟大師."라는 것을 참조.
4　봉담,『수서삼론현의』, 1701년 간본,「삼론종약계도三論宗略系圖」참조.
5　前田慧雲,『三論宗綱要』pp.48~67, 第2節 '支那' 항 참조.

로 직결하는 점이다.

3)

    이 두 설에 대해 다시 수정을 가하고 다른 설을 제창했던 것이 사카이노코오요오境野黃洋 박사(1871~1933)의 설이다.[6] 이 제3의 설의 가장 큰 특징은 도랑이 실은 『양고승전』 권8[7]에 기재되어 있는 승랑僧朗의 오식으로 이것이 『양고승전』에서는 법도(437~500)의 제자로 되어 있는[8] 점에서

    나집1 - 승숭僧嵩2 - 승연僧淵3 - 법도法度4 - 승랑僧朗5 - 승전6 - 법랑7 - 길장8

라는 8대 상승의 차례로 정정했던 점이다. 카나쿠라엔쇼오金倉圓照 박사의 문고본 『삼론현의三論玄義』[9]의 해제에서 보이는 삼론종의 계보 소개는 이것에 의거한 것이고, 우이하쿠쥬宇井伯壽 박사 『지나불교사支那佛敎史』[10]에서 기술한 바도 완전히 같으므로 이상의 세 가지 설에 의해 종래의 학설이 망라된다고 볼 수 있다.

    그러나 제3의 사카이노설境野說로 해도 승전6의 스승이 도랑이 아니라 승랑5의 오식이었다고 한 것은 후술하는 것처럼 정당하지만, 이 승랑이 단순히 『양고승전』의 법도전에 부재된 것에서 법도를 삼론 열조列祖의 한 사람으로

---

6   境野黃洋, 『支那佛敎史講話』 下卷 p.52, '三論宗略系統', 『支那佛敎精史』 p.405, '羅什門下の學統'의 항 참조.

7   『고승전』 권8 법도전法度傳에 부기되어 있다(T50, 380c).

8   위의 곳에서 "度有弟子僧朗, 繼踵先師復綱山寺. 朗本遼東人, 為性廣學思力該普. 凡厥經律皆能講說, 華嚴三論最所命家. 今上深見器重, 勅諸義士受業于山."라고 한다.

9   金倉圓照 역주, 『三論玄義』(岩波文庫, pp.205~206) 참조.

10   宇井伯壽, 『支那佛敎史』(岩波全書, p.89, p.118) 참조.

덧붙이는 점, 그 법도에게는 삼론의 사람이라고 하는 어떤 이유도 발견되지 않는 다는 약점이 있고, 이 점은 마에다前田 박사도 지적하는 바다.[11] 또 승승2 - 승연3 이라는 선은 서주徐州 팽성계彭城系의 성실 학파의 열조이고,[12] 승승은 불타의 열반에 관한 '법신상주설'을 비난하여 임종에 혀가 문드러졌다고 하는 유명한 일화의 주인공이다.[13] 길장이 『중관론소』 권1말[14]에서 이것을 통렬히 꾸짖는 것에서 미루어보아도 가령 성실 학파와 삼론 학파가 당시 판연하게 구별될 수 없었다고 해도 도저히 이것을 그대로 삼론의 학계라고 간주할 수는 없다. 이것은 오로지 승전僧傳에 전면적으로 의거하여 법도4 - 승랑5의 관계로부터 그 위에 승연3 - 법도4의 사제 관계를 추정했던 것에서 발생한 편의적인 시론試論에 지나지 않기 때문이다.[15] 그것이 나아가서는 거슬러 올라가서 나집1 - 승승2라는 애매한 관계가 삼론의 원류라고 하는 묘한 결과를 초래하 게 되는 것이다. 승승이 나집의 제자로 『성실론』을 잘했다고 하는 것은 『위서

---

11 前田慧雲, 앞의 책, p.55 참조.

12 『위서魏書』, 「석로지釋老志」 46에서 "十九年四月, 帝幸徐州白塔寺, 顧謂諸王及侍官曰, 此寺近有名僧嵩法師, 受成實論於羅什, 在此流通後授淵法師."라고 한다.

13 『고승전』 권7, 도온전道溫傳의 말에 "時中興寺復有僧慶慧訔僧嵩. (중략) 嵩亦兼明數論. 末年僻執謂佛不應常住, 臨終之日舌本先爛焉."(T50, 373a)이라고 한다.

14 길장, 『중관론소』 권1말에서, "次彭城嵩法師云, 雙林滅度此為實說, 常樂我淨乃為權說. 故信大品而非涅槃. 此略局上座部義. 後得病舌爛口中, 因改此迷."(T42, 17c)라 하고 이것을 주석한 안징, 『중관론소기』 권1에서는 "述義引有傳云, 宋中興寺釋僧嵩本性趄, 河北人也. 而今言彭城者, 是後所住處也."(日本大藏經26, 三論章疏, p.181)라고 하므로 앞의 주 13번의 중흥사의 승승이란 같은 사람인 것을 알 수 있다.

15 승연3 - 법도4의 사제 관계가 추정에 의존하지 않으면 안 되는 것이 사카이노境野說의 약점 중 하나라는 것은 카나쿠라金倉 박사도 지적한다(역주 『三論玄義』 p.206). 사카이노境野 박사의 추정의 근거는 앞의 『支那佛敎史講話』 下卷(p.39)에 의하면 도등道登과 동문이었다는 하나의 사건에 의거한다. 이것은 『속고승전』 권16 도등전(T50, 471c)에서 "登問同學法度曰"이라 하고 이 도등이 "復從僧淵究成論."이라는 점을 가리키는 것이다. 또 湯用彤, 『漢魏兩晉南北朝佛敎史』 下冊 p.722에서 탕 교수는 승연의 제자인 담도曇度(『고승전』 권8, T50, 375b에 그 전기가 있음)가 이 도등전의 법도와 동일인일 것이라 추정하고 승연3 - 법도4의 선을 시인하는 점에서 사카이노境野 박사와 같은 의견이다.

魏書』「석로지釋老志」의 기록[16]에서도 분명한데, 애초에 길장도 말하는 것처럼 나집 문하의 4철哲(4성聖)이라고 하면 승조·승예·도생·도융의 4인이고,[17] "입실入室은 오로지 8인이었다."라고 하는 이른바 관내關內의 8준俊이란 앞의 4인에 도항道恒·담영曇影·혜관慧觀·혜엄慧嚴을 더했던 8인[18]이어서 어디에도 승숭의 이름은 발견되지 않는다. 역으로 사카이노境野 수정설의 어디에도 이 4성 내지 8준의 이름이 보이지 않는다는 것은 삼론 학파의 원류 계보를 결정짓는 설로서 아무래도 납득되지 않는 것이다.

이리하여 이상의 세 가지 설 모두 문제가 남아 있는데, 이 문제에 대해 이미 유우키레이몬結城令聞 박사가 「삼론원류고三論源流考」[19]에서 앞에서 기술한 세 가지 설 각각의 의심스러움과 불충분함을 간결하게 지적하는데, 거기서 주목해야 할 것은 유우키結城 박사가 "어차피 불충분한 자료에 의해 그 원류를 구한 것이므로 그것을 구하는 태도와 방법에 의해 할 수 있는 한 그 불충분함을 보완해야 한다."라고 하여 다음의 세 가지 방법을 제시하는 점이다. 즉 유우키結城 박사에 의하면 그 방법이란

---

16 앞의 주 12번 참조.

17 길장, 『중관론서소中觀論序疏』(T42, 2a)에서는 "老則融叡, 少則生肇"라고 하여 도융·승예·도생·승조의 4인을 거론한다. 『고승전』권6 혜관전慧觀傳(T50, 368b)에서는 "時人稱之曰, 通情則生融上首, 精難則觀肇第一."이라고 하여 승예를 생략하고 혜관을 넣는다. 또 『조론신소유인肇論新疏遊刃』(X54, 306b)에서는 "生公融公能通入疑情, 肇公觀公善靖其問難"이라고 하여 『고승전』과도 달라서 도생·도융·승예·혜관의 4인을 드는데, 여기서는 종조宗祖 길장의 설을 채용했다.

18 『조론신소肇論新疏』(T45, 224a)에서 "良以駢肩八俊聯衡十哲同氣相求同聲相應"이라 하고 이것을 주석한 『유인遊刃』(X54, 306b)에서 "八俊者生也肇也融也叡也影也嚴也恒也觀也. (후략)"라고 한다.

19 結城令聞, 「三論原流考」(『印度學佛教學研究』 1-2, 1952年 3月).

① 삼론 종의宗義를 성실과 다른 것으로서 명료히 자각한 노선을 발견하는 것.

② 종조宗祖 가상嘉祥의 삼론 원류에 대한 심증.

③ 역사적 보증 등을 고려하여 그것을 달성한다.

라는 세 가지이다. 거기서 지금 ①은 당분간 제쳐두고, 이 유우키結城 박사의 후학에 대한 귀중한 시사에 따르면 삼론의 원류 계보를 구함에 우선 종조 가상 대사 길장의 심증을 확인한다는 것이 하나의 중대한 요인이라고 생각하지 않을 수 없다는 것이다. 그래서 삼론의 원류 계보를 결정하는 단서로서 우선 이 길장의 심증, 말하자면 길장이 삼론의 종의를 건립함에 누구의 설을 가지고 자설의 근거로 삼았는지 혹은 누구의 계보로써 자파의 사자 상승을 말했는지라는 점들을 길장의 저작을 통해 분명히 하고 싶다.

2. 관하 구설關河舊說과 그 문제점

여기서 문제가 되는 것은 길장이 그 저술 중에 자파의 종의를 선양하려 할 때 계속해서 사용하는 '섭령 상승攝嶺相承'과 '관하 구설關河舊說'이라는 말이다. 이 후자의 '관하 구설'의 관하라는 말을 사용할 때 길장이 어떤 의미를 포함시켰는가라는 점을 우선 고찰해볼 필요가 있다. 말하자면 이 '관하 구설'의 관하가 구체적으로 무엇을 의미하는가라는 문제이다. 이것에 대해 '관하關河'란 애초에 관중關中과 하서河西의 양자를 의미하는 말이라고 이해했던 것이 일본국 8세기의 삼론 최고의 석학이었던 남도 대안사大安寺의 안징(763~814)이다. 말하자면 안징은, 장안長安 고삼론古三論의 뜻을 관내關內에서 남지南地로 이식하여 이른바 '섭령 상승'[20]의 시조가 되었던 섭산攝山 대사를 길장이 다시 낭공朗公·대랑大朗 법사라고 칭하므로 길장이 말하는 낭공을 도랑道朗이라 생각하며 이 양자를 결부지어 관하關河의 하河는 하서河西를 의미하고 그 하서란 구체적으로는 하서의 도랑이라고 간주했던 것이다.[21] 이 안징의 해석은 실제로 길장이 그 종宗의 학승學承을 '관하 구설'이라고 칭했던 것에 대한 내용적 탐색에서 유래한 것이었다고 생각된다. 이것이 남도설南都說, 마에다설前田說과 함께 하서 도랑을 삼론 학파의 열조의 한 사람으로 꼽는 근본적 이유이다. 그렇다면 이것은 왜 사카이노설境野說에서 승랑으로 정정되었을까라고 할 때 길장이 말하는 낭법사·낭공이 길장도 자주 말하는 것처럼 본래 요동 사람이라고 한다면 이것은 『양고승전』에서 말하는 요동 출신으로 삼론으로 일가를 이루고 남지로 와서 법도의 제자가 되었던 **승랑**이 되지 않으면 안 되며, 도랑은 이 또한 길장이 도처에서 하서의 도랑이라고 말하는 것처럼 하서 사람이어서 혼동해서는 안 된다는 이유로 이것을 정정했던 것이다.[22] 마에다前田 박사는 "하서의 도랑은 고승전에 기재되어 있지 않다."[23]라고 하는데, 애초에 하서라는 지명은 크게 황하 서쪽의 지역을 가리키고 지금의 섬서陝西·감숙甘肅 및 몽고의 일부를 가리키는 지명인데,[24] 북량北凉 저거몽손沮渠蒙遜(재위 401~433)이 이 지역에서 농성하여

---

20   승랑-승전-법랑으로 차례가 되어 길장에 이르는 섭산에서 발상된 남방 신삼론의 전승을 말한다.

21   湯用彤, 『漢魏兩晉南北朝佛敎史』 下冊 p.740에 "이리하여 관하란 곧 관중과 하서를 말한다는 것이 또한 안징의 설이다."라는 지적에 의한다. 안징의 대표적 저술인 『중관론소기』에서는 관하의 어의에 관해 이러한 구체적·분석적 해석은 보이지 않지만 섭산대사=낭공=대랑법사를 일관하여 도랑(하서)이라고 이해하는 점에서 탕 교수의 지적은 올바르다고 할 수 있다. 예를 들면 『중관론소기』 권2(日本大藏經26, 三論章疏, p.310)에서 "疏云問攝山大師等者, 此下第四問答, 擧舊說以和會也. 言攝山大四者指道朗師, 是根本故也."라고 한다.

22   境野黃洋, 앞의 책, pp.37~38 참조.

23   前田慧雲, 앞의 책, p.56 참조.

24   臧勵龢 等編, 『中國古今地名大辭典』(上海商務印書館, 1931年 5月 간행) p.514 참조.

대저거 하서왕大沮渠河西王이라 칭했다고 전해지는 곳이다. 북량 담무참曇無讖(385~433)이 『열반경』을 번역했던 것은 이 하서왕의 청에 의했던 것인데, 『양고승전』권2 「담무참전」[25]에서 "이때 사문 혜숭, 도랑이 하서에서 독보적이었다." 라고 하고 또 이 담무참 역의 『열반경』에 서문을 썼던 것이 하서 도랑으로 그것이 현재 승우僧祐의 『출삼장기집出三藏記集』권8에 현존한다.[26] 따라서 생몰 연대 그 외에 대부분을 알아볼 수 있다.[27] 그런데 남지에 삼론을 전했던 길장이 말하는 낭공이란 길장이

> 섭산의 고려高麗 낭랑朗 대사는 본시 요동성인遼東城人인데, 북토北土에서 멀리 나집 대사의 뜻을 배우고 남토南土로 들어와서 종남산鐘南山 초당사草堂寺에 머물렀다.
>
> 攝山高麗朗大師, 本是遼東城人, 從北土遠習羅什師義, 來入南土住鍾山草堂寺.[28]

라고 한 사람이고, 양 무제(502~549 재위)가 승정僧正·지적智寂 등의 10법사를 보내어 수학하게 했다[29]는 그 사람이다. 이것이 언제 일인가 하면 『금릉범찰지金陵梵刹志』에 기재된 「서하사비문棲霞寺碑文」에서는 양의 문제 천감天監

---

25 『고승전』권 제2 담무참전 "時沙門慧嵩道朗獨步河西."(T50, 336a.)

26 승우, 『출삼장기집』권8 "大涅槃經序, 第十六, 涼州釋道朗作."(T55, 59b~60a).

27 예를 들면 『출삼장기집』의 「열반경서」에서 "以玄始十年歲次大梁十月二十三日河西王勤請令譯."라 하여 현시 10년(422)경에 활약했던 것을 알 수 있다.

28 길장, 『대승현론大乘玄論』권1(T45, 19b).

29 주 28번의 문장에 이어서 『대승현론』에서는 "值隱士周顒, 周顒因就師學. 次梁武帝, 敬信三寶, 聞大師來, 遣僧正智寂十師, 往山受學. 梁武天子, 得師意捨本成論."(T45, 19b)이라고 한다.

11년(512)으로 되어 있다.[30] 애초에 섭산 서하사의 창시는 앞의 비문에 의하면 남제南齊의 영명永明 7년(489)이므로 하서 도랑이 활약했던 5세기 전반과는 60~70년의 시간차가 있다. 따라서 길장이 말하는 낭공이란 하서의 도랑이 아니라 승랑에 다름 아닌 것이다. 같은 비문에서도 "명덕名德 승랑 법사라는 자가 있다."라고 확실히 승랑이라 칭송하고 "고향인 요수遼水를 떠나 경화京 華에서 도를 물었다."라고 하여 길장이 말하는 대랑 법사는 본래 요동 사람이 라는 문장과 일치한다. 따라서 남지 삼론의 개조인 낭공·대랑법사는 남도 설, 마에다설前田說이 말하는 도랑이 아니라 사카이노境野 박사가 지적한 대 로 승랑이 아니면 안 된다.[31]

그러나 이 사카이노설境野說의 약점은 도랑이 승랑의 오식이라고 지적했던 것이 결론적으로 올바르지만 그 주장의 근거로 간주된 것이 단순히 혜교慧皎 (497~554)의 『양고승전』에 전적으로 의거하여 본래 요동의 승랑이야말로 길장이 말하는 낭 법사와 본관本貫을 같이 하여 일치하므로 하서의 도랑이 아니라고 결론했을 뿐으로 승랑과 도랑의 사적史蹟의 연대적 모순까지는 명 료하게 지적하지 못한다. 첫째, 왜 안징이나 남도의 전승이 도랑과 승랑을 혼동했는지 분명하지 않다고 사카이노境野 박사 자신도 말하면서 오히려 남 도 학자들의 오류라고 말하기보다 중국에서 혜균慧均의 『사론현의四論玄義』 가 이미 이 오류를 범했던 것이 그 시초일 것이라고 추측함에 불과하다.[32]

---

30 『금릉범찰지』 권4 진시중상서령강총지陳侍中尙書令江總持, 섭산서하사비명攝山棲霞寺碑銘에서 "天監 十一年, 帝乃遣中寺釋僧懷靈根寺釋慧令等十僧, 詣山諮受三論大義"라고 한다.

31 길장의 장소章疏 중에서는 단순히 낭공, 낭법사, 대랑 법사라고만 기록할 뿐 승랑이라는 기술이 한 번도 보이지 않는 것은 후대 사람들을 혼란스럽게 하는 하나의 원인이기도 한데, 이때 대랑 법사란 어디까지나 승랑의 약칭이고 낭공·낭법사의 경칭敬稱일 것이라 생각된다.

32 境野黃洋, 앞의 책, p.36 및 p.38 참조.

이러한 점에서도 사카이노설境野說이 앞의 두 가지 설에 비해 길장이 계속적으로 자파의 학계를 '관하 구설', '관하 상승'이라고 칭했던 것에 대한 고려를 전혀 결여하는 실수를 지적할 수 있다. 말하자면 예를 들어 남지에 삼론을 전했던 낭공을 도랑이라 하는 것은 안 되겠지만 이 '관하 구설'이라는 말부터가 하서 도랑이 삼론 학파의 계보 중에서 차지하는 중대한 의미를 무시할 수 없는 까닭이 아닐까라는 의문이 남는 것이다. 남도설, 마에다설前田說은 이러한 문제에 대한 음미 속에서 성립하는 점에서 단순히 버려질 수 없는 특색을 가진다. 이것이 앞에서 기술한 유우키結城 논문의 가장 커다란 불만이고 유우키結城 박사가 「삼론원류고三論源流考」라는 시론을 쓰게 된 가장 큰 동기일 것이라고 추론된다. 또 이러한 사카이노설境野說의 약점이 나아가서는 법도4-승연3으로 거슬러 올라가서 승숭2-나집1로 결론짓는 안이함을 드러내어 길장 및 삼론 학파의 사람들이 마땅히 사자 상승이라고 간주했던 학계와는 비슷하지도 어울리지도 않는 계보가 이루어지게 된 것이다. 이것이 그대로 현재 학계의 정설이 되어 있는 것도 문제가 있다고 생각한다.

3. 학계사學系史 속의 관중關中과 관하關河

그래서 본 장에서는 이 가상 대사에 있어서 '관하 구설'의 의의를 재음미하여 삼론 학파의 원류 계보에 관해 종조 길장의 심증이 어디에 있었는지를 일고해보고 싶다.

이 문제에 관해 하나의 해답을 주었던 것이 앞의 중국 북경대학의 탕용퉁湯用彤 교수의 설이다. 탕 교수에 의하면, 길장이 말하는 관하가 안징이 관중과 하서의 2개를 가리키는 것이라고 생각했던 것은 일본인 안징의 오류이어서 생각하건대 관하라는 말은 본래 관중을 가리키는 말이라고 한다. 요컨대 관하와 관중은 본래 동의어였다는 것이다.[33] 이것은 중국의 권위 있는 말로서 크게 신뢰해도 좋을 것으로 생각되지만, 상해上海 상무인서관商務印書館 간행의『중국고금지명대사전中國古今地名大辭典』에 관중과 하서라는 지명은 있어도 관하라는 통칭의 지명은 보이지 않는 것도 사실이다. 또『고승전』기타의 불서에 한정해도 이름 앞에 붙는 본관으로서 관하라는 지명을 볼 수 있는 것은 전혀 없다고 해도 좋다. 탕 교수는 일찍이 이것이 관중과 같은 지명을 의미했다고 하는 것을 정사正史를 인용하여 논증한다.[34] 그러나 여기서는 지명의 시비가 문제인 것이 아니라 길장에게 관하란 도대체 무엇이었는지가 문제이다. 그래서 만약 탕용통 교수가 말하는 것처럼 관하와 관중이 동의어였다고 한다면 길장이 그 저술 중에서 '관하 구설關河舊說'과 나란히 이 또한 같은 정도로 빈번하게 '관내 구의關內舊義' 혹은 '관중 구설關中舊說'이라고 칭하는 경우가 있는데, 이 양자는 전혀 다른 점이 없었다는 것이 된다. 따라서 남도설南都說이나 마에다설前田說이 고심했던 것 같은 하서 도랑의 처우는 문제로 삼지 않아도 좋을 것이고 유우키結城 박사의 문제 제기도 무의미해질 것이다. 과연 탕 교수가 말하는 것처럼 길장은 관내 혹은 관중과 관하를 의식적으로 나누어 사용했던 것이 아니었을까. 결론부터 말하자면 이것은 아니다. 오히려 그 장소章疏를 자세히 검토해본 결과 길장의 심증에 관한 한 오류는 안징이 아니라 탕용통湯用彤 교수의 측에 있다.

예를 들면 가장 확실한 용례를 몇 가지 들면 다음과 같은 것이 주목된다.

---

33 湯用彤, 앞의 책, p.740에 "이리하여 관하란 곧 관중과 하서라고(또한 안징의 설이다) 한다면 틀린 견해가 되니, 대개 관하라는 말은 본래 관중을 가리킨다."라는 것을 참조.
34 위의 곳, "『송서宋書』「무제기武帝紀」에서 '奉辭西旆, 有事關河'라 하고 「범태전范泰傳」에서 '關河根本 旣搖'라고 한 것과 같다.『남제서南齊書』에서 '王融求自試啓, 漢家軌儀, 重臨畿輔, 司隷傳節復入關河'라고 한 것에서 모두 증명할 수 있다."

1)

『법화현론法華玄論』 권2에서 법화에서는 아직 상주를 밝히지 않는다고 하는 양대梁代의 설을 논파하고 이미 상주常住를 밝혔다고 하는 자설의 증명으로서 세 가지 증명을 사용한 마지막에서 "관하 구설을 인용함으로써 상常과 무상無常의 뜻을 증명한다."는 한 항목이 있다. 그래서 길장은 우선

나집에 의해 번역된 신본新本에 대해 장안의 승예 법사는 친히 번역하였다. 그 「법화서法華序」에서 말하였다. (후략)
自羅什所譯新本, 長安僧叡法師, 親對翻之. 其法華序云. (후략)

라고 하여 승예의 설을 서술하고 이것을 평석하여

승예는 스스로 나집을 계승하여 그 서문을 지었던 것이니, 곧 상주를 밝힌 것이 그 증명이다. 대개 법화의 종의는 본래 무득不得이고 무의不依이다.
叡公親承羅什, 製斯序者, 即明常其明證. 蓋是法華宗本不得不依之矣.

라고 한다. 그리고 다음에 하서 도랑을 거론하여

하서 도랑은 『열반경』을 번역하였다. 그 사람에 대해서는 또한 『법화통략』에서 『법화경』에는 대개 다섯 가지 뜻이 있다라 설한다고 밝혔다.
河西道朗對翻涅槃. 其人亦, 法華統略明說法華經凡有五意. (T34, 376c.)

라고 서술하여 그 설을 소개하고 재차 이것을 평석하여

도랑은 『열반경소』를 저술하여 세상에 널리 유행하였다. 그가 이해한 바

는 법화의 이치가 틀린 교설이 아니라는 것이니, 상주를 밝히는 취지가 승예와 다시 부합하였다.

道朗著涅槃疏, 世盛行之. 其所解, 法華理非謬說, 明常之旨, 還符叡公. (T34, 377a.)

라고 하여 도랑과 승예의 설이 일치하는 것을 거론하고 이것으로써 관하 구설을 대표하는 것이다.

2)

또 『법화경유의法華經遊意』 상권에서 4개의 문장을 들어 물음에 답하던 중 그 세 번째에서 관하 구설을 살핀다. 거기서는

셋째, 관하 구석關河舊釋을 사용하는 것이니, 관중의 승예는 나집에게 직접 법화의 뜻을 받아 『법화경』 서문에서 말한다. (후략)

三用關河舊釋者, 關中僧叡面受羅什法花其經序云. (후략) (T34, 640b.)

라고 하고 이어서

하서 도랑은 『법화경소』를 지어 「견보탑품見寶塔品」을 해석하였으니, 법신 상주의 이치에 존몰存沒이 없음을 밝혔다.

河西道朗, 著法花疏釋見寶塔品, 明法身常住理無存沒. (T34, 640c.)

라고 하여 역시 이 양자를 거론한다.[35]

---

35 또 '4개의 문장'이란 1. 용법화전교用法華前教, 2. 용법화정문用法華正文, 3. 심관하구설尋關河舊說, 4. 이의추난以義推難의 네 가지이다.

3)

또 가장 단적으로 이것을 표명하는 길장의 말로서『법화론소』의 첫머리에 있는 다음의 서술이 주목된다.

> 나는 이 경문의 소를 세 가지로 강론한다. 첫째, 관하 예랑叡朗의 구종舊宗을 이용한다. 둘째, 용수와 제바의 통경 대의通經大意에 의거한다. 셋째, 이 논서의 강령을 탐구하여 법화를 해석한다.
> 余講斯經文疏三種. 一用關河叡朗舊宗. 二依龍樹提婆通經大意. 三採此論綱領以釋法華. (T40, 785b.)

라고 한다. 이 최초의 관하 예랑의 구종이란 말할 것도 없이 승예와 도랑을 가리키는 것이다.

이상의 세 가지 예를 보면 길장에게 관하 구설이란 이 경우 관중의 승예의 설과 하서 도랑의 설을 나란히 포함했던 것이라고 이해해도 틀림없을 것이다. 따라서 지명으로서의 '관하'라는 말이 본래 '관중'을 가리키는 말이었다고 해도, 그것만이라면 길장은 관하 구설이라고 칭하여 그중에서 관중의 승예를 설하고 연속하여 하서의 도랑을 설하는 것은 아니었다고 생각한다. 마지막의『법화론소』에서 말하는 '관하 예랑關河叡朗'이 '관중 예랑關中叡朗'과 동의어라고 한다면 도랑의 강학은 어디까지나 하서에서 머물러 관중 사람은 아니었다고 하는 사실史實과 모순된다. 길장에게 이러한 혼란은 조금도 없으며, 장소章疏의 도처에서 단독으로 말하는 경우 **하서 도랑河西道朗**으로 일관하고 **관중 도랑關中道朗**이라는 말은 한 번도 보이지 않는 것이다.

이것에 대해 단독으로 관중 혹은 관내라 사용하는 경우는 어디일까라고 하면 예를 들어

1) 『법화현론』권2에서

> 다시 **관중 승예**의 「소품경서小品經序」를 보면 두 경전의 우열을 크게 판
> 별하는 것이 나의 뜻과 같다.
> 復見*關中僧叡*小品經序, 盛判二經優劣將余意同. (T34, 385c.)

라고 하여 나집 문하의 승예를 관중 승예라 부르고, 또『중관론소』권1에서는

> **관내**의「중론서中論序」에서 말한다. 그 진실이 이미 베풀어졌고 그 말이
> 이미 밝혀졌다면 보살의 수행과 도량의 비춤으로 밝게 깨달을 것이다.
> *關內中論序云*, 其實既宣, 其言既明, 則於菩薩之行道場之照, 朗然懸解矣.
> (T42, 6c.)

라고 서술하여『출삼장기집』권11[36]에 현존하는 승예의「중론서」를 관내의
「중론서」라 부른다.

2)
  같은 나집 문하의 담영에 대해서는『대승현론』권4에서

> **관중 담영 법사**는『중론』을 주석하여 나집의 말과 취지를 계승했다.
> *關中曇影法師*, 注中論親承什公音旨. (T45, 55b.)

---

36 승우,『출삼장기집』권11「중론서제일中論序第一」(T55, 76c.)

라고 하고, 『중관론소』 권2에서는

> **관내 담영 법사**는 「중론서」에서 말했다. (후략)
> *關內曇影法師*中論序云. (후략) (T42, 20b.)

라고 보인다.

3)

또 나집, 승조에 대해서는『유마경의소維摩經義疏』 초권에 '무생병관無生並觀'을 해석하는 세 가지 설을 거론한 그 첫째에서

> 어떤 사람들이 7지地 무생법인에서 진속이 비로소 병관竝觀된다고 하는데,
> 이것은 **관내 나집, 승조** 등의 설이다.
> 有人言, 七地無生眞俗始竝, 此*關內什肇*等之所說也. (T38, 915a.)

라고 한다. 『대품경의소大品經義疏』 권1에서는

> 첫째, 삼론에서는 이 경전의 심수心髓를 통론通論한다. 둘째, 『대지도론』에
> 서는 이 경전의 본의本義를 해석한다. 이 두 종류의 논서에 대해 다시 관중
> 의 나집 법사와 도융道融, 승예 등이 논서의 문장을 번역하였으니, 말이 정
> 요精要하고 뜻은 믿고 의지할 만하였다. 이러하기 때문에 마음을 두어 연
> 구 강론하였다.
> 一者三論通論此經之心髓. 二者大論釋此之本義. 此之二論復是關中什師并
> 融叡等對翻論文, 言精要義可依信. 爲此故留心尋講也. (X24, 196a.)

라고 서술하여 여기서는 도용도 포함하는데, 어떻든 관중 혹은 관내라는 말을
앞세운 경우는 예외없이 좁은 의미로 나집 문하에만 한정하는 것을 알 수 있다.

4)

또 단독으로 승조 개인으로써 관중의 구의를 대표하는 경우도 많다. 같은
『대품경의소』초권에서

> 관중 석법사釋法師의 이해에 의거하여 곧바로 공을 관조하는 것을 실혜實
> 慧라 이름하고, 공을 수행하여도 증험하려 하지 않아 유를 섭렵해도 걸림
> 이 없는 것을 방편혜方便慧라고 이름한다.
> 依關中釋法師解, 直照空名為實慧, 行空不證, 涉有無礙, 名方便慧. (X24, 205c.)

라고 할 때의 '관중 석법사'란 승조에 다름 아니다.[37] 또『유마경의소』권1에서
는 '변종지 제삼辨宗旨第三'으로서

> 나 길장은 위의 여러 뜻이 없지 않다고 말한다. 그러나 사자 상승師資相承
> 에서는 권실의 2지二智를 이 경전의 종의로 삼는다.
> 吉藏謂, 非無上來諸義. 但, 師資相承用權實二智, 為此經宗.

라 밝히고 이어서

---

37 『대품경의소』권1에서 "什師云直照實相空邊名為慧. 若行空不證, 涉有不著, 此是方便."이라 하고, 또
　『중관론소』권2(T42, 21a)에서 "問直觀空為波若, 於空不證為方便者亦直照有名為波若, 取照有不著名曰
　漚和. 答以羅什意釋者觀空不證, 雖是漚和而從波若受名沒其巧稱, 亦照有之義雖是波若從漚和受名沒其波
　若之稱, 而從方便則受名, 而肇師正用斯意."(X24, 202a)라고 한다.

승조가 말한다. 만행萬行을 통괄해보면 곧 권權과 지智를 주로 삼는다. 권은 곧 방편方便이고 지는 실지實智라고 한다. 이것이 이미 관내 구의이다. 그러므로 받아 기술했을 뿐 창작하지 않았다.

釋僧肇云, 統萬行即以權智為主. 權即方便, 智謂實智. 此既關內舊義. 故述而無作. (T38, 916c.)

라고 하여 승조의 말로써 관내의 구의라고 한다.

이상에서 분명한 것처럼 관중 혹은 관내라고 할 때는 나집과 그 문하에만 언급하는 경우에 한정한다. 그리고 그 경우 그 학설을 가리켜서는 좁게 '관내·관중의 구의'라고 불러 '관하 구설'과는 명료하게 구별한다. 『백론소百論疏』하권[38]에서는 '장안長安 구의'라는 용어를 사용하는데, 관내와 관중이란 장안인 것이고 내용적으로는 장안의 나집 문하를 가리키는 것임은 말할 것도 없다.

그런데 여기에도 예외라고 생각되는 것이 있다. 예를 들면 『대승현론』권5 「논적의論迹義」에

여섯째, 담영과 승예가 지은 것과 같은 관하의 구서舊序를 먼저 읽어본다. 왜냐하면 곧 세상 사람들이 아비달마와 성실이 먼저 일어나고 삼론은 나중에 나왔다고 하는 것에 대해 관하 상전相傳의 사종師宗이 존재했음을 보이고자 하니, 지금 비로소 구성된 것이 아니다.

六者前讀關河舊序, 如影叡所作. 所以然者為即世人云, 數論前興, 三論後出, 欲示關河相傳師宗有在非今始搆也. (T45, 68a.)

38　『백론소』권하(T42, 303b). "此論本是長安舊義. 昔在江左常云, 關河相承."

라는 것을 서술한다. 여기서 '관하 구서關河舊序'라고 말하면서 담영과 승예의
「중론서」를 예증으로서 거론할 뿐 하서 도랑의 이름이 보이지 않은 점은 여기
까지의 논지와 서로 모순되는 것으로 생각된다. 그러나 『중관론소』 권두의
「서소序疏」에서는

> 「중론서」를 지은 것은 한 사람에 그치지 않는다. 담영은 『의소』의 서문을
> 지었고, 하서 도랑도 논서의 서문을 지었다. 그런데 승예의 서문은 문의文
> 義가 갖추어져 거론되고 이사理事가 정현精玄하여 홍황 법랑興皇法朗 화상
> 은 강론할 때마다 항상 읽었다.
> 作中論序非止一人. 曇影製義疏序, 河西道朗亦製論序. 而睿公文義備擧理
> 事精玄, 興皇和上開講常讀. (T42, 1a.)

라고 하여 하서 도랑도 일찍부터 「중론서」를 썼다는 것을 말한다. 따라서
『대승현론』이 '관하 구서'라 하여 '담영과 승예가 지은 것과 같은(如影睿所作)'
이라고만 했던 것은 그 행간에 하서 도랑의 서문도 포함되어 있지만 그 예로서
앞에 기술한 두 사람만을 거론했던 것이라고 생각된다. '여如(비슷한 모습)'라
는 한 단어가 이것을 암시한다고 이해하면 수미일관해진다.

  여기서 결론으로서 말할 수 있는 것은 나집·승조 등의 장안 삼론의 구의가
관하 즉 관중과 하서의 땅이라는 두 곳에 상전相傳되었다는 것을 길장이 크게
강조했던 것이다. 이것이 앞에서 서술한 『백론소』에서 "이 논서는 본래 장안
의 구의인데, 옛날 강의 좌측에서 항상 말하기를 관하에서 상승相承한다고
하였다."라고 하고, 『대승현론』에서 "관하의 구서舊序에 의해 관하 상전關河相
傳의 사종師宗이 존재했음을 보인다."라는 말의 진의였다고 생각된다. 그러나
중요한 것은 지금 삼론의 원류 계보를 탐구함에 길장이 말하는 관하가 관중과

동의어이므로 하서 도랑을 특별히 그 계보의 한 사람으로 덧붙일 필요가 없는 것이 아니라, 역으로 이 두 가지를 준별한다는 사실史實에 의해 하서 도랑은 그 학계에서 제외되어야 한다. 요컨대 길장에게 관하 구설, 관하 상승이라는 일련의 용어는 관내의 구의, 구종과 의식적으로 구분하여 사용되는 것에 의해 순수히 나집 및 그 일문—門의 학계와 하서 도랑 일파의 두 가지를 포괄했던 용어라고 간주되기 때문이다.

4. 관하 구설 선양의 역사적 의의

그렇다면 왜 길장은 장안 나집 문하의 자종自宗의 원류인 조사들과 똑같이 하서 도랑의 학통도 포함하여 후세를 혼란하게 할 관하 상승이라는 것을 강조하지 않으면 안 되었는가를 말한다면 이것은 말할 것도 없이 당시의 강남 불교계를 풍미했던 양梁의 3대 법사 등의 학풍의 흐름을 따르는 대세에 저항하여 새롭게 자파 학설의 전개를 기도하려 하는 길장의 대항 의식에서 유래한 것이다. 이 양의 3대 법사에 대해 『법화현론』에서는

> 이에 양梁나라 때에 이르러 비로소 3대 법사의 박학함이 당시 한 시대에 이름 높았는데, 아비달마와 성실 등에 크게 집중하여 뭇 경전을 두루 해석했다. 단, 개선은 『열반경』으로 이름을 날렸고, 장엄은 『십지경』, 『승만경』으로 명성을 누렸으며, 광택은 『법화경』으로 당시에 독보적이었다.
> 爰至梁始, 三大法師碩學, 當時名高一代. 大集數論遍釋眾經. 但開善以涅槃騰譽, 莊嚴以十地勝鬘擅名, 光宅法華當時獨步. (T34, 363c.)

라고 서술하여 개선사 지장(458~522)이 『열반경』, 장엄사 승민(467~527)이 『십지경』, 『승만경』, 광택사 법운(467~529)이 『법화경』에 관해 각각 일대—代

의 권위였던 것을 길장 스스로도 인정한다. 이 강남 교학의 압도적인 세력에 저항하여 독자의 입장을 선양하기 위해서는 무엇보다도 자설의 유력한 권위나 장엄의 도구를 확립하는 것이 필요했다.[39] 이 점에서 하서의 도랑은 이 『열반경』의 번역자로 경의 서문을 쓰고, 또 현존하지 않지만 『열반경의소』와 『법화경의소』를 저술했다고 전해지는 사람이다.[40] 그 권위를 빌려 종래 유행하는 설을 파척함에 이 정도로 적격인 사람도 없었던 것이다. 더구나 장안 나집 일문과 그 학설이 유사하여 교섭도 있었을지 모르는 사람이다. 바꾸어 말하자면 『열반경』과 『법화경』의 권위로서 유명했던 하서 도랑의 설이 자파의 학설, 관중의 나집 일문의 설과 일치하는 것이라고 강남 교학계에 선양했던 바에서 관하 구설을 강조했던 길장의 의도가 살펴지는 것이다.

한편으로 또 길장은 이렇게 그 학설의 사종師宗과 전수傳受를 되풀이하여 말할 정도이므로 이른바 사자 상승이라는 것에 대해서는 매우 엄격한 태도를 가졌던 사람이다. 예를 들면 『대승현론』 권2 「불성의佛性義」에 11가문의 불성

---

39 橫超慧日, 「法華義疏解題」(國譯一切經和漢撰述3, '經疏部'3) 5항에서 오오쵸오에니치橫超慧日 박사는 "길장의 법화 해석의 근본적 태도는 삼론의 무소득 중도의 정신과 부합한다고 보는 견해로 일관하는 것이어서 관하의 구설을 인용하는 것 내지 『법화론』의 강령에 따른다고 말해도 만약 단적으로 평하는 것이 허락된다면 그것들은 실제상 독자적 입장을 강력히 천명하기 위한 장엄에 다름 아니며, 반면에 거꾸로 전대前代 이래 강남 법화 교학이 무언의 압력으로 보급되어 있었던 것을 알 수 있다."라고 서술하여 길장이 말하는 '관하 구설'은 실제상의 전거라기보다는 차라리 장엄의 의미가 강하다고 지적한다.

40 길장, 『대승현론』 권3에 "但河西道朗法師與曇無讖法師共翻涅槃經, 親承三藏, 作涅槃義疏, 釋佛性義, 正以中道為佛性, 爾後諸師皆依朗法師義疏, 得講涅槃乃至釋佛性義"(T45, 35c)라고 도랑의 『열반경의소』에 대해 소개하고, 또 『법화현론』 권2에 "次河西道朗悟翻涅槃, 其人亦者(著)法華玄略明說法華經凡有五意."(T34, 376c)라고 하여 『법화경』에 관해 『통략』이라는 장소章疏를 저술했던 것을 서술한다. 또 『법화의소』 권1(T34, 452c)에도 "河西道朗判此經為五門."라고 하여 도랑의 『법화경』의 5문 분별을 기술한다.

의를 소개하는 중 9번째 항목의 영근 승정零根僧正의 설이 가장 우수함에도 불구하고

> 그러나 사자 상전이 빠져 있다. 학문의 바탕에는 반드시 스승에 의거하여 승습承習하는 것이 필수적이다. 지금 묻는다. 불타의 도리를 얻는 것을 정인 불성正因佛性으로 삼는다는 것이 어느 경전에서 밝힌 바이며, 누구를 승습한 것인가? 그 스승이 이미 심心을 정인 불성으로 삼았다고 하는데도 제자가 불타의 도리를 얻는 것을 정인 불성으로 삼는다면 어찌 스승을 배반하여 스스로 추단한 것이 아니겠는가? 그러므로 쓸모없는 것이다.
> 然闕無師資相傳. 學問之體, 要須依師承習. 今問, 以得佛理爲正因佛性者, 何經所明, 承習是誰. 其師旣以心爲正因佛性, 而弟子以得佛理爲正因佛性者, 豈非背師自作推畵耶. 故不可用也. (T45, 36c.)

라고까지 극언할 정도이다. 사자 상승 혹은 사자 상전이라는 용어가 언제쯤부터 사용되었는지 분명하지는 않지만 적어도 일종 일파一宗一派의 학계의 순수성을 나타내는 것으로서 후세에서와 똑같이 사용되었던 것은 이 길장의 때로써 효시가 되었던 것은 아닐까.『당고승전』에서 자주 나오는 이 용어가『양고승전』에서는 한 번도 명확한 형태로는 나타나지 않는다. 어쨌든 길장에서 이러한 경향은 이것을 외적인 요소로만 한정하여 말하면 적어도 양대이래 전성기를 구가했던 성실 논사와의 항쟁을 통해 형성되어갔다고 해도 과언이 아니다. 삼론 학파 성립의 외부적 요인을 성실 학파와의 사상적 대립의 관점에서 해명하는 시도는 이미 탕용통湯用彤 교수의『한위양진남북조불교사漢魏兩晉南北朝佛敎史』에 상세하고, 미야모토쇼오손宮本正尊 박사의『중도사상 및 그 발달』(『中道思想及びその發達』)에서 중국 불교의 중도의中道義의 전개도 이러한 관점에서 이루어져 있는데, 승전僧傳에서 보이는 개선사 지장

(458~522)의 권세와 같이[41] 일세를 풍미했던 성실 학파의 압도적인 힘에 항거하여 독자적 입장을 천명하기 위해 길장이 자설의 권위 확립에 얼마나 고심했을지 상상할 수 있다고 생각한다. 이것이 예를 들면 앞에서 기술한 『대승현론』에서처럼

> 곧 세상 사람들이 아비달마와 성실이 먼저 일어나고 삼론은 나중에 나왔다고 하는 것에 대해 관하 상전相傳의 사종師宗이 존재함을 보이고자 하니, 지금 비로소 구성된 것이 아니다.
> 為即世人云, 數論前興, 三論後出, 欲示關河相傳師宗有在, 非今始搆也.

라고 하거나, 작은 교의 교판敎義敎判의 문제 하나에 대해서 보아도, 예를 들면 『열반경유의涅槃經遊意』에서 종래의 '종체이宗體異'의 설에 대해 새롭게 '종체일宗體一'이라는 설을 세움에 있어서

> 지금 해석하자면 이 나라에는 없는 바이니, 너는 어디에서 이 뜻을 얻었는가?
> 今解釋之, 玆國所無, 汝何處得此義耶.

라는 재래 세력의 비난에 대해

> 말하자면 관하에서 받아 섭령으로 전해졌다.
> 云, 稟關河, 傳於攝嶺. (T38, 232b.)

---

41 『속고승전』 권5 지장전에서, "時梁武崇信釋門, 宮闕恣其遊踐, 王者以負辰南面域中一人, 議以御坐之法唯天子所升, 沙門一不蹔預. 藏聞之勃然厲色. 即入金門上正殿踞法座抗聲曰, 貧道昔為吳中顧郎, 尚不慚御榻, 況復酉祖定光, 金輪定釋子也. 檀越若殺貧道то殿, 不慮無受生之處, 若付在上方, 獄中不妨行道. 即拂衣而起, 帝遂罷勑任從前法, 斯跨略天子, 高岸釋門, 皆此類也."(T50, 466a)라고 한다. 이로써 권세의 정도를 살필 수 있다.

라는 대답을 하는 점에서 단적으로 드러난다. 이러한 역사가 요청하는 필연이 역으로 길장으로 하여금 불교자 본래의 사자 상전의 의의를 자각했다고 생각하지 않을 수 없다. 그것은 한편으로 관하 구설이라고 칭하면서도 다른 한편 나집·승조, 나집·승예의 관중 장안의 구종이라 칭하여 자파 학계의 순수성을 강조하니, 그 경우 어디까지나 하서의 도랑은 협의에서 방류傍流의 사람으로 취급하는 가상의 고심의 정도가 미루어 살펴질 수 있는 것이다. 여기에 그 사상 학설의 사종師宗과 전수傳受가 명확하게 드러났던 것에 의해 하나의 학파로서의 삼론의 성립을 본 동시에 나집·승예 반야학의 강남에서의 재흥을 기도했던 가상 대사의 내심도 엿볼 수 있다.

5. 길장의 심증에서 본 삼론 원류

그래서 마지막으로 이와 같은 가상 대사의 심증, 말하자면 삼론 학파의 원류를 대표하는 자로서 길장에게 보이고 그 학설의 근거가 되었던 대표적인 사람은 누구였는지는 위에서 서술하여 분명하듯이 승예와 승조 두 사람이다. 승조는 당분간 제쳐두고 승예는 남도설南都說, 마에다설前田說의 어느 쪽에서도 거론하지 않는데, 마에다설前田說이 3설 중에서는 비교적 사상사적인 계보 설정을 시도함에도 불구하고 이것이 보이지 않는다는 것은 마에다前田 박사가 나집 문하 4성聖에 대해 승조, 도융의 두 사람은 관내에서 전교傳教했지만 도생, 승예의 두 사람은 건업建業에서 홍법했다라고 하는 것처럼,[42] 도융과 승예를 오로지 홍법의 지역을 관점으로 하여 차별했던 것이다. 뒤에서 서술하는 것처럼 나집의 몰후 장안의 정정政情 불안에서 많은 제자가 사방으로 흩어

---

42 前田慧雲, 앞의 책, p.54 참조.

지고 승예도 남방으로 옮겼다고 생각되는데, 오히려 남방 홍법의 공로자이기는 해도 삼론 원류에서의 중심적 인물로서 그 지위를 잃어서는 안 된다. 이 사람은 나집의 입관入關을 대망했던 석도안 문하의 영재로서 장안 불교계에서 존중되고 나집이 장안에 왔을 때 나이가 50세에 가까워 도안 사후에 나집을 추대한 장안 불교도의 통솔자였다. 그때 나집을 따랐던 승조는 겨우 28세였다.[43] 이 승예가 나집 역의 경론에 서문이나 후서를 써서 『출삼장기집』에 현존하는 것만으로 실로 10개 이상에 이른다. 승조와는 다른 의미로 나집 문하의 상족이었던 것은 의심할 여지가 없다. 그러므로 길장은 그 장소章疏의 도처에 승조와 함께 그 사람과 학설을 소개하고 이것을 관내의 구의·구종이라고 하여 존칭하는 것이다.

승조에 대해서는 많은 말이 필요하지 않다. 나집 최후의 제자이고, 해공제일解空第一이라고 나집 자신이 찬탄하였으며,[44] 장안 반야 삼론학 연구의 제일인자였다. 이 나집·승조라는 노선은 후세에서 보면 지금 다시 강조하는 것도 우스울 정도이지만 그러나 진대陳代의 혜달慧達이 「조론서肇論序」에서 쓰는 것처럼[45] 당시 세상 사람들은 이것을 싫어하여 '맹랑한 설'이라고 칭했던 것에서도 알 수 있듯이 결코 그 평가가 정당한 것은 아니었다. 츠카모토젠류우塚本善隆 박사 편 『조론연구肇論硏究』에서 보듯이 저 『조론』의 성립이 삼론 발흥의 환경 중에 행해졌다는 것은, 승조에게 중국 불교사에서 점하는 정당한 평가를 주었던 것이 실로 삼론 학파 사람들의 노력에 빚진 점이 컸음을 말해준

---

43 塚本善隆, 『肇論硏究』, p.41 참조.

44 길장, 「백론서소百論序疏」 첫머리에서 승조의 전기를 서술하여 "什歎曰, 秦人解空第一者僧肇其人也."(T42, 232a)라고 전한다.

45 혜달, 「조론서」, (T45, 150b). "世諺咸云, 肇之所作故是誠實真諦, 地論通宗, 莊老所資猛浪之說. (후략)"

다. 역으로 말하면 당시 중국 불교사상의 기반에 저류로 있었던 이 나집·승조 사상의 순수 직계적인 대성이라는 점에서 가상 일파의 삼론학 부흥의 의의도 존재한다.

그리고 지금 학계사를 논하는 경우 이 일종一宗의 대성자가 선언하는 사상 상의 계보를 무시하면서 이것을 운운하는 것은 무의미하다. 길장이 나집에서 승예·승조로 전해졌던 장안의 구의를 승랑僧朗이 받아 이것을 남지에 전교하고 섭산 삼론 학파의 기초를 다졌다고 하는 것은 승예·승조가 승랑의 직접적인 스승이었는지 하는 것과는 별도로 길장 쪽에서 보는 학파의 계보 설정으로 서는 하나의 한계를 보여주는 것일 수 있다.

이 승랑이 삼론의 학을 어디서 누구에게 얻었는지를 구체적으로 드러내는 자료는 전혀 결여되어 있다. 안징의『중관론소기』에서 보이는『술의述義』의 저자는 고려국의 대랑大朗 법사가 송말 제초宋末齊初에 돈황군 담경曇慶 법사에게 가서 삼론을 배웠다라고 하지만,[46] 이것은 길장이『중관론소』의 본문에서 "산중대사운山中大師云"이라고 했던 것을『술의』에서 해석할 때에 산중대사란 대랑이라고 오해했던『술의』의 저자의 오류로서, 안징도 이것을 곧 정정하여 "지금 말하자면 이것은 지관사의 승전僧詮 법사이다."라고 한다. 따라서 담경에 의한 삼론 수학이란 산중 대사, 말하자면 승전에 관해 말했던 것이어서 승랑과는 관계가 없다. 사카이노境野 박사나 탕용통湯用彤 교수는 이 승랑의 담경 수학을 일설로서 소개하지만,[47] 두 사람도 뒤에 이어진 안징의

---

46 안징,『중관론소기』권1, "昔高麗國大朗法師, 宋末齊始, 往燉煌郡曇慶法師所, 學三論而遊化諸方, 乃至度江, 住岡山寺, 弘大乘義, 乃入攝嶺, 停止觀寺, 行道坐禪."(日本大藏經26, 三論章疏, p.174).

47 境野黃洋,『支那佛敎史講話』下卷, p.59, 또 湯用彤,『漢魏兩晉南北朝佛敎史』下冊, p.740에서도 "또 이 학문을 돈황군의 담경법사에게서 얻었다고 한다(일본의 안징『중론소기』)."라 하여 일설로서 이것을 소개한다.

기술을 빠뜨리기 때문이다.[48] 그 외에 승랑 수학에 관한 구체적인 기록은 보이지 않는다. 또 길장의 장소章疏에서 도처에 승랑이 삼론의 학을 관중에서 얻었다고 하는 것만이 강조되는 것에 그칠 뿐 역사적 사실에 관해서는 어떠한 구체성도 보이지 않는다. 때문에 학자들은 승랑이 삼론의 학을 관중에서 얻었다고 하는 길장의 말에 의심을 갖는 것도 사실이다.

그러나 예를 들면 본 장의 주제인 이 '관하 구설'이라는 용어이다. 길장이 이것을 장소의 도처에서 강조했던 동기는 어디까지나 앞에서 서술한 것 같은 이유에 기초한다고 하지 않으면 안 되는데, 관하 구설이라는 말 자체는 결코 길장의 독창으로 된 것이 아니다. 이것이 처음으로 문헌에 보이는 것은 『출삼장기집』 권8에 현존하는 양 무제의 「주해대품서注解大品序」에서이다. 즉 거기서 무제는

> 짐은 국무를 집행하는 여가에 명승 20인을 모아 천보사天保寺의 법총法寵 등과 함께 그 취사선택한 것을 상세하게 검토하고, 영근사靈根寺의 혜령慧令 등과 함께 공들여서 필사하였으며, 『석론』에서 가려 뽑아 경본에 주를 붙이고 해석이 너무 많은 것은 생략하여 요점이 되는 해석만을 취하였다. 이외에도 혹은 관하 구의를 수집하기도 하고, 혹은 고승들이 남겨 놓은 고사성어에 의거하기도 하였다. (중략) 그 소견을 넓혔다.
> 朕以聽覽餘日, 集名僧二十人, 與天保寺法寵等詳其去取, 靈根寺慧令等, 兼以筆功採釋論以注經本, 略其多解取其要釋. 此外或捃關河舊義, 或依先達故語. (중략) 廣其所見. (T55, 54b.)

---

48 ㉡ 승랑의 담경 수학에 대한 『술기』의 서술과 이 사정에 대한 안징의 논평 및 본서의 저자가 보정하는 승랑의 사적에 관해서는 제1편 제4장 제2절 '승랑의 사적과 길장의 증언'에서 자세히 논의된다.

라고 말한다. 이 무제 「대품서」가 생겼던 것은 언제쯤인가 하면 도선道宣의 『광홍명집廣弘明集』 권19에서 육운陸雲의 「어강반야경서御講波若經序」라는 것이 있어 거기에서

주상은 천감天監 11년에 『대품경』을 주석하였다.

上以天監十一年, 注釋大品. (T52, 235b.)

라고 한다. 이 천감 11년(512)이라는 해는 앞에서 기술한 강총지江總持의 서하사棲霞寺 비문에서 분명한 것처럼 무제가 승회僧懷나 혜령慧令 등 10승僧을 섭산에 보내어 승랑에게 삼론의 대의를 물었던 해이다. 이 해에 무제가 새롭게 혹은 관하의 구의도 취급하여 『대품경』을 주석했다라고 하는 이상 그 이전에 전혀 없었던 이 관하 구설이라는 것을 누군가가 말하기 시작했는지 대체로 짐작이 간다고 생각된다. 승랑이 이만큼의 견식을 가지고 북토에서 남도했다고 하는 사실이 분명한 이상 가령 계보를 잇는 스승이 누구였는지는 별도로 하여 승랑이 멀리 관하 상승의 고설古說에 의거하여 제양齊梁 시대에 삼론 부흥의 중심이 되었던 것은 의심의 여지가 없다. 길장이 대랑 법사가 관내에서 이 뜻을 얻었다고 한 것은 이러한 저간의 사정을 보인 것이어서 결코 길장의 견강부회라고 해서는 안 된다고 생각한다.

/ 제2장 /

삼론 전역과 연구 전파의 여러 사정

제1절 나집에 의한 중관계 불교 논서의 번역

1.『대지도론大智度論』

중국 불교사상에서 쿠마라지바(Kumārajiva, 鳩摩羅什)의 지위에 관해서는 이미 옛날 승우의『출삼장기집』이나 혜교의『고승전』에서 확인되고,[1] 근대의 불교사가도 예외 없이 그 업적을 절찬하는 것을 아끼지 않는다. 또 불교사가뿐 아니라 최근에는 단독으로 그의 사람됨이나 업적을 논한 매우 유익한 논문도 적지 않다.[2] 말할 것도 없이 역경가로서 나집의 최대의 공적이라고 할 수 있는

---

1   승우,『출삼장기집』권1「胡漢譯經音同異記」에서 안세고安世高, 안현安玄, 엄불조嚴佛調, 지겸支謙, 축법란竺法蘭, 축법호竺法護 등의 역경 사업에 대해 그 특색을 논한 후 "逮乎羅什法師, 俊神金照, 秦僧融肇, 慧機水鏡, 故能表發揮翰, 克明經奧, 大乘微言於斯炳煥, 至曇織之傳涅槃, 跋陀之出華嚴, 辭理辯暢, 明踰日月, 觀其為義, 繼軌什公."(T55, 4c～5a)라 하고, 혜교,『고승전』권3「역경편」의 논찬論讚에서 "其後鳩摩羅什, 碩學鉤深, 神鑒奧遠, 歷遊中土, 備悉方言, 復恨支竺所譯文製古質未盡善美, 逎更臨梵本重為宣譯, 故致今古二經言殊義一."(T50, 345c)라고 하여 각각 나집의 업적을 찬탄한다.

2   대표적인 논문으로 塚本善隆,「鳩摩羅什論」(1)(『結城教授頌壽記念佛教思想史論集』, pp.359～378), 같은 논문(2)(『干潟博士古稀記念論文集』, pp.353～370), 橫超慧日,「鳩摩羅什の飜譯」(『中國佛教の研究』

것은 그 이전의 중국에 전혀 없었던 대승 불교의 논서, 그것도 나가르쥬나(Nāgārjuna, 용수龍樹)의 교학을 대표하는 중관계의 불교 논서를 전역 소개하고 위진 이래 중국의 반야 연구에 의거해야 할 지표를 제공하여 길을 열었다는 것이다. 수의 가상 대사 길장에 이르러 대성된 삼론 학파는 이 나집의 삼론 전역으로써 그 연구를 개시했다. 바꾸어 말하자면 이 장안 고삼론학을 남지에서 재흥하려 했던 것이 길장의 삼론학이다.

후진後秦 요흥姚興의 홍시弘始 3년(401) 장안에 들어왔던 나집이 불교를 신봉한 후진 왕의 발원에 의해 국가적 대사업으로 역경을 개시했던 것은 다음해 홍시 4년(402)인데, 그해 여름 이미 소요원逍遙園의 서문각西門閣에서 『대지도론』의 번역을 개시한다. 번역이 완료된 것은 홍시 7년(405) 12월 27일로 약 3년 반의 시일이 소요되었다.[3] 이 『지도론』 번역의 사정은 승예의 「대지석론서大智釋論序」[4]에 상세한데, 이 서문 중에서 승예는,

> 구마라집 법사는 어려서부터 총명하고 지혜롭다는 소문이 퍼졌고 장성해서는 뛰어나다는 명예를 한 몸에 모았다. 재능을 펼치면 만 리 먼 곳까지 나타났고 말을 하면 고금의 영고성쇠榮枯盛衰를 뛰어나게 논변하였다. 그는 항상 이 논서에 의거하여 연경淵鏡으로 삼았으며 그 가장 높은 이치에 의탁해서 종의를 밝혔다.
>
> 有究摩羅耆婆法師者, 少播聰慧之聞, 長集奇拔之譽. 才舉則亢標萬里, 言發

第2, pp.86~118), 中村元, 「クマーラジーヴァ(羅什)の思想的特徴」(金倉博士古稀記念印度學佛教學論集』, pp.365~379) 등이 있다.

3   승우, 『출삼장기집』 권10 「대지론기大智論記」 제20, "究摩羅耆婆法師, 以秦弘始三年歲在辛丑十二月二十日, 至長安, 四年夏於逍遙園中西門閣上, 爲姚天王出釋論, 七年十二月二十七日乃訖"(T55, 75b).

4   위의 책, 권10, 「대지석론서」 제19(T55, 74c~75b).

則英辯榮枯. 常杖茲論, 爲淵鏡, 憑高致, 以明宗.

라 서술하여 나집이 항상 『대지도론』을 지팡이로도 삼고 연경淵鏡으로도 삼아
자신의 종의를 밝히는 의지처로 삼았던 것을 전한다. 또 오늘날 현존하는
나집 역 『대지도론』100권이 나집의 판단에 의해 원본의 3분의 1로 압축된
것은 앞의 서문에서

> 경본經本이 정해지자 이 석론釋論을 역출하였다. 논서의 약본略本에 10만
> 게송이 있는데, 한 게송에 32자가 있어서 모두 320만 언이었다. 이민족의
> 말과 중국 말은 서로 다르고 또 번쇄하고 간략한 차이가 있기 때문에 3분
> 의 2를 제외시켜 이 1백 권을 얻었다. 이에 위대한 지혜의 30만 언의 현묘
> 한 헌장과 완곡한 종지를 분명히 알 수 있게 되었고 귀의처에 통달하게
> 되어 다시는 이치에 미혹하는 의심이 없어졌으며 문장으로 도를 구해도
> 간격이 없어지게 되었다.
> 經本既定, 乃出此釋論. 論之略本有十萬偈, 偈有三十二字, 并三百二十萬言.
> 胡夏既乖, 又有煩簡之異, 三分除二, 得此百卷. 於大智三十萬言, 玄章婉旨,
> 朗然可見, 歸途直達, 無復惑趣之疑, 以文求之無間然矣.

라고 서술하는 바에서 분명하다. 다른 곳에서

> 법사는 중국인들이 간결한 것을 좋아하므로 재단하여 간략하게 만든 것이
> 다. 만약 그 문장을 빠짐 없이 번역했다면 거의 천여 권에 달했을 것이다.
> 法師以秦人好簡, 故裁而略之. 若備譯其文, 將近千有餘卷.

라고도 서술한다. 즉 현존하는 100권의 논서는 중국과 인도, 서역의 사정 차이

를 감안하여 복잡함을 없애고 간결함을 선택하기 위해 나집이 초략한 것임을 알 수 있다.

승예는, 나집이 입관入關한 401년에 "나는 이미 소명을 깨달아 이 참된 교화를 만나 감히 미약한 정성이나마 힘을 다하여 번역의 임무를 담당하게 되었다."[5]라고 스스로 술회하는 것처럼, 50세에 이르러 도안이 죽은 후 장안 불교계의 지도자로서 나집 번역의 현장에서 긴밀히 참여했던 사람이고 나집 역의 경론에 많은 서문을 짓는데, 그중에서도 이 「대지석론서大智釋論序」는 특히 나집 번역의 고심을 생생하게 전하는 것으로 학자들이 주목하는 곳이다.[6] 그것은 「대지석론서」의 다음의 문장에 의해 알 수 있다. 즉

> 법사는 중국어에 정통하였지만 오직 하나의 방언만을 알 뿐이어서 달라서 떨어져 있을수록 통하지 못하였다. 말이 서로를 깨우치지 못한다면 마음을 그것으로 헤아릴 수 없고, 마음을 헤아릴 수 없으면 깨달은 회포를 문장에 의탁할 수 없다. 말을 깨우치지 못하면 어떻게 서로 다른 길을 한 곳으로 이르러 오게 할 수 있겠는가. 이치가 진실로 그러한 것이다. 나아가서 붓을 멈추고 시비를 다투고자 하면 하루 종일 쟁론해도 결코 이룰 수 없고, 물러나서 간편하게 하고자 하면 함부로 하다가 손을 다치고 섣불리 구멍을 뚫는다는 비방을 짊어지게 된다. 이 때문에 두 번 세 번 번역된 것을 조사해서 기록하였으니, 결코 내용 없는 수식은 하지 않았다. 바라건대 밝게 깨달은 현자들은 문장을 간략히 하고 현묘한 종의를 추숭하라. 法師於秦語大格, 唯識一往方言, 殊好猶隔而未通. 苟言不相喩, 則情無由比,

---

5   위의 책, 권8, 「대품경서」 제2(T55, 53a). "予既知命遇此眞化, 敢竭微誠屬當譯任."

6   橫超慧日, 「鳩摩羅什の飜譯」(『中國佛敎の硏究』) 제2, pp.108~109) 참조.

不比之情則不可以託悟懷於文表. 不喻之言亦何得委殊塗於一致. 理固然矣.
進欲停筆爭是, 則校競終日, 卒無所成. 退欲簡而便之, 則負傷手穿鑿之譏.
以二三唯案譯而書, 都不備飾. 幸冀明悟之賢, 略其文而挹其玄也.

라고 맺는다. 승예가 이렇게 나집의 번역에서의 특수한 고심을 서술할 수
있었다는 것은 승예가 나집에 대해 매우 긴밀한 입장에 있고 그 역경장에서
중요한 위치를 차지했던 것을 말한다.

2. 『대품반야大品般若』

  이상과 같은 역경 상의 고심에도 불구하고 예를 들어 원문의 3분의 1로
초략했다고는 하지만, 나집 입관의 다음 해『대지도론』100권이라는 거대한
논서가 왜 곧바로 번역 개시되었는가라고 한다면 말할 것도 없이 이『지도론』
이 대승 중관 불교의 확립자인 나가르쥬나가 찬술한 것이고『대품반야경』의
상세한 주해서였기 때문이다. 나집 역경의 또 하나의 커다란 특징은 나집
이전의 역경가에 의해 이미 번역되어 있었던 대승 경전의 재역이라는 점이다.
예를 들면『법화경』에 대해서는 이미 세 개의 번역이 있어서 당시에는 축법호
竺法護 역의『정법화경正法華經』10권이 유행하였고,『유마경』에 대해서도 지
겸支謙 역, 축법호竺法護 역, 축숙란竺叔蘭 역의 세 가지 번역을 헤아리고 있었
다.『대품반야』(이만오천송반야)에 대해서도 축법호 역의『광찬반야光讚般若』
10권이나 무라차無羅叉 역『방광반야放光般若』20권이 존재했는데, 이 경전들
을 거듭하여 역출하는 것에 의해 대승 공사상의 진의를 가르치고 그 귀추를
분명히 하는 것이야말로 중국 불교자가 나집에게 기울였던 최대의 기대이기
도 했다. 당시 위진 불교계는 유행하는 노장학에 기탁하여 이 반야나 유마에서

설해지는 대승의 공사상을 이해하려고 했던 이른바 '격의 불교'의 전성 시대이어서 이론異論이 속출하여 귀착하는 곳을 알 수 없었다. 장안 불교계의 지도자로서 나집 추대의 단서를 제공하고 스스로는 그의 입관을 기다리다 못해 서거했던 석도안釋道安(314~385)은 저간의 사정을

> 옛날 한음현漢陰縣에 있었던 15년 동안 『방광반야경』을 해마다 항상 두 번씩 강설하였다. 수도에 온 지 어언 4년이 되어가는데, 여기에서도 항상 해마다 두 번씩 강설하면서 감히 게으르거나 쉬지 않았다. 그런데 구절이 막히거나 문맥이 이어지지 않는 경우에 이를 때마다 책을 놓고 깊이 생각하면서 축법호나 무라차 같은 이들을 만나지 못한 것을 한스럽게 여겼다. 昔在漢陰十有五載, 講放光經, 歲常再遍. 及至京師, 漸四年矣, 亦恒歲二, 未敢墮息. 然每至滯句, 首尾隱沒, 釋卷深思, 恨不見護公叉羅等.[7]

라고 서술하여 종래 반야 경전에 의한 공사상의 이해에 불만스러운 한탄을 감추지 않았다. 이러한 도안의 고충을 통찰했던 제자 승예는 여기에 더하여 다음과 같이 부연한다. 즉

> 반야의 바람이 동쪽으로 불어와 불법이 유입되어 읊조려진 이래 강습해서 익혔다고는 하나 격의의 방법으로는 원본과 멀리 어긋나게 되었고, 6가의 해석은 한쪽으로 치우쳐 성공性空의 종의에 일치하지 못하였다. 지금 징험해보면 진실을 최대한 얻긴 하였지만 도야의 노력이 극진하지 못한 점이 조금 아쉽다. 마땅히 이것은 찾을 만한 법도 없고, 찾아서 얻지 못할 것도 아니다. 어떻게 알 수 있는

---

7   승우, 『출삼장기집』 권8 「마하발라야바라밀경초서摩訶鉢羅若波羅蜜經抄序」 제1(T55, 52b).

가? 이 땅에서 먼저 역출된 모든 경 중에 식신識神의 자성이 공이라고 분명하게 말한 곳은 적고, 식신에 관한 문장이 있는 곳은 매우 많다. 『중론』과 『백론』의 두 가지 논서의 글이 이 땅에 아직 이르지 않았고 통달하여 조감한 이도 없으니, 누가 이것을 바로잡았겠는가? 선대의 종장宗匠이 문장을 짓다가 말고 크게 개탄하면서 미륵 보살이 오면 의심나는 것을 풀어야겠다고 생각한 것은 진실로 그 까닭이 여기에 있다.

自慧風東扇, 法言流詠已來, 雖曰講肄格義迂而乖本, 六家偏而不即性空之宗. 以今驗之, 最得其實, 然鑪冶之功微恨不盡. 當是無法可尋, 非尋之不得也. 何以知之. 此土先出諸經, 於識神性空, 明言處少, 存神之文其處甚多. 中百二論文未及此. 又無通鑒誰與正之. 先匠所以輟章遐慨. 思決言於彌勒者, 良在此也.[8]

라고 서술한다. 이 승예의 서문은 당시 중국 불교자에서 격의 불교의 혼미를 남김없이 전한다. 그러니까 나집에 의한 『반야경』 신역이라는 쾌거는 장안 불교계 모두 대망하는 바였던 것이다. 이 기대에 답하여 홍시 5년(403) 4월 23일, 소요원에서 역출을 개시했던 것이 『대품반야』이다. 즉 승예는 같은 경의 서문에서

홍시 5년(403) 계묘癸卯년 4월 23일 경성 북쪽의 소요원에서 이 경을 역출하였다. 나집 법사는 손에 호본胡本을 잡고 입으로 중국말로 선양하여 서로 다른 언어를 양쪽으로 풀이하면서 문장의 뜻을 번갈아가면서 설명하였다. 진나라 왕은 몸소 예전에 번역된 경전들을 열람하면서 그 옳고 그름을 따지고, 서로 통하는 방도를 질문하여 종의를 분명하게 하였다. 오랫동안 함께 그 뜻을 연구해온 사문 석혜공慧恭·승략僧略·승천僧遷·보도寶度·

———

8   위의 책, 권8, 승예, 「비마라힐제경의소서毘摩羅詰提經義疏序」 제14(T55, 59a).

혜정慧精·법흠法欽·도류道流·승예僧叡·도회道恢·도표道標·도항道恒·도종道悰 등 5백여 인과 그 의미를 자세하게 연구하고 문장을 살핀 후에야 기록하였다. 그해 12월 15일 모두 역출하였는데, 교정을 보고 검토해서 다음 해 4월 23일에 끝마쳤다.

以弘始五年歲在癸卯, 四月二十三日, 於京城之北逍遙園中出此經. 法師手執胡本, 口宣秦言, 兩釋異音交辯文旨. 秦王躬攬舊經驗其得失, 諮其通途坦其宗致. 與諸宿舊義業沙門, 釋慧恭, 僧䂮, 僧遷, 寶度, 慧精, 法欽, 道流, 僧叡, 道恢, 道標, 道恒, 道悰等五百餘人, 詳其義旨, 審其文中, 然後書之 以其年十二月十五日出盡, 校正檢括, 明年四月二十三日乃訖 (T55, 53a.)

라고 서술한다. 진왕秦王 스스로 구역舊譯의 경전을 가려뽑아 그 득실을 징험하고, 오랫동안 함께 그 뜻을 연구해온(宿舊義業) 사문 500여 인이 그 뜻을 상세히 한다고 하는 위의威儀 가운데서 같은 해 12월 15일에 번역을 완료하고 다음 해 홍시 6년(404) 교정 검토를 모두 마쳤다고 기록한다. 전후 1년으로서 『대품반야』의 역출을 본 것인데, 승예는 『대지도론』의 역출과 관련하여 또 이어서 다음과 같이 서술한다.

문장이 거의 정해진 것도 『석론釋論』으로 검토해보면 오히려 미진한 부분이 많아 이로써 그 논서를 역출해냄에 따라 그것(『대품반야』)을 교정하였다. 『석론』의 번역이 끝나자 이에 곧 문장이 결정되었는데, 이것을 정하는 것이 아직 끝나지 않았음에도 이미 글로 써서 전하는 자가 있었고, 또 자신의 뜻에 따라 문장을 늘이거나 줄이는 경우도 있어서 내가 '반야바라밀'이라 제목을 삼은 것과는 문장과 언어가 서로 어긋나 전후의 맥락이 같지 않게 되었으니, 진실로 후학들이 자신의 생각을 비우는 것이 박약하고 자신의 생각을 믿는 것이 두터웠기 때문일 것이다.

文雖粗定, 以釋論檢之, 猶多不盡, 是以隨出其論隨而正之. 釋論旣訖, 爾乃文定, 定之未已, 已有寫而傳者, 又有以意增損, 私以般若波羅蜜爲題者, 致使文言舛錯, 前後不同, 良由後生虛己懷薄, 信我情篤故也.

　나집이 장안 입관의 다음 해에 이미『대지도론』100권의 역출에 착수했던 것은 지금 승예가 "문장이 거의 정해진 것도『석론釋論』으로 검토해보면 오히려 미진한 부분이 많아 이로써 그 논서를 역출해냄에 따라 그것(『대품반야』)을 교정하였다."라고 서술한 것처럼 늘『대지도론』을 비추어『대품반야』의 역출에 착오가 없기를 의도했기 때문이다. 그러나『대지도론』은『대품반야』보다 1년 일찍 그 역출에 착수했음에도 불구하고 그 번역의 완료는『대품반야』에 늦은 것이 다시 1년이었다. 따라서 "이것을 정하는 것이 아직 끝나지 않았음에도 이미 글로 써서 전하는 자가 있었다."라고 승예가 전하는 것처럼『대지도론』의 번역이 완료되지 않은 동안에 벌써 신역의『반야경』은 장안 불교계에 마른하늘에 단비처럼 침투했던 것이다.

3.『소품반야小品般若』

　나집은 후에 홍시 10년(408) 2월 6일에서 4월 30일 사이에『소품반야』(팔천송반야) 10권을 역출하고, 승예는 이것에도 서문을 쓴다.[9]『소품반야』도 이전에 이미 지루가참支婁迦讖 역『도행반야경道行般若經』10권, 지겸支謙 역『대명도무극경大明度無極經』6권, 축법호 역『마하반야바라밀초경摩訶般若波羅蜜抄經』5권의 구역 3종이 있었는데, 나집의『대품반야』의 역출에 의해 구역과의 상위

9　위의 책, 권8, 승예, 「소품경서」 제4(T55, 54c~55a).

가 명료해지면서 이 소품에 대해서도 후진後秦의 태자의 요청에 의해 재역의 단계에 이르렀다.[10] 그러나 나집 이후의 중국 불교에서는 오로지 앞의『대품반야』와 그 주해서인『대지도론』만이 중용되어『소품반야』에 대해서는 거의 연구되거나 고려된 기회가 적었다. 이러한 중국 불교의 경향은 위진 시대에 이미 구역에 의해 도안道安이『도행경집이주道行經集異注』[11] 1권을 저술하고 지도림支道林이『대소품대비요초大小品對比要抄』[12]를 지어 대품과의 비교 연구를 행했던 전통을 중단한 것이기도 했다. 그리고『지도론』과 함께 대품만이 반야경 연구의 전거로서 후세의 중국 불교에 커다란 영향을 주었던 것이다. 후에 양의 무제가『성실론』연구를 버리고『대품반야』의 연찬을 뜻했을 때 명승 20인을 모아 천보사天保寺의 법총法寵들과 그 거취去取를 상세히 하고, 영근사의 혜령 등은 필공筆功을 겸하여 그『석론』을 채록하여 경본經本에 주석하고 많은 주해를 간략히 하여 긴요한 해석을 취했다[13]라고 전하는 것은 나집 문하에서의 대품 역출의 고사故事가 되었던 것이겠다. 그 의미에서 이러한 연구의 전통은 이미 장안의 나집 문하에서 확립되어 있었다고 할 수 있다.

---

10 위의 책, "有秦太子者, 寓跡儲宮, 擬韻區外, 翫味斯經, 夢想增至, 准悟大品, 深知譯者之失, 會聞究摩羅法師, 神授其文, 真本猶存, 以弘始十年二月六日, 請令出之, 至四月三十日, 校正都訖."(T55, 55a)이라 하고 진의 태자의 요청에 의해 대품에 준하여 구역의 실수를 교정하기 위해 역출된 것을 알 수 있다.

11 도안의『도행경집이주』는 오늘날 현존하지 않지만『출삼장기집』권5「신집안공주경급잡경지록 新集安公注經及雜經志錄」제4에 "道行品者, 般若抄也. 佛去世後, 外國高明者撰也. 辭句質複, 首尾互隱, 為集異注一卷."(T55, 39c)라고 하여『도행반야집이주』1권의 저술이 존재했던 것을 알 수 있다.

12 지도림의『대소품대비요초』도 결본이지만『출삼장기집』권8(T55, 55a~56c)에 그 '서문'이 기재되어 있다.

13 대량황제大梁皇帝,「주해대품서注解大品序」(승우,『출삼장기집』권8, T55, 54b). "朕以聽覽餘日, 集名僧二十人, 與天保寺法寵等, 詳其去取, 雲根寺慧令等, 兼以筆功, 採釋論以注經本, 略其多解, 取其要釋."

4. 『백론百論』

이렇게 중관계 논서 중에서 가장 대부大部인 『대지도론』의 번역이 우선 첫 번째로 행해졌다는 이유는 『반야경』 신역의 요청에 답하고 그 지표가 되기 위한 것이었는데, 나집 번역의 경향으로서 일반적으로 앞선 번역이 있는 경전의 재역에 착수하는 것이 많은 까닭이, 하나는 『대품반야』나 『소품반야』의 역경에서 보는 것처럼 장안 불교계의 여망이 있었다는 것과 또 번역 상의 기술적인 문제, 말하자면 옛 번역을 참조하고 그 잘못을 교정하여 적절한 역문을 내기 위해 앞선 번역이 있는 경전을 우선으로 하고 아직 알려지지 않은 것은 뒤로 돌린다고 하는 주도면밀한 배려가 나집의 주변에 있었을 것임이 학자에 의해 지적된다.[14] 이 문제는 삼론 중에서 가장 일찍 역출된 『백론』 번역의 사정에 잘 나타난다.

현존하는 『백론』의 역출은 홍시 6년(404)인데, 이미 나집 입관의 다음 해인 홍시 4년(402) 『대지도론』과 동시에 최초의 번역이 시도되었다. 현존하는 승조의 「백론서」에 주석한 길장의 「백론서소」에서는 다음과 같이 전한다. 즉

> 그런데 『백론』에는 2개의 서문이 있다. 하나는 승예 법사가 지은 것이고, 또 하나는 승조 법사가 지은 것이다. 흥황사興皇寺 법랑法朗 화상은 매 강의에서 항상 승조 법사의 서문을 읽었다. 바로 그 사람의 말이 아름답고 뜻이 깊어 『백론』의 취지에 잘 부합하고 정황을 몸소 알았기 때문에 받아 계승하였다. 또 승예 법사의 서문은 홍시 4년(402) 먼저 번역된 판본에 대한 것인데, 나집 법사가 도래한 초기에는 방언에 익숙하지 않아 이 번역본

14 　橫超慧日, 「鳩摩羅什の飜譯」(『中國佛敎の硏究』第2, p.112) 참조.

에 대한 서문도 취지에 적중하지 못하였다. 승조 법사의 서문은 곧 이 문장으로 홍시 6년(404)에 다시 번역된 판본에 대한 것인데, 문의文義가 정확해서 지어진 서문도 좋았다.

但, 百論有二序. 一叡師所制, 二肇公所作. 興皇和上每講常讀肇師序. 正為其人言巧意玄妙符論旨, 親覩時事, 所以稟承. 又叡師序是弘始四年前翻, 什師初至方言未融. 為此作序, 猶未中詣. 肇師序即是此文六年重翻, 文義既正, 作序亦好. (T42, 232a).

라고 서술한다. 말하자면 본래 「백론서」에는 승예와 승조의 2개가 있는데, 승예가 서문을 제작했던 것은 홍시 4년(402)의 초역본에 대해서였다. 그러나 이때 나집은 진秦의 방언에 그다지 정통하지 않았기 때문에 승예의 서문도 완전한 것이라고는 할 수 없었다. 그래서 나집은 홍시 6년(404) 다시 이것을 번역하고 이번에는 승조가 이것에 서문을 붙였는데, 이미 문의文義도 정확하므로 서문도 훌륭하게 되었다. 때문에 길장의 스승 흥황사 법랑(507~581)은 강의하는 때에 이 승조의 서문을 읽었다고 하는 것이다. 현존하는 승조의 「백론서」에도 "우선 친히 번역했다고 해도 아직 방언에 밝지 않아 사심자思尋者로 하여금 그릇된 문장에 주저하게 하고 표위자標位者로 하여금 귀의처에 어그러지게 함에 이르렀다."[15]라고 서술하여 이것을 입증한다. 또 승조는 "나집이 항상 이 논서를 음미하면서 읊고 이로써 심요心要를 삼았다."[16]라고 하는 것처럼 나집은 개인적으로 이 논서를 애호하고 일상적으로 독송했던 형적이 있다. 그래서 학자는 승예가 서문을 붙였던 홍시 4년(402)의 초역이란 나집이

---

15 승조, 「백론서」(승우, 『출삼장기집』 권11, 「백론서」 제3, T55, 77b~c). "先雖親譯, 而方言未融, 致令思尋者躊躇於謬文, 標位者乖迕於歸致."

16 위의 책(T55, 77b). "有天竺沙門鳩摩羅什, 器量淵弘, 俊神超邈, 鑽仰累年轉不可測, 常味詠斯論, 以為心要."

개인적으로 한역했던 것이고, 이것이 국가적인 규모로 재교정된 것이 6년(404)의 정본이었다고 지적한다.[17]

이렇게 먼저 「대지도론서」에서 승예가 소개했던 역경 상의 고심에서도 분명하듯이 나집 정도의 어학의 천재도 적절한 진나라의 방언으로 번역함에는 많은 중국인 불교자의 협력이 필요하고, 또 시간을 두고 진행하지 않으면 안 되었다. 이리하여 중국 불교자의 요청이나 번역 상의 문제 등 여러 가지의 요인에서 앞선 번역이 있는 경전을 우선으로 하고, 용수계 대승 중관 불교를 대표하는 삼론의 번역이 정식으로 행해졌던 것은 장안에서 나집의 역경 활동으로서는 비교적 후기에 속하게 되었다.

5. 『중론中論』· 『십이문론十二門論』

홍시 11년(409) 장안의 대사大寺에서 『중론』 4권과 『십이문론』 1권이 역출되었다. 전자에는 승예와 담영의 두 사람이 서문을 짓고, 후자에는 승예의 서문이 있다. 다만 『출삼장기집』 권2 「신집경론록제일新集經論錄第一」의 구마라집의 항목에는 이 『중론』과 『십이문론』에 대해서 특히 번역년의 기재가 없고, 이 서문들의 본문에도 종전의 서문과는 달라서 어디에도 역출 일시의 기재가 없다. 담영의 「중론서」와 승예의 「십이문론서」의 말미에

나집 법사는 진나라 홍시 11년(409)에 대사大寺에서 역출하였다.
羅什法師以秦弘始十一年於大寺出(之)[18]

---

17 塚本善隆, 「鳩摩羅什論」(2)(『干潟博士古稀記念論文集』, p.356)의 지적에 의한다.

18 승우, 『출삼장기집』 권11 담영 「중론서」 제2(T55, 77b), 승예 「십이문론서」 제4(T55, 78a). 후자에서 '之'의 한 글자를 덧붙일 뿐으로 모든 문장이 동일하다.

라는 주석이 있는데, 이것에 의해 홍시 11년 역출설이 성립했던 것이다.

그러나 승조가 저술한 『반야무지론般若無知論』에서 이 나집 역 『중론』의 인용이라고 생각되는 한 문단이 있다. 즉

> 그러므로 『중론』에서 말한다. 사물이 인연에 따라 존재하므로 참이 아니고, 인연에 따라 존재하지 않으므로 곧 참이다.
> 故中論云, 物從因緣有故不眞, 不從因緣有故卽眞. (T45, 154a.)

라고 하는데, 이것은 『중론』 권1 「인연품」의 문의文意를 취하여 인용한 것이다.[19] 그런데 승조가 『반야무지론』을 썼던 시점은 혜교의 『고승전』에 의하면 나집의 대품 역출의 직후라고 되어 있다.[20] 대품의 번역은 앞에서 서술한 것처럼 홍시 6년(404)이다. 게다가 나카다겐지로오中田源次郎 씨는 『반야무지론』에 『유마경』 「불국품」의 인용도 보이는데 그것은 나집 역이 아니라 고역古譯에서의 인용이고 따라서 『반야무지론』은 나집에 의한 신역 『유마경』 역출의 홍시 8년(406) 이전에 성립해 있었다고 추정되며 이 성립을 홍시 7년(405)으로 판정한다.[21]

그래서 이 『반야무지론』에 『중론』의 인용이 보인다는 것은 이미 어떤 형태로 『중론』의 시역試譯이 이루어져 있었던 것을 나타낼 것이다. 츠카모토젠류우塚本善隆 박사는 담영 「중론서」의 앞에서 기술한 주석은 나중에 쓰인 것으로 인식되고, 홍시 11년(409)은 앞의 번역을 다시 다듬어 결정본을 공식적인 것으

---

19 中田源次郎, 『國譯一切經』 「肇論」 p.44의 각주 참조.

20 『고승전』 권6 승조전에서 "及見什諮稟, 所悟更多, 因出大品之後, 肇便著般若無知論凡二千餘言, 竟以呈什, 什讀之稱善."(T50, 365a)라 한다.

21 中田源次郎, 앞의 책 '肇論解題' 참조.

로 삼았던 때일지도 모른다고 추정한다.[22] 츠카모토塚本 박사의 추정처럼 담영 「중론서」 말미의 주석은 그 형식에서 보아도 뒷사람에 의해 쓰였다고 생각되는 것인데, 이것과 완전히 같은 문장인 승예의 「십이문론서」의 주석에 대해서도 같은 형식을 갖는 바에서 이것도 뒷사람에 의해 쓰였다고 볼 수도 있는데, 양자 모두 후세에 쓰였다고 단정하는 것이 반대로 부자연스럽다고 한다면 차라리 같은 문장, 같은 형식을 갖는다고 하는 것에서 역으로 다음과 같은 추정도 성립한다. 즉『십이문론』이『중론』의 요약적인 논서인 것에서 미루어 그 성립은『중론』과 동시 혹은 그 직후였다고 생각되는데, 이『십이문론』의 서문에 홍시 11년 성립이라고 쓰여 있어서 후에 이것이 동시에 결정본이 성립했던『중론』에 대해서도 같은 취지가 쓰여 이루어졌다고도 생각된다.

또 홍시 11년은 현존하는『중론』4권이 다시 다듬어져 그 결정역決定譯이 나온 해라는 것은 앞의『백론』이 두 번 번역되는 것에서도 충분히 추측된다. 그 때문에『백론』에는 승예와 승조의 두 가지 서문이 존재했다.『중론』에 대해서도 승예와 담영의 두 가지 서문이 있다는 것은 그간의 사정을 나타낸다. 또「백론서」'의 경우와는 달리「중론서」에 대해서는 두 가지 서문 모두 버리기 어려운 것이 있어서 그대로 남았다고 볼 수 있을 것이다. 이 경우 어느 쪽이 앞선 것인가 한다면 아마『출삼장기집』에서 기록한 순서대로 승예의 서문 쪽이 이른 성립이라고 보아야 한다. 왜냐하면 앞의 번역은 모두 나집 개인의 시험적인 것이든가 아니면 기껏해야 측근 제자들만이 참가한 집단적인 번역 사업으로 다른 경론에서 보이는 것 같은 국가적 번역 사업이라는 것과는 달랐을 것이기 때문이다. 따라서 나집 문하에서 장로격 위치를 가졌던 승예야말로 이것에 서문을 붙이기에 적합한 사람이었다. 그러나 다음 절에서 서술하겠지

---

22 塚本善隆, 앞의 책, p.357 참조.

만, 나중에는 담영이 이『중론』에 4권의 주소註疏를 저술하고 나집 문하에서의 『중론』연구의 제일인자로서의 지위를 확립하게 되었던 것이다. 그래서 다시 다듬어 결정본을 내기에 당면해서는 승예를 대신하여 담영이 서문을 쓰기에 이르렀다고 보아야 한다. 길장은 양자의 서문을 모두 중용하고 동등하게 인용했는데, 특히 승예의 서문에 주소하여 「중론서소」를 저술했던 것은 이것이 개인적인 시역본試譯本에 붙였던 서문이긴 해도 특히 우수한 것이었기 때문이다.

이렇게 삼론 중에서『중론』,『백론』의 두 가지 논서까지 중역重譯의 시도가 이루어졌다는 것은 번역상의 기술적인 문제도 있지만 이 논서들이 중국 불교에는 전혀 미지의 것이고 게다가 용수계 중관 불교를 대표하는 고도의 철학적 내용을 가진 논서였기 때문이다. 따라서 이것을 받아들인 일반적인 중국 불교자 쪽에서 이해할 만한 소양을 결여했던 것은 당연하다. 그래서 나집 쪽에서도 이것에 대한 여러 가지 배려가 있었을 것이다. 예를 들면『중론』4권은 그 산문의 주석이 청목靑目의 해석인데, 승예의 서문에 의하면 나집은 이 청목주에 대해 다음과 같이 서술한다. 즉

> 지금 여기에 해석을 펴낸 사람은 천축국 바라문으로 빈가라實伽羅라고 한다. 중국 말로는 청목이라는 사람의 해석이다. 이 사람은 비록 깊은 불법을 믿어 이해하기는 하지만 그 언사는 우아하지 못하기에 그중에서 어긋나거나 이지러지거나 번잡하거나 중복된 것은 나집 법사가 모두 없애거나 보충하여서 경전과 통하는 이치가 완벽하도록 하였다. 문장은 간혹 그다지 좋지 못한 것도 있다.
>
> 今所出者, 是天竺梵志, 名賓伽羅. 秦言青目之所釋也. 其人雖信解深法, 而辭不雅中, 其中乖闕煩重者, 法師皆裁而裨之, 於經通之理盡矣. 文或左右未盡善也. (T55, 77a.)

라고 한다. 청목이 "심법深法을 신해信解한다고 해도 그 언사는 우아하지 못하다."라고 하여 "그중의 괴궐번중乖闕煩重한 것은 모두 나집이 없애거나 보충하였다."라고 하는 것이다. 또 승조의 「백론서」에서는 『백론』이 본래 20품이고 각 품에는 5게송 정도이어서 『백론』이라고 칭했는데, 뒤의 10품은 "그(나집)가 이 땅에 무익하다고 생각하였다. 그러므로 없애어 전하지 않았다."라고 말하는 것처럼[23] 수용하는 중국 불교자 쪽에 대한 주도면밀한 배려가 되어 있는 것을 간과할 수 없다. 삼론의 전역이 다시 다듬어 결정했다고 하는 이중의 절차를 필요로 했던 것은 이렇게 여러 사정이 그간에 개재되어 있었다고 볼 수 있다.

---

23 승조, 「백론서」(승우, 『출삼장기집』 권11, T55, 77c). "論凡二十品, 品各有五偈. 後十品, 其人以為無益此土. 故闕而不傳."

제2절 나집 문하의 삼론 연구

1. 승예僧叡

1) 나집 문하에서 승예의 위치

이미 제1장에서의 삼론 학파의 원류 계보에 관한 길장의 심증에서 승조와 함께 가장 중요성을 가졌던 인물은 승예라고 서술했다. 즉 길장은 "문도는 3천 명이지만 입실 제자는 오직 8명이다. 승예를 수령으로 삼았다."라고 서술하고 "문장에서 말하기를, 나이든 이는 도융과 승예이고 나이 어린 이는 도생과 승조이다."[1]라고 하여, 이른바 관중의 4성四聖으로 도융·승예·도생·승조의 4인을 거론하고 승예를 그 수령으로 간주했다. 관중의 4성四聖·4철四哲에 이 4인을 열거하는 것은 길장의 독자적인 견해이며,[2] 그는 이것을 "문장에서 말하기를"이라고 칭하여 전거가 있는 것을 보이지만 어디에 근거한 것인지는 명확하지 않다.[3] 구마라집 문하의 승예의 지위에 대해서는 종래의 불교사가에 의해 그다지 높은 평가를 받지 않는데,[4] 근년에 위스콘신 대학의 로빈슨 교수

---

1 길장, 「중관서소」(『중관론소』 권1, T42, 1a). "門徒三千入室唯八, 睿為首領 文云, 老則融睿, 少則生肇."

2 관중(관내)의 4성(4철)의 구체적인 인명에 대해서는 『고승전』 외의 문헌에 같고 다름이 있어 일치하지 않는 것은 이미 서술했다(제1장 주 17번 참조).

3 이 길장이 채용한 설이 전거가 명확하지 않은 것은 湯用彤, 『漢魏兩晉南北朝佛敎史』 하책에서 "후대사람들이 생生, 조肇, 융融, 예叡(마땅히 승예이다.)를 4성이라 칭했다(이 설은 언제 시작되었는지 모르겠는데, 송나라 지원智圓의 『열반기요涅槃機要』에 실려 있다.)."(p.323)라는 것을 참조.

4 탕용통 교수는 "이 중에서(나집 문하) 승조는 삼론의 시조이고, 도생은 열반의 성자이고, 승도·승숭은 성실의 사종師宗의 시초이어서 모두 마땅히 후에 별도로 상술하겠지만, 그 외 여러 사람들은 조금 요점만을 가려 그 사적의 대략을 아래에서 서술한다."(앞의 책, p.324)라고 하여 승조, 도생, 승도, 승숭에 대해서는 이것을 뒤에 상술하지만 승예에 대해서는 "승예는 위군魏郡 장락인長樂人으로 승현僧賢에 의지하여 출가하고 일찍이 승랑이 『방광경』을 강설하는 것을 듣고 사사하여 도안을 도와 경전을 번역하고 후에 나집이 입관하였을 때 참여하여 역경하니 영재라 칭함을 받았고 죽었을 때는 67세였다."라고 겨우 1행 반으로 그의 생애를 서술하는 것에 지나지 않는다. 또 境野黃洋, 『支那佛敎精史』에서도 단순히 "나집이 역출한 경론의 서문을 승예가 많이 쓰는 것을 보면 문하 중에서 문장가로서 추중推重되었던 것에 다름 아니다."(p.413)라고 소개되는 등이 전부이고 그다지 높은 평가를 받는다고는 할 수 없다.

는 그의 저서『인도와 중국의 초기 중관불교』(Early Mādhyamika in India and China)[5]에서 승조와 함께 승예를 나집 문하에서의 제일인자로서 인정하는 것은 삼론의 대성자 길장의 심증과 일치한다.

『고승전』[6]에 의하면 승예는 위군魏郡 장락長樂(하남성河南省 안양현安養縣) 사람으로 18세에 출가하여 승현의 제자가 되었다. 22세에 널리 경론에 통달하고 승랑[7]의『방광반야』의 강의를 들으면서 자주 질문하여 승랑에게 칭찬받았다. 24세 때 명소를 편력하여 곳곳에서 강설하였는데, 나집의 입관과 함께 청하여 『선법요禪法要』 3권을 출간하게 한다. 후진의 요흥, 요숭의 신뢰가 두터워 '업도鄴都의 송백松柏', '사해四海의 표령標領'이라고까지 귀히 여겨졌다. 나집이 번역한 경에 참가하고『법화경』의 번역에 말을 올리고 또 후에『성실론』을 강의하여 나집에게 찬탄 받았다.『지도론』·『십이문론』·『중론』 등의 서문을 저술하고, 대소품· 법화· 유마· 사익思益· 자재왕自在王· 선경禪經 등에 주석하거나 서문을 저술한다. 만년은 안양安養에서 살기를 소원하여 서방으로 향하여 합장하다가 죽었다. 나이 67세였다는 것이『고승전』에서 서술된 승예의 전기이다. 이 혜교에 의한 승예의 전기가 매우 불충분한 것임은 이미 앞 절에서 자주 인용한 나집 번역의 각종 경론의 서문에서 분명한 것처럼 석도안과의 사자師資 관계가 전혀 언급되지 않는다는 한 가지 사실만으로도 명료하다. 따라서 도안이 죽은 후의 장안 불교계의 통솔자로서 나집의 번역 사업을 뒷받침하면서 승조와는 다른 의미로 측근의 제일인자였던 그의 지위와 공적이 부당하게 간과되었다고 할

---

5   Richard H. Robinson, *Early Mādhyamika in India and China*(Madison, Milwaukee, and London, 1967) 5장, "Seng-jui".

6   혜교,『고승전』권6 석승예전(T50, 364a~b).

7   탕용통은 태산泰山의 승랑일 것이라고 말한다(앞의 책, p.324). 태산의 승랑은『고승전』권5 축승랑 (T50, 354b)이다.

수 있다. 이것이 나아가서는 후세의 사가를 오인하게 하고 또 종래의 삼론 학계설에서 전통설과 근대의 비판 학설을 불문하고 승예가 전혀 고려될 수 없었다는 결과를 초래한다. 승예에 관해서는 이러한 혜교 『고승전』의 불충분함이 근년 오오쵸오에니치橫超慧日 박사에 의해 지적되어,[8] 종래부터 문제로 여겨져 왔던 같은 『고승전』 권7에 기재된 혜예慧叡와의 동일인설에 대한 결정적 논문이 발표되기에 이르렀다. 로빈슨 교수가 이 오오쵸오에니치橫超慧日의 논문을 참조했는지는 분명하지 않지만 로빈슨 교수도 승예와 혜예를 완전히 동일 인물로서 취급한다.[9] 만약 승예와 혜예가 동일 인물이라고 한다면 삼론의 강남 전파에 대해 역사적으로도 중대한 역할을 했던 자로서 그 의의는 매우 크다. 그래서 이 점에 관해서는 다음 절 '삼론의 강남 전파'에서 다시 고찰해보도록 하며, 본 절에서는 특히 승예의 장안 나집 문하에서의 지위를 명확히 하고 삼론 연구의 선각자였던 것을 자료에 기초하여 실증하려 한다.

2) 승예의 업적과 「중론서」

『고승전』에 기재된 여산 혜원廬山慧遠(334~417)의 전기에는 다음과 같은 주목해야 할 기사가 수록되어 있다. 홍시 7년(405) 역출된 『대지도론』의 신역은 후진왕後秦王 요흥姚興의 손에 의해 곧 여산의 혜원에게 보내졌는데, 그때 요흥은 서간을 보내어 다음과 같이 쓴다. 즉

『대지도론』의 새로운 번역을 마쳤다. 이것은 기왕에 용수 보살이 지은 것이며, 또한 대승 경전의 지귀旨歸이다. 한 편의 서문을 지어서 지은이의 뜻

---

8   橫超慧日, 「僧叡と慧叡と同人なり」(『中國佛敎の硏究』 第2, 法藏館, 1971年 6月) p.128 참조.
9   R. H. Robinson, 앞의 책, p.116 참조.

을 펴는 것이 마땅하다. 그러나 이곳의 여러 도사道士들은 모두 서로 다른 사람을 추천하고 사양하여 감히 손을 움직이는 사람이 없다. 법사가 서문을 지어 후세의 배우는 이들에게 남겨주면 좋겠다.

大智論新譯訖. 此既龍樹所作, 又是方等旨歸. 宜爲一序以申作者之意. 然此諸道士, 咸相推謝無敢動手. 法師可爲作序以貽後之學者. (T50, 360a.)

라는 것이다. 말하자면 이 서간의 뜻은 신역의 『대지도론』이 용수의 저작이기도 하고 대승의 지귀旨歸이므로 서문을 지어 저작자의 뜻을 펼치라고 했는데, 장안의 불교도들은 서로 사양하여 누구도 자진하여 서문을 지으려고 하지 않았다. 그래서 혜원에게 서문을 짓게 하여 후학에게 남기고자 한다는 요청이다. 때문에 혜원은 『대지도론』의 요지를 초략하여 20권으로 만들어 서문을 지었는데 이 혜원이 지은 「대지론초서大智論抄序」가 승우僧祐의 기록에 현존한다.[10] 그러나 결국 장안에서도 승예가 「대지석론서」를 지었던 것은 이미 본 대로이다.[11] 요흥이 전하는 이러한 문하의 사정 중에 나집이 번역한 중요한 전적의 다수에 서문을 짓는다는 것은 승예의 나집 문하에서의 지위를 보이고도 남음이 있다고 할 수 있을 것이다.

　나집역 경론에 대한 승예의 서문으로 『출삼장기집』에 현존하는 것은 다음의 10종이다. 즉

10　『출삼장기집』 권10, "大智論抄序第二十一釋慧遠作"(T55, 75b~76b), 또 『고승전』 권6 혜원전에서도 "遠常謂, 大智論文句繁廣初學難尋, 抄其要文, 撰爲二十卷, 序致淵雅使夫學者息過半之功矣."(T50, 360b) 라고 한다.

11　『출삼장기집』 권10(T55, 74c~75b). "大智釋論序第十九釋僧叡."

서명	승우록僧祐錄 권수	T55권 쪽수
1. 대품경소大品經序	8	52c~53b
2. 소품경서小品經序	8	54c~55a
3. 법화경후서法華經後序	8	57b~57c
4. 사익경서思益經序	8	57c~58a
5. 비마라힐제경의소서毘摩羅詰提經義疏序	8	58c~59a
6. 자재왕경후서自在王經後序	8	59a~59b
7. 관중출선경서關中出禪經序	9	65a~65c
8. 대지석론서大智釋論序	10	74c~75b
9. 중론서中論序	11	76c~77a
10. 십이문론서十二門論序	11	77c~78a

의 10종이다. 이 중 특히 후세 삼론 학파에서 지도적인 논서가 되었던 4론 중 『대지도론』, 『중론』, 『십이문론』의 세 가지 논서에 관해 문하를 대표하여 그가 서문을 지었다는 것은 삼론 연구에 있어서도 그가 나집 문하에서 제일인 자였던 것을 보여준다.

승예의 삼론 이해의 일단을 살펴보려면 예를 들어 「중론서」의 마지막에서

> 『백론』은 외도를 다스려서 그릇된 것을 멀리 하게 하였고, 이 논서(『중론』) 는 불교 내의 잘못을 떨어버려 막힌 곳이 흐르게 하였으며, 『대지도론』은 그 내용이 아주 풍부하고, 『십이문론』은 그 의미가 매우 정교하다. 이 네 가지 논서를 탐구하는 사람은 진실로 마치 해와 달을 가슴에 품은 듯 훤 하게 꿰뚫어 비추지 못하는 것이 없게 된다.
> 百論治外以閑邪, 斯文(中論)袪內以流滯, 大智釋論之淵博, 十二門觀之精詣. 尋斯四者, 真若日月入懷. 無不朗然鑒徹矣. (T55, 77a.)

라고 4론의 특징을 간결하게 서술하는데, 이것은 후에 삼론에 『대지도론』을

덧붙여 '사론四論'으로서 총합적으로 연구하는 단서가 되고, 또 길장이 『삼론현의』에서 4론의 요령을 서술했던 것과 그 취지를 같이 한다.[12] 이러한 견식은 오로지

내가 이 논서를 진지하게 음미해보았지만 내 손으로 풀어낼 능력이 없다. 이제 다시 나의 비루하고 졸렬함을 망각하고 내 나름의 깨달음을 하나의 서문에 의탁하였다.
予翫之味之, 不能釋手. 遂復忘其鄙拙, 託悟懷於一序. (같은 곳)

라고 감개를 서술하는 것처럼 삼론에 대한 끊임없는 연찬의 성과에 기초한 것이었다. 그리고 그 이해가 단순히 피상적인 것이 아니라 매우 핵심에 다가섰던 것은 길장의 「중론서소」의 다음과 같은 문장에 의해서도 살필 수 있다. 즉 「중론서」에

도와 속의 구분을 벗어나지 못하고 생사와 열반의 두 가지 실제의 구분을 소멸시키지 못한 것이 보살의 근심거리였다.
道俗之不夷, 二際之不泯. 菩薩之憂也.

라는 구절이 있다. 여기서 "도속道俗을 하나로 삼고 이제二際를 소멸시키지

---

12 『삼론현의』에서, "問四論破申云何同異. 答三論通破眾迷, 通申眾教, 智度論別破般若之迷, 別申般若之教. 就三論中自開二類, 百論正破外傍破內, 餘二論正破內傍破外."(T45, 12b)라 서술하고 또 "次論三論通別門, 以智度論對三論則智度論為別論, 三論為通論. 就三論中自有三別, 即為三例. 百論為通論之廣, 中論為通論之次, 十二門為通論之略."(T45, 12c)이라고도 하여 『대지도론』을 대승 별론, 삼론을 대승 통론으로 삼아 『백론』, 『중론』, 『십이문론』을 각각 통론의 광廣, 차次, 약略이라고 한다. 그 이유를 "提婆遍破眾邪備申眾教, 是以論明, 始自三歸終竟二諦, 無教不申, 無邪不破. 中論為對大小學人封執二教故, 但破二迷但申二教, 是以論文有大小二章之說. 十二門論辨觀行之精要, 明方等之宗本"(T45, 12c~13a)이라고 한다.

않는다."라는 이중의 표현을 취했던 것은 무엇 때문인가라는 의문을 설정하여 길장은 이것을 다음과 같이 평한다. 즉

> 답한다. 승예 법사는 『중론』「관열반품」에 있는 두 게송의 의미를 깊게 읽어내었다. 첫 게송에서 "세간은 열반과 조금도 분별되지 않는다. 열반도 세간과 조금도 분별되지 않는다."라고 하였다. 이것은 도속을 하나로 하는 뜻이다. 다음의 게송에서 "생사의 실제와 열반의 실제, 이와 같은 두 실제는 털끝만큼의 차별도 없다."라고 하였다. 논서에는 이미 두 가지 문장이 있으니, 지금 다시 이 두 가지 의미를 서술한 것이다.
>
> 答睿師深見文意, 涅槃品有二偈. 初云, 世間與涅槃無有少分別, 涅槃與世間無有少分別. 此是一道俗之義. 次偈云, 生死之實際及與涅槃實際, 如是二際者無豪釐差別. 論既兩文, 今還敘此二意也. (T42, 3b.)

라고 하여 이것은 승예가 『중론』「관열반품」 제25의 제19게와 제20게, 즉

> 열반은 세간과 조금도 분별되지 않는다. 세간도 열반과 조금도 분별되지 않는다. (19게)
> 열반의 실제와 세간의 실제, 이와 같은 두 가지 실제는 털끝만큼의 차별도 없다. (20게)
> 涅槃與世間, 無有少分別. 世間與涅槃, 亦無少分別.
> 涅槃之實際, 及與世間際, 如是二際者, 無毫釐差別. (T30, 36a.)

라는 두 가지 게송의 의미를 깊게 읽어내어 그 뜻을 서문에 펼친 성과라고 찬탄한다. 이렇게 직접적인 삼론에 대한 주소가 없었는데, 이미 젊은 날 태산의 승랑에게 『방광반야』를 배우고 스승 도안과 함께 반야·공의 이해에 신산辛

酸을 겪었던 승예가 나이 50세를 거치며 원숙의 경지에 들어 나집의 삼론
전역과 강론에 즐거이 귀의했을 때 그 이해는 흔들림 없는 것이었다고 생각한
다. 그러므로 길장은 이 승예가 지은 「중론서」를 총평하여, 『중론』의 서문을
지었던 것은 승예만이 아니어서 담영은 의소와 서문을 짓고 하서 도랑도 논서
의 서문을 지었는데, 특히 승예는 "문장과 뜻이 갖추어져 있고 이치와 사실이
정현精玄하다."라고 하여 이것을 절찬하고, 흥황사 법랑도 항상 숙독하고 애호
했기 때문에 스스로 술작述作하는 것이 없었다고 서술한다.[13] 길장의 평가는
승예의 『중론』 이해의 견식에 대한 후세 삼론 학자의 신뢰의 정도를 살피기에
충분하다.

3)「십이문론서」와 승예 교학의 특질

「십이문론서」에 대해서도 길장은 그 주소註疏 중에서 "이 서문은 이치가
깊고 사실이 넓으며, 말이 들어맞고 뜻이 갖추어졌다."[14]라고 하여 이것을 높이
평가했다. 특히 승예가 이 논서의 대종을 '실상實相의 절중折中'과 '도량道場의
요궤要軌'라고 표현했던[15] 것을 중시하여 '실상'과 '도량'의 두 가지 구절에
"이치로는 갖추어지지 않음이 없고 말로는 포섭하지 않음이 없다."[16]라고 하
여 승예의 『십이문론』의 이해가 이 두 가지 구절에 응축되어 있는 것을 지적한

---

13 길장, 「중관론서소」(T42, 1a). "作中論序非止一人. 曇影製義疏序, 河西道朗亦製論序. 而睿公文義備擧理
    事精玄, 興皇和上開講常讀, 蓋是信而好古述而不作."

14 길장, 「십이문론서소」(T42, 171a). "此序理深事博, 言約義周."

15 승예, 「십이문론서」(『출삼장기집』 권11, T55, 77c). "十二門論者, 蓋是實相之折中, 道場之要軌也."

16 길장, 「십이문론서소」(T42, 171a~b). "今秤歎龍樹此論明實相而是折中, 故言實相之折中也. 問云何為實
    相 答叡師後釋之凡有十不, 謂不內, 不外, 不人, 不法, 非緣, 非觀, 不實, 不虛, 非得, 非失, 故名實相. 道場之
    要軌者, 實相謂所觀之境, 道場即能照之慧, 非實相無以生實觀, 非實觀無以照實相 雖境智宛然而實緣觀俱
    寂也." ㉠ 앞 문장에 바로 이어지는 내용이 본문에서 인용되는 다음의 문장이다. "此之二句, 無理不
    該, 無言不攝."(위의 곳.)

다. 또 "간략히 6조목을 밝히면 바로 읽어낼 수 있다."[7]라고 하여 승예의 서문에서 6항목의 특징을 발견한다. 6항목이란 (1)모름지기 깊게 논의를 보아야 하고, (2)법화에 정통하고, (3)오묘하게 반야를 알고, (4)노장을 잘 조감하고, (5)널리 유학의 경전을 연구하고, (6)우아하게 문장을 짓는다는 것이다. 이 길장이 지적하는 6항목은 「십이문론서」뿐만 아니라 승예의 교학의 특징을 매우 정확하게 파악했던 것이다.

즉 법화와 반야에 정통했다는 지적은 그가 홍시 8년(406)에 저술했던 「법화경후서」에

> 가령 반야부의 모든 경전에 이르러서는 심오하여 극치가 아님이 없으므로 도를 행하는 이는 그것에 의지하여 귀의하고, 커서 갖추지 않은 것이 없으므로 수레에 탄 이들은 그것에 의지하여 제도된다. 그러나 그 대략은 모두 근기에 맞춰 교화하는 것을 근본으로 삼고, 감응해서 작용하는 문에서는 훌륭한 방편을 작용으로 삼지 않을 수 없다. 방편으로 교화하여 중생을 깨우쳐주는 일을 실상인 바탕의 차원에서 넓혀간다 하더라도 부족한 부분은 모두 법화에 맡기는 것이 참으로 마땅하다 할 것이다.
> 至如般若諸經, 深無不極故道者以之而歸, 大無不該故乘者以之而濟. 然其大略皆以適化為本, 應務之門不得不以善權為用. 權之為化悟物雖弘於實體不足皆屬法華, 固其宜矣. (T55, 57b.)

라고 하여 대승 경전으로서의 반야의 심대한 가치를 인식하면서도 그것에 대비하여 법화의 적화응무適化應務의 권용權用을 강조한다고 하는 설명 방식으로

---

17 같은 곳(T42, 171a). "略曉六條方乃可讀. 一須深見論意, 二精通法華, 三妙識般若, 四善鑒老莊, 五博尋儒典, 六巧制文章."

이 두 가지 경전의 중요성을 강조했던 점에서 승예가 이 두 가지 경전에 기울였던 관심이 잘 나타나 있다. 이것이 홍시 10년(408)에 쓰인 「소품경서」에 오면

> 『법화경』은 근본을 비추어 관조에 집중하게 하고, 『반야경』은 지말을 쉽게 하여 괴로움을 풀어준다. 괴로움을 풀어주는 이취理趣가 보살도이고, 관조에 집중하여 근본을 비추는 것은 종극을 추구하는 것이다. 종극에도 없어지지 않으면 돌아가는 길에 잔가지가 많아 삼승이 실재한다는 생각의 흔적이 남아 있게 되고, 방편이 응당 없어지지 않으면 계통이 어지러워지고 끈이 느슨해져서 여러 가지의 이치에 대한 미혹이 있게 된다. 이 때문에 『법화경』과 『반야경』은 서로 의지하여 종극을 기약하고 방편과 진실의 교화를 하나로 명합하여 용맹함을 다하는 것이다. 도리를 궁구하여 본성을 극진하게 하고 만행을 크게 밝히는 것(窮理盡性夷明萬行)을 논한다면 실상이 관조만 못하고, 참된 교화를 크게 밝혀 본래 삼승이 없음을 이해하는 것(大明真化解本無三)을 취한다면 관조가 실상만 못하다. 그러므로 심오함을 찬탄한다면 반야의 공덕을 존중하고, 실상을 찬미한다면 법화의 작용을 밝히게 되는 것이다.
> 法華鏡本以凝照, 般若冥末以解懸. 解懸理趣菩薩道也. 凝照鏡本告其終也. 終而不泯則歸途扶疎, 有三實之跡, 權應不夷則亂緖紛綸有惑趣之異. 是以法華般若相待以期終, 方便實化冥一以俠盡. 論其窮理盡性夷明萬行, 則實不如照, 取其大明真化解本無三, 則照不如實. 是故歎深則般若之功重, 美實則法華之用徵. (T55, 54c〜55a.)

라고 하여 이 경전을 서로 의지하여 중요시한다는 입장을 더욱더 분명히 한다. 즉 "궁리진성窮理盡性, 이명만행夷明萬行"의 반야의 관조와 "대명진화大明眞化, 해본무삼解本無三"의 법화의 실상은 각각에 우열이 있지만 이 양자가 서로

어울려서 대승의 교화가 완전한 것이 된다는 신념은 확고한 것이 된다. 이러한 견해는 승예가 반야와 함께 법화에도 정통하였던 것을 보여주는 것이다. 길장은 『법화현론』 권3에서 법화와 반야의 동이를 논하여

> 다시 관중 승예의 「소품경서」를 보아서 두 가지 경전의 우열을 깊이 판단해보면 나의 의견과 동일하다. 승예는 말한다. "반야는 관조이고 법화는 실상이다. 도리를 궁구하여 본성을 극진하게 하고 만행을 크게 밝히는 것을 논한다면 실상이 관조만 못하고, 참된 교화를 크게 밝혀 본래 삼승이 없음을 이해하는 것을 취한다면 관조가 실상만 못하다. 그러므로 심오함을 찬탄한다면 반야의 공덕을 존중하고, 실상을 찬미한다면 법화의 작용을 높이는 것이다."
> 復見關中僧叡小品經序, 盛判二經優劣, 將余意同. 叡公言, 波若照也, 法華實也. 論其窮理盡性, 夷明萬行則實不如照, 取其大明真化解本無三, 則照不如實. 是故嘆照則波若之功重, 美實即法華之用高. (T34, 385c.)

라고 하여 승예의 「소품경서」의 구절을 인용하고 이것을 "관중의 이 문장을 고찰함에 깊이 논론의 뜻을 보아 오묘하게 경經의 요지를 얻었다."("考關中此文, 深見論意, 妙得經旨也." 같은 곳)라고 맺는다. 「십이문론서」에서 직접 법화에 관한 인용은 보이지 않지만 수대의 강남 불교계에서 법화 연구의 제일인자였던 길장의 지적은 승예 교학의 본질을 통찰했던 것이라고 할 수 있다.

게다가 노장을 조감하고 유교 경전을 연구했다는 지적도 정곡으로서, 「십이문론서」뿐 아니라 승예의 서문이 모두 노장·유학이라는 중국 고유의 사상을 몸에 익혔던 격조 높은 문사文辭로써 서술되어 있는 것은 일독하여 분명하다. 로빈슨Robinson 교수가 '부도-타오이스트Buddho-Taoist'[18]라는 호칭으로 부

르는 것처럼 이것은 '격의 불교' 이래의 당시 중국 불교자의 전통적 교양이었는데, 승조와 함께 승예에서도 그것은 현저한 특질이었다고 길장은 지적한다.

노장·유학의 고전적 교양이라는 특징의 구체적 사례는 길장의 지적에 따라 「십이문론서」에서 자세하게 취급할 수 있다. 예를 들면

(1)

『십이문론』이란 대개 실상의 절중折中이다.

十二門論者蓋是實相之折中. (T55, 77c.)

길장소: 절중이란 사물을 쪼개어 가지런히 하는 것을 일러 절중이라 한다. 『서경』에서 말한다. "반 마디 말로 옥을 결단할 수 있다."

折中者折物令齊, 謂之折中. 書云, 片言可以折玉. (T42, 171a.)

cf: 공자가 말한다. "반 마디 말로 옥사獄事를 결단할 수 있는 자는 그 유由(자로子路)일 것이다."

子曰, 片言可以折獄者, 其由也與. (『논어』 안연顏淵 제12.)

(2)

조화造化의 공공功을 잊어버린다.

則忘功於造化 (T55, 77c.)

길장소: 조화造化에 대해 장주莊周가 말한다. "망량은 그림자가 원인이고 그림자는 형체가 원인이며 형체는 조화가 원인인데, 조화는 그 원인을 알 수 없다." 지금 중국의 장주를 파척하는 것에 의거하여 천축의 외도를 논파한다.

---

18   R. H. Robinson, 앞의 책, "이 서문들은 육조 시대의 문학 또는 불교 논문 또는 청담淸談 또는 부도-타오이스트Buddho-Taoist에 대한 날카로운 공격으로 읽힐 수 있다."(5장, 'Seng-Jui', p.118.)

造化者莊周云, 魍魎因影, 影由形, 形因造化, 造化不知所因, 今寄斥震旦莊周以破天竺外道. (T42, 172c.)

cf: 망량이 그림자에게 물었다. "너는 얼마 전에는 걷더니 지금은 멎고, 아까는 앉아 있더니 지금은 서 있다. 어째서 일정한 절도가 없는가?" 그림자가 대답했다. "나는 의지하는 것을 따라서 그러는 걸까? 그러면 내가 의지하는 것은 또 달리 그가 의지하는 것을 따라 그럴 것이다. 나는 뱀의 비늘이나 매미의 날개 따위에 의지하는 셈일까? 어째서 그런지를 알 수 없고, 또 어째서 그렇지 않은지도 알 수가 없다."

罔兩問景曰, 曩子行, 今子止, 曩子坐, 今子起, 何其無特操與. 景曰, 吾有待而然者邪, 吾所待, 又有待而然者邪, 吾待, 蛇蚹蜩翼邪, 惡識其所以然, 惡識其所以不然. (『장자』 내편, 제물론 제2.)

(3)

나를 잊는 것은 통발을 버리는 데 달려 있고, 통발을 잊는 것은 의지하는 것을 버리는 데 달려 있다.

喪我在乎落筌, 筌忘存遺寄. (T55, 77c.)

길장소: 나를 잊는 것은 통발을 버리는 데 달려 있다는 것은 셋째 단락이다. (중략) 그러므로 논파하는 가르침이 통발이 된다. 물고기를 잡으면 통발을 사용하지 않는 것처럼 병이 논파되면 가르침을 없애는 것이다. 통발을 잊는 것은 의지하는 것을 버리는 데 달려 있다는 것은 논파하는 까닭을 풀어 잊어버리는 것이다. 논파하는 통발이 없어질 수 있는 바는 반드시 그 의지하는 바를 버려야 한다. 본래 논파하는 통발에 의지하여 논파되는 병을 없애는 것이니, 어찌 의지하는 것에 달려 있겠는가? 반드시 이 의지하는 것과 논파되

는 것을 잊어야 청정해질 따름이다. 버린다(遺)는 것은 잊는다(忘)는 것의 다른 이름이다. 이것은 **장주莊周**를 가지고 그 귀결을 요약하여 의지되는 말을 버린 것이다.

喪我在乎落筌者第三節. (중략) 故以能破之教為筌也. 如得魚不用筌, 病破即除教也. 筌亡存乎遺寄者, 釋忘能破之所以也. 能破之筌所以得除, 要須遺其所寄. 本寄能破之筌除所破之病, 豈可存能寄耶. 必須忘此能寄所破方淨耳. 遺即忘之異名. 此用*莊周*要其會歸遺其所寄之言也. (T42, 173a.)

cf: 통발은 물고기를 잡기 위해 있으며 물고기를 잡고 나면 통발은 잊힌다. 올가미는 토끼를 잡기 위해 있으며 토끼를 잡고 나면 올가미는 잊힌다. 말은 생각을 전하기 위해 있으며 생각하는 바를 알고 나면 말은 잊힌다. 나도 이렇듯 말을 잊은 사람과 만나 그와 함께 말하고 싶구나.

筌者所以在魚, 得魚而忘筌, 蹄者所以在兎, 得兎而忘蹄, 言者所以在意, 得意而忘言, 吾安得夫忘言之人, 而與之言哉. (『장자』 잡편, 외물外物 제26.)

(4)

양현兩玄에서 조차造次를 잊어버릴 수 있고 하나에 이르는 곳에서 위급함을 없앤다.

則能忘造次於兩玄, 泯顚沛於一致. (T55, 77c.)

길장소: 조차造次는 유서儒書의 용어이고, 양현兩玄은 노자의 용어이다. '망조차어양현忘造次於兩玄'을 설명해보자. 『**논어**』에서 말하는 조차란 모자람이다. 말하고 침묵함이 법도를 잃으며, 움직이고 멈춤이 의례에 어긋나는 것이다. 그러므로 조차라 한다. 이것에 기준하여 6도가 종의宗義로 돌아가는 것을 밝힌다. 양현이란 곧 『**노자**』에서 말하는 "현지우현玄之又玄, 중묘지문眾妙之門."이다. 이 말을 빌려 앞의 다섯 가지 전환을 가리키니, 처음 내외양제內外兩除로부

터 마지막 제5 득실무제得失無際에서 끝나니, 중현重玄을 말한다. 하나에 이르는 곳에서 위급함을 없애어 삼승이 투철할 뿐인 것을 성인의 이익이라 한다. 일치一致란 『노자』에 하나를 얻는다는 말이 있는데, 그러므로 하늘은 하나를 얻어 맑고, 땅은 하나를 얻어 편안하고, 군왕은 하나를 얻어 천하를 다스린다고 한다. 또 법화는 일도一道로 청정淸淨하다. 전패顚沛는 또한 『논어』, 즉 유서에 나온다.

造次即儒書語, 兩玄謂老子語. 忘造次於兩玄者, 論語云, 造次弗如也. 語默失度, 動止乖儀. 故云造次. 寄此明六道迴宗也. 兩玄者即老子云, 玄之又玄眾妙之門. 借此語以目前五轉, 始自內外兩除, 終竟得失無際, 謂重玄也. 泯顚沛於一致, 三乘徒轍謂聖人益也. 一致者老子有得一之言. 故言天得一以淸, 地得一以寧, 君王得一以治天下. 又法華一道淸淨也. 顚沛者亦出論語即儒書. (T42, 173b.)

cf1 : 군자는 밥을 먹는 동안이라도 인仁을 떠남이 없으니, 구차한 때에도 반드시 이 인으로 하며, 위급한 때에도 반드시 이 인으로 한다.

君子無終食之間違仁, 造次必於是, 顚沛必於是. (『논어』 이인里仁 제4.)

cf2 : 이 둘은 같은 곳에서 나와 이름을 달리하니, 그 같음을 현묘하다고 한다. 현묘하고 또 현묘하니, 뭇 묘함의 문이다.

此兩者同出而異名, 同謂之玄, 玄之又玄, 眾妙之門. (『노자 도경』상, 체도體道 제1.)

cf3 : 예부터 하나라는 것을 얻는 것이다. 하늘은 그 하나를 얻어 맑고, 땅은 그 하나를 얻어 편안하고, 하늘의 기운은 그 하나를 얻어 신령하고, 골짜기는 그 하나를 얻어 가득하고, 만물은 그 하나를 얻어 생겨나고, 왕과 제후가 그 하나를 얻어 천하가 바르게 되니, 그것은 하나에 이름이다.

昔之得一者. 天得一以淸, 地得一以寧, 神得一以靈, 谷得一以盈, 萬物得一以生, 侯王得一以爲天下正, 其致之一也. (『노자 도경』하, 법본法本 제39.)

(5)

위대하고 위대하여라. 이는 진실로 허현虛玄한 칼날을 틈이 없는 곳에서 운용하고, 우주 안에서 들리지 않는 음악을 연주하고, 현묘한 나루에서 물에 빠진 사람을 구제하고, 유와 무를 세속 밖으로 보내버리는 것이라고 할 수 있을 것이다.

恢恢焉. 真可謂, 運虛刃於無間, 奏希聲於宇內, 濟溺喪於玄津, 出有無於域外者矣. (T55, 77c.)

길장소:'회회언恢恢焉'이라 한 것에서는 **장주莊周**의 해우解牛의 고사를 빌어 이지二智를 비유한 것이다. 포정은 소를 잡으면서 껍질을 전혀 상하게 하지 않으면서 전체 소의 몸을 해체하였으니, 소의 몸이 곧 공이다. 그러므로 내편에서 포정은 3년이 지나자 소의 온 모습이 보이지 않았다고 하였으니, 곧 소의 몸이 공이다. (중략) 허현한 칼날이란 곧 반야공의 지혜이니, 일체법이 모두 필경공임을 관조하는 것이다. 또 **서書**에서 허현한 칼날이란 칼이 소의 공허한 틈에서 움직이는 것이라고 하여 허현한 칼날이라고 하니, 곧 실혜實慧로 일체법이 공임을 관조하는 것이다. 또 고기를 자르고 껍질을 가르듯이 허현하게 칼날을 움직인다. 그러므로 허현한 칼날이라고 한다. 무간無間이란 허현하여 틈이 없는 틈을 말한다. 회회恢恢란 크다는 것이다. 그러므로 **서書**에서 하늘의 그물은 넓고도 넓어서 성글면서도 놓치는 것이 없다고 하였다. 이 일을 가지고서 다른 사람들은 소의 몸이 실제로 있다고 보았으나 포정은 그 공의 뜻을 보았으니, 그 뜻이 매우 크다. 그러므로 회회라고 하였다.

恢恢焉者, 借*莊周*解牛喻二智也. 庖丁解牛不傷皮完, 而全牛體解散牛體便空. 故外(內)篇云, 庖丁十二(三)年不見全牛, 即牛體空也. (중략) 而言虛刃者即般若空慧觀一切法皆畢竟空也. 又*書中*云, 虛刃者刀遊牛空虛之間為虛刃, 即實慧觀一切法空也. 又虛動於刃似如割完(宍)傷皮. 故名虛刃. 無間謂虛無間之間也. 恢

恢者大也. 故書云, 天網恢恢疎而不漏. 用此事者, 餘人見牛體實有, 丁覩其空之義, 其義甚大. 故云恢恢也. (T42, 173b〜c.)

cf1 : 제가 처음 소를 잡을 때는 눈에 보이는 것이란 모두 소뿐이었으나, 3년이 지나자 이미 소의 온 모습은 눈에 보이지 않게 되었습니다. 요즘 저는 정신으로 소를 대하고 눈으로 보지는 않습니다. 눈의 작용이 멎으니 정신이 움직이고자 합니다. 천리를 따라 커다란 틈새와 빈 곳에 칼을 놀리고 움직여 소 몸이 생긴 그대로를 따라갑니다. 그 기술의 미묘함은 아직 한 번도 살이나 뼈를 다친 일이 없는데, 하물며 큰 뼈야 더 말할 나위 있겠습니까?

始臣之解牛之時, 所見無非牛者, 三年之後, 未嘗見全牛也. 方今之時, 臣以神遇, 而不以目視, 官知止而神欲行, 依乎天理, 批大郤, 導大窾, 因其固然. 技經肯綮之未嘗, 而況大軱乎. (『장자』 내편, 양생주養生主 제3)

cf2 : 칼날을 움직이는 데 널찍하여 반드시 여유가 있습니다. 그러니까 19년이 되었어도 칼날이 방금 숫돌에 간 것 같습니다.

恢恢乎其於遊刃, 必有餘地. 是以十九年而刀刃若新發於硎. (위의 곳)

cf3 : 하늘의 그물은 넓고도 넓어서, 성글면서도 놓치는 것이 없다.

天網恢恢, 疏而不失. (『노자 덕경』 하, 임위任爲 제73.)

길장소: 우주 안에서 들리지 않는 음악을 연주한다는 것은 『노자』에서 빌려 들어도 들리지 않는 것을 희성希聲이라고 한다는 것이니, 곧 이제二諦의 가르침이다.

奏希聲於宇內者, 借老子聽之不聞曰希聲也. 卽是二諦教也. (T42, 173c.)

cf : 말이 없는 것이야말로 스스로 그러한 것이다. 그러므로 회오리바람은 아침을 마칠 수 없고, 소나기는 하루를 마칠 수 없다. 누가 이렇게 만드는가 하면 하늘과 땅이다.

希言自然. 飄風不終朝, 驟雨不終日. 孰爲此者, 天地 (『노자 도경』상, 허무虛無 제23.)

길장소: 현묘한 나루에서 어려서 고향을 잃은 이를 구제한다는 것은 둘째, 득익得益이다. 먼저 득익得益을 논하고, 다음에 이익離益을 논한다. 장주莊周는 어려서 고향 땅을 잃은 것을 약상이라 한다고 하였다. 상喪은 잃음이고, 약弱은 어림이다.

濟弱喪於玄津者, 第二得益. 初得益次離益. *莊周云*, 少失鄉土名弱喪. 喪失也, 弱少也. (T42, 173c.)

cf: 죽음을 싫어하는 것은 어려서 고향을 떠난 채 돌아가는 것을 잊는 것이 아닌지 내 어찌 알겠는가?

予惡乎知惡死之非弱喪而不知歸者邪. (『장자』 내편, 제물론 제2.)

길장소: 유와 무를 한계 밖으로 보내버린다는 것은 이익離益을 밝히는 것이다. (중략) 노장이나 유학의 서물들에는 비유무非有無의 중도가 없지만, 비유무라고 하는 것은 소를 훔치는 고사와 같다. 『노자』에서 역域에는 4대大가 있으니, 천대天大, 지대地大, 도대道大, 왕대王大라 하였다. 지금 말하자면 역域이란 한역限域의 역域이니, 유와 무는 뭇 견해의 뿌리이자 도를 가로막는 뿌리이어서 도와 서로 떨어져 있음을 말하는 것이다. 그러므로 역이라고 한다.

出有無於域外明離益也. (중략) 玄儒等書無非有無, 而言非有無者, 同盜牛之論也. *老子云*, 域中有四大, 謂天大, 地大, 道大, 王大. 今云域者是限域之域, 謂有無爲眾見之根, 障道之本, 與道相隔. 故云域也. (T42, 173c~174a.)

cf: 나는 그 이름을 알지 못해 그것을 글자로 나타내어 도라 하고, 억지로 그것을 이름지어 대라고 한다. 큰 것은 가게 마련이고, 가는 것은 멀어지게 마련이고, 멀어지는 것은 되돌아오게 마련이다. 그러므로 도는 크다. 하늘도 크고, 땅도 크고, 왕도 크다. 우주 가운데 이 넷의 큼이 있다.

吾不知其名, 字之曰道, 强爲之名曰大. 大曰逝, 逝曰遠, 遠曰反. 故道大. 天大. 地大, 王亦大. 域中有四大. (『노자도경』상, 상원象元 제25.)

(6)

참으로 북녘 바다에서 방울소리를 울리고 백우를 몰아서 남쪽으로 돌아갈 수 있게 되었다.

真得振和鸞於北冥, 馳白牛以南迴. (T55, 77c.)

길장소: 화란和鸞이란 곧 천자의 큰 수레에서 다섯 수레 중 방울 수레인데, 상상의 새 난조鸞鳥가 화음을 토해냈다고 한다. 또 난鸞이란 방울을 말하니, 곧 수레 방울로 대승을 비유한 것이다. **장주莊周**는 북녘 바다에 물고기가 있다고 하였는데, 지금 이 일에 사용되지 않겠는가?

和鸞者即天子之大駕. 五露中鸞露, 有鸞鳥吐於和音. 又云, 鸞者鈴, 即和鈴也, 喻大乘也. *莊周云*, 北冥有魚, 今不用斯事耶. (T42, 174a.)

cf: 북녘 바다에 물고기가 있는데, 그 이름을 곤鯤이라 한다. 곤의 크기는 몇천 리나 되는지 알 수가 없다.

北冥有魚, 其名爲鯤. 鯤之大, 不知其幾千里也. (『장자』 내편, 소요유 제1.)

이상은 길장이 지적하는 「십이문론서」 중의 유학과 노장 인용의 일례이다. 겨우 20여 행의 서문에 이 정도의 내용을 많이 얻는다는 것은 승예의 전통적 교양의 깊이를 나타낸다. 나중에 길장 교학의 특색이 되었던, 내용적으로는 삼론과 법화 혹은 열반 사상의 융합이라는 성격과 형식적으로는 노장적인 화려한 문사文辭를 구사했던 문체의 채용이라는 양면은 그 직접적인 연원을 승예에게서 구할 수 있다고 해도 과언이 아니다.

2. 담영曇影

1) 담영의 전기와 업적

나집 문하의 삼론 연구의 총론을 저술했던 사람이 승예라고 한다면 그 각론을 썼던 대표적인 한 사람이 담영이다.

『고승전』에서 전하는 담영의 전기[1]는 너무 간략하다. 혜교에 의하면 담영은 어쩌면 북방 사람이라고도 말해지는데, 출신지는 분명하지 않다. 습학習學이나 사승師承에 관해서도 아무것도 기록되어 있지 않다. 또『정법화경』과『광찬반야』를 강설하여 한 번 강설할 때마다 도속道俗 1천 명을 모이게 했다고 한다. 장안에 들어오자마자 요흥에게 예우 받고 나집의 입관과 함께 가서 그를 따랐는데, 나집은 담영에게 받은 인상을 "또한 이 나라의 풍류 표망風流標望의 승려이다."[2]라 요흥에게 말했다고 전해진다. 요흥의 칙명에 의해 소요원에서 머물러 나집의 역경을 도왔다. 『성실론』을 역출할 때 큰 논쟁이 있어서 결론을 보지 못했는데, 담영은 그 통일되지 못하는 것을 한탄하여 5번五番(編)으로 편집하여 나집에게 헌정했던바 "매우 좋으니 깊이 나의 뜻을 얻었다."[3]라 칭찬하였다고 한다. 또『묘법연화경』이 역출되자마자 법화는 담영이 본래 명종命宗으로 삼은 바이기도 했으므로 특히 깊은 뜻을 덧붙여『법화의소』4권을 저술하고 또『중론』에도 주석했다. 만년은 산중에서 거처하였고 진쯤 의희義熙(405~418) 중에 죽었다. 나이 70세였다.

이 혜교의 승전에 의하면 담영도 또한 나집이 입관했던 홍시 3년(401)에는 50세를 넘어 있었다고 생각된다. 이미 구역의『정법화경』이나『광찬반야』를

---

1   『고승전』 권6 석담영전(T50, 364a).

2   위의 곳, "什謂興曰, 昨見影公, 亦是此國風流標望之僧也."

3   위의 곳, "影恨其支離, 乃結爲五番, 竟以呈什. 什曰大善, 深得吾意."

강의하여 명성을 얻었던 것 등이 이를 뒷받침한다. 나집 문하에서도 중용되었 던 것은 앞에서 기술한 담영전의 나집의 평가에서도 분명한데, 혜교는『고승 전』권3 역경편의 총괄에서 나집의 번역 사업을 언급한 다음에

> 이때 도생·도융·담영·승예·혜엄·혜관·도항·승조 등은 모두 말하기 전
> 에 밝게 깨달아 언사가 주옥처럼 윤택하였으니, 집필하여 뜻을 계승하면
> 서 각자의 임무를 담당하였다.
> 時有生·融·影·叡·嚴·觀·恒·肇, 皆領悟言前, 詞潤珠玉, 執筆承旨, 任在
> 伊人. (T50, 345c.)

라고 하여 도생·도융·담영·승예·혜엄·혜관·도항·승조의 8인을 들어 나집 의 번역 사업을 보조했다고 전한다.

또『구마라집법사대의鳩摩羅什法師大義』상권의 첫머리에서는

> 법집法集이 성대하여 초당을 가득 채웠으니, 그 불법의 단비에 적셔진 자
> 들은 도융·윤倫·담영·승조·담연曇淵·도생·담무성曇無成·승예 등 8제자
> 였다.
> 法集之盛, 雲萃草堂, 其甘雨所洽者, 融·倫·影·肇·淵·生·成·叡八子也.
> (T45, 122b.)

라고 하여 여기서는 도융·윤(명확하지 않음)·담영·승조·담연·도생·담무 성·승예의 8인을 들어서 앞에서 기술한 혜교의 설과는 차이를 보이는데, '도 융·승예·도생·승조'의 이른바 나집 문하의 4철을 제외하면 재차 여기서도 평가를 얻는 것은 담영 한 사람이다. 이 나집 문하의 '8자八子'는 수당 이래

관내의 8준八俊이라 이름 불리고[4] 인물은 바뀌어 여러 가지로 설해지지만 담영이 항상 입실 8인의 제자로 꼽히는 것은 후세에 이르러서도 변함이 없다. 오히려 길장은 승예의 「중론서」의 주석에서 승예를 찬양하는 예증으로서 나집이 "나의 업을 전하는 것은 도융·담영·승예에게 맡겨야 하리라."라 찬탄했다고 전하는데,[5] 우연히도 이 문장은 담영 그 사람의 나집 문하에서의 지위를 보여주는 결과가 되었다.

이 담영의 삼론 연구에서 최대의 공적은 혜교가 말하는『중론』에 주석했다는 사실이다. 그러나 담영의『중론소』는 오늘날 산실되어 전하지 않기 때문에 단지 주석한 사실만이 승전에 전해질 뿐으로 이후 삼론 학파의『중론』연구에 미친 영향 등에 대해서는 학자들에 의해서도 전혀 알려지지 않는다. 따라서 나집 문하에서 최초의 본격적『중론』연구자로서의 담영의 업적도 또한 불교 사가에 의해 정당한 평가를 얻었다고는 말할 수 없다. 그런데 일본 남도의 삼론종에서는 안징(763~814)의 시대까지 확실히 이 담영의『중론소』2권이 전해졌던 흔적이 있으며, 안징은 자저自著인『중관론소기』중에서 자주 이것을 인용하여 길장『중관론소』와의 비교 고증을 행한다. 그래서 다음에 길장소에서 담영소의 인용이나 그 의빙의 정도를 조사해보면 길장이 얼마나 이 담영소를 중시했는지 분명한데, 그는 이것을 관내의 고소古疏라고 칭하여[6] 나집 문하의『중론』연구를 대표하는 것으로 간주하고 자소自疏 집필의 주요한 지침서로도 삼았던 것이다.

---

4   제1장, 주 18번 참조.

5   길장, 「중관론서소」(T42, 1a). "什歎曰, 傳吾業者, 寄在道融·曇影·僧叡乎."

6   길장, 『중관론소』권8말(T42, 124c~125a). "次問答如文, 偈本關內舊分之爲三. (중략) 蓋不遠尋古疏, 故有此謬耳."

그래서 다음에 단편적이지만 길장소에서 인용된 담영소에 대해 안징의 『소기』를 참조하여 그 내용을 소개하는 것으로 한다.

2) 길장소 인용의 담영 『중론소』

(1)

길장소

<담영이 지은 소에서 밝힌 것처럼> 이 논문에는 4권 27품이 있어 커다란 종요를 인도하니, 중생의 단상의 병을 논파하고 이제 중도를 전개하여 이 중도로 인해 정관을 발생시킨다.

<如曇影制疏明,> 此論文有四卷, 品二十七, 領其大宗, 為破眾生斷常之病, 申二諦中道, 令因此中道發生正觀也. (권1, T42, 7c.)

cf 담영소

<먼저 담영 법사의 설을 열거한다. 저 『중론소』 상권 초서初序에서 다음과 같이 말한다> 그때 큰 법사가 있어 그 이름은 용수라고 하였는데, 이에 용궁에 의탁하여 무생인을 얻고자 하였지만 또 다른 뜻이 있어 융숭하게 실어서 교법을 가져오는 것이었다. 그래서 논을 지어 적중하였으니, 그 세운 말과 뜻은 말이 다하지 않음이 없고 법이 다하지 않음이 없었다. 그러나 요점을 통괄하면 곧 이제로 회통된다. 내지 이 여러 극단을 적멸하므로 중이라 하고, 문답이 미세한 것까지 분석하므로 논이라고 한다. 또 공문空門을 경의 제목으로 삼고, 공의 대상을 품의 이름으로 삼는다. 공의 대상은 하나가 아니므로 경의 제목으로 삼을 수 없고, 공문은 둘이 아니므로 품의 제목으로 삼을 수 없다. 그러므로 공의 대상인 법들에 따라 27품이 있다. 공문을 통괄하면 하나의 중(一中)이 이름이 된다. 내지 크게 표극標極을 밝히는 것을 간략히 경체經體라고 한다.

연후에 이름에 따라 이름을 궁진하고 법수에 따라 법수를 부정하여 그 봉집된 바를 풀어 이 하나의 도리로 돌아가도록 하니, 처음부터 끝까지 결코 다른 계통은 없다.

<初列影師說, 如彼疏上卷初序云,> 時有大師, 厥名龍樹, 爰託海宮逮無生忍, 意在傍宗, 載隆遺敎. 故作論以折中, 其立言意也. 則無言不窮, 無法不盡. 然統其要歸卽會通二諦. 乃至寂此諸邊故名曰中, 問答折微. 所以爲論. 又以空門爲經目, 所空爲品名. 所空非一不可爲經目, 空門無二不可爲品目. 故隨所空法有二十七品. 統之空門以一中爲名也. 乃至大明標極略爲經體. 然後遂名窮名隨數遺數. 散其所封使歸此一理, 從始曁終更無異統 (안징, 『중관론소기』, 일본대장경, 삼론장소 - 이하에서는 단순히 일본대장경이라고 약칭한다 - 66하.)

이것은 『중론』의 과문科文에 관한 각 설의 소개로서 첫 번째로 거론된 것인데, 구체적인 과단은 보이지 않고 『중론』의 대종大宗을 명시함에 지나지 않는다.

(2)

길장소

<위뉴천에 관해 담영 법사가 말한다.> 앞의 천天은 색계의 꼭대기이고, 이 천天은 욕계의 끝자리이다.

<韋紐天者, 影師云,> 前天色界之頂, 此天是欲界之極 (권1말, T42, 14c.)

cf 담영소

<위진僞秦(後秦)의 장안에 담영 법사는 이 논의 소를 지었는데, 대개 2권이 있었다. 지금 생각하건대 다음은 상권에서 말한 것이다.> 대자재천에 대해 말하자면 이 천은 색계에 있으면서 때때로 나타나 신령하게 변화하면서 이

세계와 함께 한다. 그러므로 누대에 이 천을 존중한다. 이름에 따라 근본을 변화시키는 위뉴천에 관해 말하자면 이 천은 욕계의 끝자리에 살면서 성품에 화내어 해치는 것이 많아 중생을 고뇌에 빠뜨리니, 사람들이 두려워하여 받들어 섬기는 것과 같다.

(僞秦長安曇影法師製此論疏, 凡有二卷. 今案, 彼上卷云,) 大自在天云, 此天在色際時現神變同此世界. 故舉代珍之, 遂名化本韋紐天云, 此天處在欲界之極, 性多恚害侵惱衆生, 時人威畏亦如尊事. (일본대장경 113상~하.)

이것은 위뉴천의 설명에서 의용依用한 것인데, 안징은 여기서 담영『중론소』가 상하 2권인 것을 명기한다.

(3)

길장소

<관내 담영 법사의 「중론서」에서 말한다.> 이 논서는 법이 다하지 않음이 없고 말이 다하지 않음이 없지만 그 요점을 통괄하면 곧 이제로 회통된다. 진제이므로 유가 아니고, 속제이므로 무가 아니다. 진제이므로 유가 아니니 무이지만 유이고, 속제이므로 무가 아니니 유이지만 무이다. 무이지만 유이므로 무에 막히지 않고, 유이지만 무이므로 유에 집착하지 않는다. 유에 집착하지 않으므로 곧 상견에 집착하는 얼음이 녹고, 무에 막히지 않으므로 곧 단견의 허무의 견해가 소멸한다. 곧 이제가 두 가지 극단을 멀리 벗어나는 것을 중도라고 함을 알아라.

<關內曇影法師中論影云,> 斯論雖無法不窮, 無言不盡, 統其要歸即會通二諦. 以真諦故無有, 俗諦故無無. 真諦故無有雖無而有, 俗諦故無無雖有而無. 雖無而有不滯於無, 雖有而無不著於有. 不著於有即常著氷消, 不滯於無即斷無見滅.

即知, 二諦遠離二邊名為中道. (권2본, T42, 20b.)

cf 담영소

<서序> 그 성립한 논서의 뜻은 말이 다하지 않음이 없고 법이 다하지 않음이 없지만 그 요점을 통괄하면 이제로 회통된다. 진제이므로 유가 아니고, 속제이므로 무가 아니다. 진제이므로 유가 아니면 무이지만 유이고, 속제이므로 무가 아니면 유이지만 무이다. 유이지만 무이면 유에 묶이지 않고, 무이지만 유이면 무에 막히지 않는다. 무에 막히지 않으면 단멸의 견해가 쉬고, 유를 보존하지 않으면 상견 등의 얼음이 녹는다. 이 모든 극단을 적멸시키므로 중이라고 한다.

<序> 其立論意也, 則無言不窮, 無法不盡. 然統其要歸則會通二諦. 以真諦故無有, 俗諦故無無. 真故無有則雖無而有, 俗故無無則雖有而無. 雖有而無則不累於有, 雖無而有則不滯於無. 不滯於無則斷滅見息, 不存於有則常等氷消. 寂此諸邊, 故名曰中. (『출삼장기집』 서권 제11, T55, 77b.)

이것은 팔불八不과 이제二諦와 이혜二慧의 관계를 서술함에서 이혜(권실의 이혜)는 이제를 아는 것에 의해 발생한다는 전거로서 인용된 것으로 담영 「중론서」의 후반부에 해당한다. 길장은 이어서 이러한 이제의 이해에 의해 "가명을 파괴하지 않고 실상을 설하기 때문에 유가 완연한 무이다. 참된 경계를 동요시키지 않고서 제법을 건립하기 때문에 무가 완연한 유이다. 유가 완연한 무를 깨달으므로 방편(漚和)인 반야를 발생시키고 무가 완연한 유를 깨달으므로 반야인 방편을 발생시킨다.["]라고 서술한다. 후술하는 것처럼(3. '담영『중론』 연구의 의의' 참조)『중론』의 요지를 이제로 보는 관점은 담영의

---

7   위의 책, 권2본(T42, 20b~c). "問云何真諦雖無而有, 俗諦雖有而無. 答此由是不壞假名而說實相, 故有宛然而無. 不動真際建立諸法, 故無宛然而有. 二諦生二慧者, 以悟有宛然而無故生漚和波若, 了無宛然而有故生波若漚和."

「중론서」에서 시작되며, 게다가 그 이제관은 유무 상즉의 이제를 설하는 점에서 이후 길장 교학의 기본적 주제를 형성하는 것이기도 하다.

(4)

길장소

<답하자면 관내 담영 법사의 옛 이제 중도의 뜻(舊二諦中道義)이 이것이다. 그는 말한다.> 진제이므로 유가 아니고 속제이므로 무가 아니다. 진제이므로 유가 아니니 무이지만 유이고, 속제이므로 무가 아니니 유이지만 무이다. 무이지만 유이므로 무에 막히지 않고, 유이지만 무이므로 유에 묶이지 않는다.

<答則關內影師舊二諦中道義是也. 彼云,> 真故無有, 俗故無無. 真故無有雖無而有, 俗故無無雖有而無. 雖無而有不滯於無. 雖有而無不累於有. (권2본, T42, 26b.)

cf 담영소

<序> 앞과 같음.

(5)

길장소

<담영 법사가 나집의 말을 서술하고 또한 이렇게 풀이한다. 그가 말한다.> 불생不生이라고 하면 의지할 법이 없는 것이지만 불상不常이라고 하면 법체가 여전히 존재하기 때문에 받아들인다.

<曇影法師述羅什言, 亦作此解. 彼云,> 不生則無法可寄, 不常則法體猶存故受. (권3본, T42, 37b.)

cf 담영소

원문이 명확하지 않음. (이 항목에 안징의 『소기』가 결권임.)

(6)

길장소

<답한다. 관내 담영 법사는> 이 게송이 질문이라고 하였다. 대개 이것은 청목青目이 교묘함을 손상시킨 곳일 뿐이다.

<答關內影法師云,> 此偈爲問. 蓋是靑目傷巧處耳. (권3말, T42, 44b.)

cf 담영소

원문이 명확하지 않음. (안징의『소기』결권.)

「관인연품」의 "물어 말한다. 아비담 사람은 제법이 4연緣에서 발생한다고 말한다."(問云, 阿毘曇人言, 諸法從四緣生. T30, 2b)의 해석에 의용依用된 것으로 4연생緣生을 특히 비담에 한정했던 것은 청목 주석의 오류로서 용수의 진의가 아니라는 취지를 서술했다.

(7)

길장소

<담영 법사가 말한다.> 용수의 논의에는 총별總別의 논파가 없다. 단, 앞의 네 게송은 인연을 논파하고 뒤의 세 게송은 세 가지 연緣을 논파한다. (중략) <담영 법사가 말한다.> 청목은 비유에는 강하지만 문장을 살피는 것에는 약하다. <지금『지도론』을 검토해보면 담영 법사가 설한 바와 같다. 담영 법사는 또 말한다.> 가령 총별의 뜻이 있다면 인연의 한 게송이 총파總破에 들어가고 아래의 세 게송은 각파各破이다.

<曇影法師云,> 龍樹論意無總別破. 但前四偈破因緣, 後三偈破三緣. (중략) <影師云,> 靑目勇於取類, 劣於尋文. <今檢智度論應如影師所說. 影師又言,> 假

令有總別意者, 因緣一偈入於總中, 下三偈各破也. (권3말, T42, 47c.)

cf 담영소

원문이 명확하지 않음. (안징의 『소기』 결권)

「관인연품」의 장행長行에서 "물어 말한다. 이미 일체의 인연을 총괄적으로 논파하였다."(問曰, 已總破一切因緣. T30, 2c)라는 청목 주석의 비판으로 길장은 담영의 비판이 정당하다는 것을 『지도론』을 인용하여 증명한다.

(8)

길장소

<담영 법사가 말한다.> 대저 만화萬化에는 종宗이 없지 않지만 종宗에는 상相이 없다. <이것은 경境이 없음을 밝히는 것이다.> 허종虛宗에는 계합하지 않음이 없지만 계합함에는 심心이 없다. <이것은 지智가 없음을 밝히는 것이다.> 그러므로 내와 외가 모두 그윽하고 연緣과 관觀이 모두 적멸하니, <총괄적으로는 경과 지가 없는 것이다.>

<影法師云.> 夫萬化非無宗, 而宗者無相 <此明無境> 虛宗非無契, 而契之者無心. <此明無智.> 故內外並冥, 緣觀俱寂. <總無境智也.> (T42, 50c.)

cf 담영소

<서문> 대저 만화萬化에는 종宗이 없지 않지만 종宗에는 상相이 없다. 허종虛宗에는 계합하지 않음이 없지만 계합함에는 심心이 없다. 그러므로 지인至人은 무심無心을 묘혜妙慧로 삼아 저 무상無相의 허종에 계합하니, 내외內外가 모두 그윽하고 연지緣智가 모두 적멸하다.

<序文> 夫萬化非無宗, 而宗之者無相 虛宗非無契, 而契之者無心. 故至人以無心之妙慧, 而契彼無相之虛宗, 內外並冥, 緣智俱寂. (T55, 77a.)

「관인연품」제11게 "모든 불타가 설한 진실하고 미묘한 법과 같이 무연無緣인 이 법에 어떻게 연연緣緣이 있겠는가?"(如諸佛所說, 真實微妙法, 於此無緣法, 云何有緣緣. T30, 3b)의 해석 중에서 5개의 예증을 인용하여 해석하는 하나의 예로 담영「중론서」첫머리의 한 구절을 인용했던 것으로서 후술하는 것처럼 이 한 문장은 길장의 사상 형성에 대해서만이 아니라 중국 불교에 커다란 영향을 주었던 유명한 구절이다.

(9)
길장소

<담영 법사가 말한다.> 사제의 관찰에 의해 끊어진 것은 결코 무기無記가 아니니, 한결같이 과보를 얻는다. 이 불실법不失法이 견도에서 끊어져도 곧 과보를 얻는다면 그것은 이미 무기이므로 다시 무기의 과보를 얻는다. 그러므로 비슷하다(相似)라고 한 것이다.

<影師云,> 見諦所斷都無無記, 一向得報. 此不失法若為見諦所斷便得報, 其已是無記, 復得無記報. 故云至相似. (권8본, T42, 120c.)

cf 담영소

<'담영 법사가 말한다' 이하에서 말한 것에 대해 생각해보자면, 저 소에서 말하기를> 업이 비슷하게 이르러 이렇게 설립된 상相에서 사제의 관찰에 의해 끊어지는 것은 결코 없다. 무기는 반드시 법을 얻으니, 이 법이 만약 사제를 관찰하였는데도 곧바로 과보를 얻어야 하는 것이라면 체體가 무기이어서 무기의 과보를 얻을 것이므로 비슷하다(相似)라고 한 것이다. 그러므로 모든 업을 파괴하는 것이 된다.

<言影師云等者, 案, 彼疏云,> 至相似此立相中見諦所斷都無. 無記一向得法,

此法若在見諦便應得報. 體是無記得無記報. 名至相似. 則壞諸業. (일본대장경
782상~하.)

「관업품」 제16게 "만일 사제의 관찰에 의해 끊어져도 업이 비슷하게 이른다
면 업을 파괴하는 따위의 그런 허물이 있게 된다."(若見諦所斷, 而業至相似, 則得破
業等, 如是之過咎. T30, 22b)의 해석이다.

(10)
길장소
<담영 법사가 「중론서」에서 말한다.> 진제는 공이지만 유이고 속제는 유이
지만 공이다. 공이지만 유이므로 단멸이 아니고, 유이지만 공이므로 상주가
아니다. <이 해석이 매우 좋다.>
<影師論序云,> 眞諦雖空而有, 俗諦雖有而空. 雖空而有故不斷, 雖有而空故
不常. <此釋甚好也.> (권8본, T42, 122a.)
cf 담영소
<서> 이미 나왔음.

「관업품」 제20게 "비록 공이지만 단멸이 아니고 비록 유이지만 상주는
아니다. 업과 과보가 상실되지 않으니, 이것을 불타가 설한 바라고 한다."(雖空
亦不斷, 雖有亦不常. 業果報不失, 是名佛所說. T30, 22c)의 해석. 이제 중도를 서술하
고 업이 단상을 벗어난 것을 밝힘에 담영 「중론서」의 해석을 매우 좋다라고
한다.

(11)

길장소

<또 담영 법사가 말한다.> 먼저 집이라는 법이 있고 나중에 기둥과 대들보가 갖추어진다는 것이 <또한 이 뜻이다.>

<又影公云,> 前有舍法而後備柱樑, <亦是此義.> (권9본, T42, 133c.)

cf 담영소

<'또 담영 법사가 말한다' 등이라고 말한 것에 관해, 생각하건대 담영 법사는 이 『중론소』에서 말한다.> 여덟째, 먼저 결과가 있고 나중에 원인이 있다는 것을 부정하는 것이니, 곧바로 모두 논파하는 부문을 갖추고자 하는 것이 아니다. 미혹한 자에게 또한 이러한 오류가 있다. 마치 집이라는 법이 먼저 존재하기 때문에 용마루와 대들보가 갖추어진다고 여기는 것과 같으니, 이와 같이 먼저 갖추어진 것이 없는데 무엇 하겠는가? <여기서는 간략히 인용하였다.>

<言又影公云等者, 案, 影公此論疏云,> 第八遣先果後因, 非直欲備諸破門. 惑者亦有此謬. 如謂先有舍法故備棟樑, 如其先無備之何爲. <今略引之.> (일본대장경 865하.)

「관인과품」 제20의 장행석長行釋 "만일 먼저 결과가 생기고 나중에 여러 가지 인연이 모이는 것이라면 무슨 허물이 있겠느냐?"(若先有果生, 而後衆緣合, 有何咎. T30, 26c)의 전반부의 전과 후인前果後因을 논파하는 해석으로 이것은 담영소를 요약하여 인용한 것이다.

(12)

길장소

<담영 법사가 말한다.> 이 쌍비雙非의 말은 부정하기에는 남음이 있고 긍정하기에는 부족하다. 왜 그런가? 대개 조작하는 마음은 이 둘을 벗어나지 않는다. 이 두 가지 표현에는 의탁하는 마음이 없으니, 의탁하는 마음이 없으면 부정해야 한다. 그런데도 다시 있다고 한다면 결국 무엇이겠는가? 그러므로 "무엇으로 분별하겠는가"라고 하였다.

<影師云,> 此雙非之言於亡有餘。存之不足。何者凡可造心不出斯二。斯二之表無可宅心。無可宅心則應遣之。而復言有。竟是何物. 故云以何而分別. (권10본, T42, 158a.)

cf 담영소

<'담영 법사가 말한다' 등이라고 한 것에 관해, 생각하건대 담영 법사의 이『중론소』에 이러한 문장이 있으니, 인용한 부분이 모두 동일하다.>

<言影師云等者, 案, 曇影師此論疏有此文, 所引全同.> (일본대장경 1011상.)

「열반품」제15게 "만일 존재도 아니고 비존재도 아닌 것이 열반이라면 이런 존재도 아니고 비존재도 아닌 것을 무엇으로 분별하겠는가?"(若非有非無, 名之爲涅槃, 此非有非無, 以何而分別. T30, 35c)의 주석이다.

이상은 길장『중관론소』에서 담영『중론소』또는 '서문'에서의 인용이라고 명기되는 것만인데, 길장소에는 어떤 언급은 없지만 담영소를 참조했든지 아니면 설상說相이 흡사했던 문맥이 몇 가지 안징에 의해 지적되어 있다. 또 직접적인 의용 관계는 아니라도 안징은 길장소를 주해하는 데에 스스로 담영소를 참고로 하여 거론하는 경우도 있다. 아래에서 이것들을 총괄하여 열거해보면

(1)

길장소

<여덟째,> 이 논서는 법이 다하지 않음이 없고 말이 다하지 않음이 없지만, 그 요점을 통괄하면 이제로 회통된다.

<八者,> 此論雖無法不窮, 無言不盡, 統其要歸, 會通二諦. (권1본, T42, 6c.)

cf 담영소

<서> 그 성립한 논서의 뜻은 말이 다하지 않음이 없고 법이 다하지 않음이 없지만 그 요점을 통괄하면 이제로 회통된다.

<序> 其立論意也, 則無言不窮, 無法不盡, 然統其要歸, 則會通二諦. (T55, 77b.)

(2)

길장소

세성世性(근본 원질)에서 만물이 발생한다는 것을 설명해보자. 곧 만물의 시초인 명초冥初를 주장하는 외도(수론 학파)들은 신통력으로 8만겁의 일을 보지만 그 이전은 아득하여 알지 못하니, 이 일명―冥을 제법의 시초라고 한다. 그러므로 명초라고 한다. 일체 세간을 본성으로 삼으므로 세성이라고 한다.

從世性生者, 即是冥初外道, 以神通力見八萬劫事, 自爾之前冥然不知, 謂此一冥為諸法始. 故云冥初. 一切世間以為本性, 名為世性 (권1말, T42, 15a.)

cf 담영소

<담영 법사가 말한다.> 세성에서 발생한 것도 명冥이라고 이름한다. 시초는 신통력의 극한이니, 말하자면 우주의 혼돈 상태에 식신識神이 처음으로 성립한 것을 명이라고 이름한다. 최초의 일체 세간을 본성으로 삼는다. 그러므로 세성이라고 한다.

<曇影師云,> 世性生亦名冥. 初以通力所極, 謂冥昧之中識神初立故名冥. 初
一切世間以爲本性. 故曰世性 (일본대장경 120상.)

(3)

길장소

변화에서 만물이 발생한다는 것을 설명해보자. 변화에서 발생한다는 것에
서 변화에는 4종이 있다. 첫째, 신통변神通變이다. 돌이 변하여 옥이 되는 것과
같다.

從變生者, 變生者變有四種 一神通變. 如變石爲玉. (권1말, T42, 15a.)

cf 담영소

<담영 법사가 말한다.> 또는 신통변이니, 물이 변하여 술이 되고 돌이 변하
여 금이 되는 것과 같다.

<曇影師云,> 或神通變如變水爲蘇變石成金. (일본대장경 121상.)

(4)

길장소

어떤 사람이 고요히 앉아 있는 경우 바로 그 사람일 뿐이지만 바로 한 다리를
움직이면 곧 거자去者라 이름하고, 이 움직임으로 인해 거법去法이라고 하며,
또 거업去業이라고 한다. 걸음을 딛기 전은 미거未去라 하고, 다리를 움직여
지나간 것은 이거已去라고 하며, 현재의 움직임을 취하여 거시去時라고 한다.
처음 움직인 것을 취하여 발發이라 하고, 당장 걸어 움직이는 것을 시거是去라
고 하며, 걸음에 여유가 있어 보이는 것을 이거異去라 하고, 발이 밟은 곳을
거처去處라고 한다. 그런즉 뭇 인연의 화합이 허망하게 이름을 받는 것이어서

자세히 관찰해보면 하나라도 이름을 얻을 만한 것이 없다. 하지만 상相에 집착하는 자들은 결정적으로 있다고 한다.

如人靜坐直是人耳, 正動一足便名去者, 因此之動稱爲去法, 亦名去業. 將步之前名爲未去, 足動所經名爲已去, 取其現動名爲去時. 取其初動目之爲發, 當步之動名之爲是去, 餘步形此名爲異去, 足之所履稱爲去處. 然即兩緣和合虛受其名, 諦觀察之無一可得, 而著相者謂有決定. (권4본, T42, 55c.)

cf 담영소

<'어떤 사람이 고요히 앉아 있는 경우' 등이라고 한 것에 관해 생각해보면 담영의 소에서 말한다.> 어떤 사람이 고요히 앉아 있는 경우 바로 그 사람일 뿐이지만 바로 한 다리를 움직이면 곧 거자去者라 이름하고, 이 움직이는 법法으로 인해 거去라고 하며, 또 거업去業이라 하고, 또 발發이라고 한다. 걸음을 딛기 전은 미거未去라 하고, 다리를 움직여 지나간 것은 이거己去라고 하며, 현재의 움직임을 취하여 거시去時라고 한다. 발이 밟은 곳을 거처去處라 하고, 당장 걸어 움직이는 것을 시거是去라고 하며, 여기까지 걸음이 남은 것을 곧 피거彼去라고 한다. 그러므로 제법의 중연상衆緣相에 대해 임시로 허망하게 그 이름을 받는 것이니, 분석하여 추구해보면 하나라도 얻을 만한 것이 없다. 하지만 상에 집착하는 자들은 모두 결정적으로 거去와 법法과 시時가 또한 하나의 법으로 있다고 한다. 만약 두 개의 체體가 있다면 서로 떨어질 수도 있어야 하겠지만 만약 서로 떨어질 수 없다면 곧 가명이니, 무슨 법이 있겠는가?

<言如人靜生等者, 案, 影疏云,> 如人靜座直是人耳, 正動一足便名去者, 因此動法名之爲去, 亦名去業, 亦名爲發. 將步之前名爲未去, 足動所遷名曰已去, 取其現動名爲去時. 足之所履名爲去處, 當步之動名曰是去, 餘步於此便彼去. 然則諸法衆緣相假虛受其名, 折而求之無一可得. 而着相者皆謂決定有去法時亦

一法. 若有二體應得相離, 若不相離直是假名, 何法之有. (일본대장경 416상~
하. 또 첫머리의 한 구절은 445하에서도 인용된다.)

(5)

길장소

또 어떤 사람이 말한다. 지금 거去와 시時가 독자적으로 간다. 그러므로 '독거
獨去'라고 하였다.

又有人言, 今去時獨自去故云獨去. (권4본, T42, 56a.)

cf 담영소

<'어떤 사람이 말한다' 등이라 한 것을 설명해보자. 담영 법사가 다음과
같이 말한다.> 만약 그렇다면 곧 거去와 떨어져서 시時가 있는 것이 되어 시時
가 홀로 가야 하니, 그럴 수는 없다. 어찌 잘못이 아니겠는가?

<言有人言等者, 如曇影師云,> 若爾便應離去有時, 時應獨去而不能然. 豈非
咎耶. (일본대장경 418상~하.)

(6)

길장소

또 본래 1인이지만 너희들이 세운 거시去時에는 거去가 있으므로 곧 2인이
성립한다. 이미 2인이 성립하였으니, 곧 1인은 거법去法과 함께 동쪽으로 가고,
1인은 거법去法과 함께 서쪽으로 가서 각각 서와 동으로 간다. 동쪽으로 간
사람은 다시 거시去時에서 거去가 다시 2법 2인을 성립시킨다. 이와 같이 곧
1인은 무량인을 성립시키고, 1법은 무량법을 성립시킨다. 이러하다면 곧 1인
1법이 상실되니, 이미 하나가 상실되었는데 어찌 여럿이 있겠는가? 그러므로

하나와 여럿이 모두 파괴된다. 여기에 이르러서야 곧 법을 세움이 완성되었다.

又本是一人, 由汝立去時中有去即成二人. 既成二人, 即一人與去法往東, 一人與去法往西西東. 東人復於去時中, 去復成二法二人. 如是即一人成無量人, 一法成無量法. 若爾者即失一人一法, 既失其一, 何有多耶. 故一多俱壞. 至此已來即立法窮矣. (권4본, T42, 56b.)

cf 담영소

<'또 본래 1인이지만' 등이라 한 것에 대해 담영의 소에서 말한다.> 곧 두 개의 거去와 자者가 있는 것이다. 거去가 분리되어 반드시 다시 상相이 되어버려서 2거去와 2자者가 되니, 곧 한 쪽의 거去와 자者는 동쪽으로 가고 또 한 쪽의 거去와 자者는 서쪽으로 간다. 서쪽의 거와 자는 또 서로 분리되어야 하니, 이미 서로 분리되고 나면 또 서로 다시 2거와 2자가 되어야 한다. 동쪽도 그와 같아서 곧 4거와 4자가 되어 마침내 무량에 이른다. 그리하여 1인이 무량인이 되고 1동動이 무량동이 되며 1시時가 무량시가 되니, 그러할 수 있겠는가?

<言又本是一人等者, 影疏云,> 則有二去者者. 去違離要復相已爲二去二者, 便一去與者東, 一者與去西. 西去與者, 亦應相離, 既相離已亦當相須復爲二去二者. 東亦如之, 便爲四去四者, 遂至無量. 則然一人爲無量人, 一動爲無量動, 一時爲無量時, 可得然乎. (일본대장경 420상~하.)

(7)

길장소

색에는 본래 체體가 없지만 인연이므로 발생한다. 과거의 행업行業을 인因으로 삼고 금세今世의 4대大를 연緣으로 삼아 이 인과 연에 의지하므로 색이 있는 것이니, 곧 공임을 알아야 한다. 마치 얼굴을 인으로 삼고 거울을 연으로 삼아 그 가운데 상으로 맺혀 나타나지만 상은 필경 공이다.

色本無體 因緣故生。以過去業行爲因。今世四大爲緣。藉此因緣是故有色。
當知卽是空也。如以面爲因以鏡爲緣。像於中現而像畢竟空 (권4말, T42, 67a.)

cf 담영소

<'색에는 본래 체體가 없지만' 등이라고 한 것을 생각해보면 담영의 소에서
말한다.> 『중론』에서 '만약 색의 인因을 떠난다면'이라 한 것을 설명해보자.
색에는 본래 체體가 없지만 인연이므로 발생한다는 것을 밝힌 것이니, 과거의
행업을 인으로 삼고 금세의 4대를 연으로 삼아 그 모인 것 중에서 색은 발생한
다. 마치 어떤 형상을 인으로 삼고 물거울을 연으로 삼아 거기에서 상이 나타
나는 것과 같아서 이것을 떠나서 자체적으로 안주하는 것은 결코 없다. 청목靑
目은 실과 옷감을 가지고 말하는데, 곧바로 추구해보면 쉽게 알 수 있는 곳일
따름이다.

<言色本無體等者, 案, 影疏云,> 若離於色因者, 將明色本無體因緣故生以過
去行業爲因, 今世四大爲緣色生會中. 如以形相爲因水鏡爲緣像現於中, 離此更
無, 自體安住. 靑目以縷布爲言 直逐易見處耳. (일본대장경 507상~하.)

(8) 담영소

<담영 법사가 말한다.> 4대가 모인 것은 공이지만 식처識處가 결합되어 육신
을 이루게 된다. 중생이 유래하는 바이므로 종자라고 하니, 이것이 곧 이 품이
생긴 뜻이다.

<影師云,> 四大團空有識處之結而成身. 衆生所由故名曰種. 此卽生義也. (일
본대장경 532상.) (권5본, 「육종품六種品」의 유래를 설하는 것. 길장소에 상당하
는 문장 없음.)

(9)

길장소

'탐욕에는 여러 가지 이름이 있다' 이하는 제2 해석이다. '먼저 애愛라고 한다.'는 것은 하나의 색을 보고 처음에 일어나는 상념과 같은 것을 애라고 한다. 마음이 마침내 연달아 주시하는 것을 착著이라 하고, 깊이 엉겨 붙어 고정된 것을 염染이라고 하며, 광포한 마음이 발동하는 것을 음욕이라 하고, 계략을 써서 자기의 재물로 삼고자 하는 것을 탐욕이라고 한다. 앞의 세 가지는 오히려 가벼워서 곧 3계에 통하지만, 뒤의 두 가지는 마침내 무거워서 단지 욕계에만 머무른다.

貪欲有種種名下第二解釋. 初名愛者, 如見一色初起想念名之爲愛. 心遂連囑爲著, 纏綿深固名染. 狂心發動名爲婬欲. 方便引取欲爲己物名爲貪欲. 前三尙輕卽通於三有, 後二遂重但居欲界. (권5본, T42, 74c.)

cf 담영소

<'하나의 색을 보고' 등이라 한 것을 생각해보면 담영의 소에서 말한다.> 3독심은 만유의 근본인데, 탐貪은 그 머리에 있다. 탐욕이라는 근본을 논파한다면 유에 막히는 일이 저절로 사라질 것이다. 먼저 애愛라는 것이니, 하나의 색을 보고 상념이 처음으로 생긴 것과 같은 것을 애라고 한다. 마음이 마침내 연달아 의탁하는 것을 착着이라 하고, 깊이 엉겨 붙어 고정된 것을 염染이라고 하며, 광포한 마음이 발동하는 것을 요嬈라 하고, 계략을 써서 자기의 재물로 삼고자 하는 것을 탐貪이라고 한다. 앞의 세 가지는 오히려 가벼우므로 있지 않은 곳이 없지만, 뒤의 두 가지는 마침내 무거우므로 오로지 욕계에만 있다.

(言如見一色等者, 案, 影疏云,) 三毒是萬有之本, 而貪在其首. 若破貪本則滯有自喪. 初名愛, 如見一色念想始生, 曰愛. 心遂連囑曰着, 纏綿深固曰染. 狂心

發動曰嬈, 方便欲以爲己物是名曰貪. 前三尙輕故無不在, 後二遂重故唯欲界.
(일본대장경 576하.)

(10)

길장소

또 오염된 사람과 오염이 다르다는 뜻이 이미 성립했다면 어떤 일로 합해야
하겠는가? 이것은 직접적인 견책의 말일 따름이다. 하반부의 해석이 이루어졌
다. 또 다르다면 물과 불은 어떤 상相으로 미리 합하는 일을 예비하겠는가?

又人染異義已成, 何事須合. 此是直責之辭耳. 下半釋成也. 又異則水火何相
預事. (권5본, T42, 76b.)

cf 담영소

<'또 다르다면 물과 불은' 등이라고 한 것을 생각해보면 담영의 소에서 말한
다.> 다르다면 물과 불은 어떻게 될 일이며, 어떤 상으로 함께 할 것인지 알
만하다.

<言又異則水火等者, 案, 影疏云.> 何事異則水火, 何相與事可知 (일본대장경
588하.)

(11)

길장소

넷째, 「관행품」에서는 무자성의 오음을 논파했고, 여기서는 인연으로 육근
과 육진이 결합함을 논파한다. 그러므로 앞에서는 실유實有를 논파했고, 여기
서는 가유假有를 논파한다.

四者行品破無性五陰, 今破緣合根塵. 故上來已破其實有, 今破其假有. (권7말,
T42, 109a.)

cf 담영소

<「관행품」에서는 무자성의 오음을 논파했고' 등이라 한 것을 생각해보면 담
영의 소에서 말한다.> 앞의 품에서는 무자성의 오음을 논파했고, 여기서는 인연
으로 육근과 육진이 결합하는 것을 견책한다. 앞에서는 나중에 달라짐을 가지고
무자성을 밝히니, 저들은 다시 다름에 집착하여 무자성을 비난한다. 여기서는
다름을 가지고 바로 결합하지 않음을 밝히니, 다시 다름에 집착하는 이들로 하여
금 결합함을 바르게 한다. 그러므로 두 개의 품에서 모두 다름을 논파한다.

<言行品破無性五陰等者, 案, 影疏云,> 上品破無性五陰, 今遣緣合根塵. 上以
後異明無, 彼還執異以難無. 今以異方明不合, 還使執異以救合. 故二品中俱有
破異. (일본대장경 689하.)

(12)

길장소

또 결합은 다름으로 말미암아 발생하니, 다름은 결합의 근본이다. 지금 이미
다름이 없는데 어떻게 결합하겠는가?

又合由異生異為合本. 今既無異, 何所合耶. (권7말, T42, 109c.)

cf 담영소

<'또 결합은 다름으로 말미암아 발생하니'라고 한 것을 생각해보면 담영의
소에서 말한다.> 반드시 다르기 때문에 결합이 있고, 결합하기 때문에 다름이
있다. 그리하여 결합은 다름으로 인하여 발생하므로 결합이 없고, 다름은 결합
으로 인하여 존재하므로 다름이 없다. 다름이 없으면 결합이 없고 결합이
없으면 다름이 없으며, 또한 다르기 때문에 결합이 없고 결합하기 때문에
다름이 없다.

<言又合由異生等者, 案, 影疏云,> 要以異故有合, 合故有異. 然合因異生故無合, 異因合有故無異. 無異則無合, 無合則無異, 亦以異故無合, 合故不異. (일본대장경 698상~하.)

(13)

길장소

외도가 말한다. 주먹은 손가락으로 말미암아 존재하니, 주먹은 손가락과 다르지 않을 만하다. 주먹은 기둥으로 말미암아 존재하는 것이 아니니, 주먹은 응당 기둥과 다르다. 그러므로 결정적으로 다른 법이라고 하는 것이다.

外云, 捲由指有, 捲可不異指. 捲不由柱有, 捲應與柱異. 故名定異法也. (권7말, T42, 110b~c.)

cf 담영소

<'외도가 말한다. 주먹은 손가락으로 말미암아 존재하니'라고 한 것을 생각해보면 담영의 소에서 말한다.> 결정적으로 다른 법이 있으니, 안과 색은 서로 원인이 되지만 다르기 때문에 그럴 만하다고 한다. 하늘의 달과 어둠 속의 물병처럼 이런 것들은 결정적으로 달라서 서로 원인이 되지 않기 때문이다.

<言外云捲由指有等者, 案, 影疏云,> 有定異法言眼色相因而異故可爾. 如天上月闇中瓶此則定異無相因故. (일본대장경 701상.)

(14)

길장소

이『산타가전경珊陀迦栴經』은 소승경인가, 대승경인가? 답한다. 이것은 소승경이다. 소승경을 인용한 까닭은 소승경에서 오히려 유와 무를 논파하는데 하물며 대승임이겠는가라고 밝히는 것이다. 또 유무에 집착하면 대승에 속하지 못할 뿐 아니라 소승을 배우는 사람도 아니게 된다. 그러므로 소승경을 인용한 것이다. 『대품경』에서 선니先尼가 믿음을 얻는 것을 인용하는 것도 소승을 인용하여 대승을 비유하는 것이니, 소승도 오히려 법공法空을 변론하는데 하물며 대승이겠는가라고 밝히는 것이다.

此(珊陀迦栴經)是小乘經耶, 大乘經耶. 答, 此是小乘經. 所以引小乘經者, 明小乘經中尚破有無, 何況大乘. 又若就著有無, 非但大乘不攝, 亦非學小乘人. 故引小乘經也. 大品經引先尼得信亦引小乘以況大, 明小乘尚辨法空況大乘耶. (권7말, T42, 112c.)

cf 담영소

<담영이 풀어 말한다.> '문왈問曰' 이하에서는 논주가 스스로 경문을 과단한 것을 밝힌다. '답왈答曰' 이하에서는 바로 문장을 과단한 의미를 해석하니, 소승으로 대승의 뜻을 증험한 것이다. 이 경전은 불타 성도 50년에 걸쳐 설하여 선니先尼가 득도했음을 이미 밝혔지만 대승의 본경에서는 비로소 성자를 이루었다고 하는 것이니, 실제의 사람이 아니라 비로소 뒷자리에서 과보를 얻은 것임을 마땅히 알아야 한다. 내지 자세히 설한다.

<曇影解云,> 問曰下明論主自科經文也. 答曰下正釋科文之意, 以小證大義也. 此經是佛成道五十說之, 已明先尼得道, 而大本經始言成聖者, 當知非是實人始於後席得果. 乃至廣說. (일본대장경 716상.)

(15)

길장소

둘째, 해석하여 말한다. 신업身業에는 유작有作과 무작無作이 있고 구업口業

에도 유작과 무작이 있어 네 가지가 되며, 작용에서 생기는 선업과 작용에서 생기는 악업으로 여섯이 되고, 사업思業으로 일곱이 된다. 담영 법사가 또 말한다. 이것은 청목靑目의 해석이다. 또 해석하여 말한다. 앞의 둘은 모두 과실이 있다. 지금 신업 중의 유작과 무작 및 구업 중의 유작과 무작을 밝힌다. 이 4구는 제2 해석과 동일하다. 작용에서 생기는 선업에는 스스로 선업에 달려 있는 것이 있고 다시 작용에서 생기는 선업이 있게 되어 사업과 함께 7업이 된다. 이 해석은 곧 선업에서 자체적으로 7업이고, 악업에서 자체적으로 7업이라는 것이다. 왜냐하면 신업에는 자체적으로 선·작선·무작이 있기 때문이다. 선의 구업도 그러하니, 작용으로부터 선업에 달린 일과 작용에서 생긴 선업이 있다. 죄업도 자체적으로 죄업에 달린 일과 작용에서 생긴 죄업이 있다. 경전을 만든 것과 같이 이 일은 선업에 달려 있다. 계속 암송해보면 곧 작용에서 생긴 선업이다. 아래의 장행과 비교해보면 이러한 뜻을 갖춘다.

二釋云。身中有作無作。口中有作無作為四。善從用惡從用為六。思為七。影師又云。此青目釋也。又釋云。前二並有失。今明，身中有作無作，口中有作無作。此四句同第二釋。於善從用中自有事在善 復有從用善。及思為七業。此釋就善中自七 惡中自七。所以然者。身自有善作善無作。善口亦爾。從用中有事在善從用善。罪亦自有事在罪及從用罪。猶如造經。是事在善。若轉誦之即是從用善。望下長行具有此意. (권8본, T42, 117b.)

cf 담영소

〈'둘째, 해석하여 말한다'라고 한 것을 생각해보면 담영의 소에서 말한다.〉 또 아래의 게송에서는 본말의 두 상相과 사업을 구별하여 7업이 된다. 이 7업은 담무덕부曇無德部에서의 일단의 법수이다. 그것은 선악 등의 3업과 흑백 등의 4업과 같다. 체와 상을 구별한 것이 법수이니, 신업은 색에 속하고 구업은 성성에 속하는 것과 같다. 이것을 이작시二作時라 하고, 인안과 이이는 무작시無作時, 심상心相은 또한 구별하지 않는다. 그러므로 4업이라고 한다. 선업과 불선업, 욕음欲陰 중의 무기업은 7법수가 아니라고 설한다. 이 4업에는 작作으로부터 생기는 것이 있고 용用으로부터 생기는 것이 있다. 작은 안으로부터 생기고, 용은 밖으로부터 생기니, 이것을 6업이라고 한다. 죄와 복은 선 및 악과 같지만 또한 이 법수가 아니고, 사업은 6업에 속하지 않으며, 선과 불선업 등은 이 7업에 통한다. 해석에서는 작, 무작, 선, 불선, 용에서 생기는 죄와 복 그리고 사업으로 7업이 되니, 또한 그럴 만하다. 단, 게송에서 말하는 '이와 같은 네 가지'란 조금 거리껴지지만 이 경전에는 보이지 않으니, 무엇으로 알 수 있을까.

<言二釋云等者, 案, 影疏云,> 又下偈辨本末二相及思爲七. 此七是曇無德部中一段法數. 其猶善惡等三黑白等四也. 要取體相別者爲數, 如身業屬色口業屬聲. 是名爲二作時, 眼耳無作時, 心相亦無別, 故名爲四. 說善不善在欲陰中無記非七數也. 此四有從作生有從用生, 作生由內, 用生由外, 是名爲六. 罪福同善惡亦亦非此數. 思非六所攝, 善不善等通此七中. 釋中以作無作善不善用生罪福及思爲七, 亦復可爾. 但偈中言如此四事, 小妨不見此經, 何由可了. (일본대장경 761하.)

(16)

길장소

법에 의거하여 말하자면 몸이 그대로 왔으므로 여래라 하고, 사람에 의거하여 논하자면 모든 불타와 같이 왔으므로 여래라고 하며, 중생을 교화하는 것에 의거하여 말하자면 감응하는 대로 왔으므로 여래라고 한다.

據法而言體如而來故云如來, 約人爲論如諸佛來名曰如來, 就化物辨者如感

而來故云如來. (권9말, T42, 140a.)

cf 담영소

<담영의 소에서 풀어 말한다.> 이것은 뜻을 합하여 밝힌 것이니, 세 가지 호칭인 여래如來 · 여거如去 · 여주如住 등의 뜻이다.

<影疏解云,> 此正明義合三號如來如去如住等義. (일본대장경 896상~하.)

(17)

길장소

몸이 오음과 동일하다고 본다면 음은 다섯이므로 몸을 본다는 것은 곧 오음이지만, (오음이) 몸과 동일하다고 본다면 몸을 보는 것은 오로지 행음에 있으므로 곧 오음이 모두 행음에 있는 것이 된다. 만약 몸이 오음과 다르다고 본다면 오음에 속하지 않으므로 무위법이어야 한다. 나머지 셋은 모두 다르니, 동이문에서 논파한다.

若身見與五陰一陰五, 身見則五陰, 與身見一, 身見唯在行陰, 則五陰皆在行陰. 若身見與陰異, 則非陰所攝, 應是無爲. 餘三並皆是異, 同異門破也. (권9말, T42, 146b.)

cf 담영소

<'몸이 오음과 동일하다고 본다면'이라 한 것을 생각해보면 담영의 소에서 말한다.> 오음과 동일하다면 다섯이 되어야 하니, 또한 색과 성 및 선과 무루 등이다. 다르다면 곧 무위법과 같으니, 오음에 속하지 않는다.

<言若身見與五陰一等者, 案, 影疏云,> 若與陰一卽應爲五 亦是色聲及善無漏等 若異卽同無爲 非陰所攝. (일본대장경 936하~937상.)

(18)

길장소

소승의 뜻에 의거하면 유위의 과보를 득得이라 하고, 무위의 과보를 지至라고 하며, 상속이 다한 것을 단斷이라 하고, 변하지 않는 것을 상常이라고 하며, 제행이 처음 일어나는 것을 생生이라 하고, 제행이 끝나는 것을 멸滅이라고 한다. 지금 모두 그렇지 않다. 그러므로 무득, 무지 내지 불생, 불멸이라고 한다.

就小乘義, 有為果名得, 無為果名至, 盡相續為斷, 不遷名常, 諸行始起為生, 諸行終為滅. 今皆不爾. 故云無得無至乃至不生不滅也. (권10본, T42, 156a.)

cf 담영소

<소승의 뜻에 의거하면'이라고 한 것을 생각해보면 담영의 소에서 말한다.> 유위의 과보를 득得이라 하고, 무위의 과보를 지至라고 하며, 상속이 다하는 것을 단斷이라 하고, 상속이 끊어지지 않으므로 상常이며, 제행에서 일어나므로 생生이고, 제행이 끝나므로 멸滅이다. 그러나 실제로는 그렇지 않으므로 □ 않는다.

<言就小乘義等者, 案, 影疏云.> 有爲果稱得, 無爲果名至, 盡相續曰斷, 相續不絶故常, 行中起故生, 諸行終故滅. 而實非故以不□.[8] (일본대장경 1000하.)

3) 담영 『중론』 연구의 의의

이상 길장 『중관론소』에 인용된 담영 『중론소』의 단편들을 안징의 『소기』 중에서 제공하는 한에서 열거해보았는데, 읽어보아 분명하듯이 길장은 담영

----

8   ㉡ 문맥상 '□'를 보입補入하자면 '許'나 '支' 등이 적당할 것으로 보인다.

소를 가까이 두고 이것을 중용했던 점이 있다. 물론 담영소는 불과 2권이고, 『중론』 전체에 걸친 주해서는 아니라고 생각되지만, 부분적으로는 자세한 주석도 보여 『중론』의 주소로서는 꽤 정밀했던 것이 살펴진다. 현존하는 안징의 『소기』에는 결권 부분이 많고, 결권 중에 포함된 담영소에 대해서는 이것을 알 수 없으므로 담영소의 조직 대강에 관해 그 전체상은 분명하지 않지만, 길장이 중용하고 일본 남도 삼론종에서도 연구된 것을 생각하면 이 책이 오랫동안 삼론 학파에 고전적 존재였던 것을 알 수 있다.

길장은 단순히 이것을 『중론』 주소의 참고서로서 사용했던 것만은 아니며 담영소에 나타난 중관의 사상을 장안 고삼론학을 대표하는 것으로서 자신의 삼론학 형성의 골격으로도 삼았던 것이다.

(1)

예를 들면 길장 교학의 중심 주제는 이제 사상인데, 특히 이제를 진리의 형식으로 본 성실 학파를 중심으로 했던 남북조 이래의 약리約理의 이제설에 대해 이제를 교화의 수단으로 본 약교約敎의 이제설을 주장했던 바에 그 특징이 있다. 따라서 인도에서의 이제설과도 달라서 특히 세속제를 중시하고 세속제와 승의제를 등가로 본다고 하는 중국 불교에 특징적인 현실 중시의 일면을 드러내는 것과 함께, 세속과 승의의 상즉 융합을 논리적으로 증명하고 이제 병관二諦並觀이라는 공관의 실천으로 인도해가는 동기를 형성하기에 이르렀던 것이다. 이 점에 관한 상세한 내용은 제2편에서 논술하겠지만, 이 길장 이제설의 원사상을 이미 담영 「중론서」 중에서 볼 수 있다. 즉 담영은

그 성립한 논서의 뜻은 말이 다하지 않음이 없고 법이 다하지 않음이 없지만 그 요점을 통괄하면 이제로 회통된다.

其立論意也, 則無言不窮, 無法不盡, 然統其要歸, 則會通二諦.

라고 하여 『중론』의 요지가 이제에 있다고 명언하고 이것을 다음과 같이 전개한다. 즉

진제이므로 유가 아니고, 속제이므로 무가 아니다.
진제이므로 유가 아니면 무이지만 유이고, 속제이므로 무가 아니면 유이지만 무이다.
유이지만 무이면 유에 묶이지 않고, 무이지만 유이면 무에 막히지 않는다.
무에 막히지 않으면 단멸의 견해가 쉬고, 유를 보존하지 않으면 상견 등의 얼음이 녹는다.
이 모든 극단을 적멸시키므로 중이라고 한다.

以眞諦故無有, 俗諦故無無.
眞故無有則雖無而有, 俗故無無則雖有而無.
雖有而無則不累於有, 雖無而有則不滯於無.
不滯於無則斷滅見息, 不存於有則常等氷消.
寂此諸邊, 故名曰中. (T55, 77b.)

이것이 길장 『중관론소』에 5번까지 인용되는 것은 이미 보았는데,[9] 『정명현론』권5에도 이것을 다음과 같이 부연한다.

---

9   앞 항목 길장소 인용의 담영 『중론소』 본문 중의 인용 (1), (3), (4), (8), (10)의 각 문장 참조

영공影公이 이제에 관해 서술하여 말한다. (「중론서」의 인용, 중략) 이 의미를 상세히 해보자. 진제이므로 유가 아니며 무이지만 유이니, 곧 진제真際를 흔들지 않고도 제법을 건립하는 것이다. 속제이므로 무가 아니며 유이지만 무이니, 곧 가명을 파괴하지 않고도 실상을 설하는 것이다. 가명을 파괴하지 않고도 실상을 설하므로 비록 가명이라고 하여도 완연히 실상이며, 진제를 흔들지 않고도 제법을 건립하므로 비록 진제라고 하여도 완연히 제법이다. 진제가 완연히 제법이므로 무에 막히지 않고, 제법이 완연히 실상이므로 유에 묶이지 않는다. 유에 묶이지 않으므로 상주가 아니고 무에 막히지 않으므로 단멸이 아니니, 곧 중도이다.

影公序二諦云, (「중론서」의 인용, 중략) 詳此意者, 真故無有, 雖無而有, 即是不動真際而建立諸法. 俗故無無, 雖有而無, 即是不壞假名而說實相. 以不壞假名而說實相, 雖曰假名宛然實相, 不動真際建立諸法, 雖曰真際宛然諸法. 以真際宛然諸法, 故不滯於無, 諸法宛然實相, 則不累於有. 不累於有故不常, 不滯於無故非斷, 即中道也. (T38, 883a~b.)

즉 이것을 전개의 순서를 따라 도시하면

진고무유, 수무이유(眞故無有, 雖無而有) → 부동진제건립제법(不動眞際建立諸法) → 실상완연제법(實相宛然諸法) → 불체어무(不滯於無) → 부단(不斷)

속고무무, 수유이무(俗故無無, 雖有而無) → 불괴가명이설실상(不壞假名而說實相) → 가명완연실상(假名宛然實相) → 불루어유(不累於有) → 불상(不常)

"부동진제건립제법, 불괴가명이설실상"이라는 것은 삼론 교의의 안목을 이루는 것인데, 담영의 이제관은 이제에 의해 비로소 이것이 논리적으로 가능한 것을 증명했던 것이다. 뒤에 삼론 학파에서는 이것에 기초하여 이제 상즉의 중도의가 체계화되기에 이른다. 길장은 삼론 교의의 원점原點을 보여주는 말로서 '초장初章'의 1구를 거론하여 특히 중시하는데,[10] 초장이란

① 유는 유일 수 없고, 무는 무일 수 없다. (無有可有, 即無無可無.)
② 유가 유일 수 없는 것은 무에 말미암기 때문에 유이고, 무가 무일 수 없는 것은 유에 말미암기 때문에 무이다. (無有可有, 由無故有, 無無可無, 由有故無.)
③ 무에 말미암기 때문에 유이니 유는 자성의 유가 아니고, 유에 말미암기 때문에 무이니 무는 자성의 무가 아니다. (由無故有, 有不自有, 由有故無, 無不自無.)
④ 유는 자성의 유가 아니므로 유 아닌 유라 하고, 무는 자성의 무가 아니므로 무 아닌 무라고 한다. (有不自有, 名不有有, 無不自無, 名不無無.)

라는 4구절의 말로 보이는 것이다. 이것은 틀림없이 담영의 이제설의 변용이다. 길장이 이것을 삼론학의 초장初章[11]이라고 보았던 것은 담영 『중론』 연구

---

10 길장, 『이제의二諦義』 권상(T45, 89b). "今對他明二諦是敎門. 無有可有, 無無可無. 無有可有, 由無故有, 無無可無, 由有故無. 由無故有, 有不自有, 由有故無, 無不自無. 不自有有, 是無有, 不自無無, 是有無. 無有不有, 有無不無. 此有無表不有無. 故名爲敎門. (중략) 一家初章者言方如此, 學三論者, 必須前得此語."

11 ㉕ '초장初章'에 대한 길장의 『이제의』 권1에서의 설명은 다음과 같다. "초장이란 배우는 자의 장문의 시초이다. 그러므로 초장이라고 한다. 이 용어는 『십지경十地經』 제1권에 나오는데, 일체의 문자가 모두 초장에 포섭된다고 밝힌다. 여기 삼론 교학에서도 그러하다. 초장은 일체법을 소통시킨다."("初章者, 學者章門之初. 故云初章. 此語出十地經第一卷, 明一切文字皆初章所攝. 今亦爾. 初章通一切法." T45, 89b.) 이에 따르면 '초장'은 배우는 자가 수학의 공리처럼 새겨두어야 할 근본 원리를 의미하며, 그러므로 '삼론 초장'이란 일체의 불법을 소통시키기 위해 삼론학에서 제시하는 근본 원리의 명칭이 된다. 저자인 히라이슌에이가 본서 제2편 삼론학의 사상적 연구 부문에서 가장 중점적으로 논의하는 삼론학의 대표 논리를 꼽자면 바로 이 삼론 초장이다. 한편 『십지경』 권1에서는 같은 문맥의 자리에 '초장' 대신 '자모字母'라는 용어가 나오며 『십지경론十地經論』 권1에서는 '자모' 대신 다시 '초장'의 용어를 사용하므로(천친天親, 『십지경론』, T26, 129c. "一切書字數說等, 皆初章爲本") 자모가 초장의 원의라고 할 것이다. 『십지경』에서는 십지十地의 의미를 자모에 비유

의 의의를 재확인시키는 것이다.

(2)

또 전기에도 분명하듯이 담영은 만년 산중에 은거했다고 말해지는데, 이것에 주목했던 탕용통湯用彤 교수는 『위서魏書』의 「단소전段紹傳」에 보이는 양적구애암陽翟九崖巖에 살았던 담영과 동일 인물일 것이라고 추정하고, 담영은 만년 산중에서 살아 선禪을 업으로 삼았다고 전한다.[12] 담영과 선과의 연결은 후술하듯이 섭산 삼론 학파의 기초를 닦은 승전僧詮이 지관사止觀寺에서 『중론』연구와 습선에 전념하고 그 문하에서는 삼론 학자와 함께 다수의 습선자를 배출하여 뒤에 중국 선의 숨겨진 광맥을 형성하기에 이르렀던 그 행업行業과 공교롭게도 일치한다. 담영은 「중론서」의 첫머리에서

> 대저 만화萬化에는 종宗이 없지 않지만 종宗에는 상相이 없다. 허종虛宗에는 계합하지 않음이 없지만 계합함에는 심心이 없다. 그러므로 지인至人은 무심無心을 묘혜妙慧로 삼아 저 무상無相의 허종에 계합하니, 내외內外가 모두 그윽하고 연지緣智가 모두 적멸하다.
> 夫萬化非無宗, 而宗之者無相. 虛宗非無契, 而契之者無心. 故至人以無心之妙慧, 而契彼無相之虛宗, 內外並冥, 緣智俱寂. (T55, 77a.)

하여 모든 글자와 단어 및 문장(書字數說)이 처음부터 끝까지 자모를 벗어날 수 없는 것처럼 십지의 지地 역시 수행의 처음부터 불지佛智를 증득하기까지 시종으로 근본이 됨을 서술한다. (권1, T10, 537a. "譬如一切書字數說, 字母為始, 字母為終, 無有少分書字數說離字母者. 佛子, 一切佛法亦復如是, 以地為始發修行故, 以地為終證佛智故.")

12 湯用彤, 『漢魏兩晉南北朝佛教史』 上冊, p.325 참조.

라고 중관의 궁극적 의미를 서술하는데, 이 한 문장이 길장의 『중관론소』에 인용되어 있는 것은 이미 서술한 대로이다.[13] 또 똑같이 『대승현론』 권4에서도

> 논論에서 말한다. 반야는 실상에 계회契會한 것이므로 심중深重하니, 지혜 智慧라고 칭할 수 없다. 정定이라는 것에서 정定은 계회契會한다는 말이다. 대저 만화萬化에는 종宗이 없지 않지만 종宗에는 상相이 없다. 허종虛宗에 는 계합하지 않음이 없지만 계합함에는 심心이 없다. 그러므로 지인至人은 무심無心의 묘혜妙慧로 저 무상無相의 허종에 계합하니, 곧 내외內外가 모 두 아득하고 연지緣智가 모두 적멸하다. 지혜智慧는 지조知照라는 말이니, 어찌 절관絶觀의 반야에 칭합할 수 있겠는가?
> 論云, 波若定實相故深重, 智慧不能稱也. 所言定者, 定是契會之名. 夫萬化 非無宗, 而宗之者無相. 虛宗非無契, 而契之者無心. 故聖人以無心之妙慧, 契彼無相之虛宗, 即內外並冥緣智俱寂. 智慧是知照之名, 豈能稱絶觀般若. (T45, 49c～50a.)

라고 하여 '절관의 반야를 찬탄하는 문장에서 인용하는데, 또 길장은 이것을 『정명현론』에서도 인용하므로[14] 상당히 이 말이 마음에 들었던 것으로 생각 된다.

그런데 이 **"무심의 묘혜로써 무상의 허종에 계합한다."**라는 반야바라밀의 주체적인 실천은 쉽게 선이 지향하는 것과 일치하는 바인 것은 분명하다.

---

13 앞 항목 길장소 인용의 담영『중론소』 본문 중의 (8) 참조.

14 길장, 『정명현론』 권3(T38, 871c). "次泯境智不思議. 上開境智二者, 此是不二二義耳. 而境智是因緣義, 非境無以明智, 非智無以辨境, 故境名智境, 智名境智. 境智則非智, 智境則非境. 非境非智, 蹤跡區尋. 故釋論 云, 緣是一邊, 觀是一邊. 雖是二邊, 名為中道. 影公云, 夫萬化非無宗, 而宗之者無相. 虛宗非無契, 而契之者 無心. 故聖人以無心之妙慧, 契彼無相之虛宗. 則內外並冥, 緣智俱寂. 雖緣智俱寂, 而境智宛然. 故名不可思 議也."

『속고승전』의 저자 도선은 습선편習禪篇의 논찬論贊 중에서 달마達摩와 승조僧稠의 선법의 특색을 논했던 부분에서 달마의 선법이 "허종虛宗을 본받아 깊은 뜻이 유심幽深·정미精微하다."(法虛宗, 玄旨幽賾.)[15]라고 서술한 것은 잘 알려져 있다. 야나기다세이잔柳田聖山 교수는 이 도선이 평했던 달마의 '허종'이란 '반야'의 근본의를 가리키는 것이라고 이해하는데,[16] 이 허종이라는 용어에 의해 반야의 근본의를 나타내려고 했던 여기 하나의 예로서 승조의『부진공론不眞空論』이 거론된다. 즉

> 대저 지허至虛와 무생無生은 대개 반야의 통찰의 묘취妙趣이고 사물의 종극이다. (중략) 그러므로 근래 담론이 허종虛宗에 이르면 매양 동일하지 않다.
> 夫至虛無生者, 蓋是般若玄鑑之妙趣, 有物之宗極者也. (중략) 故頃爾談論, 至於虛宗每有不同. (T45, 152a.)

라는 문장이다. 승조는 이 "담론이 허종虛宗에 이르면 매양 동일하지 않다."라는 1절에 이어지는 문장에서 위진魏晉의 불교자에서 '반야' 이해에 관한 3가문의 이설異說을 들어 이것을 비판하는 것을 보아도 이 '허종'이 '반야'를 달리 말한 것은 분명하다. 이처럼 허종이라는 용어에 의해 반야를 표현하려고 했던 것은 담영 또는 승조라는 나집 문하의 중관 연구자들의 창안에 관계된 것이었음이 확실할 것이다. 도선이 달마선의 특색을 허종에 둔다고 논했던 의도는 달마선의 주장이 이 반야바라밀의 실천을 목표했던 것임을 시사한다. 나집

---

15 『속고승전』권20(T50, 596c).
16 柳田聖山,「菩提達摩二入四行論の資料價值」(『印度學佛教學研究』15-1, 1966年 12月) 참조.

문하의 중관 연구자 담영이 만년 산중에 살면서 선업禪業을 닦았다고 하는 정사正史의 기록은 중관과 선의 결합이 중국 불교사의 매우 이른 시기에 실천되었던 하나의 전형을 보여준다.

지금 양자의 관계를 서술하는 것은 본 절의 주제가 아니지만, 삼론의 종조로서 또는 후세의 중국 선에 끼친 영향이 컸던 자로서 승조가 중국 불교사상에서 차지하는 위치에 대해 학자들은 이를 높이 평가하지만, 담영에 대해서는 삼론학의 연구사에서조차 그 위상을 올바로 정하지 못했다. 나집 문하에서의 최초의 본격적인『중론』연구자로서 또 반야의 실천을 선에서 발견했던 인물로서 담영의 행업은 「중론서」에 간혹 보이는 그 사상의 일단에서 미루어 승조와 같이 특필되어야 마땅할 것이다.

3. 승조僧肇

1) 승조의 약전略傳과 저술

위에서는 나집 문하에서 삼론 연구의 총론을 승예로, 각론을 담영으로 대표시켜 그 개략을 논술해왔는데, 이하에서는 그 결론을 승조에게서 살펴보고 싶다. 승조에 관해서는 단순히 삼론의 조사로서만이 아니라 후세의 중국 선에 이르기까지 중국 불교에 커다란 영향을 주었던 반야학의 제일인자로서, 역사적인 연구 및 근대에서도 내외의 여러 학자에 의한 연구가 매우 많다.[1] 따라서 특히 승조 연구에 관해서는 종래의 연구에 대해 새로운 성과를 덧붙이는 것이 매우 어렵지만 삼론 학파의 성립을 논함에 승조를 간과할 수는 없다. 이에 종래의 여러 연구에 입각하여 특히 위진의 격의 불교의 비판을 통해 삼론에 의한 새로운 반야 연구의 전개를 창시하기에 이르렀던 그 사상사 상의 전환점을 일별하면서 그것을 길장이 어떻게 파악하여 자기 학파 성립의 원천으로 간주했는지 주로 길장을 기준으로 하여 고찰해보고 싶다. 또 뒤에 길장 교학에서 종횡으로 사용되기에 이르렀던 기초적 범주의 하나로서 체용 개념이 거론되는데, 이 체용 개념의 불교학에 대한 도입 또는 반야 삼론학에 의한 체용 상즉 사상의 연원을 승조에게서 구할 수 있다고 해도 좋다. 이러한 문제들을 중점으로 삼아 승조 사상의 일단을 고찰해 정리하고자 한다.

---

1 『조론』의 역사적 주석서로서 현존 대장경 중에 수록되어 있는 것은 다음과 같다. 『조론소肇論疏』 3권 진陳, 혜달慧達 찬撰, X54. 『조론소肇論疏』 3권 당唐, 원강元康 찬, T45, X54. 『주조론소注肇論疏』 6권 송宋, 준식遵式 술述, X54. 『조론신소肇論新疏』 3권 원元, 문재文才 술, T45, X54. 『조론신소유인肇論新疏遊刃』 3권 원元, 문재文才 술, X54. 『조론약주肇論略注』 6권 명明, 덕청德淸 술述, X54. 근대의 학자에 의한 독립된 『조론』 연구의 저서로서는, 『肇論研究』 塚本善隆 編 京都大學人文科學研究所報告, 法藏館, 1955年 9月. Walter Liebenthal : *Cho lun, The Treatise of Seng-Chao*, Second Edition, Hong Kong Univ. Press, 1968) 등이 있고, 그 외 승조 또는 『조론』에 관해 쓴 논문은 매우 많다.

승조의 전기는 혜교의 『고승전』[2]에 의거할 수밖에 없는데, 혜교가 전하는 승조전을 요약하면 승조는 경조京兆(산시성陝西省 시안시西安市의 북서쪽) 출신으로 집안이 가난하여 문서를 베끼는 일을 업으로 하던 중에 많은 책을 읽고 특히 노장으로 심요心要를 삼았다. 그러나 일찍이 노자 『도덕경』을 읽고 이에 만족하지 못하다가 뒤에 고역古譯 『유마경』을 읽고 환희하여 출가했다. 뒤에 방등(대승)을 잘 하고 삼장(소승)에 통하여 관년冠年(20세) 즈음에는 장안 내외에 명성을 날리자 명예를 겨루는 학도들이 그의 조달早達을 시기했다고 한다. 이때 여광呂光 장군을 따라 고장姑藏에 도착해 있었던 구마라집의 명성은 일찍부터 장안에 알려져 나집의 입관을 기다리는 소리가 높았는데, 승조는 단신으로 고장에 들어가 나집에게 입문했다. 이때 나집은 승조를 "찬탄해 마지않았다."(嗟賞無極)라 칭찬했다고 전해진다. 홍시 3년(401) 나집을 따라 장안에 들어와 소요원에 살면서 승예 등과 함께 나집의 번역 사업을 도왔다. 홍시 6년(404) 『대품반야』가 역출되자 승조는 『반야무지론』을 저술하여 나집에게 헌정한 바, 나집은 "나의 이해는 물러나지 않겠지만 너의 언사만은 마땅히 존중해야겠다."(吾解不謝, 子辭當相挹)라고 칭찬했다. 뒤에 남방으로 간 축도생竺道生(355~434)이 이 책을 여산廬山으로 가져가자 은사隱士 유유민劉遺民은 이것을 보고[3] "뜻밖에 승려 중에도 다시 평숙平叔(위魏의 현학자 하안何晏)이 있구나."(不意方袍復有平叔)라 찬탄하고, 혜원도 역시 책상을 어루만지며 "일찍이 있은 적이 없다."(未嘗有也)고 찬탄했다고 한다. 이에 함께 '분석하고 검토하며 자세히 음미하여'(披尋翫味) 후에 유유민과 승조 사이에 서간에 의한 문답이

---

2 『양고승전』 권6 석승조전(T50, 365a~366a).

3 축도생이 『반야무지론』을 여산에 지니고 귀의했다고 하는 기사는 『고승전』에 없지만, 湯用彤, 『漢魏兩晉南北朝佛教史』 第10章 '鳩摩羅什及其門下'의 僧肇傳略 조목에서 "홍시 10년(408) 여름에 축도생이 이 논서를 가지고 돌아가 여산의 유유민에게 보여주었다."(p.329)라는 것을 보충한다.

교환된다.[4] 그 후 『부진공론』, 『물불천론』 등을 저술하고 아울러 『유마경』에 주석했다. 또 나집 번역의 여러 경론에 서문을 지어 현존한다.[5] 나집 몰후 그 영왕永往을 추도하는 『열반무명론』을 저술했다.[6] 승조는 나집을 따르기 10여 년 진晉 의희義熙 10년(414) 31세로 죽었다.[7]

이상은 『고승전』에서 전하는 승조전의 요약이다. 전기 중에 보이듯이 ①『반야무지론般若無知論』(부유우민서간附劉遺民書簡), ②『물불천론物不遷論』, ③『부진공론不眞空論』, ④『열반무명론涅槃無名論』의 순서로 따로따로 찬술되었던 4론은 후에 『종본의宗本義』를 덧붙여 『조론』 1권으로 편집되어 오늘날에 이르렀던 것인데, 츠카모토젠류우塚本善隆 박사는 이 별도로 유행하던 각각의 논서가 오늘날 보이는 것 같은 형태로 정리되어 재편집되었던 것은 강남의 삼론학이 점점 융성하고 성실을 대신하여 성행하게 되었던 흥황사興皇寺 법랑法朗(507~581)의 활약 전후 즈음이라고 추정한다.[8] 따라서 『조론』을 오늘날과 같은 형태로 편집하고 그 진가를 인식하여 그 연구를 융성하게 한 것은 실로 삼론 학파의 사람들이었다고 할 수 있다. 현존하는 가장 오래된 『조론소』 및 통서通序 3권을 저술했던 진陳 혜달慧達은 법랑과 동시대의 사람이어서 『조론』의 편집

---

4 승조와 유유민의 문답 연대에 대해 탕용통湯用彤 교수는 유문劉問을 홍시 11년(409)이라고 하지만, 桐谷征一, 「肇論『答劉遺民書』の成立時期について」(『印度學佛敎硏究』15-1, 1966年 12月)에서는 유문劉問을 홍시 12년(410) 조답肇答을 홍시 13년(411)이라고 추정한다.

5 승조가 지은 서문으로 현존하는 것은, 「유마힐경서維摩詰經序」(『출삼장기집』 권8, T55, 58a~b), 「장아함경서長阿含經序」(같은 책, 권9, T55, 63b~c), 「백론서百論序」(같은 책, 권11, T55, 77b~c).

6 『열반무명론』에 관해서는 湯用彤, 앞의 책, 僧肇傳略 아래에 "그런데 이 논서에 대해서는 조금 의문점이 있다."(p.330)라 하고 다시 下冊 第16章 '竺道生慧觀漸悟義' 아래에서 "승조가 지은 것이 아닌 듯하다."(p.670)고 하여 승조의 진찬眞撰을 의심하는데, 橫超慧日, 「涅槃無名論とその背景」(塚本善隆 編 『肇論硏究』 pp.190~199)에 의해 승조의 자찬인 것이 확인되어 있다.

7 츠카모토젠류우塚本善隆 박사는 승조의 생몰 연대에 관해 『고승전』에서 말하는 진 의희 10년(414) 졸卒은 그대로이지만 향년 31세는 41세의 오사誤寫로 보아 그 생몰 연대를 374~414로 추정하는데, 논거가 있는 추론이다(『肇論硏究』, pp.120~121 참조).

8 塚本善隆, 『肇論硏究』, p.158 참조.

자가 곧 혜달인지는 확인할 수 없지만 그 내용에서 추정하여 혜달도 역시 삼론 학자였다고 추정되고 당대唐代의 삼론 학자 안국사安國寺 원강元康의『조론소』3권은『조론』주소 중에서도 특히 우수한 것으로서 후세의 주소의 전범이 되었다고 학자들에 의해 평가된다.[9] 길장에게는 특별히『조론』에 관한 주소가 없지만,『백론서소』중에서 승조의 저술과 나집 문하에서의 그의 위치에 대해 언급하여

> 『부진공론』등 4론을 저술하고『주유마힐경注維摩詰經』및 여러 경론의 서문을 저술하였다. 나집은 찬탄하여 "중국인에서 해공 제일은 승조 이 사람이다."라고 하였다. 승조의 조肇라는 이름처럼 깊은 종의의 시초라고 할 만하다. 著不真空等四論, 著注淨名及諸經論序. 什歎曰, 秦人解空第一者, 僧肇其人也. 若肇公名肇, 可謂玄宗之始. (T42, 232a.)

라고 서술한다. 길장의 저술 중에 승조의『조론』이나『주유마힐경』에서의 인용이 매우 많아서 일일이 거론할 수 없을 정도이다. 또 그 이름과 같이 승조는 '깊은 종의의 시초'라고 칭하여 삼론 학파의 시조로서의 지위를 부여하는 것은 단지 길장의 과찬인 것만이 아니라 앞 장에서 서술했듯이 승조에게서 삼론 학파의 원류를 발견하려 했던 길장의 의도를 보여주는 것에 다름 아니다. 이러한 승조의 위치와 그에게로의 회귀는 길장 일파의 강남에서의 삼론학의 성립과 부흥을 촉진하는 최대의 동기이기도 했고 동시에 또한『조론』의 진가를 일종 일파에 그치지 않고 널리 후세의 중국 불교에 침투시켜간 계기가 되기도 했다.

---

9 牧田諦亮,「肇論の注疏ついて」(『肇論研究』, p.277) 참조.

2) 승조의 3가家 비판과 길장 평석의 시비

주지하듯이『조론』「부진공론」제2에서는 위진의 반야 연구의 대표적인 3가의 설을 거론하여 이것을 논파한다. 이「부진공론」에서 비판되는 3가 이설異說에 관해서는 진 혜달『조론소』, 당 원강『조론소』와 함께 길장『중관론소』 및 이것을 부연한 일본 남도의 안징『중관론소기』가 고전적인 자료로서 참고·의용된 것이 많다. 그러나 승조의 비판이 매우 간단하고 3가의 이설이 각각 누구의 설인지 거의 알려져 있지 않으므로 이 역사적 문헌들에서의 해석도 매번 다르고, 특히 길장『중관론소』의 해석은 독단이 지나쳐 역사적인 자료가치로서만 아니라 이론적인 사상 해석으로서도 그 신빙성이 의문시되는 것이 학계의 정설이다. 그래서 3가 이설에 관한 길장 해석의 문제점을 검토해 보아 길장의 논의를 부정하는 근거가 어디에 있는 것인지 또는 삼론학의 대성자로서의 길장이 의도하는 것이 무엇이었는지 다시 고찰해보고 싶다.

『부진공론』에 의하면 3가의 설이란 (1)심무心無, (2)즉색卽色, (3)본무本無의 3설이다. 길장은 이것을 (1)본무, (2)즉색, (3)심무의 순서로 보석補釋하는데, 이것은 뒤에 '6가 7종'으로 총칭되기에 이르기까지의 순서에 따랐을 것이다.[10] 문제가 되는 지점도 '본무', '즉색'의 두 가지 설에 관한 것이 많은 편이므로 여기서는 길장『중관론소』에서 취급했던 순서에 따라 논술하고자 한다.

---

10 6가7종 각각의 명칭에 대해서는 길장『중관론소』권2말, 동이문同異門 제6에서 석도안釋道安의 본무의, 침법사琛法師의 본무의, 지도림支道林의 즉색의, 온법사溫法師의 심무의에 대해 서술한 후에 "此四師即晉世所立矣. 爰至宗大莊嚴寺曇濟法師著七宗論, 還述前四, 以爲四宗."(T42, 29a~b)이라 하고 이어서 우법개于法開의 식함의識含義, 일법사壹法師의 환화의幻化義, 우도수于道邃의 연회의緣會義를 설하여 7종이라고 한다. 또한 담제曇濟에 대해 서술했던『양고승전』권7 담빈전曇斌傳에서도 "時莊嚴復有曇濟曇宗, 並以學業才力, 見重一時, 濟述七宗論."(T50, 373b)이라고 하여 담제에게『칠종론七宗論』의 저술이 있고 이것에 근거했던 것을 알 수 있다. 이 길장을 부연했던 안징『중관론소기』에서는, "言六家者, 梁釋寶唱作續法論云, 宋釋曇濟作六家七宗論, 論有六家, 分成七宗. 一本無宗, 二本無異宗, 三卽色宗, 四心無宗, 五識含宗, 六幻化宗, 七緣會宗. 今此言六家者, 於七宗中, 除本無異宗也."(T65, 93a)라고 하여 양나라 보창寶唱의『속법론續法論』에서 담제의『칠종론』을『육가칠종론』이라고 칭했던 것에서 '육가칠종'의 명칭이 생겼던 것을 기록한다.

(1)

본무의에 대해 「부진공론」에서는

> 본무란 망정으로 무를 숭상하여 하는 말마다 무로 상대한다. 그래서 유가
> 아니므로 유는 곧 무이고, 무가 아니므로 무 역시 무이다.
> 本無者, 情尚於無, 多觸言以賓無. 故非有有卽無, 非無無亦無.

라 소개하고 이것을 승조는

> (비유비무의) 문장을 세운 본래 취지를 살펴보면 곧 비유非有는 진유眞有
> 가 아니라는 것이고 비무非無는 진무眞無가 아니라는 것일 따름이다. 어
> 찌 반드시 비유라고 하여 이 유가 없으며 비무라고 하여 저 무가 없는 것
> 이겠는가? 이것은 바로 무를 좋아하는 담론이니, 어찌 사실事實에 순통順
> 通하여 사물의 실정에 나아갔다 할 수 있겠는가?
> 尋夫立文之本旨者, 直以非有非眞有, 非無非眞無耳. 何必非有無此有, 非無
> 無彼無. 此直好無之談, 豈謂順通事實, 卽物之情哉. (T45, 152a.)

라고 평한다. "이것은 바로 무를 좋아하는 담론이다."라는 승조의 논평처럼
본무설이란 심정적으로 오로지 무를 숭상하는 설로서 경전에서 말하는 '비유
비무'(의 공)을 유도 없고 무도 없다고 하는 의미로 이해하는 것이다. 말하자면
허무론적인 경향을 가지므로 이것에 대한 승조의 비판도 무자성공無自性空인
개물이 동시에 부진不眞인 것으로서 현실에 나타나는 면을 전했던 것이다.
  이것을 길장은

첫째, 석도안釋道安은 본무의를 밝힌다. 말하자면 무는 온갖 변화의 앞에 있으며, 공은 모든 모양 있는 것들의 시초이다. 대저 사람에게 막히는 바란 아직 존재하지 않은 것에서 막힌다. 만약 마음을 본무에 맡기면 기이한 생각들은 곧 그치게 된다. (승예법사는 말한다. 격의는 멀리 돌아 근본을 어그르뜨리고 6가는 편벽되어 아직 일치하지 못한다. 스승은 말한다. 도안 화상은 거친 길을 뚫어 길을 열었다. 성공性空으로 깊은 뜻을 표방하여 애써 닦은 공을 증험하였다. 오로지 성공의 종의만이 가장 그 실질을 얻은 것이다.) 이러한 뜻을 상세히 하여 도안이 본무를 밝힌 것이니 일체 제법은 본성이 공적하다. 그러므로 본무라고 말한다. 이것은 방등方等의 경론과 나집과 승조와 산문山門의 뜻과 다름이 없다.

다음으로 침법사琛法師가 말한다. 본무란 색법이 아직 있기 전에 먼저 무가 있었다는 것이다. 그러므로 무로부터 유가 나온다. 즉 무는 유의 앞에 있으며, 유는 무의 뒤에 있다. 그러므로 본무라고 칭한다. 이 해석은 승조가 『부진공론』에서 논파한 바이지만 또한 경론에서는 아직 밝히지 않은 바이다. 만약 무가 유의 앞에 있다면 유의 본성은 무가 아닐 것이니 곧 무가 앞이고 유는 뒤이어서 유로부터 무로 돌아갈 것이다. 경에서 말한다. 만약 법이 먼저 있다가 나중에 없다면 제불·보살은 바로 허물과 죄가 있게 된다. 만약 먼저 없다가 나중에 있다고 하더라도 또한 허물과 죄가 있게 된다. 그러므로 이 뜻과는 같지 않다.

一者釋道安明本無義, 謂無在萬化之前, 空爲衆形之始. 夫人之所滯, 滯在未有. 若託心本無, 則異想便息. (睿法師云, 格義迂而乖本, 六家偏而未卽. 師云, 安和上鑿荒途以開轍. 標玄旨於性空, 以爐冶之功驗之. 唯性空之宗最得其實.) 詳此意安公明本無者, 一切諸法本性空寂. 故云本無. 此與方等經論什肇山門義無異也.

次琛法師云, 本無者, 未有色法先有於無. 故從無出有. 卽無在有先, 有在無後. 故稱本無. 此釋爲肇公不眞空論之所破, 亦經論之所未明也. 若無在有前

則非有本性是無. 卽前無後有, 從有還無. 經云, 若法前有後無卽諸佛菩薩便
有過罪. 若前無後有亦有過罪. 故不同此義也. (T42, 29a.)

라고 평석한다. 이 길장 평석의 문제점은 첫째로 본무설이 도안(314~385)
혹은 침법사(286~374)(『고승전』 권4의 전기에는 "축잠竺潛, 자는 **법심法深**이
다."(竺潛字法深.)로 되어 있다.)[11]의 설이라는 논거가 없는 것, 둘째로 도안의
설이 나집과 승조 및 산문山門의 뜻과 다른 것이 없다고 하는 것은 승조의
견해를 무시한 독자의 해석인 것, 셋째로 본무설을 도안과 침법사의 설로
나누어 전자를 채택하고 후자를 승조의 논파 대상으로 간주하는데, 양자에게
는 본질적인 차이가 보이지 않는 것 등이다.

첫째로, 본무설을 도안의 설로 보는 것은 그 밖에도 혜달『조론소』[12]와 안징
『중관론소기』[13]가 있고, 원강『조론소』에서는 축법태竺法汰(320~387)로 되어
있다. 또 근년 타마키코오시로오玉城康四郎 박사는 그 본무설의 내용에 관해
양梁 보창寶唱『명승전초名僧傳抄』담제전曇濟傳[14]에 기재된『칠종론七宗論』제1
의 본무종에 대해 서술한 단락에 주목하여 그중에 "무는 온갖 변화의 앞에
있으며, 공은 모든 모양 있는 것들의 시초이다."(無在萬化之先, 空爲衆形之始.)라
는 한 문장은 길장이 소개한 것과 동일하다는 것을 지적해두었다.[15] 따라서
도안 또는 도안과 동학인 축법태[16]에게 본래 본무설이 있어서 그것이 길장이

---

11 『고승전』 권4 축법심전(T50, 347c).

12 혜달,『조론소』(X54, 59b).

13 안징,『중관론소기』 권3말(T65, 92c).

14 『명승전초』(X77, 354c).

15 玉城康四郎,『中國佛教思想の形成』 第1卷(1971年 7月, 東京 : 筑摩書房) p.134 참조.

16 『고승전』 권5 축법태전에, "東莞人, 少與道安同學"(T50, 354a)라 하고 또 말미에 "書論本無義, 皆行於
世."(355a)라고 한다.

전하려 한 내용이었던 것은 사실일 것이다. 그러므로 전거만은 명시되어 있지 않지만 길장이 본무설이라고 하여 전하는 내용이 다른 전승과 현저하게 상위하다고 할 정도는 아니다.

그런데 앞에서 세 번째의 의문점을 생각해보면 그 도안의 본무설이란 길장 및 담제 『칠종론』에서 전하는 바에서는

> 무는 온갖 변화의 앞에 있으며, 공은 모든 모양 있는 것들의 시초이다. 대저 사람에게 막히는 바란 아직 존재하지 않은 것에서 막힌다. 만약 마음을 본무에 맡기면 기이한 생각들은 곧 그치게 된다.
> 無在萬化之前, 空爲衆形之始. 夫人之所滯滯在未有. 若託心本無, 則異想便息.

라는 것이고, 침법사의 그것은

> 본무란 색법이 아직 있기 전에 먼저 무가 있었다는 것이다. 그러므로 무로부터 유가 나온다. 즉 무는 유의 앞에 있으며, 유는 무의 뒤에 있다. 그러므로 본무라고 칭한다.
> 本無者, 未有色法先有於無. 故從無出有. 卽無在有先, 有在無後. 故稱本無.

라는 것이다. 양자는 분명히 노장적인 만물의 근원으로서의 무와 불교에서 말하는 공을 동일시하는 점에서 함께 격의 불교의 잔재를 완전히 벗어나지는 못한다. 따라서 길장이 이것을 그대로 전자에 대해서는 정당시하고 후자에 대해서는 역으로 부당시한다면 마땅히 길장의 평석은 제대로 되어 있지 않다는 질책을 면하기 어려울 것이다. 단, 하나의 다행스러운 점은 길장이 이 도안의 본무설을 평석함에 대해 인용에서 분명한 것처럼 승예의 도안 해석을 매개

로 하여 이것을 해석했다는 것이다. 즉 길장은 승예가 도안을 평하여 "깊은 뜻을 성공性空으로 표방한다."거나 "오로지 성공의 종의만이 가장 그 실질을 얻었다."라고 하는 점을 중시하여 "이 뜻을 상세히 한다면"이라고 한정을 붙여 도안의 본무本無를 분명히 했던 것은 "일체제법一切諸法 본성공적本性空寂."의 의미이므로 이것을 나집 산문의와 다를 것이 없다고 간주했던 것이다. 요컨대 도안 본래의 본무의를 나집 문하에서의 삼론 연구의 세례를 받은 이후의 승예의 발전적인 해석을 매개로 삼아 그것을 보려고 했던 바에서, 길장의 견강부회의 해석이 유래한 까닭이 있다. 무엇보다도 도안은 반야 연구에 전념하여 격의 불교를 비판하고 이것을 초극하는 일에 평생을 걸었던 사람이다. 그 사상의 형성 과정에서 초기의 시대에는 '본무의'적인 격의에 의한 설을 제창하고, 후에 공성의 본격적인 이해에 도달한 것으로서 보다 본의에 가까운 '성공의 종의'적인 것을 설하기에 이르렀다고도 생각된다. 혜달이나 원강의 주소에서는 역사적인 신빙성은 어찌 됐든 이 점에 관해 억측하는 기술이 보인다.[17] 길장은 이전의 제자 승예의 도안에 대한 평가를 빌어 본무의의 전형으로서 정착해 있었던 이 도안의 초기 사상을 구석救釋했다고도 할 수 있을 것이다. 어쨌든 침 법사에 대한 이해도 발상의 기반이 동일하여 격의 불교의 도달점을 보여주는 자로서 본다면 우수했던 자이다. 길장이 후자를 버리고 전자에 대해 발전적인 해석을 시도했던 것은 어디까지나 삼론 학파의 원류라고 간주되는 사람들에 있어서 사자師資 관계가 확실한 인물이었기 때문이다. 삼론 학파의

---

17 혜달, 『조론소』에 "解本無者, 彌天釋道安法師本無論云, 明本無者, 秤如來興世, 以本無弘教故, 方等深經, 皆云五陰本無."(X54, 59b)라고 하여 도안에게 『본무론』의 저술이 있었다고 서술하고, 원강 『조론소』에서는 "如安法師立義, 以性空為宗, 作性空論, 什法師立義, 以實相為宗, 作實相論, 是謂命宗也."(T45, 162b)라고 하여 도안에게 『성공론』의 저술이 있었다고 한다. 그러나 타마키코오시로오玉城康四郎 박사는 이 기술을 뒷받침하는 목록 등의 증거도 없고 도안은 불교의 사상을 하나의 테제로 정리하여 이해하려고 한 시도를 하지 않았다고 하여 이것이 도안 스스로의 주장이 아니라 외부에서의 해석일 것이라고 추정한다. 玉城, 앞의 책, p.131 참조.

성립을 기도하고 사승師承과 학계學系의 단서를 강조하려고 했던 길장의 의도적인 해석이라 해도 좋을 것이다.

(2)

즉색의에 대해『부진공론』에서는

> 즉색卽色이란 색은 자성을 갖는 색이 아님을 밝히는 것이다. 그러므로 색이라고 해도 색이 아니다. (그런데) 무릇 색이라고 하면 색 그대로가 색인 것이지 어찌 색을 색이라고 하는 것을 기다린 연후에야 색이겠는가? 이것은 색은 자성을 갖는 색이 아님을 직접 말했을 뿐 아직 색이 비색非色임을 알지 못했다.
>
> 卽色者, 明色不自色. 故雖色而非色也. 夫言色者, 但當色卽色, 豈待色色而後爲色哉. 此直語色不自色, 未領色之非色也. (T45, 152a.)

라고 한다. 요약하면 즉색의란 색은 그 자체로 본래 색이 되어 있는 것이 아니니(色不自色), 그러므로 색이라고 하여도 실제로는 색이 아니라는(雖色而非色) 것이다. 승조는 이 설이 본질적인 자성을 갖는 색이 아니라고 하는 것을 말할 뿐으로(此直語色不自色) 색＝비색이라는 것, 말하자면 무자성의 비색이 색으로서 현전하는 점을 이해하지 못한다(未領色之非色)는 것이다. 왜냐하면 색은 색에 직면했을 때 이미 색이어서 색을 색이라고 하는 자성에 의해 비로소 색이 된 것은 아니기 때문이다(色者當色卽色, 豈待色色, 而後爲色哉). 요컨대 이 즉색의 비판도 '색즉시공'의 일면을 보아 '공즉시색'의 반면을 보지 않는다는 점에 귀결하는 것으로 그런 의미에서 앞의 본무의의 비판과 궤를 같이 하는 것이다. 그런데 길장의 해석을 보면 둘째, 즉색의이다. 그런데 즉색에는 2가家가 있다. 첫째, 관내關內의 즉색의에서 색이 곧 공임을 밝히니, 이것은 색에 자성이 없음을 밝히는 것이다. 그러므로 색이 곧 공이라고 하지 색이 곧 본성공이라고는 말하지 않는다. 이 뜻은 승조가 꾸짖는 바이다. 승조가 말한다. 이것은 곧 색이 자성의 색이 아님을 깨달았지만 아직 색이 비색非色임을 알지는 못하였다.

다음으로 지도림支道林은 『즉색유현론即色遊玄論』을 저술하여 색이 곧 공임을 밝혔다. 그러므로 『즉색유현론』이라고 한다. 이것은 가명을 파괴하지 않고 실상을 설하는 것과 같아서 도안 법사의 본성공과 더불어 다르지 않다.

第二即色義. 但即色有二家. 一者關內即色義. 明即色是空者, 此明色無自性故言即色是空, 不言即色是本性空也. 此義為肇公所呵. 肇公云, 此乃悟色而不自色. 未領色非色也.

次支道林著即色遊玄論, 明即色是空. 故言即色遊玄論. 此猶是不壞假名, 而說實相, 與安師本性空故無異也. (T42, 29a.)

라고 한다. 이 평석도 너무나 간략하여 학자들의 비판이 집중되는 곳이다. 첫째로 삼가 이설三家異說의 승조 비판에서 공통된 것이지만 즉색의에 대해서도 이것이 누구의 설인지 명시되어 있지 않다. 길장과 그 설을 부연했던 안징 이외의 주소는 모두 이것이 지도림[18](＝지둔支遁, 자가 도림道林)(314〜366)의 설이라고 하는 것에 대해 길장 및 안징[19]은 관내 즉색의와 지둔의 즉색의를

---

18 전기는 『양고승전』 권4(T50, 348b〜349c).

19 안징, 『중관론소기』 권3말에 "述義云, 此下破關內即色義. 此師意云, 細色和合而成麤色, 若爲空時但空, 麤色不空細色, 望細色而麤色, 不自色故. 又望黑色而是白色, 白色不自色, 故言即色, 空都非無色. 若有色定相者, 不待因緣應有色法. 又麤色有定相者, 應不因細色而成, 此明假色不空義也. 然康達二師並云破支道林即色義, 此言誤矣."(T65, 94a)라고 하여 원강, 혜달의 두 명의 법사가 지도림의 즉색의를 논파한다는 것은 오류라고 한다. 또 지도림의 즉색의에 대해서는 『산문현의山門玄義』 제5권 및 『술의述義』를

나누어 전자를 승조의 논파 대상이라고 보지만 후자에 대해서는 이것을 옹호하는 것, 또 양자의 차이에 대해 함께 '즉색시공'을 밝히는데, 전자에 대해서는 이것을 단순히 '색무자성'을 설할 뿐으로 '즉색시본성공'이라고 하지 않기 때문이라고 하여 이것을 물리치고, 후자에 대해서는 "이것은 가명을 파괴하지 않고 실상을 설하는 것과 같다."라고 상찬하는데, 그 논거가 전혀 불충분한 것 등이 거론될 수 있다. 첫째, '즉색시공'과 '즉색본성공'의 차이가 어디에 있는지 명쾌하지 않다.

이상과 같이 길장의 평석에서는 여러 가지 의문점이 지적되는데, 이 점을 재음미해보면 우선 '즉색시공'과 '즉색본성공'이라는 매우 혼동하기 쉬운 표현으로 양자를 차별하는 것이 명쾌하지 않다고 한다면, 승조의 비판에서 보이는 즉색의는 "색은 자성을 갖는 색이 아님을 직접 말했을 뿐 아직 색이 비색非色임을 알지 못했다."라는 문맥인데 "색인 비색을 알지 못한다."라고 하는 것보다는 오히려 "비색인 색을 알지 못한다.", 요컨대 무자성공의 비색이 색으로서 현전하는 것을 알지 못한다는 의미의 표현 쪽이 '공즉시색'의 현실 긍정의 반면을 표현하는 구절로서는 보다 명쾌한 것이 아닐까.[20] '색부자색色不自色'과 '색지비색色之非色'의 차이는 후세의 주석이나 승조 반야학의 공유 상즉의 특질을 숙지하여야만 가능한 것이어서 이대로는 결코 구별할 수 있는 표현이

인용하여 "如山門玄義第五卷云, 第八支道林著卽色遊玄論云, 夫色之性色不自色, 不自雖色而空, 知不自知雖知而寂. 彼意明, 色心法空名眞, 一切不無空色心是俗也. 述義云, 其製卽色論云, 吾以爲卽色是空非色滅空, 斯言矣. 何者, 夫色之性色不自有色, 色不自有, 雖色而空, 知不自知. 雖知恒寂, 然尋其意同不眞空, 正以因緣之色從緣而有非色爲空, 自有故卽不待推尋破壞方空. 旣言夫色之性不自有色, 色不自有雖色而空. 然不偏言無自性邊. 故知, 卽同於不眞空也."(T65, 94a~b)라고 하여 이것이『부진공론』과 같은 입장이라고 한다.

20 후세의 삼론 학파의 '유무 상즉有無相卽'의 표현 공식으로서 예를 들면 '초장의初章義' 등에서 보이는 패턴으로서는 "有不自有, 名不有有, 無不自無, 名不無無"(『중관론소』, T42, 28a)처럼 '불유인 유', '불무인 무'라고 말하는 것 같이 '불유에 뒷받침된 유'라는 표현을 갖는다. 따라서 이 형식에 따르면 '색불자색色不自色'은 '비색지색非色之色'이라는 표현을 갖지 않으면 안 된다.

아니다. 그럼에도 불구하고 승조는 굳이 이것을 '색지비색色之非色'이라는 혼동하기 쉬운 표현으로 나타냈다. 길장의 평석은 이 승조의 '색부자색色不自色'을 '즉색시공'이라 하고 '색지비색色之非色'을 '즉색시본성공'과 병렬로 표현했던 것이다. 전자에 대해서는 이미 즉색의의 즉색이 "색은 자체로 색이 아니니 그러므로 색이라고 해도 색이 아니다."라고 승조가 주석하므로 이것은 오로지 '색즉시공'의 일면을 말했던 것이다. 그래서 길장은 이것을 '즉색시공'이라고 정리했던 것에 지나지 않는다. 후자에 대해서는 승조가 말하는 '색지비색'이 '공즉시색', 요컨대 "비색이 곧 색이다."라는 반면의 의미가 된다면 길장이 말하는 '즉색시본성공'도 "이 본성공이 곧 색이다."라는 적극적인 긍정의 반면을 도출했던 표현이라고 본 것일 수 있다.

단, 평석으로서는 너무나 간략하고 또 승조 비판의 단순한 환언에 지나지 않는 점, 명쾌하지 않은 것은 인정하지 않을 수 없는데, 틀렸다고 단정할 수도 없는 것이다.

둘째로 또 승조의 즉색의 비판의 대상을 많은 후세의 주석이 지둔의 설이라고 간주하는 것에 대해 길장이 이를 옹호하는 점에 보다 비판이 집중되는 것처럼 보인다. 이것에 대해 먼저 카지야마유우이치梶山雄一 씨는 "지도림의 반야 사상의 이해는 꽤 정확하며, 그 즉색의도 연기공설緣起空說의 이해로서 다른 반야제의般若諸義보다도 한층 우수하다."라고 하여 여러 학자들이 승조가 비판하는 즉색의가 지도림의 설이라는 것을 인정하면서 길장의 논의를 부정하는 점에 의문을 드러낸다.[21] 또 호우와이루侯外廬 씨 주편『중국사상통사中國思想史』[22]에서도 도안의 본무의는 왕필王弼(226~249)·하안何晏(190~

---

21 梶山雄一,「僧肇に於ける中觀哲學の形態」(『肇論研究』, p.204) 참조.
22 侯外廬 主編,『中國思想通史』제3권 제10장「佛學與魏晉玄學的合流」pp.437~444 참조.

249)의 귀무론貴無論이 반야학에서 이론적으로 연장된 것이고, 지민도支敏度의 심무의心無義는 배위裴頠(267~300)의 숭유론崇有論이 반야에서 이론적으로 발휘되었던 것이라고 하여 이 왕필·하안의 귀무론과 배위의 숭유론의 현학적玄學的 총합이 향向·곽郭(향수向秀와 곽상郭象)의『장자주莊子注』이며, 지둔의 즉색의는 이『장자주』에서 나와 현학과 반야학의 종합을 이룬 것이라고 한다. 따라서 지둔의 즉색의는 본무가本無家의 귀무론과 심무가心無家의 숭유론이 종합·발전했던 것이라고 하여 이것을 높이 평가하는 것이다. 그리고 예를 들면 현존의 지둔의 저술「대소품대비요초서大小品對比要抄序」에서

> 무릇 무無라는 것이 어찌 없을 수 있겠는가? 무는 자성의 무일 수 없고 이理 역시 이理가 될 수 없다. 이理가 이理일 수 없다면 이理는 이理가 아니고, 무가 자성의 무일 수 없다면 무는 무가 아니다.
> 夫無也者, 豈能無哉. 無不能自無, 理亦不能爲理. 理不能爲理則理非理矣, 無不能自無則無非無矣. (T55, 55a.)

라고 한다. "무가 자성의 무일 수 없다면 무는 무가 아니다."라는 구절을 중시하여 이것이 '공즉시색'의 긍정면에 연결되는 것이라는 것을 시사한다. 사실 승조의 즉색의 비판은 '색불자색色不自色'을 알지만 '색지비색色之非色'을 알지 못한다고 하는 점에 있었다. 지금 인용한 지둔의 저술에는 분명히 '무불자무無不自無'이므로 '무비무無非無'라고 하여 그 긍정적인 반면에 대해서도 언급한다. 적어도 사상적인 내용에서는 이러한 지둔의 사상이 승조 비판의 대상이었다고는 결코 말할 수 없을 것이다.

타마키코오시로오玉城康四郎 박사는『세설신어世說新語』「문학편文學篇」에서 보이는 지둔의『즉색론묘관장卽色論妙觀章』의 단편들을 추구하여 "색이 곧

공이지만 색은 다시 공과 다르다."라고 하는 지둔의 '색즉공'이 왕필이나 곽상 등의 현학자에게 보이지 않는 매우 불교적인 사상인 것을 논증해두었는데,[23] 박사 자신도 "지둔은 길장이 말하는 것처럼 본성공으로서의 즉색시공을 확인 했던 것에 다름 아니다."[24]라고 하여 암묵적으로 길장이 지둔의『즉색유현론』 을 정당시했던 것을 인정한다.

역사적인 사실로서 승조가 혜달이나 원강의 주해처럼 지둔 그 사람을 비판 의 대상으로 삼았는지 엄밀하게는 결론낼 수 없는 것이지만 현존 자료의 내용 적 탐색에 의해 보는 한 부정적이라고 말하지 않을 수 없다. 최근의 학적 성과에 있어서 이렇게 지둔이 재평가되어 있는 것을 생각할 때 남북조 말의 당시에 이미 길장은 지둔의『즉색유현론』의 사상을 불교자의 입장에서 정당 하게 평가했다고 하는 것은 가령 그것이 논증 부족이었다고는 해도 길장의 하나의 견식을 보여주는 것이라고 말할 수 있을 것이다.

(3)
심무의心無義에 대해『부진공론』에서는

> 심무心無란 만물에 대해 무심無心이지만 만물이 없는 것은 아니라는 것이 다. 이것은 심신心神의 적정寂靜이라는 점을 얻었지만, 만물이 공허라는 점 을 잃어버렸다.
> 心無者, 無心於萬物, 萬物未嘗無. 此得在於神靜, 失在於物虛.

---

23 玉城, 앞의 책, 第4章 '支遁と中國思想', pp.165~258 참조.

24 위의 책, 第3章 '初期般若の硏究批判' 第2節 '卽色義とその批判' p.141 참조.

라고 한다. 그 취지는 명쾌하다. 즉 심무가의 주장은 만물에 대해 무심할 것(無心於萬物), 사물에 대해 집착하는 마음을 갖지 않는 것이다. 이것은 '무소득공無所得空'이라고 하는 것처럼 '공'의 실천적인 방식으로서는 우수한 일면을 갖는다. 그러나 이 설의 특징은 만물의 존재를 부정하지 않는 것(萬物未嘗無)에 있다. 요컨대 만물 그 자체의 실재를 인정했다고 생각된다. 말하자면 본무설의 귀무론에 대해, 숭유론의 경향을 예상하게 된다. 따라서 승조의 비평도 이 설의 장점은 만물에 대해 집착하는 마음을 남기지 않으므로 심신적정心神寂靜이 되는 것이고(得在於神靜), 그 단점은 물物이 허虛라는 것, 즉 물의 비실재성=무자성공을 인정하지 않은 것(失在於物虛)이라고 평한다.

길장은 이것을

> 셋째, 온溫 법사는 심무의를 사용한다. 심무란 만물에 대해 무심이지만 만물이 없는 것은 아니라는 것이다. 여기서 의미를 해석하여 말한다. 경에서 제법이 공이라고 한 것은 심체心體가 허망하다고 하여 집착하지 못하도록 하는 것이다. 그러므로 무無라고 했을 따름이다. 외물은 공이 아니니, 곧 만물이라는 대상은 공이 아니다. 승조 법사가 상세히 말한다. 이것은 심신心神의 적정寂靜이라는 점을 얻었지만, 만물이 공허라는 점을 잃어버렸다. 의미를 논파하여 말한다. 곧 마음이 공이라는 것은 알지만 여전히 사물은 존재한다고 하니, 이 헤아림은 득도 있고 실도 있다.
> 第三溫法師用心無義. 心無者無心於萬物, 萬物未嘗無. 此釋意云, 經中說諸法空者, 欲令心體虛妄不執. 故言無耳. 不空外物, 卽萬物之境不空. 肇師詳云, 此得在於神靜, 而失在於物虛. 破意云, 乃知心空而猶存物有, 此計有得有失也. (T42, 29a~b.)

라고 평석한다. 길장의 심무의에 대한 평석도 매우 간단하지만 앞의 두 단락과
는 달라서 승조의 비판을 인용하여 충실하게 그 의미를 전하는 점에서 내용적
으로는 문제가 없다. 즉 길장은, 심무의란 "경에서 제법공이라고 설한 것이
심체를 허망하게 집착하지 않는 것 그것이 무이어서, 외계의 존재가 공이라고
하는 것이 아니다."라고 해설한다. 또 승조의 비판에 대해서도 심무의가 "마음
이 공인 것은 알지만 그러나 또 사물의 실재성에 대한 구명究明을 남겨둔다."는
점을 말한다고 평했던 것은 승조의 뜻을 충실히 계승했던 것이다. 따라서
내용적으로는 이 항목은 문제가 없지만 심무의의 주장자가 누구인지에 대해
서는 여느 경우처럼 이설이 있다. 예를 들면 원강의 『조론소』[25]에서는 지민도
支愍度[26]의 설이라고 한다. 그러나 길장은 인용문에서 분명하듯이 이것을 온溫
법사의 설이라고 한다. 안징의 『중관론소기』[27]의 보주補註에 의하면 이 온 법
사란 축법온竺法溫으로 본무가의 법침法琛(축잠竺潛, 자는 법심法深, 286~374)
의 제자이다. 그래서 이 축법온은 『양고승전』 권4 축도잠竺道潛의 전기에서
"축법온은 깨달아 현묘한 경계에 들어갔는데, 특히 『방광반야』에 정통하였
다."(竺法溫悟解入玄, 尤善放光波若. T50, 348b)고 한 축법온과 동일 인물이라고
생각된다. 이 법온에게 『심무론心無論』의 저술이 존재했던 것은 혜달의 『조론
소』에서

---

25 원강, 『조론소』(T45, 171b). "心無者, 破晉朝支愍度心無義也. 世說注云, 愍度欲過江, …… (후략)"

26 지민도의 전기는 『고승전』에 없다. 권4 강승연전康僧淵傳에 "晉成之世, 與康法暢支敏度等俱過江. (중
    략) 敏度亦聰哲有譽, 著譯經錄, 今行於世."(T50, 347a)라고 한다. 또 『출삼장기집』 권2(T55, 10a)에
    "合維摩詰經五卷合支謙竺法護竺叔蘭所出維摩三本合為一部, 合首楞嚴經八卷合支讖竺法護竺叔蘭所
    出首楞嚴四本合為一部或為五卷). 右二部, 凡十三卷. 晉惠帝時, 沙門支敏度所集, 其合首楞嚴. 傳云, 亦愍度
    所集焉旣闕."이라고 하여 『유마경』과 『수능엄경』의 회본을 만들었던 사람이다. 그 서문이 현존한다.
    즉 「합수능엄경기合首楞嚴經記」 권7(T55, 49a~b), 「합유마힐경서合維摩詰經序」 권8(T55, 58b~c).

27 안징, 『중관론소기』 권3말(T65, 94b). "晉竺溫為釋法琛法師之弟子."

첫째, 심무의를 해명하자면 **축법온 법사의 『심무론』에서 말한다.** 무릇 유는 형체가 있는 것이고, 무는 모습이 없는 것이다. 모습이 있는데 없다고 할 수 없고, 형체가 없는데 있다고 할 수 없다. 그런데 경전에서 색이 없다고 한 것은 단지 내적으로 그 마음을 바르게 한 것이지 외부의 색이 공인 것은 아니다. 단지 그 마음을 내적으로 그치게 하여 외부의 색을 생각하지 않는 것이니, 곧 색에 대한 생각을 없애는 것이다.

第一解心無者, *竺法溫法師心無論云*, 夫有有形者也. 無無像者也. 有像不可言無. 無形不可言有. 而經秤色無者但內正其心不空外色. 但內停其心令不想外色即色想廢矣. (X54, 59a~b.)

라 하고, 또 안징의 『중관론소기』에도 『이제수현론二諦搜玄論』을 인용하여

『이제수현론』에서 말한다. 진晉의 축법온은 석법침 법사의 제자이다. **그가 지은 『심무론』에서 말한다.** 무릇 유는 형체가 있는 것이고, 무는 모습이 없는 것이다. 그러므로 모습이 있는데 없다고 할 수 없고, 형체가 없는데 있다고 할 수 없다. 그러므로 유는 실유實有이고 색은 진색眞色이다. 경에서 이른바 색이 공이라는 것은 단지 내적으로 마음을 그치게 하여 외부의 색에 막히지 않는 것이다. 외부의 색이 존재하지 않으면, 나머지 망정의 내면이 어떻게 없지 않겠으며 어찌 텅 비어 형체가 없어서 색이 없다고 하겠는가?

二諦搜玄論云, 晉竺法溫爲釋法琛法師之弟子也. *其製心無論云*, 夫有有形者也. 無無像者也. 然則有像不可謂無. 無形不可謂有. 是故有爲實有, 色爲眞色. 經所謂色爲空者, 但內止其心, 不滯外色. 外色不存, 餘情之內非無如何, 豈謂廓然無形, 而爲無色乎. (T65, 94b.)

라고 서술한다. 이 혜달·안징이 인용하는『심무론』의 내용은 뒤 단락의 자구에서 다소 차이가 보이기는 해도 거의 일치하며, 승조의 비판이나 길장의 보석補釋에서 서술되는 심무의의 내용과도 완전히 일치한다.

그런데 현재의 학계에서는 심무의의 창시자가 연대의 오래됨에서 말해도 법온이 아니라 지민도라고 하는데, 그 점에서『세설신어』를 인용하여 승조가 말하는 심무가란 지민도의 설이라고 했던 원강『조론소』의 설을 정당시하는 경향도 있다. 지금 심무의에 대해 그 창시자가 누구인지는 길장 평석의 시비를 검토한다는 본 절의 주제와 벗어나므로 당분간 제쳐놓고 선학의 결론만을 차용하는 것으로 하는데, 이것에 대해서도 타마키玉城 박사는 지민도가 주창했던 심무의설은 목적에 도달하기 위한 방편이어서 본심이 아니었다라 하고, 또『세설신어』에서 말하는 지민도의 심무의는『조론』에서 소개된 심무의와는 현저하게 성격을 달리 하는 것을 지적하며, 그 내용에서 보아 혜달·길장·안징이 주장하는 축법온이『조론』에서 말하는 심무의의 주장자라고 생각해도 지장이 없다고 결론해두었다.[28]

이 결론에 따르면 제3가인 심무의 비판에서 길장의 평석은 그 사상 내용의 이해에 관해서도 또 역사적인 해석에 관해서도 학자들이 못마땅해 하는 것 같은 그런 정도로 심한 파국을 보여줄 일은 조금도 없다.

이렇게 보면 승조의 3가 비판에 대한 길장의 평석은 물론 너무 간략한 역사적 실증에서 오는 부족한 점이 있었다고는 해도 본래의 줄거리에 있어서 승조 비판의 뜻을 보좌하는 것이었음은 새삼 재평가되어야 하리라고 생각한다. 이 3가 비판을 통해 보이는 승조 주장의 특징은, 공이란 사물이 그 자체 본질적

---

28 玉城, 앞의 책, p.148 참조.

존재성을 갖지 않지만, 그러므로 동시에 그것은 반드시 부진不眞인 것으로서 현실에 나타난다는 것을 말하는 점에서 끝나는 것이다. 그래서 승조는 최종적으로 구역의 『방광반야』[29]를 차용하여 "흔들리지 않는 진제가 제법이 건립되는 자리이다."(不動眞際, 爲諸法立處)라 하고, 이것을 "진眞을 떠나 제법 건립의 자리가 있는 것이 아니라 건립하는 자리가 그대로 진眞이다."(非離眞立處, 立處卽眞也. T45, 153a)라고 부연하여 『부진공론』의 결론으로 삼는다. 승조에게 이러한 반야·공 이해의 본연의 모습은 나집 삼론학의 특질을 계승하는데, 이것을 가장 중국적인 문체로 정착시켰던 바에 승조의 공적이 있다. 이 승조의 '공즉시색'의 강조는 그대로 길장 삼론학의 중심 주제를 형성하고, 동시에 이후 중국 불교 사상의 전개를 방향 지었다.

3) 승조에서 체용 상즉 사상

탕용통湯用彤 교수는 승조의 학설을 한 마디로 한다면 체용 상즉의 사상이라고 말한다.[30] 『조론』의 각론에서는 직접 '체용'의 개념을 사용했던 표현은 보이지 않지만, 예를 들면 『물불천론』에서 『방광반야경』의 "법에는 거래去來도 없고, 동전動轉도 없다."(法無去來, 無動轉)[31]는 1구를 인용하여

움직임이 없다고 한 것을 살펴보면 어찌 움직임을 풀어내버리고 고요함을 추구하겠는가? 반드시 모든 움직임에서 고요함을 구해야 한다. 반드시 모든 움직임에서 고요함을 추구해야 하므로 움직임이라 해도 항상 고요하며, 움

---

29 『방광반야경』 권20(T8, 140c).

30 湯用彤, 앞의 책, p.333 참조.

31 『방광반야경』 권5, 「연여공등품衍與空等品」(T8, 32c). "諸法不動搖故. 諸法亦不去, 亦不來, 亦無有住處."

직임을 풀어내버리지 않고 고요함을 추구하므로 고요하다 해도 움직임을 벗어나지 않는다. 그렇다면 움직임과 고요함은 애초에 다른 것이 아니다. 尋夫不動之作, 豈釋動以求靜. 必求靜於諸動. 必求靜於諸動, 故雖動而常靜, 不釋動以求靜, 故雖靜而不離動. 然則動靜未始異. (T45, 151a.)

라고 한다. 이 "움직임이라 해도 항상 고요하며", "고요함이라 해도 움직임을 벗어나지 않는다."라고 하는 동정일여動靜一如("動靜未始異.")의 사상은 '움직임'(動)이 갖가지 변동의 현상면을 가리키는 말이고 '고요함'(靜)은 부동의 본체면을 나타내는 말이라고 생각하면 확실히 체용 논리에 기초한 사변임을 알 수 있다. 똑같이 『물불천론』에서 '정靜'과 '왕往'이라는 개념을 대비적으로 거론하여

고요함이라 해도 항상 나아가므로 나아가지만 옮아가는 것이 아니고, 나아감이라 해도 항상 고요하므로 고요하지만 머무르는 것이 아니다.
雖靜而常往, 故往而弗遷, 雖往而常靜, 故靜而弗留矣. (T45, 151b.)

라고 하여 '물불천物不遷'의 주제를 보여주는 것도 같은 논리일 것이다. 또 『반야무지론』에서는 보다 명확하게

작용이 그대로 고요함이고 고요함이 그대로 작용이어서 작용과 고요함은 체體가 하나이고 같은 것에서 나왔지만 이름을 달리 하니, 작용이 없는 고요함에서 작용의 주체란 결코 없다.
用卽寂, 寂卽用, 用寂體一, 同出而異名, 更無無用之寂而主於用也. (T45, 154c.)

라고 칭한다. 여기서 "작용이 그대로 고요함이고 고요함이 그대로 작용이다."라

고 하고 작용과 고요함은 체가 하나이어서 작용이 없는 고요함에서 작용의 주체 따위는 없다고 하는 것은 틀림없이 이 표현에서도 후세의 체용 논리와 일치한다.

그런데 앞 문장의 "같은 것에서 나왔지만 이름을 달리 한다."(同出異名)는 표현은 『노자』 제1장의

> 도를 도라고 말하면 늘 그러한 도가 아니다. 이름을 이름이라고 말하면 늘 그러한 이름이 아니다. 이름 없음은 천지의 시작이고, 이름 있음은 만물의 어미이다. 그러므로 늘 무욕으로 그 묘함을 보고 늘 유욕으로 그 가장자리를 본다. 이 둘은 **같은 것에서 나왔지만 이름을 달리 하니**, 그 같음을 현묘하다고 한다. 현묘하고 또 현묘하니, 모든 현묘함의 문이다.
> 道可道非常道. 名可名非常名. 無名天地之始, 有名萬物之母. 故常無欲以觀其妙, 常有欲以觀其徼. 此兩者*同出異名*, 同謂之玄. 玄之又玄, 衆妙之門.

에서 채용한 것이다. 여기서 승조가 『노자』의 표현을 빌려 '용즉적用卽寂'이라는 체용 범주에 의한 논리를 드러내는 것을 보면 이러한 사변의 범주로서 체용 개념이란 중국 고유의 사상과 공통적인 기반을 갖는 발상임이 살펴진다. 이 점에 대해 시마다케이지島田虔次 씨는 체용 개념에서 가장 중요한 것은 ①체와 용을 짝으로 하여 병거竝擧하는 것이고, 또한 특히 ②체와 용이 상관적으로 사용되는 것이 필요 조건이라고 하여 이러한 체용 개념의 확실한 예는 당나라 이전 중국 고유의 문헌에는 전혀 보이지 않으며 주로 5·6세기경의 불교 문헌에 비로소 명확한 형태를 지녀 나타난다고 한다.[32] 이 체용 대거對擧

---

32 島田虔次, 「體用の歷史に寄せて」(『塚本博士頌壽記念佛敎史學論集』, 1961), pp.416~430 참조.

의 확실한 예로서 시마다島田 씨가 거론하는 명확한 일례로서 예를 들면 양梁 무제武帝(502~549 재위)의 『입신명성불의立神明成佛義』[33]의 「심적주沈績注」가 있다. 말하자면

> 무명의 체에 생도 있고 멸도 있다는 것은, 생멸은 용을 달리 하는 것이고 무명심의 뜻은 바뀌지 않는다는 것이다.
> 無明體上有生有滅. 生滅是其異用, 無明心義不改.

라는 문장에 대해 심적沈績은

> 이미 체가 있으면 곧 그 용이 있는데, 용은 체가 아니라 말하고 체는 용이 아니라고 논한다. 용에는 흥폐興廢가 있지만 체에는 생멸이 없다는 것이다.
> 旣有其體, 便有其用, 語用非體, 論體非用. 用有興廢, 體無生滅

라 주석하고, 또

> 아마도 그 작용의 다름을 보고서 곧 마음이 대상에 따라 소멸한다고 주장한다.
> 將恐見其用異, 便謂心隨境滅.

에 대해서는

---

33 『弘明集』 권9(T52, 54c).

미혹한 자는 그 체와 용을 알지 못하므로 의심을 그치지 않는다. 왜냐하면 무릇 체는 용과 더불어 분리되지도 일치하지도 않기 때문이다.

惑者迷其體用故, 不斷猶, 何者夫體之與用不離不卽.

라고 주석했던 것이다. 즉 생멸生滅은 무명심無明心의 용이어서 체로서의 무명심 자체에는 어떤 변화도 없다는 본문에 대해 체와 용을 나누어 용에는 생멸이 있고 체에는 생멸이 없다고 보는 것은 미혹한 자가 체용을 알지 못한 것으로 체와 용은 불리불즉不離不卽의 관계에 있음을 밝혔던 것이다. 이렇게 체용을 병거하고 상즉적으로 사용한다고 하는 체계적인 사용례가 보이는 것은 수당 이전으로 말하면 거의 불교 문헌에 제한된다는 것이 그 취지이다. 그러나 시마다島田 씨는 별도로

그렇지만 체용의 개념은 중국식의 사변에 매우 친숙해지기 쉬운 것이며, 중국 사상은 말하자면 본래적으로 혹은 잠재적으로 체용 사상이었을 것이라고 생각된다.[34]

라 하여 체용 논리가 '본래적·잠재적'으로 중국 사상에 고유한 논리 형식이었음을 인정한다. 이것에 대해 예를 들면 호우와이루侯外廬 씨는 향수向秀의 『장자주』에 관해 논의하는 중에 『장자』 외편, 「천운天運」편 제14에 있는

공자가 노담에게 말했다. "저는 시·서·예·악·역·춘추의 여섯 가지 경전을 배워 스스로도 오랜 세월이 걸렸다고 생각합니다만, 그 내용은 잘 알고

---

34 島田虔次, 『朱子學と陽明學』(『岩波新書』, 1967년) p.5.

있습니다. 그래서 72개 나라의 군주에게 써주기를 바라며 선왕先王의 도를 말하고 주공周公과 소공召公의 자취를 밝혔습니다만 한 사람의 군주도 써주지 않았습니다. 한심한 일입니다. 사람이란 설득하기 어렵고, 도란 밝히기가 어렵습니다."

노자는 대답했다. "다행이었소, 당신이 이 세상을 잘 다스리는 군주를 못만난 것은. 대저 6경이란 선왕의 낡은 자취일 뿐 어찌 그 자취의 원인이겠소. 지금 당신이 말하는 것 역시 그런 자취요. 무릇 발자국은 신발에서 생기는 것인데, 어찌 발자국이 신발이 되겠소.

孔子謂老聃曰, 丘治詩·書·禮·樂·易·春秋六經, 自以爲久矣, 孰知其故矣.
以奸者七十二君, 論先王之道, 而明周召之迹, 一君無所鉤用. 甚矣夫. 人之
難說也. 道之難明邪.

老子曰, 幸矣, 子之不遇治世之君也. 夫六經先王之陳迹也. 豈其所以迹哉.
今子之所言, 猶迹也. 夫迹, 履之所出, 而迹豈履哉.

라는 문장에서 보이는 '적迹'과 '소이적所以迹'이라는 개념의 차이에 관해 향수 『장자주』에서

'소이적所以迹'이란 진성眞性이니, 무릇 사물을 책임지는 진성인 것이다. 그 '적迹'은 육경이다. 지금 인간사에 비유하면 스스로 그러함이 신발이고 6경이 발자국이다.

所以迹者眞性也. 夫任物之眞性者. 其迹則六經. 況今之人事, 則以自然爲履,
六經爲迹.

라는 구절을 인용하고, '적'은 후천적(a posteriori)이며 6경이라는 사물 제도의 객관 세계이고, '소이적'은 선천적(a priori)이며 자연自然, 즉 주관이 직접

체득한 물 자체 혹은 본체라고 한다.[35] 말하자면 호우와이루侯外廬 씨에 의하면 향수가 '소적所迹'과 '소이적所以迹'을 논한 깊은 뜻은, '소적'은 현상계에 속하여 현상적이며, '소이적'은 본체계에 속하고 이 대상이 이루어진 원인, 대상 자신의 조건 혹은 근거가 되는 것, 즉 물성物性이라는 것이다. 그런데 앞 항에서 고찰했던 지도림의 '즉색의'는 이 향수나 곽상의 『장자주』에서의 소적과 소이적의 현학 개념적인 고찰에서 출발하여 '유무'의 문제에 대해서도 '소존所存·소무所無'와 '소이존所以存·소이무所以無'의 문제로 나누어 소존·소무라는 소적所的·현상적現象的 범주들로 논하는 것이 아니라 소이존·소이무라는 소이적所以的·본체적本體的 범주에서 그 의미를 분명히 하지 않으면 안 된다고 하여 그 도달했던 결론이 '색부자색色不自色' – 색즉시공과 '무부자무無不自無' – 공즉시색의 입장이었다고 이해한다. 그리고 이 지도림의 입장은 향수나 곽상의 현학적인 범위와는 분명히 달라서 이것을 초월했다는 것이 그 취지였다.[36]

호우와이루侯外廬 씨가 말하는 것처럼 『장자주』의 소적所迹(현상)과 소이적所以迹(본체)을 구별하는 사고는 사변의 방법으로서는 획기적인 견해이지만, 이것이 이대로 곧바로 체용 논리의 형성으로 전환하는 것은 아니었다. 즉 이 사고는 『장자주』에서는 유교의 성인인 요·순이 도가의 지인至人·신인神人과 '적'은 다르지만 '소이적'은 같다고 이해하는 것에 의해 유가 사상과 도가

---

35 侯外廬 主編 『中國思想通史』 第3卷, 第6章, 第3節 '莊子注的唯心主義理論' pp.230~243 참조.

36 위의 책, 第3卷, 第10章, 第2節 '玄學氛圍中般若學的興起' p.437. 또 玉城, 앞의 책, pp.166~167도 함께 참조.

사상의 조화에 있어서 역설된 것이며, 이후 또 넓게는 불교와 중국 사상과의 동일성의 논증에도 사용될 수 있게 되었던 것이다.[37] 이른바 '본말本末 논쟁'[38] 이 그것이다. 본말 논쟁에서 구체적인 테마가 된 것은 유·불·도 3교의 일치론 혹은 별이론別異論인데, 양자는 동일한 이론 구조, 즉 전술했던 '적'과 '소이적' 의 논리에 기초한다.[39] 즉 '소적'으로서 유·불·도 3교는 다르지만 '소이적'으 로서 근원적 이법은 일치한다는 것이 그 기본적 논리 구조이다. '적迹인 소이所 以'를 강조할 때 3교 일치론이 되고, '적迹인 소所'를 강조하면 3교 별이론이 된다. 이 종교 논쟁이 본말 논쟁이라고 칭해지는 것은 서로 한 쪽을 본본으로 삼고 다른 쪽을 말末로 삼는 2교의 선후를 오로지 문제로 삼았기 때문이다. 예를 들면 북주北周 무제武帝(560~579 재위)가 유·불·도 3교의 우열을 논의하 게 했을 때 『이교론二敎論』 1권을 저술하고 3교 융합의 설에 반대하여 도교를 배격하고 유교를 외교外敎라 하며 불교를 가장 우수한 교도敎道라고 역설했던 요姚의 도안道安은 『이교론二敎論』[40]에서 『청정법행경淸淨法行經』을 인용하여

불타는 3제자를 중국에 보내어 교화하였다. 유동儒童 보살은 공구孔丘라 칭하고, 광정光淨 보살은 안연顔淵이라고 칭하며, 마하가섭摩訶迦葉은 노자 老子라고 칭하였다.

佛遣三弟子震旦敎化, 儒童菩薩彼稱孔丘, 光淨菩薩彼稱顔淵, 摩訶迦葉彼 稱老子.

---

37 福永光司, 『莊子』 外篇(『中國古典選』, 朝日新聞社, 1966年) p.328 참조.

38 본말 논쟁에 대해서는 湯用彤, 앞의 책, 下冊, 第13章 '佛敎之南統' pp.465~470에 상세하다.

39 吉川忠夫, 「六朝士大夫の精神生活」(岩波講座 『世界歷史』5, 古代5, 岩波書店, 1970年).

40 도안, 『이교론』(『광홍명집廣弘明集』 권8, T52, 140a), 또 『청정법행경』은 중국 찬술의 위경으로 현재 대장경에는 결본이지만 당나라 법림法琳 『파사론破邪論』(T52, 478c)에 인용되어 있는 바에서 남북조 로부터 당대에 걸쳐 유행했던 것이라 생각되고, 길장도 『삼론현의』(T45, 2b)에서 이 설을 인용한다.

라 서술한다. 즉 불타가 본本이고, 불타의 3제자가 각각 중국에서 공자나 안연, 노자로 환생했다는 것으로 이교二敎에 대한 불교의 우위를 주장했던 것이다. 여기서 인용된『청정법행경』같은 위경의 설에 촉발되어 역으로 도가 측에서는 노자를 본으로 삼고 석가를 말로 삼는 설도 출현했던 것은 당연하다. 예를 들면 양나라 유협劉勰의『멸혹론滅惑論』[41]에서는『삼파론三破論』을 인용하여

> 『삼파론』에서 말한다. 이 삼파三破의 법이 있었지만 중국에서는 베풀어지지 않다가 서역에서 본래 머물렀다는 것은 무슨 말인가? 호인胡人들은 악하지는 않지만 억세고 예의가 없어서 금수와 다름이 없었으며 허무를 믿지 않았다. 노자가 입관하니, 이리하여 형상을 만들어 그들을 교화하였다. 또 말한다. 호인들은 거칠고 촌스러워 그 악종惡種을 끊고자 하였다. 그러므로 남자들은 아내를 갖지 못하게 하고 여자들은 남편을 갖지 못하게 하였다. 한 나라가 법에 복종하면 자연히 멸진할 것이다.
> 三破論曰, 有此三破之法. 不施中國, 本止西域. 何言之哉. 胡人無惡, 剛強無禮, 不異禽獸, 不信虛無. 老子入關, 故作形像之教化之. 又云, 胡人麁獷欲斷其惡種. 故令男不娶妻女不嫁夫. 一國伏法自然滅盡.

라고 한다. 이 글의 주제는 노자가 사막을 건너 형상形像의 가르침, 즉 불상과 탑을 경배하는 불교를 만들었다고 하는 점에 있으며, 진대晉代에 만들어진『노자화호경老子化胡經』[42]의 취지에 의거하여 노자가 본이고 불타는 그의 말이

---

41 유협, 『멸혹론』(『홍명집』권8, T52, 50c).

42 『노자화호경』(T54, 1266, No.2139). 본 경전은 서진西晉 왕부王浮가 지은 것이라고 전해진다.

라는 도가의 대불교론의 전형이 여기서 보인다. 이러한 비역사적인 종교 논쟁 자체는 매우 황당무계하지만, 본말 논쟁을 통하여 전개된 불교 사상과 노장 사상과의 근원적인 일치·불일치에 대한 탐구가 현상과 그 현상의 근원에 있는 것에 관한 사고를 추구하는 결과로 되었던 것은 부정할 수 없다. 예를 들면 같은 『멸혹론』에

> 지도至道와 종극宗極은 이理가 하나로 돌아가고, 묘법妙法과 진경眞境은 본래 진실로 둘이 아니다.
> 至道宗極理歸乎一, 妙法眞境本固無二.

라고 서술하여 근원적인 이취理趣에 있어서는 "공자와 석가의 교敎는 다르지만 도道는 계합한다."[43]라고 말한다. 요컨대 본질적인 '도'에서는 명계冥契하고, 시말적인 '교'에서 공孔·석釋의 차이가 있다고 한다. 여기서는 '도'와 '교'가 대치되어 있지만 양 무제의 『칙답신하신멸론勅答臣下神滅論』에서 보이는 「오경박사명산빈답五經博士名山賓答」[44]에서는

> 교敎에는 다른 길이 있지만 이理에서는 일치한다.
> 雖敎有殊途, 理還一致.

라고 하는데, 여기서는 '이理'와 '교敎'라는 개념으로 이것이 표현된다. 남북조 말의 본말 논쟁을 통해 위에서 서술해온 '소이적'과 '소적'이라는 논리 형식을

---

43 『멸혹론』, "一乘敷敎, 異經同歸, 經典由權故. 孔釋敎殊而道契, 解同由妙."(『홍명집』 권8, T52, 51b.)
44 『칙답신하신멸론』 「오경박사명산빈답」(『홍명집』 권10, T52, 66c).

대변하는 것으로서 특히 전형적인 상용구가 이 '이'와 '교'라는 개념이다. 도안의『이교론』에서도 서두에서 동도東都의 일준 동자逸俊童子가 서술한 삼교일치론의 요지를 소개하여

> 그런데 3교가 다르지만 선을 권면하는 데에서는 뜻이 동일하며, **교적敎迹이 진실로 다르지만 이회理會하면 동일하다.**
>
> 然三敎雖殊, 勸善義一, *敎迹誠異, 理會則同.* (T52, 136b.)

라고 한다. 여기서도 **교敎**의 적迹은 다르지만 적迹의 소이所以인 **이理**는 동일하다고 말하는 것이 주목된다. 이렇게 이와 교의 논리는 본말 논쟁이라고 이름 붙여진 것처럼 다분히 그 발상에 있어서 유출적·생성적이며, 이것이 곧바로 이(소이적)과 교(소적)의 상관相關이라는 체용 범주의 논리 형식으로 이행한 것은 아니었다. 그러나 그것은 '본래적·잠재적'으로 체용 논리로의 전환을 지향한 것이었음은 부정할 수 없다. 예를 들면 도안은 이와 교의 상즉을 설하여 이는 일치하지만 교는 다르다고 하는 삼교일치론자의 설에 반박하여 다음과 같이 말한다. 즉

> 교敎란 무엇인가 하면 이理를 말한 것이라 하고, 이理란 무엇인가 하면 교敎에 의해 말해진 것이다. 교敎가 과연 다르다고 하면 이理가 어찌 동일할 수 있으며, 이理가 반드시 같다고 하면 교敎가 어찌 다를 수 있겠는가.
>
> 敎者何也, 詮理之謂, 理者何也, 敎之所詮. 敎若果異, 理豈得同, 理若必同, 敎寧得異. (T52, 137b.)

라고 하는 것이다. 여기서 분명히 이理와 교敎의 상관이 설해지는 것을 알

수 있다. 또 도안은 이것을 체용 개념을 사용하여 설하려고 했던 흔적이 있다. 즉 같은 논서의 '공로비불孔老非佛' 제7에 이르러

> 그 법을 징험해보면 그릇되고 올바름이 스스로 가려진다. **보리菩提의 대도 大道는 지도智度를 체體로 삼고 노자의 도는 허공虛空을 상狀으로 삼는다. 체와 용이 이미 현격하여 참으로 비슷할 수가 없다.** 외전外典의 무위無爲 는 일을 쉰다는 뜻이지만 내경內經의 무위는 생·주·멸 삼상三相의 함이 없다는 것이다. 이름은 같지만 내용이 달라 본래 서로 같지 않다. 그러므 로 이쪽의 호칭을 빌려 저쪽의 종의를 번역한 것임을 알아 이름에 의거하 여 그 내용을 논한다면 무슨 의심이 있겠는가? 이 같은 사례에 근거하면 공자와 노자는 불타가 아니다.
>
> 驗其法則邪正自辨. *菩提大道以智度爲體 老氏之道以虛空爲狀 體用旣懸 固難影響.* 外典無爲以息事爲義, 內經無爲無三相之爲. 名同實異, 本不相似 故知借此方之稱, 翻彼域之宗, 寄名談實, 何疑之有. 准如玆例則孔老非佛. (T52, 139b.)

라고 밝힌다. 그 요지는, 불타의 보리의 대도는 지도智度＝반야般若를 체體로 삼지만 노자의 도가 허공虛空이라는 것은 아직 상狀＝상태狀態·용用이라는 것이다. 따라서 말하고자 하는 바는 삼교일치론자의 유일한 논거인 근원적인 이법(체)에서 양자는 일치한다는 설도 과감하게 배척했던 것이다. 그러나 엄 밀하게는 체와 용을 병렬하여 불교와 도교에서의 각각의 범주에 속하는 개념 을 비교 대조하는 것이 아니라 어디까지나 노장에서 말하는 체는 불교에서 말하는 용＝상狀임에 지나지 않는다는 것이다. 따라서 종래의 소적＝교敎, 소 이적＝이理라는 논리 형식에 어떻게든 체용 개념을 도입하려고 했던 귀중한

일례라고 간주할 수 있다. 전술했듯이 시마다島田 씨가 체용 논리의 확실한 예로서 들었던 양 무제『입신명성불의立神明成佛義』에 대한 심적沈績의 주해[45]와 시대적으로 그렇게 떨어져 있지 않은 시기이다. 요컨대『이교론』에서 명확한 '체용'의 표현은, 그 논리 형식에서 필요한 조건을 만족시키기까지 이르지는 않더라도, 이 무렵부터 불교 측에서 체용 범주에 기반한 사변이 이루어지게 된 그 시대적 영향이라고 볼 수 있을 것이다.

　그런데 이 남북조 말의 본말 논쟁을 통해 확립된 '이理와 교教'라는 범주가 명확히 체용 논리로 전환된 것은 실로 가상 대사 길장의 교학에서이다. 예를 들면 일례로서 길장은 특히 어구의 해석이나 다양한 문제의 논석을 하는 경우의 기초적인 범주로서 '4종 석의四種釋義'[46]를 설정하는데, 이 4종석 중의 '이교석의理敎釋義'가 그것에 해당한다. 이교석이란 "중中은 부중不中을 뜻으로 삼는다."(『삼론현의』),[47] "속俗은 불속不俗의 뜻이다. 진眞은 부진不眞의 뜻이다."(『이제의』)[48]라고 설하는 것으로, 제법 실상은 그 자체로서는 중中도 아니고 부중不中도 아닌 무명상無名相의 법이지만 중생을 위해 억지로 명상(교敎)을 설하여 그 명상에 의해 무명상(이理)을 깨닫게 한다는 것이므로 진속眞俗·중中(교敎)이라고 설하는 것은 부진속不眞俗·부중不中(이理)을 드러내기 위해서라는 것이다. 요컨대 이교석이란 교법에 의해 이법을 해석한다는 의미로 명상의 언교를 가지고 무명상의 이법을 드러내는 석의이다(『이제의』

45　주 33번 참조.

46　4종 석의란『삼론현의』(T45, 14a)에서는 (1)의명석의依名釋義, (2)이교석의理敎釋義, (3)호상석의互相釋義, (4)무방석의無方釋義의 네 가지이고,『이제의二諦義』(T45, 95a)에서는 (1)수명석隨名釋, (2)인연석因緣釋, (3)현도석顯道釋, (4)무방석無方釋의 네 가지이다. 전자의 (2)이교석, (3)호상석이 후자의 (3)현도석, (2)인연석에 해당한다.

47　길장,『삼론현의』(T45, 14a).

48　길장,『이제의』(T45, 95a).

에서는 '현도석顯道釋'이라는 이름으로 불린다). 이것을 길장은 『이제의』의 권
중卷中에서

다음으로 셋째로 현도석의顯道釋義란 속俗은 불속不俗의 뜻이고, 진真은 부
진불진不真의 뜻이며, 진속真俗은 부진속不真俗의 뜻임을 밝히는 것이다. 진속
인 부진속은 곧 이름인 뜻이고, 부진속인 진속은 곧 뜻인 이름이다. 진속
인 부진속은 교教인 이理이고, 부진속인 진속은 이理인 교教이다. 이리하여
명의名義, 이교理教, 중가中假, 횡수橫竪이다.
次第三就顯道釋義者, 明俗是不俗義. 真是不真義. 真俗不真俗義. 真俗不真
俗即名義. 不真俗真俗即義名. 真俗不真俗教理. 不真俗真俗理教. 斯則名義
理教中假橫竪也. (T45, 95b.)

라고 정의한다. 그리고 별도로 권하卷下에서 이제의 체體를 논하여 이것을

지금 곧 비진비속非真非俗이 이제의 체이고 진속真俗은 용이며, 또 이법
과 교법이라 하고, 또 중도와 가명이라 한다고 밝힌다. 중도와 가명은 거
듭 중도와 가명이라 하고 이법과 교법은 거듭 이법과 교법이라 하고 또
체와 용도 거듭 체와 용이라고 한다. 그러므로 불이不二는 체이고 이二는
용이다.
今明, 卽以非真非俗爲二諦體, 真俗爲用, 亦名理教, 亦名中假. 中假重名中
假, 理教重爲理教, 亦體用重爲體用. 故不二爲體, 二爲用. (T45, 108b.)

라고 서술한다. 여기서 남북조 이래 모색해온 '이교'의 범주가 '체용'의 범주
로 등치되어 그 상즉이 명료하게 보이는 것을 알 수 있다. 이 이교석은 순서에
따라 말하면 "진이 속이고", "속이 진이다."라는 제2의 '인연석의因緣釋義'(호

상석의互相釋義)[49]의 다음에 오는 것으로, 진은 독립하여 진으로서 있는 것이 아니라 속에 상대하며 속을 인연으로 하여 있고, 속도 또한 진에 의해 속이라고 말해지는 것이므로 진은 속, 속은 진이라고 이해하는 것이 제2의 인연석이다. 요컨대 길장이 말하는 인연석이란 진속이라는 용문用門에 대해 상즉을 보이는 것이고, 이교석이란 진속과 부진불속이라는 체와 용의 상즉을 보였던 것에 다름 아닌 것이다. 그리고 이러한 상즉관의 근저에 있는 것이 삼론의 이제설이라는 것은 말할 나위도 없다. 요컨대 "제일의제의 입장에서 본다면 유는 유이어서는 안 되고, 세속제의 입장에서 본다면 무는 무이어서는 안 된다. 그러므로 무에 말미암기 때문에 유이고, 유에 말미암기 때문에 무이니,"(인연석) 따라서 "유는 자유自有가 아니고 무는 자무自無가 아니므로 불유不有인 유라 이름하고 불무不無인 무라 이름한다."(이교석)[50]라고 설하는 것처럼 유무 상즉의 약교約敎 이제관을 매개로 하여 비로소 그것이 논리적으로 가능하게 되는 것이다. 환언하면 삼론의 중심 사상인 이제설의 대성大成을 기다려 비로소 남북조 이래 본말 논쟁의 기본적인 이념이었던 이교理敎라는 범주가 체용 논리로 전환되는 일이 가능하게 되었던 것이다. 그리고 길장은 이 이제에 기초한 논리 전개의 근거를 거슬러 올라가서는 항상 이것을 승조에게서 구한다. 이 점에 대한 상세한 논의는 제2편 '길장 이제의의 사상과 구조'에 미루어두고 여기서 본래 주제로 돌아오면, 승조의 저작에 보이는 체용 사상이

---

49 『이제의』의 순서에 따른 것으로 『이제의』에서는 "第二就因緣釋義者, 明俗眞義, 眞俗義."(T45, 95a)라고 설해진다. 또 『삼론현의』에서는 '호상석의'라 불리고 세 번째에 위치한다(T45, 14a~b).

50 길장 『이제의』 권상에서 이제 교문敎門의 대의를 밝히는 총괄이라고 하여, "今對他明二諦是敎門. 無有可有, 無無可無. 無有可有, 由無故有, 無無可無, 由有故無. 由無故有, 有不自有, 由有故無, 無不自無. 不自有有, 是無有, 不自無無, 是有無. 無有不有, 有無不無. 此有無表不有無. 故名爲敎門."(T45, 89b)라 하고, 길장은 이것을 일가一家(삼론)의 초장初章의 말이라고 한다. 여기서는 이것을 요약한 것이다. 또 초장에 대해서는 『중관론소』 권2말(T42, 28a) 참조.

라는 것은 참으로 중국 고유의 사상에 본래적·잠재적 경향으로서 존재했던 체용 사상을 이제의 논리에 일치시키고 표백했던 것에 다름 아니다. 예를 들면 그 전환의 논리적 과정을 여실히 보였던 것으로서 『부진공론』에서

> 진제에서는 비유非有를 밝히고 속제에서는 비무非無를 밝히니, 어찌 제諦가 둘이라 해도 사물로 둘이겠는가? 그러므로 만물에는 과연 비유인 까닭이 있고 비무인 까닭이 있다. 비유인 까닭이 있으므로 유이지만 비유이고, 비무인 까닭이 있으므로 무이지만 비무이다. 무이지만 비무이므로 무란 절허絕虛가 아니고, 유이지만 비유이므로 유란 진유眞有가 아니다. 유가 곧 진유가 아니라면 무도 흔적을 끊어버린 것이 아니다. 그러므로 유와 무는 호칭이 다르긴 하나 그 이르는 바는 하나이다.
>
> 眞諦以明非有, 俗諦以明非無, 豈以諦二而二於物哉. 然則萬物果有其所以不有, 有其所以不無. 有其所以不有, 故雖有而非有, 有其所以不無, 故雖無而非無. 雖無而非無, 無者不絕虛, 雖有而非有, 有者非眞有. 若有不卽眞, 無不夷跡. 然則有無稱異, 其致一也. (T45, 152b.)

라고 한다. "만물에는 과연 비유인 까닭과 비무인 까닭이 있다."라고 하여 현상의 '소이적所以迹'적인 근거를 추구하여 "그러므로 유이지만 비유이고, 무이지만 비무이다."라고 하고, 이에 따라 무는 절허絕虛(이적夷跡)가 아니고, 유는 진유眞有(즉진卽眞)가 아니다."라고 결론한다. 게다가 "유와 무는 호칭이 다르긴 하나 그 이르는 바는 하나다."라고 하는 것은 '본말 논쟁'이라는 체용 논리의 변칙적인 사변이 긴 시행착오 끝에 도달했던 결론과 같은 것이 여기서 명료하게 제시되어 있는 것이다. 그런데 그 대전제가 되는 것은 "진제에서는 비유를 밝히고 속제에서는 비무를 밝힌다."라고 하는 이제관이다. 요컨대 위진 현학을 대표하는 『장자주』의 '소적'과 '소이적'의 범주에 기초한 사변이

본말 논쟁이라는 먼 길을 더듬어가면서 법랑이나 길장으로 대표되는 강남의 삼론 학파에 이르러 비로소 체용 논리로 전환된다는 그 과정이, 승조에서는 역사적인 시간을 간략히 연관시켜 완결된 모습으로 제시되어 있는 것이다. 이것은 호우와이루侯外廬 씨의 지적처럼 역시 향수·곽상의 『장자주』에서 출발했던 지도림이 그 반야 이해의 탁월성으로 인해 '소이존所以存(유유)', '소이무所以無'의 고찰을 거쳐 '색부자색色不自色', '무부자무無不自無'라는 유무 상즉의 결론에 도달했던 그 연장선상에 있는 것이기도 하다. 어쨌든 이 이제에 의한 유무의 상즉이 전제가 되어, 예를 들면

> 진제를 떠나지 않고 제법을 건립할 자리를 세웠으므로 제법을 건립한 곳이 바로 진제이다. 이러하다면 도가 멀다고 하겠는가. 부딪치는 일마다 진제이므로 성인이 멀다고 하겠는가. 체득하면 바로 신령해진다.
> 非離真而立處, 立處即真也, 然則道遠乎哉, 觸事而真, 聖遠乎哉, 體之即神 (T45, 153a)

라는 문장에서 보이는 '입처즉진立處即真'이라든가 '촉사이진觸事而真'과 같은, 후세 중국 불교를 지배하는 대표적인 사상의 표명이 도처에서 보인다. 이러한 승조 사상으로 대표되는 나집 문하에서 삼론 이해의 정통적인 방식이 남북조의 각종 논쟁에서도 전혀 활용되지 않고 중단되어 있었다는 것은, 혜달의 『조론소』 서문에서 보듯이 『조론』 그 자체의 연구가 오랫동안 잊혀 있었던 것처럼 장안의 삼론 연구 전통이 중국 불교사의 표층에서 장기간에 걸쳐 그 모습을 감추었기 때문이다. 길장 일파에 의한 강남 삼론학의 성립이란 실로 이 장안 고삼론학의 역사적 부흥에 다름 아니다. 탕용통湯用彤 교수가 지적한 승조의 중심 사상인 체용 상즉의 사상을 역사적으로 조감하고 승조의 원래 사상과 비교해볼 때 새삼스럽게 이 점이 확인된다.

제3절 삼론의 강남 전파

1. 삼론 강남 전파의 역사적 의의

요진姚秦의 홍시弘始 11년(409) 구마라집에 의한 『중론』 4권의 번역이 완성됐던 때 장안 불교계의 통솔자로서 고인이 된 도안道安의 유지를 이어 나집을 추대했던 승예는 완성시킨 한역 『중론』에 서문을 써서 그 감격을 다음과 같이 서술한다.

> 확 트였도다. 진실로 깨달음으로 향한 혼란한 수행의 길에 탄탄대로를 놓았고, 천지간에 현문玄門을 다하였으며, 지혜의 봄바람을 마른 나무 잔가지마다 모두 불어주었고, 늙어 비틀어진 고목에 감로수를 흘려보냈다 할 만하다. 무릇 백 개의 서까래로 만든 대저택이 나타나면 얽은 지붕의 천한 모습이 비루해진다. 이 논문의 크게 트인 모습을 보면 치우친 깨달음의 비루함과 그릇됨을 알게 된다. 다행스럽게도 이 중국의 땅에 홀연히 영취산의 정기가 옮겨와 진을 치니, 음흉한 변방의 성정이 선현들의 은덕의 남은 은혜나마 입게 되었다. 이제부터 도를 말하는 현인들이 비로소 함께 진실을 논할 수 있게 되었다.
> 蕩蕩焉. 真可謂, 坦夷路於沖階, 敞玄門於宇內. 扇慧風於陳枚, 流甘露於枯悴者矣. 夫百樑之搆興, 則鄙茅茨之仄陋. 觀斯論之宏曠, 則知偏悟之鄙倍. 幸哉此區之赤縣, 忽得移靈鷲以作鎮, 險陂之邊情, 乃蒙流光之餘惠. 而今而後談道之賢, 始可與論實矣.[1]

---

1   승예, 「중론서」(『출삼장기집』 권11, T55, 76c~77a).

이것은 승예「중론서」의 일부 발췌에 지나지 않지만, 당시 장안 불교도의 기쁨을 남김없이 전했던 명문이라고 생각한다. 이 승예 서문의 "이제부터 도를 말하는 현인들이 비로소 함께 진실을 논할 수 있게 되었다."라는 문장을 주석했던 길장은 또 『중관론소』에서 거듭 승예의 말을 인용하여

> 승예 법사가 말한다. 나집이 아직 도래하기 전 불법의 강습이 유입되어 읊조려진 이래 격의의 방법으로는 원본과 멀리 어긋나게 되었고, 6가는 한쪽으로 치우쳐 일치하지 못하였다. 『중론』과 『백론』의 두 가지 논서의 글이 이 땅에 아직 이르지 않았고 통달하여 조감한 이도 없으니, 누가 이 것을 바로잡았겠는가? 전대의 종장宗匠이 문장을 짓다가 말고 크게 개탄하면서 미륵보살이 오면 의심나는 것을 풀어야겠다고 생각한 것은 진실로 그 까닭이 여기에 있다. 이제부터 『중론』과 『백론』의 두 가지 논서가 이 땅에 전래되었으니, 도를 논하는 현인들이 비로소 함께 진실을 말할 수 있게 되었다. 그러므로 이 논서들이 불법의 치우침과 올바름을 규정하여 득실의 근원을 판별할 것임을 알 수 있다.
>
> 睿師云, 自羅什未度之前, 講肆流詠已來, 格義迂而乖本, 六家偏而不即. 中百二論文未及此, 又無通鑒, 誰與正之. 前匠所以輟章遐慨. 思決言於彌勒者, 良在於此. 而今已後中百二論既傳來此土, 論道之賢始可與言實矣. 故知, 斯論定佛法之偏正, 判得失之根源也. (T42, 4c.)[2]

---

2 글에서 승예의 말은 「비마라힐제경의소서毘摩羅詰提經義疏序」(『출삼장기집』 권8)에 "雖曰講肆, 格義迂而乖本, 六家偏而不即性空之宗. (중략) 中百二論文未及此, 又無通鑒, 誰與正之. 先匠所以輟章遐慨. 思決言於彌勒者, 良在此也."(T55, 59a)라는 것을 인용했던 것이다.

라고 서술한다. 격의 불교 이래 다양한 뜻이 분출하여 귀의할 곳을 알지 못하고, 도안(314~385)으로 하여금 말을 미륵에게 결정하도록 한다고까지 말하게 했던 혼미한 중국 불교계의 사상적 지도서로서, 이 나집에 의한『중론』전역이 얼마나 오랫동안 기다려왔던 것인지 살펴진다고 생각한다.

그러나 이렇게 감격적으로 받아들여졌던『중론』을 위시한 용수龍樹(Nāgārjuna), 제바提婆(Āryadeva) 계통의 인도 대승 불교 논서가 널리 중국인의 지식 사회에 전파 수용되고 연구 강설되었던 것은 멀리 때와 장소가 떨어져 있었던 육조 말 이후의 강남 사회에서였던 것은 주지하는 대로이다. 무엇보다 전역의 당초에도 나집 문하에 의하여 장안을 중심으로 하여 예의 연구되었던 것은 앞 절에서 이미 본 대로이고, 담영『중론소』와 같은 성과도 보이며, 승조의 사상 이해의 높은 수준에 대해서도 그 일단을 살펴보아 알 수 있었다. 또한 역사적 진위의 여부를 분명히 할 도리는 없지만, 길장이 이 담영의 말로서 전한 바에 의하면 이『중론』에 주석했던 자는 수십 가家가 있었다고 하고, 또 북량北涼 저거몽손沮渠蒙遜(401~433 재위) 무렵 하서河西에서 활약했던 도랑道朗도『중론』에 서문을 지어 주석했던 자가 대략 70가를 헤아린다 했다고 한다.[3] 이것은 주로 인도·서역에서의 주석의 사정도 포함하여 서술했던 것으로 반드시 중국 전래 당초『중론』강석의 성황을 나타내는 것은 아닐 터이지만 적어도 승예·담영 혹은 승조로 대표되는 나집 직접 문하의 영재들에 의한 이른바 살롱 풍의 삼론 연구가 성대하게 행해졌을 것은 상상하기 어렵지 않다. 이것이 후에 길장 일파에 의해 장안 고삼론이라 불리고, 관내의 구의 구종舊義 舊宗으로서 삼론학을 대성하는 교의 상의 근본적 의지처가 되었다. 누차 말하듯이 삼론 교학의 집대성을 기도했던 길장이 성실 학파와의 길항 관계를 벗어

---

3   길장,『중관론소』권1,「서소序疏」(T42, 5a). "此出注論者, 非復一師, 影公云凡數十家, 河西云凡七十家."

나 삼론의 교리·교학을 명확한 모습으로 건설했던 것은 한 면에서 이 장안 고삼론의古三論義로의 복고를 의미하고, 다른 면에서는 나집·승조 등의 반야 공관 사상을 강남 사회에 가장 순수한 모습으로 재흥시키기를 기도했던 것이었다. 그런데 이러한 장안 고삼론의 사상이 어떤 계보를 거쳐 발전 전개되어왔는지를 사상사적인 연속의 면에서 파악하는 것은 그리 쉬운 일이 아니다. 나집에서 길장에 이르는 삼론의 학계가 자료의 부족 등에 의해 종래 그다지 명확하게 규정되어 있지 않은 점에 대해서는 이미 서술한 대로이다. 길장에 의해 대표되는 강남에서의 반야 삼론학 부흥의 모태가 되었던 섭산攝山 삼론 학파의 발생은 요동遼東 출신의 승랑僧朗이 멀리 장안의 나집·승조의 고설古說을 의빙하여 강남 섭산에 남도했던 때에 시작되었다고 하지만, 이 승랑의 남방 홍법은 담연湛然(711~782)의 『법화현의석첨法華玄義釋籤』에

> 송조宋朝 이래 삼론이 상승相承하여 그 법사가 하나가 아니니, 모두 나집을 계승했다. 단, 연대가 오래되고 문소文疏가 영락하여 제나라 이래 현강玄綱이 거의 끊어졌다. 강남에서는 성실成實이 왕성하게 퍼졌고, 하북에서는 비담毘曇이 특히 숭상되었다. 이때 고구려 승랑이 제나라 건무 때에 강남에 이르러 성실론사들을 힐난하였다.
>
> 自宋朝已來, 三論相承, 其師非一, 並稟羅什. 但, 年代淹久文疏零落, 至齊朝已來玄綱殆絶. 江南盛弘成實, 河北偏尚毘曇. 於時高麗朗公, 至齊建武來至江南, 難成實師. (T33, 951a.)

라고 하는 것처럼 제齊의 건무建武 연간(495~498)이고, 나집에 의한 삼론 전역의 시기와는 거의 100년의 단절이 있다. 이 100년의 공백을 역사적인 문맥에서 정착시킨다는 것은 현재 거의 불가능한 일이고, 사상의 초시간성을 고려한다

면 장안 고삼론의 사상이 승랑이라는 한 사람의 명덕을 얻어 제·양대의 강남에서 갑자기 개화를 보았다고 하는 것도 또한 사상이 갖는 특수성의 일면에서 말하자면 있을 수 있는 일이다. 그러나 강남에서는 성실成實이 왕성하게 퍼졌고, 하북에서는 비담毘曇이 특히 숭상되어 제나라 이래 삼론의 현강은 거의 끊어졌다라고 했던 것이 실상이기는 해도, "송나라 이래 삼론이 상승相承하여 그 법사가 하나가 아니다."라고 담연도 명증하는 것처럼 육조 초기 송대에서의 삼론의 강남 전파의 실적에 대해서는 이를 부정하지도 않는다. 이 전통이 성실의 성행이라는 현상에 가려져 있었다고는 말할 수 있어서 남조의 사상계에 저류低流로서 존재했기 때문에 명덕 승랑의 남도를 기해 그 개화와 결실을 보았던 것이다. 남조 초기의 삼론 연구의 동향에 관해서는 단편적인 것이지만 이것을 다음 장에서 고찰하도록 하고, 여기서는 직접적인 나집 문하이면서 삼론의 강남 전파라는 사상적 개척자가 되었던 것이 구체적으로 누구였는지에 대해 약간의 고찰을 가하는 것으로 한다.

2. 혜원慧遠 교단과 장안 고삼론

1) 여산 혜원廬山慧遠과 반야 사상

　삼론에 한하지 않고 나집 역 제경론의 강남 전파라는 사건에서 본다면 우선 남방에서 불교의 일대 중심지였던 여산 혜원(334~416, 일설에는 ~417)[1]의 교단이 거론될 것이다. 혜원은 그 다채로운 종교 활동에 의해 유명한데, 그 교학의 기본 사상은 또한 반야학에 있었다. 즉 혜원은 21세 때부터 45세경까지의 시기를 반야 교학의 연찬에 돌렸던 인물이다.『고승전』이나『출삼장기집』의 혜원전[2]에 의하면 21세 때 강동江東으로 건너가서 범선范宣과 함께 은둔하려고 했지만 전란 때문에 뜻을 이룰 수 없었다. 때마침 도안이 대행항산大行恒山에 사찰을 세워 불법을 넓혔으므로 그 높은 명성을 듣고 와서 제자가 되었는데, 한 번 대면에 존경을 다하여 참으로 나의 스승이라고 생각했던 것이 도안과의 최초의 만남이다. 후에 도안이『반야경』을 강술하는 것을 듣고 활연히 깨달아 유·도儒道의 구류九流는 모두 쌀겨와 쭉정이일 뿐이라 탄식하여 동생인 혜지慧持와 함께 수업하게 되었다.[3] 후에 혜원은 도안과 함께 남하하여 양양襄陽에 머물렀는데, 건원建元 9년(373) 양양은 진秦의 장수 부비符조에게 침략당했으므로 태원太元 3년(378) 도안과 헤어져 관중과 여산에 각각 머무르게 되었다.[4] 이 양양에 있었던 15년간 도안이 오로지 반야의 연찬에 힘을 기울

1　『고승전』 권6 석혜원전(T50, 357c~361b)에서는 "晉義熙十二年八月初動散. (중략) 春秋八十三矣."(361a~b)라 하고, 송宋 사령운謝靈運,「여산혜원사뢰廬山慧遠師誄」(『광홍명집廣弘明集』권23, T52, 267a)에서는 "春秋八十有四, 義熙十三年秋八月六日薨."이라고 한다.

2　『고승전』은 앞 주석 참조『출삼장기집』권15 혜원법사전(T55, 109b~110c).

3　『고승전』권7 석혜원전(T50, 357c~358a). "年二十一欲渡江東, 就范宣子共契嘉遁, 値石虎已死中原寇亂南路阻塞, 志不獲從. 時沙門釋道安立寺於太行恒山弘贊像法, 聲甚著聞, 遠遂往歸之, 一面盡敬, 以為真吾師也. 後聞安講波若經, 豁然而悟, 乃歎曰, 儒道九流皆糠粃耳, 便與弟慧持, 投簪落彩, 委命受業."

4　위의 곳, "後隨安公, 南遊樊河. 偽秦建元九年, 秦將符丕寇斥襄陽."(T50, 358a),『출삼장기집』권15, "後隨安公南遊樊河. 晉太元之初, 襄陽失守, 安公入關. 遠乃遷于尋陽, 葺宇廬岳."(T55, 109b).

였던 것은『출삼장기집』에 기재된 도안의「마하발라약바라밀경초서摩訶鉢羅若波羅蜜經抄序」에서

옛날 한음현漢陰縣에서 15년 동안『방광반야경』을 항상 한 해에 2번씩 강술하였다.

昔在漢陰十有五載. 講放光經歲常再遍. (T55, 52b.)

라고 스스로 술회하는 것에서도 분명하다. 요컨대 도안은 양양에 있었던 15년간 매년 반드시 두 번『방광반야경』을 강술했다고 하는 것으로, 같은 취지가『고승전』의 도안전에도 기재되어 있다.[5] 당연히 혜원도 스승을 따라 양양에서 있었던 15년간 똑같이 반야 연구에 전념했을 것은 상상하기 어렵지 않다. 도안에게 사사하여 수업했던 이 혜원의 학문을 평하여『출삼장기집』의 저자는

무생無生인 실상의 깊음과 반야인 중도의 묘함 및 즉색卽色인 공혜空慧의 비밀과 연문緣門에 관한 적관寂觀의 요점을 미세하게 밝히지 않음이 없고 널리 펼치지 않음이 없다.

無生實相之玄, 般若中道之妙, 即色空慧之祕, 緣門寂觀之要, 無微不析, 無幽不暢. (T55, 109b.)

라고 서술한다. 나중에 혜원은 여산에서 염불의 결사를 만들어 실천적인 불교의 길을 걸었고, 또 다수의 외래승을 옹호하여 번역 사업을 수행하는 등 많은 종교 활동을 수행했는데, 그 불교학의 소양은 21세에서 45세에 이르기까지

5　『고승전』권5, 석도안전(T50, 352c). "安在樊沔十五載, 每歲常再講放光波若, 未嘗廢闕."

도안과 함께 연찬했던『반야경』의 사상이 그 중핵을 이루는 것이었다고 말할 수 있을 것이다. 그러므로 나집이 장안에서 중관계 경론의 번역을 개시했을 때 혜원은 서간을 보내 의문을 질의하고 나집이 그것에 답했던 18조목의 왕복 문답, 이른바『대승대의장大乘大義章』[6]이 현존하는데, 그 내용은『반야경』에 기초한 것이라고 해도 과언이 아니다. 또 홍시 7년(405)『대지도론』100권의 역출이 끝났을 때 요흥姚興은 논서를 혜원에게 보내고 서간을 띄워 서문의 제작을 청하는 것은 혜원의 반야 연구의 높은 이름이 북방 장안의 불교계에도 퍼져 있었던 증거일 것이다. 또 혜원은 항상『대지도론』의 문구가 번다하면서도 초학자가 알기 어렵다고 생각하여 그 요지를 초략하여 20권으로 만들었다.[8] 이 논서는 오늘날 산실되어 전하지 않지만, 그 서문이『출삼장기집』권10에 수록되어 있는데, 그 한 단락에

> 생사의 길은 시작이 없는 경계에서 조짐을 나타내고 변화는 서로 의존하는 자리에서 만들어지니, 모두 미유未有에서 생겨나 있게 되고 기유既有에서 소멸되어 없게 된다. 이를 끝까지 미루어 나가면 유무는 하나의 법으로 교대로 뒤바뀌는 것이어서 서로 의존하는 것이지 근원이 아니며, 생멸은 하나의 변화에서 동시에 진행되는 것이어서 공을 반영하여 주체가 없음을 알 수 있다. 이에 이것에 상즉하여 관觀을 성립시키고 돌이켜 비추어보아서 종요를 구하니, 밝게 비추어보면 번뇌가 그치지 않아 거동과 형상이 보이고, 관찰이 깊어지면 투철하게 깨쳐서 은미한 경지에 들어가 명실名實

---

6   『대승대의장』3권(별명『구마라집법사대의鳩摩羅什法師大義』, T45, 122b~143b).

7   『고승전』권6, 석혜원전(T50, 360a). "釋論新出. 興送論并遺書曰, 大智論新譯訖, 此既龍樹所作, 又是方等旨歸, 宜為一序以申作者之意. 然此諸道士, 咸相推謝無敢動手, 法師可為作序以貽後之學者."

8   위의 곳(T50, 360b). "遠常謂, 大智論文句繁廣初學難尋, 乃抄其要文, 撰為二十卷. 序致淵雅使夫學者息過半之功矣."

이 모두 현묘하게 된다. 그 요체를 찾으려면 반드시 이것을 우선해야 하는 것이니, 그런 후에야 비유비무의 담론을 말할 수 있게 된다. 시험 삼아 논변해보자. 유이면서 유에 속해 있다면 유에 속해 있는 유이고, 무이면서 무에 속해 있다면 무에 속해 있는 무이다. 유에 의해서 유가 있다면 정말로 있는 것은 아니고, 무에 의해서 무라면 정말로 없는 것은 아니다. 어떻게 그러한 줄을 아는가? 자성이 없는 성품을 법성이라고 하기 때문이다. 법성은 자성이 없어서 인연에 의해 생기는 것이다. 인연에 의해 생기는 것은 자상自相이 없으므로 유라고 해도 항상 무이고, 항상 무라고 해도 유와 단절되어 있는 것은 아니다. 이것은 마치 불이 전달되어서 꺼지지 않는 것과 같다. 그렇다면 법에는 이취異趣가 없고 처음과 끝이 끊어져 텅 비어 있어서 필경에는 함께 분쟁하더라도 유와 무가 교대로 돌아간다. 그러므로 그 깊은 곳에서 노니는 자는 마음이 사려에 의지하지 않고 지혜가 대상을 갖지 않아 상相을 소멸시키지 않아도 고요하고 선정을 닦지 않아도 한가롭다. 이 통달한 경지를 신묘하게 만나지 않는다면 어떻게 공공空空이라는 현묘함을 알 수 있겠는가? 이 지극하고 지극함이여.

生塗兆於無始之境. 變化搆於倚伏之場, 咸生於未有而有, 滅於既有而無. 推而盡之, 則知, 有無迴謝於一法. 相待而非原, 生滅兩行於一化. 映空而無主. 於是乃即之以成觀. 反鑒以求宗, 鑒明則塵累不止, 而儀像可觀. 觀深則悟徹入微, 而名實俱玄. 將尋其要必先於此. 然後非有非無之談, 方可得而言. 嘗試論之, 有而在有者, 有於有者也. 無而在無者, 無於無者也. 有有則非有, 無無則非無. 何以知其然. 無性之性謂之法性. 法性無性, 因緣以之生. 生緣無自相, 雖有而常無. 常無非絶有. 猶火傳而不息. 夫然則法無異趣. 始末淪虛. 畢竟同爭有無交歸矣. 故遊其奧者, 心不待慮, 智無所緣, 不滅相而寂, 不修定而閑. 不神遇以斯通, 焉識空空之為玄. 斯其至也, 斯其極也. (T55, 75c~76a.)

라는 것 등은 혜원의 반야 사상의 이해가 얼마나 정통적인지를 보여주는 것이다. 따라서 혜원은 직접 삼론의 강남 전파에 공헌했다는 것은 아니지만 그 반야 이해의 깊이와 관중의 나집 문하와 밀접한 관련성을 가졌던 사람으로서 일반적으로 나집 번역 경론의 남방 홍법에 수행했던 역할은 매우 컸다고 말할 수 있다. 역시 『고승전』의 저자는

> 총외葱外의 묘전妙典과 관중의 우수한 교설이 이 땅에 와서 모인 까닭은 혜원의 힘이다.
> 葱外妙典, 關中勝說, 所以來集茲土者, 遠之力也. (T50, 360a.)

라고 칭하여 그 공을 찬양하며, 또 양 무제(502~549 재위)는 「주해대품서注解大品序」에서

> 그러므로 용수·도안·구마라집·혜원은 모두 큰 방편으로 세상에 응대하거나 현덕으로 구제할 때 최상법을 신복하여 설한 대로 수행하지 않음이 없었다.
> 所以龍樹·道安·童壽·慧遠咸以大權應世, 或以殆庶救時, 莫不伏膺上法如說修行. (T55, 54b.)

라고 하여 용수·도안·구마라집·혜원의 4인을 거론하여 반야 이해의 중요한 계보라고 간주한다.

2) 혜원 문하의 장안 유학승

여산 혜원의 회하會下에서 장안 나집에게로 수학한 후 남방으로 귀환하여

홍법했던 저명한 고승들의 전기가 『고승전』에 기재되어 있다. 이 승려들은 반드시 혜원의 요청에 의해 장안으로 간 것은 아니겠지만, 혜원과 도안 내지 나집의 관계를 생각할 때 거기에는 혜원에 의한 적극적인 종용이 있었던 것도 사실일 것이다. 이리하여 많은 여산 문하의 수재들이 장안에 유학하고 다시 남방으로 돌아왔을 때 그들은 우수한 장안 나집 교학의 홍선자가 되었던 것은 부정할 수 없을 것이다. 다만 나집에 의한 삼론의 역출은 그 번역 사업 전체에서 보면 비교적 후기에 속하여 이 유학승들은 그 역출을 기다리지 않고서 남방으로 돌아왔던 것도 있어서 장안에서의 삼론 연구의 세례를 충분히 받지 않았기 때문에 엄밀하게는 삼론 강남 전파의 첨병으로서 거론하는 것을 주저하지 않을 수 없지만, 설사 적극적인 삼론 연구자는 아니라 해도 후에 삼론이 강남에 들어왔을 때 그 수용에 지도적인 역할을 했던 것이 이 장안 유학승 내지 그 문하생들일 것이라고 생각된다. 그것이 후에 강남에서 삼론학 부흥의 저변을 형성하기에 이른 것이다. 『고승전』에서 이러한 남방 출신 유학승의 저명한 인물들을 찾아보면 도생道生·혜관慧觀·혜엄慧嚴·혜예慧叡·혜안慧安·도온道溫 등이 있으며, 또 여산에 있었는지는 명확하지 않지만 똑같이 남방 출신 승려로 나집에 유학하고 후에 남방에서 홍법했던 인물로서 승필僧弼·승포僧苞·담무성曇無成 등을 거론할 수 있다.

(1)

도생道生[9](~434)은 여산에 7년간 유서幽棲하다가 후에 혜예·혜관·혜엄과 함께 장안으로 가서 나집에게 사사했다. 나집 문하에서는 가장 중시되었던

___

9 도생의 전기에 대해서는 『고승전』 권7 축도생전(T50, 366b~367a), 『출삼장기집』 권15 도생법사전 제4(T55, 110c~111b), 혜림慧琳, 「축도생법사뢰竺道生法師誄」(『광홍명집』 권23, T52, 265c~266b), 『송서宋書』 권97 도생전이 있고, 모두 원가元嘉 11년(434) 졸卒이라고 하여 생년은 자세하지 않다.

한 사람이었으며, 『고승전』의 혜관전에 의하면 혜관·도융道融·승조와 함께 높이 평가되었고,[10] 나집 문하의 많은 학도에게 존경받았다.[11] 홍시 10년(408) 남방으로 돌아갈 때 승조의 『반야무지론』을 여산에 가지고 와서 은사隱士 유유민劉遺民과 혜원에게 보여주었고, 이것이 단서가 되어 유유민과 승조 사이에 서간에 의한 왕복이 있었던 것은 이미 본 바이다.[12] 다음 해 서울에 돌아와 청원사靑園寺에 머물렀고, 후에 오吳의 호구산虎丘山으로 갔으며, 다시 여산으로 들어가 원가 11년(434) 『열반경』을 강술하다가 입적했다.

도생을 유명하게 했던 것은 돈오 성불, 일천제 성불의 사상이지만, 탕용통湯用彤 교수는 도생 학설의 근본에 두 가지가 있어서 그 하나는 '반야소상의般若掃相義'이고 하나는 '열반심성의涅槃心性義'라고 한다.[13] 현존하지 않지만 『이제론二諦論』, 『법신무색론法身無色論』 등의 저술이 전해지는[14] 것에서도 예전부터 일본 남도의 전승에서 삼론 열조의 한 사람으로 헤아려졌던 것이다.[15] 길장의 심증에서는 자파의 학계에서 분명히 제외되어 있으며 나집·승조 장안 고삼론의 직접적인 계승자로는 간주되지 않지만, '돈오의頓悟義' 등의 그 학설

---

10 『고승전』 권7 혜관전(T50, 368b). "時人稱之曰, 通情則生融上首, 精難則觀肇第一."

11 『속고승전』 권5 승민전僧旻傳에 "昔竺道生入長安, 姚興於逍遙園見之, 使難道融義, 往復百翻言無不切, 眾皆觀其風神, 服其英秀."(T50, 462a)라는 것을 참조.

12 본 장 제2절 3. 「승조」, 주 3, 4번 참조.

13 湯用彤, 『漢魏兩晉南北朝佛教史』 下冊, '竺道生在佛學上地位' p.629 참조.

14 『고승전』 권6 축도생전, "又著二諦論, 佛性當有論, 法身無色論, 佛無淨土論, 應有緣論等."(T50, 366c). 또 도생의 저술에 대해 탕용통湯用彤 교수는 『유마경의소維摩經義疏』, 『묘법연화경소妙法蓮華經疏』 상하 2권, 『니원경의소泥洹經義疏』, 『소품경의소小品經義疏』, 『선불수보의善不受報義』, 『돈오성불의頓悟成佛義』, 『이제론二諦論』, 『불성당유론佛性當有論』, 『법신무색론法身無色論』, 『불무정토론佛無淨土論』, 『응유연론應有緣論』, 『열반삼십육문涅槃三十六問』, 『석팔주초심욕취니원의釋八住初心欲取泥洹義』, 『변불성의辨佛性義』, 『축도생답왕문일수竺道生答王問一首』, 『십사과원찬의기十四科元贊義記』의 열여섯 가지를 든다(湯用彤, 앞의 책, pp.622~624).

15 제1장 '학계에 관한 종래의 학설'의 조목 참조.

은 길장 저술에 많이 인용되어 있고[16] 후술하는 것처럼 아마도 반야 사상과 열반 사상의 융즉이라는 길장 교학의 특색은 그 연원을 도생에서 구할 수 있다고 해도 좋을 것이다.

　도생의 사상 형성의 근저에 장안 반야삼론학의 영향이 보이는 점에 대해서는 예를 들면 『고승전』의 저자가

> 도생은 이미 사유에 잠긴 지 오래되어 언어 밖의 진리를 철저히 깨달았다. 마침내 한숨을 쉬고 탄식하여 말하였다. "무릇 형상으로써 뜻을 다한다고 할 수 있어도 뜻을 얻으면 형상을 잊는다. 말로써 도리를 표현한다고 할 수 있어도 도리에 들어가면 말은 쉰다."
> 生既潛思日久, 徹悟言外. 迺唱然歎曰, 夫象以盡意, 得意則象忘. 言以詮理, 入理則言息. (T50, 366c.)

라고 전하는 것을 보아도 알 수 있다. "형상으로써 뜻을 다한다고 할 수 있어도 뜻을 얻으면 형상을 잊는다."(득의망상得意忘象), "말로써 도리를 표현한다고 할 수 있어도 도리에 들어가면 말은 쉰다."(입리언식入理言息)라는 경지는 무득정관無得正觀의 입장이다. 적어도 혜교는 이렇게 도생을 이해했던 것이다. 또 「승만경서勝鬘經序」를 저술했던 법자法慈 법사는 그 서문에서 도생의 제자 축도유竺道攸를 언급하여

> 그때 축도생의 의학義學 제자인 축도유가 있었는데, 그는 어려서부터 현묘한 종요를 익히고 종요에 대한 가르침을 일념으로 받아들였다. 후에 스승

16　길장, 『이제의』 권하에 "又同大頓悟義, 此是竺道生所辨. 彼云, 果報是變謝之場, 生死是大夢之境. 從生死至金剛心, 皆是夢. 金剛後心, 豁然大悟, 無復所見也."(T45, 111b)라는 등이 그 일례다.

을 모시고 따라서 여산에 들어가 옛 것을 익혀 그대로 전하였으니, 봉황을 도와 그 덕을 빛나게 한 사람이라고 할 수 있을 것이다. 축도생 법사가 원가 11년(434)에 이르러 강좌에서 정신을 다른 세상으로 옮겨갔을 때 도 유는 사모하는 정이 깊어 크게 가슴 아파하는 것이 마치 하늘이 무너진 것 같았다.

時竺道生義學弟子竺道攸者, *少習玄宗, 偏蒙旨訓.* 後侍從入廬山, 溫故傳覆, 可謂助鳳耀德者也. 法師至元嘉十一年, 於講座之上遷神異世, 道攸慕深, 情慟有若天隆. (T55, 67b.)

라고 서술한다. '봉황을 도와 그 덕을 빛나게 한 사람'이라고까지 불리며 도생이 강좌에서 죽었을 때 "크게 가슴 아파하는 것이 마치 하늘이 무너진 것 같이" 깊게 사모했던 의학의 제자 도유가 어려서부터 도생에게 "현묘한 종요를 익히고 종요에 대한 가르침을 일념으로 받아들였다."는 것이다. '현묘한 종요(玄宗)'란 구체적으로 무엇을 가리키는 것일까. 번역자는 "『중론』·『백론』·『대지도론』 등을 가리킨다."라고 주기하는데,[17] 그것은 총괄적으로 반야 중관 사상의 별칭이다.[18] 도유道攸는 『고승전』에서는 권7에 도유道猷로 기록되어 있다.[19] 그리고 아마 이 도유道攸의 제자로 생각되는 2인이 같은 전기에 부가되어

---

17   林屋友次郎 역, 『出三藏記集』(『國譯一切經』 和漢撰述69, '史傳部' 1, p.263, 주4) 참조.

18   현종玄宗이 일반적으로 반야를 가리키는 것은 예를 들면 원강 『조론소』에서 "論文自云, 性空者諸法實相也, 見法實相故為正觀. 若其異者, 便為耶觀. 安法師作性空論, 什法師作實相論, 皆究盡玄宗."(T45, 162c)라는 등을 참조.

19   『고승전』 권7 석도유전釋道猷傳, "吳人, 初為生公弟子, 隨師之廬山. 師亡後隱臨川郡山, 乃見新出勝鬘經, 披卷而欣曰, 先師昔義闇與經同, 但歲不待人. 經集義後, 良可悲哉. 因注勝鬘, 以翌宣遺訓, 凡有五卷. (중략) 後有豫州沙門道慈, 善維摩法華, 祖述猷義刪其所注勝鬘, 以為兩卷. 今行於世. (후략)"(T50, 374c)라고 하여 도유道猷가 도생의 제자로 도생의 사후 임천臨川에 은거하고 후에 신출新出의 『승만경』을 보아 주석 5권을 지었던 것, 또 후에 예주豫州 사문 도자道慈가 도유의 뜻을 조술하여 그 『승만경주』를 산삭刪削하여 2권으로 만들었다고 전한다. 이 도자道慈란 본문 중에서 인용했던 「승만경서」를

있다. 그중 북다보사北多寶寺 혜정慧整은 특히 삼론을 잘하여 배우는 자에게 종요가 되었다고 전해지며, 장락사長樂寺의 각세覺世는 『대품경』과 『열반경』을 잘하여 '불공가명의不空假名義'를 세웠다고 한다. 이것은 후술하는 것처럼 후에 주옹周顒 『삼종론三宗論』의 소재가 되었던 것이다.[20] 이렇게 도생 자신의 사상이나 깨달음의 경지에서만 유추된 것이 아니라 구체적인 사실史實에서 보아도 도생의 반야삼론학의 강남 전교라는 역사적인 역할을 지적할 수 있다.

(2)

혜관慧觀·혜엄慧嚴[21](363~443) 두 사람은 사령운謝靈運과 함께 담무참曇無讖 역 『열반경』 40권(북본)을 재편하여 36권본(남본)을 편집했던 공로자로, 그런 의미에서 남조 열반 학파에 속하는 사람들이지만 역시 나집의 입관과 함께 장안에서 수학하여 중용되었다. 특히 혜관은 "잘 힐난하는 것이라면 혜관과 승조가 제일이다."라고 승조와 나란히 칭찬받으며, 『법화종요』를 저술하여 나집으로부터

선남자여, 그대가 논한 내용은 매우 통쾌하다. 그대가 조금 물러나 있으면 남쪽 양자강과 한수 사이에서 노닐 것이니, 잘 널리 유통시키는 것을 힘쓰

지었던 자자 법사로, 그 서문에서 이어 "於是奉訣填壟逸逼臨川三十許載, 經出之後, 披尋反覆既悟深旨, 仰而歎曰, 先師昔義闇與經會, 但歲不待人經襲義後, 若明匠在世剖析幽讀者, 豈不使異經同文解無餘向者哉, 輒敢解釋兼翼宣遺訓. 故作注解, 凡有五卷. (중략) 今聊撮其要解, 撰為二卷, 庶使後賢共見其旨焉."(T55, 67b~c)이라는 내용과 일치한다. 따라서 『고승전』의 도유道猷는 『출삼장기집』의 도유道攸이며, 「승만경서」의 작자 자자 법사는 도자道慈이다. 또 앞 인용문의 도유전의 말미에 "後有豫州沙門道慈, 善維摩法華, 祖述猷義, 刪其所注勝鬘, 以為兩卷. 今行於世."라는 것을 참조.

20 위의 곳, "時北多寶慧整長樂覺世, 並齊名比德. 整特精三論, 為學者所宗, 世善於大品及涅槃經, 立不空假名義"(T50, 374c), 또 '불공가명의'에 관해서는 본서 제3장 제3절 2. '불공가명'의 항목 참조.

21 『고승전』 권7 석혜관전(T50, 368b~c), 같은 곳, 석혜엄전(T50, 367b~368a).

도록 하라.

善男子, 所論甚快. 君小却當南遊江漢之間, 善以弘通爲務.

고 남방 홍법의 사명을 분부한다. 후에 서울로 돌아가 혜관은 도량사道場寺에서, 혜엄은 동안사東安寺에서 각각 머물렀다. 혜관은 후에『변종론辨宗論』등의 저술을 남기며, 혜엄은 그 제목에서 미루어 중관 사상을 저술한 것이라고 생각되는『무생멸론無生滅論』이나『노자약주老子略注』등의 저작을 저술한다. 또 혜관의 제자에 법업法業이 있어서『대소품』및『잡심』을 잘하고, 혜엄에게는 법지法智가 있어서『성실』과『대소품』을 잘했다고 전해져 모두 그 전기에 부기되어 있는 것은[22] 혜관·혜엄에 의해 수업했기 때문일 것이다.

(3)

도온道溫[23](397~465)은 16세에 여산에 들어가 혜원에게 수학하고 후에 장안으로 가서 나집에게 사사했다. 송의 원가 중(424~453)에 돌아와 양양襄陽 단계사檀溪寺에 머물렀으며, 후에 효건孝建 초(454) 칙명으로 서울 중흥사中興寺에서 머물렀다. 득업得業의 제자인지는 분명하지 않지만 그때 중흥사에는 승경僧慶이 있어서 삼론을 잘하여 종요로 삼았다고 전해진다.[24]

---

22 위의 곳, 혜관전에 "著辨宗論, 論頓悟漸悟義, 及十喩序, 贊諸經序等, 皆傳於世, 時道場寺, (중략) 又有法業, 本長安人, 善大小品及雜心."(T50, 368b)이라 하고, 같은 곳, 혜엄전에 "嚴後著無生滅論及老子略注等. (중략) 嚴弟子法智, (중략) 善成實及大小品."(T50, 368a~b)이라는 것을 참조.

23 위의 곳, 석도온전(T50, 372b~373a).

24 위의 곳(T50, 373a). "時中興寺復有僧慶慧定僧嵩, 並以義學顯譽, 慶善三論, 爲時學所宗."

(4)

기타 여산의 혜원 문하였는지 분명하지 않지만 남방 출신자로 장안에 유학하여 나집에게 사사, 중용된 후 남방에서 홍법했던 사람들로 팽성사彭城寺 승필僧弼(365~442),[25] 기원사祇洹寺에 머물렀던 승포僧苞,[26] 준남중사準南中寺에 머물렀던 담무성曇無成[27] 등이 있다. 특히 담무성은『열반경』과『대품반야』를 항상 교대로 강설하여 업업을 받은 자 200여 명이 있으며, 현학자玄學者안연지顔延之, 하상지何尚之와 실상實相을 논하여『실상론實相論』을 저술했다고 전해진다.[28] 역시 나집 교학의 남방 홍선자의 한 사람이었다고 보아야 할 것이다.

혜원을 위시하여 그 문하의 승려들로 나집에게 수학하고 강남으로 돌아왔던 사람들이 반드시 충실한 삼론의 홍법자인 것은 아니었지만 다시 그 문하나 인연이 있는 사람들로부터 반야 사상의 연구자를 배출하는 등 남지에서의 반야 삼론학 연구의 토양을 일구었던 사람들이었다고 할 수 있을 것이다.

---

25 위의 곳, 석승필전(T50, 369a~b).

26 위의 곳, 석승포전(T50, 369b~c).

27 위의 곳, 석담무성전(T50, 370a~b).

28 위의 곳(T50, 370b). "成㲄㮣於淮南中寺, 涅槃大品常更互講說, 受業二百餘人, 與顔延之何尚之共論實相, 往復彌晨, 成㲄著實相論, 又著明漸論."

3. 승예僧叡의 강남 홍법

같은 여산의 혜원 문하에서 입관入關하여 나집을 따르다가 후에 서울의 오의사烏衣寺에 머물렀던 석혜예釋慧叡는 『고승전』 권7[1]에 기재되어 있다. 그것에 의하면 혜예는 기주冀州 사람으로 어려서 출가하여 항상 떠돌며 배우다가 촉蜀의 서쪽으로 갔을 때 사람들에게 붙잡혀 양을 치게 되었는데, 상인으로 불법을 믿고 공경하는 자가 구해주어 다시 떠돌다가 남천축에까지 이르렀다. 때문에 음역이나 훈고, 여러 나라의 다른 뜻 등을 알지 못함이 없었다. 후에 돌아와 여산에 쉬다가 갑자기 입관하여 나집을 따라 자문을 받았다. 후에 서울로 가서 오의사에 머물러 강설했다. 송 대장군 팽성왕 의강義康이 청하여 스승으로 삼고서 절에 들어가 계를 받았다. 후에 왕에게 담비 가죽옷을 받았는데, 혜예는 착용하지 않았다. 또 사령운의 자문에 응하여 『십사음훈서十四音訓敍』을 저술하면서 범어와 한어를 조목별로 나열하고 밝게 알 수 있게 하여 문자에 의거할 바가 있게 하였다. 송 원가(424~453) 중에 85세로 죽었다고 하는 것이 그 주요한 약력이다.

이 혜예가 실은 나집 문하의 장로로서 장안 불교계의 지도적 지위에 있었던 승예와 동일 인물이라는 설이 있다. 이 설은 옛날에는 송宋 지반志磐의 『불조통기佛祖統紀』[2]에서 동림東林 18현전賢傳을 서술하는 중에 『고승전』에서 기록한 혜예의 전기를 승예의 전기로서 기록했던 것에서 비롯하며, 근대에 들어 이토오 기켄伊藤義賢 박사[3]는 『불조통기』에서 승예와 혜예를 동일인이라고 하는 것을 지적하여 『고승전』처럼 다른 사람이라는 것의 잘못을 주장했다. 이것에 대해

---

1 위의 곳, 석혜예전(T50, 367a~b).

2 지반, 『불조통기』 권26(T49, 366b~c).

3 伊藤義賢, 『支那佛教正史』, 1923년, 제2편 제11장 '什公門下の佛典研究' p.334.

사카이노코오요오境野黃洋 박사[4]는 『고승전』의 설을 지지하며, 승예와 혜예는 출신지나 졸년卒年을 달리 하고 행적에도 유사점이 보이지 않으므로 『불조통기』에서 이 양자의 전기를 섞어서 한 사람의 전기를 세웠던 것은 심한 오류라고 했다. 또 후세코오가쿠布施浩岳 박사[5]도 『불조통기』의 승예전은 『고승전』의 혜예의 초출抄出에 지나지 않는 점, 거기에 『출삼장기집』에 의해서도 도생전에서 도생이 혜예·혜엄·혜관과 함께 장안으로 갔었다는 점에서 혜예의 장안 입관은 403년 이후임에 대해 승예는 이미 401년 나집에게 면접하여 선법을 자수諮受하는 점에서 승우僧祐와 혜교慧皎의 견해가 일치하므로 혜예와 승예는 다른 사람이라고 주장했다. 이러한 학계의 논쟁에 대해 오오쵸오에니치橫超慧日 박사는 『고승전』 자체에 근본적인 검토를 가하여 정밀한 논증에 의해 「승예와 혜예는 같은 사람임」[6]이라는 결정적인 논문을 발표했다. 이 박사의 결론을 요약하면

① 장안 승예와 건강 혜예는 출생지인 위군魏郡 장락長樂과 기주冀州가 다른 곳이 아니다. 향년 67세와 85세는 승예가 장안의 동란을 피해 남지로 갔던 것이 67세라 생각되며 결국 동일인으로 송의 원가 13년(436) 85세로 건강에서 죽었다.

② 「대품경서」의 작자 장안의 승예와 건강에서 만들어진 『유의론喻疑論』의 작자 혜예는 함께 도안을 돌아가신 스승이라 부르고 나집을 구마라鳩摩羅 법사, 구마라究摩羅 법사라 불러서 다른 예를 볼 수 없으며, 사상 내용에서도 공통의 특색을 갖는다.

---

4   境野黃洋, 『支那佛敎精史』, 1935년, 제2편 제1장 '鳩摩羅什の系統' p.415.

5   布施浩岳, 「初期涅槃宗に關する硏究」(『佛敎硏究』 第3卷 第2號, 1939年 5月).

6   橫超慧日, 「僧叡と慧叡は同人なり」(『東方學報』, 東京, 第13冊の 2, 1942年 7月), 후에 『中國佛敎の硏究』 第2(1971年 6月, 京都, 法藏館)에 수록.

③ 승예는 전진前秦 때 도안에게 사사하여 번역에 참여하고 전진의 소멸에 즈음하여 여산으로 난을 피했던 것으로 생각되며 나집 입관과 함께 장안으로 갔지만 도생 등과 동시에 갔던 것은 아니다.

④ 승예는 후진後秦의 소멸 후 남방 건강으로 와서 시흥사始興寺, 기원사祇洹寺, 오의사烏衣寺에 머물고 송宋에서는 혜예라고 불렸다. 『십사음훈서十四音訓敍』를 저술하는 등 음역·훈고에 밝았던 것은 양진兩秦의 번역에 참여했던 지식에 의한다. 남천축 유력遊歷은 의심스럽다.

⑤ 『고승전』이 승예와 도안의 사제 관계나 혜예에게 『유의론喩疑論』의 저작이 있는 점 등을 전하지 않은 것은 혜교가 『출삼장기집』의 기사를 빠뜨렸기 때문이다. 그 때문에 장안의 승예와 건강의 혜예를 다른 사람으로 보았던 것은 속단으로, 이것은 같은 시기 기원사에서 삼론을 잘했던 승예가 있었다고 같은 『고승전』이 전하는 점에서도 엿볼 수 있다.[7]

이상에서 이 박사는 승예와 혜예는 동일 인물인 것을 확신한다. 충분히 설득력 있는 논증이다. 아마 이 논문을 근거로 한 것이라고 생각되지만 로빈슨 교수는 승예와 혜예의 동이 문제에는 전혀 다루지 않고서 혜예는 승예의 남방에서의 이름이라고 하여 다음과 같이 서술한다.

41년, 67세 때 그는 남쪽의 건강으로 옮아가 오의사에 거처를 정하고 거기서 여러 경전을 강의했다. 송의 유력한 관리였던 팽성왕이 그의 제자가 되었다. 이 왕과의 교제에서 오늘날 혜예라는 '남쪽에서의' 이름으로 알려진 승예는 많은 유혹을 아랑곳하지 않으며 율에 대해 엄격한 일의 전심―

---

7   橫超, 앞의 책, pp.142~143.

意專心을 보였던 것이었다. 유명한 재속 신자인 사령운의 요청으로 그는 범어의 음성학에 관한 논문을 썼다. 그는 아미타의 정토에 태어날 것을 믿고 깊이 기대하면서 436년에 입적했다.[8]

여기 서술되어 있는 내용은 전술했던 『고승전』의 혜예전과 완전히 일치하며, 로빈슨 교수는 분명히 "혜예라는 '남쪽에서의' 이름으로 알려진 승예는" 이라고 하여 양자를 동일 인물로서 취급한다. 승예를 삼론 학파의 원류를 대표하는 한 사람으로서 중시했던 길장은 이 문제에 대해서 어떠한 언급도 없고 『중관론소』에서 『유의론』을 인용하고는 있지만 승예 「중론서」의 인용례와 동일하며 단순히 **예사**睿師의 『유의론』이라고 칭하여 적극적인 증거가 되지는 않는다. 그러나 길장은 통상 승예를 예사睿師라 칭하는 경우가 많고 더구나 승예를 인용하는 경우 반드시 자설의 원용援用으로 사용하는 등 문맥에서 보아도, 또 인용된 『유의론』의 내용이 사상적으로 보아도 승예의 다른 저술과 공통 분모가 있어서 승예의 『유의론』으로서 인용되었던 것이라고 생각되므로 다른 사람이라고 하는 문제 의식은 조금도 없었던 것은 아닐지[9] 생각된다.

---

8 Richard H. Robinson : Early Madhyamika in India and China, (Madison, Milwakee and London 1967), Chap. Ⅴ. "Seng-jui", p.116.

9 길장, 『중관론소』 권1말에 "睿師作喩疑論云, 前五百年得道者多, 不得道者少, 無相是非. 故名正法. 後五百年不得道者多, 得道者少, 但相是非, 執競盈路. 故名像法. (此釋從人以分像正也.)"(T42, 18b)라고 『유의론』을 인용한다. 길장은 이 해석이 "사람에 따라 상정像正을 나눈다."라고 평하는데, 정正·상像·말末의 관념은 승예의 특색으로 「대지석론서大智釋論序」에서 "是以馬鳴起於正法之餘, 龍樹生於像法之末, 正餘易弘. 故直振其遺風, 瑩拂而已, 像末多端. 故乃寄跡凡夫示悟物以漸."(『출삼장기집』 권10, T55, 74c)이라는 것에서 공통적이다. 또 승예를 늘 예사라고 인용하는 예는 예를 들면 『중관론소』 권1본에서 승예 「중론서」를 인용하여 "睿師序云, 其實既宣, 其言既明, 於菩薩之行, 道場之照, 朗然懸解矣."(T42, 9b)라는 등 공통적인 바에서 앞에 기술한 『유의론』에 대해서도 승예의 것으로서 인용했다고 생각된다.

어쨌든 오오쵸오설橫超說에 의해 승예와 혜예를 동일인으로 간주한다면 혜원 문하의 남방 홍법이라는 일반론과는 질적으로 달랐던 매우 정예로운 삼론의 강남 전파에 관한 궤적을 발견할 수 있다. 즉 앞에서 오오쵸오橫超 박사가 적극적인 방증으로 인용한 것처럼『고승전』자체에서도 당시 건강의 기원사에 승예라는 자가 있어서 삼론을 잘했다고 전하기 때문이다. 즉 송宋 경사京師 기원사祇洹寺 석혜의전釋慧義傳의 말에

> 혜의가 이에 자리를 옮겨 오의사에 머물면서 혜예와 함께 머물렀다. 송원가 21년(444) 오의사에서 세상을 마쳤는데, 나이는 73세였다. (중략) 그후 기원사에 또 석승예가 있었는데, 삼론을 잘하여 송 문제의 존중을 받았다.
> 義迺移止烏衣, 與慧叡同住. 宋元嘉二十一年終於烏衣寺, 春秋七十三矣. (중략) 後祇洹寺又有釋僧叡, 善三論, 為宋文所重. (T50, 368c〜369a.)

라고 한다. 삼론을 잘했던 기원사의 승예란『중론』·『십이문론』·『대지도론』에 서문을 쓰고「중론서」에서 4론의 요지를 총괄했던 장안의 승예인 것은 의심이 없다. 승예는『고승전』의 저자 자신이 말하는 것처럼 남도南渡해 있었던 것이다. 그러므로 오오쵸오橫超 박사는, 기원사의 삼론 학자 승예는 당시의 풍습으로서 오의사에서 이주했던 것으로, 같은 문장에서 볼 수 있는 오의사의 승예와 동일 인물이라고 하여 적극적으로 승예·혜예 동일인설을 세우고 이것이 장안 승예에 다름 아니라고 결론했던 것이다.

기원사祇洹寺는 송의 영초永初 원년(420) 혜의慧義(372〜444)를 개산으로 하여 범태范泰가 세웠던 사찰로서 후에는 서역의 명승도 다수 찾아와 머물러 경전을 전역하고 선법을 훈수訓授하는 등 서울에서 의학義學의 일대 중심이었

다.[10] 앞 항에서 본 장안 유학승인 승포僧苞도 남귀南歸한 후 이 사찰에 머물렀는데, 『고승전』의 승포전에

> 그 후 동쪽 서울로 내려갔는데, 때마침 기원사에서 강론을 여는 시기를 만났다. 법도들이 운집하고 선비와 서민들이 강석으로 달려왔다. (중략) 당시 왕홍王弘과 범태范泰가 승포의 논의를 듣고 그 재치 있는 생각에 감탄하여 더불어 말을 나누기를 청하였다. 이에 기원사에 머물면서 많은 경전의 강론을 열고 불법의 교화를 이어나갔다.
> 後東下京師, 正値祇洹寺發講. 法徒雲聚士庶駢席. (중략) 時王弘范泰聞苞論議, 歎其才思, 請與交言, 仍屈住祇洹寺, 開講衆經, 法化相續. (T50, 369b.)

라고 하여 "법도들이 운집하고 선비와 서민들이 강석으로 달려왔다."라고 그 성대한 모습을 서술한다. 똑같이 『고승전』 권3에서는 『잡아비담심론』의 역자 승가발마僧伽跋摩(Saṃghavarman, 중개衆鎧)의 전기를 기록하여

> 기원사의 혜의는 서울에서 마음대로 돌아다니면서 "이상한 것을 바로잡아야 하니, 뜻을 잡는 것이 같지 않구나."라 하고, 직접 승가발마와 논의를 겨루어 엎치락뒤치락 하였다. 승가발마는 종요를 표방하고 법을 드러내며 이치로써 증명함이 분명하고 진실하여 이미 덕에 귀의하는 바가 있었다. 혜의가 마침내 완고함을 돌리고 숙여 추복推服하니, 제자 혜기慧基 등으로 하여금 충심으로 공경하고 섬기도록 하여 계를 받은 비구와 비구니가 수

---

10 『고승전』 권7 석혜의전(T50, 368c). "宋永初元年, 車騎范泰立祇洹寺, 以義德為物宗, 固請經始, 義以泰淸信之至. 因為指授儀則, 時人以義方身子泰比須達. 故祇洹之稱厥號存焉. 後西域名僧多投止此寺, 或傳譯經典, 或訓授禪法."

백 명이나 되었다.

祇洹慧義擅步京邑, 謂為矯異, 執志不同, 親與跋摩拒論翻覆. 跋摩標宗顯法
理證明允. 既德有所歸. 義遂迴剛靡然推服, 令弟子慧基等服膺供事, 僧尼受
者數百許人. (T50, 342b.)

라고 전한다. 이것에 의해 보면 승가발마와 같은 외래승을 영접하여 기원사에
서는 혜의나 그 제자 혜기를 중심으로 아비달마 연구가 성행했던 것을 알
수 있다. 범태范泰가 그 풍조를 걱정하여 「도생·혜관 두 법사에게 보내는
서신」이 『홍명집』에 수록되어 있는데, 거기서 범태는

> 외국의 풍속은 각자 같지 않다. 승가제바僧伽提婆가 처음 왔을 때 혜의·혜
> 관의 무리는 모두 목욕재계하고 깊이 연구하지 않음이 없었다. 그것은 소
> 승의 법뿐이었는데도 도리의 궁극이라 하고 무생無生의 방등方等 경전을
> 모두 마서魔書라 했다. 승가제바가 만년에 경전을 설할 때는 곧 고좌에 올
> 라 설법하지 못하다가 법현法顯이 후에 이르러 『니원경泥洹經』이 처음으로
> 주창되니, 곧 상주常住의 말이 모든 이치 중 최고이며 반야의 종극宗極이
> 모두 그 밑에서 나온 것이라 하였다. 이런 점으로 미루어보면, 이것은 마
> 음에 주체성이 없어서 새로운 말을 들으면 쉽게 바꾸는 것이다. 활쏘기에
> 비유하자면 나중에 쏜 것이 앞의 득점을 뺏으려고 하는 것과 같으니, 즉
> 외국의 율律이 고정된 법이 아님을 알 수 있다.

> 外國風俗還自不同. 提婆始來, 義觀之徒莫不沐浴鑽仰. 此蓋小乘法耳, 便謂
> 理之所極, 謂無生方等之經皆是魔書. 提婆末後說經, 乃不登高座, 法顯後至
> 泥洹始唱, 便謂常住之言眾理之最, 般若宗極皆出其下. 以此推之, 便是無主
> 於內, 有聞輒變. 譬之於射, 後破奪先, 則知外國之律非定法也. (T52, 78b.)

라고 서술한다. 동진東晉 말에 승가제바僧伽提婆(Saṃghadeva, 중천衆天)가 여산에서 『아비담심론』 등을 전역한 이래 혜의나 혜관 등이 소승의 비담을 이치가 극진하다고 하여 깊이 연구하고 무생의 방등 경전(대승 반야경)을 마서라고 칭하며 법현이 『니원경』을 처음으로 주창한 이래 열반 상주의 가르침을 모든 이치 중 최고라고 생각하여 반야의 종극은 모두 그 밑에서 나온 것이라고 했다는 것이다. 따라서 혜의나 혜관으로 대표되는 비담학이나 열반학의 성행에 비해 반야학의 퇴조를 걱정하는 재속 현학자의 심정을 읽을 수 있을 것이다.

혜의는 범태의 사후(428)[11] 기원사에서 오의사로 옮겼는데, 이것을 기화로 오의사에 머물던 승예가 기원사로 옮겼던 것은 아닐까. 혜의와 범태 혹은 그 자제와의 다툼이 이것을 시사한다.[12] 『고승전』의 저자는 혜의가 오의사에서 "혜예와 함께 머물렀다."라고 하며 "후에 기원사에 또 석승예가 있었다."라고 기록하는데, 오오쵸오橫超 박사는 이 '후에'라는 말을 혜의의 입적(444) 이후라고 생각할 필요가 없이 승예(352~436)[13]의 생존 중의 사건이었다고 이해하여 동일인설을 주장했던 것인데, 기원사에서 삼론을 홍선하여 송의 문제文帝(424~453)에게 중시되었다는 기록에서 보아도 만년의 한 시기, 적어도 수년간은 승예가 기원사에 머물러 홍법 활동을 하였다고 볼 수 있을 것이다.

어쨌든 차츰 남지에서 열반이나 비담, 성실의 연구가 성행됨에 따라 범태의 지적에 의하면 반야 삼론학의 연구가 여태껏 한 번도 고조됨을 보지 못했던

---

11 범태의 전기는 『송서宋書』 60, 『남사南史』 33 참조.

12 『고승전』 권7 혜의전에서 "及泰薨, 第三子晏謂義, 昔承厥父之險, 說求園地, 追以為憾. 遂奪而不與. 義秉泰遺疏. 紛紜紜紜, 彰於視聽. 義酉移止烏衣."(T50, 368c)라는 것을 참조.

13 승예가 나집 입관의 해(401)에 지천명(50)이었다("末法中興將始於此乎, 予旣知命逢此眞化")라는 「대품경서」(『출삼장기집』 권8, T55, 53a)의 문장에서 역산하여 출생년을 352년으로 하면 남방에서 혜예가 송의 원가 중에 향년 85세에 죽었다는, 『고승전』에서 말하는 그의 졸년은 원가 10년(436)이 된다.

때에 나집에게 친히 가르침을 받아 삼론 내지 사론에 매우 조예가 깊었던 승예가 건강 의리학의 중추에서 이를 선양했다는 것은 후에 다음 대의 제齊의 때에 이르러 주옹周顒이나 지림智琳으로 대표되는 재속의 현학자나 독실한 삼론 연구자에 의해 그 부흥이 기도되고, 이윽고 승랑을 맞이하여 섭산에 삼론 학파의 성립을 보기까지에 이른 그 초석이 되었다는 의미로서 귀중한 전교였다고 할 수 있을 것이다.

4. 승도僧導 – 삼론三論·성실成實 병습倂習의 선구

1) 승도의 경력과 강서江西 전교

『고승전』에는 승예가 의희義熙 14년(418) 67세에 장안에서 죽었던 것으로 되어 있는데, 앞에서 서술한 것처럼 이때 건강으로 남도했다고 한다면 그것은 의희 13년(417) 후진後秦이 멸망했던 직후이다. 즉 후진은 의희 12년(416) 요흥姚興(393~416 재위)이 죽고 그 아들 요홍姚泓(416~417 재위)이 즉위했는데, 당시 후진은 흉노匈奴의 혁련발발赫連勃勃(407~425 재위)의 침입을 받아 국정은 이미 급속히 쇠진했다. 이 기회에 북벌의 군대를 일으켰던 이가 동진東晉의 장군 유유劉裕이다. 유유는 의희 13년(417) 8월 장안을 점령하고 요홍은 죽어 여기서 후진은 완전히 소멸하기에 이르렀던 것이다. 유유는 장안 북벌로 인해 동진의 안제安帝에 의해 송왕宋王으로 봉해졌는데, 다음 해 4년(418) 12월 안제가 죽고 공제恭帝가 즉위하며 다시 420년에는 이 공제의 선양을 받아 송조를 건국했다. 이것이 유송劉宋의 무제武帝(420~422 재위)이다. 유유는 장군으로서는 봉불奉佛의 동진 조정을 보좌하고 스스로 황제의 자리를 이은 후에도 불교를 보호하는 봉불의 왕이었으므로 유유의 북벌 자체는 장안의 나집 문하에게 괴멸적인 타격이 되지는 않았을 것인데, 유유는 장안 점거 직후에 원정중의 후사를 맡겼던 유목지劉穆之의 부보訃報를 받고 급히 건강으로 되돌아갔다. 당시 감숙甘肅 북부에는 흉노라고 칭해지는 저거몽손沮渠蒙遜(401~432 재위)이 있고, 섬서陝西의 북부에는 전술한 혁련발발, 게다가 산서山西 직례直隷에는 선비鮮卑의 척발拓拔 부족이 북위北魏를 건국하여 장안을 노렸다. 때마침 유유가 건강으로 돌아가는 사이 장안에 머물렀던 유유의 아들 의진義眞을 보좌한 장군들 사이에 내홍이 일어나 그 틈을 타 혁련발발이 장안을 공격하자 진군晉軍은 대패하고 의진은 가까스로 몸을 피하여 장안은 갑자기 이민족의

손에 탈취되었다.[1]

같은 흉노에서도 담무참의『열반경』전역을 지원하고 숭불의 뜻이 두터웠던 북량北凉의 저거몽손과는 달리 혁련발발은 불교를 박해했던 왕으로 유명하다. 당唐 도세道世『법원주림法苑珠林』권98에서는

> 불법이 동방으로 유포된 이래 중국에서는 이미 3번이나 여러 악한 왕 때문에 불법이 훼손되었다. 그 첫 번째는 혁련발발로서 하국夏國이라 하면서 장안을 파괴하고 승려를 만나면 모두 죽였다.
>
> 自佛法東流已來, 震旦已三度爲諸惡王, 廢損佛法. 第一赫連勃勃, 號爲夏國, 被破長安, 遇僧皆殺. (T53, 1012c.)

라고 서술하여 이 왕의 장안 불교도에 대한 박해를 중국사에서 파불破佛의 첫 번째로 간주하는 것이다. 이미 맹주 나집도 없고 외호자外護者인 후진後秦도 멸망하고 잇달은 정정 불안에 더하여 이 흉노의 박해가 결정적인 요인이 되어 장안의 나집 문하는 일거에 흩어졌다고 생각된다. 승예를 필두로 나집 문하의 주인공이었던 승려들이 혹은 시골로 혹은 남하하여 강남으로 건너갔던 것은 혁련의 장안 점거에 의한 박해의 전후이며, 의희義熙 14년(418)은 바로 그러한 공포와 동란의 와중에 있었던 해이다.

이 나집 문도의 장안 탈출 때 유유의 아들 의진을 받들고 제자 수백 인을 인솔하여 남도했던 이가 같은 나집 문하의 장로로서 승예에게도 사사했던 적이 있는 승도僧導였다. 츠카모토젠류우塚本善隆 박사는 첫째 아들 의진을

1   岡崎文夫,『魏晉南北朝通史』(1932년, 東京, 弘文堂) 제2장 제5절 '東晉の滅亡' pp.228～229, 제3장 제1절 '劉宋の全盛期' pp.222～234 참조.

통한 유유(송 무제)와의 관계에서 승도를 나집계 장안 불교의 남방 이식이라는 대사업의 최대 공로자라고 간주한다.[2] 그래서 『고승전』권7 석승도전[3]에 의해 잠깐 그간의 사정을 살펴보고자 한다.

승도는 경조京兆(섬서성陝西省 서안시西安市 북서) 출신으로 승조와 같이 북지인北地人이다. 10세에 출가하여 스승에게서 『법화경』1부를 받아 '주야간심晝夜看尋'하여 거의 문의文義를 이해했다고 한다. 18세 때 승예를 만나 "그대는 불법에서 무엇을 원하고자 하는가?"라고 하자 "법사法師가 되어 도강都講[4] 하기를 원합니다."라고 답하여, 승예에게 "그대는 바로 만인의 법왕이 될 것이다."라고 격려를 받는다. 아마 이 승예와의 만남이 기연이 되어 연소자이면서 도안 만년의 역장에도 참여하고,[5] 후에 후진왕 요흥에게도 벗으로서 아낌을 받아 나집 입관과 함께 그 번역 사업에 참여했을 것이다. 『고승전』은 그간의 사정을

> 요흥은 그의 덕업을 흠모하여 벗으로서 아꼈다. 절에 들어오면 찾아가서 가마를 타고 함께 궁전으로 돌아갔다. 구마라집이 경론을 번역해내려 하자 함께 논의에 참여하여 자세하게 내용을 바로잡았다. 승도는 이미 본래

---

2   塚本善隆,「水經注の壽春·道公寺について-劉裕(宋, 武帝)と長安鳩摩羅什系の佛敎-」(『福井博士頌壽記念東洋思想論集』, 1960년, pp.384~397).

3   『고승전』권7 석승도전(T50, 371a~c).

4   ㉮ 도강都講 : 강경講經할 때 한 사람은 경을 읊고(唱經) 한 사람은 경을 해석하는데, 여기서 경을 읊는 이를 도강이라 하고 해석하는 이를 법사라고 한다.

5   『출삼장기집』권9,「사아함모초서四阿鋡暮抄序」제10에서 "余以壬午之歲(382)八月, 東省先師寺廟, 於鄴寺令鳩摩羅佛提執胡本, 佛念佛護為譯, 僧導曇究僧叡筆受, 至冬十一月乃訖. 此歲夏出阿毘曇, 冬出此經, 一年之中, 具二藏也. 深以自幸, 但恨八九之年始遇斯經, 恐韋編未絕, 不終其業耳."(T55, 64c)라는 승도와 동일인일 것이다. 『승우록僧祐錄』(=『출삼장기집』)에서는 본서本序가 작자 미상이라고 되어 있지만, 382년 72세(八九之年)라 하는 나이와 동쪽으로 선사先師(불도징佛圖澄)의 사묘寺廟를 살폈다고 하는 점에서 도안道安이다.

부터 풍채가 좋아 관중의 성대한 모임을 담당했다.

姚興欽其德業, 友而愛焉. 入寺相造, 迺同輦還宮. 及什公譯出經論, 並參議詳定. 導既素有風神, 又值關中盛集.

라고 전한다. 이때 승예는 50세, 승도는 아마 30대 말 정도였다고 생각된다.[6] 다시 『고승전』에서는 나집 문하에서 승도의 업적에 대해

이에 많은 경전을 계획하고 널리 진제와 속제의 이치를 캐내었으니, 곧 성실과 삼론의 의소義疏와 『공유이제론空有二諦論』 등을 지었다.

於是謀猷眾典博採真俗, 迺著成實三論義疏及空有二諦論等.

라고 서술한다. 『중론』·『백론』·『십이문론』을 총괄하여 '삼론'이라 칭하게 되었던 것이 승도의 『삼론의소』에서 비롯한다고 하는 것은 후세의 속설인데, 현존하지는 않더라도 승도가 『삼론의소』(중·백·십이의 삼론 각각의 의소라는 의미인 듯)를 저술하고 거기에 『공유이제론』의 저술까지 했다는 사실은 나집 문하에서 삼론 연구자로서의 승도의 지위가 확고한 것이었음을 엿볼 수 있게 한다. 게다가 남조 유송의 창업자 유유와의 결합은 후에 남지에서 승도의 홍법 활동을 결정적인 것으로 자리 잡게 하였다. 혜엄慧嚴[7]을 매개로 하는 유유와 승도와의 인연은 앞서 서술했던 츠카모토塚本의 논문에 상세하므

6   승도는 『고승전』에 의하면 96세에 수춘壽春의 석간사石礀寺에서 졸한다(371c). 츠카모토塚本 박사는 그의 졸년을 송 효무제(453~464 재위)의 효건孝建(454~456) 초 이후라고 한다(塚本, 앞의 책, p.385). 또 우이宇井 박사는 승도의 생몰 연대를 <362~457>이라고 추정한다(宇井, 『支那佛敎史』, p.37). 탕용통湯用彤 교수는 나집 입관의 후진 홍시 3년(401) 승도가 약 37세였다고 본다(湯用彤, 『漢魏兩晉南北朝佛敎史』 下冊, p.300).

7   여산 문하의 석혜엄으로 그 전기는 『고승전』 권7(T50, 367b~368a). 또 앞 항목 '혜원교단과 장안 고삼론의古三論義' 주 21번 참조.

로 생략하지만, 북벌 후 급거 건강으로 돌아갔던 유유의 유수留守 중 혁련발발이 인솔한 흉노군에게 장안이 점거되자 그의 아들 계양공桂陽公 의진義眞을 의탁했던 승도는 제자 수백 인과 함께 관남關南에서 장안을 탈출하려 하여 혁련의 장병의 추격을 받았다. 그때 승도는

> 유공이 그의 아들을 빈도에게 맡겼으니, 지금 죽음으로써 그를 전송하려 한다. 반드시 잡지도 못할 것이니, 번거롭게 추격하지 않도록 하라.
> 劉公以此子, 見託貧道, 今當以死送之. 會不可得, 不煩相追.

라고 추격하는 기병들에게 말했다고 한다. 장병들은 그 신기神氣에 놀라 칼날을 되돌려 돌아갔다. 그래서 의진은 목숨을 구할 수 있었는데, 『고승전』의 저자는 이것을 "아마도 승도의 힘에 말미암은 것"이라 평하고, 이것에 감격했던 무제는 일족의 내외를 다하여 승도를 스승으로 삼았다. 후에 무제는 수춘壽春에 동산사東山寺를 건립하여 승도를 모셨는데, "항상 경론을 강설하여 수업하는 이들이 천여 명이었다."라고 한다. 또 장안의 불교도로서 승도를 의지하여 남하했던 자도 많았던 것은

> 오랑캐들이 갑자기 불법을 멸하는 일을 만나 사문들이 난을 피해 이곳에 투신하는 사람이 수백 명이어서 모두에게 옷과 음식을 주었으며, 오랑캐에게 죽음을 당한 자들이 있어 모두 자리를 만들어 행향行香하고 그들을 위해 눈물을 흘리며 애통해 하였다.
> 會虜俄滅佛法, 沙門避難投之者數百, 悉給衣食, 其有死於虜者, 皆設會行香, 為之流涕哀慟.

라고 서술하는 것에서도 분명하다. 이리하여 수춘의 승도의 회하에는 장안에서 온 많은 승려가 기숙하여 마치 집단 이주와 같은 느낌을 보이기에 이르렀다. 당시 승도의 교화가 성행했던 것에 관해『고승전』권13의 석법원釋法願의 전기[8]에도 "이때 사문 승도가 강서江西에서 독보적이었다."라고 한다. 다시 효무제(453~464)의 즉위와 함께 칙령에 의해 건강建康 중흥사中興寺에도 머물렀는데, 만년에는 수춘으로 돌아와 96세에 석간사石礀寺에서 죽었다.

이상이『고승전』에서 전하는 승도의 약전인데, 승도는 장년기에 나집에게 사사하고 저술까지도 알려진 것처럼 성실이나 삼론이라는 나집 전역 후기의 논서에 밝았으며 이들 논서를 중심으로 장안 불교를 남방에 전했던 인물로서, 츠카모토塚本 박사는, 송宋 문제文帝의 원가元嘉(424~453) 기간에 불교 흥륭의 한 흐름이 되었고 게다가 제·양의 '성실'이나 이른바 '삼론'의 교학 연구의 융성을 도출한 원류이기도 했던 것[9]이라고 하여 그 업적을 높이 평가하며 장안 삼론의 강남 전파의 최대 경로로 간주한다. 아마 승도는 성실·삼론 연구에서의 그 경력으로 말하거나 남조 유송의 절대적 신뢰와 비호하에 발전했던 수춘 동산사에서의 그 교단의 규모에서 말해도 장안 나집 불교의 유송에서의 최대 홍선자였던 것은 의심할 여지가 없다. 그러나 동시에 승도에 의해『성실론』과 삼론이 병습된다는 풍조가 확립되고 이것이 나아가서는 제·양대의 성실 연구의 압도적인 융성을 초래하는 먼 원인이 된다는 점도 확실하다. 따라서 탕용통湯用彤 교수처럼,[10] 똑같이 나집으로부터『성실론』을 받아 제주除州(팽성彭城) 백탑사白塔寺에 머물러 홍법하면서 제자로 승연僧淵이 있어서

---

8   『고승전』권13, 석법원전(T50, 417a).

9   塚本善隆, 앞의 책, p.385.

10   湯用彤, 앞의 책, 下册, '成實論師'의 항, p.721 참조.

그 승연 문하에서 다수의 성실 학자를 배출했던 승숭僧嵩의 계통[11]을 '팽성계 성실 학파'라고 칭하는 것에 대해 이 수춘 동산사에서의 승도의 학계를 '수춘 계 성실 학파'라고 칭하는 학자도 있을 정도로, 그의 문하에서는 많은 성실 학자를 배출하는 것이다. 그래서 이 학계는 차라리 성실 학파로 간주되기는 해도, 길장 일파의 섭산 삼론 학파의 일문一門에서는 일찍이 한번도 삼론의 학계로 간주된 적은 없었다.

2) 수춘계壽春系 성실 학파

시험 삼아 그 문하의 주된 인물에 대해 그 업적을 고찰해보면

(1) 승위僧威·승음僧音

『고승전』 권7 승도전에

> 승도에게는 제자 승위, 승음 등이 있었는데, 모두 『성실론』을 잘했다.
> 導有弟子僧威僧音等, 並善成實. (T50, 371c.)

라는 승위와 승음이 우선 거론되는데, 모두 성실을 잘했다고 혜교는 전한다. 승위와 승음에 대해서는 이외에 기록이 없다.

(2) 담제曇濟

『명승전名僧傳』 제16에서 전하는 담제도 승도의 제자이다. 즉

---

11 『위서석로지魏書釋老志』 46, "十九年四月, 帝幸徐州白塔寺, 願謂諸王及侍官曰, 此寺近有名僧嵩法師, 受成 實論於羅什, 在此流通後授淵法師."라는 것을 참조. 또 『고승전』 권8, 석승연전에 "(僧淵) 從僧嵩受成實 論毘曇."(T50, 375a)라 한다.

담제는 하동河東 사람이다. 13세에 출가하여 승도 법사의 제자가 되어 수양壽陽 팔공산八公山 동사東寺에 머물렀다. (중략)『성실론』과『열반경』을 읽었다. (중략) 이를 스스로 즐거워하였다.

曇濟河東人也. 十三出家, 為導法師弟子, 住壽陽八公山東寺. (중략) 讀成實論涅槃. (중략) 以此自娛. (X77, 354c.)

라고 하니, 승도의 제자가 되어 수양 팔공산 동사(수춘壽春 동산사東山寺)에 살며『성실론』과『열반경』을 배워 이름을 드러내었던 사람이다. 송宋의 대명大明 2년(458) 강남으로 건너가 건강 중흥사에 머물렀고, 후에『칠종론七宗論』을 저술하여 중국 불교에서 반야공의般若空義에 관한 제설을 종합·분석하고 비평을 가했던 것은 유명하다.

(3) 도맹道猛(411~475)

『고승전』 권7 도맹전에서

본래 서량주西涼州 사람이다. 어릴 때부터 연燕·조趙 지방을 두루 떠돌아 풍속과 교화를 모두 구경한 후 수춘에 머물렀다. 정력을 쏟아 부지런히 배우니, 삼장과 9부의 대·소승과 비담, 성실 등에 모두 생각이 깊고 미세한 경지에까지 들어가 거울 같이 투철하게 비추어 보지 못하는 것이 없었으며, 특히『성실론』하나만은 가장 독보적이었다. 이에 크게 강서 지방을 교화하니 학인들이 줄을 이루었다.

本西涼州人. 少而遊歷燕趙, 備矚風化, 後停止壽春. 力精勤學, 三藏九部大小數論, 皆思入淵微無不鏡徹, 而成實一部最為獨步. 於是大化江西學人成列. (T50, 374a.)

라고 한다. 여기서 승도의 제자인 것은 명기되어 있지 않지만 수춘에 머물면서
『성실론』으로 독보적이었다고 하며 이것으로 크게 강서(수춘)를 교화했다는
것에서 그의 배움이 승도를 계승한 것이었음은 분명하다. 후에 원가 26년(449)
건강으로 들어가 동안사東安寺에 머물러 강석을 열었다. 송의 태종太宗(명제明
帝, 465~472 재위)은 또 상동왕湘東王이라고 칭했을 때부터 도맹을 존숭하여,
즉위하자마자 다시 예의와 대접을 더하여 돈 30만 관을 하사한다. 태시太始(泰
始) 초(465)에 절을 건립, 도맹을 개산으로 삼고 칙령으로 성실을 개강하게
하였다. 이것이 건강 흥황사興皇寺의 개창이다.[12] 이후 흥황사는 남조 성실
연구의 일대 중심지가 되었고, 도맹 문하에서 다수의 저명한 성실 학자가
배출되었던 것이다.[13]

이렇게 보면 승도의 남지 홍법의 당초 의도는 어디까지나 장안 나집 교학을
대표하는 논서의 충실한 전교에 있었던 것일 텐데, 삼론·성실의 병습은 결과
적으로는 삼론보다도 성실 연구의 유행을 초래하는 것이 되었다. 그러나 그
수는 성실 연구자에게는 비교되지도 않지만 승도 문하에 삼론 연구자로서
저명했던 자도 전혀 없지는 않다. 그 한 사람이 승종僧鍾이다.

---

12 『고승전』 권7 석도맹전(T50, 374a). "宋太宗爲湘東王時, 深相崇薦. 及登祚倍加禮接. 賜錢三十萬. 以供資
待. 太始之初帝寺于建陽門外, 勅猛爲綱領. 帝曰, 夫人能弘道道藉人弘. 今得法師非直道益蒼生, 亦有光於
世望, 可目寺爲興皇. 由是成號. 及創造功畢, 勅猛於寺開講成實. 序題之日帝親臨幸, 公卿皆集. 四遠學賓負
帙齊至. (후략)"

13 위의 곳, "後有道堅道慧惠敷僧訓道明, 並止興皇寺, 義學之譽抑亦次焉."(374a)라 하여 도견道堅, 혜란惠
鸞, 혜부惠敷, 승훈僧訓, 도명道明이 흥황사에서 저명하며, 또 『고승전』 권8에 기재된 도혜道慧(451~
481)전傳(T50, 375b~c)에서는 "後受業於猛斌二法師."라고 하여 역시 도맹에게서 성실을 받는다.
『속고승전』 권5 지흔智欣(446~506)전傳(T50, 460c)에서, "從東安寺道猛聽成實論."라 하고, 같은 곳
권5 법총法寵(451~524)전傳(T50, 461a~c)에 "其後出都, 住興皇寺, 又從道猛曇濟學成實論."라고 하여
양대의 지흔, 법총이라는 성실 학자도 또한 도맹에게 수업한다.

(4) 승종僧鍾(430~489)

『고승전』권8의 승종전에

> 노군魯郡 사람이다. 열여섯 살에 출가하여 가난하게 살면서 도를 실천하다
> 가 수춘에 이르렀는데, 승도 법사가 그를 보고 기특하게 여겼다. 초군譙郡
> 의 왕업王鄴이 그의 지조를 존중하여 네 가지 공양물을 공급하고, 후에 초
> 청하여『백론』을 강의하게 하였다. 승도 법사가 그곳에 가서 강의를 듣고
> 는 곧 사람들에게 "후학이 두렵다는 말이 진실로 빈 말이 아니다."라고 했
> 다. 승종은 미묘하게『성실론』, 삼론,『열반경』,『십지론』등에 빼어났다.
> 그 후 남쪽 서울에서 유학하다가 중흥사에 머물렀다.
> 魯郡人. 十六出家, 居貧履道, 嘗至壽春, 導公見而奇之 譙郡王鄴重其志操,
> 供以四事, 後請講百論. 導往聽之, 迺謂人曰, 後生可畏真不虛矣. 鍾妙善成
> 實三論涅槃十地等. 後南遊京邑止于中興寺. (후략) (T50, 375c.)

라고 한다. 승종도 또한 수춘에 이르러 승도에게 수업했는데,『백론』을 강의하
여 승도로 하여금 "후학이 두렵다는 말이 진실로 빈 말이 아니다."라고 감탄하
게 했다는 것이다.『고승전』에서도 분명히 성실·삼론·열반·십지를 잘했다
고 전한다. 각종 경론의 겸학은 당시 매우 일반적인 풍조였는데, 승종에게
틀림없이 성실·삼론의 병습이 전승된다.

(5) 승장僧莊

학자들에 의해 주목된 적이 없지만 승도의 제자로 승장이 있어서『중론문구
中論文句』의 저술이 있었다고 전해진다. 이것은 길장이『중관론소』권1에서

『중론』의 과단에 관해 북토北土 삼론사의 설을 소개했던 조목으로,[14] 이것에 주석했던 안징安澄은, 일설로서 유서類書[15]인 『술의述義』(자세하게는 『중관론소술의中觀論疏述義』인 듯, 작자 미상)에서는 승장 『중론문구』의 설이라 간주한다고 하여 다음과 같이 소개한다. 즉 안징은

> 『술의』에서 『고승전』 제7권을 인용하여 "석승도는 서울 장안 사람이며 10살에 출가하였다. 다방면에서 읽은 것이 더욱 많아졌다. 기운의 근간이 씩씩하고 용감하며 신묘한 기틀이 빼어나게 드러났다. 이에 삼론과 『성실론』에 대한 의소義疏 그리고 『공유이제론』 등을 저술하였다."라고 했고 어떤 사람의 설을 내어 "이것은 승장 법사의 뜻이기 때문이다."라고 했는데, 『고승전』 제7권에서 "형주荊州의 상명사上明寺에 있던 석승장도 『열반경』과 비담, 성실 등의 종요에 빼어났다."는 것이 이것이다. 단지 이 승장 법사는 승도의 뜻을 서술하였을 따름이다.
> 述義引高僧傳第五(七)卷云, 釋僧導京兆人, 十歲出家. 博學轉多, 氣幹雄勇, 神機秀發, 乃著三論成實論義疏及空有二諦論等. 出有人說云, 此莊法師義故. 高僧傳第五(七)云, 荊州上明有釋僧莊者, 亦善涅槃及數論等宗, 是也. 但此師述僧導義耳.

라 하고, 이하에 이어서 『중론문구』 상권의 한 구절을 인용한다. 즉

---

14   길장, 『중관론소』 권1본(T42, 7c). "二者北立(土)三論師明, 此論文有四卷, 大明三章. 初有四偈, 標論大宗 第二從破四緣以下, 竟邪見品, 破執顯宗. 第三最後一偈推功歸佛. 以初攝初, 故四偈標宗在於初品. 以後攝後, 故最後一偈推功歸佛在後品也."

15   ㉦ 유서類書: 같은 주제의 내용에 해당하는 원문을 초록하여 배열한 책.

장莊 법사가 지은 『중론문구』 상권에서 말한다. "처음부터 끝까지 크게 3단락이 된다. 첫째, 팔불八不을 표방하여 이제二諦와 중도中道를 밝히는 것을 논종論宗으로 삼으니, 표종분標宗分이라고 한다. 둘째, 4연을 논파하는 것으로부터 이하에서는 품을 세워 종요를 밝히는 것으로 파사현정하여 대소 이승의 관행을 구별하니, 석종분釋宗分이라 한다. 셋째, 한 게송으로 불덕佛德을 칭탄稱歎하여 계수례稽首禮로 삼으니, 결종분結宗分이라 한다." 3단락으로 나누는 까닭은 불타가 세상을 떠난 후 상법과 말법의 둔근이 성스러운 경전을 살펴보아도 각기 성립한 견해에 집착하였다. 이리하여 논주는 논을 지어 파사현정하고자 하였다. 그러므로 먼저 종요를 세워 크게 밝히고 극진히 표방하였다. 만약 먼저 현종玄宗을 주창하지 않으면 나중에 문답에서 기탁할 바가 없다. 그러므로 먼저 그 종지를 표방하니, 종지가 이미 밝혀진 연후에 자세히 뭇 경전을 인용하여 그 집착을 논파하는 것이다. 중도를 현시하여 견해를 논파함이 이미 갖추어지면 곧 대성大聖의 공덕으로 미루어 자기의 능력이 아님을 드러내는 것이다. 「인연품」은 27품의 처음으로 종요를 표방하여 바로 이 논의 첫머리가 된다. 첫머리로 첫머리를 포섭하므로 논의 종요는 「인연품」의 첫머리에 기탁한다. 「사견품」은 모든 품의 마지막으로 불타의 공덕으로 미루어 칭탄하여 논을 지은 끝으로 돌아간다. 끝으로 끝을 포섭하므로 공덕을 미루는 것은 「사견품」의 끝에 둔다.

莊法師所造中論文句上卷云, 自殆訖終, 大爲三段. 第一標八不, 明二諦中道, 以爲論宗, 謂標宗分. 第二從破四緣, 以下立品明宗, 破邪顯正, 辨於大小二乘觀行, 謂釋宗分. 第三一偈稱歎佛德, 以稽首禮, 謂結宗分. 所以分爲三段者, 佛去世後, 像末鈍根雖尋聖典各執成見. 是以論主將欲造論破邪顯正. 故先立宗, 大明標極. 若先不唱玄宗, 而後問答卽無所寄. 是故先標於其宗旨, 宗旨旣明, 然後廣引衆經破其所執. 顯示中道, 破見旣周, 卽推功大聖, 顯非己能也. 因緣是二十七品之初標宗, 正是爲一論之首. 以初攝初, 故論宗寄在

因緣之首也. 邪見是諸品之末, 推功稱歎, 歸造論之終. 以後攝後, 故推功居
在邪見之末也. (T65, 20a〜b.)

라고 서술한다. 길장이 말하는 '북토 삼론사'가 구체적으로 누구인지에 대해서
는 후술하겠지만, 여기서 분명히 『중론』의 과문에 관해 승장의 『중론문구』
상권의 한 구절이 장문에 걸쳐 인용되며, 안징 혹은 『술의』의 작자는 승장의
『중론』의 주소가 승도의 뜻을 서술하는 것에 지나지 않는다라고 말한다.
　승장에 대해서는 앞에 기술한 인용문에 있는 것처럼 『고승전』 권7에 있는
석승철釋僧徹(383〜452)의 전기에

　　당시 형주의 상명사에 있던 승장도 열반과 비담·성실에 빼어났다. 송의
　　효무제 초기에 서울에 내려오라는 칙명을 받았으나 병을 핑계로 가지 않
　　았다.
　　時荊州上明有釋僧莊者, 亦善涅槃及數論. 宋孝武初被勅, 下都, 稱疾不赴.
　　(T50, 370c.)

라는 것이 유일한 자료로서 이외에 별전別傳은 알려져 있지 않다. 『중론문구』
의 저자인 **장법사莊法師**가 과연 안징이나 『술의』에서 말하는 것처럼 이 **승장僧
莊**인지는 다음 장의 '북토 삼론사'의 고찰 때 새롭게 검토를 덧붙이겠지만,
지금은 승도 문하의 승장이 스승의 뜻을 서술하여 『중론』의 주소를 지었다는
남도의 전승을 소개하는 것에 그치고자 한다. 승장의 전기가 부가되어 있는
승철僧徹은 여산 혜원의 제자로 24세 때 혜원의 명에 의해 『소품반야』를 강의
하여

자리에 오르자 글의 뜻을 분명하게 분석하여 듣는 사람이 그 예봉을 꺾을
길이 없었다.

及登座, 詞旨明析, 聽者無以折其鋒.

라고 전해지므로『소품반야』를 잘했다고 생각된다. 혜원이 죽은 후 형주荊州
에 유학하여 오층사五層寺에 머물러 있었으므로 승장과 사자師資 관계에 있었
을지도 모른다. 승도와 승장의 사자 관계도 반드시 확실하지는 않지만『술의』
의 저자가『중론문구』라는 저술을 명시하고 이것이 승도의 설과 동일하다고
하는 것이나『고승전』의 저자도 열반·비담·성실을 잘했다라고 전하는 점
등에서 미루어 승도의 학계에 연결되는 한 사람이며, 또 그 학풍이 가장 승도
에 가까운 한 사람이었다고 할 수 있을 것이다.

  이상 승도의 제자라고 생각되는 사람들을 들어 삼론·성실의 병습이라는
학풍의 일단을 살폈는데, 승장의 저작에서도 알 수 있듯이 승도의 삼론 홍선의
형적을 충분히 짐작할 수 있다고 해도 이미 보았듯이 서울 건강을 중심으로
하는 남조 의학義學의 추세는『열반경』을 별도로 한다면 압도적으로 비담
즉 아비달마 연구에 기울어 있었다.『성실론』의 유행은 이 아비달마 연구의
시류에 합치하는 것이었다. 따라서 나집 교학의 전교자로서 승도의 의지와는
별도로 삼론·성실의 병습이라는 학풍은 도리어『성실론』의 연구만을 성행하
게 하여 송·제대 이래의 강남 불교계의 대세를 결정하기까지에 이르렀다.
그러한 의미에서 승도의 남방 홍법은 그 최대한의 규모로 나집 교학을 남지
불교계에 가져 왔지만 순수한 강남 삼론학의 형성에서 볼 때 그 공과 죄가
절반이었다고 할 수 있을 것이다.

/ 제3장 /
삼론 교학 성립사에서의 여러 문제

제1절 송·제대 반야 삼론 연구의 동향

1. 서

수춘 동산사의 승도 문하에서 성실·삼론을 잘하고 승도의 학풍을 매우 충실히 계승했던 한 사람인 승종僧鍾(430~489)이 건강 중흥사에서 죽었던 것은 제齊의 영명永明 7년(489)이다. 후술하듯이 후에 강남 삼론 학파 성립의 거점이 되었던 섭산攝山 서하사棲霞寺의 개창이 이 영명 7년이다. 즉 승랑僧朗을 시조로 하는 강남 삼론 학파의 성립은 제말 양초齊末梁初에 걸쳐 섭산을 중심으로 하여 조금씩 시동을 개시하였는데, 양대는 또한 성실 연구의 전성기로서 삼론 연구가 명실 공히 성실을 능가하고 남지에서 하나의 커다란 사조가 된 것은 다시 내려가 진陳·수隋대가 되어서부터이다. 따라서 남사南史, 요컨대 송의 영초永初 원년(420)에서 진의 정명禎明 2년(588)에 이르는 송·제·양·진 4대 170년간, 특히 그 전반기인 송(420~479)·제(479~502)의 시대는 말하자면 삼론 연구사 상의 암흑 시대라고도 칭해야 할 시기였다. 그러나 무엇보다 송나라

초에는 승예·승도·도생 등으로 대표되는 나집 직전直傳의 제자들이 아직 살아 있었고 그들을 통해 장안의 삼론학은 남지로 전교되었던 것이며 또 그들이 죽은 후에도 그 제자들에 의해 비담이나 열반·성실이라고 했던 여러 경론의 연구와 병행되어 그 전교가 반드시 끊어진 것이 아니라 이어졌다고 보아야 한다. 이러한 역사의 저류가 후에 섭산 삼론의 성립을 재촉하는 계기로도 되었던 것이다. 『고승전』에는 이러한 반야 삼론 연구의 단편적인 성과와 학적 경향의 유무에 대한 보고가 조금밖에는 전해지지 않지만 이러한 기록에 기초하여 이하 송·제대 삼론 연구의 동향을 총괄해본다.

2. 반야 삼론학의 성과

우선 반야·삼론 연구의 성과로 보아야 할 것은 전술했던 승도의 『삼론의소』, 도생의 『이제론』, 담제의 『칠종론』, 담무성의 『실상론』, 승장의 『중론문구』 등 이외에, 법요의 『대품의소』와 혜통의 『대품의소』의 두 가지가 있다.

1) 법요法瑤 『대품의소大品義疏』

법요는 『고승전』 권7에 그 전기가 있는데, 하동河東(산서성山西省 서부) 출신으로 원가元嘉 중(424~453)에 양자강을 건너 오흥吳興(절강성浙江省 북부) 무강武康(산) 소산사小山寺에서 19년을 머물러 강설하여 "삼오三吳의 학자들이 책보따리를 지고 거리를 메웠다."라고 칭해지며 『열반경』, 『법화경』, 『대품경』, 『승만경』 등의 의소를 저술했던 사람이다. 대명大明 6년(462) 칙명에 의해 서울로

---

1   『고승전』 권7(T50, 374b~c). 단, 현존 장경에는 '석법진釋法珍'으로 기재되어 있는데, 3본본 및 궁내성본宮內省本에도 법요法瑤로 되어 있다. 역시 이 점에 대해서는 제4절 '북토 삼론사'를 아울러 참조할 것.

올라가 도유道猷(攸)[2]와 같이 신안사新安寺에 머무르다가 송 원휘元徽 중(473~476) 76세로 죽었다. 법요는 길장에 의해 '북토 삼론사'라 칭해졌던 인물이라고 생각되며 『중론』에 대해서도 주석을 썼다고 생각되는데, 이 점에 대해서는 제4절 '북토 삼론사'의 항목에서 상론한다. 『열반경』이나 『승만경』의 학자로서 특히 남지에서는 저명했던 사람으로 길장 저작에서도 자주 인용된다. 아마 법요의 『대품의소』에서의 인용이라고 생각되는 것으로서, 길장의 『대품경유의大品經遊意』에서 5중重의 '반야의 종체宗體를 변론하는 두 번째인 '종체를 밝힘(明宗)'에 관한 설이 있다. 즉

> 종체를 변론함에는 3가家가 있다. 첫째, 신안사新安寺 요耀 법사가 말한다. 경境과 지智를 종체로 삼는다. 왜냐하면 경이 아니면 지가 생길 수 없고, 지가 아니면 경이 드러날 수 없기 때문이다. (중략) 그러므로 경과 지를 합하여 경經의 종체로 삼는다.
>
> 辨宗有三家. 第一新安耀法師云, 以境智爲宗. 何者, 非境無以生智, 非智無以顯境. (중략) 故以境智, 合爲經宗也. (T33, 65c.)

라고 한다. 신안사의 **요耀** 법사란 신안사의 **요瑤** 법사의 오식일 것이다. 신안사는 법요가 주지이며 그 외에 요耀라 불리는 저명한 승려로 신안사에 머물렀던 자는 있지 않다. 현존 장경에서는 법요의 요瑤가 자주 진珍·심深(탐探·침琛)과 같이 오전誤傳된다.[3]

---

2 『고승전』 권7 석도유전(T50, 374c).

3 길장, 『열반경유의涅槃經遊意』에서 '열반'의 유번有翻과 무번無翻에 관해 무번의 4설을 거론한 제2로 "第二瑤師亦云無翻. 彼師序云, 稱包衆理名冠衆義, 一名之中有無量名, 楚音無以譯其稱, 晉言無以代其號者, 故不可翻"(T38, 233b)이라고 한다. 우이하쿠쥬宇井伯壽 박사는 『대승현론大乘玄論』의 번역에서 『열반경유의』의 이 요사瑤師는 아마 법요法要일 것이라고 한다(『國譯一切經』 和漢撰述44 '諸宗部'1,

2) 혜통慧通『대품의소』

혜통의 전기는 똑같이 권7⁴에 있는데, 패국沛國(강소성江蘇省 패현沛縣) 사람으로 치성사治城寺에 머물렀다. "주미麈尾를 한 번 흔들 때마다 높은 이들이 탄 가마가 거리를 메웠다."라고 하여 강설이 성황이었던 것을 알 수 있다. 후에 명제明帝(465~472 재위)의 중서령中書令이 되었던 현학자 원찬袁粲⁵의 사우師友가 되어 공경을 받다가 원찬이 『거안론蜑顔論』을 저술했을 때 혜통에게 교시를 구한다. 『대품』, 『승만』, 『잡심』, 『비담』 등의 의소를 저술하고 또 『박이하론駁夷夏論』, 『현증론顯證論』, 『법성론法性論』 및 『효상기爻象記』 등의 저술이 있다. 이 중 고도사顧道士의 『이하론夷夏論』을 반박했던 『박이하론』이 『홍명집』에 수록되어 있다.⁶ 송의 승명昇明(477~478) 중 63세로 죽었다.

3.『반야경』의 강설자

이외에 『대소품반야경』을 강설하여 저명했던 자로 이미 서술했던 혜엄慧嚴, 담무성曇無成, 각세覺世 등이 있고, 그 밖에 송대에는 오吳의 호구사虎丘寺 담제曇諦⁷가 "법화·대품·유마를 강설한 것이 각각 15번이다."라고 하며, 하원사何園寺 혜량慧亮⁸도 임치臨淄(산동성山東省 임치현)에 있었을 때 "법화, 대소품, 십지 등을 강설하자 학도가 운집했다."라고 칭해졌다. 이 혜량의 스승이 동아

---

p.181, 주 141번). 침琛에 대해서는 본 장 제4절 '북토 삼론사'의 항 참조

4   『고승전』 권7 석혜통전(T50, 374c~375a).

5   원찬의 전기는 『송서宋書』 89, 『남사南史』 26에 있으며, 명제 때 중서령, 순제順帝 때 중서감中書監이 되었다. 제齊의 고제高帝를 조당祖堂에서 공격하려고 도모하다가 실패하여 죽었다.

6   혜통, 『박고도사이하론駁顧道士夷夏論』(『홍명집』 권7, T52, 45b).

7   『고승전』 권7 석담제전(T50, 370c~371a).

8   위의 곳, 석혜량전(T50, 373b).

東阿(산동성)의 혜정慧靜[9]으로 "어려서 이수伊水와 낙수洛水 사이에서 유학하고, 만년에 서곤徐袞을 유력했다."라고 말해지므로 소장小壯 때에는 낙양洛陽 부근에서 유학하고 만년에 서주徐州·곤주袞州를 유력했다고 생각된다. "법륜을 굴릴 때마다 책을 지고 찾아오는 자가 천 명이었다."라고 말해지고, "법화와 소품을 암송하며, 유마와 사익에 주석했다."라고 전해진다. 저서에 『열반약기涅槃略記』, **『대품지귀大品旨歸』**, 『달명론達命論』 및 여러 법사의 뇌사誄詞[10]가 있으며, 송의 원가(424~453) 중에 죽었다. 혜정의 사승師承은 명확하지 않지만 그 취급하는 경전이 나집에 의해 전해진 것이 많은 점에서 보면 장안 나집 문하의 계보에 연결되는 사람일 것이다. 단, 혜정의 저술은 많이 북토에서 유전되고 강남에 전해진 것이 없었다고 혜교가 전하며 그 자신도 남도했던 적이 없었다고 생각되므로 『대품지귀』의 저술이 있음에도 불구하고 남지의 반야 삼론학의 성과로서 꼽히지는 않았다. 그러나 제자로 하원사何園寺 혜량慧亮이 있고, 또 전술한 법요法瑤도 북지에 있을 때 혜정에게 수학하므로[11] 역으로 남지에서 혜량이나 법요의 『반야경』에 관한 성과나 그 교양은 혜정을 통해 관중 나집 교학에 이어져 있는 것을 알 수 있으며 그런 의미에서 중요한 사람이다. 또 남지 삼론 학파의 시조 승랑은 산동성에서 남도했던 사람으로, 산동에 장안의 반야·삼론학이 전해지고 그 전통이 꽤 후대에까지 미쳤던 흔적을 시사하는 것으로서 주목된다.

다음으로 제대齊代의 『반야경』 강설자로서 이름 있는 자로 당초 건강에서 "열반·법화·유마·**대품**을 강설하고 아울러 은미한 곳에까지 탐색하며 생각을

---

9   위의 곳, 석혜정전(T50, 369b).

10   ㉥ 뇌사誄詞: 죽은 사람이 생전에 이루었던 업적이나 공덕을 기리며 애도의 뜻을 표하는 말이다.

11   위의 곳, 석법요전에 "後聽東阿靜公講, 衆屢請覆述, 靜歎曰, 吾不及也."(T50, 374b)라는 것을 참조

언어 밖에서 발휘한다."라고 칭해졌던 담도曇度(~488)[12]가 있다. 담도는 후에 승연僧淵(414~481)에게 『성실론』을 수학하고 이것에 정통하여 『성실론대의소成實論代義疏』 8권을 저술하고 북위北魏의 낙양에서 홍법했던 사람이다.

그 외 제말 양초에 걸친 『반야경』 강설자로서는 열반학을 대성했던 영미사靈味寺 보량寶亮[13](444~509)이 있고, 또 『대품』·『법화』를 "특히 연구했다."라고 전해지는 정림상사定林上寺의 법통法通[14](443~512)이 보이는데, 보량도 영미사에서 여러 경전을 강설한 총합은 "『대열반경』을 강설하는 것이 대략 84번 『성실론』은 14번" 등이라고 전해지는 것에 대해 "대소품은 10번"에 불과하여[15] 『반야경』과의 결합은 비교적 약한 것을 알 수 있다. 이외에 제대에 볼 만한 반야 학자는 있지 않다.

4. 삼론의 연구 강설자

삼론으로 일가를 이룬 자라 하면고 조금도 그 수가 적지 않다. 중흥사中興寺 승경僧慶, 같은 중흥사 승종僧鍾(430~489), 북다보사北多寶寺 혜정慧整 등에 대해서는 이미 서술했다.

1) 지빈智斌

그 외 『고승전』 권7 승근전僧瑾傳에 부기된 지빈智斌이 있다. 즉 같은 곳에

---

12 『고승전』 권8 석담도전(T50, 375b).

13 위의 곳, 석보량전(T50, 381b).

14 위의 곳, 석법통전(T50, 382a).

15 위의 곳, 석보량전에 "後移憩靈味寺. 於是續講眾經盛于京邑, 講大涅槃凡八十四遍, 成實論十四遍, 勝鬘四十二遍, 維摩二十遍, 其大小品十遍, 法華十地優婆塞戒無量壽首楞嚴遺教彌勒下生等亦皆近十遍, 黑白弟子三千餘人, 諮稟門徒常盈數百."(T50, 381c)이라고 한다.

이에 앞서 지빈 사문이 처음 담악曇岳을 대신하여 승정僧正이 되었다. 지빈
도 덕이 대중의 종사宗師가 될 만하였고, 삼론과『유마경』,『사익경』,『모
시毛詩』,『노자』,『장자』등에 빼어났다.

先是, 智斌沙門, 初代曇岳為僧正. 斌亦德為物宗, 善三論及維摩思益毛詩莊
老等. (T50, 373c.)

라는 것에 의해 알 수 있다. 승근은 도생이 용광사龍光寺에 있었을 때 그에
사사했던 사람으로, 젊어서 노장을 배우고 배움이 삼장三藏에 넓게 통하여
있었다. 후술하듯이 강남 삼론학의 부흥에 커다란 영향을 미쳤던 주옹周顒은
이 승근에 의해『법구경法句經』과『현우경賢愚經』을 습독習讀하며, 승근·지빈
과 함께 그 경력에서 미루어 나집계의 반야 삼론학과 노장 현학의 교양을
갖췄다고 보이는 주옹과의 교류가 특히 주목된다.

2) 현창玄暢(416~484)

『고승전』권8의 석현창전에

또 삼론을 잘하여 배우는 자들의 종사가 되었다. 송의 문제가 깊이 찬탄과
존중을 더하여 태자의 스승으로 삼고자 청하였다.

又善於三論, 為學者之宗. 宋文帝深加歎重, 請為太子師. (T50, 377a.)

라고 전해진다. 현창의 스승은 북위北魏 척발도拓跋燾에 의해 평성平城(산동성
대동현大同縣)에서 살해되었던 습선자習禪者 현고玄高[16](402~444)로서, 이 사

---

16 전기는『고승전』권11 석현고전(T50, 397a).

건의 다음 해 원가 22년(445) 30세 때 현창은 평성을 피해 양주揚州(강소성江蘇省)에 이르렀다. 현고의 영향인지 "경·율을 꿰뚫어 알고 깊이 선요禪要에 들어갔다."라고 말해지며, 『화엄경』의 최초의 개강자開講者이기도 했다. 후에 형주荊州(호북성湖北省) 장사사長沙寺로 옮기고, 다시 송말(482) 성도成都(사천성四川省)으로 가서 세상을 하직할 뜻을 가졌는데, 칙명에 의해 서울의 영근사靈根寺에 머무르고 얼마 안 되어 영명永明 2년(484) 69세로 죽었다. 송 문제文帝·문혜文惠태자·문선왕文宣王에게 후한 대접을 받았고, 특히 임천臨川 헌왕獻王이 비석을 세우고 여남汝南 주옹周顒이 비문을 지은 것은 성도成都에서 주옹과의 친교를 추측하게 하며 후에 남조 반야 현학의 대가가 되었던 주옹의 사상 형성에 영향을 미쳤던 한 사람이 아니었을까 생각한다. 현창의 삼론학은 스승 현고로부터 수학했던 것이라고 생각되는데, 현고가 북지에서 고명한 습선자였으므로 담영曇影의 경우에 이미 보았던 것에 이어서 재차 장안의 반야 삼론학이 습선과 결합하여 계승된 사례로 볼 수 있다. 현창에도 "깊이 선요禪要에 들어갔다."라고 말해지는 것처럼 그런 경향이 있으며, 이러한 모습으로 반야 삼론의 사상이 전파된 것은 후세의 삼론 학파의 전개에서 미루어보아도 충분히 예상된다. 서울에서 각종 경론의 강설과 병행하여 진행된 삼론의 전승과는 달리, 현창에게는 그 순수성을 기대할 수 있지만, 『출삼장기집』에 현창이 지은 「가리발마전서訶梨跋摩傳序」[17]가 수록되어 있는 점에서 『성실론』에도 정통했던 것이 분명하여 그런 의미에서는 시대적인 영향을 벗어날 수 없었다고 보아야 한다.

---

17 현창, 「가리발마전서」(『출삼장기집』 권11, T55, 78b).

3) 혜차慧次 · 승인僧印

다시 제대齊代의 삼론 연구 강설자로서는 혜차(434~490)와 승인(435~499)이 있다.

『고승전』 권8의 석혜차전(T50, 379b)에 의하면 자주 성실과 삼론을 강설하여 영명 8년(490) 『백론』을 강설하다가 「파진품破塵品」에 이르자 갑자기 세상을 떠났다고 한다. 혜차는 기주冀州 사람으로 처음 지흠志欽에게 다음에 서주徐州의 법천法遷에게 사사하고, 법천을 따라 팽성에 오래 머물렀으므로 승숭僧嵩 · 승연僧淵의 팽성계 성실 학파의 학문을 계승했다고 생각된다. 양의 3대 법사인 개선사開善寺 지장智藏(458~522), 장엄사莊嚴寺 승민僧旻(467~527), 광택사光宅寺 법운法雲(467~529)의 3인은 모두 이 혜차에게 수학했으므로 성실 학파 흥륭의 초석을 세웠던 사람이다. 제조齊朝의 문혜文惠 태자, 경릉竟陵 문선왕文宣王은 함께 혜차를 스승으로 삼았으며, 특히 문선왕은 혜차와 정림사定林寺의 승유僧柔에게 명하여 『성실론』 16권을 요약하여 9권의 『약성실론略成實論』을 작성시킨다. 즉 『출삼장기집』 권11에 수록된 승우僧祐의 「약성실론기略成實論記」에

> 제나라 영명 7년(489) 10월에 문선왕은 서울에 석학과 명승 5백여 명을 불러 모아놓고 정림사定林寺의 승유僧柔 법사와 사사謝寺의 혜차慧次 법사에게 청하여 보홍사普弘寺에서 여러 번 강설하게 했다. (중략) 승유와 혜차 등의 여러 논사들로 하여금 『성실론』을 초략하되 번다한 것을 간결하게 하고 요점만 남겨 간략히 9권으로 만들게 하였다. (중략) 곧 『약성실론』 백 부를 전사하여 유통시키고, 주옹周顒에게 서문을 짓게 하였다.
>
> 齊永明七年十月, 文宣王招集京師碩學名僧五百餘人, 請定林僧柔法師謝寺慧次法師, 於普弘寺迭講. (중략) 令柔次等諸論師抄比成實, 簡繁存要略為

九卷. (중략) 卽寫略論百部流通, 敎使周顒作論序. (T55, 78a.)

라는 것에 의해 알 수 있다. 이때『약성실론』의 서문을 지었던 이가 주옹이다.

승인(435~499)은『고승전』권8(T50, 380b)에 전기가 있으며, 전술했던 담도 曇度를 따라 팽성에서 삼론을 수학했다고 전해진다. 따라서 담도는『대품반야』의 강설자로서만이 아니라 삼론에도 조예가 깊었던 것을 알 수 있다. 그러나 팽성에서 승인이 담도에게 삼론을 수학했다고는 하지만 담도 자신이 승연僧淵으로부터『성실론』을 이어받을 기회가 있었다고 생각되고 담도는 후에『성실론대의소成實論大義疏』8권을 저술했던 것은 이미 서술했던 대로여서 반야 삼론의 연구에서 성실 연구로 이행하는 경로가 포착된다. 승인은 이후 여산에서 혜룡慧龍(전기는 보이지 않음)으로부터 법화를 이어받아 "두루 법화로 이름을 드러내고 법화를 강설하는 것이 대략 252번이었다."라고 전해진 사람이다. 담도에게 삼론을 수학했다는 것만으로는 엄밀하게 삼론의 강설·홍선자라고 하기 어렵다.

5. 삼론 연구와 종의 확립의 문제점

남지에 나집 교학을 이식했던 최대의 공로자인 승도僧導(362~457)의 학풍이 이미 그러했지만, 종래 고찰해왔던 송·제대의 반야 삼론의 연구는 반세기 후의 혜차에게서 가장 전형적으로 드러나는 것처럼 주로『성실론』과 함께 연구되어왔다는 것에 그 특징이 있다. 한 사람의 우수한 불교자가 다수의 경론에 정통하여 그것들을 병습하는 것은 당시 일반적인 풍조이며, 그것은 반드시『성실론』이 아니라도『열반경』혹은『법화경』에도 사실 많이 그러한 예가 있었던 것은 지금까지도 보아왔던 대로이다. 그러나 특히 성실과 삼론은 나집 관내關內의 구의舊義에서는 동일한 번역자에 의한 동일한 대승의 공의空

義를 선양하는 것으로서 그 연구가 똑같이 장려되어왔다. 그런데 나중에는 성실의 연구가 삼론을 능가하여 강남 불교계에서 압도적인 대세를 점하게 된 것이다. 예를 들면 후세의 불교사가에 의해 승도가 성실 학파의 개조로 된 것은 제자인 도맹道猛(411~475)을 필두로 하여『성실론』의 연찬으로 유명한 자가 많이 배출되고 수춘 지역이 점차 성실 연구의 중요한 진지로서 알려졌기 때문이며 이러한 문하생의 대세가『성실론』의 연구에 한 시대를 풍미했던 것에서 유래한다. 승도 자신에게는 명확한 구분이 아마 없었다고 생각해도 좋을 것이다. 똑같이 승도 문하의 승종僧鍾(430~489)이 삼론·성실을 동등하게 잘하고 승장僧莊에게는『중론』주석의 저술까지 전해지는 것에서 이것은 분명하며, 성실·삼론의 병습은 당시 전혀 의문을 가질 수 없이 진행되어 송·제대 불교 사조의 한 경향으로서 정착되기까지에 이르렀다. 그러나 이질적인 경론끼리의 병습에서는 문제가 되지 않는 것이, 어설프게 동질적이기 때문에 예를 들면 똑같이 진속 이제를 설하고 공을 선양하는 논서였기 때문에 역으로 성실 연구를 삼론 연구에 대행시키는 풍조가 생겼다고 해도 이상하지는 않을 것이다. 그때 후자는 차라리 전자에 부속하여 행해지도록 되었던 것이다. 당시 여러 대승 경전과 함께『대품반야』도 강설했던 담도曇度(~488)가 승연僧淵(414~481)에게 성실을 수학했던 뒤로는 오로지 성실 연구에 전념하고 이것에 정통하여『성실론대의소』8권의 대저를 내기까지 했던 것은 그 전형이었다고 간주할 수 있다. 이러한 시대 사조는 똑같이 인도 찬술의 논서로서 원산지인 인도의 사상사에서는 보이지 않았던 중국 불교 특유의 현상으로서 흥미 있는 문제이다. 왜『성실론』연구가 삼론 연구에 비해 이토록 인기가 높았는지라는 이유에 대해 미야모토쇼오손宮本正尊 박사는

① 성실은 비판적이지만, 비유자譬喩者·유부有部·경부經部 계통의 아비달마

사阿毘達磨師 · 비바사사毘婆沙師로서 법상法相과 심상心相에 대한 분석적인 경향을 보존했다.

② 당시 아직 세친世親의『구사론』과 같은 명쾌한 법상 분별의 논서가 전해지지 않아 이 방면에서는『성실론』이 제論, 즉 진리의 연구를 성취한 논서로서 유일한 지위도 보존했다.

③ 삼론은 유부 등의 법상 분별의 아비달마적인 경향과 대척적인 법성 분별에 전념했던『반야경』의 계통에 속했다.

등을 거론한다.[18] 이러한 점에서 양자는 공통적인 기반에 서 있으면서 반면 사상적으로는 전혀 대척적인 일면도 내장했던 것이다. 따라서 만약 삼론 연구가 학파로서의 존재 이유를 명확히 하려고 생각한다면 이 대립성의 초극 극복에야말로 그 사활을 걸지 않으면 안 되었다. 길장이『삼론현의』에 10의義를 들어 성실은 "소승이지 대승이 아니다."[19]라고 논단했던 것은 대승 · 소승이라는 일반론으로 거슬러 올라가는 것이면서도 삼론 · 성실의 대척성을 지적하는 것에 의해 자신의 종의를 확립하려고 한 요청 쪽이 매우 강했기 때문이다. 따라서 특히 삼론 · 성실 두 학파의 종의적인 대립이 노골적으로 첨예화해가는 것은 법랑 – 길장 일파의 전투적인 태도에 자극된 수당 이후에 현저한 것이어서『속고승전』등에 그간의 사정을 보이는 흥미 있는 기록을 습득할 수 있다.[20]

---

18 宮本正尊,『中國思想及びその發達』제13장 '支那に於ける成實と三論の關係' p.525.

19 길장,『삼론현의』(T45, 3c). 또 길장이 말하는 '10의'란 "一舊序證, 二依論徵, 三無大文, 四有條例, 五迷本宗, 六分大小, 七格優降, 八無相即, 九傷解行, 十檢世人."이라는 것으로, 같은 곳에 그 상세한 논의가 서술되어 있다.

20 대업大業 말년(616)에 법취사法聚寺에서 머물렀던 삼론 학자 영예靈睿(551~633)의 전기가『속고승전』권12에 기재되어 있는데, 거기에 다음과 같이 기록되어 있다. "寺有異學, 成實朋流嫌此空論,

이러한 항쟁 대립의 가까운 원인은 길장 일파의 교선敎線 확대를 위한 논쟁에서 직접적인 단서를 발견하겠지만, 문제는 길장·법랑 내지 승전·승랑으로 소급해가는 삼론 연구자의 계보에서 이 항쟁의 사상적 근거인 양자의 교의상의 차이가 명확하게 의식된 것이 언제 누구 때였는가라는 점이다. 『성실론』을 소승론이라고 단정했던 것도, 길장이 특히 이것을 명확하게 논증하고 역설했던 것이지만, 그 맹아는 더 이르게 인정된 것이다. 예를 들면 남제 경릉 문선왕이, 당시 불교자가 성실의 번다한 논의에 몰두하여 정법의 주요인 대승 경전을 등한시하는 풍조를 개탄하고 성실 학자인 승유·혜차에게 명하여 초략한 9권본을 만들게 했을 때 주옹이 썼던 서문이 『출삼장기집』 권11[21]에 실려 있다. 거기서 주옹은 교묘하게 말을 수식하고는 있지만, "『성실론』과 같은 것에 이르면 **삼승三乘의 비밀스러운 법수(秘數)**를 아우르며 운운"이라고 하여 분명히 이것을 소승의 논서라고 간주했다. 고래로 삼론·성실을 명확하게 구분하는 선線은 『법화현의석첨法華玄義釋籤』[22]에서 말하는 승랑의 남방 홍법에서 시작한다고 하는 것이 정설인데, 이 승랑의 남도 이전에 재속의 현학자 주옹만이 아니라 남지에서의 불교자 내부에 이러한 사상계의 저류가 명확한 의식하에서 자각된 것이 따로 없었는지를 묻지 않으면 안 된다. 바꾸어 말하자면 그것은 삼론 종의가 성실의 그것과 다르다고 명료하게 자각하는 것에 입각한 하나의 노선을 남조 송·제대의 성실 삼론 병습의 시대 사조 가운데에서

常破吾心將興害意. 睿在房中北壁而止, 初夜還床栖遑不定, 身毛自竪, 移往南床坐, 至三更忽聞北壁外有物撞度達於臥處, 就而看之, 乃漆竹笞槊, 長二丈許, 向若在床身即穿度, 既害不果. 又以銀鋌雇賊入房, 睿坐案邊覺終不獲, 但有一領甲在常坐處, 睿知相害之爲惡也. 即移貫還綿州益昌之隆寂寺."(T50, 539c~540a) 이 내용으로써 그 대항 의식이 얼마나 강렬했는지 살필 수 있을 것이다.

21 주옹, 「초성실론서抄成實論序」(『출삼장기집』 권11, T55, 78b).

22 담연湛然, 『법화현의석첨』 권19(T33, 951a). "自宋朝已來, 三論相承其師非一, 並稟羅什, 但年代淹久文疏零落, 至齊朝已來玄綱殆絕. 江南盛弘成實, 河北偏尚毘曇. 於時高麗朗公至齊建武, 來至江南難成實師."

찾아내는 것이다. 승랑의 남방 홍법과 함께 비롯한 섭산 삼론 학파의 성립은 그 연장선상의 접점에서 찾아 올라가야 할 것이다. 그런 의미에서 이것은 강남 삼론학 발흥의 사상사적 원천을 역사의 문맥에서 정착시키는 것에 다름 아니다.

주옹『삼종론三宗論』과 지림智琳『중관론소』가 쓰인 것이 바로 이러한 시점에서였던 것은 특히 주목되기 쉽다고 생각한다. 특히 지림 및『중관론소』에 대해서는 종래 전혀 돌아보지 않는데, 강남 삼론학 부흥의 문제에 관련하여 주옹과 함께 그가 이룩한 사상사적 역할을 이상과 같은 관점에서 이하 절을 바꾸어 고찰하는 것으로 한다.

제2절 지림智琳과 『중론소』

1. 지림 약전智琳略傳

『고승전』에 의하면[1] 석지림(409~487)은 고창高昌 사람으로 처음 출가하여 양공亮公의 제자가 되었다고 전해진다. 토키와다이죠오常盤大定 박사에 의하면[2] 이 양공이란 앞서 서술했던 『고승전』 권7의 하원사何園寺 혜량慧亮인 것으로 되어 있지만, 혜교慧皎가 지림이 스승과 함께 광주廣州로 배척당했다는 사실을 전하는 바에서 미루어 지림의 스승인 양공이란 같은 『고승전』 권7에 기재된 석도량釋道亮[3]이다. 도량과 혜량이 같은 사람인지 지금은 명확하지 않다. 도량은 전기에 의하면 그 출생이 분명하지 않지만 서울의 북다보사北多寶寺에 머물렀던 사람이다. 성품이 매우 강직하여 여러 사람의 비위를 거스르고, 마침내 대중들에게 드러나 원가(424~453)의 말년에 남월南越로 옮겨졌다. 당시 사람들은 혹 그의 몸을 보전할 수가 없는 것은 아닐까 하고 조롱했다고 한다. 그런데도 도량은 "업보의 이치로 가는 것이지 특별히 사람의 일은 아니다."라고 하여 지림 등의 제자 12인을 데리고 광주廣州로 갔다는 사람이다. 6년간 남방에 머무르다가 효무제의 대명大明(457~464) 중에 서울로 돌아왔다. 저서에 『성실론의소』 8권이 있으며, 명제明帝의 태시泰始(466~471) 중에 69세

---

1 『고승전』 권8 석지림전(T50, 376a~b). 또 『고승전』에서는 '智林'이라고 되어 있는데, 삼론 관계의 문헌에서 전하는 곳에서는 모두 '智琳'이라고 되어 있다. 예를 들면 길장 『이제의二諦義』 권하에 "晚有智琳法師, 請周顒出三宗論."(T45, 108b)라 하고, 이것은 본문에서 후술하는 것처럼 주옹과의 교섭에 관해 서술했던 것으로 『고승전』과 같은 내용인데, 분명히 '智琳'이라고 되어 있다. 이하 안징 『중관론소기』도 모두 '智琳'이며, 『삼론장소목록』, 『동역전등목록東域傳燈目錄』 등도 동일하다. 사카이노코오요오境野黃洋 박사는 琳과 林은 음이 통하기 때문에 사용되었을 것이라고 한다(境野黃洋, 『支那佛敎史講話』 권하, p.44 참조). 따라서 본론에서는 智琳으로 통일하여 사용한다.

2 常盤大定, 『國譯一切經』 和漢撰述 75 '史傳部' 7, p.180 각주 참조.

3 『고승전』 권7 석혜량전(T50, 373b).

4 위의 곳, 석도량전(T50, 372b).

로 입적하였다. 그의 친교사親教師는 명확하지 않지만, 연령에서 미루어 그의 배움은 아마 나집 문하에서 나온다고 생각된다. 말하자면 나집의 손제자孫弟子에 해당하는 사람이다. 지림도 이 도량을 따라 함께 광주에 머무른 것이 6년, 남송 명제의 초(466)에 서울로 돌아와서 영기사靈基寺에 머물러 강설을 계속했다. 지림은 처음에 『잡심雜心』을 잘했다고 하며, 『비담잡심기毘曇雜心記』의 저서가 있지만, 도량과 함께 배척되고부터는 예의 삼론에 뜻을 두고 『이제론二諦論』을 저술하고 아울러 『십이문론』과 『중론』에 주석했다. 오늘날 『십이문론주十二門論注』는 산실되어 전하지 않지만, 『중론주中論注』의 일문逸文은 후술하는 것처럼 남도의 삼론 학자의 저작 중에 산견되며, 일본에도 전승되고 연구된 흔적이 있다. 지림은 신장 8척, 타고난 자태가 아름답고 우아하면서도 법좌에 올라 쩌렁쩌렁 울리는 소리로 토해내는 이야기는 물 흐르듯 하였다고 한다. 후에 영기사의 강설을 그만 두고 고향 고창으로 돌아가 제의 영명 5년(487)에 죽었다. 79세였다. 이 지림이 불교사가에 의해 취급된 것은 당시에 유행한 논쟁이었다고 생각되는 '이제'의 뜻에 관해 3종宗의 다름을 논하고 남제南齊 여남汝南의 현학자 주옹과 의견의 일치를 보았던 것에 관해서이다.

2. 지림과 주옹의 교류

주옹은 『남제서』 권41의 전기[5]에 의하면 자字를 언륜彦倫이라 하고, 중서성에 근무했던 일대의 박식으로 『노자』와 『역』을 잘하며 순수한 현학가였다. 게다가 같은 책에

---

5   주옹의 전기는 『남제서』 권41 외 『남사南史』 권34도 있으며, 『고승전』 권7·8의 각 승전 중에도 자주 산견된다.

백가百家를 널리 섭렵하고 불교의 이치에 우수하여 『삼종론』을 저술하였다.
汎涉百家, 長於佛理, 著三宗論.

라는 것처럼 불교에 깊은 조예를 가졌던 사람이었다. 『홍명집』 권6에 이 주옹의 「장융張融에게 주는 서간」이 실려 있는데, 거기서 주옹은

도가라고 하면 어찌 2편篇으로 주主를 삼지 않겠으며, 불교라고 하면 또한 반야로 종의를 삼아야 한다. 2편에서 귀중하게 여기는 뜻은 지극한 허무이고, 반야가 관조하는 바는 궁극적인 법성이다.
言道家者, 豈不以二篇為主, 言佛教者亦應以般若為宗. 二篇所貴義極虛無, 般若所觀照窮法性. (T52, 39a.)

라고 하는 것을 보면 불교에서도 특히 반야를 종의로 삼았던 것을 알 수 있다. 그의 주저가 되었던 『삼종론』이란 다음 절에서 후술하는 것처럼 당시 논쟁의 초점이었던 '이제의'를 논했던 것으로 '삼종三宗'이란 (1)공가명空假名, (2)불공가명不空假名, (3)가명공假名空을 말한다. 세 번째 입장이 주옹의 입장인데, 길장도 『중관론소』 권2말에서

그런데 경론에 부합하는 것은 도안의 본무와 지둔의 즉색, 주옹의 가명공, 승조의 부진공으로 그 근원은 오히려 하나이지만 방언方言이 다를 뿐이므로 사용할 수 있다.
但府經論者, 釋道安本無, 支公即色, 周氏假名空, 肇公不真空, 其原猶一, 但方言為異, 斯可用之. (T42, 29c.)

라고 서술하여 전통적인 삼론 교학의 진의에 부합하는 것이라고 인정한다.

주옹 자신도 전술한 「장융에게 거듭 답하는 서간」 중에서

> 무릇 유는 있기 때문에 중생들이 그 유를 알고, 무는 없기 때문에 사람들
> 이 그 무를 인식한다. 노자가 유를 쓰고 무를 기록한 것은 이런 범위에서
> 벗어나지 않았으니, 바로 내가 쓴 『삼종론』에서 "취사取捨하면서 내달린
> 다 해도 아직 그 단계를 넘어가지 못했다."라고 한 내용이다.
> 夫有之爲有, 物知其有, 無之爲無, 人識其無. 老氏之署有題無, 無出斯域. 是
> 吾三宗鄙論, 所謂取捨驅馳, 未有能越其度者也. (T52, 40b.)

라고 한다. 요컨대 '가명공'의 주옹 이제의의 뜻이 존재하는 바에서 노자의
'무'는 아직 그것에 미치지 않는다고 자부하는 것이다. 그러나 당초 이것을
특히 문제 삼은 것에 대해서는 이제의가 삼론의 근간임과 동시에 『성실론』에
도 또한 이제의 설이 있어서, 주옹의 논지는 말하자면 반야 중관의 입장에서
성실의 그것을 배척하는 것에 있었으므로 공개를 주저했다. 그때 지림은 서간
을 보내어 이것을 세상에 낼 것을 간절하게 요청했다. 『고승전』에 실려 있는
지림이 주옹에게 보낸 서간은 그간의 사정을 다음과 같이 전한다.[6]

> 근자에 시주께서 이제二諦의 새로운 뜻을 서술하고 삼종三宗에서 취하거
> 나 버릴 점을 진술하여 명성이 보통 음률과 다르다고 들었습니다. 남에게
> 나아가는 데는 재빠르지 않다 해도 빈도가 품었던 생각을 말하자면 천하

---

6   같은 취지의 글이 『광홍명집廣弘明集』 권24 승행편僧行篇 「여여남주옹서與汝南周顒書」 양석지림梁釋
    智林(T52, 274b~c)에 있으며, 『남제서南齊書』 권41 주옹전에도 보인다. 또 인용문에서 밑줄 부분은
    『광홍명집』을 참조하면서 필자가 이것을 고친 것이다. 이하 인용에 대해서도 똑같다. ㉫ 밑줄
    부분인 '悲'가 『고승전』(T50, 376b)에는 '臥'로 되어 있다.

의 이치가 오직 이것에서만 얻을 수 있으며, 이와 같지 않은 것은 이치가 아닌 것입니다. 이리하여 속히 이것을 종이와 붓으로 짓기를 권유하였습니다. 자주 왕래하는 사람을 만나 논문이 이미 완성되었다고 듣고는 기뻐하는 마음이 두루 충만하여 특히 비상하게 중히 여겼습니다. 또 이어서 시주께서는 일상적인 것과 다른 이론을 세웠을 때 배우는 대중들을 해칠까봐 비록 논문을 짓는 일이 이루어지더라도 결코 반드시 세상에 내놓지는 않을 것이라고 합니다. 이 말을 들으니 두려워져서 저도 모르게 슬픔에 잠깁니다.

近聞, 檀越敍二諦之新意, 陳三宗之取捨, 聲殊恒律. 雖進物不速, 如貧道鄙懷 謂, 天下之理唯此為得焉, 不如此非理也. 是以相勸速著紙筆. 比見往來者聞作論已成, 隨憙充遍特非常重. 又承, 檀越恐立異常時干犯學眾, 製論雖成定不必出. 聞之懼然不覺興悲. (T50, 376a~b.)

라고 간절히 종용하는 것이다. 혜교는 뒤의 문장에서 "주옹은 이로 인하여 논문을 출판하였다. 그러므로 삼종三宗의 취지가 전술傳述되어 지금에 이른다."라고 서술하여 주옹『삼종론』이 세상에 나온 것은 지림의 종용에 의한 것이 컸다고 그 공을 기린다.

이렇게 지림은 주옹에게 간절하게『삼종론』을 세상에 낼 것을 권유하면서 아울러 자신의 감회를 다음과 같이 토로한다. 즉

이 뜻의 취지가 처음 열린 것은 아닌 듯하지만, 미묘한 가르침이 도중에 단절된 지는 67년이나 되었으니, 이치가 보통 운치보다 고상하여 전할 수 있는 사람이 없습니다. 빈도는 나이 스무 살 때 바로 이 뜻에 참여하고 전파하면서 여기에 의지하여 미묘하게 깨달으면 득도할 수 있을 것이라고 늘 생각하였습니다. 가만히 매양 환희에 젖어 있지만 이 기쁨을 함께

할 사람이 없었습니다. 젊은 시절에 장안의 장로를 만나면 흔히 말하기를, 관중에 도가 높고 뛰어난 승려 가운데 옛날부터 이 뜻이 있었다고 하였습니다. 불법이 성대하게 결집되는 때를 맞아 이 취지를 깊이 터득한 사람은 본래부터 많지 않았습니다. 이미 보통의 성정을 뛰어넘은지라 후진들 중에도 듣고 받아들이는 이가 매우 적었으며, 이를 전하려고 강동江東으로 넘어간 사람은 아예 없었습니다. 빈도가 주미塵尾[7]를 잡은 이래로 40여 년 동안 동쪽 서쪽의 강설들에서 잘못된 것들이 일시에 무거워졌습니다. 여타의 뜻의 계통은 자못 종록宗錄에 나타나 있지만 오직 이 길만은 도인과 속인을 막론하고 한 사람도 터득한 사람이 없습니다. 빈도는 나이가 들면서 마침내 이것 때문에 병이 생겼습니다. 병들고 노쇠하여 낫지 않는 데다 또 아침저녁 사이에 서쪽으로 돌아가야 할 몸입니다. 다만 이 도를 되돌아볼 때마다 지금부터는 영원히 단절되어 아무도 말하는 사람이 없을 것이라고 생각하였습니다. 시주께서 기연을 일으키어 유래 없이 홀로 세상의 테두리 밖에서 제창하였습니다. 뜻밖에 이 소식이 찾아와 외람되게 저의 귀까지 들어왔습니다. 한편 기쁘고 한편 위안이 되어 실로 무어라고 설명할 길이 없습니다. 이 뜻을 세워 밝힌다면 전법의 등불에 유종의 미가 있을 것이며, 비로소 이것은 진실眞實의 행도行道로 제일의 공덕이 될 것입니다. (후략)

此義旨趣似非初開, 妙音中絕六十七載. 理高常韻莫有能傳. 貧道年二十時, 便參傳此義. 常謂藉此微悟可以得道. 竊每歡喜無與共之. 年少見長安耆老, 多云, 關中高勝迺舊有此義. 當法集盛時, 能深得斯趣者, 本無多人. 既犯越常情, 後進聽受便自甚寡, 傳過江東略無其人. 貧道捉塵尾以來四十餘年東西講說謬重一時. 其餘義統頗見宗錄, 唯有此途白黑無一人得者. 貧道積年

---

7   ㉡ 주미塵尾: 큰사슴의 꼬리를 매달아 만든 총채 모양의 도구. 스님이나 위진시대 청담가淸談家들이 담론할 때 벌레를 쫓겨나 먼지를 털 용도로 사용했다.

洒為之發病. 既痾衰未愈, 加復, 旦夕西旋. 顧惟此道從今永絶不言. 檀越機
發無緒獨創方外. 非意此音猥來入耳. 且欣且慰實無以況 建明斯義使法燈
有終, 始是眞實行道, 第一功德. (후략) (T50, 376b.)

라고 서술한다. 여기서 "미묘한 가르침이 도중에 단절된 지 67년이나 되었습
니다."라고 하는데, 지림이 무엇을 기점으로 하여 67년이라고 했는지 분명하
지 않다. 그런데 가설로서 나집의 사후로 보아 나집 몰년이 츠카모토설塚本說
에 의해 홍시弘始 11년(409)이라고 하면[8] 이 서간은 지림 68세(476)의 때이다.
또 만일 승조 『부진공론』이 저술된 즈음(409∼413)이라면[9] 지림 72세(480)이
다. 지림은 남제南齊의 영명永明 5년(487) 79세로 고창高昌에서 죽었으므로 여
기에 앞서는 10년 정도 전이다. 이것은 같은 서간에서 "병들고 노쇠하여 낫지
않는 데다 또 아침저녁 사이에 서쪽으로 돌아가야 할 몸입니다."라는 말과도
부합한다. 또 후략한 문장에서 "생각건대 곧 한 권을 베껴 쓰게 하여 베풀어주
신다면 빈도는 이것을 갖고 서쪽으로 돌아가 곳곳에 널리 펴도록 하겠습니
다."(想便寫一本為惠, 貧道齎以還西使處處弘通也.)라고 하는 것으로 보아 고창으로
의 서환西還 이전이다. 따라서 이 서간은 거의 지림 70세 전후(480 전후)에
쓰인 것이라 생각해도 틀림 없을 것이다.

---

8 나집의 연대는 일반적으로 344∼413이라고 한다. 이것은 당 도선道宣의 『광홍명집』 권23에 실린
   「승조찬구마라집법사뢰僧肇撰鳩摩羅什法師誄」에서 "癸丑元年(413)年七十, 四月十三日薨于大寺."(T52,
   264c)라는 것에 의했던 것인데, 츠카모토塚本 박사는 이 뇌사는 신용할 수 없다고 하여 그 생애를
   350∼409라고 추정한다. 이 연대는 혜교 『고승전』 등에서 기록한 것와 같은 것이다. 자세하게는
   塚本善隆 편 『肇論研究』 p.130 참조.
9 "妙音中絶六十七載"를 나집 몰년으로부터 계산하는 것은 境野黃洋, 『支那佛教史講話』(하권, p.107)
   의 설이며(단, 박사는 나집 몰년을 홍시 15년[413]이라고 본다), 승조 『부진공론』이 세상에 나왔던
   해라고 추정하는 것은 宇井伯壽, 『支那佛教史』(p.39)의 설이다. 『부진공론』의 성립을 409∼413으로
   했던 것은 츠카모토젠류우塚本善隆 박사의 설에 의한다. 塚本, 앞의 책, p.153 참조.

또 스스로 "빈도는 나이 스무 살 때 바로 이 뜻에 참여하고 전파하였습니다."
라든가 "젊은 시절에 장안의 장로를 만나면 흔히 말하기를, 관중에 도가 높고
뛰어난 승려 가운데 옛날부터 이 뜻이 있었다고 하였습니다."라고 하는 것은
나집 직전直傳 문하의 강설을 들었던 것을 의미한다. 지림이 젊은 시절에 가끔
만날 수 있었다고 하는 장안의 장로란 과연 누구였을까. 지림 20세 때, 즉
송宋 원가元嘉 5년(428)이라고 하면 예를 들어 승예僧叡(352~436)는 77세로
서울 건강建康에서 삼론을 강설했다고 생각된다. 승도僧導(362~457)는 67세이
다. 그러나 승도의 강설은 수춘壽春이 중심이어서 건강 중흥사에 갔던 것은
만년의 송 효무제의 효건孝建 원년(454)이다. 따라서 장안의 장로이면서 삼론
의 석학으로 당시 건강에서 강설했던 자라고 하면 우선 승도보다는 승예 쪽이
가능성이 크며, 지림이 승예의 강설을 들었다는 것도 충분히 상상할 수 있다.
승도의 문류門流에 연결되는 자라면 당시 그의 법계는 건강에서 융성을 과시
했던 터이어서 '묘음중절妙音中絶'이라는 발상은 없었을 것이 아니겠는가. 어
느 쪽이든 상상의 영역을 벗어나지 않지만 이 경우 보다 중요한 것은 '묘음중
절'의 진의가 단순히 장안 나집·승조 삼론 교학의 전통이 끊어졌던 것에 대한
막연한 감개를 불러일으켰던 것에 그치는 것이 아니라 훨씬 구체적으로 나집
역『중론』의 완성 혹은 승조『부진공론』술작 이래 중관의 진수를 나타내는
저작이 세상에 나타나지 않았던 것에 대한 통한의 표현이라고 생각된다. 이
서간이『삼종론』이라는 이제에 관한 주옹의 저술을 세상에 내게 하려고 쓰인
것이라는 점을 종합해서 생각한다면 지림의 마음에 오고 가는 것이 무엇이
었는지 대략 추측할 수도 있을 것이라고 생각한다. 돌이켜보아 지림이『중
론』·『십이문론』에 주석하여 세상에 남기려고 했던 동기도 또한 여기에 있다
고 생각된다. 그래서 "불법이 성대하게 결집되는 때를 맞아 이 취지를 깊이
터득한 사람은 본래부터 많지 않았습니다."라고 하여 장안에서 나집이 사방으

로 의학義學의 승려들을 모아 성대하게 강설을 행했던 당초부터 중관의 진의를 체득했던 자가 적었던 것을 언급하고, 이어서 "빈도가 주미塵尾를 잡은 이래로 40여 년 동안 동쪽 서쪽에서의 강설들에서 잘못된 것들이 일시에 무거워졌습니다. 여타의 뜻의 계통은 자못 종록宗錄에 나타나 있지만 오직 이 길만은 도인과 속인을 막론하고 한 사람도 터득한 사람이 없습니다."라고 하여 다시 현대에 오히려 이 관중의 구의 구종舊義舊宗의 진의를 전할 수 있는 자가 적어서 시대를 거침에 따라 잘못 전해지는 것을 개탄하면서 이 때문에 병이 났다고까지 극론한다. 그리고 "이 뜻을 세워 밝힌다면 전법의 등불에 유종의 미가 있을 것입니다. 비로소 이것은 진실眞實의 행도行道로 제일의 공덕이 될 것입니다."라고 하여 장안 고삼론, 나집·승조의 구의를 재흥하는 것을 진실의 행도라고 하는 것이다. 여기서 명료하게 성실과 삼론의 뜻에 다름이 존재하는 바를 의식하여 이것의 부흥을 서원했던 강남 불교자의 자각이 읽혀진다고 생각한다. 이것을 저술이라는 모습으로 주옹에게 『삼종론』의 출간을 권유하며 스스로도 『중론』, 『십이문론』에 주석하는 바에서 구체적인 그 자각의 존재 방식을 지림에게 엿볼 수 있다.

생각건대 남지의 사상계에서는 문화인들의 강담 현학의 유행이 쉽게 반야 삼론의 부흥을 촉진하는 기운을 배양했던 것은 물론일 것이다. 진대晉代에 삼현학三玄學이 흥기하여 격의 불교를 초래하고 반야 연구의 성행을 보았던 것과 똑같이 남제南齊 이후 양梁·진陳의 시대에는 청담淸談의 유행이라는 기반 위에 다시 반야 삼론의 부흥을 본다고 하는 점에서 반야 삼론과 노장의 현풍玄風이 중국 불교를 형성해가는 일대 주조음主調音이었던 것을 지적할 수 있다. 후대에 선종이 중국 불교의 주류를 점해간 것은 틀림없이 이것의 전개이고 변주이다. 남조에서의 그 도입부인 삼론 교학의 부흥은 한편으로 노장 현학가 주옹에 의한 바 컸었던 것과 동시에 그것에 공명하는 불교자 내부의 자각이 없었다면 일어날 수 없었던 일이기도 하다. 앞 절에서도 잠깐 보았던 것처럼 『고승전』에 의하면 주옹에게는 삼론을 종의로 삼았던 사람들과의 넓은 교유가 보이는데, 반야의 불리佛理에 대한 주옹의 조예의 깊이는 이러한 사람들과의 접촉을 통해 형성되었으며 이러한 일군의 사람들이야말로 남지에서의 삼론 대두의 선구자였다. 이것이 처음으로 명확한 저술의 형태로 나타나고 더구나 후세의 삼론 학자에게 커다란 영향을 주었던 바에서 지림『중관론소』술작의 사상사적 의의를 지적할 수 있을 것이다. 이러한 의미에서 주옹의『삼종론』과 지림의『중관론소』는 삼론 교학 성립사 상의 귀중한 이정표였다.

승랑이 관하 상승의 구설을 강남의 땅에 홍법했던 것은 이러한 시점에서였으며, 거기에서 삼론이 학파로서 성립하는 하나의 계기가 발견된다. 지림은 승랑의 남도와 서로 전후하는 시기에 고창에서 죽었으므로 승랑과 만난 일은 없었겠지만, 주옹은 후에 섭산으로 은둔하여 법도法度와 친교를 유지하기에 이른다. 남도한 승랑이 이 산에 머물러 법도에게 사숙했던 것은 승전에서 전하는 대로여서 양자의 회견은 역사적 사실이었다고 생각한다. 이리하여 승랑 – 승전 – 법랑의 순서로 섭산 삼론 학파의 발생을 보는 것인데, 이 점에 대해서는 다음 장에서 상술한다. 여기서는 이『지림소』의 구체적인 전승과 그 내용에 관해 잠깐 살펴보고자 한다.

3. 지림소智琳疏 – 그 전승과 영향

1)『중관론소기中觀論疏記』인용의 지림소

남도南都 삼론의 석학 안징安澄(763~814)은 그의 주저『중관론소기中觀論疏記』에서 길장소를 해석하는 즈음에 오늘날 이미 산실되어 볼 수 없는 각종

『중론』주소를 참고 의견으로서 다수 인용 소개하여 매우 유익하다.[10] 그중에서도 가장 자주 참조되는 것 중 하나로『임소琳疏』혹은 '임법사운琳法師云'이라고 하여 인용되는 주소註疏가 있다. 이『임법사소琳法師疏』란『동역전등목록東域傳燈目錄』에서

> 『중관론소』5권 임 법사.
> 中觀論疏 五卷 琳法師. (T55, 1159a.)

라는 임 법사『중관론소』5권과 동일한 것인 점에는 의문이 없을 것이다.『동역전등목록』(영초록永超錄)은 관치寬治 8년(1094)에 성립하는데, 이것에 앞서 연희延喜 14년(914)에 성립했던『삼론종장소록三論宗章疏錄』(안원록安遠錄)에서는 그 이름을 기록하지 않는다. 다시 아래에 겸순謙順(1740~1812)이 찬술했던『제종장소록諸宗章疏錄』제2는『동역록』에 근거했던 것이므로 당연하겠지만,

> 『중관론소』5권 임 법사.
> 中觀論疏 五卷 琳法師. (『大日本佛教全書』, '書籍目錄第一'.)

라고 기록한다.『제종장소록』은 현재본이 아니라 해도 일찍이 저작되었던 것은 그 서명을 기록하는 경향이 있으므로, 겸순謙順의 시대에 책이 있었다고는 생각되지 않지만, 여하튼 경록經錄에 의해서도 전승의 사실을 분명하게 살필 수 있다.『안징록』에 그 기술이 보이지 않으므로 본서는 안징의 시대로부

---

10 야스모토토오루泰本融 박사의『國譯中觀論疏』(『國譯一切經』和漢撰述26 '論疏部'6의 '中觀論疏解題'
   p.24에서는 안징이『중론소기』중에서 인용하는 문헌·학설을 정리하여 나열하여 매우 편리하다.
   또 졸고「中論疏記引用の中論注釋書」(『印度學佛教學研究』21-2, 1973年 3月) 참조.

터 100년을 거쳐 산실되고 말았던 것인지도 모른다. 어쨌든 안징이 인용했던 『임법사소』란 경록에서 말하는 임 법사 『중관론소』 5권에 다름 아니다. 따라서 본서는 제목에서 미루어봐도 청목주·나집역 『중론』의 주소이어서, 예를 들면 안징 『소기疏記』와 같이 일본 불교자에 의한 길장 찬술 『중관론소』의 복주復註는 아니다. 그러나 안징이나 경록에서 말하는 임 법사가 『고승전』에서 전하는 『중론』에 주석했던 남제의 지림이라고 하는 명확한 증언은 하나도 없다. 사카이노境野 박사는 『고승전』에서 말하는 남제 지림智林이 실은 지림智琳이라는 것을 『소기』의 인용이 모두 '임법사소'라고 되어 있는 것에서 증명되듯이, 박사는 분명히 안징이 말하는 『임소』가 『고승전』에서 말하는 남제 지림의 『중관론소』라고 전제해두었던 것이다. 중국의 삼론 학자로 임林 혹은 임琳이라는 이름이 붙은 사람으로 『중론』에 주소했다고 전해지는 사람은 길장 이전이나 이후에도 남제 지림 외에는 보이지 않는 것도 사실이다. 그러나 이것은 길장소와의 비교 검토를 덧붙이는 것에 의해 보다 결정적으로 단정할 수 있을 것이다.

2) 길장소에 미친 임소琳疏의 영향

길장은 『중관론소』 권1에서 『중론』 27품의 과문科文의 대강大綱을 다음과 같이 서술한다.

(A)
섭령에서 상승하여서 27품을 3단락으로 나누었다. 첫째, 25개의 품까지는 대승의 미혹과 과실을 논파하고 대승의 관행觀行을 밝힌다. 다음으로, 2개의 품에서는 소승의 미혹과 집착을 논파하고 소승의 관행을 분별한다. 셋째, 거듭 대승의 관행을 밝히고 공덕을 미루어 불타에게 귀의한다.

自攝嶺相承, 分二十七品, 以為三段. 初二十五品破大乘迷失, 明大乘觀行. 次有兩品, 破小乘迷執. 辨小乘觀行. 第三重明大乘觀行, 推功歸佛. (T42, 7c.)

(중략)

(B)

25개의 품에 대해서 옛날에는 두 가지로 나누었다. 처음 21개의 품에서는 세간의 인人·법法을 논파하고 대승의 관행을 밝힌다. 뒤의 4개의 품에서는 출세간의 인·법을 논파하고 대승의 관행을 밝힌다.

就二十五品, 舊開為二. 初二十一品破世間人法, 明大乘觀行. 後四品破出世人法, 明大乘觀行. (T42, 9a.)

(중략)

(C)

21개의 품에서 다시 셋으로 나눈다. 첫째, 「관업품觀業品」까지 17개의 품에서는 받은 가르침의 그릇된 미혹을 논파하고 중도 실상을 드러낸다. 둘째, 「관법품觀法品」 1개의 품에서는 다음으로 이익을 얻음을 밝힌다. 셋째, 「관시품觀時品」·「관인과품觀因果品」·「관성괴품觀成壞品」의 3개의 품에서는 거듭 그릇된 미혹을 논파하고 거듭 중도 실상을 밝힌다.

就二十一品, 又開為三. 初至觀業[品]有十七品, 破稟教邪迷, 顯中道實相. 第二觀法一品次明得益. 第三, 時·因果·成壞有三品, 重破邪迷, 重明中道實相. (T42, 9a~b.)

(D)

처음 17개의 품에서 다시 둘로 나눈다. 처음 7개의 품에서는 간략히 인·법을 논파하고 대승의 관행을 밝힌다. 다음 10개의 품에서는 자세히 인·법을 논파하고 대승의 관행을 분별한다. (중략) 7개의 품은 곧 7단락이 된다.

就初十七品, 又開為二. 初有七品. 略破人法, 明大乘觀行. 次十品, 廣破人法, 辨大乘觀行. (중략) 就七品即為七段. (T42, 9b.)

자세한 설명은 모두 생략하고 과문의 대강을 발췌하면 이상과 같다.

길장소의 이『중론』과문의 조목에 관해서 안징은 한 번도 임소를 대조하는 일은 없지만, 이것에 관련하여 「관시품觀時品」 제19에서 길장은

> 이 품이 온 까닭은 21품이 3장으로 나뉘기 때문이다. 첫째, 17품에서는 미혹된 망정을 논파하고 중도 실상을 드러낸다. 둘째, 「관법품」에서는 미혹된 집착이 이미 논파되었고 실상이 이미 드러났으므로 삼승이 이익을 얻음이 있다. 이것 이후로 셋째, 거듭 미혹된 망정을 논파하고 거듭 실상을 밝혀 아직 깨닫지 못한 무리들에게는 이로 인해 깨닫도록 하고 이미 이해한 자들에게는 관행이 더욱 밝아지도록 한다. 그러므로 이 1장이 있는 것이다.
> 所以有此品來者, 二十一品開為三章. 第一十七品破洗迷情, 顯中道實相 第二法品迷執既破, 實相既顯, 故有三乘得益. 從此已後, 第三重破迷情, 重明實相, 使未悟之徒因而得曉. 已解之者觀行增明. 故有此一章也. (T42, 130b.)

라고 앞에서 나온 (C)항을 상론한다. 이것에 주석했던 안징은

> 생각건대,『임소』에서 말한다. 또 앞의 21품에서는 세간의 관행을 밝힌다는 것에는 세 가지 뜻이 있다. 앞의 17품에서는 두 가지 문장으로 간략히 펼쳐 미정迷情을 파견破遣하고 중도를 현시한다. 둘째, 「관법품」에서는 미집迷執이 이미 제거되고 실상이 또 드러났으므로 삼승이 이익을 얻음이 있다. 단, 중생은 다함이 없어서 그중에 다시 아직 깨닫지 못한 자가 있다. 그러므로 이것 이후로 셋째로 거듭 미혹을 논파하고 실상을 드러내어 아

직 깨닫지 못한 무리들이 이로 인하여 깨닫도록 하고 이미 이해한 자들은
관행이 더욱 밝아지도록 한다. 이리하여 곧 「관시품」은 앞의 「관법품」에
상대하는 것이니, 그에 준거하면 알 수 있다.

案, 琳疏云, 又前二十一品, 明世間觀行, 中有三意. 前來一十七品, 略廣二文,
破遣迷情, 顯示中道. 第二觀法品, 迷執旣除, 實相又顯. 故有三乘得益. 但衆
生無盡, 其中復有未悟之者. 故從此後第三, 重破迷顯實, 使未悟之徒因而得
曉, 已解之輩觀行增明. 而卽觀時品者, 對前法也, 準之可悉. (T65, 202a.)

라고 『임소』를 참조하는데, 이 두 소의 문장은 내용과 표현이 다 같이 흡사하
다. 이미 길장은 (B)항에서 "처음의 21품에서는 **세간**의 인·법法을 논파하고
대승의 **관행**을 밝힌다."라고 서술했는데, 이것은 안징이 인용하는 『임소』의
"앞의 21품에서는 **세간의 관행**을 밝힌다."라는 것을 '논파'와 '밝힘'의 두 단락
으로 바꾸었던 것이다. 그리고 길장은 앞 문장에서 "25품에 대해서 옛날에
둘로 나누었다."라고 하여 이 『중론』 27품의 과단은 '**옛날에**' 있었던 설을
채용했던 것임을 밝힌다. 길장은 이것을 (A)항의 첫머리에서 섭령에서 상승했
던 설이라고 칭하는데, 보다 구체적으로는 안징이 말하는 『임소』에 근거하는
것이 분명하다. 그리고 만약 길장이 말하는 '섭령에서의 상승'을 액면 그대로
받아들인다면 이 임소의 과문은 섭산 삼론 학파에게 전승되어 정통적인 『중론』
분과설이 되었다는 것이 된다. 어쨌든 길장 이전 혹은 승랑·승전이라는 섭산
삼론의 조사보다 먼저 성립하여 **옛날에** 이러한 『중론』의 3분과설을 설했던
'임 법사의 소'란 남제 지림의 『중관론소』 이외에는 없다.

길장이 남제 지림을 알았던 것은 주옹과의 관계에서 분명한데,[11] 그가 지었

---

11 길장, 『이제의』 권하에서 "周顒晚作三宗論, 明二諦以中道爲體, 晚有智琳法師, 請周顒出三宗論. 周顒云,
    弟子若出此論, 恐于衆人. 琳曰, 貧道昔年少時, 曾聞此義, 玄音中絶四十餘載. 檀越若出此論, 勝國城妻子頭

던 소의 어느 것에도 지림『중관론소』를 언급했던 것은 없다. 그럼에도 불구하고 길장이 이것을 알았던 것은 이상의 인용에서부터 분명하다. 왜 길장이 구체적으로 지림의 이름을 거론하지 않았는지는 길장에게 지림은 학계學系를 거스르는 방류傍流라고 간주되었기 때문일 것이다. 길장이『지림소』를 참조하여 자기의『중관론소』를 술작하였다고 생각되는 증거는『중론』의 과문에 관해서뿐만이 아니다. 안징이 참조했던 임소의 문장은 이외에도 길장소가 임소에 기초한다고 생각하게 하는 것이 많이 있다. 그 몇 가지의 예를 대조해보면

(A)

길장소

'거래'를 계탁하는 것에는 곧 다시 무궁하지만, 간략히 일곱 가지로 밝힌다. 첫째, 세간인은 이목으로 본 바를 취하여 동정動靜과 한서寒暑와 왕래往來가 실제로 존재한다고 말한다. 둘째, 외도는 자재천으로부터 온 것을 내來라 하고, 왔다가 다시 돌아가는 것을 거去라 한다. 또 원인 없이 오고 원인 없이 간다고도 한다. 셋째, 이세간二世間[12]의 유부有部에서는 미래로부터 현재가 오고 현재로부터 과거로 사라진다고 한다.

計去來者乃復無窮, 略明七. 一世間人取耳目所見言實有人之動靜寒暑往來. 二者外道謂, 從自在天來為來, 來還反為去. 復云, 無因而來無因而去. 三者二世有部從未來來現在, 從現在謝過去. (후략)

권4본「거래품去來品」제2. (T42, 54a.)

目布施."(T45, 108b)라고 하여 지림이 주옹에게 서간을 내었던 것을 알고 있었다.

12 ㉯ 이세간二世間: 유정세간有情世間과 기세간器世間을 말한다. 세간이란 과거·현재·미래의 3세간에서 유위법이 유전하는 장소이며, 여기에 유정세간은 오온의 화합으로 유정식情識에 육도의 차별이 있는 것이고 기세간은 지·수·화·풍 4대의 적취積聚로 산·하·대지가 이루어지는 것이다.

지림소

(생각건대, 『임소』에서는 다음과 같이 말한다.) 첫째, 범부의 망정의 소견은 동정動靜과 거래去來를 실법實法이라 여긴다. 둘째, 외도에게는 오류가 존재하니, 일체 만물은 자재천의 자성으로부터 왔다가 다시 돌아서 간다고 한다. (중략) 셋째, 삼세 유부三世有部의 법에서는 미래로부터 현재까지 흘러오는 것을 미래라 하고 현재의 법이 사라져간 것을 과거라고 한다.

(案, 琳疏云,) 一者凡情所見動靜去來以爲實法. 二者外道謬存, 一切萬物從自在天冥性, 而來還反爲去. (중략) 三者三世有部法, 從未來流至現在, 稱之爲來, 現法謝往呼之曰去.

『소기』권5본. (T65, 111c.)

(B)

길장소

이 품이 나온 까닭을 설명해보자. 불타는 허망한 중생의 여러 차이 나는 설들에 따라 혹은 오음五陰이라 이름하기도 하고 혹은 지地·수水·화火·풍風·허공虛空·식識의 육종六種이라 칭하기도 하지만 뜻은 자아를 논파하여 아견을 쉬게 하고 법에도 머무르지 않게 하는 데 있으니, 가르침에 막힌 이들은 무아를 알지 못하면서 단지 법에 집착한다. 위에서 이미 오음에 미혹하는 것을 논파하였으므로 지금은 다시 육종에 미혹하는 것을 제거한다. 그러므로 이 품을 설한다.

所以有此品來者, 佛隨虛妄眾生種種異說, 或作五陰之名, 或標六種之稱, 而意在破我, 令我見息法亦不留, 滯教之人不領無我, 但取著於法. 上已破其迷五, 今復除其惑六. 故說此品.

권5본 「육종품六種品」 제5. (T42, 69c.)

지림소

(생각건대,『임소』에서는 다음과 같이 말한다.) 이 품이 온 뜻을 분별해보자. 불타는 중생들의 여러 차이 나는 설들에 따라 혹은 오음이라 이름하기도 하고 혹은 육종이라 칭하기도 하지만 원래 성인의 뜻은 남녀의 고정된 상을 논파하는 것이지 고정된 유를 세우고자 하는 것이 아니다. 그런데 외도는 알지 못하고 곧 고정적으로 육종이 있다고 한다. 앞에서 이미 오음에 미혹하는 것을 논파하였으므로 지금은 다시 육종에 미혹하는 것을 제거한다. 그러므로 다음으로 이것을 밝히는 것이다.

(案, 琳疏云,) 辨來意者, 佛隨衆生種種異說, 或作五陰之號或標六種之稱, 原其聖意爲破男女定相, 不欲立其定有. 而外人不達卽謂定有六種 前已破其迷五, 今復除其惑六 故次明之.

『소기』권5말. (T65, 148a.)

(C)

길장소

묻는다. 품에서는 박해縛解를 논파하면서 왜 왕래往來를 논파하는가? 답한다. 외도는 왕래가 곧 속박이라고 하기 때문에 왕래를 논파하면 곧 속박을 논파하는 것이 된다. 그런데 왕래의 근본은 인·법을 벗어나지 않는다. 이 두 가지가 실체라면 반드시 단·상에 떨어지게 된다. 상주라면 천과 인이 서로 사라지는 것이 없어서 고요히 불변할 것이니, 무슨 왕래가 있겠는가. 무상이라면 몸이 한 세상에서 다할 것이니, 무엇이 다시 왕래하겠는가.

問, 品破縛解, 何故破往來. 答, 外人以往來卽是縛故, 破往來卽破縛也. 然往來之本不出人法. 此二若實要墮斷常. 常則天人無交謝, 靜然不變, 何有往來. 無常則體盡於一世, 誰復往來耶.

권7말「박해품縛解品」제16. (T42, 114b.)

지림소

(생각건대, 『임소』에서는 다음과 같이 말한다.) 제행이 왕래한다는 것에서 행은 오음이고 왕래는 곧 바뀌는 것이다. 왕래의 근본은 인·법을 벗어나지 않는다. 이 두 가지가 실체라면 반드시 단·상에 떨어지게 된다. 상주라면 천과 인의 거처가 고정되어버리니, 어디에 왕래가 있겠는가. 단멸이라면 6도가 각각 하나의 모습에서 다할 것이니, 무엇이 다시 왕래하겠는가.

(案, 琳疏云) 諸行往來者, 行是五陰, 往來卽轉也. 往來之本不出人法. 此二若實要墮斷常. 常則天人居作定作, 何有往來. 斷則六道各盡一形, 誰復往來.

『소기』 권7본. (T65, 174a.)

(D)

길장소

설일체유부에서는 현재에 선악의 업을 일으켜 현재의 상이 지나가서 과거로 들어간 것을 득이라 하고, 수행인에 속하는 것을 얻은 후에 과보가 일어난다면 이 득은 곧 끊어진다고 한다. 그런데 이 뜻은 단멸과 상주의 잘못을 구비한다. 일어나 곧 사라지는 것이 단멸이고, 과거에 불멸하는 것이 상주이다.

薩婆多云, 現在起善惡業, 過現相而去入於過去爲得, 得之屬於行人, 後若果起, 此得則斷. 然此義具斷常, 起而卽謝爲斷, 在過去不滅爲常.

권8본 「업품業品」 제17. (T42, 118a.)

지림소

(생각건대, 『임소』에서는 다음과 같이 말한다.) 설일체유부에서는 현재에 선악의 업을 일으켜 과거로 들어간 것을 득이라 하고, 수행자에 속하는 것을 얻은 후에 과보가 일어난다면 이 득은 곧 끊어진다고 한다. 이것은 단지 단멸과 상주의 잘못에서 벗어나지 않을 뿐이다. 일어나 곧 사라지는

것이 단멸이고, 과거에 불멸하는 것이 상주이다.

(案, 琳疏云,) 薩婆多云, 現在起善惡業入於過去爲得, 所得繫屬行者, 後若果 起此得則斷. 此只不離斷常, 起而即謝爲斷, 在過去不滅爲常.

『소기』권7본. (T65, 183c.)

길장소와 지립소의 유사점을 일독하여 명료하게 하기 위해, 특히 자구의 표현에서도 완전히 일치하는 것을 여러 사례로 들어보았던 것인데, 이외에도 안징은 『임소』를 인용하는 경우 다분히 의식적으로 내용·형식 모두 길장소에 가까운 문맥을 다수 검출한다. 이것은 길장이 『중관론소』의 술작에 즈음하여 특히 지립소를 주요한 참고서로서 참조 의용했던 것을 의미한다. 삼론의 대성자 길장의 대표적 주저라고도 말할 수 있는 『중관론소』의 성립에 주었던 영향의 정도에서 보아도 삼론 교학 성립사에서의 지림 『중관론소』의 지위는 간과되어서는 안 된다.

4. 지립소 성립의 사상적 배경

1) 담영소와 지립소

이미 서술했던 것처럼 길장은 관중의 고소古疏로서 담영曇影의 『중론소』도 자주 자신의 소에서 인용했다. 담영소에 관해서는 길장 자신이 확실히 밝혀서 인용하는 것이 많다. 그러나 담영소는 겨우 2권이며 그 수도 스스로 제한되는 것에 비해, 지립소는 5권이며 게다가 안징이 단편적으로 제시해준 바에서 추측할 때 『중론』의 각 품에 대해 꽤 구체적으로 조목을 갖춘 주해를 했던 구절이 있고, 그러한 의미로도 각개 구절의 주해에 길장이 이것을 의용했던 것은 의심의 여지가 없다. 그런데 지립소 또한 관중의 담영소의 존재를 배경으로 성립했던 것을 안징은 시사한다. 예를 들면 「관인연품」의 '변화로부터 발생함(從變生)'이라는 구절의 해석이다. 우선 지림소와 길장소를 비교해본다.

(A)

길장소

변화로부터 발생함을 설명해보자. 변화로부터 발생함에서 변화에는 4종이 있다. 첫째, 신통변神通變이니, 돌이 변하여 옥이 되는 것과 같다. 둘째, 성자변性自變이니, 소년이 변하여 노인이 되는 것과 같다. 셋째, 우연변遇緣變이니, 물이 차가움을 만나면 변하여 얼음이 되는 것과 같다. 넷째, 외도에서는 별도로 변법變法이 있어서 만법을 변하여 발생시킬 수 있다고 한다.

從變生者, 變生者變有四種 一神通變, 如變石為玉. 二性自變, 如少變為老. 三遇緣變, 如水遇寒則變為氷. 四者外道謂, 別有變法能變生萬法.

권1말. (T42, 15a.)

지림소

(생각건대, 『임소』에서는 다음과 같이 말한다.) 첫째, 신통변이다. 대해가 풀잎이 되고 대지가 금이 되고 예토가 정토가 되고 정토가 예토가 되게 하니, 이것은 모두 성인의 신통력의 불가사의한 변화이다. 둘째, 물자성변物自性變이다. 유위법은 그 자성이 무상하여 순간마다 변하고 달라져 이치가 머물 때가 없음을 밝힌다. 마치 갓난 아이가 순식간에 늙은이가 되는 것과 같으니, 유위법도 그러하여 사람이 만드는 것이 아니다. 셋째, 우연변이다. 물의 성질은 차갑지만 불을 얻으면 뜨거운 물이 되고 한기의 인연을 만나면 곧 다시 얼음이 되는 것과 같다. 이와 같은 부류들은 모두 외연에 의한 변화다. 넷째, 외도에서는 깨닫지 못하여, 별도로 변법이 만물을 변하게 할 수 있어서 인·천 등의 6도가 그것에 말미암지 않음이 없다고

한다. 그러므로 '종변생從變生'이라고 한다.

(案, 琳疏云,) 一神通變, 能以大海爲蘇落, 大地成金珍, 穢土爲淨土, 淨土爲穢土, 此皆聖人神通力不思議變. 二者物自性變, 明有爲之法其性無常, 念念變異理無住時, 如初生嬰兒俄爾老邁, 有爲法爾, 非人作也. 三者遇緣變, 如水性雖冷得火成湯, 寒因緣卽復爲冰, 如是等類皆爲外緣變. 四者外道不達, 謂, 別有變法能變萬物, 人天六道莫不由之. 故云從變生也.

『소기』권2본. (T65, 35a~b.)

즉 길장소에서 말하는 4종의 '변화'는 지림소가 전거인 것을 알 수 있으며, 각각의 설명도 지림소를 요약했던 것이다. 또한 이 지림소의 해석이 담영소에 기초하는 것은 최초의 '신통변'에 대해 안징이 "담영 법사가 말한다. 혹 신통변은 물이 변하여 풀이 되고 돌이 변하여 금이 되는 것과 같으니, 여기에 준하여 알 수 있다."(曇影師云, 或神通變, 如變水爲蘇, 變石成金, 準之可悉.)라고 부기하는 것에서도 분명하다. 이것을 지림은 "첫째, 신통변이다. 대해가 풀잎이 되고 대지가 금이 되고 예토가 정토가 되고 정토가 예토가 되게 하니, 이것은 모두 성인의 신통력의 불가사의한 변화이다."와 같이 부연하고, 길장에 와서 "첫째, 신통변神通變이니, 돌이 변하여 옥이 되는 것과 같다."와 같이 요약된 것을 알 수 있다. '종변생從變生'의 해석에 대해, 『소기』에서는 담영소에 관해 이 '신통변'의 한 구절밖에 인용하지 않으므로 확실히 단정할 수 없지만 이 3소 사이에는 밀접한 관련이 있었다고 보아도 좋다.

이것은 「거래품」 제6게의 장행석長行釋 "만일 거법去法이 둘이라면 2개의 가는 자가 있게 된다. 왜 그런가? 거법이 있음으로 인하여 가는 자가 있는 것이기 때문에 한 사람이 2개의 가는 것과 2개의 가는 자를 갖는다는 것은 옳지 않다. 그러므로 지금 가고 있는 중인 것(去時)에도 가는 것이 없다."(若有二

去法, 則有二去者. 何以故. 因去法有去者, 故一人有二去二去者, 此則不然. 是故去時亦無去. T30, 4a)라는 문장에 대한 세 사람의 주석을 볼 때 한층 분명하다. 우선 길장소와 지림소를 비교해본다.

(B)
길장소
(전략) 또 본래 한 사람인데, 네가 세운 논리로 말미암아 거시去時 중에 가는 것이 있게 되어 곧 두 사람이 성립한다. 이미 두 사람이 성립하면 곧 한 사람은 거법과 함께 동쪽으로 가고 한 사람은 거법과 함께 서쪽으로 가며 서쪽이든 동쪽이든 동쪽으로 간 사람은 다시 거시 중에 가는 것으로 다시 두 법과 두 사람을 성립시킨다. 이와 같다면 곧 한 사람이 무량의 사람을 성립시키고 하나의 법이 무량의 법을 성립시킨다. 이렇다면 곧 하나의 사람과 하나의 법을 상실하니, 이미 하나를 상실하였는데, 어떻게 여럿이 있겠는가. 그러므로 하나와 여럿이 함께 파괴된다. 여기까지 오면 곧 법을 세우는 일이 끝나버린다.
(전략) 又本是一人, 由汝立去時中有去即成二人. 既成二人即一人與去法往東, 一人與去法往西, 西東, 東人復於去時中去復成二法二人. 如是即一人成無量人, 一法成無量法. 若爾者即失一人一法, 既失其一何有多耶. 故一多俱壞. 至此已來即立法窮矣.

권4본 「거래품」 제2. (T42, 56b.)

지림소
(지림 법사가 이 뜻을 드러내고자 다음과 같이 말한다.) 곧 2개의 가는 자가 있게 된다. 가는 것은 스스로 움직이지 못하여 가는 자로 말미암아 관리되니, 이미 2개의 가는 것이 있으면 2개의 가는 자가 있는 것이다. 그러

므로 만약 2개의 거법이 있으면 2개의 가는 자가 있다고 한다. 그런데 가는 자와 가는 것은 서로 분리되기도 하고 다시 서로 필요로 하기도 하니, 어찌 2개의 가는 것과 2개의 가는 자가 아니겠는가. 곧 하나의 가는 것이 가는 자와 함께 서쪽으로 가고 하나의 가는 자가 가는 것과 함께 동쪽으로 간 경우 서쪽으로 간 가는 것과 가는 자 또한 서로 분리되었다가 다시 서로 필요로 하게 되어 2개의 가는 것과 2개의 가는 자가 되어야 하며, 동쪽으로 간 것도 이와 같다. 하나의 사람이 무량의 사람이 되고 하나의 움직임이 무량의 가는 것이 되며 하나의 가는 중인 것이 무량의 가는 중인 것이 되니, 어찌 이러한 이치가 있겠는가.

(琳法師顯此意云) 則有二去者. 去不自運, 由者管御既有二去必有二者. 故云若有二去法則有二去者. 然者去相離 要復相須, 豈非二去二者. 便一去與者西, 一者與去東, 西去與者亦應相離, 還復相須復爲二去二者, 東亦如此 是一人爲無量者, 一動爲無量去, 一時爲無量時, 豈有此理也.

『소기』 권5본. (T65, 117c.)

다음으로 지림소와 담영소를 내용적으로 일치하는 부분에 대해서만 비교 대조한다.

(C)
담영소
(생각건대, 담영소에서 다음과 같이 말한다.) 2개의 가는 자가 있게 된다는 것은 가는 것이 분리되어 다시 서로 이미 2개의 가는 것과 2개의 가는 자가 되어야 한다는 것이다. 곧 하나의 가는 것이 가는 자와 함께 동쪽으로 가고 하나의 가는 자가 가는 것과 함께 서쪽으로 간 경우 서쪽으로 간 가는 것과 가는 자 또한 서로 분리되어야 한다. 이미 서로 분리되었다가 또

서로 필요로 하게 되어 다시 2개의 가는 것과 2개의 가는 자가 된다. 동쪽으로 간 것도 이와 같다. 곧 4개의 가는 것과 4개의 가는 자가 되니, 마침내 무량에 이른다. 그러므로 하나의 사람이 무량의 사람이 되고 하나의 움직임이 무량의 움직임이 되며 하나의 가는 중인 것이 무량의 가는 중인 것이 되니, 그럴 수 있겠는가?

(案, 影疏云) 則有二去者者, 去違離要復相已爲二去二者. 便一去與者東, 一者與去西, 西去與者亦應相離. 旣相離已亦當相須復爲二去二者. 東亦如之, 便爲四去四者, 遂至無量. 則然一人爲無量人, 一動爲無量動. 一時爲無量時, 可得然乎.

『소기』 권5본. (T65, 117b～c.)

지림소

그러므로 만약 2개의 거법이 있으면 2개의 가는 자가 있다고 한다. 그런데 가는 자와 가는 것은 서로 분리되기도 하고 다시 서로 필요로 하기도 하니, 어찌 2개의 가는 것과 2개의 가는 자가 아니겠는가. 곧 하나의 가는 것이 가는 자와 함께 서쪽으로 가고 하나의 가는 자가 가는 것과 함께 동쪽으로 간 경우 서쪽으로 간 가는 것과 가는 자 또한 서로 분리되었다가 다시 서로 필요로 하게 되어 2개의 가는 것과 2개의 가는 자가 되어야 하며, 동쪽으로 간 것도 이와 같다. 하나의 사람이 무량의 사람이 되고 하나의 움직임이 무량의 가는 것이 되며 하나의 가는 중인 것이 무량의 가는 중인 것이 되니, 어찌 이러한 이치가 있겠는가.

故云若有二去法則有二去者 然者去相離 要復相須 豈非二去二者 便一去與者西 一者與去東 西去與者亦應相離 還復相須復爲二去二者 東亦如此 是一人爲無量者 一動爲無量去 一時爲無量時 豈有此理也.

즉 지림소와 담영소는 거의 자구도 완전히 동일하다. 길장소는 이 2소를 참조하여 이들에 근거함이 명확하다. 따라서 담영(~418)·지림(409~487)·길장(549~623)이라는 3인의 주석가에 의한 『중론소』 간에는 밀접한 관계가 있는 것을 알 수 있다. 그리고 지림소 성립의 배경에 담영소의 존재가 추정된다면 앞 항에서 보았듯이 이 담영소와는 별도로 길장소는 다분히 지림소를 계승했던 것이 분명하므로 이 3소 사이에는 연대적으로도 발달 과정의 종적인 관계를 추정시키는 것이 있다. 환언하면 지림 『중관론소』를 매개로 하여 관중의 『중론』 연구가 길장에게 계승된다고도 할 수 있다.

2) 사상과 그 배경

안징이 소개하는 지림소는 매우 단편적이면서 주로 길장소의 어구 해석에 참고 의견으로서 제시하는 경우가 많다. 따라서 지림소 전체의 조직 대강이나 사상 내용에까지 들어가서 검토하지 않으므로 그 전모에 대해서는 살펴볼 방도도 없다. 하지만 지림소의 단편들을 일별해보기만 해도 표현 상의 자구에 그치지 않고 사상적으로도 이것이 관중의 담영 『중론소』나 승조 『조론』으로 대표되는 정통설을 계승했다는 것을 알 수 있다.

(1)

예를 들면 「관사제품觀四諦品」 제18게의 부분적인 주해를 안징은 다음과 같이 인용한다.

> 지림 법사가 말한다. '역위시가명亦爲是假名'이란 유를 추적하여 공을 밝혔지만 공도 가명설이라는 것이다. 또 참된 도리는 상을 끊고 언행도 그대로 끊어지니, 어찌 그 사이에서 유와 공을 허용하겠는가. 단지 가언假言으로 무언無言을 보인 것이다. 그러므로 '역위시가명'이라고 하였다. '역시중도

의亦是中道義'란 자성이 없으므로 비유인 공이고 공이므로 무가 아니어서 두 극단을 멀리 벗어난 것을 중도라 한다. 이 해석은 곧바로 서로 의존함을 밝혀 유와 무를 논파하는 것이긴 하지만 아직 정면으로 인연공의 뜻을 밝히지 않았으니, 지금 만법의 일어남을 밝힌다. 인과 연에 의탁하여 서로 의지依持하면 유와 무를 벗어난다. 서로 의존하므로 유가 아니고 항상 유지하므로 무가 아니니, 유와 무의 두 극단을 벗어난 것을 곧 중도의 뜻이라고 한다.

> 琳法師云, 亦爲是假名者, 追有明空, 空是假名說也. 又眞理絶相, 言行斯斷, 豈容有空於其間哉. 但假言以示無言. 故云亦爲是假名也. 亦是中道義者, 無性故非有空, 空故非無, 遠離二邊名爲中道. 此釋直明相待以破有無, 而未正明因緣空義. 今明萬法起也. 藉因託緣互相依持, 離有離無. 相依故非有, 恒持不是無, 離有無二邊, 乃名中道義也. (T65, 71a~b.)

앞 문단에서 지림이 "참된 도리는 상을 끊고 언행도 그대로 끊어지니, **어찌 그 사이에서 유와 공을 허용하겠는가.**"라고 한 것은 담영이 "내외가 모두 아득하고 연지緣智가 모두 고요하니, **어찌 그 사이에서 명수名數를 허용하겠는가.**" (內外並冥緣智俱寂, 豈容名數於其間哉)[13]라고 설하는 것과 동일하다. 반야·공의 주체적인 이해에서 양자는 공통적인 것을 가졌다고 할 수 있다. 또 '중도의'에 대해서도 "유와 무의 두 극단을 멀리 벗어난다."는 원초적인 해석을 일보 진전시켜 '인연공의'에서는 만법이 인과 연에 의탁하여 서로 의지하는데 서로 의존하므로 유가 아니고 항상 유지하므로 무가 아니라고 하여 이러한 의미에서 유무의 두 극단을 벗어난다(비유비무)는 것이 중도의라고 하는 것은 「사제품」

---

13   담영, 「중론서」(『출삼장기집』 권11, T55, 77a).

게송의 뜻에 들어맞는 해석이라고 할 수 있을 것이다. 이를테면 담영은 이제를 회통하면 "유라고 할지라도 무라면 유에 매이지 않고, 무라고 할지라도 유라면 무에 막히지 않는다. 무에 막히지 않으면 단멸의 견해가 쉬고, 유를 보존하지 않으면 상견 등이 얼음과 같이 녹는다. 이 모든 극단을 고요하게 하므로 중中이라 한다."[14]라고 중도를 정의한다.

(2)

다시 안징이 비교적 장문에 걸쳐 지림소를 인용했던 것으로 『중론』 귀경게의 전반부 "능히 이 인연을 설하여 모든 희론을 잘 소멸시킨다."(能說是因緣, 善滅諸戲論. T30, 1c.)라는 구절의 주해가 있다. 즉

> 지림 법사가 말한다. "모든 희론을 잘 소멸시킨다."라는 문장은 두 뜻을 갖는다. 첫째, 인연으로 발생한 법은 성품이 항상 적멸함을 밝힌다. 단지 망정의 마음으로 아는 것은 모두 상응하지 않으니 희론을 소멸시킨다고 한다. 그러므로 『대지도론』에서 말한다. "인연으로 발생한 법은 모든 희론을 소멸시키니, 불타가 능히 이것을 설하고 나는 지금 예를 갖춘다." 둘째, 불타의 지혜는 끝까지 근원을 궁구하고 도리에 계합함을 드러내고 아직 듣지 못한 것을 잘 보여주어 이미 말해진 것과 같아지는 것이다. (또 말한다.) 무엇을 잘 소멸시키는가? 단지 이승인은 법에 자성이 있다고 집착하여 생사를 끊어버리고 별도로 열반을 추구하니, 마음에 취하고 버릴 것을 품어 잘 소멸시키지 못한다. 그러므로 『정명경』에서 말한다. "법에는 희론이 없으니, 만약 나는 지금 고를 보고 집을 끊으며 멸을 증득하고 도를

---

14   위의 곳(T55, 77b).

닦는다고 한다면 이것은 곧 희론으로, 법을 구하는 것이 아니다." 불타란 곧 도리를 궁구하고 성품을 다하는 것이니, 잘 담론하여 제법은 인연에서 발생하여 필경 공적하다는 것이 곧 열반이지 법을 제거하고서야 비로소 번뇌가 소멸한 것을 잘 소멸시켰다고 해서는 안 된다. 대개 법성이 스스로 그러한 것에서 말미암아 불타는 거기에 의거하여 설을 일으키니, 도리가 그러하지 않다면 성인에게 이러한 힘이 없다. 그러므로 승조가 말하기를, "성인은 도리를 얻고 도리를 이루는 것에서 마음을 통솔하는 것으로 삼는 다."라고 하였는데, 이 말에 해당한다. 이승이 마음을 보존하고 법에 취착 하여 유무에 망집하고 말이 도리에 부합하지 않는 것을 일컬어 통상 희론 이라고 한다. 만약 언어를 잊고 사려를 쉬어 마음에 명합하고 도리에 이를 수 있다면 바로 '잘 소멸시킴'이라고 하겠다.

琳法師云, 善滅諸戲論者, 文有二意. 一明因緣生法, 性恒寂滅. 但有心將會 者, 悉不相應, 稱滅戲論. 故智度論云, 因緣生法, 滅諸戲論, 佛能說是, 我今 當禮. 二彰佛智窮源契理究竟, 宣示未聞同已所詮. (亦云) 善滅何者. 但二乘 之人執法有性斷除生死, 別求涅槃, 情懷取捨非爲善滅. 故淨名云, 法無戲論, 若言我當見苦斷集證滅修道, 是卽戲論非求法也. 佛卽窮理盡性, 巧談諸法 從因緣生畢竟空寂, 卽是涅槃, 非謂除法始方滅累稱爲善滅. 蓋由法性自爾, 佛便依起說. 若理不然則聖無此力也. 故肇師言, 聖得理成理爲神御, 斯言當 也. 道二乘存心取法, 妄執有無, 言不合理, 通云戲論. 若能忘言息慮, 冥心至 理者, 方爲善滅也. (T65, 26b.)

라는 것이다. 여기서 지림은 "모든 희론을 잘 소멸시킨다."란 첫째로 인연생의 법은 필경 무자성 공적無自性空寂이라는 **도리(理)**이고, 둘째로 이 **도리를 궁구 하고** 마음에 명합冥合하여 **도리에 이르는** 것이라고 한다. 그 방증으로서 나집 역 『대지도론』의 인연으로 발생한 법은 모든 희론을 소멸시키니, 불타가 능히 이것을 설하고 나는 지금 예를 갖춘다.

因緣生法, 滅諸戲論, 佛能說是, 我今當禮. (T25, 97b.)

라는 문장과 함께 『유마경』의

법에는 희론이 없으니, 만약 나는 지금 고를 보고 집을 끊으며 멸을 증득하고 도를 닦는다고 한다면 이것은 곧 희론으로, 법을 구하는 것이 아니다.

法無戲論, 若言我當見苦斷集證滅修道, 是則戲論非求法也. (T14, 546a.)

라는 것을 거론하는 것은 나집 역 제경론에 관한 지림의 의식적인 연찬의 흔적을 품은 것이다. 다시 지림은 승조의 말로서 "성인은 도리를 얻고 도리를 이루는 것에서 마음을 통솔하는 것으로 삼는다."라고 서술하여 이 말이 지당하다고 하는데, 이것은 승조 『열반무명론涅槃無名論』에 열반의 '도道'를 서술했던 대목에서

그러므로 이를 말하는 사람은 그 진실을 잃게 되고, 이를 아는 사람은 반대로 어리석어지며, 이를 소유하는 자는 그 성품을 어그러뜨리게 되고, 이를 없애는 자는 그 몸을 상하게 된다. 그 때문에 석가는 마갈타국에서 방문을 걸어 잠그었고, 정명은 비야리에서 입을 다물었으며, 수보리는 설법 없음을 제창하여 도를 드러내었고, 제석천과 범천은 설법을 들음이 없음으로써 꽃비를 내렸던 것이다. 이들 모두는 **도리가 마음을 통솔한 것이다.**

然則言之者失其眞, 知之者反其愚, 有之者乖其性, 無之者傷其軀. 所以釋迦掩室於摩竭, 淨名杜口於毘耶, 須菩提唱無說以顯道, 釋梵約聽而雨華. 斯皆
理爲神御

라는 것에서 뜻을 취한 것이다. "모든 희론을 잘 소멸시킨다."는 또한 열반의 경지인데, 인연소생법因緣所生法이 필경 공적空寂이라는 도리를 "궁리진성窮理盡性"한 것이 열반이라고 한다. 승조의 말을 빌어 성인이 이 도리를 이룬 것은 '마음을 통솔한 것'이라고 하는 것은 이른바 "무심無心의 묘혜妙慧로써 무상無相의 허종虛宗에 계합한다."[15]는 것이며 그것은 언설의 유무를 초월하는 것이다.

이렇게『지림소』중에는 나집 역 제경론을 비롯하여 담영·승조로 대표되는 장안 삼론의 사상이 유감 없이 섭취되어 자유자재로 발휘되는 것을 볼 수 있다. 특히『조론』이 본격적으로 연구되었던 것은 일반적으로 진대陳代의 혜달慧達 무렵부터 강남 삼론 학파 사이에 시작되었던 것이 계기가 되었는데, 그것에 앞서 1세기 가까운 남제 지림에게서 이미 그 맹아를 볼 수 있다는 것은 지림의 반야 삼론의 사상이 관중의 구설을 확실히 계승했던 것이고 그것을 배경으로 성립했던 것임을 증명한다.

---

15 담영「중론서」(『출삼장기집』권11, T55, 77a).

제3절 주옹周顒과 『삼종론三宗論』

1. 서

남제 지림의 『중관론소』과 함께 강남에서 삼론학 부흥의 원동력이 되었던 것이 주옹의 『삼종론』이다. 길장은 『중관론소』 권2말 「동이문同異門」 제6에서 역대 여러 법사의 대표적인 반야 이해의 뜻을 늘어놓고 그 동이 득실을 분별하는데, 그 결론으로

> 지금 총괄적으로 자세히 밝혔다. 그런데 만약 위의 것들에 집착하고 유소득이라면 모두 반드시 논파해야 한다. 만약 마음에 의지하는 바가 없고 무소득이어서 인연에 따라 깨달음을 얻는다면 모두 사용할 수 있다. 그런데 경론에 부합하는 것은 도안의 본무와 지둔의 즉색, 주옹의 가명공, 승조의 부진공으로 그 근원은 오히려 하나이지만 방언方言이 다를 뿐이므로 모두 사용할 수 있다.
> 今總詳之. 然若封執上來有所得, 皆須破之. 若心無所寄, 無所得, 適緣取悟, 皆得用之. 亦但府經論者, 釋道安本無, 支公即色, 周氏假名空, 肇公不真空, 其原猶一, 但方言為異, 斯可用之. (T42, 29c.)

라고 서술한다. 여기서 길장은 석도안의 '본무의'와 지둔의 '즉색의', 주옹의 '가명공의', 승조의 '부진공의'가 모두 경론의 취지에 부합하는 것이며 방언方言은 다르더라도 그 근원은 하나이므로 사용할 수 있다고 한다. 이 주옹의 '가명공의'란 이제의 뜻에 관해 3종宗의 차이점을 논했던 『삼종론』에서 제3의 종의에 해당하는 주옹 자신의 설로서 당시 성실 학파의 이제관을 논파하여 반야 삼론의 입장에서 이제의 정의正義를 서술한 것이다. 그러므로 길장이

이것을 높이 평가했던 것이다. 송宋 조수祖琇의『융흥불교편년통론隆興佛教編
年通論』권5에서는

> 그때 서울의 여러 법사들이 이제의 뜻을 세움에 3종宗이 있었는데, 각기
> 달랐다. 이에 여남 주옹이『삼종론』을 지어 그 차이점을 회통하였다.
> 時京邑諸師, 立二諦義有三宗, 宗各不同. 於是汝南周顒, 作三宗論, 以通其
> 異. (X75, 135b.)

라고 하여 주옹의『삼종론』은 당시 서울의 여러 법사들의 이제의에 대해 3종宗
의 차이점을 회통했던 책이라고 하는데,『남제서南齊書』의 주옹의 전기에서는

> 『삼종론』을 저술하여 공가명空假名을 세우고 불공가명不空假名을 세웠는
> 데, 불공가명을 설립하여서는 공가명을 비판하고 공가명을 설립하여서는
> 불공가명을 비판하였으며, 가명공假名空으로는 두 종의를 비판하였다.
> 著三宗論, 立空假名, 立不空假名, 設不空假名難空假名, 設空假名難不空假
> 名, 假名空難二宗[1]

라고 하여 오히려 제3의 '가명공'이라는 주옹 자신의 설에 의해 '불공가명',
'공가명'이라는 앞의 2개를 논난 파석論難破析했던 것을 알 수 있다. 이 앞의
두 가지 종의의 이제설에 대해 안징의『중관론소기』에서는

---

1   『남제서』권41 주옹전.

어떤 사람이 전하여 말한다. 균정均正의『현의玄義』에 의거하자면 공가명
과 불공가명은 모두 성실론사의 설이다.

有人傳曰, 依均正玄義者, 空假名, 不空假名, 俱是成實師. (T65, 96a.)

라고 서술한다. 따라서 '공가명', '불공가명'의 2설은 주로 성실사에 의해 주창
된 이제설이라고 생각되며, 이 성실의 이제를, 스스로 '가명공'의 설을 세우는
것에 의해 파척했던 것이 주옹『삼종론』의 취지라고 말할 수 있을 것이다.
그래서 탕용통湯用彤 교수는 "주옹의『삼종론』은 삼론 학자가 성실에 대해
내렸던 공격의 제일성第一聲이다."[2]라고 한다. 따라서 반야 삼론 사상사에서
『삼종론』의 위치를 짐작할 수 있다.

2. 불공가명不空假名

『삼종론』에서 '삼종三宗'의 순서에 관해 길장은『중관론소』권2말에서

다음으로 제나라의 은사 주옹이『삼종론』을 지었는데, 첫째로 불공가명이
고, 둘째로 공가명이며, 셋째로 가명공이다.

次齊隱士周顒著三宗論, 一不空假名, 二空假名, 三假名空. (T42, 29b.)

라고 하여 (1)불공가명, (2)공가명, (3)가명공의 순서로 표현된다. 이것은 길장
의『이제의』권하[3] 및『대승현론大乘玄論』권1[4]의 설명 순서와도 합치한다.

---

2   湯用彤,『漢魏兩晉南北朝佛敎史』下冊, p.740 참조.

3   길장,『이제의』권하(T45, 115a). "次周顒明三宗二諦. 三宗者, 一不空假, 二空假, 三假空."

4   길장,『대승현론』권1(T45, 25a). "次周顒明三宗二諦. 一不空假, 二空假, 三假空."

따라서 이제에 관해 '3종宗'을 발달적 단계적으로 서술하는 것이라면 앞에서 기술한 순서가 지당하다고 생각된다. 또『삼종론』은 지금 산일하여 전해지지 않는데,『삼종론』의 내용에 관해 비교적 정리된 설명을 제공했던 역사적 문헌으로서는 가상 대사의 것이 현존 유일하다. 따라서 그 사상 내용에 대해 살펴보려면 길장의 저작 혹은 그것에 관련한 삼론계의 주해서에 근거하는 수밖에 없다.

3종 중에서 가장 초보적인 이제의 이해가 제1의 '불공가명'이다. 이것은 후에 별명으로 '서루율鼠嘍栗의 이제'라고도 불린다. 즉『대승현론』에서

> 불공가명이란 자성이 없지만 실유實有이니, 가명의 세속제가 전혀 없는 것일 수는 없다는 것이다. **서루율**鼠嘍栗과 같다.
> 不空假名者, 但無性實有, 假世諦不可全無. 如鼠嘍栗 (T45, 24c.)

라고 한다.『이제의』에서는 다시 상세하게

> 서루율의 이제란 경전에서 색을 밝힘에 색성은 공이라는 것이다. 저들은 말한다. 색성이 공이라는 것은 색에는 고정된 자성이 없지만 색은 결코 없는 것이 아니라고 밝힌다. 마치 쥐가 밤을 갉아먹는데 과육이 없어져도 밤에는 오히려 껍질이 있으니, 형용이 완연하다. 밤에 과육이 없으므로 밤은 공이라 하고, 결코 밤이 없는 것은 아니므로 밤은 공이라 한다. 즉 공과 유에서 모두 유를 성립시킨다.
> 鼠嘍栗二諦者, 經中明色色性空. 彼云, 色性空者, 明色無定性, 非色都無. 如鼠嘍栗中肉盡, 栗猶有皮殼. 形容宛然. 栗中無肉, 故言栗空, 非都無栗, 故言栗空也. 即空有併成有也. (T45, 84a.)

라고 서술한다. 이것에 의하면 '서루율'이라는 것은 쥐가 밤의 과육을 다 먹어서 밤 가운데에는 텅 비었지만 껍질은 그대로 남아 있다는 의미이다. 이것은 개물의 자성은 공이지만 개물의 모습은 유인 것에 비유했던 것이다. 따라서 불공가명의 의미는 "가명은 공이 아니다."라고 하는 것으로 성공性空의 무無를 진제로 삼고 가색假色의 유有를 속제라고 생각하는 것이 '불공가명'의 이제관이다. 즉 『중관론소』에서

> 불공가명을 설명해보자. 경에서 색이 공이라고 한 것은 자성의 실체가 공무空無이므로 공이라고 했을 뿐이지 가색假色이 공이라는 것은 아니다. 자성의 실체가 공무이므로 공이라고 하는 것이 곧 진제이고, 가색은 공이 아니므로 세제라고 한다. 뒷사람들은 이것을 서루율의 뜻이라고 한다.
> 不空假名者, 經云色空者, 此是空無性實故言空耳, 不空於假色也. 以空無性實故名爲空, 即眞諦, 不空於假故名世諦. 晚人名此爲鼠樓栗義. (T42, 29b.)

라고 서술한다. 그리고 길장은 이어서 이것을 다음과 같이 논난한다. 즉

> 비판하여 말한다. 『중론』에서 말하기를, "모든 존재는 나중에 달라지므로 모두 무자성임을 알아라. 무자성인 존재도 역시 없으니, 일체의 존재가 공이기 때문이다."라고 했다. 곧 자성이든 무자성이든 일체가 모두 공이니, 어찌 자성만이 공이고 가색은 공이 아니겠는가. 이것은 앞의 즉색의와 다르지 않다.
> 難云, 論云, 諸法後異故, 知皆是無性 無性法亦無, 一切法空故. 即性無性一切皆空, 豈但空性 而不空假. 此與前即色義不異也. (T42, 29b.)

라는 것이다. 여기서 길장이 '불공가명'의 뜻은 '즉색의即色義'와 같다라고 하

는 것은 승조『부진공론』에서 논파 대상이었던 반야의에 관한 3가 이설 중의 '즉색가卽色家'인 것이다.[5] 즉색의의 취지는 "색은 그 자체로 본래 색이 되어 있는 것은 아니다(色不自色). 그러므로 색이라고 해도 실제로는 색이 아니다(雖色而非色)."라는 점에 있으며, 이것에 대한 승조의 비판도 "색은 색에 직면했던 때 이미 색이어서 색을 색이라고 하는 자성에 의해 색이 되는 것은 아니다(色者當色卽色, 豈待色色, 而後爲色哉). 따라서 이 설은 색이 본질적인 자성을 가지는 색이 아니라는 것을 말할 뿐으로(此直語色不自色) 색=비색非色이라는 것, 요컨대 무자성의 색이 색으로서 현전하는 점을 이해하지 못한다(未領色之非色也)."라는 것이었다.[6] '불공가명'의 뜻은 색을 자성과 가명으로 나누어 생각하여 자성 상에서는 무이지만 가색은 유라고 생각하는 점은 즉색의와 같다고 하는 것이다. 길장이 '논운論云'이라고 하여 들었던 경증은『중론』권2「관행품觀行品」제13의 게송으로

> 모든 존재는 달라지므로 모두 무자성임을 알아라. 무자성인 존재도 역시 없으니, 일체의 존재가 공이기 때문이다.
> 諸法有異故, 知皆是無性 無性法亦無, 一切法空故. (T30, 18a.)

라는 것이다. 요컨대 이「관행품」의 게송은 대승의 공관을 잘 보여준다. 색을 자성 상의 색과 가색으로 나누어 전자를 무라 간주하고 후자를 유라 생각하는 '불공가명'의 공관은 이『중론』의 게문이 설하는 대승의 공관이 아니라 오히려『성실론』의 공관에 가깝다고 생각된다. 즉『성실론』에서는 예를 들면「논문품

---

5   승조,『조론』「부진공론」제2(T45, 152a). "卽色者, 明色不自色, 故雖色而非色也. 夫言色者, 但當色卽色, 豈待色色而後爲色哉. 此直語色不自色, 未領色之非色也."
6   제2장 제2절 3. 1) '승조의 3가 비판과 길장 평석의 시비' 참조

논의에는 두 문이 있으니, 첫째로 세계문世界門이고, 둘째로 제일의문第一
義門이다. 세계문이므로 아我가 있다고 설한다. (중략) 제일의문이란 모두
공무라고 설하는 것이다. (중략) 또 2종류의 논의의 문이 있으니, 첫째로
세속문世俗門이고, 둘째로 현성문賢聖門이다. 세속문이란 세속이므로 달이
기운다고 한다. (중략) 또 공·무상 등이라고 설하는 모든 것을 현성문이라
한다.
論有二門, 一世界門, 二第一義門, 以世界門故說有我. (중략) 第一義門者,
皆說空無. (중략) 又有二種論門, 一世俗門, 二賢聖門. 世俗門者, 以世俗故
說言月盡. (중략) 又諸所說空無相等名賢聖門. (T32, 248a〜b.)

라 하고, 또 「멸법심품滅法心品」에서는

오음은 실로 없지만 세속이므로 있다. 왜 그런가? 불타는 제행이 다하는
것이 마치 환화幻化와 같다고 설하였으니, 세제이므로 유이지만 실제로는
유가 아닌 것이다. 또 경에서 제일의공이라고 설하는 뜻은 제일의제이므
로 공이라는 것이지 세제이므로 공이라는 것은 아니다.
五陰實無, 以世諦故有. 所以者何. 佛說諸行盡皆如幻如化, 以世諦故有非實
有也. 又經中說第一義空, 此義以第一義諦故空, 非世諦故空. (T32, 333a.)

라고 설한다. 『성실론』의 공관에서는 제일의문·현성문 내지 제일의제의 입장
에서는 '공'인 것이지만, 세계문·세속문·세제의 입장에서는 '공'이 아니다.
인용문의 후자에서 "경에서 제일의공이라고 설하는 것은 제일의제이므로 공
이라는 것이지 세제이므로 공이라는 것은 아니다."라는 구절이 이것을 잘 보

여준다. 이러한 『성실론』의 공관을 대승의 반야 공관과 비교하여 탕용통湯用彤 교수는 성실은 '**무체유상無體有相**'이라고 설하는 것에 비해 대승은 '**체상개공 體相皆空**'이라고 설하는 바에 그 차이가 있다고 한다.[7] 그래서 "자성은 공이지 만 가명은 공이 아니다."라는 '불공가명'의 이제관은 이러한 『성실론』의 공관 에서 유래한다고 생각된다.

남조의 성실론사가 사실 이러한 이제관을 신봉했는지에 대해 길장 이외에 예를 들면 정영사淨影寺 혜원慧遠(523~592)도 『대승의장大乘義章』 「이제문二諦 門」에서 '이제의'에 4종宗이 있다라 하고 그 제2종에 대해

> 제2종에서는 인연의 가유假有를 세제로 삼고 무자성의 공을 진제로 삼는다.
> 第二宗中, 因緣假有以為世諦, 無性之空以為真諦. (T44, 483c.)

라고 한다. 이 제2종을 혜원은 '파성종破性宗'이라고도 하고 별명으로 '가명종 假名宗'이라 칭하는데, 혜원 스스로 이것을 성실의 설이라고 한다.[8] 이것은 길 장이 『중관론소』에서 설하는 바와 완전히 일치한다. 즉

> 옛 지론사地論師 등이 4종宗의 뜻을 분별한 대로 비담은 인연종이라 하고 성실은 가명종이라고 하며 반야교 등은 부진종이라 하고 열반교 등은 진 종이라고 한다.
> 如舊地論師等, 辨四宗義, 謂毘曇云是因緣宗, 成實為假名宗, 波若教等為不

---

7   湯用彤, 앞의 책, p.743 참조.

8   혜원, 『대승의장』 권1(T44, 483a~b). "宗別有四. 一立性宗亦名因緣, 二破性宗亦名假名, 三破相宗亦名不 真, 四顯實宗亦曰真宗. (중략) 又人立四, 別配部黨. 言阿毘曇是因緣宗, 成實論者是假名宗, 大品法華, 如是 等經是不真宗, 華嚴涅槃維摩勝鬘, 如是等經是其真宗."

真宗, 涅槃敎等名爲眞宗. (T42, 7b.)

라 하는 '옛 지론사'란 혜원을 가리키는 것은 분명하다. 이리하여 『성실론』
내지 '성실사成實師'가 설하는 이제설을 주옹은 3종의 제1 '불공가명종'이라고
이름 붙였던 것은 분명할 것이다.

그러면 남조 송·제대 당시에 이러한 이제설을 주장했던 성실사란 구체적으
로 누구였는지가 다음으로 문제되는데, 이것에 대해 안징은

> 『산문현의』제5권에서 말한다. "셋째로 석현량釋顯亮의 『불공이제론』에서
> 는 '경에서 말하기를, 인연의 제법은 불타가 있든 불타가 없든 성상性相이
> 상주한다라고 했는데, 어찌 없다고 할 수 있겠는가?'라 했고, '경에서 말하
> 기를, 제법의 공이란 이른바 내공 무주內空無主이다라고 했는데, 무주無主
> 인 제법을 세제라 하고 제법의 무주無主가 진제이다.'라고 했다." 이것은
> 곧 수부 삼장數部三藏의 뜻으로서 사리事理의 이제를 밝히는 것이니, 삼취
> 유위三聚有爲[9]를 속제라 하고 그중 16진리[10]가 제일의제라는 것이다. 옛날
> 에는 서루율의라고 했다.
> 山門玄義第五卷云, 第三釋顯亮. 不空二諦論云. 經曰, 因緣諸法有佛無佛性
> 相常住, 豈可言無哉. 而經云, 諸法空者所謂內空無主, 以無主諸法名世諦,
> 諸法無主是眞諦. 此卽數部三藏意, 明事理二諦, 以三聚無(有)爲爲俗諦, 其
> 中十六眞理是第一義諦, 舊諂爲鼠樓栗義. (T65, 95c.)

---

9   ㉬ 삼취 유위三聚有爲 : 유위법을 색법, 심법, 비색비심법非色非心法의 3종으로 분류한 것.

10   ㉬ 16진리 : 16제諦, 16행상行相이라고도 한다. 4성제를 관할 때 각각의 진리에 4종의 행상이 차별적
     으로 성립하는 것을 말한다. 이를테면 고제의 4상相은 무상無常·고苦·공空·비아非我이고, 집제의
     4상은 인因·집集·생生·연緣이며, 멸제의 4상은 멸滅·정靜·묘妙·이離이고, 도제의 4상은 도道·
     여如·행行·출出이다.

라 하여, 『산문현의』[11]를 인용하여 현량顯亮의 『불공이제론不空二諦論』의 설이라고 칭한다. 이 『현의』 혹은 안징의 설은 반드시 신뢰할 수만은 없다. 첫째로 현량의 『불공이제론』이라고 하는 것인데, 현량이란 앞에서 서술했던 『고승전』 권7에서 전하는 하원사何園寺 혜량慧亮[12]인 것으로 "성은 강姜이고, 앞서 현량이라 했다."라고 하는 것처럼 혜량의 앞선 이름이다. 그러나 하원사의 혜량은 『대품』이나 『법화』의 학자로 혜교가 전하는 바에서는 성실 계통의 사람이라고는 생각할 수 없는 대목이 있다. 탕용통湯用彤 교수는 안징이 말하는 현량은 지림의 스승으로 『성실론의소』 8권을 저술했던 도량道亮[13]이 아닐까라고 하는데,[14] 추측의 범위를 벗어나지 않는다. 또한 별도로 혜교는 장락사長樂寺의 각세覺世가 『대품』과 『열반경』을 잘하며 '불공가명의'를 세웠다고 말하는데,[15] 각세에 관해 혜교는 삼론 학자로 당시 학자들에게 종宗이 되었던 북다보사北多寶寺의 혜정慧整과 같은 정도로 활약했다는 것밖에 전하지 않지만 『명승전초名僧傳抄』의 제15 각세의 전기에서

『열반경』과 『대품경』을 잘하며 이제의를 세웠고 불공가명을 종의로 삼았다. 논의가 맑고 분별이 있어 혜정과 이름을 나란히 하였다. (후략)

善泥洹大品, 立二諦義, 以不空假名為宗. 論議淸辨, 與惠整齊名. (후략)

---

11 안징에 의하면 이 책은 흥황사 법랑의 저술이라고 한다. 『소기』 권3말에 "一山門者, 僧詮師初住山門, 只後住山中, 今興皇法朗師以僧詮師上足弟子. 故云山門. 從師立名. 二從山門僧詮師而受玄義. 故云山門玄義."(T65, 96a)라는 것을 참조. 또 졸고 「中論疏記引用の中論注釋書」(『印度學佛教學研究』21-1, 1973 年 3月) 참조.

12 『고승전』 권7 석혜량전(T50, 373b).

13 위의 책, 석도량전(T50, 372b).

14 湯用彤, 앞의 책, p.745.

15 『고승전』 권7 석도유전釋道猷(T50, 374c). "時北多寶慧整長樂覺世, 並齊名比德, 整持精三論, 為學者所宗, 世善於大品及涅槃經, 立不空假名義."

(X77, 354b.)

라고 하며, 어렸을 때 팽성으로 유학하고 후에 서울에 나아가 장락사에 머무르면서 송 태시泰始(465∼471) 중에 많은 방등경에 정통했다고 말해진다. 59세에 죽었는데, 졸년은 자세하지 않다. 여하튼 '불공가명의'가 당시 하나의 학설이었던 것은 사실일 것이다.

둘째로 『현의』 자체의 설인지 아니면 안징의 보충인지 앞 인용문에서는 이 '불공가명'의 이제를 "이것은 곧 수부 삼장數部三藏의 뜻으로서 사리事理의 이제를 밝히는 것이다."라고 하여 이것을 비담의 이제라고 본다. 이것이 안징의 의견에 가까운 것은 앞에서 서술한 혜원(길장이 말하는 옛 지론사)의 '사종의四宗義'를 주석했던 곳에서 안징은

> 첫째, 인연종이다. 이제二諦에는 제법에 자성이 있지 않으니, 인연이 일어나 지은 것을 속제로 삼고 도리가 본래 적멸한 것을 진제로 삼는다. 그러나 범부의 망정은 고정된 자성이 있다고 헤아리니, 이 망정이 공이므로 색이 곧 공이라고 한다. 후대인들은 비담종이라고 하였다.
> 一因緣宗, 二諦諸法無有自性, 因緣起作以爲俗諦, 理本寂滅以爲眞諦. 但凡夫妄情計有定性, 空此妄情故云色卽是空. 後人諸毘曇宗. (T65, 17a∼b.)

라고 서술하기 때문이다. 비담의 이제가 사·리의 이제라는 것은 틀림없는데, 비담 즉 '설일체유부'의 학설에 '법무자성'을 전제하여 '불공가명', 요컨대 자성은 공이지만 가명은 유라는 이제를 배당하는 것은 잘못이다. 실제로 혜원은 이것을 '입성종立性宗'이라고 칭하여 그 설명으로

입성종이라는 것은 소승 중에서 천한 것이니, 제법에 각각 체성體性이 있다고 널리 설한다. 비록 체성이 있다고 설하지만 모두 인연에 따라 발생하는 것이니, 외도가 자연성自然性을 세운 것과는 같지 않다. 이 종의는 저 아비담에 해당한다.

言立性者, 小乘中淺, 宣說諸法各有體性, 雖說有性, 皆從緣生, 不同外道立自然性, 此宗當彼阿毘曇也. (T44, 483a.)

라고 서술한다. 탕용통湯用彤 교수는 (안징이 말하는) 이 설은 법의 무자성을 주장하지 않으므로 '불공가명종'과는 부합하지 않는다고[16] 하여 이것을 물리친다. 앞에서 서술했듯이 안징은 별도로 "어떤 사람이 전하여 말한다."라고 하여 3종 중의 '불공가명'과 '공가명'의 2종은 성실의 설이라는 견해도 보이므로 『산문현의』를 인용한 이 설과는 모순되지만, 가명을 불공으로서 파악하는, 즉 『성실론』의 가명을 유적으로 파악하는 점에서 오히려 그것은 비담에 가까운 것이라고 안징은 생각했던 것인지도 모른다. 여하튼 당시의 성실사의 이제설을 대표하는 것으로서 주옹은 이것을 첫 번째로 채택했던 것이다.

3. 공가명空假名

3종宗의 두 번째가 '공가명'이다. 이것은 후에 별명으로 '안과案瓜의 이제'라고도 불린다. 즉 『대승현론』에서

---

16 湯用彤, 앞의 책, p.745.

둘째로 공가명이니, 이 세제에 대해 체體를 거론하면 얻을 수 없다고 한다. 만약 가유관假有觀을 지어 체를 거론하면 세제이고, 무관無觀을 지어 체를 거론하면 진제이다. 물에서 오이를 누르다가 손으로 오이를 들어 몸통이 나오게 하는 경우가 세제이고, 손으로 오이를 눌러 몸통이 사라지게 하는 것이 진제이다.

第二空假名, 謂此世諦擧體不可得. 若作假有觀, 擧體世諦, 作無觀之擧體是真諦. 如水中案爪(瓜), 手擧瓜令體出, 是世諦, 手案爪(瓜)令體沒, 是真諦. (T45, 24c.)

라고 한다. '안과의 이제'의 '안과案瓜'란 "과瓜를 안案하다."는 의미로 과는 '오이'이다. 물 속의 오이를 손으로 들어 물에 뜬 부분이 세제이고 같은 오이를 손으로 물에 담궈 보이지 않게 된 부분이 진제라는 비유이다. 『중관론소』에서는 이것을

공가명을 설명해보자. 일체의 제법은 여러 인연으로 이루어진다. 이리하여 체가 있으므로 세제라 하고, 인연을 분석하여 구해도 결코 얻을 수 없으므로 진제라고 한다. 뒷사람들은 이것을 안과의 이제라고 하였는데, 오이가 잠긴 것을 진제라 하고 오이가 뜬 것을 속제라고 하였다.

空假名者, 一切諸法, 眾緣所成. 是故有體, 名為世諦, 折(析)緣求之, 都不可得, 名為真諦. 晚人名之為安苽(瓜)二諦, 苽沈為真, 苽浮為俗. (T42, 29b.)

라고 설한다. 일체의 제법은 중연眾緣의 소성所成이므로 유이다. 이 가유假有를 속제로 삼는다. 그런데 여러 인연을 분석하여 체體를 구해도 얻을 수 없으므로 공·무이다. 이 공무를 진제로 삼는다. 『이제의』 권하에서는 "가假를 세제로

삼고, 가체즉공假體即空을 진제로 삼는다."[17]라고 간략하게 설한다. 즉 '공가명'
의 이제도 법의 가명유를 속제로 삼고 제일의의 공을 진제로 삼는 점에서는
최초의 '불공가명'과 동일하지만 초급 단계의 실유적인 가명이 아니라 문자
그대로 가유를 세제로 삼은 것이다. 그리고 이 가유를 분석하여 공을 구하는
것이 특징으로 '석공관析空觀'에 기초한 이제라고 할 수 있다. 그래서 길장은

> 비판하여 말한다. 먼저 가법이 있은 후에 공인 것이니, 다시 연회緣會와 동
> 일하다. 그러므로 미루어 흩어지게 한 것이 곧 무라는 과오가 있게 된다.
> 難曰, 前有假法, 然後空之, 還同緣會. 故有推散即無之過也. (T42, 29b.)

라고 비판한다. 먼저 가법이 있어 그것을 세제로 삼고 그런 후에 이것을 공이
라고 하여 진제로 삼는 것이라면 그것은 '연회緣會'와 동일하여 '미루어 흩어지
게 한 것이 곧 무'라는 과오가 있다고 한다. '연회'란 6가7종의 제7 우도수于道
邃[18]의 '연회종'이다. 연회의 뜻이란 『중관론소』의 같은 곳에

> 일곱째, 우도수는 인연이 모이므로 유인 것을 세제라 하고 인연이 흩어지
> 므로 곧 무인 것을 제일의제라 한다고 밝힌다. 비판하여 말한다. 경에서는
> 가명을 파괴하지 않고 실상을 설한다고 하는데, 어찌 미루어 흩어지게 하
> 는 것을 기다려서야 참된 무이겠는가? 미루어 흩어지게 한 것이 바로 무
> 라면 무릇 속제 중의 사법事法의 무일 뿐이다.

---

17 『이제의』 권하(T45, 115a). "案苽二諦, 假爲世諦, 假體即空爲眞諦." 또 『현론』에서는 '과瓜'로 되어
있고, 『중관론소』와 『이제의』는 '苽'로 되어 있다. 『사론현의四論玄義』 권5와 『삼론약장三論略章』은
'瓜'로 되어 있다. 瓜는 '과'로 '오이'다. 苽는 '고'로 '수국'(벼과의 다년생 수초)이다. 따라서 '瓜'가
옳다. 『현론』의 爪는 瓜의 오기일 것이다. 또 宇井, 『國譯大乘玄論』 p.110, 주 180 참조.
18 『고승전』 권4(T50, 350b)에 전기가 있다.

第七于道邃明緣會故有名為世諦。緣散故即無稱第一義諦。難云。經不壞假名而說實相。豈待推散方是真無。推散方無 蓋是俗中之事無耳. (T42, 29b.)

라는 곳에서도 분명한데, '미루어 흩어지게 한 것이 곧 무'란 "인연을 억지로 흩어지게 하여 무라고 한다."는 것으로 길장은 이것을 "무릇 속제 중의 사법의 무일 뿐이다."라고 비판한다.

성실을 '가명종'이라고 칭하는 것처럼 '가명유'의 사고방식은 『성실론』에 보편적인 것이다. 예를 들면 「색명품色名品」에

그러므로 사대四大와 사대를 원인으로 하여 성립한 것에 대해 설하자면 사대는 **가명이므로 유이다.**
故說四大四大所因成者, 四大*假名故有*. (T32, 261a.)

라 하고, 「멸법심품滅法心品」에서

경에서 설한 것처럼 제법은 단지 가명자假名字일 뿐이다. 가명자란 이른바 무명, 인연, 제행 내지 노사와 여러 고·집·멸이다. 이러한 말일 뿐이기 때문에 오음 또한 제일의이므로 무인 것을 알아라.
如經中說. 諸法但假名字. 假名字者, 所謂無明因緣諸行乃至老死諸苦集滅. 以此語故知, 五陰亦第一義故無. (T32, 333a.)

라는 것처럼, 인연에 의해 발생한 제법은 '가명유'이고 제일의로는 '무'라는 것이 『성실론』의 주제이기도 하다. 단, '공가명의'의 이제관에서는 이 인연의 가유를 분석하여도 체성體性이 불가득이라는 것을 제일인 공이라고 생각했

던 것이다. 따라서 '공가명'의 이제관도 『성실론』이 '가명유'에 대한 올바른 이해를 결여했던 바에서 생겼던 이제설로서, 성실사가 설한 점은 앞의 '불공가명'과 동일하다.

둘째의 '공가명의'를 누가 설했는지 구체적으로 보여주는 자료는 없다. 길장은 후에 개선開善 등의 양대의 성실론사가 이것을 사용했다고 한다.[19] 개선사開善寺 지장智藏이 양대에도 '공가명의' 그대로의 소박한 이제설을 설했는지 의심스럽지만, 길장이 지장의 '이제중도설'이나 '이제일체설二諦一體說'의 원형으로 '공가명'의 진속 상대相對에서 가까운 무엇을 발견했던 것은 확실하다. 예를 들면 『대승현론』 권2에서 지장의 『성실론의소』[20]의 설이라고 하여

이 소에서 말한다. 이제 중도란 무엇을 말하는 것인가? 제법으로 일어난 것은 아직 법성에 계합하지 않았다. 아직 계합하지 않았으므로 유가 있는 것이라면 이 유는 망유妄有이니, 이것은 공이므로 속제이다. 허체虛體가 곧 무상無相이고 무상이 곧 진제이다. 진제는 비유비무이지만 무이니, 그것은 망유가 아니기 때문이다. 속제는 비유비무이지만 유이니, 그것은 가유이기 때문이다. 사물에서 체를 거론하면 곧 진제이므로 유가 아니고 체를 거론하면 곧 속제이므로 무가 아니니, 그러므로 비유비무의 진속일중도眞俗一中道이다. 진제는 무상이므로 비유비무이니, 진제중도이다. 속제는 인

---

19 『대승현론』 권1, "空假者開善等用."(T45, 25a)라는 것을 참조.

20 개선사 지장 『성실론의소』에 대해서는 앞 단락에서 "梁武帝, 勅開善寺藏法師令作義疏. 法師講務無閑, 諸學士共議. 出安城寺開公, 安樂寺遠子, 令代法師作疏. 此二人善能領語, 精解外典. 聽二遍成就, 十四卷爲一部, 上簡法師. 法師自手執疏讀一遍, 印可言之, 亦得去送之."(T45, 26a)라고 찬술의 유래를 서술한다. 이 '의소義疏'가 『성실론의소』인 것은 이 인용이 성실의 3종중도설을 서술했던 조목인 것에서 분명하다. 다만 본서에 대해서는 이외에 기록이 없으며, 안징의 『소기』에도 지장 『성실론대의기成實論大義記』의 인용은 많이 보이지만 본서의 인용은 전혀 없다. 『나라조현재일체경소목록奈良朝現在一切經疏目錄』 No.2594, 成實論疏, 14권이라는 것이 본서일까. ㉓『나라조현재일체경소목록奈良朝現在一切經疏目錄』은 石田茂作, 『寫經より見たる奈良朝佛教の硏究』(1930年, 東洋文庫)의 부록이다. 본서에서는 나중에 약칭으로 『나라조현재록』이라고도 부른다.

연의 가법因假으로 원인인 것이 곧 과보인 것은 아니므로 비유이고 과보를 짓지 않는 것은 아니므로 비무이니, 이 비유비무가 속제중도이다.

此疏云, 二諦中道云何談物耶. 以諸法起者未契法性也. 旣未契故有有, 則此有是妄有, 以其空故是俗也. 虛體卽無相, 無相卽眞也. 眞諦非有非無而無也, 以其非妄有故. 俗雖非有非無而有, 以其假有故也. 與物擧體卽眞故非有, 擧體卽俗故非無. 則非有非無眞俗一中道也. 眞諦無相故非有非無, 眞諦中道也. 俗諦是因假, 卽因非卽果故非有, 非不作果故非無. 此非有非無俗諦中道也. (T45, 26a.)

라고 인용한다. 여기서 예를 들면 지장은 "체를 거론하면 곧 진제이므로 유가 아니고 체를 거론하면 곧 속제이므로 무가 아니다."라고 하여 이 비유비무를 가지고 진속일중도를 설하는데, 이것은 '안과의 이제'에서 "오이가 사라졌을 때 체를 거론하면 모두 사라짐이고, 오이가 나왔을 때 체를 거론하면 모두 나옴이니, 나왔을 때는 사라짐이 없고 사라졌을 때는 나옴이 없다."(瓜沒之時, 擧體幷沒, 瓜出之時, 擧體幷出, 出時無沒, 沒時無出.)[21]고 설하는 것과 동일한 원리에 기초한다. 따라서 진제는 비유비무이지만 망유妄有가 아니므로 '무'라 하고 속제는 비유비무라고 말할 수 있어도 가유이므로 '유'라고 하는 것은 유무의 2리理·2견見을 나타내는 것이 아닌 상즉하여 하나의 중도를 이루는 것이라고는 말할 수 없다. 또한 개선은 따로 '진속 일체眞俗一體'를 설하여 다음과 같이 서술했다고 전해진다.

---

21 안징이 『사론현의』의 「이제의」 중에서 인용한 것으로 『소기』 권3말(T65, 96a) 참조.

다음으로 개선이 풀어 말한다. 가법은 자체가 없으니 발생하더라도 유가 아니다. 그러므로 속제가 곧 진제이다. 진제는 자체가 없어서 가법일 수 있으므로 진제가 곧 속제이다. 속제가 곧 진제이므로 무를 떠나서 유가 없고, 진제가 곧 속제이므로 유를 떠나서 무가 없다. 그러므로 불이이지만 이二이니 중도가 곧 이제이고, 이二이지만 불이이니 이제가 곧 중도이다. 次開善解云, 假無自體生而非有. 故俗即眞. 眞無體可假, 故眞即俗. 俗即眞離無無有, 眞即俗離有無無. 故不二而二, 中道即二諦, 二而不二, 二諦即中道. (T45, 105a.)

이것에 대한 길장의 비판은

둘째로 비판하여 말한다. 너희들의 색즉공色即空의 경우 공과 색은 나뉘는가, 나뉘지 않는가? 만약 나뉘지 않는다면 섞이어 하나를 이룰 것이며, 공과 색이 하나라면 모두 상주이거나 모두 무상일 것이다. 진속이 하나인데 속제는 무상이고 진제는 상주라는 것이라면 곧 진속이 하나인데 진제는 무상이고 속제는 상주라는 전례대로 비판될 것이다. 만약 나뉜다면 공과색은 다른 것이니, 비록 즉即이라고 하더라도 결국 나뉠 것이고 결국 다른 것이 될 것이다. 마치 침향목沈香木과 단목檀木 같아서 합하려고 눌러두어도 침향목과 단목은 결국 나뉠 것이고 결국 다른 것이 될 것이다. 만약 대승 방등경의 설과 다르다면 이러한 설은 곧 괴멸되는 것이니, 혀가 얼굴 전체를 덮는 일은 성립하지 않는다.

第二難云, 汝色即空時, 為空色分際, 為不分際. 若不分際則混成一, 若空色一, 皆常皆無常. 眞俗一言俗無常眞常者, 即例難眞俗一眞無常俗常也. 若分際則空色異, 雖即終分際終異. 如沈檀雖合為案, 沈檀終分際終異. 若異方等之經便壞, 覆面之舌不成也. (T45, 105c.)

라고 '같음과 다름'의 논리로 이것을 논파한다. 앞의 『현론』의 망유(가유)를 속제, 무상을 진제라고 한 지장의 중도설에서도 이 '같음과 다름'의 비판에서 보이듯이 망유와 무상의 2리理가 되어 진속의 일중도가 성립하지 않는다는 것이 길장의 비판이었다. 이것을 가지고 진속 일체를 설하는 것은 마치 오이가 잠길 때 체가 사라지고 오이가 뜰 때는 체가 나온다고 하여 체의 즉일卽一을 설하는 '안과의 이제'의 원사상을 벗어나는 것은 아니라는 것이 길장의 비판이다. 따라서 개선이 '공가명의'를 설했다는 것은 역사적인 사실로서가 아니라 길장의 비판의 원리로서 원용된 것에 상응하는 이제설을 성실의 대표적인 학자로서 지장이 소유했던 것이라고 보아야 한다.

4. 가명공假名空 - 주옹 정의周顒正義

세 번째가 주옹 자신의 '가명공'의 뜻이다. 즉 『중관론소』에서

> 셋째로 가명공이란 곧 주옹이 사용하는 것이다. 대의는 가명이 그대로 곧 공이라는 것이다.
> 第三假名空者, 卽周氏所用. 大意云, 假名宛然卽是空.

라고 한다. 이것에 의하면 '가명공'의 대의는 '가명이 그대로 곧 공이다'라는 의미라고 한다. 탕용통湯用彤 교수는 '가명공'은 '지업석持業釋'[22]이라고

---

22 ㉎ 지업석持業釋: 6합석合釋 중 하나. 동의석同依釋이라고도 한다. 앞 구절의 말이 뒷 구절의 말에 대해 일반적 문법으로는 관형어로서의 형용사·부사·명사인 경우이다. 그러므로 뒷 구절의 말은 항상 명사나 형용사가 된다. 예를 들어 '높은 산'이나 '아름답게 그린다'를 지업석으로 읽을 경우 '높다'와 '산' 그리고 '아름답게'와 '그린다'는 동격을 이루게 된다.

한다.[23] 즉 '가명이므로 공', '공이므로 가명'의 의미로 공가 상즉을 밝혔던 것이 '가명공'의 취지라고 한다. 『이제의』 권하에서는

> 3종宗이란 첫째로 불공가명이고 둘째로 공가명이고 셋째로 가명공이다. (중략) 우리 학파에서 변론하는 초절初節의 이제이니, 이 **가명공의 뜻이란 가명이므로 공이니 공이지만 가명이 완연하고, 공이므로 가명이니 가명이지만 공이 완연하다는 것이다. 공과 유가 걸림이 없다.**
> 三宗者, 一不空假, 二空假, 三假空. (중략) 今家所辨初節二諦, 是*假空義 假故空雖空而假宛然, 空故假雖假而空宛然, 空有無礙* (T45, 115a.)

라 하고, 『대승현론』에서는

> 가명공이란 4중 이제 중에서 초중初重 이제이다. **공이지만 그대로 가명이고 가명이지만 그대로 공이다. 공과 유가 걸림이 없다.**
> 假空者, 四重二諦中初重二諦, *雖空而宛然假 雖假而宛然空, 空有無礙* (T45, 25a.)

라고 설한다. 여기서 가명은 그대로 공이고 공은 그대로 가명이라고 하여 공유의 상즉무애를 설하는 것이 주옹 '가명공'의 이제라는 것은 3개의 인용문이 공통이지만 『이제의』와 『현론』에서는 이것이 삼론 이제설의 '4중 이제'의 기본이 되는 초중(초절)의 이제라고 한다. 보통 '4중 이제'의 초중이란 유를 세제로 삼고 공을 진제로 삼는 이제로, 당시 성실 학파에서는 '3가假'를 세제로 삼고 '4망忘'을 진제로 삼는 약리約理의 이제설을 주장했는데, 이것이 삼론

---

23   湯用彤, 앞의 책, p.750.

에서 말하자면 '초중 이제'에 상당하는 것을 밝혔던 것이다. 이것을 논파하기 위해 거듭 제2중 이하의 이제를 설한다고 하는 것처럼 중층적·구조적인 이제의를 '4중 이제'라고 칭한다.[24] 따라서 주옹의 이제를 4중 이제의 초중으로 보는 것은 이것이 성실의 이제와 같은 초보적인 이제의로서 가볍게 보는 경향이 느껴지지만 결코 이러한 의미가 아니다. 삼론의 이제설은 성실처럼 이제를 진리의 형식으로 보는 '약리約理'의 이제가 아니라 교화의 방편으로 보는 '약교約敎'의 이제이기 때문에 유를 세제로 삼고 공을 진제로 삼는다고 하여도 이 유와 공은 고정된 것이 아니라 유에 뒷받침된 공이고 공에 뒷받침된 유이다. 예를 들면『중관론소』권2말에서 '4중 이제'에 기준하여 자파(삼론)와 타파(성실)의 차별을 밝히는 단락에서

> 묻는다. 다른 학파에서도 유가 세제이고 공이 진제라고 하는데, 우리 학파와 어떻게 다른가? 답한다. 반드시 초장어로 구별해야 한다. 다른 학파에서는 말한다. 유는 유일 수 있다면 무도 무일 수 있다. 그러므로 유는 무에 말미암지 않고 곧 무도 유에 말미암지 않으니, 유는 자성의 유이고 무는 자성의 무이다. 우리 학파에서 말한다. 유는 유일 수 없고 곧 무는 무일 수 없다. 유가 유일 수 없는 것은 무에 말미암기 때문에 유이고 무가 무일 수 없는 것은 유에 말미암기 때문에 무이다. 무에 말미암기 때문에 유이므로 유는 자성의 유가 아니고 유에 말미암기 때문에 무이므로 무는 자성의 무가 아니다. 유는 자성의 유가 아니므로 비유이고, 무는 자성의 무가 아니므로 비무이다. 비유비무는 유무를 가설한 것이다. 그러므로 다른 학파

---

24 4중 이제에 대해서는 예를 들면『중관론소』에서 "(1)以有為世諦, 空為真諦. (2)若有若空皆是世諦, 非空非有始名真諦. (3)空有為二非空非有為不二, 二與不二皆是世諦, 非二非不二方名真諦. (4)此三種二諦皆是教門, 說此三門為令悟不三. (중략) 不三為真諦."(T42, 28b)라 하고, 이외에『대승현론』권1(T45, 15c) 등 참조

와 다르다.

問, 他亦云, 有爲世諦, 空爲眞諦, 與今何異. 答, 須初章語簡之. 他云, 有有可
有, 則有無可無. 故有不由無, 卽無不由有, 有是自有, 無是自無. 今無有可有,
卽無無可無. 無有可有由無故有, 無無可無由有故無. 由無故有, 有不自有,
由有故無, 無不自無. 有不自有故非有, 無不自無故非無. 非有非無假說有無,
故與他爲異. (T42, 27c∼28a.)

라고 그 차이를 설한다. 이렇게 유를 세제로 삼고 무를 진제로 삼는 초중의
유무이어서 이것을 삼론의 '초장'(학자學者 장문章門의 초初)의 말에 의해 구별
해야 한다라고 하는 것은 '유무상즉'이 삼론학의 근간인 것을 보여준다. 주옹
의 '가명은 그대로 공이고 공은 그대로 가명이다'라는 이제관은 이 삼론의
유무상즉의 이제관에 합치한다. 그렇게 말하는 의미로 '우리 학파에서 변론하
는 초절 이제'에 합치한다고 설했던 것이다. 오히려 『이제의』에서 '우리 학파
에서 변론한다'는 쪽에 중점이 있다고 생각해야 한다.

다시 길장은 주옹의 이제설에 대해 승조의 『부진공론』이 그 전거라고 말한
다. 즉

주옹의 가명공을 살펴보면 원래 **승조**의 『**부진공론**』에서 나왔다. 『부진공
론』에서 말한다. 유이지만 무이고 무이지만 유이다. 유이지만 무인 것이니
이른바 비유이고, 무이지만 유이니 이른바 비무이다. 이와 같다면 곧 사물
은 정말로 없는 것이 아니며 사물은 정말로 있는 것이 아니다. 사물은 정
말로 있는 것이 아닌데 어디에 사물이 있겠는가.

尋周氏假名空, 原出*僧肇不眞空論.* 論云, 雖有而無, 雖無而有. 雖有而無所
謂非有, 雖無而有所謂非無. 如此卽非無物也, 物非眞物也. 物非眞物, 於何
而物. (T42, 29b∼c.)

라고 서술한다. 길장이 말하는 것처럼 주옹이 승조『부진공론』을 전거로 하여 『삼종론』을 술작했다는 것은 양자의 사상의 공통점에서 생각해도 확실한 것이다. 주옹의 '가명공'의 내용이 구체적으로 어떤 것이었는지 지금 알 수 없지만 주옹 자신이 다른 기회에 이 '비유비무', '유무상즉'의 사상을 강조하는 것을 알 수 있다. 즉『홍명집』권6에 실려 있는 장융張融[25]과의 문답 왕복한 서간에서

> 무릇 유는 있기 때문에 중생들이 유를 알고 무는 없기 때문에 사람들이 무를 인식한다. 노자가 유를 쓰고 무를 기록한 것은 이런 범위에서 벗어나지 않았으니, 바로 내가 쓴『삼종론』에서 "취사하여 내달려도 아직 그 단계를 넘어가지 못했다."라고 한 내용이다.
>
> 夫有之爲有, 物知其有, 無之爲無, 人識其無. 老氏之署有題無, 無出斯域. 是吾三宗鄙論, 所謂取捨驅馳. 未有能越其度者也. (T52, 40b.)

라고『삼종론』의 뜻이 있는 지점을 밝혀서 노자는 멀리 미치지 못한 것이라 하고, 다시

> 유를 다하고 무를 다한다 해도 궁극까지 나아간 것이 아니라면 구비된 것이 아니다. 무를 알고 유를 안다는 점에서 나는 도가를 인정하지만 오로지 유도 아니고 무도 아니라는 그 지점은 도가의 말로 미치지 못할 따름이다. 비유비무는『삼종론』에 간직되어 있는 것이다.
>
> 盡有盡無, 非極莫備. 知無知有, 吾許其道家, 唯非有非無之一地. 道言不及

---

25 장융의 전기는『남제서』권41,『남사』권32 부장소전附張邵傳을 참조.

耳. 非有非無三宗所蘊. (T52, 41a.)

라고 서술하여 유를 다하고 무를 극진히 하는 것은 도가가 잘하는 것이지만 '비유비무'를 밝히는 것은 도가의 말로도 미치지 못하며 이것이야말로『삼종론』에서 설하는 바라고 강조하기 때문이다.

그런데 주옹이 승조의 사상을 계승하여『삼종론』을 저술했던 것에 대해 길장은 승랑이 관중에서 이 뜻을 얻고 남도하여 주옹에게 이것을 전수했던 것이라고 한다.[26] 그러나 주옹이 본서를 저술했던 것은 앞에서 서술한 지림의 서간에서 미루어 480년경이었다고 생각되는 것, 그렇지만 승랑이 남도한 시기가 제의 건무 연간(494~497)이어서 주옹이 승랑에게 '가명공'의 뜻을 자문받았다고 하는 것은 시기적으로 있을 수 없는 것이라고 하여 학자들은 한결같이 이것을 길장의 과장이라고 간주한다. 지림이 불교사가에 의해 취급된 것은 『중관론소』술작의 업적에 의해서가 아니라 주옹에게 주었던 서간이『고승전』등에 수록되어 있어서 그것에 의해 주옹『삼종론』의 성립 시기를 예상하고 길장의 역사적 증언의 허구를 들추기 때문이다. 확실히 주옹『삼종론』의 성립과 승랑의 남도의 시기에는 10여 년의 격차가 있어서 주옹의 승랑 수학이라는 것은 길장 일파의 호교적 의도에서 나온 허식이었는지도 모른다. 이 점에 관해서는 다시 다음 장에서 승랑·주옹의 만남과 관련시켜 고찰을 덧붙이려고 한다. 예를 들어 주옹에게는 승랑으로부터 배웠다는 사실이 없었다고 해도 길장이『삼종론』에 대해『부진공론』의 뜻을 계승하고 삼론 이제의 정의 正義를 선양하는 것으로서 높이 평가했던 것에는 변함이 없다. 그런 의미에서

---

26 예를 들면『중관론소』권2말 "大朗法師關內得此義, 授周氏, 周氏因著三宗論也."(T42, 29c)라는 것을 참조

지림의 『중관론소』와 함께 본서는 강남에서 삼론학 부흥의 중요한 초석이었다고 보는 것이다.

또 앞에서도 서술했듯이 『삼종론』은 현존하지 않고 길장이 인용하는 곳도 극히 단편적으로밖에 없지만 『대승현론』의 「이제장」의 '일곱째로 거듭 상즉을 밝힘' 말미에서 "한 방언에서 말한다."라고 하여

> 가명으로 유를 설하여 세제라 하고 가명으로 공을 설하여 진제라고 한다. 이미 가유를 밝혔으니 곧 비유가 유이고, 이미 가공을 밝혔으니 곧 비공이 공이다. 비유가 유이므로 공인 유와 다르지 않고 비공이 공이므로 유인 공과 다르지 않다. 공인 유와 다르지 않으므로 유는 공인 유라 하고 유인 공과 다르지 않으므로 공은 유인 공이라고 한다. 유는 공인 유라고 하므로 공인 유가 곧 유인 공이고 공은 유인 공이라고 하므로 유인 공이 곧 공인 유이다.
>
> 假名說有為世諦, 假名說空為真諦. 既明假有, 即非有為有, 既明假空, 即非空為空. 非有為有, 非異空之有, 非空為空, 非異有之空. 非異空之有, 有名空有, 非異有之空, 空名有空. 有名空有, 故空有即有空. 空名有空故, 有空即空有. (T45, 22a.)

라고 한다. '일방언설一方言說'이란 『현론』의 주석자를 비롯하여 학자들에 의해 주목받지 못하지만 그 내용에서 미루어 주옹 『삼종론』의 설과 완전히 합치한다. 길장은 이제상즉의 결론으로 특히 『삼종론』의 일절을 인용했던 것을 덧붙여둔다.

제4절 북토 삼론사北土三論師에 관해

1. 서

중국의 삼론학은 본래가 북토北土의 장안長安에서 5세기 초 구마라집에 의한 '삼론三論'의 전역에 의해 그 연구가 시작되었는데, 학파로서의 성립은 제말 양초齊末梁初의 강남江南 땅 섭산攝山에서였다. 중국 불교가 남북이라는 문화 권의 차이에 의해 그 특징을 달리하는 것은 주지하는 바인데, 북방의 '습선習 禪'과 남방의 '강경講經', 또는 선종에서의 '남돈 북점南頓北漸' 등이 그 대표적인 사례이다. 승랑이 강남에 삼론을 전했던 당시도 "강남은 왕성하게 성실을 넓혔고 하북은 비담에 치우쳐 숭상했다.["](1)고 담연湛然이 전하는 것처럼 성실의 세력이 왕성했는데, 승랑으로 시작된 섭산 삼론 학파는 이 성실과의 사상적 대립을 통하여 자기의 교의 상의 입장을 분명히 하는 바에서 시작된다. 그러나 담연도 "남종南宗은 처음에 성실을 넓히고 후에 삼론을 숭상했다.["](2)고 하는 것처럼 남지라는 같은 풍토에서의 세력의 교대였다는 것은 부정할 수 없는 사실이다. 일본에 전승된 중국의 삼론은 모두 이 섭산 삼론 학파의 계보에 연속해 있는 수의 가상 대사 길장에 의해 대성된 강남의 삼론학인데, 이것과는 별개로 당연히 5세기 초에 장안의 나집 문하에 의해 연구되었던 삼론학이 북지에서도 전승되었다는 것은 충분히 예상되는 일이다. 이를 시사하는 것으 로서 길장의 저작에 '북토 삼론사'라는 용어가 있다. 그래서 삼론학 성립사에 서의 한 문제로서 길장이 말하는 이 '북토 삼론사'라는 용어에 관해 고찰하려 고 한다. 다만 앞에서 서술했듯이 일본 남도의 삼론은 모두 길장을 중심으로

---

1   담연, 『법화현의석첨』 권19(T33, 951a). "江南盛弘成實, 河北偏尙毘曇."

2   위의 곳, "故知, 南宗初弘成實, 後尙三論."

하는 것뿐이었기 때문에 길장이 속했던 섭산 삼론과는 별도로 북지의 삼론학을 체계적으로 파악한다는 것은 자료적으로도 불가능하므로, 조금 더 좁은 의미로 길장의 심중에서 '북토 삼론사'라는 용어가 구체적으로 무엇을 의미했는지에 국한하여 고찰을 진행하려고 한다.

2. 담란曇鸞과 사론종四論宗

마에다에운前田慧雲 박사는 그의 저서『삼론종강요三論宗綱要』에서 길장이 말하는 이 '북토 삼론사'에 대해 언급하여 에도江戶 말기의 문화문정文化文政(1818~1830) 시대에 활약했던 진언종의 학승 산성국山城國 해인사海印寺 의연방 명도宜然房明道의『삼론현의현담三論玄義玄談』의 설을 다음과 같이 소개한다.[3] 즉

> 북토사北土師란 본래 북제北齊 담란曇鸞 대사 그 사람이다. 담란 대사가 처음 삼론의 종장이 되었을 때 북위北魏 보리류지菩提流支를 만나『관무량수경』을 전해받고 왕성하게『대지도론』을 강설하여 사론종四論宗을 세웠다.『대지도론』중에서 제38권의「왕생품往生品」과 92권의「정불국토품淨佛國土品」에서 말세인이 정토에 왕생한다는 뜻을 세우므로『대지도론』으로 정토에 왕생하게 하고『관무량수경』을 합하여 사론에서 정토의 일문一門을 세웠다. 그러므로 담란 대사는 논서의 주석서를 짓거나 약론略論을 받들어 상찬하기도 하였다. 그 다음으로 도작道綽 선사가 이어받았다. 다시 법랑法朗 대사에게는 두 사람의 제자가 있었는데, 한 사람이 곧 길장으로 남지에서 삼론을 전하였고 다른 한 사람은 곧 명승明勝 법사로 북지에서 사론

---

3   前田慧雲,『三論宗綱要』pp.63~64 참조.

을 전하였다. 그 후 흘러 흘러 당나라 선도善導 대사가 왕성하게 사론종의
뜻을 세웠다.

北土師者, 根本北齊曇鸞大師, 是也. 鸞大師, 始爲三論宗時, 逢魏菩提流支,
傳觀無量壽經, 以是盛講智論, 立四論宗. 智度論中三十八卷往生品, 九十二
卷淨佛國土品, 成立末世人往生淨土義, 以智論往生淨土, 合觀無量壽經, 於
四論中成立淨土一門. 故大師造論註及奉讚略論等也. 其次道綽禪師相承,
又法朗大師有二人弟子, 一人卽吉藏在南地傳三論, 一人卽明勝法師, 在北
地傳四論. 其後展轉, 唐善導大師盛成立四論宗義.

라고 하는 것이다. 이것에 의하면 북토 삼론사의 종조는 담란(476~542)으로
도작(562~645)이 이를 계승하고 또한 같은 즈음 법랑(507~581)의 제자 2인
중에 길장(549~623)은 남지에서 사론을 홍포하고 명승은 북지에서 사론을
전하며, 후에 당나라 때 선도(613~681)가 이것을 상승했다고 한다. 중국 정토
종의 종조 담란이 '사론'을 배웠다는 것은 『속고승전』의 담란전에

내외의 경적經籍을 갖추어 문리를 닦았으며, **사론에서** 불성을 두루 궁구하
였다.
內外經籍具陶文理, 而於四論佛性, 彌所窮硏. (T50, 470a.)

라고 하여 잘 알려진 사실이며, 공관의 사상이 담란 교학의 골자를 이루는
것은 주지하는 대로이므로 이 명도의 설은 북토의 삼론 내지 사론 학자의
한 사람으로서 담란을 꼽는다는 일반론으로 볼 경우 따로 이론이 없는 것이
지만, 명도는 길장이 말하는 '북토 삼론사'의 보충적 해석으로서 담란을 그
시조라고 간주하는데, 그 점 후술하듯이 길장의 입장에서 본다면 약간 무리
가 있다. 또한 『삼론현의현담』은 법랑의 두 제자로서 길장과 명승 법사를

거론하고 각각 남지와 북지에서 삼론을 홍법했던 대표자라고 하는데, 이 '명승 법사'에 대해 아마 명도는 흥황사 법랑의 유촉遺囑을 받았던 명明 법사[4]와 선도가 수학했던 명승 법사[5]를 혼동했던 것이라고 생각된다. 명 법사는 법랑 사망 후 강소성江蘇省 남쪽에 있는 모산파茅山派 도교의 중심지였던 모산茅山에 들어가 종신토록 산을 나가지 않았다고 전해지는 인물이다. 따라서 북지에서 사론을 전했다는 사실은 없는 것이다. 그런데 선도가 수학했던 명승 법사란 밀주密州, 즉 화북의 산동성 사람으로 선도는 거기서 출가하고 『법화경』과 『유마경』을 받았던 자이다. 이 명승 법사가 삼론 계통의 사람인지 명확하지 않지만 법랑의 제자인 명 법사와는 분명히 다른 사람이다. 따라서 명도의 『삼론현의현담』의 설은 적어도 선도의 대목에 관련해서는 잘못되었다.

일반적으로 남지에서는 중中·백百·십이문十二門의 '삼론'을 소의所依로 삼는 것에 대해 북지에서는 『대지도론』을 더하여 '사론'으로 홍법했던 바에서 후세의 일본에서는 '삼론종'에 대해 이른바 '사론종'이라는 호칭을 낳기에 이르렀다. 혜영慧影의 『대지도론소』[6] 권24에 의하면 북위北魏의 도량道場이 처음

---

4   『속고승전』 권15 석법민전釋法敏傳에서 "入茅山聽明法師三論, 明即興皇之遺屬也. (중략) 領門人入茅山, 終身不出, 常弘此論. 故興皇之宗, 或舉山門之致者是也."(T50, 538b~c)라는 명 법사이다. 그 외 권13 혜고전慧暠傳(T50, 522c), 권14 혜릉전慧稜傳(T50, 536c), 권15 혜선전慧璿傳(T50, 539a) 등에도 기재되어 있다.

5   채옹蔡翁, 『선도대사별전찬주善導大師別傳纂註』 권상에 "幼而投密州明法師出家誦法華維摩."라는 『별전別傳』의 한 대목을 주석하여 "明勝者三論宗脈譜云法朗大師有二弟子嘉祥大師明勝法師也."(『정토종전서淨土宗全書』 권16, p.6하)라고 한다. 이 『찬주』의 설명을 명도는 의용依用했던 것으로 생각된다.

6   혜영, 『대지도론소』 권24(X46, 912c). "自有光律師弟子道場法師, 後聽留支三藏講說, 為被三藏小(小)瞞故, 入嵩高山十年, 讀大智度. (중략) 智度之興正在此人."

7   도량에 대해서는 『속고승전』 권24, 당唐 종남산終南山 지거사智炬寺 석명섬전釋明贍傳에 "乃致書與鄴下大集寺道場法師, 令其依攝, 專學大論."(T50, 632c)이라 하고, 같은 권의 제11 발해渤海 사문 지념전志念傳에 "爰至受具, 問道鄴都, 有道長法師, 精通智論, 為學者之宗"(T50, 508c)이라는 것을 참조. 도량道場과 도장道長이 동일인인 것은 塚本善隆, 『魏書釋老志の研究』 p.311에 '音通で同人である'를 참조.

혜광慧光에게 사사하고 후에 보리류지의 강설을 듣다가 우연히 그의 노여움을
사 도망하여 숭고산嵩高山에 들어가 10년간 『지도론』을 읽고 후에 업도鄴都로
나와 왕성하게 강설하게 되었다라 서술하고, "『대지도론』의 학풍이 흥기한
것은 바로 이 사람에게 있다."라고 서술한다.[8] 도량이 활약한 시기는 혜광
문하의 동문인 법상法上(495~580)의 전기에 "당시 사람들이 말하기를, 서울에
서 가장 눈에 띄는 이는 도량과 법상이다."[9]라는 바에서 법상과 동시대, 즉
6세기 전반이다. 이미 이 무렵은 남지에서는 흥황사 법랑(507~581)이 왕성하
게 강설했던 때여서 시기로서는 반드시 이르다고는 말할 수 없다. 도작道綽의
『안락집安樂集』 권하에서는

> 말하자면 중국 대승 법사로는 **보리류지 삼장**이 있고, 다음으로 어떤 대덕
> 은 명리名利를 떠나니 곧 **혜총**慧寵 **법사**가 있으며, 다음으로 어떤 대덕은
> 항상 강설하여 매번 성승聖僧들이 와서 들었으니 곧 **도량 법사**가 있고, 다
> 음으로 어떤 대덕은 재덕을 감추고 홀로 살면서 두 나라의 숭앙을 받았으
> 니 곧 **담란**曇鸞 **법사**가 있으며, 다음으로 어떤 대덕은 선관禪觀이 특히 우
> 수하니 곧 **대해**大海 **선사**가 있고, 다음으로 어떤 대덕은 총명한 지혜로 계
> 를 지키니 곧 **제조**齊朝 **상통**上統이 있다. 그런데 앞의 6 대덕은 모두 이제二
> 諦를 비추는 신령한 거울이어서 이들은 곧 불법의 수호자들이었다.
> 謂中國大乘法師 *流支三藏* 次有大德呵避名利, 則有 *慧寵法師*, 次有大德尋
> 常敷演每感聖僧來聽, 則有 *道場法師*, 次有大德和光孤栖二國慕仰, 則有 *曇
> 鸞法師* 次有大德禪觀獨秀, 則有 *大海禪師*, 次有大德聰慧守戒, 則有 *齊朝
> 上統* 然前六大德竝是神鏡, 斯乃佛法綱維. (T47, 14b.)

---

8   주 6번 참조

9   『속고승전』 권8 법상전(T50, 485a). "時人語曰, 京師極望, 道場法上."

라고 기록하여 보리류지, 혜총, 도량, 담란이라고 순서 짓는 바를 보면 담란의 사론 연구는 이 도량의 학풍을 받았던 것임을 알 수 있을 것이다.

북지에서『지도론』연구의 계보로서는 도량의 문하에 지념志念[10](535~608)이 있는데,『지도론』과『잡심론』을 10여 년 홍포하며, 후에 진양晉陽의 개선사開善寺, 대흥국사大興國寺 등에서 머물러 강설하고, "먼저 대승론을 거론하며 마지막에 소승을 연설했다."라고 말해진다. 이어서 북주北周 때 정애靜藹[11](534~578)는 경류 법사로부터『대지도론』을 듣고 후에 숭산嵩山에 들어가 경론을 연구하고 "대지·중·백·십이문 등의 사론에 가장 마음을 기울여 존숭한 바로 삼았다."라고 말해진 사론 학자였다. 제자인 도판道判[12] 등과 함께 무제武帝의 파불을 만나 태백산太白山으로 도피했는데, 도판도 또한 "중·백·사론을 밤낮으로 연구했다."라고 전해진다. 이 북주 무제의 파불에 항거하여『이교론二教論』을 저술했던 요姚의 도안道安[13]도 정애의 문인으로 "『열반경』을 숭상하여 생전에 따라야 할 가르침으로 삼고 널리『지도론』에 정통하여 불도를 홍포하는 기반으로 삼았다."라고 말해지는 것처럼『열반경』과『지도론』에 정통하여 이를 홍포하는 데 힘썼던 사론 학자였다. 그리고 이 도안의 문하에 홍선사弘善寺에 머물러 대론大論을 강설했던 영榮 법사[14]와 앞에서 서술한『대지도론소』 24권을 저술했던 혜영慧影이 나온다. 이렇게 보면 북지의 반야 학자에게는 '삼론'보다는 '사론', 특히『대지도론』을 의용·중시하는 것을 두드러진 특징

---

10 『속고승전』권11 석지념전(T50, 508c). 또 도량과의 관계에 대해서는 주 7번 참조.
11 『속고승전』권23 석정애전(T50, 625c).
12 『속고승전』권12 석도판전(T50, 516c).
13 『속고승전』권23 석도안전(T50, 628a).
14 『속고승전』권27 석법광전釋法曠傳에서 "後聽弘善寺榮師大論, 榮即周世道安之弟子也. (T50, 683b)라는 것에 의해 도안의 제자이고『대지도론』을 잘했던 것을 알 수 있다.

으로 지적할 수 있다. 이것은 남지의 삼론 연구에 그다지 보이지 않는 지점으로 북지 특유의 경향이라 해도 좋다. 이것은 길장에게도 예외가 아니어서, 길장은『지도론』에 정통하여 그 교학의 경증적 기반이 후술하듯이『열반경』과『지도론』이며 저술 중의 인용 횟수도 항상 이 두 가지가 압도적으로 많다. 그럼에도 불구하고 길장은 공식적으로는 '삼론'을 대승 통신通申의 논서로서 항상 한 몸으로 보는 것에 대해『지도론』은 대승 별론別論으로서 오히려 이것을 제외한다.[15] 북지에서의『지도론』의 중시와는 분명히 그 태도를 달리한다.

3. 북토 지도론사와 북토 삼론사

그러면 '북토 삼론사'라는 호칭은 이러한 북지에서의 사론 학자 또는『지도론』연구자에 대한 일반적 호칭이었는가라고 하면 엄밀하게는 그렇게 말할 수 없는 지점이 있다. 그 이유는 첫째로 이 용어가 길장에게 특유한 것이라는 점, 요컨대 마치 지론地論에 남도파南道派와 북도파北道派의 구별이 있었듯이 삼론에도 남지파와 북지파라는 2파가 존재했다는 것은 문헌적으로 어디서도 알려지지 않은 것이고, 길장과 동시대인인 정영사淨影寺 혜원慧遠(523~592)이나 지의智顗(538~597), 기타 조사들에게도 특히 '북토 삼론사'라는 표현은 없다. 길장에게서밖에 보이지 않는 용어라는 것이다. 둘째로 이 길장에게서

---

15 예를 들면『삼론현의』에서 "問, 四論破申云何同異. 答, 三論通破眾迷, 通申眾敎, 智度論別破般若之迷, 別申般若之敎."(T45, 12b)라든가, "次論三論通別門. 以智度論, 對三論, 則智度論為別論, 三論為通論."(12c) 등이라고 하며,『대승현론』권5에서도 삼론과『지도론』의 차이를 구별하여 "捉釋論望三論, 異者亦有多義. 一者文義通別有殊, 二者破收之異. 文義通別殊者, 若三論即別通論, 通申一切諸敎, 譬無不申, 通破一切諸迷, 無迷不洗. 故是別通論也. 若是釋論即是通別論, 意致乃復通漫, 而의釋一部文言. 是故名通別論也. 二者收破之異者, 若是三論望釋論, 則唯破不收. 若釋論望三論, 亦收亦破. 所以然者, 三論橫破諸法, 竪除五句. (중략) 故三論唯破不收者也. 釋論亦破亦收者, 破除裹敎緣迷, 申所迷之敎也."(T45, 70c)라고 한다.

도 특수한 경우에 한하여 사용된다는 것이다. 요컨대 이 용어는 길장의 수많은 저작에서 『중관론소』에서만 발견되는 용어여서 다른 저작에는 전혀 없다. 따라서 학자들이 길장의 저작 도처에 '북토삼론사운北土三論師云'이라고 하여 삼론 북지파의 설이 소개되어 있다고 하는 것은 엄밀하게는 거짓이다. 『중관론소』 중 겨우 두세 곳에 지나지 않는다. 더구나 이것이 담란曇鸞도 포함하여 북방에 많았던 사론 학자나 대지도론사에 대한 일반적 호칭이라고 할 수 없는 것은 그것과는 별도로 "북토 지도론사가 말한다."라고 인용하여 "북토 삼론사가 말한다."라는 경우와 분명하게 구별하기 때문이다.[16] 또 『중관론소』에서 말하는 '북토 지도론사'의 경우 다른 저작, 예를 들면 『대품경의소』 등에서는 모두 '북인운北人云'이라는 형태로 많이 인용되어 있다. 이것은 『대품반야경』의 주해에 관한 다른 견해들을 서술했던 것으로서 분명히 '북토 지도론사'의 설을 서술했던 것임을 알 수 있다.[17] 그 외 길장의 저작에서는 자주 '북토인운北土人云', '북토론사운北土論師云'이라는 용례가 보이는데, 그것들은 일반적으로 북지의 대승 논사, 즉 지론사地論師·섭론사攝論師·지도론사 등 실재하는 제파의 학설을 가리킨다고 생각되는 경우가 많다. 이것에 대해 '북토 삼론사'라는 호칭은 『중관론소』 이외에는 발견되지 않는 용법이며, 게다가 다음과 같은 특수한 경우에 한하여 사용된다. 이하 이것을 열거해 본다.

---

16 예를 들면 『중관론소』 권9말에서 "次北土智度論師佛有三身. 法身之佛即是眞如, 眞如體非是佛, 以能生佛故. 故名爲佛. 如實相非波若, 能生波若故名波若. 報化二身則世諦所攝. 故雖有三身, 攝唯二諦."(T42, 140a), 같은 권에 "如江南尙禪師, 北土講智度論者, 用眞如是佛."(T42, 142c)이라는 것을 참조.

17 예를 들면 『대품의소』 권4, "此下二十品, 正明須菩提說般若. 北人就此爲二, 初一品正命說, 第二從初學至無生十九品受命而□(說). 爲三, 一佛命, 二請說法可言, 三佛示其說法可言."(X24, 227b), 권6, "須菩提下第三因此述勤學. 北人云, 就文爲三, 初學, 二示學相, 三示學處. (후략)"(X24, 264a) 등 그 용례는 많다.

(A)

둘째, **북토 삼론사**가 이 논문에는 4권이 있다고 밝히고 크게 3장으로 설명한다. 처음의 4게송에서는 논서의 대종大宗을 표명한다. 둘째, 종파사연從破四緣 이하에서 마지막 「관사견품」에서는 집착을 논파하고 종요를 드러낸다. 셋째, 마지막 1게송에서는 공덕을 미루어 불타에게 귀의한다. 처음으로 처음을 포섭하므로 4게송으로 첫 품에서 종요를 표명하고, 마지막으로 마지막을 포섭하므로 마지막 1게송으로 마지막 품에서 공덕을 미루어 불타에게 귀의한다.

二者北立(土)三論師明, 此論文有四卷, 大明三章. 初有四偈, 標論大宗. 第二從破四緣以下, 竟邪見品破執顯宗. 第三最後一偈, 推功歸佛. 以初攝初, 故四偈標宗在於初品, 以後攝後, 故最後一偈, 推功歸佛在後品也. (T42, 7c.)[18]

(B)

또 **북토 삼론사**는 이 팔불八不에 크게 세 가지 뜻이 있다고 해석한다. 첫째, 공의 도리에 따른 해석(就空理釋)이다. 필경 공의 도리를 밝히면 일어남도 없고 나옴도 없으므로 불생不生이고, 끝도 없고 다함도 없으므로 불멸不滅이다. 고정된 유가 아니므로 불상不常이고, 고정된 무가 아니므로 부단不斷이다. 한결 같은 모습이 아니므로 불일不一이고, 차별이 없으므로 불이不異이다. 앞 때가 공이므로 불래不來이고, 뒷 때가 공이므로 불거不去이다. 둘째, 연기의 사법事法에 따른 해석이다. 인연이 결합하므로 생이고 인연이 분리되므로 멸이다. 이미 생멸이 인연을 빌린 것이므로 실성實性인 생멸은 있지 않다. 그러므로 불생불멸이라고 한다. 인연으로 일어난 법은 곧 원인이 괴멸되고 결과가 발생한 것이니 원인이 괴멸되었으므로

---

18 문장에서 '北立三論師'가 '北土三論師'의 오사誤寫인 것은 『중관론소기』(T65)에 수록된 문장에 비추어 분명하다.

불상이고 결과가 발생하였으므로 부단이다. 원인과 결과가 같지 않으므로 일—이라 할 수 없고, 두 몸이 있는 것은 아니므로 이異라고 할 수도 없다. 바깥에서 온 것이 아니므로 불래라 하고, 원인의 내부에 아직 결과가 있지 않으므로 안에서 나간 것도 아니다. 셋째, 집착을 대치對治하는 해석이니, 이승과 외도의 집착을 대치하는 것이다. 살바다薩婆多에서 말한다. 대생大生은 8법을 발생시키고 소생小生은 1법을 발생시키며, 대멸大滅은 8법을 소멸시키고 소멸小滅은 1법을 소멸시킨다. 그러므로 생멸이라고 한다. 외도인 상키야 학파에서 말한다. 원인 중에 결과가 있어 발생한다. 바이셰시카 학파에서 말한다. 원인 중에 결과가 없이 발생한다. 지금 이 두 학파의 생멸을 논파하므로 불생불멸이라고 한다. 소승인이 말한다. 무위법은 상주이다. 득도하여 무여 열반에 들어갈 때 오음이 모두 소멸하므로 단멸이라고 한다. 외도가 말한다. 허공, 시간, 방위, 미진微塵 등은 원인에 따라 발생하지 않으므로 상주라 하고, 원인에 따라 발생하는 법은 반드시 돌아가 사라져야 하므로 단멸이라고 한다. 어떤 사람은 말한다. 과거는 유이므로 상주이고, 미래는 무이므로 단멸이다. 이 모두는 옳지 않으므로 불상부단이라고 한다. 소승인이 말한다. 제법은 동일하여 모두 무상하여 그 상相이 그러므로 일—이고, 제법은 각각 자상自相이 있으므로 이異이다. 외도가 말한다. 원인과 결과가 함께 있으므로 일—이고, 본성이 구별되므로 이異이다. 이것들은 실제로 옳지 않으므로 불일불이라고 한다. 소승에서 말한다. 미래의 법이 현재로 흘러 들어오면 내來라 하고 나중에 과거로 들어가면 출出이라고 한다. 외도가 말한다. 미진微塵, 세성世性, 범천梵天 등의 극단으로부터 오므로 내來라 하고, 다시 근본으로 귀환하므로 출出이라고 한다. 지금 이러한 병통을 논파하므로 불래불출이라고 한다.

復有北主(土)三論師, 釋此八不凡有三義. 一就空理釋. 明畢竟空理非起非出, 是故不生, 非終非盡所以無滅. 非定有故不常, 非定無故不斷. 一相無相故不一, 無差別故不異. 前際空故不來, 後際空故不去. 第二就緣起事釋. 緣合故生, 緣離故滅. 既生滅假緣, 無有實性生滅. 故云不生不滅. 因緣起法即因壞果生, 因壞故不常, 果生故不斷. 因果不同不得言一, 無有兩體不得言異. 不從外來故言不來, 因內未有果故不從內出. 第三就對執釋. 對於二乘外道執也. 薩婆多云, 大生生八法. 小生生一法. 大滅滅八法. 小滅滅一法. 故云生滅. 外道僧佉云, 因中有果生. 衛世師云, 因中無果生. 今對破二人生滅故云不生不滅也. 小乘人云, 無為是常. 得道入無餘涅槃, 是時五陰都滅故名斷. 外道言, 虛空時方微塵等不從因生故名為常, 從因生法必當歸盡故名為斷. 或言, 過去有故為常, 未來無故為斷. 此皆不然故云不常不斷. 小乘人云, 諸法同皆無常是其相故一, 諸法各自相故異. 外道云, 因果俱有故一, 性別故異. 此實不然故, 云不一不異. 小乘云, 未來有法流入現在名來, 後入過去名出. 外道云, 從微塵世性梵天等邊來故名來, 復還歸本故云出. 今破此病故云不來不出. (T42, 32b~33a.)

(C)

다른 삼론사가 말한다. 옴은 응당 감에 상대되는 것이지만 뜻은 서로 아우르는 것이니, 옴을 거론하여 감을 아우르고 나감을 드러내어 들어옴을 아울러 논파의 뜻이 무궁함을 보이고자 하는 것이다. 그러므로 내출來出이라고 한다.

異三論師云, 來應對去, 但義相兼, 舉來兼去, 顯出兼入, 欲示破義無窮. 故云來出也. (T42, 40b.)

(D)

어떤 다른 삼론사가 이것은 인법상대파人法相待破라고 하였다.

有異三論師, 謂此是人法相待破. (T42, 93b.)

(E)

또 **다른 삼론사**가 말한다. 여기서 여래를 논파하는 것에는 두 가지 해석이 있다. 첫째, 집착심만을 부정하고 실제로 불타를 논파하지는 않는다고 한다. 둘째, 가령 불타를 논파하는 것이라면 외도와 소승의 불타를 논파하는 것이라고 한다.

又*異三論師*云, 此中破如來者有二釋. 一云, 但遣著心實不破佛. 二云, 假令破佛者, 破外道小乘之佛耳. (T42, 140c.)

 (C)~(E)의 '다른 삼론사'라는 것은 (E)의 인용에 대해 안징이 '북토 삼론사'를 가리킨다고 주석하는[19] 바에서 동일인의 설의 인용이라 간주되고 '북토 삼론사'을 바꿔 말한 것이라 생각되므로 특별히 덧붙였다. (C), (D)에 대해서는『소기』의 본문이 빠져 있으므로 (E)와 같은 예인지 분명하지 않지만 참고로 게재했다. 이상의 인용에 의해 알 수 있는 것은『중관론소』에 인용된 '북토 삼론사운'이란 나집 역『중론』의 주석서로 특히 길장과 견해를 달리하든지 아니면 당시 북방에 유포됐던『중론』의 주소註疏를 참고로 하여 인용하는 경우에 한하여 이것을 사용한다는 것이다. 요컨대 특정의 삼론 학자로 분명히『중론』의 주소자였던 누군가를 익명으로 인용했던 것이 길장의 심증에서 '북토 삼론사'였다고 생각된다. 말하자면 이 용어는 명도가 말하는 것처럼 사론학자·대지도론사 일반을 포함하여 불특정 다수의 외연을 가지는 개념이 아니라 특정의 개인에 대한 협의의 의미밖에 가지지 않는 용어라는 것이다. 이와 같은 의미로 사용된 용어였으므로 일본 남도南都의 삼론 학자 사이에서는 이것이 구체적으로 누구였는지라는 것에 대해 여러 가지 논의가 이루어

---

19 『중관론소기』권8본(T65, 212b). "疏又有異三論師云等者, 此下第三破異師說以顯旨歸. 文中有二. 初列異師二說, 是應北土三論師卽琛法師等."

졌다. 그래서 다시 남도의 전승으로 돌아가서 이 문제를 고찰한다.

4. 장莊 법사의 『중론문구中論文句』

첫 번째의 설은 『술의述義』의 저자의 설이다. 앞 항 (A)에서 『중론』의 과문에
관해 길장은 구체적인 문맥을 들어 북토 삼론사의 설을 인용하는데, 이것을
주석했던 안징은 일설로서 『술의』의 설을 소개하고 이것이 장 법사 『중론문
구』의 설이라고 하여 그 일설을 참조한다.[20] 『중론문구』의 『중론』 과단에 관한
문면文面에 대해서는 앞 장에서 그 전문全文을 소개하고 있으므로[21] 여기서는
생략하는데, 『술의』의 저자는 이 장 법사를 『고승전』 제7 석승철전釋僧徹傳[22]
에 부기되어 있는 승장僧莊이라고 하면서 이 사람은 일찍이 『삼론의소』를
저술했던 승도僧導의 제자로 저서인 『중론문구』는 이 승도의 뜻을 서술했던
것에 지나지 않는 것이라고 한다. 그러나 『고승전』에서는 승장이 형주荊州
사람으로 『열반』과 『비담』을 잘했던 학자이고 송의 효무제 초(452) 칙명에
의해 서울로 갔다가 칭병하여 물러났다고 서술할 뿐이다.[23] 승장의 전기가
부기되어 있는 승철(383~452)은 여산 혜원盧山慧遠(334~416)이 죽은 후 형주
오충사五層寺에 머무르므로 이 승철과는 사승 관계가 있었을지도 모르지만,
승장이 서울로 갔던 해(452)는 96세에 죽었던 승도(362~457)의 최만년이기도
하여 이 승도의 뜻을 이어 『중론』에 주석했다고는 생각되지 않는다. 여하튼

20　『중관론소기』, 권1본에 "述義引高僧傳第五卷云, (중략) 出有人說云, 此莊法師義故. 高僧傳第五云, 荊州
　　上明有釋僧莊者, 亦善涅槃及數論等宗是也. 但此師述僧導義耳. 莊法師所造中論文句上卷云, (후략)"(T65,
　　20a)라는 것을 참조.

21　제2장 제3절 4. '승도-삼론 성실 병습의 선구' 2) 수춘계 성실 학파 (5) 승장僧莊의 항목 참조.

22　『고승전』 권7 석승철전(T50, 370c).

23　위의 곳 말미에 "時荊州上明有釋僧莊者, 亦善涅槃及數論. 宋孝武初被勅下都, 稱疾不赴."(T50, 370c)라는
　　것을 참조.

남도에 장 법사가 지은『중론문구』가 있었던 것은 사실이고, 내용적으로도 길장이 인용한 북토 삼론사의『중론』주석과 일치하는데, 그 저자에 관해 필자는『고승전』제7의 승장과는 다른 사람인 장 법사라고 추정한다. 말하자 면『속고승전』권14에 혜지慧持(575~642)라는 초당初唐의 삼론 학자의 전기가 있는데, 이 혜지가 양도楊都 동안사東安寺의 장 법사에게 삼론을 배우고 또 고려의 실實 법사에게 삼론을 들었다고 서술한다.[24] 또 권15에서는 대명大明 법사의 제자로 삼론 학자였던 법민法敏이 후에 명明 법사가 있는 모산을 나와 유학했던 기록 중에서 나아가 동안東安에서 들었고 또 고려의 실공實公이 대승 경론을 강설하는 것을 들었다고 한다.[25] 이 "나아가 동안東安에서 들었다."란 앞에서 서술한 동안사의 장 법사의 삼론을 들었다는 의미일 것은 쉽게 추정되 는 것이다. 그런데 길장 자신이『대품경의소』중에서 '마하반야摩訶般若'의 '마하'의 자구 해석에 그 설을 의용하는 사람으로 똑같이 '장 법사'라는 사람이 있다.[26] 길장은, 이 장 법사가 팽성彭城의 학사學士로서 법랑과는 동문인 장간사 長干寺 혜변慧辨의 강의를 들었다라고 한다. 그렇다면 길장이 말하는 '장 법사' 란『속고승전』권9에 실려 있는 도장道莊(525~605)인 것이다. 즉

> 양주楊州 건업建業 사람이다. (중략) 처음 팽성사의 경경瓊 법사에게 법문을
> 듣고『성실론』을 품수하여 종장이자 사표로서 문도 학인들의 추앙을 받
> 았다. (중략) 도장은 훗날 과연 소승을 천하게 여기고 대승법을 존숭하여

---

24 『속고승전』권14 석혜지전(T50, 537c~538a). "乃聽東安莊法師, 又, 聽高麗實法師三論. (중략) 隋末避難往越州, 住弘道寺常講三論大品涅槃華嚴莊老."

25 『속고승전』권15 석법민전(T50, 538b~c). "入茅山, 聽明法師三論, 明即興皇之遺屬也. (중략) 敏採摘精理, 出聽東安. (중략) 又聽高麗實公講大乘經論."

26 길장,『대품경의소』권1(X24, 199b). "莊法師是彭城學士復聽長干講, 而於張舍人宅, 發大品經釋摩訶云, 遊來釋大是廣博等義. 今明, 不少不大是廣摩訶義.

흥황사의 법랑 법사를 따라 사론의 강의를 들었으며 한 번 들으면 신통하게 깨달아 빼어난 지혜가 홀로 초연하였다. 후에 궐내 도량에 들어가게 되자 당시 명성이 법고가 되어 온 절 안의 사람들이 영예롭게 바라보아 강설의 자리에 참여하지 않는 사람이 없었다.

楊州建業人. (중략) 初聽彭城寺瓊法師, 稟受成實, 宗匠師表門學所推 (중략) 莊後果鄙小乘歸崇大法, 從興皇朗法師聽酌四論, 一聞神悟挺慧孤超 後入內道場, 時聲法鼓, 一寺榮望無不預筵. (T50, 499c.)

라고 전해지는 사람으로, 도선道宣은 흥황 법랑에게서 사론을 들었다라고 한다. 후에 장안長安의 일엄사日嚴寺에 머물러 강설하였고, 대업大業 초(605) 81세로 낙양洛陽에서 죽었다. 길장보다는 20년가량 선배이며 팽성계의 성실 학파에서 삼론으로 전환했던 사람으로서, 또한 길장이 말하듯이 장간사의 혜변에게 사사했던 사람이라고 한다면 혜변은 법랑이나 길장의 일파에서 '중가사中假師'라고 하여 비판되었던 삼론 학자이므로 도장은 오히려 길장과는 이질적인 북토의 삼론사로 소개되었을 가능성이 충분하다고 생각된다. 이 도장이 앞에서 서술한 동안사 장 법사와 동일인인지 즉각 단정할 수는 없지만, 동안사는 양주에 있고 도장이 양주 건업 사람인 것, 또 연대적으로도 일치하며 후에 길장에 앞서 장안에서 활약하고 그 저작도 수십 권 있었다고 전해지는 바에서, 동안사 장 법사란 도장이며 장 법사의 『중론문구』란 이 도장의 저작이었던 것은 아닐까. 물론 길장이 말하는 '북토삼론사설'이 『중론문구』에서의 인용인지에도 다음 항에서 서술하듯이 이설이 있어 확정적이지 않지만, 적어도 남도에서 장 법사가 저술한 『중론문구』라는 『중론』의 주소가 전승되었던 것만은 확실하다.

5. 침琛 법사의『중(관)론소中(觀)論疏』

남도의 견해의 두 번째는 안징 자신의 설이다. 길장 소 권1본에서 인용된 앞의 (A)의 북토 삼론사의『중론』과문에 관해, 안징은『술의』의 장 법사의 『중론문구』에서의 인용이라는 설을 부정하여

<지금 침 법사의 소 제1권을 검토하여 말한다.> 그런데 이 논서에 대해 크게 문단을 판별하면 세 가지가 있다. 처음의 4게송에서는 논서의 대종을 표명하고, 4연 이하에서는 곧바로 품을 세워 해석을 밝히며, 마지막 1게송에서는 공덕에 귀의하여 예경하는 까닭을 밝힌다. 먼저 종요를 표명하는 것인데, 불타가 세상을 떠난 후 상법 시대의 중생들은 각기 다른 주장에 집착하여 유와 무가 모두 일어났다. 이리하여 성자 용수는 먼저 중도를 열어 논서의 종요로 삼았다. 만약 먼저 이 종요를 주창하지 않으면 곧 문답을 밝히지 못하여 말이 의거할 바가 없게 된다. 그러므로 첫째로 먼저 대종을 표명한다. 그런데 종요의 근본이 비록 밝혀졌더라도 만약 자세히 뭇 경전을 인용하여 그 집착하는 망정을 버리지 않는다면 중도는 드러나지 않는다. 그러므로 둘째로 품을 세워 해석을 밝히는 것이다. 그런데 종요를 표명하고 해석하여 논서가 이미 갖추어지면 반드시 위대한 성인의 공덕을 추앙하여 나의 능력이 아님을 드러내야만 한다. 그러므로 셋째로 공덕에 귀의하고 예경함을 밝히는 것이다. 품들을 과단하면 27분分이다. 그런데 인연이 모든 품의 처음에 있고 종요를 표명함이 논서의 첫머리에 올바로 건립됨으로써, 처음으로 처음을 포섭한다. 그러므로 종요를 표명하는 것이 인연품에 귀착한다. 그릇된 견해를 포섭하는 것은 모든 품의 마지막이고 공덕에 귀의하는 것도 논서의 마지막에 지음으로써, 마지막으로 마지막을 포섭한다. 그러므로 공덕에 귀의하는 것이 사견품에 포섭된다. 그와 같이 자세히 밝힌다. <이 소의 문장에 준거하면 지금 북토 삼론

사라고 하는 것은 침 법사이다.>

<今檢琛法師疏第一卷云,> 然此論大判文別有三. 初有四偈標論大宗, 四緣
以下正明立品解釋, 末後一偈, 明歸功稽首所以. 先標宗者, 然佛去世後, 像
法衆生, 各執異執. 有無竝起. 是以聖者龍樹, 先開中道, 以爲論宗. 若不先唱
此宗, 卽不明問答言無所寄. 是故第一先標大宗. 然宗本雖彰, 若不廣引衆經
遣其執情者, 中道不顯. 是故第二明立品解釋. 但標宗解釋, 爲論已周, 唯須
功推大聖顯非我能. 是故第三明歸功稽首. 若就品而科則有二十七分. 但因
緣在諸品之初, 標宗正建於論首, 以初攝初. 是故標宗, 則落在因緣品. 攝邪
見是諸品之末, 歸功復是造論之終, 以後攝後. 是故歸功, 卽攝在邪見品. 廣
明如彼. <準此疏文, 今云北土三論師者, 琛法師也.> (T65, 20b.)

라고 하여 침 법사의 『중(관)론소』 제1권을 인용하여 길장소가 이것에 근거했
던 것을 명기하고 "지금 북토 삼론사라고 하는 것은 침 법사이다."라고 증언한
다. 앞에서 기술한 (B)의 길장 소 권2말에 있는 북토 삼론사의 '팔불석'의 소개
에서도 똑같이 침 법사 소를 인용하여 이것을 주석한다.[27] 또 권8본의 (E)의

----

27 『중관론소기』 권3말(T65, 105a~b). "(疏云復有北土三論師等者, 此下第二約北土三論師義. 而爲言之.
於中有二. 初述計, 後破此文初也. 琛法師疏第一卷云,) 初云, 不生不滅者, 此偈略作三對解釋. 第一約空理解,
第二就緣起事解, 第三對執解. 就空理解者, 明, 法性本空, 非起非出不得名生, 復非終盡不可名滅. 非定有故
不得名常, 非定無故復不得名斷. 一相無相故不可名一, 空無差別故不可稱異. 前際空故不可說來, 後際空故
亦不可說出. 亦可直言所以不生不滅不常斷者, 良以諸法畢竟性空故. (言第二就緣起事釋等者, 次文云,) 二就
緣起事解者, 明, 法性眞空, 卽是因緣深理, 理雖無生, 而衆緣合故名用生, 緣離散復名用滅. 旣生滅屬緣,
寧有實生實滅. 故云不生不滅. 次言非常非斷者, 然因緣之法則因緣果與因性故非常, 果續故非斷. 故云不常
不斷. 次言一異者, 明因果不同不得爲一無別兩體不得爲異. 故云不一不異. 次言來出者, 果從因生不從外來,
緣中無果不從中出. 故云不來不出. 此明因緣起法性相如是離於定性. (言第三就對執釋等者, 次文云,) 第三對
執解者, 對於二乘外道情也. 薩婆多部云, 大生生八法. 小生生一法, 乃至住滅亦如是. 外道人言, 從冥初生覺
四緣生知. 如是等人皆說生滅. 今對斯二人所執故云不生不滅. (言小乘人言等者,) 次言斷常者, 小乘人云, 三
無爲是常, 得道入無餘涅槃, 是時五陰都盡. 故名爲斷. 外道人言, 虛空微塵方神常不從因生. 故名爲常. 爲
因生法必當歸盡. 故名爲斷. 或言, 過去有故爲常, 未來無故爲斷. 此皆不然. 故云不常不斷. (言小乘言等者,)
次言一異者, 小乘人云, 諸法同在無常共相故一, 諸法各各自相故異. 外道言, 因果俱有故一, 相別故異. 此實
不然. 故云不一不異. 次言來出者, 小乘人言, 未來有法流入現在. 故名爲來. 現在之法流入過去. 故名爲出.
外道人言, 諸法從微塵世性梵王等邊來, 後時還歸於本故名爲出. 此皆不然. 故云不來不出. 此明破執顯理. (準

'다른 삼론사'의 설에 대해서도 "이것은 응당 북토 삼론사, 즉 침 법사 등이다."[28] 라고 한다. 특히 (B)의 '팔불석'에 대해서는 앞에서 기술했듯이 길장 소는 장문에 걸쳐 이것을 인용하고 또한 주 27번에서 보듯이 안징도 그 인용 부분의 전문을 게재하므로 이것을 조합하면 이 '팔불석'에 관한 한 길장이 말하는 북토 삼론사의 설이라는 것은 분명히 안징이 말하는 '침법사소'에 해당한다. 안징은 이것을 전제로 하였으므로 (A)의 『중론』 과단에 관한 인용도 『술의』의 장 법사 『중론문구』라는 설을 물리치고 침 법사 『중(관)론소』라고 주장했던 것이라고 생각된다.

그래서 이러한 『중론소』를 저술했던 침 법사란 누구인가라고 한다면 안징은 스스로 "침 법사란 진섬晉刻 동앙산東卬山의 축잠竺潛, 자는 법침法琛, 성은 왕王, 낭아瑯琊 사람이다. (중략) 진晉 영강寧康 2년에 죽었다. 춘추 89세였다."라고 『고승전』을 인용하여 이것을 밝히고, "침 법사는 이 『중론』, 『백론』의 소를 지은 법사이다. 이른바 북토의 삼론사란 이 사람이다."[29]라고 기술한다. 요컨대 길장이 말하는 북토의 삼론사란 『고승전』 권4에 기재된 법침法琛[30]으로, 그의 『중(관)론소』를 길장이 인용했다는 것이다. 그런데 안징도 말하듯이 법침은 진의 영강 2년(374)에 89세로 죽었다. 나집이 『중론』을 번역했던 것은 홍시弘始 11년(409)이므로 이 법침에게 『중론소』가 존재할 리 없다. 이것은 분명히 안징의 중대한 실수이다. 길장의 소에서는 따로 나집 이전의 이른바

此疏文, 今云北土三論師者, 琛法師也.)"

28 주 19번 참조.

29 『중관론소기』 권3말(T65, 93c).

30 『고승전』 권4 석법침전(T50, 347c). 『소기』에서는 법침의 전기가 "高僧傳第三云"이라는 것도 이는 제4권의 오기이다. 또 『고승전』에서는 法深과 같이 되어 있는데, 안징은 "言琛法師者有本作深字."라 주석하고, 침琛과 심深, 혹은 탐探이 쉽게 혼동되는 것을 주의한다.

'6가7종'의 한 사람으로 법침을 거론하여 그의 '본무의설本無義說'을 소개하는 곳이 있다.[31] 혹은 그 때문에 부주의로 이것을 동일시했다고도 생각된다. 그러나 본무가인 동진의 축법침과 길장이 말하는 『중론소』의 저자인 북토의 삼론사와는 길장 자신의 심중에서도 전혀 다른 사람이었다. 왜 안징은 이러한 초보적인 오류를 범했을까. 또한 북토삼론사설이라 하여 길장이 실제로 인용했던 『중론소』의 저자는 누구일까. 이 점을 다음에서 고찰해보고자 한다.

이 문제의 해결을 시사하는 한 문장이 길장의 『중관론소』 자체 중에 발견된다. 즉 「관법품」 제17의 "어떻게 제법무아를 아는가?"(云何知諸法無我.)[32]라는 물음에 대한 답인 게문 12게의 과단에 관한 견해가 그것이다. 길장 소 권8말에

> 다음으로 문답은 문장에서와 같다. 게송은 본래 관내關內에서 옛부터 세 가지로 나누었다. 처음의 5게에서는 성문의 품교稟敎의 득익得益을 밝히고, 다음의 6게에서는 보살의 품교의 득익을 밝히며, 마지막 1게에서는 연각의 득익을 밝힌다. (중략) 요즘 사람들은 **이것이 북토의 요사瑤師가 나눈 것**이라고 한다. 아마도 관내의 고소古疏를 멀리까지 살피지 않았을 것이다. 그러므로 이러한 잘못이 있을 따름이다. 또 장행의 말미에 의거하면 청목도 스스로 이러한 문장을 지었으니, 강설자들은 마땅히 이것을 써야 한다. 次問答如文. 偈本關內舊分之為三. 初五偈明聲聞稟敎得益, 次六偈明菩薩稟敎得益, 後一偈明緣覺得益. (중략) 近代人云, *此是北土瑤師分之* 蓋不遠尋古疏 故有此謬耳. 又依長行末, 青目自作此文, 講者宜用也. (T42, 124c~125a.)

---

31 『중관론소』 권2말(T42, 29a). "次琛法師云, 本無者未有色法, 先有於無故從無出有, 即無在有先有在無後. 故稱本無. 此釋為肇公不真空論之所破."

32 『중론』 권3 「관법품」 제17(T30, 23c).

라고 한다. 이 「관법품」의 12게의 과단은 중국의 『중론』 주석가 사이에서 여러 설이 분분했던 곳이다. 길장은 앞 문장에서처럼 처음의 5게를 성문의 득익得益, 다음의 6게를 보살의 득익, 마지막 1게를 연각의 득익이라는 세 가지로 나누었는데, 이 3분설을 근대近代 즉 길장과 동시대 사람들은 북토 요사瑤師의 설이라고 믿었다. 그것에 대해 길장은 이미 관내關內(장안)의 나집 문하에서 이 구분 방식이 이루어져 있고, 더구나 청목의 장행석에도 밝혀져 있으므로 이 3분설을 써야 한다는 것이다. 여기서 길장이 관내의 고소古疏까지 거론하여 자설의 권위를 세웠던 점은 같은 곳에 소개되는 법랑(507~581)의 5분설도 감히 채용하지 않았던 등의 이유도 있었기 때문이다.[33] 그러나 예상되는 것은 길장이 강조하듯이 예를 들어 그것이 길장설의 직접 전거는 아니라도 세인들이 말하듯이 북토의 요사에게도 『중론』의 주석이 있고 똑같이 3분설을 채용했다는 것이다. 다시 이것을 방증하는 지점으로서 안징은 이 단락에 관해 길장이후의 삼론 학자인 당대 안국사安國寺 원강元康의 『중(관)론소』를 인용하여 대비한다. 즉

> <원강의 소에서 말한다.> 이 게문에 대해 여러 견해가 같지 않다. 좋은 것은 택하여 따르고 좋지 않은 것은 고치도록 하는데, **심사深師의 것이 가장 좋으니, 지금 근거하여 사용하는 바이다.** 그런데 뜻을 취하지 말을 취하지 않는다. 12게는 3장으로 나뉜다. 처음의 5게에서는 소승의 관행을 밝히고 소승에서 논파되어야 할 법을 논파하여 성문인이 실상에 깨달아 들어감을 해명한다. 다음의 6게에서는 대승의 관행을 밝히고 대승에서 논파되어

---

33   『중관론소』 권8말에서 "一師相承開之爲五. 初一行半明所離, 次一行半明得無我慧, 第三二行明兩種涅槃, 第四五行廣序佛教, 第五二行明三乘得益. 今明作此分之, 於文則亂. 宜用前意也."(T42, 125a)라는 것을 참조.

야 할 법을 논파하여 보살인이 실상에 깨달아 들어감을 해명한다. 다시 1게에서는 중승中乘의 관행을 밝히고 중승의 법을 논파하여 연각인이 실상에 깨달아 들어감을 해명한다. <이것에 준거하여 알 수 있다.>

<康疏云,> 此偈文而諸家不同, 擇善斯從, 不善斯改. *深師最佳 今所據用* 然取其意不取其言也. 十二偈分爲三章. 初有五偈, 明小乘觀行, 破小乘所破之法, 解聲聞人悟入實相. 次有六偈, 明大乘觀行, 破大乘所破之法, 解菩薩人悟入實相. 復有一偈, 明中乘觀行, 破中乘之法, 解緣覺人悟入實相 <準之可悉.> (T65, 194a.)

라고 한다. 원강소가 "가장 좋다."라고 하여 의용했던 심사深師의 설이란, 원강은 "뜻을 취하지 말을 취하지 않는다."라고 하여 표현을 바꾸고는 있지만 내용적으로는 길장 소에서 일반적으로 북토 요사의 설이라고 믿어졌던 것과 일치한다. 요컨대 길장이 말하는 요사와 원강이 말하는 심사는 동일 인물인 것이다. 그래서 다음과 같은 가설이 성립한다. 원강 소의 원문이 어떠하였는지 알 수 없지만, 안징의 『소기』가 이것을 인용할 즈음에 본래 원강 소에서도 요사瑤師라고 했던 것을 심사深師라고 오사誤寫했던 것은 아닐까. 왜냐하면 안징에게는 북토 삼론사=심사라는 선입견이 있었다. 아니면 역으로 남도의 전승에서는 요사가 우연히 심사로 오사되어왔던 것은 아닐까. 그 결과 이미 보았듯이 안징은 이것을 동진의 법침法琛(심深)이라고 간주하여 앞에서 서술한 잘못을 저질렀다고도 생각되는 것이다. 이를테면 요사란 『고승전』 권7[34]에 기재된 법요法瑤이다. 현존 장경에서는 **법진法珍**이라고 되어 있는데, 송·원·명 세 판본 및 궁내성본도 법요法瑤이다. 현 장경에서까지 요瑤→ 진珍과 같이 오기

---

34 『고승전』 권7 석법요전釋法瑤傳(T50, 374b~c).

誤記되어 있다. 요瑤 → 침琛(심深)이라는 오사는 쉽게 있을 수 있을 것이다. 법요는 장안 동쪽 하동河東 사람으로 연주兗州(산동성山東省)나 예주豫州(하남성河南省)에서 유학하여 여러 경전을 꿰뚫고 방개로 다른 부류에도 통달했다. 후에 동아東阿(산동성)에서 정공靜公[35]의 강설을 들었는데, 대중들에게 누차 청을 받아 복술覆述하자 정공은 나도 이르지 못한다라 감탄했다고 한다. 송의 원가元嘉(424~453) 중에 강을 건너 남지에 이르고 절강성 무강武康의 소산사小山寺에 머물러 19년 동안 매해 강석을 열자 삼오三吳의 학자들이 책 지게를 지고 거리를 메웠다고 한다. 『열반경』, 『대품경』, 『승만경』 등의 의소義疏를 저술하였고, 길장도 이것들을 숙지하여 『승만보굴勝鬘寶窟』이나 『대승현론』, 『열반경유의涅槃經遊意』, 『법화현론』 등 자신의 장소章疏 중에서 자주 인용한다. 앞 장에서도 보았듯이 이미 『대품반야』의 의소를 저술했던 사람이다. 『대품지귀』를 저술했던 동아의 정공에게 사사했던 바에서 보아도 북지에 있었을 때 『중론』에 관한 주소가 없었다고는 단언할 수 없다. 실제로 길장은 북토 요사瑤師의 『중론』 주소의 존재를 시사하는 것이다. 어쨌든 추론의 범위를 벗어날지도 모르지만, 길장에게 '북토 삼론사'란 안징이 말하는 '침 법사의 『중(관)론소』'라는 구체적인 『중론』 주석서인 것이며, 결코 삼론종 북지파의 학설 일반을 가리키는 것은 아니라는 것, 아울러 침 법사란 안징이 말하듯이 동진의 법침이 아니라 송대 법요를 가리킨다고 추정된다.

---

35 『고승전』 권7 석혜정전釋慧靜傳(T50, 369b). 『대품지귀大品旨歸』의 저술이 있다. 제3장 제1절 '송제대 반야 삼론 연구의 동향' 참조.

제5절 신삼론新三論·고삼론古三論의 문제

1. 문제의 소재所在

타카오기켄高雄義堅 박사는[1] "고래로 삼론 교학 흥망성쇠 상에서 신삼론, 고삼론의 구별을 설립한 설들이 널리 퍼져 그 신구의 구분에 대해 대략 4설을 헤아릴 수 있다."라고 하여 이 문제에 관한 종래의 학설을 다음과 같이 소개한다.

① 중국에서 첫 번째 전승인 나집 이후를 고전古傳 삼론, 두 번째 전승인 당唐의 일조日照 이후를 신삼론이라고 한다.
② 가상 대사의 삼론종 대성을 전후로 나누어 신구를 세운다.
③ 승전 이전을 고삼론, 이후를 신삼론이라고 한다.
④ 승랑 이전을 고삼론, 이후를 신삼론이라고 한다.

다시 박사는 이상의 4설에 대해 각각 촌평을 덧붙여, 제1설의 일조가 가져왔던 삼론의 영향은 단지 현수賢首의 화엄 교학에 끼쳤던 바가 있어서 현수로 하여금 『십이문론소』를 제작하도록 했던 정도에서 그쳤고 나집계의 삼론 교설 이외에 특히 발휘한 바가 있었던 것은 아니므로 이것을 신삼론이라고 하는 것은 부적당하다. 제2설은 가상을 삼론의 입종자立宗者로 삼는 입장에서 그 이전을 고삼론이라고 칭했던 것인데, 이것은 학파와 종파라는 정도의 구별이어서 특히 신구를 나누는 표준으로서는 타당성을 결여한다. 제3설은 의연방宜然房 명도明道의 『해인현담海印玄談』의 설로서 일리가 없지는 않지만, 삼론 교

---

1   高雄義堅, 『三論玄義解說』(1936年 9月, 京都, 興教書院) pp.12~13 참조.

학 상에서도 교세 발전상에서도 가장 현저한 변화를 보았던 것은 오히려 승랑의 전후이므로 제4설이 한층 합리적으로 생각된다라고 평한다. 생각건대 타당한 비평이며, 중국 삼론 학파의 역사적 발달 단계에 조응하여 말하면 승랑 이전을 고삼론, 이후를 신삼론이라고 칭해야 하는 것이 지당하고, 길장은 전자를 '관하 구설關河舊說', 후자를 '섭령 상승攝嶺相承'이라고 하였으며, 이것을 종합·집대성했던 것이 길장의 교학에 다름 아니다. 이 설은 일반적으로 학계에서도 승인되는 듯하고 따로 이론의 여지는 없다고 생각되는데, 문제는 제1설로서 이 설의 창안은 필시 마에다에운前田慧雲 박사의 『삼론종강요三論宗綱要』가 단서일 것이다. 즉 이 책에서 "삼론종의 전래에 두 흐름이 있는데, 첫째로 요진姚秦의 시대에 나집에 의해 전해졌던 것을 고삼론이라고 한다. 둘째로는 신삼론으로 이것은 청변淸辨 논사의 계통에 이어지는 것으로서 일조 삼장에 의해 당의 고종高宗 의봉儀鳳 연간에 처음 전해졌다."[2]라고 서술하는 것이 처음일 것이라고 생각한다. 이 설의 특징은 중국 삼론의 역사적 발달 단계보다는 인도에서의 삼론 전래에 주안점을 두었던 구별로서 앞에서 기술한 제4설과 함께 여전히 학계에서 굳건한 지지를 얻은 것은, 예를 들면 모치즈키신코오望月信亨 박사의 『불교대사전佛敎大辭典』[3]에서는 이 설에 기초하여 신삼론·고삼론의 구별을 결정한다. 또 근년에 이노우에미츠사다井上光貞 박사[4]에 의해 일본 불교사의 입장에서 남도 6종宗의 성립이 논의되는 중에 대안사大安寺의 자재장資財帳 등의 자료에서 '삼론중三論衆' 외의 '별삼론중別三論衆'의 존재가 실증되고, 이것이 청변(500~570경) 계통의 삼론을 연구하는 집단인 것이 논증되기에 이르렀다. 그리고 이 인도에서의 청변의 학통이 현장玄奘이나 일조日照

---

2   前田慧雲, 『三論宗綱要』(1900年 11月, 東京, 丙午出版社) p.48 참조.

3   望月信亨, 『佛敎大辭典』 권2, pp.1702~3 '三論宗'의 항목 참조.

4   井上光貞, 「南都六宗の成立」(『日本歷史』 156號) 참조.

에 의해 중국에 전해지고 법장法藏이나 신라의 원효元曉에게 깊은 영향을 주었다고 하여 신삼론이란 틀림없이 이것을 말하는 것이라고 결론 내린다. 이리하여 갑자기 제1설은 유력한 논거를 얻는 것으로 되었지만, 이 제1설과 제4설의 혼란이 제2, 제3의 여러 설의 개재와도 겹쳐서 신삼론·고삼론의 문제를 애매한 것으로 만들어 결론을 보지 못한 채 오늘에 이르는 것이 실상으로 생각된다. 그래서 이 문제에 대해 논점을 명확히 하며 논의를 진행해가는 와중에 태도를 표명해둘 필요를 절감하므로 이하 이것을 논하려고 생각한다.

2. 신삼론·고삼론설의 창안

처음 중국의 삼론에 신삼론·고삼론의 구별을 호칭하게 된 단서는 타카오高雄 박사가 말하는 제3설의 일본 산성국山城國 해인사 의연방 명도의 『삼론현담三論玄談』(해인현담海印玄談)의 창안에 관계되는 것이라고 생각해도 틀림없을 것이다. 즉 같은 책에

> 축도생에서 하서 도랑까지 나집의 법상法相으로 무소득종無所得宗을 이루고, 섭령 승전에서 대사까지 따로 법상을 세워 무소득종을 이룬다. 처음 것을 구설이라 하고 나중 것을 신설이라고 한다. 구설에서는 판교하여 일음교一音敎를 세우고 신설에서는 이장二藏과 삼전법륜三轉法輪을 세우니, 신구의 판교가 다르다.
> 從竺道生至河西道朗, 用羅什法相, 成無所得宗, 從攝嶺僧詮至大師, 別立法相, 成無所得宗. 初云舊說, 後云新說. 舊說判敎立一音敎, 新說立二藏三轉法輪, 是新舊判敎不同也.[5]

---

5 前田, 앞의 책, p.96의 인용에 의한다. 명도의 『삼론현의현담』은 사본에 의한 전승밖에 없으며, 1권 14~5장의 짧은 것으로 5문 분별 중 4문이 현담玄談, 제5문은 입문석入門釋으로 간략하다.

라고 하여 승랑(하서 도랑이라는 것은 이미 서술했듯이 승랑의 오기)⁶ 이전을
삼론 무소득종 중의 '구설'이라 부르고 승전 이후 길장에 이르기까지를 삼론
무소득종의 '신설'이라고 한다. 명도가 신구를 나누는 기준은 앞 문장에서 밝히
듯이 교판에 관한 것인데, '이장 삼전법륜'⁷이 길장에게 독특한 일종의 교판론
인 것은 인정한다 해도 승전에게 이미 이 학설이 있었는지는 알 수 없으며
이 하나의 사건을 가지고 삼론 학파에 신구의 구별을 설립하는 것은 다소간
학적인 엄밀성을 결여한다. 그러나 섭산에서 성립했던 강남의 부흥 삼론은
후술하듯이 이 승전에 이르러 학파로서의 체재를 잡기에 이르렀던 것이어서
이 승전을 가지고 이전과 이후로 삼론 학파를 나누는 것은 하나의 식견이기는
하다. 원래 이 의연방 명도라는 사람은 에도江戶 말기 문화문정文化文政(1804~
1830) 즈음 활약했던 진언종의 학승인데,⁸ 앞 절에서 보았듯이 북토 삼론사의
시조로 담란(476~542)을 예상하는 등 그 발상에서 참신한 점이 보이는 것이
특징으로 삼론에 신설·구설을 설정했던 것도 아마 이 사람이 최초일 것이라
생각된다. 남도 삼론의 문헌에서는 없는 것이며, 응연凝然(1240~1321)에게도
아직 보이지 않는 설이다. 이 명도설이 계기가 되어 근대의 불교사가에 의해
승전이 아니라 승랑을 기준으로 하여 삼론에 신구를 나누는 설이 일반적이게
되고, 신삼론·고삼론의 통칭이 일어나기에 이르렀을 것이다. 여기에는 앞에서
서술했듯이 삼론의 집대성자 길장이 자파의 학승學承에 대해 '관하 구설'을

4문이란 (1) 대지大旨, (2) 입종 대강立宗大綱, (3) 상승 종류相承種類, (4) 제가 판석諸家判釋이라 되어
있고 제3문에 삼론종의 계통이 있으며 이 중에 앞 절에서 서술했던 북지 삼론의 계통에 대해
일설이 거론되는 등 일독의 가치를 갖는 책이라고 한다(같은 책, pp.9~10 참조).
6   ㉠ 본서 제1편 제1장의 2. '관하구설과 그 문제점' 참조.
7   ㉠ 본서 제2편 제3장 제2절의 '이장삼륜설' 참조.
8   『日本佛家人名辭書』 p.1085 이하 참조.

전하는 '섭령 상승'에 의한 것이라 주장하고, 후자는 구체적으로 승랑·승전으로 이어지는 사승과 전승을 가리키는 것에 기초한 것이다. 형계 담연荊溪湛然(711~782)이 전하는 승랑의 남지 전교의 사실 등이 방증이 되는 것은 말할 것도 없다.[9] 이것이 앞에서 서술한 타카오설高雄說에서 제4설을 보다 합리적인 분석 방식이라고 본 근본 이유이기도 하다. 여기에 다시 인도 불교 중관파의 전개를 고려하여 나집 전래의 용수·제바계의 삼론을 고삼론, 일조 전래의 청변 계통의 삼론을 신삼론이라고 하는 새로운 설이 일어났다고 생각된다. 이것이 마에다前田 박사에 의해 창안되었던 타카오설高雄說의 제1설이다. 이 설은 근대의 인도 불교사의 연구를 근거로 삼는 점에서 가장 새롭다고 말할 수 있는 것은 아닐까. 적어도 전통설에서는 나오지 않는 것이다. 그래서 문제를, 일조 전래를 가지고 신삼론이라고 칭하는 최초의 설로 돌아가서 그 구체적인 내용과 역사적인 의미를 탐구해본다.

3. 일조日照 전래 신삼론설의 허구

당의 현수 대사 법장(643~712)의 『십이문론종치의기十二門論宗致義記』에서 10문 분별을 하는 제3에 "교教의 분제分齊를 확정한다."(定教分齊.)고 하는 한 항목이 있다. 거기서 법장은 "잠깐 서역 대덕들이 전하는 바를 변론한다."라고 하여 다음과 같이 인도의 사정을 설한다. 즉

> 대원사大原寺의 번경翻經 사문이자 중인도의 삼장 법사이며 중국어로 일조日照인 지바가라地婆訶羅에게 직접 물어보니, 그가 설하여 말한다. 가까운 시대에 중인도 나란타사에 동시에 두 대덕 논사가 있었는데, 하나는 계현

---

9   ㊅ 본서 제1편 제2장 제3절의 1. '삼론 강남 전파의 역사적 의의' 참조.

戒賢이라 하고 또 하나는 지광智光이라고 하니, 모두 신통한 이해가 뛰어나 명성이 인도의 다섯 지역 모두에서 높았다. (중략) 둘째, 지광논사는 멀리는 문수와 용수를 계승하고 가까이는 청목과 청변을 이어받아 반야 계통의 경전들과 중관 계통의 논서들에 의거하여 무상無相 대승을 드러내고 자세히 진공眞空을 변론하였다. 또한 3교로 종의를 나누고 자기가 의거하는 곳을 드러내어 참된 요의라고 하였다. 말하자면 불타는 처음에는 녹야원에서 소근기를 위해 사제의 소승 법륜을 굴려 마음과 대상이 모두 있다고 설하였다. 다음에 제2시에는 중근기를 위해 법상法相 대승의 대상은 공이고 마음은 유라는 것을 설하였으니, 곧 유식의 뜻으로 근기가 여전히 열등하므로 아직 온전히 평등 진공에 들어가지 못하였다. 그러므로 이러한 설을 짓는 것이다. 제3시에서는 바로 상근기를 위해 이 무상 대승을 설하니, 마음과 대상이 모두 공이어서 평등한 한맛임을 드러내어 참된 요의로 삼는다. (중략) 이 3교의 순서는 지광 법사가 『반야등론석』에서 『대승묘지경大乘妙智經』을 인용하여 설한 것이다. 그러므로 이 교리에 의거하자면 반야 계통의 경전들이 참된 요의이며, 나머지 법상法相과 명수名數는 방편설일 뿐이다.

親問大原寺翻經中天竺三藏法師地婆訶羅唐言日照, 說云, 近代中天竺那爛陀寺同時有二大德論師, 一名戒賢, 一名智光, 並神解超倫, 聲高五印. (중략) 二智光論師, 遠承文殊龍樹, 近稟青目清辨, 依般若等經中觀等論, 顯無相大乘, 廣辨真空. 亦以三教開宗, 顯自所依, 為真了義. 謂, 佛初鹿園, 為諸小根, 轉於四諦, 小乘法輪, 說心境俱有, 次於第二時, 為中根, 說法相大乘境空心有, 則唯識義等, 以根猶劣故, 未能全入平等真空. 故作是說. 於第三時, 方為上根, 說此無相大乘, 顯心境俱空平等一味, 為真了義 (중략) 此三教次第, 智光法師 般若燈論釋中, 引大乘妙智經所說. 是故依此教理, 般若等經, 是真了義, 餘法相名數, 是方便說耳. (T42, 213a~b.)

라고 한다. 여기서 서술되는 것은 인도의 번역 삼장 지바가라(Divākāra, 日照)의 전문(傳聞)으로서 계현(Śīlabhadra, 529~645)과 필적하는 나란다(Nālandā)의 학장 지광(Jñānaprabha)이 중관파의 거장 청변(Bhāvaviveka, 500~570경)의 설을 계승하여 무상無相 대승(중관)의 뜻을 설하여 '심경구공心境俱空'을 드러내고, 소승의 '심경구유心境俱有'나 유식의 '경공심유境空心有'보다 우수한 참된 요의의 가르침을 설했다는 것이다. 이것은 어디까지나 인도에서의 중관·유식 2대 학파의 길항이라는 당시 불교계의 사정을 전했던 것으로 법장이 굳이 중관파의 학장 지광의 설을 소개하여 중관의 취지를 고양했던 의도는『십이문론』의 주해라는 저술의 성격도 그런 것이지만, 당시 중국에서의 현장(600~664)이나 규기(632~682)에 의한 법상 유식의 성행에 대한 하나의 견제이기도 했다. 이 법장에 대한 인도의 학계 사정의 설명 이외에 일조에게는 인도의 중관 불교의 전역·소개의 사실이 전혀 없다.『송고승전』권2에 기재된 그 전기에 의하면 일조는 당 의봉儀鳳 초년(676)에 중국으로 와서 687년까지 전후 약 10년간 역경에 종사했는데, 그간 전역했던 경론은 '18부 34권'이었다고 한다.[10] 그 모두가 현존 장경에 수록되어 있는데, 한번 이것을 열거해보면 다음과 같다.

대장경 번호	경론명	권수
187	방광대장엄경方廣大莊嚴經	12
295	대방광불화엄경입법계품 大方廣佛華嚴經入法界品	1
347	대승현식경大乘顯識經	2

---

10 『송고승전』권2 지바가라전(T50, 719a). 번역 경론에 대해서는『개원석경록開元釋經錄』권9(T55, 700c~714c),『정원신정석교목록貞元新定釋教目錄』권12(T55, 863c~864b) 참조.

대장경 번호	경론명	권수
661	대승백복상경大乘百福相經	1
662	대승백복장엄상경 大乘百福莊嚴相經	1
674	증계대승경證契大乘經	2
681	대승밀엄경大乘密嚴經	3
699	불설조탑공덕경佛說造塔功德經	1
772	대승사법경大乘四法經	1
773	불설보살수행사법경 佛說菩薩修行四法經	1
829	대승리문자보광명장경 大乘離文字普光明藏經	1
830	대승변조광명장무자법문경 大乘遍照光明藏無字法門經	1
836	대방광사자후경大方廣師子吼經	1
969	불정최승다라니경 佛頂最勝陀羅尼經	1
970	최승불정다라니정제업장주경 最勝佛頂陀羅尼淨除業障呪經	1
1077	불설칠구지불모심대준제다라니경 佛說七俱胝佛母心大準提陀羅尼經	1
1338	주삼수경呪三首經	1
1613	대승광오온론大乘廣五蘊論	1

여기서 거론한 '18부 34권'의 번역 경론은 경록이나 승전에서 "『대승현식경』,
『대승오온론』 등 모두 18부 34권을 번역했다."라고 하는 것에 완전히 합치한
다. 역경의 경향으로서 밀교, 특히 주술에 뛰어났던 느낌이 있으며 법상에도
뛰어났다고 생각되는데, 중관계 경론의 전역은 전혀 없다. 따라서 일조가 청변
계통의 인도 중관파의 불교를 가져 왔다는 것은 사실에 위배되는 허구이다.

청변의 주저인 『중론』 주석의 『반야등론석般若燈論釋』(15권)이 중국에 전
역되었던 것은 이보다도 약 40년이나 이전인 당 정관貞觀 4~6년(630~632)

바라바밀다라波羅頗蜜多羅(Prabhākaramitra, 565~633)에 의해서이다.[11] 그러나 본론이 연구되었다는 흔적은 중국 불교에서는 전혀 없고, 이것에 대한 중국 불교자의 광소廣疏도 전혀 나타나지 않았다. 오히려 청변의 저서로 비교적 잘 연구되었던 것은 현장 역『장진론掌珍論』(T30, No.1578) 2권이다. 청변의 저술이 한역된 것은 이 2책에 지나지 않는다. 『장진론』은 무분별의 공지空智로써 '팔정도' 및 '육바라밀'을 완성할 것을 역설했던 중관의 논서인데, 역자가 현장인 바에서 이것을 연구 주석했던 것은 법상계의 학승이 많았던 것이 아닐까 생각한다. 예를 들면『장진론소』2권[12]을 저술했던 정매靖邁는 정관貞觀(627~649) 중에 현장의 서역 순회에 따라가며 대자은사大慈恩寺에서 현장 역경의 보임補任 11명 중에도 선발된다.[13] 똑같이『장진론소』2권[14]을 저술하는 신태神泰는『구사론』의 3대 소 중 가장 오래된 것인『구사론소』20권(X53)의 저자이기도 하며 현장의 고제高弟였다. 이러한 현장 문하의『장진론』연구의 목적은 전해진 청변·호법 공유 쟁론을 통해 호법 정의正義의 현양에 있었다고 생각된다. 일본 남도의 법상종의 학승 수秀 법사도 남도에서의 삼론·법상의 이 이른바 공유의 쟁론에 대해 자종의 입장에서 비판 해설을 덧붙이려 하여, 유명한『장진량도掌珍量導』1권(T65, no.2258)을 저술했는데, 그 말미에

---

11 『개원석경록』 권8(T55, 553a~b).

12 『동역전등목록東域傳燈目錄』 권하(T55, 1159a).

13 『송고승전』 권4 석정매전(T50, 727c). "貞觀中屬玄奘西迴, 勅奉爲太穆太后, 於京造廣福寺, 就彼翻譯 (중략) 遂召證義大德諳練大小乘經論, 爲時所尊尙者, 得一十一人, 邁預其精選, 即居慈恩寺也."

14 『동역전등목록』 권하(T55, 1159a).

무릇 청변의 뜻은 현장에 의해 전해진 바인데, 왜 우리 스승은 갑자기 말을 덧붙이는가? (중략) 무릇 청변의 종요를 전한 것은 현장이었고, 현장은 규기에게 주어 종요를 건립하도록 했으니, 이외에 누가 다시 천축으로 가서 청변의 종요를 받겠는가? 여러 삼론가는 모두 규기에게 종요를 받았으니, 지금 누구의 설에 의거하여 다시 법사를 비방하겠는가?

凡淸辨義玄奘所傳, 何故余師輒加言乎. (중략) 凡傳淸辨宗已是玄奘, 玄奘已授基師令立, 自此以外誰人更進於天竺受淸辨宗. 諸三論家皆受基師, 今依誰說還誹師乎. (T65, 268c.)

라고 하여 통렬히 이것을 비꼰다. 만약 청변의 『장진론』의 전역과 연구를 가지고 신삼론의 의미를 따로 세우려고 한다면 그것은 일조가 아니라 적절히 현장을 기준으로 이것을 나누어야 할 것이다. 따라서 일조의 전역 사업과는 별도로, 청변의 논서의 전역 연구로써 신삼론의 연구 흥기라고 간주하는 것도 또한 성립하지 않는다. 또 법장의 책이 특별히 청변의 사상을 발휘했던 것은 아니다. 법장이 청변이나 지광에 관해 언급하는 것은 어디까지나 첫머리에서의 일조로부터의 전언에 기초한 나란타사를 중심으로 했던 인도의 학계 사정에 관해서여서 『종치의기』에서도

그러므로 삼론의 깊은 취지가 분파되어 아홉 가지로 나뉘었으나 용수의 종요가 전해진 것은 이 나집의 힘이었으며, 관하關河에서 번역되었다고는 하지만 강남(江表)에 왕성하게 전해진 것은 흥황 법랑의 공이었다.

是故三論玄旨, 派流於九壤, 龍樹宗傳, 寔什公之力也, 雖復譯在關河, 然盛傳於江表, 則興皇朗之功也. (T42, 218c～219a.)

라고 나집 및 강남에서의 법랑의 공적을 찬양하는 것은 있어도 수십 년 전에 번역되어 있었던 청변의 학설과 사상을 특히 그의 주소에 도입하여 발휘하는 일은 없었다. 법장이『십이문론』에 주소했던 것은 확실히 일조가 전하는 인도의 사정이 자극이 되었는지도 모르지만 그것도 다분히 앞에서 서술했듯이 법상 유식을 의식하는 것이라 생각되고, 시대적으로도 현장이 나란타의 최성기의 교학을 가져와 중국에 유식 법상학이 성행할 때인 만큼 인도의 사정에 따라 현명한 법장이 화엄 원융 무애의 입장에서 중관계 논서를 해석했다는 것이 실상일 것이다. 따라서 본서에서 따로 신삼론을 홍포한다는 의도가 없었던 것은 자명하다.

4. 일본 불교에서의 관점

일본 불교에서의 사정도 근본적으로는 중국 불교에서의 그것과 대동소이하다. 그러나 일본 남도에서는 이시다모사쿠石田茂作 박사가 일찍이 지적하듯이[15] 매우 이른 시기에 청변의『장진론』이나『반야등론석』이 전래되어 특히 전자에 대해서는 앞에서 서술한 중국에서의 주소도 몇 가지 전래되어 있었고, 게다가 삼론종의 것인 주자廚子(불상을 두는 궤)에 청변 보살의 상이 그려져 있는 사실에서도 청변종 삼론淸辨宗三論의 존재는 인정되지 않을 수 없는 사실일 것이다. 앞에서 서술했던 이노우에井上 박사의 대안사大安寺의 '별삼론중別三論衆'의 존재에 관한 지적도 이러한 사실을 뒷받침할 것이다. 대안사의 석학 안징(763~814)이 그의 주저『중관론소기』에서『반야등론』을 인용하는[16] 것

---

15 石田茂作,『寫經より見たる奈良朝佛敎の硏究』(1930年, 東洋文庫) p.108 참조.

16 안징,『중관론소기』권2본(T65, 28c) 등.

은 이러한 연구의 성과에 연결된 것이겠지만, 안징에게는 그 영향이 전혀 무시해도 좋을 정도로 미약하다.

오히려 청변의 교학이 충분히 의용 발휘된 것은 안징의 제자로 서대사西大寺에 머물렀던 현예玄叡(~840)에서였다. 더구나 현예가 이것을 의용했던 것은 오로지『대승삼론대의초大乘三論大義鈔』에서의 '10종 쟁론'의 제1 '공유 쟁론'에서이다. 즉 현예는 그 첫머리에서

> 불멸 이후 천여 년이 지나 남인도 건지국建至國에서는 두 보살이 같은 시기에 출세하였는데, 한 사람은 청변이라 하고 또 한 사람은 호법이라고 하였으니, 중생들이 진리에 깨달아 들어가도록 하기 위해 공유의 종의를 세워 함께 불타의 뜻을 이루었다. 청변 보살은 공을 빌어 유를 다스려 유의 집착을 제거하였고, 호법 보살은 유를 빌어 공을 배척하여 공의 집착을 버리게 하였다. 이리하여 거대하도다, 두 극치여, 산이 붕괴되어 평탄해졌구나.
>
> 佛滅已後, 千有余年, 南印度界建至國中, 有二菩薩一時出世, 一名淸辨, 二號護法, 爲令有情悟入眞理, 立空有宗, 共成佛意. 淸辨菩薩, 借空撥有, 令除有執, 護法菩薩, 借有排空, 令捨空見, 是以蛾蛾分兩邊, 山崩蕩蕩焉.

이라고 서술하면서 청변·호법의 인도 불교계에서의 고사를 상기하여 그 서언으로 삼는다. 현예는 이 '공유 쟁론'의 도처에서 청변과 호법의 저술을 인용하여 남도에서 삼론·법상의 쟁론을 청변·호법의 원형으로 환원하려고 노력했던 흔적이 명료하게 살펴진다. 그것은, 같은 책 전前 2권에서 삼론의 대의를 현시함에서 청변을 의용하는 것이 전혀 없었던 것에 비해 눈에 띄게 특징적인 점이다. 이 파사破邪의 측면에 임했을 때만 의용한다는 것은 현예로 대표되는 남도 삼론에서의 청변 교학의 커다란 특색이었다. 따라서 그것은 중국에서

현장 문하가 호법 정의의 현양을 위해 청변을 연구했던 것과 입장은 다르지만, 동일 차원에 서는 것이었다. 앞에서 서술한 수 법사가 『장진량도』를 저술하여 이것을 매도했던 이유도 또한 거기에 있다. 즉 청변의 교학은 남도에서도 삼론 종의에서 신삼론이라고 부를 수 있는 새로운 종의의 확립 전개를 보이는 것이 끝내 없었던 것이다. 만약 그것이 역사적인 신구를 보이는 것이라면 정통적인 종의 해석의 전면에서 그것은 더 다른 전개를 보여야 마땅했다. '별삼론중'의 존재가 바로 '신삼론종'의 성립을 보는 것이 아니라 섭취와 동화의 와중에서 끝났던 것은 삼론 종의에서의 청변 교학의 위치를 상징한다.

5. 결론

문제는 남도에서의 청변의 저술의 전래나 그 교학 연구 내지는 '별삼론중'이라는 것과 같은, 이것을 연구하는 사람들의 집단이 존재했던 것을 부정하는 데 있는 것이 아니라 이것을 중국 불교에서의 신삼론·고삼론이라는 범주에 결부시키는 것의 가부를 묻는 지점이다. 이미 일조의 전역으로써 이것을 나눈 것도, 청변 저술의 번역으로써 이것을 결정하는 것도 중국에서는 허설虛說에 지나지 않음이 판명되었다. 허상에 비추어 일본 남도에서의 청변 연구를 별도로 건립하는 의도가 아직까지 성과가 없는 것은, 일본 삼론에서 이후의 전개를 볼 때에 분명하다. 요컨대 신삼론·고삼론이라는 것은 학적 근거를 갖지 않는 속설이기 때문이다. 그럼에도 불구하고 새롭게 이것을 가설한다면 중국 삼론에 관한 한 그 역사적인 발달 단계에 응하여 승랑 이전과 승랑 이후로 이것을 나누는 것이 가장 타당한 분석 방식임은 말할 것도 없을 것이다.

/ 제4장 /

섭산 삼론 학파의 성립
삼론의 부흥

제1절 섭산 삼론의 연원

1. 섭산攝山 서하사棲霞寺의 개창

섭산은 중국 강소성江蘇省에 있고 남경南京에서 동북쪽으로 40리에 위치한 산이다. 현재 남경南京과 상해上海를 잇는 호녕滬寧 철로에 따라 남경南京과 진강鎭江 사이의 두 역, 용담龍潭·하촉下蜀에서 거의 정남쪽으로 위치한다. 섭산山+聶山 혹은 섭산聶山이라고도 쓰고 섭령攝嶺이라고도 부르는데, 똑같이 용담에서 그리 멀지 않은 종산鍾山과는 다른 산이다.

섭산은 고래로 형주 옥천荊州玉泉·제남 영엄濟南靈嚴·천태 국청天台國淸의 유명 사찰과 함께 산수의 아름다움은 천하의 4절絶이라 칭해졌던 명산으로,[1] 높이는 겨우 130장丈(약 450m), 주위 40리의 작은 산에 지나지 않지만 산에는

---

[1] 常盤大定, 『支那佛教史蹟踏査記』 p.138 「廬山巡禮記」의 항목 참조.

약초가 많아 섭생攝生하기에 충분하다는 이유로 섭산攝山이라는 이름을 얻었다고 한다. 또한 그 형상이 우산에 흡사하다는 것에서 산산繖山이라고도 칭해진다.[2] 이 산의 중봉中峰의 기슭에 서하사棲霞寺(혹은 栖霞寺라고도 씀) 등의 사찰이 있어서 일찍이 금릉金陵의 명승 480곳 중 가장 뛰어난 것이 서하에 있다고 알려진 것이 이 섭산 서하사이다.[3]

유송 명제明帝 태시泰始 연간(466~471)에 거사 명승소明僧紹가 이 산에서 은둔하여 초암草菴을 지었던 것이 섭산이 역사에 등장하는 최초의 발단이다. 후에 20여 년을 지나 황룡黃龍 사람 법도法度가 유랑하기에 이르러 승소僧紹와 의기투합한 것이 매우 두터웠는데, 승소는 그의 만년에 즈음하여 법도法度에게 청하여 그의 사택舍宅에 머물게 하여 절을 건립하기를 원했다. 그래서 법도는 승소의 사택을 절로 삼고 이것을 서하 정사棲霞精舍라고 불렀다. 제의 영명 7년(489) 정월 3일이고, 이것이 섭산 서하사의 기원이다.[4]

승소僧紹, 요컨대 남제南齊의 징군徵君 명승소明僧紹는 자를 승렬承烈이라 하고 평원平原(산동성) 사람이다. 아버지는 평원의 태수중서시랑太守中書侍郎으로 부임했던 사람이며, 승소도 송의 원가(424~453) 중에 우수한 인재로 거론되어 학문은 유교를 궁구하고 『노자』·『주역』에 정통하였는데, 젊은 시절부터 은둔의 의지가 깊어 남제의 영명 원년(483)에는 당시 천자 무제로부터 국사

2   『금릉범찰지金陵梵刹志』권4, 33정우丁右, 「기형승창립건치구지紀形勝剙立建置舊志」에서 "山爲鍾阜支
     脈高百三十丈周廻僅四十里多産藥草可以攝生故名. 形團如蓋又曰繖山."이라는 것을 참조.

3   위의 책, 권4, 25정좌, 「수서하사법당단인修棲霞寺法堂短引」 명남사과급사여장축세록明南史科給事予
     章祝世綠, "我觀金陵名勝在諸寺寺凡四百八十其最勝在棲霞."

4   위의 책, 권4, 5정우, 「섭산서하사비명攝山棲霞寺碑銘」 진시중상서령강총지陳侍中尙書令江總持, "齊居
     士平原明僧紹空解淵深至理高妙遺榮軒遁跡巖穴. 宋泰始年中嘗遊此山仍有終焉之志. (중략) 結構茅茨甘許
     年不事人世. (중략) 有法度禪師家本黃龍來遊白社梵行彌苦法性純備. 與僧紹冥契甚善嘗於山舍講無量壽經
     中夜忽見金光照室光中如有台館形像豈止一念之間人王照其香蓋八未曾有淵石朗其夜室居士遂捨本宅欲成
     此寺卽永明七年正月三日度正人之所構也."

박사國師博士로 불렸지만 나가지 않았을 정도의 사람이다.[5]

이 승소에게 불교의 소양이 있었는지는, 앞서 기술한 주 4번의 진陳의 강총지江總持의 「서하사비문」에 "공의 이해가 매우 깊고, 지극한 도리가 고상하다."(空解淵深, 至理高妙.)고 추상적인 찬사가 있을 뿐으로 전기에서도 상세하게 언급하지 않는다. 그러나 혜교의 『고승전』에 기재된 승원僧遠(414~484)의 전기에서 송의 명제 치하(465~472)에 제군齊郡의 명승소가 가르침을 청했다는 기록이 있다.[6] 승원은 젊은 시절에 팽성사彭城寺에서 비담·성실을 배웠던 학자로 지조와 절개가 맑고 높아 일대의 명덕이었다고 전해진다. 또 승우의 『홍명집』에는 『정이교론正二教論』이라는 명승소의 저술이 수록되어 있어서[7] 여기서 보아도 그의 조예의 일단을 살필 수 있다. 『정이교론』은 유송의 도사 고환顧歡이 태시 3년(467)에 저술했던 『이하론夷夏論』에 대한 반론으로서 쓰였던 것이다. 『이하론』은 오랑캐와 중원 내외의 구별로부터 고환이 시도했던 배불론이어서 그 후 도·불 2교 사이에 일대 논쟁을 초래한 원인이 되었던 것이다. 『정이교론』도 이 고환의 『이하론』에 대해 불교 측에서 나왔던 많은 반론 중의 하나인데, 그러나 반론이라고는 해도 그 논지는 문자 그대로 고환의 불교 및 노자에 대한 이해의 잘못을 지적하여 이것을 바르게 함에서 도교 내지 신선도를 노자와 준별하는 점에 특징이 있다. 따라서 노·불 2교에 대해서는

---

5 승소의 전기는 『남제서』 권54에 있다. 또 당 고종에 「어제섭산서하사명징군비御製攝山棲霞寺明徵君碑」라는 것이 있으며, 『금릉범찰지』 권4, 55정좌 이하에 기재되어 있다.

6 『고승전』 권8 석승원전(T50, 378a). "宋明踐祚, 請遠為師, 竟不能致. (중략) 廬山何點, 汝南周顒, 齊郡明僧紹, 濮陽吳苞, 吳國張融, 皆投身接足諮其戒範"

7 승우, 『홍명집』 권6 「정이교론」(T52, 37b~38b).

불타는 그 종요를 밝히고 노자는 그 생명을 온전히 하는데, 생명을 지키려는 자는 막힐 것이지만 종요를 밝히는 자는 통할 것이다.

佛明其宗, 老全其生, 守生者蔽, 明宗者通. (T52, 38b.)

라고 하여 불교의 입장을 훨씬 높게 평가하면서도 고환의 도교 사상을 엄격히 비판하여 노자의 본래 취지로 고치려고 하는 점에서 노·불 2교에 대해서는 비교적 공정한 입장에 서 있다.

그런데 이『정이교론』에서 인용되는 불전은 나집 역『묘법연화경』「여래수량품如來壽量品」과『유마힐소설경』「불국품佛國品」, 거기에 오吳의 지겸支謙 역『태자서응본기경太子瑞應本起經』의 세 가지인데,[8]『유마경』을 제외하고는 고환의 문장에서 볼 수 있는 자구이어서 그다지 불교에 깊은 조예를 가졌다고는 생각되지 않는다. 그러나 그 식견과 인격의 고매함은 전기 및 이『정이교론』에서도 충분히 살펴볼 수 있다.

다음으로 서하사 개창의 기초가 되었던 법도法度에 관해서는 거의 동시대의 불교자로 법도라고 불렸던 사람은 세 사람이 존재했다고 탕용통湯用彤 교수는 지적한다.[9] 지금 이 세 사람이 동일인인지 다른 사람인지는 잠깐 제쳐놓고 각각에 대해 검토해보면

---

8 『정이교론』에서 "佛教云, 釋迦成佛已有塵劫之數."(T52, 37b)라는 것은『묘법연화경』권5, "成佛已來無量無邊百千萬億那由他阿僧祇劫."(T9, 43b)에서 얻은 뜻이며, "佛以一音隨類受悟."(『정이교론』같은 곳)라는 것은『유마힐소설경』권상, "佛以一音演說法, 眾生隨類各得解."(T14, 538a), 또 "若爲儒材之宗國師道士."(『정이교론』같은 곳)라는 것은『불설태자서응본기경』권상, "或爲聖帝或作儒林之宗國師道士."(T3, 473b)라는 각각에서 뜻을 얻은 인용이다.

9 湯用彤,『漢魏兩晉南北朝佛教史』下冊, p.735.

(A)

한 사람은 하원사何園寺의 법도로 『고승전』 혜륭전慧隆傳에서

> 당시 하원사에는 승변僧辨, 승현僧賢, 도혜道慧, 법도法度가 있었는데, 모두
> 경론을 자세히 연구하여 공업功業이라고 할 만하였다.
> 時何園復有僧辨僧賢道慧法度, 並研精經論, 功業可稱. (T50, 379c.)

라고 하는 법도이다. 혜륭(429~490)과 함께 금릉의 하원사에 머물렀던 것을
알 수 있는데, 자세한 것은 명확하지 않다. 혜륭은 송의 명제의 신임이 두터웠
던 성실 학자이다.

(B)

또 한 사람은 북위北魏의 법도로 『속고승전』의 도등전道登傳에 부기되어 있
다. 도등은 처음에 제주除州에서 승약僧藥을 따라 『열반』, 『법화』, 『승만』 등을
배웠는데, 후에 승연僧淵을 따라 『성실론』을 연구하여 그 명성이 위魏의 서울
낙양에까지 이르렀다는 사람이다. 후에 청을 받아 낙양으로 가서 위의 경명景
明 연간(500~503) 85세로 낙양에서 죽었던 사람인데, 이 도등이 시종 그 의논
상대로서 낙양에도 동행했던 자가 이 법도이다.[10] 그러나 『고승전』 권8에 수록
된 북위 담도曇度의 전기가 이 『속고승전』의 법도 또는 도등의 전기와 비슷하
고, 아니면 이 법도는 북위 담도의 오기였는지도 모른다.[11]

———

10 『속고승전』 권6 석도등전에 "(전략) 後從僧淵學究成論, 年造知命響動魏都, 北土宗之, 累信徵請. 登問同
    學法度曰, 此請可乎. (중략) 登即受請, 度亦隨行, 及到洛陽, 君臣僧尼莫不賓禮."(T50, 471c).

11 『고승전』 권8 석담도전에 "釋曇度. (중략) 乃造徐州從僧淵法師, 更受成實論, 遂精通此部, 獨步當時.
    魏主元宏聞風餐挹, 遣使徵請, 既達平城大開講席, 宏致敏下筵, 親管理味. 於是停止魏都, 法化相續, 學徒自
    遠而至千有餘人. 以僞太和十三年卒於魏國, 即齊永明六年也. 撰成實論大義疏八卷, 盛傳北土."(T50, 375b)

(C)

　셋째로 섭산의 법도이다. 『고승전』에 의하면 법도(437~500)는 본래 황룡黃龍 사람으로 젊었을 때 북토에서 유학하여 골고루 뭇 경전을 종합하고, 유송 말년에 서울로 가서 섭산으로 왔다고 한다.[12] 고사高士 명승소明僧紹가 교제함에 사우師友로서 존경하고 그 사택을 헌납하여 사찰을 열 것을 법도에게 청했던 것은 앞에서 서술한 대로이다. 섭산 법도의 스승이 누구였는지 전기는 전혀 다루지 않는데, 그 사람됨이나 학식에 대해서는 강총지의 비문에 "범행으로 고苦를 다 없애어 법성이 완전히 갖추어졌다."(梵行殫苦, 法性純備.)[13]라고 하고, 또 혜교는

> 당시 사문 법소法紹는 업행이 청빈하여 명성이 법도에 버금가고 학문적 이해가 우수하였다. 그러므로 당시 사람들은 북산北山의 두 성인이라고 불렀다.
> 時有沙門法紹, 業行清苦, 譽齊於度, 而學解優之. 故時人號曰北山二聖. (T50, 380c.)

라 찬양한다.

　라 하고, 또 승연의 전기에 "曇度, 慧記, 道登, 並從淵受業."(T50, 375b)이라고 하며, 도등과 함께 승연을 따라 수학했던 것은 혜교에 의하면 법도가 아니라 담도로 되어 있으므로 앞에 기술한 주 10번의 법도는 틀림없이 담도였던 것을 도선의 『속고승전』에서 오기했다고도 생각된다.

12 『고승전』 권8 석법도전(T50, 380b). "釋法度, 黃龍人. 少出家, 遊學北土備綜眾經, 而專以苦節成務. 宋末 遊于京師, 高士齊郡明僧紹, 抗迹人外, 隱居瑯琊之攝山. 抱度清徽, 待以師友之敬, 及亡捨所居山, 為栖霞精舍, 請度居之."

13 「섭산서하사비문」(『금릉범찰지』 권4, 5정좌).

2. 삼론 학계사에서 법도의 위치

이 법도가 일찍이 사카이노코오요오境野黃洋 박사에 의해 중국 삼론종의 법계에 나열되는 한 사람으로 헤아려졌던[14] 것은 앞에서 서술했듯이 승소僧紹의 청에 의해 강남 삼론 홍법의 발상지인 섭산 서하사의 개산開山이 되었던 점도 그런 것이지만 혜교의『고승전』에서 이 법도전에 부가하여

> 법도에게는 제자 승랑이 있어 앞선 스승을 이어 다시 산사에 기강을 세웠
> 다. 승랑은 본래 요동 사람으로 성품이 널리 배우려 하고 생각하는 힘이
> 두루 갖추어져 모든 경전과 율장을 강설할 수 있었으며 화엄과 삼론에 관
> 해서는 그가 가장 대가의 위치에 있었다. 임금은 그릇이 무겁다고 깊이
> 보아 여러 의사義士들에게 칙명을 내려 산에서 수업하게 하였다.
> 度有弟子僧朗, 繼踵先師復綱山寺. 朗本遼東人, 爲性廣學思力該普, 凡厥經
> 律皆能講說, 華嚴三論最所命家. 今上深見器重勅諸義士受業于山. (T50, 380c.)

라고 기재했기 때문이다. 즉 법도는 후술하는 강남 삼론 학파의 시조인 승랑의 스승으로서의 지위를 혜교에 의해 부여 받기 때문이다. 삼론 학자인 승랑이 이 섭산에서 법도와 해후하고 그 유촉遺囑에 의해 산사를 강령綱領하게 되었던 것은 동시대 혜교의 견문에 기초한 사실史實로서 아마 의심할 바가 없을 것이다. 그러나 법도가 삼론의 학식에 특히 깊었다고는 혜교도 전하지 않으며, 오히려 법도 자신은 미타 정토의 신앙이 두터워서 자주『무량수경』을 강설했던 것만이 특필될 따름이다.[15] 「서하사비문」에 기록된 전설에 의하면, 승소僧

---

14   境野黃洋,『支那佛敎史講話』下卷, p.52 참조.

15   『고승전』권8 석법도전에, "度常願生安養. 故偏講無量壽經, 積有遍數."(T50, 380c)라는 것을 참조.

紹가 본택本宅을 단념하고 사찰로 삼았던 인연도 산사에서『무량수경』을 강설했던 때 깊은 밤 밝은 빛에서 건축물(台館)을 보았던 것이 원인이 된다. 또 승소가 죽은 후에 둘째 아들인 임기臨沂의 중장仲璋과 함께 서봉西峯의 석벽에 감굴龕窟을 뚫고 무량수불 및 두 보살의 상을 주조했던 고사도 전해진다.[16]

원래 승랑의 기록으로서 가장 오래되었다고 생각되는 것은 혜교의『고승전』인데, 그것이 앞에서 기술했듯이 간단한 설명으로 일관하는 이유로서는, 생각건대『고승전』에 기록된 바가 천감天監 18년(519)이 최하한이고 법도의 졸년인 영원永元 2년(500)부터 몇 년도 지나지 않은 것 따라서 당시 또한 승랑이 생존 중이었기 때문일 것이다. 이것은 이후의 진대의 강총지의「서하사비문」에 보면

> 앞서 명덕 승랑 법사가 있어 고향인 요수遼水를 떠나 서울로 유학하였는데, 계율에 빼어나고 학문에 조예가 깊었으니, 일찍이 반야의 성품을 이루어 계율의 근본을 세웠으며, 방등方等의 지귀指歸를 천명하고 중도의 핵심을 홍포하였다. 북산北山의 북쪽에서 남산南山의 남쪽까지 유랑하다가 황도皇都를 거치지 못한 지 30여 년이 넘었다. 양 무제는 자慈·비悲·희喜·사捨의 4무량심(四等)을 행하고 아공我空·법공法空·구공俱空의 3공을 잘 깨달아서 법사에게 누차 소환하는 편지를 내렸지만 결코 흔들리지 않자 천감 11년(512) 황제는 곧 유중사遺中寺 석승회釋僧懷 영근사靈根寺 석혜령釋慧令 등 10명의 승려를 산으로 보내어 삼론의 대의를 자문하게 하였다.
> 先有名德僧朗法師者, 去鄉遼水問道京華, 淸規挺出碩學精詣, 早成波若之

---

16 앞의「서하사비문」, "嘗於山舍講無量壽經中夜忽見金光照室光中如台館形像豈止一念之間. (중략) 遂捨本宅欲成此寺. (중략) 俄而物故其第二子仲璋爲臨沂令克荷失業莊嚴龕像首於西峯石壁與度禪師鑄造無量壽佛."(『금릉범찰지』권4, 5정좌~6정우).

性, 夙植尸羅之本, 闡方等之指歸, 弘中道之宗致. 北山之北南山之南, 不遊
皇都將涉三紀. 梁武皇帝能行四等善悟三空, 以法師累降徵書確乎不拔. 天
監十一年帝乃遺中寺釋僧懷靈根寺釋慧令等十僧, 詣山諮受三論大義.[17]

라고 하여『고승전』보다는 조금 더 자세한 기술이 보인다. 그 하나는 "북산北
山의 북쪽에서 남산南山의 남쪽까지 유랑하다가 황도皇都를 거치지 못한 지
30여 년이 넘었다."는 문장이 보이는 점이며, 둘째로 혜교가 말하는 금상今上
폐하, 즉 양 무제가 "그릇이 무겁다고 깊이 보아 여러 의사義士들에게 칙명을
내려 산에서 수업하게 하였다."(深見器重, 勅諸義士受業于山.)라는 문장이 "천감
11년(512) 황제는 곧 유중사遺中寺 석승회釋僧懷 영근사靈根寺 석혜령釋慧令 등
10명의 승려를 산으로 보내어 삼론의 대의를 자문하게 하였다."라고 보다 구
체적으로 기록되어 있는 점이다.

서하사의 창시는 남제의 영명 7년(489)이고, 그로부터 양의 천감 11년(512)까
지는 겨우 23년이다. 그런데 "30여 년이 넘었다."는 것이라면 승랑이 요동에서
강남으로 유랑하여 30여 년을 지났다는 의미이므로 그의 남도南渡는 서하사의
창립 이전인 것이 된다. 그렇다면 승랑은 법도를 따라 함께 섭산으로 들어갔는
가라고 한다면 그 또한 즉각 단정할 수 없다. 왜냐하면 황룡 사람 법도의
입산은 승소가 유송의 태시 연간(466~471)에 사택을 지은 것으로부터 20여
년 후이므로 빨라도 480년대 후반인데, 승랑의 남도는 그것보다도 훨씬 이전
이며, 그 사이 법도와 함께 어딘가에 있었다는 확실한 증거도 없기 때문이다.

---

17 위의 곳, 7정우.

안징(763~814)은『중관론소기』에서 혜균의『사론현의』를 인용하여

> 생각해보자. 혜균의『사론현의』제10에서 말한다. 도랑道朗 법사는 회계산
> 會稽山에 은거하면서 젊었을 적부터 설법한 적이 있었는데, 여러 법사들이
> 도랑 법사에게 청하여 후에 섭산으로 왔으니, 섭산은 양주揚州와 70리 떨
> 어져 있었다.
> 案, 均正玄義第十云, 道朗師隱會稽山陰, 懸少時說法處, 諸法師請法師, 後
> 來攝山, 攝山去揚州七十里. (T65, 71b.)

라고 한다. 즉 혜균에 의하면 승랑(남도의 전승에서는 도랑)은 절강성浙江省
회계산會稽山에 머물러 요청에 의해 섭산으로 입산했다고 되어 있다. 따라서
그의 입산은 법도를 위시한 섭산의 여러 법사의 초빙에 의한 것이었다고도
생각된다. 다시 천태 형계 담연(711~782)에 오면

> 후에 고려의 승랑이 제의 건무 연간에 이르러 강남으로 와서는 성실사들
> 을 비판하였다.
> 於後高麗朗公, 至齊建武, 來至江南, 難成實師. (T33, 951a.)

라고 하여 그가 남도했던 것은 제의 건무 연간(495~497)이라고 한다. 법도의
몰년은 제의 영명 2년(500)이므로 법도와 승랑의 해후는 여기서는 법도의 최만
년이었다는 것이 된다.

그래서 이상의 자료로부터 추론하여 생각할 수 있는 것은, 승랑은 이미 완성
된 사람으로서 섭산에 왔으며, 거기서 가끔 법도를 만나 그 유발遺鉢을 이어
산사를 강령綱領했다는 것이 사태의 진상이 아닐까 생각한다. 그때 법도의

본관이 황룡이었던 것, 따라서 양자의 고향이 서로 근접해 있었다는 사실도 두 사람을 결부시키는 유력한 연결 고리의 하나였는지도 모른다.[18] 애초에 섭산을 열었던 명승소 자신이 평원平原 출신이고, 이상하게도 세 사람의 고향이 같은 산동성이었다는 것은 이때 어딘가 요인이 되는 것인지도 모른다. 그러나 또 도리어 이러한 사실이 법도와 승랑이 종래부터 사제 관계에 있고 따라서 동시에 섭산으로 왔다는 견해도 가능하다고도 할 수 있다. 그러나 그렇다면 앞에서 서술했던 각종 자료가 좀 더 다른 뉘앙스를 가지지 않으면 안 된다고 생각된다. 그런 것이 전혀 보이지 않을 뿐 아니라 법도에게 삼론에 관한 기술이 전혀 없는 것은 승랑이 섭산에서 법도의 유발을 이었던 사람이라고는 하지만 승랑의 삼론학이 법도로부터 나올 만한 것은 아니었던 것을 증명하기에 충분하다. 따라서 삼론 연구의 계보를 논하는 경우 설령 법도와 승랑에게 섭산에서의 사제 관계라고 할 수 있는 것이 사실 있었다 해도 일단 이것은 별개의 문제로서 취급해야 하지 않을까 생각한다.

그런데 이러한 법도, 승랑의 관계를 그대로 삼론의 학계사라고 간주했던 것이 앞에서 기술한 사카이노설境野說이다. 즉 사카이노境野 박사는 삼론의 법계사를 논하여 이 승랑이 직접 계승한 스승을 법도라 규정하고 또 법도의 계통을 거슬러 검색하여 법도가 젊어서 북토에서 유학했던 사실로부터 그 스승을 서주徐州 백탑사白塔寺에 머물렀던 팽성파의 성실 학자 승연僧淵이라 간주하여 나집-승숭僧嵩-승연-법도-승랑으로 이어지는 삼론의 학계사를 구성했던 것이다. 그리고 법도가 승연의 제자라는 근거를 『고승전』의 도등전

---

18 탕용통湯用彤 씨는 강남 인사人士의 황룡黃龍이라는 것은 연燕이라고 한다(앞의 책, p.734 참조). 남연南燕은 동진東晉 말(398) 모용덕慕容德이 건국했던 나라로 수도를 산동의 광고성廣固城으로 정한다. 408년 북연北燕에게 멸망하였고 북연도 436년 후위後魏에 의해 멸망한다. 또 靑山定雄 편, 『中國歷代地名要覽』 p.161 참조.

道登傳에 "동학인 법도에게 물었다."(問同學法度)라고 하여 도등이 승연 문하에서 법도와 함께 승연에게 배웠던 사실에서 구한다. 이미 앞에서 서술하여 밝혔듯이[19] 이것은 북위北魏의 법도(혹은 담도曇度)이며, 사카이노 박사는 이것을 섭산의 법도와 동일인으로 보는 잘못을 저지른다. 요컨대 이 경우 3인의 법도가 있었다는 사실은 커다란 의미를 가지게 되는 것이다.[20] 삼론의 법계사에 관한 사카이노설의 약점은 (1)승승이 나집에게 확실히 결부되지 않는 것, (2)승연 − 법도의 사제 관계가 추정에 의존하지 않으면 안 되는 점에 있는 것 등을 카나쿠라엔쇼오金倉圓照 박사가 지적한다.[21] 그것은 앞에서 서술했듯이 법도에 관한 혼동에서 생겼던 것이 직접적인 원인이지만 보다 근본적으로 사카이노설의 약점이라 할 것은 사카이노 박사가 승전僧傳에 기계적으로 의거하여 법도를 승랑의 삼론학 계승의 스승이라고 간주했던 점에서 오히려 유래하는 것이다. 길장의 방대한 저술의 어디에도 법도에 관한 기술이 눈에 띄지 않는다는 사실도, 삼론의 대성자로서 자타 공히 인정됐던 길장에게 법도가 어떠한 지위를 차지했는지를 여실히 말해주는 것이라고 할 수 있을 것이다.

이렇게 고찰해보면 삼론이 어떠한 계보를 거쳐 나집 및 장안의 그 문류에서 강남으로 전해지고 길장에 이르러 대성했는지를 논하는 경우 법도는 적어도 그 학계보學系譜에서는 제외되어야 할 사람이다. 오히려 명승소 및 법도가 삼론 연구사 상에서 특필될 것은 함께 섭산의 개산으로서 남도한 승랑을 맞이하여 그로 하여금 강남 홍법의 기초를 잡게 했던 점에 있었다고 보아야 한다.

---

19 ㉲ 본서 제1편 제4장 '섭산 삼론 학파의 성립−삼론의 부흥'의 제1절 '섭산 삼론의 연원'의 1. '섭산攝山 서하사棲霞寺의 개창' (A) 이하 참조.

20 탕용통湯用彤 씨는 3인의 법도가 있었다는 사실의 지적에 머물러 사카이노설境野說을 비판하지는 않는다. 또 법도·승랑의 사제 관계는 부정도 긍정도 하지 않는다.

21 金倉圓照 역주 『三論玄義』(岩波文庫) p.206 참조. 또 본편 제1장 '삼론 학파의 원류 계보' 주 15번 참조

제2절 승랑의 사적事績과 길장의 증언

1. 문제의 소재所在

이리하여 섭산에서의 삼론 연구가 승랑에서 시작한다는 것은 고래로 정설 이었던 것이다. 즉 앞에서 기술한 담연의 『법화현의석첨』 권19에서

> 송나라 이래 삼론이 상승相承하여 그 법사가 하나가 아니니, 모두 나집을 계승했다. 단, 연대가 오래되고 문소文疏가 영락하여 제나라 이래 현강玄綱이 거의 끊어졌다. 강남에서는 성실成實이 왕성하게 퍼졌고, 하북에서는 비담毘曇이 특히 숭상되었다. 이때 고구려 승랑이 제나라 건무(494~498) 때에 강남에 이르러 성실 논사들을 힐난하였다.
> 自宋朝已來, 三論相承, 其師非一, 並稟羅什. 但, 年代淹久文疏零落, 至齊朝 已來玄綱殆絕. 江南盛弘成實, 河北偏尚毘曇. 於時高麗朗公, 至齊建武來至 江南, 難成實師. (T33, 951a.)

라고 서술했듯이 성실을 배척하고 남제 이래 끊어져 없어졌던 삼론 연구를 강남에 부흥시켰던 것이 승랑이며, 길장의 이른바 '섭령 상승'의 시조이다.

그러면 승랑의 삼론 수학의 스승이 구체적으로 누구였는지 말하자면 현존 자료는 전혀 이것에 관해 답을 주지 못한다. 안징은 『술의』의 저자의 설을 인용하여

> 산중 대사山中大師에 관해 『술의』에서 말한다. 옛날 고려 대랑大朗 법사가 송말 제초에 돈황군의 담경曇慶 법사가 있는 곳으로 가서 삼론을 배우고 여러 곳에서 교화하다가 강을 건너 강산사岡山寺에 머물러 대승의 뜻을 홍 포하였고, 곧 섭령에 들어가 지관사止觀寺에 머물러 수행하고 좌선하였다.

言山中大師者, 述義云, 昔高麗國大朗法師, 宋末齊始, 往燉煌郡曇慶法師所, 學三論而遊化諸方, 乃至度江, 住岡山寺, 弘大乘義, 乃入攝嶺, 停止觀寺, 行道坐禪. (T65, 46b.)

라고 서술한다. 사카이노境野 박사 및 탕용퉁湯用彤 교수도 이것을 승랑 수학의 일설로서 소개한다.[1] 그런데 『술의』의 저자는 승랑과 그 제자 승전에 관한 길장의 호칭에 대해 심하게 혼동하고, 이 경우도 길장의 『중관론소』 본문 중에[2] "다섯째, 산중 대사山中大師가 말한다."(五者山中大師云.)라는 대목의 주해 인데, 산중 대사란 길장에게는 승전僧詮을 일컫는 것이지 승랑이 아니다. 승랑 의 경우 후술하듯이 길장은 항상 섭산 대사攝山大師라고 부른다. 그러므로 안 징도 바로 이어서 "지금 말하자면, 지관사 승전 법사일 것이다."(今謂, 可是止觀 寺僧詮師.)라고 서술하여 『술의』의 견해를 물리친다. 다만 이 문맥에서는 『술의』 의 저자가 산중 대사를 승랑이라고 오해했던 것이 분명하지만, 그 뒤 문장의 승랑의 경력에 관해서는 근거 있는 전승에 기초하여 이것을 소개했다고 간주 하지 않을 수도 없다. 그러나 그러하다면 "섭령으로 들어가 지관사에 머무르 면서 수행하고 좌선하였다."라고 하는 것은 후술하듯이 어디까지나 산중 대사 지관사 승전의 사적이지 승랑이 아니므로 『술의』의 저자는 이중으로 혼동한 다고 할 수 있다. 어쨌든 승랑의 삼론 수학의 계보에 대한 확실한 단서를 얻을 수 없는 것 같다.[3] 그래서 우리는 강남에서의 삼론 부흥의 시조인 승랑에

1　境野黃洋, 『支那佛教史講話』 하권, p.102, 湯用彤, 『漢魏兩晉南北朝佛教史』 하책, p.740 참조.

2　길장, 『중관론소』 권1말(T42, 17b).

3　㉡ 본서에서 승전을 일컫는 산중 대사를 『술의』의 저자가 승랑으로 오해했음에 근거하여 승랑의 지관사 체류를 부정하는 지점에 대해, 김성철은 "안징은 『중관론소』의 '산중대사'를 승랑으로 간주한 『술의』의 주석만 비판했던 것이지 '승랑이 지관사에 머물러 도를 행하고 좌선한 것'(停止 觀寺 行道坐禪)까지 부정했던 것은 아니었다."(위의 책, p.122)고 하여 14년 이상의 지관사 체류를 승랑의 주요한 삼론 수학의 사적 중 하나로 꼽는다. 자세한 논의는 김성철, 위의 책, pp.119~126 참조.

관해서는 이것을 오로지 길장의 저작에서밖에 볼 수 없는 것이다.

그런데 가상 대사의 승랑에 관한 기술 중에 특징적인 것은 한 번도 승랑이라는 이름을 말하지 않는 것이다. 요컨대 많은 경우 섭산 대사攝山大師, 섭령 대사攝嶺大師라고 부르거나 아니면 대랑 법사大朗法師라고 칭하는데, 또 이것을 합쳐서 섭령 대랑사攝嶺大朗師라고 부르거나 섭산 고려 낭대사攝山高麗朗大師라고 하는 경우도 있다.[4] 또 생략하여 '섭산(사)운攝山(師)云'이라든가 '섭령(사)운攝嶺(師)云'이라고도 하고,[5] 문맥이 확실한 경우 단순히 '대사운大師云'이라고 한다. 단, 홍황사 법랑에 대해서도 '대사운大師云'이라고 하는 경우가 있어[6] 주의를 요하는데, 어쨌든 직접 '승랑'의 호칭을 사용한 것은 없었기 때문에 후세 일본 남도의 삼론종의 전승에서는 이것이 '도랑'이라고 오전誤傳되었던 것이다. 이것을『고승전』기타에 비추어 승랑으로 정정했던 것은 사카이노 박사의 커다란 공적이며, 이후 이것이 정설이 되어 있는 것은 주지하는 대로이다. 왜 오랜 동안 승랑이 도랑으로 되어 있었는지 그 이유에 관해서는 이미 이것을 상론했으므로[7] 지금은 생략하지만, 이 승랑의 사적에 관해 길장이 앞에서 서술한 각종의 전기 이외에 새롭게 보정해야 할 사항으로 특히 강조하는 점으로서는 다음과 같은 것이 거론된다.

---

4   예를 들면『대승현론』권1에 "山中興皇和上, 述攝嶺大朗師言, 二諦是敎."(T45, 22c)라 하고, 같은 권1에 "攝山高麗朗大師, 本是遼東城人."(T45, 19c)이라고 하며, 비슷한 것이 많다.

5   『이제의』권하, "有開善解, 莊嚴解, 龍光解已竟, 今攝山復解."(T45, 106b),『대승현론』권2, "又攝嶺師云, 假前明中是體中."(T45, 28c).

6   『중관론소』권2본에 "問, 大師何故作是說. 答, 論文如此. 故大師用之."(T42, 23a)라고 하는 '대사'란 앞 대목(22c)에서 "問, 若爾攝山大師云何非有非無名爲中道."라는 뜻을 받았던 것으로 분명히 승랑이다. 그런데 권2말에 "問, 常看自心者, 大師何故斥外道, 折毘曇, 排成實, 呵大乘耶."(T42, 31c)라는 것은 윗 단락(31b)에 "十者, 師云, 標此八不, 攝一切大小內外."라는 '사師', 즉 홍황 법랑의 설을 부연했던 것으로 안징의『소기』에서도 "疏云十者師云等者, 此下第十約興皇舊說辨攝法也."(T65, 102b)라고 한다.

7   제1장 '삼론 학파의 원류 계보' 참조.

(1)

섭산 고려 낭대사는 본래 요동성 사람이다. 북토北土에서 멀리 나집 법사의 뜻을 익혀 남토南土로 와서 종산鍾山 초당사草堂寺에 머물렀는데, 은사隱師 주옹周顒을 만났고 주옹은 법사에게 배웠다. 다음에 양 무제가 삼보를 경신敬信하다가 대사가 온 것을 듣고 승정僧正, 지적智寂 등 10법사를 보내어 산으로 가 수학하게 하였다. 양 무제가 법사의 뜻을 얻고서 본래의 『성실론』을 버리고 대승에 의거하여 장소章疏를 지었다. 개선開善도 이 뜻을 들었는데, 말은 얻었지만 뜻을 얻지는 못했다.

攝山高麗朗大師, 本是遼東城人. 從北土遠習羅什師義, 來入南土, 住鍾山草堂寺, 値隱士周顒, 周顒因就師學. 次梁武帝敬信三寶, 聞大師來, 遣僧正智寂十師, 往山受學. 梁武天子得師意捨本成論, 依大乘作章疏. 開善亦聞此義, 得語不得意.[8]

(2)

다음으로 양 무제는 크게 불법을 경신하고 본래 『성실론』을 배우다가 법사가 산에 있다는 것을 듣고서 승정, 지적 등 10인을 산에 보내어 배우게 하였는데, 비록 글과 말은 얻지만 그 뜻을 정밀히 궁구하지 못하였다. 양 무제의 만년의 뜻은 여러 법사와 달랐으므로 지의旨義를 창제한다고 칭하였다.

次梁武大敬信佛法, 本學成論, 聞法師在山, 仍遣僧正智寂等十人往山學, 雖得語言, 不精究其意. 所以梁武晚義, 異諸法師, 稱爲制旨義也.[9]

---

8 『대승현론』 권1(T45, 19b).
9 『이제의』 권하(T45, 108b).

(3)

대랑 법사는 관내에서 이 뜻을 얻어 주옹에게 주었으니, 주옹은 이로 인하여 『삼종론』을 저술했다.

大朗法師, 關內得此義, 授周氏, 周氏因著三宗論也.[10]

이상의 사실은 사카이노 박사의 저작에 상세하며, 또 탕용통 교수는 이것을 다음의 세 가지로 요약한다.[11]

(1) 남제의 주옹은 당시 유행한 이제설에 관해 『삼종론三宗論』을 저술하여 유명한데, 이것은 승랑으로부터 그 뜻을 이어받았다는 점.
(2) 양 무제도 승랑에 의해 『성실론』을 버리고 대승으로 개종하여 장소章疏(『대품반야』의 소)를 지었던 점.
(3) 승랑의 삼론학은 관내, 즉 장안에서 나집의 직접적인 문하로부터 얻는 점.

이상의 세 가지이다. 그리고 사카이노, 탕용통 두 학자 모두 사실史實로서 매우 의심스럽다고 서술한다. 특히 (1)에 관한 전자의 고증은 매우 정밀한데, 이것을 요약하면 첫째로 승랑의 남도를 만약 제의 건무建武(495~497) 아니면 제말 양초(502)에 걸친다고 하면 주옹이 『삼종론』을 저술한 것에 대해서는 앞 장에서 이미 서술했듯이 고창高昌의 사문 지림智琳(409~487)에 의해 그 공간公刊이 종용되었다고 하는 사실이 있어서 그것으로부터 주옹 『삼종론』의 성립 시기가 거의 추정될 수 있는데, 그 즈음(사카이노 박사에 의하면 지림의

---

10 『중관론소』 권2말(T42, 29c).
11 湯用彤, 앞의 책, p.737 참조.

고창 서환西還 이전, 제의 건무 2년(480) 즈음 승랑은 남도해 있지 않았다고 한다. 따라서 주옹이 승랑에게 가르침을 받았다고 하는 사실은 성립하지 않는 것이다.

둘째로 승랑의 남도를 만약 송말 제초(479) 전후라고 한다면 스승인 법도 (437~500)는 당시 44~45세이다. 그런데 학계의 원로인 지림이 추대하고 존중했던 주옹은 이미 상당한 연배였다고 생각되며, 승랑과는 열 살에서 스무 살 차이가 있었다고 간주되어 연소한 승랑에게 가르침을 받았다는 것은 도저히 있을 수 없다는 것이다.

이상의 이유에서 길장이 말하는 (1)의 승랑·주옹의 사제설은 결국 섭령 상승이 관내의 구의 구종의 정통적인 소전所傳인 까닭을 요란하게 선전하려는 길장의 허구라고 단정한다. 이 문제에 대해서는 우이하쿠쥬宇井伯壽 박사도 같은 견해를 가진다.[12] 그러나 길장이 이러한 허구의 담론을 구축했던 동기 그 자체는 앞에서 서술한 이유로 충분히 이해할 수 있으므로 확실히 학자가 지적하는 대로 사실 무근이었다고도 생각되지만, 동시에 길장의 입론은 역사적·시간적으로는 반드시 아무 근거도 없는 낭설이었다고만 말할 수는 없는 것이다. 이제 그 이유를 새롭게 약간의 자료를 덧붙여 검토해보는 것으로 한다.

2. 승랑·주옹 사제설의 시비

1)

우선 첫째로, 학자들이 무시하는 점으로 주의되는 것은 앞에서 기술한 길장 증언의 (1)에서 길장은 승랑이 직접 섭산에 들어갔다고는 하지 않고 최초에

---

12 宇井伯壽, 『支那佛教史』 p.39 참조.

남지에 들어와 종산鍾山 초당사草堂寺에 머물렀다라고 하는 점이다. 초당사는 주옹이 혜약慧約(자는 덕소德素, 452~535)을 위해 종산의 뇌차종雷次宗[13]의 구관舊館에 건립했던 한 사찰이다. 즉『속고승전』권6 석혜약전에

> 제의 중서랑中書郎인 여남의 주옹이 섬현의 현령(剡令)이 되어서는 혜약의 도의 소박함에 흠복欽服하여 가까이에서 예를 더하고자 종산의 뇌차종雷次宗의 구관舊館에 초당사를 지어서 산자사山茨寺라고 부르기도 하였는데, 절의 소임을 맡아보기를 청하였다.
>
> 齊中書郎, 汝南周顒爲剡令, 欽服道素, 側席加禮, 於鍾山雷次宗舊館, 造草堂寺, 亦號山茨, 屈知寺任. (T50, 468c.)

라는 것이 초당사의 기원이다.『남제서南齊書』의 주옹전에 의하면 주옹은 쉬는 날은 항상 산에 가서 머물렀다고 한다.[14] 이것이 언제쯤인지 말하자면 제의 경릉竟陵 문선왕文宣王이 군대를 주둔시켜 우혈禹穴(절강성 소흥부紹興府)을 지켰던 때이다.[15] 경릉왕은 무제의 둘째 아들이며, 당시 고명한 문인들과 넓게 교제를 맺고 불교도의 보호 이해자로서 그 명성이 높았던 것이 남조 왕족 중에 제일이었는데, 무제의 사망과 함께 실각하여 우사憂死한다. 따라서 정치적 활약 기간도 무제의 재위 연간(482~493)에 한하여 있었다고 생각되며, 주옹이 섬현의 현령이 되었던 것도 거의 같은 기간이라고 하면 초당사의 개창은 480년대였던 것을 알 수 있다. 앞에서 기술한 문장에서는 초당사를 산자사

---

13 『고승전』권6 석혜원전釋慧遠傳에 "雷次宗宗炳等, 並執卷承旨."(T50, 361a)라고 하여, 여산 혜원의 백련사白蓮社에 모였던 18현賢 중 한 사람이다. 또『송서宋書』권93 '隱逸',『남사南史』권75 '隱逸' 상의 항목 참조. 又 常盤大定,『支那佛教史蹟踏査記』 '廬山'의 항목도 아울러 참조.

14 『남제서』권41, 열전22, 주옹전, "顒於鍾山西立隱舍休沐則歸之."

15 『속고승전』권6 석혜약전에 "齊竟陵王作鎮禹穴, 聞約風德雅相歎屬."(T50, 468c)이라고 한다.

라고도 칭했다고 했는데, 법도와 함께 북산의 두 성인으로 찬탄되었던 법소法紹는 주옹이 성도成都(사천성)를 떠날 때 함께 내려와 산자 정사山茨精舍에 머물렀다고 말해지므로 산자 정사는 다른 사찰로서 초당사보다 먼저 건립된 것인지도 모른다. 법소, 법도는 함께 경릉왕 자량子良의 귀의를 받아 4사事[16]를 자급資給하므로 어느쪽이라 해도 480년대인 것이다.[17]

승랑이 남지로 왔던 것도 이것을 송말 제초라고 한다면 거의 이 즈음이다. 가장 신뢰되는 진대의 강총지의 비문에 의해 문자 그대로 양의 천감 11년(512)부터 3기紀(36년) 이전이라 한다면 476년쯤이다.[18] 남도하여 수년 후에 초당사에 입산했다고 가정한다면 종산에서 주옹과 해후했다는 역사상의 사실은 결코 있을 수 없는 것은 아니다. 하물며 더군다나 "3기를 지났다."(涉三紀)는 등의 말은 대강 개략적인 수를 말하는 경우에 한한다. 서하사의 창립은 489년이며, 그 후에 승랑은 섭산으로 옮기고 법도의 유촉에 의해 서하사에 머무르게 되었다고 한다면 시간적으로는 조금도 모순되는 것이 없다. 법도와의 인연도 이 종산 초당사 이래의 것이었다고 한다면 그다지 엄밀한 사제 관계에 의해 구속될 것도 없을 것이다. 담연이 제의 건무 연간(495~497)이라고 말했던 것은 승랑이 섭산 서하사에 머무르게 되었던 그 시점을 가리켰다고 한다면 이 점에서도 사리가 맞는다.

---

16 ㉭ 사사四事 : 의복衣服, 와구臥具, 음식飮食, 의약醫藥으로 불공하는 일.

17 『고승전』 권8 석법도전, "時有沙門法紹, 業行淸苦, 譽齊於度, 而學解優之. 故時人號曰北山二聖. 紹本巴西人, 汝南周顒去成都, 招共同下, 止于山茨精舍. 度與紹並, 為齊竟陵王子良始安王遙光, 恭以師禮, 資給四事."(T50, 380c).

18 ㉭ 김성철은 승랑의 강남 도래 시기를 476년보다 3년 뒤인 479년으로 비정한다. 479년 이전은 승랑이 아직 북지에서 활동할 때이므로 476년은 본서에서 주장되는 승랑의 강남 도래 시기가 아니라 승랑이 요동을 떠난 시기라는 것이다. 그에 따르면 476년 직후 요동을 떠나 북지에서 삼론을 학습하고 479년에 강남으로 온 승랑은 건강健康의 종산 초당사에서 법도와 함께 생활하면서 주옹에게 가르침을 주어 『삼종론』을 짓게 하였다. 김성철, 위의 책, pp.93~102 참조.

2)

둘째로 주옹의 측에서 이것을 검토하면 주옹은 무엇보다 남제의 고급 관리이며, 동시에 원래 『노자』와 『역』을 잘했던 현학가여서 불교에도 깊은 조예를 가졌던 사람이다. 남조의 불교자와 언제쯤부터 교섭이 있었는지 상세한 것은 알 수 없지만 그간의 사정을 전하는 몇 가지의 자료를 『고승전』 기타에서 볼 수 있다.

(A)

『고승전』 권7의 승근僧瑾의 전기에[19] 이미 유송 명제의 말(472)에는 주옹이 유송의 본영에서 활약했던 것을 알 수 있으며, 이 무렵 주옹은 『법구경法句經』, 『현우경賢愚經』의 두 경전을 배우며 읽었다는 기록이 있다.[20] 승근은 『장자』나 『노자』에도 정통하며 『시』나 『예』를 잘했다고 전해지고 영근사靈根寺와 영기사靈基寺의 두 절을 지어 명제로부터 승주僧主로 임명되었던 사람이다.

(B)

또 송의 명제 즉위 때(466) 명제가 청하여 사승師僧으로 삼으려 했지만 종산 상정림사上定林寺에 은거하여 응하지 않았던 승려로 승원僧遠(414~484)이 있는데, 후에 주옹은 명승소明僧紹나 장융張融과 함께 "몸을 던지고 발길을 이어 그의 계범戒範을 자문 받았다."(投身接足, 諮其戒範.)고 전해진다.[21] 이후 제의 태조가 즉위한 해(479)에 산에 들어가 승원을 찾았는데, 노환을 핑계로 응하지

---

19 『고승전』 권7 석승근전(T50, 373c~374a).

20 위의 곳, "時汝南周顒, 入侍帷幄. (중략) 顒酒習讀法句賢愚二經."(T50, 373c~374a).

21 『고승전』 권8 석승원전(T50, 378a).

않았다고 말해지므로 주옹의 승원 참학參學은 470년 전후이다.

이상 (A), (B)의 사실에서 보아 470년대에는 주옹은 불교에 관해서는 아직 습학習學 시기의 범위를 벗어나지 못했던 것이다.

(C)

주옹은 제조齊朝에 이르러 섬령剡令이 되어 절강성에 살았던 때에는 유명한 혜기慧基(412~496)[22]에게 청하여 강설을 의뢰한다. 이것은 혜기가 송의 원휘元徽(473~477) 중에 송의 태종의 부름을 받은 후 병으로 사임하고 회읍會邑 구산龜山에 보림 정사寶林精舍를 지어 21일 참회하는 재를 마련하였던 이후의 일이며, 일러도 480년 이후이다. 그때 경릉왕도 편지를 보내어 혜기에게 종지宗旨를 묻는 것에서 보아도 제의 무제의 즉위(482) 이후인 것이다. 이 무렵의 주옹에 대해 혜교는

> 주옹은 이미 본래 학문의 공력이 있었지만 특히 불교의 이치에 깊었다.
> 周顒, 既素有學功, 特深佛理

라고 상찬하면서도

> 혜기를 만나 엄밀히 연구하게 되면서 날로 새로워지고 뛰어나게 되었다.
> 及見基訪覈, 日有新異. (T50, 379a~b.)

---

22 『고승전』 권8 석혜기전(T50, 379a~b).

라고 하여, 또 혜기의 강설로부터 새롭게 얻은 바가 있었던 것을 강조한다.

(D)

또 남제의 현창玄暢[23](416~484)은 삼론을 잘하여 배우는 자들의 종사宗師인 사람이라고 말해졌는데, 일찍이 사천성 성도成都에 유학하여 대석사大石寺에 머물렀던 것이 전해진다. 주옹이 법소를 따라 산야 정사로 돌아갔던 것은 성도成都에서 관직을 사임한 후이어서 성도에서 관직에 있을 때 현창과는 친교가 있었던 것으로 추정된다. 왜냐하면 제의 영명 2년(484) 현창이 영근사에서 사망했을 때 임천臨川 헌왕獻王이 비를 세워 주옹이 이것에 문장을 짓기 때문이다.[24] 그러므로 주옹은 이 현창으로부터 일찍이 반야 삼론의 뜻에 관해 배워 들은 바가 있었다고 생각된다. 따라서 '3종宗의 뜻'에 대해서도 반드시 이것을 승랑에게 들을 필요가 있었다고는 생각할 수 없다는 견해도 충분히 근거가 있다.

그런데 『홍명집』 권6에 실려 있는 장융에게 주었던 서간에, 주옹 자신이

> 도가를 말한다면 어찌 2편篇으로 주主를 삼지 않겠으며, 불교를 말한다면 또한 반야로 종의를 삼아야 한다. 2편에서 귀중하게 여기는 뜻은 지극한 허무이고, 반야가 관조하는 바는 궁극적인 법성이다.
> 言道家者, 豈不以二篇為主, 言佛教者, 亦應以般若為宗. 二篇所貴義極虛無, 般若所觀照窮法性. (T52, 39a.)

---

23 『고승전』 권8 석현창전(T50, 377a~c).

24 위의 곳, "臨川獻王立碑, 汝南周顒製文."(T50, 377c).

라고 서술하여 스스로 반야를 종의로 삼는 것을 표방하는데, 이 서간은 『삼종론』 집필 이후의 것이고 시대는 더욱 내려간다.[25] 현창이 서울에 맞아들여진 것은 제의 무제 즉위(482) 직후의 칙명에 의한 것이며, 문선왕文宣王이나 문혜文惠 태자도 불러들일 사신을 보내는데, 그는 배로 동쪽으로 내려오는 도중에 병을 얻어 영근사에 머물다가 얼마 되지 않아 영명 2년(484)에 영면한다. 따라서 주옹의 현창에 의한 삼론 수학은 오로지 성도成都 시대이며, 섬현剡縣에서 앞에 기술한 혜기에게 강설을 청하기 이전이었다. 혜기 수학 당시 "날로 새로워지고 뛰어나게 되었다."라고 하는 것을 본다면 청두 시대의 현창 수학을 가지고 곧바로 모든 것을 결론짓는 것은 성급하다.

이것을 요약하면 앞에서 기술한 자료로 살피는 한에서 주옹에게 불교 사상의 형성이 차츰 원숙미를 더해갔다고 추정되는 것은 480년대 이후인 것이 거의 분명하다. 그리고 이 시점에 승랑은 길장이 말하는 것처럼 종산 초당사에 머물렀다고 한다면 승랑과 만나 그의 반야 삼론학에 관해 어느 정도의 영향을 받았다는 것이 반드시 황당무계한 설은 아니다.

(E)

주옹이 지림과 교섭이 있었던 것이 언제인지 그다지 분명하지는 않지만 제의 영명 5년(487)에 죽었던 지림이 주옹에게 『삼종론』의 공간을 종용했던 서간에서[26]

---

25 『홍명집』권6의 같은 곳에 "夫有之爲有物知其有, 無之爲無人識其無, 老氏之署有題無出斯域, 是吾三宗劇論, 所謂取捨驅馳, 未有能越其度者也."(T52, 40b)라고 하므로 장융과의 서간의 왕복은 『삼종론』 집필 이후임을 알 수 있다.

26 『광홍명집廣弘明集』권24(T52, 274c), 그 외에 『고승전』권8 석지림전(T50, 376b) 등 참조.

빈도는 나이가 들면서 마침내 이것 때문에 병이 생겼습니다. 병들고 노쇠하여 낫지 않는 데다가 또 아침저녁 사이에 서쪽으로 돌아가야 할 몸입니다. 貧道積年, 迺爲之發病. 旣衰痾未愈, 加復旦夕西旋.

라고 서술하므로 지림 최만년 무렵이라고 생각한다면 480년대도 더욱 후반이다. 서간을 보낸 때, 요컨대 제의 건원 2년(480)[27]으로『삼종론』의 공간을 반드시 제한할 필요가 없다.

(F)

주옹은 제의 영명 7년(489) 10월부터 다음 해(490) 정월에 걸친『약성실론略成實論』편술의 때에 칙명에 의해 그 서문을 쓴다.[28] 따라서 이미 한 방면의 대가인 주옹이 승랑의 가르침을 받았다고는 믿을 수 없다는 것도 부정설의 유력한 근거이다. 이것도 승랑의 남도를 이보다 더 수년 늦은 제말 양초로 보는 의론이다. 이미 봐온 것처럼 490년대의 주옹에게는 이것으로 별반 달라진다고 할 것까지는 없다.

3)

셋째로, 승랑의 남도를 송말 제초에 걸친다라 하고 승랑과 주옹의 해후를 역사상의 사실이라고 가정해도 법도를 제쳐두고 연소한 승랑에게 가르침을

---

27 앞 주석의 지림 서간에 "미묘한 가르침이 도중에 단절된 지 67년이나 되었습니다."(妙音中絕六十七載)라는 한 구절이 있으며, 이것을 사카이노 박사는 나집의 죽음을 홍시 15년(413)이라고 하여 이것부터 67년이라고 보아 지림 72세(480) 무렵이라고 한다(境野, 앞의 책, p.107). 일설로는 승조의『부진공론』이 세상에 나왔던 해(409~413)를 기점으로 하는 설도 있다(宇井, 앞의 책, p.39).
28 주옹, 「초성실론서抄成實論序」(『출삼장기집』권11, T55, 78a~b).

청하는 것은 있을 수 없다는 것도 성급하다. 앞에서 서술했던 혜약慧約과의 교류는 주옹의 섭현剡縣 현령 시대이므로 무제의 재위 시기로부터 역산하면 혜약의 연령은 당시 30세에서 41세 사이이다. 같은 무렵 경릉 문선왕이 혜약의 풍덕風德을 듣고 "허리를 굽히고 몸을 움츠려 공경을 다하였다."(斂躬盡敬.)고 했던바 당시 불문의 장로들 지수智秀·담섬曇纖·혜차慧次 등이 "불쾌한 낯빛을 품었다."(懷不悅之色.)고 한다. 그것에 대해 왕은

> 이 분은 이제 불문의 영수가 될 사람이니, 어찌 지금의 처지로 그를 대접
> 해서야 되겠는가? 그러므로 그가 젊어서 권세 있는 자에게 존중 받는 것
> 이 이와 같은 것이다.
> 此上人方為釋門領袖, 豈今日而相待耶. 故其少為貴勝, 所崇也如此 (T50,
> 468c.)

라 대답했다고 하므로 혜약이 매우 젊었던 것을 알 수 있다. 또 회계會稽 섬剡 사람으로 혜기慧基의 제자였던 담비曇斐(443~518)의 전기에

> 오국의 장융, 여남의 주옹, 주옹의 아들 주사周捨 등과 함께 마음을 알아주
> 는 친교를 맺었다.
> 吳國張融, 汝南周顒, 顒子捨等, 並結知音之狎焉. (T50, 382c.)

라고 하여 주옹은 아들인 주사와 함께 담비와 친교가 있었던 것을 알 수 있는 데, 앞에서 기술한 혜약과 같이 담비도 아마 연대로 미루어 주옹보다 연하였다 고 생각되며, 이렇게 연소하면서 장로이고 우수한 불교자에 대한 주옹의 태도 에서, 승랑이 젊었다고 하는 것이 주옹과의 교류를 부정하는 이유가 된다고는

생각할 수 없다.

처음 주옹의 섬현 현령 시대에 법도는 46세에서 57세쯤이다. 사카이노 박사는 "법도가 섭산으로 들어갔던 것은 송말이었는데, 그것은 40세 전후이므로 혹 승랑이 동시에 스승을 따라 남으로 왔다고 한다면 아직 20세를 지난 지 얼마 되지도 않았다."[29]고 서술하는데, 승소僧紹가 섭산을 열었던 것은 유송의 태시 연간(466~471)이고 기록에 의하면 후에 20여 년을 지나 법도가 입산했다고 하므로 그 입산은 송말이 아니라 제의 무제 치하이고 주옹의 섬현 현령 시대이기도 하다. 승소의 유언에 의해 서하사를 열었던 영명 7년(489)에 그는 53세였다. 그리고 승랑이 법도와 20세나 연령의 간격이 있었다는 것은 어떠한 근거도 없는 추정이다. 법도와 승랑은 **스승과 제자**라고 하는 선입관에 의한 것이라 하여 수긍하기 어렵다. 오히려 섭산을 열었던 명승소明僧紹와 주옹은 일찍이 함께 승원僧遠에게 사사하고, 주옹이 성도成都부터 동반하여 산야 정사에 머물렀던 법소法紹는 법도와 함께 경릉왕의 보호를 받으며 북산北山의 두 성인이라고 찬탄되었던 것, 따라서 법도도 물론 주옹과는 면식이 있었을 것이고 승랑도 길장이 말하듯이 이 무렵 종산 초당사에 머물렀다고 한다면 그들은 모두 아는 사이였다고 생각된다. 그리고 바로 이 인연으로 승랑은 서하사로 옮겨 법도의 사후 산사를 강령했다고 생각하는 쪽이 보다 자연스럽다. 그렇다면 스승과 제자라고는 해도 법도와 그 정도의 연령의 간격은 예상할 수 없는 것이다. 양의 무제의 천람 11년(512)에 승랑이 만약 70세에 가까웠다고 한다면 제의 무제 초엽(480년대)에 그는 40세를 넘지 않는다. 그렇다면 앞에서 기술한 혜약이나 담비 같이 주옹과 교섭을 가졌다고 해도 조금도 이상하지 않다.

---

29 境野, 앞의 책, p.109 참조.

이상 결코 호교적 의도에서 한 것은 아니지만 길장의 측에 서서 길장의 증언이 어디까지 신빙성을 가질 수 있는지 그 (1)에 대해 재검토를 시도했던 상황이다. 승랑·주옹 모두 연대가 알려지지 않으며 길장 이외에 양자의 관계를 설하는 자료는 찾아지지 않으므로 가볍게 속단할 수는 없지만, 적어도 길장 증언이 성립할 수 있는 제반 조건이 갖추어져 있었다고 보는 것은 가능하다. 그런 한에서 필자는 주옹과 승랑의 만남이 길장 저작의 도처에서 서술하듯이 진실에 가까웠다고 본다.

3. 『삼종론』의 성립과 전거

단, 이 경우 문제가 되는 이제의 뜻에 관한 '3종宗'의 의론에 대해 그 일부가 당시의 남지에서 유행했던 설이었던 것은 다음과 같은 사실에서도 분명하다. 『고승전』 권7에서 전해지는 도유道猷는 송의 원휘元徽(473~477) 중에 71세로 죽었던 사람인데, 동시대에 장락사長樂寺 각세覺世가 있어서 각세는 '불공가명의不空假名義'를 세웠다고 혜교는 말한다.[30] 이것은 주옹『삼종론』의 '3종' 즉 (1)불공가명, (2)공가명, (3)가명공의 첫 단계이다. 길장도 (1)과 (2)에 대해서는 이것이 종전부터 항간에 유포되었던 설인 것을 인정한다.[31] (3)의 '가명공'이 주옹의 본지本늬여서 이것은 승조의『부진공론』이 그 전거라고 길장은 지적하는 것이다. 즉『중관론소』권2말에

---

30 『고승전』 권7 석도유전, "釋道猷 (중략) 宋元徽中卒, 春秋七十有一. (중략) 時北多寶慧整長樂覺世, 並齊名比德, 整特精三論, 為學者所宗, 世善於大品及涅槃經, 立不空假名義."(T50, 374c.)

31 예를 들면 『이제의』 권하에 "古來有鼠嘍栗二諦案菰二諦. 嘍栗二諦, 即空性不空, 假為世諦, 性空為真諦也. 案菰二諦, 假為世諦, 假體即空為真諦. 廣如常解. (후략)"(T45, 115a)라고 하여 종래부터의 설인 것을 인정한다. 앞 장 제3절 '주옹과『삼종론』' 참조.

셋째, 가명공이란 곧 주옹이 사용하는 바이니, 대의大意로 말하자면 가명이 그대로 곧 공이라는 것이다. 주옹의 가명공을 살펴보면 원래 승조의 『부진공론』에서 나왔다. 『부진공론』에서 말한다. 유이지만 무이고 무이지만 유이다. 유이지만 무이니 이른바 비유이고, 무이지만 유이니 이른바 비무이다. 이와 같다면 곧 사물은 정말로 없는 것이 아니며 사물은 정말로 있는 것이 아니다. 사물은 정말로 있는 것이 아닌데 어디에선들 사물이 있겠는가. 승조는 사물이 진물真物이 아니므로 가물假物이며 가물이므로 곧 공이라고 하는 것이니, 대랑 법사가 관내에서 이 뜻을 얻어 주옹에게 주었고, 주옹은 이로 인하여 『삼종론』을 저술하였다.

第三假名空者, 即周氏所用, 大意云, 假名宛然即是空也. 尋周氏假名空, 原出僧肇不眞空論. 論云, 雖有而無, 雖無而有. 雖有而無所謂非有, 雖無而有所謂非無. 如此即非無物也, 物非眞物也. 物非眞物, 於何而物. 肇公云, 以物非眞物故是假物, 假物故即是空, 大朗法師關內得此義授周氏, 周氏因著三宗論也. (T42, 29b~c.)

라고 한다. 『삼종론』이 현존하지 않는 이상 주옹의 '가명공의'를 『부진공론』과 자세히 비교 검토하는 것은 할 수 없지만 길장이 『삼종론』을 보았던 것은 분명하다. 따라서 만약 액면 그대로 이 『삼종론』에서 말하는 '가명공의'가 승조 『부진공론』에 일치한다면 누가 『조론』의 본지를 남지에 전하여 이것을 주옹에게 전수했는가라는 것은 당연히 다음으로 예상되는 의문이다. 후세에 중국 불교사에 커다란 영향을 미쳤던 『조론』도 진대의 혜달이 처음에 『조론』을 얻어 그 「통서通序」를 썼을 때에는

세상에서는 모두 말하기를, 승조가 지은 것이므로 『성실론』의 진제真諦, 『십지론』의 통종通宗이고 장자와 노자가 의지한 맹랑한 설이라고 하였다.

世諺咸云。肇之所作 故是成實真諦。地論通宗。莊老所資猛浪之說 (T45,
150b.)

라고 서술하듯이 당시 이것을 돌아보는 사람도 없었던 것이다. 츠카모토젠류
우塚本善隆 박사는, 승조에 대한 관심이 깊어지면서 그 저술에 대한 연구가
오늘날과 같은 모습으로『조론』이 편집되어간 시기는 마침 승랑·승전에서
비롯한 삼론 연구가 건강 섭산을 중심으로 발흥했던 시대이며 삼론이 학파로
서 형성되었던 시기에 해당한다고 보는데,[32] 삼론학의 흥륭은『조론』부흥의
말하자면 전제 조건이었던 것이다. 앞에서 기술한 지림이 그 서간에서 "미묘
한 가르침이 도중에 단절된 지는 67년이나 되었다."(妙音中絶六十七載)고 하여
"후진들 중에도 듣고 받아들이는 이가 매우 적었으며, 이를 전하려고 강동江東
으로 넘어간 사람은 아예 없었다."(後進聽受便自甚寡, 傳過江東略無其人.)고 개탄
하는 것은 그간의 사정을 여실히 말해준다. 그 당시에 나집·승조 등의 장안의
구의 구종을 강남에 잘 전할 수 있었던 삼론 학자가 승랑을 제외하고는 없었다
고 길장은 말하는 것이다. 다만 우리는 이미 앞 장에서 지림『중관론소』성립
의 사상적 배경을 고찰했을 때『지림소』중에『조론』의 인용이 보여 지림에게
는 이미 이것이 충분히 연구된 흔적을 보았는데, 동시에 우리는 지림이 주옹과
교섭을 가졌던 것은 지림이『삼종론』의 집필이 완성되었다고 듣고서 이것의
공간을 종용했던 시점이었던 것도 알고 있다.『삼종론』에서 설하는 이제의
뜻이 때마침 당시 유행한 성실 학파의 설과는 달랐고 지림이 품었던 이제의
사상에 가까운 것이었으므로 이것의 공간을 주옹에게 권했던 것이다.『고승
전』의 저자 혜교도

---

32 塚本善隆,「佛教史上における肇論の意義」(塚本善隆 편 『肇論研究』 p.158).

(지림은) 이제의 뜻에는 3종宗의 다름이 있다고 거듭 밝혔다. 당시 여남 주옹 또한 『삼종론』을 지었는데, 지림의 뜻과 부합하여 깊이 기쁨과 위로를 느낀 바 되어 곧 주옹에게 편지를 보냈다.

(智琳)申明二諦義. 有三宗不同. 時汝南周顒又作三宗論, 既與林意相符, 深所欣慰, 迺致書於顒. (T50, 376a.)

라고 전한다. 서간의 내용에 대해서는 앞 장에서 본 대로이며, 주옹 『삼종론』의 뜻이 지림에 의해 가르침을 받았던 것이라면 이러한 우회적인 방법을 취할 필요는 없었을 것이다. 그리고 앞에서 서술한 지림의 개탄에서 보이듯이 이제설 내지 삼론 교의에 관해 관중의 정의를 실수 없이 전하는 일이 당시의 불교계에는 결코 없었을 것이다. 따라서 만약 지림 이외에 누군가 그러한 사람을 당시에 찾는다고 한다면 지림은 알지 못했든 간에 만약 승랑이 당시 이미 남지에 있었다고 한다면 그것을 승랑으로 예상했다고 해도 그리 부자연스럽지는 않을 것이다. 그래서 만약 『삼종론』의 성립이 길장이 말하듯이 『조론』 (부진공론)을 모태로 하여 성립했던 것이라고 한다면 "대랑 법사가 관내에서 이 뜻을 얻어 주옹에게 주었다. 주옹은 이로 인하여 『삼종론』을 저술하였다." (大朗法師關內得此義授周氏, 周氏因著三宗論)는 증언도 전혀 근거 없다고는 말할 수 없다.

4. 승랑과 무제와 관하 구설

그래서 다음으로 길장 증언 (3)의 승랑이 삼론의 뜻에 관해 이것을 관중(장안)에서 얻었다고 하는 것이 문제가 되는데, 앞에서 기술한 승랑과 주옹의 관계를 부정할 때는 논리적으로 당연한 귀결로서 이 점도 부정되지 않을 수 없다. 왜냐하면 승랑이 주옹에게 '3종'의 주지主旨를 주었다고 한다면 그것은 관내의 고설古說에서 본받았던 것이 아니면 안 된다. 요컨대 승랑이 관내에서 이 뜻을 얻었다고 하는 것은 길장이 주옹의 승랑 수학을 강조하기 위해 허구로 만들었던 것이 된다. 실제로 사카이노, 탕용퉁 두 학자도 승랑이 삼론의 뜻을 관중에서 얻었다는 점까지 전면적으로 의심한다. 이 문제는 지금 잠깐 제쳐두고 길장 증언 (2)인 승랑과 양의 무제와의 관계에 대해 살펴보고 싶다.

무제가 승랑의 뜻을 얻어 『성실론』을 버리고 장소章疏를 지었다고 하는 것도 확실히 길장의 과장이라는 비난을 면하지 못할지도 모른다. 여기서 길장이 말하는 무제가 지은 장소란 『주해대품경註解大品經』[33]을 가리키는 것이 분명한데, 무제는 일찍이 『대지도론』이나 『성실론』을 연찬했던 것이 전해지며,[34] 『출삼장기집』에서 보이는 「주해대품서」에서도

> 용수 보살이 『대지도론』을 짓고 이 경을 해석하여 의미가 완벽하게 갖추어졌으니, 이것은 실로 여의주를 품은 보배 창고이며 지혜의 큰 바다이다. 다만 그 문장이 원대하고 광박하여 읽을 때마다 마음으로 두려워하였다. 짐은 국무를 처리하는 여가에 명승 20인을 모아 천보사天保寺의 법총法寵 등과 함께 그 제거하고 취할 것을 상세하게 검토하고 영근사의 혜령 등과 함께 공들여서 필사하여 『석론』에서 가려 뽑아 경본에 주를 붙였으니, 해석이 너무 많은 것은 생략하고 요점이 되는 풀이만을 취하였다.
>
> 龍樹菩薩著大智論, 訓解斯經, 義旨周備, 此實如意之寶藏. 智慧之滄海, 但其

---

33 정확히는 『마하반야바라밀자주경摩訶般若波羅蜜子注經』 50권 혹은 100권이라고 한다. 『대당내전록大唐內典錄』 권4 「양조전역불경록梁朝傳譯佛經錄」 제12(T55, 266c) 참조.

34 『속고승전』 권1 석법태전釋法泰傳에 "先是梁武宗崇大論, 兼翫成實, 學人聲望從風歸鴈. 陳武好異前朝, 廣流大品, 尤敦三論."(T50, 431a)이라고 하므로 『대품』이나 삼론을 좋아한 것은 오히려 진陳의 무제로, 양梁의 무제는 당초 『대지도론』이나 『성실론』을 연찬했던 것을 알 수 있다.

文遠曠, 每怯近情. 朕以聽覽餘日, 集名僧二十人, 與天保寺法寵等, 詳其去取, 靈根寺慧令等, 兼以筆功採釋論, 以注經本, 略其多解, 取其要釋. (T55, 54b.)

라고 하여 『대지도론』 연구의 성과가 『대품』의 주해로 되었다는 학자들의 지적은 올바르다고 말할 수 있다. 단, 이 「주해대품서」에는 곧 이어서 다음과 같은 주목할 만한 한 문장이 기록되어 있다. 즉

> 이외에도 혹은 관하의 구의를 취하거나 혹은 선현의 고어故語에 의거하기도 하고 때로는 반복하여 간간이 나오는 것들은 서로 뜻을 나타내도록 하였다. 만약 장문이 아직 나뉘지 않았는데 의미가 깊고 중요하면 같은 것에 대한 서로의 생각을 함께 상의하여 소견을 넓혀나감으로써 질박하면서도 너무 간단하지 않고 꾸미면서도 너무 번다하지 않게 하여 배우는 자들이 절반 이상을 알도록 하고자 하였다.
> 此外或捃關河舊義, 或依先達故語. 時復間出以相顯發. 若章門未開義勢深重. 則參懷同事廣
> 其所見. 使質而不簡文而不繁. 庶令學者有過半之思. (위의 곳.)

라는 문장이다. 여기서 무제는 "이 외에 혹은 관하의 구의를 취하거나 혹은 선현의 고어故語에 의거했다."라고 분명히 서술한다. 무제의 '대품주해'의 편찬은 『광홍명집』권19에서 전하는 육운陸雲의 「어강반야경서御講波若經序」에

> 주상은 천감 11년에 『대품경』을 주석하고 이후부터 몸소 받들어 강설하였다.
> 上以天監十一年注釋大品, 自兹以來躬事講說. (T52, 235b.)

라고 하므로 양의 천감 11년(512)인 것을 알 수 있다. 이미 분명하듯이 천감 11년이라는 해는 양의 무제가 승회僧懷나 혜령慧令 등 열 명의 승려를 섭산에 보내어 승랑에게 삼론의 대의를 자문하게 했던 해이다. 그러므로 단순한 우연의 일치가 아닌 한에서 무제가 『대품경』을 주석하는 사이 새롭게 채용했던 이 '관하의 구의'란 틀림없이 승랑에 의해 이어받았던 것이라고 생각해도 좋을 것이다. 그렇다면 지림도 말하듯이 남지에는 전혀 없었을 것인 '관하의 구의'를 승랑이 북토 관중에서 얻어 이것을 섭산에서 널리 이식했다고 하는 길장의 설이 반드시 허구라고만 할 수는 없을 것이다. 그때 길장은 승랑이 삼론의 뜻을 관내에서 얻었다고 하는 구절을 좁게 지리적으로 장안의 주변에만 한정한 것은 아니라고 생각한다. "대랑 법사는 관내에서 이 뜻을 얻었다."(大朗法師 關內得此義)고 하는 것은 승랑이 멀리 나집 또는 승조·승예 등의 직계를 잇는 장안 삼론의 고설을 의빙하여 제·양의 시대에 이것을 강남 땅에 가져와 부흥시켰다고 하는 사실의 단도직입적인 지적이었다고 보아야 한다. 그래서 필자는 오히려 선학의 추론과는 역으로, 길장 증언 (3)의 승랑 삼론의 뜻이 관내의 구설에서 유래한다는 사실이 (2)의 양 무제의 기록에서 고려하여 진실성이 강하다고 간주된다면 여기서 미루어 만약 『삼종론』의 성립이 전면적으로 직접 승랑의 교시에 의한 것은 아니었다고 해도 그것이 『조론』 「부진공론」의 본지를 이었던 삼론 정통의 설이었다는 이유로 (1)의 승랑과 주옹의 사이에 어떤 관계가 있을 수 있었다고 보는 것이다. 시간적으로 그것이 가능했던 것도, 또 그것을 둘러싼 정황 증거도 갖추어져 있었던 것은 이미 논술했던 대로이다. 만약 학자들이 지적하는 것처럼 이상과 같은 유기적인 관련성을 가진 세 가지의 길장 증언이 완전한 거짓이라고 한다면 그것은 길장이 사실이 아닌 바에 구축했던 허구가 아니라 오히려 승랑과 주옹의 만남이라는 하나의 역사적 사실에 근거하여 그 위에서 완전히 역의 결론을 도출한 결과였다고는 볼 수 없는 것일까. 요컨대 승랑의 시사에 의해 주옹이 『조론』의 본지를 이어 3종宗의 이제를 대성했던 것이 아니라 완전히 역으로 혜기나 현창, 아니면 직접적인 면식은 없어도 지림 등의 많지 않은 송·제대의 삼론 학자라고 지목되는 사람들의 학설을 계승했던 일대의 석학 주옹에 의해 승랑이 영향을 받고 그것이 다음 대인 양조에서 '관하 구설'이라고 하여 무제의 귀에 들어왔다고 하는 것도 성립할 수 있다고 하는 것이다. 실은 사상사의 입장에서 본다면 그쪽이 훨씬 진실의 핵심을 찌른 관점인데, 만약 그렇다면 승랑 수학의 문제도 단숨에 해결될 것이며, 삼론의 연구사는 또다시 법계사의 단순한 나열이 아니라 새롭게 고쳐 쓰지 않으면 안 될 것이다.

주옹이나 경릉왕 자량을 정점으로 하는 남조 사대부와 불교자의 교류가 남조에서 불교 흥륭의 일대 포인트라고 하는 것은 종래에도 지적되었는데, 강남 삼론의 부흥도 그 예외가 아니었다고 한다면 승랑과 주옹의 관계도 길장이 말하는 것과 같은 관계이거나 또는 완전히 그 역이라는 것이 하나의 중요한 관점이다. 전자의 관계를 설하는 것으로 적어도 가상 대사 길장이라는 유력한 증언이 있는 것에 대해, 후자의 관계를 설하는 자료가 전혀 없는 것은 주옹과의 관계를 기록했던 모든 자료가 불교자 측의 전기에 기초한 것이고 주옹이 본래 재속의 현학가였기 때문일 것이다. 만약 길장이 이 사실을 완전히 역으로 이용하여 이미 기술했던 점들을 강조했다고 한다면 그것은 오로지 승랑에서 시작되는 '섭령 상승'이 '관하 구설'에 직결되는 것을 널리 알리지 않으면 안 되었던 길장의 입장에 의한 것이다.

제3절 승전僧詮의 학풍과 삼론의 경향

1. 승전의 호칭에 대해

섭령 상승의 제2조는 승전이다. 『속고승전』 권7의 혜포慧布의 전기에

> 섭산 지관사止觀寺의 승전 법사를 계승하여 대승의 산과 바다에서 명성이
> 멀리까지 들리니, 곧 가서 그를 따라 삼론을 들었다.
> 承攝山止觀寺僧詮法師, 大乘海嶽聲譽遠聞, 乃往從之聽聞三論. (T50, 480c.)

라고 하는 것처럼 지관사止觀寺에 머물렀기 때문에 길장은 승랑의 서하 대랑사
棲霞大朗師에 대하여 지관사止觀師 혹은 지관 전사止觀詮師라고 칭한다.[1] 또 승랑
을 섭산 대사攝山大師라 부르는 것에 대해 승전을 산중(법)사山中(法)師, 산중
대사山中大師라고 칭한다.[2] 다만 종래 길장의 이 호칭이 반드시 절대적이라고
할 수 없는 예로서 『열반경유의』에

> 섭산 대사는 오직 삼론과 『마하반야경』만을 강론하였다.
> 就攝山大師唯講三論及摩訶般若. (T38, 230a.)

라고 하는 섭산 대사란 『대품경의소』[3]의 같은 취지의 문장과 대조하여 승전
이라고밖에 이해할 수 없으므로 사카이노 박사는 승전을 '섭산 대사'라고

---

1   길장, 『대품반야경의소』 권1, "上觀師六年在山中不講餘經, 唯講大品."(X24, 196a) 등 참조.
2   길장, 『이제의』 권하에 "山中法師之師, 本遼東人."(T45, 108b)라 하고, 또 『중관론소』 권1말에 "五者
    山中大師云."(T42, 17b)라 하는 것을 안징은 "今謂, 可是止觀寺僧詮師."(T65, 46b)라 주석한다.
3   주 1번 참조.

부르는 예외로서 인정한다.[4] 그러나 "취섭산대사就攝山大師."라 하는 바이므로 승전이 섭산 대사(승랑)에게 취학就學하여 "오로지 대품과 삼론만을 강론했다."라고 하는 의미로 삼을 수 없는 것도 아니며 또는 전후의 문장이 탈락되었다고도 생각할 수 있다. 또 현존하지 않지만 길장의 저작으로『열반경소』20권이 존재했던 것이 전해지는데,[5] 그것을 인용하여 안징은『소기』권2본에서

> 또한 흥황사 법랑도 산중사山中師라고 이름한다. 그러므로『열반경소』제 12에서 말하기를 산중법사가 지관사에게『열반경』을 강론해주기를 청하였는데, 듣지 않았다고 하였다.
> 亦可興皇寺法朗師名山中師. 故涅槃疏第十二云, 山中法師請止觀師講涅槃, 不聽. (T65, 46b～c.)

라고 하여 흥황사 법랑도 '산중사'라고 칭했던 예증으로서 거론한다. 그런데 안징이 인용했던『열반경소』의 문장에서는 중대한 탈락이 있었던 것을 알 수 있다. 즉 이것과 같은 취지의 문장이 징선澄禪의『삼론현의검유집三論玄義檢幽集』권7에 수록되어 있어서 거기에서는

> 『열반경소』제12에서 말한다. 가섭은 여래가 사라쌍수 아래에서 말하였다고 하였다. 둘째, 무소득을 밝힌다. **산중의 여러 법사들은 지관사에게『열**

4　境野黃洋,『支那佛敎史講話』하권, pp.82～83 참조.

5　『동역전등목록』, "涅槃經疏二十卷, 吉藏"(T55, 1154a),『삼론종장소三論宗章疏』, "涅槃義疏二十卷, 吉章述"(T55, 1137b)이라는 것을 참조. 또 졸고「吉藏著『大般涅槃經疏』逸文の硏究」(『南都佛敎』27호·29호) 참조

반경』을 강론해주기를 청하였는데, 법사는 곧 제15권을 취하고 그중의 문장을 주창하여 간략히 무소득의 뜻을 헤아렸으니, 열반의 정의를 밝힌 것이다. 涅槃疏第十二曰, 迦葉曰如來言於婆羅雙樹下. 第二明無所得. *山中諸法師請止觀師講涅槃* 師直取第十五卷唱此中文, 商略無所得意, 明是涅槃正意也.

라고 한다. 이것은 완전히 안징의 인용과 동일한 곳은 아니지만 문장 전반부의 취지는 동일하다. 이것에 의하면 안징이 말하는 "산중법사가 지관사에게 『열반경』을 강론해주기를 청하였다."란 증선이 말하는 "산중의 여러 법사들은 지관사에게 『열반경』을 강론해주기를 청하였다."라는 의미가 되지 않으면 안 되며, 전자의 '산중법사山中法師'에는 '제법사諸法師' 또는 '제사諸師'라는 말이 탈락되어 있었다고 생각할 수 있는 것이다. 그렇게 되면 앞에서 서술한 『대품반야경소』나 『열반경유의』 등의 현존 문헌과도 내용적으로 완전히 일치하며, 무엇보다도 승전의 통칭인 산중사, 산중 대사라는 호칭이 동시에 그의 제자인 법랑도 가리킨다고 하는 모순이 일거에 해결되는 것이다.[6] 따라서 예를 들면 『대승현론』 권1에서

> 산중 흥황 화상은 섭령 대랑 법사의 말을 기술하여 이제는 교문敎門이라고 했다.
> 山中興皇和上, 述攝嶺大朗師言, 二諦是敎. (T45, 22c.)

라는 문장도 법랑이 산중사라고 칭해지는 예증으로 잘 인용되는데, 이것도 성실 학파의 약리의 이제에 대해 삼론 학파가 주장하는 언교言敎의 이제는

---

6 ⑳ 김성철은 '산중'이나 '산중(법)사'가 승전의 호칭으로 일관되게 사용되었음에 동의하면서도 '산문山門'이라는 호칭에 대해서는 승전만을 가리키는 것이 아니라 승랑을 가리키는 것일 수도 있음을 안징의 기술을 근거로 논증한다. 『승랑』(파주: 지식산업사, 2011), pp.50~53 참조.

섭령 상승의 전통설인 것을 말하려 하는 것으로 산중과 흥황은 병렬의 구조라고 이해한다면 산중 승전과 흥황 법랑이 함께 섭령 승랑의 말을 계승하여 이제는 교문인 것을 주장했다는 의미이다.

같은 취지의 구문이 『대승현론』에서

> 묻는다. 섭령 흥황은 왜 언교를 진리로 삼았는가?
>
> 問, 攝嶺興皇何以言敎爲諦耶. (T45, 15a.)

라고 보인다. 즉 이것을 '섭령의 흥황'이라 수식하는 구문으로 읽으면 분명한 잘못으로서 흥황사는 섭산에 있었던 것이 아니며, 법랑을 섭령이라 부르는 예가 길장에게는 없다. 따라서 이것은 섭령 승랑과 흥황 법랑의 두 사람을 의미하는 병렬 구문이어서 승랑이나 법랑이 왜 언교의 이제를 설했는가라는 의미이다. 이렇게 안징을 필두로 남도 삼론의 전승에서는 승랑·승전·법랑의 호칭에 관해서도 그 혼란이 두드러지는 것이 있는데, 적어도 길장에게는 그 구별이 명료하여 그의 심증에서는 조금도 혼동되는 것이 없었다고 보아야 할 것이다.

2. 『고승전』「승전전」의 의문

그런데 승전을 산중사 또는 지관사라고 통칭했던 것은 위에서와 같지만 2조 승전도 초조 승랑과 같이 그 생애에 관해서는 명확하지 않은 점이 많다. 『고승전』 권7에 「승전전」[7]이 있는데, 과연 이것이 섭산 지관사 승전의 전기라

---

7   『고승전』 권7 석승전전(T50, 369c).

고 생각해도 좋은지 의문이다. 『고승전』에 의하면 승전은 성이 장張, 요서遼西 해양海陽(하북성) 사람으로 젊어서 연燕·제齊에서 유학하면서 두루 외전外典을 공부하고 삼장에 정통하여 북토北土 학자들의 종사宗師라고 칭해졌다. 후에 남도하여 서울에 머물면서 크게 강설을 행하여 그 교화가 강남을 적셨다고 말해진다. 후에 오군吳郡의 장공張恭이 오로 돌아와 강설하기를 청하자 고소姑蘇(강소성 오현)의 사대부들은 모두 덕을 사모하여 마음을 귀의했으므로 오의 한거사閑居寺에 머무르고 또 호구산虎丘山에서 쉬기도 했다. 다시 평창平昌의 맹의孟顗가 여항餘杭(절강성)에 방현사方顯寺를 세워 주지가 될 것을 간청했다. 그리하여 대중을 인솔해 머물면서 "간절히 염원하여 좌선과 예불을 멈추지 않다가 보기에 괴로울 정도에 이르러" 마침내 실명失明하기에 이르렀다고 한다. 만년에 잠깐 임안현臨安縣(절강성)으로 가서 동공조董功曹의 집에 머물고 있었을 때 병에 걸려 죽었다. 졸년은 미상이다.

　이 정도의 전기라면 삼론의 승전과 다른 사람으로 보아 무시해도 좋지만, 『고승전』은 그 임종에 즈음하여 제자인 법랑이 꿈에 몇 사람이 받드는 대거臺車를 보고 어디로 가는지 물었던바 "전 법사詮法師를 맞이한다."라고 대답했다고 한다. 과연 그 다음날 아침 승전은 세상을 떠났다는 에피소드를 전한다. 제자로 법랑이 있었다고 하는 승전이란 섭산 삼론의 승전이라고밖에는 생각할 수 없는데, 남도한 후의 경력에서는 도저히 삼론의 승전과 동일 인물이라고 단정할 수 없다. 종래의 불교사가도 이를 다른 사람으로 간주해서인지 대세는 『고승전』에서 말하는 승전으로는 언급하지 않는 것이 실상이다(그러나 이것을 섭산 승전의 전기라고 간주하는 것도 없지는 않다). 따라서 섭산의 승전에 관해 확실한 것은 앞에서 서술했듯이 양의 무제가 승랑에게 삼론의 대의를 자문하도록 했던 열 명의 승려 중의 한 사람이며 오직 한 사람이 승랑의 삼론학에 경도되어 섭산에 머물렀던 사람이라고 하는 것이 알려져 있을 뿐이다. 그래서 생각할 수 있는 것은 아마 혜교의 시대에 섭산 삼론의 동정에 대해서는 잘 알려져 있지 않았으며, 이『고승전』에서 말하는 「승전전」에는 어쩌면 두 사람의 승전의 혼동이 있었던 것은 아닐까 하는 것이다. 즉 북토 학자들의 종사가 되어 서울에서 강설했던 것이 그 어느 쪽인지는 명확하지 않지만, 후에 양 무제의 칙명에 의해 섭산 승랑에게 사사 했던 산중 지관사의 승전과 강소성 오현을 중심으로 활약하고 만년은 절강 성 방현사에 머물렀던 동명의 승전과의 혼동이다. 아니면 법랑은 길장의 스승인 흥황사 법랑(507~581)과 우연히도 동명일 뿐으로 완전히 다른 사람 이라고 한다면『고승전』에서 기록한 승전은 삼론의 승전과는 당연 관계가 없다고 생각해도 좋다. 그러나 스승과 제자 두 사람까지 같은 이름의 다른 사람이라는 것은 여하간 있을 수 없다. 따라서 이『고승전』에서 말하는 "법 랑의 꿈에 운운" 하는 삽화는 혜교 또는 뒷사람이 두 사람의 승전을 동일시 했던 바에서 견강부회했던 점일 것이다. 원래『고승전』에 수록된 고승의 전기는 양의 천감 18년(519)이 하한선이다. 승전이 승랑에게 삼론을 자문했 던 것은 천감 11년(512)이며,『고승전』의 성립 시점에 섭산의 승전은 말할 것도 없이 생존 중이었다. 무엇보다도『고승전』이 성립한 천감 18년에는 제자인 법랑이 겨우 12세이다. 후술하듯이 법랑이 출가했던 것은 양의 대통 大通 2년(528) 21세 때이며 그때는 또 승전과 만나지도 않았던 것이다. 그런데 도『고승전』권7의 승전은 그것보다 훨씬 이전에 죽는다. 당연히 연대적으로 도 다른 사람인데, 승전 – 법랑이라는 사제 2인까지도 우연의 일치를 보았던 것은 후세의 견강부회라고밖에 말할 수가 없을 것이다.

3. 반야 중관과 좌선 삼매

그래서 승전에 대해서도 승랑과 똑같이 그 생애에 관해서는 불분명하지만, 그러나 그의 사람됨이나 학풍에 대해서는 문하에서 복호伏虎의 법랑法朗(507~581), 득의得意의 혜포慧布(518~587), 영어領語의 지변智辯, 문장文章의 혜용慧勇 (515~582)[8] 등 사철四哲, 이른바 전공 사우詮公四友라고 칭해지는 뛰어난 인재가 배출되어 『속고승전』의 그들의 전기에 부기된 바에서 이것을 충분히 살펴볼 수 있다. 즉 법랑의 전기에

> 이에 이 산의 지관사 승전 법사는 『대지도론』, 『중론』, 『백론』, 『십이문론』
> 과 아울러 『화엄경』, 『대품경』 등을 이어받았다.
> 乃於此山止觀寺僧詮法師, 湌受智度中百十二門論並花嚴大品等經. (T50, 477b.)

라는 것에 의해 당초부터 그가 주로 연구한 것은 『대지도론』, 삼론, 『화엄경』, 『대품경』 등이었던 것을 알 수 있다. 『화엄경』은 승랑이 일가를 이루었던 바를 계승했던 것이겠다. 혜용의 전기에서는

> 이때 섭산의 승전은 일찍이 일승을 똑바로 부여잡고 이리저리 다니며 세상에 나와 근기에 따라 깨닫게 하니, 따라 배우기를 원하였다.
> 于時攝山詮尚, 直轡一乘, 橫行出世, 隨機引悟, 有願邊焉. (T50, 478b.)

---

8   담연, 『법화현의석첨』 권19, "(전략) 因茲朗公自弘三論, 至梁武帝, 勅十人止觀詮等, 令學三論, 九人但為
     兒戲, 唯止觀詮習學成就. 詮有學士四人入室, 時人語曰, 興皇伏虎朗, 栖霞得意布, 長干領語辯, 禪眾文章勇.
     (후략)"(T33, 951a.)

라고 서술한다. 또 혜포의 전기에서도 "대승의 산과 바다에 명성이 멀리까지 들렸다."라고 칭하고, "배우는 무리 수백 명이 일시에 출중해졌다."라고 도선이 상찬했던 것은 앞에서 서술한 대로이다. 그러나 승전에게 가장 특징적인 것은 "깊은 뜻이 밝혀진 바는 오로지 중관에 있다."(玄旨所明惟存中觀)고 하면서 "단박에 깊은 곳을 좇아 선의 맛을 얻는다."(頓迹幽林禪味相得.)⁹고 전해지는 점이다. 그리고 "깊이 법을 즐기는 자는 다설多說하지 않는다."¹⁰고 하여 극력 강설을 피하여 언론言論에 넘어간 적이 없었다. 길장이 『대품경의소』의 서문에서 승전을 평하여

> 지관 법사는 6년 동안 산중에서 다른 경전을 강설하지 않고 오로지 『대품경』만을 강설하였는데, 졸년卒年에 들어 여러 학사들이 『열반경』을 강설하기를 청하였다. 법사는 다음과 같이 말하였다. 모든 사람들이 『반야경』을 이해하는데, 어찌 또 『열반경』을 강설하고자 하겠는가? 단지 삼론과 『반야경』을 읽기만 해도 만족하니, 결코 다른 경전을 강설할 필요가 없다.
>
> 止觀師六年在山中, 不講餘經, 唯講大品, 臨無常年, 諸學士請講涅槃. 師云, 諸人解般若, 那復欲講涅槃耶. 但讀三論與般若自足, 不須復講餘經. (X24, 196a.)

라 했다고 전해지는 것처럼 당시 유행했다고 생각되는 『열반경』의 강설도 거부하여 강설의 소재도 삼론과 『반야경』에만 한정했던 것은 그만큼 삼론 연구가 순수한 모습을 가져왔던 증거일 것이다. 『중관론소』 권1말에 『중론』에

---

9 『속고승전』 권7, 법랑전(T50, 477c).

10 위의 곳, "故詮公命曰, 此法精妙識者能行, 無使出房輒有開示. 故經云, 計我見者莫說此經, *深樂法者不爲多 說* 良由藥病有, 以不可徒行, 朗等奉旨無敢言盾."

서 오로지 『반야경』을 인용한 예증의 다섯째로

산중 대사가 말한다. 『대지도론』은 반야를 자세히 해석하지만 『중론』은 반야의 중심을 해명한다. 그러므로 오로지 『반야경』을 인용한다. 왜냐하면 『중론』은 정면으로 실상인 중도를 밝혀 중도를 알게 하고 정관을 발생시키며, 『대품경』도 정면으로 실상을 밝혀 실상으로 인해 반야를 발생시키기 때문이다. 뜻을 밝힘이 똑같으므로 오로지 『반야경』만을 인용한다.

山中大師云, 智度論雖廣釋般若, 而中論正解般若之中心. 故偏引般若. 所以然者, 中論正明實相中道, 令識於中道, 發生正觀, 大品亦正明實相, 因實相發生般若. 以明義正同故偏引之. (T42, 17b.)

라고 승전의 말을 거론하는 것에서 보아 『중론』이나 『대품반야경』에 비교하면 『대지도론』의 의용도 오히려 한 단계 낮게 간주했던 것을 알 수 있다.

이렇게 승전에게서 반야 삼론의 연구가 보다 순수한 모습으로 전개되어간 것과 병행하여 좀 더 두드러진 특징은 "선禪의 맛을 얻는다."라고 하는 것처럼 승전은 산중에서 좌선 삼매를 닦았던 것이다. 북방의 수선과 남지의 강경이 통합된 형태의 정혜 쌍수定慧雙修라는 것이 당시 팽배하게 일어났던 신불교의 하나의 기치였던 것을 생각하면 삼론이 신시대의 불교이기 위한 조건은 승전에 이르러 비로소 구체적으로 현현해갔다고도 말할 수 있다. 이미 서술했듯이 마에다에운前田慧雲 박사는 삼론의 신구新舊에 대해 논하여 승전 이전을 관하 구설이라 부르고 승전 이후를 삼론의 신설이라고 한다.[11] 그가 의거하는 바는

---

11 前田慧雲 『三論宗綱要』 p.58 참조. 마에다 박사가 삼론의 신구에 대해서는 나집 이후를 고삼론, 당일조 이후를 신삼론으로 나눈 것은 이미 서술했다(『三論宗綱要』 p.48, 본론 제3장 제5절 '신삼론·

일본 진언종의 학자인 해인사의 의연방 명도宜然房明道의 설[12]에 있으므로 명도에게 삼론 상승에 관한 중대한 오류를 지적할 수 있다고는 해도 승전에게 이러한 위치를 설정했던 것은 주목된다. 길장도 '섭령 상승攝嶺相承'과 '흥황직전興皇直傳'을 말하기 때문에 전자에서는 그 시조인 승랑을 중시하여 확실히 3자 중에서는 승전이 비교적 가벼운 인물로 간주되어 생략되는 형태로밖에 그의 장소章疏에 나타나지 않지만, 예를 들면 삼론 전통설 중에서도 가장 중심적 교리인 이제에 관해 『이제의』 권상에서

> 섭령 흥황 이래로 모두 이제는 언교임을 밝혀왔다. 그러므로 산중사의 수본手本 『이제소』에서는 말한다. 이제란 곧 중도를 표시하는 오묘한 언교이고, 문언文言을 궁구한 지극한 언설이다.
> 攝嶺興皇已來, 竝明二諦是教. 所以山中師手本二諦疏云, 二諦者乃是表中道之妙教, 窮文言之極說. (T45, 86b.)

라고 하여 승전의 설을 가지고 이를 대표한다. 또 승랑에게 저서가 있었던 것은 들을 수 없지만, 이것에 의해 보면 승전에게는 옛날부터 수본의 『이제소』라는 저술이 있었던 것이 알려지는 것이다.

또 길장에게 '산문의山門義'란 넓게는 섭산 삼론 일파의 학설을 통칭하지만 '산문'이라는 말 자체는 안징의 설에 의하면 승전이 처음으로 산문에 머무르고 후에 산중으로 옮겼던 고사에서 유래한다고 하며, 법랑의 『중론현의中論

고삼론의 문제' 참조). 이것과는 별도로 마에다 박사는 승랑 이전을 '관하 구설', 승전 이후를 '삼론의 신설'이라고 한다.

12 의연방 명도 술述 『삼론현의현담』(사본)의 설. 같은 책 '相承種類'에 "次從羅什三藏至大師, 七代相傳之間, 有新舊二論不同. 七代中, 從竺道生至河西道朗, 用羅什法相成無所得宗, 從攝嶺僧詮至大師, 別立法相成無所得宗. 初云舊說後云新說"(사카이노, 앞의 책, p.79, 마에다, 앞의 책, p.96 참조.)

玄義』[13]를 '산문현의'라 통칭하는 까닭도 스승을 따랐던 명명으로서 산문 승전사의 전수傳授에 의한 바이므로 '산문현의'라 했던 것이라고 한다.[14] 이로부터 보아 남도의 전승에서도 승전은 매우 중요했던 것을 알 수 있다. 남도에서 승랑과 승전의 혼동이 두드러진 것도 말하자면 역사적 전승에 있어서는 승전이 차지하는 비중이 결코 가볍지 않았다는 점의 증거일 것이다.

이렇게 반야 중관과 좌선 삼매로써 정혜의 병립을 기획했던 승전에게는 문하의 학도 수백 명이 있었다고 도선도 전하므로 섭산의 삼론은 이 승전에 이르러 외면적인 형태에서도 하나의 학파로서의 체재를 갖추어갔던 것을 지적할 수 있다. 내용과 형식 모두에서 삼론이 1종 1파의 독자성을 가장 순수하게 발휘할 수 있었던 것은 아마도 이 승전 시대의 섭산에서가 아니었을까 생각한다. 그리고 승전의 인격·학풍이 그대로 차후의 삼론 학파의 발전과 그 역사적 성격을 결정지었다고 해도 과언이 아니다. 그 예증을 우리는 대표적인 승전 문하에서 볼 수 있다.

4. 전공 사우詮公四友와 그 학적 경향

1)

승전의 반야 삼론학의 면을 대표하는 제일인자가 법랑(507~581)이다. 영정永定 2년(558) 칙명을 받들어 서울에 들어가 흥황사에 머물면서 삼론 및 『화엄』, 『대품』 등의 강설을 떨쳤던 것은 주지하는 대로이다. 길장이 『백론소』 중에서

---

13 "中論玄義一卷興皇寺法朗述. (缺本)"(동역전등목록』, T55, 1159a, 『삼론종장소』, T55, 1137c). 또 법랑의 『중론현의』에 대해서는 졸고「中論疏記引用の中論注釋書」(『印度學佛教學研究』21-2, 1973년) 참조.
14 『중관론소기』 권3말, "問, 山門玄義云舊, 均正玄義云山門等, 何相違耶. 答, 此可有二通. 一山門者, 僧詮師初住山門, 只後住山中, 今興皇法朗師以僧詮師上足弟子故云山門, 從師立名. 二從山門僧詮師而受玄義, 故云山門玄義."(T65, 96a.)

홍황 대사는 매번 고좌에 올라 늘 말하기를, 번뇌를 두려워 말고 오로지 아我를 두려워하라고 하였다.

興皇大師每登高座常云, 不畏煩惱唯畏於我. (T42, 309b.)

라고 전하는 것처럼 영웅적인 기풍의 소유자였던 것을 엿볼 수 있다. 그러나 앞에서 서술했듯이 승전의 생존 중에는 "뜻을 받들어 감히 언사를 두지 못하였다."(奉旨無敢言厝.)고 전해졌는데도 승전이 사망한 후 강설을 마음껏 했던 것은 당시 위세를 과시하던 성실파의 학자들에 서로 대항하여 서울에서의 삼론의 교선 확대에 앞장 서는 것이 법랑에게 맡겨진 이른바 역사적 사명이었는지도 모르는데, "법을 즐기는 자는 다설多說하지 않는다."(樂法者不爲多說)고 했던 섭산의 전통에서 본다면 그것은 오히려 이단으로서 세인의 눈에 비쳤을 것이다. 『진서陳書』에 실려 있는 부재傅縡는 이 법랑을 따라 삼론을 이어받았던 사람인데, 당시 대심고大心暠 법사라는 자가 있어서 『무쟁론無諍論』을 저술하여 흥황 일파가 "차례로 여러 법사를 훼방하고 뭇 교학을 배척하였던 것"(歷毀諸師, 非斥衆學.)을 비판했다고 한다. 그리고

섭산 대사의 교화는 이렇지 않았으니, 곧 쟁론이 없이 수행하였다.

攝山大師誘進化導則不如此. 卽習行於無諍者也.

라고 승랑을 상찬하고, 되돌아와서

깨달음으로 인도하는 덕은 이미 사라졌고 순일淳一한 기풍도 이미 엷어졌으니, 싸워 이기려는 마음과 훼방하려는 곡절들이 이보다 융성하였다.

導悟之德既往, 淳一之風已澆, 競勝之心阿毀之曲盛於玆矣.[15]

라고 극언하여 당시 흥황 일가의 전투적 태도를 비난했던 것을 전한다. 그래
서 부재는 『명도론明道論』을 저술하여 법랑을 옹호했다고 정사正史에서는
전하는데, 역사적인 삼론·성실의 싸움이 얼마나 치열했는지를 알 수 있는
좋은 자료이기도 하다. 여기서는 법랑 일파의 전투적인 강설에 대해 섭산의
학풍에서 볼 때 이것을 이단시하는 세평도 있었다고 하는 일례로서 거론
했다.

그러나 법랑에게는 일찍이 대명사大明寺의 보지寶誌 선사에게 선법禪法을
받았던 경력이 있으며,[16] 만년에는 오히려 그 기운이 강했던 것인지 도선이
전하는 바에서는 그의 유촉을 받들어 문하를 강령했던 것은 대중들에게 '바보
인 명明'이라 평가된 대명大明 법사였다고 한다. 즉 명 법사는 문인을 강령하여
모산茅山에 들어가 종신토록 산을 나오지 않고 항상 삼론을 넓혔다고 하여,
도선은

> 그러므로 흥황사의 종의에서 혹 산문의 뜻에 이른 자를 거론한다면 이 사
> 람이다.
> 故興皇之宗或舉山門之致者是也. (T50, 538c.)

라고 찬탄한다. 문하에 우두선牛頭禪의 초조 우두牛頭 법융法融(594~657)이
있으며, 선적 경향이 강했던 사람일 것이다. 이렇게 승전 이후의 삼론 학파의

---

15 『진서陳書』 권30, 열전 제24 부재전 참조.
16 『속고승전』 권7 석법랑전, "年二十一, 以梁大通二年二月二日, 於靑州入道, 遊學楊都, 就大明寺寶誌禪師, 受諸禪法"(T50, 477b.)

사람들에게는 끊임없이 삼론과 선의 분극화分極化의 경향이 보이는 것은 당대
唐代에 이르러서도 이것을 예증할 수 있는데, 이것에 대해서는 장을 달리 하여
논할 것이지만 이러한 삼론 학파의 경향은 승전에게서 매우 상징적으로 보였
다고 말할 수 있다.

2)

　법랑이 승전의 반야 삼론학을 대표하는 제일인자라면 그의 반면, 즉 승전의
선적인 일면을 대표하는 것이 승전의 뒤를 이어 섭산을 강령했던 혜포慧布(518~
587)이다. 그는

> 언제나 좌선을 즐겨 떠들썩하고 어지러운 세상을 멀리 떠나며, 강설하지
> 않기로 서원하면서도 불법을 지키는 일에 힘썼다.
> 常樂坐禪, 遠離囂擾, 誓不講說, 護持為務.

라고 전해지며, 또

> 오로지 염혜念慧만을 수행하고 홀로 소나무 숲에 머물며 공적하게 세상
> 밖에 있었으나 배우는 사람들은 그를 즐겨 사모하였다.
> 專修念慧, 獨止松林, 蕭然世表, 學者欣慕. (T50, 480c.)

라고도 전해진다. 요컨대 혜포는 승전이 갖는 두 측면의 경향 중 그 실천면을
계승했다고 말할 수 있다. 따라서 혜포에게는 당시 선의 조사들과의 교섭도
빈번하여,

① 북토 업도鄴都에 유랑하면서 선종의 2조 혜가慧可(487~593)와 접견하고 그의 식견을 찬탄받는다.

② 남악南岳 혜사慧思 선사(515~577)와 대의를 논하여 혜사를 탄복시켰다.

③ 또 남악 혜사와 정업定業이 같다고 말해졌던 혜명慧命(531~568)의 스승인 막邈 선사와 3일에 걸쳐 논의를 나누고 그의 혜오慧悟의 깊이를 찬탄받는다.

④ 진의 지덕至德 연간(583~586), 요컨대 그의 만년에는 보공保恭 선사(542~621)를 초청하여 서하사栖霞寺에 선당禪堂을 건립했다.[17]

등의 사실이 전해진다. 그중에서도 그의 최대 공적은 ④의 보공 선사를 초청하여 섭산에 선당을 건립했던 점이어서, 도선은 서하사의 도풍이 땅에 떨어지지 않고 지금에 이르러서도 영가詠歌가 끊어지지 않는 것은 이 하나의 일에 의한 것이라고 서술한다.[18] 그의 유언에서

임종에 유언으로 말하였다. 오래 사는 것이 기쁘지 않으니 저녁에 죽어도 걱정이 없다. 생겨나도 생겨나는 바가 없고 소멸해도 소멸하는 바가 없기 때문이다. 여러 학사와 대중들을 모두 혜공 선사에게 맡기니, 나는 걱정이 없다.

---

17 『속고승전』 권7 석혜포전, "末遊北鄴更涉未聞. 於可禪師所暫通名見. 便以言悟其意. 可曰, 法師所述可謂破我執見莫過此也. 乃縱心講席備見宗領. 周覽文義並具胸襟. (중략) 嘗造思禪師與論大義. 連徹日夜不覺食息, 理致彌密言勢不止, 思以鐵如意打案曰, 萬里空矣, 無此智者, 坐中千餘人同聲嘆悅. 又與邈禪師論義. 即命公之師也. 聯綿往這三日不絕. 遘止之嘆其慧悟避舉而卑身節行不顯其美. (중략) 陳至德中邀引恭禪師, 建立攝山栖霞寺, 結淨練眾江表所推, 名德遠投裹承論旨."(T50, 480c~481a). 단, 앞에 기술한 인용에서는 보공 선사를 초청하여 섭산 서하사를 건립했다고 하므로 서하사의 개창은 이때에 시작되는가 하는 느낌은 들지만, 이것은 우이宇井 박사가 말하듯이(『禪宗史硏究』 p.41) 서하사에 선당을 지어 문하를 통합했던 사실을 가리키는 것이겠다.

18 『속고승전』 권11 보공전, "陳至德初, 攝山慧布北鄴初還, 欲開禪府, 苦相邀請建立淸徒, 恭揖慧布聲, 便之此任, 樹立綱位, 引接禪宗. 故得栖霞一寺道風不墜, 至今稱之詠歌不絕."(T50, 512c.)

臨終遺訣曰。長生不喜　夕死無憂。以生無所生　滅無所滅故也。諸有學士
徒眾並委恭禪師。吾無慮矣。(T50, 481a.)

라고 하므로 섭산의 삼론 학도가 이후 선종 속에서 발전적 해소를 이루어간
것은 혜포에게 자명한 필연이었던 것이다.

이 혜포에 대해 정사正史의 평가를 살펴보면 같은 『진서』의 강총江總의
전기에

> 섭산의 혜포 스님은 유랑하면서 고苦와 공空을 깊이 깨달았으며 다시 계
> 를 연마하여 마음에 선善을 옮기고 중생들에게 자비를 행하였으니, 자못
> 스스로 권면할 줄 알아서 거친 음식으로도 여전히 번뇌에 물들일 수 없었
> 지만 평생 심중에 부끄러워할 따름이었다.
> 攝山布上人, 遊款深悟苦空, 更復練戒運善於心、行慈於物, 頗知自勵, 而不
> 能蔬菲尚染塵勞, 以此負愧平生耳.[19]

라고 한다. 강총은 진의 시중상서령侍中尚書令을 지내고 『금릉범찰지』에 기록
된 '섭산서하사비명'의 작자이어서 섭산에 인연이 있는 자로서 그가 기술하는
바란 어쩌면 타당성을 결여할지도 모르지만 그 평가는 도선이 전하는 것과
뜻밖에 일치한다. 혜포가 선사로서의 생애를 일관했던 것은 앞에서 서술했던
스승인 승전의 유훈에 충실했다고 하는 점에서도 법랑과 대조적이다. 지금은
대비를 강조하는 의미로 일례로서 중국의 정사에서 보이는 양자의 평가를
인용했는데, 실제로는 법랑과 혜포는 교분이 두터워 양자가 서로 제휴하여

---

19 『진서』 권27, 열전 제21 강총전.

삼론의 흥륭에 진력했던 것은 잘 알려져 있는 사실이다.[20] 다만 그 방향, 요컨대 논사로서의 존재 방식과 선사로서의 존재 방식이라는 면에서 커다란 차이가 있었다는 것은 지적할 수 있다고 생각한다.

3)

다음으로 승전 문하의 사철四哲(四友)의 다른 두 사람 중 지변智辯에 대해서는 종래 전기 미상이라고 말해지며『속고승전』에도 정식으로는 기재되어 있지 않다. 장간사長干寺에 머물렀기 때문에 장간의 변공辯公이라고 불렸다. 그러나 저명한 제자로 지윤智閏(540~614)과 혜인慧因(539~627)의 두 사람이 있어서 함께『속고승전』에 기록되어 있는데, 예를 들면 권10의 지윤전에는

> 강남에서 크게 삼론을 홍포한다는 소식을 듣고 이미 이것은 본래의 소원인지라 길이 멀다 하지 않고 귀의하였다. 마침 바로 장간사의 지변이 요직을 맡아 앞장서서 제창하던 때를 만나 거기에 참여하고 그로부터 받아들여 한번 깨달음에 기뻐하였다.
>
> 聞江表大弘三論, 既是本願不遠而歸. 正值長干辯公當塗首唱, 預從聽受一悟欣然. (T50, 502c.)

라고 전해진다. 따라서 지변이 당시 한 방면의 실력자였던 것을 알 수 있다. 그런데 도선이「법랑전」말미에 부기한 바에 의하면

---

20 『속고승전』권7 혜포전에서 혜포가 북업北鄴에서 유랑하다가 혜가와 만났던 뒤의 문장에 "又寫章疏六馱, 負還江表, 並遣朗公, 令其講說. 因有遺漏重往齊國, 廣寫所闕齎還付朗."(T50, 480c)이라는 것을 참조

그런데 지변은 뛰어난 공업功業이 청명하고 정·혜 두 가지를 모두 중시하였다. 그러므로 그의 강론은 선정을 하는 대중들에게도 겸존兼存하였으니, 아마 승전이 간절히 독려한 것이다. 그런데 그 뜻의 요체가 때로 법랑과는 달랐다. 그러므로 흥황의 좌중에서는 중가사中假師라는 비판으로 배척하게 되었다.

然辯公勝業淸明, 定慧兩擧. 故其講唱兼存禪衆, 抑亦詮公之篤屬也. 然其義體時與朗違. 故使興皇座中排斥中假之誚. (T50, 477c.)

라고 한다. 이것에 의해서도 지변이 '정혜 양거定慧兩擧'의 실천적 경향의 소유자였던 것이 알려지며 게다가 그것이 승전의 독려에 의한 것이었다고 도선은 특필한다. 흥황의 좌중座中이 이를 중가사라고 칭하여 강하게 배척했던 것은[21] 어떤 면에서는 이러한 학풍의 차이에서 유래한 것이었다고도 생각할 수 있다.

지변의 또 한 사람의 제자인 혜인은 당초 자주 삼론을 강설하고 문소文疏를 지어 초당初唐 시대의 10대덕의 한 사람으로 거론되는 사람인데, 이 사람의 전기에서도

다시 장간사의 지변 법사에게 나아가 삼론을 받아 배우고 실상의 미언微言을 궁구하여 만자교滿字敎의 깊은 뜻을 넓히니, 한 그릇에 물을 쏟아붓듯이 청출어람이었다. 지변 법사는 후에 고요히 산림으로 돌아가 곧 학도들을 맡아 제자 500여 명을 수업했으며 그를 따라 진리의 등불을 전한 것이 30년에 이르렀다.

---

21 이 점에 대해 길장은 『중관론소』권2본에서 스승인 법랑의 말로서 다음과 같이 서술한다. "又中假師聞假作假解, 亦須破此假. 師云, 中假師罪重永不見佛. 所以作此呵著, 本為對性故說假, 令其迥悟耳. 而逐捨性存假謂決定, 為是心有所依. 故永不見佛, 宜須破之."(T42, 25b~c.)

又造長干 辯法師, 稟學三論, 窮實相之微言, 弘滿字之幽旨, 寫水一器, 靑更逾藍. 辯後歸靜山林, 便以學徒相委, 受業弟子五百餘人, 踵武傳燈 將三十載. (T50, 522a.)

라고 한다. 특히 만년에 고요히 산림으로 돌아가 학도 500명을 접화接化하여 30년에 이르렀다고 전해지는 것은 지변의 역량이 보통이 아니었던 것을 보여준다. 제자인 혜인에 대해 도선은

정·혜를 둘 다 밝히고 공과 유를 함께 비추니, 4대에 걸쳐 홍법하면서 항상 일승을 드러내었다.
定慧兩明, 空有兼照, 弘法四代, 常顯一乘. (T50, 522b.)

라고 평하는 것은 지변의 학풍을 잘 계승했기 때문일 것이고, 또한 습선자로서 지변 문하의 법등法燈이 길게 이어졌던 것을 엿보게 한다.

4)

혜용慧勇(515~582)은 항간에서 '문장文章의 용용'이라고 칭해지는 바에서 선적인 경향을 보이지 않았던 사람인지도 모르지만, 그는 젊었을 때 영요사靈曜寺의 도칙道則 선사에게 선을 받고는 승전의 학덕을 사모하는 도량의 풍조에 따라 지관사에 머물렀던 사람이다. 도선은 그를 평하여

공을 닦고 지혜를 익히다가 이에 도량의 풍조에 따라 곧바로 지관사에 머물면서 아침저녁으로 부드럽게 즐기는 듯했다.
修空習慧, 寔追林遠之風. 便停止觀寺, 朝夕侃侃如也. (T50, 478b.)

라고 하는데, '간간간侃侃'이란 부드럽게 즐기는 모양을 말하는 것이므로 좌선 삼매를 즐겼다는 의미로 이해하지 못할 것도 없다. 따라서 "승전 법사가 세월을 잊고 뜻에서는 사우師友를 겸하였다."(詮師忘以年期, 義兼師友.)고 전해지는 것처럼 승전과는 의기 상통하는 점이 있었을 것이다.

그는 만년에 18년간 대선중사大禪衆寺에 머물렀다. 양주揚州 선중사는 후세 천태 지의가 자주 체재했던 사찰이기도 한데, 이 지변과 혜용은 모두 천태계의 습선자와 교섭이 있었다고 생각되는 대목이 있다. 관정灌頂의『수천태지자대사별전隋天台智者大師別傳』에 의하면 지변은 지의를 불굴사佛窟寺로 청하여 강설을 버리고 선을 익혔다고 말해진다.[22] 도선도 지의의 전기에서

> 장간사의 대덕 지변이 연이어 송희사宋熙寺로 들어왔고, 천궁사天宮寺의 승황僧晃도 초청되어 불굴사에 거처하였다. 이로 인해 도가 홍포되고 수행에 감복되었으므로 당시의 현인들이 환영하였다.
> 長干寺大德智辯, 延入宋熙, 天宮寺僧晃. 請居佛窟. 斯由道弘行感, 故為時彦齊迎. (T50, 564c.)

라고 기록하므로 교섭이 있었던 것은 사실일 것이다. 또 처음 법랑의 제자로 후에 천태 지의와 친교가 있었던 진관眞觀의 전기에

> 용수의 도가 바야흐로 동방에서 일어나게 되었다. 지변·혜용 두 법사는 요직에 있는 상장上將 격으로서 여러 번 다른 학파의 허점을 공격하였으

---

22 관정 찬 『수천태지자대사별전』, "于時長干慧辯, 延入定熙, 天宮僧晃, 請居佛窟, 皆欲捨講習禪."(T50, 192b). 또 우이宇井 박사도 "지변은 전혀 전기가 불분명하지만, 정·혜에 통달했던 사람으로 천태 대사와 관계가 있다."(『支那佛教史』, p.119)라고 한다.

며 중요한 자리를 자주 거쳤다.

龍樹之道方興東矣. 辯勇二師當塗上將, 頻事開折, 亟經重席. (T50, 702a.)

라는 양자에 대한 호의적인 언급이 보이는 것도 지변·혜용이 천태와 교류가 있었던 것을 시사하는 것이다. 법랑의 제자로서 같은 '습선편'에 기재되어 있는 지개智鍇(533~610)의 전기에도

어려서 양주 흥황사에서 출가하여 법랑이 삼론을 강론하는 것을 듣고 깊은 법문을 잘 받아들이자 당일로 이름이 났다. 개황 15년 천태 지의를 만나 선법을 닦아 익히며 특히 염력念力이 있어 지의가 탄복하고 중시했다.
少出家在楊州興皇寺, 聽朗公講三論, 善受玄文, 有名當日. 開皇十五年遇天台顗公, 修習禪法特有念力, 顗歎重之. (T50, 570b.)

라고 하여 이러한 면에서도 섭산 삼론계 습선자의 교류를 예측하게 하는 점이 있다. 이 점에 대해 탕용통 교수는

지의의 시대에 섭산 일파와 천태는 더욱 관계가 있다. 무릇 천태의 관행觀行은 본래 『대품경』을 존중하고 섭산의 계통은 정·혜를 함께 운용하는 것에 주안점을 두어 많은 관련성을 갖는다. 게다가 산문의 종의가 양·진 시대에 강남에서 크게 성행하여 일시에 기풍을 이루었고 그 후에 지자 대사가 먼저는 양주揚州에서 나중에는 형주荊州에 이르렀으니, 양주와 형주는 곧 당시 삼론종의 세력이 가장 융성한 땅이었다. 즉 천태라는 한 종파가 남방에서 성행한 것은 실로 삼론의 여러 법사가 먼저 용납했던 것이다. 내가 만약 남제에서 수나라 강동江東에 이르는 불학의 변천을 논한다면 첫째가 섭산이 성실의 자리를 빼앗은 것이고, 다음으로 천태가 삼론의 자

취를 계승한 것이다. 전자는 의리학 사이의 쟁론이고, 후자는 정학定學으로 인한 계합이다.[23]

라고 서술하여 섭산 삼론계의 사람들이 강남에서 습선의 개척자였던 것을 시사한다. 또 특히 도선이 『속고승전』에서 증보增補했던 습선자 중 그 계통이 분명한 자로 담륜曇倫(547~626)[24] 및 섭산 삼론계의 인물이 많고 천태의 계통은 그다지 보이지 않는 것도 학자가 지적하는 바이다.[25]

이렇게 지변이나 혜용에서도 상대적으로 선적인 경향이 지적될 수 있는 것은 승전僧詮 - 혜포慧布 - 보공保恭으로 도선의 무렵까지 이어졌던 섭산 선풍禪風[26]의 일익을 그들이 담당했다고 하는 의미이기 때문에 그 광범한 저변을 고려하게 되는 것이다.

5. 혜가慧可의 문류門流에서 본 경향과의 비교

여기서 반대로 선종의 혜가 문류[27]에 대해 잠깐 살펴보아 『속고승전』에 한하여 말해보자면 다음의 도표에서 보듯이 7인의 제자가 있으며, 모두 계통이 분명하지 않지만 화和 선사의 계통만 비교적 잘 알려져 있다.

---

23 湯用彤, 『漢魏兩晋南北朝佛教史』 하책, pp.796~797 참조.

24 『속고승전』 권20 석담륜전(T50, 598a~c).

25 柳田聖山, 『初期禪宗史書の硏究』(1967년, 法藏館) pp.25~26 참조.

26 야나기다柳田 선생은 혜포가 보공에게 전했던 것은 달마 - 혜가의 선법이어서 그것이 도선과 면식이 있는 동시대인인 보공의 무렵까지 섭산 서하사에 전해졌다고 본다(柳田, 앞의 책, p.21 참조).

27 『속고승전』 권19 석혜가전(T50, 551c~552c) 참조.

달마 - 혜가 - 향거사向居士

    - 화공化公

    - 요공廖公

    - 화 선사和禪師 - 정애靜藹 - 승조僧照

                - 지장智藏

                - 도판道判

                - 도안道安

                - 담연曇延

                - 보안普安

        - 현경玄景 - 현각玄覺

    - 법림法林

    - 승나僧那

    - 혜만慧滿

즉 분명히 화 선사의 사승을 갖는 자로 정애靜藹(534~578)와 현경玄景(~600)이 있다. 정애[28]는 17세 때 서울 와관사瓦官寺에서 화 선사 아래로 출가한다. 또 경景 법사를 따라 『대지도론』을 들었는데, 경 법사가 어떤 인물인지는 명확하지 않다. 연령에서 추론하여 앞에서 기술한 현경과는 다른 사람일 것이다. 정애는 북주北周 무제의 파불에 항거하여 종남산終南山에 피신했는데, 북지에서 저명한 사론학자였다. 즉 그의 전기에

---

28 『속고승전』 권23 '호법상護法上' 석정애전(T50, 625c~628a).

경론을 연구하느라 자고 깨는 일을 잊을 정도였다. 그런데 『대지도론』, 『중론』, 『백론』, 『십이문론』 등의 4론이 가장 마음을 다해 존숭하는 것이었고 나머지는 방개로 모아서 종의를 달리하였다.

尋括經論用忘寤寐. 然於大智中百十二門等四論, 最爲投心所崇, 餘則旁纘異宗. (T50, 625c~626a.)

라고 전해지므로 철저한 반야 학자였다. 그리고 분명하게 계통이 알려지는 정애의 제자들 중 승조僧照(529~611)와 지장智藏(541~625)의 두 사람은 습선자, 두타행자로서의 위신을 유지하여 '습선편'에 수록되어 있다.[29] 이것에 대해 도판道判(532~615)과 도안道安은 삼론 내지 사론으로 일가一家를 이루었던 사람들로서, 예를 들면 『속고승전』 권12 도판의 전기에서

무제의 멸법을 만나 정애와 함께 서쪽의 태백산으로 달아났는데, 반려하던 26인과 함께 피난하여 숨어 살면서도 강설하기를 잊지 않고 『중론』, 『백론』 등의 4론을 밤낮으로 연구하여 성실히 가르치니, 비록 나라에 살육이 있더라도 그 죽음을 돌아보지 않을 정도였다.

會武帝滅法. 與藹西奔于太白山. 同侶二十六人. 逃難巖居不忘講授. 中百四論日夜研尋恂恂奉誨 雖有國誅靡顧其死 (T50, 517a.)

라고 전해진다.

화 선사에게 사사한 또 한 사람인 현경玄景[30]은 북주의 파불 이후 오로지 산림에서 좌선에 힘썼던 선사로서 정애와는 대조적이었는데, 그의 제자인

---

29 『속고승전』 권18 석승조전(T50, 578b), 권19 석지장전(T50, 586c).
30 『속고승전』 권17 석현경전(T50, 569b~c).

현각玄覺에 이르면 역으로 서울로 나가서 "순전히 대승을 강설하였으며, 『문수반야경文殊般若經』에서만 뜻을 얻었다."(純講大乘, 於文殊般若偏爲意得.)[31]고 전해지므로 이는 분명히 반야 삼론에서 뜻을 얻어 홍법했던 사람이다. 무엇보다도 현경 자신이 "화 선사를 따라 『대품경』과 『유마경』을 들었다."[32]고 하므로 혜가에게 참학參學했던 화 선사 자신도 나집 계열의 교학에 대해 소양이 있었다고도 생각된다. 어쨌든 혜가의 계통에 대해서도 분명히 습선과 반야 삼론 연구가 교대로 짜여 전개 상속된다. 이러한 것들은 어디까지나 우연성의 면을 강조했던 것에 지나지 않는 경향이 있지만 인적인 상속 상에서도 서로 이러한 경향이 보인다고 하는 것은 삼론과 선이 당시 교리적으로도 실천적으로도 비교적 일체시되었던 하나의 증거였다고 간주하는 데 얼마간 도움이 될 것이다.

이상 섭산 삼론의 2조 승전의 문류에서는 끊임없이 삼론과 선의 일체관—體觀이라는 점이 살펴지며 그것이 인적인 법맥 상에서도 구체적인 계통을 이루어 지적될 수 있다는 것, 그리고 그것이 중국에서는 반드시 삼론의 법계사로서 나타나지는 않아도 선종을 필두로 하는 각 종의의 교리 근저에 끊임없이 반야 공관의 뜻이 존재했던 것과 마찬가지로 중국에서의 불교 흥륭의 숨은 광맥을 이루었다는 점을 섭산 삼론의 선적 경향 중에서 검토해보았다. 그리고 이러한 경향은 전적으로 지관사 승전의 학덕과 행도에서 유래하는 것이 컸다고 할 수 있을 것이다.

---

31 『속고승전』(T50, 569c). 현각의 전기는 현경전에 부기되어 있다.

32 『속고승전』, "晚從和禪師所聽大品維摩."(T50, 569b.)

/ 제5장 /

흥황 상승興皇相承의 계보
삼론의 발전과 분극

제1절 흥황사興皇寺 법랑法朗과 그의 문하

1. 길장에게 흥황 상승의 의의

삼론의 대성자 가상 대사 길장의 직접 사승은 흥황사 법랑(507~581)이다. 승전 문하의 4우友 중에서는 서울에서 성실 학파를 필두로 하는 타 학파를 가장 전투적으로 배척하고 삼론을 선양했으며 강석에 도열했던 도속道俗의 제자도 많아 삼론의 융성은 법랑에 이르러 그 극점에 달했다. 길장의 저술에서는 '사운師云'이라는 형태로 곳곳에서 법랑의 가르침을 조술祖述한다. 어떤 의미에서 길장의 교학은 스승 법랑의 가르침을 중핵으로 삼아 이것을 부연하고 체계화했던 것이라 할 수 있으며, 그의 사상 전체가 길장에 의해 흡수되어 길장 교학의 모태가 된다. 예를 들면『삼론현의』의 서두에서 길장은

> 무릇 교화에는 고정된 방식이 없어서 수행으로 이끄는 말도 하나가 아니다. 성인의 마음을 상고해보면 병환을 쉽게 하는 것을 위주로 하고, 가르

침의 뜻을 총괄해보면 도리를 회통하는 것을 종의로 삼는다.

夫 適化無方, 陶誘非一. 考聖心、以息患爲主, 統敎意, 以通理爲宗. (T45, 1a.)

라고 하여 교화·강설의 기본적 입장을 보이는데, 이 말은『중관론소』권1본[1]이나『법화의소』권1[2] 등 다른 길장 저작에서도 즐겨 사용되며, 이것이 스승 법랑의 말인 것을 길장은 강조한다. 이 법랑·길장의 설교說敎의 대의를 다시 자세히 설명했던 것으로서『승만보굴』권상본 '입교立敎의 뜻'을 밝혔던 조목에서 법랑이 항상 문인을 가르쳤던 말을 다음과 같이 소개하는 것이 주목된다.

우리 학파의 스승인 법랑 화상은 매번 고좌高座에 올라 그 문인들을 가르치면서 항상 다음과 같이 말하였다. 말은 부주不住를 실마리로 삼고 마음은 무득無得을 위주로 삼는다. 그러므로 경전에 깊은 고장高匠은 중생들을 계도할 때 마음에 집착이 없도록 한다. 왜냐하면 집착은 번뇌의 근본이고 모든 고苦의 근본이 집착이기 때문이다. 삼세의 제불이 경론을 연설한 것은 모두 중생심에 집착이 없도록 하는 것이니, 집착 때문에 결정된 분별이 일어나고, 결정된 분별 때문에 번뇌가 생겨나며, 번뇌의 인연으로 곧 업을 일으키고, 업의 인연 때문에 생로병사의 고통을 받는다. 유소득의 사람이 아직 불법을 배우지 못한 채 무시이래로부터 마음대로 법에 대해 집착하는 마음을 일으키다가 이제 불법을 듣고도 곧바로 다시 집착을 일으키니, 이것은 상근기의 집착으로 다시 집착을 일으켜 집착심이 견고하고 고의

---

1   길장,『중관론소』권1본, "師云, 夫適化無方陶誘非一。考聖心以息病爲主, 緣敎意以開道爲宗. 若因開以受悟, 即聖敎爲之開, 由合而受道, 則聖敎爲之合, 如其兩曉, 並爲甘露必也. 雙迷俱成毒藥, 豈可偏守一途以壅多門者哉"(T42, 7c.)

2   길장,『법화의소』권1, "答, 夫適化無方陶誘非一. 考聖心以息患爲主, 統敎意以開道爲宗. 若因開以取悟, 則聖敎爲之開, 若由合而受道, 則聖敎爲之合, 如其兩曉, 並爲甘露必也. 雙迷俱成毒藥, 若然者豈可偏守一途以應壅九達者哉"(T34, 452b.)

뿌리가 더욱 깊어져서 해탈하지 못하게 된다. 경전을 홍포하고 중생을 이익되게 하며 불도를 행하고자 한다면 스스로 행하여 집착심을 일으키지 않아야 한다. 이것은 설교의 대의를 서술한 것이다.

家師朗和上, 每登高座, 誨彼門人常云, 言以不住為端, 心以無得為主. 故深經高匠, 啟悟群生, 令心無所著. 所以然者, 以著是累根, 眾苦之本以執著故. 三世諸佛敷經演論, 皆令眾生心無所著, 以執著故, 起決定分別, 定分別故, 則生煩惱, 煩惱因緣, 即便起業, 業因緣故, 則受生老病死之苦. 有所得人, 未學佛法, 從無始來, 任運於法而起著心, 今聞佛法, 更復起著, 是為著上而復生著, 著心堅固, 苦根轉深, 無由解脫. 欲令弘經利人, 及行道, 自行勿起著心. 此敘說教之大意也. (T37, 5c.)

여기서 법랑은 "말은 부주不住를 실마리로 삼고 마음은 무득無得을 위주로 삼는다."라고 하여 무집착이야말로 불도 수행의 대전제인 것을 강조하며 모든 가르침의 취지는 중생으로 하여금 집착심을 생기지 않게 하는 것에 있다고 설하는데, 이것을 길장은 바로 '설교說敎의 대의大意'라고 서술한다. 이 '무집착'의 마음이 앞서 서술한 '도리를 회통함(通理)'에 다름 아닌 것은 앞의 인용문의 앞부분에서 승조 「백론서」의

이 『백론』은 언어로 표현하면서도 지당하게 여기는 것이 없고 논파하면서도 집착하지 않는다. 망연하여 근거할 것이 없는 듯하면서도 일이 진실을 잃지 않으며 고적하여 의탁할 것이 없는 듯하면서도 이치가 저절로 깊이 회통된다.

其為論也, 言而無當, 破而無執, 儻然靡據, 而事不失真, 蕭焉無寄, 而理自玄會. (T55, 77b.)

라는 말을 인용하는 것에서도 분명하다. 이것이『삼론현의』등에서 "병환을 쉽게 하는 것(무집착)을 위주로 하고", "도리를 회통하는 것을 종의로 삼는다."라는 길장 교학의 일관된 주제로서 제시되는 것이다. 문제는 이러한 길장의 근본적 입장이 모두 흥황사 법랑의 가르침으로 강조되는 바에 길장이 자기의 교학을 섭령 흥황 상승의 적류라고 자부하는 까닭이 있다는 것이다. 동시에 이 법랑의 가르침이 한 사람 길장에게만 계승되었던 것은 아니어서, 그것은 여러 인맥을 통해 길장에서와 같은 반야 삼론 사상의 철저화로 혹은 습선자에 있어서 무소득의 실천의 심화로, 다양한 전개의 모습을 보여 수隋에서 초당初唐에 이르는 삼론 학파의 주류를 형성하기에 이른다. 오늘날 법랑의 저술이라고 지목되는 것은 모두 산실되어 전하는 것이 없다. 하지만 앞에서 서술했듯이 길장의 저작 중에는 스승의 말로서 자주 법랑의 가르침이 조술되어 있으므로 그 사상에 관해 예를 들면 '팔불 중도'에 관한 '삼종 방언三種方言'[3] 등으로 대표되는 것처럼 길장 사상의 모태로서 길장 저작의 도처에서 이를 엿볼 수 있다. 따라서 법랑-길장이라는 삼론의 적류 사상에 대해서는 후에 길장 사상의 특질을 논할 때 필연적으로 논급되지 않을 수 없을 것이다. 그래서 본 장에서는 삼론 학파가 일종 일파로서 가장 융성했던 흥황 법랑 문하의 그 다채로운 인맥의 여러 계통을 고찰하는 것에 의해, 이미 승전의 문류에서 고찰했던 것처럼 섭산의 삼론 학파는 예를 들어 반야 삼론학의 계통과 습선자의 계통이라는 분극화의 경향을 강하게 가졌던 것인데, 삼론 학파의 이러한 유난히 특징적인 경향이 법랑 문하의 삼론 융성 시대에서 어떤 형태를 띠고 전개되었는지 그 점을 구체적인 인맥 계보상에서 추적해보고 싶다. 달리 말해 그것은 삼론 학파의

---

3   이제에 의해 팔불을 해석했던 것으로서,『중관론소』권2본「정종문正宗門」이나『대승현론』권2「팔불의八不義」에 상세하다.

궁극적인 전개의 모습을 알아감에 있어서 역사적·사실적인 측면을 분명하게 하는 작업이기도 하다.

2. 법랑의 전기

법랑의 전기는 『속고승전』 권7[4]에 자세하다. 거기에 의하면 법랑은 속성은 주周씨, 서주徐州 폐군폐沛郡沛(강소성 패현) 사람이다. 조부 봉숙奉叔은 제齊의 급사황문시랑給事黃門侍郞, 청주青州의 자사刺史를 지냈으며, 아버지 신귀神歸는 양梁의 패군沛郡의 태수太守로 근무하는 등 "집안은 6군郡에서 웅대하여 기운이 3변邊을 덮었다."라고 할 정도의 명문가 출신이었다. 젊어서 군인에 뜻을 두고 북벌에 참가하였는데, 어느 날 "병장기는 흉기이고, 몸은 고의 원인이라 한다. 욕망의 바다와 그릇됨의 숲에서 어찌 깨달을 수 있겠는가?"라고 느껴 양의 대통大通 2년(528) 2월 2일 21세 때 청주青州(산동성)에서 출가했다. 후에 양도揚都(강소성)로 유학하여 대명사大明寺의 보지寶誌 선사에게 선법을 받고 겸하여 이 절의 단象 율사가 율의 본문을 강설하는 것을 청강한다. 또 남간사南澗寺의 선사仙師로부터 『성실』을, 죽간사竹澗寺의 정공靖公으로부터는 『비담』을 받는다. 그리고 섭산 지관사의 승전 법사에게 '사론' 및 『화엄』, 『대품』 등의 경전을 수학했는데, 이후 오로지 용수의 종풍을 홍포하는 것에 전념했으리라 생각된다. 진의 무제 영정永定 2년(558) 51세 때 칙명을 받아 섭산을 나와서 서울로 들어가 흥황사에 머물렀다. 도선은 법랑전에 부기하여 승전이 "이 법은 정묘精妙하여 아는 자만 행할 수 있으니, 방을 나가 쉽게 열어보여서는 안 된다."라고 명했다고 전한다. 따라서 법랑을 위시한 제자들

---

4 『속고승전』 권7 석법랑전(T50, 477b~478a).

은 승전의 뜻을 받들어 감히 말을 풀어놓을 수 없었는데, 승전이 세상을 떠남에 이르러 4공公은 말을 풀어놓고 각각 위용을 보이면서 모두 신령한 책략을 받았다고 하므로 영정 2년 섭산을 나왔던 것은 승전 시적示寂 이후였다고 추정된다. 『이제의』 권상에

> 법랑 법사는 세상을 떠날 즈음에 고좌에 올라 문인들에게 부촉하였다.
> "나는 섭산에서 나온 이래 이제를 정도로 삼아왔다. (후략)"
> 師臨去世之時, 登高座付屬門人. 我出山以來, 以二諦爲正道. (후략)
> (T45, 78a.)

라고 하는 '섭산에서 나온 이래'라는 것은 이 섭산을 나와 흥황사에 머물렀던 때의 사정을 서술했던 것이며, 이래 "이제를 정도로 삼아왔다."란 오로지 '삼론'의 대의를 홍선했던 것을 의미한다. 흥황사에서의 강설에 대해 도선은

> 그리하여 『화엄경』과 『대품경』과 '사론'의 문언文言에 대해 선현들이 아직 말하지 않은 내용과 후진들이 줄여서 생략한 내용을 법랑은 모두 그 의리를 지적하여 말의 이치를 캐내었다. 그러므로 말의 기운이 우뚝하면서도 맑고 편안하여 쉽게 깨달을 수 있었다
> 所以花嚴大品四論文言, 往哲所未談, 後進所損略, 朗皆指摘義理, 徵發詞致. 故能言氣挺暢, 淸穆易曉. (T50, 477b.)

라고 평하므로 그 강설은 매우 참신하고 명쾌한 것이었다고 생각된다. 또 제자인 혜철慧哲의 전기에 "흥황 법랑을 계승하여 신묘한 언변이 날카로운 칼과 같으니, 그 예봉에 맞설 자가 드물었다."(承興皇道[法]朗, 神辨若劍, 罕有當

鋒.)⁵라고 하므로 설봉舌鋒의 예리함이 항간에 유명했다고 생각된다. 앞에서 서술한『대지도론』,『중론』,『백론』,『십이문론』에 게다가『화엄경』이나『대품반야경』등의 경론을 강설하기를 각 20여 번, 25년의 긴 세월에 걸쳐 "흐름이 윤택하여 끊어지지 않았다."(流潤不絶)고 한다. 진의 태건太建 13년(581) 9월 25일 밤 75세로 시적했다. 같은 해 9월 28일 강승현江乘縣 나락리羅落里 섭산攝山의 서령西嶺에 안장하였다.⁶

3. 법랑 문하의 뛰어난 인재

법랑의 강석에 모인 사람은 항상 천여 명이라고 하여 "법문을 듣고자 하는 승려들이 구름 같이 모여들어 땀을 흘리며 무릎을 꿇었고, 법의 천 벌이 쌓였다 흩어지면서도 항상 결집하였다. 한 번 법좌에 오를 때마다 매번 한 벌의 옷을 갈아입었다."라고 그 성황이 전해진다. 이리하여 도속의 제자로 유명한 자를 다수 배출하여 일약 삼론을 여러 지역에 홍법하게 되었던 것이다. 그 문하 중 특히 승전에 기록된 유명한 자로 다음과 같은 사람들이 있다.

① 나운羅雲(542~616)
송자松滋(호북성) 출신. 금릉金陵에서 유학하고 형주荊州 용천사龍泉寺에 머문다.『속고승전』권9(T50, 493a).

---

5 『속고승전』권9(T50, 494a).
6 안징,『중관론소기』권1본에, "述義引興皇寺石誌序云, 陳大興十三年歲次在辛丑九月丁未朔二十六日, 王宇法師遷神於寺僧房, 春秋七十有五, 其月二十八日甲戌, 定于江垂縣羅落里攝山之西嶺, 門人交住, 若罷市之悲幽, 杖離群絶, 分河之歎"(T65, 20c)이라는『술의』소개의「흥황사석지서興皇寺石誌序」의 문장은『속고승전』의 문장과 거의 일치한다.

② 법안法安(65세 졸, 졸년 미상)

지강枝江(호북성) 사람. 금릉에서 유학하고 형주 등계사等界寺에 머문다.『속고승전』권9(T50, 493c).

③ 혜철慧哲(539〜597)

양양襄陽(호북성) 사람. 금릉에서 유학하고 양주襄州 용천사龍泉寺에 머문다.『속고승전』권9(T50, 493c).

④ 법징法澄(대업大業 초 70세 남짓으로 졸)

오군吳郡(강소성) 사람. 금릉·강도江都에서 유학하고 장안長安 일엄사日嚴寺에 머문다.『속고승전』권9(T50, 499c).

⑤ 도장道莊(525〜605)

건업建業 사람. 낙양洛陽에서 유학하고 장안 일엄사에 머문다.『속고승전』권9(T50, 499c).

⑥ 지거智炬(535〜606)

오군 사람. 금릉·강도에서 유학하고 장안 일엄사에 머문다.『속고승전』권11(T50, 509b).

⑦ 길장吉藏(549〜623)

금릉 사람. 금릉·회계會稽에서 유학하고 장안 일엄사에 머문다.『속고승전』권11(T50, 513c).

⑧ 혜각慧覺(554~606)

금릉 사람. 금릉에서 유학하고 강도 백탑사白塔寺에 머문다.『속고승전』권 12(T50, 516a).

⑨ 명明 법사(연대 미상)

모산茅山에 들어감.『속고승전』권15 법민전法敏傳(T50, 538b) 및 그 외에 부기.

⑩ 소명小明 법사(연대 미상)

소주蘇州 영정사永定寺에 머문다.『속고승전』권15 의포전義襃傳(T50, 547b) 에 부기.

⑪ 광광曠 법사(연대 미상)

무주婺州 영안사永安寺에 머문다.『속고승전』권15 의포전(T50, 547b)에 부기.

⑫ 지개智鎧(533~610)

예장豫章(강서성) 사람. 금릉에서 유학하고 여산廬山 대림사大林寺에서 머문 다.『속고승전』권17(T50, 570b).

⑬ 진관眞觀(538~611)

전당錢塘(절강성) 사람. 금릉에서 유학하고 항주杭州 영은산靈隱山 남천축사 南天竺寺에 머문다.『속고승전』권30(T50, 701c).

법랑의 제자로는 득법得法의 상수上首 제자 25철哲이 있었다고 전해지는데,[7] 도선『속고승전』에 수록된 자는 이상의 13명이다. 이외에 재속의 학사도 다수 있었다고 생각되는데, 대표적인 인물로 앞 장에서 서술했던『명도론明道論』의 저자 부재傅縡가 있으며, 또 똑같이『진서』에 기재된 손창孫瑒도 법랑에게 사사했다.[8] 탕용통 교수는 이상의『속고승전』에 기재된 흥황 득법의 제자들 중 후세에 영향이 비교적 현저한 자로서 혜철·지구·명법사·길장의 4인을 거론한다.[10] 그래서 다음으로 이 4인에 의해 대표되는 흥황 문하의 계통에 대하여 삼론 학파의 전개를 추적해보고 싶다. 단, 앞 장에서 설정했던 관점에 기초하여 다시 여기서도 가설을 세운다면 흥황 문하의 계통은 이것을 또 다음과 같은 두 가지로 대별할 수가 있을 것이다. 즉 그 하나는 길장이나 지구 및 그의 문하로 대표되는 것 같은 순전한 삼론계의 강론자로서 일관했던 사람들의 계통이고, 또 하나는 혜철이나 명 법사로 대표되는 것처럼 그들 자신은 법랑에게 삼론을 수학했던 의해義解의 학승으로서 분류되지만 정확히 말하자면 실천적 경향이 현저하고 그 계보에 연결된 사람들에서 삼론 학자와 습선자가 번갈아 배출되며 반야 중관과 좌선 삼매의 일체시라는 섭산 승전 이래의 전통을 농후하게 보전했던 사람들의 그룹이다. 그래서 지금 임시로 전자의 계통을 '삼론 강론자의 계보'라 이름 짓고 후자의 계통을 '삼론계 습선자의 계보'라 이름 짓는 것으로 하고, 이 양자의 계통을 추적하는 것에 의해 흥황 법랑에서 비롯되는 삼론 학파 발전의 여러 모습을 고찰하는 것으로 한다.

---

7 境野黃洋, 『支那佛敎史綱』, p.185 참조.

8 『진서陳書』 권30, 열전 제23 부재전.

9 『진서陳書』 권25, 열전 제19 손창전.

10 湯用彤, 앞의 책 하책, p.763 참조.

제2절 삼론 강론자의 계보

1. 길장의 계통

앞에서 거론했던『속고승전』에 기재된 흥황의 제자들로 그 생몰 연대가 분명했던 자 중에서 몰년이 가장 늦는 것이 길장이다. 따라서 흥황 문하 중에서는 비교적 젊었다고 생각된다. 그러나 길장이 법랑에게 투신하여 출가했던 것이 7세 때이고 19세 때에는 법랑을 대신하여 대중에게 강설할 정도이므로 법랑에게 사사했던 기간에서 말하자면 가장 유력한 이들 중 한 사람이며, 이런 점에서 길장이 법랑 삼론학의 적통임을 자부하는 것은 그 나름의 이유가 있다. 또 도선은 길장을 평하여 "논서의 종의를 널리 깨우쳐 자못 명석한 생각을 품었지만 대중을 이끄는 덕은 그가 잘하는 바가 아니었다."²라고 하여 제자를 양성한 일은 그다지 없었다고 보지만, 법랑의 삼론 사상을 대성했던 일대의 명덕이므로 그의 강석에서 시중들면서 삼론을 자수諮受했다고 전해지는 제자는 많다. 특히 일본 남도로 전승된 삼론학은 모조리 길장의 계통이므로 일본의 불교 학자로부터의 증언은 동문同門의 다른 삼론 학자에서 볼 수 없는 길장의 특권일 것이다. 응연凝然의『내전진로장內典塵露章』에 기록된 바도 그 일례이다. 즉 응연은

> 길장에게는 다섯 명의 영재가 있었으니, 곧 지개智凱, 지명知命, 지실智實, 적사寂師, 혜원慧遠이다.

---

1 『속고승전』권11 석길장전, "年至七歲, 投朗出家, 採涉玄猷, 日新幽致, 凡所諮稟, 妙達指歸, 論難所標, 獨高倫次, 詞吐贍逸, 弘裕多奇. 至年十九, 處衆覆述, 精詳鋒遊, 酬抗時彦, 綽有餘美."(T50, 513c〜514a.)
2 위의 곳, "縱達論宗, 頗懷簡略, 御衆之德, 非其所長."(T50, 514c.)

藏公下有五英, 乃智凱, 知命, 智實, 寂師, 慧遠也.[3]

라고 서술하여 길장 문하의 대표 5인을 거론한다. 또 안징은『중관론소기』
권1본에서

> 법랑 법사의 득업得業 제자는 연흥사延興師 길장 법사이고, 길장 법사의 득
> 업 제자는 석석碩, 민旻, 수邃 등이다.
> 法朗師得業弟子延興師吉藏師, 吉藏師得業弟子碩, 旻, 邃等. (T65, 22a.)

라고 서술하는 것은 남도南都에 독자적인 전승이다. 이외에 승전에 의해 보면
지발智拔이 분명히 길장에게 득업한다. 이상을 총괄하면 지발·지개·지실·
적사(변적辯寂)·지명·혜원·석·민·수 등의 여러 법사가 길장에게 삼론을 수
업했던 사람들이다.

① 지발智拔(573~640).

지발의 전기는『속고승전』권14[4]에 기재되어 있다. 그것에 의하면 지발은
성이 장張, 양양襄陽(호북성) 사람이다. 6세에 출가하여 윤閏 법사의 제자가
되었는데, 윤閏은 지발의 그릇이 크다고 여겨 철哲 법사에게 부탁하였다. "철哲
은 또한 양천襄川의 승망僧望이었다."라고 도선은 서술하므로 철 법사란 앞에
서 서술한 양주襄州 용천사龍泉寺의 혜철(539~597)이다. 지발이 길장에게 사사
했던 것은, "서울의 상덕上德인 길장 법사가 사해의 우뚝한 영도자이며 삼승에

---

3   응연,『내전진로장』(『大日本佛敎全書』권3, 56상).
4   『속고승전』권14 석지발전(T50, 537b).

밝은 대가라는 말을 듣고 찾아가 뜻을 받들며 본래의 마음을 기꺼이 펼쳤다."
라고 전해지므로 길장이 장안長安 일엄사日嚴寺에 머물던 시대이다. 길장의
장안행은 나중에 서술하듯이 대업 19년(599)이므로 스승인 혜철의 사후였다.
지발이 대중에게 "일승이 이승이 되고 마침내 나뉘어 삼승이 되었다면 또한
일승을 이승으로 삼고 나누어 삼승으로 삼을 수 있는가 없는가?"라고 물었던
바, 감히 대답하는 자가 없었다. 길장은 "지발의 이 물음은 깊게 뜻을 얻었다."
라고 가상히 여기며, "대법大法은 반드시 근기와 인연에 있다."라고 하면서
위촉했다고 전해진다. 후에 양주襄州로 돌아가 상제사常濟寺에 머물렀는데,
『법화경』을 강술한 것이 매년 5번이었다고 하므로 오히려 『법화경』의 홍통자
弘通者였다고 말할 수 있다.

② 지개智凱(∼646).

지개라는 삼론 학자는 『속고승전』에는 두 사람이 수록되어 있다. 한 사람은
권14 「당 월주 가상사 석지개전唐越州嘉祥寺釋智凱傳」[5]이라고 하는 지개이다.
성은 풍馮 씨, 원양圓陽(강소성) 사람이다. 6세 때 길장의 『법화경』 「화택품火宅
品」의 강의를 듣고 길장 문하로 출가했다. 신체가 검었으므로 오개烏凱라 불렸
다고 한다. 13세에 길장이 경론을 강설하는 것을 암송하여 널리 깨우쳤다.
길장의 회계 가상사 시대에 가까이에서 따르면서 "문인들의 영재로 감히 그보
다 나은 자가 없었다."라고 말해진다. 길장이 장안으로 들어가자 정림靜林으로
돌아와 무덕武德 7년(624) 섬현剡縣(절강성)에서 강설하여 청중이 500명이었다.
또 정관貞觀 원년(627) 여요현餘姚縣(절강성)의 소용천사小龍泉寺로 가서 항상
'삼론', 『대품반야』 등을 강술하고 서원하여 절을 나가지 않았다고 한다. 정관

---

5   위의 책, 석지개전(T50, 538a).

19년(645)에 다시 가상사에서 머물면서 삼론을 강설했는데, 사방의 의학승義學僧 800여 명이 모여들었다고 한다. 다음 해인 20년 7월 28일 시적했다. 지개는 말하자면 길장 직계의 삼론 학자였다.

③ 지개智凱(생몰 연대 미상).

또 한 사람은 『속고승전』 권30 당나라 서울 정수사定水寺의 지개[6]이다. 성은 안安 씨, 강남 양도揚都(강소성) 사람이다. 배울 나이에 이르러 "사문 길장이 종풍을 우혈禹穴(절강성 소흥부紹興府 회계산會稽山)에서 떨치면서 찾아가는 사람과 담론하며 그 빛이 멀리까지 덮고 있다고 들어" 부모 곁을 물러나 가서 '삼론'을 수학했다. 지개는 길장 삼론학의 중심 주제 중 하나인 '초장·중가'의 뜻에 관해 배우는 사람들이 그 이해에 고심하자 이에 줄기를 세워 종합하고 "냉철하게 풀어내었다."라고 전해진다. 길장이 장안에 들어가자 그에 동행했다. 장안 시대의 지개는 외전의 연찬에도 뜻을 세워 제자백가의 글과 역사책를 익히고 노장을 개강하며 도사道士 장정張鼎과 내전內殿에서 논쟁, 그를 굴복시킨다. 몰년은 미상이다. 응연이 길장 문하 5영英의 첫째로 거론했던 지개가 앞에서 기술한 가상사의 지개인지 이 서울 정수사의 지개인지 분명하지 않으며, 또 양자가 어쩌면 동일인이라는 것도 생각할 수 있는데, 전기에서 살펴보는 한 다른 사람이라고밖에 생각할 수 없다. 다른 사람이라고 한다면 그 경력에서 미루어 가상사의 지개가 보다 삼론의 정통적인 강론자였다고 말할 수 있을 것이다.

---

6   위의 책, 권30 석지개전(T50, 705a).

④ 지실智實(601~638).

지실의 전기는『속고승전』권24 '호법편護法篇'의「당 경사 대총지사 석지실전唐京師大總持寺釋智實傳」[7]에 기재되어 있다. 지실은 속성은 소邵 씨, 옹주雍州 만년萬年 사람이다. 11세에 출가하여 대총지사大總持寺에서 머물렀다.『열반경』, 『섭론』,『구사론』,『비담』 등에서 모두 그 깊은 뜻을 밝혔다고 한다. 당의 무덕 연간(618~626)에 3대 법사인 혜승慧乘·도종道宗·변상辯相 등과 함께 홍의궁弘義宮의 법회에서 대론했는데, "발언하는 것이 참신하고 탁월하여 이전에 들었던 것을 놀랍게도 끊어버리니, 여러 새로 온 승려들이 감히 대답을 잇지 못하였다."라고 하며, 무제를 위시하여 여러 왕들에게 "이 젊은 법사가 가장 준열하니, 후에 반드시 삼보를 이어 융성하게 할 것이다."라고 찬탄 받았다. 이때 동석했던 길장은 그의 머리를 쓰다듬으며 길이가 수 치나 되었다고 하는 눈썹 사이의 흰 털을 뽑아서는 "너에게는 신이한 상이 있구나. 마땅히 발자취를 석가모니에게로 이어야 한다. 한이 되는 것은 내가 늙어 덕을 이루는 것을 보지 못하는 것이로구나."라 술회했다고 한다. 길장은 당의 무덕 6년(623)에 세상을 떠나므로 이 만남은 길장의 최만년이었다. 응연이 지실을 장문藏門의 5영 중 한 사람으로 꼽았던 것은 이 사실에 의거해서일 것인데, 지실을 유명하게 했던 것은, 당시 무제의 총애를 제멋대로 남용하여 승려 천 명으로 군단을 조직하려고 했던 승려 법아法雅의 폭거를 몸을 던져 간언하여 말리는 등 정법 수호의 수많은 행업에 의한 것으로 자신을 지키는 일에 견고하면서도 당시 불자의 모범이었기 때문이다. 반드시 길장 삼론학의 계승자라는 것은 아니다.

---

7   위의 책, 권24 석지실전(T50, 634c).

⑤ 변적辯寂(생몰 연대 미상).

응연이 말하는 '적 법사'란, 『속고승전』에 '적'이라고 칭해진 것이 권26 '수경사 사문 석변적隋京師沙門釋辯寂'[8]으로 유일하며, '삼론' 수학의 사실이 전해지므로 이 변적일 것이다. 전기에 의하면 변적은 서주徐州(강소성) 사람이다. 젊어서 혜학慧學으로 유명하게 되어 유강遊講을 업으로 삼았다. 후에 제도齊都(북제北齊의 도업都鄴)에서 오로지 『대지도론』과 『아비담심론』을 배웠는데, 북주 무제의 폐불을 만나 남하하여 강음江陰(강소성)으로 가서 '삼론'을 배웠다. 수의 통일과 함께 다시 고향으로 돌아왔는데, 후에 서행西行하여 장안에 들어가서 "다시 옛 논서의 용수의 기풍을 탐구했다."라고 전해지므로, 길장 수학의 일은 승전에는 없지만 응연이 말하는 것과 같은 장문 5영藏門五英의 한 사람이라면 이 장안 시대에 길장의 강의를 들었던 것이라 생각된다. 몰년은 미상이다.

⑥ 지명智命(~618).

지명의 전기는 『속고승전』 권27[9]에 기재되어 있다. 전기에 의하면 지명은 속성은 정鄭, 이름은 정頲이라 하고 영양滎陽(강서성) 사람이다. 처음에 수나라 조정에서 벼슬하여 우기위羽騎尉에 임관, 후에 중사인中舍人이 되니, 관직은 5품에 이르렀다. 길장을 따라 '삼론'과 『법화경』을 청강했던 것은 이 임관 시기이다. 후에 수나라 말에 양제가 살해되고 왕세충王世充이 낙양에서 위정僞鄭을 건국했을 때 정치적 환란에 지쳐 출가하려 했지만 허락되지 않자 "밤에는 몰래 방등의 여러 경전을 읽고, 낮에는 공적인 정무를 처리하였다."는 상황을

---

8   위의 책, 권26 석변적전(T50, 675a).
9   위의 책, 권27 석지명전(T50, 682c).

40일이나 지속하여 『법화경』을 암송했다고 말해진다. 후에 스스로 머리를 깎고 관청에 출근하여 참형에 처해졌다.

⑦ 혜원慧遠(생몰 연대 미상).

『속고승전』 권11의 길장전에 부기하여 전해지는 길장의 제자이다.[10] 길장의 사후 혜원은 그의 유골을 수습해서는 돌을 뚫어 북암北巖에 묻고 묘지명을 썼다. 길장 만년의 제자로서 최후를 지켰을 뿐 아니라 그의 뜻을 잘 받들어 영특한 자로 당시에 알려졌다. 장안에서 가까운 남전藍田(섬서성)의 오진사悟眞寺에 머물며 자주 장안으로 나와 강설하여 대중을 감동시켰다고 한다. 독립된 전기가 기록되어 있지 않은 것은 "세상에서 목도할 수 있으므로 자세히 서술하지 않는다."라고 도선이 서술하는 것처럼 도선 당시 생존해 있었기 때문일 것이다.

⑧ 석석碩 법사(생몰 연대 미상).

안징 『중관론소기』에서 전해지는 사람으로 승전에는 기록이 없다. 그러나 『중관론소中觀論疏』 12권, 『삼론유의三論遊意』 1권의 저술이 있었다고 전해지며, '경록'에도 기재되어 있다.[11] 이 중에 『삼론유의』 1권은 현재 『대정장경大正藏經』 제45권(No.1855)에 수록되어 있다. 또 『중관론소』 12권은 안징의 『중관론소기』 중에 그 단편이 다수 인용되어 있다. 그 외에 길장의 계통으로 연결되는 자로서 앞에서 서술했듯이 안징은 민旻, 수璹의 두 법사를 거론하는데, 어느

---

10 위의 책, 권11 석길장전부전釋吉藏傳附傳(T50, 514c, 515a).

11 '中觀論疏十二卷碩法師'(『동역전등목록』, T55, 1159a), '三論遊意一卷碩法師述'(『삼론종장소』, T55, 1137c, 『동역전등목록』, T55, 1159b).

쪽도 그들에 관해 설했던 자료는 전혀 없다.

2. 지구智矩의 계통

지구(535~606)[12]에 대해 도선은

> 당시 동문 사문인 길장이 있었는데, 본래 흥황사에서 배웠으며 위엄과 명
> 성이 서로 뛰어났고 문장이 자유자재하였으나 지구는 실로 그를 넘어섰다.
> 時有同師沙門吉藏者, 學本興皇, 威名相架, 文藻橫逸, 矩實過之. (T50, 509c.)

라고 하여 그의 학문이 동문인 길장을 넘어선다고 평가한다. 또 『중(관)론소』
를 저술했는데, 단 용수의 게송에만 주석하고 청목에 의한 장행석은 열등하다
고 경시하여 생략한다. 그가 저술했던 『중(관)론소』는 담영曇影 『중(관)론소』
의 품격과 홍언洪偃 『성실론소』의 분량을 겸하여 갖추었다고 전해지며, 이점
에서 길장보다 우수하다고 평해졌을 것이다. 법랑에게 배워서 '사론'과 『대품』
을 강설하고 고향의 건초사建初寺에서 '삼론'을 강설했을 때는 항상 청강하는
자가 백 명이었다. 후에 칙명에 의해 혜일慧日 도량, 다시 개황開皇 19년(599)
장안 일엄사에서 머물며 강설하는 것은 길장과 동일하다. 부기된 전기에 혜감
慧感과 혜색慧賾이라는 문하가 있으니, 각각 양자강 부근에서 교화하며 함께
문하의 승려 백 인 이상 영도하고 종적宗勣(종지의 공적)을 이어 스승의 유서遺
緖에 어긋남이 없었다고 전해진다.

---

12 『속고승전』 권11 석지구전에 "雅涉曇影之風, 義窟文鋒, 頗懷洪偃之量."(T50, 509c)이라 하는데, 이
   홍언洪偃이란 『성실론소』 수십 권의 저자라고 한다. 宇井伯壽, 『支那佛教史』 p.122 참조.

① 혜색慧賾(580~636).

혜색의 전기는 『속고승전』 권3 「당 경사 청선사 사문 석혜색전唐京師淸禪寺
沙門釋慧賾傳」[13]이라고 하여 기록되어 있다. 혜색은 속성은 이李, 형주荊州 강릉
江陵(호북성) 사람이다. 9세에 은隱 법사 밑에서 출가하여 『열반』과 『법화』를
듣고 후에 따로 삼론을 배웠는데, 이 삼론 수학이 지구에 의한 것이겠다. 개황
중반(590년경) 강릉사江陵寺에 머물러 강석을 일으키면 많은 승려가 운집했다
고 한다. 후에 장안의 청선사淸禪寺에 머물렀다. 대업 말년 수나라가 멸망할
때 일시적으로 종남산 원고관령圓高冠嶺에서 은거했는데, 당나라가 일어나자
다시 장안으로 돌아가서 무덕武德 연간(616~626)의 법연法筵에 뭇 승려들이
운집했을 때 길장과도 만난다. 즉 도선은 "사문 길장이 이때 논의의 종의를
세우니, 목소리와 말솜씨가 하늘에서 내려온 듯하여 귀천의 모든 이들이 그를
주시하였다."라고 한다. 그리고 혜색에 대해서는 "말이 참신하여 이치에 나아
가며 생각은 기미幾微를 움직이니, 뛰어난 풍채는 사부 대중을 놀라게 하고
백관百官을 놀라게 하였다."라고 평한다. 그래서 길장은 "비단 논변을 따라가
기 어려울 뿐 아니라 아마도 서도書道는 그 자취를 찾아보기 좀처럼 드물다."라
고 감탄했다고 한다. 강론의 성황은 『중론』, 『백론』 외에 『화엄경』, 『대품경』,
『열반경』, 『대지도론』, 『섭대승론』 등에도 미쳐 "장부章部를 모두 말로 해석하
고 판결하여 들을 것이 있었다."라고 평한다. 혜색이 '역경편'에 수록되었던
것은 바라바가라밀다波羅頗迦羅蜜多(Prabhākaramitra, 565~633)의 『반야등론般若
燈論』의 역장에 참가하여 도왔기 때문이다.[14] 또 『반야등론』에 서문을 써서

---

13 『속고승전』 권3 석혜색전(T50, 440c).
14 위의 책, 바라바가라밀다라전에 "於大興善創開傳譯, 沙門慧乘等證義, 沙門玄謨等譯語, 沙門慧賾慧淨
    慧明法琳等綴文."(T50, 440a)이라는 것을 참조

『속고승전』에 수록되어 있다.

　지구의 또 한 사람의 제자인 혜감慧感에 대해서는 지구전에 부기된 것 외에
는 전하는 것이 없는데, 현재 장경의 지구智矩는 원본元本 및 명본明本에서는
지거智炬로 되어 있다. 게다가『속고승전』에서는 구矩 법사 혹은 거炬 법사라
칭하는 자는 지구智矩 외에는 없다. 따라서 따로 거炬 법사에게 사사했다고
한다면 그것은 곧 삼론의 지구智矩에게 사사했던 자라고 생각할 수 있다. 이렇
게 전해지는 자로 당 서울 홍법사弘法寺의 석정림釋靜琳[15]과 당 포주蒲州 보제사
普濟寺의 석도영釋道英[16]의 두 사람이 있다.

　② 정림靜琳(565~640).
　정림은 속성은 장張, 서울 화원華原(섬서성) 사람이다. 7세에 출가하여 수나
라 초 담맹曇猛 법사에게 배우고 또 각覺 법사에게『십지경』을 들었으며 업도
鄴都에 유학하여 거炬 법사에게서『화엄경』,『능가경』,『사익경』을 청강했다
고 전해진다. 지구가 업도에서 지냈다고 하는 것은 전기에서도 볼 수 없어서
이것뿐이라면 여기서 말하는 거炬 법사가 삼론의 지구라는 확증이 되지는
않는데, 정림은 후에 의령義寧 2년(당 무덕 원년, 618) 부름에 따라 서울로
들어가 대총지사大總持寺에서 머물면서 홍법한다. 무덕 연간이라는 것은 마침
당 왕조가 개창했을 때로 자주 서술했듯이 불법 홍륭의 시기였으며 법석은
성황을 이루었는데, 정림의 강론은 "바로 번다한 것을 생략하고 간략하게
하여 오로지『중론』을 펼쳐 종의로 삼았다. 나머지는『유마경』,『기신론』을

―――
15　위의 책, 권20 석정림전(T50, 590a).
16　위의 책, 권25 석도영전(T50, 654a).

근기에 따라 자주 펼쳤다."라고 전해진다. 『중론』으로 일가를 이루었던 것은 어쨌든 삼론의 계통으로 헤아려도 좋은 인물일 것이다. 또 이에 앞서 수나라 말 인수仁壽 4년(604) 이후 고향 화원華原의 석문산石門山 신덕사神德寺에 머물렀는데, 행해行解의 성대함이 장안에도 알려지자 바로 그때 양양襄陽의 홍철洪哲이 그의 명성을 사모하여 와서 자문한다. 그런데 홍철은 나중에 서술하듯이 앞 절에서 보았던 지구와 동문인 혜철(539~597)의 제자라고 생각되는 인물이다. 여기까지 보아왔듯이 장안을 중심으로 했던 삼론 학자 사이의 교류의 일단을 시사하는 것이기도 하다. 다만 정림의 삼론 학자 지구에 의한 수학이 사실史實이었다고 해도 그것은 꽤 이른 시기의 것으로, 정림의 진면목은 그의 전기가 '습선편'에 수록되어 있는 것에서도 알 수 있듯이 습선자로서의 자세를 일관했던 데 있다. 즉 정림은 여러 스승을 거치면서 한때 스스로『십지경』 등을 강론했는데, "법은 본래 병을 치료하지만 지금 법을 업신여기는 마음이 더욱 증가한다. 또 도는 **허통虛通을 중시하지만 지금 탐착이 더욱 굳어진다.** 이래서는 안 된다."라고 하여 강업講業을 버리고 오로지 선문을 닦았던 것이다. 처음에 '부정관'이나 '사념처관' 등의 소승선을 닦았지만, 이것을 싫어하여 "곧 대승의 여러 무득관을 배워 생각을 떠난 유식에까지 널리 종의를 열었던 바이다."라고 전해지므로 유식의 관법에 이르기까지 널리 대승선을 닦았던 자일 것이다. 이 승전에서 전하는 정림의 단편적 말에서 미루어보아도, 또 수행과 이해에 걸친 다양하면서도 처절한 연찬[7] 이후에 만년 번다함을 버리고 간결함에 나아가 오로지 『중론』을 종의로 삼았다는 한 사건에서 보아도, 정림에게서 무득정관종無得正觀宗이라고 불리는 삼론의 요지가 습선習禪과 일

---

17 정림전에 다음과 같은 하나의 사건이 전해진다. "後入白鹿山, 山糧罕繼, 便試以却粒之法. 孤放窮巖. 又經累載, 山中業定, 昏睡惑心, 乃臨峭絕懸崖, 下望千仞, 旁生一樹, 纔得勝人, 以草藉之, 加坐其上. 於中繫念, 動逾宵日, 怖死既重, 專深弘觀 (후략)"(T50, 590a~b.) 이로써 그의 수행의 일단을 엿볼 수 있다.

체가 되는 전형을 찾을 수 있다.

③ 도영道英(560~636).

도영은 성이 진陳, 포주蒲州 의씨猗氏 사람이다. 출가하여 "병주幷州 구거 법
사 밑에 이르러 『화엄경』 등의 경전을 듣고 배움이 완성되어 읍으로 되돌아갔
다."라고 전해진다. 이것이 언제인지 말한다면 뒤에 이어지는 문장에서 개황
10년(590)이나 그 직전일 것이다. 지구가 장안 일엄사에 머물렀던 것은 개황
19년(599)이며, 양주 혜일 도량에 있었던 것은 후술하듯이 일러도 개황 12년
(592)의 혜일 도량 설립 이후이다. 길장을 예로 들면 개황 17년(597)이므로
지구도 이 전후일 것이다. 법랑의 사후(581) 지구는 건강의 건초사에 머물러
강경에 종사하는데, 혜일 도량에서 일엄사로 들어가기 전인 10여 년, 앞에서
기술한 「정림전」에서 보았듯이 업도鄴都(하남성)나 지금 도영이 참학했다고
하는 병주幷州(산서성)의 북지를 유력했던 일이 있었던 것일까? 『속고승전』의
번역자 후세코오가쿠布施浩岳 박사는 주저 없이 이를 권11에 정전正傳을 가지
는 삼론의 지구라고 하며,[18] 우이하쿠쥬宇井伯壽 박사도 또한 지구의 제자일
것이라고 서술한다.[19] 그래서 일단 정림과 같이 도영도 지구의 계통이라고
간주하는 것인데, 도영은 섭론 학파의 담천曇遷(542~607)과의 관계가 보다
깊고 또 승전 중에 "때를 간별하고 뜻을 물으며 오로지 지관만을 펼쳤다."라고
한다든가 만년에 "사람들이 나를 일컬어 (도)영 선사禪師라 한다."라고 도영
자신의 말을 이어놓듯이 습선사의 경향이 강하며, 특히 정림의 경우와는 달라
서 삼론 강론의 사실은 전해지지 않는다.

---

18 布施浩岳, 『國譯續高僧傳(卷25~30)』(『國譯一切經』 和漢撰述78, '史傳部'10) p.43, 각주 5번 참조.
19 宇井, 앞의 책, p.121 참조.

이렇게 보면 비교적 후대까지 법등이 밝게 알려지는 지구의 계통에서도 혜색이나 혜감과 같이 순수한 삼론계의 강론·연구자의 유형과 정림이나 도영과 같은 습선자의 유형이라는, 전형적인 이극화의 경향이 보인다. 그러나 그 종가宗家인 지구 자신은 길장에 필적하는 순수한 학해승學解僧의 범주에 속할 만한 사람이었다.

3. 삼론 강론자와 장안 일엄사

이상 흥황 문하의 삼론 학자 중 순수한 학해·강론으로 시종했던 사람들의 대표로서 길장과 지구의 두 사람을 거론하고 그 계통에 대해 서술했는데, 이 두 사람은 적어도 다음 세대에까지 영향을 미쳤던 사람으로서 수말 당초의 삼론 학자 중에도 한층 뛰어난 거장이었다. 그 외에 앞에서 서술했던 흥황 문하의 13명 중 전기가 분명한 자로 순수한 의학승의 범주에 속하는 자로서는 ④법징法澄 ⑤도장道莊 ⑧혜각慧覺의 3인을 꼽을 수 있다. 이에 앞에서 기술한 ⑥지구 ⑦길장을 더한 5인이 말하자면 흥황 상승에 있어서의 반야 삼론학의 일면을 대표하는 사람들이었다. 그리고 지금 이 5인에 공통적인 현상으로서 삼론 강론의 사실과 함께 매우 특징적인 것은 모두 양주 혜일 도량 혹은 장안 일엄사에 머무르는 것이다. 혜일 도량은 후에 수의 제2세 양제煬帝가 진왕 광晉王廣으로서 양주 총관總管의 직무에 있었을 때 설립한 4도량 중 하나이다. 진왕 광이 진왕 준秦王俊에 대신하여 양주 총관으로 보임補任된 것은 개황 10년(590) 11월이다.[20] 4도량이란 이 진왕 광이 건립한 혜일慧日·법운法雲의 두 불사佛寺와 옥청玉淸·금동金洞의 두 도관道觀의 이름이다. 도선은『속고승

---

20 도선,『집신주삼보감통록集神州三寶感通錄』권중, "隋開皇十年煬帝鎭於揚越, 廣搜英異, 江表文記悉總收集."(T52, 421b.) 그 외에『수서隋書』본기,『자치통감資治通鑑』175~8 등 참조.

전』 권15 '의해론왈義解論曰'에서

> 이로부터 진왕이 자리에 올라 도량 혜일慧日과 법운法雲으로 승려들을 널리 진설하고 도관 옥청玉淸과 금동金洞으로 도사들을 갖추어 끌어들였다. 自爰初晉邸即位, 道場慧日法雲, 廣陳釋侶, 玉淸金洞, 備引李宗. (T50, 549b.)

라 서술하고 또 똑같이 『집고금불도논형集古今佛道論衡』 권을에

> (양제는) 옛날 진晉 땅에 살 때 걸출한 이들을 많이 모았는데, 혜일과 법운은 도량으로 이름을 떨쳤고 옥청과 금동은 도관으로 유명했으니, 사해에서 뽑아 올려 모두 진왕에게 귀의하도록 하였다. 4사事로 공양하고 3업에 의거하기를 예로써 하고 가승家僧들이 주나 성에 종속되지 않게 하며 재위가 끝날 때까지 찾아다니며 예우하기를 그치지 않았다.
> (煬帝) 昔居晉府, 盛集英髦, 慧日法雲, 道場興號, 玉淸金洞, 玄壇著名, 四海搜揚, 總歸晉邸. 四事供給, 三業依憑, 禮以家僧, 不屬州省, 迄于終曆, 徵訪莫窮. (T52, 379b.)[21]

라고 기술한다. 이 진왕 광에 의한 4도량의 개설은 수의 개황 12년(592)으로 추정된다.[22] 길장이 이 진왕 광에게 불려 그 하나인 혜일 도량으로 옮겼던

---

21 또 4도량의 내용에 대해서는 야마자키히로시山崎宏, 『隋唐佛教史の硏究』 제5장 '煬帝(晉王廣)の四道場'(1967년 3월, 法藏館)에 자세하다.

22 개황 12년 낙성설에 대해서는 앞에서 기술한 야마자키山崎 박사 및 츠카모토젠류우塚本善隆 박사(「隋の江南征服と佛教」, 『佛教文化硏究』 제3호)가 함께 『국청백록國淸百錄』 권2 - 40, "弟子渡江還, 去月初移新住, 多有造次, 未善安立, 來旨勗以法事, 實用慚悚, 始於所居外援, 建立慧日道場, 安置照禪師以下, 江陵論法師, 亦已遠至於內援, 建立法雲道場, 安置潭州覺禪師已下."(T46, 806a)라 하는 '개황 12년 10월 10일 진왕이 지의智顗에게 준 서간'에 의해 이를 개황 12년으로 추론한다.

것은 개황 17년(597) 길장 49세 때였는데, 길장이 부름을 받아 혜일 도량에 들어갔던 것은 오로지 "길장은 이름난 해석으로 공이 현저했기 때문이다." (以藏名解著功.)[23]라고 전해지듯이, 칙명을 받아 이에 따랐던 사람들로 구남조 舊南朝 의학의 명승들이 압도적으로 많았던 것은 같은 도량에 참가했던 고승들의 인적 구성에서 보아도 명료하게 살필 수 있는 바이다.[24] 이어 길장은 개황 19년(599) 진왕 광을 따라 장안 일엄사로 옮겼는데,『속고승전』권11 지거전에도

> 개황 19년 다시 관중 땅으로 옮겼다가 칙명으로 서울 일엄사에 머물렀다. 진국晉國에서 공양하고 교지와 문안이 융숭하며 화려한 승방을 두고 명덕을 벗삼으니, 한 시기의 준걸로서 모두 사해에서 뽑아올린 이들이었다.
> 開皇十九年更移關壞. 勅住京都之日嚴寺. 供由晉國, 敎問隆繁, 置以華房, 朋以明德, 一期俊傑, 並是四海搜揚. (T50, 509c.)

라고 하여 일엄사가 똑같이 진왕 광의 공양과 보호에 의해 전국의 고승을 모았던 사찰이었던 것을 알 수 있다. 그리고 길장이나 지구의 예에 의해서도 알 수 있듯이 일엄사에서 머물렀던 고승의 대부분은 양주 혜일 도량에서 진왕 광을 따라 장안으로 옮겼다고 추정된다. 따라서 장안 일엄사의 성격은 양주 혜일 도량의 그것과 동일했다고 생각해도 좋다. 그런데 야마자키 박사의 분류

---

23 『속고승전』권11 석길장전(T50, 514a).
24 야마자키山崎, 앞의 책, pp.90~91에서 도선『속고승전』에 수록된 강도江都 혜일 도량에 들어갔다고 생각되는 고승의 일람표를 붙인다. 이것에 의하면 그 대부분은 '의해편義解篇'과 '잡과편雜科篇'에 수록된 자들뿐이다.

에 따르면[25] 이 혜일 도량 및 일엄사에 머물렀던 고승은 대개 의해義解의 명승과 '잡과성덕편雜科聲德篇' 등에 기재된 특이한 기예의 승려로 대별되는데, 이 의해승의 대부분을 점하는 이들이 삼론계의 학자인 것은 특히 주목되는 바이다. 앞에서 기술한 흥황 문하의 5명 이외에 혜일 도량에는 홍철洪哲[26]이, 일엄사에는 명순明舜[27]이 각각 머문다. 이것은 혜일 도량이 있었던 양주가 지리적으로 건강建康(남경南京)에 가깝고 권유를 받았던 의학의 고승들의 활약지가 좁게 건강 주변에 한정되어 있었던 것, 그리고 같은 지역에서 성실을 대신하여 삼론의 세력이 차츰 그 추세를 결정하는 시기였던 것과 관련되는지도 모른다. 흥황 문하에서 여기에 참가했던 명승이 『속고승전』에서도 특히 주목을 끈다고 하는 것은 흥황 상승의 삼론학의 융성을 상징한다고 말할 수 있을 것이다. 게다가 장안 일엄사의 주승住僧은 대부분 혜일 도량에서 진왕 광을 따라갔던 자가 많다는 의미에서 강남 불교 문화의 하북 진출이라는 획기적인 역사적 의의를 갖는 것이었다고도 말할 수 있다. 그러나 흥황 문하의 삼론 학파 중에서 이들 순수한 의해승들의 행동과는 별도로 이와 대적적인 경향을 가졌던 일군의 사람들이 존재했던 것도 또 한쪽의 사실이다. 예를 들면 권17 '습선편'에 기재된 지개智鍇(533~610)는 흥황을 따라 삼론을 듣고 현문玄文을 잘 받았던 회하의 한 사람인데, 후에 여산廬山 대림사大林寺에 머물면서

> 20여 년 넘게 산에서 내려오지 않으면서 항상 선정의 업을 닦았다. 수나라 문제가 거듭 칙명을 내려 불렀지만 병을 핑계로 나아가지 않았다. 후에

---

25 박사는 일엄사에 대해서도 그 주승住僧 16인에 대해 『속고승전』 중에서 그 본관 및 일엄사에 들기 전후 머물렀던 곳의 이름 등에 대한 일람을 기록한다. 야마자키山崎, 앞의 책, p.101 참조.
26 홍철의 전기는 『속고승전』 권9 석혜철전釋慧哲傳(T50, 494a)에 부기되어 있다.
27 『속고승전』 권1 석명순전(T50, 510c).

예장豫章이 강의를 청하자 애써 피하면서 가지 않고는 "내가 산사에서 마치는 것을 뜻하는데, 어찌 성읍에서 죽겠는가." 하였다.

二十餘載. 足不下山, 常修定業. 隋文重之, 下勅追召, 稱疾不赴. 後豫章請講, 苦違不往, 云, 吾意終山舍, 豈死城邑. (T50, 570b.)

라고 전해진다. 칙명으로 불렀던 것은 양제가 아니라 문제인데, 이것을 거부하고 후에 예장의 요청에 대해 "산사에서 마치는 것을 뜻하는데, 어찌 성읍에서 죽겠는가."라고 답하는 것은 습선자의 면목을 생생히 나타낸다. 나중에 서술하듯이 법랑 사후 모산茅山에 은거하여 평생 산을 나오지 않았다고 전해지는 대명大明 법사 등도 이 지개 등에서 보이는 후자의 경향을 대표하는 자일 것이다. 『속고승전』 권11에서 전하는 발해渤海 사문 지념志念(535～608)은 『대지도론』과 『잡심론』의 두 논서를 홍포했던 의학의 명승이었는데, 그의 전기에

(양제의) 대업 초기에 **요망한 기운을 없애고자 의학승들을 초청하여 혜일도량 등을 채우려** 하였는데, 누차 조칙을 내려 불렀지만 (지념은) 번번이 사양하고 나아가지 않았다.

大業之始載. *蕩妖氣招引義學, 充諸慧日*, 屢詔往徵, 頻辭不赴. (T50, 509b.)

라고 전해진다. 지념은 문제 스스로 시주가 되어 서울에 법좌를 열었을 정도의 명덕이었는데, 진왕(양제)의 초청에는 끝내 응하지 않았던 것으로 보인다. 의학의 명승 중에는 지념과 같이 양제의 초청에도 응하지 않았던 자의 일화도 몇몇 『속고승전』에 전해지며,[28] 선승 중에도 이에 따랐던 자도 있었을 것이므

---

28 예를 들면 『속고승전』 권10 '의해편' 6에 기재된 「수팽성숭성도량석정숭전隋彭城崇聖道場釋靖嵩傳」에, "隋煬昔鎭楊越立四道場, 敎旨載馳. 嵩終謝遣, 及登紫極, 又有勅徵召, 固辭乃止, 門人問其故, 答曰, 王城

로 요컨대 불교자 개개인의 문제여서 유형화하는 것이 반드시 타당하지는 않을 것이지만, 흥황 문하의 의해승에 현저한 하나의 경향으로서 이 장안 일엄사와의 관계를 지적할 수 있을 것이다. 그리고 일엄사에 머물렀던 일군의 문하에 순수한 삼론 강론자로서의 성격을 인정할 수 있는 것에 대비하여, 지방 혹은 산악에 살았던 다른 문하에서 비교적 실천적 경향이 강하게 보인다는 것도 흥황 상승의 삼론 학파에서의 매우 특징적인 사실이었다.

4. 혜철慧哲의 계통

길장이나 지구와 같이 서울에서 화려한 활동을 했던 삼론 학자와는 이질적인 존재이지만, 지방에서 삼론을 홍포하며 그 교화력의 위대함으로 후세에까지 비교적 커다란 영향을 미쳤던 자로 양주襄州 용천사龍泉寺 혜철의 계통이 있다. 혜철에게 특기할 만한 것은 '삼론'과 『열반경』의 중시와 강경이다. 이것은 후술하듯이 법랑 교학의 일면을 계승한 것이며, 또 길장에서도 반야 사상과 열반 사상의 융합 상즉은 그 교학의 주제를 형성하는 것이다. 또 인적 교류와 함께 선과 삼론이 사상적인 결합을 이루는 맥락에서 매개적인 역할을 수행했던 것도 이 『열반경』인데, 그런 의미에서 혜철의 계통은 삼론 학파의 역사적 발달을 보여주는 하나의 전형이었다고 할 수 있다.

혜철(539~597)은 성이 조趙, 양양(호북성) 사람이다. 출가 후 양도揚都에서 유학하다가 처음 건초사 도경道瓊의 강설을 듣고 깨달음을 자랑하여 크고 웅장하게 말하면서 마음대로 했는데, 흥황사 법랑을 만나고부터는 그에 굴복

有限, 動止嚴難, 雖內道場, 不如物外."(T50, 502a)라 하고, 또 권14 '의해편'10에 기재된 「당소주무구산 석지염전唐蘇州武丘山釋智琰傳」에도, "煬帝居蕃, 惟揚作鎮, 大招英彦, 遠集賢明. 琰既道盛名高, 教書愛及, 慮使乎之負罪, 嗟以己之累人, 於是披衣出谷蒙敬厚禮, 因以辭疾得返舊山."(T50, 532a)이라 하여 그 사례는 많다.

하여 수학했다. 당시 사람들은 '코끼리왕 혜철'(象王哲)이라 했는데, 이것은 위용이 있고 거동이 여법如法했기 때문이다. 한번은 길에서 뇌우가 퍼붓는 것을 만났지만 침착하여 법도를 잃지 않았다고 하며, 또 속인의 가정에 초청되어 체재가 길어졌지만 "결코 품위가 거칠다고 보지 않았다."(皆不覩其流穢)고 하므로 항상 거동이 엄정하며, "6근을 잘 지키고 입과 배로 들어가는 음식을 조절하며 재빨리 씻고 함부로 하는 것이 드물었다."(善護根門, 節量口腹, 便利滌木罕有延濫)라고도 전해지므로 계율을 지킴이 철저한 사람이었을 것이다. '삼론'을 강론하여 세상의 평판도 높았다. 후에 제자들을 이끌고 초산楚山(호북성 양양현)을 바라보는 광복사光福寺 아래 용천사龍泉寺에 머물면서 항상 홍법에 힘쓰며『열반경』과 '삼론'을 번갈아 강설하기를 그치지 않았다. 학사 3백여 명, 그릇을 이룬 전등 제자 50인이 있었다고 전해지니, 혜품惠品·법찬法粲·지숭智嵩·법동法同·혜선慧璿·혜릉慧楞·혜숭惠嵩·혜향惠嚮의 이름이 전기 중에서 기록되어 있다. 또 부기된 전기에 같은 양양의 홍철이 있어 달해達解의 덕망으로 인해 혜일 도량으로 불러들인다. 서초西楚의 사람들은 이름을 전하여 '전후 양철前後兩哲'이라 했다고 한다. 혜철의 몰년은 개황 17년(597)인데, 이 무렵 홍철은 혜일 도량에 있으며 또 대업 3년(607)에는 앞에서 서술했듯이 지구의 제자 정림과 장안에서 만나므로[29] 홍철은 혜철의 제자이든지 아니면 '전후 양철'이라고 하는 것처럼 그에 가까운 후배였다고 생각된다. 이 중에 승전에 독립된 전기를 가진 자는 혜선(571~649) 단 한 사람인데, 그 외에 혜철의 계통이라 생각되는 자로 혜조慧眺(560~639)가 있다. 또 이미 서술했던 지발智拔(573~640)은 혜철에게 법을 이어 후에 장안에서 길장

---

29 『속고승전』권20 석정림전에, "襄陽洪哲德高楚望, 風力俊駿, 聞琳聲穆寺彥. 故來相架, 乃致問云, 懷道者多, 專意何業. 琳見其詞骨難競, 聊以事微告云, 山谷高深意定何在. 哲云, 山高谷深由來自爾. 琳曰, 若如來言, 餘處取土, 填谷齊山, 為定高下. 哲悟此一言, 致詞歎伏."(T50, 590b)이라는 것을 참조.

에게 수학한다.

① 혜선慧璿(571~649).

『속고승전』 권15 「당 양주 광복사 석혜선전唐襄州光福寺釋慧璿傳」[30]에 의하면 어려서 양주에서 출가하며, 북주 무제의 폐불(574년) 후 남쪽의 진나라로 가서 모산으로 들어가 대명 법사에게 '삼론'을 들으며, 또 서하사로 들어가 현(혜)포懸(慧)布에게 '사론', 『대품경』, 『열반경』 등을 듣고, 만년에 안주安州(호북성 안륙현安陸縣인 듯) 대림사大林寺에서 원圓 법사에게 『대지도론』을 들었다. 고향으로 돌아가 광복사에 머물면서 '삼론'과 『열반경』을 항상 홍포하고 겸하여 노장과 제자백가 및 역사서에 정통했다고 한다. 양주에서 출가했다고 하는 것은 혜철 밑에 출가했다는 의미일 것이다. 여러 곳을 유력한 후 만년에 광복사에 머물렀다고 하는 것도 혜철이 광복사 아래 용천사에 살았던 사실에 비추어 스승의 뒤를 이었던 것이겠다. 또 '삼론'과 『열반경』을 홍포했다고 하는 것도 혜철의 학풍을 계승했던 것이다. '삼론'과 함께 『열반경』의 연구 강설에 뜻을 두었던 것은 후술하듯이 흥황 문하의 또 하나의 현저한 경향이며 반야와 열반의 융합은 길장의 사상에서도 결정적인데, 삼론 학파에서 『열반경』의 연구는 법랑 이후에 매우 중요한 과제이며 혜철-혜선 계통에서 특히 전형적으로 나타난다.

---

30 위의 책, 권15 석혜선전(T50, 539a).

② 혜조慧眺(560~639).

『속고승전』권15「당 양주 신족사 석혜조전唐襄州神足寺釋慧眺傳」[31]에 의하면 성은 장莊, 어려서 출가하여 소승으로 업을 삼았다. 유학한 후 '아비달마와 성실'(數·論)에 정통하여 강한江漢[32] 사이에서 널리 알려졌다고 하는 점에서 『비담』과 『성실론』을 득의得意로 삼았던 소승 학자였다. 개황 말년(600) 고향으로 돌아와 보선사報善寺에 머물렀다. 그때 코끼리왕 철공哲公, 즉 혜철이 용천사에서 '삼론'을 강설하는 것을 듣고 "삼론은 공을 밝히는데, 강설자는 공에 집착한다."라고 이를 비판했다. 발언이 끝나자 혀가 3척이나 나오고 코, 눈, 두 귀에서 피가 나오며 7일간 말을 할 수 없었다. 태汰(복伏) 율사라는 사람에게 대승을 믿도록 권유 받아 향을 피우며 발원하여 앞의 말을 참회하자 혀가 원래대로 되었다고 한다. 그래서 혜철이 있는 곳으로 가서 마음으로 서원하여 앞의 말을 사과하고 대승을 배우기에 이르렀다. 혜철이 죽은 후 대재大齋를 베풀어 공양한다. 혜조가 『화엄경』 등의 경전을 강설했던 것이 전해지지만 특별히 삼론의 강론자였다고 전하는 것은 없다. 도읍에서 벗어난 양주 땅에서 소승의 아비달마와 성실로부터 대승 '삼론'으로 전향했던 사람으로서 특이한 존재이며, 혜철의 양주에서의 삼론 홍포의 구체적 사례를 보여주는 자이다.

---

31 위의 곳, 석혜조전(T50, 539b).
32 ② 강한江漢: 양자강과 한수.

제3절 삼론 학파에서 열반 연구의 기원

1. 반야 삼론과 열반의 강설자

1)

앞 절에서 혜철 계통의 학풍 경향으로서 '삼론'과 『열반경』의 겸학 강경이라는 현저한 특징이 보이는 것을 지적했는데, 그것은 또한 법랑 회하 삼론 학파의 일반적 풍조였다.

『대반열반경』40권(북본)이 담무참曇無讖(385~433)에 의해 번역된 것은 북량北涼의 현시玄始 10년(421)이다. 다시 유송劉宋의 원가元嘉 13년(436)에는 혜엄慧嚴(363~443), 혜관慧觀(~453), 사령운謝靈雲(385~433) 등에 의해, 앞서 동진東晉의 의희義熙 14년(418)에 법현法顯에 의해 역출되었던 『대반니원경大般泥洹經』6권과의 비교를 통해 이 40권본의 재편집이 기획되어 36권본(남본)의 성립을 보았다. 그 이래로 이 경전은 강남의 건강(남경)을 중심으로 연구가 성행하며, 수많은 강경·주석자를 배출하여 하나의 커다란 학계學系를 형성하기에 이르렀다. 이른바 중국 13종의 하나인 '열반종'의 성립이다. 이후 양대에는 무제의 칙명에 의해 『대반열반경집해大般涅槃經集解』71권이 찬술되어 열반 학자의 여러 학설이 집대성되는 등 양대를 정점으로 전후 약 150년에 걸쳐 이 경전의 연구는 중국 강남 불교의 중심적 과제가 되었다. 그러나 이른바 '열반종'이라는 학계는 그 후 양말부터 진초를 거쳐 차례로 쇠멸하고 마침내 수당대 신불교 제파의 성립과 함께 소멸해갔던 것은 주지하는 대로이다. 이것은 신흥 교학 측에서의 열반 연구가 적극적으로 진행되었던 결과 종래의 열반 학파는 그 학계의 순수성을 지키는 것이 불가능해졌고 신흥 제파에 융몰融沒해갔기 때문이다. 남지에서 그 역할을 수행했던 것은 삼론·천태의 신흥 교학이며, 그중에서도 선수를 쳤던 것이 삼론 학파였다. 이것은 단순히 한 학파의 흥망에만 관계되는 문제가 아니라 중국 불교사에서 열반 연구가 새로운 국면을 맞이했던 것을 의미한다. 또 동시에 반야 삼론 측에서 보면 강남에서 열반 연구의 전통을 흡수했던 것에 의해 중국의 삼론 학파가 인도의 중관파에는 보이지 않는 반야 중관 사상과 열반 불성 사상의 융합이라는 독자적 전개를 이룩한 것이 되기도 하였다. 나중에 서술하듯이 이것은 삼론을 대성했던 길장의 사상에서도 최대의 특질이 된다. 이러한 삼론 학파로 대표되는 중국 반야 사상의 변용에 대해서는 육조 말의 강남 사회에서의 역사적·지리적 여러 조건 외에 다시 본질적으로는 인도의 공관 사상을 그대로의 모습으로 받아들일 수 없었던 중국인의 사상적 풍토 그 자체도 문제로 삼지 않으면 안 되겠지만, 여기서는 나집의 전역에 의해 장안에 들어왔던 중관 사상이 실로 200년에 가까운 세월을 지난 강남의 땅에서 삼론 학파로서 점점 개화·결실해가는 과정에서 남지 열반학 전통의 계승과 그 사상적 융합이라는 모습으로 급속하게 전개되었던 점을 흥황 문하의 학적 경향 속에서 탐구하고 그 선구 사상을 흥황사 법랑에서 고찰하는 것으로 한다.

2)

지금 남지에서 삼론 부흥의 발생지가 되었던 섭산의 학계에 연관된 사람들 중에서 특히 『열반경』의 연찬·강경에 뜻을 두었던 사람들을 열거해보면 대강 다음과 같은 사람들이 헤아려진다.[1]

---

1   이하의 표는 도선 『속고승전』 및 布施浩岳, 『涅槃宗の硏究』(1942년, 東京叢文閣) 후편 제3장 제2절 '陳代の涅槃宗'1, pp.253~266, 제5장 제1절 '學系に現れたる涅槃宗の頹勢'1, 2, pp.427~460 참조.

승명僧名	출생지	주사住寺	종사宗師	소학所學	소전所傳
법랑法朗	패군沛郡	양도揚都 흥황사興皇寺	승전僧詮	삼론[2]	속고승전 7
혜용慧勇	오군吳郡	양도揚都 대선중사大禪衆寺	승전僧詮	사론, 열반	속고승전 7
혜철慧哲	양양襄陽	양주襄州 용천사龍泉寺	법랑法朗	삼론, 열반	속고승전 9
법안法安	지강枝江	형주荊州 등계사等界寺	법랑法朗	중론, 열반	속고승전 9
지개智鍇	예장豫章	여산廬山 대림사大林寺	법랑法朗	삼론, 열반, 선, 법화	속고승전 17
진관眞觀	전당錢塘	항주杭州 천축사天竺寺	법랑法朗	삼론, 열반, 법화	속고승전 30
길장吉藏	금릉金陵	장안長安 연흥사延興寺	법랑法朗	사론, 대품, 법화, 열반	속고승전 11
혜각慧覺	금릉金陵	강도江都 백탑사白塔寺	법랑法朗	사론, 열반, 대품, 화엄	속고승전 12
혜고慧暠	안륙安陸	안주安州 방등사方等寺	명법사明法師	대품, 중론[3]	속고승전 13
혜선慧璿	양주襄州	양주襄州 광복사光福寺	명법사明法師, 혜포慧布, 혜철慧哲	삼론, 열반	속고승전 15
혜릉慧稜	서륭西隆	양주襄州 자금사紫金寺	명법사明法師, 혜고慧暠	삼론, 대품, 열반	속고승전 14
법민法敏	단양丹陽	월주越州 정림사靜林寺	명법사明法師, 실법사實法師	삼론, 대품, 열반, 화엄	속고승전 15
혜지慧持	예장豫章	월주越州 홍도사弘道寺	실법사實法師	삼론, 대품, 열반, 화엄	속고승전 14
법충法沖	성기成紀	연주兗州 법집사法集寺	혜고慧暠	열반, 대품, 삼론, 능가	속고승전 25

---

2 『속고승전』의 법랑전에는 법랑과『열반경』의 관계에 대해서는 아무런 기록도 없다. 그러나 후술 하듯이 삼론 학파의 열반 연구는 법랑에서 비롯하며,『열반경소』의 저술까지 있었던 것이 전해지 므로 여기에 수록했다. 이것은 길장에 대해서도 똑같아서『속고승전』에는 열반 강경의 사실은 전혀 전해지지 않는다.

3 『속고승전』의 혜고전에도, "初跨染玄綱, 希崇大品."(T50, 522b)이라든가 "避地西山之陰, 屏退尋閑,

이상은 모두 섭산 삼론 학파의 학계에 속하는 것이 명백한 사람들이다. 즉 법랑과 혜용의 두 사람은 섭산의 지관사 승전 문하의 4철로 꼽히며, 또 명 법사는 법랑의 유촉을 받아 문하를 통솔하여 모산茅山에 들어갔던 사람이다. 그 문하에 우두선牛頭禪의 조사 법융法融(594~657)과 삼론학의 거장 혜고(547~633)를 위시하여 다수의 선승, 삼론 학자가 배출된다. 당대唐代의 삼론 학자에 는 이 혜고의 계통에 속하는 자가 비교적 많이 보인다. 고구려의 실 법사[4]에 대해서는 학계가 분명하지 않고『속고승전』과 그 외에도 전기가 미상인데, 여기서 거론했던 법민(579~645)과 혜지(575~642)의 두 사람이 이 사람으로부 터 삼론을 수학하며 법민은 명 법사와 실 법사의 양자로부터 배우는 것을 보면 명 법사와 가까웠던 사람이라고도 생각할 수 있다. 그 외에 학계는 분명 하지 않지만 분명히 삼론이나 반야와 열반을 겸학 강경하여 유명했던 사람들 로서 다음의 사람들이 거론된다.

陶練中觀, 經逾五載."(T50, 522c)라는 것뿐으로, 열반 강경의 사실을 전하지 않는다. 그러나 제자인 혜릉전慧稜傳(T50, 536c~537b)에 혜고의 만년에 혜릉이 열반을 대강代講하여 혜고의 유촉을 받았 다고 하니, 혜고에게도『열반경』강경의 사실이 있었다고 생각된다. 또 布施, 앞의 책, p.450을 아울러 참조할 것.

4 실 법사에 대해서는『속고승전』권14「당 월주 홍도사 석혜지전唐越州弘道寺釋慧持傳」에, "又聽高麗 實法師三論."(T50, 537c)라 하고, 권15「당 월주 정림사 석법민전唐越州靜林寺釋法敏傳」에, "年二十三又 聽高麗實公講大乘經論, 躬為南坐結軫三周, 及實亡後, 高麗印師上蜀講論."(T50, 538c)라고 한다. 또 제자 인 인사印師에 대해서는 같은 권15「당 면주 용적사 석영예전唐綿州隆寂寺釋靈睿傳」에, "高麗印公入 蜀講三論, 又為印之弟子, 常業大乘."(T50, 539c)라고 하니, 실 법사, 인 법사 모두 고구려 출신으로 삼론을 일가로 삼았던 것을 알 수 있다.

승명僧名	출생지	주사住寺	종사宗師	소학所學	소전所傳
지취智聚		소주蘇州 호구虎丘 동산사東山寺		열반, 대품, 법화	속고승전 10
담해曇瑎	강도江都	장안長安 일엄사日嚴寺		성실, 열반, 대품	속고승전 26
혜상惠祥		등주鄧州 영국사寧國寺		삼론, 사분四分, 열반	속고승전 20
혜륭慧隆	구용句容	단주丹州 팽성사彭城寺		성실론, 열반, 대품	속고승전 12
지거智琚	수창壽昌	상주常州 건안사建安寺	단担법사, 아공雅公, 예공譽公	사론, 화엄, 대품, 열반	속고승전 12

2. 법랑 열반학의 원천

이렇게 보면 삼론 학파에서의 열반 연구의 추세는 흥황사 법랑과 인연이 있는 사람들에 압도적으로 많았던 것이 분명하다. 이 법랑의 스승이 지관사 승전이다. 승전은 남지에 삼론학을 부흥시켜 섭산 삼론 학파의 시조가 되었던 승랑의 법을 이어 섭산을 강령했던 사람이다. 섭산 삼론이 사실상의 학파로서 형성된 것이 이 승전에서 비롯하는 것은 이미 서술했는데, 그 학풍은 순수한 반야 삼론학으로 일관하며, 또 지관사止觀師·산중사山中師라고 불리듯이 산중 유림幽林을 가까이 하며 오로지 좌선 삼매를 닦았던 사람이기도 했다. 따라서 강경에서도 주로 '삼론'과 『대품반야』를 강설할 뿐으로 다른 경을 강설한 것이 없었다고 알려진다. 당시 강남에서 유행했다고 생각되는 『열반경』에 대해서도 예외가 아니었던 것으로 그간의 사정을 길장은 『대품경의소』에서

> 지관 법사는 6년 동안 산중에서 다른 경전을 강설하지 않고 오로지 『대품경』만을 강설하였는데, 졸년卒年에 들어 여러 학사들이 『열반경』을 강설하

기를 청하였다. 법사는 다음과 같이 말하였다. 모든 사람들이 『반야경』을 이해하는데, 어찌 또 『열반경』을 강설하고자 하겠는가? 단지 삼론과 『반야경』을 읽기만 해도 만족하니, 결코 다른 경전을 강설할 필요가 없다. 여러 학사들이 간곡히 청하는지라 법사는 결국 열반의 대의를 품평하고 '본유금무本有今無'의 게송을 풀이할 따름이었다.

止觀師六年在山中不講餘經, 唯講大品, 臨無常年, 諸學士請講涅槃. 師云, 諸人解般若, 那復欲講涅槃耶. 但讀三論與般若自足, 不須復講餘經. 諸學士既苦請, 師遂為商略涅槃大意, 釋本有今無偈而已. (X24, 196a.)

라고 전한다. 현존하는 길장 유일의 열반 주석서인 『열반경유의涅槃經遊意』에도 같은 취지로

섭산 대사는 오로지 '삼론'과 『마하반야경』만을 강설하고 『열반경』이나 『법화경』의 법석을 열지 않자 여러 학사들이 『열반경』을 강설해주기를 청하였다. 대사는 "모든 사람이 지금 『반야경』을 이해하는데, 어찌 다시 강설하겠는가."라고 하였다. 다시 거듭 청하자 '본유금무'의 게송을 말하고 결국 경문을 강론하지 않았다. 흥황에 이르러서야 비로소 크게 이 경전을 크게 홍포하였다.

就攝山大師唯講三論及摩訶般若, 不開涅槃法華, 諸學士請講涅槃經. 大師云, 諸人今解般若, 那復令再講. 復重請, 乃為道本有今無偈而遂不講文. 至興皇以來始大弘斯典. (T38, 230a～b.)

라고 한다. 승전에 대해 법랑 등의 문하가 『열반경』의 강의를 간청했지만 허락되지 않았다는 사실은 꽤 유명했던 듯하며, 길장은 종종 이것을 언급한다.

오늘날 산실되어 전해지지 않지만 길장의 비교적 초기 저작인『열반경소』[5]의 동일한 취지의 문장이 징선澄禪의『삼론현의검유집三論玄義檢幽集』권7에 수록되어 있는데, 거기서는

> 『열반경소』제12에서 말한다. 가섭이 사라쌍수에서 여래에게 말한다 이하는 둘째로 무소득을 밝히는 것이다. 산중의 여러 법사들이 지관사에게『열반경』을 강설해주기를 청하자 법사는 곧바로 제15권을 취하여 거기의 문장을 들어 무소득의 뜻을 품평하고는 이것이 열반의 올바른 뜻이라고 밝혔다. 涅槃疏第十二曰, 迦葉白如來言於娑羅雙樹下, 第二明無所得. 山中諸法師, 請止觀師講涅槃, 師直取第十五卷, 唱此中文, 商略無所得意, 明是涅槃正意也. (T70, 486a.)

라고 한다. 이렇게 승랑-승전-법랑-길장으로 이어지는 이른바 남지 '삼론종'의 학계에서 적어도 제2조인 승전에 이르기까지는『열반경』강경의 사실이 없었던 것이 분명하다. 따라서 흥황에 이르러 비로소 이『열반경』을 크게 홍포하게 되었다는 길장의 말은 수미일관하며 신뢰하기에 충분하다고 할 수 있다. 앞에서 게재했던 삼론 학자의 열반 연구 내지 강경의 일람표에서 법랑의 문하혹은 그 학계에 연결된 사람들이 압도적으로 많은 것을 보아도 이것은 분명하다.

그런데 승전에게『열반경』강경의 사실이 없었다고 한다면 법랑에서의 열반학은 그 근원을 어디에서 구해야 할까? 도선은『속고승전』의 법랑전에서 법랑을 필두로 하는 문하의 4철은 "깊이 법을 즐기는 자는 다설多說하지 않는

---

5 길장,『열반경소』20권(현 장경 결본),『동역전등목록』(T55, 1154a),『삼론종장소三論宗章疏』(T55, 1137b)에 기록되어 있다. 졸고「吉藏著『大般涅槃經疏』逸文の研究」(『南都佛教』27호, 29호) 참조

다."라고 하는 승전의 훈계를 지켜 "감히 언사를 두지 못하였다."라고 했는데, 그의 시적 후에 "4공公이 언사를 두었다."라고 하며 "각각 그 위용威容을 자유롭게 했다."라고 전한다.[6] 법랑은 진의 영정永定 2년(558)에 칙명에 의해 흥황사에 머무르므로 승전 사후 섭산을 나와 서울에서 당시의 강남 열반학을 배웠다고도 생각되는데, 흥황사에 머물렀던 때 법랑은 이미 51세였다. 당연히 새롭게 누군가를 스승으로 삼아 이것을 배웠다고는 생각되지 않는다.

이 문제에 대해서도 길장은 『열반경소』 권10[7]에서 다음과 같이 말한다.

산중사는 본디 이 경을 강설하지 않았는데, 흥황은 어떻게 강설할 수 있었는가? 밝힌다. 흥황사는 방에서나 곳곳에서 구두로 물어보아 열반의 대의를 확정하여 다 초략해두었지만 다른 법사들은 이렇게 자문한 것을 알지 못했다. 그러므로 흥황은 나에게는 동학이 없다고 한 것이다.
山中師既不講此經, 興皇何得講之. 明, 興皇師房中處處口諮, 決涅槃大意略盡, 而餘法師不知此諮問. 故興皇云我無同學也.

요컨대 법랑은 승전에게 개인적으로 질문하는 것에 의해 종종 『열반경』의 대의를 얻을 수 있었다고 길장은 전하는 것이다. 다시 이어서

또 양 무제는 이 경전이 이해하기 어렵다고 하여 외국에 보내 열반에 대한 논論을 찾도록 하고 진제眞諦 삼장에게 돌아오기를 청하였으나 난리를

---

6   『속고승전』 권7 석법랑전, "深樂法者不爲多說. 良由藥病有, 以不可徒行. 朗等奉旨無敢言厝, 及詮化往, 四公放言, 各擅威容俱稟神略."(T50, 477c.)

7   이하의 『열반경소』의 일문逸文은 안징, 『중관론소기』 권3말(T65, 98a~b)의 인용이다.

만나 번역할 수 없었다. 만년에 흥황사興皇師가 삼장 법사에게 청하여『본유금무사게론本有今無四偈論』을 번역하게 되었는데, 정요精要라고 하면서 산중사山中師에게 보여주자 완전히 받아들이지는 않으면서 "어찌하여 이러한가? 이것이 어찌 올바른 뜻을 나타낼 수 있겠는가?" 하였다.

又梁武爲此經難解, 遺使外國覓涅槃論, 請得眞諦三藏還, 仍値亂不得翻譯
晚興皇師請三藏法師飜得本有今無四偈論, 謂爲精要, 以示山中師, 了不肯,
何故爾, 此豈能得出於正意耶.

라고도 서술한다. 과연 이러한 역사적 사실에 대해 길장의 말이 어디까지 신빙성이 있는지 매우 의문인데,『역대삼보기歷代三寶紀』[8]에 의하면 진제가 『열반경본유금무게론涅槃經本有今無偈論』을 번역했던 것은 양 무제의 태청太淸 4년(550)이다. 또『언종록彦琮錄』에서는

『대열반경본유금무게론』1권, 진나라 때 진제가 광주廣州에서 번역했다.
大涅槃經本有今無偈論一卷, 陳世眞諦於廣州譯. (T55, 153b.)

라고 하여 광주에서 번역했던 것으로 되어 있다. 진제는 양의 대동大同 12년(546) 8월 15일 남해南海에 도달하며 태청 2년(548) 건업의 보운전寶雲殿에서 무제와 접견하는데, 다음 해 무제가 붕어하고 양말의 전란 때문에 재차 광주로 돌아가므로 앞에서 기술한『본유금무게론』의 번역은 이 사이의 일이다. 법랑이 진제와 만나 이것을 번역하여 얻었다고 한다면 그 후에 일어난 일일 것이다. 양의 태청 4년(550)은 법랑 43세 때이며 길장도 이것을 '만년에'라고 한다.

---

8   비장방費長房,『역대삼보기』권11(T49, 99a).

현존의 세친이 지은『열반론』1권[9]에 대해서는 중국 찬술이라는 의심이 있는데,[10] 이 길장의 말에 의하면 진제가 이 원본을 지참했던 것으로 되어 있다. 단, 진제가 이것을 번역하지 않았던 것은 길장도 분명히 말하므로 현존『열반론』은 이 사이의 역사적 사실에 기초하여 위찬僞撰된 것으로 보아야 하지 않을까.[11] 길장에게 진제는 이름을 지어준 사람이어서 특별한 인연으로 하여 진제에 관한 기술에는 일의 진위와는 별도로 법통이 통하는 것도 사실이다. 『열반론』의 진위 문제와는 별도로 법랑이 진제와 만나 자문했다는 것도 있을 수 없는 일은 아니다. 어쨌든 법랑이 승전에게『열반경』에 대해 자문했다고 하는 것과 승전이『열반경』에 대해 상당한 식견을 가졌다는 것은 이『열반경소』일문의 문맥에서도 엿볼 수 있다.『열반경소』권10의 이 직전의 문장에는 승전이 여러 학사의 열반 강경의 청에 응하지 않았던 이유로서 승전이 5년의 여생조차 없는 것을 자각하고 강의가 완료되지 못할 것을 두려워했기 때문이어서 여러 법사들도 이것을 어떻게 할 수 없었다고 서술한다.[12] 이것은 앞에서 기술했던『대품경의소』에 "졸년卒年에 들어 여러 학사들이『열반경』을 강설하기를 청하였다."는 문장과도 일치한다. 승전이『열반경』에 무지했다고 길장은 한 마디도 하지 않는다. 승전은 양의 무제의 신임도 두터운 강남의 대표적 불교 학자였는데, 칙명에 의해 남도했던 섭산의 승랑에게 삼론의 대의를 자문

---

9 『대반열반경론』(T26, 277a, No.1527).

10 境野黃洋,『支那佛教史講話』권상, p.271 이하 참조.

11 역대의 경록에서『법경록法經錄』및『역대삼보기』는 "大涅槃經論一卷, 陳世眞諦於廣州譯."이라고 기록하지만,『언종록彦琮錄』에서는 "大涅槃經論一卷, 達磨菩提譯", "大涅槃經本有今無偈論一卷, 陳世眞諦於廣州譯."이라고 병기되어 있으며, 앞의 두 책에서 말하는 진제 역『열반론』은『본유금무계론』일 것이다.

12 "然山中法師不講涅槃經, 諸學士請講. 師云, 儂若知得五年活者, 儂講此經, 今知不得五年活, 故不講此經, 恐不得究意. 諸師不能奈何, 但熟讀大品及三論也."(『중관론소기』권3말, T65, 98a.)

한 이래 섭산에 머물러 승랑에게 사사했던 사람이니, 양대의 강남 열반학에 대해서도 조예가 깊었던 것은 쉽게 알아차릴 수 있다. 법랑의 열반학의 원천은 역시 길장이 말하는 것처럼 승전을 제쳐두고 생각할 수 없을 것이다. 다만 승전은 이것을 공개적으로 강경하는 것은 없었다. 이리하여 삼론 학파에서 열반 강경의 연원은 558년 흥황사에 머물던 법랑에게서였던 것이 명확하다.

3. 법랑『열반경소』에 대해

그러나 앞에서 기술한 주 2번과 같이 법랑과 『열반경』의 관계에 대해 『속고 승전』의 법랑전에서는 어떤 기록도 없다. 우리는 다만 열반을 홍포했던 것은 법랑에서 비롯한다는 길장의 문헌에서의 증언에 전면적으로 의거하고 또 후 대의 삼론 학자 중에서 열반 강경의 실적을 갖는 사람들의 사승을 찾는 것에 의해 귀납적으로 결론내린 것에 지나지 않는다. 후세코오가쿠布施浩岳 박사도 법랑이 "『열반경』을 개강했다고 해도 단순히 개강했다는 것까지로서, 중관론의 해석에 열반 종학을 수용하기까지에 이르지는 않는다고 생각된다."[13]라고 서술하여 이 점에 의문을 드러낸다. 시마지다이토오島地大等 박사는 『국역대반열반경國譯大般涅槃經』의 '해제 및 과문' 중에서 "한 경전의 대강을 아는 방법은 그 분문 과절分文科節을 분명히 하는 것이 제일이다."라고 하여 열반 연구 제가의 과문을 열거하고, 법랑에 대해서는 '흥황 8문'이라고 하여 그 과문은 하서 도랑河西道朗의 '5문 분과'를 계승한 것이라고 서술한다.[14] 이것을 대조해 보면 다음과 같다.

---

13 布施, 앞의 책, p.264.

14 島地大等, 「國譯大般涅槃經開題及科文」(『國譯大藏經』 제9권, 부록 p.46 및 pp.63~64) 참조.

도랑설	법랑설
1 금석인접유연문今昔引接有緣門(1~2권)	1 인접금석유연문引接今昔有緣門 2 파의제집문破疑除執門
2 약광문略廣門(3~10권)	3 약광문略廣門
3 열반행문涅槃行門(11~20권)	4 행문行門
4 보리공덕문菩提功德門(21~26권)	5 위문位門
5 불가사의중도불성문(27~40권)	6 행중도문行中道門(사자후품師子吼品)
	7 방편용문方便用門(가섭품迦葉品) 8 사정불이문邪正不二門(진여품陳如品)

그런데 이 시마지島地 박사의 흥황 8문설의 전거는 장안 관정章安灌頂(561~
633)이 그의 저술『대반열반경소』의 첫머리에서 소개했던 것이다.[15] 시마지島
地 박사는 남북조에서 열반 연구를 보량寶亮·정영淨影·장안章安·길장의 4소
疏에 의해 대표시키는데,[16] 그중에서도 후세에 가장 많이 유포되었던 것이
이 장안소이다. 이것은 천태 교학 유행의 여세로서 오래 유지 전승되었던
것이 주된 이유일 것인데, 앞에서 기술한 4자 중에서는 시대적으로는 장안이
가장 늦으며 아마도 이 소가 남북조에서 강남 열반학의 마지막을 장식한 것으
로서 여러 주소를 총합하는 역할을 수행하기 때문일 것이다. 따라서 장안소에
는 양의 3대 법사, 승민僧旻(467~527)·법운法雲(467~529)·지장智藏(458~522)
등을 위시하여 열반 연구 제가의 설이 다수 인용되어 있는데, 그 인용 횟수가
가장 많은 것이 흥황사 법랑이며 다음으로 하서 도랑의 설이다. 양자 합하여
실로 100회 가까이 이르는 것은 분명히 법랑에게『열반경』주소의 사실이
있으며 장안이 그 문헌적 가치를 인정했던 것을 의미한다. 법랑이『열반경소』

---

15 관정,『대반열반경소』권1(T38, 43a~b).

16 島地, 앞의 책, p.20 참조.

를 술작한 것에 대해서 길장은 특별히 그 사실을 언급하지 않으며 또 길장의 저작 중에서 특별히 법랑의 『열반경소』의 인용이라고 하는 양해의 말도 보이지 않는다. 길장은 항상 자기 소에 법랑의 설을 인용할 때 '대사大師가 밝히기를'이라든가 '대사가 말하기를' 혹은 '스승(師)이 말하기를(밝히기를)'이라고 하는 경우가 많으며, 또 '흥황이 말하기를(밝히기를)'이나 '법랑이 말하기를(밝히기를)'이라는 예도 많다. 그러나 구체적인 저작명을 거론하는 것은 대체로 없다. 따라서 만약 '스승(법랑)이 말하기를'이라고 해도 그것은 길장이 스승 법랑을 따라 들었던 가르침을 조술하는 것인지 특정 저작의 인용인지 반드시 확실하지는 않다. 이것은 『열반경』의 주소에 대해서도 예외는 아니다. 길장의 『열반경유의』에서도 예를 들면

> 대사는 무상無常에 다시 네 종류가 있다고 밝히니, 첫째로 병약病藥이고, 둘째로 개부開覆이며, 셋째로 반만半滿이고, 넷째로 이변二邊이다. 이 네 가지 무상이 어떻게 다르지 않은가? 풀어 말한다. 병약의 무상이란 무상으로 상주를 치료하니, 상주의 병이 이미 제거되면 무상의 약도 제거된다. 大師明, 無常復有四種, 一病藥, 二開覆, 三半滿, 四二邊. 此四句無常云何不別. 解云, 病藥無常者, 以無常治常, 常病既去, 無常之藥亦除. (T38, 232a.)

라고 법랑의 설을 서술한다. 이것이 법랑의 『열반경소』에 의거했을지 이것만으로는 분명하지 않지만, 여기서 '병약의 무상'이 다음에 서술하듯이 장안소에도 흥황설로서 인용되는 바이므로 법랑『열반경소』에서 취의 요약한 인용임은 분명하다. 길장이 법랑소를 인용하는 경우 양자의 관계에서 당연히 예상되는 것이면서도 자가약롱自家藥籠 속의 물건처럼 인용하며 자설의 권위를 뒷받침하거나 부연하여 자파의 주장을 서술하는 논거로 삼는다. 거기에서는 충실

한 조술자祖述者로서의 길장이 보이며, 조화롭지 못한 느낌은 없다. 오히려 다른 학파인 장안소를 통해 보았을 때 법랑소의 성격·특질이 선명하게 비칠 것은 부정할 수 없는 사실이다. 그리고 이 장안의 법랑설 인용의 태도를 정밀하게 조사해보면 하나의 큰 특징은 찬부贊否가 어떻든 간에 법랑설을 분명히 그것 이전의 제가諸家의 설과 구별하여 동시대의 권위로서 인용하는 것이다. 예를 들면

(1)

소의 권3 「순타품純陀品」 상에서

> 흥황이 풀어 말한다. 상주와 무상은 약과 병으로 서로 치료하니, 무상은 상주를 치료한다. 만약 무상이 상주를 치료하는 방편임을 안다면 병이 제거되고 약도 사라진다. 알지 못한다면 약에 집착하여 병이 되니, 병은 곧 단견이므로 왕이 지금 병이 중하다는 것이다. 상주가 무상을 치료하는 것도 방편이므로 병이 제거되면 약도 사라진다. 알지 못한다면 곧 상견이 된다. 두 방편을 알아 단멸과 상주를 끊을 수 있다면 단멸과 상주가 아니게 되므로 지혜로운 자는 법의 생을 보면 곧 단견을 소멸시키고 법의 멸을 보면 곧 상견을 소멸시킨다. 알지 못한다면 다시 두 견해가 된다.
> 興皇解云, 常無常者藥病相治, 無常治常. 若識無常是治常方便, 病去藥盡. 若不識者執藥為病, 病即斷見故云王今病重. 常治無常亦是方便, 病去藥盡. 若不識者即成常見. 識兩方便能斷斷常, 則非斷常故, 智者見法生即滅斷見, 見法滅即滅常見. 若不識者還是二見. (T38, 56c.)

라는 것을 평하여

지금 밝히자면 이 해석은 옛날의 것과 같지 않으니, 만약 뜻을 얻으면 허물할 바가 없다.

라고 서술한다.

(2)

소의 권7 「장수품長壽品」에서는 양무제梁武帝·보량寶亮·장엄莊嚴·광택光宅·개선開善·영정令正 등 각각의 설을 서술하는 마지막에

흥황은 말한다. 이 물음은 가까운 순타와는 맞지 않지만, 바로 석가모니의 하나의 교화의 교문을 통틀어 논하는 것이니, 왕궁에서 시작하여 사라쌍수에서 끝난다. 왜 그런가? 본문에서 "생사의 대해에서 누가 선장이 되는가."라고 하였는데, 곧 이것이 시작을 묻는 것이며 곧 처음 성도 때의 일이다. 마지막에 묻기를 "뱀이 허물을 벗듯이 어떻게 생사를 버리는가."라고 하였는데, 이것은 곧 마지막을 묻는 것이며 최후의 열반 때의 일이다. 중간에 교화하는 법문은 하나가 아니니, 여래의 방편과 밀교를 드러내 발휘하여 왔다갔다 하며 여러 가지로 시현하려 한다.

興皇云, 此問不應近自純陀, 乃通論釋迦一化教門, 始自王宮終乎雙樹. 何者文云, 生死大海中云何作船師, 即是問始即初成道時事. 後問云何捨生死如蛇脫故皮, 此即問終是最後涅槃時事. 中間施化法門非一, 欲顯發如來方便密教, 應來應去種種示現 (T38, 76c.)

라고 법랑설을 소개하며, 이것을

이 뜻은 크고 장대하여 광대하고 크게 밝은 깨달음의 도를 망라하며 고금

을 포괄한다.

라고 최고의 찬사로 평한다.

(3)

소의 권12 「보살품」에서는 좋은 의사의 8술術로 중생의 병고를 치료하는 비유를 해석하는데, 거기에서는 예를 들면

(전략) "여인이 아이를 낳는다."는 것을 설명해보자.

종래에는 말한다. 여인은 선을 낳는 것을 비유한다. 도루闍樓는 여기 말로 아이의 옷이다. 아이는 상주의 견해를 비유하고 옷은 번뇌를 비유한다. 번뇌는 제거하기 어려우니, 옷을 벗지 못하는 것을 비유한다.

흥황은 말한다. 여인은 보살을 비유하고 아이를 낳는 것은 정관을 비유하며 옷은 상주와 무상의 두 교문을 비유한다. 무릇 아이의 옷은 아이를 감싸니, 아이가 벗으면 옷도 제거되지만 벗지 않으면 도리어 큰 병이 된다. 상주와 무상의 교문은 본래 중도관을 발생시키는데, 중도관의 견해가 성립하면 이 교문은 제거되어야 하고, 교문이 제거되지 않으면 도리어 다시 병이 된다. (중략)

"메마름을 미루어 축축함을 제거한다."는 것을 설명해보자.

종래에는 말한다. 교만이 메마름이고 갈애가 축축함이다.

흥황은 말한다. 이승은 메마름과 같고 범부는 축축함과 같다.

"부정不淨을 제거한다."는 것을 설명해보자.

종래에는 말한다. 무명을 제거하는 것이다.

흥황은 말한다. 단멸과 상주의 모든 전도를 제거하여 중도를 수용한다. 그러므로 그 몸을 기른다고 하는 것이다.

(전략) 女人產者, 舊云女人譬生善. 闍樓此言兒衣. 兒譬常解, 衣譬煩惱. 煩惱難除, 譬衣不出. 興皇云, 女譬菩薩, 產譬正觀, 衣譬常無常兩教. 夫兒衣裏兒, 兒若出者衣亦須去, 若不出者反為大患. 常無常教本生中觀, 觀解若成此教須去, 教若不去反復成病. (중략) 推乾去濕者, 舊云, 慢為乾愛為濕. 興皇云, 二乘如乾, 凡夫如濕. 除不淨者, 舊云除無明. 興皇云, 除斷常諸倒, 容受中道. 故言長養其身. (T38, 114c.)

와 같이 종래의 설과 법랑의 설을 대비하여 논하고 마지막으로 자설을 개진한다. 이것은 법랑의 열반 해석이 종전의 육조 제가의 설과 확실히 다르고 참신한 견해를 보여주는 것임을 장안章安이 인정하는 증거이다. 장안소에서는 길장의 이름은 한 번도 나오지 않는다. 이것은 길장의 『유의遊意』가 소규모의 논서였기 때문인지 또 그의 20권 『열반경소』를 보지 않았던 것에 의한 것인지(길장 자신이 『유의』의 집필 무렵 옛날에 주를 기록한 소가 없어졌다고 서술한다)[17] 또는 동시대인이기 때문에 일부러 어떤 사람의 설(有人說)로서 그 이름을 숨겼던 것인지 확정할 수는 없지만 아무튼 있는 그대로 길장설로서 언급하는 일은 전혀 없다. 이에 비해 법랑의 경우는 반드시 '흥황이 말하기를'이라고 명기하는 것이 특징적이며, 반론하는 경우에서도 같은 신흥 교학인 삼론 학파를 대표하는 설로서 법랑설을 높이 평가했던 것은 분명하다.

또 장안이 하서 도랑의 설과 법랑의 설을 아울러 양자의 공통점을 지적하는 것은 앞의 과문에서도 본 대로이다. 길장은 『대승현론』 권3의 「불성의佛性義」에서

---

17 길장, 『열반경유의』, "余昔經注錄之疏零失, 今之憶者十不存一."(T38, 230a.)

단, 하서 도랑 법사는 담무참 법사와 함께 『열반경』을 번역하여 몸소 삼장을 계승하고, 『열반의소』를 지어 불성의 뜻을 해석하여 바로 중도를 불성으로 삼았다. 이후 여러 법사들은 모두 도랑 법사의 『열반의소』에 의거하여 열반을 강설하거나 불성의 뜻을 해석하게 되었다.

但, 河西道朗法師, 與曇無讖法師, 共翻涅槃經, 親承三藏, 作涅槃義疏, 釋佛性義, 正以中道為佛性, 爾後諸師, 皆依朗法師義疏, 得講涅槃, 乃至釋佛性義 (T45, 35c.)

라고 하는데, 도랑이야말로 중국에서 『열반경』의 최초 주석자였다. 게다가 그의 분과설에서 「사자후품師子吼品」 이하를 '불가사의중도불성문'이라고 하는 것을 보아도 알 수 있듯이 '불성즉중도'의 뜻을 최초로 설했던 사람이다. 장안의 소에 하서 도랑의 말로서

만법은 공이지만 지체智體는 공이 아니다. 미혹의 마음을 논파하므로 공도 공이라고 하니, 유도 공이고 무도 공이다.

萬法雖空而智體不空. 遣破惑情故曰空空, 是有亦空, 是無亦空. (T38, 142b.)

라 했다고 전해진다. 이것들은 반야 사상으로 열반 불성을 이해했다고 하기보다는 오히려 여기서는 열반 불성 사상으로 반야의 공이 발휘되어 있다고 할 수 있다. 이것이 길장에 오면 인도불교에 없는 '불공不空'이라는 개념의 중국적 변용을 보기에 이르는 것인데, 길장의 반야 사상의 최대의 특질인 '공'과 '불공'의 융즉이라는 일면은 그 원천이 이미 하서 도랑의 열반 해석 상에 명료하게 표현되어 있고, 흥황은 이것을 자기의 열반 해석에서 다시 인정하는 것이다. 또 지금 하서 도랑이 말하는 '지체智體'란 불지佛智의 체로서 그것은 불성 열반

의 뜻인데, 이것이 홍황에게는 다시 "불지란 묵조黙照이다."[18]라고 매우 실천적인 표현으로 보여주기도 한다. '묵조'라는 말이 후대의 선자禪者에게 특히 중요한 의미로 사용되는 것은 주지하는 대로이다. 길장이 자가의 학설을 '관하구설'이라고 칭하여 하서의 설도 삼론의 전통설에 편입시키는 것은 반드시 다른 학파에 대한 장엄莊嚴을 위한 것만이 아니라 그 사상의 원류를 하서 도랑에서 발견했기 때문일 것이다. 이것은 결국 법랑이 취했던 입장을 계승하는 것이기도 했다. 이렇게 법랑은 『열반경』의 해석에 섭산 삼론학이나 도랑의 불성 중도의를 의용하는 것에 의해 독자적인 열반관을 확립했다고 할 수 있는데, 동시에 그 반야 삼론사상도 크게 변용되지 않을 수 없었을 것이다. 이것은 법랑의 학문을 계승했던 길장에서 보다 명확한 모습을 가지고 나타나게 되는데, 이 점에 대해서는 나중에 분명하게 될 것이다.

---

18   관정, 『대반열반경소』 권11(T38, 103c).

제4절 삼론계 습선자의 계보

1. 나운羅雲·법안法安의 정혜쌍수

흥황 문하에서 분명히 '습선편'에 수록되어 있는 것은 앞에서 기술한 지개智鎧 한 사람이다. 그러나 '의해편'에 수록된 자 중에서 '삼론'의 연구자인 것과 함께 '정혜쌍수'를 의식적으로 지목한 사람으로서 수나라 형주荊州 용천사龍泉寺 나운羅雲과 같은 형주 등계사等界寺의 법안法安[2] 두 사람을 거론할 수 있다.

나운(541~616)은 성은 형邢, 남군南郡(호북성) 송자松滋 사람이다. 처음 상명동사上明東寺에서 출가하고 후에 양도揚都에서 법랑을 따라 사론을 배웠다. 고향 형주에 돌아오고부터는 삼론의 깊은 뜻이 형남荊南에 전해져 있지 않은 것을 유감이라고 하여 홍법하기를 서원했다. 그때 천선사栖禪寺에 척陟 선사라는 자가 있어서 "정혜를 겸수하고 마음을 쏟아 연구하였다."라고 전해졌다. 아마 이 척 선사의 영향일 테지만, 나운은 속세와 떨어진 곳에 있었던 용천사에 머물기를 50여 년, 당우堂宇를 수리하고 "항상 앉아서 눕지 않았다."라고 전해진다. 문도 5백 인을 거느리니, 양제가 그 이름을 듣고 칙사를 보내는데, 나운은 행적을 피하여 숨으려고 병을 구실로 사퇴한 것은 앞에서 기술한 일엄사에 머물렀던 삼론의 강론자들과는 분명히 경향을 달리했다고 할 수 있다. 나운이 출가했던 상명동사上明東寺는 종래 석도안(314~385)이 건립했던 당堂 7칸으로, 후에 담익曇翼이 5칸을 증축하여 12당우가 기와를 이어 용마루를 접했는데, 나운은 이 당우에서 '4경經'과 '삼론'을 강설한 것이 각각 수십 번이라고 한다. 수의 대업 12년(616) 단좌端坐하여 방에서 천화遷化했다.

---

1   『속고승전』 권9 석나운전(T50, 493a).

2   위의 곳, 석법안전(T50, 493c).

탕용퉁 교수는 형주가 송대부터 선법이 유행했던 땅이며 천태 지자 대사가 양주에서 형주로 옮겼던 것에 관해 설명하여 형주·양주라는 것은 함께 당시 삼론의 세력이 가장 융성했던 땅이라고 하는데,[3] 나운은 다음에 서술하는 법안과 함께 형주에서 당시 대표적 삼론 학자라는 것과 함께 형주 불교의 전통인 선적 경향도 겸비했던 사람이라고 할 수 있다.

법안의 성은 전田, 지강枝江(호북성) 사람으로 18세 때 금릉에서 유학하면서 처음『성실론』을 배우고 후에『중관(론)』을 흥황의 밑에서 10년 동안 배웠다. 흥황 문하 3천의 학승 중에 법안은 한 사람의 '3절絶'이라는 이름으로 지목되었다. 3절이란 첫째로 신장이 8척이어서 풍채가 걸출했던 것, 둘째로 뜻을 이해함에 깊이 궁구했던 것, 셋째로 정진하여 자신을 고결하게 했던 것이다. '삼론', '사경'을 모두 강설하고『광초장廣初章』,『녹각장鹿角章』등을 저술하여 강한江漢 사이에서 유행했다고 하는데, 오늘날 전해지는 것은 없다. 법안에게 특징적인 것은 나이 불혹을 지나면서 "망정을 돌려 선정에 두고 다시는 담설談說하지 않았다."라고 전해지는 것으로, 성成 선사가 있는 곳으로 가서 "함께 선정의 도를 논하고 심성을 연마하면서 감동하여 아침저녁이 지나도 음식을 먹지 않고 음료도 마시지 않았다."라고 전해진다. 성 선사라는 이는『속고승전』 권16 '습선편' 초「후량 형주 지강 선혜사 석혜성전後梁荊州枝江禪慧寺釋慧成傳」[4] 에 기재된 혜성慧成일 것이다. 지강枝江은 법안의 본관이며, 형주 선법을 대표하는 자로서 혜성 선사와 천태 지자의 교류도 전해진다. 법안과 혜성이 함께 선정의 도를 담론했다는 것은 법안에 있어서도 형주에서의 반야 삼론과 선의 교류가 매우 긴밀했던 일례를 보이는 것이다.

---

3   湯用彤, 앞의 책, 하책, p.796 참조.
4   『속고승전』권16 석혜성전(T50, 557a).

나운에게는 입실의 제자 10인이 있었다고 하며 '나운전'에는 혜성慧成·도승道勝, 거기에 춘춘·선독·징징·계흠 등의 여러 법사가 도를 전하여 교화를 열었다고 부기되어 있는데, 이 여러 법사에 관해서는 아무것도 전해지지 않는다. 이 점을 후세에 대한 영향에서 말하자면 다음에 서술하는 대명大明 법사의 계통에서 많은 삼론 학자와 습선자를 번갈아 배출하며 법등이 길게 이어졌던 것으로서 특기할 만하다.

2. 대명大明 법사의 계통

명 법사에 대해서는 독립의 전기가 승전에 전해지지 않는다. 따라서 그의 생애에 관해 상세한 것은 분명하지 않다. 그러나 흥황사 법랑의 유촉을 받았던 문하의 상족이었던 것을 『속고승전』 권15 「당 월주 정림사 석법민전唐越州靜林寺釋法敏傳」에서는 다음과 같이 전한다.

석법민의 성은 손孫이며 단양丹陽 사람이다. 여덟 살에 출가, 영영英 선사를 섬겨 그의 제자가 되었다. 모산으로 들어가 명 법사로부터 삼론을 들었으니, 명 법사는 곧 흥황사의 남은 권속이다. 처음에 법랑 법사가 곧 세상을 떠나게 되자 문인들을 모두 불러서는 뒷일을 언급하여 각자 천거하도록 하였으나 모두가 법랑의 마음에 맞지 않았다. 천거 받은 사람들은 모두 문도 학사 가운데 명성이 있는 사람이었으므로 법랑 법사가 스스로 부족하게 하였다. 법랑 법사는 말하기를 "나에게 천거하라 한다면 곧 명明일 것이다."라고 하였다. 문도 승려는 천 명에 달하여 '명'이란 이름이 하나가 아니니, 모두가 말하기를 "스님의 뜻으로 헤아리는바 어느 명인지 알지 못하겠습니다."라고 하였다. 법랑 스님이 말하기를 "내가 앉은 동쪽 기둥 아래에 명이다."라고 하였다. 명 법사는 이 자리에서 8년 동안 자리를 옮기지 않았고 입으로 말을 한 적이 없으며 몸으로 함부로 간섭한 일이 없었기에 대중들은 '바보인 명'이라고 하였다. 이러한 알림이 있자 모두가 당혹하지 않을 수 없어 마음속으로 "법사는 제정신이 아니다."라고 하였다. 법랑 스님은 말하기를, "내가 명공明公을 천거하니 반드시 대중들의 마음을 놀라게 하였을 것이겠지만 법교法敎에는 사심이 없고 허물을 숨기는 것이 용납되지 않는다."라고 하였다. 명 법사에게 명하여 법좌에 나아가 대중에게 말하게 하였다. 명 법사는 겸손하게 물러서서 눈물을 흘리면서 굳게 사양하였다. 법랑 법사가 말하기를, "명공은 이리 오시오 나의 뜻은 결정되었소. 여러 대중들의 입을 진정시키기 위해 잠시 그 이룩한 바를 들어 보여주시오."라고 하였다. 다시 젊은 사람들에게 명하여 받들어 나아가 법좌를 전수하게 하고 알리기를 "대중들은 들으시오 지금 『중론』에서 열 조목의 깊은 뜻에 대해 묻겠소"라고 하였다. 애초에 말한 적이 없지만 명 법사는 이미 이해하고 있어서 하나하나 이를 서술하였다. 명 법사가 이를 서술하고 나자 대중들은 흡족하여 심복하게 되었으며 모두가 경멸하였던 일을 부끄러워하며 사과하였다. 명 법사는 그날로 법랑 스님 곁을 물러나 문도를 거느리고 모산으로 들어가 죽을 때까지 산에서 나오지 않으면서 항상 이 논을 홍법하였다. 그러므로 흥황사의 종의 혹은 산문의 극치로 거론되는 자는 이 사람이다.

釋法敏, 姓孫氏, 丹陽人也. 八歲出家, 事英禪師為弟子. 入茅山聽明法師三論, 明即興皇之遺屬也. 初朗公將化, 通召門人, 言在後事, 令自舉處, 皆不中意. 以所舉者並門學有聲, 言令自屬. 朗曰, 如吾所舉乃明公乎. 徒侶將千, 名明非一, 皆曰, 義旨所擬, 未知何者明耶. 朗曰, 吾坐之東柱下明也. 明居此席不移八載. 口無談述, 身無妄涉, 眾目癡明. 既有此告, 莫不迴惑, 私議, 法師他力扶矣. 朗曰, 吾舉明公必駭眾意, 法教無私不容瑕隱. 命就法座對眾敘之. 明性謙退泣涕固讓. 朗曰, 明公來吾意決矣. 為靜眾口聊舉其致. 命少年捧就傳座, 告曰, 大眾聽. 今問論中十科深義. 初未曾言, 而明已解, 可一一敘之. 既敘之後, 大眾悏伏, 皆慚謝於輕蔑矣. 即日辭朗, 領門人入茅山終身不出,常弘此論. 故興皇之宗或擧山門之致者是也. (T50, 538b～c.)

이것을 요약하면

① 명 법사는 법랑의 천화에 있어서 천 명에 가까운 제자 중에서 선택되어
   그 유촉을 받았던 사람이다.
② 법랑이 그를 지명했을 때 사람들은 명이라 이름한 자가 한 사람이 아니어
   서 지명을 받은 명 법사가 누구인지 알지 못했다.
③ 그래서 법랑이 다시 "내가 앉은 자리의 동쪽 기둥 아래의 명이다."라고
   고했을 때 사람들은 당혹하여 스승의 진의를 헤아릴 수 없었다.
④ 왜냐하면 명 법사는 8년간 항상 그 자리에 앉아 "입으로 말하지 않고
   몸으로 함부로 간섭하지 않아서" 대중은 '바보인 명'이라고 칭했다.
⑤ 법랑도 명 법사를 지명한 것이 대중을 놀라게 할 것임을 알았지만 "법교
   에 사심이 없어 허물을 숨기는 것을 용납하지 않는다."라고 하여 법좌에
   나아가 대중에 대해 서술할 것을 명했다.
⑥ 명 법사는 울면서 완강히 이를 사양했다.
⑦ 그래서 법랑은 대중을 납득시키기 위해『중론』에서의 10조의 깊은 뜻을
   물었다. 이것은 한 번도 강설했던 적이 없는 것이었는데, 명 법사는 명을
   받은 대로 하나하나 이를 서술했다.
⑧ 대중은 비로소 득심得心하여 심복하고 명 법사를 경멸했던 것을 참회했다.
⑨ 명 법사는 그날로 법랑의 곁을 물러나 문인을 이끌고 모산에 들어가서
   종신토록 산을 나오지 않고『중론』을 홍법했다.
⑩ 그러므로 흥황의 종의 또는 산문(섭산 삼론)의 극치로 거론되는 자는

이 명 법사이다.

라는 것이다. 이 명 법사를 대명大明이라 하는 것은 같은 권15 「의포전義褒傳」에

처음 소주蘇州 영정사永定寺 소명小明 법사에게 『화엄경』과 『대품경』을 받
아 배웠으니, 그는 곧 진나라 흥황 법랑의 뒤를 잇는 자이다.
初從蘇州永定寺小明法師, 稟學華嚴大品, 其即有陳興皇朗公之後嗣也. (T50,
547b.)

라는 소주 영정사의 소명 법사와 구별하기 위해서이다. 앞에서 기술한 법민전
에서도 "문도 승려는 천 명에 달하여 '명'이란 이름이 하나가 아니었다."라고
하니, 특히 모산의 명 법사를 대명이라고 칭했던 것이다. 그런데 도선은 대명
법사가 흥황의 남은 권속인 것을 이렇게 극명하게 서술하면서 "흥황사의 종의
혹은 산문의 극치로 거론되는 자는 이 사람이다."라고 찬탄하는 것은 대명
법사의 계통에서 삼론의 정계正系를 찾았던 중국 불교 사가의 귀중한 증언이
다. 따라서 길장에서 집대성된 삼론의 사상·교학과는 별도로 중국 삼론 학파
로서는 대명 법사의 계통이야말로 역사적인 적통이라고 칭해져야 했다.
　법민 외에 명 법사의 제자로 전해진 자는 당 안주安州 방등사方等寺의 혜고慧
暠,[5] 당 양주 자금사紫金寺의 혜릉慧稜,[6] 당 양주 광복사光福寺의 혜선慧璿[7] 등이

5　『속고승전』 권13 석혜고전, "(전략) 承茅山明法師, 興皇遺屬, 世稱望匠, 通國瞻仰, 因往從之, 諮奉無
　　倦."(T50, 522c.)
6　위의 책, 권14 석혜릉전, "(전략) 十六乃往荊州茅山明法師下, 依位伏聽, 問經大意."(T50, 536c.)
7　위의 책, 권15 석혜선전, "(전략) 入茅山, 聽明師三論, 又入栖霞, 聽懸布法師, 四論大品涅槃等."(T50,
　　539a.)

있다. 또 명 법사는 『속고승전』에서 자주 **경炅** 법사로 오사誤寫되어 있다. 예를 들면 권20 「윤주 우두 사문 석법융-전潤州牛頭沙門釋法融傳」에서는

> 마침내 모산에 들어가 경炅 법사에 의지하여 머리를 깎았으며 심복하여 열심히 도를 청하였다. 경炅 법사의 명성은 사방에 진동하여 덕으로 인도함이 신묘하였다.
>
> 遂入茅山, 依炅法師, 剃除周羅. 服勤請道. 炅譽動江海, 德誘幾神. (T50, 603c.)

라고 하니, 모산의 경 법사에게 출가했다고 한다. 또 이 경 법사에 대해 법융전에서는 따로

> 처음에 법융의 문족 5백여 호는 연릉延陵의 명망 있는 집안과 혼인을 맺게 되어 있었으니, 곧 법융은 모산으로 달아나 숨었다. 경炅 법사는 삼론의 학장學匠으로서 뜻에 의거하여 과업을 내려주었다.
>
> 初融, 以門族五百, 爲延陵之望, 家爲娉婚, 乃逃隱茅岫. 炅師三論之匠, 依志而業. (T50, 604b.)

라고 하니, 경 법사는 삼론의 학장이었다고 서술한다. 또 권11 「당 경사 대장엄사 석보공전唐京師大莊嚴寺釋保恭傳」에서도

> 진나라 영가 연간에 남쪽으로 가서 건업에 머물렀으며, 아버지 초도超道는 본주本州의 자사였다. 11세에 경炅 법사에게 투신하였는데, 그의 신령한 광채를 시험해보고자 하였다.
>
> 晉永嘉南遷, 止于建業, 父超道本州刺史. 十一投炅法師, 將欲試其神采. (T50, 512c.)

라고 한다. 이미 서술했듯이[8] 보공(542~621)은 후에 섭산의 혜포에게 간청받아 섭산에 선당禪堂을 건립했던 사람이며, 보공전에도 "혜포로부터 삼론을 듣고 가려뽑아 현묘한 말들을 잘 회통하였다."(從布聽採三論, 善會玄言.)라고 전해진다. 따라서 보공이 11세 때 건업의 가까이에서 투신했던 경 법사란 법융전에서 말하는 삼론의 학장, 모산의 경 법사와 동일 인물로서, 이것은 결국 모산의 명 법사이다. 법융이 명 법사에게 수학했던 것은 따로 당 혜상慧祥의 『홍찬법화전弘贊法華傳』에서

> 책 상자를 짊어지고 스승을 찾기를 천리를 멀다 하지 않으니, 곧 **제산**第山 풍락사豊樂寺 **대명** 법사에 의탁하여 삼론과 『화엄경』, 『대품경』, 『대집경』, 『유마경』, 『법화경』 등의 여러 경전을 들었다.
> 負笈尋師, 不遠千里, 乃依第山豊樂寺大明法師, 聽三論及華嚴大品大集維摩法花等諸經. (T51, 18c.)

라고 하여 제산第山의 명 법사로부터 삼론을 배웠다고 하는데, 우이宇井 박사의 지적처럼[9] 제산第山은 모산茅山의 오사라고 한다면 여기서는 분명히 모산 명 법사라고 하는 것이다. 여전히 「우두산제일조융대사신탑기牛頭山第一祖融大師新塔記」에도 경 법사를 따라서 삼론을 배웠다고 명기하는데,[10] 「신탑기」의 기록은 『속고승전』에 근거했을 것이다. 이리하여 모산 경 법사와 모산 명

8 　본론 제4장 제3절 4. '전공 사우와 그의 학적 경향' 혜포의 조목 참조
9 　宇井伯壽, 『第二禪宗史研究』 p.513 참조. 단, 우이 박사는 명 법사와 경 법사의 관계에 대해서 경 법사의 출가를 받아들이고 또한 명 법사의 강설을 들었을 것이라고 하여 경 법사를 명 법사의 제자로 간주한다.
10 　劉禹錫 찬, 「우두산제일조융대사신탑기」(『전당문全唐文』 권606).

법사는 동일 인물이라고 생각되는데, 이러한 오사가 이루어졌던 이유로서 탕 교수는 같은『홍찬법화전』에서 법융이 일찍이 배웠다고 기록되어 있는 종산 정림사의 민閔 법사와 혼동되어 명明이 동음의 민閔이라 기록되고, 다시 민閔은 쉽게 경炅이라 오사되어『속고승전』에 경 법사로 기록되었을 것이라 추정한다.[11] 어쨌든 법융이 모산 대명 법사에 의해 삼론을 배웠던 것은 분명하다. 주지하듯이 법융은 후에 '우두종牛頭宗'이라 불리는 선종의 일파의 조사가 되었던 사람이다.

우두종에서는

법융法融	지암智巖	혜방慧方	법지法持	지위智威	혜충慧忠
(594~657)	(577~654)	(629~695)	(635~702)	(646~722)	(683~769)
					현소玄素
					(668~752)

의 6대 상승을 말하여 달마선의 최초의 분파라고 주장하는데, 근래의 학설에서는 제4세인 법지(635~702)가 동산 홍인東山弘忍(601~674)의 법을 이었던 것이 두 파의 역사적 교섭의 시초이어서 그 이전에는 달마선과의 사이에 어떤 관계도 보이지 않는다는 것이 정설로 되어 있다.[12] 이러한 근래의 선종사 연구의 성과는 우두종이 도신道信(580~651)에서 나뉜 달마계 선의 일분파라는 전통설을 부정하는 것인데, 이것은 역으로 후에 우두종으로 성립한 이 파의 사람들의 선이 그 성립의 당초에는 모산 대명 법사에 의해 삼론을 받았던

---

11 湯用彤, 앞의 책, 하책, p.764 참조.

12 宇井伯壽,「牛頭法融とその傳統」(『禪宗史研究』 pp.91~127), 關口眞大,「牛頭禪の歷史と達磨禪」(『禪宗思想史』 p.245 이하), 柳田聖山,「牛頭宗の發生」(『初期禪宗史書の研究』 pp.126~135) 등.

법융이라는 인물을 중심으로 하는 순수한 삼론계 습선자의 일파였던 것으로 추측하게 하는 것이다. 이 파의 '앉음새'가 반야 사상에 있는 것은 야나기다 세이잔 씨도 지적하는 바다.[13] 그리고 이것이 후에 달마계 선과의 역사적 교섭을 통해 눈부신 발전을 이루었던 때 남종선南宗禪·북종선北宗禪과 대항하는 제삼의 세력으로서 중국 선종의 형성에 커다란 영향을 미치기까지에 이른 것이다. 우두 법융의 전기에 관해서는 이미 선학과 여러 학자의 연구[14]에 자세하므로 생략하고, 또 똑같이 보공에 관해서도 혜포(518~587)의 뒤를 이어 섭산을 강령했던 사람으로서 이미 서술했으므로 여기서는 생략하는데, 한쪽은 우두산에 근거하여 우두선의 시조가 되며 다른 한쪽은 섭산에 근거하여 선풍을 고취하고 전통을 완전히 단절시키지 않았던 자로서 함께 대명 법사의 계통에서 나왔던 삼론계 습선자의 전형이다. 이 양자는 대명 법사의 계통에서 본 선적인 일면을 단적으로 대표하는 자로서 특기해야 할 것이다. 또한 혜선慧璿에 관해서는 별도로 혜철(539~597)에게도 수학하고 그의 뒤를 이어 삼론·열반의 겸학으로 특기할 만한 사람이라는 것은 이미 서술했다. 또 혜릉慧稜에 관해서는 명 법사의 제자인 것과 함께 같은 명 법사에게 수학했던 혜고慧暠의 제자이기도 하므로 혜고 문하에 대해 서술할 때 아울러 이것을 논하는 것으로 한다. 따라서 흥황 회하의 대명 법사의 계통에 관해서는 남은 2인, 법민과 혜고에 대해 다시 그 학적 경향을 살피는 것으로 한다.

---

13 柳田, 앞의 책, p.182.

14 앞의 주 12번의 연구들이나 그 외 鈴木大拙 『禪思想史研究』 제2(1942년, 岩波書店), 關口眞大, 『達磨大師の研究』(1957년, 彰國社) 등이 있고, 우두 법융과 삼론종의 관계에 대해서는 久野芳隆, 「牛頭法融に及せる三論宗の影響」(『佛教研究』 제3권), 宇井伯壽, 「牛頭法融と三論宗」(『第二禪宗史研究』 p.511, 1941년, 岩波書店) 등이 있다.

1) 법민(579~645)

　성은 손孫, 단양丹陽(강소성 강령현江寧縣) 사람으로 8세 때 영英 선사 밑에서 출가했다. 후에 모산에 들어가 명 법사의 삼론을 수학했던 것은 이미 본 대로이다. 다시 동안東安의 장莊 법사에게 삼론을 배우고 또 23세부터 3년간 고구려의 실공實公에게도 수학했다. 실공이 죽은 후 같은 고구려의 인印 법사가 촉蜀 땅에서 강론하고 있었을 때 진나라가 멸망하고 법석도 영락하여 분산되었기 때문에 3년간 환속하여 은둔했다고 전해진다. 따라서 인 법사의 강석에도 시봉했을 것이다. 후에 난리를 피하여 월越로 들어가 여요餘姚(절강성 여요현)의 양안사梁安寺에 머물러 『법화경』과 삼론을 강설했다. 정관貞觀 원년(627) 단양으로 돌아와 2년간 『화엄경』과 『열반경』을 강설했는데, 월주越州의 전田 도독의 요청으로 일음사一音寺로 돌아와 법륜을 이었다. 일음사에 모였던 의학의 사문은 70여 주州에서 8백여 인, 해당 경내의 승려 1천2백 인, 비구니 3백 인이라고 전해지며, 당시 사람들은 '법경法慶의 가회嘉會'라고 불렀다. 정관 19년(645) 회계會稽 사속士俗의 청에 의해 정림사에 머물러 『화엄경』을 강설했는데, 여름의 끝자락에 일음사에 돌아와 8월 23일에 시적했다.

　법민은 그 수학의 경력에서 미루어도 순수한 삼론 학자이며, 그의 강석이 융성했던 것 등도 후세에 미쳤던 영향이 컸던 것을 생각하게 하고, 대명 법사의 회하에서도 중요한 위치를 차지한 사람이었는데, 특히 그의 저명한 문하로 습선자가 많고 법민 자신도 삼론계 습선자의 계보에 연결되는 한 사람이었다고 해도 과언이 아니다. 그 예증으로서

① 『속고승전』의 '습선편'에 증보되어 있는 당 형악衡岳 사문 석선복釋善伏
(~660)[15]은 "월주 민敏 법사가 있는 곳에 가서 경전의 가르침에 두루
유행하여 자못 깊이 추구하기에 이르렀다."라고 전해지는데, 이 민 법사
란 앞에서 서술한 삼론의 법민인 것이 분명하다. 선복은 달마 아래의
4조 도신道信(580~651)[16]과 만나 입도入道의 방편을 보이고 또 윤주潤州
의 암巖 선사로부터는 '무생관無生觀'을 배운다. 암 선사란 후에 우두종
의 제2조가 된 지암智巖(577~654)[17]이다. 선복이 이 사람들에게 수학했
다는 기록은 달마계 습선자와 삼론계 습선자의 교류의 일단을 보여준다.

② 똑같이 『속고승전』의 '습선편'에 증보되어 있는 강한江漢 사문 석혜명釋惠明[18]
도 법민에게 25년간 사사하고 1천여 명의 문인 중 '해현解玄 제일'이라고 불렸
다. 20여 년간 항상 청색의 대포大布를 입었으므로 당시 사람들이 '청포 명青布
明'이라 이름 붙였다고 한다. 혜명은 후에 앞에서 기술한 지암(577~654) 밑에
서 10여 년간 선법을 배우는데, 말하자면 법민의 적통 제자이다. 이 혜명이
선종사에서 특기할 만한 것은 달마 이래 제5조 홍인弘忍(601~674)의 10대 제자의
한 사람인 법여法如(638~689)를 그의 문하에서 배출했던 것이다. 즉 법여는
『전법보기傳法寶紀』나 『당중악사문법여선사행장唐中岳沙門法如禪師行狀』에 의
하면 처음에 '청포 명', 말하자면 혜명 아래에서 출가하고 후에 혜명의 추천에
의해 홍인 아래에 참가했던 것이 학자들에 의해 밝혀졌기[19] 때문이다.

---

15 『속고승전』권20(26) 석선복전(T50, 602c).

16 위의 책, 권20(26) 석도신전(T50, 606b).

17 위의 책, 권20(25) 석지암전(T50, 602a).

18 위의 책, 권20(26) 석혜명전(T50, 606b).

19 關口眞大, 『禪宗思想史』 p.94, 柳田, 앞의 책, pp.35~37 참조. 자료에 대해서는 후자의 같은 책, '資料1'
    p.487, '資料6' p.567 참조.

③ 또 『속고승전』 '감통편感通篇'에 기재된 「소주 상락사 석법총전蘇州常樂寺釋法聰傳」[20]에는 법총(586~656)이 회계에 가서 일음사의 혜민慧敏 법사의 강설을 듣고 "스스로 마음에서 텅비어 번뇌가 없어졌다."라고 전해지는데, 이 일음사 혜민이란 일음사 법민의 오사이다. 따라서 법총도 또한 법민의 계보에 연결되는 사람이다. 법총에게는 『대승입도안심법大乘入道安心法』이라는 저서가 있고 『종경록宗鏡錄』 권99에 인용 수록되어 있는데, 『종경록』의 저자는 이 인용에서 본서가 혜민 법사의 설법을 듣고 득오했던 성과라고 서술한다.[21] 그리고 세키구치신다이關口眞大 박사는 돈황 출토의 『달마대사사행론達磨大師四行論』(『사행론장권자四行論長卷子』 잡록雜錄 제1)에서 법총의 『대승입도안심법』의 어구가 그대로 발견되는 것을 지적하여 『달마대사사행론』이 법총의 저작이든지 아니면 법총 이후 시대의 저작이라고 추정한다.[22] 또 박사는 증거로 인용했던 『사행론장권자』의 잡록 제1이라 불리는 부분의 제13절이 『조론』의 「반야무지론」과 관련이 있는 것을 지적하고, 법총의 『대승입도안심법』에는 승조 사상의 현저한 영향이 있었다고 지적한다.[23] 이렇게 법총은 법민에 의해 삼론을 수학했던 한 사람이면서 『속고승전』에서는 '감통편感通篇'에 수록되어 있는데, 역시 삼론계 습선자의 한 사람이었다고 추정된다. 특히 그의 삼론 사상을 담았던 저서 또는 그 저서의 인용이 오랫동안 달마 대사의 어록 혹은 혜가의 어록으로 전승되었던 사실은 선복(~660)과 4조 도신(580~

---

20 『속고승전』 권25 석법총전(T50, 664c).

21 『종경록』 권99, "又釋法聰, 因聽慧敏法師說法, 得自於心蕩然無累, 乃至見一切境, 亦復如是, 若不觀心、盡隨物轉. 是故大乘入道安心法云, (후략)"(T48, 950c.)

22 關口眞大, 『達磨大師の研究』 제2장 제7 '『達磨大師四行論』(燉煌出土)と『安心法門』'(pp.317~344) 참조.

23 위의 책, p.341 참조.

651)의 교섭, 혜명과 법여(638~689)의 관계와 아울러 당시 대명 법사-법민 계통에서 나온 삼론계 습선자와 달마계의 습선자 사이에 서로 교류가 있었던 것을 보여주는 것으로서 주목된다.

2) 혜고(547~633)

『속고승전』 권13 「당 안주 방등사 석혜고전唐安州方等寺釋慧嵩傳」[24]에 의하면 혜고는 안륙安陸(호북성 안륙현) 사람으로 어려서 출가하였는데, "처음부터 깊은 강령에 감화되어 『대품경』을 존숭하며 널리 듣고 추구하였지만 마음이 막혀 있어 아직 펼치지는 못하였다."라고 전해지는 것을 보면 처음부터 공관의 연구를 뜻했다고 생각된다. 후에 모산의 명 법사를 따라 수학, 게으름 피우는 일 없이 자문하여 통효通曉하며, 30세에 법좌에 올랐다. 당의 무덕武德 초(618) 강석의 성황을 질시하는 자가 있으니, "무리를 지어 날로 번성하고 도속이 진을 쳐 둘러싼다. 이것이 이상한 술법이 아니라면 무엇으로 세상을 동요시킬 수 있겠는가?"라고 모함하기에 이르러 칙명에 의해 형에 처해져 형주로 유배되었다. 후에 사실무근으로 판명되니, 역으로 무고했던 자가 처벌되었다고 전기에서는 전하는데, 『속고승전』 '호법편'에 기재된 「당 미주 성종사 석도회전唐眉州聖種寺釋道會傳」[25]에

안주安州의 혜고 법사가 촉蜀에서 홍법하고 있는데, 어떤 사람이 질시하여 모함하기를 반역하고 술법을 부린다고 하였다. 도회는 형편을 살피다가 결국 구속되었는데, 몸은 감옥에 있었지만 말이나 웃음은 평소대로였으며

---

24 『속고승전』 권13 석혜고전(T50, 522b).
25 위의 책, 권24 석도회전(T50, 642b).

여러 사람들을 위해 감옥에서도 경론을 강석했다.

有安州暠師, 在蜀弘講, 人有嫉者, 表奏云反又述法, 會覘候消息, 遂被拘執.

身雖在獄, 言笑如常, 為諸在獄, 講釋經論. (T50, 642c.)

라고 서술하는 것은 그간의 사정을 전했던 것이다. 도회(580~649)는 겨울에
이르러 혜고와 함께 처벌되었던 10여 명의 승려들이 의복이 남루하여 혹한에
견디지 못할 것을 걱정하여 서울의 한 부자가 항상 보시를 업으로 삼았던 것을
생각해내고는 편지를 보내어 옷가지를 보내게 하여 이를 막았다고 전해진다.
도회는 당의 법림法琳(572~640)과 함께 『변정론辯正論』 8권을 편찬했던 사람으
로 그 때문에 '호법편'에 수록되어 있는데, 혜고와 함께 형주로 유배되었던 것을
보면 제자 중 한 사람이었다고 생각된다. 혜고는 칙명으로 풀리고 나서 형주에
서의 강석에서도 "따라 배우는 빈객들이 또 전보다 배가되었다."라고 전해진다.
후에 고향인 호북성으로 돌아가고부터는 오히려 떠들썩한 쟁경爭競을 폐단이라
고 하여 서산西山에 은둔하고 5년간 한적한 곳을 찾아 '중관'을 닦았다고 한다.
지관사 승전의 고사를 방불케 하는 순수한 삼론 학자였다고 할 수 있을 것이다.
후에 다시 안주 방등사로 돌아와 강설을 계속하며, 정관 7년(633) 87세로 시적했
다. 대명 법사 아래에서 혜고는 법민과 어깨를 나란히 하는 위대한 삼론 학자로
서 그 문하에서는 앞에서 기술한 도회 외에 혜릉慧稜·영예靈睿·혜진慧震·지근
智勤·법충法沖 등의 인재를 배출하며, 모두 『속고승전』에 수록되어 있다.

① 혜릉慧稜(576~640).

『속고승전』 권14 「당 양주 자금사 석혜릉전唐襄州紫金寺釋慧稜傳」[26]에 의하면

---

26 위의 책, 권14 석혜릉전(T50, 536c).

혜릉은 신도申屠 씨, 서륭西隆(사천성 낭중현閬中縣 서쪽) 사람으로 유년 시절 양양(호북성 양양현) 윤闓 법사의 삼론을 청강했다. 윤 법사는『속고승전』권10에 수록된 수 양양 사문 석지윤釋智闓(540~614)[27]으로서, 지윤은 승전 문하의 4우로 법랑과 동문인 장간사長干寺 지변智辯에게 배웠던 삼론 학자이다. 혜릉은 16세 때 모산 명 법사에게 수학, 방으로 불려와 3년간 오로지 '불유不有인 유有'를 진술하여 깊게 그 주제를 이해했다고 한다. 수나라 말에 혜고를 좇아 촉蜀으로 들어갔다. 혜고는 무릇 법륜이 있으면 혜릉에게 모두 복술覆述하게 했던바 뱉는 말이 질박하면서도 이치를 담론함이 미묘한 경지에 들어 당시 사람들에게 '득의得意의 능릉能稜'이라 불렸다고 한다. 앞에서 서술했듯이 혜고가 투옥되었을 때 혜릉도 함께 감옥에 들어간다. 후에 풀려나 혜고와 함께 안주에 이르렀다. 혜고가 병환 중에 있을 때『열반경』을 대신 강설하는 등 그의 신임이 두터웠다. 혜고는 임종 때 "혜릉을 오라고 하라. 나는 지금 최후까지 이어온 종성을 부촉하니, 내가 강론한 이래 오직 너 한 사람만이 경전의 취지를 얻었다."라고 하여 혜릉의 손을 잡고 "무릇 강설이란 마땅히 칼을 밟듯이 해야 한다. 이익과 공양을 탐내지 않고 수고로움을 꺼리지 않아야 한다. 등불을 전할 수 있게 되고자 한다면 많은 시간을 산사에서 보내라. 독경讀經과 법사法事와 함께 여러 사람의 모범이 되어라. 한 사람을 위해 하는 것처럼 많은 사람에게도 그렇게 하라. 이와 같은 것을 불타의 은혜에 보답하는 것이라 할 수 있다."라고 유훈했다. 또 "그대와 더불어 힘들게 겪어온 지도 햇수가 적지 않다. 오직 무상無相을 근본으로 삼은 후에 말하는 것이다."라고 술회했다고 한다. 혜릉은 최후까지 혜고를 따랐고 그의 법을 잘 이었던 사람이다. 후에 양주 자금사紫金寺로 돌아가 강론 5년, 청중 3백 명을 헤아렸고, 또 정관 8년(634) 수미須彌로 돌아가『열반경』,『대품경』,

---

27 위의 책, 권10 석지윤전(T50, 502c).

『유마경』 등의 여러 경전을 강설했다. 정관 14년(640) 65세로 시적했다.

② 영예靈睿(564~646).

『속고승전』 권15 「당 면주 융적사 석영예전唐綿州隆寂寺釋靈睿傳」[28]에 의하면 영예는 성이 진陳, 본관은 영주穎州(하남성 허창현許昌縣)에 있었지만 촉蜀으로 흘러가 살다가 익창益昌(사천성 소화현昭化縣) 진향陳鄉 사람이 되었다. 할아버지는 노자를 신앙하니, 어머니가 도관에 재를 올려 아들을 달라고 기도하여 상서로운 징조에 의해 태어난 이가 영예이다. 8세 때 양친에게 이끌려 도사가 있는 곳으로 가서 (도교 가사인) 보허사步虛詞를 암송하게 했는데, 얼굴의 구멍에서 피가 나와 암송할 수가 없었다. 우연히 지승智勝 법사를 만나 "가문에서는 도교를 받들지만 스스로는 불교를 받들고자 합니다. 스님을 따라 출가하겠습니다."라고 원하여 익주益州 승업사勝業寺로 가서 사미가 되며, 한 여름 동안 『대품경』을 암송했다고 한다. 개황 초(581) 고구려의 인공印公이 촉으로 들어가 삼론을 강설하자 인공의 제자가 되었다. 후에 인공을 따라 서울로 들어가 여러 법문을 떠돌며 들었고, 대업 말(616) 촉으로 돌아가 법취사法聚寺에 머물렀다. 혜고에게 수학했던 것은 무덕 2년(619) 혜고가 촉의 대건창사大建昌寺에서 개강하고 있었을 때로 이후 3년간 수강했다. 혜고 73세 때이며, 만년의 제자이다. 「영예전」에서 흥미를 끄는 것은 법취사에 머물 때 절에 이학異學, 즉 성실파의 붕류朋流가 있어서 영예가 받드는 '공론空論'을 싫어하여 두 번에 걸쳐 영예를 살해하려고 시도하니, 그 때문에 영예는 익창益昌의 융적사隆寂寺로 돌아왔다는 일화를 전하는 것이다.[29] 이것은 남조南朝에서의 삼론·성실

---

28 위의 책, 권15 석영예전(T50, 539c).

29 위의 곳, "寺有異學, 成實朋流, 嫌此空論, 常破吾心, 將興害意, 睿在房中北壁而止, 初夜還床栖遑不定, 身毛

두 학파의 패권의 교대를 상징하는 것으로 촉 지방에서도 삼론의 세력이 융성하게 됨에 따라 성실과의 갈등·상극이 한층 빈번해졌던 것을 보여준다. 이후에는 선종사禪宗史 등에서 자주 보이는 것이지만, 중국 불교사에서 비교적 이른 시기의 종파 의식의 구체적인 현상을 보여주는 일례로서 중요하다. 또 『속고승전』권20 '습선편'에 기재된 당 면주綿州 대시사大施寺 석세유釋世瑜(583～645)[30]가 영예의 강석에서 삼론을 배우는데, 세유는 네 마리 용이 와서 심안心眼으로 들어오는 것을 꿈에 보고 크게 삼론의 종지를 깨달았다는 사람으로 영예의 강의를 듣는 것이 "즐거워 오랫동안 찾았던 것 같았다."라고 하므로 세유도 또한 삼론계 습선자의 한 사람이었을 것이다.

③ 혜진慧震(575～640).

전기는 『속고승전』권29 '흥복편興福篇' 「당 재주 통천사 석혜진전唐梓州通泉寺釋慧震傳」[31]에 기재되어 있다. 성은 방龐, 재주梓州(사천성 삼태현三台縣)의 통천사通泉寺에 머물렀다. 혜고의 삼론을 들어 깊은 뜻을 크게 깨달았다고 말해지며 항상 삼론을 홍포하여 청중 1백여 인이었다고 전해진다. 혜진이 '흥복편'에 수록된 것은 장경藏經을 만들어 승려들에게 청하여 항상 법륜을 굴렸으며 대보시문을 열었고 또 서산西山의 꼭대기에 대불상을 조성하는 등의 공적 때문이다.

自竪, 移往南床坐. 至三更忽聞北壁外有物, 撞度達於臥處. 就而看之, 乃漆竹笥槊, 長二丈許, 向若在床, 身即穿度, 既害不果. 又以銀挺, 雇賊入房, 睿坐案邊, 覓終不獲. 但有一領甲, 在常坐處, 睿知相害之為惡也. 即移貫, 還綿州益昌之隆寂寺."(T50, 539c～540a.)

30 『속고승전』권20 석세유전(T50, 595a).

31 위의 책, 권29 석혜진전(T50, 698a).

④ 지근智勤(586~659).

『속고승전』권24 '호법편'하「당 등주 흥국사 석지근전唐鄧州興國寺釋智勤傳」[32]에 의하면 지근은 속성이 주朱, 수의 인수仁壽 연간(601~604) 흥국사에서 출가했다. 어린 시절부터 남을 돕고 보호하는 것(匡護)을 마음에 두고 수나라 말의 난리에 도적들이 다투어 일어났지만 지근은 혼자서 절을 지켜 도적들도 감히 멸시하지 못하니, 절의 경전이나 불상이 하나도 손상되는 것이 없었다고 한다. 그 후에 촉으로 들어가 혜고의 강의를 듣고 다시 등주(하남성 등현)로 돌아와 『유마경』과 '삼론'을 강설하기를 10여 번이라고 한다. 현경顯慶 4년(659) 임종에는 손으로 향로香爐를 잡고 가부좌를 하고서는 제자들에게 "『대품경』을 가지고 독송해도 좋다."라고 고하고 '왕생품往生品'을 마치기에 이르러 합장하여 앉았던 대로 시적했다. 춘추 74세였다.

⑤ 법충法沖(587~665?).

전기는『속고승전』권25「연주 법집사 석법충전兗州法集寺釋法沖傳」[33]에 있으니, 자는 효돈孝敦, 성은 이李로 농서隴西(감숙성 농서현) 성기成紀 사람이다. 처음에는 관직에 뜻을 두어 24세 때 응양랑장鷹揚郞將이 되었지만, 어머니의 죽음을 만나『열반경』을 읽고 발심, 『열반경』을 30여 번 듣고 다시 안주의 혜고 아래에서『대품경』과 '삼론'과『능가경』을 배우기에 이르렀다. 법충은 후에 여러 곳을 유력하며 오로지 대승을 배우고 선업禪業을 닦았던 사람인데, 법충에게 특기할 만한 것은『능가경』이라는 오의奧義의 경전에 천착한 것이 오래되어 여러 곳을 유력하여 이 경의 연찬에 전심했던 것이다. 우연히 선종

---

32   위의 책, 권24 석지근전(T50, 643a).
33   위의 책, 권25 석법충전(T50, 666a).

2조 혜가의 후예가 왕성하게 이 경을 익히는 것을 알아 스승을 따라 배우고 강경을 맡겨 이어서 30여 번을 강경했다고 한다. 이 법충이 수학했던 스승이 직접 혜가를 가리키지 않는 것은 자명하다. 혜가는 40세에 달마를 만나 따르기를 6년, 스승의 시적 후 효정제孝靜帝 천평天平 초(534) 업도鄴都에서 성대하게 비원秘苑을 열고, 또 북제北齊 천보天保 초(550) 향거사向居士·화공化公·요공廖公·화和 선사등을 교도하며, 섭산 삼론의 혜포(518~587)와도 업도에서 만난다.[34] 따라서 법충(587~665?)과는 연대를 달리하며 『속고승전』에서 "또 (혜)가 선사를 만나 친히 이어받은 자이다."라는 것은 법충이 수학했던 스승이 혜가의 직접 문하라는 의미로 법충은 말하자면 혜가의 손제자孫弟子에 해당한다. 달마가 구나발타라求那跋陀羅(Guṇabhadra, 394~468) 역의 이른바 『사권능가四卷楞伽』를 혜가에게 준 이래 이 경이 달마계의 습선자들에 의해 전승되고 나중에 이것을 '능가사楞伽師'라고 불렀던 것은 주지하는 대로이다. 그런데 법충은 처음으로 삼론 학자 혜고에 의해 『능가경』의 입문서를 받았던 사람이며 법충전에서 역대의 『능가경』 주석서[35]를 열거하는 중에 '『대명사소大明師疏』 10권'이라는 기술이 보이는데, 이것이 모산의 대명 법사가 저술한 『능가경소』 10권일 것은 일찍이 학자에 의해 지적되었다.[36] 이것은 삼론계 습선자에서도 『능가경』의 전승이 공통의 현상이었던 것을 추측하게 하는 것인데, 법충이 스스로 능가의 오의를 배우고 또 이 『능가경』을 중심으로 하는 달마·혜가

---

34 위의 책, 권16 석승가전釋僧可傳(T50, 552a~b), 권7 석혜포전(T50, 480c) 참조. 또 본론 제4장 제3절 4. '전공 사우와 그 학적 경향'의 혜포의 조목 참조.

35 법충전에 기록된 『능가경』의 주석서란 선사초善師抄 4권, 풍선사소豊禪師疏 5권, 명선사소明禪師疏 5권, 호명사소胡明師疏 5권(이상 혜가 선사를 이음), 대총사소大聰師疏 5권, 도음사초道蔭師抄 4권, 충법사소沖法師疏 5권, 안법사소岸法師疏 5권, 총법사소寵法師疏 8권, 대명사소大明師疏 10권(이상 혜가 선사를 잇지 않음), 천선사소遷禪師疏 4권, 상덕율사입능가소尚德律師入楞伽疏 10권(이상 『섭론』에 의거한 자)의 11부이다(T50, 666b).

36 鎌田茂雄, 「初唐における三論宗と道教」(『東洋文化研究所紀要』 제46分冊, 1968년 3월, p.68) 참조.

계통의 습선자들의 활약을 극명하게 전했다는 것은 이 양자의 사이에서 법충이 친족 관계를 발견했던 증거이며, 그는 말하자면 『능가경』의 전승이라는 공통항에 입각하여 삼론계 습선자와 달마계 습선자의 접점에 위치했던 사람이었다. 이것은 또한 그가 능가 전승의 사상적 근거를 어떻게 파악했는가라는 점에서도 명료히 살펴볼 수 있는 바이다. 즉 "세대가 바뀜이 멀어져서 후학들이 잘못에 빠지는" 것을 두려워하기 때문에 능가의 사자 상승을 서술했다고 한 그는 "배운 바에 뚜렷이 근거가 있다."라고 하여 그 근거를 명시하는 것이다. 그것이 무엇인가 하면 "달마 선사가 그것을 남북으로 전함에 있어서 망언망념忘言忘念 무득정관無得正觀을 종의로 삼는다."라고 하는 것이다. 삼론의 종지를 '무득정관종無得正觀宗'이라고 부를 만큼 '망언망념 무득정관'이라는 용어는 반야 공관의 입장을 단적으로 보여준다. 또 혜가에게 친히 이어받았던 법충의 스승이 '남천축일승종南天竺一乘宗'에 의해 이 경을 강설했다고도 한다. '남천축일승종'이 '무득 정관'과 연고가 없을 수 없다고 한다면 이것이 '반야 공종'을 가리키는 것임은 쉽게 유추되는 바이다. 이것이 그대로 중국 삼론학파 그 자체를 가리키지는 않을 것이지만, 적어도 법충에게는 양자가 공통의 사상적 기반에 서 있는 것임이 강하게 의식되었다고 생각된다. 법충은 선종사에서 능가의 전통을 확립했던 최초의 사람이다. 이 법충에게 이러한 '능가와 선과 삼론의 일체관[37]이 명료하게 살펴지는 것은 초기의 중국 선종의 형성에서 삼론계 습선자가 수행한 역할을 고찰하는 데 매우 중요하다.

---

37 柳田, 앞의 책, p.122.

제5절 결어

이상 흥황 상승의 주요한 계통에 대해 약술했는데, 이것을 총괄하여 도시하면 이 장 말미의 간략 계통도와 같다. 섭산에서 부흥하고 2조 승전과 그 문하에서 학파로서의 형태를 정돈하기에 이르렀던 남지의 삼론이 특히 흥황사 법랑의 문하에서 폭발적인 융성을 보았던 것은 이 계통도에서도 한번 보아 분명하다.

승전 문하의 학적 경향에서 이미 그러했듯이 법랑 문하에서도 두드러지게 특징적인 것은 순수한 삼론 연구자와 함께 다수의 습선자를 배출하는 것이다. 전자의 계통을 대표하는 자로서 길장, 후자의 계통을 대표하는 자로서 대명 법사가 거론된다. 그리고 전자의 계통에 대해서는 그 발전의 흔적을 다음 세대에까지밖에 더듬어갈 수 없는 것에 반해 후자의 계통에 대해서는 비교적 후대에 이르기까지 이것을 추적할 수 있다. 그런 의미에서 일찍이 도선이 "흥황의 종의 혹은 산문의 극치로 거론되는 자는 이 사람이다."라고 평했던 것처럼 대명 법사의 계통이야말로 흥황사 법랑의 적류이고 역사적으로 보아도 중국 삼론 발전의 주류를 형성했다고 할 수 있을 것이다. 앞에서도 언급했지만 선종 사가의 입장에서 야나기다세이잔柳田聖山 씨는 달마계 주장의 가장 오래된 자료집인 돈황본 『이입사행론二入四行論』 장권자長卷子의 작자로 언급하여 본서가 거의 일관되게 반야의 입장을 전제하는 바에서 이것이 아마도 '달마가 창시했던 새로운 실천의 불교를 삼론종의 입장에서 계승했던 사람들'의 손에 의해 성립했을 것이라고 추측하며, 이것은 원래 달마의 불교가 삼론계 사람들에 의해 수용되기 쉬운 성질이었다는 것을 보여준다고 명언한다.[1] 대명

---

1   柳田聖山, 『初期禪宗史書の研究』, p.444 참조.

법사라는 걸출한 삼론 학자와 함께 우수하고 실천적 지도자 아래에 모였던 사람들이 달마가 창안한 새로운 불교에서 무득정관이라는 공통의 기조를 발견하고 적극적인 교류하에 일체감을 깊게 했다고 해도 이상할 것은 없다. 오히려 초기 달마계 불교의 전통설의 확립이라는 것은 삼론계 사람들의 적극적인 참가가 주어져 힘을 얻게 되었다고 생각해도 좋은 것이 아닐까? 앞에서 서술한 돈황본『이입사행론』장권자의 작자(세키구치關口의 설에 의하면 그것은 대명 법사의 손제자에 해당하는 법총法聰이었다)라고 하거나 달마계 선자에서 능가사의 계보를 창안했던 법충法沖의 입장이라고 하거나 모두 이것을 상징했다. 어쨌든 역사적 발달 과정에서 본 경우 이 대명 법사의 계통이 흥황 상승의 삼론의 주류를 형성했다고 생각할 때 중국의 삼론 학파는 그 대세가 궁극적으로는 달마계의 신불교 속에서 발전적 해소를 이루었던 것이 된다. 흥황 문하의 습선자의 계보로서는 그 외에 천태계 습선자와의 교류도 약간 눈에 띄기는 하지만, 수적으로도 압도적으로 우세한 대명 법사 문하의 습선자들이 달마계 불교와의 교류를 보다 친밀하게 이룬다. 그런 의미에서 중국 삼론종은 같은 계통의 중국 천태종 가운데에서 발전 흡수되었다고 하는 종래의 견해는 시정되어야 한다. 후술하듯이 최근 야나기다柳田 학설 등에 의해 보아도 중국 선 성립의 원동력은 오히려 중국 천태적인 것과의 대결을 통하여 발생해갔다. 양자는 습선의 형식에서 공통된 것이 있으면서도 그 목표했던 방향은 전혀 반대였다. 그리고 삼론이 목표했던 것은, 같은 용수계 중관 불교를 기반으로 하는 천태적인 방향이 아니라 오히려 달마계의 불교에 가까웠기 때문이다. 이것을 역사적으로 증명하는 것이 대명 법사 계통의 삼론계 습선자의 동향이며, 사상적으로 보아도 나중에 서술하듯이 길장 사상의 특질로서 현저하게 살펴진다.

반대로 학적 사상적으로 섭산 삼론학의 전통설을 집대성했던 것이 길장이다. 홍황 문하로서는 비교적 말제末弟이기는 했지만 법랑 삼론학의 진수를 가장 충실하게 계승했던 것도 길장이다. 말하자면 대명 법사의 계통은 홍황 삼론학의 실천적 측면을 계승하고 길장의 계통은 그 이론적 측면을 계승했다고 할 수 있다.[2] 그러나 그 어느쪽이든 한쪽을 정통으로 삼고 다른 쪽을 이단으로 삼는 것은 삼론 학파의 역사적인 전체상을 잃어버리는 것이기도 하다. 섭산 지관사 승전 이래의 무득 정관인 반야주의의 구체적인 현상이 역사적 전개로서 양자의 계통이 되었던 것에 지나지 않는다. 따라서 삼론 학파에서의 현존 유일의 자료인 길장 저작에 나타난 사상 그 자체에서, 대명 법사 계통의 사람들이 구체적인 행동으로서 실천했던 것이 여실하게 보이는 것이다. 종래 길장의 교학은 실천의 체계를 갖지 않는다고 지적되어왔다. 그리고 길장으로 대표되는 삼론 학파는 이론 학해學解에 치우쳤던 것으로서 수당 신불교를 담당할 자격을 갖지 못한 채 소멸했다고 단정해왔다. 이러한 견해는 이중의 잘못을 범한다. 첫째는 길장을 삼론 학파의 유일의 정계正系로 간주하고 대명 법사의 계통에서 보는 삼론의 실천과 역사적인 사명을 간과하기 때문이며, 둘째는 길장에 의해 나타났던 사상이 그 모태이고 원점이라는 것에 대한 통찰을 결여하기 때문이다. 이론적인 실천의 체계를 갖지 않는다는 것과 사상 그 자체가 실천적인 계기를 포함하는 것은 자체적으로 다른 문제이다. 일견 번쇄하고 난해한 길장 교학의 근저에는 극도의 순수성과 단일성이 보이는데, 그것은 아비달마적인 이론의 통합을 목표했던 것이 아니라 끊임없이 반야 공관의 주체적 실천을 지향하고 불교의 원사상으로의 회귀를 보여주는 것에 다름 아니기 때문이다. 이점에 대해서는 다음 편에서 분명히

---

2 鎌田茂雄, 앞의 논문 참조.

하고 싶다.

또 흥황 문하의 삼론 학파에 보이는 지금 하나의 현저한 경향으로서『열반
경』연구의 중시가 있다. 이것은 흥황 문하의 삼론 학자에 공통된 전반적
경향이지만, 특히 계보상에서는 길장이나 대명 법사와 함께 흥황 상승의 제3
의 세력인 혜철의 계통에서 명료하게 나타나는 것이다. 이에 관해서도 달마계
선자들, 특히 6조 혜능慧能이나 신회神會의 사상에는『열반경』에 기초한 불성
사상의 영향이 농후하게 살펴지는데, 그것은 남지 열반 학파의 불성 사상
그대로의 계승이 아니라 오히려 그 상주 사상에 대한 부정으로서 정립된다.
이러한 것은 반야 사상에 의한 부정적 매개를 거친 불성 사상이라고 할 수
있는데, 말하자면 불성 사상의 역사적 전개로서는 열반 학파로부터 초기 선종
으로의 질적 전환을 수행하는, 사상적 가교의 역할을 수행했던 것이 삼론
학파의 열반 연구였다고 할 수 있을 것이다. 역으로 반야 사상의 역사적 전개
로서 보는 경우 남지 열반 학파의 불성 사상의 섭취·융합을 이루는 것에 의해
삼론 학파의 반야 사상은 중국 불교 독자의 묘유妙有적인 전개를 정착시켰으
며, 영원한 존재의 주체적 현현이라는 선적인 실천으로의 동화를 더욱 촉진시
킨 주요 동기를 발견한 것이기도 했다. 흥황 상승의 삼론 학파에 의한『열반경』
연구에는 이러한 역사적 의의가 인정되는데, 이 반야 삼론의 사상과 열반 불성
의 사상의 융합이라는 명제는 일관되게 길장 교학의 주제를 형성한다. 이점에
서도 흥황 상승의 삼론학은 길장의 교학·사상에 집약적으로 투영되어 있다고
해도 과언이 아니다.

흥황 상승興皇相承 간략 계통도

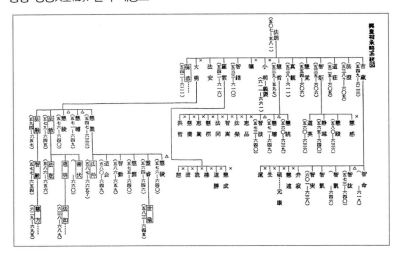

범례
1. 전기傳記가 '습선편習禪篇'에 수록되어 있는 것 또는 습선자로서의 경향이 현저한
   인물은 □로 표시했다.
2. 다른 사람의 전기 또는 삼론 관계의 저술에 부기되고, 승전僧傳에 독립된 전기를
   갖지 않는 인물은 ×를 붙였다.
3. 사승師承에 대해 중복되어 있는 인물은 △를 붙였다. (계통도에서 2번 이상 기재되
   어 있는 인물.)

제2편
길장의 삼론 교학에 대한
사상적 연구

가상 대사 길장전嘉祥大師吉藏傳

가상 대사 길장(549~623)의 전기에 관해서는 당 도선(596~667)의 『속고승전』 권11[1]의 기사가 가장 오래된 것인데, 잘 정리되어 있고 전체적으로 신뢰할 수 있는 것이라고 말해진다.[2] 길장의 몰년, 당 무덕 6년(623)은 도선 28세 때에 해당하니, 그의 생애가 가까운 것에서도 이는 수긍할 수 있다. 도선에 의하면 길장은 원래 안식安息 사람으로 속성을 안安이라고 했다. 안식은 카스피해 남동쪽에 건국된 이란계 유목민의 고대 국가 파르티아(Parthia, B.C. 248~A.D. 226)로, 길장의 시대에는 사산 왕조 페르시아(226~651)의 지배하에 있었다. 따라서 길장은 이란 민족의 피를 이어받았으니, 저술에서도 자주 '호길장胡吉

---

1 『속고승전』 권11 당경사연홍사석길장전唐京師延興寺釋吉藏傳12(T50, 513c~515a).

2 金倉圓照, 『三論玄義』(岩波文庫, 1921년) 해제 참조. 또 근래 학자들에 의한 길장의 전기에 관한 연구로서는 그 외에 橫超慧日, 「慧遠と吉藏」(『結城敎授頌壽記念佛敎思想史論集』 1964년 3월, 東京大藏出版)이 상세하며, 또 길장 저작의 국역 등의 해제에서 그 전기에 관해 설명했던 것으로서 泰本融, '中觀論疏解題'(『國譯一切經』 '論疏部'6)이나 椎尾弁匡, '百論疏解題'(『國譯一切經』 '論疏部'8) 등이 있고, 비교적 간결히 정리되어 있다. 그 외 수당 불교사의 여러 사정이나 길장에 관한 여러 연구에서 길장의 전기에 대해 언급하는 논문은 많지만 예외 없이 도선 『속고승전』의 기술에 근거한다.

藏'이라고 서명되어 있듯이 순수한 중국인이 아니라 본래는 중앙아시아 사람이었다. 도선도 전기 말미에 그의 사람됨에 대해 서술하는 처음에 "모습은 서범西梵이면서 말은 이에 동화東華이다."라고 평한다. 길장의 일가는 조부 대에 남해南海(광동성 광주廣州)로 이주해왔으므로, 나중에 "교광交廣의 사이에 가정을 꾸렸다."라고 하는 것에서 교주交州(북베트남 하노이 지방)와 광주廣州(광동성) 사이에 거주했다고 생각된다. 다시 길장이 태어난 무렵에 일가는 금릉金陵(남경)으로 옮기며, 길장은 금릉에서 태어났다. 안징(763~814)은 『중관론소기』에서 이 『속고승전』과 「가상비문嘉祥碑文」에 기초하여 그 전기를 구성하는데, 그것에 의하면 길장의 아버지와 할아버지는 안식국 태자 세고世高의 후손이며 어머니는 빙憑 씨이고 양주 금릉의 마을 여자였다고 한다.[3] 『속고승전』에는 이러한 기록이 보이지 않으므로 아마 「가상비문」에 의거했을 것이다. 길장의 유년 시절에서 특기할 만한 것은 아버지를 따라 진제 삼장(499~569)을 배알하고 길장이라는 이름도 진제에 의해 이름 붙여진 것이다. 길장의 저술에는 도처에 '진제삼장운眞諦三藏云', 혹은 '삼장운三藏云'[4]이라고 하여 그의 학설을 인용하고 또 그의 번역 경론을 많이 채용하는 것이 눈에 띈다. 카나쿠라金倉 박사에 의하면 진제가 금릉에 들어갔던 때는 양의 대청大淸 2년(548)으로 다음 해(549)에는 거기를 떠나므로 이 양자 상견의 사실은 길장이 태어나 얼마 되지도 않은 때이며, 진제 51세 때였다. 길장의 집안은 대대로 불교를 신봉하니, 특히 길장의 아버지는 나중에 출가하여 도량道諒이라고 이름했는데, 정근 고절精勤苦節에 유례가 없는 사람으로 걸식과 청법을 항상 행했던 독행의 승려였다. 이 아버지

---

3   『중관론소기』 권1본, "俗姓安氏, 是安息國太子世高苗裔, 母憑氏, 卽揚州金陵里女也."(T65, 2b.)

4   예를 들면 『승만보굴』 권상(T37, 9a~c)에서 각각 '진제삼장운', '삼장운'이라고 두 가지 양식의 방법을 쓴다.

가 언제나 어린 길장을 데리고 흥황사 법랑의 강의를 들었는데, 길장은 "듣는 대로 이해하였고 본래의 면목대로 깨달았다."라고 한다. 이 인연에 의해 길장은 7세 때 법랑에게 출가했다고 한다. 그러나 이미 보았듯이 법랑이 승전의 사후 칙명을 받아 서울 흥황사에 머무르게 되었던 것은 진의 영정 2년(558) 11월인 것으로,[5] 법랑 51세 때이다. 이때 길장은 세는 해로 10세 이후가 아니면 안 된다. 또 길장은 스스로 『백론서소百論序疏』에서 "나는 14세에 허심虛心으로 이를 즐겼으며, 약관의 나이가 되어서는 절에서 복술覆述하였다."[6]라고 회상하므로 14세 때에는 이미 흥황사 법랑의 좌중에 있었다고 생각된다. 그래서 『속고승전』에서 말하는 7세 출가는 오히려 카나쿠라金倉 박사가 추정하는 것처럼 11세의 오사라고 생각하는 것이 타당할 것이다. 십일(十一)은 자주 칠(七)로 오사되는 경우가 많기 때문이다. 안징은 "양나라 초 13세에 출가했다."(梁代初年十三出家.)라고 하는데,[7] 이것도 어쩌면 「가상비문」에 의거했던 것이 아닐까 생각되지만 근거는 분명하지 않다.

　법랑 입문 이후의 진도는 눈부시어 19세 때에는 대중을 위해 자주 강설을 행하기까지에 이르니, 영재라는 명성도 높고 문인 중에서도 빛나는 존재였다. 구족계를 받고부터는 명성이 더욱 높아져서 진陳의 계양왕桂陽王에게 초청되어 불법을 전수하고 이를 신봉하게 했다. 안징에 의하면 구족계를 받았던 것은 21세 때이다.[8] 이후 수나라가 천하를 평정하고부터는 동유東遊하여 진망

5　『속고승전』권7 석법랑전, "永定二年十一月, 奉勅入京住興皇寺, 鎭講相續."(T50, 477b.)

6　『백론서소』, "余年十四, 虛心翫之, 登乎弱冠於寺覆述."(T42, 232a)

7　『중관론소기』권1본(T65, 2b~c).

8　위의 곳, "年二十一受具, 坐夏學律, 五篇七聚之宗亦一遍斯得乎."(T65, 2c.) 이것은 지광智光(708~), 『정명현론약술淨名玄論略述』(일본대장경·방등부장소方等部章疏, 378a)과 완전히 동일하며, 여기에 근거했을 것이다.

산秦望山에 이르러 가상사嘉祥寺에 머물러 교화를 폈다. 가상사는 절강성浙江省 소흥부紹興府 회계會稽에 있으며, 동진 효무제(372~396 재위) 때 낭야왕瑯琊王 회흡가 축도일竺道壹을 위해 건립했던 명찰이다.[9] 도선은 길장의 가상사 체류에 대해 "우혈禹穴(회계산의 동굴이라는 뜻)이 저자 거리가 되어 도를 묻는 자가 1천여 명이었다."라고 전하므로 강석이 매우 성대했던 것을 엿볼 수 있으며, 또 "법등을 전하는 데 뜻을 두고 법륜을 이었다."라고 전하므로 전란에 의해 황폐해진 이 명찰을 부흥시키고 법등을 계승하려는 의지가 가상사 체재의 주요한 동기였다고 생각된다. 길장을 가상 대사라고 부르는 것은 오로지 이 회계 가상사에 머물렀던 인연에 의한 것이다.

이보다 먼저 진말 수초陳末隋初의 동란 때문에 서울의 여러 사찰은 대부분이 빈 절이 되어 있었는데, 길장은 무리를 이끌고 이들 사찰에 가서 소장된 문소文疏를 모조리 수집해 3칸의 당내에 두고는 난리가 평정된 후 이것을 뽑아 골랐다고 말해진다. 도선은 "배우기를 잘 하는 것이 길장을 넘어설 수 없다. 주석과 인용의 광대함이 모두 여기서 유래한다."라고 평하는데, 그 풍부한 인용과 방증으로 중국 불교자 중 최대의 박학이라는 명성을 떨쳤던 길장의 바탕은 이 무렵에 형성되었을 것이다. 수나라가 진나라를 평정했던 것은 개황 9년 (589)이므로 길장이 회계 가상사에 머물렀던 것은 길장 41세 이후인 것이다.

그 후 길장은 개황 말년, 진왕 광에게 불려 양주揚州 혜일 도량慧日道場으로 들어가고 다시 머지않아 장안長安 일엄사日嚴寺로 옮겨 머물게 되었다. 이 사이의『속고승전』의 기술은 매우 간결하여 상세한 연대의 기록은 보이지 않는다. 그래서 길장이 이 강남 회계 가상사에 머물렀던 것은 언제쯤까지인지에 관해

---

9   『양고승전』권5 석도일전, "頃之郡守瑯琊王薈, 於邑西起嘉祥寺, 以壹之風德高遠請居僧首."(T50, 357b.)

말하자면 수隋의 관정灌頂(561~631) 편『국청백록國淸百錄』권4에 길장이 천태
대사 지의(538~597)에게 주었던 서간이 수록되어 있으며, 그 서두에

오주 회계현 가상사 길장, 머리 조아려 예경합니다.
吳州會稽縣嘉祥寺吉藏, 稽首和南.

라 하고, 말미에

삼가 청합니다. 개황 17년 8월 21일.
謹請. 開皇十七年八月二十一日. (T46, 822a~b.)

이라고 하는 것이므로 그 당시까지 가상사에 살았다고 추정된다. 개황 17년
(597)은 길장 49세 때이다.『속고승전』에서 전하는 개황 말세에 부름을 받아
양주 혜일 도량에 들어갔다는 것이 이것 이후라면 대체로 7, 8년간 가상사에
머물러 있었던 것이 된다. 안징도

수 개황 연간 서울 경수鏡水를 유랑하다가 가상 정사에서 머물렀는데, 7, 8년
간 항상 펼쳐 연설하기를 일삼으니, 먼 지방의 청중들이 8백여 명이었다.
隋開皇年中, 京遊鏡水, 止嘉祥精舍, 七八年間, 恒事敷演, 遠方聽衆, 八百餘
人. (T65, 2c.)

라고 전한다.
다음으로 길장은 부름을 받아 개황 17년 후반, 요컨대 49세 이후 양주 혜일
도량으로 옮기고, 겨우 1, 2년도 되지 않아 다시 장안 일엄사에서 머물게 된다.

그래서 길장이 장안에 들어갔던 정확한 연대가 언제인가라고 한다면『중관론소기』[10]와『삼론현의검유집』[11]에서는 이것을 개황 19년(599)이라 하고,『정명현론약술』[12]에서는 개황 18년(598)이라고 한다. 그런데 길장은 그의 저서『정명현론』서두에서

> 금릉의 사문 길장은 대위공大尉公 진왕晉王을 수행하여 장안현 부용 곡수芙蓉曲水 일엄사에 이르렀다.
> 金陵沙門釋吉藏, 陪從大尉公晉王, 至長安縣芙蓉曲水日嚴精舍. (T38, 853a.)

고 서술하여 스스로 대위공 진왕을 따라 장안으로 들어갔다고 증언한다. 그래서 중국 정사에 근거하여 진왕 광의 장안 입성의 정확한 연대를 찾아보면『수서隋書』권2 제기帝紀 제2의 고조전高祖傳[13]에 개황 19년 2월에 양주 총관總管인 진왕 광이 서울 장안에 내조來朝했다고 기록되어 있다. 따라서『속고승전』에서 말하는 개황 말세란『정명현론약술』의 저자 지광智光이 말하는 개황 18년이 아니라『중관론소기』의 저자 안징이나『삼론현의검유집』의 저자 징선澄禪이 말하듯이 개황 19년인 것이 분명하다.[14] 이러하다면 양주 혜일 도량에 있었던 것은 최대한 개황 17년(597) 49세인 9월부터 개황 19년(599) 51세인

---

10 『중관론소기』권1본, "十九年從王入京, 停日嚴寺."(T65, 2c.)

11 『삼론현의검유집』(T70, 381a~b). 문장은 앞의『중관론소기』와 완전히 똑같다.

12 『정명현론약술』권1본, "大師生于梁末, 長於陳代, 及于陳滅, 以隋開皇十八年至長安."(일본대장경·방등부장소, 380c.)

13 『수서』권2 제기 제2 고조전, "十九年春正月癸酉大赦天下, 戊寅大射武德殿宴賜百官, 二月巳亥晉王廣來朝."

14 『三論玄義』(岩波文庫본) 해제에서는『정명현론약술』의 설을 취하여 이것을 개황 18년(598) 길장 50세 때라고 단정한다. 같은 책, p.194, p.198 참조.

2월까지이어서 겨우 거의 1년 반 남짓이다.

길장이 서울 장안으로 부름을 받은 것은 "도道를 중원에 떨치고 행行을 제양帝壤에 높이게 하고자 했다."라고 한 진왕의 바람에 의한 것이었는데, 길장의 장안에서의 활약은 그의 기대에 잘 부응했다. 즉 당시 선문의 정고鉦鼓라고 불린 담헌曇獻 선사[15]가 있고, 길장은 그의 요청에 의해 강연을 펼쳤는데, 소문을 듣고 모인 자가 1만 명을 헤아리는 성황이었다. 길장은 이때 모였던 재시財施를 흩어 많은 복전을 지었고 다시 담헌에게 맡겨 자비로운 보시에 밑천을 대었다고 한다. 또 인수仁壽 연간(601~604)에는 오랫동안 미완이었던 곡지曲池의 불상의 수선을 완성시키는 등 도선은 "길장의 복력이 중생의 마음을 감동시키니, 무릇 경영하는 바가 성취되지 않음이 없었다."라고 한다.

길장의 강연講筵에 대해 도선은 "그 모습을 보면 꿋꿋함이 뛰어났고, 그 말을 들으면 종과 북이 진동하는 것 같았다."라고 평하는데, 그 일단을 보여주는 것으로 수의 제왕 간齊王暕(양제의 둘째 아들)이 주최한 대업 5년(609)의 법론法論이 있다. 즉 논주가 되었던 길장이 서울의 훌륭한 영재 60여 명을 앞에 두고 의론을 베풀자 학사 부덕충傅德充도 "말을 하면 논서가 된다는 것을 오늘에야 경험했다."라고 감탄했다고 한다. 그때 스스로 삼국의 논사라 불렀던 승찬僧粲(529~613)[16]이 있었는데, 그의 웅변은 강물이 쏟아지는 것 같았고 말을 뱉어내면 뿔을 자르는 것과 같았다. 이 승찬이 논주가 되자 길장은 앞서

---

15 전기는 『속고승전』 권20 포주 백제사 석담헌전蒲州栢梯寺釋曇獻傳 4(T50, 598c~599a)에 수록되어 있다. 단, 길장과의 관계에 대해서는 기록이 없다.

16 전기는 『속고승전』 권9 수 경사 대홍선도량 석승찬전隋京師大興善道場釋僧粲傳 14 (T50, 500a~501a)에 수록되어 있다. 길장과의 관계에 대해서는 같은 곳에 "以大業五年, 於西京本第, 盛引論士三十餘人, 令藏登座咸承群難, 時眾以為榮會也, 皆弇預焉. 粲為論士, 英華命章標問義筵. 聽者謂藏無以酬及, 牒難接解, 謂粲無以嗣, 往還抗敘四十餘翻, 藏猶開析不滯. 王止之, 更令次座接難. (후략)"(500c)라고 거의 같은 취지가 자세히 소개되어 있다.

서 따져 묻고 40여 번 문답을 왕복하여 이를 물리치고 다시 제왕齊王의 명에 의해 이틀을 연장하여 토론을 속행했는데, 누구도 길장에게 저항하는 자가 없었다고 한다. 승찬은 개황 10년(590) 대흥선사大興善寺에 머물고 17년(597)에 는 25중衆에서 제1 마하연장摩訶衍匠으로 뽑힐 정도의 인물이므로 이 법론에 의해 길장이 일약 명성을 넓혔을 것임은 상상하기 어렵지 않다. 제왕도 길장에 게 귀의하고 불자와 가사 등을 하사했다고 전해진다.

이보다 앞서 대업 초년(605) 이래 길장은 『법화경』 2천 부를 서사했는데, 머지않아 수나라가 종말을 고하자 25존상을 조성하여 안치하고 스스로는 비루한 방에서 아침저녁으로 예배하며, 또한 따로 보현보살상을 안치하여 좌선하고 실상의 이치를 관했다고 한다. 이후에 당의 의거가 장안에 미치자 고조는 친히 불교의 여러 대덕에게 알현을 행했는데, 그때 길장은 대중들에게 추대되어 "온 백성이 도탄에 빠졌습니다. 때를 타서 빠진 것을 건져낸다면 도속이 기뻐 의지하고 연못에서 창궁을 우러러보듯 할 것입니다."라고 황제에게 답했다. 고조는 기뻐 이를 치하하고 함께 말을 나누면서 시간이 가는 줄 잊었다고 한다. 도선은 이를 진실로 이례적인 일이라고 평한다.

무덕 초년(618) 10대덕의 한 사람으로 뽑혀 법무法務를 관장하고, 실제시實際寺와 정수사定水寺의 요청에 의해 두 사찰에서 머물게 되며, 다시 제왕齊王 원길元吉의 청에 의해 연흥사延興寺에도 머물렀다. 그러나 이 무렵부터 길장의 기력이 점점 쇠하고 자주 병고에 시달리는 것이 많았다. 칙명에 의해 양약도 하사 받았지만 길장은 자기의 병이 낫기 어려운 것을 알고 삼보의 흥륭을 황제에게 유언한 글을 바쳤다. 임종의 날에는 첫 새벽에 목욕하고 깨끗한 새 옷을 입고는 시자에게 향을 피우고 불호를 칭명하게 하며 가부좌하여 재를 올리려고 할 때 갑자기 시적했다고 한다. 또 임종하는 그날에 이르러 『사불포론死不怖論』을 짓고 붓을 놓으면서 시적했다고 도선은 그의 저서에 대해 서술할 때 덧붙인다. 때는 무덕 6년(623) 5월, 춘추 75세였다.

길장의 나이에 대해 안징은 셋이나 넷의 이설이 있어 정할 수 없다고 한다.
즉 『중관론소기』 권1본에서

> 『고승전』에서는 "무덕 6년 5월 춘추 75세로 갑자기 시적했다."라고 하고,
> 「가상비문」에서는 "법사는 어려서부터 장년에까지 세 시대를 지나니, 곧
> 진나라에서 당나라까지로 모두 71세이다."라고 하니, 『고승전』과 「가상비
> 문」이 또한 다르다. 왜 그런가? 『고승전』에서는 이미 진제 삼장이 길장이
> 라 이름 지었다고 했으므로 곧 양대에 태어난 것을 알 수 있다. 또 나이가
> 75세라 했고, 「가상비문」에서는 71세라고 했다. 『술의』에서는 "대사의 나
> 이 78세에 방에서 단정히 앉아 시적하니, 마치 선정에 든 것처럼 모습과
> 안색이 변하지 않았다."라고 하였으니, 옛 기록이 이와 같은 것은 전해진
> 지가 오래되었기 때문이다. 어떤 사람이 풀어 말하기를 "양대로부터 당나
> 라 무덕 6년까지 합하여 90세이다."라고 하였다. 이와 같은 이설들은 출생
> 한 해의 들고 남이 다른 것이다. 그러므로 나이를 정할 수 없다.
>
> 傳云武德六年五月, 春秋七十有五, 奄然而化. 碑云法師自少迄長,
> 經歷三代, 卽陳至大唐, 幷七十一歲. 只傳碑亦違. 何者, 傳旣云眞諦
> 三藏, 名爲吉藏, 卽知生梁代. 又云生年七十五歲. 碑云七十一歲. 述義
> 云, 大師年七十八, 處於房宇, 端坐而卒, 猶如入定, 形色不變, 古舊
> 如此, 相傳久矣. 有人解云, 從梁代迄唐武德六年, 合九十歲. 如此異說.
> 出生之年, 進退不同. 故年數不定(T65, 3a~b.)

라고 한다. 즉 『속고승전』의 75세설, 「가상비문」의 71세설, 『술의』의 저자의
78세설, '유인운有人云'의 90세설이다. 이중 『술의』에서 말하는 78세설이란 『정
명현론약술』 권1본에서

대사의 나이 78세에 방에서 단정히 앉아 시적하니, 마치 선정에 든 것처럼 모습과 안색이 변하지 않았다.

大師年七十八, 處於房宇, 端坐而卒, 猶如入定, 形色不變.[17]

라는 것과 문장까지 완전히 동일하다. 어쩌면 안징이 말하는 『술의』(길장, 『중관론소』의 주해로 정확히는 『중관론소술의』일 것이다.)의 저자는 『정명현론약술』의 저자 지광 그 사람이었는지도 모른다.[18] 그것은 그렇다 치고, 카나쿠라金倉 박사는 어떤 사람(有人)의 90세설은 진제가 양대 말에 도래했음에도 불구하고 양대 초로부터 합산하는 점에서 문제가 되지 않으며, 「가상비문」의 71세설은 '진나라에서 당나라까지 모두 71세'라는 문구를 당나라 초기에 길장이 71세가 되었다고 이해해야 하므로 이것은 『속고승전』의 75세설과 거의 합치한다는 것, 남은 지광의 『정명현론약술』의 기록은 간접의 구전舊傳에 의한 것이며 『속고승전』의 사료 가치에 조금 뒤진다고 하여 이를 물리친다.[19] 생각건대 타당한 견해일 것이다.

---

17 『정명현론약술』(日本大藏經·方等部章疏, 378下~379上).

18 안징(763~814)은 대화大和 대안사파大安寺派의 삼론 학자임에 대해 지광(708~)은 약 50년 안징의 선배에 해당하며, 게다가 대안사와는 대립 관계에 있었던 대화 원흥사파元興寺派에 속했다. 안징이 『중관론소기』에서 길장 『중관론소』를 주해함에 있어서 가장 많이 의용하고 인용하는 것은 이른바 이 『술의』이지만 동시에 자주 견해를 달리하며 이것을 반론하는 점에서, 『술의』의 저자는 안징과 거의 동시대의 삼론 학자로, 누구인지를 말하자면 원흥사파의 누군가가 아니었을까라 생각하게 하는 점이 있다.

19 金倉, 앞의 책, pp.197~198 참조.

/ 제1장 /

길장의 저작

제1절 현존 저작의 대강

　도선道宣은 길장의 강경이나 저술에 관해 "삼론을 강설하기를 1백여 번, 법화는 3백여 번, 대품·대지도론·화엄·유마는 각각 수십 번이며, 이들에 모든 현소玄疏를 저술하여 왕성하게 세상에 유행하고 있다."라고 전한다. 도선도 말하듯이 길장은 저술의 양이라는 점에서는 중국 불교자 중에서도 가장 유력한 한 사람이며, 특히 남북조 말에서 수대에 한정하자면 정영사淨影寺 혜원慧遠(523~592)과 나란히 제일인자이다. 또한 그의 저작의 대부분이 생존 중에 스스로의 손에 의해 쓰였다고 추정되며 그것이 오늘날 현존한다는 점에서도, 예를 들면 동시대의 천태 대사 지의(538~597) 등에 비교하여 가상 대사 길장의 커다란 특징이다. 그런데 천태의 연구와 비교한 경우 가상의 연구 그 자체도 그다지 진행되지 않은 것이 현 상황이며, 따라서 그 저작의 기초적인 연구·고증이라는 것도 충분한 형태로는 오늘날 아직 되어 있지 않고 각 문소의 제작 연대나 찬술의 전후 관계 등도 결정적인 학설의 확립을 보기까지에는 이르고 있지 않다. 물론 종래부터 길장의 저작 그 자체에 관해서도 각 방면의 우수한 연구가 적지 않으며 모두 길장 연구를 진행해가는 데 유익한 시사를 줄 수 있는 것임은 말할 것도 없다.[1] 그러나 저작의 전반에 관해 말하자면 그 총합적인 연구는 거의 이루어지지 않았다고 해도 과언이 아니다. 대체로 길장의 저작이라고 하면 옛부터 각종 경록에 나타난 것을 전부 헤아려 거의 50부에 이르는 방대한 것이라고 하며,[2] 이중에서 반수 정도는 이미 산실되었고 진위가 아직 결정되지 않은 것이나 명칭이 바뀐 것 등 매우 잡다하다. 이것들의 진위를 간별하여 저작의 전후 관계를 결정하기 위해서는 많은 고증이 필요하며, 그 작업은 사실 매우 곤란한 것이라고 예상된다. 또 현재 『대일본속장경』 기타에 수록되어 있는 26(25)부의 현존 저작에 대해서도 저작 연대가 명기되어 있는 것은 겨우 『대품경의소』 10권(제2권 결권)과 『십이문론소』 3권의 2부에 불과하고, 서문 등에 약간 저술의 연유에 관해 서술했던 것도 있지만 이것도 조금의 시사를 주는 것에서 그쳐서 그것을 그대로 받아들일 수는 없으며 또 수도 한정되어 있다. 따라서 길장 찬술서의 전후 관계라는 것은 현존 26부에 대해서도 매우 불완전한 형태로밖에 이를 추정할 수 없다.

---

1   길장의 저술에 관한 연구로서는 櫻部文鏡, '勝鬘寶窟解題'(『國譯一切經』 '經疏部'10, 1936년 9월), 高雄義堅, 『三論玄義解説』(1936년 9월, 興教書院), 中田源次郎, 「吉藏の百論疏に就いて」(『東方學報』 東京 제7책, 1936년 12월), 椎尾弁匡, '三論玄義解題'(『國譯一切經』, '諸宗部'1, 1937년 2월), 宇井伯寿, '大乘玄論解題'(앞과 같음), 横超慧日, '法華義疏解題'(『國譯一切經』 '經疏部'3, 1939년 5월), 椎尾弁匡, '百論疏解題'(『國譯一切經』, '論疏部'8, 1940년 4월), 金倉円照, 『三論玄義』 解題(岩波文庫本, 1941년 3월), 佐藤達玄, '吉藏の撰述書について'(『印度學佛教學研究』10-2, 1962년 3월), 横超慧日, 「慧遠の吉藏」(『結城教授頌壽記念佛教思想史論集』, 1964년 3월), 村中祐生, 「淨名玄論について」(『印度學佛教學研究』 13-2, 1965년 3월), 같은 이, '大乘玄論について'(『印度學佛教學研究』14-2, 1966년 3월), 졸고 '嘉祥大師吉藏の基礎的研究－著述の前後關係をめぐって'(앞과 같음), 泰本融, '中觀論疏解題'(『國譯一切經』, '論疏部'6, 1967년 6월), 村中祐生, '法華玄論について'(『印度學佛教學研究』15-2, 1967년 3월), 같은 이, '吉藏著作の編年の考察'(『印度學佛教學研究』16-2, 1968년 3월), 長尾雅人, '十二門論疏解題'(『國譯一切經』, '論疏部'7, 1968년 10월) 등이 있다.

2   金倉, 앞의 논문, p.203 참조.

그런데 앞에서 서술했듯이 현재 『대일본속장경』 및 『대정신수대장경』에 수록되어 있는 26부의 길장 찬술서라는 것은 대강 다음과 같다(순서, 호칭은 속장경에 수록된 것에 의거한다.).

1. 화엄경유의 1권	정35	속1·3·5
2. 정명현론 8권	정38	속1·28·5
3. 유마경유의 1권	정38	속1·29·1
4. 유마경의소 6권	정38	속1·29·1
*5. 유마경약소 5권		속1·29·2
6. 승만경보굴 6권	정37	속1·30·3
7. 금광명경소 1권	정39	속1·30·5
8. 무량수경의소 1권	정37	속1·32·2
9. 관무량수경의소 1권	정37	속1·32·4
10. 미륵경유의 1권	정38	속1·35·4
11. 대품경유의 1권	정33	속1·38·1
*12. 대품경의소 10권(권2 결缺)		속1·38·1-2
13. 금강경의소 4권	정33	속1·38·3
14. 인왕경소 6권	정33	속1·40·3
15. 법화경현론 10권	정34	속1·42·3
16. 법화경유의 1권	정34	속1·42·4
17. 법화경의소 12권	정34	속1·42·4-5
*18. 법화경통략 6권		속1·43·1
19. 열반경유의 1권	정38	속1·56·2
20. 삼론현의 1권	정45	속1·73·3
21. 중론소 10권	정42	속1·73·3-4
22. 십이문론소 3권	정42	속1·73·5
23. 법화론소 3권	정40	속1·74·2
24. 백론소 3권	정42	속1·87·2
25. 이제장 3권	정45	속2·2·3
26. 대승현론 5권	정45	속2·2·4

('정'은 대정신수대장경, '속'은 대일본속장경, 또 '*'는 속장경에만 수록되고 대정장경에 없는 것. 또 『유마경유의』 1권은 『유마경의소』 권1 '현의'와 동일하므로 엄밀하게는 25부이다.)

이상의 현존 26부 112권의 길장 저작이 모두 그의 진찬眞撰인지에 관해서도, 예를 들면 『대승현론』 권2 「팔불의八不義」가 혜균慧均 『사론현의』 「팔불의」와 매우 유사한 데에서 『대승현론』 「팔불의」가 길장의 진찬인지에 대해 예로부터 논의되었으며 현대의 학자에 의해서도 지금 다시 문제시된다.[3] 이들 논문을 참조하는 한 「팔불의」에 관해서는 이것을 길장의 진찬이라고 하는 것에 대해서 꽤 부정적인 의견이지만 그것을 가지고 『대승현론』 그 자체가 길장의 찬술에 관계되는 것이 아니라는 확증을 얻기까지에는 이르지 않을 것이다. 전체적으로 보는 경우 『대승현론』이 길장 자신의 친찬親撰인지 아니면 제자들에 의한 후세의 편찬인지는 제쳐두더라도 본서가 길장 교학의 대표적 논서이며 그 사상을 가장 잘 표명하는 것의 하나인 것은 이론이 없다. 확정적으로 본서가 위찬이라는 증명도 현재 불가능함을 생각하면 내용적으로 길장의 다른 저작과의 사이에 중복이 그대로 보인다고 해도 그것은 왕왕 있을 수 있는 일이기에 일률적으로 『대승현론』을 길장의 저작 목록에서 제외할 수는 없으며, 또 그렇게 해서는 안 된다고 생각한다. 따라서 본 장에서 취급하는 길장의 저작의 문제에 한정하지 않고 후술하는 교의·사상에 관한 여러 가지 문제의 전개에서도 일단 종래의 설에 따라 이것을 길장의 저작으로 인정하면서 논의를 진행하는 것으로 하고 싶다.

또 앞에서 기술한 각 장소 중에는 그 제작 연대 및 찬술의 인연이 기술되어 있는 것이 있는데, 이것을 그대로는 도저히 신뢰할 수 없는 것은 앞에서 서술

---

3 이 문제는 고래로 진해珍海, 『대승현문답大乘玄問答』 권1(T70, 572c~573a) 등에서 지적되었고, 宇井伯壽, 「大乘玄論解題」(『國譯一切經』, '諸宗部'1)에서도 언급된다. 「팔불의」에 관해 균정 『사론현의』와 비교·대조했던 것으로서 三桐慈海, 「慧均撰四論玄義八不義について(1)-大乘玄論八不義との比較對照-」(『佛教學セミナー』 제12호, 1970년 10월), 伊藤隆壽, 「大乘玄論八不義の眞僞問題」(『印度學佛教學研究』19-2, 1971년 3월), 같은이, 「大乘玄論八不義の眞僞問題(2)」(『駒沢大學佛教學部論集』 제3호, 1972년 12월) 등의 연구가 있다.

한 대로이다. 후세의 가필·증광이라고 의심하는 것이 충분히 가능하다. 예를 들면 『법화경통략法華經統略』권3에 대업 6년(609) 3월 1일에 저술했다는 기록이 있는데, 속장본의 주에도 다른 판본에는 이 대업 6년 운운하는 8글자가 보이지 않는다고 밝히는 것 등은 그 두드러진 일례이다.[4] 따라서 이에 대해서는 충분히 비판적으로 검토해갈 것은 물론이지만 모든 것을 완전히 무시해서는 추론을 진행하는 것이 불가능하다. 혹시 이것들이 만일 길장 자신의 기록이라고 한다면 후세 남도 삼론 학자의 전설에 기초한 고증·연구에 비해 제일차적인 자료 가치를 지닐 것이다. 따라서 서문에 한정하지 않고 각 장소의 본문 중에서도 일단 길장 자신의 술회라고 간주되는 것에 대해서는 이 기록들을 임시로 실록實錄으로 승인하면서 추론을 진행하고 싶다.

이상의 두 가지 점에 유의하여 다음에 각 장소 상호 간의 인용이 어떠한 출입을 보여주는지를 고찰하여 주어진 한에서 현존 저작 26부 중의 주요한 찬술서에 관해 그 전후 관계를 추정하는 것으로 한다.

제2절 찬술의 전후 관계

1. 법화 주소를 둘러싼 몇 가지 문제

상호 인용 관계가 가장 명료하게 나타나 있는 것은 『법화경』에 관한 주소이다. 이 점에 관해서는 오오쵸오에니치橫超慧日 박사의 국역 『법화경의소』의 해제에서 이미 밝혀졌다.[5] 따라서 결론만을 빌리면 오늘날 5부로 현존하는

---

4   『법화경통략』권3(X27, 488b)의 주에 "一無大等八字."라는 것을 참조.
5   橫超慧日, 「法華義疏解題」(『國譯一切經』, '經疏部'3).

법화에 관한 길장 찬술의 주소 중에는『법화현론』10권이 가장 이르고『법화의소』11권이 이를 이으며『법화유의』1권·『법화론소』3권·『법화통략』6권의 순서로 찬술되었다고 상정한다.『법화현론』은 단지『법화경』관계만 아니라 길장 저작 중에서도 상당히 초기의 작품인 것은『대승현론』,『정명현론』,『인왕반야경소』,『중관론소』등 가장 많은 저작에서 그 인용이 보이며, 그중에서 자주

> 그런데 옛날 강남에서『법화현론』을 지어 이미 2지智를 간략히 밝혔다.
> 然昔在江南, 著法花玄論, 已略明二智.[6]

라는 것처럼 서술되는 것에서 분명하다. 길장이 옛날 강남 혹은 회계에서 운운이라고 한 때는 이미 전기에서 보았듯이 절강성 소흥부 회계에서 가상대사라는 칭호가 유래된 가상사에 머물렀던 시대이다. 수나라가 진나라를 멸망시키고 천하를 통일했던 것은 개황 9년(589) 길장 41세 때이므로 대체로 이 무렵부터 회계 가상사에 머물렀다고 생각되며 저술 활동도 거의 이 41세 무렵을 계기로 활발하게 시작했다고 생각된다. 곧 이에 이은『법화의소』도 이 시기의 작품이라고 추정되는 것은,『법화경통략』의 개권 벽두에

> 옛날 회계에서 이 경전에 대한 현문玄文을 대강 20권 정도 저술하였고, 중간에 서울에 있을 때 그 요용要用을 기록하여 7축軸으로 재단하였다.
> 昔在會稽, 著此經玄文, 凡二十卷, 中居京兆, 錄其要用, 裁為七軸 (X27, 438c.)

---

6   『대승현론』권4(T45, 49a),『정명현론』권4(T38, 876b) 등.

라는 것에서 '이 경전에 대한 현문 대강 20권'이란 뒤에 기술한 요용要用에 대해 『현론』 10권과 『의소』 12권을 말한다고 하는 오오쿄오橫超 박사의 고증에서 분명하다.[7]

그러나 오오쿄오橫超 박사가 말하는 이 『법화경』에 대한 각 주소의 성립에 관해서는 뿌리 깊은 비판설이 있는 것도 사실이다.[8] 결론부터 말하면 비판설의 요지는 현존 『현론』 10권은 2부로 나뉘며 뒤의 7권이 『통략』에서 "이 경전에 대한 현문玄文을 대강 20권 정도 저술하였고, 중간에 서울에 있을 때 그 요용要用을 기록하여 7축軸으로 재단하였다."라는 '7축'에 상당하니, 이 『현론』의 뒤의 7권과 『법화의소』의 성립은 인수 연간(601~604)이며 앞의 3권의 성립은 대업 2년(606)이라고 한다. 그런데 이 비판설에서 말하는 『현론』의 최종적인 성립이 대업 2년이라고 하는 그 점부터 우선 검토해보고 싶은데, 그 근거가 무엇인가 하면 『법화현론』 권1에 『법화경』의 강남에서의 전승을 서술하여

> 진晉 안제安帝 의희義熙 연간에 이르러 이 경이 비로소 도래했다. 그런데 송나라는 60년, 제나라는 23년, 양나라는 44년, 합하여 229년이고, 양나라에서 지금까지 50년이니, 장차 300년이 되어간다.
> 至晉安帝義熙中, 此經始渡. 然宋得六十年, 齊得二十三年, 梁得四十四年, 合二百二十九年, 從梁至今五十年, 將三百年矣. (T34, 363c.)

---

7   주 5번 오오쿄오橫超의 논문 참조.

8   주 1번의 무라나카유우쇼오村中祐生 씨 논문 중 「法華玄論について」, 「吉藏著作の編年の考察」 등의 여러 논문 참조.

라고 하는데, 이 '양나라에서 지금까지 50년'이라는 숫자이다. 요컨대 양말 진초(557)에서 50년을 더하여 하나를 뺀 606년(대업 2년)으로 『법화현론』 성립의 연대라고 간주했던 것이다. 그런데 50년이라든가 300년이라는 햇수가 절대적이지는 않아서 자주 어림수를 보여주는 것은 상식적으로도 판단되는 것인데, 『현론』에서 기록하는 이 숫자가 길장의 착각에 의한 것인지 후세의 오사에 의한 것인지는 제쳐두더라도 완전히 터무니없는 것은 이를 사실史實과 대조해 보면 일목요연하다. 즉 역사상의 실제 햇수는

송 8대 60년(420~479)
제 7대 24년(479~502)
양 4대 56년(502~557)

으로 합계해도 140년이다. 길장은 이것을 송 60년, 제23년, 양 44년, 합계 229년 이라고 한다. 이것은 아마도 필사의 단계에서 제의 24년이 23년으로, 양의 55년(실제로는 56년)이 44년으로 오사되었을 것이다. 따라서 229년은 129년의 잘못이다. 초서체의 삼십三十·사십四十·오십五十 등은 쉽게 오사되기 때문이다. 비판설이, 사실의 햇수와 완전히 배치되었던 앞 단의 기술에 관해서는 아무런 고려도 없으면서 뒤 단의 '양나라에서 지금까지 50년'을 절대시하는 이유는 이해할 수 없다. 50년은 40년의 오사였는지도 모른다. 그리고 "장차 300년이 되어간다."란 그 대강의 계산인 200년의 오사일 것이다. 이미 알아차렸다고 생각하는데, 동진 의희 초년(405)부터 임시로 대업 2년(606)까지 헤아린다 해도 실제 햇수는 202년에 불과한 것이다. 사실 50년이 40년의 오사였다고 한다면 양말 진초(557)부터 40년이면 596년(개황 16년)이다. 이미 서술했듯

이 길장은 개황 17년(597) 49세 8월까지 회계 가상사에 머물렀다. 길장은 많은 저술 중에서, 옛날 회계 가상사에서 『법화현론』을 저술했다고 서술한다. 이를 모두 묵살하고는 '양나라에서 지금까지 50년'의 **50년**이라는 숫자를 절대시했던 끝에 『현론』의 성립을 장안 시대의 대업 2년으로 하지 않으면 안 되는 이유는 어디에도 없다.

그런데 비판설이 이를 모두 무시했던 이유는 『현론』 권1에서 길장 스스로

> 내가 우천禹川에서 은둔했을 때 소기疏記가 영락하여 강의하는 차에 간략히 들었던 바를 찬술하니, 평해評解라 하고 감히 전훈傳訓이라고 칭하였다. 대개 빠진 부분을 보충하는 것으로 바로 자기 마음의 통로를 삼았을 따름이다.
> 余流遁禹川, 疏記零落, 因于講次, 略撰所聞, 目為評解, 敢秤傳訓. 蓋是以備漏失, 正自懷之路耳. (T34, 363c~364a.)

라고 집필의 동기를 술회하는 문장을 중시했기 때문이다. 여기서 길장은 "소기가 영락하였다."라고 하여 『현론』에 선행하는 주소의 존재를 시사하는데, 이것은 권5의

> 대승은 호귀豪貴하여 장자에 비유되고, 소승은 비열鄙劣하여 빈궁한 똥 치우는 사람과 같다. 저술한 문소에서 이미 이 뜻을 밝혔다.
> 大乘豪貴, 譬如長者, 小乘鄙劣, 如貧窮除糞之人. 著文疏已明此義也. (T34, 402b.)[9]

---

9   이 앞의 문장에서도 "故為聖早日著文疏已兩兼之, 可得雙用也."라 한다.

라는 문장과도 일치한다. 그래서 길장이 다른 저술에서 자주 말하는 회계 가상사에서 저술했던 『법화현론』이란 현존의 『현론』이 아니라 이 영락한 『소기』, 『문소』라고 비판설에서는 생각했을 것이다. 길장의 현행 5부의 법화 관계의 주소 이외에도 산실된 주석서가 있었다는 전승은 경록에도 기록되어 있다.[10] 비판설에서 지적하는 대로 『현론』 이전에 영락했던 주소가 있었을 것은 길장 자신의 말에서도 확실한데, 문제는 이 현행 『현론』의 집필 동기를 보여주는 술회가 반드시 장안에서 회계 시대를 회고했던 것이라고 생각할 필요는 없다는 것이다. 진말 수초의 동란이 수습되어 우천禹川(절강성 소흥현 회계산을 우혈禹穴이라 하며 우정禹井이라고도 하므로 회계산 가상사를 가리키는 것은 분명하다.)에 은둔해왔던 길장이 아마 동란의 도피행 등도 있어서 이른 시기의 주소를 상실해버렸는데, 가상사 거주를 기하여 강의하는 김에 이전의 주석을 기초로 새로운 평해評解(이것이 현행의 『법화현론』일 것이다.)를 시도하려 했다는 것이 솔직한 감회인 것이다.

비판설이 『현론』, 『의소』를 장안 시대의 작품이라고 본 최대의 이유는 『승만보굴』과의 관계에 있다. 즉 『보굴』은 '혜일 도량 사문 석길장 찬慧日道場沙門釋吉藏撰'이라는 서명을 가져 길장이 양주 혜일 도량에 머물렀던 전후의 찬술이라고 생각되며, 그의 중기 시대의 대표적인 작품이다. 이 『보굴』 중에 대강 10군데, '법화소'에 구체적인 해석을 양보하는 곳이 보이는데, 비판설에 의하

---

10 『삼론종장소三論宗章疏』(安遠錄)에 "法華新撰疏六卷(分本末為十二卷, 吉藏述)."(T55, 1137b)라고 하니, 『법화신찬소法華新撰疏』 6권의 저술이 있었던 것을 전한다. 단, 이것은 "본말로 나누어 12권이다." 라는 주석에서 현존의 『법화의소』 12권을 말했던 것으로도 생각되지만, 진해(1091～1152)의 『삼론명교초三論名教抄』에서는 도처에 '법화신찬초法華新撰抄云'으로서 이를 인용하여 『의소』와 구별하는 것은, 예를 들면 "新撰疏云, 十解種性位, 得人無我證不退位故名定聚己, 後諸位雖並是定, 但十解是無漏之初故得定名. (義疏云, 性種性者是十行此云, 十解者是十住位也)."(권6, T70, 746c)라고 하는 것을 보아도 분명하다. 따라서 진해 무렵까지 남도 삼론종에 길장의 『법화신찬소』가 전승되었다고 보아야 한다.

면 현행의『현론』,『의소』에 명확하게 대응할 수 있는 곳을 발견하기 어렵기 때문에 이것을『보굴』이후, 즉 장안 시대의 작품으로 간주했다. 따라서『보굴』에서 말하는 '법화소'란 모두『현론』이전에 성립했던, 이른바 '영락했던 소기·문소'라는 것이 된다.

그러나 앞에서 서술한 10곳의 인용을『보굴』에서는 예외 없이 '법화소'라고 하는데, 이것은『보굴』이전에 성립했던 법화의 주소를 모두 포함한 총괄적인 지시라고 생각한다면 가령『보굴』에서 인용되는 10곳의 법화소의 인용이 모두 명확하게『현론』,『의소』중의 문장과 일치·대응하지 않아도 괜찮을 것이다. 엄밀하게 대응할 수 없는 것은 그야말로 산실된 법화소였는지도 모른다. 역으로 하나의 예이든 두 개의 예이든 '법화소운法華疏云'이라는 지시가 분명히 현행『현론』,『의소』를 가리킨다고 판단된다면 그것으로써『현론』,『의소』가『보굴』에 선행한다고 간주하여도 좋은 것이다. 다만『보굴』의 인용이라고 대응할 수 있는 현행의『현론』,『의소』와 완전히 똑같은 문장의 취지가 영락했던 주소 중에도 존재하고 그것들을 포함하여『보굴』의 인용 10곳이 모두 산실된 법화소를 가리키는 경우도 있을 수 있다. 그러나 그것은 산실된 법화소가 존재하지 않는 이상 입증은 불가능하다. 그래서『보굴』에서 가리키는 '법화소'가 분명히 현행『현론』,『의소』를 가리킨다고 생각되는 것을 몇 가지 대조해본다.

승만보굴
(1) 3교 5시는 지금 사용되지 않으며 북토의 영影이 5시에 대해 4종의 가르침을 세웠는데, 말하자면 인연, 가명, 부진不眞과 진眞이다. 이와 같은 뜻들은『법화소』에서 득실을 구체적으로 논했다.

법화현론·의소
(전략) 이에 북토에 이르러 다시 영影이 5교에 대해 4종을 지었다. 지금 대승 경론에 의거하여 그 득실을 상세히 한다. (후략)

三教五時非今所用, *北土影於五時立四* *宗教,* 謂因緣假名不真及真. 如是等義. 『 法華疏』內*具論得失.* 권상본. (T37, 6a.)	(전략) *爰至北土還影五教製於四宗.* 今 依大乘經論*詳其得失.* (후략) 현론 권3. (T34, 382b.)
(2) 게송을 설하는 까닭은 첫째, 게송의 말은 간략하여 많은 뜻을 포함할 수 있 다. (중략) 둘째, 게송의 말은 교묘하다. (중략) 셋째, 국법에 따른다. (중략) 승만 은 지금 국법에 따른다. 그러므로 게송 을 설하니, 『법화소』에서 구체적으로 진 술한 것과 같다. *所以說偈者,* 一偈言約, *能攝多義* (중략) 二者偈言巧妙. (중략) 三者*隨從國法* (중 략) 勝鬘今隨國法, 是故說偈, 如『法華疏』 內具陳也. 권상말. (T37, 11c.)	묻는다. 왜 여러 경전에는 장행과 게송 이 있는가? 답한다. 장행과 게송에는 간 략히 10체體와 5례例를 밝힌다. (중략) 첫째, 국법에 따름이 같지 않다. (중략) 일곱째, 말을 쉽게 줄여 어세를 바꾸어 설법하고자 한다. (중략) 여덟째, 의미가 무량함을 보여주기 때문이다. 問*何故諸經有長行與偈* 答長行與偈*略* *明十體五例* (중략) 一者*隨國法不同.* (중 략) 七者*欲易奪言辭轉勢說法* (중략) 八 者*示義味無量故.* (후략) 의소 권2. (T34, 472a.)
(3) 『지지경地持經』의 경우 수기에는 여 섯 가지가 있다. (중략) 이 6종 수기에 대해 또 다른 해석이 있으니, 『법화소』 에서 해석한 것과 같다. 如『地持』中授記有六 (중략) *此六種授* *記* 更有異釋, 如『法華疏』解. 권상말. (T37, 18a~b.)	여섯째, 총료간문總料簡門이니, 『법화론 』에서는 이 경에 6종 수기가 있다고 밝 힌다. 第六總料簡門者, 『*法華論』明此經有六* *種授記* (후략) 의소 권8. (T34, 566b.)
(4) 수기를 주는 것에는 두 가지가 있다. 첫째는 총명득기總明得記이고, 둘째는 별명득기別明得記이다. 곧 수기한다는 것은 총명득기이다. 『법화소』에서 구체 적으로 해석했다. 就與記中有二. 一*總明得記* 二*別明得記* 也, 即為授記者, 總明得記也, 『法華疏 』內具釋. 권상말. (T37, 18a.)	불타는 통별의 두 수기를 갖추어 주니, 별기에 대해 말해보자. (중략) 또 두 종류 의 수기가 있다. 첫째로 총기總記이고, 둘 째로 별기別記이니, 위에서 서술한 대로 이다. 佛具授通別兩記, 言別記者. (중략) 又有 二種記 一*總記二別記* 如上釋之. 의소 권8. (T34, 566a~b.)

여기서 거론된 것은 예를 들면 (3)의 예와 같이 『보굴』에서는 『지지경地持經』의 '6종 수기'를 설하여 또한 『법화경』에 다른 해석이 있다고 밝힌다라 해두고, 『의소』에서는 『법화론』의 '6종 수기'를 자세히 설하는 등 명확한 대응 관계가 보이는 것 정도이다. 그 외 일반적으로 『보굴』이 '법화소'를 가리키는 것은 특정의 문제에 관해 그 상세한 설명을 후자에 미루기 때문이어서 예를 들면 "보살마하살의 뜻은 『법화소』의 해석과 같다."(菩薩摩訶薩義, 如『法華疏』釋. 권상말, T37, 25b)라고 하면 『의소』 권1(T34, 461a~c)에 '보살마하살'에 관한 보다 상세한 정의가 보이므로 이것으로써 적어도 이 권상말의 『보굴』에서 말하는 '법화소'를 현행 『의소』라 간주해도 지장이 없는 것으로 생각된다.

또한 『현론』이나 『의소』가 『보굴』 이후의 성립이라는 적극적인 증거를 제시하기 위해서는 역으로 『현론』이나 『의소』 중에서 『보굴』의 존재를 시사하는 것이 아니면 안 된다. 이것에 대해 비판설은 "『의소』에서는 『승만보굴』을 이미 예측하는 것이 있다."라고 하는데, 그것은 단지 1곳뿐으로 더구나 그것은 다음의 문장이라고 지적되어 있다. 즉

> 지금 일승의 도리를 깨달아 이해하여 불종佛種을 이으면 비로소 참된 불자가 된다. 『승만경』에는 별도로 「진자장真子章」이 있으니, 그 해석과 같다. 今悟解一乘堪, 紹繼佛種, 始為真佛子. 『勝鬘經』別有「真子章」, 如彼釋也. (T34, 513c.)

비판설은 이 "그 해석과 같다."의 '그'를 『승만보굴』이라고 이해했다. 읽어 보아 분명한 것처럼 여기서 말하는 '그'란 『승만경』 「진자장眞子章 제14」 그 자체를 가리키는 것이어서 『보굴』에서의 길장의 해석을 가리키는 것이 아니다.

또한 『법화의소』가 길장 장안 시대의 작품인 방증으로서 『의소』 권7에

> 상고商估와 가인價人을 설명해보자. 상고는 행상을 말하고, 좌고坐估는 물
> 건을 파는 사람이다. 가인은 물건을 사는 사람이다. 이 장안 땅에서는 살
> 매買를 고賈라고 부르니, 반드시 서물에 의거할 필요는 없다.
> 商估價人者, 商估謂行商, 坐估謂賣物人也. 價人謂買物人也. 此長安地呼買
> 為賈, 不必依書典也. (T34, 555a.)

라는 문장을 거론하며 장안에서의 실제 견문을 보여주는 예라고 한다. 똑같은
의문이 이전에 모치즈키신코오望月信亨 박사에 의해서도 제시되었는데,[11] 박
사는 일찍이 이것을 길장이 만년 장안으로 옮겨 제작했던 것이라고 본다.
앞에서 기술한 예문은, 장안에서는 매買도 고賈(팔다)도 모두 '사다'의 의미로
사용되는 것처럼 가價(값)에도 물건을 사는 의미가 있다는 것을 말하려고 하는
것인데, 이것이 과연 길장 자신의 실제 견문에 의한 것인지 일반론으로서
장안의 풍습을 서술했던 것인지 아니면 의용된 주석서의 인용인지 어느 쪽으
로도 결정할 수 있는 문맥은 아니다. 이것만으로는 『의소』가 길장 만년의
저술이며 『보굴』 이후의 성립이라는 결정적 증거로는 되지 못할 것이다. 하물
며 『의소』에 선행하는 『현론』이 『보굴』 이후의 성립이라고는 도저히 고찰할
수 없다. 후술하듯이 『보굴』에서는 오늘날 산실되어 전하지 않는 『열반경소』
의 인용이 보이며,[12] 이 『열반경소』의 문장에서 '법화소'라고 생각되는 인용이
있는데, 남도의 삼론 학자는 이것을 『법화현론』 혹은 『법화의소』에서의 인용

---

11 望月信亨, 『佛教大辭典』, '법화의소法華義疏'의 항목(p.4573) 참조. 이 책에서는 『의소』 권4, "木梫者,
    形似白檀微有香氣. 長安親見之."(T34, 505a)의 문장도 아울러 인용하여 장안 찬술의 증거라고 한다.
12 『승만보굴』 권상말, "(전략) 涅槃疏內具會其同異也."(T37, 21c.)

이라고 지적한다.[13] 당시 남도에서는 앞에서 서술했듯이 현존의 5부의 법화 주석 외에도 따로 '법화소'가 존재했던 것인데, 『현론』이나 『의소』 중에서 그 해당하는 곳을 지적하는 것은 남도에서는 이 두 책이 『열반경소』에도 선행한다고 간주했던 증거일 것이다.

이상 비판설에서 오오쵸오橫超의 설을 뒤집기에 충분할 정도의 논리적 실증성이 발견되지 않는 한 필자로서는 오오쵸오橫超 박사의 견해와 같이 『법화현론』, 『법화의소』, 『법화유의』, 『법화론소』, 『법화통략』의 순서로 성립하며 『현론』과 『의소』는 (적어도 『현론』은) 길장의 회계 시대의 찬술이라고 인정하지 않을 수 없다.

2. 회계會稽 가상사嘉祥寺 시대의 찬술서

길장이 개황 17년(597) 49세 때까지 회계 가상사에 머물렀던 것은 이미 서술한 대로이다. 이 시대의 다른 작품으로 제작 연대가 명기되어 있는 오직 둘 중의 하나인 『대품경의소』 10권(제2권 결권)이 개황 15년 1월 20일, 47세 때의 저작이라고 되어 있어서, 다른 길장 장소를 구체적으로 지적했던 곳이 전혀 없고 내용에서 미루어봐도 거의 이 시대의 작품이라고 생각해도 지장이 없을 것이다. 그러나 이것에 관해서도 본소의 권1 「현의玄意」는 『열반경유의』, 『이제의』, 『승만보굴』, 『금강반야소』, 『법화유의』, 『유마경의소』, 『법화현론』, 『법화의소』, 『대품유의』라는 도합 9부의 소에 근거를 두어 성립한

---

13 『삼론명교초』 권10(T70, 792c~793a)에서, "三示現者, 涅槃(疏)十五云, 六通有示現不示現者, 若是如意通, 知他心通, 漏盡通, 此三是示現 若是餘三非示現, 已如別記"라고 길장 『열반경소』의 문장을 인용하며, 문장 중의 "已如別記"에 대해 진해는 "如別記者, 指餘文也. 餘文者何可尋之."라고 하여 『법화현론』 권1과 『법화의소』 '보문품소普門品疏'를 이하 참조한다. 상세한 것은 본 장 제3절 2. 『대반열반경소』 참조

것이며, "개황 15년 정월 20일 기록했다."(開皇十五年正月二十日記)를 신뢰한다고 해도 권1 「현의」만은 만년의 부가라는 학자의 귀중한 지적이 있다.[14] 확실히 권1은 '대품경현의'라는 제목으로 본소의 서론적인 내용을 가진 우수한 것인데, 이것이 앞에서 서술했듯이 9부의 길장 장소에 근거를 두어 성립했다고 하는 것은 어떤 의미일까? 이 중에는 『열반경유의』나 『법화유의』 또는 『유마경의소』 등 비교적 만년의 저작도 포함되어 있고 그것들의 성립 이후에 본권이 다시 기록 부가되었다는 근거는 구체적인 증거가 제시되어 있지 않으므로 잘 알 수 없지만, 아마 같은 취지의 문맥이 이들 9부의 소에서도 발견된다는 것이겠다. 예를 들면 모두의 『열반경유의』와 『이제의』의 두 개를 예로 삼아보자.

『열반경유의』	『대품경 현의』
섭산 대사는 오로지 삼론 및 『마하반야경』만을 강설하고 『열반경』이나 『법화경』의 강석을 열지 않자, 여러 학사들이 『열반경』을 강설하기를 청하였다. 대사는 말하였다. 모든 사람들이 지금 『반야경』을 이해하는데, 어찌 또 다시 강설하게 하는가? 다시 거듭 청하자 곧 '본유금무本有今無'의 게송을 말하고는 결국 강설하지 않았다. (흥황에 이르러서 비로소 이 경전을 크게 홍포하였다.)	지관 법사는 6년 동안 산중에서 다른 경전을 강설하지 않고 오로지 『대품경』만을 강설하였는데, 졸년卒年에 들어 여러 학사들이 『열반경』을 강설하기를 청하였다. 법사는 다음과 같이 말하였다. 모든 사람들이 『반야』을 이해하는데, 어찌 또 『열반경』을 강설하고자 하겠는가? 단지 삼론과 『반야』를 읽기만 해도 만족하니, 결코 다른 경전을 강설할 필요가 없다. 여러 학사들이 간곡히 청하는지라 법사는 결국 『열반경』의 대의를 품평하고 '본유금무'의 게송을 풀이할 따름이었고 오로지 『반야경』에만 마음을 두었다.

---

14 村中祐生, 「吉藏著作の編年の考察」(『인도학불교학논집』16-2) 참조.

『이제의』
이제를 설함에 대개 20여 종의 세력이었
는데, 혹 흩어지거나 혹 묶이거나 혹 장
의 단락을 나누거나 혹 나누지 않거나
나눌 때는 혹 3단으로 나누거나 하다가
비로소 10중이 되었다. 10중으로 한 까닭
은 바로 개선 법사의 이제의를 대치하기
위한 것이다. 그가 이제의를 밝힘에 10
중이 있어서 그의 10중을 대치하기 때문
에 10중을 밝히는 것이니, 하나하나 거
듭 설명하여 바르게 한다.

說二諦凡二十餘種勢, 或散或束, 或分章段
或不分, 分時或開爲三段, 乃作十重. 所以
爲十重者, 正爲對開善法師二諦義. 彼明二
諦義有十重, 對彼十重故明十重, 一一重以
辨正之. 師唯導此義有重數, 所餘諸義並皆
不開. 若有重數者, 非興皇者說也.
(T45, 78b.)

『대품경현의』
지금 그 뜻을 상고해보고자 한다. 그런
데 산문 이래 도의 뜻에는 장의 단락을
짓지 않았는데, 오로지 흥황 법사가 이
제를 강설할 때 10중으로 나눈 것이니,
이것은 개선이 이제를 10중으로 나눈 것
을 대치하기 위해 한 것이지 그 외에는
전혀 없다. 뒷사람이 만약 장의 단락을
짓는다면 흥황의 문도가 아니다.

今當得商略其意. 然山門已來道義不作章
段, 唯興皇法師作二諦講開十重者, 此是
對開善二諦十重故作, 其外並無. 後人若
作章段者, 則非興皇門徒也.
(X24, 196a.)

읽어보아 분명하듯이 『열반경유의』와 『대품현의』, 『이제의』와 『대품현의』
의 관계는 양자 모두 공통적인 사실史實을 서술하는 점이다. 따라서 문맥적으
로도 양자는 매우 비슷한 문장이다. 그러나 여기서는 양자의 전후 관계를
시사하는 기사는 아무것도 눈에 띄지 않는다. 일반적으로 나중에 성립한 문장
일수록 간략화되며 내용이 정리되어 있는 것이 보통이다. 이 기준으로 판단한
다면 『대품현의』 쪽이 보다 간결하다. 따라서 그 찬술의 순서는 『이제의』 →
『대품현의』 → 『열반유의』라고 생각하는 것이 상식적이지 않을까(사실 후술
하듯이 이 삼자의 찬술의 순서는 『이제의』 → 『대품현의』 → 『열반유의』이
다.). 이것을 통틀어 『이제의』, 『열반유의』 모두 『대품경현의』 이전에 성립했
던 것이며 후자는 앞의 둘에 근거를 두어 성립했다고 단정하는 근거는 어디에
있는 것일까. 단 앞에서 기술한 기준이 절대적이지는 않은 것은 각 장소에서
취급하는 주제에 의해서도 설명의 광략廣略이 달라지는 것이므로, 예를 들면

삼론 학파의 경전 해석에서 하나의 장단章段을 짓는 것은 '이제설'에 한하는 특유한 현상이므로『이제의』에서 특히 그 설명은 극도의 상세함을 다한다고도 말할 수 있다. 그러나 그렇다고 해서『이제의』가『대품현의』후에 성립했다는 이유는 되지 않는다.

예를 들어 똑같이 거론되는 9부의 장소章疏 중 하나인『법화현론』의 경우를 보면 그 근거가 되는 것은 아마도『대품현의』에서

남방 5시時의 설과 북토 4종宗의 설은 글에서 뜻이 회복되지 않는다. 옛날에 이미 상세히 하였으므로 지금은 간략히 하여 서술하지 않는다.
南方五時之說, 北土四宗之說, 無文復義, 昔已詳之, 今略而不述也. (X24, 209c.)

라는 문장을 가리킬 것이다. 남방 5시와 북토 4종의 교판설에 대한 비판은 크든 작든 길장의 모든 저작에서 보이는데, 가장 대표적인 것이『법화현론』에서 보이는 것은 이미 본서에서도 본 대로이므로, "옛날에 이미 상세히 하였으므로 지금은 간략히 하여 서술하지 않는다."라고 하는 이상 이 문맥이『법화현론』을 가리킨다고 가정한다면『법화현론』은『대품현의』보다 먼저 성립했다고 상정된다. 따라서『법화현론』1부에 한하여 말하면 앞에서 서술한 지적은 올바르다고 말할 수 있는데, 이『법화현론』이 대업 2년 장안에서 찬술되었다는 선입견을 고집하다보니 앞에서 서술했듯이 유사한 문맥을 갖는 9부의 소가 모두 성립했던 최만년에『대품경의소』가 부가되었다는 귀결이 되어버리는 것이다. 9부의 소 모두에 걸쳐 검토했던 것은 아니지만, 여타의 것은『열반경유의』,『이제의』를 예로 삼아 미루어 알 만하다.

현행의『대일본속장경』에 수록된『대품경의소』는 결권(제2권)도 있고 교정이 조악하여 그 때문에『대정대장경』에도 수록되지 않았던 것이라고 생각된다.

이『대품경의소』와 계통을 같이하는 다른『반야경』관계의 주소에 관해 보면 겨우『인왕반야경소』에『법화현론』의 인용이 보일[15] 뿐으로, 다른 것에서는 상호 인용 관계가 전혀 보이지 않고 후기의 길장 저작에 특징적인 풍부한 역사적 기재 내지 회고적인 문장이 전혀 없는 것, 또 길장은『법화통략』권상에서

> 그런데 나는 젊어서 사론을 홍포하고 말년에는 일승을 전심으로 익혔으니, 사적으로 대중에게 두 번씩 강설하여 거의 3백 번일 것이다.
> 但, 余少弘四論, 末專習一乘, 私眾二講將三百遍. (X27, 438c.)

라고 서술하여 반야 삼론에 예의 전심했던 것은 오히려 장년 시대였던 것을 고백하는데, 칙명을 받아 혜일 도량으로 옮겼던 때에는 이미 삼론 학자로서의 지위를 확립했다고도 생각되므로 오히려 이 일군의『반야경』관계의 주소는 그 내용에서 미루어도 길장 습작 시대의 찬술일 것으로 생각되며 거의 이 시대의 작품이라고 생각해도 좋을 것이다. 이 중에는『금강반야경소』4권이 가장 소박하고 다음으로 개황 15년(47세) 작인『대품경의소』10권, 또한 나집 역『대품반야경』의 서론이라고도 할 만한『대품경유의』1권이 있으니, 서로 전후하여 이 시기에 지어졌다고 추정된다. 반야 관계의 주소 중에는『인왕반야경소』의 성립이 가장 늦다고 보아야 할 것인데, 그 찬술의 시기에 대해서는 분명하지 않다.

이미 서술했듯이『법화현론』의 '양나라로부터 지금까지 50년'을 40년의 오사라고 가정해도 개황 16년(596)이 되며『대품의소』의 개황 15년 작이 신뢰된다고 가정하면 이것보다 1년 늦는다. 따라서『대품의소』가 설명을 양보하는 '법화소'라고 하는 존재는『법화현론』이 아닌 것으로 되지만, 40년이라는 것도

---

15 『인왕반야경소』권상1, "備如法華玄義釋, 今略明之."(T33, 315b.)

대체적인 숫자로 생각되고 자주 보았듯이 『법화현론』이라는 것은 길장 장소의 인용으로는 가장 눈에 띄는 존재이며 초기 회계 시대를 대표하는 작품이라고 생각되므로 『법화현론』은 『대품의소』와 동시대이든가 약간 앞서 찬술된 것이라고 상정해둔다.

그 외에 회계 시대를 대표하는 중요한 논서로 『이제의』가 있다. 『이제의』에도 길장의 다른 장소의 인용·지시는 전혀 없다. 또 제작 연대를 보여주는 직접적인 기재는 아무것도 없다. 야스모토토오루泰本融 박사는 『중관론소』와 본서의 문장을 여러 곳에 걸쳐 대조 비교하고 그 성립을 『중관론소』의 성립보다 조금 이전일 것이라고 추론한다.[16] 그리고 『중관론소』에는 그 성립 이전 저작의 본문이 주로 요약 또는 취의의 형태로 의용되어 있는 것이 보통인 점에 착안하여, 일례로서 같은 책에 "진속 이체異體는 첫째로 경전의 상즉의 말을 해친다."라고 하는 경전에 대해 이미 『이제의』에서는 『열반경』, 『대품경』, 『정명경』의 세 가지를 구체적으로 지시하며 각각의 경문을 인용하는 점, 게다가 전체의 설상說相에서 『중관론소』가 『이제의』의 문장을 참조하면서 그 이상의 사색을 덧붙였던 듯한 인상을 기초로 앞의 결론을 얻는다. 필자도 이 지적을 전면적으로 긍정한다. 이제를 종합하여 다룬 길장의 대표적인 논소 『대승현론』, 『중관론소』, 『이제의』의 세 책에 관해서는 후술하는 것처럼 『대승현론』이 『중관론소』 이후의 성립인 것은 길장 자신이 『대승현론』에서 지적하는 것이고 야스모토토오루泰本融 박사도 그 설상의 간략화의 방향이 『이제의』 → 『중관론소』 → 『대승현론』의 순서임을 지적하여 그 성립의 순서도 이에 준할 것이라고 추정한다. 이 세 책에 한하여 말하자면 분명히 성립의 순서가

---

16 泰本融, 「吉藏における中觀思想の形態」(『東洋文化研究所紀要』 제42책, 1966년 3월) 참조.

『이제의』→『중관론소』→『대승현론』인 것은 이론이 없는 것이다.

길장이『중관론소』를 포함하여 삼론의 주소를 최종적으로 완성해간 것은 대업 4년(608) 장안 일엄사에서인데, 그 주요한 동기가 되었던 것의 하나로 『백론소』 권하에서

> 대업 4년 장안의 3종의 논사를 대치하니, 말하자면 섭론攝論·십지十地·지지地持의 3종 논사들로서 이무아리二無我理와 삼무성三無性이 논서들의 대종大宗이라고 밝혔다. 지금 이 한 품을 세워 바로 논파한다.
> 大業四年爲對長安三種論師, 謂攝論十地地持三種師, 明二無我理及三無性爲論大宗. 今立此一品正爲破之. (T42, 302b.)

라고 하는 것처럼 당시 북도 장안에서의 신흥 학파였던 섭론·지론 등의 여러 논사에 대해 자파의 입장을 명확히 한다는 필요에 절실했던 것이 거론되겠다. 따라서 삼론의 주소는 물론이고 장안 시대의 저술에는 크든 작든 지론·섭론 등의 각 파에 대한 논난을 예상하는 것이 내포되어 있다. 이제 논쟁에 대해서도 예외가 없으니, 간략화의 최종적인 것이라고 할『대승현론』의「이제의」에서도 '섭법문攝法門' 제8에 이제를 배우는 득실에 대하여 10구를 나열하는 제9 '상대문相待門'에서

> 묻는다. 이것은 어떤 사람을 대치하는가? 답한다. 대개 세 가지 뜻이 있다. 첫째, 섭론을 배우는 사람들을 위한 것이니, 그들은 삼성에 집착하지 않지만 삼무성의 도리를 보존한다.
> 問, 此對治何人耶. 答, 凡有三義. 一爲學攝論人不執三性存三無性理 (후략)
> (T45, 24a~b.)

라고 하여 섭론 학파의 삼성·삼무성설을 비교적 상세하게 소개하는 문장이 있다. 이『대승현론』의 내용과 동일한 것이 장안에서 가장 이른 시기의 저술로서 일엄사에서 머물렀던 직후 개황 19년(599)에 쓰인『정명현론』[17] 중에서도 발견되는데, 같은 취지로 섭대승攝大乘 및 유식론인唯識論人의 삼성·삼무성설을 언급한다.

이렇게 삼론의 주소나『정명현론』,『대승현론』과 같이 장안 시대를 대표하는 저술은 모두 당시의 신흥 학파인 지론·섭론 등에 대하여 어떤 형태로든 논급을 시도하므로, 이제 논쟁에 관해 비교적 상세한 내용을 가졌던『이제의』에 그 형적이 전혀 보이지 않는다는 것은 본서가 적어도 장안 시대의 작품이 아닌 것을 보여준다. 또 길장 이제설의 특징적인 학설로 '3중 이제설'과 '4중 이제설'이라는 것이 있는데, 전자를 설하는 것으로『이제의』와『법화현론』, 후자를 설하는 것으로『중관론소』와『대승현론』이 보인다. 후술하는 것처럼 그 차이는 상정되는 대상을 달리하기 때문이어서, 전자가 오로지 강남의 성실 학파를 대상의 중심으로 서술하는 것에 대비하여 후자는 그것에 지론·섭론도 덧붙여 대상으로서 상정하기 때문이다. 비교적 초기 시대의 작품에서도 북토계의 학설을 언급한 것이 많지만 그것은 지도론사나 정영사 혜원(523~592)으로 대표되는 구舊지론사가 많고 장안 시대의 작품과는 뉘앙스를 달리한다. 이제설에서 그것이 명확하게 나오는 것이 3중과 4중의 이제이니, 이로부터 미루어봐도『중관론소』나『대승현론』에 대해『이제의』나『법화현론』이 선행하는 것이 시사되며, 앞의 두 책이 장안 시대, 뒤의 두 책이 회계 시대의 작품이라고 생각하면 그 차이는 매우 명료하다.

---

17 『정명현론』권6, "問, 此對何所爲耶. 答, 凡有二義. 一爲學攝大乘及唯識論人, 不取三性存三無性理. (후략)"(T38, 897b.)

또『이제의』와『법화현론』에서는 어느 쪽이 먼저인지 서로 차이가 보이지 않긴 하나, 나중에 논증하듯이[18] 똑같은 '3중 이제'를 설하지만 전자에서는 '유와 무'가 이제 표현의 대립 개념을 구성하는 것에 대해 후자에서는 '유와 공'에 의해 그것이 제시된다. 이것은『중관론소』나『대승현론』에서도 마찬가지이다. 그래서『이제의』가 다른 세 책에 대해 보다 이전의 찬술이라고 생각하게 된다. 따라서『이제의』의 찬술은『법화현론』에도 선행할 것이다. 어쨌든 이 두 책은 길장의 회계 가상사 시대를 대표하는 작품으로 중요하다.

3. 양주揚州 혜일慧日도량 시대의 찬술서

다음으로 길장은 부름을 받아 개황 17년(597) 후반, 말하자면 49세 때 가을 양주 혜일도량으로 옮기고 얼마 안 되어서 다시 장안 일엄사에 머물게 된다. 이미 서장의 전기에서 보았듯이 양주 혜일도량에 있었던 때는 최대한 개황 17년(597) 49세 9월부터 개황 19년(599) 51세 2월까지로 겨우 대강 1년 반이다. 이 시기를 기념하여 썼다고 간주되는 것이 '혜일도량 사문 길장 봉명 찬慧日道場沙門吉長奉命撰' 내지 '혜일도량 사문 석길장 찬慧日道場沙門釋吉長撰'이라는 서명署名이 있는 찬술서여서 이것에는 전자의 서명을 지닌『삼론현의』 1권과 후자의『승만보굴』 6권(3권 상하),『화엄경유의』 1권('호길장찬胡吉藏撰'으로 되어 있음)의 세 책을 거론할 수 있다.

『삼론현의』에 대해서는 삼론의 요지를 나타내는 것이므로 만년의 작품이라는 설과, 설명을『대승현론』이나『중관론소』에 미루는 곳이 있으므로 이 둘보다 후기, 즉 대업 4년(608) 이후의 작품이라는 설이 근래의 학자들에 의해서도

---

18 제2편 제2장 제3절 '약교 이제의 근본 구조' 주 34번 참조.

압도적인데, 설명을 양자에 미루는 그곳에서는 '대승현론운大乘玄論云', '중관론소운中觀論疏云'이라고 결코 말하지 않는 것이어서, 구체적으로는 단지 "이지二智를 설하는 곳에서와 같이 갖추어져 있다."(具如說二智中.)[19]라든가 "중가의中假義를 설한 것과 같다."(如說中假義.)[20]라고 서술하는 것에 불과하다. 이 '이지의', '중가의'라는 용어에서 미루어보아 곧바로『대승현론』과 동일 주제의 한 장을 상정하는 것인데, 그러나 물론 내용적으로는 매우 비슷하다 해도 완전히 동일한 주제와 내용이『법화현론』이나『정명현론』에도 설해져 있어서 이것을 일률적으로『대승현론』에 미룬다고는 할 수 없다. 어쩌면 오늘날 산실되어 전하는 것이 없다고 해도『이지의』,『중가의』등의 독립된 소품이 있었다고 하는 것도 충분히 생각할 수 있다. 역으로『중관론소』와 거의 같은 해에 완성했다고 간주되는『십이문론소』서소序疏에서 "나는 옛날에 이미『삼론현의』를 저술했다."(余昔已著三論文玄.)[21]라 서술하고『중관론소』자체에도 여러 곳에 걸쳐『삼론현의』를 인용하거나 그 설명을 미룬다.[22] 후술하듯이『중관론소』는 자주 고쳐 쓰는데, 대업 4년(608)에 최종적인 완성을 본다. 그런데『대승현론』에서는 분명히

19　『삼론현의』(T45, 11a).

20　위의 책(T45, 14c).

21　『십이문론소』권상(T42, 171a).

22　예를 들면 (1)『중관론소』권1본 서소에서 "要具斯三義乃圓足,『玄章』內已釋之."(T42, 2a)라고 한다. '이 세 가지'(斯三)란 중中·관觀·논論의 셋이니,『삼론현의』에서 '次別釋中論名題門.'(T45, 13b)이라는 항목이 있어서 이 '현장玄章'이란『삼론현의』를 가리키는 것이라고 생각되는데, 이것은 같은 「서소」에서 "所言中論者玄義具述"이라고 하여 '현장'이라고도 '현의'라고도 하는 것이 분명하다. (2)『중관론소』권6말에서 "問, 薩婆多犢子何時出耶. 答, 佛滅後三百年中從上座部生薩婆多, 從薩婆多出犢子部,『玄義』論以明之."(T42, 100b)라고 하는 '현의론玄義論'이『삼론현의』를 가리키는 것은 같은 책의 '明造論緣起'의 항목에서 "至三百年初迦旃延尼子去世, 便分成兩部, 一上座弟子部, 二薩婆多部. (후략)"(T45, 9b)이라는 동일 내용이 보이며 다른 길장의 장소 중 가장 상세하다. 그 외에도 "『玄義』中旣述."이라는 경우『삼론현의』에 동일 내용이 보이는 등 많은 경우『중관론소』에서 말하는 '현의·현장'이란 곧『삼론현의』라고 생각된다.

이 『중관론소』를 인용하여

> 이미 『중관론소』에 의거하여 먼저 다른 가문의 뜻을 세웠다.
> 既依『中論疏』, 先立異家義. (T45, 59c.)

라고 서술하여 『삼론현의』→『중관론소』→『대승현론』이라는 3자의 전후
관계가 명백하다고 생각한다. 오히려 『삼론현의』의 성립은 순순히 양주 혜일
도량 시대, 요컨대 개황 17년(597)~19년(599) 사이의 기념비적인 작품이라고
간주해야 할 것이다. 『삼론현의검유집』에서는 인수 2년(602) 제작설을 게재하
는데,[23] 작자도 '혹본운或本云'이라고 하여 일설을 소개하는 것에 그치며 자신
을 갖고 그 근거를 보여주는 것은 아니다.

  『삼론현의』에 관련하여 현행 장경에 수록되어 있지 않은 고일서古逸書로
길장 찬 『중론현의中論玄義』 1권이 존재했던 것이 알려져 있다.[24] 이 양자의
관계에 대해 부기하면 길장 『중관론소』 권1말에서도 용수의 출세 연대에 대해

> 묻는다. 용수는 상법 시대에서 언제 출세했는가? 답한다. 승예 법사는 「성
> 실론서」에서 나집의 말을 서술하여 "마명은 350년에 나오고 용수는 500년
> 에 나왔다."라고 하였고, 『마야경』에서는 "700년에 나왔다."라고 하였으며,
> 광산 혜원匡山惠遠 법사는 "900년의 운을 접했으니, 곧 900년에 나왔다."라
> 고 하였다. 구체적으로 『현의』에서 해석한 것과 같다.

---

23 『삼론현의검유집』 권1, "奉命撰者, 或本云, 大隋仁壽二年四月奉令撰."('令'은 '命'의 오기인 듯함, T70,
    381c.)

24 『삼론종장소』(안원록), "中論玄一卷吉藏述."(T55, 1137c), 『동역전등목록東域傳燈目錄』(영초록永超
    錄), "中論玄一卷吉藏."(T55, 1159a.)

問, 龍樹於像法中何時出耶. 答, 睿師「成實論序」述羅什語云, 馬鳴是三百五
十年出, 龍樹是五百三十年出, 『摩耶經』云, 七百年出, 匡山惠遠法師云, 接
九百年之運則九百年出. 具如『玄義』中釋. (T42, 18b.)

라고 서술하여 그 상세한 설명을 '현의玄義'에 미룬다. 이것을 주석했던 안징은

"구체적으로 『현의』에서 해석한 것과 같다."라는 것을 설명해보자. 『중론
현의』에서는 외도와 비담과 성실과 대승의 의도를 논파하고 사람(논주)의
올바른 지점을 밝히니, 구체적으로 『능가경』, 『마야경』을 인용하였다. 논
주가 출세하여 파사현정한 것을 밝혀 말하기를, "700년이 되는 사이에 출
세했다."라고 하니, 지금 이 문장을 인용한 것이다.
言具如『玄義』中釋者, 『中論玄義』破外道, 毗曇成實大乘意明人正處, 具引『楞
伽經』『摩耶經』. 明論主出世破邪顯正, 云七百年出世也, 今引此文也. (T65, 54b.)

라고 하여 현의란 『중론현의』라고 명시한다. 마찬가지로 소승 3부의 득실을
논하여

단, 지금 대승의 실상이 언망려절임을 바라본다면 인·법이 모두 있다고
헤아리는 것은 하품이고, 인은 없고 법은 있다는 것은 중품이며, 인과 법
이 모두 공이라는 것은 상품이다. 『현의』에서 서술한 것과 같다.
但今望大乘實相言亡慮絕, 則計人法俱有爲下品, 無人有法爲中品, 人法俱
空爲上品. 如『玄義』中敘之也. (T42, 19a.)

라는 문장에 대해서도

'단, 지금 대승의 실상이 언망려절임을 바라본다면' 등이라고 한 것을 설명해보자. 『중론현의』에서 말한다. 소승 내에는 본래 3품으로 나뉜다. 첫째로 2공을 모두 얻지 못한 것이다. 독자부의 경우 4대가 화합하여 안법眼法이 있고 5음이 화합하여 별도로 인·법이 있다고 하니, 이것은 하근인이다. 둘째로 살위의 부류이다. 단지 인공만을 얻고 법공을 얻지 못하니, 차근인이다. 셋째로 비유사譬喩師인 가리발마訶梨跋摩의 부류이다. 2공을 갖추어 얻으니, 상근인이다. 공의 뜻의 깊고 얕음에 기준하자면 곧 비담은 소승에서 열등한 것이고, 성실은 소승에서 우등한 것이다. 그러므로『현의』에서 설하였다고 한 것이다.

言但今望大乘實相言亡慮絕等者, 『中論玄義』云, 於小乘內自分三品. 一者俱不得二空. 如犢子部云, 四大和合有於眼法, 五陰和合別有人法. 此下根人也. 二者薩衛之流. 但得人空, 不得法空, 爲次根人也. 三者譬喩訶梨跋摩之流. 具得二空, 爲上根人也. 約空義淺深, 卽毗曇是小乘之劣, 成實爲小內之勝. 故云『玄義』中說也. (T65, 59a.)

라고 한다. 그 외에도 길장이 특별히 언급하지 않아도 안징이 길장의『중론현의』를 인용하여 이를 참조하는 경우가 다수 있다.[25] 그런데 안징이 인용했던 『중론현의』의 앞의 두 문장은 각각 현존하는 길장『삼론현의』에 동일한 문장을 발견할 수 있다. 즉 전자에 대해서는

사람(논주)의 올바름을 말하는 것이다.『능가경』에서 말한다. "대혜大慧 보살이 묻기를 세존 멸도 후 불법은 누가 지키는가라고 하자 불타가 게송을 설하

---

25   예를 들면『소기』의 권2말(T65, 61b), 권3본(70b), 같은 곳(80a), 같은 곳(80b) 등 참조.

여 대답하기를 내가 멸도한 후 남천축의 큰 나라에 대덕 비구가 있을 것이니, 용수 보살이라 한다고 하였다.” (중략) 다음으로 『마야경』에서 말한다. “마야 부인이 아난에게 묻기를 불타 멸도 후 누가 불법을 지키는가라고 하였다.” (중략) 7백 년이 되는 사이에 한 비구가 있으니 용수라고 한다. (후략)

言人正者, 『楞伽經』大慧菩薩問, 世尊滅度後, 是法何人持, 佛說偈答, 於我滅度後, 南天大國中, 有大德比丘, 名龍樹菩薩. (중략) 次 『摩耶經』云, 摩耶問阿難曰, 佛滅度後, 何人持法 (중략) 七百年間有一比丘, 名曰龍樹. (후략) (T45, 6b.)

라는 것과 일치하며, 후자에 대해서는

묻는다. 비담은 단지 인공만을 밝혔고 성실은 2공을 모두 밝혔는데, 어찌 양론에 우열이 없겠는가? 답한다. 소승에는 세 품으로 나뉜다. 첫째, 2공을 모두 얻지 못하는 것이다. 독자부의 경우 4대가 화합하여 안법眼法이 있고 5음이 화합하여 별도로 인·법이 있다고 하니, 이것은 하근인이다. 둘째로 살위의 부류이다. 단지 인공만을 얻고 법공을 얻지 못하니, 차근인이다. 셋째로 비유사譬喻師인 가리발마訶梨跋摩의 부류이다. 2공을 갖추어 얻으니, 상근인이다. 공의 뜻의 깊고 얕음에 기준하자면 곧 비담은 소승에서 열등한 것이고, 성실은 소승에서 우등한 것이다.

問, 毘曇但明人空, 成實具明二空, 云何兩論無有優劣. 答, 於小乘內分三品. 一者俱不得二空. 如犢子部云, 四大和合有於眼法, 五陰和合別有人法, 此下根人也. 二者薩衛之流 但得人空, 不得法空, 爲次根人也. 三者譬喻訶梨之流 具得二空, 爲上根人也. 約空義淺深, 則毘曇爲小乘之劣, 成實爲小內之勝也.

라는 것을 가리키는 것이 분명하다. 또한 길장소에서 “『현의』에서 구체적으로 해석하였다.”(『玄義』中具釋)라는 것을 안징이 특히 『중론현의』라고는 하지 않고

"1권의 『현의』에서 말하였다."(一卷『玄義』云.)와 같이 주석하는 경우도 있다.[26] 그러나 이것들은 모두 현존하는 『삼론현의』에 그에 해당하는 문장이 존재한다. 그리고 안징의 『소기』중에는 한 번도 '『삼론현의』운三論玄義』云'이라는 인용이 없다. 그래서 생각되는 것은 길장에게 '『현의』운玄義云'이라 하면 그것은 예외 없이 『삼론현의』이며 안징의 시대에는 특히 이것을 『중론현의』라고 했다는 것이다. 이것은 경록의 기록과도 부합한다. 즉 경록에 "『중론현의』1권 길장 찬."(『中論玄義』一卷吉藏撰)이라고 한 경우는 『삼론현의』가 빠져 있고(안원록安遠錄, 영초록永超錄), 역으로 "『삼론현의』1권 길장 찬."(三論玄義一卷吉藏撰)이라고 하면 『중론현의』에 대해서 언급된 것이 없다(나라조현재록奈良朝現在錄). 게다가 후대의 진해(1091~1152)에 오면 『중론현의』와 『삼론현의』는 동시에 서로 다수 인용된다. 예를 들면 『삼론현소문의요三論玄疏文義要』권2에서

> 『중론현의』의 처음에서 말한다. 무릇 교화에는 고정된 방식이 없어서 수행으로 이끄는 말도 하나가 아니다. 성인의 마음을 상고해보면 병환을 쉽게 하는 것을 위주로 하고, 가르침의 뜻을 총괄해보면 도리를 회통하는 것을 종의로 삼는다.
> 『中論玄』初云, 夫適化無方, 陶誘非一. 考聖心, 以息患爲主, 統敎意, 以通理爲宗. (T70, 229a)

라고 하는데, 같은 권2에서는 당장에 이어서

---

26 『중관론소기』권3본, "言答玄義中具釋者, 如一卷玄義第六分別大小門云, (후략)"(T65, 69c)라는 것 등을 참조.

『삼론현의』에서 이 논서의 종지를 변론하여 말한다. 역시 이제를 종지로 삼는다. 그러나 지금 세 논서의 차이를 보여주고자 마땅히 경지境智를 종지로 삼는다.

『三論玄』云, 辨此論宗旨云, 亦以二諦爲宗. 但今欲示三論不同, 宜以境智爲宗. (T70, 230c)

라고 하는 것과 같다. 이것들은 모두 예외 없이 현행『삼론현의』에 해당 문장을 발견할 수 있다. 그러나 이러한 예는 진해에게 독특한 용법이어서 안징에서는『중론현의』, 다른 삼론 학자에서는『삼론현의』로서 통일적으로 인용하는 경우가 많다. 그래서 결론으로는『중론현의』와『삼론현의』라는 달랐던 두 판본이 있어서 우연히 내용이 중복되어 있었다고 보는 것보다는 이 두 판본은 남도의 전승에서는 동본 이칭同本異稱인 채로 각각 전사되어 두 판본으로 되어 있었다고 보아야 할 것이다. 진해의 병용倂用이 이것을 시사한다. 따라서 산실된 길장 찬『중론현의』란 현존하는『삼론현의』에 다름 아니다.

4. 장안長安 일엄사日嚴寺 시대의 찬술서

길장이 장안 일엄사로 옮기고부터 최초의 저술은 아마『정명현론』8권에 틀림없을 것이라고 생각된다. 즉『유마경의소』권1에서

나는 무릇 개황 말에 몸의 병으로 인해 '현장玄章'을 스스로 저술하였고, 인수 마지막에 칙명을 받들어 문소를 찬술하였다. 언사에 활략闊略이 있어 두 책은 같지 않다.

余以夫開皇之末, 因於身疾, 自著玄章, 仁壽之終, 奉命撰於文疏. 辭有闊略, 致二本不同. (T38, 908c.)

라고 서술한다. 여기서 개황 말에 저술했던 '현장玄章'이라는 것이 『정명현론』에 해당한다고 생각된다. 이미 서술했듯이 길장이 진왕 광을 따라 장안으로 이주했던 것은 개황 19년(599)으로 길장 51세 때였다. 『정명현론』 자체에서도

> 금릉 사문 길장은 대위공 진왕을 따라 장안현 부용 곡수의 일엄정사에 이르렀다. (중략) 그런데 나 길장은 젊은 시절부터 이 『유마경』을 받아들고 머리가 하얗게 셀 때까지 음미하기를 더욱 돈독히 하였으니, 경의 본모습을 잃지 않고 오랜 세월 동안 더욱 분명히 하고자 들은 바를 찬술하여 이 『현론』을 저술하였다.
>
> 金陵沙門釋吉藏。陪從大尉公晉王。至長安縣芙蓉曲水日嚴精舍。(중략) 但藏青裳之歲。頂戴斯經。白首之年酖味彌篤。願使經胎不失歷劫逾明。因撰所聞著茲『玄論』. (T38, 853a.)

라고 하니, 앞에서 기술한 『의소』의 말과 합하여 생각해보면 장안 일엄사에 들어간 직후에 『정명현론』을 저술했던 것이라고 생각된다. 법화 관계의 주소로는 비교적 후기에 속하고 장안에서 저술되었다고 상정되는 『법화유의』 중에서 『정명현의』라는 이름으로 본서에 설명을 미루는 곳이 있으므로[27] 장안 시대의 최초의 작품인 것은 틀림없을 것이다.

문제는 앞에서 서술한 『유마경의소』에서 "인수 마지막에 칙명을 받들어 문소를 찬술하였다."라는 '문소'가 과연 『의소』 그 자체를 말하는 것인지 아니면 제삼의 주소를 가리키는 것인지 분명하지 않은 것이다. 이 술회는 본문 중의 말로서 이어지는 문장에서 "언사에 활략闊略이 있어 두 책은 같지 않다."라고

---

27   『법화경유의』 권상, "立名不同略有五雙十義, 具如『淨名玄義』已廣述之."(T34, 638c.)

하는데, '활략闊略'이 있는 것은 문자 그대로 '소략疏略'이 있었다는 의미가 아니라 '광략廣略', 요컨대 '광소廣疏'와 '약소略疏'의 두 책의 다름이 있었다는 의미일 것이다. 그렇다면 개황 말(19년이라고 하면 599, 20년이라고 하면 600)에 『정명현론』을 저술하고 인수의 마지막(604)에 『유마경약소』를 찬술했던 것이 된다. 그리고 이 두 소에 근거를 두고 최종적으로 『유마경의소』 6권이 성립했다고 보아야 할 것이다. 또 『의소』에는 '장안 홍법사 사문 길장 찬長安弘法寺沙門吉藏撰'이라는 서명署名이 있다. 『속고승전』의 길장전에서는 홍법사에 머물렀던 것에 관련해 아무것도 설명하지 않는데, 이 사찰이 당시 장안에 있었던 것은 사실이며[28] 도선은 길장이 무덕 초년(618) 10대덕의 한 사람으로 뽑혀서부터 실제사實際寺와 정수사定水寺에서 다시 연흥사延興寺에서도 머물렀던 것을 전하므로 어쩌면 그 이전에 홍법사에 머물렀던 적이 있었을 것이다. 그렇다면 『의소』의 성립은 삼론의 주소와 나란히 대업 연간(605~616)인 것으로 되지 않겠는가.

다음으로 장안 시대의 기념할 만한 작품으로는 삼론의 주소가 차례로 세상에 나왔던 것이다. 즉 『중관론소』 10권·『백론소』 3권·『십이문론소』 3권이다. 이 삼자는 모두 고래로 대업 4년(608) 작으로 되어 있는데, 이 대업 4년이라는 삼론 주소의 해는 이미 학자의 연구에서 보았듯이 다년간에 걸친 구고舊稿를 다시 정리하여 장안에서 신흥 학파였던 섭론攝論·지론地論·지지地持 등의 여러 논사에 대해 삼론의 입장을 천명하기 위하여 가필되었던 것이 전체적으로 묶여 완성되었던 해이다. 앞에서도 보았듯이 『백론소』 권하에서 집필 동기를 말하여

---

28 『속고승전』 권20 '습선편'5 「당 경사 홍법사 석정림전唐京師弘法寺釋靜琳傳」(T50, 590a) 참조. 정림(565~640)은 습선자인데, 법랑 문하의 지구智矩의 제자이며 삼론계의 사람이었던 것에서 장안 시대의 길장이 이 사찰에서 유학했던 것은 충분히 생각될 수 있다.

대업 4년 장안의 3종의 논사를 대치하니, 말하자면 섭론攝論·십지十地·지지地持의 3종 논사들로서 이무아리二無我理와 삼무성三無性이 논의 대종大宗이라고 밝혔다. 지금 이 한 품을 세워 바로 논파하니, '파이무아품破二無我品' 및 '파삼무성품破三無性品'이라고 해야 한다.

大業四年為對長安三種論師, 謂攝論十地地持三種師, 明二無我理及三無性為論大宗. 今立此一品正為破之, 應名破二無我品及破三無性品. (T42, 302b.)

라고 하는 것은 그간의 사정을 잘 전한다. 따라서 이 삼자의 전후 관계는 쉽게 결정하기 어렵지만, 『중관론소』와 『백론소』에는 서로 인용이 보이고[29] 또 대업 4년 6월 27일에 제작했다는 기록[30]이 있는 『십이문론소』에 같은 해 10월 완성[31]인 『백론소』의 인용이 보이는[32] 등의 사실 때문에 이 세 가지 모두 한 번만 출간된 것이 아님은 쉽게 예상되는 것이다.

『삼론현의검유집』의 저자는 『백론소』, 『십이문론소』의 찬술의 시기 여하라는 물음에 관해 '가상 비문'을 인용하여 인수 2년(602)이라 대답하고 대업 4년(608)은 서소序疏의 제작 시기에 관한 것이지 삼론의 소에 관한 것이 아니라고 한다.[33] 단, 이에 앞서 『중관론소』에 대해서는 『중관론소』 권2본의

---

29 『중관론소』 권7본에, "有二種三苦, 一僧仏人明苦, 如『百論疏』出."(T42, 102c)이라 하고, 『백론소』 권하에서도, "又外道云, 內外雖異同明涅槃, 若無涅槃則是邪見. 故最後論之. 釋涅槃不同, 『中論疏』已具出."(T42, 299c)이라고 하니, 서로 인용이 있다.

30 『십이문론소』 서소序疏에, "大業四年六月二十七日疏一時講語."(T42, 171a)라는 것을 참조

31 『백론소』 서소에, "大業四年十月因講次直疏出不事訪也."(T42, 232a)라는 것을 참조

32 『십이문론소』 권중지말, "又見多者從空門入, 愛見等者從無相門入, 『百論疏』已具明之."(T42, 197a.)

33 『삼론현의검유집』 권1, "問, 『百論』『十二門論』兩疏何時撰耶. 答, 如碑文說, 仁壽二年出三論疏. 問, 『百論疏』曰, 大業四年十月因講次直疏出, 「十二門序疏」曰, 大業四年六月二十七日疏一時講語, 此等說豈非相違耶. 答, 此擧序疏製作時而不關三論疏."(T70, 381c.)

인수 3년 3월 2일에 강남의 학사 지태智泰가 조정에 와서 들은 바를 술작하기를 청하니, 마침내 해석을 맡아 10문으로 나누었다.

以去仁壽三年三月二日, 江南學士智泰來至皇朝, 請述所聞, 遂為其委釋開為十門. (T42, 20a.)

라는 문장을 인용하고 "인수 3년에"라고 하는 바에서 "뒤에서 앞을 보는"(以後望前) 것이므로 현행의 소는 인수 3년의 지태의 청에 의해 대업 연간에 제작했을 것이라고도 말한다.[34] 그렇다면 『중관론소』는 두 번 나오고 다른 두 논소는 한 번 나왔는가라고 한다면, 『검유집』의 저자의 태도는 매우 애매하여 삼론의 소는 모두 한 번 나온 것으로 인수 2년의 찬술이고 지태의 청에 의한 나중의 찬술은 단지 제2권의 중첩된 소에 한한다고 하고 거듭

옛날에 제작한 현소玄疏에서는 서문을 해석하지 않았다. 나중에 대업 4년에 이르러 강설하면서 다음으로 삼론의 서소序疏를 지었으니, 현소는 똑같이 모두 옛날 인수 연간에 찬술되어 두 번 나온 것이 아니지만 서소만은 대업 연간에 찬술되었다.

昔所製玄疏不釋序文, 至後大業四年因講次作三論序疏. 明知, 玄疏同皆昔仁壽年中撰而不重出, 但序疏獨大業年中撰. (T70, 382a.)

라고 하여 인수 2년설을 고수한다.

---

34 『삼론현의검유집』 권1, "問, 『中論疏』何時撰耶. 答, 此玄下文云, 如疏初序, 準之仁壽二年撰中論疏. 故檢嘉祥碑云, 仁壽二年令出『淨名』三論二疏. 又『中論疏』第一云, 以去仁壽三年三月二日, 江南學士智泰來至皇朝, 請述所聞, 遂為其委釋開為十門云云. 此則於大業時著『中論疏』, 以後望前故言去仁壽, 此則三論疏前後製作非一二, 公私講多遍數故, 如此異說不相違矣. 但今現行疏依仁壽三年講, 大業年中製作而已."(T70, 381c.)

이 『검유집』의 저자의 설이나, 또 학자에 의해서는 안징도 똑같이 인수설이라 하여 인수 연간 찬술설을 채용하는 방향도 있는데, 안징은 『중관론소기』권1말에서 비문도 포함하여 이상의 각종의 설을 하나의 설로서 소개하는 것에 그치며, 그 자신은

> 오직 이 소문疏文에서만은 처음 책에서나 두 번째 책에서 서문을 공개했다. 소에서 대업 4년에 나왔다고 하였으니, 대업 연간에 이 소가 제작되었다.
> 唯此疏文初牒重牒相開序. 疏既云大業四年以去, 大業年中製作此疏也. (T65, 70a.)

라고 서술한다. 또 분명히 『중관론소』 본문에서도 권5말 「삼상품三相品」의 말미에서

> 대업 4년에 다시 하나의 형태를 지어 해석하였다.
> 大業四年更作一勢釋之. (T42, 85a.)

라고 하여 서소뿐만 아니라 본소本疏도 자주 덧붙여 써서 최종적인 완성을 본 것이 대업 4년(608)이었다고 추정된다. 단, 삼자 중에서는 『중관론소』가 가장 많이 손질된다는 것만은 말할 수 있을 것이다.

이 『중관론소』에 인용되는 길장의 다른 장소는 앞에서 서술한 『법화현론』, 『정명현론』, 『삼론현의』, 『백론소』, 그 외에 『열반소』라는 것이 있다.[35] 이것은 오늘날 현존하는 『열반경유의』 1권인지는 명확하지 않은데, 『열반경유의』도

---

35 위의 책, 권2말, "三者八不偈即涅槃本有今無偈. 偈云, 本有今無本無今有, 三世有法無有是處, 廣釋如涅槃疏, 今略辨之."(T42, 30b.)

상당히 후대의 작품인 것은 같은 책에

> 나는 옛날에 경전을 주록注錄한 소를 분실하여 지금 기억하는 것은 열에
> 하나도 남아 있지 않으니, 이 때문에 강설하여 부족하나마 다시 소를 냈다.
> 余昔經注錄之疏零失, 今之憶者十不存一, 因茲講以聊復疏之. (T38, 230a.)

라고 서술하는 것에서 명백하다. 현존하는『열반경』관계의 주소는 이 한
책인데,『중관론소』에서 인용하는『열반경소』란 어쩌면 이『유의』라는 분
실된 주소였는지도 모른다(일서逸書인『열반소』에 대해서는 다음 절에서
서술함).

『중관론소』와 마찬가지로『열반경소』를 인용하여 설명을 미루는 것으로
『미륵경유의』1권이 있다. 이『미륵경유의』에 대해서는 위찬이 아닐까라는
의심도 있다.[36] 그 외에 정토교 관계로는『무량수경의소』1권,『관무량수경의
소』1권이 있는데, 제작 연대에 관한 기술 또는 다른 장소와의 상호 관계
등은 전혀 확인되지 않는다.

이상 주요한 길장 찬술서에 관해 그 전후를 개관했던 경과이다. 상호 인용
관계로부터 명확한 결론을 끌어내는 것은 매우 곤란하지만 길장에게 그 생애
의 몇 번의 전기과 함께 찾아왔던 저작 활동에 대해 대강의 정리와 전망을
해보는 것은 가능하지 않을까 생각한다. 단지 이것을 기초적인 자료로 하여,
오히려 길장 저작의 전후 관계를 결정하는 것은 그 사상 내용의 이해에 기초
하는 직관적 판단에 맡겨져야만 한다. 그러한 의미도 포함하여 길장의 수많
은 저술 중에서 회계 가상사 시대를 대표하는 장소로서『이제의』와『법화현

---

36 伊藤隆壽,「彌勒經遊意について」(『駒澤大學佛敎學部論集』제4호, 1973년 12월).

론』, 양주 혜일도량 시대를 중심으로 하는 중기의 작품으로는 『승만보굴』과
『삼론현의』, 장안 시대의 후기 대표작으로는 『중관론소』와 『정명현론』 등이
특히 중요한 작품이다.

제3절 길장 저작의 고일서古逸書

1. 서

길장 저작이라 전해지는 것 중에 각 경록에는 기재되어 있지만 현 장경의 어디에도 수록되어 있지 않으며 사본이나 간본 형태의 존재도 알려져 있지 않은 것이 몇 개 있다. 즉

(1) 『법화신찬소法華新撰疏』 6권

(2) 『대품반야략소大品般若略疏』 4권

(3) 『맹란분경소孟蘭盆經疏』 1권

(4) 『중론현의』 1권

(5) 『십이문론략소』 1권

(6) 『삼론서소三論序疏』 1권(이상 『안원록安遠錄』, 『영초록永超錄』 수록)

(7) 『화엄소』 20권

(8) 『무량의경통략無量義經統略』

(9) 『중변분별론소中邊分別論疏』 4권(이상 『나라조현재록奈良朝現在錄』)

(10) 『삼론약장三論略章』 3권(이상 『영초록』)

(11) 『열반경소』 14권 또는 20권

(이상 『나라조현재록奈良朝現在錄』, 『안원록安遠錄』, 『영초록永超錄』, 『의천록義天錄』)

등이다. 이 중 (4) 『중론현의』 1권에 대해서는 『삼론현의』 1권과 동본 이칭이며 남도의 삼론 학자 사이에서 『중론현의』로서 전승되었던 사실이 있었던 것은 이미 지적했다. 또 남도 삼론종 사이에서 적어도 진해(1091~1152) 무렵

까지 여러 주석서에 인용이 보이는 것은 앞에서 기술한 『중론현의』를 제외하면 『법화신찬소』 6권과 『열반경소』 20권, 『삼론약장』 3권의 3책뿐으로, 그 외의 고일서에 대해서는 가령 경록에 그 기재가 있어도 남도 삼론 학자 사이에 전승되고 의용되었던 형적을 전혀 살필 수가 없다. 이 3책 중 『법화신찬소』에 대해서는 대체로 몇 가지 예의 인용이 보일 뿐으로[1] 다른 법화 주소에 비해 그 의용도는 문제가 되지 않을 정도로 적다. 이것에 대해 『열반경소』의 경우는 완전히 사정이 달라서 오히려 일본 남도의 삼론 학자 사이에서 다른 길장 저작과 마찬가지로 빈번하게 인용된다. 경록에 관해서도 권수의 차이는 있지만 모든 경록에 기재되어 있다. 또 『삼론약장』 3권에 대해서는 이것을 기록하는 것은 『영초록』 한 책뿐이지만 본서에 대해서는 1권본인 동명의 장소가 대일본속장경에 수록되어 있고 거기에는 작자명을 대신하여 '호 가상 법사 도의지요胡嘉祥法師導義之要'라고 기록되어 있는 문제의 책이다. 그래서 『열반경소』와 『삼론약장』의 두 책을 선별하여 이하에서 고찰을 덧붙이는 것으로 한다.

---

1 『삼론현소문의요三論玄疏文義要』 권8(T70, 339b), 권9(346c), (357a), 『삼론명교초三論名敎抄』 권6(T70, 746c), (748c) 등 참조.

2. 『대반열반경소』

1)

본소에 대해 각종 경록에서 전하는 바는 다음과 같다.

① 나라조현재일체경목록 現在一切經目錄(石田茂作,『寫經より 見たる奈良朝佛敎の硏究』부록 p.112)	『열반경소』14권 길장 『涅槃經疏』十四卷 吉藏
② 삼론종장소(안원록) (T55, 1137b.)	『열반경소』20권 길장술 『涅槃經疏』二十卷 吉藏述
③ 동역전등목록(영초록) (T55, 1154a.)	『대반열반경소』20권 길장 『大般涅槃經疏』二十卷 吉藏
④ 신편제종교장총록 新編諸宗敎藏總錄(의천록) (T55, 1168a.)	『대반열반경소』14권 길장술 『大般涅槃經疏』十四卷 吉藏述

즉 길장에게는 『열반경유의』 1권 외에 산실되어 현재 장경 중에는 수록되어 있지 않지만 『대반열반경소』 20권 또는 14권의 찬술이 있었던 것이 전해지는 것이다. 이것에 관해 길장 자신도 또한 다음과 같이 언급한다. 즉 『열반경유의』의 서두에서

> 나는 옛날에 경전을 주록注錄한 소를 분실하여 지금 기억하는 것은 열에 하나도 남아 있지 않으니, 이 때문에 강설하여 부족하나마 다시 소를 냈다.
> 余昔經注錄之疏零失, 今之憶者十不存一, 因玆講以聊復疏之. (T38, 230a.)

라고 서술한다. 여기서 말하는 분실했던 옛날의 주소가 경록에서 전하는『열반경소』그 자체인지 즉각 단정할 수 없지만,『중관론소』권2말에서는

> 셋째, 팔불게는 곧『열반경』'본유금무'의 게송이다. 게송에서는 "본래 있다가 지금 없고 본래 없다가 지금 있으니, 삼세에 있다는 법은 옳지 않다." 라고 한다. 자세한 해석은『열반소』와 같으니, 지금은 간략히 설명하였다.
> 三者八不偈即『涅槃』本有今無偈. 偈云, 本有今無本無今有, 三世有法無有 是處. 廣釋如『涅槃疏』, 今略辨之. (T42, 30b.)

라고 하여 분명히 자찬自撰의『열반소』라는 이름을 거론하여 설명을 미룬다.『중관론소』의 이 부분에 주석했던 일본 삼론 학자인 안징(763~814)은

> "자세한 해석은『열반소』와 같다."라고 한 것은 저 소의 제10권에서 말한 것과 같다.
> 言廣釋如『涅槃疏』等者, 如彼疏第十卷云. (T65, 98a.)

라고 하여 이것이 '『열반소』제10권'에 해당하는 것을 명시하고 같은 곳의 소문을 길게 인용한다. 이것은 길장 자신이 자저自著인『열반경소』의 존재를 명언하고 일본 삼론 학자도 또 이것을 전승하여 의용했던 것을 보여주는 것으로서 주목되며 또 앞에서 기술한 경록의 기재를 뒷받침한다.

그런데 안징은『소기』에서 길장의『중관론소』를 주석하는 경우 길장이 매우 유려하게『열반경』을 인용하는 것에 관해 하나하나 그 권수를 명시하면서『열반경』의 원문을 다시 수록하는 등 친절한 주석을 기술하는데, 이 경우 참고로서 '『열반소』몇째 권에서 말하기를'이라고 하여 경의 상세한 해석을

『열반경소』에서 구하는 것이 많다. 또 '『열반소』운'이라고 직접적으로 표현하지 않고 단지 '소주석운疏主釋云'이라고 하여 『열반경소』를 의용하는 예도 다수 보인다. 예를 들면

> 혹 "무작색無作色이 있다."라고 한 것 등을 설명해보자. 『열반경』의 다음 문장에서 다음과 같이 말한다. "선남자여, (중략)
> 言或有無作色等者, 如大經次文云, 善男子, (중략)

라고 길장소의 '무작색의 있음'을 해석할 때 『열반경』 권31 「가섭보살품迦葉菩薩品」(T12, 814c)의 원문을 인용한 직후에

> **소주疏主가 해석하여 말한다.** 이하의 한 쌍의 쟁론인 무작색의 있음과 무작색의 없음에 대해 살바다薩婆多의 경우 무작색은 있으며 무작이 색이라고 밝힌다.
> *疏主釋云, 此下一雙諍論, 有無作色無無作色. 若是薩婆多明有無作, 而無作是色.* (후략) (T65, 57a.)

라고 한다. 이 경우의 '소주석운疏主釋云'의 소주疏主란 물론 길장인데, '길장의 해석에서 말하기를'이란 분명히 그 직전에 나왔던 『열반경』 「가섭품」에 대한 길장의 주석, 요컨대 『열반경소』로 간주되는 문장을 인용하는 것이다. 이것은 시대는 내려가지만 진해(1091~1152)의 『삼론명교초』 권5에서도 같은 문장을 두어

『**열반소**』 권18에서 **말한다.** 살바다薩婆多의 경우 무작색은 있으며 무작이 색이라고 밝힌다.

『涅槃疏』十八云, 若是薩婆多明有無作, 而無作是色. (T70, 741c.)

라고 하는 것에서 이것은 길장 찬술의『대반열반경소』권18의 문장으로 단정된다.

이리하여 안징安澄(763~814)·현예玄叡(~840)·진해珍海(1091~1152)·징선澄禪(1227~1307) 등 일본 남도의 대표적인 삼론 학자의 저술에서 이러한 형태로 길장의『대반열반경소』가 인용되는 것이 매우 많다. 게다가 그 빈도는 길장의 다른 저술인『중관론소』나『대승현론』등의 인용에 비해서도 오히려 이들을 능가할 정도이다. 이것은 일본 불교자의 일승一乘 사상의 관심의 강도를 보여주는 것과 함께 일본 삼론 학자에게『열반경소』가 길장의 유력한 저술이라고 간주되어 그가 주었던 영향이 컸던 것을 보여주는 것이겠다.

2)

필자는 일찍이 이『열반경소』의 일문逸文을 일본 삼론 학자의 말주에서 수록하고 복원·재구성하는 것을 시도했던 적이 있다.[2] 그 결과 본소는 일부 경록에서 전하는 14권의 구성이 아니라 모두 20권이다. 이것은 원래 14권본과 20권본의 두 종류의 이본이 있어서 후자가 유포되었던 것인지 14권본은 20권본의 일부였는지 현재로는 이것을 알 방법이 전혀 없지만, 남도의 삼론 학자 사이에서 이 문제에 대해 언급했던 것이 전혀 없는 것에서 보아도 아마 당초부터 20권이었다고 생각된다. 지금 소 20권의 조직 대강을 알아보기 전에 길장은

---

2   졸고,「吉藏著『大般涅槃經疏』逸文の研究」(『南都佛教』 27·29호) 참조.

과연 『열반경』의 북본과 남본 중 어느 것을 의용했는지를 살펴보지 않으면 안 되는데, 이 점에 대해 『열반경소』 권12에서

> **'가섭이 여래에게 사라쌍수에서 말하기를'** 이하는 둘째, 무소득을 밝히는 것이다. 섭산의 여러 법사들이 지관 법사에게 『열반경』을 강설하기를 청하자 법사는 곧바로 **제15권**을 취하여 이 문장을 읊고는 무소득의 뜻을 헤아려 이것이 열반의 정의라고 밝혔다.
>
> *迦葉曰如來言於娑羅雙樹下,* 第二明無所得. 山中諸法師請止觀師講『涅槃』, 師直取第十五卷唱此中文商略無所得意, 明是涅槃正意也.[3]

라는 문장이 있다. 이것은 분명히 남본 권15 「범행품梵行品」 제20의 2(T12, 707a)에 있는

> **가섭 보살이 불타에게 사뢰어 말하였다. 세존이여, 여래는 앞서 사라쌍수 사이에서 순타를 위해 게송을 설하기를, 본래 있다가 지금 없고 본래 없다가 지금 있어서 삼세에 있다는 법은 옳지 않다고 하였으니, 세존이여, 이 뜻이 무엇입니까?** (후략)
>
> *迦葉菩薩白佛言, 世尊, 如來先於娑羅雙樹間,* 為純陀說偈, 本有今無, 本無今有, 三世有法. 無有是處. 世尊, 是義云何. (후략)

---

3   『삼론현의검유집』 권7(T70, 486b)의 인용에 의한다.

라는 문장에서 '본유금무게'의 해석이며 북본이라면 권17 「범행품」 제8의 3(T12, 464c)이다. 다만 이 경우 정확하게는 지관사 승전이 의용했던 것이 남본 『열반경』이라는 것을 판명할 뿐으로 그것이 그대로 길장이 의용했던 텍스트 도 남본이었다고 단언할 수는 없지만, 별도로 『중관론소』 권1말에

> 『**열반경**』 13권에서는 지금과 옛날의 두 법륜으로 모두 소승을 거론하고 대승을 대치함을 밝힌다.
> 以『*涅槃*』十三卷明今昔二法輪皆擧小對大. (T42, 14a.)

라는 『열반경』의 13권이란 남본 권13 「성행품聖行品」 하에 있는

> 선남자여, 여러 대중에는 다시 두 종류가 있다. 첫째는 소승을 추구하는 자이고, 둘째는 대승을 추구하는 자이다. 나는 옛날에 바라내성波羅奈城에 서 여러 성문을 위해 법륜을 굴렸고, 지금 비로소 이 구시나성拘尸那城에서 여러 보살을 위해 대법륜을 굴린다.
> 善男子, 是諸大眾復有二種 一者求小乘, 二者求大乘. 我於昔日波羅奈城. 為諸聲聞轉于法輪. 今始於此拘尸那城. 為諸菩薩轉大法輪. (T12, 689c.)

라는 문장을 가리킨다. 북본의 같은 문장은 권14 「성행품」 하(T12, 447c)에 해당한다. 길장은 이 문장을 가리켜 '『열반경』 13권'이라고 하므로 분명히 본소는 남본 『열반경』의 주소이다. 그래서 다음으로 남본 『열반경』과 본소의 조직 과문을 대비해보면 다음과 같다.

대반열반경(남본)	대반열반경소(길장)
권1 서품 제1	권1
권2 순타품 제2	권2
권2 애탄품 제3	권3
권3 장수품 제4	권4
권3 금강신품 제5 권3 명자공덕품 제6	권5
권4 사상품 제7의 1 권5 사상품 여餘	권6
권6 사의품 제8	권7
권7 사정품 제9 권7 사제품 제10 권7 사도품 제11 권8 여래성품 제12	권8
권8 문자품 제13 권8 조유품 제14 권9 월유품 제15	권9
권9 보살품 제16 권10 일체대중소문품 제17 권10 현병품 제18	권10
권11 성행품 19의 1 권12 성행품 19의 2 권13 성행품 하	권11
권14 범행품 제20의 1 권15 범행품 제20의 2	권12
권16 범행품 제20의 3 권17 범행품 제20의 4 권18 범행품 제20의 5 권18 영아행품 제21	권13
권19 광명변조고귀덕왕보살품 제22의 1 권20 광명변조고귀덕왕보살품 제22의 2 권21 광명변조고귀덕왕보살품 제22의 3	권14
권22 광명변조고귀덕왕보살품 제22의 4 권23 광명변조고귀덕왕보살품 제22의 5 권24 광명변조고귀덕왕보살품 제22의 6	권15

대반열반경(남본)	대반열반경소(길장)
권25 사자후보살품 제23의 1 권26 사자후보살품 제23의 2 권27 사자후보살품 제23의 3	권16
권28 사자후보살품 제23의 4 권29 사자후보살품 제23의 5 권30 사자후보살품 제23의 6	권17
권31 가섭보살품 제24의 1 권32 가섭보살품 제24의 2	권18
권33 가섭보살품 제24의 3	권19
권34 가섭보살품 제24의4	권19
권35 교진여품 제25의 1 권36 교진여품 제25의 2	권20

3)

길장이 본소를 저술했던 것은 언제쯤이었는지 정확한 연대에 관해서는 알 방법이 없지만, 앞에서 기술했듯이 만년의 장안 시대에 다시 정리했던 『중관론소』에서 인용되고 똑같이 『열반경유의』의 고백에서 미루어 봐도 초기의 작품인 것은 틀림없을 것이다. 길장의 다른 저술과의 상호 인용 관계에 대해서는 『승만보굴』 권상말에 소승 계율의 동이同異를 논하여

『열반소』에서 구체적으로 그 동이를 회통했다.
『涅槃疏』內具會其同異也. (T37, 21c.)

라고 하여 그 설명을 『열반소』에 미루는 곳이 있다. 『보굴』은 앞머리에서 '혜일도량 사문 길장 찬慧日道場沙門吉藏撰'이라고 하는 것처럼 양주 혜일도량 시대의 작품이라고 생각된다. 이미 서술했듯이 길장이 혜일도량에 머물렀던 것은 개황 17년(597) 49세의 9월부터 19년(599) 51세의 2월까지이고, 이 시기의

저술인『보굴』에서 이것이 인용되므로 혜일도량으로 옮기기 이전, 요컨대 회계 가상사 시대에 이미 본소는 성립했던 것이다.

또『대반열반경소』권15에서는 '6신통神通'에 관해

> "6신통에는 시현되는 것과 시현되지 않는 것이 있다."는 것을 설명해보자. 여의통如意通 · 지타심통知他心通 · 누진통漏盡通의 이 세 가지라면 시현되고 나머지 세 가지라면 시현되지 않으니, **이미 별도로 기술했던 것과 같다.** 六通有示現不示現者, 若是如意通 · 知他心通 · 漏盡通, 此三是示現, 若是餘三非示現. *已如別記*[4]

라고 한다. 이것을 중시했던 진해의 주석[5]에 의하면 '별도로 기술했던 것(別記)'이란 길장의 다른 글을 가리키며 그것은『법화현론』권1과『법화의소』권12의 두 문장에 해당한다고 한다. 즉『법화현론』권1을 보면

> 묻는다. 6신통 중에서 3륜輪은 어느 신통인가? 답한다. 6신통의 뜻에서 세 가지는 시현되고 세 가지는 시현되지 않는다. 타심통은 곧 타심륜他心輪이고 여의통은 신통륜神通輪을 말하며 누진통은 설법륜說法輪을 말한다. 묻는다. 나머지 세 신통은 왜 시현된다고 하지 않는가? 답한다. 타심통 등의 세 가지는 중생들이 사태에 나아가 신험할 수 있으므로 시현된다고 하지만, 천안통天眼通 등의 세 가지는 그럴 수 없기 때문에 시현되지 않는다고

---

4 『삼론명교초』권10(T70, 792c)의 인용에 의한다.

5 『삼론명교초』권10, "如別記者, 指餘文也. 餘文者何可尋之. 法花玄一云, 問, 六通之中三輪是何等通耶. 答, 就六通義, 三是示現, 三非示現, 他心通卽他心輪, 如意通謂神通輪, 漏盡通謂說法輪. 問, 餘三通何以不名示現. 答, 他心等三能令衆生卽事信驗故名示現, 天眼等三則不能示故不示現. 又法花普門品疏解觀音名德, 凡有十對, 玄論二十雙義其中第十六雙引神通示現 (후략)"(T70, 792c～793a.)

한다.

問, 六通之中三輪是何等通耶. 答, 就六通義, 三是示現. 三非示現. 他心通即
他心輪, 如意通謂神通輪, 漏盡通謂說法輪. 問, 餘三通何以不名示現. 答, 他
心等三能令衆生即事信驗. 故名示現. 天眼等三則不能爾, 故不名示現也.
(T34, 365c.)

라고 하여 내용적으로는 확실히 대응한다. 『법화의소』에 대해서도

6통 중에서 세 가지는 신통이면서 시현되지 않으니, 천이통天耳通·천안
통天眼通·숙명통宿命通을 말한다. 세 가지는 신통이면서 시현되니, 타심
통·신족통·누진통이다. 누진통은 설법이고 신족통神足通은 전변轉變이
고 타심통은 근기를 아는 것이어서 곧 사태 속에서 사람들이 신험하는 것
이므로 시현된다고 하니, 신통과 시현이 한 쌍이라고 말한다.

六通之中三是神通非示現. 謂天耳天眼宿命也. 三是神通亦是示現. 謂他
心神足漏盡. 漏盡說法. 神足轉變. 他心知機. 即以事令人信驗故名示
現. 謂神通示現一雙也. (T34, 624a.)

라고 진해의 지시대로 해당 문장을 일단 발견할 수 있는데, 『열반소』의
'나머지 세 가지라면 시현되지 않으니'의 구체적 해석으로는 『현론』의 "묻
는다. 나머지 세 신통은 왜 시현된다고 하지 않는가?" 이하의 문장이 보다
정확하게 그 지시에 답한다고 생각된다. 그래서 만약 『열반소』에서 말하는
'별기別記'가 『법화현론』이나 『법화의소』에 해당한다고 하면 본소의 성립
은 이것들 이후 『승만보굴』 이전으로, 즉 회계 가상사 시대 후반에 이루어
졌을 것이다.

3. 『삼론약장三論略章』

1)

『삼론약장』1권은 『대일본속장경』(X54, 834c~843c)에 수록된 작은 논서로서 삼론의 요의를 간결하게 해설한 것이다. 즉 전1권을 이제의二諦義·이지의二智義·반야의般若義·진응의真應義·열반의涅槃義·불성의佛性義·이하의二河義·이종차제의二種次第義·정상의正像義·금강삼매의金剛三昧義·생법이공의生法二空義·열반의涅槃義·진응이신의真應二身義·상무상이조의常無常二鳥義·반만의半滿義·불성의佛性義의 16조로 나누어 설명하는데, 열반의와 불성의의 두 개가 전후로 중복되어 있으므로 실제로는 14조이다. 작자명은 명기되어 있지 않지만 '호 가상 법사 도의지요胡嘉祥法師導義之要'라고 기록되어 있는 바에서 가상 대사 길장과 관련이 있는 것은 분명하다. 이에 대해 『속장경』의 후기에서는

> 『만자속장경』에서 말한다. 이 책은 아마 이 나라 사람이 적록摘錄한 것을 초록하여 낸 것이니, 곧 가상 대사가 제작한 것과 관계가 있기 때문에 장경에 수록되었을 따름이라고 한다.
> 卍云, 此書恐邦人所摘錄, 而所抄出者, 則係嘉祥大師製作, 故姑收藏爾云.

라 한다. 또 사카이노코오요오境野黃洋 박사는 『불서해설대사전佛書解說大辭典』[6]의 이 책의 항목에서 이 후기에 대해 언급하여 "그런데 과연 가상嘉祥의 제작을 초출抄出했던 것인지 아니면 단순히 삼론의 명목名目을 임의로 적출摘出했던 것으로 반드시 가상의 제작에 의한 것은 아닌 것인지 문제이다."라고 서술한다. 이 불서 해설의 문제 제기는 조금 애매하다. 왜냐하면 후기에서 "가상 대사가

---

6 『佛書解說大辭典』제4권, p.134, '三論略章'의 항 참조.

제작한 것과 관계가 있다."라고 한 '가상 대사의 제작'이 의미하는 것이 그다지 명확하지 않기 때문이다. 요컨대 가상의 제작이란 가상 대사의 저작 전반을 가리키는 것인지 더 한정하여 『삼론약장』이라는 가상의 저작 그 자체를 가리키는 것인지 불분명한 것이다. 전자의 의미라면 후기에서 말하는 "가상 대사가 제작한 것과 관계가 있다."란 현재의 『약장』 1권은 가상의 저작 전반에서 초출했던 것이라는 의미이다. 해설자의 문제 제기가 이 점을 의심했던 것이라고 한다면 그 의도하는 바는 『약장』 1권이 가상의 저술과는 관계 없이 단지 일본 삼론 학자가 쓴 삼론 종의의 중요어 해석일 것이라고 의심하는 것이다. 또한 후자의 의미라면 원래 『삼론약장』이라는 가상의 저작이 있어서 그것을 초록했던 것이 이 현존의 『약장』 1권이라는 의미가 된다. 해설은 실은 이 점을 문제로 삼아 의심한다고도 이해된다. 어쨌든 여기서 직접 현존의 『약장』이 길장의 진찬인지 어떤지가 논해지는 것은 아니어서 문제는 ① 단지 일본의 삼론 학자에 의한 독창적인 삼론 교의의 중요어 해석인 것인지, ② 아니면 길장의 각종 저술로부터 초록하고 이것을 현존의 모습으로 재구성했던 것인지, ③ 또는 길장의 저술에 원래 『삼론약장』이라는 것이 있어서 그 부분적 초록이 현존의 『약장』 1권인지, 이상의 세 가지 점에 있는 것으로 생각된다.

　주지하는 대로 현존의 길장 저술은 비교적 본인 자신의 손으로 된 것이 많고 『대승현론』의 일부 등을 제외하고는 종래 그다지 그 저작의 진위에 관해 문제로 삼은 것이 없었다. 그러나 중국 불교자 중 최대의 저술량으로 알려진 그에게는 옛 기록 등에 그의 저작이라고 명기되면서 이미 산실되어 존재하지 않는 것도 많이 있다. 이에 대해 그 시비를 연구할 단서를 얻지 못하는 것이 통례인데, 이 『약장』 1권은 현존 장경에서 그가 뽑아 기록한 것(摘錄)이라고 명기하는 점에서 진위가 어떻든 간에 기존의 길장 저작의 성격을 고찰하는 차원에서 그리 많지 않은 예외적인 자료가 된다고 생각된다. 이하 이 점에 대해 검토해보고자 한다.

2)

　본서에 관한 옛 기록에 관해 우선『나라조현재일체경목록奈良朝現在一切經目錄』[7]에서 찬자 불상撰者不詳인 채로 "삼론약장, 3권"이라 기록되어 있고, 경운景雲 2년(768) 고문서에 기재되어 있다. 그러나 동시대인인 삼론의 석학 안징(763~814)은 분명히 이것을 길장의 저작으로 보아 그의 주저『중관론소기』에 인용한다. 즉『중관론소』권5본「염염자품染染者品」에서 "12인연을 보면 곧 연하緣河는 가득차고 성하性河는 기울어진다."(若見十二因緣, 即緣河滿性河傾, T42, 73b)라는 문장을 해석하여 안징은 "'12인연을 보면'이라고 하는 것에 관해 **소주가 해석하여 말한다.**"(言若見十二因緣等者, *疏主釋云*.)라고 하여 장문을 인용하고는 "구체적으로『**삼론약장**』의「**이하의二河義**」와 같다."(具如『*三論略章*』「*二河義*」也.)라고 서술한다. 이제 이 안징의 인용과 현존『약장』「이하의」를 대조하면 다음과 같다.

『약장』「이하의」	『중관론소기』
二河者, 凡有五種相對. 一者緣河對佛性, 二者生死河對捏槃, 三者眾生河對佛(性河), 四者善法河對惡法(河), 五者煩惱河對智慧(河). (問, 此五種二河並出何處. 答, 經教不同.) 釋迦教(其)中具有河之與海, 多借河名, 舍那教中具有河之與海, 多借海喻, 此因取其深廣無邊流注不沈浮等義. 若是師子吼品明, 生死河中有七種人欲度生竭(死), 即生死河也. 迦葉品中, 有七類人求涅槃, 即涅槃河. 又云, 眾生壽命入如來壽海中, 即眾生(河), 佛(陀)海(佛)也. 又云, 雖有龜魚並不離於河. 大(智)論云, 舍利弗不能度布施即阿善法. 又云, 如來海眾生海(佛)智慧海, 即善法惡法等(河)也.	二河者, 凡有五種相對. 一者緣河對佛性, 此是二用相對. 二者生死河對捏槃, 此是得失兩果相對. 三者眾生河對佛, 此是得失兩人相對. 四者善法河對惡法, 此明乘扶兩法相對. 五者煩惱河(對)智慧, 此就迷悟解惑相對. (而)釋迦教中具有河之與海, 多借河名, 舍那教中具有河海, 多借海喻, 此同取其深廣無邊流注不沈淨等義. 若是師子吼品明, 生死河中有七種人欲度生竭, 即生死河也. 迦葉品中明七種人求涅槃, 即涅槃河. 又云, 眾生壽命入如來壽海中, 即眾生佛河. 又云, 雖有龜魚竝不離於河. 大論云, 舍利弗不能度布施即阿善法. 又云, 如來海眾生海智慧海, 即善法惡法等也.

——
7　石田茂作,『寫經より見たる奈良朝佛教の研究』p.128.

『약장』 「이하의」	『중관론소기』
問, 師子吼明七種眾生, 迦葉品明河中七人, 云何判一是生死二是涅槃耶. 答, 師子吼明, 七種人同欲度生死 有度(有)不度者, 欲斷煩惱有斷(有不斷)者, 故是生死河. 迦葉品明, 七人同欲求涅槃, 有得(有)不得, (同)欲見佛 有見(有)不見者, 故是涅槃河也. (問, 此中河 義為同異. 答,) 總而論唯有二河一生死河二 涅槃河, 今一往離之故或十也. (若是十二因 緣河與佛性河,) 此是二用相對. (若是生死河 涅槃河,) 此是得失兩果相對. (眾生河佛河,) 此得失兩人相對. (若是善法河惡法河,) 此明 乖扶兩法相對. (煩惱河智慧河,) 此就迷悟解 惑相對.	問, (何故)師子吼(品)是生死河, 迦葉品是涅 槃耶. 答, 師子吼品明, 七種人同欲度生死 有度有不度者, 欲斷煩惱有斷者, 故是生死 河. 迦葉品明, 七人同欲求涅槃, 有得不得 (者), 欲見佛有見不見者, 故是涅槃河也. 唯 總而論卽有二河, 一生死河涅槃河, 今一往 離難了故, 成(五對)十(河)也. (準此於是擧十河 之中初緣性河具如三論略章二河義也.) (중관론소기, T65, 155a~b.)

( ) 안의 자구는 서로 빠져 있는 자구이다.

그러나 연희延喜 14년(914) 성립한 『삼론종장소록三論宗章疏錄』(안원록)에는 그 기록이 없으며 관치寬治 8년(1094) 성립한 『동역전등목록』(영초록)에는 '『삼 론약장』, 3권, 길장'과 '『삼론약장』, 3권, 정수사淨秀師'의 두 책이 기재되어 있다.[8] 동무 겸순東武謙順(~1812)의 『증보제종장소록增補諸宗章疏錄』에는 이 2 부 모두 '『삼론약장』, 3권, 길장 述述'이라고 되어 있다.[9]

그런데 『영초록』과 동시대인인 진해(1091~1152)는 그의 저서 『삼론명교초』 에서 "『약장』 1권의 뜻에는 8과목이 있다. 처음에 이제의를 밝혔는데, 중수重數 는 없다."(略章一卷義, 有八科, 初明二諦義, 而無重數.)라 하고 그 아래에 주석하여

구목록에서는 『팔과장八科章』 1권이 가상 찬이라고 하였다. 지금 크게 처 음에 세운 이 의목義目과 본문의 내용에 차이가 있는 것이 보이니, 학자들

---

8 『동역전등목록』(T55, 1161c).

9 『증보제종장소록』(大日本佛教全書 '書籍目錄' 제1).

은 상고해보라.

舊目錄言, 『八科章』一卷, 嘉祥撰. 今見此大初立義目, 與內文有違, 學者考
之. (T70, 693b.)

라고 주석한다. 또 똑같이 『삼론현소문의요』에는 『약장』 「이제의」를 인용한
후에

고기록에서는 『팔과장』이라고 하는데 결락되어 있으니, 연구해볼 만하다.
또 가상의 작이 아니라고 한다.

古錄中云, 八科章者是缺, 可尋之. 且云非嘉祥作. (T70, 240c.)

이라고 주석한다. 즉 진해가 보았던 『약장』은 1권이고 별명으로 『팔과장八科
章』이라고 하며, 진해는 고록을 인용하여 이것을 가상의 작이 아니라고 의심한
다. 진해는 그 외에도 「이하의」, 「이지의」, 「금강삼매의」, 「이종차제의」, 「정상
의」 등을 자기의 저서에서 인용하는데, 이것들은 모두 현존 『약장』의 내용과
거의 일치한다. 이는 이미 보았듯이 안징이 가상 작이라고 간주했던 『약장』
「이하의」는 현존하는 것과 내용적으로는 일치하지만 표현 형식상에서 다소
차이가 보이는 것이라고 감안한다면 다음과 같은 추정이 성립하지 않을까.
즉 안징(763~814)과 진해(1091~1152)의 사이에는 인용되는 『약장』의 내용이
달라졌다는 것, 요컨대 진해의 때에는 이미 누군가에 의해 초록되었던 현존
형태에 가까운 『약장』 1권이 존재했다는 것이다. 따라서 진해는 이것을 가상
작이 아니라 의심했다고 생각될 수 있다. 이것을 『팔과장』이라고 칭했던 것은
당초 초록한 1권 『약장』이 대별하여 8과의 조목으로 이루어졌기 때문이라고
생각된다. 예를 들면 진해는 『명교초』 「반야의」에서

『약장』의 「이지의」에는 그 외에 「반야장」이 별도로 성립해 있다.

『略章』「二智義」, 外別立「般若章」. (T70, 805c.)

라고 서술하여 『약장』에는 「이지의」에 부속하여 「반야장」이 있었던 것이 알려지는데, 현존 『약장』에는 「반야의」라고 하여 독립되어 있기 때문이다. 요컨대 『팔과장』에서의 부속적인 조목이 독립하여, 같은 1권 중에서도 조목에 대해서는 그 배수인 현존의 16조로 이루어진 『삼론약장』이 성립했다고 생각될 수 있다. 또한 「불성의」, 「열반의」의 중복에 대해서는 검토의 여지가 있는데, 이에 대해 같은 『명교초』 「이내외의理內外義」에 관해 진해는

『약장』의 8과목 중 별도로 의목을 세웠는데 문장이 빠져 있다.

『略章』八科中, 別立義目, 而闕無文. (T70, 806b.)

라고 하는 것에서 「이내외의」가 당초의 『약장』에서는 별립되어 있었던 것이 살펴진다. 그런데 진해 당시 결락되어 있었던 이 조목은 현존 『약장』에서도 또한 눈에 띄지 않는다. 그 대신 현존 『약장』에서는 「불성의」, 「열반의」가 각각 두 개 있고, 내용적으로도 각각 중복되는 점이 확인된다. 이는 원래의 「이내외의」가 그 내용적 유사성 때문에 새롭게 초록되었던 『약장』에서는 「불성의」로 되어 나타났기 때문에 조목이 중복되는 결과가 되었다고 생각해서는 안 될까. 조목의 중복도 굳이 꺼리지 않았던 것은 『팔과장』 각각의 주主와 종從의 항목을 독립시키는 의미에서 어떻게 해서든 16조를 세울 필요가 있었기 때문이 아닐까. 어쨌든 추측의 범위를 벗어나지는 않지만 진해의 무렵 이미 초록의 형태로 현존의 것에 가까운 1권본 『삼론약장』이 존재했던 것만은 확실할 것이다.

3)

다음으로 구체적인 내용면에서 『약장』을 검토하고 싶은데, 일례로서 「반야의」의 전모에 관해 다른 길장의 저작과 비교·대조해본다.

『삼론약장』「반야의」	길장의 다른 저작
① 묻는다. 무엇을 반야라고 하는가? 답한다. 『대지도론』에 의거하면 대체로 8해석이 있다. 지금 간략히 6가家로 해설한다. 問, 云何為般若. 答, 依『釋論』凡有八解, 今略解述六家.	다음으로 무엇을 반야라고 하는지 해석한다. 해석하여 말한다. 불타 멸도 후 용수가 아직 나오기 전에 대개 6해석과 2병통이 있어서 합하여 8가가 있었다. (중략) 지금 먼저 용수가 나오기 전의 6해석에 대해 논의한다. 次釋, 以何為波若. 解云, 佛滅後龍樹未出之前, 凡有六解兩病, 合為八家. (중략) 今前論龍樹未出之前六解者.
첫째 해석에서 반야는 단지 진무루혜眞無漏慧라고 한다. 지위는 어디인가? 답한다. 대승에서 논하기를 초지 이상이 곧 진무루혜이고 30심은 상사相似 무루라고 이름한다. 소승에서 논하기를 고인苦忍 이상을 진무루라 하고 이것 이전을 무루라고 한다. 第一解云, 般若但是真無漏慧. 位在何處. 答大乘為論, 初地以上即是真無漏慧, 三十心名相似, 小乘為論, 從苦忍以上名真無漏, 自爾之前名為有漏.	첫째 가家에서는 무루의 혜근을 반야로 삼는다. 묻는다. 무루의 혜근은 상사 무루를 취하는가 진무루를 취하여 반야로 삼는가? 답한다. 옛날에 두 해석이 있었다. 첫째 가에서 말하기를 상사 무루를 취하여 반야로 삼는다고 하였다. (중략) 대승이라면 곧 30심이며, 내도의 범부는 상사 무루를 반야라고 이름한다. 다음의 해석에서 말하기를 진무루를 취하여 반야로 삼는다고 하니, 소승은 고인苦忍 이상, 대승은 초지에 오르고 나서부터이다. 第一家, 以無漏慧根為波若. 問, 無漏慧根此為取相似無漏, 為取真無漏為波若. 答, 舊有兩釋. 初家云, 此取相似無漏為波若. (중략) 若大乘者, 即是三十心, 內凡夫為相似無漏, 此中名波若也. 次解云, 取真無漏為波若, 小乘從苦忍已去, 大乘登地已去也.

둘째로 반야는 단지 유루혜라고 하니, 보살은 번뇌를 제거하여 반야를 얻으므로 유루임을 알아라. 셋째로 유루와 무루의 두 종류의 지혜가 모두 반야라고 하니, 그러므로 유루와 보살이 발심에서 도량에 앉기까지 모두 반야이므로 지혜는 통하는 것이다.

第二, 般若但是有漏慧, 以菩薩除煩惱得般若, 故知是有漏也. 第三云, 有漏無漏二種智慧皆是般若, 所以是有(漏), 菩薩從發心至坐道場, 皆是般若故智通也.

넷째로 반야는 유루도 무루도 아니며 유위도 무위도 아닌 불가언설로서 모든 희론을 떠난 것이라 한다. 용수 보살이 출세하여 두 견해를 평하여 말하였다. 어떤 사람이 말하기를 앞의 네 설은 모두 도리가 있으니, 모두 불타의 입에서 나와 중생에 따르는 것이므로 여러 가지로 설하는 것이라 하고, 어떤 사람은 말하기를 마지막 해석이 옳으니, 언어의 길을 넘어서서 모든 희론을 떠나 무소득에 의거하는 것이 진반야인 것이라고 한다.

第四云, 般若非有漏非無漏, 非有為非無為不可言說離諸戲論. 龍樹菩薩出世評兩解云, 有人言, 前之四說皆有道理, 皆出佛口隨眾生故, 作種種說. 有人言, 最後解者是, 以過語言道, 離諸戲論, 依無所得, 是真般若也.

둘째 해석에서 말하기를 유루를 반야로 삼는다고 하니, 소승에서는 고인苦忍 이전이 모두 유루이고 대승은 30심 이전이 유루이다. (중략) 셋째 해석이다. 초발심으로부터 금강 삼매에 이르기까지 이미 온 것은 원인의 지위이니 모두 반야이고, 불타에 이를 때까지 구르는 것을 살바야라고 한다. 이것은 인과에 나아가서 판별한 것이니, 원인은 반야이고 과보는 살바야이다.

第二解云, 以有漏為波若, 小乘苦忍已前皆是有漏, 大乘三十前是有漏. (중략) 第三解, 從初發心、訖至金剛三昧, 已來是因位, 皆是波若, 至佛時轉名薩婆若, 此就因果判, 因名波若, 果名薩婆若.

(중략) 넷째 가의 해석이다. 유루와 무루를 합하여 취한 것이 반야이니, 이 지위는 초발심으로부터 고인 이전에 이르기까지 모두 초지 이전이다. 그런데 열반인 불과를 인연하면 불과인 열반은 무루인 대상이다. 마음이 이 대상을 인연한 것을 무루라고 하지만 단지 이 마음이 곧 아직 번뇌를 끊지 않았다면 유루이기 때문에 유루와 무루가 반야인 것이다. (중략) 다섯째 해석에서 말하기를 반야는 유루와 무루, 유위와 무위에 통하므로 유루와 무루, 유위와 무위를 모두 취하여 반야로 삼는다고 한다. (중략)

(중략) 第四家解, 合取漏無漏為波若, 此位從初發心, 至苦忍前, 併地前也. 但緣涅槃佛果, 佛果涅槃此是無漏境, 心緣此境名無漏, 只此心即未斷煩惱, 則是有漏, 故以有漏無漏為波若. (중략) 第五解云, 波若通漏無漏為無為, 並取漏無漏為無為為波若. (중략)

묻는다. 6해석 중에서 지금 어느 해석을 사용하는가? 답한다. 인연의 방편에 따른다면 모두 이러한 뜻이 있다. 그것에 집착하는 경우 모두 반야가 아니다.

問, 六解中今用何解耶. 答, 若隨緣方便. 並皆有此義. 如其為執. 悉非般若.

묻는다: 이 여섯 해석은 무엇인가, 어느 것이 옳은가? 지금 4구를 갖춘다고 밝힌다. (중략) 모두 옳다고 하는 것을 설명해보자. 만약 이것이 모두 여래의 방편 교문이며 인연에 나아간 설법임을 안다면 득도할 수 있고 그렇다면 모두 논파할 수 없다. (중략) 마지막은 옳고 처음은 틀리다는 것을 설명해보자. 마지막 해석은 대승을 설하는 것이어서 법은 보여질 수 없고 언사의 상이 적멸하다는 것이니, 곧 대승을 설한 것이다.

問, 此六解云何, 何者為是. 今明, 具四句. (중략) 言併是者, 若識此皆是如來方便教門, 赴緣之說法者, 則能得道. 此則皆是不可破也. (중략) 後是初非者, 後說大乘是法不示, 言辭相寂滅. 即是為說大乘 (『대품경의소』, X24, 202c~203b.)

대조했던 『대품경의소』에서, 제1가家는 무루의 혜근을 반야로 삼는데, 무루의 혜근이란 상사 무루相似無漏인가 진무루真無漏인가에 대해 2설을 거론한다. 하나는 상사 무루를 반야로 삼으니, 소승은 4선근, 대승은 30심에 해당한다고 한다. 또 하나는 진무루를 반야로 삼으니, 소승은 고인苦忍 이상, 대승은 초지初地 이상에 해당한다고 서술한다. 이 두 해석 중 『약장』에서는 후자만을 취하여 제1가는 진무루를 반야로 삼는다라고 하는데, 30심을 상사相似라고 이름한다는 문장은 이 두 개의 해석 중 전자를 그대로 취한다고밖에 생각되지 않는다. 이것은 길장 이외의 인물이 길장의 각종 저술에서 취의해놓았기 때문에 일어난 혼란이라고도 생각되지만, 사본의 탈락이라는 점도 있고 또 이것으로 설명이 매우 간략화되었던 것이라고 받아들이지 않을 것도 없다. 예를 들면 같은 길장의 『대품경유의』에서는 "제1가에서는 무루가 반야라고 한다."(第一家云, 無漏為般若. T33, 64c)라고 할 뿐으로 일체의 설명을 생략한다. 따라서 『약장』의 문장은 『의소』와 『유의』의 중간적인 것이라고도 말할 수 있게 된다. 둘째의 반야 유루의 설은 설명 부분이 『약장』 독자의 것으로 『의소』에는 없다. 셋째는 아마 『의소』의 넷째에 해당하고, 넷째는 『의소』의 여섯째 해석에 해당한다고 생각된다. 『약장』에서는 "6가를 서술한다."라고 하여 이 4가를 거론할 뿐으로 고의인지 탈락에 의한 것인지 다른 주소에서 볼 수 있는 2가를 생략하지만, 다음에 '유인운有人云'으로서 두 개 거론하는 것을 포함하면 6가로 되기는 한다. 그러나 이것은 『의소』의 뒤 단락에서 이 여섯 해석에 대한 시비를 4구 분별한 일부가 여기에 해당한다고도 할 수 있으며 『대품경유의』에서 거론하는 8가 중 "제7가에서는 앞의 6개가 모두 옳다고 한다. 제8가에서는 앞의 6개 중 오로지 제6가에서 설한 것만이 옳다고 한다."(第七家云, 前六併是也. 第八家云, 前六中唯第六家所說解是也. T33, 64b)에 해당한다고 할 수 없는 것도 아니다. 어쨌든 이 뒤 단락의 문장은 『약장』 독자의 것이다.

| ② 중국어로 지혜라고 번역된다. 실상의 종의는 무겁고 지혜는 경박하므로 지혜를 가지고는 반야를 칭량秤量할 수 없으니, 반야는 번역할 수 없다

秦言智慧故可翻. 實相宗重, 智慧輕薄, 故不可以智慧秤量, 般若不可翻 | 『대지도론』에 두 문장이 있다. 첫째, 반야는 중국어로 지혜이다. 개선 법사가 이를 사용한다. 다음 문장에서 말하기를, 반야는 심중深重하고 지혜는 경박하니, 경박한 지혜로 심중한 반야를 칭량할 수 없다.

釋論有二文. 一者般若, 秦言智慧 開善用之. 次文云, 般若深重, 智慧輕薄, 不可以輕薄智慧秤量重深般若.
(『금강반야경소』, T33, 89c.) |
| | 반야는 결정적인 실상이므로 매우 깊고 극히 무겁지만 지혜는 경박하므로 반야를 칭량할 수 없다. (이것은 초제 법사가 사용하는 것이다. 지금 그렇지 않다고 하니, 『대지도론』에서는 뜻을 칭량할 수 없다고 밝혔지 번역할 수 없다는 것은 아니다.)

波若定實相, 甚深極重, 智慧輕薄, 故不能稱於般若. (此招提用之, 今謂, 不然, 釋論乃明不可稱義, 非不可翻也.
(『대승현론』, T45, 49c.) |

이것은 번역할 수 있음과 번역할 수 없음의 단락인데,『약장』에서 "실상의 종의는 무겁고 지혜는 경박하므로 지혜를 가지고는 반야를 칭량秤量할 수 없으니, 반야는 번역할 수 없다."는 것이 길장의 진의가 아닌 것은『대승현론』의 문의文意에서 분명하다. 또 실상의 종의(實相宗)라는 용어는 길장의 어느 저작에서도 보이지 않는 용례로서 후대의 것이라기보다는 분명히 일본인의 용례일 것이라고 생각된다.

③ 『대지도론』에서 말한다. 반야에는 두 종류가 있다. 첫째로 유위 반야이니, 생멸이 있으므로 무상이다. 둘째로 무위 반야이니, 생멸이 없으므로 상주이다.	묻는다.『대품경』에서는 유위 반야와 무위 반야를 밝히는데, 어찌 바로 상주와 무상을 설명하지 않는가? 답한다. 무위 반야에는 두 종류가 있다. 첫째, 실상인 경(實相境)을 무위 반야라 하고, 생겨난 관지觀智를 유위 반야라고 한다. 둘째, 불과의 법신을 무위 반야라 하고 보살의 인혜因慧를 유위 반야라고 한다.
『大論』云。般若有二種。一者有為般若。有生有滅。故是無常。二者無為般若。無有生滅。是故有常.	問,『大品』明有為波若無為波若, 豈不正辨常無常耶. 答, 無為波若有二種. 一者以實相境名無為波若, 所生觀智名有為波若. 二者以佛果法身名無為波若, 菩薩因慧名有為波若. (『대승현론』, T45, 57b.)

이 유위반야·무위반야의 문제는 길장에 있어서는 여러 가지 각도에서 논의되는데, 많은 경우 아래의『대승현론』의 용례에서 보듯이 경지境智를 나누어 말하는 경우라든가 인위因位와 과위果位에 관해 말하는 경우에 한하는 것이어서 소의가 되었던『대지도론』의 진의도 그러하다.『약장』과 같이『열반경』의 상주와 무상에 관련하여 유위 반야를 무상으로 삼고 무위 반야를 상주로 삼는 설명은 조금 과한 느낌을 갖는다. 그러나 전적으로 잘못이라고는 할 수 없지만

길장에 있어서는 그 외에 이러한 예는 보이지 않는다.

④

실상 반야란 도가 사구를 초월하고 도리가 백비를 끊는 것이다. 『대지도론』에서 반야바라밀이 전도됨 없이 실행되고 염상의 관이 이미 제거되며 언어법도 소멸한다고 한 것이다. 이 방편 반야란 생도 있고 멸도 있으며, 지혜도 있고 어리석음도 있는 것이다. 반야는 지혜도 실천도 없는 것이지만 반야에는 지혜가 없는 것이 곧 어리석음의 방편이고 이 알지 못하는 바가 없는 것이 지혜의 방편이라는 것을 알지 못한다. 문자 반야란 곧 불타가 반야를 설하여 명자와 작은 경권을 설한 것이다. 실상 반야는 이미 어리석음도 지혜도 아니므로 체가 된다. 방편 반야는 어리석음도 지혜도 있으므로 곧 용이다. 실상 반야는 그 자체로 이름을

지금 다시 3종 반야를 설명해보자. 지공持公이 해석하여 말한다. 첫째로 실상 반야이고, 둘째로 방편 반야이며, 셋째로 문자 반야이다. 그는 『대지도론』 제100권을 문증으로 하여 반야에는 두 가지 도가 있으니, 하나는 반야도이어서 초품에서 「누교품」까지이고, 둘째는 방편도이어서 「무진품」에서 마지막까지이며, 반야도라면 실상 반야이고 방편도라면 방편 반야이고 문자 반야는 두 가지에 통한다고 한다. 지금 이렇게 판단한 것은 크게 잘못이라고 밝힌다. (중략) 지금 3종 반야의 뜻을 밝히자면 그저 반야의 도에 대해 본래 3종의 대상을 논한다. 이것은 곧 첫째로 실상 반야가 대상이고, 둘째로 관조 반야이며, 셋째로 문자 반야이다.

받기도 하고 대상으로부터 이름을 받기도 하니, 이러한 뜻을 모두 갖는다. 본래 지혜와 실제의 대상을 가지므로 실상이라 하고, 또한 반야의 체에 해당하므로 곧 실상인 것이다.

實相般若者, 道超四句, 理絕百非. 『大論』云, 般若波羅蜜實行不顚倒, 念想觀已除, 言語法亦滅. 此方便般若者, 有生有滅. 有智有愚. 般若無智無行, 不知以般若無智即是愚方便. 此無所不知即是智方便. 文字般若者, 即佛說波若, 說名字及小經卷也. 實相般若旣非愚智, 所以爲體. 方便般若者有愚智, 即是用也. 實相般若爲當體受名, 爲從境受秤, 具有此義. 自有智實境. 故名爲實相. 亦當般若體. 即是實相也.

今且明三種波若者, 持公解云, 一者實相波若, 二者方便波若, 三者文字波若. 彼以『大論』第百卷即文證云, 波若有二道, 一者波若道, 從初訖累教品, 二者方便道, 從無盡品去訖經. 是波若道則是實相波若, 方便道則是方便波若, 文字通兩處也. 今明作此判制者大爲失. (중략) 今明, 三種波若義. 只就波若道中自論三種境. 此則一者實相波若則是境. 二觀照波若, 三者其文字波若.
(『대품의소』, X24, 201a.)

이것은 이른바 3종 반야의 설명인데, 『약장』의 설명은 분명히 길장의 설과는 이질적이다. 요컨대 길장에게 3종 반야란 『의소』의 뒤 단락처럼 실상반야·관조반야·문자반야의 세 가지이다. 이것은 길장의 저작에서는 『중관론소』나 『삼론현의』 등에 상세하며 『삼론현의』에서는 이것을 중中·관觀·논論의 세 글자에 배당하는 것은 주지하는 대로이다. 그러나 방편 반야를 3종 반야의 하나로 덧붙이는 것은 길장에게 전혀 없다. 천태 대사 지의의 경우에는 『금광명경현의金光明經玄義』 권상[10]의 세 반야로 실상과 관조와 방편의 셋을 거론하는 예가 보이지만 지의의 경우에도 문자 반야의 대신으로 방편 반야를 취하는 것이어서 『약장』과 같이 관조 반야의 대신으로 방편 반야를 거론하는 것은 아니다. 방편 반야에 대해 언급하는 것은 길장에게는 분명히 다른 사람의 이설로서 소개되는 것이어서 가장 상세한 것이 아래에서 거론했던 지공持公의 설이며 길장은 이것을 "지금 이렇게 판단한 것은 크게 잘못이라고 밝힌다."(今明, 作此判制者大為失.)라고 단정한다. 또한 『약장』에서는 실상 반야와 방편 반야를 체와 용의 입장에서 논하는데, 이것에 대해서는 따로 『대품경의소』에서

그런데 다시 어떤 사람이 말하기를 비우비지非愚非智는 실상 반야이고 우지愚智는 방편 반야이며 이 두 가지에 대한 문언文言이 문자 반야라고 밝힌다. 이것은 별도로 하나의 뜻이 되어 체용을 보이고자 하는 것인데, 비우비지非愚非智가 체이고 우지愚智가 용임을 밝히는 것이다. 이것은 두 가지 도의 의미가 아니다.

然復有云, 非愚非智為實相波若, 愚智是方便波若, 明此二事文言是文字波若. 此別是一義, 欲示體用, 明非愚智為是體, 愚智為用. 此非二道意也. (X24, 201c~202a.)

---

10 『금광명경현의』 권상, "云何三般若般若名智慧. 實相般若, 非寂非照即一切種智, 觀照般若, 非照而照即一切智, 方便般若, 非寂而寂即道種智, 當知三般若皆常樂我淨, 與三德無二無別"(T39, 3c~4a.)

라고 비판한다. 『약장』에서는 이렇게 길장에게 비판되었던 이설이 그대로 삼론의 요의로서 보인다.

⑤	묻는다. 마하반야는 왜 삼승에서 모두 배우지 않는가? 답한다. 『대지도론』에서 말한다. 반야는 이승에 속하지 않는다. 왜 그런가 하면 이미 마하반야라고 칭하여 곧 대승이니, 이승을 간비簡非하는 것이다. 그러므로 반야는 오로지 보살법임을 알아라.
반야에는 일찍이 인과가 있은 적이 없지만 일단 논하자면 마땅히 원인이라고 해야 한다. 『대지도론』에서 말한다. 반야는 이승에 속하지 않고 오로지 보살에 속한다. 그러므로 지혜는 원인이다. 만약 과보에 이르자면 곧 되돌려 살바야라고 한다. 살바야는 일체지로 번역된다.	
般若未曾因果, 一往為論, 宜名為因. 『釋論』云, 般若不屬二乘, 但屬菩薩. 故智慧因也. 若至果, 即反名薩般若. 薩般若飜為一切智.	問, 摩訶波若何故非三乘通學. 答, 論云, 波若不屬二乘. 所以然者, 既稱摩訶般若, 即是大乘, 簡非二乘. 故知波若獨菩薩法 (『대승현론』, T45, 51c.)
또 과보일 수도 있으니, 열반의 3덕 중에 반야와 같다. 열반이 이미 과보이므로 3덕 중의 반야가 어찌 과보가 아니겠는가.	다음으로 묻는다. 만약 원인에서 지혜를 취하여 반야라고 한다면 이 또한 옳지 않다. 왜 그런가? 경에는 여러 가지 설이 있다. 어떤 이는 말하기를 원인을 반야라 하고 과보를 살바야라 한다고 한다. 어떤 이는 원인과 과보를 모두 반야라 한다고 하니, 『열반경』에서 3덕 중에 있는 반야의 덕과 같다. 그러므로 반야는 과보의 이름이기도 한 것을 알아야 하니, 치우쳐 집착해서는 안 된다.
亦得為果, 如涅槃三德中般若. 涅槃既是果, 三德般若豈非果耶?	次問, 若取因中智慧, 以為般若, 是亦不然. 所以者何. 經中有種種說. 或云, 因名般若果稱薩般若. 或因果悉稱般若, 如『大經』三德之中有般若德. 故知般若亦是果名, 不應偏執. (『금강반야경소』, T33, 88a.)

이 반야의 인과의 문제는 극히 흔하게 있었던 것으로 '열반의 3덕 운운'이라는 것도 취지는 다음의 『금강반야경소』 등과 내용적으로도 일치한다.

⑥
묻는다. 『열반경』에서 말한다. 반야란 일체 중생이고 비파사나는 일체의 성심聖心이고 사나란 제불보살이다. 이것은 왜인가? 답한다. 이것은 얕고 깊음이 없는 것에서 얕고 깊다고 하는 것이다. 반야는 마땅히 혜라 번역되니, 그 뜻은 열등하다. 비파사나는 지로 번역되니, 그 뜻은 조금 우수하다. 그러므로 일체의 성인이다. 사나는 견이라 번역되니, 그 뜻은 가장 우수하다. 그러므로 제불보살이다.

問, 『涅槃經』云, 般若者一切眾生, 毗婆舍那一切聖心, 闍那者諸佛菩薩. 是事云何. 答, 此無淺深中作淺深. 般若宜翻爲慧, 其義劣. 毗婆舍那翻之爲智, 其義小勝. 故是一切聖. 闍那此翻爲見, 其義最勝. 故在諸佛菩薩.

또 『열반경』「사자후품」의 문장에서 취하여 말한다. 반야란 일체 중생을 말하고, 비파사나는 일체의 성인이며, 사나란 제불보살인 것이다. 반야는 참으로 혜라고 하니, 얕기 때문에 일체 중생이라고 한다. 비파사나는 견이라고 하니, 조금 깊으므로 일체 성인이라고 한다. 사나는 지라고 번역되니, 지는 가장 깊으므로 제불보살이라고 한다.

又取案 『涅槃』「師子吼」文中云, 波若者謂一切眾生, 毗婆舍那一切聖人, 闍那者諸佛菩薩者. 波若眞云慧淺 故名一切眾生. 毗婆舍那云見. 少深故云一切聖人. 闍那翻爲智, 智最深故云諸佛菩薩也. (『대품경의소』, X24, 200a.)

그러나 여기서 반야와 비파사나毗婆舍那와 사나闍那의 3지智에 대해 논급하는 곳에 오면 다시 혼란이 보인다. 이 한 단락의 문장과 흡사한 아래의 『대품경의소』의 문장을 보면 비파사나는 견見이라 하고 사나는 번역하여 지智라 한다고 하는데, 『약장』에서는 비파사나가 지智로, 사나가 견見으로 되어 있다. 주지하듯이 비파사나는 Vipaśyanā의 번역으로 관·관찰 등으로 번역하는 것이 보통이다. 그 의미는 혜慧로써 제법의 성상性相을 분별 조견하는 것이며, 전거가 되는 『열반경』에서도 따로 "비파사나를 이름하여 정견正見이라 한다."(毗婆舍那名爲正見)[11]라고 하므로 관觀이라는 번역어를 사용하지 않는다고 하면 견見쪽이 적절하다. 사나에 대해서도 마찬가지로 이것은 물론 jñāna의 음사로 지智

---

11 『대반열반경』(남본) 권28(T12, 792c).

라고 번역되는 것이 보통이다. 사나인 속지俗智라고 하듯이 무릇 세간 출세간의 일체의 사리事理에 대해 결정 요지하는 정신 작용이다. 당연히 이『약장』의 초보적인 잘못은 매우 이해할 수 없다고 하지 않을 수 없다.

| ⑦
반야바라밀에 대해 도안 법사는 도무극度無極이라 번역하였고,『대지도론』에서는 피안도彼岸到라고 하였다.

般若波羅蜜者, 道安法師飜爲度無極. 『大智論』云彼岸到也. | 바라밀의 경우 세 가지 번역이 있다. 첫째, 앞에서처럼 피안도彼岸到라고 한다. 둘째, 사구경事究竟이라고 하니,『대지도론』「무생품」에서도 나왔다. 셋째,『현겁경賢劫經』에서는 도무극度無極이라고 번역했다.

若是波羅蜜有三翻. 一云, 彼岸到如前. 二云, 事究竟, 亦出『釋論』「無生品」. 三者『賢劫經』翻爲度無極也.
(『대품경의소』, X24, 205c.) |

여기서는 반야바라밀의 바라밀에 대해『약장』에서는『대지도론』에서의 피안도彼岸到와 함께 석도안(314~385)의 도무극度無極에 대해 언급한다. 바라밀을 도무극이라고 하는 것은 고역古譯에 잘 보이는 보통의 용어인데, 길장의 저작에서 바라밀의 해석을 조직적으로 행하는『대품경유의』나『대품경의소』또는『금강반야경소』,『인왕반야경소』의 어디에도 이것을 도안의 번안어翻案語로서 취급하는 것은 없다. 아래에 거론했던『대품경의소』에서도 길장은 축법호竺法護 역『현겁경賢劫經』의 번역어로서 제시한다. 그러나 경록에 의하면 도안에게는『현겁경략해賢劫經略解』1권이 존재했던 것으로 되어 있어서 도안이 이 축법호 역『현겁경』에 주소했던 것은 사실이므로 그러면 도안이 바라밀의 역어로서 이 도무극을 사용했다는 것이 있을 수 없는 것은 아니므로 길장이 이것을 알아『약장』에서와 같은 방식을 썼던 예도 생각될 수 없지는 않다.

그런데 항상 두 가지 설이 있다.『반야경』에서는 유상有相부터 차안이고 무상無相에 이르러 피안이라고 한다.『열반경』의 경우 생사부터 차안이고 열반에 이르러 피안이라고 한다.	묻는다. 바라밀은 도피안이라고 하는데, 어떻게 된 것인가? (중략)『열반경』에서 밝힌 바를 기준으로 하면 생사는 차안이고 열반은 피안이다. (중략)『반야경』에서라면 유상이 차안이고 무상은 피안이다. (중략) 이것은 개선의 해석이다. (중략) 지금 이 해석은 모두 출처가 없다고 밝히므로 사용하지 않는다.
然常有二說.『般若』從有相此岸, 至無相彼岸. 若是『涅槃』從生死此岸, 至涅槃彼岸.	問, 波羅蜜云何度彼岸者, 若為 (중략) 約『涅槃』所明, 生死為此岸, 涅槃彼岸 (중략)『波若』則以有相為此岸, 無相為彼岸 (중략) 此是開善解也. (중략) 今明, 此解並無出處 故不用. (『대품경의소』, X24, 206c.)
지금 이와 같이 바라밀을 해석하는 것은 궁극적인 것이 아니라고 설한다. 그렇다면 피안과 차안의 구분이 어그러지도록 힘쓰는 것이 바로 궁극적인 바라밀의 뜻이다. 今說, 如此釋度, 非究竟也. 若然, 彼此乖 勉方是究竟度義	

마지막 바라밀의 석의釋義에 대해『대품경유의』에서는

> 성론사成論師는 유상有相을 차안, 무상無相을 피안, 생사를 차안, 열반을 피안, 뭇 미혹을 차안, 일체종지를 피안으로 삼는다.
> 成論師有相為此岸, 無相為彼岸, 生死為此岸, 涅槃為彼岸, 眾惑為此岸, 種智為彼岸. (T33, 65a.)

라고 한다. 이것이 다시 여기서 대조했던『대품경의소』에서 개선사 지장(458~522)의 해석이라고 비판된다. 그러나 정영사 혜원(523~592)의『대승의장大乘義

章』[12] 등에서는 이것을 대표적인 바라밀의 석의로서 거론할 정도이므로 정당한 설일 것인데, 지금 삼론의 입장에서 이것을 비판적으로 보는 점에서는 『약장』도 길장의 다른 저서도 일치한다.

4)

  이상이 『삼론약장』의 「반야의」의 전문이다. 약간의 다른 길장 저작과 비교 대조해본 결과 현존의 『약장』은 분명히 길장의 저술이라고는 할 수 없을지도 모르지만 또한 일본인의 완전한 창작이라고도 할 수 없다. 길장의 다른 저술과 부분적으로 매우 근사한 내용과 표현을 갖기 때문이다. 그러나 몇몇 길장 저작의 단순한 초록이라면 또한 엄밀한 일치성을 발견할 수 있을 것이다. 그런 의미에서 엄밀하게는 예를 들면 『삼론명교초』나 『삼론현소문의요』와 같은 단순한 길장 저작의 선집은 아니다. 한편 「이하의二河義」에서 보는 것 같은 안징의 견해도 버리기 어렵다. 이것은 오히려 「이하의」와 같이 교리적으로도 평이하고 내용도 간단한 것의 경우는 표현 형식상에서의 간단한 변화를 가할 뿐 비교적 문제 없이 채록되었던 일례이지만, 「반야의」와 같은 복잡한 조목에 대해서는 현존하는 것과 같이 간략화하는 과정에서 여러 가지의 혼란을 발생시켰다고도 생각된다. 그렇다면 역시 현존 1권본의 정본定本으로 되었던 원래의 『삼론약장』 3권본과 같은 것이 있어서 현재의 모습으로 개작되는 단계에서 졸속으로 인한 착오에 기초한 것이라고도 말할 수 있을 것이다. 그러나 원본이 되었던 『약장』이 바로 길장의 진찬인지는 여전히 의문이다. 같은 『나라조현재록』에는 현재 결본이라 되어 있기는 하지만 『삼론광장三論

---

12 『대승의장』 권12, "到彼岸者, 波羅者岸, 蜜者是到. 釋有兩義. 第一能捨生死此岸, 到於究竟涅槃彼岸. (중략) 第二能捨生死涅槃有相此岸, 到於平等無相彼岸."(T44, 705b.)

廣章』12권이 있으며 이것은 분명히 작자를 당의 혜균慧均이라고 한다. 이것과의 관계에서 이미 중국에서 만들어졌던 위찬이었는지도 모르는 것이다. 어쨌든 일본에서의 삼론의 말주로서는 이『삼론약장』이 매우 독자적인 스타일을 갖는 것이라고 할 수 있다. 게다가 일견하여 간결하게 요의를 정리했던 것으로서 주목되지만 섬세한 부분에서는 중요한 교리상의 착오를 저지르는 것은 지금 본 대로이어서 그것 그대로는 장경의 표제 있는 것처럼 가상 대사의 도의導義의 요점이라고 할 수 없는 것은 주의해야 한다.

/ 제2장 /

길장 사상의 논리적 구조

제1절 무득 정관無得正觀의 근본 기조

1. 삼론 무소득이 의미하는 것

길장은『정명현론』권3에서 "나의 스승 흥황 화상은 고좌에 오를 때마다 항상 이 말을 하였다."라고 하여

> 도를 행하는 자가 비도非道를 버리고 정도를 추구하고자 하다 보면 도에 속박되고, 좌선하는 자가 혼란을 쉽게 하고 고요함을 추구하다 보면 선에 속박되며, 학문하는 자들이 지혜를 소유하겠다고 생각하다 보면 지혜에 속박된다. 다시 말하였다. 무생관을 익히는 자가 유소득심을 파세破洗하고 자 하다 보면 무생에 속박되고, 아울러 속박 가운데로 나아가서 속박을 버리고자 할 따름이지만 실제로는 모든 것이 속박임을 알지 못한다.
> 行道之人, 欲棄非道求於正道, 則為道所縛, 坐禪之者, 息亂求靜, 為禪所縛, 學問之徒, 謂有智慧, 為慧所縛. 復云, 習無生觀, 欲破洗有所得心, 則為無生 所縛, 並是就縛之中, 欲捨縛耳, 而實不知皆是繫縛. (T38, 874b.)

라고 법랑의 말을 소개한다. 또한『승만보굴』권상본에서도 '설교의 대의'로서 "가문의 스승인 법랑 화상은 고좌에 오를 때마다 그의 문인을 가르쳐 항상 말하였다."라고 하여

> 말은 부주不住를 실마리로 삼고 마음은 무득無得을 주제로 삼는다. 그러므로 경전에 깊은 고장高匠은 중생을 깨닫게 하고자 마음에 집착이 없도록 한다. 왜 그런가 하면 집착執著은 번뇌의 근본이고 모든 고통의 근본이 집착이기 때문이다. 삼세의 제불이 경론을 펼쳐 연설한 것은 모두 중생의 마음에 집착이 없도록 하기 위해서이다. 집착하기 때문에 결정적인 분별이 일어나고 결정적인 분별 때문에 번뇌가 생기며 번뇌의 인연으로 곧 업을 일으키고 업의 인연 때문에 생로병사의 고통을 받는다. 유소득인 자가 아직 불법을 배우지 못하여 무시이래 마음대로 법에 집착심을 일으키다가 지금 불법을 듣고 다시 집착을 일으킨다. 이것은 높은 것을 집착하여 다시 집착을 발생시키는 것이니, 집착심이 견고해지고 고통의 뿌리가 더욱 깊어져서 해탈할 수 없게 된다. 경전을 홍포하고 다른 사람을 이익되게 하며 도를 행하고자 한다면 스스로 행하여 집착심을 일으키지 말라. 이것이 설교의 대의를 서술한 것이다.
>
> 言以不住為端, 心以無得為主. 故深經高匠, 啟悟群生, 令心無所著. 所以然者, 以著是累根, 眾苦之本以執著故. 三世諸佛敷經演論, 皆令眾生心無所著. 以執著故起決定分別, 定分別故則生煩惱, 煩惱因緣即便起業, 業因緣故則受生老病死之苦. 有所得人未學佛法, 從無始來任運於法而起著心, 今聞佛法更復起著. 是為著上而復生著, 著心堅固苦根轉深無由解脫. 欲令弘經利人及行道, 自行勿起著心. 此敘說教之大意也. (T37, 5c.)

라고 같은 취지의 무소득·무집착의 의의를 설한다. 또한『중관론소』권2말에

서도 똑같이 『중론』에서 8불不을 밝히는 의의를 10개 조목 거론하는 마지막에
서 법랑의 말이라고 하여

　　스승은 말한다. 이 8불을 표방하면 일체의 대소와 내외를 포함하니, 유소득
　　인 자가 마음으로 행하는 것과 입으로 설하는 것이 모두 8사事 중에 떨어진
　　다. 지금 이 8사를 논파하면 곧 일체의 대소와 내외의 유소득인을 논파하
　　는 것이 된다. 그러므로 8불을 밝힌다. 왜 그런가 하면 일체의 유소득인에
　　게는 마음을 내고 생각을 움직이는 것이 곧 생生이고 번뇌를 소멸시키고
　　자 하는 것이 곧 멸滅이며, 자신의 몸이 무상하다고 하는 것이 단斷이고 추
　　구할 만한 상주가 있는 것이 상常이며, 진제에서 모습이 없는 것이 일一이
　　고 세제에서 만 가지 형상이 다른 것이 이異이며, 무명으로부터 유래한 것
　　이 내來이고 본원으로 돌아가는 것이 출出이니, 한 순간의 마음을 만들어
　　일으키는 것에 곧 이 8종의 전도가 갖추어지기 때문이다. 지금 하나하나
　　마음을 훑어서 여기에 따를 것이 없음을 관하여 일체의 유소득심이 필경
　　청정하도록 한다. 그러므로 불생불멸 내지 불래불출이라고 한 것이다.
　　師云, 標此八不攝一切大小內外, 有所得人心之所行, 口之所說, 皆墮在八事
　　中. 今破此八事即破一切大小內外有所得人. 故明八不. 所以然者, 一切有所
　　得人生心動念即是生, 欲滅煩惱即是滅. 謂己身無常為斷, 有常住可求為常,
　　眞諦無相為一, 世諦萬像不同為異, 從無明流來為來, 返本還原出去為出, 裁
　　起一念心即具此八種顛倒. 今一一歷心觀此無從, 令一切有所得心畢竟清淨.
　　故云不生不滅乃至不來不出也. (T42, 31b.)

라 서술하고, "스승은 항상 많이 이 뜻을 지었다."라고 평하여 스승 법랑이
8불의 해석에 이것을 즐겨 사용했던 것을 말한다. 이 『중관론소』의 법랑의
말을 부연했던 길장은

그런 까닭은 삼론이 아직 나오기 전에 비담·성실·유소득대승 그리고 선사禪師·율사律師·행도行道·고절苦節 등 이러한 사람들의 경우 모두 이 유소득의 생멸生滅과 단상斷常에 사로잡혀 있어서 중도 정관을 장애한다. 중도 정관을 장애하게 되면 또한 가명 인연 무방假名因緣無方의 대용大用도 장애한다. 그러므로 오로지 논파하여 필경 남김이 없으면 곧 실상을 깨닫는다. 이미 실상의 체를 깨달으면 곧 가명 인연 무방의 대용도 이해한다.[1]

라고 주석한다. 법랑이나 길장이 철저하게 유소득을 비판하고 무소득을 표방했던 것은 주지하는 대로여서 삼론종을 별명으로 '무득정관종'[2]이라고도 칭할 정도로 길장 저술의 도처에 '무소득'이라는 말이 강조되어 있다. 게다가 길장이 이것을 말할 때 앞에서 서술했듯이 자주 이것을 법랑의 가르침이라고 밝히는 것은 '무소득'이라는 것이 삼론 학파에 고유한 전통설인 것을 보여준다. 그런데 법랑의 말이나 그것에 이은 길장의 주석을 보면 법랑이나 길장이 말하는 '무소득'에는 매우 강렬한 개성이 있으며 양자에 공통적인 기조가 있음을 살펴볼 수 있다.

보통 무소득(anupalambha)이란 공(śūnya)이나 무아(nirātman)의 실천적 표현이어서 집착이 없다는 것이다. 아집我執이나 소집所執이 없다는 것이 무소득으로서의 공이나 무아이다. 따라서 이것은 원시 불교 이래 설해져 왔는데, 특히 대승의 반야 경전에서 반야바라밀을 행하는 보살이 배워야 할 법으로서 강조

---

1   『중관론소』권2말, "所以然者, 爲三論未出之前, 若毘曇成實有所得大乘, 及禪師律師行道苦節, 如此之人皆是有所得生滅斷常, 障中道正觀, 旣障中道正觀, 亦障假名因緣無方大用. 故一向破洗令畢竟無遺即悟實相, 旣悟實相之體, 即解假名因緣無方大用也."(T42, 31b.)

2   『삼론현의』에서 "以無得正觀爲宗."(T45, 10c)이라고 하는 것이 그 전거가 되어 고래로 삼론종을 '무득정관종'이라고 늘 부른다.

되었다.[3] 즉 인연에 의해 발생한 제법은 무자성이고 자성이 없으므로 필경
공이며 하나라도 얻을 만한 것이 없다는 것이 그 의미로서 공성의 실천을
나타내는 말이다. 반야 경전이나 『중론』 등을 근거로 하여 성립했던 법랑이나
길장으로 대표되는 삼론 학파가 특히 이 무소득을 전면에 내세워 강조했다고
해서 이상할 것은 없다. 그것은 사구를 초월하고 백비를 끊는 체體인 공성의
철저화라고 생각된다.

그런데 앞에서 기술한 인용에서 무소득의 입장으로부터 길장은 파사의 대
상으로 거론된 일체의 유소득인으로서 "비담·성실·유소득대승 그리고 선사
禪師·율사律師·행도行道·고절苦節 등 이러한 사람들의 경우 모두 이 유소득의
생멸과 단상에 사로잡혀 중도 정관을 장애한다."라고 총괄하여 열거하는데,
이 길장이 말하는 '행도行道의 사람'이란 법랑이 말하는 '비도非道를 버리고
정도를 추구하고자 하는 사람'이라는 표현과 흡사하다. 그 외에도 '선사禪師'는
후자의 '좌선하는 자'와 통하는 등 『정명현론』에서 보았던 법랑의 말을 길장이
꽤 의식적으로 사용하는 것이 알려진다. 이것을 주석했던 안징은

> "스승은 항상 많이 이 뜻을 지었다."라고 한 것 등에 관해 설명해보자. 『술
> 의』에서 말한다. 모든 어지러운 생각을 고요히 하여 선정을 닦으므로 선
> 사라 하고, 위의를 빠뜨리지 않고 청정한 계율을 지키므로 율사라고 하며,
> 명리名利를 바라지 않고 반야도를 배우므로 행도라 하고, 6시로 예불하여
> 복을 심고 선을 나누므로 고절이라고 한다.
> 言師常多作此意等者, 述義云, 寂諸亂念修習禪定故云禪師, 不缺威儀守持淨戒故

---

3   예를 들면 『마하반야바라밀경』 권21 '삼혜품三慧品' 제70, "菩薩從初發意以來應學空無所得法, 是菩薩
     用無所得法故布施持戒忍辱精進禪定, 用無所得法故修習慧乃至一切種智亦如是."(T8, 373c) 등 참조.

云律師, 不望名利學般若道故云行道, 六時禮佛種福分善故云苦節也. (T65, 102b.)

라『술의』의 해석을 소개한다. 여기서 '행도'에 대해 "명리名利를 바라지 않고 반야도를 배우므로 행도라고 한다."라는『술의』의 해석은 법랑이나 길장이 의미하는 내용과는 그다지 전면적으로 일치한다고는 말할 수 없을 것이지만 그 의도했던 것을 명쾌하게 전하는 점에서 발군의 해석이다. 무소득이란 "반 야바라밀을 행하는 자의 모습(相)이다."[4]라는 고전적 해석으로 한다면 명리를 바라지 않고 반야도를 배우는 행도의 사람이 유소득이라는 단정은 일견 모순 된 설상說相이라 생각할 수 있다. 그러나 이것은 실은 단순히 유소득이라는 말의 강조로서 반야 불교에 특유한 몰논리적 설상을 답습했다고 할 뿐인 것에 서 그치지 않고 법랑이나 길장 사상의 근본적인 기조를 시사했던 것으로서 주목된다. 길장이 말하듯이 유소득은 "중도 정관을 장애한다."는 것과 함께 "가명 인연 무방의 대용도 장애한다."는 것이었다. 환언하면 무소득의 입장은 "실상의 체를 깨닫는다."는 것과 동시에 "가명 인연 무방의 대용도 이해한다." 는 것이다. 반야 경전에 의하면 유소득과 무소득의 구별은 통상 다음과 같이 제시된다. 즉『대품반야경』에서는

무엇을 유소득이라 하고 무엇을 무소득이라고 합니까? 불타는 수보리에 게 말한다. 모든 둘이 있는 것이 유소득이고, 둘이 있지 않은 것이 무소득 이다. 세존이시여, 어떤 것들이 둘인 유소득이고 어떤 것들이 둘이 아닌 무소득입니까? 불타가 말한다. 안眼과 색色이 둘이라는 것 내지 의意와 법

---

4   『마하반야바라밀경』권21 '삼혜품' 제70, "須菩提, 無所得是般若波羅蜜相, 無所得是阿耨多羅三藐三菩 提相, 無所得亦是行般若波羅蜜者相 須菩提, 菩薩摩訶薩應如是行般若波羅蜜. (T8, 374a.)

法이 둘이라는 것 내지 아뇩다라삼먁삼보리와 불타가 둘이라는 것 등을
둘이라고 이름한다.

云何名有所得, 云何名無所得. 佛告須菩提, 諸有二者是有所得, 無有二者是
無所得. 世尊, 何等是二有所得, 何等是不二無所得. 佛言, 眼色為二乃至意
法為二, 乃至阿耨多羅三藐三菩提佛為二, 是名為二. (T8, 373c~374a.)

라 한다. 이렇게 제법을 이二라고 보는 것이 유소득이고 불이不二라고 보는
것이 무소득이다. 이를 버리고 불이를 깨닫는 것, 그것이 공성의 실현이자
무소득의 입장이다. 즉 기본적인 틀로서의 중도 정관이다. 그런데 이렇게 설해
진 이와 불이의 유소득·무소득은 길장에 의하면 가명 인연 무방의 대용에
의해 깨달아지지 않으면 안 된다고 한다. 그러면 가명 인연의 불이란 무엇인가
라고 한다면 『정명현론』권6에서 다음과 같이 말한다. 즉

유소득의 유무는 고정적으로 유무에 머무른다. 그러므로 유는 비유를 표
시해서는 안 된다. 무는 고정적으로 무에 머무른다. 그러므로 무는 비무를
표시할 수 없다. 이와 같은 유무는 이미 비유비무의 불이 정도를 드러내지
않는다. 그러므로 이름하여 잘못이라고 한다. 인연 가명의 유무라면 유는
유에 머무르지 않으므로 유는 불유를 표시한다. 무는 무에 머무르지 않으
므로 무는 불무를 표시한다. 이와 같은 유무는 불이 정도를 표시할 수 있
다. 그러므로 이름하여 옳음이라고 한다.[5]

---

5   『정명현론』권6, "有所得有無定住有無. 故有不須表於非有. 無定住無. 故無不得表於非無. 如此有無既不
     顯非有非無不二正道. 故名為失. 因緣假名有無則有不住有, 有表不有. 無不住無故無表不無. 如此有無能表
     不二正道. 故名為得."(T38, 893c.)

라고 설해진 것이다. 요컨대 인연의 유무에 의해 뒷받침된 불이가 능히 정도로
서의 불이라고 한다. 그러면 인연의 유무란 무엇인가라고 한다면 "유에 머무
르지 않고 불유를 표시하는 유이며 무에 머무르지 않고 불무를 표현하는 무이
다."라고 한다. 즉 대립하는 유무의 이二가 아니라 여기서 유무의 이는 상즉의
유무인 것이 전제되어 있다. 그래서 이 상즉의 유무인 이에 뒷받침된 비유비무
의 불이가 능히 불이 정도라는 것은 또한 이 이가 불이와 상즉임을 시사한다.
즉 예를 들면 『이제의』 권하에서 '불이중도일체不二中道一體'를 밝히는 3종 병
관並觀의 하나로서 '이와 불이 횡수橫竪의 병관並觀'이라는 것을 설한다. 이것
에 의하면 횡수의 병관이란

> 이에 뒷받침된 불이이고 불이에 뒷받침된 이이다. 그래서 이는 불이에 상
> 즉하고 불이는 이에 상즉하므로 불이와 다른 이가 있는 것도 아니고 이와
> 다른 불이가 있는 것도 아니다. 그래서 『반야경』에서 가명을 파괴하지 않
> 고서 제법의 실상을 설하고 등각을 흔들지 않고서 제법을 건립한다고 설
> 한다. 만약 이가 불이와 다르다고 하면 그때는 가명을 파괴하여 실상을
> 설하는 것이 된다. 가명을 파괴하지 않고 실상을 설하므로 이는 곧 불이
> 이다.
> (二者二不二橫竪並, 二不二不二二. 只二即不二, 只不二即二, 無二異不二,
> 無不二異二. 故不壞假名, 說諸法實相, 不動等覺, 建立諸法. 若二異不二, 則
> 壞假名說實相. 不壞假名說實相故, 二即不二.) (T45, 110c.)

라는 것이다. 이것을 '모든 불·보살의 **가명 방편**의 병관'(諸佛菩薩假名方便並)이
라 한다.

이렇게 보게 되면 길장이 말하는 무소득의 중도 정관이란 인연 가명에 의한
유무의 이의 상즉과 또는 유무의 이와 비유비무의 불이와의 상즉이라는 이중

의 구조를 갖는 것이 알려진다. 물론 이것은 사상적으로는 연속하여 있고 유무의 이의 상즉 자체가 비유비무의 불이에 의해 뒷받침된 이인 것에서 상즉의 유무라고 말할 수 있는 것이기 때문에 엄밀하게는 이중 구조라고는 말할 수 없지만 나중에 논리적인 정식화에 의해 밝혀지는 것처럼 일단 유무의 이의 상즉이라고 하는 가로(橫)의 상즉 관계와 다시 이 유무의 이와 비유비무의 불이라고 하는 세로(竪)의 상즉 관계라는 이중의 상즉 관계에 의해 구조적으로는 파악할 수 있다고 생각해도 좋을 것이다. 여기서 단순히 유소득과 격절된 무소득의 추구는, 이미 유소득이어서 무소득이 아니라고 하는 것으로서 이 상즉관이 제거하고 있기 때문이다. '명리를 추구하지 않고 반야도를 배우는 행도의 유소득인'이란 이 인연 가명의 무방의 대용을 알지 못하는 자를 말한다.

2. 불법의 대종大宗

이 삼론의 무득 정관의 근본 기조는 길장 사상에서 여러 가지로 변주되어 각종 명제에서 주제를 형성한다. 더구나 이 상즉의 기조에는 고유의 논리적인 형식이 보이며 독특한 설상하에서 이것이 전개된다는 생각이 든다. 그 논리적인 정식화에 관해서는 다음 절에서 상술하겠지만, 특히 이것을 『승만보굴』에서는 불성이나 여래장의 사상과 병행하여 '불법의 대종大宗', '불법의 대사大事'로서 강조하는 것이 주목된다. 그래서 잠깐 무소득의 근본 기조에 관련하여 길장이 말하는 '불법의 대종'이란 무엇인지, 특히 그 설상說相의 형식에 대해 살펴보고자 한다.

1)

우선 『보굴』 권중본에서 『승만경』의 안목인 '섭수정법攝受正法'의 '섭수'라는 말에 관해 섭수에 대해 설명해보자. 만약 지혜가 도리를 증험하고 도리는 지혜를 발생시키는 것이라면 이것은 경지境智의 2견見이니, 섭수라고 부르지 않는다. 만약 능소能所가 모두 아득해지고 경지가 모두 적멸하는 것이라면 곧 정법을 섭수한 것이라고 부른다. 대개 이것이 불법의 대종이고 증오證悟의 연부淵府이다.

라 서술하고, 이것을 부연하여

또 이러한 문장이 오게 된 것은, 지혜가 도리를 증험함에는 불이不二인 이二의 뜻과 이二인 불이不二의 뜻이 있다. 불이인 이의 뜻이란 지혜를 능증能證으로 삼고 도리를 소증所證으로 삼으며 도리를 능생能生으로 삼고 지혜를 소생所生으로 삼는 것이다. 이인 불이란 지혜를 능조能照로 삼고 도리를 소조所照로 삼으며 도리를 능생으로 삼고 지혜를 소생으로 삼는다고 보지 않는 것이다. 『대품경』6에서 반야와 상응하면서도 상응과 불상응이라 보지 않는다고 하는 것과 같다. 반야와 상응한다는 것은 말하자면 불이인 이의 뜻이고, 상응과 불상응이라 보지 않는다는 것은 말하자면 이인 불이의 뜻이다. 『대지도론』에서는 실상은 반야가 아니며 능히 반야를 발생시키는 것이라고 한다. 이것은 불이인 이의 뜻이다. 또 말하기를, 연緣이 1변邊이고 관觀이 1변이니, 이 2변을 떠난 것을 중도라 한다고 한다. 곧 이것은 이인 불이의 뜻이다. 이상 섭수 정법을 밝히는 것은 불이인 이의 뜻을 밝힌 것이다. 지금 상즉을 밝히는 것은 이인 불이의 뜻이다.7

---

6 『마하반야바라밀경』 권1 「습응품習應品」 제3, "是菩薩摩訶薩行般若波羅蜜, 不見般若波羅蜜, 若相應若不相應."(T8, 223a)에서의 취의.

7 『승만보굴』 권중본, "攝受者, 若智證於理, 理生於智, 則是境智二見, 不名攝受. 若能所並冥, 境智俱寂, 乃名攝受正法也. 蓋是佛法之大宗, 證悟之淵府. 又有此文來者, 智證於理, 有不二二義, 二不二義. 不二二義

라고 서술한다. 즉 '섭수 정법'이라 듣고서 지혜를 능섭能攝으로 삼고 정법을 소섭所攝으로 삼는다면 경지의 2견을 일으키는 것이 된다. 그래서 2견을 논파하기 위하여 섭수의 의미에 대해 불이 상즉의 섭수를 밝히는데, 상즉이라는 의미는 이二에 뒷받침된 불이(二不二)이고 불이에 뒷받침된 이(不二二)이기 때문이다. 이것을 '불법의 대종', '증오의 연부'라고 칭한다.[8]

2)

또 권상말에서는 소례所禮의 불佛과 능례能禮의 인人에 대해서도 "반드시 불이인 이와 이인 불이의 뜻을 알아야 한다."(須識不二二義二不二義)라고 하여

만약 불이이면서 이라면 스승과 제자의 관계에서 완연하다. 이이면서 불이라면 높고 낮음이 적멸한다. 그러므로 『유마경』[9]에서 널리 모든 나라에

者, 智為能證, 理為所證, 理為能生, 智為所生. 二不二者, 不見智為能照, 理為所照, 理為能生, 智為所生. 如大品云, 與般若相應, 而不見應與不應. 與般若相應, 謂不二二義. 不見相應不相應, 謂二不二義. 智度論云, 實相非般若, 能生般若. 此是不二二義也. 又云, 緣是一邊, 觀是一邊. 離是二邊名為中道. 即是二不二義. 自上已來, 明攝受正法. 明不二二義. 今明相即, 是二不二義."(T37, 33b.)

8 ㉠ 저자는 삼론학에서 표방하는 불법의 대종이 불이인 이(不二二)와 이인 불이(二不二)라는 상즉의 논리표식 속에 있다고 본다. 지금의 인용문은 이 보편적 논리표식이 지혜와 도리의 '섭수攝受'라는 개별적 문제에 적용되는 문맥이라고 하겠다. 지혜가 인식 주체라면 도리는 인식 대상이다. 이二의 논리표식은 인식 주체인 지혜와 인식 대상인 도리가 둘로 나뉜 지평을 대변한다. 이이의 지평은 분리의 지평이며 총체성(攝受)이 구현되지 못한 지평인 반면, 불이인 이, 즉 불이에 뒷받침된 이의 지평은 인식 주체와 인식 대상의 연기적 소통이 이루어져 양자의 결합으로 인해 실질적 총체성이 구현된 지평이다. 그리고 이인 불이, 즉 이에 뒷받침된 불이의 지평은 인식 주체와 인식 대상(二)의 자기부정성(不二)이 구현된 지평이라 하겠다. 말하자면 불이인 이의 논리표식이 가리키는 연기적 총체성(攝受)은 이인 불이의 논리표식이 가리키는, 양자의 자기부정을 통한 동일성의 지평(不二相即 또는 中道相即)과 선순환적 연관성을 갖는다. 왜냐하면 타자와의 연대를 통한 총체성의 구현은 자기부정의 실천이 전제되지 않으면 성립할 수 없을 것이기 때문이다.

9 『유마힐소설경』 권중 「불도품佛道品」 제8, "供養於十方, 無量億如來, 諸佛及己身, 無有分別想."(T14, 549c.)

서 여러 여래에게 공양하지만, 여러 불타와 그 몸에는 분별하는 상념이 있지 않다고 하였다. 이 경문의 의미가 상반부는 곧 불이인 이의 뜻이고 하반부는 곧 이인 불이의 뜻임을 밝힌다. 예불이 이미 이러하므로 염념과 귀의의 뜻도 이와 같다. 이것은 비록 한 구절의 경문이지만 곧 **불법의 대사**大事이니, 마음을 두지 않을 수 없다.[10]

라고 설한다.

3)

같은 권상말에서는 고금古今의 논쟁이라 하는 법신法身의 유색 무색有色無色을 논한다. 그 결론으로 "지금 용수의 한마디에 의거하여 결정한다."(今依龍樹一言決之.)라고 하여 『중론』 관법품 제6게를 인용하여 유색·무색의 두 뜻이 상위하지 않는 것을 논하고,[11] 다음과 같이 회통한다. 즉

또 만약 색이 심과 다름이 있고 심이 색과 다름이 있다면 2견이 성립한다. 경전에서는[12] 2견을 갖는 모든 자들은 도도 없고 과보도 없다고 하였다. 또 색도 있고 심도 있다고 말한다면 유소득이라고 이름한다. 유소득인 자에게는 (법法·의義·사辭·요설樂說 무애의) 4무애가 없다. 유색과 무색은

---

10 『승만보굴』 권상말, "若不二而二, 師弟宛然. 二而不二, 則尊卑寂滅. 故維摩云, 普於一切國, 供養諸如來, 諸佛及以身, 無有分別想. 此意明上半即是不二二義. 下半即是二不二義也. 禮佛既爾, 念與歸依, 義亦如是. 此雖一句之經, 乃是佛法大事, 不可不留心也."(T37, 17a.)

11 『중론』 권3 「관법품」 제18, "諸佛或說我, 或說於無我, 諸法實相中, 無我無非我."(T30, 24a)에 의거하여 "亦應云, 諸佛或說色, 或說於非色, 諸法實相中, 非色非無色. 又非色非不色, 不知何以目之, 歎美為色, 亦非心非不心, 不知何以目之, 歎美為心. 故色與無色義不相違."(T37, 16a.)라고 설한다.

12 『마하반야바라밀경』 권26 「평등품」 제86, "佛言, 行二法無道無果, 行不二法亦無道無果, 若無二法無不二法, 即是道即是果."(T8, 414b.)

한 구절의 경문이지만 불법의 대사이니, 모두 모름지기 용수의 뜻으로 그
것을 회통한다면 막혀 집착하는 바가 없을 것이다.[13]

라고 서술한다. 여기서 불법의 대사란 유색 무색의 뜻 그 자체가 아니라
용수·삼론의 뜻에서 이것을 회통하는 무소득의 상즉관에 있는 것은 앞 문장
에 예로서 분명하다.

4)
   마찬가지로 권하의 「공의은부진실장空義隱覆眞實章」에서는 공의空義(여기
서는 허망법의 비유非有를 말함)와 은부隱覆(불성佛性의 장부障覆를 말함)의
뜻에 대해 여러 가지 면에서 고찰을 덧붙이는데, 그 하나로 이무理無로서의
공의를 4절絶로, 정유情有로서의 은부를 삼승으로 나타냈던 것이 있다. 그것을

   삼승은 항상 4절이므로 공의라 하고 4절은 항상 삼승이므로 은부라고 한다.
   三乘常四絶, 故名為空義. 四絶常三乘, 故名為隱覆.

라 설하고 다시 문장을 이어

   비록 4절이라 해도 인연에서는 삼승을 이루는 것을 이름하여 은부라고 한
   다. 그런데 무은부이면서 은부이니, 은부라도 은부인 바가 없다. 그러므로
   삼승이 본래 4절인 것을 이름하여 공의라고 한다. 이것은 곧 **불법의 대종**

---

13 『승만보굴』 권상말, "又若言有色異心, 有心異色, 則成二見. 經云, 諸有二者無道無果. 又若言有色有心,
   則名有所得. 有所得者, 無四無礙. 有色無色, 此雖一句之經, 乃是佛法大事, 悉須用龍樹意通之, 則無所滯著
   也."(T37, 16a.)

이고 득실의 근본이니, 마음을 그 사이에 둘 만한 것이다. 이 뜻을 보고자 한다면 항상 용수의 『중론』을 연구해야 한다.[14]

라고 서술한다. 이상 거론했던 네 가지 예 중에서 뒤의 두 예는 유색·무색과 유부有覆(은부)·무부無覆(공의)라는 유무에 대한 상즉을 논했던 것이며, 앞의 두 예는 각각 섭수(지智)와 정법(이理), 소례所禮(불佛)와 능례能禮(인人)의 이와 불이에 대한 상즉을 논했던 것이다. 후자(3·4)에 비교하여 전자(1·2)에서 보다 복잡한 설상을 보이는데, 그 상즉을 설하는 것에는 공통적이며 또한 모두 이것을 불법의 대종, 불법의 대의라고 부르는 점도 공통적이다.

그런데 『정명현론』에서는 이것을 '정법正法'이라는 이름으로 설시說示한다. 즉 권3에서 '본적本迹'에 대해 『유마경』의 '불사의不思議'의 의의를 설하는 조목에서 흥황 법랑의 해석으로서 다음과 같이 말한다. 즉

> 스승이 말한다. 본과 적이 나뉘므로 2신身으로 나뉜다고 해도 불사의한 하나이니, 본적은 인연의 뜻임을 밝힌다. 본이 아니면 적을 베풀 수 없고 적이 아니면 본을 드러낼 수 없다. 그러므로 본은 적인 본이고 적은 본인 적이다. 본인 적이면 적이 아니고 적인 본이면 본이 아니다. 본도 아니고 적도 아닌 것을 이름하여 정법이라고 한다. 그러므로 칭하여 하나라고 한다. 대개 이 문장에 의거하여 이인 불이의 뜻을 밝힐 따름이다. 듣는 자들은 그 뜻을 듣지 않고 허망하게 대사를 허물한다.[15]

---

14 위의 책, "雖復四絶, 於緣成三, 名為隱覆. 然無覆而覆, 覆無所覆. 是故三乘本來四絶, 名為空義. 此乃是佛法之大宗, 得失之根本, 可留心於其間哉. 欲見此旨, 當尋龍樹正觀論也."(T37, 72c.)

15 『정명현론』 권3, "而一師云, 本迹雖殊, 故開於二身, 不思議一, 明本迹是因緣義. 非本無以垂迹, 非迹無以顯本. 故本是迹本, 迹為本迹. 本迹則不迹, 迹本則不本, 不本不迹, 名為正法. 故稱為一. 蓋寄此文, 明二不二義耳. 聽者不聽其旨, 妄咎大師."(T38, 872c.) 또한 본문에서 '일사운一師云'이라는 일사란 문장 말미에

라고 서술한다. 이 논조라든가 본적을 '인연의 뜻'이라 부르고 '이인 불이의 뜻'이라고 칭하는 등 앞에서 기술한 『보굴』의 인용 예와 완전히 궤를 같이하는데, 여기서는 특히 흥황의 설로서 '정법'이라고 칭한다. 그렇다면 길장이 말하는 '불법의 대종'이란 법랑의 '정법'에서 유래하는 것일까. 그것은 차치하더라도 이 논리 형식은 길장의 모든 저작 도처에서 설해지는 것인데, 이 무득정관의 근본 기조를 이룬다고 생각되는 인연 상즉의 뜻을 가리켜 특히 『보굴』에서는 '불법의 대종'이라고 칭하는 것이다. 이것은 길장의 수많은 저작 중에서도 『승만보굴』에 특유한 현상이다. 예를 들면 『정명현론』에서는 그 외에도 같은 취지를 똑같이 흥황 상승의 전통설인 것을 보여주는 의미로 '산문 구의山門舊義'[16]라고 칭한다든가 또는 거슬러 나집·승조 이래의 상승설인 것을 보여주는 의미로 '관중 구의關中舊義'[17]라고 칭하며 또한 일반적으로 '대승 추요大乘樞要, 관행 연부觀行淵府'[18] 등의 표현으로 나타내는 등 동일한 내용과 형식을 가진 것을 다양하게 의미 부여하여 표현한다(이것은 『보굴』을 포함하여 다른

"聽者不聽其旨, 妄咎大師."라고 하는 대사를 가리킨다고 생각되는 것에서 이 일사란 대사, 즉 흥황 법랑 대사인 것은 분명하다. ⑱ 한편 김성철은 '일사'가 법랑이 아닌 승랑을 가리키는 사례를 탐색하면서 '일사'의 의미를 '일가一家에 소속된 스승'이라 규정하고, 다시 '일가'의 의미를 '일리一理를 종지로 삼고 일승一乘을 지향하는 학파'라고 규정하여 '일사'는 "법랑의 특칭일 수도 있지만 승랑과 승전, 법랑을 모두 포괄하는 선대先代 삼론가의 통칭일 수도 있다."라고 결론내린다. 김성철, 위의 책, pp.60~63 참조.

16 위의 책, 권6, "然後辨今因緣有無, 與今明由非有非無故起有無何異. 答, 此是山門舊義, 末學者不識之, 好相渾也."(T38, 893b.)라는 것을 참조.

17 위의 곳, "問, 何故云非有非無假說有無. 答, 此欲明有無義耳. 旣是因緣有無, (후략)"라 하여 같은 취지를 밝히며, 이것을 "問, 此言何所出耶. 答, 此關中舊義如肇公不眞空論明, 有非眞有, 故雖有而空, 空非眞空, 雖空而有. 猶如幻化人, 非幻化人, 幻化人非眞人. 作論竟, 以示羅什, 羅什歎曰, 秦人解空第一者僧肇其人也. (중략) 用肇公爲本, 故是舊宗不名新義, 宜可信之."(T38, 892a)라고 부연한다. 여기서는 '관중 구의'라 칭하여 승조 『부진공론』의 환화인幻化人의 비유(T45, 152c)를 인용하는 것이 주목된다.

18 위의 책, 권5에서, "若智則是境, 境旣無智, 無智亦無知. 若境非是智, 智旣無所不知, 則境亦無所不知. 而實不爾, 故終是二見. 今對此一門, 略敍大乘樞要觀行淵府."(T38, 884a)라 서술하여 "雖緣觀俱寂, 而境智宛然, 故知無所知無知而知."라는 '경지의境智義'가 개선의 '지망미존의至忘彌存義'와 상위함을 서술한다.

저작에서도 마찬가지이다). 그러나 '불법의 대종'이라는 말로는 한 번도 표현되어 있지 않다. 완전히 『보굴』의 특유한 표현인 것이다. 그러면 왜 『보굴』에서 특히 이것을 '불법의 대종'이라고 칭했던 것일까. 이것은 『보굴』이 길장 중기의 작품으로서 "고금을 채집하고 경론을 조사하여 그 문언을 찬술하였다."(捃拾古今, 搜撿經論, 撰其文言. T37, 1c)라고 하여 이룬 노작으로서 단순히 길장의 호기를 보여주는 것이라고도 해석될 수 있지만 거기에는 무엇인가 의의가 있었다고 생각하지 않을 수 없다. 그것은 본서가 『승만경』을 소재로 삼아 불성 여래장의 사상과 반야 공관의 사상에 대해 그 양자의 융합을 특히 길장이 역설했던 저작이기 때문이다. 이것을 증명하는 것으로서 길장은 경전에서 불성 여래장을 설하는 의의를 여러 각도로 논술하는 일례로 다음과 같이 말한다. 즉

> 또 반야를 설하고자 하므로 불성을 설한다. 반야는 곧 중도의 지혜이다. 중도의 지혜는 중생이 유무의 2견을 멀리 떠나도록 하며, 생사 중에 허망한 아我가 없으므로 그 유견을 쉬게 하고 여래장이 있으므로 무견을 쉬게 함을 알도록 한다. (중략) 이와 같은 여러 인연들 때문에 여래장을 설하니, 이것이 **불법의 대의**이다.[19]

라고 서술한다. 요컨대 길장에 의하면 불성 여래장을 설하는 것은 반야를 설하는 것과 같은 뜻이다. 반야는 중도의 지혜이기 때문이다. 중도의 지혜이기 때문에 유무의 2견을 멀리 떠나게 하는데, 이것은 무아·공의 반야적 측면에서

---

19 『승만보굴』 권하본, "又欲說波若, 故說佛性. 波若即是中道智慧. 中道智慧者, 令眾生遠離有無二見, 令知生死之中, 無虛妄我故, 息其有見, 有如來藏, 息於無見. (중략) 以如是等諸因緣故, 說如來藏. 此是佛法之大意也."(T37, 67b.)

유견을 제거하고 불성·여래장의 열반 불성적 측면에서 무견을 제거하는 것이다. 이 인연 때문에 여래장을 설한다는 것은, 길장이 말하는 여래장이 반야 사상과 불성 사상의 융합 상즉을 의미하는 것이어서 그것에 의해 무소득의 입장을 철저히해가는 것이다. 이것을 '불법의 대의'라고 부른다. 그런 의미에서 이 문장은 앞에서 인용했던 예문과 논리적 형식에서는 반드시 일치하지 않지만 사상 내용적으로는 공통의 기반에 서 있다고 할 수 있다. 게다가 여래장에 관련하여 마찬가지로 논리적 상즉을 서술했던 것으로서 다음과 같은 문장도 보인다. 즉 경전의 "여래장에는 생사가 있지 않다."(非如來藏有生有死 T12, 222b)라는 문장을 해석하여 길장은 다음과 같이 말한다.

> 중생계가 곧 열반계임을 밝히는 것은 이인 불이의 뜻이고, 여래장은 체성이 청정하면서 생사가 있지 않기 때문이라는 것은 불이인 이를 밝히는 것이다. (중략) 묻는다. 왜 불이인 이와 이인 불이의 뜻이 있는가? 답한다. 도리에서는 아직 애초에 이二가 아니니, 6도는 항상 법신이다. 인연에서는 아직 애초에 일一이 아니니, 법신은 항상 6도이다. 비유하자면 눈병이 있는 사람은 허공에서 항상 꽃을 보므로 허공이 꽃이 되는 것과 같다. 눈병이 없는 사람은 꽃이 항상 허공임을 아는 것과 같다. 이 이의 뜻이 있으므로 이인 불이와 불이인 이의 뜻을 밝히는 것이다.[20]

라고 설한다. 여기서는 '불법의 대종'이라는 말은 보이지 않지만, 논리적 기조는 동일하다. 여기서 이인 불이의 뜻이 '중생계즉열반계衆生界即涅槃界'를 밝히

---

20 『승만보굴』 권하말, "明衆生界即涅槃界, 此是二不二義, 如來藏體性清淨無有生死故, 是明不二二義. (중략) 問, 何故有不二二, 二不二義. 答, 於理末始二, 六道常法身. 於緣末始一, 法身常六道, 譬如病眼人, 於空常見華, 是故空成華, 如下病眼人, 知華常是空. 以有此二義, 故明二不二, 不二二義也."(T37, 82c.)

는 것이란 반야 사상의 측면을 강조하는 것이며, 불이인 이의 뜻이 '여래장체성청정무유생사如來藏體性淸淨無有生死'를 밝히는 것이란 불성 여래장 사상의 측면을 강조하는 것이다. 전자는 **이理**에 있어서 **공**이고, 후자는 **연緣**에 있어서 **유**이다. 앞에서 길장은 삼론 무소득의 입장이 중도 실상의 **체**를 깨닫고 인연 가명의 **용**을 이해하는 것이라고 칭하였는데, 실은 삼론이 말하는 '무득 정관'이란 이 반야 사상과 여래장 불성 사상의 상즉을 의도했던 것에 다름 아니다. '이불이·불이이의 뜻'이란 말하자면 이 상즉의 논리적 정식화이다. 반야 공관 사상의 공空적인 전개와 여래장 불성 사상의 유有적인 전개의 융즉이라는 명제는 중국 불교사 전체를 관통하는 커다란 주제인데, 그 상즉의 논리를 단순화·정식화하고 무소득이라는 실천적 장에서 정착시키며 그 과제를 이룩했던 것이 법랑이나 길장에 있어서 삼론의 사상이었던 것이다.[21] 무득 정관이 근본 기조인 까닭이다. 그래서 특히 『승만보굴』에서 '불법의 대종'으로서 이 무득 정관을 제창했던 길장의 자부심을 엿볼 수 있다.

---

21 ㉮ 저자는 삼론의 무득 정관 사상이 "반야 사상과 여래장 불성 사상의 상즉을 의도했던 것에 다름 아니"라고 결론짓는다. 이 결론은 저자가 스스로 말하듯이 "중국 불교사 전체를 관통하는 커다란 주제"의 맥락에서 삼론학의 성격을 짚어보는 맥락이라면, 삼론학의 고유성을 세밀하게 논의하는 맥락에서 저자는 다음과 같은 설명을 첨가한다. "길장의 공관 사상이 『열반경』 사상과의 교섭 결합 상에서 성립되는 것은 종래 일관하여 이것을 논해온 것인데, 단순히 이것이 남지의 전통적인 불성 상주 사상 그대로의 계승이 아닌 것은 『열반경』의 해석에 관한 종래의 설과 길장의 설과의 차이를 보면 분명하다. 즉 『열반경』의 종지를 상주에 있다고 하는 것이 도생(355~434) 이래 대부분의 열반사涅槃師의 정설인데 길장은 『열반경유의』에서 '상주를 밝히든 무상을 밝히든 인연 가명의 문자로 설한 것이니, 무상이 있을 수 없고 상주도 얻을 수 없다.'(明常, 明無常, 因緣假名字說, 無有無常可有 亦無有常之可得)라고 한다. 또 '하나라도 머무르는 바가 없으므로 무소득이라 한다.'(一無所住故, 名無所得, T38, 232c)라고도 하여 '무소주'를 '무소득'이라 이름하고 '무소득'으로써 경의 종지로 삼는 것이다."(본서, 제2편 제5장의 '결어' 중) 저자는 삼론학의 상즉 논리를 규정한다. 말하자면 삼론학의 관점에서 『열반경』의 상주 사상을 반야 공관의 무득 사상 위주로 포섭한 이론으로 규정한다. 말하자면 삼론학의 관점에서 『열반경』의 상주사상은 어디까지나 인연가명의 방편설일 뿐이며, 그 핵심은 무상과 상주를 모두 지양하는 무득의 중관에 놓여 있다는 것이다.

제2절 길장 교학의 기초 범주

1. 이교理敎와 체용體用의 개념

앞 절에서 보았던 무득정관의 기조인 '이불이·불이이'는 길장 교학의 각종 명제에서 여러 가지 모습으로 전개되는데, 이것을 개념화했던 가장 대표적인 형식이 '이교理敎'라는 개념이다. 『승만보굴』 권상본에서 '해탈'과 '말', 요컨대 깨달음과 말에 의한 표현이라는 불법의 기본적인 명제에 관련하여 다음과 같이 말한다. 즉

> 너희들은 이내 해탈에는 말이 없는 것임은 알아도 말하는 것이 곧 해탈임은 아직 깨닫지 못했다. 이미 말하는 것이 곧 해탈이라고 하였으니, 또한 마땅히 해탈은 곧 말하는 것이어야 한다. 말하는 것이 곧 해탈이라면 비록 말하더라도 말이 없는 것이며, 해탈이 곧 말하는 것이라면 비록 말이 없더라도 말하는 것이다. 말하는 것이면서 말이 없다면 고정적으로 말이 있는 것이 아니며, 말이 없으면서 말한다면 고정적으로 말이 없는 것이 아니다. 그러므로 말하는 것도 아니고 말이 없는 것도 아니니, 또한 이理도 아니고 교敎도 아닌 것을 마음의 무소의無所依라고 부른다. 곧 이교理敎의 뜻을 아는 것이다.[1]

라고 서술한다. 깨달음은 말에 의한 표현을 끊는 것과 함께 말에 의해 표현된 것이 깨달음이라고 한다. 언言이면서 무언인 깨달음이 이理이고 무언無言의

---

1   『승만보굴』 권상본, "汝乃知解脫無言, 而未悟言即解脫. 既云言即解脫, 亦應解脫即言. 言即解脫, 雖言無言, 解脫即言, 雖無言而言. 言而無言, 非定有言. 無言而言, 非定無言. 故非言非無言, 亦非理非敎, 名心無所依. 乃識理敎意也."(T37, 5b〜c.)

깨달음이면서 언인 것이 교教이다. 따라서 이 이理와 교教는 고정적으로 이理도 아니고 교教도 아니며, 이 비리비교非理非教인 이교理教의 뜻을 아는 것을 마음의 무소의라고 부르니, 즉 무소득의 입장이라는 것이다. 여기서 종래 보아 왔던 무소득의 근본 기조가 길장에서는 이理와 교教라는 개념에 의해 파악되는 것을 알 수 있다.

『보굴』의 '해탈'과 '말'에 관련해 말하자면 『정명현론』에서도 같은 주제에 관해 다음과 같이 말한다. 즉

> 무릇 불이의 이理란 불사의의 근본(本)을 말하고, 중생에 대응하여 교教를 베푸는 것이란 불사의의 흔적(跡)이다. 근본이 아니면 흔적을 베풀 수 없으므로 이理를 원인 삼아 교教를 설하며, 흔적이 아니면 근본을 드러낼 수 없으므로 교教를 빌어 이理에 통한다. 그렇다면 반드시 체인 이理는 무언이며, 연후에야 중생에 대응하여 말이 있을 수 있을 따름이다.[2]

라고 한다. 앞에서 '본적'의 문제에 관해 무소득 인연의 상즉을 보았는데, 같은 주제가 여기서는 이교의 개념에 의해 통섭된다. 다시 이것을

> 정명淨名은 묵연默然의 상에 의지하여 무언의 이理를 드러낸다. 소전所詮이 무언이라면 곧 이것을 이理라 하고, 능표能表의 상相이므로 교教라고 칭한다.[3]

---

2   『정명현론』권1, "夫不二理者, 謂不思議本也. 應物垂教, 謂不思議跡也. 非本無以垂跡, 故因理以說教, 非跡無以顯本, 故藉教以通理. 若然者, 要須體理無言, 然後乃得應物有言耳."(T38, 853c.)

3   위의 곳, "淨名寄默然之相, 以顯無言之理. 所詮無言, 即為是理, 能表之相, 故稱之為教."(T38, 854a.)

라고도 설한다. 이 무언의 이리가 불이 중도이고 능표의 교敎가 삼론에서는 진속의 이제이다. 약교 이제의 구조적 해명에 대해서는 후술하지만, 이것을 『이제의』권상에서

> 이제를 설하여 불이를 깨닫게 한다는 것은 『화엄경』[4]에서 일체의 유무법은 비유비무라 깨닫는다고 밝힌 것과 같다. 이것은 곧 유무를 설하여 비유비무를 깨닫게 하고 이를 설하여 불이를 깨닫게 하는 것이다. 이것이 곧 **이교의 뜻**이다.[5]

라고 설한다. 즉 유무의 이가 교敎이고 비유비무의 불이가 이理이다. 그런데 이 이와 불이는, 이인 불이, 불이인 이의 뜻이 인연에 의해 상즉한다는 것이 삼론 무소득의 전제였다. 그래서 이교의 상관성에 대해서도 이제의 득실에 관련하여 다음과 같이 설해진다. 즉

> 유무의 이로 비유비무의 불이를 표시한다. 이인 불이이고 불이인 이이니, 불이인 이라면 이理인 교敎이고 이인 불이라면 교敎인 이理이다. 교敎인 이理라면 (이理는) 교敎에 대응하고, 이理인 교敎라면 (교敎가) 이理를 표시한다. 이理와 교敎, 이와 불이의 인연을 옳은 것이라고 한다.[6]

---

4   『대방광불화엄경』 권5 「여래광명각품如來光明覺品」 제5, "一切有無法, 了達非有無, 如是正觀察, 能見
    真實佛."(T9, 426c.)

5   『이제의』 권상, "說二諦令悟不二者, 如華嚴明一切有無法了達非有非無. 此即說有無悟有非有非無, 說二悟
    不二. 此即理教義也."(T45, 82b.)

6   위의 곳, "有無二, 表非有非無不二. 二不二不二二, 不二二則是理教, 二不二則教理. 教理應教, 理教表理.
    理教二不二因緣是為得也."(T45, 78c.)

라 한다. 여기서도 분명히 '이교理教 이불이二不二의 인연因緣'이라고 서술한다.[7]

이렇게 길장이 말하는 '이교의'는 무득 정관의 근본 기조의 개념화의 하나로서 길장 사상에서 기초적인 범주를 형성하는데, 이 이교 개념의 설정은 이미 보았듯이 중국 고유의 사상에 잠재적으로 엿보였던 체용 개념의 도입에 기초한 것은 앞 절에서 길장이 무득 정관은 중도 실상의 **체**를 깨달음과 함께 가명 방편의 **용**도 이해하는 것이라고 칭하는 자리에서도 분명했다. 또한 『이제의』 권상에서는

> 이를 설하여 불이를 깨닫게 하면 이 이제는 모두 옳다. 왜인가? 이로 인하여 불이를 깨달으니, 이는 곧 이理인 교教이고 불이는 곧 교教인 이理이다. 이는 곧 중인 가이고 불이는 곧 가인 중이다. 이는 곧 체인 용이고 불이는 곧 용인 체이다. 그러므로 이 이제는 옳다.[8]

라고 하여 '이교', '중가', '체용'의 개념이 동의어로서 사용되는 것에서도 분명하다. 체용 사상이 남북조의 본말 논쟁을 거쳐 체용 병거竝擧와 상관相關이라는 본래의 개념 내용으로 많이 사용되기에 이른 것은 수말 당초의 불교 서적에

---

7   ㉯ 단적으로 이理는 지월指月의 비유에서 달, 교教는 손가락에 해당하는 개념이라고 이해할 수 있다. 그런데 길장은 다른 곳에서 이교의 개념을 방편의 의미로 뭉뚱그려 일반화하기도 한다. "이理와 교教의 관계에 따라 해석하자면 이理의 올바름을 '방方'이라 하고 언교言教의 교묘함을 '편便'이라고 칭한다. 즉 그 뜻이 심원하여 그 말이 교묘하니, 말과 뜻을 합하여 거론하는 것이다. 그러므로 '방편方便'이라고 한다."("就理教釋之, 理正曰方, 言教稱便. 卽是其義深遠, 其語巧妙, 文義合擧. 故云方便." 吉藏, 『法華義疏』, T34, 482b-c.) 즉 방편의 뜻에는 언교(教)만이 아니라 도리(理)의 개념까지도 총괄적으로 거론될 수 있다는 것인데, 언교인 방편과 도리인 실상의 관계를 넘어 궁극적으로는 도리인 실상마저도 방편화될 수 있다는 점에 이교 개념의 심원함, 말하자면 삼론 무득 정관의 특성이 있다고 하겠다. 이교의 개념이 논리적으로 정식화된 것이 앞으로 논의될(본장 제3절의 4. '길장 이제설의 발전적 구조' 참조) 3중 또는 4중 이제설이라고 할 수 있다.

8   위의 곳, "說二悟不二, 此二諦並得. 何者, 因二悟不二, 二卽是理教, 不二卽是教理. 二卽中假, 不二卽假中. 二卽體用, 不二卽用體. 故此二諦是得也."(T45, 82c.)

서여서 특히 길장에서 『중관론소』 등의 저술 중에 종횡으로 구사된다는 학자의 지적에 관해서는 앞에서 서술했던 대로이다.[9] 또 남북조 말에서 수나라 초에 걸쳐 역사적으로 보아도 이 채용 사상은 불교 논서에서 **이교**라는 개념에 의해 드러나는 것이 많았다는 지적도 있다.[10] 예를 들면 요姚의 도안은 그의 저서 『이교론二敎論』에서

> 교敎란 무엇인가 하면 이理를 표현하는 것을 말한다. 이理란 무엇인가 하면 교敎에 의해 표현된 것이다. 교敎가 과연 다르다면 이理가 어찌 같을 수 있겠으며, 이理가 반드시 같다면 교敎가 어찌 다를 수 있겠는가?
> 敎者何也, 詮理之謂. 理者何也, 敎之所詮. 敎若果異, 理豈得同, 理若必同, 敎寧得異. (T52, 137b.)

라고 교敎와 이理의 상관을 설하는데, 길장의 이교·채용의 개념은 '이불이·불이이의 뜻'이라는 인연에 의해 그 상관을 논리적으로 정식화했던 것인 점에서 역사적 발전의 궤적을 엿볼 수 있다. 길장의 이교 개념이 승조『부진공론』등에 보이는 사상의 직접적 계승인 것과는 별도로 남북조 이래 강남의 불교 사상에 기초한 역사적 소산인 것을 시사하는 것으로서, 예를 들면 『승만보굴』 권하말에서 경전의 "삼승의 초업에서는 법에 어리석지 않으니, 저 뜻에서 깨달아 얻을 것이다."(三乘初業, 不愚於法, 於彼義當覺當得. T12, 222a~b)라는 구절에 대한 강남 성실론사의 해석을 소개했던 문장이 있다. 즉

---

9 島田虔次,「體用の歷史によせて」(『塚本博士頌壽記念佛敎史學論集』pp.416~430. 또 채용 개념의 유래, 남북조의 본말 논쟁에 대해서는 본론 제2장 제2절 3-(3) '승조에서의 체용 상즉 사상' 참조.

10 吉津宜英,「隋唐新佛敎展開の基調その一-敎と理との相關-」(『駒澤大學大學院佛敎學硏究會年報』제 5호).

제2장 길장 사상의 논리적 구조　　597

강남의 여러 성실론사들은 이理도 있고 교教도 있다고 해석한다. 도리에 나아간다면 삼승인은 초업에서 곧 스스로 작불함을 안다. 초업이란 4념처 이상이니, 곧 이것이 삼승의 초업이다. 이때 이미 스스로 작불함을 안다. 나한이기 때문에 스스로 능히 아는 것이다.

만약 교教에 나아가 뜻을 밝힌다면 삼승의 초업에서 나한까지 스스로는 작불함을 알지 못한다. 반드시『법화』를 듣기를 기다려서야 스스로 작불함을 안다.

그러므로 이 경전은 그 이理에 근거하여 그 어리석지 않음을 밝히며『법화』는 그 교教에 근거하기 때문에 그 어리석음을 밝히는 것이다. 이理는 실설實說이고 교教는 방편설이다.[11]

라는 것이다. 즉 길장보다 앞선 강남 성실론사들의 설에 의하면『승만경』은 이理에 근거하여 '어리석지 않음'이라고 설하므로 실설이고, 『법화경』은 교教에 의해 '어리석음'이라고 설하므로 방편설이라는 것이다. 그래서『승만경』은 요의경이고『법화경』은 불료의의 설이 되어 2교는 서로 위배한다는 것이 길장의 반론인데, 그것은 결국 인연의 이교의 뜻을 알지 못하기 때문이다. 이 문제는 이미『법화현론』에서 상론되어 있는데, 거기서는 구체적인 이름을 거론하여 다음과 같이 지적한다. 즉

옛날 경사經師는 사事도 있고 이理도 있다고 하였다. (중략) 이理를 미루어 이미 하나이지만 교教는 응당 3교일 수 없다. 만약 고정적으로 3리라면 어

---

11 『승만보굴』권하말, "江南諸成實論師釋. 有理有教. 若就道理, 三乘人初業, 即自知作佛. 初業者, 從四念處
已上, 即是三乘初業. 此時已自知作佛. 羅漢故自能知也. 若就教中明義, 三乘初業, 乃至羅漢, 不自知作佛.
要待聞『法華』, 自方知作佛. 故此經據其理明其愚, 『法華』據其教故明其愚也. 理是實說, 教是方便
說."(T37, 80a.)

찌 하나일 수 있겠는가. 그러므로 종일 크게 당황하여 마음을 놓고 맡길 수 없다. 그러므로 요瑤 법사[12]는 말하였다. "이교의 사이에서 머뭇거린다. 과실인지 과실이 아닌지 의심한다. 만약 이理로써 敎교에 미혹하면 여기에 는 득得의 뜻이 있다. 만약 敎교로써 이理에 미혹하면 여기에는 실失의 뜻 이 있다." 그러므로 머뭇거리며 득실의 의심을 낳는다.[13]

라고 서술하여 이理와 교敎의 배리를 지적하며, 그 때문에 이교의 사이에서 지주踟躕(머뭇거리다)한다고 조소한다. 이렇게 역사적 소산으로서 이理와 교 敎라는 범주를 인연의 뜻에 의해 회통했던 것이 길장의 이교 개념의 설정이었 다고 생각된다.

　본래 주제로 돌아오면 앞에서 서술했듯이 길장의 저작에서 이교·체용 개념 의 도입이라는 경향은 매우 뚜렷한 사실인데, 특히 『이제의』 권상에서 다른 학파의 이제와 삼론의 이제의 근본적 차이를 논하여 '10구의 차이(十句異)'라는 것을 설한다. 이 10개 조목으로 정리된 각종 명제에 의해 양자의 이제의 득실을 논하는 관점이 주로 이교의 범주에 있다고 생각되므로 이하에서 총괄하여 길장 교학에서 이교 개념의 구체적 용례를 『이제의』의 '10구의 차이'에서 살펴 보려고 한다.

　길장에 의하면 이제를 배워 득실이 있는 뜻을 판정하는 것에 대해 이것을

12　전기는 『고승전』 권7 석법진전釋法珍(다른 세 판본은 瑤)傳(T50, 374b~c) 참조.

13　『법화현론』 권5, "舊經師云, 有事有理 (중략) 推理既一教不應三教. 若定三理寧復一. 故終日迴遑安心莫 寄. 故瑤法師云, 踟躕理教之間. 疑為失為不失. 若以理惑教此有得義. 若以教惑理此有失義. 是故踟躕生得失 之疑."(T34, 400a~b). 또한 『법화의소』 권5 「비유품」 제3에서도, "問, 身子既見理同而教異, 為是已知 同歸故名同, 為未知同歸故名同. 答, 搖法師注云, 已見同歸之理, 但以理疑教以教疑理, 互推所以生疑, 順理 而推教不應三, 就教而言理不應一, 故迴惶理教之間. 眾師並同此說, 今謂不然."(T34, 515a)이라고 하니, 같은 취지를 소개한다.

총괄하여 보여주면 다음의 10종이 있다고 한다.[14] 즉 '10구의 차이'란 ① 이교의 理敎義, ② 상무상의相無相義, ③ 득무득의得無得義, ④ 이내외의理內外義, ⑤ 개부의開覆義, ⑥ 반만의半滿義, ⑦ 우지의愚智義, ⑧ 체용의體用義, ⑨ 본말의本末義, ⑩ 요불요의了不了義이다. 여기서 거론된 10종의 명제는 이제에 한하지 않고 길장의 주요한 교의에서 끊임없이 중심적 주제로 논해지는 것으로, 그런 의미에서는 모두 길장 교학에서 보편적인 명제이다. 이하에서 그 초록한 문장을 보면

① 이교의

다른 가문의 이제에는 곧 이理와 교敎가 없지만 지금 이제에는 이理와 교敎가 있다고 밝힌다. 다른 가문에 이理와 교敎가 없다는 것은 저들이 이제가 이理여서 3가假는 세제의 이理이고 4절絶은 진제의 이理라고 밝힌다는 것이다. 지금 이제는 교敎이고 불이가 이理임을 밝힌다. (중략) 그러므로 유와 무의 이는 교敎이고 비유무의 불이는 이理임을 알아 이理와 교敎를 갖추어 가진다. 다른 가문에서는 오로지 이만 있고 불이가 없으니, 곧 오로지 교敎만 있고 이理가 없는 것이다. (후략)

他二諦卽無理教, 今明二諦有理教. 他無理教者, 彼明二諦是理, 三假是世諦理, 四絶是眞諦理. 今明二諦是教不二是理 (중략) 故知, 有無二是教, 非有無不二是理, 具有理教也. 唯他有二無不二, 則唯有教無理 (후략)

---

14 『이제의』 권상, "明他家辨二諦義, 今時亦辨二諦義, 何異. 解此凡有十句異. 一者明理教義. (중략, 이하 본문에서 원문을 인용함) 略明十種, 判學二諦有得有失義如此. 更撮十種者, 一者理教義, 二者相無相, 三者得無得, 四者理內外, 五者開覆, 六者半滿, 七者愚智, 八者體用, 九者本末, 十者了不了."(T45, 87b~88b.)

② 상무상의

(전략) 이미 도리가 이제에 있으니, 곧 유에는 유의 상相이 있고 무에는 무의 상이 있는 것을 유상의有相義라고 한다. 지금 밝힌다. 유에는 유의 상이 없으므로 유는 불유를 표시하고 무에는 무의 상이 없으므로 무는 불무를 표시한다. 유무는 불유불무를 표시하므로 무상의無相義라고 한다. (후략)

(전략) 旣道理有二諦, 卽有有有相. 無有無相. 名爲有相義. 今明, 有無有相有表不有, 無無無相無表不無. 有無表不有不無. 故名無相義. (후략)

③ 득무득의

다른 가문은 유득의有得義이고, 지금 무득의無得義를 밝힌다. 다른 가문에는 얻을 수 있는 유가 있고 얻을 수 있는 무가 있다. 만약 얻을 수 있는 유가 없고 얻을 수 있는 무가 없다면 곧 이제도 없는 것이 된다. (하지만) 이미 이제가 있으므로 얻을 수 있는 유무가 있는 것을 유득이라고 한다. 지금 밝힌다. 유는 유에 머물지 않아 유는 불유를 표시하니 얻을 수 있는 유가 없다. 무는 무에 머물지 않아 무는 불무를 표시하니 얻을 수 있는 무가 없다. 그러므로 무득의라고 한다.

他有得義. 今明無得義. 他有有可得. 有無可得. 若無有可得, 無無可得, 卽無二諦. 旣有二諦, 故有有無可得. 名爲有得. 今明, 有不住有, 有表不有, 無有可得. 無不住無, 無表不無, 無無可得. 故名無得義. (후략)

④ 이내외의

이내외의도 이러하다고 밝힌다. 다른 가문의 진속은 이외理外이고, 지금 진속은 이내理內다. 이내이므로 교敎라고 한다.

明理內外義亦爾. 他眞俗理外, 今眞俗理內. 以理內故名之爲敎也.

⑤ 개부의

다른 가문의 이제는 이理이므로 막혀 있고, 지금 이제는 교敎이므로 열려 있음을 밝힌다. 왜 그런가? 다른 가문의 유는 유에 머무르고 무는 무에 머무른다. 이 유무는 여래의 인연의 유와 무를 막는다. 지금 이제는 교敎라고 밝힌다. 유는 불유를 표시하고 무는 불무를 표시하므로 유무는 불유무를 표시하니, 여래의 교敎가 곧 열려 막힘이 없는 것이다. (후략)

他二諦是理卽覆, 今明二諦是敎卽開. 何者, 他有住有, 無住無. 此有無覆如來因緣有無也. 今明二諦是敎. 有表不有, 無表不無. 有無表不有無. 如來敎卽開, 無有壅滯. (후략)

⑥ 반만의

다른 가문의 이제는 반자半字이고, 지금 이제는 만자滿字임을 밝힌다. 왜 그런가? 다른 가문에서는 오로지 이만 있지 불이는 없기 때문에 오로지 교敎일 뿐 이理가 없는 것을 반자라고 한다. 지금 이理와 교敎를 구족한 것을 만자라 한다고 밝힌다. (후략)

他家二諦是半, 今明二諦是滿. 何者, 他唯有二無不二, 故唯敎無理, 名爲半字. 今明具足理敎, 名爲滿字. (후략)

⑦ 우지의

다른 가의 이제는 어리석음이고 지금은 지혜임을 밝힌다. 왜 그런가?『열반경』[15]에서는 명과 무명에 대해 어리석은 자는 이二를 주장하고 지혜로운 자는

---

15 『대반열반경』(남본) 권8 '여래성품如來性品' 제12, "明與無明, 智者了達其性無二, 無二之性卽是實

그 성품이 불이임을 요달한다고 한다. 명과 무명이 이미 그러하니 진과 속도 그러하다. 진속의 이는 곧 어리석은 자이고 불이는 곧 곧 지혜로운 자이다. 불이의 성품이 곧 실성實性이다. 그러므로 불이는 이理이고 이는 교敎임을 알아라.

明他二諦愚者, 今是智者. 何者, 涅槃經云, 明無明, 愚者謂二, 智者了達其性無二. 明無明旣然, 眞俗亦爾. 眞俗二卽愚者, 不二卽智者. 不二之性卽是實性, 故知不二是理二是敎也.

⑧ 체용의

지금 체와 용을 밝힌다. 저들은 단지 용만 있고 체가 없으니, 체가 없으면 곧 용도 없다. 지금 구비하여 체도 있고 용도 있다.

今明體用. 彼但有用無體, 無體卽無用. 今則具有體有用也.

⑨ 본말의

불이는 본이고 이는 말이다. 다른 가에서는 이미 본이 없으니 어찌 말이 있겠는가? 지금 이와 불이를 구비하므로 본말을 구비한다. 그러므로 이제는 교敎이고 불이는 이理라고 한다.

不二是本, 二是末. 他旣無本, 何有末. 今具有二不二, 具有本末, 故云二諦是敎不二是理也.

⑩ 요불료의

(전략) 왜 그런가? 우리의 이제는 유를 설하여 불유를 드러내고자 하고 무를

性"(T12, 651c.)

설하여 불무를 드러내고자 하니, 유무를 설하여 불유불무를 드러내고자 하는 것을 요의라고 한다. 너희들의 유는 유에 머물러 불유를 표시하지 않고 무는 무에 머물러 불무를 표시하지 않으니, 유무가 비유비무를 표시하지 않고 이는 불이를 표시하지 않아 곧 도를 드러낼 수 없기 때문에 요의가 아니다. 지금 밝힌다. 인연의 유와 무에서 유는 불유를 표시하고 무는 불무를 표시하니, 유무의 이는 청정한 불이의 도를 드러내므로 요의라고 한다. (후략)

(전략) 何者, 我二諦說有欲顯不有, 說無欲顯不無. 說有無顯不有不無, 名爲了義. 汝有住有不表不有, 無住無不表不無, 有無不表非有非無, 二不表不二, 卽不能顯道, 故非了義. 今明, 因緣有無有表不有, 無表不無, 有無二爲顯淸淨不二之道, 故名了義. (후략)

와 같다. 어떤 것은 매우 간결하고 어떤 것은 복잡한 설상하에서 설해지는데, 그 취지는, 어느 것에서도 이러한 차이가 보이는 것이 다른 가문의 이제가 세속제, 승의제 모두 이理인 것(약리約理 이제)에 대해 삼론의 이제는 교敎인 것(약교約敎 이제)이며 불이 중도의 이理와 이제의 교敎라는 이교理敎를 겸비했기 때문이라는 것인데, 그 근거·이유로서 서술한 것을 보면 이것도 각 명제마다 공통의 설상이 보이니, 말하자면 유무의 이가 한쪽은 **인연因緣의 유무**임에 대해 다른 쪽은 **정성定性의 유무**라는 점으로 요약된다. 요컨대 이것은 10종 명제에 대해 각각 인연의 유무에 의해 이불이·불이이의 이교 체용의 상관이라는 인연의 뜻이 성립하는 것을 보여주고, 그것에 의해 삼론 이제가 다른 가문과 다른 것을 주장하는 것이다. 그리고 지금 논술의 형식에 대해서도 거기에 공통하여 일정한 형식이 존재함을 알 수 있다. 실제로 이것을 정식화한 것이 다음에 서술하는 '삼론초장의'에 다름 아니다.

2. 삼론초장의三論初章義

1)

『이제의』권상에서는 따로 앞 항의 '10구의 차이(十句異)'의 ④ 이내외의理內外義를 부연하여 특히 다음과 같이 서술한다. 즉

> 이외 이제란 곧 유를 들고 유에 머물러 불유를 표시하지 않고, 무를 들고 무에 머물러 불무를 표시하지 않는다. 유와 무가 이理를 표시할 수 없으면 교敎라고 하지 않는다. 이런즉 이외 이제에는 이理도 없고 교敎도 없다. 이내 이제는 인연의 유와 무이다. 인연의 유는 유가 아니고 인연의 무는 무가 아니다. 유무가 비유무를 표시하기 때문에 유와 무를 교문이라고 한다. 이런즉 이내 이제에는 교敎도 있고 이理도 있다.

라는 것인데, 이어서 이것을

> 이는 **초장初章의 양절어兩節語와 같다.** 초장의 전절은 곧 이외 이제의 뜻이고 후절은 곧 이내 이제의 뜻이다.[16]

라고 한다.[17] 그래서 초장의 전절, 후절의 말이란 무엇이냐 하면 같은 곳의

---

16 『이제의』권상, "理外二諦, 卽聞有住有不表不有. 聞無住無不表不無. 有無不能表理, 不名爲敎. 此卽理外無理無敎. 理內二諦, 因緣有無. 因緣有不有, 因緣無不無. 有無表非有無故, 有無名敎門. 此卽理內有敎有理也. 此如初章兩節語也. 初章前節卽理外義, 後節卽理內義."(T45, 89b.)

17 ㉫ 길장은 이제상즉二諦相卽의 삼론초장의三論初章義를 본격적으로 논의하기에 앞서 이 이내 이제理內二諦와 이외 이제理外二諦의 개념을 거론하는데, 이내 이제란 인연의 관계 속에서 불이중도의 도리(理)가 유와 무의 이제(敎)에 내재화된 사태를 표현한 개념으로서 초장 후절의 의미에 상통하고, 반대로 이외 이제란 자성의 관계 속에서 불이중도의 도리가 유와 무의 이제와 무관하게 독립되어 있는 사태를 표현한 개념으로서 초장 전절의 의미에 상통한다. 정리하자면 이내 이제란 '비유비무의 도리가 내재화된 유와 무의 이제'이고, 이외 이제란 '비유비무의 도리가 외재화된

이어지는 문장에서 다음과 같이 정리한다.

전절

다른 학파에서 유는 유일 수 있고, 무는 무일 수 있다. 유가 유일 수 있는 것은 무에 말미암지 않으므로 유이기 때문이다. 무가 무일 수 있는 것은 유에 말미암지 않으므로 무이기 때문이다. 무에 말미암지 않으므로 유이니, 유는 자성의 유이다. 유에 말미암지 않으므로 무이니, 무는 자성의 무이다. 자성유는 곧 유이므로 유이고, 자성무는 곧 무이므로 무이다. 이러한 유와 무는 불유무를 표시할 수 없다. (이 유와 무는 교문이 아니다. 그러므로 이외 이제에는 이理와 교教가 없다.)

他有有可有, 有無可無. 有有可有, 不由無故有, 有無可無, 不由有故無. 不由無故有, 有是自有. 不由有故無, 無是自無. 自有卽有故有, 自無卽無故無. 此之有無, 不能表不有無. (此有無非是教門. 故理外無理教也.)

후절

(지금) 유는 유일 수 없고, 무는 무일 수 없다. 유가 유일 수 없는 것은 무에 말미암으므로 유이기 때문이다. 무가 무일 수 없는 것은 유에 말미암으므로 무이기 때문이다. 무에 말미암으므로 유이니, 유는 자성의 유가 아니다. 유에 말미암으므로 무이니, 무는 자성의 무가 아니다. 자성유가 아닌 유라면 이것은 무인 유이고, 자성무가 아닌 무라면 이것은 유인 무이다. 무인 유는 유가 아니고 유인 무는 무가 아니다. 이 유와 무는 불유와 불무를 표시한다. (그러므로 교문이라 한다. 그러므로 이내 이제에는 이理와 교教가 있다.)

유와 무의 이제'라고 말할 수 있다.

(今)無有可有, 無無可無. 無有可有, 由無故有. 無無可無, 由有故無. 由無故有, 有不自有. 由有故無, 無不自無. 不自有有, 是無有, 不自無無, 是有無. 無有不有, 有無不無. 此有無表不有無. (故名爲敎門. 所以理內有理敎也.)

그리고 이것을 "일가一家의 초장어는 바로 이와 같다. 삼론을 배우는 자는 반드시 먼저 이 말을 얻어야 한다."[18]라고 한다.

2)

『중관론소』 권2말에서는 10과목으로 나누어 팔불의八不義를 해석하는 제5절의 천심문淺深門에 4중의 이제에 기준하여 자가自家(삼론)와 타가他家(성실)와의 차별을 밝히는 조목에서 바로 자타의 차이를 드러내는 것으로 다음과 같은 문답을 설정한다. 즉

묻는다. 다른 학파에서도 유를 세제로 삼고 공을 진제로 삼는다고 하는데, 지금과 무엇이 다른가?
답한다. 반드시 초장어로 이를 간별해야 한다. 다른 학파에서 말한다. 유가 유일 수 있다면 무도 무일 수 있다. 그러므로 유가 무에 말미암지 않으면 곧 무는 유에 말미암지 않는다. 유는 자성의 유이고, 무는 자성의 무이다. 지금 말하자면 유가 유일 수 없다면 무도 무일 수 없다. 유가 유일 수 없다면 무에 말미암기 때문에 유이다. 무가 무일 수 없다면 유에 말미암기 때문에 무이다. 무에 말미암기 때문에 유라면 유는 자성의 유가 아니다. 유에 말미암기 때문에 무라면 무는 자성의 무가 아니다. 유는 자성의 유가

---

18 위의 곳, "一家初章言方如此. 學三論者, 必須前得此語."(T45, 89b.)

아니므로 비유다. 무는 자성의 무가 아니므로 비무이다. 비유비무이지만 가설하여 유무라고 한다. 그러므로 다른 학파와 다르다.[19]

라고 서술한다. 『중관론소』에서는 다시 이어서 이것을 다음과 같이 4구절로 나누어 자타의 구별을 분명히 한다. 즉

초장이란
初章者

①
타가: 유가 유일 수 있다면 곧 무도 무일 수 있다.
자가: 유가 유일 수 없다면 곧 무도 무일 수 없다.
他有有可有, 即有無可無.
今無有可有, 即無無可無.

②
타가: 유가 유일 수 있다면 무에 말미암지 않기 때문에 유이고, 무가 무일 수 있다면 유에 말미암지 않기 때문에 무이다.
자가: 유가 유일 수 없다면 무에 말미암기 때문에 유이고, 무가 무일 수 없다면 유에 말미암기 때문에 무이다.
他有有可有, 不由無故有, 有無可無, 不由有故無.

---

19 『중관론소』 권2말, "問他亦云, 有為世諦, 空為眞諦, 與今何異. 答須初章語簡之. 他云, 有有可有則有無可無. 故有不由無即無不由有. 有是自有, 無是自無. 今無有可有即無無可無. 無有可無由無故有. 無無可無由有故無. 由無故有有不自有. 由有故無無不自無. 有不自有故非有. 無不自無故非無. 非有非無假說有無. 故與他為異."(T42, 27c~28a.)

今無有可有, 由無故有, 無無可無, 由有故無.

③

타가: 무에 말미암지 않기 때문에 유라면 유는 자성의 유이고, 유에 말미암지 않기 때문에 무라면 무는 자성의 무이다.

자가: 무에 말미암기 때문에 유라면 유는 자성의 유가 아니고, 유에 말미암기 때문에 무라면 무는 자성의 무가 아니다.

他不由無故有, 有是自有, 不由有故無. 無是自無.

今由無故有, 有不自有, 由有故無. 無不自無.

④

타가: 유가 자성의 유라면 이름하여 유이므로 유인 것이라 하고, 무가 자성의 무라면 이름하여 무이므로 무인 것이라고 한다.

자가: 유가 자성의 유가 아니라면 이름하여 불유인 유라 하고, 무가 자성의 무가 아니라면 이름하여 불무인 무라고 한다.

他有是自有名有故有, 無是自無名無故無.

今有不自有名不有有, 無不自無名不無無.

이 4구절의 말을 초장이라고 한다.

此四節語為初章也. (T42, 28a.)

라는 것이다.[20] 초장이란 배우는 자의 장문章門의 시초 또는 초학자의 장문章門

---

20 ㉙ 삼론학에서 제시하는 삼론 초장 전·후절의 논리는 세속제와 제일의제로 분별되는 이제의 상즉이 어떻게 가능한가라는 물음에 대한 숙고의 산물이자 해답인데, 초장 전절前節과 후절後節은 뒤에서 논의되듯이 『정명현론』에서 '정성定性의 이제'와 '인연 가명의 이제'라는 이름으로 각각 구분되고, 『이제의』에서는 '유득 대승有得大乘의 유애 이제有礙二諦'와 '무득無得 대승의 무애 이제無礙二諦'라고 불린다. ("識從來有得大乘是有礙二諦, 識諸佛菩薩無礙二諦." 길장, 『이제의』, T45, 85c.) 여

이라는 의미이다.[21] 따라서 이렇게 복잡한 구조를 보이고는 있지만 원의적으로는 4중 이제에서 초중의 유무문을 가리킨다고 생각해도 좋다(4중 이제에 대해서는 후술함). 그러나 길장은『이제의』에서 특히 이 말의 전거를 거론하여 일체의 문자는 모두 초장에 포섭되며, 초장은 일체법에 통한다고 서술하는 점에서 이 말에 특별한 의의를 부여하려고 했던 것은 분명하다.[22] 이러한 용례는 다른 것에도 보이는데, 예를 들면 '방언方言'(표준의 설이 아니라는 의미)이라는 평범한 말을 빌려 그것이 다름 아닌 삼론 독자의 설이라는 것을 설하려고 할 때에 사용하는 등이 그 일례이다.[23]

기서 초장 전절의 내용적 규정어인 정성 또는 유애 이제는 유소득의 한계를 가지기는 하지만 '유득 대승'이라고 하여 소승이 아닌 대승 이제설의 한 부류로 인정된다는 점에 유의할 필요가 있다. 초장 전절의 논리가 유득이기는 하지만 대승의 이제설로 분류되는 까닭은 대승 이제설의 특징인 상즉, 즉 세속제와 제일의제의 동일성을 추구하기 때문이다. 초장 전절에서는 단적으로 자성의 개념을 매개로 삼아 이제의 무차별적 상즉을 증시한다. 이제는 모두 자성을 가진다는 지점에서 서로 동일하다는 것이다. 물론 이 자성의 개념 때문에 유득 대승은 유애의 이제다. 반면 인연과 중도의 개념적 매개를 통해 이제의 실질적 동일성을 확보할 수 있다는 점에서 무득 대승의 초장 후절은 무애의 이제다. 소승의 이제 논리 및 대승의 이제인 초장 전·후절의 논리에 대한 자세한 분석으로는 졸고, 「삼론 초장의 이제상즉의」(『한국선학』 제39호, 2014) 참고

21 『이제의』에서는 "初章者學者章門之初故云初章."(T45, 89b)라 하고, 『중관론소』에서는 "爲初學之章門, 皆是初章"(T42, 28a)라고 한다.

22 『이제의』권상, "此語出十地經第一卷, 明一切文字皆初章所攝. 今亦爾, 初章通一切法. 何者, 有無作既然, 一切法亦例此作. 故知初章通一切法也."(T45, 89b.) 또 길장이 말하는『십지경』이란 북위北魏 보리류지菩提流支 역『십지경론』권1(T26, 129c)을 가리킨다. 또『중관론소기』권3말에서 초장어를 주석했던 안징은『술의』의 해석을 소개하여 "言初章者, 述章云, 爲人無生正觀之初故名初章. 故華嚴經第二十四卷解脫月菩薩請說十地偈中言, 譬如諸文字皆攝在初章, 諸佛功德起十地爲根本. 然釋初章凡有四義. 一者初章卽是有無. 所以有無名初章者, 夫諸佛說有無之敎, 表非有非無之理, 必依有無以爲初. 故是名爲初也, 章者表也. 二者猶明也. 若他有無各守自性, 不得現示非有非無理, 所以非明. 今明有無卽是因緣卽得顯理, 故云明也. 三者有無卽是諸佛出世初說, 言說卽成於章句. 故名爲初章, 所言章者敎之異名也. 四者章是句, 有無卽是四句中初. 故云章也."(T65, 89a~b)라고 하여 전거로서『대방광불화엄경』권23(안징에게는 권24)「십지품」, "譬如一切文字, 皆初章所攝, 初章爲本, 無有一字不入初章者."(T9, 543c)를 인용하는데, 초장에는 ① 유무, ② 명明, ③ 초설初說, ④ 초구初句의 뜻이 있다고 한다. 또한『술의』에 의하면 초장에 대해 후장後章의 말이 있으니, 초장의 뜻은 부주不住이고 후장의 뜻은 무소득無所得이라고 하여, "關中舊影(담영養影인 듯함)云, 初章之義是不住, 無得之語其意包含, 準此師意亦得故章也."(T65, 89b)라고 전하므로 초장의 말에 특별한 의미를 발견했던 것은 길장의 독창이 아니라 관중의 구의에 의했던 것임을 알 수 있다. 단, 길장은 무소득을 특히 후장의 뜻으로서 받아들이는 것은 하지 않는다.

23 흥황 법랑 조술의 설인 3종 중도에 대해 3종 방언이라고 한다. 방언이란 '방역方域의 말', '방법의

3)

특히 '초장어'라는 예고는 보이지 않지만 논술의 형식에서 그것이 삼론초장의의 개진인 것이 한번 보아 명확한 경우도 보인다. 예를 들면 『정명현론』권6에서 불타의 이제를 배우는 자의 득실을 논하여 '정성定性의 이제'를 과실이라 하고 '인연 가명의 이제'를 득이라고 하는 것을 논하여

> (정성의 이제라고 하는 것은) 만약 유가 유일 수 있다면 무도 무일 수 있다. 유가 유일 수 있다면 무에 말미암지 않기 때문에 유이고, 무가 무일수 있다면 유에 말미암지 않기 때문에 무이다. 무에 말미암지 않기 때문에 유라면, 유는 무인 유가 아니다. 유는 무인 유가 아니므로 유에 말미암지 않기 때문에 무라면, 무는 유인 무가 아니다. 유는 무인 유가 아니라면 유는 자성의 유이고, 무는 유인 무가 아니라면 무는 자성의 무이다. (중략)
> (다음으로 과실에 대해 득을 밝히자면) 지금 유가 유일 수 없다면 무도 무일 수 없다. 유가 유일 수 없다면 무에 말미암기 때문에 유이고, 무가 무일수 없다면 유에 말미암기 때문에 무이다. 무에 말미암기 때문에 유라면 유는 무인 유이고, 유에 말미암기 때문에 무라면 무는 유인 무이다. 유인 무라면 자성의 무가 아니고 무인 유라면 자성의 유가 아니다. 자성의 유가아니므로 비유이고, 자성의 무가 아니므로 비무이다. 비유비무를 가명으로 유무라고 한다.
> (所言定性二諦者,) 若有有可有, 則有無可無. 有有可有, 不由無故有, 有無可無. 不由有故無. 不由無故有, 有非無有. 有非無有, 不由有故無. 無非有無.

―――
말'의 의미로, 법랑이 팔불을 강설한 것을 말했던 것이겠는데, 실제로 이 3종을 가리켜 방언이라고 한다. 『대승현론』 권1, "明中道第六 初就八不明中道. 後就二諦明中道. 初中師有三種方言. 第一方言云, (후략)"(T45, 19c) 등이라는 것을 참조. 또 현예, 『대승삼론대의초大乘三論大義鈔』 권1(T70, 132b)에 '방언의方言義'에 관한 상세한 해석이 있다.

有非無有, 有是自性有, 無非有無. 無是自性無. (중략) (次對失明得者,) 今無
有可有, 則無無可無. 無有(可有), 由無故有, 無無可無. 由有故無. 由無故有,
有是無有, 由有故無. 無是有無. (有)無則不自無. 無有則不自有. 不自有故非
有, 不自無故非無. 非有非無假名有無. (T38, 891c〜892a.)

라 서술한다. 문장에 다소의 착간이 있고 순서도 반드시 앞의 두 문장과 일치
하지 않으며 특히 이것을 초장이라고는 밝히지 않지만, 형식·내용의 어느
쪽에서 보아도 이것이 앞에서 서술한 '삼론 초장'의 말인 것은 분명하다. 따라
서 '초장'의 뜻에 의해 여기서도 이제의 득실이 논해지는 것이다.

이렇게 길장의 저작에서 '초장'이라는 말은 매우 중요한 의의를 가지고 등장
하는 것이 밝혀졌는데, 이 말은 단순한 수사구가 아니라 어떤 일정의 형식과
공통의 내용을 가졌던 말이라는 것 또한 분명해졌다. 그런데 현존의 혜균
『대승사론현의』의 제1권은 종래 산실되었다고 믿어졌고 현존 총서도 그 제1
권을 결권으로 하여 성립하였는데, 오오쵸오에니치橫超慧日 박사가 발견한 신
출 자료 『사론현의』의 고사본에 의해 그 제1권의 표제가 '초장중가의初章中假
義'인 것이 밝혀졌다.[24] 박사는 이 표제의 '초장'이란 어떤 의미인가에 대해
"그것은 불교의 근본의인 중도에 들어가기 위한 기초 출발점이 되는 문장이라
는 의미이고, 혹은 또 삼론 교의의 기본적 입장을 단적으로 보여주었던 것이라
고 이해해도 좋다."라고 하고, 다시 이어서 "그렇다면 그 초장은 무엇인가에
관해 중가의가 그것이라고 한다. 이것에는 광략廣略의 두 종류가 있는데, 간략
한 초장이란 "有有可有, 有是有故有. 今有不可有, 有是不有有."라는 말이며, 요컨대

---

24   橫超慧日, 「新出資料四論玄義の初章中假義」(『印度學佛教學研究』7-1, 1958년 12월).

광략 모두 이것에 의해 중도에 들어가게 하기 위한 것에 다름 아니다."라고 해설한다. 그래서 앞에서 기술한 길장의 말로부터 혜균이 말하는 간략한 초장이란 "(타가의) 유가 유일 수 있다면 유는 유이므로 유이다. 지금의 유는 유일 수 없다면 유는 불유인 유이다."라고 훈독하는 것이 타당할 것이라고 생각할 수 있다. 그렇다면 설상에 얼마간의 차이가 있기는 해도 길장에게도 혜균에게도 초장이라는 말은 공통의 내용을 의미하며 일정한 형식을 갖는 것이었다고 할 수 있다. 즉 초장이란 삼론 학파의 기본적 입장, 전교학을 일관하는 근본 주제를 의미하는 것이고, 동시에 그것은 형식과 내용에서 상즉의 유무를 설하려고 했던 것이 분명하다. 다만 길장은 이제의 뜻에서 그것을 강조하고 혜균은 중가의가 그것이라고 강조했던 것이다. 초장과 중가가 같은지의 문제에 대해서는 나중에 밝혀지겠지만 적어도 지금 이교라는 개념·범주에 관해 삼론의 초장의가 설해졌던 것을 종합적으로 생각해보면 초장이라는 말은 이교理敎의 상즉과 그 근거가 되는 유무의 상즉에 관해 그것을 논리적으로 정식화했던 말이라고 할 수 있다. 그래서 이교(중가)와 이 초장이 엄밀하게 어떻게 다른 것인지 다음에 이 점에 대해 고찰을 진행하려고 생각하는데, 그 전에 이러한 길장에서의 기초 범주에 대해 그것을 총괄했다고 보이는 것으로 '4종 석의'가 있다.

3. 4종 석의四種釋義

1) 4종 석의 개설

길장 교학의 기초 범주의 하나로서 그가 특히 여러 가지 문제를 논석하는 경우에 사용했던 방법으로 '4종 석의'[25]라는 것이 있다. 4종 석의란 보통 어구

---

25 각 종의 고유의 어구의 해석법으로서 그 밖에 '4종석'이라 칭하는 것으로 천태종의 '사석례四釋例'
(인연석因緣釋, 약교석約敎釋, 본적석本迹釋, 관심석觀心釋)『법화문구法華文句』권1상(T34, 2a)이 있고,

등의 해석을 하는 경우에 사용되는 방법으로 예를 들면 『삼론현의』에서는 '중中·관觀·논論'의 세 글자의 해석을 하기에 임하여 '개별적으로 세 글자를 해석하는 문'(別釋三字門)으로 다음과 같이 서술한다. 즉

> 총괄적으로 석의를 논함에는 대개 4종이 있다. 첫째로 의명 석의依名釋義, 둘째로 이교 석의理教釋義, 셋째로 호상 석의互相釋義, 넷째로 무방 석의無方釋義이다.[26]

라고 하듯이 의명석의·이교석의·호상석의·무방석의의 넷이다.

또한 『이제의』 권중에서는 '이제'의 석명釋名에 관해 "네 가지 뜻으로 해석한다."(就四義解之.)고 하여

> 첫째로 수명석隨名釋, 둘째로 인연석因緣釋, 셋째로 현도석顯道釋, 넷째로 무방석無方釋이다.[27]

라고 한다. 『이제의』에서 말하는 수명석은 『삼론현의』의 의명석, 인연석은 호상석, 현도석은 이교석이다.[28]

이것에 의거했던 진언종의 '4종 비석秘釋'(천략석淺略釋, 비밀석秘密釋, 비밀중비석秘密中秘釋, 비비 중비석秘秘中秘釋) 『보리심의菩提心義』 권1(T75, 458a) 등이 있는데, 삼론종의 '4종 석의'와의 공통점 은 없다.

26 『삼론현의』, "總論釋義, 凡有四種. 一依名釋義, 二就理教釋義, 三就互相釋義, 四無方釋義也."(T45, 14a.)

27 『이제의』 권중, "一隨名釋, 二就因緣釋, 三顯道釋, 四無方釋."(T45, 95a.)

28 징선澄禪(1227~1307)의 『삼론현의검유집』 권7에 이 '별석삼자문別釋三字門'을 주해하여 "總論釋義 凡有四種等者, 今三字並一切名字皆用四種釋. 故云總論也. 謂依名釋義亦隨名釋, 理教釋義亦顯道釋, 互相 釋義亦因緣釋, 無方釋義是也."(T70, 484c)라고 하는 것은 『이제의』의 4의를 조명하여 결합한 것이다.

①

의명 석의(수명석)란 이름에 의해 뜻을 해석한다는 의미로, 이것은 보통의 글자 뜻에 의해 해석하는 방법이다. 예를 들면 『삼론현의』에서는 "중中은 실實을 뜻으로 삼는다. 중은 정正을 뜻으로 삼는다."라고 하고, 『이제의』에서는 "속俗은 부허浮虛를 뜻으로 삼는다. 또 속은 풍속을 뜻으로 삼는다."라고 하는데, 이것은 세간 일반의 말의 의미대로 해석하는 방법이다.

②

이교 석의(현도석)란 교教에 의해 이理를 해석한다는 의미로, 이 경우 이理는 무명상無名相이고 교教는 명상名相이다. 따라서 명상의 언교로써 무명상의 이理를 표시하는 석의이다. 예를 들면 『삼론현의』에서는 "중中은 부중不中을 뜻으로 삼는다."라고 하고, 『이제의』에서는 "속俗은 불속不俗의 뜻이다. 진眞은 부진不眞의 뜻이다."라는 것과 같다. 요컨대 제법 실상은 그 자체로는 중도 아니고 부중도 아닌 무명상의 법이지만 중생을 위해 억지로 명상을 설하고 이 명상에 의해 무명상을 깨닫게 하려는 것이기 때문에 중(교教)이라고 설하는 것은 부중(이理)을 드러내기 위해서라는 것이다.

③

호상 석의(인연석)란 서로에 대하여 뜻을 해석한다는 의미로, 상대 관계에 있는 것을 설하여 무명상의 뜻을 드러내는 것이다. 예를 들면 『현의』에서는 "중中은 편偏을 뜻으로 삼는다. 편은 중을 뜻으로 삼는다."라고 하고, 『이제의』에서는 "속은 진을 뜻으로 삼는다. 진은 속을 뜻으로 삼는다."라고 한다. 요컨대 중과 편, 진과 속은 각각 독립하여 있는 것이 아니라 대칭적인 것을 인연으로 하여 상의 상대적으로 있기 때문에 편을 설하여 중을 깨닫게 하고 중을 설하여 편을 깨닫게 한다는 것이다.

④

무방 석의에서 무방이란 부정不定이라는 의미이다. 무명상의 실상 그 자체는
작용으로서 일정하지 않게(不定) 나타나는 것으로서, 진도 속도 일체법에 다름
아니라고 하는 석의이다. 『현의』에서는 "중中은 색色을 뜻으로 삼고, 중中은
심心을 뜻으로 삼는다. 일법一法은 일체법一切法을 뜻으로 삼는 것을 얻고 일체
법은 일법을 뜻으로 삼는 것을 얻는다."라고 하고, 『이제의』에서는 "속俗은
일체의 법을 뜻으로 삼는다. 인人은 이 속俗의 뜻, 주柱는 이 속의 뜻, 생사는
이 속의 뜻, 열반은 이 속의 뜻이다. 무방 무애하기 때문이다. 일체법은 모두
이 속의 뜻이다."라고 한다.

『현의』와 『이제의』를 비교해보면 이교(현도)석과 호상(인연)석의 순서가
뒤바뀌어 있는데, 이 점에 관해 『이제의』에서는

> 그런데 이 네 가지 석의는 순서에 앞뒤가 있을 수 없다.[29] 왜인가? 첫째로
> 는 세속에 나아가서 뜻을 해석한다. 속은 부허浮虛의 뜻이고 풍속의 뜻이
> 다. 또 정情에 따라 해석하는 것이다. 둘째는 점점 깊어지는 것이니, 속은
> 진의 뜻이고 진은 속의 뜻이라고 밝힌다. 셋째는 진속으로부터 부진속不真
> 俗으로 들어가고, 용用으로부터 도道로 들어간다. 넷째는 도를 깨닫고 나

---

29 ㉡ 4종 석의의 이해에 순서가 있을 수 없다는 의미의 이 문장은 4종 석의의 단도斷道의 진행
순서를 친절히 설명하고 있는 뒷 문단의 내용과 모순을 일으킨다. 글자의 오사를 의심하지 않는
한에서 이 문장을 이해할 수 있는 여지를 찾자면 마지막 문장의 '상생相生'이라는 용어에 주목하는
방법이다. 말하자면 단도의 차례를 설명하기에 앞서 각 석의의 상생적·상관적 성격을 미리
전제해두고자 하는 의도 정도로 이해할 수도 있다.

서 도로부터 용을 일으킨다. 차례로 상생相生하는 것이다.[30]

라고 서술한다. 『이제사기二諦私記』[31]에서는 이것을 부연하여 다음과 같이 말
한다.

> 묻는다. 왜 이와 같은 차례가 있는가? 답한다. 초문에서는 자성의 뜻을 보
> 인다. 다음 문에서는 인연의 뜻을 보여 자성의 집착을 조복시킨다. 셋째
> 문에서는 앞 문에서 조복된 집착을 끊어 무애도를 깨닫게 한다. 넷째 문에
> 서는 이미 증득한 무애도를 보이므로 무방용을 일으킨다. 그러므로 이와
> 같은 차례가 있다.
> 問, 何故有如是次第耶. 答, 初門示自性義. 次門示因緣義. 而伏自性執. 第三
> 門斷前門所伏執. 而令悟無礙道. 第四門示旣證無礙道, 故起無方用. 所以有
> 如是次第也.[32]

즉 자성 - 인연 - 무애도 - 무방용으로 전개되는 단도斷道의 차례 순서에 따
라 이해해야 한다는 것이다. 초문의 자성이라는 의미는, 진이란 진실의 뜻이라
는 것처럼 세간 일반의 말의 의미대로 해석하는 것이 의명석이므로 거기서
말하는 진은 독립된 진실의 뜻이며 속은 독립된 부허浮虛의 뜻이다. 그러나

---

30 『이제의』권중, "然此四義次第不得前後. 何者, 第一就世俗以釋義. 俗浮虛義風俗義. 且隨情釋也. 第二漸
    深, 明俗真義真俗義也. 第三從真俗入不真俗, 從用入道. 第四悟道竟從道起用. 次第相生也. 就真俗釋此四
    義."(T45, 96a.)

31 현존하지 않는다. 길장 『이제의』의 말주末注인데, 진해(1091~1152)의 『삼론현소문의요』권3의
    이서裏書에, "醍醐有此私記一卷, 表紙銘尊德疑, 書主名歟作者名歟二諦私記一卷, 名義集不知作者, 又別有
    實敏僧都私記一卷之"(T70, 240b)라고 하여 『이제사기』에 세 가지 판본이 있었던 것이 알려지는데,
    비교적 남도에서 많이 인용되었던 것은 실민 승도實敏僧都(788~856)의 『이제사기』1권이다. 단,
    징선의 이 인용에는 작자명을 결여한다.

32 『삼론현의검유집』권7(T70, 490a)에서 인용된 『이제사기』의 주해.

진은 독립하여 진으로서 있는 것이 아니라 속에 상대하고 속을 인연으로 하여 있어서 속도 또한 진에 의해 속이라고 말해지는 것이므로 진은 속, 속은 진이라고 이해하는 것에 의해 초문의 자성 상에서 진속을 이해하는 집착을 논파하기 때문에 제2문을 인연이라고 칭한다. 이미 인연 상자因緣相資의 뜻을 이해한다면 진이라 하고 속이라 해도 그것은 고정적인 것이 아니라 본디부터 무상無相임을 깨닫기 때문에 제3문을 증무애도證無礙道라고 한다. 따라서 내용적으로는 『이제의』처럼 '현도석'이라는 것이 더 어울리지만, 이것을 형식상 진·속이라고 하는 教教에 의해 비진·비속의 중도의 이理를 증득하는 것이 되기 때문에 '이교석'이라고도 칭한다. 제2문과 제3문은 불리 일체不離一體인 것이다. 이미 무애도를 증득한다면 그 작용은 무방 무애이다. 그래서 속이라고 한다면 일체의 법은 속이 되지 않음이 없고 진이라고 한다면 일체의 법은 진이다. 일법즉일체법, 일체법즉일법의 무애 자재하는 작용을 나타낸다. 그러므로 제4문에서 무애도로부터 무방의 용을 일으킨다고 한다.[33]

이상 4종 석의는 단순히 어구 해석의 방법으로서 병렬적으로 각개 독립의 범주로서 존재하는 것이 아니라 삼론 교의의 정격을 보여주는 것으로서 중요하며, 오히려 이 순서 차례에 관해서는 『이제의』의 구조적인 설상을 취해야 한다.[34]

---

33 『이제사기』에서는 계속해서, "何故初門名爲自性, 次門釋因緣等耶. 答, 初門云俗定是浮虛義, 眞定是眞實義. 所以是自性義. 次門明眞是俗義, 俗是眞義時, 卽前俗是定俗, 眞是眞實執所伏. 所以云第二門明因緣義也. 旣知因緣眞俗故悟眞不眞俗不俗, 永斷前所伏之執而證非眞俗中道理. 所以云第三門永斷所伏執而證無礙道也. 旣證無礙道故有無方用故一法卽一切法, 一切法卽一法. 所以俗一法以一切法爲義, 眞一法亦以一切法爲義. 所以云第四門從無礙道起無方用也."(T70, 490a)라고 한다.

34 『검유집』의 저자도 "古來義云, 依義次第列之者, 須如章."(T70, 490a~b)이라고 한다. '장章'이란 『이제장(의)二諦章(義)』을 가리킨다.

2) 특히 무방 석의에 대해

4종 석의 중에서 마지막의 무방 석의는 최종적인 것이고 또 앞의 삼자가 용으로부터 체로 깨달아 들어가는 석의인 것에 대해 체로부터 용으로 나오는 석의이다.[35] 이 무방석의 전거에 대해『현의』와『이제의』에서는 모두『화엄경』에 기초함을 보인다. 즉

> 그러므로『화엄경』에서 말한다. 하나에서 무량을 이해하고, 무량에서 하나를 이해한다. 그러므로 일법은 일체법을 뜻으로 삼을 수 있고, 일체법은 일법을 뜻으로 삼을 수 있다.[36]

라고 하는데, 이것은『화엄경』의 권5「여래광명각품如來光明覺品」제5[37]에서 말하는 문수사리의 게문이다. 또한『겸유집』의 이서裏書에서

>『사론현의』제5「십지의十地義」[38]에서 말한다. 무방석을 빌려 논하자면 기둥[39]은 옳지 않음이 없다. 그러므로 하나의 티끌 중에 무량법이 있고, 하나의 털구멍 중에 삼천대천세계가 있다. 그러므로『화엄경』에서 말한다. 하나 중에서 무량을 이해하고 무량 중에서 하나를 이해한다. 이와 같이 전전

---

35 高雄義堅,『三論玄義解說』p.520 참조.

36 『삼론현의』(T45, 14b). 또『이제의』에서도 "經云, 一中解無量, 無量中解一也."(T45, 96a)라고 같은 경문을 인용한다.

37 『대방광불화엄경』권5「여래광명각품」제5, "爾時文殊師利, 以偈頌曰, (중략) 一中解無量, 無量中解一. (후략)"(T9, 422c〜423a.)

38 현행의『사론현의』에서는「십지의」는 권1로 결권이다. 권5는「이제의」로 되어 있다.

39 ㉑『이제의』권하(T45, 111a〜20〜21)에서는 "如柱是假, 四微是實."라고 하므로 주柱는 미진의 화합으로 발생하는 가법假法을 의미하는 것으로 보인다. 이 문장은 성실학파의 비판 맥락에서 등장하는 것임에 유의할 필요가 있지만, 적어도 실법인 4미微에 대비하여 가법을 대변하는 용어로서 '기둥(柱)'이 사용되는 것은 분명하다.

展轉하여 발생하는 것은 진실이 아니므로 지혜로운 자는 두려워할 바 없다.
四論玄第五, 十地義云, 若無方假論之, 無柱不是者. 故一微塵中有無量法,
故一毛孔中有三千大千世界也. 故華嚴經云, 一中解無量, 無量中解一. 如是
展轉生非眞實, 智者無所畏. (T70, 489c.)

라고 『사론현의』를 인용하여 혜균의 무방석과 그 경증을 보이는데, 이렇게
길장·혜균 모두 『화엄경』에 의해 무방석을 설정하는 것이 분명하다. 이 화엄
의 '일즉일체, 일체즉일'의 사상은 주지하듯이 법장(643~712)의 중국 화엄종
에서 대성된 사상이다. 화엄학의 대가였던 치카모토유키오坂本幸男 박사는
중국 불교에서 '상즉'의 논리를 대성했던 것은 법장인데, 그 선구 사상으로
삼론 학파의 상즉관은 당시로서 매우 우수한 것이었다고 서술한다.[40] 따라서
학자들에 의하면 이 무방 석의는 범주로서는 후세 화엄종의 '사사무애事事無
礙'와 천태종의 '십계호구十界互具'의 설 등도 포함할 수 있는 것으로 그것들도
요컨대 이 무방 석의의 의미 밖으로 벗어나는 것은 아니라고까지 말하여
무방석은 삼론의 사상으로서는 매우 깊고 미묘한 설을 보여주는 것으로 논의
된다.[41] 그러나 교학 체계로 볼 경우 이 무방석에 의해 삼론 교학의 전체가
체계화되기까지에는 이르지 못했고 오히려 사상으로서는 화엄이나 천태에서
그 완성을 볼 수 있는 것이며 삼론 학파의 사상이나 상즉의 논리로서는 오히려
제2문, 제3문 쪽이 그 특색을 보다 잘 보여주는 것이라고 할 수 없는 것도
아니다. 그래서 제1의 의명석과 제4의 무방석의 두 가지는 잠깐 제쳐두고 제2
의 인연석과 제3의 이교석(이하 명칭에 대해서는 제2문에 관해서는 『이제의』

---

40 坂本幸男, 「卽の意義及び構造について」(『印度學佛教學研究』4-2, 1956년 3월) 참조.
41 高雄義堅, 앞의 책, p.523, 宇井伯寿, 『佛教汎論』 p.538 참조.

의 '인연석'을, 제3문에 대해서는 『삼론현의』의 '이교석'을 사용하는 것으로
한다.)에 관해 다시 고찰을 진행하려고 한다.

3) 횡론 현발橫論顯發과 수론 표리竪論表理

인연석(호상석)과 이교석(현도석)의 두 가지는 또한 '횡론 현발', '수론 표리'
라는 이름으로도 불린다. 즉 『대승현론』 권5 「논적의論迹義」에서

> 그런데 경전에 대한 석의의 차이에 간략히 3종이 있다. 첫째로는 횡론 현
> 발, 둘째로는 수론 표리, 셋째로는 의명 석의이다. 어떻게 횡론 현발하는
> 가? 속은 무엇을 뜻으로 삼는가 하면 속은 진을 뜻으로 삼고, 진은 무엇을
> 뜻으로 삼는가 하면 진은 속을 뜻으로 삼는다고 하는 것과 같다. (중략)
> 둘째, 수론 표리이다. 속이 불속을 표시하는 경우 불속은 속의 까닭이기
> 때문에 속은 불속을 뜻으로 삼는 것과 같다. 진이 부진을 표시하는 경우
> 부진은 진의 까닭이므로 진은 부진을 뜻으로 삼는 것과 같다. (후략)[42]

라 하고, 또한 『대품의소』 권1에서 '대大'의 뜻을 해석함에 있어 고석古釋에
대해 이 4종석을 거론하여

> (전략) 둘째로는 세로로 석론하면 대는 부대不大를 뜻으로 삼고 소는 불
> 소不少를 뜻으로 삼는다. (중략) 셋째로는 가로로 대를 해석하면 소를 뜻

---

42 『대승현론』 권5, "然經中釋義不同, 略有三種 一者橫論顯發, 二者竪論表理, 三者依名釋義. 若為是橫論顯
發. 如俗以何為義, 俗以真為義, 真以何為義, 真以俗為義 (中略) 二者竪論表理. 如俗表不俗, 不俗是俗家之
所以故, 俗以不俗為義. 如真表不真, 不真是真家之所以故, 真以不真為義."(T45, 75c.)

으로 삼고 소는 대를 뜻으로 삼는다. 공과 유의 예도 그러하다. (후략)[43]

라고 한다. 용례에서 미루어보아 『대승현론』과 『대품의소』에서는 인연석과
이교석의 두 가지를 각각 횡론·수론이라고 칭하는 것이 분명하다. 횡橫은
'가로', 수竪는 '세로'의 의미이다. 요컨대 '진과 속'이라는 '가로'의 상의相依
관계가 횡론 현발(인연석)이고 '진과 부진'이라는 '세로'의 상의 관계가 수론
표리(이교석)이다. 환언하면 차례 순서를 거치지 않는 공간적인 수평 관계가
횡이고 차례 순서를 거친 시간적인 수직 관계가 수이다.

　또한 『대승현론』 권2 「팔불의」의 서두에서 팔불의 대의를 밝혀 다음과 같이
'횡수'를 정의한다.

> 첫째로 대의를 밝히면 팔불은 대개 모든 불타의 중심이고 뭇 성인의 수행
> 처이다. 그러므로 『화엄경』에서 말한다. 문수여, 법은 항상 이러하니, 일체
> 의 무외인無畏人은 일도一道로 생사를 벗어나고 다시 이취異趣가 없다. 곧
> 이것이 『중론』 초반의 팔불이다. 그러므로 세로로 뭇 경전을 관통하고 가
> 로로 여러 논서를 회통한다.

라고 하여 팔불이 경전의 근본인 것을 설하고 이어서 팔불의 선설宣說에 관한
각종의 경증을 거론한 후 재차

43　『대품경의소』 권1, "二者竪釋論大以不大為義, 小以不少為義. (중략) 三者橫釋大以少為義, 少以大為義.
　　空有例然. (후략)"(X24, 199b.)

그러므로 세로로 뭇 경전의 심오함에 들어가고 가로로 여러 논서의 광대함을 회통한다. 경전의 심오한 지점이 곧 팔불임을 밝힌다. 불不은 곧 일체법에 대한 아님이다. 불不로써 뜻을 밝히기 때문에 그 심오함을 알 수 있다. (중략) 지금 불不로써 뜻을 삼으면 뜻은 곧 광박廣博하다고 밝힌다. 수竪라는 것은 수직을 말한다. 수직은 단적으로 깊은 것이다. 곧 경전의 심오한 종지이다. 비非·불不·무無 등이라 말하는 것처럼 또한 다시 무無 등을 부정하니, 경전의 심오한 지점이다. 모든 논서를 가로로 회통한다는 것이란 횡은 단적으로 광활을 말하고 약과 병을 대치하기 위한 것이다. 유무의 상을 대치한다는 등과 같은 것은 모두 횡론이다.[44]

라고 횡수의 의미를 정의하고 팔불은 세로로는 깊게 뭇 경전의 종지를 보여주고 가로로는 넓게 여러 논서에 통하는 것임을 설하여 팔불이 횡수의 뜻에 의해 이해되어야 하는 것을 설한다. 그러나 횡수는 고정적인 것이 아니라 서로 유동적이다. 예를 들면

A 유라 말하는 것 같은 것을 곧 횡橫이라고 한다면 불유는 수竪라고 한다.
B 또한 절絶과 같은 것을 횡이라고 한다면 부절不絶을 수라고 한다.
C 만약 부절不絶을 횡이라고 한다면 비절비부절非絶非不絶을 수라고 한다.
D 언言을 횡이라고 하는 경우 불언不言은 수라고 한다.

---

44 『대승현론』권2, "第一辨大意者, 八不者蓋是諸佛之中心, 眾聖之行處也. 故華嚴經云, 文殊法常爾, 一切無畏人, 一道出生死, 更無異趣也. 即是論初八不. 故竪貫眾經, 橫通諸論也. (중략) 所以竪入群經之深奧, 橫通諸論之廣大也. 明經之深處即是八不. 不則不於一切法也. 以不而明義, 故知, 其深奧也. (중략) 今明, 以不而爲義, 義即該廣也. 言竪者謂之縱. 縱只是深. 即經之深旨. 如言非不無等, 亦復不於無等, 經之深處也. 橫通諸論者, 橫只是廣闊之稱, 亦為對治藥病. 如有無相治等, 悉是橫論."(T45, 25a~b.)

라 하고, 또한

E 병의 있음은 없는 것에 상대하므로 횡, 이 유를 부정하는 불유를 수라고
  하므로 소치所治의 병을 횡, 능치能治의 약을 수라고 한다.
F 병과 약의 상대를 횡이라고 하면 병이 쉬고 약도 제거되므로 병약구정病藥
  俱淨을 수라고 한다.[45]

라고 하는 것과 같이 사용한다. 그래서 "횡수는 또한 고정되지 않으니, 상황에
따라 보아야 한다."라고도 한다. 횡론(인연석)과 수론(이교석)이 모두 '상즉'의
뜻에 관해 입론하기 때문에 양자는 도처에서 유동적·유기적으로 사용되는
것이 가능한 것이다. 이 양자의 '상즉'의 차이에 관해 『이제사기』에서는 다음
과 같이 서술한다. 즉

> 묻는다. 제2문에서 상즉의에 의거하여 속은 진을 뜻으로 삼는다는 등이라
> 하고, 제3문에서도 상즉의를 기준으로 하여 속은 불속을 뜻으로 삼는다고
> 하는데, 이 두 가지는 어떻게 다른가?
> 답한다. 제2문의 상즉은 횡론으로 용문을 기준으로 한 것이니, 진과 속의
> 상즉이다. 제3문의 상즉은 수론으로 체용에 의거한 것이니, 진속과 불진속
> 의 상즉이다.
> 상즉이라는 말은 같아도 그 바라보는 것은 각각 다르다.
> 問, 第二門據相卽義言, 俗以眞爲義等, 第三門亦約相卽義言, 俗以不俗爲義.

---

45 위의 곳의 이어지는 문장에서 "如言有卽爲橫, 不有爲竪. 亦如絶爲橫, 不絶爲竪. 若不絶爲橫, 則非絶非不
   絶爲竪. (중략) 如言爲橫不言爲竪. 橫竪亦不定, 隨而望之. 若有無斷常相治爲橫, 病息藥餘故爲竪. 故以隨處
   得論."이라는 것을 취의 요약.

此二何異.

答, 第二(門)相卽橫約用門, 眞與俗相卽. 第三門相卽竪據體用, 眞俗與不眞
俗相卽.

相卽言雖同, 所望各異. (T70, 487c.)

라는 것이다. 요컨대 **용문用門**의 상즉이 횡론의 인연석이고 **체용**의 상즉이
수론의 이교석이다. 그리고 2문 모두 반드시 '상즉'의 뜻을 사용하는 것은
왜인가라고 한다면 상즉은 '불이'의 다른 이름이기 때문이다. 따라서 진속의
불이를 보이는 것이 인연문의 상즉이며, 이교·중가의 불이를 보이는 것이
현도문의 상즉이다.[46] 그래서 『이제의』 권하에서는

비진비속을 이제의 체로 삼고 진속을 용으로 삼으니, 또 이교라 하고 중가
라고 한다. 중가가 거듭되면 중가라 하고, 이교가 거듭되면 이교라고 하며,
또한 체용이 거듭되면 체용이라고 한다.[47] 그러므로 불이不二를 체로 삼고
이二를 용으로 삼는다.[48]

---

46 『삼론현의검유집』권7 인용의 『이제사기』에 이어서 "爾云何二門必用相卽卽義耶. 答, 相卽是不二異名.
若約因緣門者, 俗卽眞, 眞卽俗, 眞俗不二故, 俗以眞爲義, 眞以俗爲義. 若約顯道門者, 眞卽不眞, 俗卽不俗, 眞俗
卽不眞俗, 理敎中假不二, 故眞以不眞爲義, 俗以不俗爲義, 眞俗以不眞俗爲義也."(T70, 487c)라는 것을 참조.

47 ㉗ "중가가 거듭되면 중가라 하고, 이교가 거듭되면 이교라고 하며, 또한 체용이 거듭되면 체용이
라고 한다."(中假重名中假, 理敎重名理敎, 亦體用重名體用)라는 명제는 앞에서 인용한 『대승현론』에
서 "횡수는 또한 고정되지 않으니, 상황에 따라 보아야 한다."(橫竪亦不定, 隨而望之)라는 뜻에
따라 이해해야 할 것으로 보인다. 예를 들어 진속이 가이고 비진비속이 중이므로 진속과 비진비
속은 중가의 관계를 갖는다. 하지만 이 관계는 결코 고정된 것이 아니므로 불이인 비진비속의
개념이 다시 가가 되고 비불이인 비비진비비속이 중이 되는 방식으로 거듭 진행해가는 사태를
상정할 수 있으며, 이 사태를 표현한 것이 이른바 '중명重名'의 개념이다. 즉 중과 가, 이理와
교敎, 체와 용의 관계는 특정한 개념적 내용에 의해 고정되어 수직적 위계만을 형성하는 것이
아니라 중에서 가로, 이理에서 교敎 그리고 체에서 용으로의 자기부정적 변화를 통해 궁극적으
로 양자의 평등한 선순환 관계를 형성한다는 것이 이 '중명重名'의 개념에 의해 확증된다고 이해할
수 있을 것이다.

48 『이제의』권하, "今明, 卽以非眞非俗, 爲二諦體, 眞俗爲用. 亦名理敎. 亦名中假. 中假重名中假, 理敎重爲理

라 서술하고, 또 권중에서는

> 진속인 부진속은 곧 이름인 뜻이고, 부진속인 진속은 뜻인 이름이다. 진속
> 인 부진속은 교敎인 이理이고, 부진속인 진속은 이理인 교敎다. 이런즉 **이**
> **름과 뜻, 이理와 교敎, 중과 가, 횡과 수이다.**[49]

라고 서술하는 것은 바로 용문의 상즉(제2문)으로부터 체용의 상즉(제3문)으
로의 전개를 보여준다.

또한 '상즉'의 뜻은 '공관'이라는 주체적인 실천을 매개로 하여 비로소 성립
하는데, 단도 실천斷道實踐의 장에서는 "인연의 횡의 뜻은 동動이고 진속인
불진속의 수의 뜻은 발拔이다."라고 하고, 길장은 섭산 삼론 학파에 고유한
설로서 '가복 중단假伏中斷의 뜻'을 밝힌다. 즉

> 우리 학파(一家)에서는 종래 가복 중단假伏中斷의 뜻을 밝혔다. 가복假伏이
> 라고 하는 것은 진이 속의 뜻이고 속이 진의 뜻이면 저 자성을 조복시킨
> 다는 것이다. 이미 인연의 진을 알면 곧 진이 부진임을 안다. 인연의 속을
> 알면 곧 속이 불속임을 안다. 진속인 부진속을 깨달으면 자성은 영구히
> 끊어진다. 이러한 뜻이기 때문에 앞에서는 **횡론으로 조복시키고** 지금은
> **수론으로 끊는 것이다.**[50]

教, 亦體用重爲體用. 故不二爲體, 二爲用. 略標章門如此."(T45, 108b.)

49 위의 책, 권중, "眞俗不眞俗卽名義, 不眞俗眞俗卽義名. 眞俗不眞俗敎理, 不眞俗眞俗理敎. 斯則名義理敎中
假橫竪也."(T45, 95b.)

50 위의 곳, "前明因緣橫義動, 今眞俗不眞俗竪義拔. 橫義動, 竪義拔. 故一家從來明假伏中斷義. 言假伏者, 眞
是俗義, 俗是眞義, 伏彼自性也. 旣知因緣眞, 卽知眞不眞. 知因緣俗, 卽知俗不俗. 悟眞俗不眞俗自性永斷.
爲是義故, 前橫伏今竪斷也."

라고 서술한다. 이와 같이 인연·이교라는 석의의 한 범주는 횡론·수론이라는 논법으로 전개되며 다시 체용·중가의 개념도 포괄하는 것으로서 삼론 학파의 상즉관을 형성하고 아울러 단복斷伏이라는 실천론에까지 일관하는 주도적 동기를 이루는 것이니, 길장 교학에서는 매우 정형적으로 사용되는 것이 분명해졌다.

4) 인연·이교와 3종 중도

이 인연과 이교의 뜻에 의해 논석하는 용례는 길장 저작의 도처에 보이지만 가장 현저한 예는 '팔불'의 해석이다. 그중에도 길장은, 『중론』의 서두에서 '팔불'을 표시하는 것은 팔불이 중도에 다름 아니기 때문이라고 하면서 팔불에 대해 '3종 중도'를 밝히는데, 결국 3종 중도란 『중론』의 팔불의로써 이제의 상즉을 설명했던 것으로 불생불멸不生不滅을 '세제 중도', 비불생비불멸非不生非不滅을 '진제 중도', 비생멸비불생멸非生滅非不生滅을 '이제 합명 중도二諦合明中道'라고 하는 것이 원형이다.[51] 길장은 이것을 초첩初牒의 팔불(『중론』의 귀경게)에 대해서는 **약석略釋**하고, **중첩重牒의 팔불(인연품 1·2게)에 대해서는 광설廣說**한다고 하는 이중二重의 해석을 행하며, 또 삼론 학파에서도 팔불의 해석을 둘러싸고 방언方言(표준의 설이 아니라는 뜻)이 매우 많은데, '4구의 법랑'이라고 말해지는 스승인 흥황사 법랑의 '3종 방언'에 준거하여 이것을 세 가지로 설했기 때문에 그 설상은 매우 복잡한 양상을 나타내기에 이르렀다.[52]

---

51 ㉠ 세제인 생멸을 양자부정하여 불생불멸인 세제중도를 얻고, 진제인 불생불멸을 양자부정하여 비불생비불멸인 진제중도를 얻으며, 이 세제중도인 불생불멸의 표식과 진제중도인 비불생비불멸의 표식을 합하여 밝힌 것이 비생멸(=불생불멸)비불생멸(=비불생비불멸)인 이제합명중도이다.

52 3종 중도에 대해서는 『중관론소』 권1본(T42, 10c~12c), 『대승현론』 권1 「이제의」(T45, 19c~21c)에 상세하다. 본문에서 인용했던 원형(필자의 주)의 문장이란 3종 중도에 관한 법랑의 3종 방언의 제2 방언이다. 또 3종 중도에 대해서는 야스모토토오루泰本融 박사의 「吉藏の八不中道觀」(『東洋文化研究所紀要』 제46분책, 1968년 3월)과 「八不中道の根源的性格」(『南都佛教』 제24호, 1968년 7월)의

그러나 3종의 방언을 통하여 그 기조를 이루는 것은 인연과 이교(중가·체용)의 사유 방식이다.

즉 앞에서 기술한 3종 중도의 원사상을 요약하면 세제 중도란 자성 상에서 생멸이 있다고 보는 견해에 대해 세제이기 때문에 가명으로 생멸이 있다고 하는 것으로 무생멸에 뒷받침된 생멸이며 가명의 생멸이기 때문에 **불생불멸**을 **세제 중도**라고 한다. 이것에 대해 진제의 무생멸은 생멸에 뒷받침된 무생멸이고 가명의 무생멸이다. 그래서 **비불생비불멸**을 **진제 중도**라고 한다. 무생멸인 생멸이기 때문에 생멸이라고는 할 수 없다. 생멸인 무생멸이기 때문에 무생멸이라고도 할 수 없다. 그러므로 **비생멸비무생멸**을 **이제 합명의 중도**라고 한다. '3종 방언'이라는 것은 이 3종 중도의 원형에 대해 관점을 바꾸어 세 가지 각도에서 논하는 것으로, 제1의 방언은 자성 상에서 이제가 있다고 하는 것을 논파하여 인연·가명에 의한 이제의 중도를 밝히는 것을 강조했던 것이다. 이것에 대해 제2의 방언은 중가·체용의 범주에 기초하여 이것을 단계적·중층적으로 전개했고, 제3의 방언은 제2 방언의 철저화이며 체용·중가의 고정화를 배척하고 그 상즉의 면을 강조했다. 즉 『중관론소』 권1본에서

> 묻는다. 뒤(제2 방언)에서 3중中을 밝히는 것은 앞(제1 방언)과 어떻게 다른가? 답한다. 앞에서는 이제의 중도를 밝히니, 인연과 가명으로 자성의 이제를 논파하므로 중이라고 한다.[53]

두 논문이 상세하며 역작이다.

53 『중관론소』 권1본, "問, 後明三中與前何異. 答, 前明二諦中道, 是因緣假名破自性二諦, 故名為中."(T42, 11b.)

라고 제1 방언의 취지를 설명한다.[54] 그래서 제1 방언에서 설하는 3종 중도에는 '4중重의 계급'이 있다고 하여 이것을 중가中假로 나눈 것이 제2 방언이다. 요컨대 제1 방언의 4중의 계급이란

① (초장의 4구에서)[55] 자성의 유무를 구해보아도 불가득이다. 그러므로 비유비무(불생불멸 – 세제중도)를 말하여 중도라고 한다.

② 외인은 이미 비유비무를 듣고 곧 진속 이제가 없다고 하면서 곧바로 단견을 일으킨다. 그러므로 다음으로 이유이무而有而無(비불생비불멸 – 진제중도)를 설하고 이제로 삼아 그 단멸의 마음을 잇는다.

③ 다음으로 이유이무를 드러내어 그 중도인 유무는 자성인 유무의 뜻과 같지 않음을 밝히고자 한다. 그러므로 다음으로 이제의 용중用中을 밝혀 쌍으로 두 가지 자성을 탄핵한다.

④ 다음으로 가명인 유무의 이를 전환시켜 중도의 불이(비생멸비무생멸 – 이제합명중도)를 밝히고자 하므로 체중體中을 밝힌다.[56]

---

54 『대승현론』에서는 "問, 後明三中與前何異. 答, 前明二諦中道, 是因緣假, 名破性中. (중략) 亦名因緣表中道."(T45, 20a)라고 한다. 또한 현예(∼840)의 『대승삼론대의초』 권2에 '방언의方言義'의 구절이 있으니, 거기에 "彼初方言, 就奪破門而示破顯. 第二方言, 約縱破門, 而爲破顯. 問, 其意若爲. 答, 衆生執病, 雖有無量, 總而收之, 但性與假. 第一方言, 奪其假執, 而名性執, 破病顯道, 故名奪破. 第二方言, 縱其假執, 而名假執, 雙破性假, 顯中道理, 故稱縱破."(T70, 132c)라고 한다. '탈파奪破'란 직접 반대론자의 주장을 부인하는 것이니, 예를 들면 "생의 뜻을 탈탈奪하여 무생을 밝힌다."는 것이다. '종파縱破'란 임시로 반대론자의 주장을 허용한 채로 그 모순을 지적해 논파하는 것이다.

55 이 말은 『대승현론』에 의거한 보충이다. 즉 권1에서, "故前語有四重階級 一者初章四句求性有無不可得故. (후략)"(T45, 20a.)라고 하여 '초장 4구'라는 말이 『중관론소』에는 빠져 있다.

56 『중관론소』 권1본, "故前語有四重階級 一者求性有無不可得, 故云非有非無名為中道. 外人既聞非有非無, 即謂無復真俗二諦便起斷見. 是故次說而有而無, 以為二諦接其心. 次欲顯而有而無明其是中道有無, 不同性有無義. 故次明二諦用中雙彈兩性, 次欲轉假有無二, 明中道不二故明體中."(T42, 11b.)

라는 것이다. 이 제1 방언의 '4중 계급'을 '중가'로 나누어 '점사漸捨의 뜻'으로 전환한 것이 제2 방언이다. 즉 『대승삼론대의초』의 저자 현예는

앞의 세 가지 중도에서 4중 계급을 밝히고, 뒤의 세 가지 중도에서 점사의 뜻을 밝힌다. 그러므로 앞과 뒤가 다르다. 왜냐하면 앞의 방언에서 저 용중은 인연과 가명으로 자성의 집착을 모두 논파한다. 그러므로 중도라고 한다. 이제 합명 중도는 쌍으로 두 가지 가명을 부정하여 체중이라고 한다. 그러므로 4중 계급이 있다. 뒤의 방언에서 세제는 자성을 논파하여 중도를 밝히고 진제는 가명을 부정하여 중도를 설명하며 이제 합명은 쌍으로 자성과 가명을 부정하여 용중을 합하여 논하는 것이다. 그러므로 점사이다. 於前三中, 明四重階, 於後三中, 明漸捨義. 故前後異. 所以然者, 於前方言, 彼用中, 竝因緣假名, 俱破性執. 故名爲中. 二諦合明, 雙泯二假, 稱爲體中. 故有四階. 於後方言, 世諦破性, 而明中道, 眞諦不假, 而辨中道, 二諦合明雙泯性假, 合論用中. 故是漸捨. (T70, 133a.)

라고 서술한다. 제1 방언의 '4중 계급'을 '중가'로 나누어 '점사의 뜻'으로 전환한다는 것은 요컨대 길장은 처음에 자성의 유무를 부정한 것을 중으로 삼는 것(세제중도)은 '가假의 전前의 중中'이고, 다음으로 '이유이무'를 이름하여 이제로 삼는 것(진제중도)은 '중中의 후後의 가假'의 뜻이며, 다음으로 가유라면 유가 아니고 가무라면 무가 아니라는 이제합명중도라는 것은 '가假의 후後의 중中'의 뜻이라고 한다. 그리고 앞의 '3종 중도'에서의 4중의 계급을 이해하면 법랑이 말하는 이 중과 가, 체와 용을 세우는 뜻을 이해할 수 있다고 한다.[57]

---

57 주 54번의 이어지는 문장에서, "此是攝嶺興皇始末, 對由來義有此四重階級. 得此意者解一師立中假體用四種意也. 又初非性有無以爲中者, 此是假前中義. 次而有而無名爲二諦是中後假義. 次假有非有假無非無二

그러나 중가와 체용은 결코 병렬적·고정적으로 사용되는 것이 아니다. 다만 "중생을 위해 가명으로 중도를 설하여 체로 삼는다면 그 유무를 설해서 는 안 되지만 **用**으로서는 유무라고 가설할 수 있기 때문에 **비유비무**를 **중도**로 삼고 **이유이무**를 **가명**으로 삼는다."[58]라고 하여 "오로지 체용으로 나눈 것이므로 체를 칭하여 중도라 하고 용을 이름하여 가명이라고 한다."[59]라는 것이 제2 방언의 취지이다. 따라서 중가·체용의의 활용은 서로 착종되고 그 전개는 매우 동적이다. 즉 ① 비진속을 중도라 하고 진속을 가명이라고 한다. ② 진속·비진속을 모두 중도라고 한다. ③ 진속·비진속을 모두 가명 이라고 한다. 또 ②와 ③을 체용으로 복합적으로 종합하여 ②′ 진속을 용중이 라 하고, 비진속을 체중으로 삼는다. ③′ 진속을 용가라 하고 비진속을 체가 로 삼는다 등 자유로운 해석을 시도한다. 그러나 이렇게 체용으로써 억지로 중가를 나누는 것은, 종래의 **약리**의 이제설에서는 진속의 이제를 **이理**로서 인식하기 때문에 진속은 **체**이고 비진비속에 체가 없다고 하는 것에 대해 **약교**의 이제설에서는 진속의 이제는 **교敎**이기 때문에 진속은 **용**이고 비진비 속이 **체**라고 밝혀 진속의 2견見을 버리고 깨달음을 얻도록 하기 때문이다. 요컨대 진속 이제라고 하는 **교敎**에 의해 일도청정 불이중도一道淸淨不二中道 의 **이理**를 증득하게 하기 때문이다. 그래서 만약 체용·중가의 말에 집착하면 그것은 또한 '중가사中假師'로서 비난되지 않으면 안 된다. 중가와 중가사의 문제에 관해서는 다음 항에 서술하겠지만 길장은 이것을 "이미 체용이라고

諦合明中道者此是假後中義."(T45, 20a)라는 것을 참조.

58 『중관론소』권2본, "為眾生故以假名說。中道為體不可說其有無。用是有無故可得假說。故以非有非無 為中。而有而無為假。蓋是一途論耳."(T42, 23a.)

59 위의 곳, "問, 若爾攝山大師云何非有非無名為中道, 而有而無稱為假名, 即體稱為中, 用即是假, 云何無別. 答, 此是一往開於體用, 故體稱為中, 用名為假."(T42, 22c〜23a.)

칭한다. 즉 **인연의 체용**이다. 곧 **적멸의 성품**이다. 어찌 이 말을 고수하겠는가?"[60]라고 하여 인연의 중가를 강조한다. 따라서 제2 방언의 중가에 관해서는 적극적으로 설립하는 경우와 중가사가 집착하는 중가를 논파하는 경우가 있는데, 이미 인연의 중가를 깨달으면 버려야 할 어떤 것도 없는 것으로서 제2 방언을 철저히 하고 그 무방의 작용을 강조했던 것이 제3의 방언이다. 즉 길장은 『중관론소』 권2본의 말미에서 인연의 중가를 설립하는 네 가지 뜻을 거론하고 그 마지막에서

> 교教를 연구하는 무리는 모름지기 제불·보살이 안으로 무애의 관을 얻고 밖으로 무방의 변설을 얻어, 가명을 자성이라 설하고 자성을 가명이라고 설하며 성가性假를 비성가非性假라 설하고 비성가를 성가라고 설함을 알아야 한다. 만약 단편적 언어를 고수한다면 곧 원의圓意를 상실하니, 삼론을 배우는 자가 아니다.[61]

라고 결론내린다. 이것은 4종 석의의 범주로 말하자면 이교→무방이라는 방향을 시사하는 것이다. 이것을 총괄하여 『대승현론』에서는

> 똑같이 생멸을 속이라 하고 불생멸을 진이라고 하더라도, 단 불생에는 3종이 있다. 첫째 방언은 정성定性의 생을 논파하여 불생을 밝히고, 둘째 방언은 가생假生을 논파하여 불생을 밝힌다. 여기서 다른 점은 정성의 생을 논파하는 것은 단지 논파만 할 뿐 수습하지 않지만 가생을 논파하는 것은

---

60 위의 곳, "所以然者, 既稱體用, 即是因緣, 因緣體用即寂滅性, 云何更守此言耶."(T42, 27b.)
61 위의 곳, "四者尋教之流. 須識諸佛菩薩內得無礙之觀, 外有無方之辨, 說假為性, 說性為假, 說性假為非性假, 非性假為性假. 若守片言便喪圓意, 非學三論者矣."(T42, 27c.)

논파하기도 하고 수습하기도 한다는 것이다. **셋째 방언은 평등문平等門에 의거하여** 본래 불생이므로 불생이라고 하는 것으로 병을 논파한다고 하지 않는다.[62]

라고 서술한다.

'팔불'은 본래 정성의 '생'을 논파하여 '불생'을 밝히는 것이기 때문에 팔불의 어의의 해석 그 자체는 '이교석'의 한 범주에 속하지만 초장(유무상즉)→이제 중도(세제 중도 : 불생불멸과 진제 중도 : 비불생비불멸)→이제 합명 중도(비 생멸비불생멸)로 전개되는 3종 중도 자체에도, 또 이것을 논석 부연했던 3종 방언에도 이렇게 분명히 인연→이교→무방이라는 경향을 알아차릴 수 있 다.[63] 환언하면 의명·인연·이교·무방이라는 4종의 범주가 단순한 어의 해석 의 방법으로서 각기 독립적으로 설해진 것이 아니라 그것은 길장 교학의 주제 와 근원적으로 밀접한 관련을 가졌다는 것이다.

---

62 『대승현론』권1, "雖同生滅為俗, 不生滅為真, 但不生有三種. 初方言破定性生明不生, 第二方言破假生明 不生. 此中有異, 破定性生但破不收, 破假生亦破亦收. 第三方言, 約平等門本來不生故言不生, 不言破病 也."(T45, 20b.)

63 ㉠ 저자는 『대승현론』권1의 3종 방언을 근거로 초장의 유무상즉을 인연석에, 3종 중도 중에서 세제중도와 진제중도를 이교석에, 이제합명중도를 무방석에 배당한다. 3종 방언과 관련하여 첨언하자면 우선 인연석은 파정성생破性生의 지평으로 생인 멸과 멸인 생이라는 가생의 개념을 성립시키면서 정성의 생멸을 수습할 여지 없이 논파(但破不收)한다. 이교석은 파가생破生의 지평으로 세제중도인 불생불멸과 진제중도인 비불생비불멸의 개념을 성립시키면서 인연생인 가생의 지평에 잔존하는 정성의 여지를 다시 논파한다. 가생의 개념에 대한 논파인 이교석의 지평이 한편으로 수습이기도 한(亦破亦收) 까닭은 이교석의 핵심어인 불이중도의 개념이 전적인 자기부정으로서의 무소유를 지향하는 한에서 단적으로 논파 대상이라 할 가생의 지평과 논파 주체라 할 불이중도의 지평이 동일한 무소유의 평등성을 형성하기 때문이다. 결국 이제합명중도 의 논리표식에서 나타나는 세제중도와 진제중도의 결합(合)의 뜻은 논파 주체와 논파 대상의 평등성에서 비로소 실현되는 무애무방의 소통과 포용의 지평을 가리킬 것이다.

4. 초장중가의와 중가사

1) 중가의 의미

'중가'라는 것은 『삼론현의』의 "유무는 가명이고 비유비무는 중도이다."(有無爲假, 非有非無爲中. T45, 14c)라는 표현을 기본적인 형식으로 갖는 개념이다. 어원적으로는 『중론』 「관사제품」 제18게에서 "여러 가지 인연으로 발생한 법을 나는 무라고 말하니, 또 가명이라고도 하고, 또 중도의 뜻이라고 한다."(衆因緣生法, 我說即是無, 亦爲是假名, 亦是中道義. T30, 33b)라고 설해진 '중도'와 '가명'의 약칭이다. 구체적인 용례로서 예를 들면 『중론』의 이 게송에 관한 길장의 여러 가지 해석[64]의 하나로서 특히 중가의에 의한 해석이라는 것이 있다. 즉 『중관론소』 권10본에서

> 다음으로 중가의로 해석하자면 인연소생법因緣所生法이라는 것은 세제를 통첩한 것이다. 아설즉시공我說即是空은 제일의제를 밝힌 것이다. 역위시가명亦爲是假名이라는 것은 위의 이제가 모두 가명이라고 해석한 것이다. 이미 중연소생법, 아설즉시공이라고 하였으니, 이것은 유가 완연하지만 공이라는 것이다. 그러므로 공은 자성의 공이 아니니, 가공假空이라고 한다. 공이 완연하지만 유라면 유는 자성의 유가 아니니, 가유假有라고 한다. 역시중도의亦是中道義라는 것은 공과 유가 가명이라고 설하는 것이 중도를 표시하기 위해서라는 것이다. 가유는 유에 머무르지 않으므로 유는 유가

---

64 길장이 『중관론소』에서 『중론』에서 말해지는 '삼제게三諦偈'에 대해 4종의 해석을 보여주는 것은 이미 나카무라하지메中村元 박사에 의해 지적된다. 中村元, 「中道と空見」(『結城敎授頌壽記念佛敎思想史論集』 p.145) 참조.

아니고, 가공은 공에 머무르지 않으므로 공은 공이 아니니, 비공비유가 곧 중도라고 밝힌다.[65]

라고 설한다. 요컨대 여기서는 '인연소생법'인 유를 세속제라 하고 '아설즉시 공(무)'의 공을 제일의제라고 하여 이 이제를 모두 '가'로서 '역시중도의'의 '중'에 대비시켰던 것이 길장이 말하는 중가의 범주에 의한 해석이다. 이것은 『중론』원문의 병렬적·동의同義적인 연기·공·가·중의 네 가지를 구조적· 입체적으로 재편했던 해석이라고도 할 수 있다.

또 길장은 중도에 대해 1중中 내지 4중中의 구별을 설한다.[66] 특히 마지막의 4종의 중도란 ① 대편중對偏中, ② 진편중盡偏中, ③ 절대중絶待中, ④ 성가중成 假中의 4종인데, 이것은 순차적으로 ① 단상斷常 2종의 편견을 대치하는 것이 대편중이다. ② 그 편견이 멸진했을 때 거기에 중도의 의의가 현시된 것이 진편중이다. ③ 다시 편병偏病이 멸진하면 중도도 존재하지 않아 사려 언설 을 초월하는 불편부중不偏不中인데, 중생을 위해 억지로 이름하여 중도라고 하기 때문에 이것은 절대의 중이다. ④ 이 절대중이 오히려 현상으로서의 가의 존재를 성립시키고 중생을 가르쳐 인도하는 방편이 된다는 의미에서 성가중이라고 칭하는 것이다. 이 마지막의 '성가중'에 대해 『삼론현의』에서

---

65 『중관론소』권10본, "次就中假義釋者, 因緣所生法此媒世諦也. 我說即是空明第一義諦也. 亦為是假名釋 上二諦並皆是假. 既云眾緣所生法我說即是空, 此是有宛然而空. 故空不自空, 名為假空. 空宛然而有, 有不自 有, 名為假有. 亦是中道義者, 說空有假名為表中道. 明, 假有不住有, 故有非有, 假空不住空, 故空非空, 非空 非有即是中道."(T42, 152b.)

66 『삼론현의』, "所言一中者, 一道清淨更無二道, 一道者即一中道也. 所言二中者, 則約二諦辨中, 謂世諦中真 諦中, 以世諦不偏故名為中, 真諦不偏名為真諦中. 所言三中者, 二諦中及非真非俗中. 所言四中者謂對偏中, 盡偏中, 絶待中, 成假中也."(T45, 14b.)

성가중이란 유무를 가명으로 삼고 비유비무를 중도로 삼는다. 비유비무에 말미암기 때문에 유무라고 설한다. 이와 같은 중도는 가명을 성립시키므로 성가중이라고 한다. 왜냐하면 참으로 정도正道는 일찍이 유무인 적이 없지만 중생을 교화하기 위해 가명으로 유무라고 설하기 때문이다. 그러므로 비유비무를 중도라 하고 유무를 가명이라고 한다.

성가중에는 단복單複·소밀疎密·횡수橫竪 등의 뜻이 있으니, 구체적으로는 중가의에서 설하는 것과 같다.[67]

라고 한다. 이 '유무의 가명을 성립시키는 비유비무의 중도'라는 정의에서 중가 개념 성립의 단서가 잘 보인다. 이 유무에 대한 비유비무의 중도라는 관념은 불교에서는 매우 보편적인 것으로, 중도란 한마디로 말하면 비유비무인 것이다. 이것을 특히 앞에서 서술한『중론』「사제품」의 계송에 기초하여 유무를 가명이라 하고 비유비무를 중도라고 설하는 형태가 중가 개념으로, 길장이나 삼론 학파에 특징적인 설이라고 해도 좋다. 이 중가를 앞에서 서술했듯이 단복·소밀·횡수 등의 뜻에 관해 여러 가지로 전개했던 것이 중가 사상으로서, 예를 들면『대승현론』권2「팔불의」에서는 '단복중가의'에 대해 세 가지 의미를 들어 상론하고,[68]『중관론소』권2본에서는 진속 이제에 대해 '4종 중가'를 설명한다.[69]

---

67 위의 책, "成假中者, 有無爲假, 非有非無爲中. 由非有非無故說有無. 如此之中爲成於假, 謂成假中也. 所以然者, 良由正道未曾有無, 爲化衆生假說有無. 故以非有無爲中, 有無爲假也. 就成假中, 有單複疎密橫竪等義. 具如中假義說."(T45, 14c.) 이것에 의하면 길장에게는 별도로 '중가의'라는 1장章이 있었던 것을 엿볼 수 있는데, 오늘날 이 저작은 존재하지 않는다. '단복·소밀·횡수'의 뜻이란 같은 곳에 "如說有爲單假, 非有爲單中, 無義亦爾, 有無爲複假, 非有非無爲複中. 有無爲疎假, 非有非無爲疎中, 不有有爲密假, 有不有爲密中. 疎卽是橫, 密卽是竪."(T45, 14c)라는 것을 참조.

68 『대승현론』권1, "第五辨單複中假義, 有三意. 第一明單義論單複, 第二明複義論單複, 第三辨二諦單複義(후략)"(T45, 32b.)

69 『중관론소』권2본, "(전략) 次結束之雖有四種中假, 合但成一中一假. 非真俗爲體, 故名爲中. 真俗爲用,

'이렇게 길장은 「사제품」 제18게의 해석이나 중도에 관한 해석에서 그 일례를 보았듯이 그의 저술의 곳곳에서 중가의적인 발상을 끊임없이 보여주고 중가의 그 자체에 대해서도 도처에서 정밀한 논리를 전개하는데, 그러나 길장은 이 중가를 기조로 하여 그의 전교학을 조직하고 체계를 세웠던 것은 아니고, 오히려 이 중가의를 사상의 전면에 내세워 강하게 주장했다고 생각되는 이른바 '중가사'라고 일컬어지는 사람들에 대해 "중가사의 죄는 무겁고 영원히 불타를 보지 못한다."[70]라고까지 극언하여 이것을 배척한다. 말하자면 이러한 길장의 자기모순을 어떻게 이해해야 할까? 또한 중가사라고 칭해지는 사람들은 길장과 같은 학파에 속하고 내용적으로도 비슷한 학설을 신봉했던 사람들이다. 길장이 말하는 것처럼 단순히 이것을 고집했는지 어떤지라는 주관적인 이유만이 확집의 원인이라면 이것은 동문同門의 감정적인 싸움밖에 안 된다. 좀 더 기본적인 입장 그 자체에서 구체적인 차이를 발견할 수 없는 것일까? 이 점을 중가의 그 자체가 삼론 교의에서 점하는 위치와 그 사상적 배경을 탐구하는 것에 의해 밝히고자 한다.

2) 초장과 중가

우선 중가사의 구체적인 이미지로서 어떤 사람들이 거론되는지 말한다면 길장은 그 전형으로서 산중 학사山中學士(승전僧詮 문하)인 혜정慧靜을 거론하여 그는 "편偏을 버리고는 중中에 집착하고 자성을 제거하고는 가명을 성립시킨다고 하니, 이 안주하는 마음(安心)으로는 곧 필경 불타를 보지 못할 것이

故稱為假. (후략)"(T42, 27a.) 또 '4종 중가'에 대해 안징은 "言四種中假者, 述義云, 一世諦中假, 二眞諦中假, 三合論中假, 四合明中假."(『중관론소기』 권3말, T65, 87a)라고 주석한다.

70　위의 곳, "又中假師聞假作假解, 亦須破此假. 師云, 中假師罪重, 永不見佛."(T42, 25b~c.)

다."[71]라고 통렬히 꾸짖는다. 또 제삼자의 발언으로서『속고승전』의 저자 도선은 법랑과 동학인 장간사長干寺 변辯 법사와 선중사禪衆寺 용勇 법사가 법랑과 의체義體를 달리 하니, 흥황의 좌중으로부터 중가사라는 비난으로 배척되었다고 전한다.[72] 이러한 구체적인 사례는 현실적으로 중가의를 표방했던 사람들이 존재하고 법랑 내지 길장 일파와 분명히 갈등이 있었던 것을 보여준다. 그러나 이런 사람들은 그 학설은 물론 전기조차도 그다지 분명하지 않고 그에 대한 길장의 비판도 일반적·추상적으로 넘어가서 구체적인 학설의 차이까지는 알 수가 없다. 그런데 앞서 본 것처럼(본 절 제2항) 오오쵸오橫超 박사에 의해 새롭게 발견된 균정均正『대승사론현의』의 고사본에 의하면 현존본의 결권인 제1권의 표제가「초장중가의」로 되어 있고 거기에 균정 자신이 장간사 혜변이나 선중사 혜용에 대한 일가의 '중가사'라는 비난은 반드시 정당한 것이 아니라고 옹호하고, '초장 중가'의 의의를 강조했던 것이 소개되어 있다.[73] 오오쵸오 박사는, 길장이『중관론소』에서 확실히 "초장 중가를 고집하는 자가 중가사이다."[74]라 하고 또 똑같이「작자품作者品」의 주해에서는 "일사一師의 초장 중가의 말이『중론』「작자품」의 문장에 의해 만들어진 것이다."라고 지적하며 "그런데 이 삼론사三論師는 초장 중가의 말을 외우면서 그것이 어디에 근거한 것인지 알지 못한다."[75]라고 조소한 것 등은 분명히『사론현의』의

---

71 위의 곳, "昔山中學士名慧靜法師云, 惑去論主去, 此去無所去. 而遂捨偏著中, 除性立假, 以此安心即畢竟不見佛"(T42, 27b.) 또 혜정의 전기는 자세하지 않다. 야스모토토오루泰本融 박사는『양고승전』권7에 수록된 석혜정(T50, 369b)인가라고 추측하지만, 이 혜정은 송 원가 중에 60세 즈음으로 사망하므로 승전(양대) 문하라고는 생각될 수 없다.

72 『속고승전』권7, "然辯公勝業淸明, 定慧兩擧. 故其講唱兼存禪衆, 抑亦詮公之篤屬也. 然其義體時與朗違. 故使興皇座中排斥中假之誚"(T50, 477c.)

73 橫超慧日,「新出資料四論玄義の初章中假義」(『印度學佛敎學硏究』7-1, 1958년 12월).

74 『중관론소』권2말, "若守初章中假者是中假師耳."(T42, 28a.)

75 위의 책, 권6본, "偈分爲二. 初有三句明有因緣人法, 更無有餘事一句, 此辨更無外人五種人法. 一師初章中

찬술자 균정을 평하여 길장이 중가사라고 한 것이라고 밝힌다. 그래서 혜균이 만약 이른바 중가사의 부류에 속하는 사람이라면 종래 동일 학파로서 매우 유사한 학설을 가진 자라고 보였던 길장, 혜균 양자의 미묘한 차이를 보여주는 하나의 쟁점이 이 '초장중가의'라 할 수 있다. 필자는 유감이지만 앞에서 서술한 고사본을 읽을 기회를 갖지 못하여 혜균의 입장에서 이것을 검토할 수 없지만, 혜균이 삼론의 기본적 입장을 보여주는 것으로서 이 초장중가의를 거론했다는 것은 동문인 길장에 있어서도 이 말은 마찬가지로 중요한 의미를 가졌던 것을 시사한다. 그래서 길장의 입장에서 이 말이 갖는 의미를 고찰하는 것에 의해 양자의 차이를 고찰해가려고 생각한다.

(A)

우선 '초장'이라는 말과 '중가'라는 말의 관련성을 생각해본다. 초장이란 이미 본 것처럼(본 절 제2항) '학자의 장문章門의 처음'이라는 의미로서 말하자면 삼론 교학의 서장序章을 의미하는 말이었다. 그 의미에서 혜균이 말하는 '초장중가의'란 '삼론 교학의 기본으로서의 중가의' 또는 "중가의를 삼론 교학의 근본이념으로 본다."라는 정도의 의미이다. 그러나 '초장'은 단순한 수사구가 아니라 하나의 독립된 개념이며, 내용·형식적으로는 다음의 4구에 의해 드러나는 것이다. 즉

① 유는 유일 수 없고, 무는 무일 수 없다.
無有可有, 無無可無.
② 유가 유일 수 없다면 무에 말미암기 때문에 유이고, 무가 무일 수 없다

假語, 並是依作者品此文作之. (중략) 而三論師雖誦初章中假之言, 而不知文處, 故今略示之."(T42, 91c.)

면 유에 말미암기 때문에 무이다.

無有可有, 由無故有, 無無可無, 由有故無.

③ 무에 말미암기 때문에 유라면 유는 자성의 유가 아니고, 유에 말미암기 때문에 무라면 무는 자성의 무가 아니다.

由無故有, 有不自有, 由有故無, 無不自無.

④ 유가 자성의 유가 아니라면 불유인 유라 하고, 무가 자성의 무가 아니라면 불무인 무라고 한다.

有不自有, 名不有有, 無不自無, 名不無無.

라는 네 마디의 말이다. 이 제4절의 "유무는 자성 상의 유무가 아니라 불유불무에 뒷받침된 유무이다."라는 내용은 "유무를 가명으로 삼고 비유비무를 중도로 삼는다."라는 '중가'의 개념 규정과 동일한 내용을 지향한다. 그래서 이 '초장'과 '중가'가 어떻게 다른가 하는 문제가 발생한다. 이것에 관해 길장은 『중관론소』 권2말에서

> 묻는다. 초장과 중가는 어떻게 다른가? 답한다. 만약 총괄적으로 이 일장一章을 이름하여 초학의 장문이라고 한다면 모든 것이 초장이며, 일체법은 중가를 벗어나지 않으므로 모두 중가이다.[76]

라고 하여 초장도 중가도 똑같이 일체의 법문을 관통하는 기본적인 명제인 것을 인정한다. 그러나 곧 말을 이어 "그런데 스승(법랑)은 이것을 나눈다. 어떤 면에서 다르다."라고 하여 "유는 불유인 유이고 무는 불무인 무이다."라

---

76 위의 책, 권2말, "問, 初章與中假何異. 答, 若總語此一章, 為初學之章門, 皆是初章, 一切法不離中假, 故皆是中假."(T42, 28a.)

는 앞에서 인용했던 4절의 표현까지가 초장이고

> 불유인 유라면 유가 아니다. 불무인 무라면 무가 아니다. 유가 아니고 무
> 가 아닌 것을 가명으로 유무라고 설한다. 이것이 중가의 뜻이다.[77]

라고 설한다. 요컨대 초장과 중가는 동일한 기조에서 성립하면서 초장의의
연장선상에 중가의가 확립되는 것을 보여준다. 환언하자면 초장은 단순히
유무의 상즉을 보여주는 기본적인 입장인 것에 대해 중가의 쪽은 확정적으로
유무는 비유비무라고 밝혀가는 것이다. 이 차이는 공관에 의한 단도斷道 상으
로부터 명료하게 보인다. 즉 앞의 이어지는 문장에서 "초장은 복伏이고 중가는
단斷이다."라고 하여

> 초장에서 가명의 유무를 밝히는 것은 자성의 유무를 조복하는 것이다. 다
> 음으로 중가에서 가명의 유무를 밝혀 비유비무에 들어가면 곧 자성의 유
> 무는 영구히 끊어진다.[78]

라고 설한다. 또한 "초장은 자성의 유무에 대한 집착을 움직여 자성의 유무를
의심하게 하는 것이고, 중가는 즉 자성의 집착을 논파하여 의심을 해소하는
것이다."[79]라고도 말한다. 양자 모두 자성 상의 유무에 집착하는 것을 논파하는

---

77 위의 곳, "而師分之一往異. 初章者, (중략) 此四節語為初章也. 不有有則非有. 不無無即非無. 非有非無假說
有無. 此是中假義也."(T42, 28a.)

78 위의 곳, "問, 初章中假明何物義耶. 答, 初章是伏. 中假是斷. 初明假有無, 是伏性有無, 次明假有無, 入非有
非無, 即性有無永斷也."(T42, 28a.)

79 위의 곳, "又云, 初章是動執生疑, 謂動性有無之執, 令疑性有無, 中假即破性執釋疑."(T42, 28a.)

것이 기본적인 입장이지만 후자에 있어서 더 단정적이다. 그리고 유무의 집병
執病이 제거되면 이 말들도 또한 남지 않는다는 것이 삼론의 입장이다. 그러나
명제로서 확립했을 때 후자의 단언 형식은 보다 교조주의적인 것으로 떨어지
기 쉽다고 할 수 있다. 여기에 초장 중가를 고집하는 중가사의 함정이 있었다
고 할 수 있다.[80]

(B)

또 앞 항에서 본 길장의 독자적 어의 해석법인 '4종 석의釋義'에 관련하여
'초장'과 '중가'의 차이를 고찰해본다. 4종석이란 의명석依名釋·인연석因緣釋·
이교석理敎釋·무방석無方釋의 4종이며, 특히 제2의 인연석과 제3의 이교석이
삼론 독특의 범주였다. 이것은 세간 일반의 말의 의미대로 해석하는 제1의
의명석에 대해 예를 들면 진속에 대해 진은 독립하여 진으로서 있는 것이
아니라 속에 상대하고 속을 인연으로 하여 있으며, 속도 또한 진에 의해 속이
라 말해지는 것이므로 진은 속, 속은 진이라고 이해하는 것에 의해 제1의

---

80 ㉗ 앞에서 "초장과 중가는 동일한 기조에서 성립하면서 초장의의 연장선상에 중가의가 확립되는
것을 보여준다."라고 하는 히라이슌에이平井俊榮의 언급에서 보듯이 그는 중가의를 초장의에 딸
린 단순한 파생 논리 정도로 간주하여 초장의에 대한 중가의의 자체적 의의를 평가하지 않는
전제 위에 서 있다. 아마도 히라이슌에이는 이 단락의 의도인 중가사中假師의 허물을 증명하기
위해 중가의 자체의 의의에 천착하지 못하는 우를 범하는 것으로 보인다. 하지만 '비유비무를
유무라고 가설하는' 첨가된 관법이 이제 상즉의에 접속하여 일으키는 이론적 효과를 외면한
채 삼론 초장 논리의 전체 기조를 온전히 파악할 수는 없다고 생각된다. 중가의 없는 초장의의
의미를 가정하자면 무인 유와 유인 무의 인연 개념은 비유비무라는 목적지에 닿기 위해 잠시
머무르는 도구적 의미 이상이 아니게 된다. 무아의 중도 지평이 인연의 지평과 다시 이어지지
못하고 따로 떨어진 섬처럼 단독적으로 존립할 수 있다면 이것은 맹목적적 단견의 지평일 뿐일
수도 있다. 중가의가 겨냥하는 지점은 단적으로 '인연 상즉과 중도 상즉의 상즉'이라고 규정할
수 있으며, 이제의 상즉 지평에서 인연과 중도의 개념은 중가의를 근거로 따로 떨어져 있는
섬이 아니라 서로 이어져 있는 대륙과 같은 것이 된다. 맹목적적 단견의 마음을 다시 이어주는
개념이 인연이므로 불이중도의 지평으로부터 인연의 지평으로의 재이행을 추구하는 논리 과정
이 중가의이며, 그런 한에서 적어도 중가의는 초장의의 중도 상즉 논리에 수렴될 수 있는 파생적
논리가 아닌 것이다. 중가의의 의의로서 '인연 상즉과 중도 상즉의 상즉' 논리에 대한 자세한
논의로는 졸고, 『삼론 초장의 이제상즉의』(『한국선학』 제39호, 2014) 참조.

자성 상에서 진속을 이해하는 집착을 논파하므로 제2를 인연석이라고 칭한다. 인연석에 의해 인연 상자相資의 뜻을 이해하면 진이라 하고 속이라 해도 그것은 고정적인 것이 아니라 본래 무상無相인 것이라고 깨닫는 것이 제3의 이교석(현도석顯道釋)으로서, 형식적으로는 진속이라는 교教에 의해 비진비속의 중도의 이理를 증득하는 것이 되므로 이교석이라고 하는 것이다. 즉 제2문은 진과 속, 유와 무라는 횡橫의 상즉을 나타내고, 제3문은 진속과 비진비속, 유무와 비유비무라는 종縱의 상즉을 이해하도록 하는 것이다. 길장의 저술에 자주 보이는 횡론橫論·수론竪論이라는 것은 이 의미이다. 그래서 앞에서도 서술했듯이 중가의 개념을 이 4종석에 배당하면 제3의 이교석에 해당한다. 즉『이제의』권중에서

> 진속인 부진속은 곧 명名인 의義이고, 부진속인 진속은 곧 의인 명이다. 진속인 부진속은 교教인 이理이고, 부진속인 진속은 이理인 교教이다. 이러하다면 **명의**와 **이교**와 **중가**와 **횡수**인 것이다.[81]

라 하고, 같은 권하에서는

> 비진비속을 이제의 체로 삼고 진속을 용으로 삼으니, 또 이교라 하고 또 중가라고 한다. 중가가 거듭되면 중가라 하고 이교가 거듭되면 이교라고 하며 또 체용이 거듭되면 체용이라고 한다. 그러므로 불이不二를 체로 삼고 이二를 용으로 삼는다. 간략히 장문을 표방함이 이와 같다.[82]

---

81 『이제의』권중, "真俗不真俗即名義, 不真俗真俗即義名. 真俗不真俗教理, 不真俗真俗理教, 斯則名義, 理教, 中假, 橫竪也."(T45, 95b.)

82 위의 책, 권하, "以非真非俗為二諦體, 真俗為用. 亦名理教亦名中假. 中假重名中假, 理教重為理教, 亦體用

라고 서술한다. 이렇게 중가·체용·이교·명의·횡수라는 개념들은 모두 제3의 이교석의 범주에 속하고 그 사상적 전제가 되는 진속·유무의 상즉은 제2의 인연석의 범주에 속하는 것이다. 그리고 이 인연석 성립의 사상적 주제를 정형적인 말로 표현했던 것이 '초장'이다. 이것을 또 공관의 단도斷道의 입장에서 길장은 『이제의』 권중에서

    인연의 횡橫의 뜻은 동動이고, 진속·불진속의 수竪의 뜻은 발拔이다.[83]

라고 한다. 이것은 앞에서 서술한 『중관론소』에서 "초장은 집착을 움직여 자성의 유무를 의심하게 하고, 중가는 자성의 집착을 논파하여 의심을 해소한다."라는 것과 일치한다.[84]

3) 중가 비판의 의의

이상에서 밝혔듯이 초장과 중가의 뜻은 동일한 기조 상에 성립하여 사상적으로 연속된 것이면서도 법랑이나 길장에서는 엄밀하게는 구별되었다고 생각하지 않을 수 없다. 그리고 길장에게 보다 근원적인 주제는 전자이고 그 사상적 전개로서 진속 이제와 불이 중도라는 교教와 이理 내지 중가·체용의 개념의 의용이라든가 횡론·수론의 논리 구성 등 다양한 증폭을 볼 수 있는 것이다.

重為體用. 故不二為體, 二為用. 略標章門如此."(T45, 108b.)

83 위의 책, 권중, "問何故明不真俗為真俗義耶. 解云, 前明因緣橫義動, 今真俗不真俗竪義拔, 橫義動竪義拔."(T45, 95b.)

84 주 98번 참조. 또 삼론 학파에서는 단도斷道의 입장에서 이것을 '가복중단의假伏中斷義'라고 한다. 즉 『이제의』 권중에서 "故一家從來明假伏中斷義. 言假伏者, 真是俗義, 俗是真義, 伏彼自性也. 既知因緣真, 即知真不真, 知因緣俗, 即知俗不俗, 悟真俗不真俗自性永斷. 為是義故, 前橫伏今竪斷也."(T45, 95c)라 한다.

길장에서의 중가적인 발상은 모두 그 일환이어서 길장의 저술에 중가의에 의한 해석이 그 사상적 표현으로 자주 보인다는 것은 매우 당연하다. 그러나 그것은 또 동시에 원리 또는 결론으로서 존재하는 것은 아니었다. 그러니까 길장은 역설적으로 "비유비무를 취하지 않는 것이 중도이고, 만약 유무를 떠나 비유비무의 중도라고 한다면 그것은 어리석은 논의이다."[85]라고까지 말한다. 그런데 이 초장을 초장=중가라고 받아들이고 이것을 교학의 근본으로 두었던 것이 중가사라고 불리는 일군의 사람들이며, 혜균『사론현의』의 개권 제1의 표제 '초장중가의'라는 것은 그 상징이었다고 생각되는 것이다.

또 중가라는 말의 직접적인 전거는『중론』「관사제품」의 게문이라고 했는데, 이것으로 중가의를 확립했던 것은 섭산 삼론 학파의 시조 승랑이고, 그 성립의 배경에는 남북조 이래 체용 개념의 응용이라고 생각된다. 즉 길장은『중관론소』권2본에서

묻는다. 그렇다면 섭산 대사는 어찌 비유비무를 말하여 중도라 하고 이유 이무를 가명이라고 하면서 곧 체가 중도이고 용이 곧 가명이라고 하는가? 어찌 구별이 없겠는가? 답한다. 이것은 일단 체용으로 나눈 것이다. 그러므로 체를 중도라 하고 용을 가명이라고 한다. 묻는다. 대사는 왜 이러한 설을 지었는가? 답한다.『중론』의 문장이 이와 같으므로 대사가 사용하는 것이다. 「사제품」에서 말하기를, (중략) 중도가 체이므로 그 유무를 설할 수 없지만 용이 유무이므로 가명으로 설명할 수 있다. 그러므로 비유비무

---

85 『중관론소』권1말, "問, 非有非無是愚癡論. 云何是中道. 答, 不取非有非無為中, 乃明離有無見乃名為中耳. 若離有無而著非有非非無者即非中也."(T42, 19c~20a.) 또 "비유비무는 어리석은 논의이다."라는 물음의 설정은 안징의 주석(『중관론소기』권2말, T65, 61b)에 의하면『대지도론』권15, "何以言愚癡論. 答曰, 佛法實相不受不著, 汝非有非無受不著故, 是為癡論. 若言非有非無, 是則可說可破, 是心生處是鬪諍處. 佛法則不然, 雖因緣故說非有非無不生著, 不生著則不可壞不可破."(T25, 170c)에 근거한다고 한다.

를 중도로 삼고 이유이무를 가명으로 삼는다. 대개 일도一途의 논의일 따름이다.

問, 若爾攝山大師云何非有非無名為中道, 而有而無稱為假名, 即體稱為中, 用即是假. 云何無別. 答, 此是一往開於體用. 故體稱為中, 用名為假. 問, 大師何故作是說. 答, 論文如此, 故大師用之. 四諦品云, (중략) 中道為體不可說其有無. 用是有無故可得假說. 故以非有非無為中, 而有而無為假. 蓋是一途論耳. (T42, 22c～23a.)

라고 명언한다. 또 별도로 "이 말을 하는 까닭은 『중론』 게문의 중가의 말을 해석하고자 하기 때문에 일단 체용을 세운다."[86]라고도 말한다. 이러한 체용 개념의 응용은 자주 서술했듯이 성실 학파의 이제설에서는 약리의 이제를 말하고 진속의 이제가 모두 체(이理)라고 간주하기 때문에 이제의 상즉을 설명할 수가 없는 것에 대해, 일단 진속이 모두 용(교敎)이고 비진비속의 중도가 체라고 밝혀 진속의 2견見을 버리고 깨달음을 얻게 하기 위해서이다. 이 관점에서 『중론』「사제품」의 게문에서의 중도와 가명을 해석했던 것이 승랑이 창시한 중가의였던 것이다. 그래서 길장은 "이미 체용이라고 칭한다. 곧 인연이다. 인연의 체용이라면 곧 적멸의 성품이다. 어찌 다시 이 말을 고수하겠는가?"[87]라고 하여 체용도 중가도 모두 인연으로 일도一途의 방편이고, 이것을 논파하여 무소득에 철저해야 하는 것을 강조하는 것이다. 앞에서 기술한 승랑의 말에 대해 "대개 일도一途의 논의일 따름이다."(蓋是一途論耳.)라고 한 것이 그 의미이다. 혜균은 역으로 이 체용 개념의 응용에 의한 중가 사상을 삼론

---

86 『중관론소』권2본, "所以作此語者, 為欲釋論文中假. 故一往立於體用."(T42, 27b.)

87 이것도 법랑의 말이다. 즉 "師又云, 直稱體用, 即無復縱迹. 所以然者, 既稱體用, 即是因緣, 因緣體用即寂滅性, 云何更守此言耶."(T42, 27b.)

독자의 이념으로서 적극적으로 이론화해가려고 했다. 거기에는 길장과 다른 자세가 있는 것으로 생각된다.

　오오쵸오橫超 박사에 의하면 혜균이라는 사람은 성실·비담·섭론을 오래 연구한 후에 삼론으로 전환한 사람이었다고 하므로 그는 본질적으로는 아비다르마론자의 경향을 가졌다고도 생각될 수 있다. 또 장간사長干寺의 혜변慧弁이나 선중사禪衆寺의 혜용慧勇이라면 승전의 4우友로서 삼론 학자였던 동시에 그 선적 경향을 계승했던 습선자이기도 했다. 역설적인 방식으로 말하자면 실천가였기 때문에 역으로 하나의 이념을 고집하는 경향이 강했다고도 할 수 있다. 그것이 특히 초장·중가와 같이 삼론 교학의 기본적 입장을 단적으로 솔직하게 보여주고자 하는 경우 특히 있을 수 있는 것이다. 길장은 역으로 철저한 강단파이다. 그러므로 그의 이론은 매우 정밀하다. 그러나 그의 경우에는 오히려 이론이 정밀하게 착종되면 될수록 인식과 체험의 상극에서는 항상 체험을 우선시킨다는 경향이 보인다. 그것이 언제라도 우수한 이론을 구축하면서 동시에 그것을 파괴해간다는 자기모순이 되어 드러난다. 그런 의미에서 중가사의 문제 하나로 보아도 단순히 삼론 학파 내의 파벌 간의 이론 항쟁만으로 그치지 않고 여러 가지 문제를 포함한다고 할 수 있는 것이다.

제3절 약교 이제約敎二諦의 근본 구조

1. 길장 이제설 성립의 배경

길장 이제설의 최대 특징은 이른바 약교約敎의 이제설을 설명했던 점에 있다. 이제를 어떻게 이해하는지에 대해서는 주지하듯이 약교의 이제와 약리約理의 이제, 요컨대 이것을 불타 설법의 형식이라고 볼지 진리 그 자체의 형식이라고 볼지 크게 두 가지로 나뉘는 것인데, 불교의 교리사적 전개로부터 보아도 어느 쪽이 원초적인 형태이고 발달된 학설인지는 현재 여전히 학자들의 의견이 분분하다.[1] 그러나 길장의 이제설이 약교 이제설이라는 점에 대해서는 그의 이제 사상에 대해 언급하는 논문 모두에서 인정된다. 이제가 언교의 형식이고 불타 설법의 수단·방법이라는 것을 강조하는 문장은 그의 저작 도처에 보이는데, 길장은 이것을 표어의 형태로

> 이제란 대개 언교言教의 통전通詮이고 상대相待의 가칭假稱이며 허적虛寂의 묘실妙實이고 중도를 궁구한 극호極號이니, 여래는 항상 이제에 의거하여 설법한다고 밝힌다. 첫째로 세제이고, 둘째로 제일의제이다. 그러므로 이제는 오로지 교문敎門일 뿐이고 경리境理에 관계되지 않는다.[2]

---

[1] 예를 들면 니시기유우西義雄 박사는 약교의 이제설이 원초적인 형태이고, 약리의 이제설이 발달된 학설이라는 의견이다. 西義雄, 「眞俗二諦說の構造」(宮本正尊 편, 『佛教の根本眞理』, 1956년 11월, 東京三省堂, pp.197~218) 참조. 또 야스이코오사이安井廣濟 박사는 오히려 약교의 이제가 발달된 것이라고 이해한다. 安井廣濟, 『中觀思想の研究』(1961년 12월, 京都法藏館, pp.197~221) 참조.

[2] 『대승현론』 권1, "二諦者, 蓋是言教之通詮, 相待之假稱, 虛寂之妙實, 窮中道之極號, 明如來常依二諦說法一者世諦, 二者第一義諦. 故二諦唯是教門, 不關境理."(T45, 15a.)

라고 정의한다. 이 정의가 가진 특징은 이에 이어 그가 "평범한 길에 있는 세 법사는 각각 다르게 말을 둔다."(常途三師置辭各異)라고 하여 소개하는 양대 梁代의 3대 법사의 표현과 비교할 때 한층 두드러진다. 즉

> (A) 개선開善이 말한다. 이제는 법성의 지귀旨歸이고 일진 불이一真不二의 극리極理이다.
> 開善云, 二諦者法性之旨歸, 一真不二之極理
> (B) 장엄莊嚴이 말한다. 이제는 대개 거혹祛惑의 승경勝境이고 입도入道의 실진實津이다.
> 莊嚴云, 二諦者蓋是祛惑之勝境, 入道之實津.
> (C) 광택光宅이 말한다. 이제는 대개 성교聖教의 요천遙泉이고 영지靈智의 연부淵府이다.
> 光宅云, 二諦者蓋是聖教之遙泉, 靈智之淵府.

라는 세 가지 설이다. 이것들은 모두 경리境理를 이제로 삼는 이른바 약리의 이제인 것을 보여주어 길장은 자신의 약교 이제의 입장을 천명하는 것이다. 그런데 이 이제의 정의를 둘러싸고 길장 이제설의 성립에 관해 두 가지의 중요한 관점을 발견할 수 있다.

1)

첫 번째로 그의 약교 이제의 제시는 근본적으로 양대 이래 불교 논쟁의 일대 중심 사조였던 '이제론'이라는 대세가 앞에서 기술한 양대 3대 법사로 대표되는 성실의 약리 이제설에 의해 차지되어 있었던 것에 대한, 전통적인 삼론 성실의 갈등에 기초한 반론이라는 형태로 도출된 것이다. 따라서 이것은 길장 1인의 의견이라는 것에 그치지 않고 섭령·흥황으로부터의 상승설

이어서 삼론 학파의 전통적 주장인 것을 의미한다. 즉『이제의』권상에서 길장은

> 다음으로 이제는 교敎의 뜻임을 밝힌다. 섭령·흥황 이래로 모두 이제는 교敎라고 밝혀왔다.[3]

라고 서술한다. 그리고 그 증거로서 산중사(승전)에게 고래로 수본手本의『이제소二諦疏』라는 것이 있었으며 거기서 승전은 삼론 학파가 약교 이제설을 주장했던 이유에 대해 다음과 같이 서술한다고 한다. 즉

> 산중사의 수본『이제소』에서 말한다.
> 이제란 곧 중도를 표시하는 묘교妙敎이고 문언文言을 궁구하는 극설極說이다. 도는 유와 무가 아니지만 유와 무에 의지하여 도를 드러내고, 이理는 하나나 둘이 아니지만 하나와 둘에 인연하여 이理를 밝힌다. 그러므로 이제는 교敎임을 알 수 있다.
> 이제가 교敎임을 밝히는 이유에는 두 가지 뜻이 있다. 첫째로 다른 학파를 대치하기 위해서이고, 둘째로 경론을 해석하기 위해서이다.
> 山中師手本二諦疏云, 二諦者, 乃是表中道之妙敎, 窮文言之極說. 道非有無, 寄有無以顯道, 理非一二, 因一二以明理. 故知, 二諦是敎也. 所以明二諦是敎者有二義. 一者爲對他, 二者爲釋經論. (T54, 86b.)

---

3   『이제의』권상, "次明二諦是敎義. 攝嶺興皇已來, 竝明二諦是敎."(T45, 86a~b.)

라는 것이다. 여기서 승전은 이제 교문의 기본적 입장을 서술하는 것과 함께 약교 이제를 설하는 기본적 이유를 두 가지로 든다. 즉 하나는 '다른 학파를 대치하기 위한 것'(爲對他)과 '경론을 해석하기 위한 것'(爲釋經論)의 두 가지이다. 승전에 의하면 첫째 이유인 다른 학파를 대치하기 위한 것이란 오로지 성실의 입장에 대한 반론이라고 한다. 요컨대 성실에서 설하는 이제는 그 교의에서 보는 4종 법보法寶(언교言敎 법보, 경계境界 법보, 무위과無爲果 법보, 선업善業 법보) 중의 경계 법보이고 미오迷悟의 경境인 소관所觀의 이理에 의거하여 성립되었던 이제설인데, 그에 대해 삼론 학파의 입장을 명확하게 할 필요에서 약교의 이제설을 성립시켰다는 것이다.[4] 이것은 섭산 삼론의 초조인 승랑에서도 동일한 것이,『대승현론』에서 5의義를 거론하여 '이제가 교문인' 이유를 간략히 설한 제3에서 길장이

> 셋째로는 견해를 뿌리 뽑기 위해서이다. **구의舊義**에서 유무가 이理라고 집착하는 것이 유래가 이미 오래되었다면 곧 2견의 뿌리가 깊어 기울여 뿌리 뽑기가 어렵다. **섭령 대사**는 인연에 따라 병을 파척하고 2견의 뿌리를 뽑아 유무에 대한 두 가지 집착을 버리게 하고자 하기 때문에 유무는 능히 불이不二의 이理에 통한다고 설한다. 유무는 궁극적인 것이 아니므로 유무에 머물러서는 안 되니, 유무는 교敎이다.[5]

---

4   위의 곳, "彼有四種法寶, 言敎法寶, 境界法寶, 無爲果法寶, 善業法寶, 二諦卽境界法寶. 有佛無佛, 常有此境, 迷之卽有六道紛然, 悟之卽有三乘十地故, 二諦是迷悟之境. 今對彼明二諦是敎也"(T45, 86b.)

5   『대승현론』권1, "三者爲拔見. 舊義執有無是理, 由來旣久, 卽二見根深難可傾拔. 攝嶺大師, 對緣斥病, 欲拔二見之根令捨有無兩執故, 說有無能通不二理. 有無非是畢竟, 不應住有無中, 有無爲敎"(T45, 22c.)

라고 설하는 것에서도 분명하다. 이것은 앞에서 서술한 승전『이제소』에서의 이제의 건립의 첫째 취지와 완전히 궤를 같이 한다. 따라서 길장은 "산중(승전)과 흥황 화상(법랑)은 섭령 대랑사大朗師(승랑)의 말을 서술하여 이제가 教교라고 밝힌다."⁶라고 한다. 이것을 총괄하여

> 묻는다. 섭령 흥황은 어찌 하여 언교를 諦제라고 하는가? 답한다. 거기에는 깊은 뜻이 있다. 옛날부터 이理를 諦제라고 하는 것을 대치하기 위해서이다.⁷

라고 설하는 것은 다른 家가(성실 학파)의 약리의 이제에 대해 약교의 이제를 설한다는 것이 승랑 이래 승전·법랑이라는 순서로 일관하여 변하지 않는 삼론 학파의 기본적 입장임을 보여준다.

승전이『이제소』에서 거론했던 "경론을 해석하기 위해서이다."라는 둘째 이유는 이러한 약교 이제설의 전거를 거론하고 소의로 삼는 경론에 대한 이해의 정당성을 보여주는 것이다. 즉 승전은

> 경론을 해석한다는 것을 설명해보자.『중론』에서 말한다. 모든 불타는 이제에 의거하여 중생을 위해 설법한다.『백론』도 그러하다. 모든 불타는 항상 이제에 의거하니, 이 두 가지는 모두 실로 허망한 말이 아니다.『대품경』에서 말한다. 보살은 이제에 머물러 중생을 위해 설법한다. 또『열반경』에서 말한다. 세제가 곧 제일의제이니, 중생에 따르므로 이제가 있다고 설한

---

6   위의 곳, "山中興皇和上述攝嶺大朗師言, 二諦是教"(T45, 22c.)

7   위의 곳, "問, 攝嶺興皇何以言教為諦耶. 答其有深意. 為對由來以理為諦故."(T45, 15a.)

다. 경에서 이제가 교教임을 밝히기 때문에 지금 일가一家에서 이제가 교教
임을 밝힌다.

言釋經論者, 中論云, 諸佛依二諦爲衆生說法. 百論亦爾, 諸佛常依二諦, 是
二皆實不妄語也. 大品經云, 菩薩住二諦中, 爲衆生說法. 又涅槃經云, 世諦
卽第一義諦, 隨順衆生故說有二諦. 以經明二諦是敎故, 今一家明二諦是敎
也. (T45, 86b.)

라고 하여 『중론』,[8] 『백론』,[9] 『대품반야』,[10] 『열반경』[11]의 네 가지 경론을 거론
하는데, 『백론』은 잠깐 제쳐두고 『중론』과 『대품』과 『열반』의 세 가지를 경증
으로서 사용하는 것은 법랑·길장의 순서로도 변하지 않는 삼론 학파의 전통
적 태도이다. 예를 들면 법랑도 길장에 의하면

> 그런데 스승이 이제의 뜻을 말하는 것은 대부분 두 곳에 의거하는데, 첫째
> 로는 『대품경』에 의거하고 둘째로는 『중론』에 의거한다.[12]

라고 하니, 『대품반야』와 『중론』에 기초하여 그의 이제설을 건립했던 것을
알 수 있고 이것을 계승하여 길장은 『대승현론』에서

---

8 『중론』 권4 「관사제품」 제24, "諸佛依二諦, 為衆生說法. 一以世俗諦, 二第一義諦."(T30, 32c.)

9 『백론』 권하 「파공품」 제10, "諸說法, 常依俗諦第一義諦, 是二皆實, 非妄語也."(T30, 181c.)

10 『마하반야바라밀경』 권25 「구족품구족」 제81, "舍利弗, 菩薩摩訶薩, 住二諦中, 為衆生說法世諦第一
義諦."(T8, 405a.)

11 『대반열반경』(남본) 권12 「성행품聖行品」의 2, "善男子, 世諦者即第一義諦. 世尊, 若爾者則無二諦. 佛
言, 善男子, 有善方便, 隨順衆生說有二諦."(T12, 684c.)

12 『이제의』 권상, "然師導二諦義, 多依二處, 一依大品經, 二依中論."(T45, 78b.)

묻는다. 어떤 문장으로 이제가 교敎임을 증명하는가? 답한다. 문장이 있는 곳이 매우 많지만 하나의 경과 하나의 논만을 거론한다. 논에서 불타는 이제에 의거하여 설법한다고 하였다. 그러므로 이제는 교敎이다. 『대품경』에서 보살은 이제에 머물러 중생을 위해 설법하니, 유에 집착하는 자를 위해 공을 설하고 공에 집착하는 자를 위해 유를 설한다고 하였다. 경론에서 불타와 보살이 모두 이제가 교敎라고 밝혔다.[13]

라고 하여 일경 일론一經一論, 즉 『대품반야』와 『중론』을 거론하여 문증으로 삼는다. 그러나 길장에서는 다시 『열반경』이 매우 큰 역할을 수행하는 것은 일반론으로서도 나중에 서술하는 대로이지만 '이제설'에 관해서도 그 상즉을 설함에 있어서는 경증의 첫 번째로 거론하고 또 『현론』 모두에서는 『중론』과 『열반경』을 거론하여 그 전거로 삼는 등 매우 이것을 중시한다.[14] 이처럼 이제 교문의 경증으로서는 승전이나 법랑 이래 『대품반야』나 『열반경』, 『중론』 등이 전통적인 소의 경론이고 길장 자신도 이것을 답습하는 것은 물론인데, 특히 길장에게는 『중론』이 주요 논거인 것은 『이제의』에서 "지금 다시 『중론』에 의거하여 이제의를 밝힌다."(今且依中論明二諦義, T45, 78b)라고 하여 이제의 대의를 「관사제품」 제8게의 순차적인 해석에 의해 논의를 진행해간 점에서도 살펴볼 수 있으며, 이 정의의 뒷 단락에서도 그것이 명료하게 보인다.

---

13 『대승현론』권1, "問, 以何文證二諦是教. 答, 文處甚多, 擧一經一論. 論云佛依二諦說法. 故二諦為教. 大品云, 菩薩住二諦中, 為衆生說法, 為著有者說空, 為著空者說有. 經論佛菩薩皆明二諦是教."(T45, 23a.)

14 『대승현론』권1에서, "第七重明相卽. 次辨二諦相卽, 經有兩文. 若使大經云世諦者卽第一義諦, 第一義諦卽是世諦, 此直道卽作不相離. 故言卽, 此語小寬. 若如波若經空卽是色色卽是空, 此意為切也."(T45, 21c.)라고 하여 이제 상즉의 경증으로 『열반경』과 『대품반야』를 거론한다. 이것은 『이제의』권하(T45, 104c)에서도 마찬가지이다. 『현론』의 권두의 말이란 "問, 中論云, 諸佛依二諦說法, 涅槃經云, 隨順衆生故說二諦, 是何諦耶."(T45, 15a)를 말한다.

2)

둘째로, 이 정의는 앞에서 서술했듯이 삼론 약교의 이제가 성실의 약리의 이제에 대하여 설정되었던 전통설이라는 것이나 그 경증적 배경도 보여주는 것과 동시에 그 사상의 계보에 관하여 중요한 시사를 준다. 말하자면 균정均正의 『사론현의四論玄義』 권5에서 "이제 대의를 이해함에 네 가지 말의 차이를 둔다."라고 하여 간략히 5가家의 설을 거론하는 네 번째에서

> 종주국 북다보사北多寶寺 광주 대량廣州大亮 법사가 말한다. 이제란 대개 언교의 통전이고 상대의 가칭이지, 궁극적 종의의 실인實因인 것은 아니다. 宗國北多寶寺廣州大亮法師云, 二諦者, 蓋是言教之通詮, 相待之假稱, 非窮宗之實因也. (X46, 573c.)

라고 하여 광주 대량(도량道亮)[15]의 이제의 정의가 소개되어 있는데, 이것은 앞에서 게재한 길장의 정의의 전반부 어구(二諦者, 蓋是言教之通詮, 相待之假稱)와 완전히 동일한 것이다. 이로부터 미루어보아도 길장의 이제의 정의는 이 광주 대량의 말을 거의 그대로 채용했던 것이라고 생각될 수 있는 것, 또 그 외에도 『이제의』 권상에서 광주 대고廣州大高라 오기되고는 있지만 그의 '손가락과 달'의 비유로 보여주었던 약교 이제설을 길장이 전면적으로 받아들이는 것이므로 길장 이제설의 연원은, 그 자신이 그의 저술 도처에 섭령 흥황 상승이라는 자기 학파의 전통설이라는 것을 강조함에도 불구하고, 그 창창자

---

15 전기는 『양고승전』 권7 석도량전(T50, 372b)에 있다. 길장의 저작에서는 『대승현론』 권1(T45, 15a), 『이제의』 권상(T45, 90a)에 각각 그의 이제설에 대해 언급하며, 또 5시 교판에 대해 『대품유의』에서 "廣州大亮法師云, 五時阿含為初, 離三藏為第二, 如優婆塞經也, 波若維摩思益法鼓為第三, 法華為第四, 涅槃為第五也."(T33, 66b)라고 해서 길장이 잘 알고 있었던 것을 알 수 있다.

創唱者는 분명히 도량이며 승랑을 경유하는 북지로부터의 전승이 아니라는 학자의 귀중한 지적이 되어 있는 점이다.[16]

　이것은 본서에서도 이미 서술했던 것인데, 종래 중국 삼론종의 계보를 논할 때 승랑 이전의 관중의 구의를 고삼론이라 부르고 승랑·승전 이후를 신삼론라고 칭하는 전통적인 학설이 존재하며, 이제설에 관련하여 이것을 논하는 경우 전자는 약리의 이제, 후자는 약교의 이제라고 간주하는 것에 의해 이 신구 삼론의 양자를 엄격히 구분하려고 하는 견해가 행해졌던 것이 있었다.[17] 여기에 대해 앞의 지적은 승랑의 남도 이전에 약교 이제가 대량에 의해 제창되었던 점에 착안하여 섭령 중심으로 전개되었던 정통 삼론 학파의 학설에는 북지로부터의 전승도 있지만 남지 삼론종의 사상적 계보가 유력한 지주가 된다고 지적하여 삼론의 상승론에 관한 의문을 제기하고 근본적인 재검토를 촉구하는 것이다. 필자도 삼론 교학의 성립사적 입장에서는 이러한 관점이 매우 유의미한 것임을 진작부터 강조한 바인데, 그러나 지금 이제설에 관해 말하자면 또다시 다음의 두 가지 점이 여전히 문제로서 남아 있는 것으로 생각된다. 즉 첫째는 나집·승조 등에 의해 대표되는 관중 삼론의 구설이 약리의 이제설이라는 종래의 설은 그대로 타당하다고 보아도 좋을지라는 것이다. 비판설은 이 점에 관해서는 명확한 해답을 주지 않는다. 둘째로, 삼론 학파의 약교 이제설은 성실의 약리·약경의 이제설에 대항하여 도출된 독특한 학설인

16　佐藤哲英,「三論學派における約敎二諦說の系譜」(『龍谷大學論集』 제380호, 1966년 2월) 참조. 또 광주 대량 법사의 약교 이제설이 길장의 이제 사상에 미친 영향에 대해서는 졸고「二諦說より見たる吉藏の思想形成」(『印度學佛教學研究』12-2, 1964년 3월)에서도 이것을 지적해두었다.

17　前田慧雲 『三論宗綱要』 참조. 예를 들면 p.149에서 "중국에서도 약교의 이제를 주로 하여 창도했던 것은 승전·법랑 이래였던 것 같다."라고 하고, 또 p.157에서는 "약리 이제는 고삼론에서 승전 이전 즉 나집·승조 등이 창도했던 바로서 운운."이라고 한다. 또 본서 제1편 제3장 제5절 '신삼론 고삼론의 문제' 참조.

데, 그 설의 창시자가 과연 광주의 대량이라고 단정할 수 있는지 하는 것이다.[18] 만약 그렇다고 해도 광주 대량을 그 창시자로 간주하는 것도 포함하여 약교 이제설의 사상사적 계보를 다시 확인할 필요가 있지 않은지 하는 이 두 가지 점이다.

그래서 이하에서는 이러한 점에 대해 재음미해보려고 생각하는데, 단순히 역사적인 관점에서만 논하는 것은 이 문제의 본질적인 해명에 기여한다고는 생각되지 않는다. 그것은 길장 약교 이제설의 근본적인 뜻에 관련된 문제이기 때문이다.

2. 삼론 초장과 약교 이제의 연원

길장의 이제설을 말할 때 필수적이라고 해도 좋을 정도로 언급되는 것은 어교於敎의 이제라든가 4중重의 이제, 이제중도설 등이다. 이런 학설들은 참으로 불교 전체의 이제론에서 말해보아도 매우 특색 있는 길장 독자의 사상이고, 그의 중심적 과제인 것은 물론이다. 그러나 이러한 설들은 말하자면 그의 이제 사상의 전체적 구조에서 말한다면 중층적·발전적 형태를 보여주는 것이어서 어떤 의미에서는 그의 이제론의 근본 구조로부터 필연적으로 파생되어

---

18 ㉟ 본서에서는 후술하듯이 사토오테츠에이佐藤哲英의 주장을 받아들이지 않고 약교 이제의 연원을 고삼론에 해당하는 승조와 담영에게서 찾는데, 이 문제에 대해 김성철 역시 사토테츠에이가 논거로 삼았던 문장들을 재검토하여 본서와 같이 사토테츠에이의 주장을 받아들이지 않으면서도 그 연원을 승랑에게서 찾는다. 그에 따르면 "신삼론 전통에서 광주 대량의 이제설을 받아들인 것이 아니라, 오히려 그에 대해 비판적이었으며, 더욱이 '삼중三重이제설(또는 사중四重이제설)' 등은 '대량의 이제 이해'를 넘어선 '신삼론의 새로운 약교 이제설'에 근거하여 탄생한 이론임을 알게 된다."(『승랑』, 파주: 지식산업사, 2011, p.294)라고 하면서, 결론적으로 "광주 대량의 이제설은 '유소득의 약교 이제설'이었던 것과 달리, 섭령흥황 전통의 이제설은 '무소득의 약교 이제설'이었다."(같은 책, p.310)라고 밝힌다. 단적으로 무소득의 약교 이제설은 섭령 흥황 전통의 초조인 승랑에게 그 연원을 둔다는 것이다. 자세한 논증 과정은 같은 책, pp.295~313 참조.

온 지말적인 문제라고 말해도 좋은 것이다. 우리는 그 화려한 상부 구조에 눈을 빼앗겨 그것을 지탱하는 단순한 하부 구조를 자칫하면 빠뜨릴 경향이 있는 점을 부정할 수 없다. 이러한 길장의 약교 이제의 근본 구조를 보여주는 것이 실로 앞 절에 서술한 그의 삼론 '초장의'이다. 즉 초장의 4절의 말은 삼론 교학의 기본적인 주제를 정식화했던 말로 형식적으로는 인연 상즉의 유무를 나타내고, 이교·중가·체용·횡수 등의 길장 사상에서의 각종 기초 범주 성립의 기반이 되는 것임은 이미 앞 절에서 본 대로이다. 이때 간과해선 안 되는 것이 이 초장이라는 말은 본래 특히 삼론의 이제가 종래의 이제와 근본적으로 상위하다는 것을 주장하기 위해 사용되었다는 것이다. 즉『중관론소』에서는 "묻는다. 다른 학파에서도 유를 세제로 삼고 공을 진제로 삼는다고 한다. 지금과 무엇이 다른가? 답한다. 반드시 초장의 말로써 그것을 가려야 한다."[19]라고 서술하여 이하에서 초장의를 4절로 나누어 이것이 자세히 논의되어 있었고,『이제의』에서도 "지금 다른 학파에 대해 이제가 교문임을 밝힌다."라고 전제하여 정성定性의 유무에 대해 인연因緣의 유무를 밝히고, "그러므로 이름하여 교문敎門이라 한다."라고 설하여 "일가一家의 초장의 말이 바로 이와 같다."[20]라고 서술했던 것이다. 이것은『정명현론』에서도 마찬가지이다. 여기서는 "묻는다. 불타의 이제를 배우는 것에 어떤 득실이 있는지 청컨대 진술해달라."라는 물음을 설정하여 "답한다. 정성定性의 이제를 실失이라 하고 인연 가명因緣假名의 이제를 득得이라 한다."[21]라고 설하여 인연 가명의 이제와 정성의 이제의 득실을 판단하는 기준으로서 초장의가 설해졌다. 따라서 앞

---

19 『중관론소』권2말, "問, 他亦云, 有為世諦, 空為真諦, 與今何異. 答, 須初章語簡之."(T42, 27c.)

20 『이제의』권상, "今對他明二諦是敎門. (중략) 故名為敎門, 所以理內有理敎也. 一家初章言方如此."(T45, 89b.)

21 『정명현론』권6, "問, 學佛二諦, 云何得失, 請為陳之. 答, 定性二諦為失, 因緣假名二諦為得."(T38, 891c.)

절에서 본 것과 같은 형식과 내용을 가진 일가 초장의 말은 충분히 삼론의 약교 이제의 근본 구조를 보여주는 것이라고 생각할 수 있다. 그래서 삼론에서 약교 이제설의 사상사적 계보를 탐구하는 경우 우선 이것이 전제되지 않으면 안 된다. 환언하자면 이러한 구조를 가졌던 삼론 초장의 뜻에 필적하는 이제설의 원형을 역사적으로 소급하여 찾는 것이다. 우리는 그 원초적인 형태를 이미 관중에서 담영의 「중론서」와 승조의『부진공론』에서 볼 수 있다.

(A)
담영의 「중론서」는『중론』의 요지를 이제로써 요약하니,

> 그런데 그 요지를 통섭하면 이제로 회통된다. 진제이므로 유가 아니고 속제이므로 무가 아니다. 진제이므로 유가 아니라면 무이지만 유이고, 속제이므로 무가 아니라면 유이지만 무이다. 유이지만 무라면 유에 매이지 않고, 무이지만 유라면 무에 막히지 않는다. 무에 막히지 않으면 단멸의 견해가 쉬고, 유를 보존하지 않으면 얼음 같은 상견 등이 녹는다. 이 모든 극단이 적멸하므로 중도라 한다.
> 然統其要歸, 則會通二諦. 以眞諦故無有, 俗諦故無無. 眞故無有, 則雖無而有, 俗故無無, 則雖有而無. 雖有而無, 則不累於有, 雖無而有, 則不滯於無. 不滯於無, 則斷滅見息, 不存於有, 則常等氷消. 寂此諸邊, 故名曰中.[22]

라고 맺는다.『중론』의 요지를 이제를 가지고 통섭한 매우 간결하고 힘 있는 표현이다. 이것은 아함경 이래의 전통적인 유무 단상의 2변邊을 차견遮遣하는

22　『출삼장기집』권10(T55, 77a~b)에 수록. 이 담영의 「중론서」는『중관론소』권2본(T42, 20b)을 위시하여 길장의 저작 중에 자주 인용된다.

중도 선양의 형태를 이제로써 회통하려고 한 것인데, 동시에 유무 상즉의 입장을 강하게 도출하여 속제의 입장을 진제와 등가로 보려 하는 것은 인도의 중관 사상에는 없는 중국적인 전개라고도 말할 수 있다. 이것을 길장의 삼론 초장과 대비해보면 다음과 같다.

초장	중론서
1. 유는 유일 수 없고, 무는 무일 수 없다. 無有可有, 無無可無.	1. 진제이므로 유가 아니고, 속제이므로 무가 아니다.
2. 유가 유일 수 없다면 무에 말미암기 때문에 유이고, 무가 무일 수 없다면 유에 말미암기 때문에 무이다. 無有可有, 由無故有, 無無可無, 由有故無.	以眞諦故無有, 俗諦故無無. 2. 진제이므로 유가 아니라면 무이지만 유이고, 속제이므로 무가 아니라면 유이지만 무이다.
3. 무에 말미암기 때문에 유라면 유는 자성의 유가 아니고, 유에 말미암기 때문에 무라면 무는 자성의 무가 아니다. 由無故有, 有不自有, 由有故無, 無不自無.	眞故無有, 則雖無而有, 俗故無無, 則雖有而無 3. 유이지만 무라면 유에 매이지 않고, 무이지만 유라면 무에 막히지 않는다.
4. 유는 자성의 유가 아니므로 불유인 유라 하고, 무는 자성의 무가 아니므로 불무인 무라고 한다. 有不自有 名不有有, 無不自無 名不無無.	雖有而無, 則不累於有, 雖無而有, 則不滯於無 4. 무에 막히지 않으면 단멸의 견해가 쉬고, 유를 보존하지 않으면 얼음 같은 상견 등이 녹는다. 不滯於無, 則斷滅見息, 不存於有, 則常等氷消

즉 담영 서문도 또한 4절로 나눌 수 있다. 확실히 설상說相에 있어서는 예를 들면 초장의 "유는 유일 수 없다."(無有可有.)는 담영 서문에서는 "진제이므로 유가 아니다."(以眞諦故無有.)로, "무에 말미암기 때문에 유이다."(由無故有.)는 "무이지만 유이다."(雖無而有.)로, "유는 자성의 유가 아니다."(有不自有.)는 "(유는) 유에 매이지 않는다."([有]不累於有.)로, "불유인 유라 한다."(名不有有.)는 "얼음 같은 상견 등이 녹는다."(常等氷消)와 같이 어구 자체에는 대부분 차이가 있다. 그러나 그 논리적인 기조에서는 양자가 완전히 궤를 같이 한다. 후자에서는 이제에 의해 유무의 상즉을 설하는 실천적인 논조가, 전자에서는 진속 이제, 단상 이견二見 등의 구체적·실천적 말이 모두 사상되어 유무의 상즉 인연을

설하기 위해 논리적으로 형식화되고 정합화되어 있는 것을 알아차릴 수 있다.

(B)

길장은 『정명현론』 권5 '종지의宗旨義'에서 "담영이 이제를 서술한다."(影公序二諦云.)라고 하여 이 담영의 「중론서」의 문장을 인용하고 이것을 다음과 같이 부연한다. 즉

> 이 뜻을 상론하자면 "진제이므로 유가 아니라면 무이지만 유이다."라는 것은 곧 진제眞際에서 움직이지 않고서 제법諸法을 건립하는 것이다. "속제이므로 무가 아니라면 유이지만 무이다."라는 것은 곧 가명假名을 파괴하지 않고서 실상實相을 설하는 것이다. 가명을 파괴하지 않고서 실상을 설한다면 가명이라고 해도 그대로 실상이다. 진제에서 움직이지 않고서 제법을 건립한다면 진제라고 해도 그대로 제법이다. 진제가 그대로 제법이므로 무에 막히지 않는다. 제법이 그대로 실상이므로 유에 매이지 않는다. 유에 매이지 않으므로 상주가 아니고, 무에 막히지 않으므로 단멸이 아니다. 곧 중도이다.[23]

라고 서술하여, "이 이제로 말미암아 이지二智가 발생한다."(由斯二諦發生二智.)라고 하여 『정명경』의 종지인 이지를 설명한다. 『반야경』의 "진제에서 움직이지 않고서 제법을 건립하고, 가명을 파괴하지 않고서 실상을 설한다."(不動眞際, 建立諸法, 不壞假名, 而說實相)는 것은 삼론 교의의 안목이고, 이 주제가 후세에

———

23   『정명현론』 권5, "詳此意者, 眞故無有, 雖無而有, 即是不動眞際而建立諸法. 俗故無無, 雖有而無, 即是不壞假名而說實相. 以不壞假名而說實相, 雖曰假名宛然實相. 不動眞際建立諸法, 雖曰眞際宛然諸法. 以眞際宛然諸法, 故不滯於無. 諸法宛然實相, 則不累於有. 不累於有故不常, 不滯於無故非斷. 即中道也."(T38, 883b.)

여러 가지로 변주되어 삼론만이 아니라 예를 들면 선禪에서도 그 주요한 개념이 되는 것인데,[24] 길장은 이것을 약교 이제의 근본 취지로 본 것이다. 그리고 그것을 유무에 상즉하여 설하는 원형을 담영의 「중론서」에서 찾는다. 그리고 이것을 논리적으로 정식화하고 추상화했던 것이 앞의 삼론 초장의 말이라고 생각된다.

(C)

같은 취지에 기초하여 길장은 같은 나집 문하의 승조 『부진공론』에서도 그 전거를 구한다. 예를 들면 『이제장二諦章』에서 앞에서 서술했듯이 삼론 약교 이제의 경증의 하나인 『대품반야』의 "보살은 이제에 머물러 중생을 위해 설법한다."(菩薩住二諦, 爲眾生說法)라는 구절을 해석한 후에, 길장은 "승조 법사의 논의에서도 이러하다."(肇師論亦爾.)라고 하여

> 유를 빌려 무를 벗어나고, 무를 빌려 유를 벗어난다. 유를 빌려 무를 벗어날 때는 세제에 머물러 무의 견해를 논파하고, 무를 빌려 유를 벗어날 때는 제일의제에 머물러 유의 견해를 논파한다. 그러므로 이제를 설하여 두 견해를 논파한다.[25]

라고 서술하는데, 이것은 『부진공론』의

---

24 야나기다세이잔 교수는 『당중악사문석법여선사행장唐中岳沙門釋法如禪師行狀』에 있는 "不動眞際而知萬象也."의 구절을 교주校註하여, 이것이 『금강반야경』의 "應無所住而生其心"과 함께 초기 선종의 근거가 되었던 중요한 사상의 하나라고 한다. 柳田聖山, 『初期禪宗史書の研究』 p.419 참조.

25 『이제의』 권상, "大品經云, 菩薩住二諦, 爲眾生說法. (중략) 肇師論亦爾. 借有以出無, 借無以出有. 借有以出無, 住世諦破無見, 借無以出有, 住第一義破有見. 故說二諦破二見也."(T45, 82b.)

만약 유가 곧 유이어야 한다면 무라고 해서는 안 될 것이다. 만약 무가 곧 무이어야 한다면 유라고 해서는 안 될 것이다. 유라 하(고 무라 하)는 것은 유를 빌려 무가 아님을 밝히고 무를 빌려 유가 아님을 설명하기 위해서이다.

若應有, 即是有, 不應言無. 若應無, 即是無, 不應言有. 言有(言無), 是為假有 以明非無, 借無以辨非有. (T45, 152c.)

라는 것에 의거했다.

(D)

『정명현론』 권5에서 인연 가명의 이제과 정성의 이제의 득실을 논할 때에 초장의 말로써 그것을 판정하는 것은 앞에서 서술했는데, 그 이어지는 문장에서 길장은 "이 말을 숙고해볼 만하다."(可熟思此言.)고 하여 환인幻人의 비유를 들고 다음과 같은 문답을 설정한다.

> 묻는다. 이 말은 어디에서 나왔는가? 답한다. 이것은 관중關中의 구의舊義이다. 승조의 『부진공론』에서 밝힌 바와 같다. 유는 진유真有가 아니므로 유이지만 공이다. 공은 진공真空이 아니므로 공이지만 유이다. 마치 환화인幻化人과 같다. 환화인은 없는 것은 아니지만 환화인이 진짜 사람인 것은 아니다.[26]

---

26 『정명현론』 권6, "問, 此言何所出耶. 答, 此關中舊義. 如肇公不真空論明. 有非真有, 故雖有而空. 空非真空, 雖空而有. 猶如幻化人. 非無幻化人, 幻化人非真人."(T38, 892a.) 또 문장에서 『부진공론』의 인용은 "欲言其有, 有非真生, 欲言其無, 事象既形, 象形不即無, 非真非實有, 然則不真空義. 顯於兹矣, 故放光云, 諸法假號不真. 譬如幻化人, 非無幻化人, 幻化人非真人也."(T45, 152c)의 요약 취의이다.

이것은 반드시 초장의 말의 전거를『부진공론』에서 구한 예는 아니지만, 초장의의 취지를 환화인의 비유로써 보여주고 이것이 승조에 유래한 것을 설하여 간접적으로 이를 보여주었던 것이라고 할 수 있다. 길장은 여기서 인연 가명의 이제가 '관중의 구의'라고 하여『부진공론』을 증거로 들었던 것인데, 말미에 "14종宗의 이제는 승조를 뿌리로 삼는다. 그러므로 이것은 구종舊宗이지 신의新義라고는 하지 않으니, 널리 이것을 믿을 만하다."[27]라고 한다.

(E)

『중관론소』권2말에서 주옹『삼종론三宗論』의 이제가『부진공론』에 연원하는 것을 서술하여

> 유이지만 무이고 무이지만 유이다. 유이지만 무인 것이니 이른바 비유이고, 무이지만 유이니 이른바 비무이다. 이와 같다면 곧 사물은 정말로 없는 것이 아니며 사물은 정말로 있는 것이 아니다. 사물은 정말로 있는 것이 아닌데 어디에선들 사물이겠는가.
>
> 論云。雖有而無, 雖無而有. 雖有而無, 所謂非有, 雖無而有, 所謂非無. 如此即非無物也, 物非眞物也, 物非眞物, 於何而物. (T42, 29c.)

---

27   위의 곳, "光秦法師撰搜玄論, 十四宗二諦, 用肇公為本. 故是舊宗不名新義, 宜可信之." 또 광진光秦 법사 (전기 미상)가 말하는 '14종宗 이제'가『광홍명집』권21「양소명태자해이제의장梁昭明太子解二諦義 章」(T52, 247c~251b)에 기재된 양조梁朝 15가의 이제설과 같은지는 광진光秦 법사의『(이제)수현 론二諦搜玄論』이 결본이어서 명확하지 않지만, 길장의『이제의』권하에서 "次明二諦體第四. 然二諦 體亦為難解. 爰古至今, 凡有十四家解釋."(T45, 107c)이라고 하여 길장도 14가의 이제의 이설異說을 인정한다. 단, 길장의 저작에서 14가에 대해 상론한 것은 없다.

라고 한다. 여기에 인용된 『부진공론』(T45, 152b)의 구절은 원문 그대로인데, 이 문장은 담영의 「중론서」와 매우 유사한 말이다.

이리하여 길장이 말하는 삼론 초장의 말은 필시 이 양자의 설시說示가 그 원형이었음이 의심할 여지가 없는 것이다. 그리고 삼론 약교 이제설의 연원도 여기에 있다.

3. 약교 이제의 계보와 광주 대량廣州大亮

이상의 고찰에 의해 밝혔듯이 담영이나 승조의 사상에서 엿보이는 장안 고삼론의 이제관이 약리의 이제라는 전통설은 근거가 없는 것이라고 하지 않으면 안 된다. 근래 오오타니大谷 대학의 후쿠시마코오사이福島光哉 씨는 승조의 이제설과의 관련에 있어 양대 이제 사상의 특징을 논하는 중에서 승조의 이제의는 공성을 해명하기 위한 수단에 불과하고 이제의 그 자체가 제법의 실상과 일치한다고는 말하기 어려운 것을 사상적으로 해명하고, 이후의 길장 등에서의 삼론의 이제 교설의 연원을 승조에서 발견하는 것이 가능하다고 날카롭게 지적한다.[28] 일설에는 승조의 이제설이 가명과 공의 관계로 취급되지 않은 것을 지적하여 남제 주옹의 『삼종론』에서 설해지는 "가명이 그대로 곧 공이다."(假名宛然即是空也.)[29]라는 것 같은 이제 상즉의 입장에는 아직 이르지 않은 것이라는 설도 있는데,[30] 이미 보았듯이 진제는 비유를 밝히고 속제는 비무를 밝혀 유일의 이理(공성)를 지시하는 것이라고 하는 승조의 진속 이제의

---

28 福島光哉,「梁代二諦思想の特質－僧肇の二諦說との關聯において」(『佛教學セミナー』 제2호, 1965년 10월) 참조.

29 『중관론소』 권2말, "第三假名空者, 即周氏所用, 大意云, 假名宛然即是空也."(T42, 29b.)

30 주 16번에서 게재한 논문 참조.

개념 규정 중에서 우리는 유무 상즉의 입장을 읽어낼 수 있고, 또 『부진공론』의 말미에서 만물이 비진非眞이라는 것은 원래 가호假號이기 때문이라고 논한 후에 앞의 『반야경』의 말을 인용하여

> 그러므로 경에서 "매우 기이하신 세존이시여, 진제에서 움직이지 않으면서 제법을 건립할 자리로 삼으십니다."라고 한다. 진제를 떠나지 않고 제법을 건립할 자리를 세웠으므로 제법을 건립한 곳이 바로 진제이다. 이러하다면 도가 멀다고 하겠는가. 부딪치는 일마다 진제이므로 성인이 멀다고 하겠는가. 체득하면 바로 신령해지는 것이다.
> 故經云, 甚奇世尊, 不動真際為諸法立處. 非離真而立處, 立處即真也. 然則道遠乎哉, 觸事而真, 聖遠乎哉, 體之即神. (T45, 153a.)

라고 실천적인 말로써 맺는다. 이로부터 미루어도 분명히 승조라는 인물의 사상에서 충분히 이제 상즉의 입장을 엿볼 수 있는 것이다. 길장이 주옹의 가명공 개념에서 나타나는 이제 상즉 사상의 전거를 승조 『부진공론』에서 구하는 것은 매우 타당하다. 따라서 주옹의 가명공이나 대량의 이제 언교의 설은 실은 이 담영이나 승조에서 비롯하여 길장에 이르러 대성한 이제 사상의 일대 형성 과정에서 사상사적으로는 동일한 계보상에 이어지는 하나의 지맥을 이루는 것이기는 해도 그것으로 그들(주옹이나 대량)을 삼론에서의 약교 이제설의 창시자였다고 간주할 수는 없다. 적어도 그 대성자 길장의 심중에서는 그렇게 보였던 것이다.

이상을 전제로 하여 다시 문제의 광주 대량의 이제의에 대해 검토해보면 즉 『이제의』 권상에서 길장은 이것을 다음과 같이 전한다.

광주 대고(량)는 이제의를 해석하여 또한 이제가 교문이라고 설명하였다.

그는 손가락을 들어 비유로 삼으니, 사람들이 달을 알지 못하여 손가락을 들어 달을 얻게 한 것이다. 그는 말한다. 달을 알지 못하기 때문에 손가락을 조사하여 달을 얻는 것이다. 비록 손가락을 조사하여 가리키는 대상을 알더라도 가리키는 대상이 결코 손가락인 것은 아니다. 가리키는 대상이 결코 손가락이 아니므로 손가락과 달은 일찍이 같은 적이 없다. 손가락을 조사하여 가리키는 대상을 알게 되니, 가리키는 대상은 손가락으로 인하여 통한다. 가리키는 대상은 손가락이 통하게 하는 대상이니, 통하게 하는 것은 정신으로 말미암아 가능하다. 손가락과 달은 일찍이 같은 적이 없으니, 가리키는 대상은 항상 손가락 바깥에 있다.

廣洲大高釋二諦義, 亦辨二諦是敎門也. 彼擧指爲喩, 爲人不識月, 擧指令得月. 彼云, 不識月故, 尋指得月. 雖尋指知所指, 所指竟非指. 所指竟非指, 指月未嘗同. 尋指知所指, 所指因指通. 所指所指通, 通之由神會. 指月未嘗同, 所指恒指外.

라고 하여 약교의 이제를 지월의 비유로 보여주었던 것을 소개하고, 또 그 이제설의 골자에 대해

또 말한다. 진제는 본무本無를 칭호로 받고 속제는 가유假有를 이름으로 얻는다. 가유는 유인 불유를 표시하여 단견을 쉬게 하니, 유라고 말하지 않는다. 본무는 무인 불무를 표현하여 상견을 제거하니, 무라고 말하지 않는다. 유는 필경 유가 아니라 하고, 무는 필경 무가 아니라고 한다. 명상은 애초부터 하나인 적이 없고, 표시의 대상은 애초부터 나뉜 적이 없다.

又云, 眞諦以本無受秤, 俗諦以假有得名. 假有表有不有, 爲息斷見, 非謂有也. 本無表無不無, 爲除常見, 非謂無也. 言有不畢有, 言無不畢無. 名相未始一, 所表未始殊. (T45, 90a~b.)

라고 서술한다. 이 후단의 이제의 설시는 충분히 삼론 초장의 이제과 근본 취지를 같이 하는 것임은 여기까지 서술해왔던 것으로부터 분명하다. 따라서 길장은

> 이제의 교教에 의해 불이를 깨닫는다. 불이는 표시의 대상이다. 손가락으로 인하여 달을 얻으니, 달은 표시의 대상인 것과 같다. 옛사람의 해석은 지금과 뜻이 동일하다.[31]

라고 찬동하는 뜻을 서술한다. 그런데 문제의 지월의 비유 그 자체는 길장도 잘 이용하지만 반드시 대량의 영향이라고만 할 수 없는 것이 이 비유는 대량의 독창인 것이 아니라 이미 『대지도론』[32]이나 『능가경』[33]에서 설해진 것이며, 『대지도론』은 말할 것도 없이 길장의 애독서였고 『능가경』도 보리류지 역의 10권본을 길장은 잘 의용하기 때문이다. 무엇보다도 중국인 자신의 저작에서 이것을 이용했던 자로 앞에서 서술한 담영의 「중론서」가 있기 때문이다.[34] 따라서 대량을 기다릴 것도 없이 길장은 당연히 이것을 숙지했을 것이다. 그러므로 문제의 지월의 비유도 포함하여 삼론 초장의 이제의는 광주의 대량의 창시에 관련된 것이 아니라 관중의 담영·승조에서 비롯하는 것임이 분명하다.

또 본 절의 서두에 서술했던 이제의 정의에 관해 말하자면 다음의 대조에

---

31 『이제의』권상, "此意明, 因二諦教悟不二. 不二是所表. 如因指得月月是所表也. 古人釋與今意同也."(T45, 90b.)

32 『대지도론』「석행상품釋行相品」제10, "如人以指示月, 愚者但看指, 不看月. 智者輕笑言, 汝何不得示者 意. 指為知月因緣, 而更看指不知月."(T25, 375a.)

33 『입능가경』권10, "譬如愚癡人, 取指即是月, 如是樂名字, 不知我實法."(T16, 582b.)

34 『출삼장기집』권11 「중론서」제2, "遂廢魚守筌, 存指忘月."(T55, 77a.)

의해 분명하듯이 전반은 대량의 말을 그대로 채용해온 것이지만 후반의 2구는 오히려 승전『이제소』의 말에 의거했다고 봐야 한다. 승전의 정의는 교묘하게 배열되어 있지만 대량의 정의는 그대로 의용되는 것은 오히려 길장의 부주의에 의한 것이다. 즉

『대승현론』 (T45, 15a.) ○二諦者, 蓋是言教之通詮, 相待之假稱, 虛寂之妙實, 窮中道之極號	『사론현의』 (X46, 573c.) (第四宗國北多寶寺廣州大亮法師云.) ○二諦者, 蓋是言教之通詮, 相待之假稱, 非窮宗之實因也. (第五攝嶺西霞寺無所得三論大意大師 詮法師云.) ○二諦者, 蓋是表理之極說. 文言之妙敎
『이제의』 (T45, 86b.) (山中師手本二諦疏云.) ○二諦者, 乃是表中道之妙敎, 窮文言之 極說	

전술한 것처럼 길장이 대량의 이제설을 비교적 상세하게 소개하면서 그 정의에 대해서는 별도로 한 마디도 하지 않은 것은 기묘한데, 상당히 이 말이 마음에 들었던 것으로 생각된다. 그런 의미에서 대량의 이제설이 길장에 영향을 주었다고 할 수 있다. 그러나 그 자신 초기의 저술로 생각되는『이제의』에서는 자기自家의 설과 같다고 하여 매우 호의적으로 대우하지만, 만년의『대승현론』'이제의' 단원에서는 자신의 견해인지 아니면 편집자의 설에 의한 것인지는 별도로 하여, 성실의 각 논사와 병렬하면서

광주 대량 법사에 의거하면 반드시 언교를 제諦로 삼으니, 지금 이들 여러
법사와 같지는 않다.

若依廣州大亮法師, 定以言教爲諦, 今不同此等諸師. (T45, 15a.)

라고 하여 그 사상적인 계열로부터 분명히 제외하는 것은『이제의』과『현론』
간의 시간의 추이를 생각하게 하는 것과 동시에 적어도 길장의 심중에서는
광주 대량이 삼론 상승설에서 중대한 변화를 촉진하는 것과 같은 비중을 가지
지는 않았음을 보여준다. 하물며 단순히 이 하나의 일을 가지고 삼론에서의
약교 이제설의 창시자라고 도저히 간주할 수는 없다.

4. 길장 이제설의 발전적 구조

이처럼 담영·승조 등에 의해 창시되었던 이제의 근본 사상을 삼론 초장이라
고 칭하는 것에 의해 자신의 약교 이제설이 관중 구설(장안 고삼론의)의 사상
적 적류인 것을 분명히 했던 길장은 이것에 기초한 발전적 구조로서 다음에
제시했던 것이 '삼중이제설三重二諦說'이다. 이 설은 처음에 산문 상승이면서
흥황 조술인 '3중 이제'로서 다음과 같이 설해진다. 즉『이제의』권상에서

산문 승전이 계승하고 흥황 법랑이 조술하여 삼종이제설을 밝혔다.
첫째, 유를 설하는 것을 세제로 삼고 무에 대해 진제로 삼는다고 밝힌다.
둘째, 유를 설하고 무를 설하는 것 둘 다 세제이고 비유비무의 불이를 설
하는 것을 진제로 삼는다고 밝힌다.
(중략)
지금 다시 너희들을 위해 제3절의 이제의 뜻을 설한다. 이 이제라는 것은
유무의 이二와 비유무의 불이不二에 대해 이二를 설하고 불이不二를 설하
는 것을 세제로 삼고 비이비불이非二非不二를 설하는 것을 진제로 삼는다.

이제설에는 이 세 종류가 있다. 그러므로 설법은 반드시 이제에 의거한다. 대개 발언하는 바가 이 세 종류를 벗어나지 않는다.

山門相承興皇祖述, 明三種二諦. 第一明, 說有爲世諦, 於無爲眞諦. 第二明, 說有說無二並世諦, 說非有非無不二爲眞諦. (중략) 今更爲汝說第三節二諦義. 此二諦者, 有無二非有無不二, 說二說不二爲世諦, 說非二非不二爲眞諦. 以二諦有此三種. 是故說法必依二諦. 凡所發言, 不出此三種也. (T45, 90c.)

라는 것이다. 이것을 길장이 3중의 이제라고 칭하는 것은 첫째로 "또 3중 이제를 밝히는 까닭은 이 3종 이제가 모두 점사漸捨의 뜻인 것이다."(又所以明三重二諦者, 此三種二諦竝是 漸捨義. T45, 90c)라고 칭하는 것처럼 다음과 같은 3연緣의 점수 점사漸修漸捨의 뜻을 설하는 것이 이 3종의 이제라고 보기 때문이다. 즉 제1종의 이제설은 유를 집착하는 범부를 버려 제법성공을 참으로 아는 성인에 들어가게 하기 위해서이고, 제2종은 유무·진속·생사열반의 2변을 버려 불이 중도에 들어가게 하기 위해서이며, 제3종은 다시 이 편偏과 불이의 중中과의 대립을 넘어 비이비불이·비편비중의 중도에 들어가게 하기 위해서라고 한다. 즉 범부·이승·유소득보살의 3연에 대해 단계적으로 설해졌던 것이기 때문에 3중의 이제라고 하는 것에 다름 아니다.

둘째로 "또 3종 이제를 밝히는 까닭은 유래인由來人을 대치하기 위해서이다."(又所以明三種二諦者, 爲對由來人. T45, 91b)라고 하여, 현실로는 당시 성실 학파의 3가假를 세제로 삼고 4망忘을 진제로 삼는 약리의 이제설이 초중의 이제에 상당하는 것을 밝히고 이것을 논파하기 위해 거듭 제2중을 설한다(요컨대 성실의 이제는 제2중의 세속제에 포섭된다). 또 성실에서도 이제의 체로서 비진비속의 중도의 뜻을 설한다는 것이라면 이것은 제2중에 상당하는 것을 보여주어 거듭 제3중을 설하여 이것을 논파하려고 했던 것이다.

이와 같이 3중의 이제는 길장의 성실과의 이제 논쟁의 과정 중에 형성되었던 것인데, 이것은 또 우선 삼론의 약교 이제를 설하는 근본 취지가 하나는 소의로 삼는 경론의 정당한 이해·해석에 기초한 것과 하나는 성실의 약리 이제에 대해 건립된 것임을 생각할 때 당연한 전개라고 하지 않으면 안 된다.

각파와의 대외적 논쟁을 계기로 하여 형성된 발전적 구조를 보여주는 그의 이제설로서는 이외에 4중의 이제가 설해진다. 이 양자의 관계는 지극히 명료한데, 3중설 상에 다시 대기對機를 예상하여 가중된 것이 4중설이며 이것의 역은 아니다. 즉 전자를 설하는 것은 『이제의』와 『법화현론』의 두 책인 것에 대해 후자를 논하는 것은 『중관론소』, 『대승현론』 등의 비교적 만년의 작품이기 때문이다. 이것을 각각의 저작에 대해 비교 대조하면 다음과 같다.

3중 이제	4중 이제
『이제의』 ① 說有爲世諦, 說無爲世諦. ② 說有說無二並世諦, 說非有非無不二爲眞諦. ③ 有無二非有無不二, 說二說不二爲世諦, 說非二非不二爲眞諦. (T45, 90c.)	『중관론소』 ① 以有爲世諦, 空爲眞諦. ② 若有若空皆是世諦, 非空非有始名眞諦 ③ 空有爲二非空非有爲不二, 二與不二皆是世諦, 非二非不二方名眞諦. ④ 此三種二諦皆是教門, 說此三門爲令悟不三. (중략) 不三爲眞諦. (T42, 28b.)
『법화현론』 ① 以有爲世諦, 空爲眞諦. ② 以空有皆是, 非空非有爲眞 ③ 二不二爲俗, 非二非不二爲眞 (T34, 396a.)	『대승현론』 ① 以有爲世諦, 空爲眞諦. ② 若有若空皆是世諦, 非空非有始名眞諦 ③ 空有爲二非空(非)有爲不二, 二與不二皆是世諦, 非二非不二(方)名爲眞諦. ④ 此三種二諦皆是教門, 說此三門爲令悟不三. (중략) 不三爲眞諦. (T45, 15c.)

일견하여 명확하듯이 『중관론소』와 『대승현론』은 전체 문장이 완전히 일치한다. 이 양자와 『법화현론』에서는 유와 공이 대립 개념으로 되어 있는데, 『이제의』만이 유와 무로 제시되어 있다. 이것은 길장에 있어서의 공관의 논리 표식이 보다 중국적인 것으로의 이행을 보여주는 것[35]과 동시에 『이제의』의 성립이 『법화현론』에 선행하는 것임을 시사한다. 또 제4중의 이제에 대해서는 언망려절言忘慮絶의 불삼不三을 진제라고 하는데, 제3중까지의 3종의 이제는 교문인 것에 대해 이것은 이理 그 자체라고 하는 의심이 생긴다. 따라서 『대승현론』, 『중관론소』 모두 이것에 대해 본래 이제를 교敎로 삼고 불이를 이理로 삼는 것도 있다고 하며, 만약 이二를 세제로 삼고 불이不二를 제일의제로 삼는다고 한다면 세제는 교敎이고 제일의제는 이理라고 하여 전측적연轉側適緣(진속을 교敎라 하고 또 전환하여 진속을 이교로 나누는 것이 있는 것, 요컨대 이교가 인연에 의거하기 때문이라는 뜻)으로서 방해하는 바가 없다고 회통한다.[36] 이로부터 미루어 기본적인 구조에서는 3중 이제도 4중 이제도 똑같아서 이 발전적 이제설의 성립이 오로지 대기對機를 예상한 바에서 구축된 것임은 분명하다. 그리고 4중 이제의 경우 그 대기가 구체적으로 무엇이었는지에 관해 예를 들면 『대승현론』에서는

묻는다. 왜 이 4중 이제를 짓는가? 답한다. 비담毘曇의 사리事理 이제를 대치하기 위해 제1중 공유 이제를 밝힌다.
둘째, 성론사의 공유 이제를 대치한다. 너희들의 공유 이제는 우리들의 세

---

35 인도의 중관파에서는 유와 무가 대립하는 것이어서 결코 공과 대립하는 것은 아니라고 한다. 中村元, 「中道と空見」(『結城教授頌壽記念佛教思想史論集』 p.143) 참조.

36 예를 들면 『중관론소』 권2말에서, "問, 以前三皆是世諦, 不三為眞諦以不. 答, 得如此也. 問, 若爾與理教何異. 答, 自有二諦為教不二為理, 若以二為世諦, 不二為第一義. 世諦是教, 第一義為理, 皆是轉側適緣無所妨也."(T42, 28b)라는 것을 참조.

속제이니, 비공비유가 바로 진제이다. 그러므로 제2중 이제가 있다. 셋째, 대승 논사가 의타성(의타기성)과 분별성(변계소집성)의 이를 세속제로 삼고 의타무생성依他無生性(의타기성의 생무성生無性)과 분별무상성分別無相性(변계소집성의 상무성相無性)의 불이 진실성(원성실성의 승의무성勝義無性)을 진제로 삼는 것을 대치하기 위해서이다. 지금 밝힌다. 이이건 불이이건 모두 우리 학파의 세속제이고, 비이비불이가 바로 진제이다. 그러므로 제3중 이제가 있다.

넷째, 대승 논사가 다시 말한다. 삼성은 세속제이고 삼무성의 비안립제非安立諦는 진제이다. 그러므로 지금 밝힌다. 너희들이 의타성과 분별성과 불이 진실성이 안립제이고 비이비불이의 삼무성을 비안립제라고 하는 것은 모두 우리의 세속제이고, 언망려절이 바로 진제이다.

問, 何故作此四重二諦耶. 答, 對毘曇事理二諦, 明第一重空有二諦. 二者對成論師空有二諦. 汝空有二諦是我俗諦, 非空非有方是眞諦. 故有第二重二諦也. 三者對大乘師依他分別二爲俗諦, 依他無生分別無相不二眞實性爲眞諦. 今明, 若二若不二, 皆是我家俗諦, 非二非不二, 方是眞諦. 故有第三重二諦. 四者大乘師復言, 三性是俗, 三無性非安立諦爲眞諦. 故今明, 汝依他分別二眞實不二是安立諦, 非二非不二三無性非安立諦皆是我俗諦, 言忘慮絶方是眞諦.

라고 서술한다. 『이제의』에서는 제3중의 대기는 극히 일반적으로 '유득有得의 보살'(T45, 91a)로 되어 있었던 것이 여기서는 보다 구체적으로 섭론사의 삼성(진실성은 진제)·삼무성으로 되어 있고, 다시 거듭하여 제4중을 보태지 않으면 안 되었던 것은 섭론사의 비안립제[7](언망려절의 경境)의 제시에 대처하기

---

37 『삼론현의』에서, "如攝大乘論師明, 非安立諦, 不著生死, 不住涅槃, 名之爲中也."(T45, 14c)라고 한다. 유식에서는 4종 세속, 4종 승의를 세우는 중의 마지막 승의제를 가리켜 비안립제라고 한다.

위해서였던 것을 알 수 있다.

이처럼 3중 이제는 주로 남지에서의 성실의 이제설에 대해, 4중이제설은 다시 북지에서의 섭론의 학설에 대항하기 위해 오로지 대기의 면에서 중층적으로 구축된 이제설이라고 할 수 있을 것이다. 그리고 길장에게서 약교 이제설의 대의를 그 사상의 형성 과정에 나아가 본 경우 이것들은 어느 것이나 초장이제의의 근본 구조에 기초한 하나의 발전적 구조를 보여준다. 길장의 발전적이제설은 이상의 3중·4중의 이제설에 그치는 것이 아니며, 예를 들면 약리와약교의 이제의 상위를 실천적인 득실의 면에서 논하려고 했던 것으로 유명한어교於敎의 이제가 있고, 그의 이러한 다양한 특징 있는 이제설의 전개는 최종적으로는 이제 논쟁의 근본적인 과제인 세속제와 승의제의 상즉 여하의 문제를 논하는 하나의 지점으로 집약되어간다. 3종중도설 또는 이제중도설 등의전개는 이 극단에 있는 것이다. 그러나 이러한 문제에 관해서는 나중에 삼론의교학 사상에 대해 서술할 때에 총괄하여 논의하도록 한다.

/ 제3장 /
길장의 경전관과 인용 논거

서

길장은 『법화론소』의 서두에서 『법화경』 주해의 기본 방침으로

> 나는 이 경전에 대해 문소文疏 3종류로 강설한다. 첫째로 관하 예랑叡朗의
> 구종舊宗을 사용하고, 둘째로 용수와 제바에 의거하여 경전의 대의를 회통
> 하며, 셋째로 이 논서의 강령을 채택하여 『법화경』을 해석한다.
> 余講斯經文疏三種 一用關河叡朗舊宗, 二依龍樹提婆通經大意, 三採此論
> 綱領, 以釋法華. (T40, 785b.)

라고 서술하여 경전 해석의 기본적인 전거를 세 가지로 든다. 그중에 "관하
예랑의 구종을 사용한다."란 관중關中의 승예僧叡(352~436)와 하서河西의 도
랑道朗에 의한 『법화경』 연구의 종지를 가리키고, 이른바 관하 구설의 전통에

---

1   승예에게는 나집의 『묘법연화경』 번역에 즈음하여 쓰인 「법화경후서」가 있으며 『출삼장기집』

의거했던 것을 의미한다. "용수와 제바에 의거하여 경전의 대의를 회통한다." 란 삼론의 사상에 의해 『법화경』의 대의를 이해한다는 의미로 『법화현론』의 서두에서 "만약 용수의 현문玄文을 깨우친다면 이미 회삼會三의 묘지妙旨를 이해한다."(T34, 363b)라고 서술하는 것도 같은 취지이다. 셋째의 "이 논의 강령을 채택하여 『법화경』을 해석했다."라는 것은 세친의 『법화론』, 즉 『묘법연화경우바제시妙法蓮華經優波提舍』(2권, T26, no.1520)의 방침에 따라 주석했다는 의미이다. 지금 일례로서 길장의 『법화경』 주소의 기본적 태도를 보였는데, 이러한 태도에 의해 쓰인 길장의 저술에는 그 방침에 어울리게 실로 엄청나게 많은 수의 대·소승의 경론이 인용되며 하나하나 그 논술의 근거가 제시되어 있는 것이 많다. 그 점에서 길장의 학풍은 오히려 근대적이기까지하다.

길장 교학의 최대의 특색은 전기자인 도선이 일찍이 지적했듯이[2] 그 굉장한 박식에 있는 것이어서 중국 불교자의 사상적 독자성의 측면에서 보면 동시대인인 천태 대사 지의(538~597)에 한발 양보하게 되는 것도 이 때문이다. 대담하게 말하자면 길장의 사상·교학에는 역사적·문헌적으로도 그 뒷받침되는 근거가 언제나 눈에 띄며, 차라리 사상의 독창성은 희박했다고까지 생각하게 하는 것이 있다. 그러나 그 때문에 역으로 불교의 이해에 관해 매우 엄정하고 정통적인 불교의 이해자로서는 중국 불교자 중에도 가장 걸출했던 한 사람이었다. 중국적인 불교의 전개라는 관점에서라면 길장에 의해 자주 논난 파척되

서권 제8(T55, 57b)에 현존한다. 또 하서 도랑에게는 『법화통략法華統略』(결본)이라는 저술이 있으며 『열반경』의 연구자임과 동시에 법화 연구의 권위도 있었던 것은 길장의 『법화현론』 권2에, "次河西道朗對翻涅槃, 其人亦者法華統略, 明說法華經凡有五意. (후략)"(T34, 376c~377a)라는 것에 의해 분명하다. 하서 도랑의 설은 법화의 주소에 한정되지 않고 길장 저술의 도처에서 인용된다.

2   『속고승전』 권11 석길장전에서, "在昔陳隋廢興, 江陰凌亂. 道俗波迸, 各棄城邑乃率其所屬往諸寺中. 但是文疏並皆收聚, 置于三間堂內, 及平定後方洮簡之. 故目學之長勿過外藏, 注引宏廣咸由此焉. 講三論一百餘遍, 法華三百餘遍, 大品智論華嚴維摩等各數十遍, 並著玄疏盛流於世."(T50, 514c)라고 서술한다.

는 양대의 3대 법사[3] 등의 학설 쪽이 보다 중국적이어서 길장 교학의 특색은 이들 남북조 시대의 연구 제학파의 설을 부정적 매개로 한 복고주의에서 발견된다고 해도 과언이 아니다. 길장에 비해 지의의 교학이 보다 중국적인 불교라고 하는 의미는 그가 똑같이 남북조 제학파의 설을 비판하면서도 오히려 사상사적으로는 그 연장선상에 그의 교학이 구축되어 있기 때문이다. 그런 의미에서 길장의 교학은 삼론에 기초한 공관의 사상에 의거했기 때문이기도 하지만, 불교의 원사상에 매우 충실하고, 나집에서 비롯했던 중국에서의 불교의 본격적 연구라는 것을 올바로 계승하며, 다음 대에 이것을 전하려고 했던 것이다. 불교자로서의 그의 역사적인 사명이 또한 여기에 있었다고 생각된다. 이러한 길장 교학의 특색을 뒷받침하는 것이 박인 방증博引傍證이라는 인용 전거의 다채로움이다.

그래서 이러한 특색을 가진 길장 저술의 자료 전거 중에서도 그가 가장 중시하고 많이 이용했던 것이 무엇이었는지를 탐구하는 것에 의해 길장 교학 형성의 배경을 고찰해보려고 하는 것이 본 장의 주제이다.

제1절 길장의 경전관

1. 제대승경현도무이諸大乘經顯道無異

"모든 대승 경전이 도를 드러냄에는 차이가 없다."(諸大乘經顯道無異.)

길장 저술 중에서의 인용 전거의 경향과 특색에 관해 논하기 전에 길장이 스스로 사용하고 논술의 근거로 삼았던 대승의 여러 경론, 그중에서도 대승

---

3 승민僧旻(467~527), 법운法雲(467~529), 지장智藏(458~522)을 가리킨다. 전기는 모두 『속고승전』 권5 '의해편' 초반부에 기재되어 있다.

경전에 관해 어떤 견해를 가졌는지, 이 문제를 먼저 고찰하려 한다. 이것은 '교상 판석'이라는 중국 불교에 특유한 현상과 밀접한 관련이 있으며, 이 점에 대해서도 길장은 다른 대부분의 중국 불교자와는 달리 독특한 견해를 가졌기 때문이다.

결론적으로 말하자면 길장은 대승 경전에 관해 가치적으로 모두 동일시했던 경향이 있다. 즉 『대승현론』 권4에서

> 모든 대승 경전은 통틀어 도를 드러내니, 도가 이미 둘이 아닌데 교가 어찌 다르겠는가? 단, 들어가는 데 많은 문이 있으므로 여러 부류로 차별이 있는 것이다.
> 諸大乘經通為顯道, 道既無二, 教豈異哉. 但入有多門故, 諸部差別. (T45, 57a.)

라고 서술한다. 『법화현론』 권2에서도

> 모든 대승 경전이 도를 드러냄에는 마땅히 차이가 없다.
> 諸大乘經顯道乃當無異. (T34, 378c.)

라고 같은 취지를 서술한다.[4] 도(이理)와 교教는 불이 일체라는 것이 길장의 기본적 사고방식이므로 도가 이미 불이라면 모든 대승 경전은 이 일도 불이의 이理를 드러내는 교教이기 때문에 교教에 본질적인 차별이 없다는 것은 당연한 귀결이다. 대승 경전에 한정하지 않아도 원래 길장에게는 동일한 주제를 여러

---

4   그 외에 『중관론소』 권10본에서, "而通依經者, 以一切大乘經顯道無二. 故不須別而引. 若別引恐衆經意不同, 假令是小乘經意亦終同此說, 如種種乘宗歸一乘也."(T42, 157b)라 하며, 이런 종류의 논술은 많다. 또 야나기다세이잔柳田聖山 선생의 교시에 의하면 길장의 이 "諸大乘經通為顯道, 道既無二, 教豈異哉."라는 구절은 영서榮西, 『흥선호국론興禪護國論』 중에 인용되어 있다고 한다.

각도에서 검토하고 표현하는 경향과 함께 여러 가지 가치의 일체시라고 하는 경향이 또한 현저하여 후술하듯이 『열반경』에서 설산雪山의 일미약一味藥이 그 흐름에 따라 여러 가지 차이를 발생시킨다는 비유[5]는 그가 즐겨 인용하는 것이다. 모든 것의 가치의 동일시라는 경향은 불교 그 자체에 특징적인 사고방식이기 때문에 길장의 대승 경전에 대한 견해도 그 예외가 아니라고 할 수 있다. 다만 길장은 "단, 들어가는 데 많은 문이 있으므로 여러 부류로 차별이 있는 것이다."라고 하는 것처럼 모든 것을 무차별로서 동일시하는 것이 아니라 각각의 경전에서 설하는 가르침 방식의 차이에 의해 이것을 구별하는 것은 말할 것도 없다. 따라서 경전 상호 간의 우열을 논하는 경우에도 어디까지나 개개의 주제에 따라 각각의 경우에서의 상대적인 가치를 설하는 것에 불과하다. 그러나 이러한 형태의 경전 비판이 길장의 저술에서는 비교적 많은 것이다.

1) 방정 이의傍正二義

길장에 따르면 경전에는 모두 정종正宗과 방의傍義의 두 가지 뜻이 있다고 한다. 요컨대 제1 주제와 제2 주제가 있고 각각 주안점을 달리 둔다는 것이다. 예를 들면 『반야경』은 널리 유소득을 논파하여 무소의·무소득을 밝히는 것을 정종으로 삼고 불성이나 일승을 설하는 것을 방의로 삼지만, 『법화경』은 이인이과異因異果를 논파하여 널리 일인 일과一因一果를 밝히는 것을 정종으로 삼고 무소득이나 불성의에 대해서는 이것을 방의로 삼는다. 요컨대 법화에서는 일승의가 제1의 주제이고, 이것이 『열반경』에 오면 널리 불성의 상주를 밝히고 무상無常의 병을 파척하는 것이 정종이어서 일승과 무소득은 방의라고

---

5   『대반열반경』(남본) 권8「여래성품」, "復次善男子, 譬如雪山有一味藥, 名曰樂味. (중략) 王旣歿已, 其後是藥或醋或鹹或甜或苦或辛或淡, 如是一味隨其流處, 有種種異."(T12, 649b.)

하는 것이다. 이것을 『대승현론』 권제5 교적의教迹義에서

> 뭇 경전에는 모두 방정의 두 가지 뜻이 있다. 『반야경』에서는 널리 유소득을 논파하여 무의·무득을 밝히는 것을 정종으로 삼고, 불성이나 일승을 그 방의로 삼는다. 『법화경』에서는 널리 일인 일과를 밝히는 것을 그 정종으로 삼고, 무소득이나 불성을 그 방의로 삼는다. 『열반경』에서는 널리 불성의 상주를 밝혀 무상의 병을 파척하는 것을 정종으로 삼고, 일승이나 무소득을 그 방의로 삼는다.
>
> 眾經皆有傍正二義. 般若廣破有所得, 明無依無得為正宗, 佛性一乘為其傍義. 法華廣明一因一果為其正宗, 無所得及佛性為其傍義. 涅槃廣明佛性常住, 為斥無常之病為其正宗, 一乘及無所得為其傍義. (T45, 65c.)

라고 서술한다.

2) 두연 부동逗緣不同

또 경전은 모두 두연逗緣의 차이가 있어서 각각 설하는 바가 중복되지 않도록 지어져 있다고도 한다. '두逗'는 '머무르다', '피하다'의 뜻인데, 이 경우는 후자의 뜻이 적당하다. 요컨대 경전 상호 간에 주제의 중복을 피한다는 것이다. 예를 들면 『반야경』에서는 이미 널리 무소득의 실상을 밝혔으므로 『법화경』에서는 이를 피하여 설하지 않지만 일승의 인과를 설하지 않았으므로 법화에서는 널리 이것을 밝힌다. 다시 이미 법화에 일승의 인과를 설했으므로 열반에서는 이것을 설하지 않지만 또한 널리 불성 상주를 밝히지 않으므로 『열반경』에서는 이것을 설했다는 것이다. 즉 앞의 이어지는 문장에서

> 또 뭇 경전은 두연逗緣이 같지 않아 서로 나누어 피한다. 『반야경』에서 이

미 무소득의 실상을 널리 밝혔다. 그러므로『법화경』에서는 그것을 밝히지 않고, 아직 일승의 인과를 널리 설하지 않았으므로 그것을 널리 밝힌다.『법화경』에서 이미 일승의 인과를 밝혔으므로『열반경』에서는 그것을 널리 밝히지 않고, 아직 불성의 상주를 널리 밝히지 않았으므로 그것을 널리 설한다.

又衆經逗緣不同, 互相開避. 般若已廣明無所得實相 故法華不明之, 未廣說一乘因果故廣明之. 法華已明一乘因果, 故涅槃不廣明之, 未廣明佛性常住故廣說之.

라는 것은 이 의미이다. '방정 이의'도 '두연 부동'도 같은 취지의 다른 표현(同工異曲)인데, 이러한 경전관은 중국 불교에서 특유한 교상 판석이라는 가치 서열적 견해와는 분명히 달라서 말하자면 반야와 법화와 열반의 세 가지 경전을 가치적으로는 완전히 병렬 등가로 보는 것이다.

2. 주요 경전 비교의 관점

1)『반야경』과『법화경』

기본적으로는 이러한 입장에 서서 길장은 각각의 경전에 대해 그 장단을 논하는 것이 보통이다. 다시 구체적으로 2개의 경에 대해 그 우열을 논하는 것을 보면 예를 들어 법화와 반야에 대해『법화현론』권3[6]에 의하면

① 반야가 법화보다 우수하다.
② 법화가 반야보다 우수하다.

6　『법화현론』권3(T34, 382b~386a) 참조.

③ 두 경에는 우열이 없다.

라는 세 가지 경우가 각각 전거와 함께 설해져 있다. ①의 경우는 『대지도론』
의 「문승품問乘品」에서 『법화경』 등의 10종 대경을 열거하여 "이 여러 경전
중 반야바라밀이 최대이다."[7]라는 문장을 전거로 반야의 우위를 설한다. 이
『대지도론』의 10종 경전 중 『반야경』을 최대라고 하는 이유를 부연했던 길장
은, 뭇 경전의 극의極意는 실상實相을 종의로 삼는 것에 있다라 하고 담영 「중론
서」에서 "성인은 무심無心의 묘혜妙慧로써 무상無相의 허종虛宗에 계합한다."[8]
라고 하는 문장을 제시하여 『반야경』에서는 이 무심의 묘혜(관조의 반야)와
무상의 허종(실상의 반야)의 뜻을 왕성하게 밝히기 때문에 이것을 최대의
경전이라고 한다.[9] ②의 법화가 반야보다 우수하다는 견해는 법화에서 아라한
阿羅漢의 수기受記와 작불作佛을 밝히기 때문에 비밀의 법이고 반야에서는 이
승二乘의 작불作佛을 설하지 않기 때문에 비밀의 법이 아니라 현시의 법이라
하여 현밀顯密이라는 가치 기준으로 그 우열을 나눈다.[10] 길장에 따르면 현밀
에 의해 천심淺深을 구별하는 것에는 두 가지 뜻이 있어서 첫째는 소승을
현시로 삼고 대승을 비밀로 삼는 뜻이 있고 둘째로는 뜻을 밝히는 것이 천박淺
薄인 경우 현시라 하고 뜻을 밝힘에 심심甚深인 경우가 비밀이라고 하여 앞에
서 서술한 ②의 경우가 후자에 속하며, 『반야경』에서는 단지 보살의 작불을

---

7   『대지도론』 권46, "所說種種法, 所謂本起經, 斷一切衆生疑經, 華手經, 法華經, (중략) 此諸經中般若波羅
     蜜最大故, 說摩訶衍."(T25, 394b.) 『법화현론』에서는 이것을 "是摩訶波若經於中最爲深大."(T34, 382b)
     라고 제시한다.
8   『출삼장기집』 권11, 담영 「중론서」 제2(T55, 77b)의 문장.
9   『법화현론』 권3, "第一文云波若於十種經中最大者, 然撿衆經之極, 以實相爲宗. (중략) 故聖人以無心之妙
     惠契彼無相之虛宗, 內外並冥緣智俱寂, 豈容名數於其間哉. (중략) 波若盛明斯意, 論稱最大, 豈虛構
     哉."(T34, 384c.)
10   위의 곳, "法華是祕密法, 明阿羅漢受記作佛, 波若非祕密法, 不明二乘作佛."(T34, 382b), "第二文明法華是
     祕密法明二乘作佛, 波若非祕密法不明二乘作佛. 故波若淺而法華深者."(T34, 385a.)

밝힐 뿐인 것에 대해『법화경』은 이승의 작불도 밝히기 때문에 뜻에 천심의 차이가 있고 교敎에 현밀의 구별이 있다고 한다.[11] 이 ②의 경우도『대지도론』이 전거로 되어 있다.[12] ①과 ②의 상호 모순되는 견해를 지양했던 것이 ③의 견해이다. 이에 관해 길장은『대지도론』권93「석필정품釋畢定品」[13]의 한 대목을 인용하여 다음과 같이 회통한다. 즉

> 셋째로「필정품」에서 말하기를, 수보리가『법화경』에서 불퇴不退를 설명하는 것을 듣고 다시『반야경』에서 퇴退가 있음을 들었기 때문에 불타에게 보살은 필정畢定인지 아닌지 묻자, 불타는 모두 필정이라 답했다고 한다. 필정이란 초심과 후심에서 일체의 보살이 모두 퇴전하지 않는 것이니, 그러므로 필정이다.
> 第三, 畢定品云, 須菩提聞法華經辨不退, 復聞波若中有退, 是故問佛, 是菩薩爲畢定, 爲不畢定, 佛答, 皆畢定. 畢定者初心後心一切菩薩皆不退, 是故畢定也. (T34, 385c.)

라고「필정품」의 수보리와 불타의 문답을 인용하여 불타가 일체의 보살은 모두 불퇴不退이면서 필정畢定이라는 답을 근거로 이『대지도론』의 의미는 반야와 법화가 똑같이 일체 중생이 필정畢定으로서 작불한다고 설했던 것을

---

11 위의 곳, "問, *祕密與顯示爲深爲淺爲大爲小. 答, 總論此二義即有兩途. 一者小乘爲顯示大乘爲祕密. 如論第四卷云*, 佛法有二種, 一顯示, 二祕密. (중략) 二者以明義猶淺爲顯示, 明義甚深爲祕密. *如第百卷說* 波若但明菩薩作佛者. 波若已明佛乘是實, 未明二乘作佛者, 未開二乘是方便, 約此一義有劣法華, 故名波若爲淺. 法華即明佛乘是實, 復開二乘為權, 故法華為深也."(T34, 385b.)

12 위 주석의 이탤릭체 부분 참조.『대지도론』권4(T25, 84c), 권100(T25, 754b)의 인용이다.

13 『대지도론』권93「석필정품」, "復次須菩提, 聞法華經中說, 於佛所作少功德, 乃至戲笑一稱南無佛, 漸漸必當作佛. 又聞阿鞞跋致品中有退不退. 又復聞聲聞人皆當作佛. 若聞者不應有退, 如法華經中說畢定, 餘經說有退有不退. 是故今問為畢定為不畢定. 如是等種種因緣故問定不定. 佛答, 菩薩是畢定."(T25, 713b～c) 의 취의.

밝히는 것이므로 이것은 반야와 법화에 우열이 없는 것을 보여주는 것이라고 논한다. 즉 앞 문장에 이어서

> 이 논서의 뜻을 밝히자면 반야와 법화에는 우열이 없다는 것이다. 반야와 법화에서는 일체 중생이 필정으로서 작불한다고 똑같이 밝힌다. 그러므로 두 경전에는 우열이 없다.
> 此論意明, 波若與法華無有優劣. 以波若法華同明一切眾生畢定作佛. 是故二經無優劣.

라고 서술한다. 길장의 견해에 의하면 반야는 1시 1회의 설이 아니므로 『대지도론』에 「아비발치품阿毗拔致品」에서 퇴退를 설하고 「필정품」에서 불퇴不退를 설하는 것도 전자는 법화의 앞인 반야의 취지를 말하고 후자는 법화의 뒤인 반야의 뜻이므로 ②의 말과 위배되지 않는다는 것이다.[14] 길장이 대승의 주요 경전을 비교하여 그 우열을 논하는 패턴은 이 『법화경』과 『반야경』에 대한 세 가지 뜻이 원형으로서 각각의 장단 특질을 논하여 최종적으로는 양자에 우열의 서열을 매기지 않고 등가로 보려 하는 것이 본의이다. 이 원형은 이미 보았듯이[15] 관중 승예의 「소품경서小品經序」에서 승예가 반야와 법화의 종지를 비교 논술하는 형식과 동일하여, 길장도 『법화현론』 권3에서

> 이렇게 해석을 끝내고서 다시 관중 승예의 「소품경서」를 보면 왕성하게 두 경전의 우열을 판석하는 것이 나의 뜻과 동일하다.
> 作此釋竟, 復見關中僧叡小品經序, 盛判二經優劣, 將余意同. (T34, 385c.)

---

14 『법화현론』 권3, "問, 此文與第二文相違云何會通. 答論主云, 波若非一時一會說, 以此言推者則前分明退者在法華之前, 後分不退者在法華之後也. 故兩言不相違也."(T34, 385c~386a.)
15 제1편, 제2장, 제2절 나집 문하의 삼론 연구, 1. 승예, (3) 「십이문론서」와 승예 교학의 특질 참조.

라고 서술한다.

그 외에 법화와 반야(대품)의 비교에 관해서는 『정명현론』 권7에서도

묻는다. 대품에서는 진실을 설명하는데, 법화 일승의 진실과 어떻게 다른
가? 답한다. 옛날에는 대승이라면 열등하고 일승이라면 우수하다고 했지
만 지금 그렇지 않다고 말한다. 대품에서는 소승에 대해 대승을 밝힌 것이
고 법화에서는 소승을 제외하고 대승을 드러낸 것이니, 대승에는 둘이 없다.
問, 大品中辨真實, 法華一乘真實何異. 答舊云, 大乘則劣, 一乘則勝, 今謂不
然. 大品對小明大, 法華除小顯大, 大無二也. (T38, 900c.)

라고 한다. 즉 구석舊釋에서는 대품은 대승의 진실을 설명하고 법화는 일승의
진실이므로 법화가 우수하다는 해석이다. 이것을 길장은, 전자는 소승에 대해
대승을 밝히고 후자는 소승을 제외하고 대승을 드러냈던 것이라고 하여 드러
난 대승은 무이無二이므로 양자에 질적인 차이가 없다고 회통한다. 또한 『법화
유의』에서도 여러 경전의 우열론을 상론하는데, 이 두 가지 경전에 대해서는

반야와 법화는 똑같이 정관의 평등 대혜로서 도를 드러냄에 차이가 없으
므로 법화는 반야의 다른 이름이라고 한다.
波若法華同是正觀平等大慧, 顯道無異故, 云法華是波若異名也. (T34, 646b.)

라는 것이 길장의 두 경전에 대한 결론적 견해이다. 앞에서 서술한 『법화현론』
에서 말하는 두 경전의 비교에 대한 세 가지 뜻에 관련하여 말하자면 제3의
견해인데, 다른 길장의 장소에서도 압도적으로 이 견해가 많은 것은 "모든
대승 경전이 도를 드러냄에는 차이가 없다."(諸大乘經顯道無異.)라는 그의 기본
적 입장에 의거한다.

2) 『반야경』과 『열반경』

『열반경』과 『반야경』을 비교하는 경우도 세 가지 뜻의 원형에 준거한다.
즉『법화현론』 권3에서

> 묻는다. 반야를 법화와 비교하는 것은 이미 세 가지 뜻으로 구비되었는데,
> 반야를 열반과 비교하는 것도 세 가지 뜻으로 구비될 수 있는가? 답한다.
> 역시 세 가지 뜻으로 구비되니, 이를 예로 삼아 알 수 있다.
> 問, 以波若望法華既具三義. 可得將波若望涅槃亦具三義以不. 答, 亦具三義.
> 例此可知. (T34, 386a.)

라고 서술한다. 여기서 두 경전의 경우의 세 가지 뜻이란 ①『반야경』에서는
정면으로 경지境智의 두 가지 뜻을 밝히지만 『열반경』에서는 이 뜻을 밝히지
않는다. 이것은 법화의 경우와 같은데, 이 두 가지 뜻 때문에 반야는 우수하고
열반은 열등하다고 하는 것이 첫째 뜻이다.[16] 경지의 두 가지 뜻이란 앞에서
서술한 승예의 말을 빌려 말하자면 "무심의 묘혜로써 무상의 허종에 계합한
다."라는 경지境智·연관緣觀의 두 가지로, '3종 반야'[17]로 말한다면 실상 반야와
관조 반야에 해당한다. 이 반야가 열반보다 우수하다는 전거도 앞에서 서술한
『대지도론』「문승품」의 10종 대경 중 반야가 최대라고 하는 문장을 인용하는

---

16 『법화현론』 권3, "一者波若正明境智二義. 涅槃不正明此義. 例法華可知. 以二義故波若勝而涅槃劣也."(T34,
    386a.)

17 실상반야·관조반야·문자반야의 세 가지를 말한다. 『대품경의소』 권1에서, "明三種波若義. 只就波
    若道中自論三種境. 此則一者實相波若則是境. 二觀照波若, 三者其文字波若通論此二波若也. 實相波若即是
    諸法實相境. 能生觀照波若. 若以實相能生觀照故實相是因觀照是果, 因從果作名實相亦名波若也. 文字既通
    說此二種波若, 文字是能詮, 從所詮得名亦得名波若也."(X24, 201a)라는 것을 참조. 그 외에 『중관론소』
    권2말(T42, 30b)에서 '팔불八不'에 대해, 『삼론현의』(T45, 13c)에서는 '중관론中觀論'의 세 글자에
    대해 3종 반야를 설하는 등 길장 장소에서 그 설은 많다. 또 정영사 혜원(523~592)의 『대승의장大
    乘義章』 권10(T44, 669a)에 '삼종반야의三種般若義'의 1항목이 있으므로 아울러 참조할 것.

것도 법화의 경우와 같다.

② 반야에는 아직 중생의 유불성有佛性을 밝히지 않았기 때문에 반야는 열등하고 열반은 우수하다는 것이 둘째 뜻이다.[18] 이것은 앞의 법화의 경우에는 이승의 작불이 기준이었던 것이 중생의 유불성으로 되었을 뿐으로 관점은 동일하다.

③ 셋째로 두 경에 차이가 없다는 견해도 법화의 경우와 같은데, ②와 모순이지만 반야는 이미 법화와 같이 이승 작불을 밝히므로 똑같이 불성을 밝힌다고 볼 수 있기 때문에 두 경은 똑같다고 하는 것이다. 또 반야와 열반은 똑같이 보살이 대기對機라는 점에서도 양자는 다름이 없다고 한다.[19] 이것은 ②와 동일한 논점을 가치적으로는 완전히 역으로 보는데, 그 근거는 법화의 경우와 같이 『대지도론』「필정품」에서 일체의 보살이 필정畢定하여 작불한다는 것을 길장은 일체의 중생이 필정하여 작불한다고 이해하기 때문이고 ②와의 모순도 반야의 뒷부분에서 뜻을 밝힌다고 하는 것이 법화의 경우와 공통된다. 이처럼 두 경의 비교우열을 논하는 형태는 언제나 우등(정)·열등(반)·무우열(합)의 세 가지 뜻으로 논하는 점에서, 관점은 각각의 주제에 따라 변화하지만 법화와 반야, 열반과 반야의 예에서 보듯이 원형은 동일하다.

3. 경전 비판의 관점

길장은 또한 두 경 사이의 우열 판정을 내리지 않지만 주요한 대승 경전의 그 특질·동이에 관해 다양한 논술을 시도한다. 예를 들면

---

18 『법화현론』 권3, "二者波若未明眾生有佛性, 例如未明二乘作佛. 故波若劣而涅槃勝也."(T34, 386a.)

19 위의 곳, "三者二經無異. 波若既與法華同明二乘作佛, 亦同明佛性, 故二經齊也. 又波若唯教菩薩則涅槃亦然是故無異."(T34, 386a.)

1)

법화와 열반에 대해서는 『법화현론』 권2에서

> 묻는다. 두 경전에서 상주를 밝히는 것에는 어떤 차이가 있는가? 답한다.
> 이 『법화경』은 곧바로 두 가지 뜻을 밝힌다. 첫째로 교敎의 권실權實이고,
> 둘째로 신身의 진응真應이니, 간략히 이 두 가지로 나누면 대중들은 곧 이
> 해한다. 『열반경』에서는 상·락·아·정의 4덕德과 법신·반야·해탈의 3점
> 點 및 연인緣因과 정인正因의 2인因을 자세히 밝힌다. 그러므로 이 『법화경』
> 과는 말만 다르지 뜻은 같다.
> 問, 二經明常者有何異耶. 答, 此經直明二義. 一者教權實, 二者身真應, 略
> 開斯二眾便解了. 大經廣明四德三點緣正二因. 故與此經語異意同也. (T34,
> 377b.)

라고 하여 이 두 가지는 '어이의동語異意同'이라고 한다. 이것은 마찬가지로
권2에서 반야·법화는 각각 직왕直往의 보살과 회소입대廻小入大의 사람을 위
해 설해진 것이기 때문에 이근인利根人을 위해 설해진 것에 대해 열반은 둔근
인이 대기對機이기 때문에 열반의 뜻은 천박하다는 의문을 설정하여

> 답한다. 교敎가 천박한 것이 아니다. 단지 인연에 따라 깨닫는 것이므로
> 전환해가면서 설하는 것이다. 하나의 약처럼 마음을 잃지 않으면 먼저 복
> 용하고 마음을 잃으면 나중에 복용하듯이 하나인 정도正道 역시 이근인은
> 먼저 깨닫고 둔근인은 나중에 깨닫는다. 열반과 법화는 결코 다르지 않다.
> 答, 教非淺也. 但於緣悟故轉勢說之. 如猶是一藥, 不失心者前服, 失心者後
> 服, 猶是一正道, 利者前悟, 鈍者後悟. 涅槃法華更無異也. (T34, 373c.)

라고 서술하는 것도 같은 취지이다.[20]

2)

또 화엄과 법화에 대해서도 『법화유의』에서 그 동이를 평론한다. 이에 의하면 화엄·법화를 동일한 가치로 보는 근거는

> 화엄과 법화는 똑같이 평등 대혜를 밝히니, 모든 불타의 지견知見은 차이
> 가 없다.
> 華嚴與法華同明平等大慧, 諸佛知見無有異. (T34, 635a.)

라는 것처럼 두 경전 모두 평등의 대혜라는 불지견을 밝히기 때문이다. 다시 양자의 차이에 대해서는 다섯 가지의 차이를 거론한다. 즉

① 화주化主의 차이

화엄의 화주를 사나舍那라 하고 법화의 화주를 석가釋迦라고 한다. 화엄은 일불一佛의 설이고, 법화는 널리 분신을 모았던 제불의 설이다. 화엄은 보살의 설이고 법화는 불타의 자설이다.

② 도중徒衆의 차이

화엄은 직왕의 보살을 위한 설이고, 법화는 회소입대의 사람을 위한 설이며, 화엄은 순전히 보살을 위한 설이고, 법화는 잡다하게 오승인五乘人을 위한

---

20 『대승현론』 권4, '이지의二智義'(T45, 57c~58a)에서도 같은 취지의 문장이 보인다. 내용은 본문
중에서 인용한 『법화현론』 권2의 문장과 동일하다.

설이다. 화엄은 단박에 보살을 위하는 설이고, 법화는 점차로 보살을 위하는 설이다.

③ 시절時節의 차이

화엄은 처음에 일승一乘을 설하고, 법화는 마지막에 구경究竟을 밝힌다.

④ 교문敎門의 차이

곧바로 일승 평등의 대도를 설하고 파척하는 바가 없는 것을 화엄의 교라고 한다. 이 경전은 삼승의 집고執固를 논파한 연후에 비로소 일극一極에 귀의할 수 있다.

⑤ 약처約處의 차이

화엄은 7처 8회의 설이고, 이 경전은 1처 1회의 설이다. (T34, 635a.)[21]

라는 차이이다. 길장이 말하는 이러한 두 경전의 동이는 이 내용으로 주요한 대승 경전들에 관한 길장의 조예의 정도를 보여주는 것인데, 본래 공관의 입장에서라면 본질적으로는 일도청정 불이중도의 이理를 현시한 것으로서 모든 대승 경전은 가치적으로는 평등인 것이 대전제가 되어 있으므로 개개의 경전에 대해 현상적으로 아무리 그 동이를 상세하게 논하고 그것이 두 경전의 특질을 잘 보이는 것이라도 일종의 견강부회한 속론이라는 느낌을 면할 수

---

21 ㉯『법화유의』권1, "所言異者略明五種. 一化主異. 花嚴化主名遮那. 法花化主稱為釋迦. 又花嚴一佛所說. 法花則普集分身諸佛說. 花嚴則菩薩說. 法花則佛自說. 二者徒眾異. 花嚴為直往菩薩說. 法花為迴小入大人說. 花嚴純為菩薩說. 法花雜為五乘人說. 花嚴頓為菩薩說. 法花漸為菩薩說. 三時節異. 花嚴始說一乘, 法花終明究竟. 四教門異. 直說一乘平等大道, 無所破斥名為花嚴教. 此經破三乘執固, 然後始得歸於一極也. 五約處異. 花嚴七處八會說. 此經一處一會說."(T34, 635a.)

없다. 그 이유가 무엇인가라고 한다면 길장의 집요하기까지 한 이들 주요 경전에 대한 비교동이론은 모두 당시 유행의 학설이었던 교상판석설에 대한 반론으로서 도출된 것이기 때문이다.

즉 전술한 화엄과 법화의 동이는 "옛날 남토 북방에서 모두 화엄은 구경의 교이고 법화는 미료未了의 설이라고 하였다. 지금 그렇지 않다고 말한다."(T34, 635a)라는 반론에서 발단한다.

또 『대승현론』 권4, 이지의二智義의 '동이문同異門'에서는 "따로 두 경전을 논한다."라고 하여 『대품경』과 『정명경』의 이지의 동이를 논하는데, 그 동기가 무엇인가 하면 이 주제에 대해 이미 존재했던 길장 이전의 다음과 같은 세 가지 설에서 기인한다.

> ① 5시時라는 것은, 대품에서는 공과 유를 관조하는 것을 이지로 나누며, 정명에서는 병을 알고 약을 아는 것을 인연에 따라 가르침을 준다고 한다.
>
> ② 4시의 뜻은, 대품과 정명은 똑같이 제2시에 포섭되면서 공을 관조하는 것을 실實로 삼고 유를 조감하는 것을 권權으로 삼는다. 단, 대품에서 천심淺深을 두루 설하고, 정명에서는 오로지 8지地의 법을 밝힌다고 한다.
>
> ③ 북토北土의 사람은, 정명은 원돈圓頓의 교이니, 오염도 아니고 청정도 아니어서 오염과 청정이 쌍유双遊한다고 한다.[22]

---

22 『대승현론』 권4 '이지의' '동이문' 제5, "答凡有三說. 五時者云, 大品照空有分二智, 淨名知病識藥, 應緣授教. (중략) 四時義云, 大品淨名同是第二時攝, 照空為實, 鑒有為權. 但大品通說淺深, 淨名偏明八地之法. 北土人云, 淨名是圓頓之教, 非染非淨染淨双遊. 今謂並不然."(T45, 58a.)

라는 것이다. 길장은 이것에 대해 "지금 모두 그렇지 않다고 말한다."라고 반론한다. 반론의 요지는, 공유를 관조하는 이지는 대품에 한정되지 않고 대승 경전에 공통이며 유마의 지병식약知病識藥, 응병수약應病授藥 등은 그중에 포섭되는 것, 또 삼승은 공통적으로 반야를 배우기 때문에 대품이 천심淺深에 공통이라고 한다면 정명도 또한 이승인이 모두 무소득을 득으로 삼는다고 설명하기 때문에 공통이라는 것, 또 대품 등에도 보살의 권도방편權道方便 적화부동適化不同을 설명하기 때문에 유독 정명만을 원돈이라 간주하는 것은 오류라는 등, 엄밀하게 논난한다. 길장이 말하는 대품과 유마의 이지의 동이란 확실하게 이들 3설의 견해와는 취지를 달리 한다(이 점에 대해서는 나중에 이지의에 관해 논의할 때 서술할 것이다). 문제는 그의 대품·유마의 이지의 동이론이 이 3설의 반정립反定立으로서 설해지는 점이다. 길장이 부정적 매개로 삼았던 '5시時라는 것'이란 남방의 대표적인 교상판석론인 '5시설'이고, '4시의 뜻'이란 남방 5시 교판의 영향에 의해 성립했던 북토의 교판론을 대표하는 '4종판宗判'이다. 이를 예를 들면 『승만보굴』 권중의 말미에 법화와 승만의 두 경전에 대해서도

> 법화와 승만은 차이가 없음을 알아야 한다. 그런데 옛날 5시나 4종에 집착하는 부류들은 법화가 미료未了이고 이 경은 요의了義라고 했으니, 그 말은 오류이다.
> 當知, 法華與勝鬘無異. 而昔執五時四宗之流, 謂法華未了, 斯經了義, 其言謬矣. (T37, 55b.)

라고 하는 것을 보면 앞에서 서술했던 것 같은 길장의 경전 비판이 유래한 까닭을 이해하게 된다. 이렇게 길장의 경전관은 본래 공관의 입장에 서서

모든 대승 경전은 현도무이顯道無二라는 근본적인 주장에 기초한 것임은 말할 것도 없지만, 그 이상으로 교상판석설이라는 당시 유행의 학설이었던 고정적인 경전의 가치서열적인 견해에 대한 반정립으로서 주장된다는 점에 그 커다란 특징이 발견된다. 그래서 다음에 이 전통적인 교상판석설에 대한 반정립인 길장의 주장을 계통을 세워 살펴보려 한다.

제2절 이장삼륜설二藏三輪說

1. 5시 4종五時四宗의 비판

1)

(1)

남북조 시대의 교상 판석을 대표하는 설은 송宋 도량사道場寺 혜관慧觀이 창시했던 5시의 설이다. 길장은 『삼론현의』에서 이것을

> 5시를 설명해 보자. 옛날에 『열반경』이 처음 강좌江左(지금의 남경)에 들어왔을 때 송宋의 도량사 혜관이 경전의 서문을 지었는데, 간략히 불타의 가르침을 판석하여 크게 두 개의 분과로 나누었다. 첫째는 돈교이니, 즉 『화엄경』의 부류로서 단지 보살을 위하여 충분히 이理를 드러낸 것이다. 둘째는 처음에 녹야원鹿野苑으로부터 마지막에 곡림鵠林에서 열반에 들 때까지 얕은 것에서 깊은 것까지를 일러 점교라고 하는데, 점교에는 5시로 나눈다. 첫째, 삼승 별교三乘別敎이니, 성문인을 위해 4제를 설하고 벽지불을 위해 12인연을 설하고 대승인을 위해 6바라밀을 설한다. 행인行因이 각각 구별되어 득과得果가 같지 않으므로 삼승 별교라고 한다. 둘째, 『반야경』은 삼승의 근기를 모두 교화하므로 삼승 통교三乘通敎라고 한다. 셋째, 『유마경』, 『사익경』은 보살을 찬양하고 성문을 억제하므로 억양교抑揚敎라고 한다. 넷째, 『법화경』은 저 삼승을 회집하여 일극—極으로 똑같이 귀의하므로 동귀교同歸敎라고 한다. 다섯째, 『열반경』은 상주교常住敎라고 한다.
>
> 言五時者, 昔涅槃初度江左, 宋道場寺沙門慧觀仍製經序, 略判佛敎凡有二科. 一者頓敎, 卽華嚴之流, 但爲菩薩具足顯理. 二者始從鹿苑終竟鵠林, 自淺至深, 謂之漸敎, 於漸敎內開爲五時. 一者三乘別敎, 爲聲聞人說於四諦, 爲辟支佛演說十二因緣, 爲大乘人明於六度. 行因各別得果不同, 謂三乘別

教. 二者般若通化三機, 謂三乘通教. 三者淨名思益讚揚菩薩抑挫聲聞, 謂抑

揚教. 四者法華會彼三乘同歸一極, 謂同歸教. 五者, 涅槃名常住教. (T45, 5b.)

라고 소개한다. 『대품경유의』에서는 이것을

> 혜관 법사가 말한다. 아함이 첫째이고, 반야가 둘째이고, 유마·사익 등이
> 셋째이고, 법화가 넷째이고, 열반이 다섯째이다.
> 慧觀法師云, 阿含為初, 波若為第二, 維摩思益等為第三, 法華為第四, 涅槃
> 為第五. (T33, 66b~c.)

라고 요약한다. 즉 불타 일대의 성교聖教를 돈·점의 2교로 나누고 점교에 다시
5시의 구별을 설했던 것이 이른바 5시설로서, 중국 불교에서의 교판론의 효시
로 널리 강남의 땅에 유포되었던 것은 주지하는 대로이다. 나중에 돈점 2교에
무방부정교無方不定教를 더하여 3교 5시의 설로서 확립되기에 이르렀다. 천태
에 의하면 혜관에게 이미 돈·점·부정의 3종 교상敎相의 설이 있었다고 하지
만,[1] 길장은 『법화현론』 권3에서

> 송宋 도량사 혜관 법사는 「열반서」를 저술하여 교에 2종이 있다고 밝혔다.
> 첫째로 돈교로서 곧 화엄의 부류이고, 둘째로 점교로서 5시의 설을 말한
> 다. 후인들이 다시 하나를 덧붙여 무방교無方教가 있게 되었다. 3대 법사가
> 모두 이를 사용한다.

---

[1] 지의, 『묘법연화경현의』 권10상에서, "道場觀法師, 明頓與不定同前, 更判漸為五時教, 即開善光宅所用
也."(T33, 801b)라 하며, 혜관이 이미 돈·점·부정의 3종 교상을 사용했다고 기술한다. 또 같은
책의 앞 문장에서, "二出異解者, 即為十意, 所謂南三北七. 南北地通用三種教相, 一頓二漸三不定. (후
략)"(801a)이라고 하여 남북의 각종 교판론을 소개한다.

宋道場寺惠觀法師, 著涅槃序明教有二種 一頓教即華嚴之流, 二漸教謂五
時之說. 後人更加其一復有無方教也. 三大法師並皆用之. (T34, 382b.)

라고 하여 원래 혜관은 돈점의 2과목만을 나누고 무방교는 후인의 부가라고
말한다. 이것은 앞에서 서술한『삼론현의』에서도 마찬가지다.『법화현론』에
서 말하는 '후인'이란『대품경유의』에 의하면 성실 학파의 사람들이었다고
생각된다. 즉 같은 책에서

> 셋째, 교를 회집한다. 성론사가 말한다. 불타의 가르침은 세 가지를 벗어
> 나지 않는다. 첫째로 돈교이니, 화엄과 같은 대승 등이다. 둘째로 편방부
> 정교偏方不定教이니,『승만경』·『금광명경』·『유교경』·『불장경』등의 경우
> 이다. 셋째로 점교이니, 4아함과『열반경』과 같은 것이다.
> 第三會教, 成論師云, 佛教不出三 一者頓教, 如華嚴大乘等也. 二者偏方不定
> 教, 如勝鬘金光明遺教佛藏經等也. 三者漸教, 如四阿含及涅槃是也. (T33, 66b.)

라고 한다.『현론』에서 길장은 "3대 법사가 모두 이를 사용한다."라고 하고
지의도 "개선, 광택이 사용하는 것이다."라고 전하기 때문에 원래 혜관이 창시
했던 2교 5시의 설이 남방 성실 학파의 누군가에 의해 3교 5시설로 바뀌며,
그것이 양의 3대 법사를 필두로 하는 성실 학파에 의해 답습되어 강남의 대표
적인 교판론으로 정착되기에 이르렀을 것이다.

(2)
4종宗의 설이라는 것은『대승현론』권5에서

4종이란 비담이 인연종이고, 성실이 가명종이며, 삼론은 부진종이고, 십지
론은 진종이라는 것이다.

四宗者, 毘曇是因緣宗, 成實謂假名宗, 三論名不眞宗, 十地論爲眞宗 (T45, 63c.)

라고 하며, 『중관론소』 권1본에서도

옛 지론사 등의 경우 4종의 뜻을 설명하기를, 비담이 인연종이고, 성실이
가명종이며, 반야교가 부진종이고, 열반교 등이 진종이라 하였다.

如舊地論師等, 辨四宗義, 謂毘曇云是因緣宗, 成實爲假名宗, 波若教等爲不
眞宗, 涅槃教等名爲眞宗. (T42, 7b.)

라고 하는 것처럼, 북지의 광통光統 율사에 의해 창안된 인연종·가명종·부진
종·진종의 4종의 교판이다. 천태는 부진종을 광상종証相宗, 진종을 상종常宗이
라고 칭하는데,[2] 내용은 같다. 이 북지의 4종의 설에 대해 길장은 앞에서 서술
한『법화현론』 권3의 이어지는 문장에서 "이에 북토에 이르러 다시 5시에
비추어 4종을 지었다."(爰至北土, 還影五時製四宗)라고 하여 이것이 남지에서의
혜관의 5시설의 영향에 의해 가능했던 것이라고 한다. 그 외에 남지에서는
제齊의 재속 법화 연구가였던 은사隱士 유규劉虯의 5시 교판[3] 등 각종의 교판론
이 존재했던 것이 알려지며 길장의 저술 중에서도 예를 들면『대품경유의』에

---

2   위의 책, 권10상에서, "六者佛馱三藏學士光統, 所辨四宗判教, 一因緣宗, 指毘曇六因四緣. 二假名宗, 指成
     論二假. 三証相宗, 指大品三論. 四常宗, 指涅槃華嚴等常住佛性本有湛然也."(T33, 801b)라는 것을 참조.
3   『대승의장』 권1에서, "晉武都山隱士劉虯說言, 如來一化所說, 無出頓漸. 華嚴等經, 是其頓教. 餘名爲漸,
     漸中有其五時七階. 言五時者, 一佛初成道, 爲提謂等, 說五戒十善人天教門. (후략)"(T44, 465a)이라고 하
     며, 이것에 의하면 유규의 2교 5시설이라는 것은 돈교·점교(① 인천교문人天教門, ② 삼승차별교문
     三乘差別教門, ③ 대품공종大品空宗, ④ 불료교不了教, ⑤ 요의교了義教)를 말한다.

서 광주 대량 법사의 5시설[4]을 언급하는 등 여러 가지로 소개하는데, 길장은 이것을 총괄하여 "5시는 혜관이 만들었고 4종은 광통의 저술이다."[5]라고 하여 남북의 교판론을 '5시 4종'으로 대표하고 이것을 각각 혜관과 광통에 귀속시킨다. 따라서 길장 장소에서의 교상 판석에 대한 비판은 이 양자에 집중하는 것인데, 그것은 특히 여러 학설 중에서 이 두 사람을 선택하여 논난하는 것이 아니라 남북의 교판설의 창시자로서 이 양자의 5시·4종의 설로써 교판설 일반을 총괄하여 논난 파척하기 때문이다.

2)

길장은 제대승경諸大乘經이 현도무이顯道無二라는 입장에서 경전에 대한 가치 서열적인 견해를 극단적으로 싫어했던 것은 이미 앞에서 서술한 대로이다. 그래서 길장 장소에서는 도처에 5시 4종에 대한 반론이라는 형태로 교상판석적인 견해를 배격한다. 예를 들면『유마경의소』권1에서는

> 길장은 성문誠文을 삼가 상고하고 그 득실을 고찰함에 5시 4종으로 천착함을 마땅히 폐지하고 일극一極의 현종玄宗을 세웠다.[6]

라고 하며,『법화현론』권1에서도

---

4 『대품경유의』에서 "廣州大亮法師云, 五時阿含為初, 離三藏為第二, 如優婆塞經也, 波若維摩思益鼓為第三, 法華為第四, 涅槃為第五也."(T33, 66b)라는 것을 참조

5 『법화현론』권2, "五時是慧觀所製, 四宗是光統著述"(T34, 374c.) 또 앞 주석『대품경유의』의 앞 문장에서도 "作五教師不同, 兩義本是慧觀師所說"(66b)이라고 한다.

6 『유마경의소』권1, "吉藏. 謹案誠文, 考其得失, 宜癈五四之穿鑿, 立一極之玄宗也."(T38, 909a.)

5시 4종의 망담妄談을 폐지하고 구경의 원지圓旨를 밝힌다.[7]

라고 통렬히 꾸짖는다. 따라서 길장은 주요한 경전에 관해 주소를 저술하려
하는 경우 필연적이라고 할 정도로 소재가 되는 경전의 종래의 교상판석설에
의한 고정화된 서열적 위치를 한번 철저하게 파괴하여 새롭고도 독자적인
방식으로 그 경전에 대한 가치와 의의를 설정하는 것이다. 그런 의미에서
이 5시 4종의 설에 대한 비판 논난은 길장 주소의 도처에 보인다. 그러나 일반
적으로 후기에 성립한 저술에서는 동일의 주제에 관해 그 상세한 설명을 초기
의 것에 미루는 경향이 보이는데, 4종5시설에 관해 말하자면 이것은 『법화현
론』에 설명을 미루는 것이 많음을 알 수 있다. 즉 『법화유의』에서는

> 남방의 5시설과 북토의 4종론에서는 문장을 없애거나 뜻을 해친다. 옛날
> 에 이미 상론하였으므로 지금은 간략히 하여 서술하지 않는다.
> 南方五時之說, 北土四宗之論, 無文傷義, 昔已詳之, 今略而不述也. (T34, 643c.)

라고 앞에서 말했던 것과 같은 취지를 서술하는데, 여기서 "옛날에 이미 상론
하였다."라는 것은 구체적으로는 회계 시대에 저술했던 『법화현론』을 가리킨
다고 생각된다. 왜냐하면 『법화유의』와 똑같이 장안 시대에 저술되고 『유의』
에 앞서 성립했던[8] 『정명현론』에서

---

7   『법화현론』 권1, "廢五四之妄談明究竟之圓旨."(T34, 364b.)
8   『법화유의』 '칠석명문七釋名門' 중의 '입명부동문立名不同門'에서 "立名不同略有五雙十義, 具如淨名玄
     義已廣述之."(T34, 638c)라고 하여 『정명현론』이 『법화유의』보다 선행하는 것을 밝힌다.

4종 5시의 설은 『법화현론』에서 상론했다.

四宗五時之說, 法華玄論其以詳之. (T38, 900c.)

라고 하여 『법화현론』에 이것을 미루기 때문이다. 또한 양주 혜일도량 시대의 작품인 『승만보굴』에서도

3교 5시는 지금 우리가 사용하는 것이 아니다. 북토에서는 5시를 반영하여 4종의 가르침을 세웠으니, 말하자면 인연·가명·부진·진이다. 이와 같은 뜻은 법화의 疏疏 내에서 자세히 득실을 논했다.

三教五時非今所用. 北土影於五時, 立四宗教, 謂因緣假名不真及真. 如是等義, 法華疏內具論得失. (T37, 6a.)

라고 하는데, 이 자세히 득실을 논했던 '법화의 疏疏'란 앞의 『정명현론』의 기술에서 미루어 『법화현론』이라고 생각된다. 따라서 4종 5시의 설 내지 그 반론에 대해서는 『법화현론』이 가장 상세하다고 할 수 있는데, 이 『법화현론』 권3[9]의 상론詳論을 매우 간결한 형태로 요약한 것이 『삼론현의』[10] 중에서 발견되며, 형식과 내용으로도 부족하지 않고 이해에도 편리하므로 다음에서는 그것에 의해 길장의 5시4종설 비판의 요지를 탐구하는 것으로 한다.

---

9   『법화현론』 권3(T34, 382a~388c)은 모두가 그것의 논술에 해당한다.
10 『삼론현의』, "次難五時, 前總難, 次別責. (중략) 舊宗但得用門未識其體, 故亦失旨也."(T45, 5b~6a.)

3)

(1) 총괄적 비판(總難)

『삼론현의』에서 5시설 비판은 크게 총괄적 비판(總難)과 개별적 비판(別難)
으로 나뉜다. 총괄하여 길장은 단지 대·소의 2교를 세워야지 5시를 만들어서
는 안 된다고 한다. 그 전거로서 3경 3론을 인용한다.

①『대품반야경』[11]에서 말한다. "여러 천자天子들이 탄복하여 말하기를 우리
는 염부閻浮에서 두 번째 법륜이 구르는 것을 보았다고 하였다." 용수는 이를
해석하여 말하였다. "이미 녹야원에서 소승 법륜을 굴렸고, 지금은 다시 대승
법륜을 굴린다."

大品經云, 諸天子歎曰, 我於閻浮, 見第二法輪轉, 龍樹釋云, 鹿苑已轉小輪, 今
復轉大法輪.

②『법화경』[12]에서 말한다. "옛날에 바라나시에서 사제법을 설하였고, 지금
은 영취산에서 일승을 설한다."

法華經云, 昔於波羅捺轉於四諦, 今在靈鷲山說於一乘

③『대반열반경』[13]에서 말한다. "옛날에는 녹야원에서 소승을 설하였고, 지
금은 쌍수에서 대승을 설한다."

---

11 『마하반야바라밀경』 권12 「무작품無作品」(T8, 311b)과 같은 문장. 용수의 해석이란 『대지도론』
   권65 「무작실상품無作實相品」(T25, 515a)의 취의.
12 『묘법연화경』 권2 「비유품」, "昔於波羅捺, 轉四諦法輪, 分別說諸法, 五眾之生滅, 今復轉最妙, 無上大法
   輪."(T9, 12a.)
13 『대반열반경』(남본) 권13 「성행품지하聖行品之下」, "我於昔日波羅捺城, 為諸聲聞轉于法輪, 今始於此拘
   尸那城, 為諸菩薩轉大法輪."(T12, 689c.)

涅槃經云, 昔於鹿林轉小, 今於雙樹說大.

④『대지도론』[14]에서 말한다. "불법에는 두 가지가 있으니, 하나는 소승 삼장이요, 또 하나는 대승장이다."

智度論云, 佛法有二, 一者三藏, 二者大乘藏.

⑤『지지론』[15]에서 말한다. "(십이부경에서) 십일부경은 성문장이라 하고, 방등의 대승은 보살장이라고 한다."

地持論云, 十一部經名聲聞藏, 方等大乘名菩薩藏.

⑥『정관론』[16]에서 말한다. "먼저 성문을 위해 생멸법을 설하고, 다음에 보살을 위해 무생멸법을 설한다."

正觀論云, 前爲聲聞說生滅法, 次爲菩薩說無生滅法.

이 경론들의 어디를 검토해도 불타의 설법은 대승·소승 또는 성문장·보살장의 두 가지로 나뉘며 3종 교상(5시)의 설은 보이지 않는다는 것이 총론이다. 그러면 불교는 단지 2장藏만으로서 대승은 모두 보살장이라면 화엄과 반야와 법화와 열반의 차이는 어디에 있는가라는 물음을 설정한다. 주요 경전의 동이에 대해서는 앞 절에서 본 대로인데, 『삼론현의』는 이 점에 대해서 간단한 4구 분별을 할 뿐으로 깊게 다루지는 않는다.[17]

---

14 『대지도론』 권100 「석촉루품釋囑累品」, "佛口所說以文字語言, 分爲二種 三藏是聲聞法, 摩訶衍是大乘法. (T25, 756b)의 취의.
15 『보살지지경菩薩地持經』 권3, "十二部經, 唯方廣部是菩薩藏, 餘十一部是聲聞藏."(T30, 902c.)
16 『중론』 권1(T30, 1b.)
17 『삼론현의』의 4구란, ① 但敎菩薩, 不化聲聞 - 華嚴經, ② 但化聲聞, 不敎菩薩 - 三藏敎, ③ 顯敎菩薩,

(2) 개별적 비판

따로 5시에 대해서는 "비단 문장이 없을 뿐 아니라 이理도 해친다."라고
하여 다음과 같이 비판한다.

① 5시의 제1을 삼승 별교라고 하는 뜻은 옳지 않다. 왜냐하면 비담에서는
"삼승은 똑같이 사제를 보고 난 연후에 도를 얻는다."라고 설한다. 성실의
뜻에서는 "단지 일멸一滅을 알면 바로 성인을 이룬다."라고 한다. 또 대승에서
는 "무생無生에 계합한 연후에 범부를 멀리 한다."라고 한다. 이는 곧 초교初敎
와 공통적이다. 따라서 삼승의 행인行因과 득과得果가 각각 별도라고 할 수
없다.

② 5시의 제2에서 『대품』이 삼승 통교라는 것은 옳지 않다. 『석론』에서는
"반야는 2승에 속하지 않고 단지 보살에 속한다."[18]라고 한다. 만약 대품이
삼승 통교라면 두루 삼승에 속해야 한다. 어찌 "이승에 속하지 않는다."라고
할 수 있겠는가?

그러면 『대품경』에서 "삼승이 똑같이 반야를 배운다."[19]라고 권면하는 것은
왜인가? 그것은 반야에는 두 종류가 있어서 마하반야(대혜)라는 것은 보살만
이 얻는 것이므로 이승에게는 속하지 않는다. 만약 실상의 경境을 이름하여
반야라고 한다면 이것은 삼승이 똑같이 관觀해야 하므로 삼승에게 권면하여
모두 배우게 한다. 혜관은 이 두 종류의 반야를 이해하지 못했다. 그래서 반야

密化二乘 – 大品以上, 法華之前, 諸大乘敎, ④ 顯敎聲聞, 顯敎菩薩 – 法華敎이다. 4구 중에서 세 가지는
보살장에 대해 나눈 것이고, 단지 이승을 교화하는 것이 삼장교라고 한다. (T45, 5c.)

18 『대지도론』 권43, "般若不屬佛, 不屬聲聞辟支佛, 不屬凡夫, 但屬菩薩."(T25, 371a.)

19 『마하반야바라밀경』 권3 「권학품」, "善男子善女人, 欲學聲聞地亦當應聞般若波羅蜜, 持誦讀正憶念如
說行. 欲學辟支佛地亦當應聞般若波羅蜜, 持誦讀正憶念如說行."(T8, 234a)의 취의 요약.

는 삼승 통교라고 했던 것이다.

③ 5시의 제3에 『정명경』이 억양교抑揚敎라는 것도 옳지 않다. 대품에서는
이승을 꾸짖어 치구癡狗라 하고[20] 정명에서는 성문을 폄하하여 패근敗根이라
고 한다.[21] 이렇게 소승을 꺾는 것이 같고 대승을 드날리는 것이 동일하다.
어떻게 대품은 통교이고 정명은 억양이라고 구별할 수 있겠는가?

④ 5시의 제4에서 법화를 동귀同歸라고 하는 것은 의심할 바가 없다. 다만
5시의 설은 동귀를 설명하긴 하지만 아직 상주를 밝히지 않는다. 그런데 천친
天親의 논(『법화론』)에는 7곳에 불성에 관한 문장이 있고 또 「수량품」의 해석
에서 3신身의 설을 설명하여 이 경이 완전하다는 것을 보여준다.[22] 따라서
법화를 불료의 교라고 해서는 안 된다.

⑤ 5시의 제5에서 열반을 상주교로 삼는다고 한다. 그러나 상주와 무상은
상대적인 번뇌를 대치하는 작용의 측면(用門)이다. 만약 열반을 올바로 논한다
면 체體는 백비百非를 끊고 이리는 4구句를 초월한다. 종래의 종지(혜관)는 용
문만을 보아 아직 그 체를 알지 못한다. 그래서 제5의 견해도 본의를 잃는다.[23]

---

20 위의 책, 권13 「마사품魔事品」, "須菩提, 譬如狗不從大家求食反從作務者索. 如是須菩提, 當來世有善男子
    善女人, 棄深般若波羅蜜, 而攀枝葉, 取聲聞辟支佛所應行經, 當知是為菩薩魔事."(T8, 319a.)
21 『유마힐소설경』권중 「부사의품不思議品」, "我等何為永絕其根, 於此大乘已如敗種"(T14, 547a)의 취의.
22 『묘법연화경우바제사』(T26, 9b), 또 길장 『법화론소』권하에서 "釋三菩提即三, 一釋化身菩提, 二釋
    報身菩提, 三釋法身菩提 (후략)"(T40, 820b~c)라는 것을 참조. 또 『삼론현의』에서, "釋法華初分有七
    處佛性之文"라는 것은 길장이 『법화론』 초문을 7문 분별하는(『법화론소』권상, 786b) 것을 가리
    킨다고 생각되지만, 논서 전체의 취지를 말했던 것으로도 이해된다. 특별히 7곳의 문장에 관한
    명확한 지시는 길장 장소에서 보이지 않는다.
23 ㉒『삼론현의』권1, "答. 五時之說, 非但無文, 亦復害理. 若言第一名三乘別敎, 是義不然. 依毘曇宗, 三乘則
    同見四諦, 然後得道. 就成實宗, 但會一滅, 方乃成聖. 據大乘宗, 同契無生, 然後凡. 是則初敎亦通. 何以言
    別? 次云大品是三乘通敎, 是亦不然. 釋論云, 般若不屬二乘, 但屬菩薩. 若大品是三乘通敎, 則應通屬. 何故不

이상의 길장의 5시 교판에 대한 비판은 인도 전래의 불교의 정통적인 입장에 기초하여, 교상 판석이라는 학설이 중국에서의 경전 수용에 즈음한 독자적 가치 판단의 기준이었다는 역사적 사정을 무시했던 것이다. 따라서 중국적인 이 교상 판석에 대한 길장 비판의 시비는 별도로 하고 길장에서의 경전 가치의 기준은 대승이냐 소승이냐, 성문장이냐 보살장이냐라는 2종의 범주에 있었다는 것만은 이상의 5시설 비판의 요지를 통해서도 명확히 살필 수 있다. 『법화현론』에서도 많은 대승 경론을 전거로 하여 인용하고는

이와 같은 여러 경론들은 단지 대·소의 이승만을 밝힌다. 그러므로 오로지 2종 법륜만이 있을 뿐이니, 3교를 세워서는 안 된다.

如是等處處經論, 但明大小二乘. 故唯有二種法輪, 不應立三教也. (T34, 382c.)

라고 한다. 길장이 말하는 이 2종 법륜의 설을 통상 '이장의二藏義'라고 부른다.

2. 이장의二藏義

1)

이장二藏이란 앞에서 서술했듯이 성문장과 보살장의 두 종류이다. 『정명현론』 권7에서는 이장의二藏義에 세 쌍이 있다고 한다.

屬二乘? 問. 若依釋論, 明般若但屬菩薩, 在經何故勸三乘同學般若? 答. 般若有二種, 一者摩訶般若, 此云大慧, 蓋是菩薩所得, 故不屬二乘. 若以實相之境名為般若, 則三乘同觀, 故勸三乘令並學之. 經師不體二種之說, 便謂般若是三乘通教. 次云淨名是抑揚教者, 是亦不然. 大品呵二乘為癡狗, 淨名貶聲聞為敗根, 挫小既齊, 揚大不二, 何得以大品為通教, 淨名為抑揚? 次法華為同歸, 應無所疑. 但在五時之說, 雖辨同歸, 未明常住. 而天親之論釋法華初分, 有七處佛性之文, 解後段壽量品, 辨三身之說, 斯乃究竟無餘, 不應謂為不了之教. 次涅槃為常住教者. 然常與無常皆是對治用門, 若論涅槃, 體絕百非, 理超四句. 舊宗但得用門, 未識其體. 故亦失旨也."(T45, pp.5c～6a.)

이장의에는 세 쌍이 있다. 첫째는 성문장과 보살장이니, 이것은 사람에 따라 이름을 세운 것이다. 둘째는 대승장과 소승장이니, 법에 따라 칭한 것이다. 셋째, 반자와 만자이니, 뜻에 따라 이름한 것이다. 이 세 쌍은 또한 하나의 뜻일 따름이다.

二藏義有三雙. 一聲聞藏, 菩薩藏, 此從人立名. 二大乘藏, 小乘藏, 從法為稱. 三半字, 滿字, 就義為目. 此三猶一義耳. (T38, 900c.)

즉 사람에 대해 말하자면 성문장과 보살장, 법에 대해 말하자면 소승장과 대승장, 뜻에 대해 말하자면 반자와 만자라고 한다. 반자와 만자를 성문과 보살에 배당하는 전거는 『열반경』이다.[24] 『법화현론』 권3에서도

대경에서 말한다. 자자에는 두 종류가 있으니, 첫째로 반자이고 둘째로 만자이다. 성문을 위해 반자를 설하고 보살을 위해 만자를 설한다. 또 말한다. 모든 대중에는 대개 두 종류가 있으니, 첫째는 소승을 구하는 자들이고 둘째는 대승을 구하는 자들이다. 옛날 바라나시에서 성문을 위해 소법륜을 굴리고, 지금 비로소 구시나성에서 모든 보살을 위해 대법륜을 굴린다.

大經云, 字有二種. 一半字二滿字. 為聲聞說半字, 為菩薩說滿字. 又云, 諸大眾凡有二種. 一求小乘, 二求大乘. 昔於波羅捺, 為聲聞轉小法輪, 今始於此拘尸那城, 為諸菩薩轉大法輪. (T34, 382c.)

---

24 『정명현론』 권7에서, "故大經云, 我為聲聞說, 是半字, 猶是聲聞藏也."(T38, 900c)라 하고, 이것은 『대반열반경』(남본) 권5 「사상품四相品」, "半字者謂九部經, 毘伽羅論者所謂方等大乘經典, 以諸聲聞無有慧力, 是故如來為說半字九部經典, 而不為說毘伽羅論方等大乘."(T12, 631a)의 취의이다.

라고 하여 『열반경』에 의해 반자와 만자, 소승과 대승, 소법륜과 대법륜의 구별을 설한다. 이것은 『정명현론』의 3의義로 말하자면 각각 뜻과 사람과 법에 대한 이장이다. 그 외에 『법화현론』에서는 성문도와 보리살타도, 삼장과 마하연장, 소륜과 대륜, 성문법과 보살법 등 여러 가지의 동의어로 2종의 불법을 보여주는데, 특히 이것이 이장이라고 불리는 것처럼 성문장과 보살장으로 대표되는 것은 『중관론소』 권1에서

> 묻는다. 소승에는 성문과 연각의 2인이 있는데 왜 오로지 성문법이라고만 하며, 대승에는 불타와 보살이 있는데 왜 오로지 보살법이라고만 하는가? 답한다. 이장이라는 이름을 세운 것은 교의 이름을 세운 것이다. 무릇 교를 세우는 뜻은 바로 가르침을 받는 사람을 위해서이니, 연각은 교를 받지 않고 성문은 교를 받으므로 성문장이라 하며 보살은 교를 받고 불타는 교를 받지 않으므로 보살장이라고 한다.
> 問, 小乘有聲聞緣覺二人, 何故偏名聲聞法, 大乘中有佛菩薩, 云何獨名菩薩法耶. 答, 立二藏名者此是立教名也. 夫立教之意正爲稟教之人, 緣覺不稟教, 聲聞稟教, 故名聲聞藏. 菩薩稟教佛不稟教, 故名菩薩藏. (T42, 16b.)

라고 설하는 것처럼 가르침을 품수 받는 근기에 2종의 구별이 있기 때문이어서 품교의 2인을 위주로 하여 성문장·보살장의 호칭으로 대표시키기 때문이다. 법문 자체에 2종의 구별을 설정하는 것도 이 때문이어서 본래 소현所顯의 진리는 불이不二라는 것이 길장의 기본적 입장이다. 이런 의미에서 이장의는 종래의 교상판석의 관점과는 완전히 다르다.

2)

　길장의 2종 교법의 범주에 속한다고 생각되는 것에 특수한 용례로 '현밀顯密'
의 뜻이 있다. 예를 들어『법화현론』권1에서 설경說經의 뜻을 서술하여

> 다음으로 불법에는 두 종류가 있으니, 첫째는 현시법이고 둘째는 비밀법
> 이다. 현시법이란 삼승교를 말하니, 3종의 원인을 밝혀 3종의 과보를 얻으
> 므로 현시라고 한다. 비밀법이란 삼승인이 모두 작불할 수 있다는 것을
> 말한다.『석론』권100에서 다음과 같이 말한다.『법화경』에서는 아라한의
> 수기 작불을 밝히므로 비밀법이라고 한다. 옛날에는 현시법을 설하였고,
> 지금은 비밀법을 설하고자 하므로 이 경을 설한다.
> 復次佛法有二種, 一顯示法, 二祕密法. 顯示法者謂三乘教, 明三種因得三種
> 果故名顯示. 祕密法者謂三乘人皆得作佛. 如釋論第百卷云, 法華明阿羅漢受
> 記作佛故名祕密法. 昔來已說顯示法竟, 今欲說祕密法故說此經. (T34, 368c.)

라고 풀이한다. 요컨대 삼승교를 현시법, 법화를 비밀법이라고 하여 불법의
두 종류를 크게 구별하는 것이다.『법화경』을 단순히 대승의 치환이라고 간주
한다면 소승은 현시, 대승은 비밀의 뜻이 되어 성문장·보살장의 이장의 범주
에 포섭된다. 그러나 이미 앞 절에서 본 것처럼 길장은 함께 보살장에 포섭되
어야 할『반야경』과『법화경』의 우열을 논하여 현밀의 기준에서라면 법화는
반야보다 우수하다고 서술했었다.[25] 따라서 현밀에는 두 가지 뜻이 있는 것이
되는데, 이것에 대해서도『법화현론』에서

25　『법화현론』권3(T34, 385a). 또 앞 절의 주 10번 참조.

묻는다. 비밀과 현시는 어느 것이 더 깊거나 얕으며 어느 것이 대승이거나 소승인가?

답한다. 총괄적으로 논하여 이 두 가지 뜻에는 곧 두 가지 길이 있다. 첫째, 소승이 현시이고 대승이 비밀이다. (중략) 둘째, 뜻을 밝히는 것이 더 천박한 것이 현시이고, 뜻을 밝히는 것이 매우 심오한 것이 비밀이다.

問, 祕密與顯示爲深爲淺爲大爲小. 答, 總論此二義即有兩途. 一者小乘爲顯示大乘爲祕密. (중략) 二者以明義猶淺爲顯示, 明義甚深爲祕密. (후략) (T34, 385b.)

라고 밝혔다. 요컨대 현밀에는 대승·소승의 구별과 뜻의 심천의 구별이라는 두 가지 뜻이 있었던 것이다. 『반야경』은 이승의 작불을 밝히지 않기 때문에 뜻이 천박하고 『법화경』은 이승의 작불을 밝히기 때문에 뜻이 깊으며, 전자는 현시이고 후자는 비밀이라는 것은 현밀의 제2의 의미에 의한 것이다.

그런데 길장의 경전 상호의 비교 논술 등에는 이 현밀의 뜻에 의한 해석이 비교적 많이 보인다. 예를 들면 『법화유의』에서는 전체 논의에 관한 10문 분별 중에서 제5에 '현밀문'의 1과목을 설정하고

또 네 가지로 구별한다. 첫째로 두루 여러 경론에 나아가 현밀을 밝히고, 둘째로 따로 법화에 대해 대품을 거론하여 현밀을 논하며, 셋째로 법화 내에서 자체적으로 현밀을 논하고, 넷째로 요간料簡한다.

又開四別. 一通就諸經論明顯密, 二別擧大品對法花論顯密, 三就法花內自論顯密, 四料簡之. (T34, 645a.)

라고 4문에 대해 상론한다. 그래서 5시 4종의 설에 대항하는 길장의 교판이 '이장의'가 아니라 '현밀문'이라고 하는 학자의 귀중한 지적이 이루어져 있

다.[26] 현밀의 두 가지 뜻에서 첫째 의미에서라면 교상을 판석하는 가치 기준으로서는 보편적이다. 그러나 그것으로는 개념적으로 이장의 중에 포섭되어버린다. 제2의 의미로는 확실히 5시 4종의 고정화되고 서열화된 경전관을 바꾸는 관점으로서는 귀중하다. 이 때문에 길장은 많이 사용했던 것이다. 그러나 이것이 길장의 교판에 있어서의 보편적인 기준이 될 수 있을까? 예를 들면 앞에서 거론한 지적(주 25번)에서 "5시 4종에 대한 비판으로부터 현밀 2교로 전개했던 교판은 『법화유의』에서 현밀로써 여러 경론을 판석하는 4구로 이어지고 『정명현론』 권7에서도 똑같이 정연한 조직하에서 서술된다."라고 하는 『정명현론』이나 『법화유의』(성립 연대에서 말하자면 『정명현론』이 앞선다.)에서는 다음과 같이 설해진다. 즉

> 첫째, 드러내어 보살을 가르치고 비밀스럽게 이승을 교화하지도 않는 것이 곧 화엄교이다. (중략) 둘째, 드러내어 이승을 가르치고 비밀스럽게 보살을 교화하지도 않은 것이 곧 삼승교이다. (중략) 셋째, 드러내어 보살을 가르치고 비밀스럽게 이승을 교화하는 것이 곧 반야와 정명 등의 경이다. (중략) 넷째, 드러내어 보살을 가르치고 드러내어 이승을 가르치는 것이 곧 법화교이다.
> 一顯教菩薩非密化二乘, 即華嚴教是也. (중략) 二顯教二乘不密化菩薩, 即三乘教. (중략) 三顯教菩薩密化二乘, 即般若淨名等經 (중략) 四顯教菩薩顯教二乘, 即法華教. (T38, 900b.)[27]

---

26 村中祐生, 「嘉祥大師『二藏』義の成立考」(『南都佛教』 제22호, 1969년 1월.)
27 또 위의 논문에 『정명현론』의 다른 곳(T38, 899b)이나 『법화유의』(T34, 645a), 『유마경의소』(T38, 909b)의 대조표가 있어서 편리하다. 이에 의하면 4책 사이에 차이는 보이지 않는다.

라고 한다. 여기서 법화는 "드러내어 보살을 가르치고 드러내어 이승을 가르친다."라는 현교라고 규정된다. 그 이유로서 "보살은 이 법을 듣고 의심의 그물이 모두 제거되었으니, 드러내어 보살을 가르친다고 한다. 천이백 나한이 모두 이미 작불하였으니, 곧 드러내어 이승을 가르친 것이다."[28]라고 서술한다. 세부적으로 설명의 동이가 있지만 『정명현론』, 『법화유의』 모두 마찬가지이다. 이미 보았듯이 『대품반야』와 『법화경』을 비교했을 때 대품은 현顯이고 법화는 밀密이기 때문에 법화가 우수하다는 평가였다. 여기서는 법화가 드러내어(顯) 보살을 가르치고 드러내어(顯) 이승을 가르친다는 현시의 법인 것으로서 최종의 지위에 위치되어 있다. 그렇다면 현밀이라는 범주는 교판이라는 경전의 가치 평가에 있어서 보편적인 기준이라고는 할 수 없다고 할 것이다. 이것은 『법화현론』이라는 초기 시대의 작품에 비하여 『정명현론』이나 『법화유의』 등의 비교적 후기 시대의 작품에 사상 상의 진전이 있어서 후자에서 확립된 교상 판석의 관점이었다고도 이해될 수 있지만, 여기서 보는 한 현밀이라는 범주에는 『법화현론』에서 말하는 뜻의 심천이라고 하는 것 같은 적어도 교상판석적인 가치의 구별은 없다. 그런 의미에서는 현시도 비밀도 가치적으로는 평등하다. 요컨대 앞에서 서술한 4구는 일견하여 분명하듯이 길장이 대승·소승이라는 2종의 범주를 나누어, 후술하는 것처럼 이른바 3종 법륜(근본根本·지말枝末·섭말귀본攝末歸本)을 설하는 것인데, 그 3법륜의 순서에 준하여 설해지는 것이다. 따라서 이 대승→소승→대승이라는 설상의 전환의 순서를 현밀이라는 뜻에 의해 회통했던 것이 이 4구 분별인 것이지, 현밀이라는 가치 기준이 우선되고 그것에 준하여 여러 경전의 서열화가 행해지는 것은

---

28 ㉔ 『정명현론淨名玄論』 권7, "菩薩聞是法, 疑網皆已除, 謂顯教菩薩. 千二百羅漢悉已當作佛, 即顯教二乘也."(T38, p.900b.)

아니다. 그런 의미에서 현밀은 이장과 같은 교상판석적인 범주라고는 결코 간주하기 어렵다.

3)

　이장의의 전거에 대해서는 『삼론현의』에서 3경 3론을 인용하고 『법화현론』 그 외에 각종의 대승 경론을 인용하여 논술의 의지처로 삼는데, 이장의적인 관점이 반드시 길장의 독창은 아니다. 『법화현론』 권3에서는

> 또 보리류지는 여기 말로 도희道希인데, 그는 친히 『십지경론』을 번역하여 단지 반만半滿을 밝혔을 뿐이다. 보리류지는 『십지경론』의 종장이므로 곧 반만에는 뿌리가 있지만, 4종의 설에 의거하는 것에는 뿌리가 없음을 알 수 있다. 그래서 오로지 믿음만 깊을 뿐 그 까닭을 헤아리지 못하는 것이다.
> 又菩提留支此云道希, 其親翻地論但明半滿. 留支是地論之宗, 即知半滿有本, 而依四宗無根. 而輒信深不測其所以也. (T34, 384c.)

라고 서술하여 보리류지의 반만半滿의 뜻을 이장의 전거로 삼는다. 또 길장에게는 정영사 혜원(523~592) 교학의 영향이 강하게 확인되는데, 『승만보굴』에서 혜원 찬술의 『승만경의기勝鬘經義記』의 수많은 인용 등이 그 현저한 일례이다.[29] 이 『의기』에서

29　櫻部文鏡, '勝鬘寶窟解題'(『國譯一切經』 '經疏部'11) 참조. 또 같은 글의 각주에서는 『승만경의기』의 인용에 대해 면밀히 지적되어 있다.

성인의 가르침은 만 가지로 다르지만 요약하면 오로지 두 가지가 있으니, 성문장과 보살장을 일컫는다. 성문법을 가르치는 것을 성문장이라 하고, 보살법을 가르치는 것을 보살장이라고 한다.

聖敎萬差, 要唯有二, 謂聲聞藏, 及菩薩藏. 敎聲聞法, 名聲聞藏, 敎菩薩法, 名菩薩藏. (X19, 862b.)

라 하니, 성문장·보살장이라는 이장의 교판이 명료하게 제시되어 있다. 『대승의장』 권1의 '교적의'에서도 첫째로 이설異說을 서술하고 둘째로 시비是非를 설명하며 셋째로 정의正義를 현시하는데, 이 셋째의 현정의顯正義에서

다음으로 현정의에는 두 가지 부분이 있으니, 첫째로 성교聖敎를 나누는 것이고 둘째로 종별宗別을 정하는 것이다. 성인의 가르침은 비록 많지만 요약하면 오로지 두 가지가 있으니, 하나는 세간이고 또 하나는 출세간이다. (중략) 출세간에는 다시 두 종류가 있으니, 첫째로 성문장이고 둘째로 보살장이다. 성문을 위해 설한 것을 성문장이라 하고, 보살을 위해 설한 것을 보살장이라고 한다.

次顯正義, 於中兩門, 一分聖敎, 二定宗別. 聖敎雖眾, 要唯有二, 一是世間, 二是出世. (중략) 就出世間中, 復有二種, 一聲聞藏, 二菩薩藏. 為聲聞說, 名聲聞藏, 為菩薩說, 名菩薩藏. (T44, 466c.)

라 한다. 이들에 의해 혜원에게도 기본적인 교판의 기준이 성문장·보살장의 이장에 있었던 것은 분명하다. 그러나 혜원에게는 광통 율사 이래의 전통적인 지론地論의 종의로서 '4종의'의 판석이 보였던 것도 사실이다. 이 두 가지 뜻의 관계를 혜원 자신이 어떻게 회통했는지를 보려면 같은 『대승의장』 권1의 '이제의二諦義' 중에

종의 구별에는 네 가지가 있다. 첫째로 입성종立性宗이니, 또한 인연因緣이라고 한다. 둘째로 파성종破性宗이니, 또한 가명假名이라고 한다. 셋째로 파상종破相宗이니, 또한 부진不眞이라고 한다. 넷째로 현실종顯實宗이니, 또한 진종眞宗이라고 한다. 이 네 가지는 곧 뜻을 보아 법을 이름 지은 것이니 경론에는 이름이 없다. 경론 중에 비록 이러한 이름이 없지만 실제로는 이러한 뜻이 있으니, 네 가지 중에서 앞의 두 가지는 소승이고 뒤의 두 가지는 대승이다. 대소 중에서 각각 심천으로 나누었으므로 네 가지가 있는 것이다.

宗別有四. 一立性宗, 亦名因緣. 二破性宗, 亦曰假名. 三破相宗, 亦名不真. 四顯實宗, 亦曰真宗. 此四乃是, 望義名法, 經論無名. 經論之中, 雖無此名, 實有此義, 四中前二, 是其小乘, 後二大乘. 大小之中, 各分淺深, 故有四也. (T44, 483a.)

라고 서술한다. 즉 기본적으로는 대소의 이승으로 나누지만 뜻의 심천에 대해 각각 두 가지로 나누었던 것이 4종의 구별이라고 한다. 여기에 대해 진해珍海(1091~1152)의『삼론현소문의요三論玄疏文義要』에서 정영淨影이 4종의를 세운 것은 가상嘉祥의 의종義宗과 차이가 없는가라고 설문하고는 다음과 같이 답한다.

그런데 정영 대사는『대승의장』초반에서 교적의教迹義를 설명할 때는 오로지 이장의만을 밝혔지만 의취義聚 법문에 이르러서 처음으로 이 뜻을 펼치는 것은 실로 연유가 있다. 앞의 2종의 논의는 비록 다른 경전이 본래 하나이지만 뒤의 2종은 경론이 나뉘지 않는다. 이에 경전은 단지 대소의 구별만 있지 결코 4부의 차이가 없음을 알 수 있다. 그러므로 단지 이장으로 여러 경전을 분류하는 것이지 4종으로 설명하지 않는다. 그런데 대소 중에 각각 뜻에 천심이 있음을 밝히므로 의취 법문에 이르러 비로소 처음으로 4종을 사용하였으니, 곧 4종은 이장의 지조支條이지 교를 나누는 대강大綱이 아님을 알 수 있다. 그렇다면 대의는 이미 차이가 없을 따름이다. 然淨影大師, 義章初, 辨敎迹唯明二藏義, 及至義聚法門, 始申此義, 其實有由. 前兩宗論, 雖是異經本猶一, 後之二宗, 經論不殊. 爰知, 經只是大小之別, 遂無四部異. 故但以二藏而類諸經, 不以四宗辨之. 然於大小之中, 各明義有淺深, 故至義聚法門, 方始用之, 則知, 四宗者二藏之支條, 非分敎之大綱. 若爾大義旣不違耳. (T70, 212b.)

즉 4종은 이장의 지조支條이어서 교를 나누는 대강大綱이 아니기 때문에 혜원과 길장에서 판교의 대의에 차이가 없다는 취지이다. 이것은 앞에서 서술한 혜원 자신의 말에서도 수긍된다. 혜원과 길장의 관계로부터도 이장의에 관해서는 직접적인 의존까지는 아니더라도 길장이 혜원의 학설을 참조했던 것은 분명하다.

3. 삼륜설三輪說

1)

'삼륜'이란 자세하게는 '3종의 전법륜轉法輪'이다. 『법화유의』에서

> 3종 법륜을 설하고자 하므로 이 경을 설한다. 3종이라는 것은 첫째로 근본 법륜이고 둘째로 지말의 교이며 셋째로 섭말귀본이다. 근본 법륜이란 말하자면 불타가 처음 성도한 화엄의 모임에서 순전히 보살들을 위해 1인因 1과果의 법문을 연 것이니, 근본의 교라고 한다. 그러나 박복 둔근의 무리들은 1인 1과의 법문을 듣고 감당하지 못하므로 일불승에서 분별하여 삼승을 설하니, 지말의 교라고 한다. 40여 년 동안 삼승의 교를 설하여 그 마음을 단련시킨 것이다. 지금 법화에서 비로소 저 삼승이 일도로 귀의함을 알 수 있으니, 곧 섭말귀본의 교이다.

欲說三種法輪故說此經. 言三種者, 一者根本法輪, 二者枝末之教, 三者攝末
歸本. 根本法輪者, 謂佛初成道花嚴之會, 純為菩薩開一因一果法門, 謂根本
之教也. 但薄福鈍根之流, 不堪於聞一因一果, 故於一佛乘分別說三, 謂枝末
之教也. 四十餘年說三乘之教陶練其心. 至今法花始得會彼三乘歸於一道, 即
攝末歸本教也. (T34, 634c.)

라고 한다. 근본법륜·지말법륜·섭말귀본법륜의 3법륜이다. 길장은 앞 문장의
모두에서 "3종 법륜을 설하고자 하므로 이 경을 설한다."라고 하여 『법화경』의
취지가 삼법륜을 설하는 것에 있었다고 서술한다. 요컨대 길장에게 삼법륜의
설은 오로지 『법화경』의 요지를 천명하기 위해 설해진 것이다. 또 구체적으로
그 설시의 동기를 살펴본다면 화엄과 법화의 동이를 명확히함에 있다. 요컨대
남방 5시설이나 북방의 4종론에서는 모두 화엄을 원만의 교로 삼고 법화를
미료의의 설이라고 했는데, 총괄적으로 이것을 논난하기 위해 법화에 삼전법
륜의 의의가 있는 것을 설하여 법화를 화엄에 비견시켰던 것이다.[30] 『법화현론』
권1에서는 이 삼전법륜 설시의 원형으로도 지목되는 한 문장이 기재되어 있다.
즉 설경說經의 뜻을 서술하는 단락에서

다음으로 근본 법륜을 설하고자 하므로 이 경을 설한다. 근본 법륜이란
삼세의 제불이 출세하여 일대사 인연을 위해 곧 일승의 도를 설하는 것을
말한다. 그러나 근연根緣이 아직 감당하지 못하므로 일승에서 삼승을 설하
니, 곧 일승을 근본으로 삼고 삼승교를 지말로 삼는다. 그러나 대연大緣이
이미 성숙하여 일승을 감당하니, 지금 다시 근본 법륜을 설하고자 하므로

---

30 『법화현론』 권1에서, "若如南方五時之說, 北方四宗之論, 皆云華嚴為圓滿之教, 法華為末了之說, 今總難
之."(T34, 366a)라는 것을 참조.

이 경을 설한다.

復次欲說根本法輪, 故說是經. 根本法輪者, 謂三世諸佛出世, 為一大事因緣,
即說一乘之道. 但根緣未堪, 故於一說三, 即以一乘為本, 三乘教為末. 但大
緣既熟, 堪受一乘, 今欲還說根本法輪, 故說此經也. (T34, 366a.)

라고 서술한다. 여기서는 세 번 법륜을 굴리는 취지가 명료하게 보이지만
근본·지말·섭말귀본의 명칭은 확립되어 있지 않다. 이것은 앞에서 서술했듯
이 이 삼전법륜을 설하는 것이 『화엄경』에 대해 『법화경』의 가치를 고양하는
것에 있었으므로 화엄과 마찬가지로 법화도 일승의 도를 설했던 근본 법륜인
것을 우선 보여주었던 것이다. 단, 법화에서는 중생이 교를 품수 받는 근기가
성숙하기를 기다려 다시 근본 법륜을 설한다는(이른바 회삼귀일會三歸一의),
화엄에는 없는 사명이 있었다. 그것이 다시 『법화의소』를 거쳐 『법화유의』
등에서 화엄을 근본 법륜으로 삼고 법화를 섭말귀본으로 삼는 삼전법륜의
형식적 정비로 되어 나타난 것이다.[31] 그 맹아는 『법화현론』에서 두 경전의
동이를 설하는 14조의 요령 중에 명료하게 보인다.[32] 따라서 흔히 길장의 교판
론은 '이장 삼륜'이라고 하는데, 엄밀하게 삼륜설은 이장 중의 보살장을, 특히
법화와 화엄에 관하여 세 종류로 나누었던 것으로 판교의 기준으로서는 보편
적인 것이 아니다. 왜냐하면 이 삼전법륜에서는 본래 보살장에 속해야 하는
『반야경』이나 『정명경』이 어느 법륜에 포섭되는 것인지 밝히지 않기 때문이

---

31 『법화의소』 권3(T34, 494b)에서는 근본법륜·지말支末법륜·수말귀본收末歸本법륜의 이름으로 불
   린다. 이것이 『법화유의』에 이르러 근본·지말枝末·섭말귀본攝末歸本의 명칭이 확립된 것은 본문
   에서 인용했던 대로이다.

32 『법화현론』 권1에서, "今所釋者, 華嚴之與法華同明一因一果, 教滿理圓無餘究竟. 但善巧方便起緣不同,
   領其大要凡十四種 (후략)"(T34, 366b)이라 하며, 그 첫째로 화엄을 "始說一乘", 법화를 "終明一乘"
   이라 구별하고 그 둘째로 "直說一乘"과 "始辨開一為三, 終明會三歸一."이라고 설하는 등은 그 증거
   이다.

다. 『법화유의』에서는 이것을

> 일단 화엄은 근본 법륜이고, 화엄 이후부터 법화 이전은 지말의 교이며,
> 이 경은 곧 섭말귀본에 속한다.
> 一往則花嚴爲根本法輪, 自花嚴之後法花之前爲枝末之敎. 此經則屬攝末歸
> 本. (T34, 635b.)

라고 밝힌다. 이것에 의하면 일단(一往)의 논의라고 밝히지만, 반야나 유마는
'지말의 교'라고 간주된다. 그래서 이것을 회통했던 것이 앞의 '현말'의 범주에
의한 4구 분별이다. 즉

① 현교보살, 비밀화이승顯敎菩薩非密化二乘 - 화엄경
② 현교이승, 불밀화보살顯敎二乘不密化菩薩 - 삼승교
③ 현교보살, 밀교이승顯敎菩薩密敎二乘 - 반야, 유마
④ 현교보살, 현교이승顯敎菩薩顯敎二乘 - 법화경

②와 ③이 지말 법륜에 포섭되지만, 그 차이는 드러내어 이승을 교화하고
비밀스럽게 보살을 교화하지 않는 것이 삼승 - 소승교이고, 드러내어 보살을
교화하고 비밀스럽게 이승을 교화하는 것이 반야와 유마라고 한다. 이것을
『법화통략』에서는 본말의 4구를 지어 설명한다. 즉

① 근본비지말根本非枝末 - 일승법륜一乘法輪
② 지말비근본枝末非根本 - 사승지교四乘之敎
③ 역근본역지말亦根本亦枝末 - 즉법화전제대승경, 미폐삼승자卽法華前諸大乘

經未廢三乘者

④ (비근본비지말非根本非枝末) - (법화경法華經)[33]

라고 하는데, 법화 이전의 여러 대승경, 즉 반야나 유마는 이 제3구의 '역근본
역지말亦根本亦枝末'에 포섭되는 것이다. 그 이유로서 "대승이 있으므로 곧 근
본이고, 아직 소승을 폐지하지 않았기 때문에 지말이 있다."라고 한다. 앞의
현밀의 4구는 이것을 부연했던 것임이 분명하다. 현밀의 범주나 삼륜의 설이
보편적인 판교의 기준으로서는 완비되지 않은 것임은 이상에서 분명할 것이
다. 진해는 『삼론현소문의요』 권1에서 이 『법화통략』의 문장을 인용하여

> 이 문장에 의하면 반야 등은 역본역말亦本亦末의 교이다. 이미 이러하다면
> 본말로써 교문을 나누어서는 안 된다. 서로 혼란이 있기 때문이다. 지금
> 상론하자면 처음과 마지막은 똑같이 근본이니, 억지로 나누어 2교라고 해
> 서는 안 된다. 그것들의 이理는 실로 나누어지지 않기 때문이다. 그렇지만
> 법화를 밝히기 때문에 또한 화엄에 대해 이것을 나누는 것인데, 널리 통설
> 通說되는 것은 아니다. 또 본말로 교를 나누는 것과 대소로 교를 나누는
> 것은 그 뜻이 비슷하다 해도 대소에는 혼란이 없지만 본말에는 혼란이 있
> 다. 그러므로 삼륜은 판교의 통설이 아님을 알 수 있다.[34]

---

33 『법화통략』 권중에서, "釋本末四句. 一根本非枝末, 謂一乘法輪. 二枝末非根本, 四乘之教. 三亦根本亦枝
末, 即法華前諸大乘經, 未癈三乘者是也. 有大乘故, 即是根本, 未癈於小, 故有枝末也. (중략) 豫是佛乘皆是
根本, 非佛乘皆是枝末"(X27, 499a)이라고 하니, 『통략』의 이 문장에서는 제4구를 결여한다. 본문의
괄호 안에 '四非根本非枝末'의 구절은 진해의 『삼론명교초』 권14에 의해 보충했던 것으로 진해는
다음과 같이 주석한다. "泯上三句, 歸于一道淸淨. 結略中卷明此四句. 然釋無第四句, 今我準之, 謂次上
明頓漸四句, 第四句如此"(T70, 818a.)

34 『삼론현소문의요』 권1, "若依此文, 般若等, 是亦本亦末教也. 既爾, 不可以本末而分教門. 有相濫故. 今詳
之, 初後同是根本, 不可强分爲二教. 其理實不殊故. 然爲明法華故, 且對華嚴分之, 非汎爾通說矣. 又以本末
分教, 與大小分教, 其義雖相似. 然大小無濫, 本末有濫. 故知, 三輪非判教通說也."(T70, 209b.)

라고 평한다. "삼륜은 판교의 통설이 아니다."라는 진해의 견해는 생각하건대 타당하다.

2)

3종 전법륜의 설이 길장 또는 삼론 학파의 교판이라고 규정했던 것은 화엄종의 법장(643~712)[35]이다. 그 때문에 후세에 이것이 삼론의 교판론이라는 통설이 정착되었던 것으로 생각되는데, 이장설은 그렇다 치더라도 삼전법륜에 대해서는 남도의 삼론 학자도 이것을 부정하는 것이므로 바로잡아야 마땅하다. 그러나 길장의 경전 해석의 기준이 대·소의 이장에 있고, 이것을 나누어 대승→소승→대승이라는 삼전법륜의 의의를 설했던 것은 확실하여『중론』 27품의 과단에도 이 사고의 응용이 보인다. 즉 길장은『중관론소』권1본에서 『중론』을 다음의 3단으로 나눈다.

인연품 제1~열반품 제25: 제1단
십이인연품 제26~사견품 제27: 제2단
사견품 제29게~제30게: 제3단

제1단에서 대승의 미실迷失을 논파하여 대승의 관행을 밝힌다. 제2단에서 소승의 미실을 논파하여 소승의 관행을 설명한다. 제3단에서 거듭하여 대승의 관행을 밝혀 공功을 미루어 불타에 귀의하게 한다고 하는 것이 3단 분과의

---

35 법장,『화엄경탐현기華嚴經探玄記』권1에서, "八唐吉藏法師立三種教, 為三法輪. 一根本法輪, 即華嚴經最初所說. 二枝末法輪, 即小乘等於後所說. 三攝末歸本法輪, 即法華經四十年後說迴三入一之教. 具釋如彼."(T35, 111b)라는 것을 참조. 이통현李通玄,『신화엄경론新華嚴經論』권3(T36, 734c)에도 같은 취지가 설해져 있다.

대의이다.[36] 길장은 이 3단 분과의 이유를 여러 각도에서 논하는데, 제3단의 "거듭하여 대승의 관행을 밝혀 공功을 미루어 불타에 귀의하게 한다."의 이유를 대개 열 가지 뜻으로 거론한 제2에서

둘째, 앞에서는 대승으로부터 소승을 발생시킴을 밝혔고 나중에서는 소승을 포섭하여 대승에 귀의함을 설명하므로 거듭 대승을 밝히는 것이다. 마치 『법화경』에서 시방 제불과 석가의 일화一化를 총괄적으로 서술하는 것과 같다. 대개 삼륜이 있다. 첫째로 근본 법륜이니, 일승교를 말한다. 둘째로 지말 법륜의 교이니, 중생이 일승을 듣고 감당하지 못하므로 일불승에서 분별하여 삼승을 설한다. 삼승은 일승에서 일어나므로 지말이라고 한다. 셋째로 섭말귀본이니, 저 삼승을 회집하여 일극一極으로 함께 귀의한다. 二者, 前明從大生小, 後辨攝小歸大. 故重明大. 如法華經總序十方諸佛及釋迦一化. 凡有三輪. 一根本法輪, 謂一乘教也. 二枝末法輪之教, 衆生不堪聞一故, 於一佛乘分別說三. 三從一起故稱枝末也, 三攝末歸本, 會彼三乘同歸一極. (T42, 8b.)

라고 법화의 삼전법륜의 설을 거론하며, 이것을

지금 3단을 논하는 것은 다시 불타의 세 경전을 펼치는 것이다. 처음의 25품에서는 일승 근본의 교를 펼치고, 다음의 2품에서는 불타의 지말의 교를 펼친다. 마지막에 거듭 대승을 밝히는 것은 섭말귀본을 펼치는 것이다. 그러므로 3단의 문장이 있다.

36　『중관론소』 권1본, "自攝嶺相承, 分二十七品, 以爲三段. 初二十五品, 破大乘迷失, 明大乘觀行. 次有兩品, 破小乘迷執, 辨小乘觀行. 第三重, 明大乘觀行, 推功歸佛."(T42, 7c.)

라고 한다. 따라서 삼전법륜은 기본적으로는 대승→소승→대승의 전법륜의 순서를 서술했던 것으로서 대·소 이장의 범주에 수렴되어야 하는 것이다. 다만 교상 판석이라는 경전의 가치서열적인 견해에 대해 철저하게 부정적이었던 길장의 입장은 그렇다고 해도 삼전법륜을 교상판석적인 관점에서 3시 교판이라고 간주하는 사고방식은 길장 이전에 존재했던 것도 사실이어서, 특히 후세의 불교 사가에 의하면 이것이 진제(Paramārtha, 중국 체재 546~569)의 설이었다고 전해진다.[37] 길장과 진제라는 양자의 인연으로부터 길장의 삼륜설은 진제설에 준거하고 그 형식을 빌려 내용을 환골탈태했을 것으로 추측된다.

3)

이장삼륜설은 5시 4종이라는 교판론의 반립으로서 설해진 것이기 때문에 이것을 새로운 교판론으로 간주하는 것은 '제대승경현도무이諸大乘經顯道無異'라는 길장의 기본적 입장에 모순되는 것이기도 하다. 애초에 5시설이든 4종론이든 그 근본 동기는 『열반경』의 우위를 서술하기 위한 것이었다. 그렇다면 이에 반론하는 것은 『열반경』의 가치를 부정하는 것으로 이어질 것이다. 사실 길장은 교상판석적인 의미로 『열반경』의 가치나 그 우월성을 설했던 적은 여태껏 없었다. 그러나 이 원칙과는 별도로 길장의 경전 해석에 기여한 『열반경』의 역할을 무시할 수는 없다. 천태가 그의 교판론에서 『열반경』을 『법화경』과 함께 최고의 위치에 견주면서 결국은 법화의 설을 보완하는 것으로서 이른바 추설 추민追說追泯[38]의 경으로 간주하고 법화를 중심으로 자기의 교학을

---

37 법상종의 원측圓測의 설로, 『인왕반야경소』 권상말에서, "有云, 真諦三藏意, 如來在世四十五年說三種法輪. (후략)"(T33, 376b~c)이라고 하며, 또 『해심밀경소』(X21, 292b 이하)에서도 지적되어 있다. 그 외에 당唐 보달집寶達集 『금강영영요金剛暎』 권상(T85, 60b) 등에서도 양조 진제 삼장의 3종 법륜 내지 3시교라는 것이 설해진다.

38 ㉬ 지의智顗 『묘법연화경현의妙法蓮華經玄義』 권2에서 "法華明無量入一, 是會三種四諦, 歸無作一種四

수립해갔던 것과 달리, 길장에게 이『열반경』은 그의 사상·교학의 틀 중에 결정적으로 도입되는 것이어서 경전 그 자체의 중용重用이라는 점에서는 교상 판석적인 입장과는 조금 달라지는 것이다. 그래서 다음에는 길장 장소에서의 구체적인 인용 논거를 조사하는 것에 의해 길장 사상 성립의 성언량적인 기반을 탐구하도록 한다.

諦也. 涅槃聖行追分別双經故, 具說四種四諦也. 德王品追泯双經, 俱寂四種四諦."(T33, 701c)라고 한 것에 따르면,『법화경』은 무작無作으로 귀일하지만『열반경』「성행품」에서는 중경衆經을 따라가면서 분별하고(追分別, 追說)하고「덕왕품」에서는 중경衆經을 따라가면서 민절하여(追泯) 그저 구적俱寂할 뿐이라고 한다.

제3절 길장 저작의 인용 경론

1. 서

　도선이 "학문을 널리 섭렵하는 장점으로는 길장을 넘어서지 못한다."라고 찬탄하게 할 정도로 길장의 박인방증博引旁證은 중국 불교자 중에서도 특히 발군이다. 따라서 길장의 저작에는 이른바 대소승의 제경론을 비롯하여 길장보다 앞서 성립한 중국 불교자의 각종 찬술서나 당시의 학설 등도 다수 인용되고 그중에는 오늘날 산일되어 전하지 않는 일서도 포함되어 있어서 남북조 말부터 수당 초기의 중국 불교 연구의 귀중한 학술 자료를 제공하는 것이다. 이 경향은 『삼론현의』나 『열반유의』 등의 1권본의 소부인 것에서 『중관론소』 등의 대부의 저술에 이르기까지 공통으로 보이는 특징이어서 특히 어느 저술이 인용 경론의 비율이 많다고 특정할 수는 없지만, 그중에도 회계 가상사 시대를 대표하는 작품인 『법화현론』, 양주 혜일도량 시대를 대표하는 『승만보굴』, 또 장안 일엄사 시대의 비교적 만년에 완성을 본 『중관론소』의 세 책은 사상·내용적으로도 길장 생애의 각 시대를 대표하는 우수한 작품임과 함께 인용 경론의 수에서 말하더라도 압권이다. 이상의 세 책 외에도 이미 서술한 것처럼 필자는 길장의 각 시대를 대표하는 작품으로서 회계 시대에서는 『이제의』, 양주 시대에서는 『삼론현의』, 장안 시대에서는 『정명현론』의 각 책이 각 시대에 비교적 중요한 작품이라고 생각한다. 그러나 이 세 책 중에 『삼론현의』에 관해서는 일본 남도의 삼론 연구가 오로지 이 책이 중심이어서 수많은 주석서가 쓰였고 그것을 계승하여 근대의 학자에 의한 연구도 적지 않다. 따라서 본서의 인용 경론에 관해서는 이미 남김없이 조사되어 있고 특별히 부가해야 할 것이 아무것도 없다. 거기에 겨우 1권의 소부이고 양적으로도 다른 저작과는 비교가 되지 않는다. 또 『이제의』는 길장의 비교적 최초기의 작품이며 어쩌면 가상사 이전의 찬술이지 않을까라고도 생각되는데, 특히 삼론의 중심적 교의인 '이제'를 정면으로 취급했던 것으로서 말하자면 길장 교학의 서론이라고도 할 만한 작품이다. 그러므로 박인방증이라는 길장 저술의 특징은 다른 작품과 마찬가지로 인정되는 경향이지만 '이제'라는 순수한 삼론의 교의·사상을 소재로 취급한 논서라는 점이나 중기 이후의 원숙한 시대의 저작에 특징적인 경향인 역사적·회고적 기술이 비교적 부족하다는 점을 고려하여 본서에 대해서도 인용 경론의 검토를 시도하지 않았다. 그러나 본서는 앞에서 서술했듯이 중요한 작품이고, 간본刊本의 존재도 알려졌음에도 불구하고 오늘날 번역되어 있지 않은 상황이다.[1] 따라서 『이제의』에 대해서는 후일 별도로 주석적 연구를 하려 하고, 인용 경론의 조사도 그 기회로 미루려고 한다.

또 앞의 세 책 중에 『중관론소』와 『승만보굴』에 관해서는 이미 야스모토토 오루泰本融, 사쿠라베분쿄오桜部文鏡 두 박사의 번역과 세밀한 주석이 있고,[2] 인용 경론에 대해서도 모두 적절한 지시가 되어 있다. 그래서 남은 두 책 『법화현론』과 『정명현론』에 관해서는 아직 번역도 되어 있지 않고, 특히 인용 경론에 관해 언급한 논문도 보이지 않으므로 우선 이 두 책의 인용 문헌을 정리하고 그 인용 횟수에 관해 대강의 기준을 정한 상에서 앞에서 기술한

---

1   현존하는 『이제의』의 텍스트는 다음의 2종인데, 세부적으로 차이점이 없다. ① 대정신수대장경 제45권, pp.77~115. no.1854. ② 대일본속장경 제1집 제2편 제2투 제3책 pp.247~287정. 이 현행 장경의 저본이 되었던 간본에도 2종이 있으며, 처음에 원록元祿 10년(1697) 센다이仙台 용보사龍寶 寺의 실양實養이 어느 명찰의 보장寶藏에서 상하 2권을 얻어 교열했던 것이 먼저 존재하고, 후에 보영寶永 7년(1710) 낙서洛西 오지산五智山 사문 혜욱 적공慧旭寂公이 다시 고사본에 의해 앞의 간본의 오류를 교정하고 중권의 전문 및 상권의 20여 장의 탈문을 보완하여 교간했던 것이 저본으로 되어 있다. 그간의 사정에 관해서는 '전이제장서鑴二諦章敍'와 '보각이제장서補刻二諦章敍'라는 현존 총서에 기재된 각각의 서書序書에 의해 알 수 있다. 이에 의하면 『이제장(의)』 3권의 교간은 이미 근대가 되고부터이며, 그 사이 오래 산일되어 있었던 것을 알 수 있으니, 현존의 텍스트에도 결함이 있을 것은 쉽게 추정되는 바이다.

2   『중관론소』에 대해서는 宮本正尊·梶芳光運·泰本融 譯 『國譯一切經』 和漢撰述26·27 '論疏部'6·7(1967년 6월). 『승만보굴』에 대해서는 櫻部文鏡 譯 『國譯一切經』 和漢撰述11 '經疏部'11(1959년 5월) 참조.

번역자의 해제나 주석에서 보이는 연구 성과를 참조하여 『중관론소』나 『승만보굴』의 그것과 비교해보는 것으로 한다. 이 4책은 『법화현론』 10권·『승만보굴』 6권·『정명현론』 8권·『중관론소』 10권으로서 권수도 유사하며 무엇보다도 앞에서 서술했듯이 모두 길장의 각 시대를 대표하는 저작이어서, 그 비교 검토에 의해 인용 경론에서 본 길장 교학의 특징이나 사상 형성의 논거에 대해 유추할 수 있다고 생각하기 때문이다.

2. 『법화현론』의 인용 경론

① 경부와 인용 횟수

대반열반경	85
대방광불화엄경	33
대품반야(나집 역 마하반야바라밀경)	28
정명경(나집 역 유마힐소설경)	19
상법결의경像法決疑經	11
승만경(승만사자후일승대방편방광경)	8
인왕반야바라밀경	5
영락경瓔珞經(보살영락본업경)	3
수능엄경	3
아미타경	2
사익경(사익범천소문경)	2
소품반야바라밀경	2
금광명경(합부금광명경合部金光明經)[3]	2
대집경	2
마야경(마하마야경)	2
무량의경	2

---

3 『금광명경』은 북량北涼 담무참曇無讖 역 4권이 길장의 시대에 이미 존재했는데, 길장은 『법화현론』 권9(T34, 434b)에서 "新金光明經云"이라고 하는 바에서 길장이 의용했던 것은 수隋 보귀寶貴가 합한 『합부금광명경合部金光明經』 8권이다.

① 경부와 인용 횟수(계속)

관음수기경觀音受記經(관세음보살수기경)	1
보적경寶積經	1
오상략경五相略經(결본)	1
불장경佛藏經	1
수진천자반야경須眞天子波若經	1
지경地經(보살지지경菩薩地持經)	1
문수문경文殊問經(문수사리문경)	1
능가경(보리류지 역 입능가경)	1
기타 '경운經云'이라 하지만 불명확한 것	8

② 논부

대지도론	96
섭대승론(진제 역 섭대승론석)	35
법화론(묘법연화경우바제사)	33
중론	11
지론(십지경론)	6
바사론婆沙論(아비담비바사론)	6
십이문론	5
십주론十住論(십주비바사론)	2
잡심론(잡아비담심론)	2
사리불아비담론	1
중변분별론	1
성실론	1
유식론(진제 역 대승유식론)	1
금강반야론(진제 역 금강반야론, 결본인 듯)[4]	1
백론	1
기타 '논운論云'이라 하지만 불명확한 것	5
또 '구나삼장사게운求那三藏師偈云'이라는 것	1

---

4 진제 역 『금강반야론』 1권(결본)은 『개원록』 권14, 『정원록』 권24에 기재되어 있다. 『佛書解說大辭

③ 율부

범망경梵網經	1
선견율비바사善見律毘婆沙	1
우바새계경優婆塞戒經	1
보살계경(보살지지경)	1

④ 사전부史傳部

용수보살전	2
명승전	1

⑤ 중국 불교자의 찬술서 및 학설

승조 조론(열반무명론 5, 물불천론 1, 반야무지론 1) 7, 주유마힐경 2, 유마힐경서 1	10
도생(주법화注法華＝법화경소法華經疏 외)	10
법운(법화경의기 외)	9
승예 법화경후서 3, 중론서 1, 대품경서 1, 소품경서 1, 유의론喩疑論 1, 명확하지 않은 것 1	8
혜룡慧龍5	4
승인僧印6	4
혜관(열반경서, 법화종요서 외)	4
나집(주유마힐경, 답왕치원答王稚遠 외)	3
혜원	2
법랑(대지도론서, 결본)	1

典』 제3권 p.511 참조

5   전기 미상. 『고승전』 권8 석승인전釋僧印傳에서, "後進往廬山從慧龍諮受法華."(T50, 380b)라는 것을
    참조

6   승인(435~499)의 전기는 『고승전』 권8 석승인전(T50, 380b), 같은 곳에서 "適京師止中興寺. (중략)
    偏以法華著名, 講法華凡二百五十二遍."이라는 것을 참조

⑤ 중국 불교자의 찬술서 및 학설(계속)

승민	1
법요法搖	1
혜기慧基	1
충법사忠法師(불분명)	1
유두劉虯(규뉴인 듯)[7] (법화경집주, 결본)	1
경법사鏡法師(법경法鏡인 듯)[8] (정명현론, 결본)	1
그 외 '유인운有人云' 3개와 '고구어운古舊語云' 2개가 있지만 모두 미상임	

⑥ 중국 외전

자하子夏 모시서毛詩序	2
서운書云	1

3. 『정명현론』의 인용 경론

① 경부

대반열반경	33
대품반야(나집 역 마하반야바라밀경)	29
대방광불화엄경	14
묘법연화경	13
승만경(승만사자후일승대방편방광경)	5
지지론(보살지지경)	3
금강반야바라밀경	2
인왕반야바라밀경	2
문수사리문경	1

---

7 『고승전』권7 석범민전釋梵敏傳에서, "謝莊張永劉虯呂道慧皆承風欣悅雅相歎重, 數講法華成實. 又序要義百科略標綱紐."(T50, 372b)라는 것을 참조.

8 법경(437~500), 전기는 『고승전』권13 '흥복편' 제8(T50, 417b~c) 참조.

① 경부(계속)

잡아함경	1
불유경佛喩經(결본)	1
보적경	1
수능엄경	1
발적경發迹經(결본)	1
상속해탈경(상속해탈지바라밀요의경相續解脫地波羅蜜了義經)	1
그 외 '경운'이라 하지만 불명확한 것	7

② 논부

사백관론四百觀論	1
아비담비바사론	1
열반론	1

③ 중국 불교자의 찬술서 및 학설

승조 주유마힐경 9, 조론(부진공론) 5	14
나집	6
승예 대품경서 2, 중론서 1, 대지도론서 1, 유의론서 1	5
담영(중론서)	3
법랑	3
도생(주유마힐경)	2
승작僧綽	2
승민	1
지장	1
현공顯公(현량顯亮인 듯)9	1

---

9 전기 미상. 『고승전』 권8 석승원전釋僧遠傳에서, "遠與小山法瑤南澗顯亮, 俱被徵召."(T50, 377c)라는
   것을 참조

법요	1
영미靈味 법사(보량寶亮인 듯)[10]	1
광진光秦 법사(불분명)(수현론搜玄論, 결본)	1
상尚 선사(불분명)	1
그 외 '유인석有人釋'이라 하지만 불분명한 것	18

④ 제파諸派·구설舊說

지론사	4
섭론사	2
성실론사	2
강남 구석	8
관중 구설	1

⑤ 자기 저술

법화현론	6

이상 『법화현론』에 대해서는 ① 경부 24부, ② 논부 15부, ③ 율부 4부, ④ 사전부 2부, ⑤ 중국 불교자의 학설 16인 ⑥ 중국 외전 2부, 『정명현론』에 대해서는 ① 경부 15부, ② 논부 10부, ③ 중국 불교자의 학설 14인, ④ 제파·구설 ⑤ 자저自著 1개를 검출할 수 있다. 장안에 들어와 얼마 안 되어 찬술했던 후자(『정명현론』)에 전자(『법화현론』)의 인용이 6회 보이고, 전자에 자저의 인용이 거의 보이지 않는다[11]는 것은 전자의 찬술이 장안 이전이고, 길장 찬술

---

10 『고승전』권8 석보량전에서, "後移憩靈味寺, 於是續講眾經盛于京邑, 講大涅槃凡八十四遍, 成實論十四遍, 勝鬘四十二遍, 維摩二十遍. (후략)"(T50, 381c)라는 것을 참조.

11 『법화현론』권6에서, "法華疏云, 三種無煩惱人而有染慢顛倒信故, 一者信種種乘, 二者信世間涅槃異, 三者信彼此身異, 爲對治此三種病, 故說三旗平等."(T34, 406c)이라고 한다. 『법화소』는 본편 제1장에서도

서 중에도 비교적 초기의 것임을 보여준다. 또한 후자에는 '지론사', '섭론사' 등의 북지의 제학파의 설이 비교적 다수 인용되는 것에 대해 전자에는 그것이 보이지 않는 것도 이를 뒷받침한다. 또 전자에는 도생道生(355~434)이나 법운 法雲(467~529) 등의 개인적인 법화 주소의 설이 다수 인용되는 것에 대해 후자에는 유마의 주소로서는 겨우 『주유마힐경』밖에 보이지 않는 것은 중국 불교에서 길장 시대까지 두 경전의 연구 상황의 차이에 의한 것이겠다. 『법화 현론』, 『정명현론』 모두 단순히 경전의 순서에 따른 해석에 국한하지 않고 삼론 교의의 주요한 주제에 대해 논하는 점에서 공통점이 있고, 승조· 나집·승예· 담영 등 이른바 관중 이래의 전통설이 다수 인용되어 있는 것은 길장의 교학이 그들에 준거하여 성립한 것임을 보여준다. 특히 양자를 통해 승조의 인용이 항상 수위를 차지하는 것은 길장의 다른 저작과 공통적인 현상인데, 전자에서 는 『열반무명론』에서의 인용이 많고, 다른 저작도 골고루 인용되는 것에 대해 후자에서는 『주유마힐경』, 『부진공론』에만 한정되어 있는 것이 눈에 띈다. 중국 불교자의 찬술서나 학설의 인용에 대해서는 예를 들어 현존 최고最古의 법화 주소인 도생의 『법화경소』[12]나 법운의 『법화경의기』[13]와의 엄밀한 비교 등 연구해야 할 문제가 많은데, 우선 당면한 과제인 이른바 대소승 제경론에 대해 그 의용依用 태도를 검토해보고 싶다.

언급했듯이 길장의 초기의 법화 주소인 듯하다고 생각되는데, 현존하지 않으므로 이것에 대해서는 별립別立하지 않았다.

12 도생, 『법화경소』 2권(X27, 1a 이하).
13 법운, 『법화경의기』 8권(T33, 572, no.1715).

4. 『열반경』과 『대지도론』

그래서 지금 이 두 책에 덧붙여 『승만보굴』이나 『중관론소』의 인용 경론에 관해서도 선학의 연구 성과를 참조하여 경부와 논부의 각각에 대해 인용 횟수가 많은 것부터 상위 5부를 열거하면 다음과 같은 결과를 얻는다.

① 경부

법화현론	승만보굴	정명현론	중관론소
1 열반경 85	열반경 55	열반경 33	열반경 125
2 화엄경 32	법화경 23	대품반야 29	대품반야 70
3 대품반야 28	대품반야 19	화엄경 14	유마경 44
4 유마경 19	화엄경 16	법화경 13	법화경 43
5 상법결의경 11	유마경 15	승만경 5	화엄경 27
계 24부	계 39부	계 15부	계 31부

② 논부

법화현론	승만보굴	정명현론	중관론소
지도론 96	지도론 23	지도론 78	지도론 110
섭론 35	법화론 20	중론 20	성실론 51
법화론 33	섭론 20	구사론 6	바사론 31
중론 11	중론 15	섭론 5	잡심론 29
지론 6	불성론 13	성실론 3	백론 20
계 15부	계 17부	계 10부	계 24부

즉 경부에 관해서 말하자면 『법화현론』에서는 『법화경』, 『정명현론』에서는 『유마경』을 각각 제외하므로 이것을 고려하면 앞에서 기술한 네 가지 소에서는 『열반경』·『대품반야』·『법화경』·『화엄경』·『유마경』의 5부의 대승 경전이 예외없이 가장 자주 인용되어 있는 것을 알 수 있다. 이 경전들이 이 4소 이외의 다른 길장의 모든 장소에서도 아마 가장 의용도가 높을 것임은 쉽게

유추할 수 있다. 법화와 유마를 제외한『법화현론』과『정명현론』에서는 각각 『상법결의경』과『승만경』이 간신히 5위에 랭크되어 있긴 했으나 인용 횟수에서 현저한 차이가 있고『보굴』과『중관론소』에서도 이 5부 이외의 경전의 출현 빈도는 한층 떨어지기 때문이다. 또 앞에서 기술한 5부의 대승 경전에는 『열반경』을 제외한 다른 4경은 각 장소에 의해 인용의 빈도가 반드시 일정하지는 않고 그 순위도 4소 각각에서 다르다. 이에 대해『열반경』은 어느 장소에서도 그 순위가 항상 수위이고 게다가 인용된 빈도수도 다른 4경에 비해 압도적으로 많다.

한편 논부에 대해서 말하자면 모두 공통적으로 인용되는 것은『지도론』과 『중론』의 두 가지뿐이다. 단, 이 경우도『중관론소』에서의『중론』에 대해서는 일부러 제외하는 것을 고려했던 상황이다. 상식적으로 생각하면 길장 저작에서『중론』의 의용도가 높다고 생각되지만, 반드시 그렇다고 단언할 수는 없다. 『보굴』의『중론』인용은 겨우 15회로,『불성론』13회와 근접하는 등의 현상이 보이기 때문이다. 앞에서 기술한 인용 횟수는 대강의 기준을 정하기에 그치고 꼭 절대적인 숫자가 아니라는 것을 고려한다면 논부에서는 경부만큼 공통적인 현상은 보이지 않는다고 할 수 있을 것이다. 단지 하나의 예외는『지도론』이 모든 것에 걸쳐 인용되고 게다가 그 횟수가 다른 논서와 비교가 되지 않을만큼 많다는 것이다. 경부에서『열반경』의 인용과 쌍벽을 이룬다. 여기에서 인용 횟수로부터 본 길장 장소의 주된 자료 전거는 분명히 이 두 책이 중심이라고 상정해도 지장이 없을 것이다.

이 점에 관해 이미 오오쵸오에니치橫超慧日 박사는 "길장이 법화의 주소에 임하여 스스로 세친『법화론』의 강령을 채택하여 법화를 해석했다고 하면서 실제로는『법화론』의 지도에 의거했다고 볼 만한 해석은 비교적 부족하며 오히려 가장 빈번하게 인용하여 석경의 자료 전거로 삼았던 것은 주로『지도론』과 『열반경』이었다.”라고 서술한다.[14] 이것은 법화의 주소에 한정되지 않고 석경의 소재가 되었던 경론의 여하를 불문하고 또한 찬술 연대의 구별에 관계 없이 길장의 모든 장소에 있어서 상당히 보편적인 사실인 것은 앞에서 서술한 통계적 수치가 보여주는 대로이다.

그래서 자료 전거라는 성언량적인 면에서 길장 교학의 형성을 생각할 경우 이 『열반경』과 『지도론』의 의용이 그의 주요한 배경이라는 것은 거의 확실시 되어도 좋을 것이다. 그중 『지도론』에 관해서는 중·백·십이문론과 함께 4론 의 일환으로서 또 『대품반야』의 주해서로서 그의 삼론 교학의 중심에 위치해 야 하는 것은 매우 당연한데, 다시 길장은 『법화현론』 권1에서

> 『대지도론』은 경전을 해석하는 모범이므로 대승의 경전을 해석하려는 자 는 반드시 그것을 반영해야 한다.
> 釋論是解經之模軌, 欲釋大乘經者, 必須影之也. (T34, 371c.)

라고 하는 것처럼 주로 석경의 모범으로서 대승 불교에 관한 백과사전적인 『지도론』의 성격을 많이 이용했던 것이라 생각된다. 그런 의미에서 『지도론』 은 길장에 의해 사전적인 역할을 했다. 그러므로 『지도론』에 의해 그 교리· 사상을 구축했다기보다는 오히려 주요한 대승 불교 교의의 술어 관념의 자료 전거를 주로 『지도론』에서 구했다는 것이 실상이다.

한편 『열반경』에 관해서는 그의 공관 사상의 입장으로 한다면 그 사상은 오히려 대립 명제이어야 하겠지만 자료 전거로서의 인용 빈도에서 말해도 항상 『지도론』을 능가한다는 점, 게다가 나중에 서술하는 것처럼 이것이

---

14 橫超慧日, 「法華義疏解題」(『國譯一切經』 '經疏部'3) 참조.

단순한 성언량적인 권위로서 인용되기만 하는 것에 그치지 않고 그 사상 구조의 틀을 결정하는 역할을 맡는 점에서 『지도론』과는 다른 의미로 길장의 사상·교학에서 점하는 그 위치의 중요성이 엿보인다. 길장의 사상이 인도의 중관파에는 보이지 않는 독특한 전개를 보여주는 것도 실은 이 점에 유래한다.

길장 교학에서의 『열반경』의 영향에 관해서는 이미 야스모토토오루泰本融 박사에 의해 『중관론소』에 『대반열반경』의 인용이 압도적으로 많은 점이 지적되며, 제경론 인용 횟수의 많고 적음이 길장의 사상, 특히 그 『중론』 해석의 특이성을 검토하는 하나의 기준이 될 것이라는 점이 시사되었다.[15] 또 야스이 코오사이安井広済 박사는 길장의 이제설이 공가 상즉의 입장을 취한 점에서 용수 중관의 이제설을 초월한 새로운 전개이고 그것은 『열반경』을 사상적 의지처로 삼았던 것이라고 명언한다.[16] 또 이 문제에 관해서는 옛날 남도 삼론의 학자에 의해서도 유의된 흔적이 있으니, 진해(1091~1152)는 그의 저술 『삼론명교초』 권3에서 길장의 '팔불의八不義'를 소개했던 주석에서

여기의 뜻에서는 『열반경』의 설이 『중론』과 구별된다는 것인데, 지금 가상의 해석은 곧 『열반경』으로 『중론』의 설을 성립시킨다는 것이다.
此中意云, 涅槃所說與中論別, 今嘉祥解乃以涅槃成中論說. (T70, 711b.)

15　泰本融, 「吉藏における中觀思想の形態 - 基礎的硏究(1)」(『東洋文化硏究所紀要』 제42책, 1966년 11월) 참조.
16　安井広済, 「中觀の二諦說と三論の二諦說」(『中觀思想の硏究』 pp.384~391) 참조.

라고 서술한다.[17] 이렇게 옛부터 길장과 『열반경』의 관계가 주목되었는데, 후세코오가쿠布施浩岳 박사처럼[18] 이러한 현상은 삼론 종지의 불순성을 초래하는 요인이고 열반종으로 하여금 다른 종파에 융몰시킴과 함께 삼론종 자체도 멸망으로 인도한 결과가 되었던 것으로서 이 점을 오히려 가치적으로는 부정적인 것으로 간주하는 학자도 있다. 어쨌든 간에 고래로부터 갖가지 형태로 지적되어온 길장과 『열반경』과의 결속이 매우 견고한 것이고, 지금 대표적인 찬술서에서의 인용 빈도부터 보아도 다른 경론과는 비교가 되지 않을 정도로 그것이 주요한 자료 전거로 되어 있는 것은 분명하다.

그런데 이 길장의 저작에서의 『열반경』 인용의 압도적 다수는 어디에 기인하는지 그것이 우선 규명되지 않으면 안 되는데, 이 문제는 역사적으로는 강남에서의 열반 학파를 중심으로 한 『열반경』의 유포와 연구의 성행을 그 배경으로 하는 것으로 크게는 남지·북지를 막론하고 중국 불교사에서의 『열반경』의 영향 그 자체를 전제로 하여 이것을 문제로 삼지 않으면 안 되는 성질의 것이다. 예를 들어 양의 3대 논사라고 칭해지는 성실 학파의 개선사 지장(458~522)·광택사 법운(467~529)·장엄사 승민(467~527) 등에 있어서도 『열반경』 연구의 사실은 현저하고,[19] 동시대인인 정영사 혜원(523~592)이나 천태 대사 지의(538~597)에 있어서도 또 마찬가지인 것[20]을 생각

---

17 진해에게 이러한 지적이 이루어져 있었던 것은 야스모토太本 박사가 가르쳐준 것에 의거했다.

18 布施浩岳, 『涅槃宗の研究』(1942년 3월, 東京叢文閣) p.458, p.587 등 참조.

19 이 3인을 '양 삼대법사梁三大法師'라고 칭하는 예는 『속고승전』 권15말에서, "時有三大法師雲旻藏者, 方駕當途復稱僧傑"(T50, 548b)이라 하고, 또 진의 혜달 『조론소』에서, "第二梁時三大法師並云, 八地爲法身位七地未合也."(X54, 56a) 등이라고 하는 것에서 분명하다. 또 『열반경』 연구의 사실에 관해서는 『고승전』 중의 각 전기(권5 석승민전, T50, 461c, 석법운전, 463c, 석지장전, 465c) 중에 상세하며, 또 布施浩岳, 앞의 책, pp.217~221에 상론되어 있다.

20 혜원에게는 『열반경의기』 10권(T37, 613, no.1764)이 있고, 지의에게는 『열반경』의 주소는 없지만 저작의 도처에서 이를 인용하며, 제자인 장안 관정章安灌頂(561~632)에게 『열반경소』 33권(T38, 41, no.1767)이 있으니, 교학의 중심인 '5시8교판'의 원형이 『열반경』에 기초한 것은 주지하는 대로이다.

하면 열반 학파에 국한하지 않는 이『열반경』연구는 당시의 일반적 경향이었다는 것을 살펴볼 수 있다. 이것은『열반경』이 경전 성립사 상에서는 인도 중기 대승 경전의 대표적인 걸작이고, 교리적으로는 대승 불교의 완성을 가리켰던 것으로서 당시의 중국 남북조 시대로부터 팽배하여 일어났던 '대승 사상'의 연구라는 시류에 편승했던 것이다.[21] 남지에서는 특히 양대를 중심으로 하는 열반 학파의 성행과 함께『열반경』연구로 집약적으로 나타난다. 게다가 길장의 교학은 강남에 세력을 떨쳤던 양의 3대 법사의 교학의 초극이라는 형태를 갖고 성립했다. 여기서 그의『열반경』연구가 하나의 역사적 요청으로서 불가결한 것이었음이 이해된다. 그러나 보다 더 중요한 것은 나집의 전역으로 시작된 삼론학의 대성자로서의 길장을 생각할 때 중국에 전해진 삼론의 사상이라는 것이『열반경』의 사상과 융즉되는 것에 의해 비로소 체계화되었다는 점이다. 길장의 저작에 보이는『열반경』의 수많은 인용이라는 사실이 단순히 시대의 일반적 경향 이상으로 문제가 되는 것은 바로 이 점이어서 여기에 중국 불교에서의『반야경』이나 삼론에 기초한 공관 사상의 체질을 생각할 단서가 존재한다. 이러한 관점에서 본다면 현실긍정적인 면이 매우 강한 중국 사회에 수용된 공관 사상에 그 필연적인 전개로서『열반경』의 사상과 결합되지 않을 수 없었던 요인이 본래부터 있었던 것이고 길장에서의 양자의 융합은 문자 그대로 그 역사적인 소산이었다고도 할 수 있다.

　　사상·역사적으로는 이러한 배경의 기초에서 길장과『열반경』의 결합을 설정할 수 있지만 종래 앞에서 서술한 것 같은 제학자의 지적과 함께 길장에게는『열반경』에 관한 주소가 적다는 것(도선의 전기에도『열반경』강경의 사실은

21　橫超慧日,『中國佛敎の硏究』(1958년 1월, 法藏館) pp.290~321 참조.

전혀 전해지지 않는다.)이나 승전 이래 삼론 학파에서『열반경』강경의 전통이 불충분했던 것은 아니었는지라는 의심도 가지게 되고, 역으로 자료적으로 길장에 대한『열반경』의 영향이 농후하다는 점이 판명하면 할수록 오히려 이를 기이한 현상으로 보는 견해도 존재하지 않는 것은 아니었다. 그러나 삼론 학파에서의『열반경』의 연구가 법랑 이래 자못 융성했던 것은 이미 전편에서 서술한 대로여서 길장에게도 충분히 열반 연구를 예상할 수 있기에 충분한 역사적 배경을 가졌고, 별도로『열반경소』20권의 저술이 존재했던 것도 명백한 이상 길장이 열반 연구에 뜻을 두었던 것은 분명하며,『열반경』이 길장의 사상의 기반이 될 가능성은 충분히 생각할 수 있다. 그것이 인용 전거의 압도적 다수로 이어지는 것임은 전혀 모순되지 않는다.

제4절 길장에서 『열반경』 인용의 형태와 특질

1. 인용 형식의 특징

길장이 자기의 장소에 『열반경』을 인용하는 경우 이것을 형식적으로 보아도 대승의 다른 제경론 인용에 비하여 꽤 특징적이다. 그 하나로서 야스모토토오루泰本融 박사는 길장이 『법화경』 기타의 경전에 대해서는 비교적 정확하게 인용하는 것에 비해 『열반경』의 경우는 거의 요약 취의 또는 어떤 설명도 없이 다수 인용한다고 지적한다.[1] 이것은 길장이 다른 제경론보다도 한층 『열반경』에 정통했던 것을 암묵적으로 말한다고도 할 수 있을 것이다. 길장 찬술서 중에도 특히 그 인용이 매우 많이 보이는 『중관론소』에 관해 이를 자세하게 검토해보면 형식상에는 다시 다음의 세 가지로 분류할 수 있다.

1) 『열반경』의 인용인 것을 명확하게 보여주는 경우

이것은 다시 (1) "『열반경』 제몇권에서 말한다."라고 권수까지 지시하는 것(1곳뿐)과 (2) "『열반경』 '무슨 품'에서 말한다."라고 품명을 들어 인용하는 경우(2곳) 외에 대부분은 (3) "『열반경』에서 말한다.", (4) "열반에서 말한다.", (5) "대경大經에서 말한다." 등 경의 정식 호칭이나 약칭·통칭을 사용하는 경우와 (6) 『열반경』의 '품명'만을 거론하는 경우로 나뉜다.

(1) "『열반경』 제몇권에서 말한다."라고 하는 예

예) 以涅槃十三卷, 明今昔二法輪, 皆擧小對大. (『중관론소』 권1말, T42, 14a.)

참고) 善男子, 是諸大衆復有二種, 一者求小乘, 二者求大乘. 我於昔日波羅奈

---

[1] 泰本融, 「中觀論疏解題」(『國譯一切經』 '論疏部' 6, pp.11～12) 참조.

城. 為諸聲聞, 轉于法輪, 今始於此拘尸那城, 為諸菩薩, 轉大法輪. (『열반경』 권13, T12, 689c.)

(2) "『열반경』 '무슨 품'에서 말한다."라고 하는 예

예) 如涅槃師子吼云, 一切諸業, 無有定性, 唯有愚智. 愚人則以輕為重, 無而成有, 智者轉重為輕, 轉有令無. (『중관론소』 권8본, T42, 116a.)

참고) 善男子, 或有重業, 可得作輕, 或有輕業, 可得作重, 非一切人, 唯有愚智. 是故當知, 非一切業悉定得果, 雖不定得, 亦非不得. 善男子, 一切眾生凡有二種, 一者智人, 二者愚人. 有智之人以智慧力, 能令地獄極重之業現世輕受, 愚癡之人現世輕業地獄重受. (『열반경』 권29, T12, 795c.)

(3) "『열반경』에서 말한다."의 예

예) 如涅槃經云, 或有服甘露, 壽命得長存, 或有服甘露, 傷命而早夭. (『중관론소』 권1말, T42, 19b~c.)

참고) 爾時世尊而說偈言, 或有服甘露, 傷命而早夭, 或復服甘露, 壽命得長存. (『열반경』 권8, T12, 650a.)

(4) "열반에서 말한다."의 예

예) 涅槃云, 二乘之人, 名有所得也. (『중관론소』 권1본, T42, 10b.)

참고) 有所得者, 名為聲聞辟支佛道. (『열반경』 권15, T12, 706c.)

(5) "대경에서 말한다."의 예

예) 大經云, 我亦不說三寶無有異相, 但說常義無差別耳. (『중관론소』 권2말,

T42, 31b.)

참고) 善男子, 如來不說佛法衆僧無差別相, 唯說常住淸淨二法無差別耳. (『열반경』 권23, T12, 757c.)

(6) 품명만을 거론한 예

예) 師子吼云, 空中無刺, 云何言拔. (『중관론소』 권3말, T42, 48b.)

참고) 師子吼言, 空中無刺, 云何言拔. (『열반경』 권27, T12, 781a.)

2) "경전에서 말한다."라고 하는 경우

이것은 다시 (1) 단순히 "경전에서 말한다."라고 하는 경우와 (2) "경전에서 말한다."와 함께 『열반경』 특유의 고유 명사를 포함하는 것으로 나뉜다.

(1) 단순히 "경전에서 말한다."의 예

예) 經云, 衆生病有三種, 一貪欲病教不淨觀, 二瞋恚病教慈悲觀, 三愚癡病教 因緣觀. (『중관론소』 권1말, T42, 16c.)

참고) 知諸凡夫病有三種, 一者貪欲, 二者瞋恚, 三者愚癡, 貪欲病者教觀骨相, 瞋恚病者觀慈悲相, 愚癡病者觀十二緣相. (『열반경』 권23, T12, 755b.)

(2) "경전에서 말한다." 외에 『열반경』 특유의 고유 명사를 포함하는 예

예) 如阿難度須跋陀事經云. (『중관론소』 권1말, T42, 13b.)

참고) 須跋言, 善哉阿難, 我今當往至如來所. 爾時阿難, 與須跋陀還至佛所, 時須跋陀到已, 問訊作如是言. (『열반경』 권36, T12, 850c.)

3) "『열반경』에서 말한다."라고도 "경에서 말한다."라고도 명시하지 않는 경우

　이것은 다시 (1) 인용문인 것만 분명한 것과 (2) 인용문인 것을 알 수 있으면서 아울러 『열반경』 특유의 고유 명사를 포함하는 것 (3) 반드시 인용문이라고 할 수 없지만 『열반경』의 비유·술어를 그중에 포함하는 것으로 나뉜다.

(1) 인용문인 것만 분명하고 따로 단서를 얻을 수 없는 예

예) 所以云發心畢竟二無別. (『중관론소』 권2말, T42, 31a.)

참고) 爾時迦葉菩薩即於佛前, 以偈讚佛. 憐愍世間大醫王, 身及智慧俱寂靜, 無我法中有眞我. 是故敬禮無上尊, 發心畢竟二不別, 如是二心先心難. (『열반경』 제35, T12, 838a.)

(2) 인용문인 것을 알 수 있으면서 『열반경』 특유의 고유 명사를 포함하는 예

예) 如先尼計作者是卽陰. (『중관론소』 권6, T42, 89b.)

참고) 善男子, 汝意若謂我是作者, 是義不然. (『열반경』 35, T12, 843a.)

(3) 반드시 인용문이라고 할 수는 없지만 『열반경』 특유의 비유·술어를 포함하는 예

예) 前禁於常後禁無常, 前有斷首之令, 後有舌落之言, 故不應有所取著. (『중관론소』 권7본, T42, 107b.)

참고1) 是藥毒害多傷損故, 若故服者當斬其首. (T12, 618a.)

참고2) 我今爲諸聲聞弟子, 說毗伽羅論, 謂如來常存無有變易, 若有人言如來無常, 云何是人舌不墮落. (『열반경』 권5, T12, 631b.)

2. 자주 나오는 인용구에 대해

형태적으로 본 길장 장소에서의『열반경』인용의 또 하나의 특징은 동일 장소章疏 중에서 아니면 다른 종류의 장소 사이에서 자주 같은『열반경』의 문장을 인용하는 것이다. 이러한 예는 인용구에서 흔히 있는 일로서 다른 경론의 경우에도 가끔 보이는 것이지만,『열반경』의 경우 특히 어떤 특정의 장구를 곧잘 되풀이하여 다용하는 흔적이 있다. 이것은 길장 장소에서의 매우 많은『열반경』의 인용문 중에 그의 사상 표명에 가장 적절한 문구가 무엇이었는지를 단적으로 보여준다. 그래서 다음에 길장이 자료 전거로서 가장 빈번하게 사용했던『열반경』의 장구가 무엇이었는지를 검토하는 것에 의해『열반경』과 길장 사상과의 연관 요인을 탐구하려 한다. 다음에 열거한 것은 이러한 관점에서 우선 조사한『법화현론』,『승만보굴』,『정명현론』,『중관론소』의 4주소註疏에 대해 동일한『열반경』의 장구가 2회 이상에 걸쳐 인용되는 예이다(2회에 걸쳐 인용된 것은 이외에 다시 약간을 덧붙일 수 있지만, 때마침 우발적인 것이나 특별히 중요하지 않다고 생각되는 것에 대해서는 이것을 생략하여 30개의 예를 거론하기에 그침). 또 괄호 내의 대정大正 장경의 쪽수는 각각『중관론소』대정장 42권·『정명현론』대정장 38권·『승만보굴』대정장 37권·『법화현론』대정장 34권의 권수를 생략했다. 또한『대반열반경』(남본) 대정장 12권도 마찬가지이다. 경의 권수·품명을 모두 남본에 근거한 것은 길장이 사용했던 텍스트가 남본『열반경』이었기 때문이다.

1) 此常法要是如來. (권3「장수품長壽品」, 622a.)
 *『중관론소』7말, 115c.『정명현론』6, 891a.

2) 如來身者是常住身, 不可壞身金剛之身, 非雜食身, 即是法身. (권3「금강신
   품金剛身品」, 622c.)
* 『중관론소』 10말, 154b. 『법화현론』 9, 434b. 『법화현론』 9, 439c.

3) 唯斷取著不斷我見. 我見者名為佛性 (권5「사상품지여四相品之餘」, 635c.)
* 『중관론소』 6본, 92a. 『중관론소』 8본, 124b.

4) 是大涅槃微妙經中有四種人, 能護正法, 建立正法, 憶念正法, 能多利益憐
   愍世間, 為世間依安樂人天. 何等為四. 有人出世具煩惱性, 是名第一. 須陀
   洹人斯陀含人, 是名第二. 阿那含人, 是名第三. 阿羅漢人, 是名第四. 是四
   種人出現於世, 能多利益憐愍世間, 為世間依安樂人天. (권6「사의품四依品」,
   637a.)
* 『중관론소』 서소序疏. 1c. 『중관론소』 3본, 36b.

5) 我者即是如來藏義. 一切眾生悉有佛性, 即是我義 (권8「여래성품如來性品」,
   648b.)
* 『중관론소』 6본, 92a. 『법화현론』 1, 367b. 『승만보굴』 하말, 77c.

6) 如是一味隨其流處有種種異. (권8「여래성품」, 649b.)
* 『중관론소』 1본, 9c. 『중관론소』 2본, 21b. 『중관론소』 6말, 99c. 『법화현론』
   9, 442a. 『승만보굴』 하말, 67a.

7) 修一切法常者墮於斷見, 修一切法斷者墮於常見, 如步屈蟲要因前腳得移
   後足, 修常斷者亦復如是, 要因斷常. (권8「여래성품」, 651b.)
* 『중관론소』 2말, 32a. 『중관론소』 5본, 72a.

8) 凡夫之人聞已分別生二法想, 明與無明, 智者了達其性無二, 無二之性即是 實性 (권8「여래성품」, 651c.)

* 『중관론소』 1본, 9a. 『중관론소』 2본, 26c. 『중관론소』 5말, 81c. 『중관론소』 9말, 139b. 『중관론소』 10본, 158c. 『승만보굴』 상본, 5b. 『정명현론』 1, 857a. 『정명현론』 3, 874b. 『정명현론』 6, 891b.

9) 善男子, 我與無我性相無二, 汝應如是受持頂戴. 善男子, 汝亦應當堅持憶 念如是經典, 如我先於摩訶般若波羅蜜經中說我無我無有二相 (권8,「여 래성품」, 651c.)

* 『법화현론』 3, 384a. 『정명현론』 6, 891b.

10) 舍利弗等以小涅槃而般涅槃, 緣覺之人於中涅槃而般涅槃, 菩薩之人於大 涅槃而般涅槃. (권9「보살품」, 664b.)

* 『법화현론』 6, 412c. 『승만보굴』 하본, 71b.

11) 諸行無常, 是生滅法. 生滅滅已. 寂滅為樂 (권13「성행품하聖行品下」, 692a ~693a.)

* 『중관론소』 1본, 6b. 『중관론소』 3말, 48c.

12) 無所得者名為大乘, 菩薩摩訶薩不住諸法故得大乘, 是故菩薩名無所得. 有所得者名為聲聞辟支佛道, 菩薩永斷二乘道故得於佛道, 是故菩薩名無 所得. (권15「범행품梵行品」, 706c.)

* 『중관론소』 1본, 10b. 『법화현론』 3, 387a. 『승만보굴』 중말, 53a. 『정명현론』 7, 901c.

13) 若說有得是魔眷屬, 非我弟子. (권15「범행품」, 707a.)

* 『법화현론』 1, 362b. 『승만보굴』 하본, 68b.

14) 一切世諦若於如來即是第一義諦. 何以故. 諸佛世尊為第一義故說於世諦, 亦令衆生得第一義諦.　若使衆生不得如是第一義者,　諸佛終不宣說世諦. (권15「범행품」, 708a.)

* 『중관론소』 1본, 12a. 『중관론소』 3본, 35b. 『중관론소』 4말, 63b. 『중관론소』 10본, 150c. 『중관론소』 10본, 151a. 『정명현론』 6, 894c.

15) 云何名為聲聞緣覺邪曲見耶. (중략) 如是等見, 是名聲聞緣覺曲見 (권19, 「덕왕품德王品」, 731a~b.)

* 『중관론소』 서소, 3a. 『중관론소』 10말, 164c. 『법화현론』 9, 440c. 『승만보굴』 하본, 66a.

16) 涅槃之體非本無今有. 若涅槃體本無今有者則非無漏常住之法. 有佛無佛性相常住. 以諸衆生煩惱覆故不見涅槃. 便謂為無. 菩薩摩訶薩以戒定慧熏修其心, 斷煩惱已便得見之, 當知, 涅槃是常住法非本無今有. 是故為常. (권19「덕왕품」, 735b.)

* 『중관론소』 9본, 133c. 『승만보굴』 하본, 68b. 『정명현론』 6, 894c.

17) 云何菩薩觀此煩惱猶如大河, 如彼駛河能漂香象, 煩惱駛河亦復如是, 能漂緣覺. 是故菩薩深觀煩惱猶如駛河, 深難得底故名為河. (중략) 所言底者名為空相 (권21「덕왕품」745a~b.)

* 『중관론소』 1말, 17a. 『중관론소』 4본, 53c.

18) 如坻羅婆夷名為食油, 實不食油, 強為立名, 名為食油, 是名無因強立名字. 善男子, 是大涅槃亦復如是, 無有因緣, 強為立名. (권21「덕왕품」, 747b.)

* 『중관론소』 9말, 143a. 『법화현론』 2, 382a. 『승만보굴』 중말, 47a. 『정명현론』 1, 856b. 『정명현론』 2, 865b.

19) 善男子, 能作是問. 若使諸佛說諸音聲有定果相者, 則非諸佛世尊之相, 是
魔王相, 生死之相, 遠涅槃相 何以故. 一切諸佛凡所演說無定果相 (권22
「덕왕품」, 748c.)

＊『법화현론』 2, 381a.『법화현론』 4, 392a.『정명현론』 6, 897a.

20) 若依聲聞言不見施及施果報, 是則名為破戒邪見. (권22「덕왕품」, 750c.)
＊『중관론소』 서소, 3a.『중관론소』 8본, 121c.『중관론소』 10말, 164c.

21) 善男子, 佛性者名第一義空, 第一義空名為智慧. 所言空者不見空與不空,
智者見空及與不空常與無常苦之與樂我與無我 (중략) 聲聞緣覺見一切空
不見不空, 乃至見一切無我不見於我. 以是義故不得第一義空, 不得第一義
空故不行中道, 無中道故不見佛性 (권25「사자후품師子吼品」, 767c～768a.)
＊『중관론소』 서소, 3a.『중관론소』 4본, 53c.『법화현론』 1, 362c.『법화현론』
2, 375a.『법화현론』 8, 427a.『승만보굴』 하본, 73b.『승만보굴』 하본, 74c.

22) 佛性者, 即是一切諸佛阿耨多羅三藐三菩提中道種子. (중략) 中道之法名
為佛性 (권25「사자후품」, 768a.)
＊『중관론소』 2말, 31a.『중관론소』 3본, 34b,『승만보굴』 상말, 14c.『승만보
굴』 하본, 73c.

23) 生死本際凡有二種, 一者無明, 二者有愛. 是二中間則有生老病死之苦, 是
名中道. (권25「사자후품」, 768a.)
＊『중관론소』 5본, 74c.『중관론소』 6말, 101c.

24) 復次善男子, 眾生起見凡有二種, 一者常見, 二者斷見. 如是二見不名中道.
無常無斷乃名中道. (권25「사자후품」, 768b.)
＊『중관론소』 서소, 2a.『중관론소』 2본, 23c.『중관론소』 2본, 24a.

25) 二乘之人雖觀因緣, 猶亦不得名為佛性. 佛性雖常以諸眾生無明覆故不能
　　得見. 又未能度十二緣河, 猶如免馬. 何以故. 不見佛性故. (권25 「사자후품」,
　　768b.)
* 『중관론소』 1본, 6b. 『중관론소』 1말, 16b.

26) 善男子, 佛性者有因有因因, 有果有果果. 有因者即十二因緣, 因因者即是
　　智慧. 有果者即是阿耨多羅三藐三菩提, 果果者即是無上大般涅槃. (권25,
　　「사자후품」, 768b.)
* 『중관론소』 1본, 6b. 『중관론소』 1본, 12b. 『중관론소』 5말, 85a.

27) 善男子, 以是義故, 十二因緣不出不滅. 不常不斷非一非二不來不去非因
　　非果. (권25 「사자후품」, 768b.)
* 『중관론소』 2본, 23b. 『중관론소』 2본, 24c. 『중관론소』 2말, 29c. 『중관론소』
　　5본, 73b.

28) 若有人見十二緣者即是見法, 見法者即是見佛, 佛者即是佛性. (권25, 「사
　　자후품」, 768c.)
* 『중관론소』 6말, 96b. 『중관론소』 10본, 154b.

29) 善男子, 觀十二緣智凡有四種, 一者下, 二者中, 三者上, 四者上上. 下智觀
　　者不見佛性, 以不見故得聲聞道. 中智觀者不見佛性, 以不見故得緣覺道.
　　上智觀者見不了了, 不了了故住十住地. 上上智觀者見了了, 故得阿耨多羅
　　三藐三菩提道. 以是義故, 十二因緣名為佛性. 佛性者即第一義空, 第一義
　　空名為中道, 中道者即名為佛, 佛者名為涅槃. (권25 「사자후품」, 768c.)
* 『중관론소』 1본, 9c. 『중관론소』 8말, 124a. 『법화현론』 3, 383a. 『승만보굴』
　　하본, 65a. 『정명현론』 3, 871b. 『정명현론』 4, 879b.

30) 發心畢竟二不別. (권35「가섭품」, 838a.)

* 『중관론소』2말, 31a. 『정명현론』2, 866c.

3. 『열반경』인용구의 사상적 의의

이 중에서 다시 5회 이상 인용된 것을 추출해보면 다음의 6곳이다. 즉

6) 如是一味隨其流處有種種異. (권8「여래성품」, 제12.)

8) 凡夫之人聞已分別生二法想, 明與無明, 智者了達其性無二, 無二之性即是
實性 (권8「여래성품」, 제12.)

14) 一切世諦若於如來即是第一義諦. 何以故. 諸佛世尊為第一義故說於世諦,
亦令衆生得第一義諦. 若使衆生不得如是第一義者, 諸佛終不宣說世諦.
(권15「범행품」, 제20의 2.)

18) 如坻羅婆夷名為食油, 實不食油, 強為立名, 名為食油, 是名無因強立名字.
善男子, 是大涅槃亦復如是, 無有因緣, 強為立名. (권21「덕왕품」, 제22
의 3.)

21) 善男子, 佛性者名第一義空, 第一義空名為智慧. 所言空者不見空與不空,
智者見空及與不空常與無常苦之與樂我與無我. (후략) (권25「사자후품」,
제23의 1.)

29) 善男子, 觀十二緣智凡有四種. 一者下, 二者中, 三者上, 四者上上. 下智觀者
不見佛性, 以不見故得聲聞道. (중략) 上上智觀者見了了, 故得阿耨多羅三
藐三菩提道. 以是義故, 十二因緣名爲佛性. 佛性者即第一義空, 第一義空名
爲中道, 中道者即名爲佛, 佛者名爲涅槃. (권25 「사자후품」, 제23의 1.)

의 6문장이다.

6)의 "일미一味의 약藥은 흐르는 곳에 따라 여러 가지로 달라진다."라는 비유
는 일미의 약을 여래 비장如來秘藏의 불성에 비유한 것으로 무명의 중생은
번뇌의 총림叢林에 가리어 이것을 볼 수 없기 때문에 여러 가지 맛을 낸다고
하는 것인데, 여러 가지의 맛이란 이른바 지옥 등의 6도 윤회를 가리킨다.[2]
『중관론소』 등에서 이것을 다용하는 것은 일미의 불성이란 중도 불성이고
중도 불성은 팔불에 다름 아니라는 논리이다.[3] 권2본에서는 "일미약이란 중도
불성이다. 중도 불성이란 불생불멸, 불상불단, 즉 팔불이다."[4]라고 한다. 이렇
게 이 구절은 일미의 중도 불성(=팔불)을 잃어 6도의 맛을 이룬다는 비유로서
인용되는 것이 많다. 『법화현론』에서는 일실상一實相을 잃어 6도의 이견異見을
발생시키는 논거로서 인용되는데,[5] 같은 취지이다.

7)의 "명明과 무명無明을 어리석은 자는 이二라 하고 지혜로운 자는 그 성품
이 무이無二라고 요달한다."라는 구절은 길장이 가장 즐겨 사용하는 것으로,

---

2   『대반열반경』(남본) 권8, "善男子, 如來秘藏其味亦爾, 爲諸煩惱叢林所覆, 無明衆生不能得見. 藥一味者
    譬如佛性, 以煩惱故出種種味, 所謂地獄畜生餓鬼, 天人男女非男非女, 刹利婆羅門毘舍首陀."(T12, 649b.)

3   『중관론소』 권1본, "如涅槃經云是一味藥隨其流處有六種味, 即是失中道佛性成六道味, 八不即是中道佛
    性也."(T42, 9c.)

4   위의 책, 권2본, "一味藥者即中道佛性, 中道佛性不生不滅不常不斷即是八不."(T42, 21b.)

5   『법화현론』 권9, "若以一實相爲一質, 以失實相故有六道異見. 如大經云."(T34, 442a.)

박인 방증博引旁證으로 널리 알려진 길장 저술에 보이는 무수한 인용구 중에서 아마 이 말만큼 빈번하게 사용되는 것은 없다. 이『열반경』의 1구가 이 정도로 다용되는 것은 이견二見을 논파하여 불이 중도를 펼쳐 밝히려는 길장의 주장에 가장 잘 합치하는 것이었기 때문이다. 길장은『중관론소』권1본⁶에서 이 말과 함께『대품반야』에서는

모든 이二의 법에는 도道도 없고 과果도 없다.
諸有二者, 無道無果⁷

『화엄경』에서는

현성賢聖의 도에 미혹하면 생사와 열반이 둘이라고 한다.
迷惑賢聖道, 生死涅槃謂二⁸

『법화경』에서는

여래는 여실하게 삼계의 상相을 알아본다.
如來如實知見三界之相⁹

---

6   『중관론소』권1본, "故大品云, 諸有二者無道無果, 涅槃云, 明無明愚者謂二, 華嚴云, (후략)"(T42, 9a.)
7   『마하반야바라밀경』권26 '평등품', "是人得是法 是為大有所得. 用二法無道無果. (후략)"(T8, 414b)의 취의.
8   『대방광불화엄경』권8 「보살운집묘승전상설계품菩薩雲集妙勝殿上說偈品」, "虛証妄說者, 生死涅槃異, 迷惑賢聖法, 不識無上道."(T9, 443c.)
9   『묘법연화경』권5 「여래수량품如來壽量品」(T9, 42c.)

『유마경』에서는

> 불이를 깨달으므로 무생인을 얻는다.
> 悟不二故, 得無生忍.[10]

라고 각각의 경문을 요약 취의하여 인용하고, 모두『열반경』의 "명과 무명을 어리석은 자는 둘이라 한다."(明無明愚者謂二..)와 같은 취지를 나타낸 것임을 강조한다. 앞에서 서술했듯이 길장의 인용이 많은 5부의 대승 경 중에서 다른 4경에서도 이『열반경』과 같은 취지를 전거로서 구하는 것은 이것들이 무득 정관의 기조에 가장 잘 부합하기 때문일 것이다. 그러나『열반경』의 이 구절이 압도적으로 많이 사용된다는 점에서『열반경』이 길장의 사상 표명에 결정적인 역할을 수행하는 것을 보여준다. 게다가 후술하겠지만 이 '명무명무이明無明無二'의 설은 후세의 중국 선에서도 '번뇌보리불이'의 설과 나란히『조계대사별전曹溪大師別傳』등에서 설해져『열반경』의 대표적인 사상이라고 생각되었다.[11] 사상 표현의 자료 전거로서 필요했던 것이 일치한다는 점에서 이 문장은 양자의 사상적 기반의 공통항을 드러내는 중요한 것이다.

14)의 "일체의 세제는 만약 여래에게서라면 곧 제일의제이다. 운운"이라는 말은 - 앞의 8)의 '명무명무이明無明無二'가 무득 정관의 실천을 무소득 무집착에서 찾는 길장의 실천적 표현이라 한다면 - 지금의 말은 그 논리적 기반으로서 이제 상즉을 보여주는 것인 점에서 중요하다. 길장은『이제의』권하[12]에서

---

10 『유마힐소설경』권중「입불이법문품入不二法門品」, "云何菩薩入不二法門. (중략) 諸仁者, 生滅為二, 法本不生今則無滅, 得此無生法忍, 是為入不二法門."(T14, 550b~c)의 취의.

11 柳田聖山,『初期禪宗史書の研究』p.240 참조.

12 『이제의』권하, "今且略出三處經文, 明二諦相即義. 一者即向所引涅槃經, 世諦即第一義. 二者大品經, 空即色, 色即空, 離空無色, 離色無空. 三者淨名經, 色性自空, 非色滅空."(T45, 104c.)

이제의 상즉의를 논할 때 직접적 전거로서 이 『열반경』의 "세제가 곧 제일의 제이다."(世諦者卽第一義諦.)와 『대품반야』의 "공이 곧 색이고 색이 곧 공이니, 공을 떠나 색이 없고 색을 떠나 공이 없다."(空卽色, 色卽空, 離空無色, 離色無空.),[13] 『유마경』의 "색성은 본래 공이니, 색이 아니면 공도 소멸한다."(色性自空, 非色 滅空.)[14]의 3경을 인용하는데, 『열반경』의 문구를 그 첫 번째로 거론하며 이제 에 관한 길장의 다른 장소에서도 수정을 덧붙이는 것 없이 자주 인용된다.

18) "지라바이坻羅婆夷[15]를 이름하여 식유食油라고 한다. 운운"이라는 1구는 '열반'이 '불가사량, 불가사의'인 무명상의 진실이지만 억지로 '열반'이라는 이름을 세운다고 하는 비유로 사용된다. 이 1구도 자주 의용되는 것은 모든 개념과 명상名相이 중생으로 하여금 무명상의 제법 실상을 깨닫게 하는 방편·수단이라는 길장의 기본적 입장을 보여주는 비유로서 매우 적절한 표 현이기 때문이다. 이 구절이 각 장소에 걸쳐 골고루 인용되는 것은 갖가지 술어 개념에 관해 보편적으로 말할 수 있는 진리이기 때문이다. 앞에서 기술한 각 장소에서도 『중관론소』 권9말에서는 '유불有佛'에 관해

경전에서 불타가 있다고 설하는 까닭은 대개 무명상이지만 명상을 빌려 설하는 것이다.

經中所以說有佛者, 蓋是無名相中假名相說. (T42, 143a.)

13　『마하반야바라밀경』 권1 '봉발품奉鉢品' 제2, "離色亦無空, 離受想行識亦無空, 色卽是空, 空卽是 色."(T8, 221b~c), 권3 '집산품集散品' 제9, "離空亦無色, 色卽是空, 空卽是色."(T8, 235a) 등의 취의.

14　『유마힐소설경』 권중 「입불이법문품」, "喜見菩薩曰, 色見空爲二, 色卽是空, 非色滅空, 色性自空."(T14, 551a.)

15　지라바이坻羅婆夷는 taila-pāyin 또는 taila-pāyika의 음사어로서, taila-paka와 같다. '기름을 먹는 것' 의 뜻으로 유충油蟲(의 일종)(『梵和大辭典』, 鈴木學術財團, p.551 참조). 명칭은 유충油蟲이지만 실제 로는 기름을 먹지 않기 때문에 본문에서와 같은 비유로 사용된다.

라고 설시하는 비유로서 인용되며, 『법화현론』 권2에서는 '정법正法'에 관해

중생을 벗어나게 하기 위해 무명상이지만 명상을 빌려 설하는 것이다. 그
러므로 억지로 정법이라고 할 따름이다.
為欲出處衆生於無名相中, 假名相說. 故强名正法耳. (T34, 382a.)

라고 설하며, 『승만보굴』 권중말에서는 '열반'에 관해

열반도 이러하니, 실제로는 무명상이지만 억지로 명상으로 설하는 것이
다. 이것은 지극한 도리는 열반이라고도 열반이 아니라고도 설할 수 없음
을 밝히는 것이니, 어떻게 찬미해야 할지 알지 못한다. 그러므로 억지로
찬탄하여 열반이라고 할 따름이다.
涅槃亦爾, 實無名相, 强名相說. 此明至理不可說. 涅槃不涅槃, 不知, 何以美
之. 故强歎為涅槃耳. (T37, 47a.)

라고 설하는 비유로서 인용된다. 『정명현론』 권1에서는 정명(Vimalakīrti)의
'묵연黙然'에 관해

경전에서 무명상이지만 억지로 명상으로 설한다고 하였으니, 이 명상으로
인하여 무명상을 깨닫게 하고자 한다.
經云, 無名相中, 强名相說. 欲令因此名相悟無名相 (T38, 856b.)

라고 설하니, 이것을 "대개 수교垂教의 대종大宗이고 군성群聖의 본의本意이
다."라고 한다. 이렇게 보면 이 구절도 『열반경』 중에서도 가장 길장의 뜻에
들어맞는 1구였다고 할 수 있을 것이다.

21)과 29)는 모두 권25 「사자후보살품」에서의 인용이다. 길장의 공관 사상이 인도의 중관파에는 보이지 않는 독특한 전개를 보여주는 것이라는 좋은 예로 서, 『중관론소』 권10말에 소승의 공과 대승의 공의 차이에 대해

> 대승에서는 무명이 본래 불생임을 아니, 이때 2종의 공을 본다. 첫째로 있는 바가 없다는 것이니, 무명은 얻을 수 없음을 말한다. 둘째로 곧 불성은 필경 청정하여 번뇌가 있지 않음을 보는 것이니, 또한 공이라고 한다. 이것은 또한 곧 공과 불공의 두 가지 뜻을 보는 것이다. 2종의 공을 보는 것을 공을 본다고 하고, 불성의 묘유를 곧 보는 것을 불공을 본다고 한다. 소승에서는 결코 이 세 가지 일을 보지 못한다. 단지 무명이 있다는 것을 부정하기만 하므로 공이라고 할 뿐이다.
>
> 大乘知無明本自不生, 爾時見二種空. 一者有所無空, 謂無明不可得. 二者卽見佛性畢竟淸淨, 無有煩惱, 亦名爲空. 此亦卽是見空不空二義. 見二種空名見空, 卽見佛性妙有, 名見不空. 小乘並不見此三事. 但折無明有, 是故言空耳. (T42, 160c~161a.)

라고 서술한다. 이러한 길장의 공관은 『열반경』의 불성설에 기초한 것이 분명한데, 그중에도 공관 사상과의 융즉을 보여주는 「사자후보살품」의 사상이 그 기조가 된다. 요컨대 「사자후보살품」에 의하면 "불성이란 공과 불공을 보는 제일의공이다."(21의 인용구), 그것은 "중도에 다름 아니다."(22의 인용구)라고 한다. 길장은 이것을 『중관론소』 중에서 중도의 정의로 2번 인용한다.[16] 또 앞의 인용문 21)에서는 "제일의공을 이름하여 지혜로 삼는다."라고도 하는데, 이것이 구체적으로는 공과 불공을 보고 명과 무명, 상과 무상을 보는

---

16 『중관론소』 권2말, "大經云, 中道之法名之爲佛. 故八不明中道, 卽是明佛義也."(T42, 31a), 권3본, "法身卽是中道. 故涅槃經以中道爲佛."(T42, 34b.)

지혜로운 자의 지혜이고, 12인연을 관조하는 지혜이기도 하다(29의 인용구). 이 제일의공의 입장에 선 관지觀智가 불성이라고 설하는 것이「사자후품」의 불성론이다. 길장이『중관론소』에서「관인연품」의 인연을 12인연이라 파악하고,[17] 12인연의 불생불멸을 밝혔던 것이『중론』의 팔불이라고 하며,[18] 한편으로 이 12인연의 본무생멸本無生滅을 정관하는 관지가 불성이라고 하는[19] 것은 완전히「사자후보살품」의 입장에 기초한 것이다.

사상적인 의지처로서 이용된『열반경』중에도「사자후품」이 중심이었다는 것은 4소 중에 중복하여 인용되는 앞의 삼십 가지 예 중에서 약 삼분의 일에 상당하는 아홉 가지 예가「사자후품」에서 인용된 것이라거나 각 장소에 단독으로 사용된『열반경』의 인용구 전체에서도「사자후품」에서의 인용이 단연 많다는 사실이 잘 보여준다. 또 길장이 특히「사자후품」을 중시했던 것은 그 자신이『대승현론』에서

> 지금 일사一師(법랑)는 매번『열반경』을 증거로 삼는다. 그런데 이 일교一教는 도처에서 모두 불성을 밝힌다. 그러므로「애탄품哀歎品」에서는 유리주瑠璃珠의 비유로 또한 구체적으로 충분히 불성을 밝히며, 이「여래성품」의 경우 모두 불성의 뜻을 밝히고 내지「사자후품」,「가섭품」에서는 자세히 불성의 일을 밝혀 뜻이 곧 밝게 드러났다. 그러므로 일사가 인용하는 문구는「사자후품」을 정의正意로 삼았다.
>
> 今時一師每以涅槃經為證. 然此一教處處皆明佛性 故哀歎品中瑠璃珠喻, 亦是具足明佛性義. 如是如來性品皆明佛性義. 乃至師子吼迦葉廣明佛性事,

---

17 위의 책, 권1본, "能說是因緣者, 謂說十二因緣不生不滅等. 故知是十二因緣."(T42, 6a.)

18 위의 책, 권2말, "一者八不明十二因緣不生不滅"(T42, 29c.)

19 위의 책, 권1본, "由十二因緣本無生滅發生正觀卽觀智佛性."(T42, 6b.)

義乃顯然. 故一師所引文句, 以師子吼文爲正也. (T45, 37b.)

라고 하여 『열반경』에는 도처에서 불성의를 밝히지만, 법랑은 항상 「사자후품」의 문장을 가지고 '정의正意'로 삼았다고 전한다. 이 법랑의 방침은 길장에 의해서도 계승되었을 것이라는 점은 명확하다. 앞의 「여래성품」의 '명무명무이明無明無二'의 설에서도 서술했듯이, 후세 중당中唐 이래의 남종선의 조사들에게 『열반경』의 인용이 비교적 많은 것은 주지의 사실이다. 선종에서의 『열반경』의 의용이라는 문제는 남방 열반사의 상주 사상에 대한 안티 테제로서의 일면을 가진 것인데, 게다가 그 인용의 많은 부분이 「사자후품」이라는 것은 이 품이 특히 수많은 『열반경』의 불성론 중에서도 공관 사상과의 융즉을 의도했던 품이었던 것을 생각할 때 남종선의 조사들이 『열반경』에서 사상적 전거를 구했던 의도를 살펴볼 수 있는 것이며, 사상의 형태로서는 삼론에서의 공관 사상과 불성 사상의 융즉이라는 형식과 일종의 공통점을 거기서 발견할 수 있는 것이다.

　이처럼 길장 장소에서의 『열반경』 인용의 문제는 단순히 장엄으로서 인용된 것이 아니라 그의 사상의 본질에 관계된 문제를 포함하는 것이 알려진다. 그리고 이것은 중국 불교에서 삼론의 공관 사상의 전개를 고려할 경우 『열반경』 사상과의 융합이라는 형식에 있어서 처음으로 그 대성을 길장에서 보았다는 점에서 중국 불교에 수용된 공관 사상의 체질이 어떤 것이었는지 길장 이후의 전개도 포함하여 새삼 중요한 시사를 준다고 할 수 있다.

제4장

삼론 교의에 관한 몇 가지 문제

서. 길장에서 삼론 교의의 틀

1.

길장은 『중관론소』 권2말에서 불법을 배움에 두 종류의 사람이 있다고 하여 한 사람은 대승 무소득의 뜻을 깨달아 수數(비담) · 논論(성실)의 명교名教를 이해하지 않는 사람이고, 한 사람은 정밀하게 일체의 명교名教를 알면서도 대승 무소득의 뜻을 배우지 않는 사람이다. 이 두 사람 중에 누가 우수한지라는 물음을 일으킨다. 그리고 그 답으로

이목耳目을 좇는 무리들은 일체의 명교를 아는 자가 우수하다고 한다. 지금 도리로써 논하면 두 사람은 모두 과실이지만 전자를 우수하다고 한다. 어떻게 그런 줄 아는가? 불타는 일체의 명교를 설하지만 뜻은 무소득의 일상 일미一相一味에 있으니, 상相을 떠난 해탈상解脫相이라고 한다.[1]

---

[1] 『중관론소』 권2말, "問, 有二種人. 一者悟大乘無所得意, 不解數論名教. 二者精識一切名教, 不學大乘無所

라고 서술한다. 이것을 부연하여 경전을 홍포하고 논서를 회통함에는 모름지기 과문科文이나 석의釋義의 순서에 의해 위배되는 점을 상세히 하고 동이를 회통해야 하는데도, 왜 한결같이 무소득의 관을 짓는지를 말하자면 성인이 세상에 발흥함은 오로지 중도를 드러내기 위해서여서 중中으로 인해 관觀을 발하고 모든 번뇌를 소멸시키는 것이다. 그래서 만약 석의·과문과 같은 말에 구속된다면 불의佛意를 상하게 하는 것이 된다. 또 백 년의 수명이 있다고 해도 아침 이슬처럼 무상한 것이기 때문에 우쭐해서는 안 되며, 마땅히 도를 보존하는 것을 급무로 삼아야 한다고 하여 대승 무소득의 뜻을 강조한다. 그러나 길장은 그것에 이어

> 그런데 천천히 해야 할 것에는 급하게 하고 급하게 해야 할 것에는 천천히 하니, 어찌 하나의 자체적 오류가 아니겠는가?[2]

라고도 한다. 앞에서도 대승 무소득의 뜻을 깨달아 수·론의 명교를 이해하지 않는 자 쪽이 우수하다고 하면서도 "지금 도리로써 논하면 두 사람 모두 과실이다."라는 조건을 둔 것을 잊지 않는 것이다.

『정명현론』권6 '종지宗旨'의 결어에서는 이것을 다음과 같이 말한다.

> 두 종류의 사람이 있다. 하나는 무소득관을 배워 뜻은 곧 허현虛玄하지만 바야흐로 말은 부족하다. 둘째는 단지 법상法相만을 분별하여 현도顯道의

　得意. 此二人中何者為勝. 答, 耳目之徒言識一切名教者勝. 今以理論之, 雖二人並失, 而前者為勝. 何以知然 佛雖說一切名教, 意在無所得一相一味, 謂離相辨脫相"(T42, 32a.)

2　위의 곳, "問, 弘經通論須科文釋義次第生起, 詳定違負會諸同異, 云何一向作無所得觀耶. 答, 考尋聖人興世 諸所施為為顯道中, 令因中發觀滅諸煩惱. 若存著語言傷佛意也. 又百年之壽朝露非奢, 宜以存道為急. 而乃 急其所緩, 緩其所急, 豈非一形之自誤耶"(T42, 32a.)

정종正宗을 상실한다. 지금 문의文義를 둘 다 밝혀 현사玄事를 모두 얻게
하고자 한다. 그러므로 이 계급을 나눈 것이다.[3]

이 "문의文義를 둘 다 밝혀 현사玄事를 모두 얻는다."(文義兩明, 玄事俱得.)의
1구에서 앞에서 서술한 『중관론소』에서의 길장의 고심의 정도가 잘 드러난다.
확실히 삼론의 교리는 동시대의 다른 이론적 학파의 교리처럼 정연한 체계를
가진 것은 아니었다. 무소득공의 입장에 철저한 것과 교학 이론을 구축하고
그 체계화를 도모한다는 것과는 본래 이율 배반이기 때문이다. 그러나 체계를
유지하지 않는다고 하는 것과 교리나 사상에 내용이 없다는 것은 별개이다.
이미 본 것처럼 그의 교학의 특징은 일정한 범주의 기초에 모든 문제를
총합·귀납한다는 성질의 것이 아니라 오히려 당시 불교계에서 논의되었던
여러 가지 중요 문제를 파악하여 공관의 입장에서 철저하게 이것을 논구 파척
하는 것에 의해 끊임없이 불교의 원사상으로 회귀하려고 하는 것이었다. 그러
나 동시에 길장은 아비달마적인 이론의 고정화를 극력 배척하면서도 한편으
로 "무소득관을 배워 뜻은 곧 허현하지만 바야흐로 말은 부족하다."라고 하여
무사상·무내용인 공관론자도 엄중히 물리친다. 길장 교학의 특색은 이 이율
배반적 테제를, 불교의 원점을 놓치지 않도록 하여 어떻게 유기적으로 통합할
까라는 그 한 점밖에는 없다고 해도 과언이 아니다. 길장의 저술이 일견 매우
파악하기 어려운 난삽함을 드러내는 것도 실은 그 때문임에 다름 아닌 것이다.
이것은 "문의文義를 둘 다 밝혀 현사玄事를 모두 얻는다."(文義兩明, 玄事俱得.)라
는 것을 목표로 삼았던 길장 교학의 고충을 나타내는 것이기도 하다.

---

3   『정명현론』권6, "有二種人. 一者學無所得觀, 意乃虛玄, 方言不足. 二者但分別法相, 失顯道正宗. 今欲令
    文義兩明, 玄事俱得. 故開此階級也."(T38, 897b.) 이탤릭체의 어구는 『삼론현소문의요三論玄疏文義要』
    권1(T70, 200a)에서의 진해珍海의 인용문에 의거해 대정장경 본문의 자구를 고친 것이다.

2.

　그래서 본래 이른바 중국적인 정연한 체계를 갖지 않은 길장의 교리·사상이라고 하는 것을 어떤 조직에 의해 이해하는 것이 가장 타당할까라는 문제에 봉착한다. 우선 선학의 의견을 살펴보면 마에다에운前田慧雲 박사의 『삼론종강요三論宗綱要』[4]에서는 제3장 '교리의 강요'로서 다음의 5절을 게재한다. 즉 ① 파사현정破邪顯正, ② 진속이제眞俗二諦, ③ 팔불중도八不中道, ④ 진여연기眞如緣起, ⑤ 불신정토佛身淨土의 다섯 가지이다. 또 우이하쿠쥬宇井伯壽 박사는 아마 이 마에다 박사의 『삼론종강요三論宗綱要』의 설을 계승했다고 생각되는데, 『불교범론佛教汎論』[5] 중의 '무득정관의 법문'에서 삼론종의 교설은 파사현정과 진속 이제와 팔불 중도의 3과에 의해 서술되는 것이 통례라고 칭하여 이 3과에 따라서 그 교리를 개괄한다. 『삼론종강요三論宗綱要』의 ④와 ⑤는 확실히 부록의 느낌을 면할 수 없으며, 양자에 공통적인 것은 파사 현정, 진속 이제, 팔불 중도의 셋뿐이다. 그러므로 이 세 가지가 삼론 교리의 골격이라고 간주해도 차질이 없을 것이다. 그런데 이 삼자의 관계에서 진속 이제와 팔불 중도는 교教와 이理의 관계에 있으며 일체一體인 것이다. 즉 길장에게 '팔불'은 이제에 의한 3종 중도에 의해 드러나는 것이 통상이다. 『대승현론』 권2 '팔불의'에서는

　　지금 팔불로 3종 중도를 갖춘다고 하니, 곧 이제이다.[6]

4　前田慧雲, 『三論宗綱要』 제3장 '教理の綱要'(pp.119~195) 참조.
5　宇井伯壽, 『佛教汎論』 제2편 제2부 제8장 제3절 '三論宗の教說'(pp.524~544) 참조.
6　『대승현론』 권2, "今云, 八不具三種中道, 卽是二諦也."(T45, 25c.)

라고 서술한다. 똑같이 '팔불의'의 복잡한 문난問難에서도 『보살영락본업경』을 인용하여 "이제의 뜻이 팔불이다."라고 설한다.[7] 또한 『중관론소』 권1본에서는

> 이 논서는 이제를 종의로 삼는다. 팔불은 바로 이제를 밝히므로 그것을 표방하는 것을 처음에 둔다.[8]

라고 한다. 요컨대 길장에게는 팔불도 이제에 다름 아닌 것이기 때문에 삼론의 종의는 결국 이제에 귀착하지 않을 수 없는 것이다. 이 이제의 교설이 올바른 것은 팔불 중도의 이치에 기초하기 때문이라는 것이 앞의 『중관론소』의 취의이다. 권2본의 '정종문正宗門' 제4에서도

> 묻는다. 팔불이 곧 이제인데, 왜 팔불을 가지고 이제를 바르게 하는가? 답한다. 팔불이 곧 이제지만 유무를 설하여 이제로 삼고는 팔불을 말하지 않으니, 가르침을 받는 이들은 유무의 두 극단을 듣고 단멸과 상주에 떨어진다. 그러므로 중도를 이루지 못한다. 만약 이제는 불생불멸, 불상부단이라고 말하면 곧 이제가 바로 중도임을 알기 때문에 팔불을 가지고 이제를 해석해내는 것이다.[9]

---

7 위의 곳, "但菩薩瓔珞本業經下卷云, 二諦義者不一亦不二, 不常亦不斷, 不來亦不去, 不生亦不滅也."(T45, 30b.)

8 『중관론소』 권1본, "此論以二諦為宗, 八不正明二諦故標之在初."(T42, 9c.)

9 위의 곳, "問, 八不即是二諦, 云何以八不正於二諦. 答, 八不雖即是二諦, 但說有無以為二諦不言八不, 而稟教之流聞有無二邊墮斷常. 故不成中道. 若言二諦不生不滅不常不斷, 即知, 二諦便是中道, 故將八不釋成二諦."(T42, 22b.)

라고 서술한다. 따라서 이제와 팔불의 관계를 알아야 한다. 그래서 이제(=팔불)를 삼론 교리의 틀이라고 한다면 이 교리의 내용을 총괄하여 보여주었던 것이 '파사즉현정破邪卽顯正'이다. 그러므로 파사즉현정은 길장의 교의 그 자체가 아니라 말하자면 길장 교의의 내용을 특징짓는 말이다. 길장에서의 삼론 교의의 특징은 파사즉현정이라는 것이 무슨 말이냐 하면 길장의 교설은 모두 파사하지 않음이 없고 그것이 동시에 그대로 현정에 이어진다고 하는 것이다. 일반적으로는 파사하여 별도로 현정하는 것인데 삼론에서 말하는 파사는 옳지 않음이나 잘못이기 때문에 논파하여 돌아보지 않는다는 것이 아니라 학설의 선악이나 옳지 않음보다도 그것을 고집하는 유소득의 입장에서의 사물에 대한 견해와 사고방식을 파척하는 바에 그 특징이 있다. 만약 무소득의 입장에 서서 그 사고 방식이 전환된다면 사邪는 그대로 정正이 될 수 있어서 그런 의미의 파사즉현정이 길장 교의의 특징이다. 길장은 『법화현론』에서 삼론의 학자는 항상 유소득의 뜻을 탄핵하는데, 어찌하여 지금 여러 가家의 이설異說을 사용하는 것인가라는 물음을 설정하고, 법랑의 말을 인용하여 다음과 같이 서술한다. 즉

> 답한다. 흥황 대사가 『대지도론』의 서문을 지어 말한다. 다양한 오묘함을 통괄하여 여러 학파의 아름다움을 펼치는 것은 다양한 집착의 견고함을 녹여 하나의 극치로 함께 귀의하게 하는 것이다. 이 취지를 상세히 하면 집착이 논파되지 않음이 없고 뜻이 포섭되지 않음이 없다. 교묘하게 사용한다면 감로가 아닌 것이 없지만 서투르게 복용하면 모두 독약을 이룬다. 만약 파척하는 말을 오로지 지키려 한다면 이 사람은 아직 삼론의 뜻을 체득하지 못한 것이다.[10]

---

10 『법화현론』 권4, "問, 三論學者恒彈破有所得義, 云何今並用眾家異說耶. 答, 興皇大師製釋論序云, 領括群妙, 申眾家之美, 使異執氷銷同歸一致, 以此旨詳之, 無執不破, 無義不攝. 巧用無非甘露, 拙服皆成毒藥. 若專

라고 한다. 이 "교묘하게 사용한다면 감로가 아닌 것이 없지만 서투르게 복용하면 모두 독약을 이룬다."라는 1구에서 삼론의 파사즉현정의 진의를 엿볼 수 있을 것이다. 따라서 길장의 장소에는 일반적인 대승 경론과 같이 단순히 외도나 소승에 대한 파척만이 아니라 유소득 대승의 이름 아래에 대승 제학파에 대한 논난도 자주 보이고 또 그 파사의 논증 형식도 실로 다채로워서[11] 파사즉현정은 그것대로 충분히 연구의 소재일 수 있지만, 앞에서 서술한 것처럼 그것은 어디까지나 길장 교의의 특징이어서 교의 그 자체라고는 간주하기는 어렵다.

3.

그래서 다시 이제를 중심으로 한 길장의 교리·조직은 어떤 순서에 의해 재구성해야 할지에 관해 진해는 『삼론현소문의요』 권1에서 무득정관종의 대의를 서술함에 임하여 『대승현론』의 '의과義科의 차제'를 게재하고 이에 의해 삼론 교리의 대강을 설하는 것이 주목된다. 즉 『대승현론』의 의과의 차제란 '이제의', '팔불의', '불성의', '일승의', '열반의', '이지의二智義', '교적의教迹義', '논적의論迹義'라는 8과의 순서이다. 이 순서를 진해는 어떻게 설명하느냐 하면

> 불타의 가르침에는 말(詮)이 있으니, 말은 이제를 일컫는다. 제諦가 바른 것이 중中이니, 중은 곧 팔불이다. 중은 불타의 원인이니, 원인은 불성이다. 불성으로 말미암아 수행이 일어나니, 수행은 일승이다. 수행은 곧 과보를

守破斥之言, 斯人未體三論意也."(T34, 391b.)

11 『삼론현의』의 서두에서 파사의 대기對機와 논증 형식을 요약하여 다음과 같이 말한다. (1) "三論所斥, 略辨四宗. 一摧外道, 二折毘曇, 三排成實, 四呵大執."(T45, 1a.) (2) "總談破顯, 凡有四門. 一破不收, 二收不破, 三破亦收, 四不破不收. 言不會道, 破而不收, 說必契理, 收而不破, 學教起迷, 亦破亦收, 破其能迷之情, 收取所惑之教."(T45, 1b.)

얻으니, 과보는 열반이라고 한다. 열반은 관조를 대동하니, 관조는 곧 이
지이다. 지로 인하여 경전을 설하니, 경전은 교적을 말한다. 교적은 회통
해야 하니, 회통은 오로지 논적이다.[12]

라고 서술한다. 요컨대 진해에 의하면 이상의 이유에 의해 무득정관종의 대의,
즉 삼론의 교리는 『대승현론』의 과문의 순서에 의해 이해하는 것이 가장 편리
하다는 것이다. 이 중에서 '교적의'란 "경전은 교적을 말한다."라고 하는 것처
럼 '이장삼륜설'로 대표되는 길장의 경전 비판을 말했던 것이다. 또 '논적의'란
이 경전＝교적을 회통하기 위해 쓰인 논서의 의미로, 구체적으로는 '삼론'
내지 '사론'을 가리킨다. 그래서 전자에 관해서는 이미 앞 장에서 고찰한 것과
같고 후자에 대해서도 직접 교의에 관해 설했던 것이 없기 때문에 지금 이
두 가지 뜻을 제외하고 나머지는 '이제의' 이하의 6의이다. 또 앞에서 서술한
것처럼 팔불은 교설로서는 이제의에 수렴된다고 한다면 길장에 있어서의 주
요한 교리로서는 이제의·불성의·일승의·열반의·이지의의 다섯 가지를 헤
아릴 수 있다. 그런데 진해는 앞 인용의 '대승현론 의과 차제'의 후기에 주석하
면서

다시 또 하나의 판본이 있다. '팔불' 다음에 '이지'가 안배되고 경지인과境
智因果, 소전능전所詮能詮 등의 차례이다. 이 『대승현론』은 모두 5권이 있는
데, 의과의 차례가 이본과 차이가 있으며, 또 문장에 증감의 차이가 있다.
更又有一本. 八不次安二智, 境智因果, 所詮能詮等次第也. 此大乘玄論, 總
有五卷, 義科次第, 有異本不同, 又文有增感之異也. (T70, 200a.)

---

12 『삼론현소문의요』 권1, "佛教有詮, 詮謂二諦. 諦正以中, 中卽八不. 中爲佛因, 因是佛性, 由性起行, 行爲一
乘. 行乃得果, 果名涅槃. 涅槃帶照, 照乃二智. 因智說經, 經稱敎迹. 敎迹須通, 通唯論迹."(T70, 200a.)

라고 서술한다. 요컨대 '팔불의'의 다음에 '이지의'를 배치했던 판본도 있고, 『현론』 5권의 의과의 차례가 반드시 현행본이 결정적인 것이 아니라고도 말한다. 그런데 '이지의'에 관해서는 진해가 말하는 다른 판본의 『대승현론』처럼 팔불의 혹은 이제의의 다음에 위치해야 타당하다. 팔불과 이제와 이지의 삼자의 관계로부터 그 순서에 관해 생각해보면 『삼론현의』에서 파사즉현정의 '정'의 뜻에 대해 체정體正과 용정用正의 두 뜻으로 나누는데, 여기서 길장은 "비진비속이 체정이고 진속이 용정이다."[13]라고 한다. 그 이유로서는

> 왜냐하면 제법 실상은 언망려절이어서 일찍이 진속인 적이 없으므로 이
> 것을 이름하여 체라고 한다. 모든 편사偏邪를 끊은 것을 가리켜 정이라고
> 한다. 그러므로 체정이라고 한다. 용정이라는 것이란 체가 명언을 끊으면
> 중생은 깨달음에 말미암을 수가 없다. 비록 유무가 아니지만 억지로 진속
> 이라고 설한다. 그러므로 용이라고 한다. 이 진과 속도 편사가 아니므로
> 이름하여 정이라고 한다. 그러므로 용정이라고 한다.[14]

라고 서술한다. 요컨대 체정은 이理이고 용정은 교敎인데, 이것이 즉 비진비속 – 팔불, 진속 – 이제에 각각 배당된다고 생각해도 좋다. 다시 『중관론소』에서는 『삼론현의』에서 말하는 용정, 즉 교敎에 대해서도 또 체용을 나눈다. 즉

> 팔불을 표방함에 세 가지로 나눈다. 첫째로 바로 팔불을 표방하여 펼친

---

13 『삼론현의』, "但欲出處眾生, 於無名相法強名相說, 令稟學之徒因而得悟. 故開二正, 一者體正, 二者用正. 非真非俗名為體正, 真之與俗目為用正."(T45, 7b.)

14 위의 곳, "所以然者, 諸法實相言忘慮絕, 未曾真俗, 故名之為體. 絕諸偏邪目之為正. 故體正. 所言用正者, 體絕名言物無由悟. 雖非有無強說真俗. 故名為用. 此真之與俗亦不偏邪, 目之為正. 故名用正也."(T45, 7b.)

교敎의 체를 밝히고, 둘째로 게송의 반은 팔불의 용을 찬탄하며, 셋째로 게송의 반은 사람을 경탄하고 법을 찬미한다. 처음에 **교체를 밝히니, 곧 이제이다. 다음에 교용을 밝히니, 곧 이지이다.** (후략)[15]

라고 한다. 이것을 앞의 『삼론현의』와 합하여 도시하면 다음과 같다.

정 - 체정 - 비진비속 - 이理 … (팔불)
    - 용정 - 진속   - 교敎 - 체 - 이제
                        용 - 이지

『중관론소』권2본에도 삼자의 관계를 언급하여 "이혜二慧(이지)는 이제로 말미암아 발생하고, 이제는 팔불로 인하여 올바르다."[16]라 하고, 역으로 "팔불로 말미암아 곧 이제가 올바르다. 이제가 올바르다면 곧 이혜가 발생한다. 이혜가 발생하면 곧 불보살이 있다."[17]라고 서술한다. 즉 팔불의·이제의·이지의의 삼자는 이교·체용이라는 길장 교학의 기초 범주에서 말해도 무득정관의 순서에서 말해도 팔불→이제→이지의 순으로 설해야 한다. 게다가 앞에서 서술한 것처럼 팔불은 이理로서 이제의 교설 중에 수렴되어야 하는 것이라면 5의義 중에 이제의와 이지의가 우선 선행하고, 거기에 이제의→이지의의 순으로 설해져야 한다고 생각된다. 나머지의 3의, 즉 불성의·일승의·열반의의 3과는 앞의 『중관론소』에서 "이혜가 발생하면 곧 불보살이 있는 것이다."라고

---

15   『중관론소』권1본, "就牒八不分爲三別. 第一正牒八不明所申敎體, 第二半偈歎八不之用, 第三半偈敬人美法. 初明敎體, 即是二諦. 次明敎用, 即是二智."(T42, 9b.)

16   위의 책, 권2본, "二慧由二諦而發, 二諦因八不而正"(T42, 20b.)

17   위의 곳, "由八不即二諦正, 二諦正即二慧生, 二慧生即有佛菩薩."(T42, 20b.)

하는 것처럼 불보살의 행인 득과行因得果를 보여주는 것이라고 생각한다면 진해가 말하는 이유에 기초하여 『대승현론』의 의과의 순서처럼 이지의에 직결하여 인因－불성의, 행行－일승의, 과果－열반의의 순으로 이해되어야 타당하다. 다시 이 3의는 일불성一佛性의 뜻에 포섭시킬 수도 있다. 그리고 팔불의와 이지의도 똑같이 이제의에 집약할 수도 있을 것이다. 그렇다면 길장 교학의 주요 교리는 '이제의'와 '불성의'밖에 없다고 해도 좋다. 요컨대 그것은 반야경적인 공의 면과 열반경적인 유의 면의 통합을 목표로 삼았던 길장 사상의 교의를 상징적으로 보여준다. 그리고 이 자체가 교리의 틀로서는 이제설 중에 포함되어간다. 이제가 길장 교리의 중핵인 까닭이다. 그래서 이하에 길장에서의 삼론의 주요 교리에 관해 특히 이제의·이지의·불성의의 삼자에 대해 두세 가지 문제를 중심으로 고찰을 진행하고자 한다.

제1절 이제상즉론

1. 어·교 이제於敎二諦

1)

　길장의 이제의는 당시 유행한 성실을 필두로 하는 각 학파의 이제설이 약리의 이제를 설하는 것에 대해 『중론』의 "제불은 이제에 의해 설법한다."라는 1구에 기초하여 약교의 이제를 설했다는 것은 이미 서술했다.

　이제 논쟁은 인도에서도 중국에서도 세속제와 승의제의 관계 여하를 말하는 것에 그 교의의 근본적 과제를 지닌다고 할 수 있는데, 그런 의미에서 진리 그 자체에 두 가지의 형식을 인정하는 약리의 이제설은 쉽게 그 상즉을 밝힐 수 없다. 그러나 이제를 발달사적으로 본 경우 약교의 이제가 약리의 이제보다 더 발전적인 이제설이라고는 반드시 말할 수 없는 것이어서 오히려 불교가 철학적·사상적으로 정밀하게 되면 될수록 진리관 그 자체도 개념화되며 약리적으로 형식화되고 실재시되는 것은 모든 사상·철학의 발달의 경우와 마찬가지이다. 그러나 동시에 본래의 끊임없이 활동하는 것으로서의 종교적 생명력이 거기에 보이지 않는 것도 또한 부정할 수 없다. 사상사적으로 본 경우 전불교사를 통해 사상·철학적으로 극도로 정밀하게 발달했던 극단에서 반드시 근원적·본래적인 것에 회귀하려는 운동이 보이는 것은 그 때문이다. 길장의 약교 이제설도 이런 관점에서 이해되어야 한다.

　이제론이 남북조 불교에서 중심적 과제의 하나였던 것은 주지의 사실인데, 양대 성론사의 약리의 이제설이라는 것은 아마 당시로서는 발달사적으로 매우 우수하고 대표적인 이제론이 아니었을까 생각한다. 길장의 이제 사상 형성의 골자는 형식적으로는 이것을 계승하고 더욱 복잡한 설상을 보이긴 했으나 오히려 원리적으로는 매우 단순한 것임은 이미 본 대로여서 거기서 보이는 기본적 자세는 끊임없이 『중론』 등의 근원적인 것으로 되돌아가서 원사상에 충실하려는 것이다. 이처럼 약리의 이제를 부정하여 약교의 이제를 주장하는 것이 중국에서는 당시 길장으로 이어지는 삼론계의 사람들뿐이었던 것은-지금 그것에 대해서 서술할 여유가 없지만-수나라 3대 법사의 다른 2인인 정영사 혜원이나 천태 지의 등이 또한 약리적인 이제를 설하는 것으로부터도 살펴볼 수 있다.

길장의 이제에 관해 말할 때 모든 학자가 그의 가장 특징 있는 이제설로서 '어·교'의 이제를 말하는데, 어제於諦의 설정이라는 것은 범부와 성인의 2연緣에 대해 이제가 약리적인 이제의 구조를 취하는 것을 보여주는 것으로, 길장이 어떻게 약리의 이제설에 대해 약교 이제설을 조직 체계화하려 했는지 그 고심의 표현이 어제라는 독창적인 사유 방식이었다고 할 수 있다. 즉 길장은 『중론』 「관사제품」의

> 모든 불타는 이제에 의거하여 중생을 위해 설법하니, 첫째로 세속제이고 둘째로 제일의제이다.
> 諸佛依二諦, 爲衆生說法. 一以世俗諦, 二第一義諦. (T30, 32c.)

라는 제8게에 대해, 여기서 말하는 이제는 제(진실, 理) 그 자체라는 종래의 견해에 대해 독특한 해석을 보여주는 것에 의해 이것을 회통한다. 즉

> 지금 바로 이 1구, 이제에 의거하여 설법한다는 것에서 소의所依는 어제於諦이고 설법說法은 교제敎諦라고 밝힌다.[1]

---

1   『이제의』 권상, "今正此一句, 明依二諦說法. 所依是於諦, 說法是敎諦也."(T45, 79a.)

라 하여 우선 앞 단계로서 어제와 교제의 두 가지를 도입하여 이를 회통한다. 이 어·교 이제 도입의 계기가 되었던 것은 앞에서 서술한 『중론』 「관사제품」 제8게의 장행석에서 먼저 이제를 해석하고 다음에 이제에 의거하여 설법하는 것을 해석했던 문장이다. 즉

> 『중론』 「관사제품」에서 먼저 이제를 해석하고 다음에 이제의 의거하여 설법하는 것을 해석한다. 먼저 이제를 해석하여 말한다.
> "세속제란 일체 제법이 성공性空이지만 세간에서는 전도되어 유有라고 하니 세간에게는 진실이므로 세제라 하고, 모든 현성賢聖은 전도되어 성공性空임을 참으로 아니 성인에게는 진실이므로 제일의제라고 한다."(世俗諦者, 一切諸法性空, 而世間顛倒謂有, 於世間是實, 名爲世諦, 諸賢聖眞知顛倒性空, 於聖人是實, 名第一義諦.)
> 다음으로 말한다.
> "모든 불타는 이 이제에 의거하여 중생을 위해 설법한다."(諸佛依是二諦 爲衆生說法)
> 이것이 곧 앞에서 이제를 해석함을 마치고 난 후에 모든 불타는 이 이제에 의거하여 중생을 위해 설법함을 밝힌 것이다. 그러므로 이제가 본본이고 설법이 말末이며, 이제가 소의所依이고 설법이 능의能依임을 알 수 있다.[2]

라는 것이다.

종래 "모든 불타는 이제에 의거하여 설법한다."라는 의미를 범부를 위해 속俗을 설하고 성인을 위해 진眞을 설하며 혹은 범연凡緣을 위해서는 유를

---

2   위의 곳, "論四諦品前釋二諦, 次釋依二諦說法. 前釋二諦云, (중략) 此則前釋二諦竟, 然後明諸佛依是二諦 爲衆生說法. 故知, 二諦是本, 說法是末, 二諦是所依, 說法是能依."(T45, 78b.)

설하고 성연聖緣을 위해서는 공을 설하는 것이라고 이해했다. 이처럼 범부를 위해 유라고 설하는 것은 유는 범부에게 진실이기 때문이고 성인을 위해 공을 설한다는 것은 공은 성인에게 진실이기 때문이다. 이 범·성 두 사람의 마음에서 각각 진실이라고 생각되는[3] 2개의 '세속제와 제일의제'를 의지처로 하여 설하므로 이 소의로서의 이제를 범·성 각각의 '어제'라고 임시로 이름 붙인다. 종래 약리의 이제라는 것은 이 어제만을 말하는 것이다. 그러나 다시 이 대연對緣에 대해 가설되었던 어제에 의해 법을 설한다는 것 그것이 '교제'이다. 『대승현론』에서는 "능의는 교제이고, 소의는 어제이다."[4]라고 설한다. 그러므로 대연의 가설인 '어제'에게는 후술하는 것처럼 득실의 양면이 있는데, 이것을 길장은 다시 '소의所依의 어제'와 '미교迷敎의 어제'로 나누어 다양한 각도에서 논한다.

2)

(1) 본말

소의 어제所依於諦는 본본의 어제이고 미교 어제迷敎於諦는 말末의 어제라는 의미이다. 소의 어제가 본이라는 것은 이러한 범·성이 대경對境에 대하여 품은 생각은 불타가 아직 나오기 이전부터 있었던 것으로 이것을 빌려 설법하는 것이기 때문에 소의의 어제는 본이다.

미교의 어제가 말이라는 것은 중생이 여래의 유무의 이제의 가르침을 듣고 또다시 유무가 진리라고 믿어버리는 것으로 이 미교의 어제는 범·성에게 모

---

3 '어於'는 '망望'의 뜻으로, 생각을 대상에 상대시킨다는 의미, 즉 범부의 생각은 대상에 대해 유이고, 성인의 생각은 대상에 대해 공이며, 여래의 생각은 비공비유라고 주석한다(國譯 『大乘玄論』 권1, p.3, 주 13 참조).
4 『대승현론』 권1, "能依是敎諦, 所依是於諦."(T45, 15a.)

두 실失이다.

(2) 통별

소의의 어제는 통미通迷이고 미교의 어제는 별미別迷라는 의미이다. 통이란 세간의 범부는 전도되어 유라고 말하고 출세의 성인은 전도의 성품이 공이라고 참으로 안다. 그래서 불타는 하나의 진리를 중생의 근기에 따라 분별하여 둘이라고 설하는 것이기 때문에 세간인이 아는 것을 세제라 이름하고 출세의 성인이 아는 것을 제일의제라고 이름하는 것이다. 그러나 원래 불타에게는 '세제즉제일의제'[5]의 하나이다. 그러므로 이 소의의 어제는 일체 중생에 통하는 통미이다. 미교의 어제가 별미라는 것을 설명해보자. 여래가 유무의 이제를 설하는 것은 불이라는 도리를 현시하기 위해서이다. 방편이 있는 자는 이를 듣고 불이를 깨닫고 이理를 알고 교教를 깨닫기 때문에 이것은 어제가 아닌 교제이다. 그런데 방편이 없는 자는 유무의 이를 듣고 이를 고집하며 불이의 이理를 알지 못하고 교教에 미혹하기 때문에 미교의 어제라고 한다. 이것은 방편이 없는 자에게만 적합하기 때문에 별미라고 한다.[6]

『이제의』의 이어지는 문장에서는 다시 '능소', '전후' 등의 뜻에 관해서도 논하는데,[7] 『대승현론』에서는 이것을 요약하여

---

5 '세제즉제일의제'의 뜻을 길장은 항상 『열반경』(남본, 권15 「범행품」 제20의 2, T12, 708a)에서 전거를 찾는다. 『이제의』 권상(T45, 79b), 『대승현론』 권1(T45, 21c), 『중관론소』 권3본(T42, 35b) 등 그 예는 매우 많다. 제3장 제4절 '길장에서의 『열반경』 인용의 형태와 특질' 2. '자주 나오는 인용구에 관해' 참조.

6 『이제의』 권상(T45, 79b)의 대의.

7 위의 곳, "言能所者, 所依於諦則是能化, 迷教於諦則是所化. (중략) 言前後者, 與本末不異, 所依於諦是本是前, 迷教於諦是末是後. (후략)"(T45, 79b〜c.)

본本인 어제(本於)는 통미通迷이고 교教를 배우는 어제(學教於)는 별미別迷
이다.

통미가 본이고 별미는 말이다.

본은 전미前迷이고 말은 후미後迷이다.[8]

라고 간단히 서술한다. 『대승현론』의 '이제의'는 겨우 요지를 서술하는 것에
불과한 경우가 많으므로 이제의 논술에 대해서는 『이제의』를 참조하는 것이
불가결하다. 길장이 '어제'에 대해 '소의의 어제'와 '미교의 어제'의 구별을
나누는 것은 다음과 같은 이유에 기초한다. 즉 이미 흥황사 법랑에게 '어·
교'라는 이제에 대한 두 개의 사고방식이 존재하며 법랑은 종래의 약리의
이제를 '어제'라고 하여 이것을 오로지 '실失'이라 간주하고 삼론의 약교의
이제를 '교제'라고 하여 이것을 '득得'이라고 간주했던 것이다. 즉

그런데 대사가 말한다. 어제는 실이고 교제는 득이다. 왜냐하면 어제가 실
이라는 것은, 유는 범부에게는 진실로 유이고, 공은 성인에게는 진실로 공
이다. 이 공과 유는 범부와 성인에게 각각 진실이다. 그러므로 과실인 것
이다. 교제가 득이라는 것은 여래의 성실한 진리의 말이 범부의 유에 의거
하여 유를 설하면 유는 유에 머무르지 않고 유는 불유를 표시하며, 성인의
무에 의거하여 무를 설하면 무는 무에 머무르지 않고 무는 불무를 표시한
다는 것이다. 이런즉 유무의 이는 비유비무의 불이를 표시한다. 이인 불이
이고 불이인 이이다. 불이인 이라면 이理인 교教이다. 이인 불이라면 교教

---

8   『대승현론』 권1, "本於是通迷, 學教於別迷. 通迷是本, 別迷末. 本是前迷, 末是後迷."(T45, 15b.)

인 이리이다. 교教인 이理라면 교教에 조응하고 이理인 교教라면 이理를 표시한다. 이理와 교教와 이와 불이는 인연이다. 이것을 득으로 삼는다.[9]

라고 서술한다. 즉 법랑은 범·성에게 공과 유가 각각 진실이라고 보는 약리적인 어제는 모두 가치적으로 그른 것인 '실失'이라고 단정하는데, 그 의미를 길장은 불타의 이제의 가르침을 듣고서 그 진의를 이해하지 못하고 공유를 각각의 입장에서 진실이라고 보는 '미교의 어제'가 양자 모두에게 잘못이라는 의미로 이해한다. 그리고 본래적으로 범부가 전도되어 유라 말하고 성인은 무자성공이라고 이해·진지眞知하는 그 점에 관해서는 전자는 명확하게 오류이지만 후자는 일단 이것을 가치적으로는 옳은 것(得)이라고 간주한다. 왜냐하면 성인에게는 전도가 없기 때문이다. 이것이 '소의의 어제'에서의 범제凡諦의 실失과 성제聖諦의 득得의 차이이다. 『대승현론』에서는 이것을

> 무슨 의미로 범부와 성인이라는 둘의 어제를 나누는가? 답한다. 범부와 성인의 득실을 보여주어 범부를 바꾸어 성인을 이루게 하는 것이다.[10]

라고 설한다. 제불 여래는 이 범·성 각각의 어제를 의지처로 하여 설법한다. 이때 양자에서 약리적인 어제는 일전一轉하여 불타의 설법의 수단·방편으로서의 이제로 전환한다. 즉 교제로서의 이제이다. 이 제불 여래의 교제에 대해 유는 불유를 나타내고 무는 불무를 나타내는 것을 깨닫지 못하여 또다시 범부

---

9 『이제의』 권상, "然大師云, 於諦是失, 敎諦是得. 何者, 言於諦失者, 有於凡是實有, 空於聖是實空. 此空有於凡聖各實. 是故爲失也. 言敎諦得者, 如來誠諦之言, 依凡有說有, 有不住有, 有表不有. 依聖無說無, 無不住無, 無表不無. 此則有不二, 表非有非無不二. 二不二, 不二二. 不二二則是理敎, 二不二則理敎. 敎理應敎, 理敎表理. 理敎二不二因緣 是爲得也."(T45, 78c.) 또 『대승현론』에서는 "而師云, 於諦爲失, 敎諦爲得者."(T45, 15b)라는 결론만을 서술하여 곧바로 길장의 해석으로 옮아간다.

10 『대승현론』 권1, "問, 何意開凡聖二於諦耶. 答云, 示凡聖得失, 令轉凡成聖."(T45, 15b.)

에 있어서는 유라 말하고 성인에 있어서는 무라고 말한다면 그것은 '미교의 어제'로서 양자 모두 파척된다. 『이제의』에서는 '어제'의 정의에 관해서 이 점을 다음과 같이 밝힌다. 즉

> 어제는 두 가지 정情과 해解에 따라서 이름한 것이다. 그런데 이 뜻에는 두 종류가 있다. 첫째, 득실로 두 가지 어제를 판단한다. (중략) 이 유는 망정을 주장하는(謂情) 유이고, 이 공은 참으로 이해된(眞解) 공이다. 망정을 주장하는 유는 과실로 삼고 참으로 이해된 공은 옳음으로 삼는다. 이것은 망정을 주장하는 것과 참된 이해로 이제를 판단하는 것이다. (중략) 둘째, 두 가지로 주장하는 것에 나아가 두 가지의 어제를 판단해보면 색의 경우 일찍이 공이나 유인 적이 없는 것을 범부는 색이 있다고 주장하니, 범부에게는 이것이 진실이어서 제라고 이름한다. 성인은 색이 공이라고 주장하니 성인에게는 이것이 진실이어서 제라고 이름한다. 이러한 유와 무는 모두 망정을 주장하기 때문에 모두 과실이다. 이미 범부는 있다고 주장하고 성인은 공이라고 주장하니, 이러한 공과 유는 모두 씻어 논파해야 한다. 이와 같은 유는 없고 이와 같은 공은 없으니, 필경 씻어 깨끗이 하여 비로소 인연의 공과 유를 밝힐 수 있다. 인연의 공유는 곧 비공유인 공유이다. 이미 비공유인 공유를 알면 곧 공유인 비공유를 깨닫는다. 앞의 공과 유는 모두 치료되어야 할 병이다. 그러므로 모두 과실이다.[11]

---

11 『이제의』 권상, "於諦從兩情解爲名. 但此義有兩種. 一者得失判二於諦. (중략) 此有謂情有, 此空眞解空, 謂情有爲失, 眞解空爲得. 此就謂情眞解判二諦也. (중략) 二者就兩謂判二諦者, 如色未曾空有, 凡謂色有, 於凡是實名諦. 聖謂色空, 於聖是實名諦. 此之有無皆是謂情, 故並皆是失. 既凡謂有, 聖謂空, 此之空有悉須洗破. 無如此有, 無如此空, 畢竟洗淨始得明因緣空有. 因緣空有, 即非空有空有. 既識非空有空有, 即悟空有非空有也. 前之空有並是所治之病. 故皆失也. 以如此義名教諦, 以如此義名於諦."(T45, 86c∼87a.)

라고 서술하여 "이와 같은 뜻으로 교제라 이름하고, 이와 같은 뜻으로 어제라고 이름한다."라고 맺는다. 즉 범부의 위정謂情과 성인의 진해眞解의 구별에 의해 '소의의 어제'에는 득실의 두 면이 있지만, '미교의 어제'는 범성의 두 주장(兩謂)에 의해 생긴 것이기 때문에 모두 파세破洗해야 한다는 것이다. 이러한 어제의 의의를 밝히는 것에 의해 길장은 어제(약리 이제)가 전환하여 교제(약교 이제)가 되는 필연성을 보여준다고도 할 수 있다.

3)

교教를 **제**라고 이름하는 까닭에 관해서도 길장은 별도로 6의[12]를 들어 설하는 등 어제의 의의를 밝히는 것에 의해 이제가 교제라는 것을 여러 가지로 논술하는데, 이렇게 길장이 어제·교제의 구별을 설하고 어제에 대해서는 다시 소의의 어제와 미교의 어제(학교學教의 어제라고도 한다.[13])를 설정하여 소의의 어제에 대해서는 임시로 범부의 유(세속제)를 과실로 삼고 성인의 무(제일의제)를 득이라고 한다는 등 각각에 범성·득실을 논하는 것은 우선 범부를 전환시켜 성인을 이루는, 즉 실유實有를 집착하는 병을 논파하여 무자성공을 진지眞知하게 하고 그 위에 다음의 단계에서 미교의 어제를 설하여 어제로부터 교제로의 전환을 보여주어 유무의 이제에 의해 비유비무 불이중도의 이理를 증득하도록 했기 때문임에 다름 아니다. 이것을 길장은 '일절전一節轉, 양절전兩節轉'이라고 칭한다.[14] 그 취지는,

---

12 길장이 교教를 제라 간주하는 이유는 『이제의』에 의하면 다음의 여섯 가지 뜻이다. ① 依實而說, 故所說亦實, 是故名諦. ② 如來誠諦之言, 是故名諦. ③ 說有無教, 實能表道, 是故名諦. ④ 說法實能利緣, 是故名諦. ⑤ 說不顚倒, 是故名諦. ⑥ 得如實語如實說, 是故名諦. (T45, 86c.)

13 진해는 『삼론명교초』 권1에서 실민 승도實敏僧都의 『이제사기二諦私記』(결본)를 인용하여 길장의 어·교 이제의를 다음과 같이 정리한다. "敏僧都云, 大判二諦有三種 一所依於諦亦名本於, 亦名通迷二教二諦, 三迷教於諦亦名學教於, 亦名別迷."(T70, 693b.)

14 길장 이제의의 '일절전·양절전'의 의의에 대해서는 일찍이 早島鏡正, 「成實, 三論兩家の二諦論爭」

(1) 일절전이란 유를 설하면 범부에게는 이것이 제이고, 공을 설하면 성인에게는 이것이 제이다. 이와 같은 설을 짓는 것은 중생으로 하여금 유를 전환하여 공에 들어가게 하는 것이다. 왜냐하면 유는 범부에게는 있는 것이지만 이 유는 실제로는 있는 것이 아니다. 유를 설한 것이 범부에게 유라면 이 유는 비유임을 알 수 있다. 이것은 바로 범부를 위한 것이니, 범부는 제법 실유라고 주장한다. 지금 이 유는 범부에게 유라고 설하니, 만약 유가 범부에게 유임을 알면 곧 이 유는 비유임을 알게 된다. 즉 유로 인하여 불유를 깨닫는 것이다.

(2) 양절전이란 유는 범부에게는 진실이라고 설하니, 유는 범부에게는 진실임에 대해 공은 성인에게 진실이라고 설하는 것을 두 가지의 어제라고 이름한다. 이미 공과 유는 대연에 있어서 두 가지라고 설한다면 곧 어제의 두 가지는 불이임을 안다. 어제인 두 가지를 설하는 것은 불이를 드러내는 것이다.[15]

라는 것이다. 즉 '일절전'이란 '소의의 어제'에 관해 범부·세간의 속제인 유를 전환하여 출세·성인의 제일의제인 공에 들어가게 하는 것이다. 이것에 대해 '양절전'이란 이 범·성에서의 공과 유의 이제는 대연에 대해 두 가지라고 설하는 것에 불과하기 때문에 어제의 두 가지는 불이라고 깨달아 '미교의 어제'를 일전一轉하여 이인 불이, 불이인 이의 인연의 이제를 깨닫게 하는 것이다. 전자는 유에서 공으로, 속에서 진으로라는 전환이고, 후자는 유무에서 비유비무로, 진속에서 비진비속으로라는 전환이다. 게다가 길장은 "어제의 두 가지는 비이

(『宗敎硏究』 131호, 1932년 8월)에 지적되어 있다.

15 『이제의』권중, "所言一節轉二節轉, 何者是耶. 一節轉者, 說有於凡是諦. 說空於聖是諦. 作如此說者, 令衆生轉有入空. 何者, 有於凡是有, 此有實無所有. 宣說有, 於凡是有, 則知此有不有. 此正爲凡夫, 凡夫謂諸法實有. 今說此有於凡是有, 若知有於凡是有, 卽知此有非有. 斯則因有悟不有. (중략) 兩節轉者, 說有於凡是實, 對有於凡是實, 說空於聖是實名二於諦. 旣說空有於緣二, 卽知於二不二. 說於二顯不二. (후략)"(T45, 93b.)

非二를 밝히니, 이것이 비이라고 주장해서는 안 된다."라고 한다면 이것은 호석好釋이고, 또 만약 "어제의 두 가지는 불이를 드러내기 위해서이다."라고 하면 이 말은 평둔平鈍이며, 만약 "어제의 두 가지는 둘이 아닌 것이지 이것이 비이라고 주장하는 것이 아니다."라고 밝힌다면 이것은 준오해駿悟解인 것이라고 한다.[16] 이미 서술한 것처럼 길장에게 이 어제를 설한다는 것은 결국 교제였다. 그것은 어제를 배제하고 별도의 교제를 설하는 것이 아니라 '어'라고 설하는 것이 곧 '교'이고, 불타가 중생을 위해 이 두 가지의 '어'를 설한 것이 '교'에 다름 아니라는 것인데, 이것은 이 '일절전, 양절전'이라는 수도적인 장場을 매개로 하여 가능한 것이다.[17] 요컨대 두 개의 절전節轉에 의해 능소가 모두 사라져 불이의 일도一道를 드러내어가는 바에서 불이야말로 이理이어서 이제설은 교문이라는 삼론 이제의의 근본적 입장을 살펴볼 수 있는 것이다. 그러므로 '어·교' 이제의 설정이라는 것은 일견 번쇄한 이론을 위한 이론의 구축 같은 느낌을 주지 않을 수 없지만 길장이 의도했던 것은 완전히 그 역이었다고 보아야 하는데, 오히려 그것은 경직된 형식적 이론이 아니라 유로부터 공으로 세속제에서 제일의제로 그 위에 이 양자를 상즉하여 이인 불이, 불이인 이의 인연의 이제의를 현시하려고 했던 매우 독특한 설이었다고 할 수 있을 것이다.

---

16 위의 곳, "若好釋者, 於二者明非二, 非謂是非二. 若言於二為顯不二, 此言平鈍. 若駿悟解者於二者明是二 非謂是非二."(T45, 93b.)

17 ㊞ 어·교 이제의 실천적 의미를 간단히 유추해보자면 어제로부터는 불타의 중생중심주의를, 교제로부터는 중생의 불타중심주의를 읽어낼 수 있을 듯하다. 불타의 자내증은 비유비무의 중도관임에도 불구하고 불타는 설법이라는 실천의 자리에 와서 유와 무의 두 가지 전도된 진리를 긍정하고 비유비무의 불이론을 오히려 부정한다. 그 까닭은 유와 무의 어제가 중생과의 만남을 위한 매개로서 승인될 수밖에 없기 때문이다. 그러므로 어제의 개념은 불타의 자기부정적 실천의 지평을 가리킬 것으로 보인다. 이러한 어제에 깃든 불타의 자기부정적 실천의 이념을 본받아 중생 역시 중생의 진리인 유와 무를 스스로 부정하고자 할 때 성립하는 개념이 교제이므로 교제는 불타의 중생중심주의와 대비하여 중생의 불타중심주의를 대변하는 개념이라고 부를 수 있을 것이다. 이에 비해 미교어제는 어제에 깃든 불타의 중생중심주의를 깨닫지 못하고 중생의 진리로 베풀어진 유와 무의 개념에 중생이 자기중심적으로 집착할 때 성립하는 개념이라고 규정해볼 수 있다.

2. 이제 상즉의 전거와 논리

1)

길장『이제의』의 상권과 중권은 오로지 앞에서 서술한 '어·교' 이제를 중심으로 이제의 대의와 삼론 학파의 종의의 해명으로 시종 일관하는데, 하권에서는 서두부터 이제의 상즉을 중심으로 논술이 전개된다. '어·교'의 이제의 설정도, 길장이 어떻게 해서 종래의 약리적인 구조의 이제에서 약교 이제설을 도출했는지 그 고심의 결과여서 결국 어교 이제라는 것도 인연의 이제라는 이제의 상즉을 설하기 위한 포석이었다고 볼 수 있다. 그런 의미에서는 길장의 이제론도 모두 세속제와 승의제의 상즉 여하를 설명하는 것에 집약되어 있다고 해도 좋다. 그래서 다음에『이제의』하권에 준거하여 길장에서의 이제 상즉의 문제에 대해 다시 고찰을 덧붙이는 것으로 한다.

『이제의』에서 이제 상즉의 뜻을 논하는 경우 직접의 전거가 되었던 경전은 다음의 3경이다. 즉

① 『열반경』[18]의 "세제가 곧 제일의제이다."(世諦者卽第一義諦.)

② 『대품반야』[19]의 "공즉색이고 색즉공이니, 공을 떠나 색이 없고 색을 떠나 공이 없다."(空卽色, 色卽空, 離空無色, 離色無空.)

③ 『유마힐소설경』[20]의 "색의 성품은 본래 공이니, 색이 아니면 공은 소멸한다."(色性自空, 非色滅空.)

---

18 『대반열반경』(남본) 권15「범행품」의 2(T12, 708a.)
19 『마하반야바라밀경』 권1「봉발품奉鉢品」 제2, "離色亦無空, 離受想行識亦無空, 色卽是空, 空卽是色."(T8, 221b〜c), 권3「집산품集散品」 제9, "離空亦無色, 色卽是空, 空卽是色."(T8, 235a) 등의 취의.
20 『유마힐소설경』 권중 '입불이법문품', "色卽是空, 非色滅空, 色性自空."(T14, 551a.)

의 3경의 문장이다. 이 3경을 전거로 하는 것은 본서뿐이어서 다른『대승현론』의 '이제의' 등은 모두『열반경』과『대품반야』의 2경을 전거로 한다. 이것은 "3경의 문장이 있지만 여러 법사들은 많이『대품경』에서 색즉공, 공즉색을 밝혔다."[21]라고 하는 것처럼 종래『대품경』의 "색즉시공, 공즉시색."에 의해 상즉을 표시하는 것이 많았던 것에 대해 특별히『열반경』또는『정명경』의 2경을 길장이 덧붙였던 점에 특징이 있다.

이 2경 내지 3경에서의 이제 상즉의 본질적인 취지는 똑같지만, 표현에서 『열반경』은 '세제즉제일의제'라고만 하여 '제일의제즉세제'라고 설하지 않기 때문에 '사론奢論(관론寬論)'이고『대품반야』나『정명경』은 '절론切論'이라고 한다.[22] 그러나 사·절奢切의 뜻은 혜균의『사론현의』에서는 이와 조금 취지를 달리 하여 다음과 같이 설해진다. 즉

> 만약 진즉속, 속즉진이라고 한다면 이것은 사론이다. 만약 색즉시공, 공즉
> 시색이라고 한다면 이것은 곧 절론이다. 또 사·절이라고 해도 똑같이 상
> 즉의 뜻을 설명하는 것이다.[23]

라고 한다.『대승현문답』제1에서 진해는 이것을 주석하여

---

21 『이제의』권하, "雖有三經文, 諸師多就大品經, 明色即空空即色也."(T45, 105a.)
22 위의 곳, "此三經來意是同, 言不無奢切, 何者涅槃經言奢, 大品淨名經言切. 涅槃經奢者, 涅槃云世諦即第一義諦, 不云第一義諦即世諦. 故涅槃言奢. 大品淨名切者, 大品色即是空空即是色, 淨名亦爾. 所以為切也."(T45, 104c.)
23 『사론현의』권5, "次若言真即俗, 俗即真者, 此是奢論. 若言色即是空, 空即是色, 此即是切論. 雖復奢切, 同辨相即義."(X46, 581c.)

『열반경』에서 밝히는 상즉은 불상리不相離의 상즉이고 『반야경』에서 밝히
는 바는 즉시卽是의 상즉이니, 말하자면 상즉에는 두 뜻이 있는데, 하나는
즉시의 즉이고 둘째는 불상리의 즉이다. 그러므로 두 경전에서 밝히는 바
는 그 뜻이 꼭 같은 것은 아니다.[24]

라고 한다. 후술하는 것처럼 불상리의 즉, 즉시의 즉이란 성론사의 상즉의에
대해 말해지는 것이어서 반드시 이것이 진해가 말하는 것처럼 삼론 학파 고유
의 술어가 아니고 오히려 이것을 '사 · 절'이라는 표현 상의 차이에 의해 개념적
으로 구별하지 않는 것이 삼론 학파의 2경에 대한 해석인데, 어쨌든 길장도
혜균도 모두 열반 · 대품을 인용하여 이렇게 논하는 것은 양자가 모두 흥황사
법랑의 동문으로서 이것이 법랑에서 전수된 학설이었던 점을 살피게 함과
동시에 또 종래 불상리즉 · 즉시즉이라는 개념하에 이 2경에 기초한 상즉의의
해석이 존재했던 것을 추론하게 한다.

2)

그래서 이러한 일가一家의 전통설이 성립한 배경으로서 다음에 양대 성론사
의 이제 상즉의 뜻이 어떻게 설해졌는지를 고찰해보고자 한다. 길장은 그
대표로서 장엄사莊嚴寺 승민僧旻(467~527), 개선사開善寺 지장智藏(458~522),
용광사龍光寺 승작僧綽(미상) 3인의 이름을 거론하고 각각의 설을 다음과 같이
소개한다.

---

24 『대승현문답』 권1, "涅槃明, 卽可不相離卽, 般若所明者, 卽是之卽也. 謂卽有二義. 一者卽是之卽, 二者不
相離之卽也. 故二經所明, 其意不必同也."(T70, 573a~b.)

(1) 장엄설

장엄은 말한다. 연기緣假는 공과 다를 수 없으므로 속이 곧 진이고, 사망四忘은 유와 다를 수 없으므로 진이 곧 속이다. 비록 속이 곧 진이지만 결코 명상名相을 무명상無名相으로 삼아서는 안 된다. 비록 진이 곧 속이지만 결코 무명상을 명상으로 삼아서는 안 된다. 그러므로 이제가 다르지 않은 것을 상즉으로 삼는다.

(2) 개선설

다음으로 개선이 풀어 말한다. 가假는 자체가 없다면 생生이지만 유가 아니니, 그러므로 속이 곧 진이다. 진眞은 체가 없으면서도 가일 수 있으므로 진이 곧 속이다. 속이 곧 진이라면 무를 떠나서는 유가 없고, 진이 곧 속이라면 유를 떠나서는 무가 없다. 그러므로 불이면서 이라면 중도가 곧 이제이고, 이면서 불이라면 이제가 곧 중도이다. (중략)

(3) 용광설

다음으로 용광이 이제의 상즉의 뜻을 해석한다. 이 법사는 개선의 대학사大學士이다. 그는 말한다. 공과 색이 서로 떠나지 않으면 공이 곧 색이고 색이 곧 공이라고 한다. 『정명경』에서 "나의 이 국토가 항상 청정하다."와 같이 말한 것은 정토가 곧 예토의 자리에 있음을 밝힌 것이다. 그러므로 이 국토가 청정하다고 한 것이지 정토와 예토가 섞이어 하나의 국토를 이루는 것은 아니다. 왜냐하면 정토는 정보淨報이고 예토는 예보穢報이며, 정토는 정업이 초감한 것이고 예토는 예업이 초감한 것이니, 이미 정보와 예보, 정업과 예업이 있으므로 하나일 수 없지만, 단 서로 떠나지 않기 때문에 상즉인 것이다.[25]

---

25 『이제의』 권하, "(今出莊嚴開善龍光三人釋二諦相即義.) 莊嚴云, 緣假無可以異空故俗即眞, 四忘無可以異

길장은 이상의 3설을 종래의 대표적 상즉의 뜻으로 거론하는데, 여기서 개선과 장엄은 이제 일체一體를 밝히고, 용광은 이제 이체異體를 밝히는 것으로서 종래의 상즉의는 이 일이一異의 어느 쪽에 수렴되는 것으로 소개한다. 『대승현론』과 『사론현의』에는 3설의 상세한 소개가 없지만, 전자에서는

> 개선은 이제가 일체라고 밝혀 즉시의 상즉을 사용하고, 용광은 이제가 각체各體라고 밝혀 불상리의 상즉을 사용한다. 뭇 법사가 많지만 이 둘을 벗어나지 않는다.[26]

라 하고, 후자에서는

> 성론사는 상즉에 두 종류가 있다고 풀이한다. 첫째로 이제는 이체異體이면서도 동처同處이므로 상즉이라고 이름한다라 하고, 둘째로 일체이므로 상즉이라 한다고 한다. 곧 즉시의 상즉이다.[27]

라고 하여 역시 개선·용광의 이제일이설二諦一異說을 거론한다. 후세 일본의 주석가가 말하는 '불상리즉'과 '즉시즉'이라는 상즉의 두 뜻의 전거는 앞에서 밝혔지만 그 원사상은 양대 성론사의 설에 있었다는 것 또한 명백하다. 길장이

有故眞卽俗. 雖俗卽眞, 終不可以名相爲無名相. 雖眞卽俗, 終不可以無名相爲名相. 故二諦不異爲相卽也. 次開善解云, 假無自體, 生而非有, 故俗卽眞. 眞無體可假故眞卽俗. 俗卽眞, 離無有, 眞卽俗, 離有無無. 故不二而二, 爲空卽色色卽空. 二而不二, 二諦卽中道. (중략) 次龍光解二諦相卽義. 此師是開善大學士. 彼云, 空色不相離, 爲空卽色色卽空. 如淨名經云我此土常淨, 此明淨土卽在穢土處. 故言此土淨, 非是淨穢混成一土, 何者, 淨土是淨報, 穢土是穢報, 淨土淨業感, 穢土穢業感. 既有淨報穢報淨業穢業故不得一, 但不相離爲卽也."(T45, 105a~b.)

26 『대승현론』 권1, "開善明, 二諦一體, 用即是即. 龍光明, 二諦各體, 用不相離即. 衆師雖多, 不出此二."(T45, 21c.)

27 『사론현의』 권5, "成論師解, 相即有兩種. 一云二諦異體而同處, 故名相即. 二云一體故言相即. 即是即是之即也."(X46, 581c.)

이제상즉의를 논하여 특히 전거로서 열반·대품 또는 정명의 2경 내지 3경을 거론하여 똑같이 이것을 경증으로 삼으면서도 사절奢切의 차이라는 표현 상의 차별에 머물러 이것을 개념적으로 구별하는 것을 피했던 것은 불상리즉·즉시 즉의 어느 쪽에도 치우치지 않는, 환언하자면 일이一異의 어느 것도 취하지 않는 입장에서 이제의 상즉을 논하려는 주도면밀한 배려가 있었기 때문이었다고 생각된다.

3)

어쨌든 이상의 양대의 성론사의 학설에 대한 반론이라는 형태로 길장의 상즉의 또한 전개된다. 이 경우 길장은 용광사 승작의 이제 각체론이 각별의 체를 갖는 것으로 흡사 소의 뿔과 같은 관계에 있어 그 사이에 상즉의 관계는 성립하지 않으며 또 스스로 경론에 위배되어 비판하기에도 부족하다고 하여,[28] 오로지 장엄·개선의 이제일체설을 비판한다.

(1) 장엄에 대한 반론
① 장엄은 연기緣假가 진真에 다르지 않고 사망四忘은 속俗에 다르지 않다고 하면서 명상은 결코 무명상이 아니고 무명상은 명상이 아니라고 하니, 이 말은 스스로 상반된다. 이미 진즉속, 속즉진이라고 한다면 명상은 무명상이고 무명상은 명상일 것이다. 어찌하여 속즉진일 수 있는데 명상이 무명상일 수가 없는 것이겠는가? (장엄은 말한다. 명상은 또 무명상에 상즉한다는 뜻이 있다.)

---

28 『이제의』 권하, "龍光明異體, 此義自反經, 不須更難."(T45, 105b), 『대승현론』 권1, "若二諦各體, 如牛角, 并違諸經論, 不足難也."(T45, 21c.)

② 만약 명상은 곧 무명상이라 한다면 세제는 무명상, 진제는 유명상이라고 할 수 있는가? (장엄은 말한다. 진제는 결국 무명상이고 속제는 결국 유명상이다.)

③ 만약 그렇다면 결국 이것은 두 가지 견해이니, 상즉할 수 없다. (장엄은 말한다. 이제는 항상 상즉이지만 단, 명의名義가 다를 뿐이다.)

④ 속의 체가 곧 진이라면 속의 명名은 곧 진인가 아닌가? 만약 명의名義가 곧 진이라면 진제는 이미 상常이므로 명의는 곧 상常이다. (그런데) 명의는 무상無常이므로 진도 또한 무상이 아니면 안 된다. 만약 명의는 곧 진이 아니라고 한다면 명의는 진의 밖에 있고 법성의 밖에 있는 것이 되므로 이것도 불가하다.

(2) 개선에 대한 반론

① 네가 색즉공이라고 하는 경우 색이 일어날 때 공이 색과 함께 동시에 일어나기 때문에 색즉공이라고 하는 것인가, 색이 아직 일어나기 전에 이미 이 공이 있기 때문에 색즉공이라고 하는 것인가? 만약 색이 아직 일어나지 않았을 때 이미 즉색의 공이 있는 것이라면 이것은 곧 공은 본래 있는 것(本有)이고 색은 곧 비로소 발생한 것(始生)이다. 본과 시는 다른 것이므로 어떻게 상즉하겠는가? 본래 있는 공은 곧 상주이고 비로소 있는 색은 무상이다. 상주와 무상은 다르므로 상즉할 수 없다. 만약 공과 색이 함께 일어난다고 한다면 그때는 공과 색은 모두 비로소 있는 것(始有)이니, 모두 본래 없다가 지금 비로소 있게 된 것이므로 모두 무상이 되어버린다.

② 네가 색즉공이라 할 때 공과 색의 분제分際(구별)를 받아들이는가 아니면

받아들이지 않는가? 만약 분제가 아니라면 섞이어 하나가 되어 모두 상주이거나 모두 무상이 될 것이다. 만약 분제라면 공과 색은 이체異體가 되어 상즉할 수 없을 것이다.[29]

이러한 장엄·개선 2설에 대한 길장의 반론의 요지는 결국 이제의 일이, 요컨대 이제의 동일성과 차별성의 딜레마에 상대를 빠뜨리는 것에 집중되어 있다. 일체인지 별체인지라는 딜레마는 『중론』 등에 보이는 가장 기본적인 파사의 논법인데, 예를 들면 길장은 장엄설을 논파할 때 "이 비판은 『백론』의 비판에서 하나의 물병에 체는 동일하고 명의는 다르다는 것과 같다."(此難如百論難有一瓶體一名義異. T45, 105b)라고 하여 『백론』「파일품破一品」을 인용하는 등 의식적으로 이를 적용한다. 이 동일성과 차이성이라는 딜레마는 개념 분별에 의해 성립하는 모든 주제에 적용될 수 있을 것인데, 특히 성론 학파가 설하는 이제는 약리·약경의 이제라고 칭해지듯이 진리의 형식 자체가 두 종류인 것으로 설하는 이제설이며 거기서는 예를 들어 3가假가 속제, 4절絶이 진제라고 극단적으로 고정적인 개념화된 정의가 되어 있었다. 당연히 이러한 약리·약경의 이제는 동일인지 차이인지라는 딜레마를 피할 수 없는 것이다. 그래서 길장은 예를 들어 다음과 같이 논파해 보인다.

---

29 위의 곳, "今且難莊嚴開善二家. 莊嚴云, 緣假不異真, 四忘不異俗, 名相終不為無名相, 無名相不為名相. 此言自相反. 汝既真即俗, 俗即真, 名相為無名相, 無名相為名相, 那得俗即真, 名相不得為無名相耶. 彼師云, 我名相復有即無名相義也. 又責, 汝若名相即無名相, 可得世諦無名相真諦有名相? 彼云, 真諦終無名相, 俗諦終有名相. 若爾終是二見, 不得相即也. 彼云, 我體常即, 但名義異耳. 又責, 汝俗體即真, 俗名即真不. 若名義即真者, 真諦既常, 名義即常. 名義無常, 真亦即無常. 若名義不即真, 名義出真外, 出法性外故不可也. (중략) 次難開善, 有兩關, 非但難開善, 遍難眾師, 經有二諦相即, 總而難之. 第一難云, 色即空時, 為色起之時, 空與色同起故云色即空, 為當色未起前已有此空故云色即空耶. 若使色未起時已有即色之空者, 此則空本有色即為生. 本始為異, 云何相即. 本有空即常, 始有色則無常. 常無常異故不得即也. 若言空與色俱起者, 則空與色俱是始有, 皆是本無名始有皆無常也. 第二難云, 汝色即空時, 為空色分際, 為不分際. 若不分際則混成一, 若空色一皆常常皆無常. 真俗一言俗無常真常者, 即例難真俗一真無常俗常也. 若分際則空色異, 雖則終分際終異."(T45, 105b〜c.)

곧 『대품경』에서 말하기를, "색은 곧 공이지만 공을 색이라고 이름하지 않는다."라고 하였는데, 종래 이 말을 이해하지 못했다. 지금 밝힌다. 이것은 쌍으로 일이—異의 두 견해를 내치는 것이다. 왜냐하면 색즉공, 이것은 범부와 이승 등의 견해를 논파한다. 저들은 색은 공과 달라 색을 쪼개야 바야흐로 공을 얻는다고 한다. 그러므로 논파하여 색즉시공이라고 한다. "공을 색이라 이름하지 않는다."는 것은 상즉의 견해를 논파한다. 색즉공이라고 밝힌 것에 대해 곧 상즉의 견해를 만든다. 그러므로 논파하여 "공을 색이라고 이름하지 않는다."라고 한다. 만약 색이 있다면 색즉공이라고 할 수 있겠지만 이미 색이 있지 않은데 어찌 색즉공이라고 할 수 있겠는가? 이것은 곧 같음을 빌려 다름을 벗어나고 다름을 빌려 같음을 벗어나며, 유를 빌려 무를 논파하고 무를 빌려 유를 논파하는 것이다. 이에 상즉과 불상즉을 말하는 것은 모두 중생을 위한 것으로, 4실단 중에서 대치실단對治悉壇을 사용한 것이다.[30]

라고 하여 "이제는 같음도 아니고 다름도 아니며 4구를 벗어난 것을 체로 삼는다."라고 하며, 따라서 그것은 "같음도 아니고 다름도 아니며, 불상리의 즉도 아니고 즉시의 즉도 아니며, 4구를 떠난 것을 상즉으로 삼는다."[31]라고 하여, 마침내는 즉부즉卽不卽의 개념마저 부정해 보이는 것이다.

---

30 『이제의』권하, "大品云, 色卽是空, 空不名色, 從來不解此言. 今明者, 此則雙搏一異兩見. 何者, 色卽空, 此破凡夫二乘等見. 彼謂, 色異空折色方得空. 是故破云色卽是空也. 空不名色者, 破卽見. 向明色卽空, 便作卽解. 是故破云空不名色. 若有色可言色卽空, 旣無有色, 何得言色卽空耶. 此卽借一以出異, 借異以出一, 借有以破無, 借無以破有. 此言卽不卽, 竝爲衆生, 四悉壇中, 對治悉壇用也."(T45, 107b~c.)

31 『대승현론』권1, "今明, 二諦非一非異, 離四句為體, 亦明, 非一非異, 非不相離卽, 非卽是卽, 離四句為卽."(T45, 21c.)

4)

그래서 이처럼 종래의 이제상즉의의 모순을 논파하는 길장에게서는 이 문제가 어떻게 설해져 있었느냐고 하면 길장은 법랑의 일종의 방언方言이라고 전제하여 다음과 같이 밝힌다. 즉

> 대사가 옛날에 말한다.
> ① 가명으로 유라 설하고 가명으로 공이라고 설한다. 가명으로 유라고 설한 것이 세제이고 가명으로 공이라고 설한 것이 진제이다.
> ② 이미 가유라고 하였으니 곧 비유를 유로 삼고, 이미 가공이라고 이름하였으니 곧 비공을 공으로 삼는다.
> ③ 비유를 유로 삼는다면 공과 다른 유가 아니고, 비공을 공으로 삼는다면 유와 다른 공이 아니다.
> ④ 공과 다른 유가 아니라면 유는 공인 유라 하고, 유와 다른 공이 아니라면 공은 유인 공이라고 한다.
> ⑤ 유는 공인 유라고 하므로 공인 유는 곧 유인 공이고, 공은 유인 공이라고 하므로 유인 공은 곧 공인 유이다. 대사가 상즉의 뜻을 해석하는 방언이 이와 같다.[32]

라고 서술한다. 일견하여 분명한 것처럼 이 방언에서 말하는 상즉의 논리는 제2장에서 논했던 삼론 학파의 기본적 입장을 보여주는 '초장'의 전개에 다름 아니다. 즉 이미 보았듯이 삼론 '초장'의 뜻이란 상즉의 유무를 밝히는 것을 그 근본 주제로 하는 것이어서 그 당연한 논리적 귀결로서 이제의 상즉이

---

32 『이제의』 권하, "大師舊云, 假名說有, 假名說空. 假名說有爲世諦, 假名說空爲眞諦. 旣名假有, 卽非有爲有, 旣名假空, 卽非空爲空. 非有爲有, 非異空之有, 非空爲空, 非異有之空. 非異空之有, 有名空有, 非異有之空, 空名有空. 有名空有故, 空有卽有空, 空名有空故, 有空卽空有也. 師釋相卽義, 方言如此"(T45, 105c.)

여기에 보이는 것에 다름 아닌 것이다. 그리고 그 대전제가 된 것은 삼론 학파의 이제설이 성실 학파와는 달라서 이른바 약교의 이제라고 칭해지는 언교·방편으로서의 이제이기 때문이다. 요컨대 다른 학파에서는 이제가 2리·2경으로서 설해지는 것에 대해 삼론 학파가 설하는 언교의 이제란 도리로서의 이제를 인정하지 않고서 범부와 성인의 2연에서 중생에 수순하므로 중생을 교화하기 위한 수단으로서 이제가 있다고 설하는 것에 지나지 않기 때문이다. 그러므로 여기서는 전자에서와 같이 개념화하고 고정화하여 설해지는 것은 아무것도 없다. 이제는 교문이고 언설이기 때문에 일체의 언설(이제)은 유를 세제로 삼는다고 해도 그 유는 공인 유, 즉 공에 기초한 유이고 가유이다. 공을 진제로 삼는다고 해도 그 공은 유인 공, 즉 유를 안으로 포함하는 공이고 가공이다. 이렇게 가유·가공의 이제는 모두 가이기 때문에 공은 그대로 유이고 유는 그대로 공이며 이제는 상호 융즉한다고 설한다.

이것이 길장에게 보이는 이제 상즉의 논리이어서 이것은 초장이제의로부터 일관하여 변하지 않는 삼론의 근본의이다. 그리고 공유의 이제를 가명이라고 설하는 것은 길장에게는 필경 '중도'를 선양하려는 의도에 기초한다. 요컨대 가인 유이기 때문에 유에 머무는 것도 아니니 유는 비유이다. 가인 공이기 때문에 공에 머무는 것도 아니니 공은 비공이다. 이 비유비공이야말로 길장이 말하는 중도에 다름 아니다. 그래서 이렇게 설해져온 길장의 이제상즉론은 다음으로 이른바 중도위체설·삼종중도설로 전개되어간다.

3. 중도위체설中道爲體說과 삼종중도설三種中道說

1)

『이제의』에는 종래 이제의 체를 논함에 고래로 14가家의 해석이 있었다고 하는데, 그 상세한 점에 대해서는 아무것도 서술되어 있지 않다. 단지 '당로當

路의 3가家'로서 여느 때처럼 양대 성론사의 설을 제출하는데, 그것에 의하면

(1) 제1설은 이제 일체一體를 밝힌다. 이것은 다시 3설이 있다.

① 진제를 체로 삼는다. 이것은 공을 이본理本으로 삼는 설로, 일체법은 공을 본으로 삼으므로 진제가 체이다. 또 유는 속제이고 속을 끊어 진을 깨닫게 하므로 진제가 체라고 한다.

② 속제를 체로 삼는다. 이것은 속을 끊는 것에 의해 진을 얻는 것이므로 속을 체로 삼는 것이다.

③ 이제는 서로 가리켜 체로 삼는다. 이것은 앞의 두 설을 회통한 설로, 공은 유의 본이므로 진을 속의 체로 삼고 속을 진의 용으로 삼는다. 또 속을 끊어 진을 얻는 것이므로 속을 진의 체로 삼고 진을 속의 용으로 삼는다. 따라서 이제는 서로 체로 삼고 서로 용으로 삼는다고 하는 것이다.

(2) 제2설은 이제 이체異體를 밝힌다. 이것은 3가假를 속제의 체로 삼고 4망忘을 진제의 체로 삼는다. 또 명상을 속제의 체로 삼고 무명상을 진제의 체로 삼으므로 이제는 체가 다르다고 하는 것이다.

(3) 제3설은 중도를 이제의 체로 삼는다. 이것은 이二이면서도 불이不二이므로 이제는 곧 중도이고, 불이이면서도 이이므로 중도는 곧 이제이다. 그러므로 중도를 이제의 체로 삼는다고 하는 것이다.[33]

---

33 위의 곳, "今略出當路三家解, 試而論之, 大師常出三家明二諦體義. 第一家明二諦一體, 第二家明二諦異體, 第三家明二諦以中道爲體. 就明二諦一體家, 復有三說. 一云眞諦爲體, 二云俗諦爲體, 三云二諦互指爲體. 第一眞諦爲體者, 有二義. 一者明空爲理本, 明一切法皆以空爲本, 有非是本, 爲是故以眞諦爲體也. 二者有爲俗諦, 折俗本爲悟眞, 故眞爲體也. 言俗爲體者, 要由折俗故得眞, 若不折俗則不得眞, 良由前折俗故得眞, 所以俗爲體也. 第三家說互指爲體云, 前兩家並傹. 今明具二義, 明空爲有本故眞爲俗體, 俗爲眞用, 折俗得眞故, 俗爲眞體, 眞爲俗用, 二諦互爲體, 眞俗互爲用也. 此即是開善門宗有此三釋, 開善本以眞爲體, 餘兩釋支流也. 第二家明二諦異體, 三假爲俗諦體四忘爲眞諦體, 名相爲俗諦體, 無名相爲眞諦體, 故二諦體異也. 第三明中道爲二諦體者, 還是開善法師用中道爲二諦體. 彼明二即於不二故, 彼序云, 二而不二, 二諦即中道, 不二而二, 中道即二諦, 故以中道爲二諦體. 此即總論有三家, 別開則有五釋也."(T45, 107c~108a.)

이상의 3설인데 이것을 나누면 『대승현론』의 5기家가 된다. 즉 『현론』에서는

① 유를 체로 삼고 공을 용으로 삼는다.
② 공을 체로 삼고 유를 용으로 삼는다.
③ 이제에 각각 체가 있다.
④ 이제는 일체이지만 뜻에 따라 다르니 용에 따르면 둘이다.
⑤ 이제는 중도를 체로 삼는다.[34]

의 5설을 소개한다. 『사론현의』[35]에서도 5설을 거론하며, 앞의 두 책과 일치한다. 『현론』, 『현의』에도 이것이 누구의 설인지 명기하지 않는데, 『이제의』에 의하면 제1설과 제3설, 말하자면 『대승현론』과 『사론현의』의 ①, ②, ④, ⑤의 뜻은 모두 개선사 지장의 설이다. 더구나 승랑 대사가 남지에 오기 이전에는 제1설의 3의만이 있어서 그중의 제1이 정의正意로 되어 있었다고 한다. 즉 "이는 곧 개선의 문종門宗에 이 세 가지 해석이 있으니, 개선은 본本과 진眞을 체로 삼으며 다른 두 해석은 지류이다."라고 한다. 이 제1설의 3의는 모두

---

34 『대승현론』 권1, "二諦體第五. 常解不同, 有五家. 初家明, 有爲體空爲用. 何故爾, 明世諦是有, 行者折有入空, 無有因空入有. 故有是其本, 空爲其末. 第二家云, 以空爲體, 有是其用. 何以故, 明空爲理本, 古今常定, 有是世間法皆從空而生. 故空爲其本, 有是其用. 第三云, 二諦各自有體, 以世諦假有是世諦體, 假有即空無相是眞諦體, 故言二諦各有體. 第四云, 二諦雖是一體, 以義約之爲異. 若以有來約之即名俗諦, 以空約之名爲眞諦, 而今此二諦唯一, 約用有二. 第五云, 二諦以中道爲體. 故云, 不二而二, 二諦理明, 二而不二, 中道義立彼家有時亦作體用相即. 今皆不然."(T45, 19a.)

35 『사론현의』 권5, "所言二諦體, 師說不同, 具如五重中道中說也. 今更明之. 一云, 二諦以有爲體, 空是其義. 所以然者, 緣有故空, 豈非就有上論空. 空以有爲其體, 有以空爲義用. 故居士經云, 五受陰洞達空是苦義也. 今謂不然. 若言以有爲體, 則應以有爲理. 若不是理空則非理, 亦應有是諦無非無諦也. 二云, 二諦以空爲體, 有是義用. 故大品經淨名經等, 空爲諸法本也. 今亦不然. 亦類破之. 亦有無既異, 常無常異, 寧得爲體也. 三云二諦各有體, 有以有爲體, 空以空爲體. 今隨不然. 各有二諦體, 則成兩理別異, 不應相即. 而今經中言色即是空空即是色, 那得有兩體也. 四二諦共一體, 隨兩義取. 若將有來約則以有爲體, 若將無來約則以無爲體也. 今謂不同. 若言一理隨兩義約者, 爲是一理而兩義約, 爲是兩理而兩義約. 若是一理則成一諦, 若有二理則應兩體也. 五二諦中道爲體, 有無爲義. 今謂不然. 爲當合此中道之體, 而有有無兩用, 爲當離此中道而有有無兩用. 若合此中道唯應有一用, 不應二用. 若離此中道爲兩用者, 中道既被離則非復中道. 故二諦自有二體, 何得同以一中道爲體."(X46, 582c〜583a.)

진·속 어느 쪽을 체로 삼아 이제 일체를 설하는 것이고, 제2설(『현론』의 ③)은 이제 이체를 설하는 것으로 이것은 용광사 승작의 설인 것은 이미 본 대로이다. 이것들은 모두 이제에 대해 일이一異의 과실에 두루 미치는 것이기 때문에 길장은 이것을 "간별하기에도 부족하다."(不足可簡)라고 하여 불문에 부친다. 문제는 제3설의 중도를 이제의 체로 삼는 설로 일찍이 개선에서도 중도를 이제의 체로 삼는 것이 설해졌던 것이다. 그러므로 여기서 양자의 차이를 명백히 하는 것이 다음에 요청되는 과제이다.

2)

이제의 체를 중도라고 설한 개선은 그 중도에 '3종의 중도'가 있다고 설한다. 개선이 말하는 '3종 중도'란 (1) 세제의 중도, (2) 진제의 중도, (3) 이제합명二諦 合明의 중도의 3종인데, 이것을 다음과 같이 설했다고 한다.

(1) 세제중도란 3종이 있다.

① 첫째로는 원인 중에 과보인 이理가 있으므로 무가 아니다. 과보인 사事 가 없으므로 유가 아니다. 비유비무의 인과의 중도이다.

② 둘째로는 실법實法이 멸하므로 상주가 아니고 (가명으로) 상속하므로 단멸이 아니니, 불상부단의 상속의 중도이다.

③ 셋째로는 상대相待의 중도이다.

(2) 진제의 중도란 비유비무를 진제의 중도로 삼는다.

(3) 이제합명의 중도란 비진비속을 이제합명의 중도로 삼는다.[36]

---

36 『이제의』 권하, "世諦中道者有三種. 一因中有果理故非無, 即無果事故非有, 非有非無因果中道也. 二者實 法滅故不常, 相續故不斷, 不常不斷相續中道也. 三者相待中道. (중략) 真諦中道者, 非有非無為真諦中道也. 二諦合明中道者, 非真非俗為二諦合明中道."(T45, 108a.)

이상의 3종의 중도이다. 여기서 세제 중도의 세 가지란 성실론사가 설하는 세제의 3기가[37](인성가因成假·상속가相續假·상대가相待假)의 각각에 대해 중도를 설했던 것이다. 여기서 ③의 상대의 중도에 대해서는 "나중에 설명하겠다."[38]라고 하면서도 나중에 서술한 문장에 이것에 해당하는 문맥이 보이지 않는 것은 조금 부족한 느낌을 면할 수 없지만 그러나 개선이 말하는 3종 중도, 특히 세제 중도에 대해 인과의 중도, 상속의 중도, 상대의 중도와 같이 명기하는 것은 『이제의』에만 있어서, 이후의 『중관론소』에서는 ①의 비유비무와 ②의 불상부단의 두 가지가, 『대승현론』에서는 ②의 불상부단이 세제 중도로서 소개되어 있을 뿐이다.[39]

『이제의』에서는 이 개선설에 대해 특별히 그 차이를 명확히 하고 독자의 '3종중도설'을 주장하여 이것을 논란하는 것은 이루어져 있지 않다. '3종중도설'이 완전하게 정리된 형태로 제시되어 있는 것은 『중관론소』와 『대승현론』의 두 책뿐이어서 모두 길장의 만년에 성립했다고 생각되는 논서이다. 그러므로 이 사상은 길장의 원숙기에 속할 것인데, 그 맹아는 초기 시대의 작품인 『이제의』에서도 충분히 확인된다. 예를 들어 『이제의』에 의하면 개선은 이제 합명의 중도를 비진비속의 중도라고 하는데, 개선은 이미 이제를 '하나의 참된 불이의 극리極理'라고 하여 궁극적인 진리로 간주한다. 그런데 장엄사 승민은

---

37 3가에 대해서는 여러 곳에 설명이 보이는데, 예를 들면 『이제의』 권하 '이제섭법의二諦攝法義' 제6에서, "爲異具所成故是因成假, 異具所成者四微成柱五陰成人也. 前念滅後念續前念名相續假. 長短方圓名相待假. 具三假故爲世諦."(T45, 113a)라는 것 등을 참조.

38 주 36번의 인용 중 중략했던 것. "三者相待中道. 後當辨之."(T45, 108a)라고 한다.

39 『중관론소』 권1본, "三者爲學佛教人作三中不成故墮在偏病. 今對彼中義不成, 欲成中義故辨三種中也. 問, 云何學佛教人三中不成. 答, 他實法滅故不常, 假名相續故不斷, 不常不斷名世諦中道. 今謂, 不常猶是斷, 不斷猶是常, 唯見斷常何中之有. 又言因中未有果事故言非有, 有得果之理故言非無, 非有非無爲世諦中道. 考而論之, 非有猶是無, 非無猶是有, 亦無中矣."(T42, 11a), 『대승현론』 권1, "又學佛教人作三中不成故墮在偏病. 今對彼中義不成故辨三中. 問, 云何學佛教人三中不成. 答, 他實法滅故不常, 假名相續故不斷. 今謂, 不常猶是斷, 不斷猶是常, 唯見斷常, 何中之有. 爲對此三中不成, 明三種中道."(T45, 20a.)

똑같이 약리의 이제를 설해도 "불과佛果와 열반은 이제 밖으로 벗어난다."[40]라고 밝혔던 것에 대해 개선은 "이제로 법을 모두 포섭한다."[41]라고 밝혀 별법別法으로서 비진비속의 법을 세우는 것을 하지 않는다. 그러므로 개선이 말하는 비진은 속제에 다름 아니고 비속은 진제에 다름 아니다. 이리하여 "속은 비진이고 진은 비속인 것을 비진비속이라고 한다."(俗非眞眞非俗爲非眞非俗.)일 뿐으로 이제합명의 중도는 성립하지 않는다고 하는 것이다. 이것을 『중관론소』에서는

> 그의 이제합명의 중도라는 것은 말하자면 비진비속을 이름하여 중도라고 한다. 이것은 또한 그렇지 않다. 비진은 도리어 속이고 비속은 도리어 진이므로 다시 이것은 이제이니, 결코 별도의 중도가 없다.[42]

라고 논파한다. 이 반론은 『이제의』와 완전히 동일하다. 단지 『중관론소』의 경우 세제 중도, 진제 중도의 각각에 대해서도 하나하나 이것을 반박하고는 "이로써 추론하면 세 가지 중도는 성립하지 않는다. 이 3종 중도가 성립하지 않음을 대치하기 때문에 지금 3종 중도를 밝힌다."(以此推之三中不成. 爲對此三種中不成故, 今明三種中道.)라고 하여 새롭게 삼론 학파에서 독자의 3종중도설을 건립하는 것이 눈에 띄는 양자의 차이이다. 요컨대 『이제의』에서는 단순히 개선과 똑같이 '비진비속'을 이제의 체로서 설하는 것에 머물러 그의 3종중도설에 대해 적극적으로 자가自家의 3종 중도를 설하는 것은 하지 않은 것이다. 그러나 똑같이 비진비속을 설하면서도 『이제의』에서는 양자의 입장 차이를 확실히 도출한다. 그리고 이것은 초장이제의에서부터 일관하여 변하지 않는

---

40 『이제의』권하, "莊嚴明, 佛果涅槃, 出二諦外."(T45, 108a.)

41 위의 곳, "開善明二諦攝法盡."(T45, 108a.)

42 『중관론소』권1본, "彼二諦合明中道者, 謂非眞非俗名爲中道. 是亦不然. 非眞猶是俗, 非俗猶是眞, 還是二諦, 更無別中."(T42, 11a.)

삼론 학파의 약교 이제설에 기초한 것임을 다음과 같이 강조한다. 즉 길장은

> 지금 밝히자면 곧 비진비속을 이제의 체로 삼고 진속을 용으로 삼으니,
> 또한 이교라 이름하고 또한 중가라고 이름한다. 중가는 다시 중가라고 이
> 름되고 이교는 다시 이교가 되며 또한 체용은 다시 체용이 된다. 그러므로
> 불이가 체이고 이는 용이다. 간략히 장문을 표방함이 이와 같다. 만약 앞
> 의 이제의 대의를 안다면 이제의 체의 뜻은 이미 응당 알 수 있다.[43]

라고 서술하는 것이다. 여기서 길장이 "간략히 장문을 표방한다."(略標章門.)라
고 하는 것은 이것이 유무 상즉의 초구로부터 일관하는 삼론 이제의 '초장의'
임을 보여준다. 즉 약교 이제설의 입장에서라면 이제는 방편·언교를 의미하
므로 당연히 그 체는 불이·중도·일도청정이라고 설하는 것에 의해, 또는
체용·이교·중가 등의 여러 가지 관계에서 이 초장의를 설시할 수 있다고
여기서 시사하는 것이다. 이 여러 개념들의 논리적 연관에 관해서는 이미
제2장 '길장 사상의 논리적 구조'에서 고찰했으므로 여기서는 생략하여 다시
서술하지 않겠지만, 삼론 학파의 3종중도설은 개선이 말하는 3종중도설과 어
떻게 다른지를 다음 『중관론소』에서 살펴보고자 한다.

3)

　　3종 중도에 관한 성실 학파와 삼론 학파의 차이는 『중론』의 팔불의를 해석하
는 자리에서 길장이 채용했던 스승 흥황사 법랑의 '3종 방언'의 제2에 상세하
게 서술되어 있다. 즉

43　『이제의』 권하, "今明, 即以非眞非俗爲二諦體, 眞俗爲用, 亦名理教。 亦名中假。 中假重名中假, 理教重爲
　　理教, 亦體用重爲體用。 故不二爲體二爲用。 略標章門如此。 若了前二諦大意, 則二諦體義, 已應可見也。"

스승은 또 어느 때 방언으로 말하였다. 팔불에서 3종 중도를 밝히는 까닭은 대개 세 가지 뜻이 있다. 첫째, 여래는 득도의 밤부터 열반의 밤에 이르기까지 항상 중도를 설했던 것을 드러내기 위해서이다. 중도는 또 무궁하다 해도 간략히 3종을 밝히면 일체를 망라한다. 그러므로 이 게송에서 3종 중도를 설명하여 총괄적으로 불타의 일체의 교敎를 펼친다. 둘째, 이 논을 이미 '중론中論'이라고 칭한다. 그러므로 팔불에서 중도를 밝힌다. 중도는 비록 많지만 3종을 벗어나지 않는다. 그러므로 이 게송에서 3종 중도를 설명한다. 셋째, 불교를 배우는 사람이 3종 중도를 짓는 것을 이루지 못하기 때문에 편병偏病에 떨어진다. 지금 저 중도의 뜻을 이루지 못하는 것을 대치하여 중도의 뜻을 이루고자 하기 때문에 3종 중도를 설명한다.[44]

라고 서술하여 마지막에 앞서 서술한 성론사의 3종중도의의 이루지 못함(不成)에 상대하여 새롭게 팔불에서 3종중도의의 정설正說을 건립하려고 했던 것을 보여준다. 하나하나의 논파에 대해서는 앞 항에서 이미 본 대로이기 때문에 생략하지만, 양자에서 3종 중도가 성립하는지 하지 않는지의 근본적인 상위점이 무엇인지 말하자면 다음과 같이 대차적對遮的 입장의 차이가 있기 때문이다.

성실 학파의 입장

① 유가 유일 수 있다면 생은 생일 수 있다. 즉 생이 생일 수 있다면 멸은 멸일 수 있다.

② 생이 생일 수 있다면 생은 멸에 말미암지 않는다. 멸이 멸일 수 있다면

---

44 『중관론소』 권1본, "師又一時方言云, 所以就八不明三種中道者, 凡有三義. 一者為顯如來從得道夜至涅槃夜, 常說中道. 中道雖復無窮略明三種, 則該羅一切. 故就此偈辨於三中, 總申佛一切教. 二者此論既稱中論. 故就八不明於中道. 中道雖多, 不出三種. 故就此偈辨於三中. 三者為學佛教人作三中不成. 故墮在偏病. 今對彼中義不成, 欲成中義故辨三種中也."(T42, 11a.)

멸은 생에 말미암지 않는다.

③ 생은 멸에 말미암지 않아 생이라면 멸인 생이 아니며, 멸은 생에 말미암지 않아 멸이라면 생인 멸이 아니다. 생이 멸인 생이 아니므로 생은 자성의 생이고, 멸은 생인 멸이 아니므로 멸은 자성의 멸이다.

④ 자성의 생이라면 이것은 실생實生이고, 자성의 멸이라면 이것은 실멸實滅이다.

⑤ 실생과 실멸은 두 가지 극단이다. 그러므로 중도가 아니다.

(T42, 11a~b.)

삼론 학파의 입장

① 유가 유일 수 없다면 공이기 때문에 유이다. 곧 생은 생일 수 없고 멸도 멸일 수 없다.

② 생은 생일 수 없으니 멸에 말미암기 때문에 생이다. 멸은 멸일 수 없으니 생에 말미암기 때문에 멸이다.

③ 멸에 말미암기 때문에 생이라면 생은 멸인 생이다. 생에 말미암기 때문에 멸이라면 멸은 생인 멸이다. 생이 멸인 생이라면 생은 자성의 생이 아니다. 멸은 생인 멸이라면 멸은 자성의 멸이 아니다.

④ 생은 자성의 생이 아니니 단지 세제이므로 가명으로 생이라고 설한다. 멸은 자성의 멸이 아니니 단지 세제이므로 가명으로 멸이라고 설한다.

⑤ 가생이라면 불생이고 가멸이라면 불멸이다. 불생불멸을 세제 중도라고 이름한다. 세제인 생과 멸에 대해 진제인 불생과 불멸을 밝힌다. 공인 유를 세제라고 하면 세제는 가생가멸이다. 유인 공을 진제라고 하면 진제 는 불생불멸이다. 이 불생불멸은 자성의 불생불멸이 아니다. 세제인 가생

에 의존하여 진제인 가불생을 밝히고, 세제인 가멸에 의존하여 진제인 가불멸을 밝힌다. 비불생비불멸을 진제 중도라고 한다. 이제합명 중도란 무생멸인 생멸을 세제라 하고 생멸인 무생멸을 진제라고 한다. 무생멸인 생멸이 어찌 생멸이겠는가? 생멸인 무생멸이 어찌 무생멸이겠는가? 그러므로 비생멸비무생멸을 이제합명 중도라고 이름한다.

(T42, 11b.)

3종중도설에 대해서는 이미 삼론의 '초장의'와 함께 고찰했고 또 법랑이 3종 중도를 여러 가지의 관점에서 논술했던 '3종 방언'의 차이에 대해서도 '4종 석의'와의 관련에서 논술했기 때문에 여기서는 다시 논하지 않겠지만, 앞에서 서술한 것처럼 3종중도설 그 자체는 이미 양대의 개선사 지장 등에 의해 설해졌던 학설이며, 길장 내지 법랑에 의해 '초장의'에서 보이는 것 같은 인연의 이제의 입장에서 새롭게 환골탈태하여 설해진 것이라고도 할 수 있다.

4. 이제의 상즉과 병관並觀

1)

본 절의 서문에서 서술한 것처럼 중국 불교에서 길장의 시대에는 오히려 약리적인 이제설이 학계의 대세를 차지했었다는 것은 발달사적으로 그것이 후대의 이론이었다는 것 이외에, 간과할 수 없는 지금 하나의 문제가 이제설이 이제관이라고도 불리는 것처럼 수도의 요체인 관법과 밀접하게 결부되어 있었다는 것이다. 그것은 '출입관出入觀'이라 불리고, 이제의 상즉과 관련할 때는 다시 '병관並觀'이라는 이름으로 불린다.

혜균은 『사론현의』에서 이제의 상즉을 논하여 그 지면의 대부분을 이 병관

의並觀義를 설하는 것에 소모하는데, 이 문제는 『이제의』에서도 다음과 같이 취급된다. 즉

> 다른 가문에서 밝힌다. 이제에는 2리가 있어 3가假를 세제의 이理로 삼고 4망忘을 진제의 이理로 삼으니, 2리가 있기 때문에 출입관이 있고 이제 병관이 있다. 너희들은 지금 밝히기를 오로지 중도 불이의 하나의 이理만 있을 뿐이라고 하니, 어찌 출입관이 있을 수 있는가? 2개의 사물이 있다면 출도 있고 입도 있을 수 있겠지만 이미 둘이 있지 않은데 어떻게 출입을 밝히겠는가? 또 2리가 있지 않은데 어떻게 병관을 밝히겠는가? 2리가 있다면 병관을 논할 수 있겠지만 이미 2리가 없는데 어찌 병관이 있을 수 있겠는가?[45]

라는 논난을 예상하는 것이다. 진속의 이제는 이理로서, 관법의 대상으로 그것이 병관될 때 진속 이제의 상즉이 비로소 성립한다는 사고방식이 여기서 엿보인다. 그래서 우선 길장은 출입관과 병관의 지위(位)에 대해 고래의 세 가지 해석을 소개하는데, 그것에 의하면

① 영미靈味 법사의 설로, 초지의 지위에서 보살은 참된 무생을 얻기 때문에 초지의 보살이 이제를 병관한다고 한다.
② 나집·승조 등의 설로, 7지의 보살이 비로소 진속 이제를 병관한다.
③ 양의 3대 법사, 요컨대 지장·법운·승민 등의 설로, 가장 세상에 성행했던 것으로 초지부터 7지에 이르기까지는 출입관, 8지에 이르러 비로소

---

45 『이제의』 권하, "他明, 二諦是有二理, 三假爲世諦理, 四忘爲眞諦理, 以有二理故, 有出入觀, 有二諦並觀, 汝今明, 唯有中道不二理, 云何得有出入觀, 有兩物可有出有入, 既無有二, 若爲明出入耶, 又無有二理, 若爲明並觀耶. 有二可論並, 既無二, 何得有並耶."(T45, 109b.)

병관을 얻는다. 8지의 보살이 도관 쌍행道觀双行하고 진속을 병조並照한 다고 한다.[46]

이상의 3설을 소개한 후에 다음으로 산문山門(삼론 학파)의 석의를 4대목으로 나누어 설하고, "이 4절은 단지 보살의 요행要行일 뿐 아니라 또한 이제의 대강大綱이다."라고 하여 이제 병관의 뜻을 밝힌다. 4절이란

1절. 초발심에서 이제를 병관한다. 성문과 달리 보살은 초발심일 때 불생 불멸의 불이의 관을 이루기 때문에 보살이라고 불린다. 후심에서도 이제를 병관하지만 이것은 밝음(明)과 어두움(晦)의 구별이 있을 뿐 으로 발심위와 필경위는 둘로 나뉘는 것이 아니며, 양적인 차이뿐이 지 질적인 차이는 없다는 사고방식이다.

2절. 앞 지위의 30심에서는 병관을 얻지 못하고 초지의 보살이 비로소 병 관을 얻는다. 지전地前은 범부위, 초지는 성위이다. 전자는 복도伏道, 후자는 단도斷道이다. 이것에 의해 병관並觀, 불병관不並觀을 구별하기 때문에 이것은 제1절이 성문 대 보살의 기준으로 판단했던 것에 대해 보살 중에서 지전과 지후의 구별로부터 병並과 불병不並을 판단한 것 이다.

3절. 7지의 보살이 병관한다. 이것은 첫째로 7지의 보살이 무생인無生忍을 얻기 때문으로 6지까지는 무생을 얻는 것이 얕기 때문에 순인順忍이고, 7지는 무생을 얻는 것이 깊기 때문에 무생인을 이룬다. 둘째로 행에 기준하면 초지는 단檀바라밀 내지 6지는 반야바라밀로 아직 방편을

---

46 위의 곳, "今且論出入觀並觀位處. 何位出入觀, 何位並觀耶. 古有三釋. 一者靈味法師明, 初地菩薩二諦並觀, 初地得真無生, 故得並觀也. 二者什肇等諸師明, 七地菩薩得並觀, 故肇師云, 施極於施而未普施, 戒極於戒而 未普戒. 此即施無施並故也. 三者即是三大法師, 於世盛行者, 八地並觀. 初地至七地出入觀, 八地始得並觀. 八地菩薩道觀雙行, 真俗並照也."(T45, 109b.)

얻지 못한 것에 대해 7지에 이르러 비로소 방편을 얻는다. 방편과 혜
를 아울러 비로소 이제를 병관하기 때문에 7지에서 병관의 뜻이 성립
한다.

4절. 8지의 보살이 병관한다. 이것은 공용功用과 무공용無功用에 대해 판단
한 것으로 8지 이전은 무공용의 도를 얻지 못하지만 8지에 이르러 비
로소 무공용의 도를 얻기 때문에 8지 병관이라고 한다.[47]

이 병관의 지위에 관한 4절전節轉의 뜻은 종래 제설을 교묘하게 회통한 것으
로 일종의 절충설인데, 동시에 병관의 지위를 고정적으로 보는 것이 아니라
수도의 다양한 자리에 맞추어 여러 가지 입장에서 유동적으로 설하려는 것이다.

2)

성실 학파가 이제를 2리理로 간주하는 것에 의해 출입관·병관을 성립시킨
다는 것은 당시의 중국 불교에서 이른바 관법의 대경對境으로서 진속 이제가
고려되었던 것을 의미한다. 즉 선정에 들어 세제의 이理를 관하고 이어서 진제
의 이理를 관하는 것이 출입관이고, 세제·진제의 이理가 상즉이라고 관하는
것이 병관이다. 일반적으로 소승의 관법이 구체적인 사물을 대상으로 관을

---

47 위의 곳, "四節者, 一者山中師云, 從初發心已來即並觀. 問, 若為初發心即並觀耶. 解云, 初發心即學二諦,
無有菩薩不學二諦者, 凡是菩薩即學二諦觀, 為是故初發心即學二諦竝觀. 乃至後心亦學二諦並觀. 而不無明
晦為異. 晦故為初心, 明故為後心. 此明晦判前後. 非是並不並而判前後也. (중략) 第二節明並觀者, 明地前三
十心未得並觀. 初地菩薩始得並觀. 地前非不並, 將初地格之, 明地前淺故云未並, 初地深故並, 地前是凡夫位,
初地是聖位, 地前伏道初地斷道, 就此等義判並不並也. 然前節對聲聞明菩薩並觀. 今就菩薩中自論並不並也.
(중략) 第三節明七地菩薩並觀. 大論云七地菩薩得無生忍, 大品云等定慧地也. 所以七地並觀者, 攝前六地並
為順忍故未並, 七地得無生忍故並也. 十地皆無生, 前無生淺故為順忍, 七地無生深故為無生忍也. 又約行論,
初地檀波羅蜜, 六地般若波羅蜜, 未得方便, 七地得方便. 慧無方便縛方便無慧縛, 七地得方便, 慧有方便解.
方便有慧解, 具二慧故並觀. 前六地非不並觀. (중략) 第四節者, 從初心訖至七地, 未得並觀. 至八地始並觀.
此就功用無功用判之. 初心至七地, 未得無功用道, 八地得無功用道故. 七地已前, 未得無功用道, 未並觀. 八
地得無功用道, 故得並觀. 此約功用無功用道, 判並觀不並觀也. 今明並觀, 有此四節, 並出經論, 若偏執者則
成失也."(T45, 109c~110a.)

수행하는 것에 대해 대승의 관법은 공리空理와 같이 추상적인 진리 그 자체를 대상으로 관을 수행한 것이다. 그러므로 관법의 입장에서는 이제는 문자 그대로 진리 그 자체가 아니면 안 된다. 이것에 대해 길장은 이제가 2리라면 2리는 2체인가 1체인가라고 반문하고 만약 이제가 일체라면

> 양경兩境이 있는 중에 쌍조雙照하는 것을 병관이라고 한다면 이 일은 옳지 않다. 경에서 유가 곧 공이라 관조하고 공이 곧 유라 관조한다고 하였다. 언제 양경이 있어 고정적으로 그중에서 쌍조하는 것을 병관이라 하였는가?[48]

라고 서술한다. 요컨대 진속·2리·2경을 함께 관하는 것이 병관이 아니라 유즉시공, 공즉시유라고 관조하는 것이 병관이라고 하여 병관의 의의를 근본에서부터 묻는 것이다. 또 만약 이제 일체라면 이미 일체는 병관을 얻지 못한다고 하는 성실의 삼론에 대한 비판(삼론 학파도 중도 불이의 이理를 이제의 체로 간주하기 때문에)과 모순되고, 또 "이것에 따라 저것에 들어간다."는 성실 학파에서 말하는 출입관도 성립하지 않는다고 재차 일이一異의 딜레마를 구사하여 이것을 여러 가지로 논파한다.

그래서 마지막으로 삼론 학파에서 말하는 병관이란 무엇인가라고 하면 길장은 일단 이것을 3종 병관으로서 다음과 같이 설하는데, 그 전에 출입관에 대해

> 출입관이란 대사가 말하기를, 마음이 항상 정관正觀에서 행하는 것을 입入이라 하고, 잠깐 마음을 발생시키고 생각을 움직이는 것을 곧 출出이라고

---

48 위의 곳. "有兩境, 在中而雙照爲並觀, 是事不然. 經明, 照有卽是空, 照空卽是有. 何時有兩境, 擬然在中雙照爲並觀耶."(T45, 110b.)

한다. 단상斷常의 마음을 일으키는 것을 출이라 하고 정관에 있는 것을 입이라 한다.[49]

라고 하여 종래의 '종차입피從此入彼'라는 단계적·차제적 관법과는 다른 견해를 도출한다. 이러한 단순한 설상은 일견 중국 불교의 지관止觀의 발달사적 견지에서는 퇴행적인 것처럼 보일 수 있으나, 여기서는 추상적인 이법이지만 이것을 관법의 대상으로서 설정하는 것을 거부하고 사상捨象해가려는 경향이 살펴진다. 그러므로 이러한 출입관의 입장에서라면 다음에 설하는 3종의 병관은 또 3종의 출입관에 다름 아닌 것이라고 하여 출입관에 대해서는 특별히 3종을 설립하지 않는다.

3종 병관

(1) 횡론 이제교橫論二諦敎의 병관

가명으로 유라 설하고 비유를 유라고 하며, 가명으로 무라 설하고 비무를 무라고 한다. 비유를 유라고 하는 것은 무를 가리켜 유라고 하는 것이다. 비무를 무라고 하는 것은 유를 가리켜 무라고 하는 것이다. 무를 가리켜 유라고 한다면 유를 관조하는 것은 곧 무를 관조하는 것이다. 유를 가리켜 무라고 한다면 무를 관조하는 것이 곧 유를 관조하는 것이다. 이것을 병관이라고 한다.

(2) 이불이 횡수二不二橫竪의 병관

이二는 불이不二이고 불이不二는 이二이다. 그저 이二는 불이不二에 상즉하

---

49 위의 곳, "出入觀者, 大師云, 心常在正觀中行名爲入, 纔生心動念卽名爲出. 起斷常心爲出, 在正觀爲入也."(T45, 110b.)

고, 그저 불이不二는 이二에 상즉한다. 이二는 불이不二와 다름이 없고 불이
不二는 이二와 다름이 없다. 그러므로 가명假名을 파괴하지 않고 제법실상
諸法實相을 설하며, 등각等覺을 움직이지 않고 제법諸法을 건립한다. 만약
이二가 불이不二와 다르다면 가명假名을 파괴하여 실상實相을 설하는 것이
다. 가명을 파괴하지 않고 실상을 설하므로 이二가 곧 불이不二이다. 그러
므로 이불이 횡수二不二橫竪의 병관이다.

(3) 득실得失의 병관

보살은 항상 무득無得을 관조하고 유득有得을 관조한다. 도는 일찍이 득이
거나 무득인 적이 없지만, 중생에게는 유득이고 제불·보살에게는 무득이
다. 지금 다시 중생의 유소득을 관조하고 보살의 무득을 관조한다. 이 두
가지 관은 항상 비추어 한 순간도 관조하지 않는 때가 없다. 만약 한 순간
이라도 유득의 중생을 관조하지 않는다면 제불에게는 곧 근기를 빠뜨리
는 과실이 있게 되므로 중생의 근기가 발동하더라도 곧 깨닫지 못하게 된
다. 이렇기 때문에 항상 유득의 중생을 관조한다. (중략) 이것이 바로 항상
득과 무득을 관조하는 것을 병관이라고 한다는 것이다.[50]

라고 설한다. (1)은 교제로서의 이제를 설하는 입장에서 유무 상즉을 관조하고,
그 위에 (2)에서 불이 중도의 이理의 입장에서 "가명을 파괴하지 않고 제법
실상을 설하며, 등각을 움직이지 않고 제법을 건립한다."(不壞假名, 說諸法實相,

---

50 위의 곳, "次明三種並. 然此三並, 卽三出入. 言三並者, 一者卽橫論二諦敎並, 如前所說. 假說有非有爲有,
假說無非無爲無. 非有爲有, 指無有爲有. 非無爲無, 指有爲無. 指無爲有, 照有卽照無. 指有爲無, 照無卽照有.
諸此爲並觀也. (중략) 二者二不二橫竪並. 二不二不二. 只二卽不二, 只不二卽二. 無二異不二, 無不二異二
故不壞假名, 說諸法實相, 不動等覺, 建立諸法. 若二異不二, 則壞假名說實相. 不壞假名說實相故, 二卽不二
所以二不二橫竪並也. (중략) 第三明得失並. (중략) 菩薩常照無得照有得. 道未曾得無得, 於衆生有得, 於諸
佛菩薩無得. 今還照衆生有所得, 照菩薩無得. 此二觀常照, 無有一念不照時. 若使一念不照有得衆生, 諸佛卽
有漏機之失, 衆生機發, 卽便不覺. 爲是故, 所以常照有得衆生. (중략) 此卽常照得無得名並觀也. 此義最要,
應須知之."(T45, 110b~c.)

不動等覺, 建立諸法)라는 것을 관조한다. (3)에서는 대기 교화의 입장에서 보살의 무득과 중생의 유득을 관조한다는 세 가지의 입장에서 각각의 병관을 밝힌다. 특히 (3)의 병관에 대해 "이 뜻이 가장 요긴하다."라고 서술하는 것은 이제 교문의 입장에서의 이제관의 마땅한 방향을 보여준다. 만약 깨닫고서 중생을 보지 않는다면 오로지 진이면서 속이 없으며 감응은 교류되지 않고 범성은 격절해버린다. 길장은 이것을 "고립된 진眞이 독존하고 멀리서 성聖이 단립單立하여 있다."(孤眞獨存, 逈聖單立也)라고 한다. 그래서 "성인은 성인에게는 공임을 알고, 범부에게는 유임을 안다. 범부에게 유임을 알기 때문에 교화할 수 있다."(聖人知於聖空, 知於凡有, 以知於凡有故得化也. T45, 111a)라고 하여 어제於諦를 매개하는 것에 의해 본래 교화의 방편·수단으로서의 약교의 이제가 이제관이라는 관법의 장에서도 성립하는 것을 설한다.

제2절 이지二智의 구조

1. 이지와 이제

길장의 교학을 구조적으로 본 경우 기본적으로는 '이理와 교教', '체와 용'이라는 범주에 포섭되는 것은 이미 서술했는데, 이것을 내용적으로 말한다면 팔불 중도가 **이理**이고 진속 이제가 **교教**이다. 그리고 이 교教에 대해 다시 체용을 나눈다면 교教의 체가 '이제'이고 교教의 용이 '이지'라고 한다. 즉 『중관론소』에서

> 처음에 교教의 체는 곧 이제라 밝히고, 다음으로 교教의 용이 곧 이지라고 밝힌다.
> 初明教體, 卽是二諦, 次明教用, 卽是二智. (T42, 9b.)

라고 서술한다. 이렇게 제諦와 지智는 본래 체용이라는 상즉 관계에 있기 때문에 불이不二이다. 제에 의하지 않는다면 지를 깨달을 수도 없고, 지로써 하지 않는다면 제를 밝힐 수도 없다. 그래서 불타에게는 안으로 이지가 있어서 밖으로 설하는 것이 이제이지만, 중생에게는 불타가 설하는 이제의 교教에 의해 이지를 발생시킨다. 제와 지는 본래 불이인 이이고 이인 불이이지만, 인연(緣)으로 바라보면 교教에 의해 지智를 일으킨다는 형식을 갖기 때문에 이제는 교체이고 이지는 교용이라고 칭한다. 이것을 앞서 서술한 『중관론소』에서는

> 제와 지는 행설行說의 인연임을 밝히고자 한다. 지금 바로 인연에 나아가 교教를 설하므로 먼저 제를 밝히고 다음으로 지를 설명하는 것이다. 또 먼

저 이제를 밝히고 나중에 이지를 밝히는 것은 앞에서 바로 설교說敎를 밝히고 나중에 교의敎意를 밝히는 것이다. 팔불 이제를 설하는 까닭은 중생으로 하여금 이지를 발생시키고자 하기 때문이다.[1]

라고 한다. 여기서 제와 지는 '행설의 인연'이라고 하는데,『대승현론』'이지의'에서는 이것을 '인연의 경지境智'라고 한다. 즉

지智는 경境에 의해 발생하는 것이므로 경은 지의 본本이다. 경은 독립하는 것이 아니라 지에 의해 이름 지어지므로 지는 경의 본이다. 따라서 경이 아니라면 지를 발생시킬 수도 없고 지가 아니라면 경을 비출 수도 없다. 전자의 의미로는 경은 능발能發이고 지는 소발所發이지만, 후자에서는 지는 능조能照이고 경은 소조所照이다. 그래서 경의 능발과 소조, 지의 능조와 소발이라는 경지의 능소 관계가 가능한데, 이렇게 경의 소를 지의 능으로 삼고 지의 소를 경의 능으로 삼기 때문에 경이 앞이고 지가 뒤라고 할 수도 없고 지가 앞이고 경이 뒤라고 할 수도 없다. 또 경지는 일시인 것도 아니다. 이러한 이인 불이, 불이인 이의 경지를 다만 '인연의 경지'라고 할 수 있을 뿐이다.[2]

라고 한다. 이『대승현론』에서 말하는 '인연의 경지'가 무엇이냐 하면

---

1 『중관론소』권1본, "欲明諦智行說因緣. 今正赴緣說敎, 故先明於諦, 次辨於智也. 又先明二諦後明二智者, 前正明說敎後明敎意. 所以說八不二諦者, 爲令衆生發生二智故也."(T42, 9b.)

2 『대승현론』권4, "夫智不孤生, 必由境發, 故境爲智本. 境非獨立, 因智受名, 故智爲境本. 是以非境無以發智, 非智無以照境. 非智無以發智故, 境爲能發, 智爲所發. 非智無以照境故, 智爲能照, 境爲所照. (중략) 境之所照能發於智故, 境所爲智能, 智之所能發能照於境故, 智所爲境能, 不得言境前後, 亦非智前後. 亦非一時. 唯得名爲因緣境智也."(T45, 55b)의 취의. 또『정명현론』권5(T38, 883a)에 같은 문장이 있음.

여래는 항상 이제에 의거하여 설법하므로 이제는 교教라 하고, 능히 이지를 발생시키므로 이제는 경境이라고 한다.

如來常依二諦說法, 故二諦名教, 能生二智, 故二諦名境. (T45, 55b.)

라고 하여 분명하게 경이란 이제를 말하고 지란 이지라고 한다.

지(智, jñāna)란 일반적으로 "결정하고 요지하여 의심할 바가 없으므로 지라고 한다."[3](決定知, 無所疑故名爲智.)라 하는 것처럼 대개 세간·출세간의 일체의 사리事理에 대해 결정하고 요지了知하는 정신 작용이며, 깨달음과 불가분의 것이기 때문에 불교의 제경론에서는 지에 관한 설이나 유별類別이 매우 많은데, 길장이 말하는 지란 어디까지나 이제에 대한 이지이고 진속 이제에 의해 발생하는 이지인 것이기 때문에 이 이지란 이른바 '권실權實의 이지'인 것은 말할 것도 없다. 진해는 『삼론현소문의요』 권4에서 이것을

묻는다. 이제인 경境에 의거하여 이지를 발생시킨다. 이렇다면 이지란 무엇인가? 답한다. 이지란 권지權智와 실지實智이다.

問, 依二諦境, 發生二智. 爾者二智者何. 答, 二智者權智實智也. (T70, 255a.)

라고 정의한다. 길장 내지 삼론 교학에서의 중심 과제는 이제설이기 때문에 교의 체로서의 이제에 대해 교의 용에 해당하는 이지의도 특히 중요시되는 것은 당연하여 길장은 이것을

---

3   『대지도론』 권23(T25, 229a.)

이 뜻은 이미 중성衆聖의 관심觀心이자 법신의 부모이니, 반드시 정밀하게 연구해야 한다. (중략) 이 뜻에 통한다면 방등의 뭇 경전은 말에 의지하지 않고 저절로 드러난다.[4]

라고까지 극언한다. 그러므로 길장이 그 저술의 도처에서 반복하여 이를 설하는 것은 다른 교의에서 유례를 볼 수 없을 정도이다. 예를 들어 가장 유명한 것은『정명현론』에서 설하는 이지의인데, 이것은 실로『유마경』의 종지를 설명하는 권4~권6의 대부분을 차지한다.[5] 또『정명현론』이 저술된 것은 길장이 장안 일엄사에 머물게 되었던 51세 경인데, 이보다 먼저 이미 40대 초 강남 회계 가상사에서 저술했던『법화현론』에서도 이 이지의에 관하여 꽤 정리된 논술을 이루었다.[6] 그리고 이것들을 집성하고 총합적으로 논술했다고 지목되는 것이『대승현론』권4의 '이지의'의 1장이다.[7] 따라서 길장은 생애에 걸쳐 이 이지를 독립의 명제로서 이어서 설했던 것이어서 이것은 동시대의 조사들에 비교하여 길장에게 두드러지는 사실이다. 이것은 이지가 이제와 함께 길장 교학에서 매우 중요한 주제였다는 것을 의미한다.

---

4   『대승현론』권4, "但此義既爲衆聖觀心法身父母, 必須精究. (중략) 此義若通, 則方等衆經, 不待言而自顯."(T45, 49a.)

5   『정명현론』권4 '종지'상~권6 '종지'하(T38, 875c~897b.)

6   『법화현론』권4(T34, 393c 이하.) 또 후대에 성립했던 저술에서 '이지의'에 언급하는 경우 자주 "昔在江南著法華玄論, 已略明二智."라고 하는 것이 통례이다. 『대승현론』(T45, 49a), 『정명현론』(T38, 876b) 참조.

7   『대승현론』권4 '이지의二智義'(T45, 49a~63b.)『대승현론』의 이지의는 ① 번명翻名, ② 석명釋名, ③ 석도釋道 ④ 경지境智, ⑤ 동이同異, ⑥ 장단長短, ⑦ 육지六智, ⑧ 개합開合, ⑨ 단복斷伏, ⑩ 섭지攝智, ⑪ 상무상常無常, ⑫ 득실得失의 12문 분별을 행하는데,『정명현론』권4 '별석이지別釋二智'에서는 11문 분별로서, 앞의 ③ 석도문을 뺀다. 그 외 양자 모두 각 문에 걸쳐서 내용 표현 모두 거의 일치한다.

2. 이지의 의미

1) 반야

이지의 명칭에 대해서는 일반적인 통칭으로서 길장도 권지·실지라는 표현을 물론 사용하는데, 아마도 길장에게 이지란 '반야와 방편'이라는 표현으로 나타나는 것이 통례이다. 그것이 어떤 의미를 갖는지 말하자면 반야에 관해서는 물론 반야바라밀prajñāpāramitā을 말하는데, 권지에 대한 실지의 경우 그것은 일반적으로는 『섭대승론』 등에서 말하는 근본무분별지根本無分別智이고,[8] 여리지如理智·출세간지·무생지無生智 등이라고 칭해진다. 그러나 길장은 이러한 말을 사용하지 않고, 억지로 번역하여 말하자면 바로 전통에 따라 '혜慧'라고 칭할 만하다고 하여 '지智'라는 표현을 피한다. '반야'의 번역명에 관해서는 '가번可翻'의 입장에서는 고래로 지혜·원리遠離·명도明度·청정 등 여러 가지로 번역이 되어왔는데,[9] '지혜'라는 것이 보다 일반적이다. 이것을 길장은 다시 단복單複으로 나누어 각각 '지', '혜', '지혜'라고 칭하는 경우의 의의를 분별한다. 그중에서도 길장은 '혜'라고 칭하는 이유로서 다음의 4의를 들어 '지', '지혜'라고 칭하는 경우보다 올바르다고 한다. 즉

(1) 10바라밀의 제10의 사나闍那(jñāna)를 지라고 칭하는 것에 대해 제6의 반야(prajñā)를 혜라고 칭하여 10바라밀의 차이를 밝히는 것에 준한다.

(2) 둘째로 공유의 뜻의 다름을 밝히기 위해 공을 비추는 것을 혜라 하고

8　진제 역 『섭대승론』 권하 '의혜학승상품依慧學勝相品' 제8, "此無分別智即是般若波羅蜜, 名異義同."(T31, 128c) 참조. 또 '반야'의 석명釋名에 관해서는 川田熊太郎, 「般若と佛教の根本眞理」(宮本正尊 편 『佛教の根本眞理』 p.164) 참조.

9　길장에 의하면 '지혜'라는 것은 승예의 번역어이고, '원리'는 『방광반야』가 전거로서 석도안이 사용하며, '명도'는 『육도집경六度集經』의 번역어, '청정'은 『대품반야』에서 나오고 승예가 이것을 사용했다고 한다. 『대승현론』 권4(T45, 49a), 『정명현론』 권4(T38, 876c) 등 참조.

유를 비추는 것을 지라고 한다.

(3) 셋째로 인과의 차별에 의해 인을 반야(prajñā)라 하고 과를 살바야(薩婆若(sarvajñā)라고 하는 경우, 과지果地인 살바야(sarvajñā)를 일체지라 하는 것에 대해 인因 중의 반야(prajñā)를 혜로 삼는다.

(4) 넷째는 이것을 인사에 기준하여 범성에 나아가 말하는 경우로서, 불타에게 이것을 지, 도나라 하는 것이어서, 범성에 통하는 것은 혜라고 칭한다.[10]

'지', '지혜'라고 칭하는 이유에 대해서도 각각 별도로 세 뜻을 드는데,[11] 그것은 혜의 4의에 비하면 엄밀하게는 이유라고 할 수 없는 것이다. 이것은 길장이 '반야를 억지로 번역하면서 앞에서 서술했듯이 '혜'라고 해야 한다고 생각했기 때문이다.

그래서 길장은 "혜를 정번正飜으로 삼는다. 나는 모두 뜻을 세웠다."[12]라고 서술하는데, 이처럼 혜와 지를 엄밀하게 구별하고 혜로써 반야의 올바른 번역이라고 판단하는 것은 매우 당연하여 그 이유로서 드는 4의도 정곡을 얻은 것이다. 반야는 일반적으로 후득지에 상대하는 근본지, 세간지에 상대하는 출세간지인 것처럼 지라는 말이 첨가되어 사용되는 것이 보통이지만 대승불교 논서에서는 내용에 따라 혜(prajñā)와 지(jñāna)를 나누어 설하는 것도

---

10 『대승현론』 권4, "翻爲慧者, 凡有四義. 一欲分十度不同, 二開空有義異, 三明因果差別, 四就凡聖爲異. (후략)"(T45, 49a), 『정명현론』 권4(T38, 876c)의 같은 문장 참조.

11 '지'라고 칭하는 이유로서 "一者慧名旣劣, 智則爲勝. 今欲稱歎波若名爲智. 二者欲顯其名語便如云智度. 若言慧度則言不便也. 三者欲明智則是慧名異體同故, 隨擧其一."(T45, 49b), (T38, 877a). 또 합하여 '지혜'라 칭하는 이유로서는 "一明波若具鑒空有故名含智慧. 慧則照空, 智便鑒有. 二顯波若通果及因, 因中波若爲慧, 果地波若爲智. 故三德中有波若德. 三者欲明六度義含於十. (후략)"(T45, 49b), (T38, 877a)이라고 한다. 이것들에 의하는 한 특별히 반야를 '혜'라 칭하기보다는 '지' 또는 '지혜'라 하지 않으면 안 되는 이유는 발견할 수 없다.

12 『대승현론』 권4, "慧爲正飜, 餘皆義立."(T45, 49b.)

자주 보이므로[13] 이것은 꼭 길장의 독자의 해석이라고는 말할 수 없는데, 반야의 번역명에 관한 역사적인 설을 정리하고 정통적인 해석을 보여주는 점에서 주목된다.

그런데 길장은 반야가 지와 혜와 지혜의 세 가지로 번역되는 것에 대해 각각의 의의를 설하고, '혜'가 올바른 번역이라고 칭하면서도 실제로는 '반야般若'라는 음사어로써 이지의 실지實智를 대표한다. 길장은 역사적으로 반야를 불가번不可飜이라는 입장의 사람들의 학설들도 소개하는데,[14] 길장은 반야를 번역해서는 안 된다는 이 사람들에도 반대하여 정확하게 번역한다면 '혜'라 해야 한다고 주장하는 것은 앞서 서술한 대로이다. 그런데 왜 '반야'의 호칭을 그대로 사용하는지에 관해 말한다면 반야는 '불가번'이라기보다는 오히려 '불가칭不可稱'이기 때문이라는 것이다. 그 전거가 되었던 것은 『대지도론』에서 권70에 반야바라밀은 불가칭이라는 것을 해석하여

> 불가칭이란 지혜라고 칭명稱名하지만, 반야는 실상에 들어맞아 매우 깊고 매우 무거운데 지혜는 경박하므로 칭명할 수 없는 것이다.
> 不可稱者, 稱名智慧, 般若定實相, 甚深極重, 智慧輕薄, 是故不能稱. (T25, 552a.)

라고 서술하는데, 이에 의거했기 때문이다. 요컨대 지혜는 경박하고 반야는 심심극중甚深極重이기 때문에 경박의 지혜로 심심의 반야를 칭할 수 없다는

---

13 예를 들면 『구경일승보성론究竟—乘寶性論』 권3에서, "慧智及解脫, 不離法界體, 無差涅槃界, 日相似相對."(T31, 836b~c)라 하고, 이하 "以何等慧, 以何等智."라고 하여 혜와 지를 구별한다.

14 『대승현론』 권4에서, "次辨無翻義, 有人言, 波若名含五義, 不可正翻宜以慧當其名. (후략)"(T45, 49c)이라고 하여 초제사招提寺 혜염慧琰이나 북인석北人釋 등 불가번이라는 입장의 설도 거론한다.

것이다. 왜 반야는 매우 깊고 지혜는 경박한가라고 한다면

> (1) 반야의 체는 연관緣觀을 끊고, 지혜의 이름은 관觀을 주로 삼는다.
> (2) 반야의 체는 지우智愚를 끊고, 지혜의 이름은 지조知照를 주로 삼는다.
> (3) 반야의 체는 명자名字를 끊고, 지혜는 곧 오히려 명언名言을 섭렵한다.
> 그러므로 반야는 극중함에 대해 지혜는 경박하다는 것을 밝히고 반야의
> 심심함에 대해 지혜의 천박함을 설명한다.[15]

라고 서술한다. 즉 지혜라는 것은 지조의 명언이고 관을 주로 삼는데, 반야의
체는 지우를 끊고 명자를 끊고 관을 끊는다는 것이다. 길장은 자주 이것을
'절관絕觀의 반야'라는 호칭으로 부른다. 즉

> 지혜는 지조知照의 이름인데, 어찌 능히 **절관의 반야**라 칭하겠는가?[16]

라고 한다. '절관 반야'의 전거가 되었던 것은 담영의 「중론서」의

> 대저 만화萬化에는 종宗이 없지 않지만 종宗에는 상相이 없다. 허종虛宗에
> 는 계합하지 않음이 없지만 계합함에는 심心이 없다. 그러므로 지인至人은
> 무심無心의 묘혜妙慧로 저 무상無相의 허종에 계합하니, 곧 내외內外가 모
> 두 아득하고 연지緣智가 모두 적멸하다.
> 夫萬化非無宗, 而宗之者無相. 虛宗非無契, 而契之者無心. 故至人以無心之

---

15 『대승현론』 권4, "問, 智慧何故云輕薄耶. 答, 波若體絕緣觀, 智慧名主於觀. 波若體絕智愚, 智慧名主知照.
波若體絕名字, 智慧則猶涉名言. 故對波若之重, 明智慧之輕, 對波若之深, 辨智慧之淺."(T45, 50b), 『정명현
론』 권4(T38, 877c~878a).

16 『대승현론』 권4, "智慧是知照之名, 豈能稱絕觀般若."(T45, 50a), 『정명현론』 권4(T38, 877b).

妙慧, 而契彼無相之虛宗, 內外並冥, 緣智俱寂. (T55, 77a.)

라는 문장이다. 즉 "내외內外가 모두 아득하고 연지緣智가 모두 적멸하다."라는
것이 길장에 의해 '절관의 반야'라고 이름된 것이다. 이 「중론서」의 1문은
앞서 서술한 『대지도론』의 인용으로 "반야는 실상에 들어맞으므로(定) 매우
무겁다."라는 '정定'이 '계회契會'의 의미로서 "지인至人은 무심無心의 묘혜妙慧
로 저 무상無相의 허종에 계회한다."라는 담영의 말을 참고로 제출했을 때
인용되었던 것이다.[17] 반야를 '절관'이라 칭하고 이것에 특별한 의의를 부여하
는 것은 후세의 선종에서 매우 특징적인데, 그것은 길장 이지의에서의 이
반야의 성격 규정에서 비롯한다고 해도 좋다. 이처럼 반야를 혜 또는 지라는
번역명으로 칭하는 것을 피하여 '반야' 그 자체로 부르는 것은 후술하듯이
이지가 보살의 행도의 체계를 보여주는 것으로서 이승의 지혜와 구별하여
보살의 지혜가 그 근원적인 것을 온전히 관조함을 보여주는 의미에서, 특히
'반야'라는 호칭에 절대적인 의미를 부여하려고 했기 때문에 다름 아니다.

2) 방편

방편에 대해서는 엄밀하게는 반야바라밀에 상대하여 구화바라밀漚和波羅蜜
이라고 칭하는데,[18] 이것을 방편이라고 칭하는 것에 관해

『마하반야바라밀경』 「상제품常啼品」에서 구화구사라漚和俱舍羅는 위대한
스승의 방편력方便力이라고 한다. 구화를 방편方便이라 하고 구사라를 승

---

17 『대승현론』 권4, "所言定者, 定是契會之名. 夫萬化非無宗, 而宗之者無相 (후략)"(T45, 50a), 『정명현론』
    권4(T38, 877b).
18 『대승현론』 권4, "具存梵本應云, 波若波羅蜜漚和波羅蜜."(T45, 49a), 『정명현론』 권4(T38, 876c).

지勝智라고 한다. 반야의 교묘함을 구화라 하고 그 작용이 이미 수승하다면 승지라고 한다.[19]

라 서술한다. 사실 이 길장의 '방편'이란 말의 원어 해석은 조금 애매한데, 예를 들어 『유마경의소』 권2에서도

범음梵音에서는 구화구사라漚和拘舍羅라 칭하고 여기서는 방편승지方便勝智라고 한다. 방편은 선교善巧의 이름이고 승지는 결단決斷의 칭호이다.[20]

라고 정의하는데, 여기서 말하는 '선교'와 '승지'는 모두 구화구사라(upāya-kauśalya)의 구사라(kauśalya)의 역어이어서 '결단의 칭호'라는 것은 구사라(kauśalya)의 내용적 설명이라고 보아야 할 것이다. 그러므로 방편의 원어적 의미는 여기서는 보이지 않는다.[21]

본래 방편(upāya)의 의미는 upa√i에서 온 것으로 '접근하다'나 '도달하다'는 것이 원의이다. 따라서 upāya라는 명사에는 접근(approach), 도달(arrival)이라는 의미에서 '그것에 의해 사람이 어떤 목적을 달성하는 것'이라는 의미로 방법(way), 수단(means)이라는 용례가 보인다.[22] 여기서 추론하여 야마구치스스무山口益 박사는 '방편'의 어원적 의미에 관해 "진여가 청정세간지淸淨世間智로서 인간에 도달하고 인간에 접근하며, 인간은 그것을 도道로 삼고 의지처로

---

19 『대승현론』 권4, "方便復云何. 答, 常啼品云, 漚和俱羅大師方便力. 漚和為方便, 俱舍羅名為勝智. 波若之巧名為漚和, 其用既勝名勝智也."(T45, 50c), 『정명현론』 권4(T38, 878a).

20 『유마경의소』 권2, "梵音稱漚和拘舍羅, 此云方便勝智. 方便是善巧之名, 勝智為決斷之稱."(T38, 931b.)

21 한역어 상에서는 앞에서 기술한 『유마경의소』에서, "眾生所緣之域曰方, 至人適化之法稱便. 蓋因病授藥, 藉方施便, 機教兩舉, 故稱方便."(T38, 931b)이라는 매우 중국적인 해석이 보인다.

22 Monier-Williams, *A Sanskrit-English Dictionary* p.215, Edgerton, Buddhist-Hybrid-Sanskrit Dictionary p.146.

삼아 이공 소현二空所顯의 진여에 도달한다."라고 서술하는데,[23] 이러한 의미로는 본래 과지果地인 불지佛地에 대해 말해져야 할 것이다. 따라서 그 양상(相)은 무한할 수 있는데, 길장은 임시로 이 방편(upāya)을 반야(prajñā)에 대해 10대對로 나누어 그 내용을 구체화해 보인다. 이것은 후세 일본의 삼론 학자들 사이에서 '10번 이지의十番二智義'[24] 혹은 '10대문 이지의十對門二智義'[25]라고 칭해지는 것이다. 즉

(1) 곧바로 공유를 비추는 것을 반야라 하고, 공을 행해도 증득하지 않고 유를 섭렵해도 집착하지 않으므로 방편이라고 한다. 이 비춤과 교묘함은 결코 2체體가 없다. 교묘하지만 비추므로 진실이라고 한다. 비추지만 교묘하므로 방편이라고 한다.

(2) 공을 비추는 것을 진실이라 하고 유를 섭렵하는 것을 방편이라고 한다. (중략) 공은 실상이므로 진실이라고 한다. 반야는 공을 비추므로 진실이라고 한다. 또 공을 비추지만 곧 유를 섭렵할 수 있다. 이 용이 이미 교묘하다면 방편이라고 한다.

(3) 안으로 정감靜鑑하는 것을 진실(實)이라 하고 밖으로 반동反動하는 것을 방편(權)이라고 한다.

(4) 반야를 진실이라 하고 5도五度를 방편이라고 한다. 왜냐하면 반야를 공의 이해(空解)라고 하니 공의 이해이므로 진실이라 하고, 5도를 수행이 있다(有行)고 하니 수행이 있으므로 방편이라고 한다.

(5) 공을 비추는 것을 실實이라 하고 공도 공임을 알아 곧 공을 증득하지 않으므로 권權이라고 한다. (중략) 처음에는 관심觀心이 아직 교묘하지

---

23 山口益, 『空の世界』(理想社, p.62) 참조.
24 『삼론명교초』 권12(T70, 802b).
25 『삼론현소문의요』 권4(T70, 255b).

않으므로 단지 공을 비출 수 있을 뿐이지만 이미 전환하여 정교하게 되면 공도 공임을 안다. 이미 공도 공임을 알아 가명을 파괴하지 않고 곧 유를 섭렵할 수 있다. 시종으로 논한다면 여전히 하나의 혜慧이다. 교묘한 것과 교묘하지 않은 것에 의거하므로 권실을 나눈다.

(6) 고·무상을 알기 때문에 진실이라 하고 멸을 취하지 않는다면 방편이라고 한다. 생사의 몸은 실로 고·공·무상·과환過患의 법임을 여실하게 비추기 때문에 진실이라 하고, 이승은 이것을 알아 곧 소멸시키고자 하기 때문에 방편이 없으며 보살은 알지만 몸을 두어 질병에 처하여 스스로 행하고 남을 교화한다. 그러므로 방편이라고 한다.

(7) 곧 몸의 병이 오래된 것도 아니고 새로운 것도 아니라고 알기 때문에 진실이라 하고, 그래도 염리厭離하지 않는다면 방편이라고 한다. 이것은 다만 유문有門에 나아가 권실을 나눈 것이다.

(8) 정명淨名(유마힐)이 자취를 비야리毘耶離 성에 의탁함에 질병이 없는 몸을 실實이라 하고, 질병이 나타난 자취를 권權이라고 한다. 이것은 허실虛實의 뜻에 의거하여 권실을 밝힌 것이다.

(9) 위에서 공유의 이二를 비추는 것을 방편이라 하고, 비공비유의 불이不二를 비추는 것을 진실이라고 한다. 비공비유는 곧 일실제一實諦이니, 일실제를 비추므로 진실이라고 한다. 비공비유이지만 공유가 그대로이니, 불이不二를 움직이지 않고서 잘 교묘하게 이二일 수 있다. 그러므로 방편이라고 한다.

(10) 공유를 이二라 하고 비공유를 불이不二라고 한다. 이二와 불이不二를 비추는 것을 모두 방편이라 하고, 비이비불이非二非不二를 비추는 것을 진실이라고 한다. 정명이 두언杜言하고 석가가 엄실掩室한 것을 곧 진실이라고 한다.[26]

---

26 『대승현론』 권4(T45, 50c~51b), 『정명현론』 권4(T38, 878b~879a) 참조. 원문은 생략.

라는 것이다. 그런데 본래 불타의 지智인 이 방편에 대해서도 길장은 권실의 이지라고 하긴 하였으나 권지權智라는 호칭은 그다지 사용하지 않고 오로지 방편으로 회통하는데, 이것은 왜인가 하면 우선 방편과 권의 장단을 논하는 경우

> 회통하면 곧 구별할 것이 없으니, 모두 선교善巧의 뜻이다. 구별하여 말하자면 방편은 장長이고 권이라는 말은 단短이다.[27]

라고 서술하여 방편은 장長이고 권은 단短이라고 한다. 그리고 그 이유로서 권지는 방편 중의 용이기 때문에 단短이라는 것이다. 따라서 권지라고 하는 경우 그것은 불타의 유지有智·차별지, 요컨대 방편바라밀 중의 단지 외적으로 드러난 실제의 변동(변화)이므로 권의 뜻은 단短이라고 한다. 이 방편과 권을 의식적으로 구별하는 점에 대해서는 홍황사 법랑(507~581)이 『정명경』을 강술할 때에 밝혔다고 하는 6종의 이지를 세 쌍으로 분류하여 장단을 논했던 해석(방편의 실, 권의 실, 실의 방편, 권의 방편, 방편의 권, 실의 권)[28]을 계승했다. 예를 들면 앞에서 서술한 방편은 장, 권은 단이라는 해석은 이 3쌍6종 이지의 '방편의 권'에 의한 것으로, 방편의 권이란 일반적으로 공을 비추는 것을 진실이라 하고 유를 비추는 것을 방편이라고 하는데, 이 방편 중에 다시 또 권을 일으키는 것으로 안으로 유를 비추는 것을 실이라 하고 바깥으로 동용動用으로 나타나는 것을 권이라고 하는 것을 말했던 것이다. 어쨌든 길장

---

27 『대승현론』 권4, "問, 權與方便有何異耶. 答, 通即無別, 皆是善巧之義. 別而爲言, 方便則長, 權語則短."(T45, 58c), 『정명현론』 권5(T38, 886c.)

28 『대승현론』 권4, "興皇和上, 昔講此經, 明六種二智, 以爲三雙, 謂方便實權實, 實方便權方便, 方便權實權, 故有兩實兩權兩方便也. (후략)"(T45, 59a~b), 『정명현론』 권5(T38, 887b).

에게 권실의 이지란 엄밀하게는 반야와 방편을 가리키는 것은 이상에서 분명할 것이다.

3. 이지二智와 이도二道

1) 반야도와 방편도

그래서 이지를 권지·실지라고 하기보다는 오히려 반야와 방편이라는 이름으로 부르는 것이 길장에게 어떤 의미를 지니는가라고 하면 실은 이 이지는 완성된 불타의 지智라기보다는 오히려 10지의 보살의 수도 및 그 행도의 전개인 것에서 특징이 발견된다. 즉 『정명현론』에서도 『유마경』이 이지를 종의로 하는 이유로서

> 이염爾炎(jñeya)은 지혜의 어머니(智母＝智境, 지혜의 대상)라고 하는데, 삼승이 함께 관하는 것이다. 이지는 오로지 보살법이다. 그러므로 반야는 이승과 불타에 속하지 않고 단지 보살에 속한다. 반야의 교묘함을 구화라고 한다. 반야는 역시 이승에 속하지 않고, 구화는 곧 성문에게는 끊어져버린 것이다. 그러므로 지智를 종의로 삼는다.[29]

라고 분명하게 서술하여 이지는 오로지 보살의 법으로 이승과 불타에 속하지 않는다고 한다. 『법화현론』에서는 "공과 유의 이혜二慧는 보살의 자행自行일 따름이다."(空有二慧是菩薩自行耳, T34, 395c)라고도 말한다. 이것을 분명하게 '반야도', '방편도'라고 칭하여 '지智'가 '도道'와 동의어인 것을 보여주었던 것이 『대지도론』이다. 즉 권100에서

---

29 『정명현론』 권4, "爾炎雖是智母, 而三乘共觀. 二智獨菩薩法. 故般若不屬二乘佛, 但屬菩薩. 般若之巧, 名爲漚和. 般若尚不屬二乘, 漚和即聲聞絶分. 故以智爲宗."(T38, 876a.)

보살도에는 두 종류가 있다. 첫째로 반야바라밀도, 둘째로 방편도이다.

菩薩道有二種. 一者般若波羅蜜道, 二者方便道. (T25, 754b.)

라고 하므로 길장은 여기에 기초하여 보살에게 특유한 이지란 반야도와 방편
도라는 이도二道에 다름 아니라고 밝혔던 것이다. 즉 길장은『대품반야』의
90장을 나누어 이도라고 하며, 앞의 66품은 '반야도'를 밝히고 뒤의 24품은
'방편도'를 밝히는 것이라 하고는[30] 대승의 여러 경 중 보살의 이지 이혜를
밝히는 것으로『대품반야』가 가장 광설廣說이라고 논한다. 이것은 길장 이지
의의 교리적 근거가 근본적으로는 나집 역의『대품반야』와『대지도론』에 기
초하는 것임을 보여준다.『대승현론』,『정명현론』에도 이지의에 관한 '동이문'
의 1절이 있고 같은 곳에 '5시時의 이지'를 설하여 당시 유행하는 학설이었던
5시의 교판에 기초한 각 경전의 이지를 논평하는데, 이에 의하면

> (1) 현상(事)의 도리를 비추는 것을 권이라 하고 4제의 이치를 비추는 것을
> 실이라고 하니, 삼장교의 이지를 말한다.
> 照事中之法爲權, 鑒四諦之理爲實, 謂三藏敎二智也.
> (2) 진공을 비추는 것을 실이라 하고 속유를 비추는 것을 권이라고 하니,
> 이것은 대품교의 이지이다.
> 照眞空爲實, 鑒俗有爲權, 此大品敎二智也.
> (3) 병을 알고 약을 아는 것을 권이라 하고 병에 따라 약을 주는 것을 실이
> 라고 하니,『정명경』의 이지이다.
> 知病識藥爲權, 應病授藥爲實, 淨名經二智也.

---

30 『대승현론』권4, "但大品前明實慧, 後辨方便. 故九十章經開爲二道, 六十六品明波若, 後二十四品明方便
道."(T45, 58b),『정명현론』권5(T38, 886b).

(4) 일승을 비추는 것을 실이라 하고 이승을 비추는 것을 권이라고 하니,
법화의 이지이다.

照一乘為實, 鑒二乘為權. 法花二智也.

(5) 상주를 비추는 것을 실이라 하고 무상을 비추는 것을 권이라고 하니,
열반의 이지이다.

照常住為實, 鑒無常為權. 涅槃二智也. (T38, 884c, T45, 56c.)

라는 것이다. 여기서 제2의 『대품』의 이지의를 정의正依라고 했던 것은 『대품』
의 이지가 직왕直往의 보살을 위해 설하는 것이며, 반야가 일어나는 것도 바로
"올바로 인행因行을 밝혀 이승에 이혜가 없음을 파척하고 보살이 권실을 갖추
는 것을 설명하기 위해서"[31]였기 때문이다. 이처럼 『대품』에서 설하는 이지를
근본 소의로 한다면 『법화경』의 삼일三一의 권실은 회소입대廻小入大의 보살
을 위해 설하는 것이고, 『열반경』의 이지는 둔근인을 위해 상주를 실로 삼고
무상을 권으로 삼는 것임이 앞에서 서술한 5시의 이지의 의미이다. '5시설'
그 자체의 경전에 대한 가치서열적인 견해에 길장이 반대인 것은 이미 서술했
는데, 지금 잠깐 남방 유행의 학설에 가탁하여 각 경전에서 설하는 이지의
차이에 관해 서술했던 것이다. 『대품』 또는 『지도론』에 정의正依하여 이지를
설한다는 것은 요컨대 이지는 내용적으로 보살의 이도라고 할 수 있으므로
이것을 반야도·방편도라고 칭한 것이다. 이 반야·방편의 이도의 궁진窮盡이
야말로 보살의 수도의 궁극이라는 것이 길장 이지의의 근간이다.

---

31 『대승현론』 권4, "波若教起, 正明因行斥二乘無二慧, 辨菩薩具權實也."(T45, 52c), 『정명현론』 권4(T38, 880b).

2) 3종 반야

반야도와 방편도의 이도 중 전자의 반야도를 세 가지로 나눈 것이 '3종 반야'이다. 즉

> 또 세 가지 반야를 세우니, 모두 반야도에서 그것을 논한다. 첫째로 실상 반야, 둘째로 관조 반야, 셋째로 문자 반야이다. 실상은 능히 반야를 발생시키므로 반야라 하고, 문자가 능히 반야를 전표詮表한다면 표현의 대상을 호칭으로 삼아 또한 반야라고 하며, 셋째로 관조의 당체當體를 반야라고 한다.[32]

라 하는 '실상 반야', '관조 반야', '문자 반야'의 세 가지이다. 실상은 능생能生의 경境이고, 관조는 소생所生의 지智이며, 문자는 능전能詮의 문文이다. 길장은 이 세 가지를 합하여 3쌍으로 삼는다. 즉

(1) 실상을 경으로 삼고 관조를 지로 삼는다면 경지의 한 쌍이다.

(2) 경지를 소전으로 삼고 문자를 능현能顯으로 삼는다면 능소의 한 쌍이다.

(3) 경지를 자행自行으로 삼고 중생을 위해 설하는 문자를 타행他行으로 삼는다면 자행 화타自行化他의 한 쌍이다.[33]

---

32 『대승현론』권4, "又立三波若, 皆就波若道中論之. 一實相波若, 二觀照波若, 三文字波若. 實相能生波若, 故名波若, 文字能詮波若, 以所詮為稱, 亦名波若, 三觀照當體名為波若."(T45, 52c), 『정명현론』권4(T38, 880b).

33 ㉠『대승현론』권4, "又合此三以為三雙. 實相為境. 觀照為智, 謂境智一雙. 境智為所詮, 文字為能顯, 能所一雙. 境智則自行, 為眾生說, 故有文字, 自行化他一雙."(T45, p.53a.)

또 이 3반야를 세우는 것에 의해 유위 무위有爲無爲를 다 포섭할 수 있다. 실상 반야는 무위의 반야이다. 제법실상은 적멸의 상相으로 심행 언어心行言語를 끊고 불생불멸이기 때문이다. 이 실상에 의해 관지를 발생시킨다. 관지가 비로소 생겨난 것이라면 유위의 반야이다. 이 유위·무위를 전표詮表하는 것이 문자 반야이므로 문자 반야는 소전所詮에 따른다면 유위·무위의 양자에 통하지만 그 체로부터 말하자면 유위 반야이다. 또 실상 반야를 무위라 하고 문자 반야를 유위라고 한다면 관조 반야는 유위 또는 무위에 통한다. 보살은 환루患累가 아직 다하지 않아 생멸을 벗어나지 못하지만 불타는 미혹이 청정하지 않음이 없고 생멸이 없으므로 무위이기 때문이다. 또 『중관론소』 권2말에서는 『중론』의 "보살이 도량에 좌정하였을 때 12인연이 허공과 같아 다함이 없음을 관하였다."(菩薩坐道場時, 觀十二因緣如虛空不可盡)[34]라는 청목의 석문을 인용하여

> 12인연을 불생불멸이라고 관하여 능히 관지를 발생시킨다. 소관所觀의 12인연의 불생불멸이 곧 실상 반야이다. 관지를 발생킨 것이 말하자면 관조 반야이다. 그런데 12인연과 경지境智는 결코 2법이 아니다. 12인연은 본래 생멸이 없다. 전도되어 생멸의 12인연이 성립한다. 지금 생멸의 12인연은 본래 불생불멸이라고 깨닫는다. 그러므로 무생멸의 12인연이라고 한다. 소관所觀의 뜻에 의거하므로 12인연을 경境이라고 한다. 능관能觀의 뜻에 의거하므로 12인연은 보살의 관觀이다. 그러므로 미혹과 깨달음은 결코 2체가 아니다. 경지는 별도의 2법이 아니다. 이와 같은 깨달음을 얻어 중생을 위해 설법한다. 그러므로 논論이라고 한다. 곧 문자 반야이다.[35]

---

34 『중론』 권1(T30, 1b). 또 이 문장은 『마하반야바라밀경』 권20 「무진품無盡品」, "應以虛空不可盡法觀十二因緣."(T8, 364c)의 인용이다.

35 『중관론소』 권2말, "以觀十二因緣不生不滅能生觀智. 所觀十二不生不滅即實相般若. 生於觀智謂觀照般若. 然十二因緣與境智更無二法. 十二本無生滅. 於顛倒成生滅十二. 今了悟生滅十二本不生不滅. 故名為無

라고 한다. 요컨대 실상 반야와 관조 반야는 경지·능소의 구별이어서 본래 별체가 아니라 하고, 이 깨달음을 중생을 위해 설하는 능전能詮의 문文, 말하자면 논論이 문자 반야라는 것이다. 『삼론현의』에서는 이 실상과 관조와 문자의 3반야가 각각 중·관·논의 삼자에 배당된다.[36] 3종 반야의 학설 자체는 아마 남북조 시대의 여러 학파의 학설로서 당시 유행한 것이었던 듯한데, 길장은 『대품경유의』에서 다음과 같이 성론사의 설을 소개한다. 즉

> 또 경전에서 지智와 지처智處를 설하여 모두 반야라고 한다는 것에 대해 성론사는 교敎·행行·경境이라고 한다. 왜냐하면 교는 능히 지를 표전하고, 지는 능히 경을 비추며, 경은 능히 지를 발생시키기 때문이니, 이것은 모두 반야의 인연이다. 그러므로 총괄적으로 반야라고 한다. 그런데 관조 반야는 실로 지혜이므로 능히 경을 비춘다. 제일의공은 지혜의 대연對緣이므로 실상 반야라고 한다. 왜냐하면 내 마음이 이리를 깨달으면 곧 명해明解를 발생시키고 이리에 위배되면 곧 미혹을 발생시키기 때문이다. 그러므로 이 3종은 그 상성相性이 실로 다르다.
> 復次經云說智及智處, 皆名般若者, 成論師云, 謂教行境也. 何者, 教能詮智, 智能照境, 境能發智, 此皆波若之緣. 故總名波若. 而觀照波若實是智慧, 故能照境. 第一義空是智之緣故名實相波若. 何者, 我心悟理即生明解, 違即生惑. 故此三種其相性實異也. (T33, 64b.)

라는 것이다. 즉 교=문자반야·행=관조반야(지혜)·경=실상반야(제일의공)의 3종 반야를 설하여 이 3종류가 "그 상성相性이 실로 다르다."라고 설했다는

生滅十二. 約所觀義故十二為境. 約能觀義故十二是菩薩觀. 故迷悟更無二體. 境智非別兩法. 以得如此悟為衆生說法. 故稱為論. 即文字般若."(T42, 30b.)

36 『삼론현의』, "亦如三種般若, 中是實相般若, 觀是觀照般若, 論是文字般若."(T45, 13c.)

것이다. 3종 반야의 형식은 길장과 완전히 동일하지만, 다시 경지境智가 강조된 점에 길장설이 종래의 설과 다른 특징이 있다고도 할 수 있다. 즉 길장은

> 지금 그렇지 않다고 풀이한다. 왜냐하면 만약 경지를 구별한다면 경은 지를 발생시키지 않고 지는 경을 비추지 않는다. 즉 이 성性의 뜻은 단상을 벗어나지 않는다. 지금 풀이하자면 경은 능히 지를 발생시키고 지는 능히 경을 비춘다면 경인 지, 지인 경이다. 경지境智가 공인 경지境智라면 곧 비경비지非境非智이고 평등무이平等無二이다.[37]

라고 설한다. 실제로 성실 학파에서 이 3종이 "그 상성相性이 실로 다르다."라고 설했는지 확실하지는 않지만, 3종 반야의 형태로서는 성실론사의 설과 완전히 동일한 것을 계승하면서도 경지의 상즉 불이를 강조한 것으로써 길장이 자설의 특징을 서술하므로 양자 간에는 다른 학설과 같이 형식에서 길장이 성실학파의 설을 빌려와서는 관점이나 입장의 차이를 명확히 하는 것에 의해 자가의 긴요한 이론으로 삼는다고 하는, 잘 드러난 패턴이 이 3종 반야의 설에서도 살펴진다. 또 길장은 지공持公이 실상반야·방편반야·문자반야의 3종 반야를 밝혔다고 하는데, 만약 이 지공이 혜원의 동생인 혜지慧持(337~412)[38]라고 한다면 3종 반야의 설 자체는 꽤 성립이 오래되었다고 할 수 있다. 이것이 남조의 성실사에 의해 계승되고 길장이나 혜원에 이르러 정착되었다고 생각되며 후에 화엄종의 조사들에 의해서도 중용되는[39] 것은 길장의 이 경지 상즉의 설이 학설로서 정착되고 계승되었던 것이라고 할 수 있을 것이다. 또 앞에서 기술한

---

37 『대품경유의』, "今解不然. 何者, 若有境智之別, 境不生智, 智不照境. 即是性義不離斷斷常矣. 今解, 境能發智, 智能照境, 境智智境. 境智是空境智, 即非境非智, 平等無二."(T33, 64b.)

38 전기는 『고승전』 권6(T50, 361b~362a) 참조.

39 木村淸孝, 「金剛仙經略疏の三種般若思想」(『印度學佛教學研究』 18-2, 1970년 3월) 참조.

인용문에서는 12인연의 불생불멸에 관해 실상과 관조를 설하는 전거를 『대품반야』의 「무진품」에서 구하는데, 이것을 길장은 『열반경』의 같은 종류의 문장에서 구하는 경우도 보인다. 즉 『대품경의소』에서 3종 반야의 전거를 밝히면서

> 관조라는 것에 대해 대경에서는 인인因因이란 12인연에 의해 발생되는 관지와 같다고 하니, 이것이 곧 관조 반야이다.
> 言觀照者, 如大經云, 因因者如十二因緣所生觀智, 此則是觀照波若. (X24, 201a.)

라고 서술한다. 이것은 『대반열반경』(남본) 권25 「사자후보살품」에 의거한 것이다.[40] 『대승현론』과 『정명현론』에서는 모두 실상의 경과 관조의 지의 상관 관계의 전거를 『대품반야』와 『열반경』의 두 가지에서 구하고는

> 다음으로 2경을 논한다. 묻는다. 『대품경』에서는 실상인 불생불멸이 능히 반야를 발생시킨다고 밝히고, 『열반경』에서는 12인연의 불생불멸이 관지를 발생시킨다고 한다. 2경이 똑같이 경지를 해석하는데, 무슨 차이가 있는가?
> 次論二經. 問, 大品明實相不生不滅能生波若, 涅槃云十二因緣不生不滅發於觀智. 二經同釋境智, 有何異耶. (T45, 56b.)

라고 하여 경지·인과에 대해 4구 분별하여 양자의 개합 부동開合不同을 논한다. 그리고 결국 두 경전은 무엇 때문에 개합 부동인지 말한다면

---

40 『대반열반경』(남본) 권25, "無常無斷即是觀照十二緣智, 如是觀智是名佛性 (중략) 善男子, 佛性者有因, 有因因, 有果, 有果果. 有因者即十二因緣, 因因者即是智慧. (후략)"(T12, 768b.)

『열반경』에서는 12인연에 나아가 경지의 뜻을 설명하고 중생에 모두 불성이 있음을 밝히고자 한다. 중생이 곧 12인연이다. 인연의 능생能生이 곧 경이고 소생所生은 곧 지이니, 결코 2체가 아니므로 경지를 합하는 것을 밝힌다. 『대품경』에서는 실상이 반야를 발생시키는 것을 설명한다. 능생이 곧 무위의 반야이고, 소생은 곧 유위의 관지이다. 그러므로 무위 반야를 전환시키지 않고서 유위 반야를 성립시킨다. 그러므로 경지를 나눈다. 이것은 모두 불이이면서도 이인 것이다. 그러므로 2경은 같지 않다. 만약 이이면서도 불이라면 결코 다름이 없다.[41]

라고 회통한다. 『정명현론』은 "반야는 불이인 이를 밝히고 열반은 이인 불이를 설명하니, 그러므로 2경은 똑같이 경지를 밝히지만 경지가 같지 않다."[42]라고 맺는다. 요컨대 『대품』에서는 하나인 실상에 나아가 억지로 무위·유위의 경지의 둘로 나눈 것이라면 『열반』에서는 12인연을 관하는 지가 불성이라고 설하여 불성이 중생에 편만遍滿한 것을 밝히는 것이므로 중생의 불성(지)이 12인연의 불생불멸(경)인 불성을 본다는 형태를 취하는 점에서, 즉 불이인 이의 경지境智를 설한다고 했던 것이다. 3종 반야에 대해서도 길장이 『대품반야』와 『열반경』을 들어 특히 '이인 불이', '불이인 이'의 상즉을 논하는 점이 주목된다.

---

41 『대승현론』 권4, "問, 二經何故開合不同. 答, 涅槃就十二因緣辨境智義. 欲明眾生皆有佛性. 眾生即是十二因緣. 因緣能生即境, 所生即智, 更無二體故明合境智也. 大品辨實相生波若. 能生即是無為波若, 所生即是有為觀智. 故不轉無為波若, 成有為波若. 故開境智也. 此皆不二而二. 故二經不同. 若二而不二, 更無異也."(T45, 56c), 『정명현론』 권5(T38, 884b~c).
42 『정명현론』 권5, "般若明不二二, 涅槃辨二不二, 故二經同明境智, 境智不同."(T38, 884c.)

4. 이지의 병관

이상에서 이지란 반야도·방편도라는 보살의 이도와 동의어인 것이 명확해졌다. 따라서 어떤 의미에서 이지를 설하는 것은 삼론에서의 단도斷道를 의미한다. 그러므로 이 이지를 보살의 10지의 수도에 배당하여 이지의 병관을 설할 수 있게 된다. 앞 절에서 이제 상즉의 입장에서 교화의 방편·수단으로서의 약교의 이제가 이제관이라는 관법의 장에서도 성립하는 것을 서술했는데, 교의 용으로서의 이지의 병관은 보살의 10지에 관련하여 서술되는 것이 특징이다.

『대승현론』 권5의 '교적의教迹義'에서는 감응感應의 뜻에 관련하여 이 문제를 중심으로 설한다. 즉

> 어느 지위의 보살이 능히 진속 병관하고 중생에 응하여 모습을 드러내며 물 속의 달처럼 사람들을 제도하는가?[43]

라는 물음을 설정하고, 이것에 '3설'과 '4중重의 계급'이 있다고 한다. 3설이란

(1) 초지에서 병관한다. 영미 법사[44]의 설로, 초지에서 무생을 얻고 진속 병관한다고 주장했다.

(2) 7지에서 병관한다. 관중의 구설로, 나집·승조의 설이다.

(3) 8지에서 병관한다. 남방 성론사의 설이다.[45]

---

43 『대승현론』 권5, "問, 何位菩薩能眞俗並觀, 應物顯形如水中月濟度人耶."(T45, 66c.)

44 영미사靈味師는 영미사靈味寺의 보량寶亮(444~509)일 것이다. 전기는 『고승전』 권8(T50, 381b~382a).

45 ⑨『대승현론』 권5, "答靈味師云, 初地得無生, 即能眞俗並觀. 什肇師云, 七地並觀. 成論師云, 八地並觀."(T45, p.66c.)

이것에 대해 길장은 『열반경』의 "초발심과 마지막의 두 가지가 다르지 않다."(發心畢竟二不別)[46]라는 문장을 인용하여 "초발심에서 무생을 배우고 병관을 익힌다."[47]라고 판별하는데, 이것이 곧 길장의 대표설은 아닌 것이 병관의에 대해 다시 4중의 계급을 논하기 때문이다. 즉

(1) 초지. 이것은, 지전地前의 범위凡位는 단지 순인順忍이지 무생인이 아니고 진속을 병관할 수 없지만, 초지의 성위聖位에 이르러 비로소 무생을 얻어 이관二觀을 아우른다는 것.

(2) 7지. 초지에서 6지까지는 무생이 아직 천박하므로 순인順忍의 이름을 부여하고, 7지에 이르러 등정혜지等定慧地라고 칭하며, 비로소 무생을 얻기 때문에 병관이라 한다. 7지를 등정혜지라 칭하는 것은 반야의 정감靜鑒을 정定이라 하고 방편의 동조動照를 혜慧라고 하면 6지는 정관靜觀에는 교묘하지만 섭동涉動에는 졸렬하다. 따라서 정과 혜가 균등하지 않은데, 7지에 이르러 두 가지 용이 모두 교묘하므로 등정혜지라고 칭한다.

(3) 8지. 7지에서 무생을 얻고 나서 능히 병관한다고 해도 아직 유공용有功用이지만, 8지에 이르면 무공용無功用이므로 이것을 무생이라 하고 병관이라고 한다.

(4) 불지. 구경究竟의 무생은 불지에서만이라는 것.[48]

---

46 『대반열반경』(남본) 제35(T12, 838a.)

47 『대승현론』 권5, "答, 靈味師云, 初地得無生即能學真俗並觀 (중략) 今謂, 從初發心則學無生習於並觀"(T45, 66c.) 또 병관의의 3설 및 4중 계급에 대해서는 『유마경의소』 권1(T38, 915a~b), 『정명현론』 권2(T38, 866a~b)에 완전히 동일한 취지의 문장이 보인다.

48 ㉑『대승현론』 권5, "有四重階級. 一者, 對地前凡位, 但明順忍, 未有無生, 亦未能真俗並. 初地稱聖, 始得無生, 二觀方並. 仁王攝論, 並有此文. 二者, 初地已上六地已還, 無生尚淺, 與順忍之名. 至於七地, 稱等定慧地, 始是無生, 名為並觀. 智度論云, 前三地慧多定少, 後三地定多慧少, 故定慧不等. 至於七地定慧均平, 云等定慧地. 此說般若靜鑒為定, 方便動照為慧, 六地妙於靜觀, 拙於涉動, 故定慧未均. 至于七地, 則二用俱巧, 名等定慧地. 三者, 七地雖得無生已能並觀. 但猶有功用. 八地於功用心, 永不復生, 名無生. 四者, 八地雖無功用,

이상의 4계급이다.

이것에 대해 길장은 "이미 무생을 드러내는 것에 구체적으로 4처가 있는데, 뭇 법사들은 하나에만 치우쳐 헛되이 그 취지를 잃는다."[49]라고 하여 어느 쪽이든지 1설만 고집하는 것을 경계하는데, 이 '교적의'의 문장은 감응에 관련하여 보살의 응물 제도應物濟度의 뜻에 대해 서술한 것이고,『정명현론』,『유마경의소』에서도 유마 거사가 어느 지위의 보살인지를 진속 병관의 관점에서 논하는 점에서 확언을 피했다고도 생각된다. '병관의'에 대한 길장의 진의가 7지 병관에 있는 것은, 이 설이 앞에서 서술한 3설에서 나집·승조 이래의 관중의 구설이라고 서술하는 것과 4중의 계급은 각각 4처의 문장(전거)에 기초한다고 하면서 이 7지 병관의 설은『대지도론』[50]에 의거하여 서술했던 것인 점에서 길장이 이지의 병관이라고 말하는 것이라면 이 두 가지에 기초하여 7지병관설을 자설로 삼았던 것은 의심이 없다.『대승현론』'이지의'에서는

초지는 지전과 비교하면 곧 병관이지만, 7지에서 본다면 아직 병관이 아니다. 왜냐하면 초지 이래 곧 무생을 얻어 동적動寂이 무애하지만 적寂의 뜻이 조금 강하고 동동의 용은 미약하므로 아직 병관이 아니라고 한다. 7지에 이르러 동적이 무애하고 이혜가 쌍유双遊한다. 그러므로 병관이라고 칭할 따름이다.[51]

猶未究竟. 究竟無生, 在於佛位."(T45, p.66c.)

49 『대승현론』권5, "已顯無生具在四處, 衆師偏執一, 徒以失其旨."(T45, 66c~67a.)

50 『대승현론』권5, "智度論云, 前三地慧多定少, 後三地定多慧少, 故定慧不等. 至於七地定慧均平, 云等定慧地"(T45, 66c)라는 것은『대지도론』권50「발취품지여發趣品之餘」에서, "菩薩於初三地, 慧多定少, 未能攝心故, 後三地定多慧少, 以是故不得入菩薩位. 今眾生空法空, 定慧等故, 能安隱行菩薩道."(T25, 417c)의 취의이다.

51 『대승현론』권4, "初地望地前即並, 形七地即未並. 所以然者, 初地已來, 即得無生動寂無礙, 但寂義小強動用微弱, 故云未並. 至於七地, 動寂無礙, 二慧双遊. 故稱並耳."(T45, 54c.)

라고 서술하기 때문이다. 앞서 서술한 3설의 결어에서는 "초지에서 무생을 얻어 병관한다."라고 했지만, 7지 병관이 이와 모순하지 않는 것은 "초지 이래 곧바로 이미 병관일 수 있지만 미세하게 강약이 있으므로 아직 균등하지 않다고 설할 뿐이다."[52]라고 회통하는 것으로부터도 명확하다. 따라서 이지의 병관에 관한 길장의 진의를 알 수 있다. 7지 병관이란 앞서 서술한 것처럼 10지의 행도의 전개에서 제7지의 원행지遠行地에 이르러 동적 무애이면서 이혜 이지가 쌍유하는 것이기 때문에 병관이라고 칭하는 것인데, 이것은 보살이 제7지에서 실상관에 들어 집착하는 바가 없으므로 유에 있어서 범부의 지위를 벗어나고 동시에 실상관에 상즉하여 제법을 비추므로 공에도 막히는 것이 없다. 그러므로 이승의 지위를 벗어난다는 것이다. 따라서 이지의 우열에 대해서도 체로서는 우열이 없지만 이승이 공을 비추면서도 유를 섭렵할 수 없는 것에 대해 보살은 공에 상즉하여 유의 용을 일으키는 것이 교묘하기 때문에 방편이 우위에 있고, 또 유에 집착하지 않고 공을 증득하지 않는 이 무집착의 교묘함을 반야라고 한다면 반야는 6지 이전에서 우세하므로 방편보다 열등하고, 증득하지 못한 교묘한 방편은 7지에서 처음 있는 것이므로 이것을 우수하다고 간주하는 것이다. 이리하여 8지부터 이상은 이혜 모두 교묘하며, 만약 불지에 이르러 이것을 논한다면 반야는 변하여 살바야(sarvajña), 즉 일체지가 되고 방편은 변하여 일체종지(sarvathājñāna)가 된다는 것이므로 길장이 말하는 이지의 뜻은 바로 10지의 보살, 특히 뒤의 3지의 보살의 관심 수도觀心修道에 따라 이해되어야 한다.

---

52 위의 곳, "初地已來, 便能已並, 但微有強弱, 故說未均耳."(T45, 54c.)

5. 길장 이지의二智義의 특징

이지의라는 교리 자체는 당시 일반적 학설이어서 길장 내지 삼론 학파에 고유한 학설인 것은 아니지만 길장이 이제설과 함께 이것을 중시하고 반야도·방편도라는 이도의 전개를 설했던 것은 매우 특징적이어서, 예를 들면 동시대의 천태 지의(538~597)의 경우 진속 이제의 경에 대해 권실의 이지를 설하는 것은 길장과 동일하며 7종의 진속 이제를 설하고[53] 그것에 상응하여 이지에 관해서도 7종 분별을 이루어 상론하는데,[54] 그 경우 분명히 권지·실지라는 지智의 호칭으로 일관한다. 예를 들면 『마하지관摩訶止觀』에서도

> 이지라고 하면 이른바 권·실이다. 권지는 곧 일체지·도종지道種智이니, 유무의 이제를 관하는 것이다. 실지는 곧 일체종지이니, 중도제를 관하는 것이다.
> 若二智者, 所謂權實. 權即一切智道種智, 觀於有無兩諦也. 實即一切種智觀於中道諦也. (T46, 28c.)

라고 하며, 구체적으로는 일체지·도종지가 권지이고 일체종지가 실지로 되어 있어서 일체지와 일체종지가 길장과는 역으로 되어 있다. 이것은 천태에서는 단순한 진속이제설을 설하는 것에 그치지 않고 이른바 삼제설로의 독자의 전개를 보여주는 것이고 그에 상응하여 3지智가 예상되는 것이어서 3제에 대해 3지를 말하는 경우 3지란 앞서 서술한 일체지·도종지·일체종지의 세 가지

---

53 『묘법연화경현의』 권2하, "所言七種二諦者, 一者實有爲俗, 實滅爲眞. (후략)"(T33, 702c.)
54 위의 책, 권3하, "三對二諦境, 明智者, 權實二智也. 上眞俗二諦既開七種, 今權實二智亦爲七番. (후략)"(T33, 712a.)

이다.[55] 이 중 앞의 두 가지는 무루·유루의 공지空智이고 중도지라고도 칭해지는 것이어서 이 공지·중도지가 길장의 일체지·일체종지에 상당한다고 생각된다. 지의의 3제·3지의 이론은 길장의 이제·이지에 비교하여 보다 정교한데 일면 형식적·아비달마적이며, 그런 의미에서 길장의 이제·이지처럼 이극二極 구조의 설상 쪽이 단순하지만 불교의 원사상에 보다 충실하다고 할 수 있다. 또 똑같이 동시대인인 정영사 혜원(523~592)의 경우 그 주저 『대승의장大乘義章』에서

> 그 이지란 첫째로 실지이고 둘째로 방편지이다.
> 其二智者, 一是實智, 二方便智. (T44, 846a.)

라 하고, 예를 들면

> 일승 진실의 법을 아는 것을 실지라 하고, 삼승의 권화權化의 법을 아는 것을 방편지라고 한다.
> 知於一乘眞實之法, 名爲實智, 了知三乘權化之法, 名方便智. (T44, 846b.)

라고 하듯이 구체적인 예를 보여주는데, 역시 실지·방편지로서 지의 호칭을 사용하여 특별한 전개를 보여주지는 않았다.

종래 지적되듯이 인도의 대승 중관파에서는 오로지 승의제·제일의제를 강조하고 이것을 오직 차견遮遣·부정이라는 자세로만 고찰하는 것은 주지하는 대로이다. 따라서 인도의 중관파에서는 전적으로 능소의 희론 적멸이 반야의

---

55 위의 곳, "對此五境明五三智者, 謂一切智, 道種智, 一切種智. (중략) 初依無漏發一切智, 次依有漏發道種智, 後深觀無漏之空, 知空亦空發一切種智."(T33, 713c.)

혜라는 점을 주장하는 것에 한정되어, 희론 적멸의 반야가 지智의 형태로 드러났던 도·방편이라는 점을 적극적으로 보여주려고는 하지 않았다. 오히려 이 과제를 해결했던 것이 유식 유가행파이어서, 그 때문에 후세의 중관과 유식의 논쟁에서 끊임없이 후자에 의해 이 점이 비판되는 것은 이 또한 주지하는 대로이다. 그러한 인도에서 예를 들면 *Pañcaviṃśatisāhasrikā-Prajñāpāramitā*(이만오천송반야)에 대한 주석서로서 쓰인 *Abhisamayālaṃkāra*(현관장엄론現觀莊嚴論)는 말하자면『반야경』의 유가행파적인 이해를 보여주는 것으로 주목되는데,『반야경』에 관하여 이런 성격의 강요서가 쓰였다는 것은『반야경』의 제법개공의 원리와 함께 그 개공皆空의 원리가 행도行道의 체계로서 주어지지 않으면 안 된다는 요청에 기초한 것이었기 때문이라고 말해진다.[56] 그런데 그『현관장엄론』에서는 다음과 같이 반야바라밀을 8종의 구의句義(aṣṭa-padārtha)에 의해 총괄적으로 설한다. 즉

> 반야바라밀은 8종의 구의에 의해 총괄적으로 설해진다. (즉 그것들은) 일체상지성一切相智性, 도지성道智性, 일체지성一切智性, 일체상현관一切相現觀, 정현관頂現觀, 차제현관次第現觀, 일찰나현관一刹那現觀, 법신法身의 8종이다.[57]

라는 것이다. 여기서 최초의 3지는 현관現觀(abhisamaya), 요컨대 증득의 과정, 수행의 순서에 따르는 지의 상태로서 상相(lakṣaṇa)이라고 불린다. 따라서 이 논서에 의하면 8종의 현관에 의해 보이는 반야바라밀이란 보다 구체적으로는

---

56   山口益,『般若思想史』p.180 참조.
57   Abhisamayālaṃkāra ed. E. Obermiller, p.2: ed. U. Wogihara, p.16, Ⅰ-(3)(4).『荻原雲來文集』pp.696~697 참조.

이 3지라고 생각해도 좋을 것이다. 그중에 일체상지성sarvākārajñatā이란 과보로서의 불지佛智이지만 다른 두 가지의 도지성mṛgajñatā과 일체지성sarvajñatā이란 각각 초지 이상의 보살의 지와 세속 세계의 사물에 관한 지임과 동시에 이승의 지이기도 하다. 따라서 이 2개의 지는 궁극의 목적에 인도하는 지이고 그러므로 이 지는 도道mārga의 동의어라고 설해진다. 이『현관장엄론』이 앞서 서술한 것 같은 요청하에서『반야경』과 상응하여 제시된 하나의 행도의 체계였다고 한다면 길장이 일찍이 반야도와 방편도의 이혜·이도를 설했다는 것도 같은 의도에 기초한 것이었다고 할 수 있다. 그리고 길장에게는 오히려 이지·이도에서의 후자의 방편도를 중시하는 것은 중국의 삼론에서는 이미 능소의 공무空無와 그 유적인 전개가 나타났다는 것이다. 그것은 인도에서 반야 중관의 공이 유가유식적인 공으로 향하지 않으면 안 되었던 역사적 전개와 상응하는 것이다. 그런 의미에서 길장의 이지의는 근본적으로 중국 삼론에서의 반야개공의 원리에 기초한 보살의 행도의 체계로서 다른 학파나 후대의 관법의 문제와 관련하여 재평가되어야 할 것이다.

제3절 불성의佛性義의 문제점

1. 서

길장의 교학에 미친 『열반경』의 영향이 가장 직접적으로 나타나는 것이 불성의 사상이다. 따라서 길장의 교학에서 불성의 사상은 이제나 이지의 사상과 함께 매우 중요한 지위를 차지한다. 『승만보굴』 권하말에서

> 또 불법의 근본 대사를 논하자면 대사란 불성을 말하고 불성은 곧 자성청정심이니, 이 일은 반드시 논변되어야 한다.
> 又論佛法根本大事, 大事謂佛性, 佛性即自性淸淨心, 此事應須論辨. (T37, 85a.)

라고 서술하여 불성·자성청정심이 불법의 근본 대사라고 한다. 이미 본 것처럼 길장은 무득 정관의 근본 기조를 자주 '불법의 대종'이라고 칭했는데, 그것은 단순히 공관의 논리를 가리켜 과장했던 것이 아니라 그 근저에 불성에 대한 깊은 통찰이 있었기 때문이며 공관에 기초한 중도가 불성에 다름 아니라는 확신이 '불법의 대종'을 설한다는 자부심으로 되어 나타났던 것이다. 불성이 불법의 근본 대사라는 『보굴』의 말은 그 단적인 표명이다. 따라서 길장은 그 저술의 도처에 불성에 관해 설하는데, 이것들을 집약하고 정리한 것이 『대승현론』 권3의 '불성의佛性義'이다. 이 『대승현론』에서 설해진 불성의를 중심으로 하여 길장의 불성 사상에 대해서는 토키와다이죠오常盤大定 박사의 『불성의 연구』[1]라는 고전적인 노작을 필두로 학자들의 연구도 적지 않아 이제 와서 흠잡을 데가 없는 것 같지만, 앞서 『열반경』에 관한 길장의 초기 시대의

---

1 常盤大定, 『佛性の研究』(1930년 4월, 丙午出版社).

주소인 『대반열반경소』의 일문逸文을 수집하고 그 일부를 복원 재구성했던 것도 있고[2] 선학의 연구를 근거로 하면서 이들 자료도 참조하여 다시 『열반경』의 불성 사상과 『반야경』이나 삼론의 공 사상이 길장에게서 불성이라는 주제에 관하여 어떠한 교섭 및 전개를 보여주는지 새삼 살펴보고자 한다.

2. 5종 불성설

1)

길장의 대표적인 불성설의 하나가 5종 불성설이라는 것은 주지의 사실인데, 이 5종 불성설의 직접적 근거가 『열반경』 「사자후품」의 문장과 『중론』 팔불게에 기초한 것도 잘 알려져 있다. 『중관론소』 권1본에서는 이것을

> 『대반열반경』에서 5종 불성을 밝히니, 대개 제불의 비장秘藏이고 만류萬流의 종극이며 인연因緣 내에 온축되어 있는 것이다. 왜냐하면 12인연의 불생불멸을 경계 불성境界佛性이라 하고, 12인연의 본래적인 불생불멸로 말미암아 발생한 정관正觀을 곧 관지 불성觀智佛性이라고 하며, 그 관이 명료한 것을 곧 보리과 불성菩提果佛性이라 하고, 정관이 이미 뚜렷하여 생사의 환루患累가 필경 공이어서 영원히 소멸한 것을 곧 대열반과 불성大涅槃果果佛性이라고 하기 때문이다. 그런데 12인연의 본성이 적멸하여 일찍이 경지인 적도 없고 인과도 아니어서 어떻게 그것을 지목할지 알지 못하지만 억지로 정성正性이라 하니, 정성이란 5성性의 근본이다. 그런데 이 5성에는 결코 별도의 체가 없으니, 단지 인연의 1법이 전환되어 다섯 가지가 된 것이다.

2　졸고 「吉藏著『大般涅槃經疏』逸文の硏究」(『南都佛敎』 27・29호) 참조. 또 본서 제2편 제1장 제3절 '길장 저술의 고일서' 참조.

大涅槃經明五種佛性, 蓋是諸佛之祕藏, 萬流之宗極, 蘊在因緣之內. 所以然者, 十二因緣不生不滅. 謂境界佛性, 由十二因緣本無生滅發生正觀, 即觀智佛性, 斯觀明了即名菩提果佛性, 正觀既彰, 生死患累畢竟空永滅. 即大涅槃果果佛性. 然十二因緣本性寂滅. 未曾境智, 亦非因果, 不知何以目之, 強名正性, 正性者五性之本也. 然此五性更無別體, 但因緣一法轉而為五. (T42, 6b.)

라고 서술한다. 즉 5종 불성이란 경계불성境界佛性·관지불성觀智佛性·보리과불성菩提果佛性·대열반과과불성大涅槃果果佛性·정성正性의 다섯 가지이다. 이것은 토키와다이죠오常盤大定 박사가 말하듯이[3] 『열반경』 「사자후품」의

선남자여, 불성에는 인因이 있고 인인因因이 있으며 과果가 있고 과과果果가 있다. 인이 있다는 것은 곧 12인연이고, 인인이란 곧 지혜이며, 과가 있다는 것은 곧 아뇩다라삼먁삼보리이고, 과과란 곧 무상대반열반이다. (중략) 선남자여, 이러한 뜻이므로 12인연은 불출불멸不出不滅이고 불상부단不常不斷이며 비일비이非一非二이고 불래불거不來不去이며 비인비과非因非果이다. 선남자여, 인이지만 과가 아닌 것은 불성과 같고, 과이지만 인이 아닌 것은 대열반과 같으며, 인이면서 과인 것은 12인연에 의해 발생한 법과 같고, 인도 과도 아닌 것은 불성이라고 한다. 인도 과도 아니므로 항상 변함이 없다.

善男子, 佛性者, 有因, 有因因, 有果, 有果果. 有因者即十二因緣, 因因者即是智慧, 有果者即是阿耨多羅三藐三菩提, 果果者即是無上大般涅槃. (중략) 善男子, 以是義故, 十二因緣不出不滅. 不常不斷, 非一非二, 不來不去, 非因非果. 善男子, 是因非果如佛性, 是果非因如大涅槃, 是因是果如十二因緣所

生之法. 非因非果名為佛性. 非因果故常恒無變. (T12, 768b.)

라는 문장과 『중론』 서두의

> 발생도 아니고 소멸도 아니며, 상주도 아니고 단멸도 아니며, 같음도 아니
> 고 다름도 아니며, 옴도 아니고 나감도 아니다.
> 不生亦不滅. 不常亦不斷, 不一亦不異, 不來亦不出. (T30, 1b.)

의 이른바 팔불게에 의거하여 설해진 것임은 분명하다. 이미 앞서 서술한
『열반경』에서 "선남자여, 이러한 뜻이므로 12인연은 불출불멸이고, 운운"이
라 하고 『열반경』 자체에서 『반야경』의 뒤를 이어 성립했다고 칭하는 것처럼[4]
12인연이 『중론』에서 말하는 팔불의 불생불멸에 다름 아니라고 하므로 특별
히 길장에서 양자를 결합했다고는 할 수 없겠지만, 5종 불성이라는 것은 12인
연과 팔불과 불성을 종합했던 설로서 『열반경』과 『반야경』의 사상적인 결합
을 상징하는 것이다. 이것을 똑같이 『중관론소』 권2말에서 팔불을 10조목으로
나누어 해석하는 제1에서도

> 첫째, 팔불은 12인연의 불생불멸을 밝힌다. 『대열반경』에서도 12인연은 10
> 불不을 구족하여 5성性의 뜻을 구비한다고 한다. 12인연의 불생불멸은 관
> 지를 발생시킬 수 있으므로 곧 경계 불성이다. (중략) 또 비인비과가 곧
> 중도 정성이다. 이 5성은 5체가 아니니, 곧 12인연의 불생불멸은 5종을 구

---

4   『대반열반경』(남본) 권13 「성행품지하聖行品之下」에서, "善男子, 佛亦如是從佛出生十二部經, 從十二
     部經出修多羅, 從修多羅出方等經, 從方等經出般若波羅蜜, 從般若波羅蜜出大涅槃."(T12, 691a)이라고 하
     여 『반야경』에서 『열반경』이 나왔다고 한다.

족한다. 그러므로 팔불이 5성을 구비함을 알 수 있다.

一者八不明十二因緣不生不滅. 大涅槃經亦云, 十二因緣具足十不, 具五性義. 以十二因緣不生不滅能生觀智, 故即境界佛性. (중략) 亦非因非果, 即中道正性. 此五性非是五體, 即一十二因緣不生不滅具足五種. 故知, 八不具五性也. (T42, 29c.)

라고 한다. 이처럼 5종 불성이란『열반경』의 불성에 관한 (유유로서의) 인을 경계 불성, (유로서의) 인인을 관지 불성, (유로서의) 과를 보리과 불성, (유로서의) 과과를 대열반과과 불성으로 삼고, 다시 비인비과를 정성이라고 했던 것에 다름 아니다. 이『열반경』의 인과 인인, 과와 과과, 비인비과를 분명하게 '열반의 5성의'라 이름하는 예가『정명현론』권5에도 보인다. 즉

『열반경』의 5성의와 같다. 첫째로 인성이고, 둘째로 인인성이며, 셋째로 과성이고, 넷째로 과과성이며, 다섯째로 비인비과성이다. 이 5성에는 결코 2체가 없다. 12인연의 능생能生의 뜻을 곧 경이라 하고, 소발所發의 뜻을 곧 관지라고 한다.

如涅槃五性之義. 一者因性, 二者因因性, 三者果性, 四者果果性, 五者非因非果性. 此之五性更無二體. 十二因緣能生之義, 則名為境. 所發之義, 便名觀智. (후략) (T38, 884b.)

라 서술한다.『중관론소』권1에서도 따로 불성의 이름을 붙이지 않고 '열반의 5성'이라고 하여 이제·이지와의 관계를 서술하는 조목이 있다.[5] 이『정명현론』

---

5 『중관론소』권1본, "問, 二智二諦皆是中道. 顯正性不. 答, 亦得也. 問, 與涅槃五性何異也. 答, 此中明二智與二諦, 則二智是果性, 以明佛二智故也. 二諦是佛所照之境. 但有此兩性, 此境智皆開發正性. 非境非智亦有正性義也. 問, 何故彼明五性, 今明兩性. 答, 正明二智之能說二諦之所說. 不正明因果. 故但有二性. 彼經正明

에서 말하는 인성·인인성·과성·과과성·정성의 '열반의 5성'이『중관론소』에서는 분명하게 경계불성·관지불성·보리과불성·대열반과과불성·정성의 이른바 5종 불성으로 표현되는 것이다.『대승현론』'불성의'에서는

> 불성에는 인이 있고 인인이 있으며 과가 있고 과과가 있으니, 이리하여 시종始終의 뜻이 없이 4구를 지어 밝힌다. 인이란 곧 경계인境界因이니, 12인연을 말한다. 인인이란 곧 연인緣因이니, 12인연에 의해 발생되는 관지를 말한다. 경계가 이미 인이라면 이 관지는 인으로 인하여 있는 것이므로 인인이라고 한다. 12인연을 잘 체득하는 것은 이 인에 따라 있는 것이므로 인인이라고 한다. 저것은 앞의 것을 바라보는 것이고 이것은 곧 뒤의 것을 바라보는 것이니, 모두 인인이다. 과란 곧 삼보리三菩提이니, 인으로 말미암아 얻으므로 과라고 한다. 과과란 곧 대반열반이니, 보리에 말미암아 열반을 말할 수 있으므로 과과라고 한다. 보리는 곧 지智이고 열반은 곧 단斷이니, 지에 말미암아 단을 설하는 것이다. 여기에는 시종의 뜻이 없다. 佛性者, 有因, 有因因, 有果, 有果果也, 是以無始終義, 作四句明之. 所言因者, 卽是境界因, 謂十二因緣也. 所言因因者, 卽是緣因, 謂十二因緣所生觀智也. 境界已是因, 此之觀智因因而有, 故名因因. 好體十二因緣, 應是因因而有故, 名因因. 彼向望前, 此卽望後, 皆是因因也. 所言果卽三菩提, 由因而得故名爲果. 所言果果者, 卽是大般涅槃, 由菩提故, 得說涅槃以爲果果. 菩提卽是智, 涅槃卽是斷, 由智故說斷也. 此是無始終義.

라고 하여, 우선『열반경』의 인·인인·과·과과의 4구를 불성으로 삼고 이어서 이 4불성은 모두 정인正因이 아니며, 비인비과라고 하면 비로소 정인이라고 하여

因果開發正性, 故明五性義也."(T42, 12b.)

비인비과가 곧 중도이므로 정인이라고 한다. 그러므로 중도를 정인 불성
正因佛性이라고 한다.

非因非果, 卽是中道名爲正因. 故以中道爲正因佛性 (T45, 38a.)

라 서술한다. 『대승현론』의 이 항목은 특히 '간정인문簡正因門'으로서 정인
불성을 밝히는 단락이기도 하므로 5종 불성의 앞 4종 불성에 대해 특히 제5의
비인비과를 중도정인 불성中道正因佛性으로 삼았던 것이다. 『중관론소』 등의
5종 불성의 제5 정성正性을 특히 중도의 정인 불성이라고 하며, 앞의 4불성에
대해서도 인과 인인을 경과 지의 두 가지로 나누고(이것은 종래와 같다) 과와
과과를 지智와 단斷으로 나누는 등 내용적인 설명에서 『중관론소』나 『정명현
론』에 없는 것이 보이는데, 5종 불성의 형식적인 설상이라는 점에는 『중관론
소』가 가장 정비되어 있다.

2)

그런데 이 5종 불성설은 길장의 현존 저작에서는 『중관론소』, 『정명현론』,
『대승현론』의 3책에서밖에 보이지 않는 것으로 이것들은 모두 길장 장안 시
대, 말하자면 후기 시대의 작품이다. 단편적으로는 예를 들어 『법화현론』 권8
에서

『열반경』에 이르러 반야를 밝히면 곧 4종 불성이다. 『대품경』에서는 인을
반야라 하고 과를 살바야라 한다고 하였다. 『열반경』에서는 인을 관지라
하고 과를 보리라 한다고 하였다. 보리에는 번뇌가 없으니, 곧 과과이다.
관지와 경계에는 결코 다른 체가 없다. 소관所觀의 뜻이 곧 경이고, 능관能
觀의 뜻이 곧 지이며, 발관發觀의 뜻이 경이고, 능조能照의 뜻이 지이다. 그

러므로 반야는 곧 4성이다.

至涅槃明波若, 即是四種佛性, 大品云, 因名波若, 果名薩婆若. 涅槃云, 因名
觀智, 果謂菩提. 菩提無累, 即是果果. 觀智與境界, 更無別體, 所觀義即境,
能觀義即智, 發觀義為境, 能照義為智. 故波若即是四性. (T34, 432c～433a.)

라고 서술하여 『열반경』에서 '반야'를 밝혔던 것이 4종 불성이라고 한다. 여기
서는 4종 불성만으로서 제5의 정성에 대해서는 아무것도 언급되는 것이 없는
데, 4종 불성에 대해서는 후대의 저술과 동일하다. 여기서 말하는 반야가 4불
성이라는 점은 충분히 주의해도 좋다. 그래서 5종 불성설이라는 것은 길장의
후기 시대의 작품에 특유한 학설이어서 말하자면 그의 원숙기의 사상인가라
고 한다면 꼭 그렇다고는 할 수 없다. 왜냐하면 이것도 아마 『법화현론』과
전후하는 초기 시대의 작품인 『열반경소』 권1의 일문에 앞에서 서술했던 『중
관론소』 권1본의 문장과 완전히 동일한 것이 보이기 때문이다. 즉 진해는
『삼론명교초』 권3에서 불성의를 논하여 자주 길장의 『열반경소』를 인용하는
데, 5종 불성에 관해

소의 권1에서 분별하여 해석한다. 소에서 말한다. 『대반열반경』에서 5종
불성을 밝히니, 대개 제불의 비장祕藏이고 만류萬流의 종극이며 인연 내에
온축되어 있는 것이다. 왜냐하면 12인연의 불생불멸을 경계 불성境界佛性
(또한 인성이라고 한다.)이라 하고, 12인연의 본래적인 불생불멸로 말미암
아 발생한 정관正觀을 곧 관지 불성觀智佛性(또한 인인성이라고 한다.)이라
고 하며, 그 관이 명료한 것을 곧 보리과 불성菩提果佛性(또한 과성이라고
한다.)이라 하고, 정관이 이미 뚜렷하여 생사의 환루가 필경 영원히 소진
한 것이 곧 대열반과과 불성大涅槃果果佛性(또한 과과성이라고 한다.)이라
고 하기 때문이다. 그런데 12인연의 본성이 적멸하여 일찍이 경지인 적도

없고 인과도 아니어서 어떻게 그것을 지목할지 알지 못하지만 억지로 정성正性이라고 하니, 정성이란 5성性의 근본(또한 비인비과성이라고 한다.)이다. 그런데 이 5성에는 결코 별도의 체가 없으니, 단지 인연의 1법이 전환되어 다섯 가지가 된 것이다.

疏第一卷分別解釋. 疏云, 大涅槃經明五種佛性, 蓋是諸佛之祕藏. 萬流之宗極, 蘊在因緣之內. 所以然者, 十二因緣不生不滅. 謂境界佛性(亦名因性), 由十二因緣本無生滅發生正觀. 即觀智佛性(亦名因因性), 斯觀明了即名菩提果佛性(亦名果性), 正觀既彰, 生死患累畢竟永盡. 即大涅槃果果佛性(亦名果果性). 然十二因緣本性寂滅. 未曾境智, 亦非因果, 不知何以目之, 強名正性, 正性者五性之本也(亦名非因非果性). 然此五性更無別體, 但因緣一法轉而為五. (T70, 714c.)

라고 인용한다. 진해는 이것을 "인연이라는 1법은 곧 중도 정성이며, 염정染淨으로 연기되면 전환되어 5성이라고 하니, 5성은 단지 중도 정법의 본말이다." (因緣一法者, 即是中道正性, 染淨緣起轉爲五性, 五性只是中道正法之本末也.)라고 해설하는데, 여기에 인용된 『열반경소』의 문장은 『중관론소』와 거의 똑같다. 고작 전자에서 "생사의 환루가 필경 영원히 소진한다."(生死患累畢竟永盡)라는 것이 후자에서는 "생사의 환루가 필경 공이어서 영원히 소멸한다."(生死患累畢竟空永滅)로 변하여 있을 뿐으로 완전히 차이가 없다. 이미 서술한 것처럼 『열반경소』는 길장의 비교적 초기 시대의 작품이므로 오히려 『중관론소』의 설은 이 『열반경소』의 설을 그대로 채용했던 것이라고 생각된다. 이것은 5종 불성의 학설이 반드시 길장 원숙기의 사상은 아니라는 것을 말한다. 또 이 학설이 형식적으로나 내용적으로 가장 정비된 모습으로 설해지는 것이 『열반경소』와 『중관론소』라는 『열반경』과 『중론』의 2대 주석서라는 것은 이 학설이 양자의 교섭·통합을 보여주는 것에 매우 적절한 것으로서 길장이 의식적으로 채용했던 것임을 시사한다.

3)

이미 학자들의 연구에 의해 분명하듯이[6] 길장의 5종 불성설이라는 것은 남북조 시대의 불성설, 그중에서도 개선사 지장(458~522)이나 장엄사 승민(467~527), 정영사 혜원(523~592) 등의 5종 불성설에서 촉발되고 이것들에 기초하여 대성했던 것이다. 즉 『삼론약장』에서 개선·장엄의 설을 각각 다음과 같이 소개한다.

> 불성에는 5종이 있는데, 여타의 해석이 같지 않다.
> 개선이 말한다. 첫째로 정인正因이고, 둘째로 연인緣因이며, 셋째로 요인了因이고, 넷째로 과이고, 다섯째로 과과이다. 정인이란 마음이니, 대개 마음이 있는 자는 모두 작불할 수 있다. 그러므로 마음을 정인이라고 한다. 연인이란 곧 12인연이다. 요인은 곧 발생된 지혜이니, 요인에서 보리가 나온다. 과성은 곧 보리이다. 과과는 곧 대열반이다.
> 장엄이 말한다. 중생을 정성이라고 한다. 경에서 정인이란 모든 중생을 말한다고 하였다. 연인은 6바라밀을 말한다. 나머지는 개선과 동일하다.
> 佛性有五種, 他釋不同.
> 開善云, 一正因, 二緣因, 三了因, 四果, 五果果. 正因者心也, 凡有心者, 皆當作佛. 故心為正因. 緣因者, 即十二因緣. 了因即所生智慧, 了出菩提也. 果性即菩提. 果果即大涅槃也.

---

6   常盤大定, 앞의 책, pp.189~190, 208, 鎌田茂雄, 『中國佛教思想史研究』(1968년 3월, 春秋社) pp.30~35, p.36 참조.

莊嚴云, 衆生爲正性. 經云, 正因者, 謂諸衆生. 緣因謂六波羅蜜. 餘同開善也.
(X54, 843a.)[7]

라고 한다. 또 혜원의 설은 『대승의장』 권1 불성의에서

또 경전에서처럼 불성은 다섯 가지라고 설한다. 『열반경』에서 다음과 같
이 설한다. 첫째로 인성이고, 둘째로 인인성이며, 셋째로 과성이고, 넷째로
과과성이며, 다섯째로 비인과성이다. 인성이란 12인연을 말하니, 열반을
부여할 수 있는 본인本因이기 때문이다. (중략) 인인이란 보살도를 말한다.
도가 일어나는 것이 반드시 12인연에 말미암아 발생하니, 인에 따라 인이
일어나므로 인인이라 한다. 그런데 이것은 증교證敎의 2행을 통설하여 인
인이라고 한 것이니, 홀로 교행敎行만을 설한 것은 아니다. 과성이란 대보
리를 말한다. 과과란 대열반을 말한다.

又如經中說性爲五. 如涅槃說, 一者因性, 二因因性, 三者果性, 四果果性,
五非因果性. 言因性者, 謂十二緣, 能與涅槃爲本因故. (중략) 言因因者, 謂
菩薩道. 道起必由十二緣生, 從因起因, 故曰因因. 然此通說, 證敎兩行, 以
爲因因, 非獨敎行. 言果性者, 謂大菩提. 言果果者, 謂大涅槃. (T44, 473c~
474a.)

---

7   또 혜균의 『사론현의』 권7 불성의에서도 "古來河西朗法師, 壹法師云, 立四種. 一正因, 二緣因, 三果性,
四果果性. 莊嚴法師等又同此說也. (중략) 五開善云, 廣論因果, 共有四名, 各有四名也. 共有四名者, 一因,
二因因, 三果, 四果果也. 各有四名者, 因四者, 一正因, 二緣因, 三了因, 四境界因也. 果四者, 一三菩提, 二涅
槃, 三第一義空, 四智慧. (중략) 故開佛之性略有四, 謂因與果, 各有其二. 因二者, 一正因, 二緣因. 果二者,
一智, 二斷也. 此是智藏法師自手書佛性義, 作此說也."(X46, 606a~606c)라고 하며, 여기서는 4종 불성
을 세웠다고 한다. 또 인·과를 각각 둘로 나누어 과의 두 가지를 지智와 단斷이라고 하는 등은
『대승현론』에서 말하는 길장의 설에 흡사하다. 개선의 불성설에 대해서는 太田久紀 「開善寺智藏
法師の佛性說」(『駒澤女子短大研究紀要』 제2호, 1968년 3월) 참조.

라고 서술하는 12인연의 인성, 보살도의 인인성, 대보리의 과성, 대열반의 과과
성과 제5의 비인과성의 5성이다. 또 카마타시게오鎌田茂雄 박사에 의하면[8] 혜원
의 5종 불성설은 『대반열반경의기』 권8[9]에도 보이며, 그 내용적 설명에 있어서
『의기』의 설 쪽이 보다 길장의 설에 가까운 것임이 지적된다. 어쨌든 길장의
5종 불성설은 이러한 남북의 대표적인 학설에 기초하여 대성한 것임은 확실할
것이다. 그래서 이상의 3설과 길장의 설을 대비하여 도시해보면 다음과 같다.

	개선	장엄
(1) 정인	심	중생
(2) 연인	12인연	6바라밀
(3) 요인	지혜	지혜
(4) 과	보리	보리
(5) 과과	대열반	대열반

	혜원(『대승의장』)	혜원(『대반열반경의기』)
(1) 인성	12인연	(인연지리因緣之理)
(2) 인인성	보살도	(인연 관지)
(3) 과성	대보리	(관지소생법)
(4) 과과성	대열반	(인연중도과)
(5) 비인비과성	(여실법성)	(폐연취실廢緣就實), (이성理性)[10]

---

8 鎌田茂雄, 앞의 책, pp.35~36 참조.

9 『대반열반경의기』권8, "通釋非因非果以說故有五種 一是因性, 猶是向前因緣之理. 二因因性, 猶是向前
因緣觀智. 三是果性, 是前觀智所生之果. 四果果性, 是前因緣中道之果, 因緣之理顯爲果故. 五非因果性, 前
四處體, 彼體從緣說爲前四, 廢緣就實, 說爲第五非因果性."(T37, 826a.) 여기서는 (1)인성이 인연의 이理,
(2)인인성이 인연 관지, (3)과성이 관지 소생의 과, (4)과과성이 인연 중도의 과, (5)비인과성이
앞의 네 가지의 체이며, 폐연취실廢緣就實이라 설명되어 있다. 또 최후의 '폐연취실'은 『대승의장』
에서는 자주 '폐연담실廢緣談實'과 같이 기재되어 있다. 『대승의장』 권1(T44, 473b~c) 참조.

10 '여실법성'은 『대승의장』에 5불성을 설하는 앞의 문장에서, "故經說言, 是因是果, 如十二緣所生之法,
非因果者, 如實法性, 旨通染淨, 而非因果. 故經說言, 非因非果, 名爲佛性, 廢緣談實, 就體指也."(T44, 473c)

		길장
(1) 인성	12인연	경계 불성
(2) 인인성	관지	관지 불성
(3) 과성	보리	보리과 불성
(4) 과과성	대열반	대열반과과 불성
(5) 비인비과성	중도	정성

4)

5종 불성에 관한 개선설과 장엄설의 특징은 『열반경』에서 설한 5성에 더하여 '정인正因'과 '연인緣因' 혹은 '생인生因'과 '요인了因'이라는 2인因의 사고방식이 가미되어 있는 점이다. 예를 들면 『대반열반경』(남본) 권26에서

> 세존이여, 불타가 설한 것처럼 2종의 인이 있어 정인과 연인이니, 중생의 불성은 어느 인입니까? 선남자여, 중생의 불성에도 2종의 인이 있으니, 첫째로 정인이고 둘째로 연인이다. 정인이란 모든 중생을 말하고, 연인이란 6바라밀을 말한다.
> 世尊, 如佛所說有二種因, 正因緣因, 眾生佛性為是何因. 善男子, 眾生佛性亦二種因, 一者正因, 二者緣因. 正因者謂諸眾生, 緣因者謂六波羅蜜. (T12, 775b.)

라고 하니, 장엄이 정인을 중생이라 하고 연인을 6바라밀이라고 하는 것은 오로지 이것에 의거했던 것임을 알 수 있다. 다시 연인을 2개로 나눈 것이 '생인'과 '요인'으로서, 똑같이 권26에서

라 하며, 또 따로 "言理性者, 癡緣談實, 實處無緣, 以無緣故, 真體一味, 非因非果, 與涅槃中非因果性, 其一也."(T44, 473b)라고 하여 '이성理性'이라고도 하는 것이 알려진다.

선남자여, 인에는 2종이 있으니, 첫째로 생인이고 둘째로 요인이다. 능히 법을 발생시키는 것을 생인이라 하고, 등불이 능히 물건을 요별하는 것 같기 때문에 요인이라고 한다. 번뇌의 모든 결박을 생인이라 하고 중생의 부모를 요인이라고 한다. (중략) 또 생인이 있으니, 6바라밀의 아뇩다라삼 먁삼보리를 말한다. 또 요인이 있으니, 불성의 아뇩다라삼먁삼보리를 말한다.

善男子, 因有二種, 一者生因, 二者了因. 能生法者是名生因, 燈能了物故名了因. 煩惱諸結是名生因, 眾生父母是名了因. (중략) 復有生因, 謂六波羅蜜阿耨多羅三藐三菩提. 復有了因, 謂佛性阿耨多羅三藐三菩提. (T12, 774c.)

라고 서술한다. 개선이 연인을 12인연이라 하고 요인을 지혜라고 하는 등은 오로지 이 문장에 의거한 것이라고 추정된다. 그런데 길장은 인과를 두 가지로 나누어 인과 인인(생인과 요인), 과와 과과로 나누는 것에서 저들과 공통적이지만, 이른바 정인 불성正因佛性에 대해서는 이것을 개선이나 장엄처럼 다른 4성과 동일 차원의 것이라고 간주하지는 않는다. 『대승현론』에서

불인不因이면서도 인因이라면 경과 지를 나눈다. 그러므로 2인이 있으니, 인과 인인을 말한다. 불과不果이면서도 과果라면 지智와 단斷을 나눈다. 그러므로 2과가 있으니, 과와 과과를 말한다. 정인을 논함에 이르러서도 어찌 인과이겠는가? 그러므로 비인비과이니, 곧 이 중도를 정인이라고 한다. 그러므로 중도를 정인 불성이라고 한다.[11]

11　『대승현론』 권3, "不因而因, 開境智. 故有二因, 謂因與因因也. 不果而果, 開智斷. 故有二果, 謂果與果果. 至論正因, 豈是因果. 故非因非果, 即是中道名為正因. 故以中道為正因佛性"(T45, 38a.)

라고 서술하여 정인 불성이 인과의 한계를 넘어선 것이고 열반의 5성에서 말하는 비인비과성이고 중도라고 하여 이 점에서 개선이나 장엄과의 차이를 명확하게 나타낸다. 『대승현론』 '불성의'에서 10문 분별[12]하는 제2에서 14가家의 다른 해석을 내어 하나하나 이것을 논파하는 것은 오로지 이 정인 불성에 대해 이견이 분분했기 때문이다. 또 똑같이 『현론』 '불성의'에서 5종 불성을 밝히는 문단이 '간정인문簡正因門'인 것을 생각하면 5종 불성설 그 자체가 삼론의 입장에서 정인 불성을 설하기 위해서 설정된 학설인 것을 알 수 있다.

5)

그런데 똑같이 『열반경』의 5성의 제5 비인비과성을 '여실법성如實法性', '이성理性'이라고 설하는 혜원과의 차이를 어떻게 보아야 할 것인가? 이 문제에 대해서는 이미 남도의 삼론 학자 간에서 다루어졌던 흔적이 있다. 즉 진해는 『삼론명교초』에서

> 묻는다. 정영사 혜원의 『대승의장』은 (길장의) 현의玄意와 같은가 다른가? 답한다. 11법사 중 제3 법사는 마음을 정인이라고 한다. 그러므로 경전에서 대개 마음이 있는 자는 반드시 무상보리를 증득할 것이다 운운이라고 하였다. 제6 법사는 진신眞神을 정인 불성이라고 한다. 제7 법사는 아리야식 자성청정심을 정인 불성이라고 한다. 이것들은 모두 소용 없는 것이다. 『대승의장』의 대의는 능지성能知性의 진식심眞識心을 불성의 종의라 하고, 중도제일의의 소지성所知性을 방의傍義로 삼는다. 지금 중도제일의공을 정인 불성이라고 하니, 그 말은 잘 드러나 있다. 그러므로 구별됨을 알 수

---

12 위의 곳, "佛性義十門, 一大意門, 二明異釋門, 三尋經門, 四簡正因門, 五釋名門, 六本有始有門, 七內外有無門, 八見性門, 九會教門, 十料簡門."(T45, 35b.)

있다.

問, 淨影義章與玄意同歟, 異歟. 答, 十一師中第三師云, 以心爲正因. 故經云,
凡有心者必定當得無上菩提. 云云. 第六師云, 以眞神爲正因佛性. 第七師云,
以阿梨耶識自性淸淨心爲正因佛性也. 此等並非所用. 義章大旨, 以能知性
眞識之心爲佛性宗, 以中道第一義所知性爲傍義. 今以中道第一義空爲正因
佛性. 其言顯矣. 故知是別. (T70, 714b.)

라고 서술한다. 여기서 진해는 "『대승의장』의 대의는 능지성能知性의 진식심
眞識心을 불성의 종의라 하고, 중도제일의의 소지성所知性을 방의로 삼는다."라
고 하며, 이에 대해 삼론은 "지금 중도제일의공을 정인불성이라고 하니, 그
말은 잘 드러나 있다. 그러므로 구별됨을 알 수 있다."라고 하여 그 차이를
명확히 한다. 이 진해의 평석이 정곡을 얻은 것인지 『대승의장』에 의해 보면
같은 책의 권1 '불성의'에 5문 분별하는 제2에서 불성의 체를 설명하는데,
거기서 혜원은

체를 설명하자면 네 가지가 있다. 첫째, 불인佛因 자체를 불성이라고 하니,
진식심眞識心을 말한다. 둘째, 불과佛果 자체를 불성이라고 하니, 이른바 법
신이다. 셋째, 통틀어 불인과 불과에서 동일한 각성覺性을 불성이라고 한다.
(중략) 넷째, 통틀어 설하여 제법 자체를 불성이라고 한다. 이 불성은 오로지
제불의 궁극이고 불타의 차원에서 제법의 체성을 밝히는 것이므로 불성이
라고 한다. 이 마지막의 한 뜻을 소지성所知性이라고 하니, 내외를 회통한다.
說體有四. 一佛因自體, 名爲佛性, 謂眞識心. 二佛果自體, 名爲佛性, 所謂法
身. 第三通就佛因佛果, 同一覺性, 名爲佛性 (중략) 第四通說, 諸法自體, 故
名爲性. 此性唯是諸佛所窮, 就佛以明諸法體性, 故云佛性. 此後一義, 是所
知性, 通其內外. (T44, 472a.)

라고 설한다. 말하자면 불성의 체로 4의를 헤아리는 제1에 불인佛因의 자체인 진식심真識心을 거론하는 것에 대해 제4는 통론通論으로 제법 자체를 불성의 체라고 하는데, 이것은 불타의 입장에서 보았던 것으로 불타만의 구경究竟이고 불타의 차원에서 제법의 체성을 밝혔던 것이라고 하여 이것을 소지성所知性이라고 한다. 진해가 혜원의 불성의에 대해 '종의'와 '방의'로 나누어 말하는 것은 이 제1과 제4를 가리켰던 것에 다름 아니다. 그리고 혜원이 『열반경』의 5성에서 말하는 비인비과성을 '여실법성', '이성'이라 칭하는 것이 실은 이 제4의 소지성인 것은 말할 나위도 없다. 진해가 인용의 전반에서 14가 중의 제7가의 설을 거론하여 아리야식 자성청정심을 정인 불성이라 했다고 서술하는 것은 지론사의 설을 가리키는 것이 분명한데,[13] 진해도 이것이 혜원의 대표설인 것을 인지한 상태에서 이것을 인용하고 혜원의 불성의를 종의와 방의로 나누었던 것이다. 따라서 '여실법성', '이성'이라는 것은 혜원에게는 『열반경』의 5성에서 말하는 '비인과성'을 해석한 것으로 통설로서 특별히 설정된 것이기는 해도, 이것이 정인 불성이라는 형태로 그의 불성의의 대전제가 되지 않는다는 것은 분명하다. 지금 '불성'을 혜원처럼 '아리야식 자성청정심'으로 보는 것이 옳은지, 길장처럼 '중도제일의공'으로 이해하는 것이 옳은지를 논하려는 것은 아니다. 문제는 『열반경』에서 말하는 5성의 제5 비인비과성을 양자 모두 똑같이 '여실법성', '정성正性'과 같이 설하면서도 혜원에게는 이것이 방의였던 것에 대해 길장에게는 이것이 역으로 종의가 된다는 것이다. 이처럼

---

13 『대승현론』의 '이석異釋 제2'에서도 "第七師以阿梨耶識自性淸淨心, 爲正因佛性也."(T45, 35c)라 하고, 토키오常盤 박사도 "가상은 누구의 설이라고도 하지 않았지만 지론가地論家의 설인 것이 분명하다."(앞의 책, p.185)라고 서술한다. 또 진해는 제3가의 마음을 정인 불성이라고 하는 설과 제6가의 진신真神을 정인 불성이라고 하는 설도 각각 소개하는데, 이것이 꼭 혜원설이라는 것은 아니다. 전자는 이미 본 대로 개선의 설이고 후자는 영미사 보량의 설이다. 후자에 대해서는 『열반경유의』에서, "第一靈味寶亮, 生死之中己有真神之法, 但未顯現, 如蔽黃金."(T38, 237c)이라는 것에서 분명한데, 진해의 인용 의도는 혜원의 설이 개선가나 보량의 계보에서 이어지는 것임을 보여주는 것이다.

길장의 5종 불성설은 남조 성론사의 지장이나 승민의 설을 소재로 하고 북지 지론사를 대표하는 혜원의 설을 계승하면서도 질적으로는 이 양자의 어느 것과도 다른 전개를 보여주는 점에 그 독자성이 발견된다. 그리고 앞서 서술하여 밝혔듯이 그 특징은 확실히 중도제일의공을 정인 불성이라 했던 것이고, 이것을 특히 '정성'이라고 하여 『열반경』에서 말하는 5성을 5종 불성설로서 확립한 점에 있다. 그래서 다음으로 '정성'에 대해 고찰을 덧붙이려고 한다.

3. 중도 불성 – 정성正性

1)

길장이 중도를 불성의 정인이라고 간주했던 것은 매우 당연한 것이겠지만 이미 서술했듯이[14] 여기에는 전거가 있어서 길장이 자기의 입장에서 자의적으로 견강부회했던 것은 아니다. 즉 이 설은 하서 도랑 이래의 학설이어서 하서 도랑이 담무참과 함께 『열반경』을 번역하고 친히 담무참의 가르침을 계승하여 『열반의소』를 지어 불성의를 해석했을 때 바로 중도를 불성으로 삼았다는 유래가 있고, 이후 여러 법사는 모두 도랑의 『열반의소』에 의거하여 열반을 강설하고 내지 불성의 뜻을 해석할 수 있었다고 길장은 말한다.[15] 길장의 이 말이 과장이 아닌 것은 현존하는 장안章安의 『열반경소』에 도랑의 『열반의소』가 자주 인용되며 도랑이 「사자후품」이하 3품을 '불가사의중도불성문不可思

---

14 제1편 제5장 제3절 '삼론 학파에서의 열반 연구의 기원' 참조
15 『대승현론』권3 '불성의'의 '이석異釋 제2'에서, "但河西道朗法師與曇無讖法師, 共翻涅槃經, 親承三藏 作涅槃義疏, 釋佛性義正以中道為佛性. 爾後諸師, 皆依朗法師義疏. 得講涅槃乃至釋佛性義. 師心自作各執 異解, 悉皆以涅槃所破之義以為正解, 豈非是經中所喻解象之殊哉. 雖不離象, 無有一人得象者也. 是故應須 破洗."(T45, 35c)라고 해서 도랑의 고사를 인용하여 이석을 논파한다.

議中道佛性門'이라고 칭했던 것에서도 분명하다.[16] 그리고 길장의 스승 흥황사 법랑의 『열반경소』는 그 과문에서 수문 해석에 이르기까지 이 도랑설을 계승했던 것임도 이미 서술한 대로이다. 길장은 말하자면 이 삼론의 전통설을 계승했던 것에 불과한 것이다. 또 『대승현론』에서 "『대열반경』에서는 도처에서 모두 불성을 밝힌다. 그러므로 사람들이 불성을 이해하는 것은 모두 『열반경』을 인용하여 증거로 삼는데, 어느 문장에서 명전불후冥傳不朽,[17] 피고구락避苦求樂을 논하여 정인 불성으로 삼았는가?"[18]라고 하여 14가의 이석異釋 중 제4사師와 제5사를 비판하는 것처럼 여러 법사들과 똑같이 『열반경』에 의해 불성의를 논하면서 『열반경』의 어느 문장을 채택하여 정의正依로 삼았는지 또는 경전에 대한 이해의 심천深淺에 의해서도 이의異義가 발생하는 것은 당연한 이치인데, 이 때문에 길장은 불성의에서 10문 분별하는 제3에 '심경문尋經門'의 한 과목을 설정하고 각 경전의 불성설을 비교하면서 스스로는 흥황의 설을 계승하여 『열반경』「사자후품」을 정의正依로 삼는다고 설명한다. 즉

> 지금 당시 스승은 매번 『열반경』을 증거로 삼았다. 그런데 이 가르침에는 도처에서 모두 불성을 밝힌다. 그러므로 「애탄품哀歎品」 중의 유리 구슬의 비유도 불성의를 충분히 밝히고, 이와 같이 「여래성품」에서도 모두 불성의를 밝히며, 내지 「사자후품」, 「가섭품」에서도 자세히 불성의 일을 밝히니, 뜻이 곧 드러난다. 그러므로 스승이 인용한 문구는 「사자후품」의 문장

---

16 島地大等,「國譯大般涅槃經開題及科文」(『國譯大藏經』제9권 부록 pp.46 및 pp.63~64) 참조. 또 관정灌頂, 『대반열반경소』 권1(T38, 43a~b) 참조.

17 ⑨ 명전불후冥傳不朽는 신식神識의 본성에 관한 술어로 쓰인다. 『대승현론』 권3에 따르면 불성의에 관한 이석異釋들 중에서 제4사의 견해이다. 해당 대목은 다음과 같다. "第四師以冥傳不朽為正因佛性. 此釋異前以心為正因. 何者? 今直明神識有冥傳不朽之性, 說此用為正因耳."(T45, 35c.)

18 『대승현론』 권3, "大涅槃經, 處處皆明佛性. 是故時人解佛性者, 盡引涅槃為證. 何處文辯冥傳不朽避苦求樂為正因佛性耶."(T45, 36b.)

을 정의正依로 삼았다.

今時一師, 每以涅槃經爲證. 然此一敎處處皆明佛性. 故哀歎品中瑠璃珠喩,
亦是具足明佛性義. 如是如來性品皆明佛性義. 乃至師子吼迦葉廣明佛性事,
義乃顯然. 故一師所引文句, 以師子吼文爲正也. (T45, 37b.)

라고 서술한다. 주지하는 대로 「사자후품」에서는 제일의공을 '불성'이라 하고
'중도'라고 하여 "중도의 법을 불성으로 삼는다."라고 한다. 그래서 길장은
「사자후품」의 무엇을 가지고 경증으로 삼았는지라고 거듭 물음을 설정하고,
그것은 같은 품의 "선남자여, 불성이란 제일의공이라 하고, 제일의공을 지혜
라고 한다."(善男子, 佛性者, 名第一義空, 第一義空名爲智慧. T12, 767c)라는 문장이
라고 답한다. 그러나 이 문장은 종래부터 남조 열반학의 가장 유력한 논거였던
것이다. 그래서 종래의 뜻과 어떻게 다른지를 다음에 묻지 않으면 안 되는데,
이에 관해 길장은 『대승현론』에서

> 그런데 제일의공이 불성이라는 것은 종전에 설명하는 제일의공이 아니니,
> 저들은 제일의공이 단지 경境이지 지智가 아니라고 밝히는데, 그것은 치우
> 친 도리이다. 지금 지혜라고 하는 것 또한 종전에 밝히는 지혜가 아니니,
> 저들은 지혜가 단지 지이지 경이 아니라고 밝히는데, 그것도 치우친 도리
> 의 뜻이어서 중도라고 하지 않는다.
> 而言第一義空爲佛性者, 非是由來所辨第一義空, 彼明第一義空但境而非智,
> 斯是偏道. 今言智慧, 亦非由來所明之智慧, 彼明智慧但智而非境. 斯亦是偏
> 道義. 非謂中道. (T45, 37b~c.)

라고 서술하여 종래에는 제일의공은 경이어서 지가 아니고, 지혜는 지智로서

제일의공의 경에 대립하는 것으로서 설명되었다고 한다. 이에 대해 지금은 또 "경을 설하여 지라 하고, 지를 설하여 경이라고 한다."[19]라는 점이 다른 것이라고 한다. 따라서 경전에서 제일의공이란 공과 불공을 보지 않는 것이고 지혜란 지智와 부지不智를 보지 않는 것이라고 하는 것은 경지 불이의 중도를 의미하는 것이고, 중도를 불성으로 삼는 것은 그런 의미라고 한다. 말하자면 연(경)지 구적緣(境)智俱寂의 '절관絶觀의 반야'가 불성이라는 것이다. 이 경지 불이의 입장으로 한다면 5종 불성설에서 앞의 4불성을 인과로 나누고 인과 과를 각각 경과 지, 지智와 단斷으로 나누는 것이 바로 불이인 이다. 그리고 경지의 이인 불이가 비인비과의 제5성에 다름 아니므로 이것을 중도 불성이라 하고 정인 불성이라고 하여 근본에 놓았던 것이다. 길장의 불성설이 이제(경)나 이지(지)의 뜻과 밀접한 관련을 가지는 것은 이미 이인 불이, 불이인 이라는 이극二極 구조에 기초하고, 그것이 최종적으로 중도에 수렴하여 중도에 의해 유기적으로 결합하기 때문이다.

2)

그런데 길장은 이 중도 불성을 '정성正性'이라고 칭한다. 이것은 '억지로 이름한다면'이라고 하여 바로 무명상無名相의 명상名相이라고 밝히는데, 이 정성의 개념은 카마타시게오鎌田茂雄 박사에 의하면 불교에서 그다지 보이지 않는 용례라고 하며,[20] 길장이나 혜균의 삼론 학파에 특유한 개념으로 후에 도교 경전의 『삼론현지三論玄旨』 등에서도 사용된다고 한다. 혜균의 『사론현의』 권7에서도

---

19 위의 곳, "今只說境為智, 說智為境. 復云, 所言空者, 不見空與不空, 對此為言, 亦應云所言智者, 不見智與不智. (중략) 故以中道為佛性"(T45, 37b.)
20 鎌田茂雄, 앞의 책, p.42 참조. 또 鎌田茂雄, 「三論宗, 牛頭禪, 道教を結ぶ思想的系譜－草木成佛を手がかりとして－」(『駒澤大學佛敎學部硏究紀要』 제26호, 1968년 3월)와 아울러 참조.

앞에서 설한 정성의 경우 단지 억지로 가명한 것이니, 정법·정도·정성·
정인과 등의 헤아릴 수 없는 이름으로 부른다.

如前說正性, 只是强假名, 諸正法正道正性正因果等無量名. (X46, 608a.)

라고 하여 5종 불성의 제5를 억지로 정성이라고 이름하는 것을 밝히는데, 이것
을 권8에서는

이와 같은 4종의 불성은 인이기도 하고 과이기도 하며 경이기도 하고 지
이기도 하지만 정성을 논하기에 이르면 일찍이 인과나 경지인 적이 없으
니, 비인비과, 비지비단非智非斷이다. 그러므로 정성이라고 한다. 비록 비인
과이고 비경지이지만 인연 때문에 방편과 가명으로 설한다.

如此四種性, 並是因是果, 是境是智, 至論正性, 未曾因果境智, 非因非果, 非
智非斷. 故名正性. 雖非因果境智, 為緣方便假名說也. (X46, 618a.)

라고 하여, 5불성의 앞 4성에 대해 특히 제5의 비인비과를 '정성'이라 한다고
정의한다.

이토오타카토시伊藤隆壽 씨는 불교 경론 중에 이 '정성'의 용례를 구하여
이것이 현장 역의 신역 경론에는 보이지만(물론 그 용법도 다르다) 구역 내지
고역에는 보이지 않는 것, 겨우 나집 역의 『사익범천소문경思益梵天所問經』에
그 용례가 보이므로 아마 이 『사익경』 정도가 전거일 것이라고 시사한다.[21]
즉 『사익경』의 범천梵天과 망명網明의 문답 중에서

---

21   伊藤隆壽, 「四論玄義佛性義の考察」(『駒澤大學佛敎學部硏究紀要』 제31호, 1973년 3월).

또 망명網明이여, 일체법은 바르기도 하고 일체법은 그르기도 하다. 망명이 말했다. 범천이여, 무엇을 일러 일체법은 바르기도 하고 일체법은 그르기도 하다고 하는가? 범천이 말했다. 모든 법성은 무심無心이므로 일체법은 바르다고 하는 것이니, 만약 무심인 법 가운데서 마음으로 분별하여 본다면 일체법은 그르다고 하는 것이다. 일체법이 상을 떠난 것을 바르다고 하는 것이니, 만약 이 상을 떠난 것을 믿고 이해하지 않는다면 이는 곧 모든 법을 분별하는 것이다. 만약 모든 법을 분별한다면 증상만에 들어가 분별하는 바를 따르게 되니, 모두 그르다고 하는 것이다. 망명이 말하였다. 무엇을 일러 제법의 정성正性이라고 하는가? 범천이 말했다. 제법이 자성을 떠나고 욕제欲際를 떠난 것을 정성이라고 한다.

又網明, 一切法正, 一切法邪. 網明言, 梵天, 何謂一切法正一切法邪. 梵天言, 於諸法性無心故, 一切法名爲正, 若於無心法中, 以心分別觀者, 一切法名爲邪. 一切法離相名爲正, 若不信解是離相, 是卽分別諸法. 若分別諸法, 則入增上慢, 隨所分別, 皆名爲邪. 網明言, 何謂爲諸法正性. 梵天言, 諸法離自性, 離欲際, 是名正性 (T15, 36b~c.)

라고 하니, 이 '제법이 자성을 떠나고 욕제欲際를 떠난 것'(諸法離自性離欲際)을 '정성正性'이라고 하는 것이 길장 '정성'의 전거라는 것이다. 또 이토오타카토시 씨에 의하면 이 『사익경』의 정성은 북종선의 신수神秀(606~706)의 『대승무생방편문大乘無生方便門』 중에 인용되며, 신수는 이것에 기초하여 언망려절의 '불가사의 해탈'이 제법의 '정성'이라 부른다고 한다. 나집의 번역어로 삼론 특유의 개념이 북종선에서 쓰였던 예증에 대한 귀중한 지적이다. 길장은 물론 나집 역 『사익경』의 존재를 알았고 자저自著의 장소 중에 인용도 하는데, 그 수가 그다지 많지는 않다. 가장 인용 경론이 많은 『중관론소』에서는 한 번도 인용되는 것이 없다. 그러나 '정성'이라는 술어의 명료한 사용례가 『사익경』에서 보이는 이상 이것을 전거로 했다는 것은 충분히 생각될 수 있는 것이고 이것을 검색한 노고가 많다고 하지 않으면 안 된다. 그런데 길장·혜균 모두 이 용어를 사용하는 점에서 그것은 분명히 법랑에서 전승된 삼론 전통설인 것은 쉽게 예상되는 것인데, 관정灌頂의『열반경소』권24에서 5성을 언급하여

> 비인비과가 곧 정성이니, 흥황은 단지 정법, 정성이라고만 했지 정인이라고 하는 것을 허용하지 않았다.
> 非因非果卽正性, 興皇但名正法正性, 不許稱爲正因. (T38, 177a.)

라고 한다. 또 혜균도 흥황이 비인비과를 '정성' 혹은 '정법·불성'과 같이 칭했다고 전한다.[22] 그래서 흥황 법랑의 '정법·정성'이라는 말에서 직접 상기되는 것은 길장이 자주 사용하는 말로『화엄경』권34「여래성기품如來性起品」의 '정법성正法性'이라는 관념이다.

3)
예를 들면

(1)
① 『대품경의소』권1
『화엄경』에서 말한다. 정법성은 일체 언어의 도를 멀리 벗어나니, 일체의 생사와 열반(趣非趣)이 모두 적멸의 상이다.
華嚴云, 正法性遠離一切語言道, 爲一切趣非趣, 悉皆寂滅相 (X24, 207c.)

---

22 『사론현의』권7, "大師于時直云, 非因非果爲正性正法佛性."(X46, 607b.)

②『법화현론』권2

『화엄경』에서 다음과 같이 말한다. 정법성은 일체 언어의 도를 멀리 벗어나니, 일체의 생사와 열반(趣非趣)이 모두 적멸의 상이다.

如華嚴云, 正法性遠離一切語言道, 一切趣非趣, 皆悉寂滅相 (T34, 381c～382a.)

③『정명현론』권6

『화엄경』에서 다음과 같이 말한다. 정법성은 일체 언어의 도를 멀리 벗어나니, 일체의 생사와 열반(趣非趣)이 모두 적멸의 상이다.

華嚴云, 正法性遠離一切語言道, 一切趣非趣, 悉皆寂滅相 (T38, 893b.)

와 같이 언망려절의 적멸의 상을 말하는 경우에『화엄경』의 '정법성'의 관념을 의용하는 것이 매우 많다. 이것은『대방광불화엄경』권34 「여래성기품」[23] 중의 보현 보살의 게송 중에 설해진 말이다.

(2)

또『중관론소』권3말에서『중론』'관인연품'의 '연연緣緣'을 논파하는 단락을 해석하여 길장은 "진실 미묘의 법이라는 것에서 이 법은 **경지를 끊는다**. 경을 끊으므로 경에 인연할 수 없고, 지를 끊으므로 능히 인연함이 없다. 지금 5사事를 인용하여 이를 증석證釋한다."[24]라고 하여 5개의 논거를 보여주는데, 그 제1로

---

23 『대방광불화엄경』권34, "一切諸如來, 淸淨性亦然, 一切性無性, 非有亦非無, 正法性遠離, 一切語言道, 一切趣非趣, 皆悉寂滅性"(T9, 615a.)

24 『중관론소』권3말, "眞實微妙法者, 此法絕於境智. 以絕境故無境可緣, 絕於智故無有能緣. 今引五事來證釋之."(T42, 50c.)

① 첫째, 『화엄경』에서 말한다. 정법성은 일체 언어의 도를 멀리 벗어나 일체의 생사와 열반이 모두 적멸의 상인데, 어찌 능연能緣과 소연所緣이 있겠는가?

一者, 華嚴云, 正法性遠離一切語言道, 一切趣非趣, 悉皆寂滅相, 豈有能緣所緣

라고 앞에서 서술한 보현 보살의 게송을 인용한다. 다른 4사의 증거로는

② 『대지도론』 「집산품集散品」

연도 한 극단이고 관도 한 극단이니, 두 극단을 벗어난 것을 중도라고 한다. (취의)

緣是一邊, 觀是一邊, 離是二邊, 名爲中道也. (T25, 370a〜b.)

③ 담영 「중론서」

"대저 만화萬化에는 종宗이 없지 않지만 종宗에는 상相이 없다."(이것은 무경無境을 밝힌다.) "허종虛宗에는 계합하지 않음이 없지만 계합함에는 심心이 없다."(이것은 무지無智를 밝힌다.) "내외內外가 모두 아득하고 연관緣觀이 모두 적멸하다."(총괄하여 경境과 지智를 없애는 것이다.) (　)는 길장의 주석.

夫萬化非無宗, 而宗之者無相, 虛宗非無契, 而契之者無心, 內外並冥, 緣觀俱寂. (T55, 77a.)

④ 『조론』 「열반무명론」

"법에는 유무의 상이 없다."(이것은 무경을 밝힌다.) "성인에게는 유무의 지가 없다."(이것은 무심을 설명한다.) "밖으로는 헤아림이 없고, 안으로는 마음이 없다."(총괄하여 경지의 무를 결론짓는다.)

法無有無之相, 聖無有無之知, 無數於外, 無心於內. (T45, 159c.)

⑤ 섭령 대사의 말

연이 관에서 소진되고 관은 연에서 소진된다.

緣盡於觀. 觀盡於緣.

라는 것이다. 이 5증은 모두 비경비지非境非智·연관구적緣觀俱寂의 인연의 경지를 설하는 것뿐이다. 길장은 마지막에서 이것을 "연도 아니고 관도 아니니, 어떻게 그것을 찬미할지 알지 못하지만 억지로 중이라 이름하고 억지로 관이라고 칭한다."[25]라고 결론짓는다. 여기서는 '중' 또는 '관'의 이름으로 불리고 '정성'이라는 호칭은 쓰이지 않지만, 경지·연관구적의 증거로서 첫째로『화엄경』의 '정법성'이라는 말이 사용된다는 사실은『열반경』의 비인비과성을 '정성'이라고 칭하는 경우의 유력한 방증이 된다.

(3)

앞에서 5종 불성이 형식적으로 가장 완비된 것은『중관론소』권2말의 '팔불'을 10조로 해석하는 제1에서 설해진 것임을 보았는데, 그 동일한 10조에 의거하여 팔불을 서술하는 제7에서 길장은 다음과 같이 말한다. 즉

일곱째, 이 팔불이 곧 정법이다.『화엄경』에서처럼 7처 8회가 있지만 대종大宗은 정법을 밝히는 것이다. 그러므로 정법성은 일체 언어의 도를 벗어나 일체의 생사와 열반이 모두 적멸의 상이다라고 한다. 정법은 화엄의 근본이다. 그러므로 앞의 능화能化와 소화所化의 인과를 거두어들여 비인비과의 정법으로 귀의한다. 정법인 비과비인으로부터 다시 인과 등의 용

---

25   위의 곳, "非緣非觀, 不知何以美之, 強名為中, 強稱為觀."(T42, 51a.)

用을 낸다. 그러므로 정법이 근본이다. 정법은 곧 중도이고, 중도는 곧 불생불멸·불상부단이다. 그러므로 팔불이 성립하면 정법이 곧 드러나고, 정법이 드러나므로 인과가 곧 성립하니, 곧 7처의 경전이 팔불 안에 온축된다. 七者, 此之八不卽是正法. 如華嚴經雖有七處八會, 大宗爲明正法. 故云, 正法性遠離一切言語道, 一切趣非趣悉皆寂滅性. 正法爲華嚴之本. 故收前能化所化因果, 歸非因非果正法. 從正法非果非因, 更出生因果等用. 故正法爲本. 正法卽是中道, 中道卽是不生不滅不斷不常. 故八不若成正法卽顯, 正法顯故因果便立, 卽七處之經蘊在八不之內. (T42, 31a.)

라고 서술한다. 즉『화엄경』의 대종은 비인비과의 '정법'에 있다고 하여 이 정법은 불생불멸의 중도이기 때문에 팔불이 정법이라는 것이다. 이 화엄의 정법의 경증으로서 재차 여기서도 「여래성기품」의 '정법성'의 계송을 인용한다. 그런데 여기서는 정법의 불생불멸을 말하여 이것을 비인비과의 '중도'라고 칭한다. 이것은 10조의 제1에서 12인연의 불생불멸을 말하여 이것을 경지·인과로 나누어 궁극적으로는 비인비과를 '정성'이라고 칭하는 경우와 완전히 궤를 같이한다.

(4)

『승만보굴』 권상말에서는 '섭수정법攝受正法'에 관하여 다음과 같이 서술한다. 즉

지금 밝힌다. 정법이란 그 권과 실이나 경과 지로 설할 수 없다.『화엄경』에서 정법성은 일체 언어의 도를 멀리 벗어나 일체의 생사와 열반이 모두 적멸의 상이다라고 한 것과 같다. 내와 외가 모두 아득하고 연緣과 관觀이 모두 적멸하니, 어떻게 지목할지 알지 못함을 알아야 한다. 그러므로 억지로 찬탄하여 정법지正法智라 한다.

今明, 正法者, 不可說其權實及以境智. 如華嚴云, 正法性遠離一切言語道, 一切趣非趣, 悉皆寂滅相. 當知, 內外並冥, 緣觀俱寂, 不知何以目之. 故強歎 為正法智也. (T37, 26c.)

라고 서술한다. 즉『승만경』에서 말하는 '정법'이란 "내와 외가 모두 아득하고 연과 관이 모두 적멸하다."는 불가설의 경지境智이며, 이것을 억지로 '정법지正 法智'라 이름한다고 한다. 그 경증으로 여기서도 재차『화엄경』의 '정법성'을 인용한다.『화엄경』의 '정법성'이 '정성'의 직접적 전거는 아니었다고 해도 정법성＝정법＝정성의 의미인 것은 앞서 서술한 2개의『중관론소』와『승만보 굴』의 내용에서 추론해도 분명하며, 다른 장소章疏의 인용 빈도에서 보아도 「성기품」의 '정법성'의 게송은 길장이 가장 즐겨 사용한 구절인 것이 분명하여 그 사상적 영향이 컸던 것을 엿보게 한다. 법랑의 '정법정성正法正性', '정법불 성正法佛性'이라는 말은 그 과도기적인 용례로서 길장에서의 '정성'이라는 술 어 관념의 사상적인 근거와 정착되는 방향을 시사하는 것이라고 할 수 있다. 이미 혜원은 그의 불성의에서 방의傍義의 의미밖에 지니지 않았다고 해도 5성의 제5의 비인비과성을 '여실법성'이라고 칭했다. 이 혜원의 설과 구별하기 위해서 길장에게『화엄경』의 '정법성'이 똑같은 간략화라는 내용을 가진 것이 긴 해도 '법성'이라는 표현이 아니라 '정성'이라는 표현으로 방향을 취했다고 이해할 수는 없을까? 또 그것은 개념 내용에 있어서 똑같이 비인비과의 중도·불성을 표시하는 것으로서 공통적이면서도 화엄경적인 표현이 보다 열반경적인 표현으로 전환되었다는 의미에서도 길장에게 '정성'이라는 말이 매우 중요한 의의를 가졌던 개념이라고 할 수 있다.[26]

---

26 길장은 따로 제법실상, 법성의 의미로 '정법'이라는 개념을 많이 사용한다. 그 전거도 또한『화엄 경』「성기품」의 '정법성'이다. (본문에서 인용했던『중관론소』권2말의 문장에서『화엄경』의

4. 중도 종자中道種子와 여래장如來藏

이외에 길장의 불성설로서 후대에까지 영향을 미친 것으로 초목성불설草木成佛說이 있는 것도 잘 알려져 있다. 5종 불성이나 중도 불성이라 하고 정성이라고 하여 그의 대표적인 불성 사상은 삼론 본래의 입장에서 말해도 실상론적인 이불성理佛性으로서의 경향이 강한 것은 부정할 수 없다. 그러나 그의 불성의가 단순한 이념일 뿐만이 아니었던 것은 『열반경소』 권17[27]에서

> 불성은 영지靈智의 법이니, 담벼락이나 기왓장 등과는 달라서 반드시 닦아 익혀야만 바로 얻을 수 있고 닦지 않으면 얻지 못한다.
> 佛性是靈智之法, 異於牆壁瓦石等, 要須修習方得, 不修不得.

라고 하여 "불성은 닦지 않으면 얻지 못한다."라고 강조한다. 같은 『열반경소』 권16[28]에서는

> 지금 여기서 중도를 밝히자면 공과 유를 구족하므로 중이다. 단지 공만 있고 유가 없기 때문에 편이고, 편이므로 중도를 행하지 못하며, 중도를 행하지 않으므로 불성을 보지 못하니, 곧 아와 무아의 두 가지에 이르러서도 모두 이러하다.
> 今此中明中者, 空有具足故是中. 但有空而無有故是偏, 偏故不行中道, 不行

"정법성은 일체 언어의 도를 멀리 벗어난다."를 인용하여 "화엄의 대종이 비인비과의 정법이며, 정법은 불생불멸의 팔불이고 팔불이 정법이다."라고 하는 등이 그 일례이다.) 따라서 흥황사 법랑이 동의어로서 사용했던 '정법·정성'이라는 표현을, 길장은 '정법'에 대해서는 법, 특히 제법실상이나 법성의 정의로서 많이 사용하고, '정성'에 대해서는 이것을 특히 불성의 정의로 사용하려고 했던 경향이 보인다. 상세하게는 졸론, 「實相と正法 – 吉藏における法の觀念と體系」 (『佛教における法の研究』, 平川彰博士還曆記念論集, 1975년 9월, 東京, 春秋社) 참조.
27 『삼론명교초』 권3(T70, 714b)의 인용.
28 『삼론현의검유집』 권4(T70, 422c)의 인용.

中道故不見佛性, 乃至我無我兩皆爾.

라고 서술하여 "중도를 행하지 않으므로 불성을 보지 못한다."라고 하여 중도
는 실상의 도리가 아니라 문자 그대로 주체적인 행도行道인 것을 강조한다.
따라서 『열반경』 자체에서 "불성이란 곧 일체 제불의 아뇩다라삼먁삼보리
중도의 종자이다."(佛性者, 卽是一切諸佛阿耨多羅三藐三菩提中道種子. T12, 768a)"라
고 서술하는 것을 받아들여, 제일의공의 중도 불성이란 삼보리 중도의 **종자**라
고 하는데, 구체적으로 중도의 종자란 무엇이냐 하면 우선 첫째로 종래 말하는
것처럼 '관지'이다. 즉 경에서 "무상무단無常無斷을 곧 중도라고 하니, 무상무
단은 곧 12연지緣智를 관조한 것이다. 이와 같은 관지觀智를 불성이라고 한다."
(無常無斷乃名中道, 無常無斷卽是觀照十二緣智, 如是觀智是名佛性" T12, 768b)라는 문
장을 해석했던 소[29]에서

> 지금 이 문장에서의 뜻은 바로 관지를 보리 중도菩提中道의 종자라고 하
> 는 것이다.
> 今此文中意, 正以觀智爲菩提中道種子也.

고 하여 관지가 보리 중도의 종자라고 한다. 관지는 5불성으로 말하면 12인연
의 불생불멸을 정관하는 지이다. 이것을 똑같이 『열반경소』 권16[30]에서

---

29 『삼론명교초』 권3(T70, 714c~715a)의 인용.
30 『중관론소기』 권3본(T65, 79c)의 인용.

세상에서 종자라고 하는 것은 보살이 12인연을 관하는 것을 종자라고 한다. (중략) 또 12인연은 능히 관지를 발생시키므로 종자라고 한다.

世所言種子, 菩薩觀十二因緣爲種子. (중략) 又十二因緣能發觀智, 故名爲種子者也.

라 하여, 인위因位에서 세우면 5성의 인과 인인에 해당하는 12인연의 불생불멸과 이것을 관조하는 양자를 모두 종자라 칭하기도 하고 또 이 관지에 의해 보리를 얻는다고 하는 경지境智·지단智斷의 인과로부터 '비인비과'를 깨닫는 것을 '정인과正因果'라 부르고 이것을 '정성正性의 종자'라고도 부른다. 즉 『열반경소』[31]에서

이것은 인과로부터 비인과로 들어가는 것이니, 정인과는 곧 정성의 종자이다. 그러므로 불성을 중도 종자라 이름한다고 한다.

此從因果入非因果, 正因果卽爲正性之種子, 故云佛性爲名中道種子.

라 한다. 그러나 12인연의 불생불멸 내지 그것을 관하는 지가 '종자'라고 하는 것은 아직 추상적이다. 『승만보굴』에서는

중도 종자란 이것이 은미할 때를 거론하여 말하는 것이므로 종자라고 한다. 중도가 현현한 것이 곧 불타이다.

中道種子者, 此擧隱時爲言, 故名種子, 中道顯現, 卽是佛也. (T37, 73c.)

---

31 『삼론명교초』권3(T70, 714c)의 인용.

라고 한다. 이 앞 문장에서 "곧 이것은 여래장이 중도의 뜻임을 밝히는 것이다."[32]
라고 하는 것을 보면 길장에게도 구체적인 중도 종자란 여래장을 가리키는
것임이 분명하다. 『법화의소』 권4에서는 "불타의 종자는 연기를 따른다."(佛種從
緣起)라는 「방편품」의 구절을 해석하여 '종자'에 3종류를 거론하는데, 그것은

(1) 일승교를 종자로 삼는다.
(2) 보리심을 종자로 삼는다.
(3) 여래장 불성을 종자로 삼는다.[33]

라는 것이다.

이리하여 길장에게는 삼보리 중도三菩提中道의 종자로서 보다 구체적으로는
'여래장'을 염두에 두었던 것은 확실하다. 따라서 길장의 저술에는 도처에
여래장이 설해진다. 그러나 언제나 여래장은 망상에 오염되지 않는 것을 강조
하여 중도제일의공과 동의어로서만 설하는 것을 잊지 않는다. 『대승현론』의
'일승의'에서 '승乘'의 뜻에 관하여 2종의 승乘을 나누는데, 2종의 승이란 '동승
動乘'과 '부동승不動乘'이며, 만행萬行을 동승이라 보는 것에 대해 오히려 여래
장은 불성 중도의 부동승이라고 한다.[34] 또 5불성을 3종의 승으로 나눌 때는
이승理乘은 중도 불성, 행승行乘은 연인緣因 불성, 과승果乘은 과불성이라고
하는데, 여래장·중도불성은 오히려 '이승理乘'의 범주에 수렴된다.[35] 따라서
여래장은 은시隱時에서의 중도의 종자라고 규정되면서 아직 길장은 여래장을

---

32 『승만보굴』권하본, "即是明如來藏是中道義."(T37, 73c.)
33 『법화의소』권4, "佛種從緣起者, 種子有三. 一以一乘教為種子, 故譬喻品云, 斷佛種故則是破教也. 二以菩
提心為種子, 故華嚴云, 下佛種子於眾生田生正覺牙. 三以如來藏佛性為種子."(T34, 505c.)
34 『대승현론』권3, "乘有二種, 一者動乘, 二者不動乘. 萬行為動乘, 如來藏佛性中道為不動乘"(T45, 43c.)
35 위의 곳, "乘有三種, 理乘即是中道佛性, 行乘即是緣因佛性, 果乘即是果佛性"(T45, 45a.)

정인 불성이라고 간주하지는 않고 오히려 '정성'의 개념 중에 이것을 포섭시키는 것이 특징이다. 이 점은 종래의 '여래장'에 대한 실체적인 파악이나 관념의 고정화를 배제하여 무득 정관의 입장에 철저하기 위해서도 길장에게는 필연적인 경향이었다. 길장은 『열반경』의 종지를 '불성 상주'로 본 남조 열반 학파에 대해 '무소득'이 경의 종지라고 설했던 것처럼, 북지 지론 학파의 주장이었던 '여래장'에 대해서도 중관의 입장에서 끊임없이 궤도 수정을 시도하는 점이 그의 여래장설의 특징으로 주목된다. 그리고 궁극적으로 길장의 불성의는 중도 불성이라는 '정성'의 개념으로 집약되어가는데, 그러나 길장은 이 '정성'의 관념에 대해서까지도 "그런데 이 정正의 뜻도 끝내 고정적으로 말할 수 없다. 그러므로 어떤 때에는 도라 부르고, 어떤 때는 중이라고 부르며, 어떤 때는 정인이라고 부른다. 만약 말을 가지런히 하여 취착한다면 결코 또 얻지 못한다."[36]라고 하여 이것에 고집하는 것을 경계한다. 그렇다면 '정인'이라 하고 '정성'이라고 하는 것이 무엇이냐 하면 그것은

> 초연하게 언해言解의 종지를 깨닫고 이 오심悟心을 점검하는 것을 정인으로 삼는 것이 마땅히 있어야 한다.[37]

라 결론짓고 "이 관심觀心에 부합하는 것은 말로 서술할 수 없다."라고 한다. 결국 불성이란 닦지 않으면 드러나지 않고 성불과 동시에 동참하는 것이라면 그것은 무득 정관의 관심觀心·오심悟心 이외에 다른 것이 아니라고 길장은 강조하는 것이겠다.

---

36 위의 곳, "然此正義, 終不復可定言. 故或時呼爲道, 或時呼爲中, 或時呼爲正因. 若齊言而取, 終亦不得"(T45, 39a.)
37 위의 곳, "問, 若爾是何. 答此中無是故, 當有以超然悟言解之旨, 點此悟心以爲正因, 付此觀心非言可述"(T45, 39a.)

/ 제5장 /
삼론 교학의 사상사적 의의

제1절 중국 불교에서 불공不空의 개념

1

중국 불교의 특질 중 하나로서 예를 들어 '즉사이진卽事而眞'이라든가 '이사상즉理事相卽'이라는 말에 의해 상징되는 것처럼 현실긍정적인 면이 매우 현저하다는 것은 종래 잘 말해져 왔다. 본 절의 주제로 채택한 '불공不空'이라는 말도 중국의 공관 사상, 특히 길장이나 지의 등의 저서에서는 매우 중요시된 말인데, 인도의 중관파에서의 용례와는 그 의미 내용을 완전히 달리하는 것이고, 중국의 『반야경』이나 삼론에 기초한 사상에서 독자적인 전개를 이루었던 것이다. 게다가 개념으로는 인도의 중관파에서 보이지 않는 중국 불교 특유의 것이라고 생각된다. 어디가 다른지 말하자면 인도에서 불공不空(aśūnya)이란 본래 연기하지 않는다(apratītyasamutpanna)는 의미이고 자성을 갖는다는 것이다. 따라서 연기를 의미하는 공(śūnya)의 반대 개념으로서 연기·공성의 개시開示

의해 오로지 논파되어야 하는 것이다.[1] 이것이 길장이나 지의로 대표되는 중국의 공관 사상에서는 오히려 이른바 '진공 묘유'라고 말해지는 것처럼 묘유를 보여주는 개념으로서 적극적인 가치를 부여한다. 이것은 단순하게 말하면 절대의 부정을 거친 절대의 긍정이라든가 혹은 "공도 또한 공이다."(空亦復空也)라는 말을 변증법적으로 이해하여 공을 무한히 공하게 한 궁극에서 발견되는 가치체로서 당연한 귀결인 것처럼 간주되어왔다. 절대의 부정이 곧 절대의 긍정이라는 것은 주체적인 해석으로서는 그것대로 충분히 수긍할 수 있지만, 그 경우 어디까지나 공성이 주체적으로 행해질 수 있는 그 행行을 매개로 하여 혹은 깨달음 그 자체를 계기로 하여 비로소 성립하는 것이어서, 무매개적인 동일성이란 논리의 장에서는 있을 수 없다. 여기서 불공이라는 개념을 문제로 삼은 것은 이러한 주체적·철학적 의미에서 이것을 문제로 삼은 것이 아니라, 오히려 이러한 주체적 해석을 그대로 중국의 공관 사상의 전개상에 적용하여 문헌적인 의미에서도 공의 논리의 필연적인 귀결로서 불공이라는 개념이 성립했다고 간주하는 것이 올바른지를 다시 검토해보고자 생각했기 때문이다. 요컨대 중국 불교의 문헌상에서 인도에는 없는 불공이라는 개념이 언제쯤 어떻게 하여 성립해왔는지, 그것은 반야 공관 사상의 전개와 어떤 관련을 가지는지 하는 것을 문헌적으로 추적해보려는 것이 본 절에서 의도하는 바이다.

2

불공이라는 말 자체는 옛날 서진西晉 무라차無羅叉 역의 『방광반야경』에서

---

1   中村元, 「空の考察」(『干潟博士古稀記念論文集』) p.174 참조.

또한 오음의 유아와 비아, 또는 불공不空 또는 비불공非不空을 관하지 않는다.[2]

라고 하는데, 이것이 가장 오래된 예라고 생각된다.[3] 축법호竺法護 역의 『광찬경光讚經』 제1권에서는 20종의 공을 거론하는데,[4] 축법호의 역어에는 불공이라는 말이 없다. 그러나 무라차 역의 불공·비불공은 유아·비아와 평행하게 사용된 것으로 유자성有自性으로서의 불공이어서 공의 대립 개념이다. 한역 반야경전에서 보이는 불공이라는 말은 예외 없이 이 원칙적인 의미에 한정되며, 이것은 이후의 나집 역에서도 동일하다. 예를 들면 『대품반야』에서는

보살마하살이 반야바라밀을 행할 때 색을 상주라든가 무상으로, 고라든가 낙으로, 아라든가 비아로, 공이라든가 불공으로, 떠난다라든가 떠나지 않는다고 관하지 않는다.[5]

등이라 하고 『소품반야』에서도 마찬가지이다. 일반적으로 반야계의 경전에서는 길장이나 지의 이후에 번역된, 예를 들어 당 현장 역 『대반야경』이나 또

---

2 『방광반야경』권5, "亦不觀五陰有我非我, 亦不空亦非不空."(T8, 36a.)

3 무라차無羅叉 역 『방광반야경放光般若經』 20권은 『대품반야大品般若』와 똑같이 Pañcaviṃśatisāhasrikā-Prajñāpāramitā(이만오천송반야)의 동본 이역으로, 역경사적으로는 『반야경』의 원형에 가까운 Aṣṭasāhasrikā-Prajñāpāramitā(팔천송반야)의 동본 이역인 후한 지루가참支婁迦讖 역 『도행반야道行般若』 10권, 오吳 지겸支謙 역 『대명도경大明度經』 6권 등 쪽이 성립이 빠르지만, 후자에서는 모두 불공이라는 역어는 보이지 않는다.

4 『광찬경』권1, "復次舍利弗, 若菩薩摩訶薩, 欲建立諸佛國土令不斷絕, 欲住內空, 若處外空, 若內外空, 若於空空, 若於大空, 究竟之空, 所有空, 無有空, 有為空, 無為空, 若真空者, 無祠祀空, 無因緣空, 因緣空, 自然相空, 一切法空, 不可得空, 無所有空, 若自然空, 無形自然空, 因緣威神, 諸行相欲至此者, 當學般若波羅蜜."(T8, 149c∼150a.)

5 『마하반야바라밀경』권21, "菩薩摩訶薩行般若波羅蜜時, 不觀色若常若無常, 若苦若樂, 若我若非我, 若空若不空, 若離若非離."(T8, 370c.)

내려가서 시호施護 역『불모생경佛母生經』에서도

> 반야바라밀을 수행하는 보살마하살은 색의 유성에 집착하지 않고, 색의 무성에 집착하지 않으며, (중략) 색의 공에 집착하지 않고, 색의 불공에 집착하지 않는다.[6]

라든가

> 색·수·상·행·식이 공이든 불공이든 머무르지 않는다.[7]

라는 것과 같은 용례만 보이니, 이른바 연기하지 않는 유성有性으로서의 불공의 의미밖에 발견할 수 없다. 시호 역의『불모생경』은 현존의 범문 *Aṣṭasāhasrikā-Prajñāpāramitā*(팔천송반야)에 가장 잘 일치한다고 말해지므로[8] 인도적 원의에 가까운 것은 당연할지도 모르지만, 어쨌든 묘유적인 의미로서의 불공이라는 술어의 전거를 직접 한역 반야경전에서 구할 수는 없다.

3

다음으로 삼론 내지 사론에 대해서 보면 이것들은 모두 나집 역이고 당연히 중국불교사적인 '불공'의 의미를 이 논서들에서 구할 수 있다고 상정되는데,

---

6 『대반야바라밀다경』권403, "修行般若波羅蜜多菩薩摩訶薩, 不著色有性, 不著色無性, (중략) 不著色空, 不著色不空."(T7, 15c.)

7 『불모출생삼법장반야바라밀다경佛母出生三法藏般若波羅蜜多經』권2, "不住色受想行識若空若不空."(T8, 592b.)

8 山田龍城,『梵語佛典の諸文獻』p.84 참조.

결론부터 말하면 불공이라는 말은 나집의 번역에는 자주 산견됨에도 불구하고 예를 들어『중론』「성괴품成壞品」에서

> 불공이라면 결정적으로 유이니, 또한 이루어지고 파괴됨이 있어서는 안 된다.[9]

라고 설하는 것처럼 역시 연기하지 않는 실유인 자성으로서의 의미에 한하여 사용된다. 다만 종래로부터 중국에서는 공도 하나의 극단(一邊)이라고 간주하는 사고방식이 강했다고 말해지는데,[10] 그 경향은 이미 나집 역에서 명료하게 엿볼 수 있다. 주지하듯이 나집 역『중론』에는 '공역부공空亦復空'이라는 말이 보이며, 당연히 이 공을 공하다고 하는 의미를 가진, 불공에 유사한 개념 규정이 되어 있다고 예상된다. 이것에 해당하는 것으로, 예를 들어『대지도론』「습상응품習相應品」등에서 설해지는 대공大空(mahāśūnya)이 있다. 즉

> 물어 말한다. 너는 제법의 실實과 제법의 공空 모두 옳지 않다고 말한다면 지금 왜 다시 제법은 공이라고 하는가?

라는 물음에 대해

> 답하여 말한다. 두 종류의 공이 있는데, 첫째는 명자名字의 공을 설하니, 단지 유를 집착하는 것을 논파하고 공을 논파하지 않는다. 둘째는 공으로 유를 논파하고 또한 공도 있지 않다.

---

9 『중론』권3, "不空則決定有, 亦不應有成壞."(T30, 28a.)
10 中村元, 앞의 논문 참조.

라고 하는데, 이 후자를 '대공'이라 하고

> 대공이란 일체법을 논파하니, 공도 또한 공이다. 이렇기 때문에 너는 이러
> 한 비판을 짓지 못한다.[11]

라고 결론짓는다. 그 외에 『반야경』에서 설해진 18공 또는 20공의 하나인 공공
空空(śūnyatā śūnyatā)이라는 것도 '공역부공'과 마찬가지로 공견空見의 파척을
의도하는 관념이다.[12] 이처럼 나집 역의 제경론에는 대공이라든가 공공이라는
공을 한 극단으로 간주하고 공도 공이라고 하는 의미 내용을 담은 말이 많이
보임에도 불구하고 불공이라는 말로 이것을 표현하려고 했던 예는 전혀 없다.
  예를 들어 『중론』 「관행품觀行品」의

> 만일 불공인 법이 있다면 응당 공인 법이 있어야 하겠지만, 실제로 불공인
> 법이 없는데 어찌 공인 법이 있을 수 있겠는가?
> 若有不空法, 則應有空法, 實無不空法, 何得有空法. (T30, 18c.)

의 게송은 공인 법에 대한 집착을 논파하는데, 이 경우에도 불공은 공의 대립
개념으로서 유자성의 의미로 사용된다. 이에 관한 청목주에서도

---

11 『대지도론』 권36, "問曰, 汝言諸法實, 諸法空, 皆不然者, 今云何復言諸法空. 答曰, 有二種空, 一者說名字
    空, 但破著有, 而不破空. 二者以空破有, 亦無有空. (중략) 大空者破一切法, 空亦復空. 以是故汝不應作是
    難."(T25, 327a.)
12 나카무라하지메中村元 박사에 의하면 '공견'이란 공이라는 원리를 상정하는 사고이며, '공역부공'
    이란 이 공견을 배척했던 것이라 한다. 앞의 논문, p.174 참조.

만약 불공인 법이 있다면 서로 원인이므로 마땅히 공인 법이 있어야 한다. 그런데 위에서 여러 가지 인연으로 불공인 법을 논파하였다. 불공인 법이 없으므로 곧 상대相待가 없다. 상대가 없으므로 어찌 공인 법이 있겠는가?[13]

라고 할 뿐이다. 요컨대 '공역부공'이라는 말을 바꿔 말한 것으로서 단순히 공의 한 극단에 머무르는 것을 배척하기 위해 사용된 대공이나 공공이라는 개념은 묘유적인 불공과는 매우 유사한 개념이지만 엄밀하게는 이 양자는 구별되어야 한다. 따라서 대공이나 공공이라는 술어 관념이 그대로 불공이라는 개념의 성립으로 이어진다는 것은 나집 역의 논서에서도 보이지 않는 것이다.

4

또 중국 불교에서는 가假(prajñapti)에 대한 고찰이 남북조 시대를 통해 특히 성실·삼론의 두 종파에 의해 왕성하게 고찰되고 이것이 나중에 천태에 의해 공·가·중의 삼제의 하나로서 독자적 사상으로까지 발전하게 된 것은 주지하는 대로이다. 특히 천태에서 가의 이해로서는 최후적인 가관假觀에서 예를 들면 『마하지관』 권6상에

입가入假의 의미란 본래 단지 공에서 가로 들어감이 있을 뿐이니, 본래 공도 공이 아님을 알아 공을 논파하여 가로 들어감이 있는 것이다. (중략) 만약 자행自行을 논한다면 공으로 들어가 유로 나누고, 만약 중생 교화를 논한다면 가로 나가 무에 상즉한다. 보살은 가로부터 공으로 들어가 스스로 계박과 집착을 논파하여 범부와 같지 않고, 공으로부터 가로 들어가

---

13 『중론』권2, "若有不空法. 相因故應有空法. 而上來種種因緣破不空法. 不空法無故則無相待. 無相待故何有空法."(T30, 18c.)

남의 계박과 집착을 논파하여 이승과 같지 않다. 유에 처해도 오염되지 않고, 법안法眼으로 약을 알아 자비慈悲로 병에 머무른다. 박애博愛에 한이 없고 겸제兼濟에 게으름이 없으니, 심용心用이 자재하여 선교 방편이 마치 공중에 나무를 심는 것과 같다.[14]

라고 입가入假의 의미를 설하는데, "이것은 분명히 공의 이중 부정의 논리를 가假라는 술어에 의해 보살의 행으로서 구상적으로 표현했던 것이다."라고 지적한다.[15] 이러한 가관의 확립은 당연히 배후에 묘유적인 사고방식을 예상하게 하고, 그 의미에는 가라는 말에서 불공이라는 의미를 알아차릴 수 있다고 생각하는 것도 가능하다. 현실의 존재가 곧 진리 그 자체의 구현이라는 사고방식은 이미 승조의 『부진공론』 등에서 보이는 '입처즉진立處卽眞'이라든가 '즉사이진卽事而眞'이라는 표현 중에도 있는 것으로, 특히 천태가 그러한 중국적인 사유의 기반 상에 서서 가라는 표현에 의해 생각되는 현상 면에서 보살의 화도化導의 장으로서 적극적인 의의를 부여해갔다는 것은 특필될 만하지만, 이 경우에도 어디까지나 보살의 화도 방편이라는 행도行道의 장으로서의 가의 긍정이어서 논리 구조로서 가가 곧 불공이라는 표현은 천태에게도 없는 것이다. 가명즉불공이라는 것은 차라리 예를 들면 남제 주옹이 저술한 『삼종론』의 '불공가명의'[16] 등에 소개되는 것처럼 성실 학파가 말하는 즉실卽實이라는 의미 정도의 가명인 쪽이 그에 가깝다. 그러나 이것은 가상이나 천태에 의해

---

14 『마하지관』 권6, "入假意者, 自有但從空入假, 自有知空非空破空入假. (중략) 若論自行入空有分, 若論化物出假卽無. 菩薩從假入空自破縛著, 不同凡夫, 從空入假破他縛著不同二乘. 處有不染, 法眼識藥慈悲逗病, 博愛無限, 兼濟無倦, 心用自在, 善巧方便如空中種樹."(T46, 75b～c.)

15 塩入良道, 「三諦思想の基調としての假」(『印度學佛教學論集』5-2, 1957년 3월, p.117) 참조.

16 '불공가명의'에 대해서는 『중관론소』 권2말에, "次齊隱士周顒著三宗論, 一不空假名, 二空假名, 三假名空. 不空假名者經云, 色空者此是空無性實, 故言空耳, 不空於假色也. 以空無性實故名為空, 即真諦, 不空於假故名名世義. 晚人名此為鼠樓栗義."(T42, 29b)라는 것 등을 참조.

철저하게 파척된다. 게다가 천태에게 실상의 장에서 묘유 그 자체를 의미하는 불공이라는 개념은 논리적으로는 이것에 선행하는 것이며 아니면 이것을 매개로 삼는 것으로서 천태의 가관의 확립에 의해서 초래된 것은 아니다. 이것은 역사적으로는 천태와 달리, 가라는 것을 어디까지나 가설로서 인식하는 것밖에 하지 않았던 길장에게도 불공이라는 술어의 문헌적인 전거 용례가 천태와 완전히 동일한 것이 보이기 때문이다.

5

그래서 마지막으로 길장과 지의에서 불공이라는 말의 개념 규정이나 그 용례를 보면 양자에게 불공이란 항상 열반·불성의 공덕을 의미하고 깨달음인 지智에 관해 말해지는 용어이다. 즉 길장은 『중관론소』 중에서 소승의 인법공人法空과 대승의 공空의 차이에 관해

> 대승에서는 무명無明이 본래부터 불생임을 안다. 이때 2종의 공을 본다. 첫째로는 있음이 없다는 것으로서의 공이니, 무명은 불가득이라고 한다. 둘째로는 곧 불성이 필경 청정하여 번뇌가 있지 않음을 보는 것을 또한 이름하여 공이라고 한다. 이것은 또한 곧 공과 불공의 두 가지 뜻을 보는 것이니, 2종의 공을 보는 것을 공을 본다라 하고, 곧바로 불성의 묘유를 보는 것을 불공을 본다고 한다. 소승은 모두 이 세 가지 일을 보지 못하니, 단지 무명의 있음을 분석하므로 공이라고 할 따름이다.[17]

---

17 『중관론소』 권10말, "大乘知無明本自不生. 爾時見二種空. 一者有所無空, 謂無明不可得. 二者卽見佛性畢竟淸淨無有煩惱, 亦名爲空. 此亦卽是見空不空二義. 見二種空名見空. 卽見佛性妙有, 名見不空. 小乘並不見此三事, 但折無明有, 是故言空耳."(T42, 160c～161a.)

라고 한다. 같은 취지로

> 이승은 단지 12인연의 공을 관할 뿐으로 인연에는 곧 불성 불공佛性不空
> 의 뜻이 있음을 알지 못한다. 대사大士는 12인연의 공을 요달한 후에 불성
> 불공의 뜻을 안다. 그러므로 이승과 다른 것이다.[18]

라 서술하기도 하고, 『법화현론』에서는

> 불신佛身의 무루를 이름하여 공이라 하고, 불신의 무위를 이름하여 불공이
> 라고 한다. 그러므로 대열반에는 공과 불공의 뜻을 갖추는 것이다.[19]

라는 표현도 보인다. 천태에게도 똑같이 『법화현의』를 위시하여 불공이라는
술어 관념의 설명이 도처에 보이는데, 특히 『유마경현소』 중에서 "불공이란
곧 지혜의 성품인, 견불성이라고 한다."라고 서술하고, 또 불공은 유에 해당하
기 때문에 불공을 본다고 하는 것인가, 무공無空이기 때문에 불공이라고 하는
것인가라는 물음을 설정하고, 구체적으로 두 가지 뜻이 있다고 하여

> 유이므로 불공이라는 것은 지혜의 성품이므로 공이 아닌 것이다. 무이므
> 로 불공이라는 것은 진제 법성의 도리가 곧 공이다. 이 공은 필경 불가득
> 이기 때문에 그러므로 불공이라 한다.[20]

---

18 위의 책, 권4본, "二乘但觀十二緣空, 不知因緣卽有佛性不空義. 大士了達十二緣空, 後知佛性不空義. 故與
　二乘異也."(T42, 53c.)

19 『법화현론』 권2, "佛身無漏名之爲空, 佛身無爲名爲不空. 故大涅槃具空不空義."(T34, 375a.)

20 『유마경현소』 권6, "不空卽是智慧之性名見佛性 (중략) 問曰, 不空爲當有故名見不空, 爲無空故名不空
　也. 答曰, 具有二意. 有故是不空者, 智慧性故非空也. 無故不空者, 眞諦法性之理卽是空. 此空畢竟不可得故,
　故言不空."(T38, 555c.)

라고 서술한다. 이 마지막의 "이 공은 필경 불가득이기 때문에 그러므로 불공이라고 한다."라는 표현 등은 사상으로서는 나집 역의 논서 등에서 살펴볼수 있지만 표현 형식으로서는 여태껏 발견할 수 없던 것이다. 그것이 이러한모습으로 공관의 논리 구조 중에 편입되는 것이다.

그런데 도처에 보이는 이러한 표현의 전거로서 양자 모두 필수적이라고해도 좋을 정도로 『열반경』 「사자후품」의

> 성문·연각은 일체공을 보지만 불공을 보지 못하고, 내지 일체 무아를 보지만 아를 보지 못한다. 이러한 뜻 때문에 제일의공을 얻지 못한다. 제일의공을 얻지 못하므로 중도를 행하지 못한다. 중도가 없으므로 불성을 보지 못한다.[21]

이라든가

> 불성이란 제일의공이라 하고, 제일의공을 지혜라고 한다. 말해진 공으로는 공과 불공을 보지 못한다. 지혜로운 자는 공과 불공, 상주와 무상, 고와 낙, 아와 무아를 본다. 공이란 일체의 생사이고, 불공이란 대열반을 말한다.[22]

21　『대반열반경』(남본) 권25, "聲聞緣覺見一切空不見不空, 乃至見一切無我不見於我. 以是義故, 不得第一義空. 不得第一義空故不行中道. 無中道故不見佛性."(T12, 767c～768a.)

22　위의 곳, "佛性者名第一義空, 第一義空名爲智慧. 所言空不見空與不空. 智者見空及與不空常與無常苦與之樂我與無我. 空者一切生死, 不空者謂大涅槃."(T12, 767c.)

라는 문구를 거론한다. 『열반경』의 「사자후품」은 범본에는 없는 부분인데, 천태가 『법화현의』 권2하[23]에서 불공의 뜻을 설하는 전거로서 이 『열반경』과 함께 거론한 『보성론寶性論』의 문장은 현존하는 Ratnagotravibhāga-Mahāyāna-uttaratantraśāstra에 보이는 말이고, 그 직접의 전거는 『승만경』이다.[24] 그리고 이 『승만경』에서 2종의 여래장공지如來藏空智로서 공여래장과 불공여래장이 설해지는데, 그 의미는 여래장은 본래 번뇌를 벗어나 있다는 의미로 공이지만 항하사의 무상無上 불법의 공덕을 갖춘다는 의미로는 불공이라고 말해진다.[25] 이것이 『보성론』이나 『불성론』에 계승되고 다시 『열반경』에서 제일의공·불성·중도를 보여주는 것으로서 설해진다. 또 이후의 『대승기신론』의 공진여·불공진여의 사유도 완전히 같은 취지이다.

중국 불교에서 『열반경』의 영향이란 커다란 것이지만, 관정의 『열반경소』[26]에 의하면 5세기 중엽의 북량 사람인 하서 도랑이 나집 역의 『대품반야』에 있는 "일체 제법은 모두 공이고, 이 공도 공이다."(一切諸法悉皆是空, 是空亦空)라는 것을 해석하여 "만법은 공이지만 지체智體는 불공이다."(萬法雖空, 而智體不空)라 했다고 전한다. 하서 도랑은 장안 고삼론의 계통을 이끈 사람임과 동시에 당시 새롭게 한역된 『열반경』의 주석가이기도 했으므로 관정의 증언은 충분히 신뢰해도 좋다고 생각하는데, 그 의미에서 하서 도랑은 중국에서 여래

---

23 지의, 『법화현의』 권2하, "如寶性論云, 羅漢支佛空智, 於如來身本所不見."(T33, 699c.)

24 Ratnagotravibhāga-Mahāyāna-uttaratantraśāstra ed. by E.H. Johnston, (1950), "sarva-śrāvaka-pratyekabuddhā apibhagavan śūnyatā-jñānenādṛṣṭapūrve sarvajñajñāna-viṣaye tathāgata-dharmakāye viparyastāḥ"(pp.30~31.) 『구경일승보성론究竟─乘寶性論』 권3, "世尊, 一切阿羅漢辟支佛空智者, 於一切智境界及如來法身, 本所不見."(T31, 829c.) 『승만경』(T12, 222a.)

25 『승만경』, "世尊, 有二種如來藏空智. 世尊, 空如來藏若離若脫若異一切煩惱藏. 世尊, 不空如來藏過恒沙不離不脫不異不思議佛法."(T12, 221c.)

26 관정, 『열반경소』 권18, "大品云, 一切諸法悉皆是空, 是空亦空. 有兩師不同. 一云, 一切法空者空猶未妙, 今更將來空此空. 二云, 不爾, 前一切法已是妙空, 今空亦空只能空之法亦空. 河西同後解, 故云, 或謂萬法雖空而智體不空, 遣破惑情故曰空空, 是有亦空, 是無亦空."(T38, 142b.)

장계의 불공이라는 말을 공관의 해석에 전용했던 최초의 사람이었는지도 모른다. 어쨌든 본래 여래장이나 불성의 사상을 표시하는 불공이라는 술어 관념이 길장이나 지의에서 공관의 논리로 이렇게 정착되었다는 것은 여래장불성 사상이 중국 불교에서 수행했던 역할이라는 것을 새삼 생각하게 하는 것이 있으리라고 생각한다.

제2절 일행 삼매一行三昧와 공관 사상

1

당대 중엽『선원제전집禪源諸詮集』을 저술하여 교선 일치를 설했던 규봉 종밀圭峯宗密(780~841)은 현존하는 이 책의『도서都序』(상)에서 동시대까지에 행해진 중국의 선을 다섯 가지로 분류하고 최후의 최상승선은 여래청정선如來淸淨禪·일행삼매一行三昧라고 칭하여 모든 삼매의 근본이라 하여 이것이 달마 계통의 사람들이 전했던 선법이라고 설했던 것은 너무도 유명하다.[1] 최근 토오쿄오東京 카쿠센쇼텐角川書店에서 간행된 총서『불교의 사상』중에『무無의 탐구』[2]라는 제목으로 중국 선을 담당 집필한 하나조노花園 대학의 야나기다세이잔柳田聖山 교수는 이 규봉 종밀의 말을 도입부로 하여 특히 여기 제목인 일행 삼매에 1장을 할애하고 이것이 초기의 중국 선을 특징짓는 중요한 주제였다는 것을 강조한다. 초기의 중국 선에 일행 삼매가 특징적이라는 점에 관해서는 이미 네카리야카이텐忽滑谷快天 박사의『선학사상사禪學思想史』[3]를 필두로 최근에는 코바야시엔쇼오小林圓照 씨의「선禪에서의 일행삼매一行三昧의 의의」[4]라는 독립의 논문도 있으며, 지금까지도 많은 학자에 의해 단편적으로는 자주 설해져 왔다. 그럼에도 불구하고『무無의 탐구』에서 간결·명쾌하게 초창기의 중국 선을 일행 삼매로 재단했던 논문을 필자는 과문하여 알지 못했다. 그뿐 아니라 이 책은 일반인에 대한 사상적인 계몽서라는 입장에서 매우

---

1   『禪源諸詮集都序』권상, "禪則有淺有深, 階級殊等, 謂帶異計, 欣上厭下而修者, 是外道禪, 正信因果, 亦以欣厭而修者, 是凡夫禪, 悟我空偏真之理而修者, 是小乘禪, 悟我法二空所顯真理而修者, 是大乘禪, 上四類皆有四色四空之異也. 若頓悟自心本來淸淨, 元無煩惱, 無漏智性本自具足, 此心即佛, 畢竟無異. 依此而修者, 是最上乘禪, 亦名如來淸淨禪, 亦名一行三昧, 亦名真如三昧, 此是一切三昧根本. 若能念念修習, 自然漸得百千三昧, 達摩門下展轉相傳者是此禪也."(T48, 399b.)

2   柳田聖山,『無の探究』(『佛敎の思想』7, 1965년, 東京 角川書店).

3   忽滑谷快天,『禪學思想史』전2권(1930년, 東京 佛敎書店).

4   小林円照,「禪における一行三昧の意義」(『인도학불교학연구』9-1, 1960년 12월).

평이한 문체로 쓰여 있긴 하였으나, 중국 선의 성립을 고찰하는 차원에서 매우 중요한 시사를 갖는 것으로 생각된다. 그래서 다시 업적을 본받아 이것을 문제로 삼았던 까닭이란, 첫째로 이 일행 삼매는 천태 대사 지의(538~597)가 『마하지관摩訶止觀』[5] 중에서 그 전거를 『문수설반야경文殊說般若經』에서 구한 이래 이것이 애초에 반야 공관계의 삼매라는 것도 또한 널리 알려져 있는 사실이고, 그래서 지금 단순히 『반야경』에서 설해지기 때문에 공관계의 삼매일 것이라고 하는 것이 아니라 일행 삼매가 본래 공관 불교에서 어떠한 위치를 부여받아야 하는 것이고 어떠한 의미를 가지고 등장한 것인지라는 점을 그 사상의 원점에 서서 되돌려 고찰해보려고 생각했기 때문이다. 그 위에서 둘째로 크게는 중국 불교사상에서 『반야경』의 일행 삼매가 선의 일행 삼매로 전개해가기 위해서는 거기에 어떠한 사상사적인 연속성이 인정되는지 혹은 또 어떤 변용이 거기에 더해졌으며 그 계기를 이루었던 것이 무엇인지라는 점을 문제로 삼아보고 싶다고 생각했기 때문이다. 그리고 만약 이러한 점이 명확해지면 『무無의 탐구』에서 시사하는 초기의 중국 선 성립의 사상적 기반이 새삼스스로 납득이 가게 될 것이라고 확신했기 때문이다.

이러한 고찰은 선의 일행 삼매를 고찰하는 경우 반드시 필요한 것은 아니지만 지금은 입장을 바꾸어 중국에서 『반야경』이나 삼론에 기초한 사상의 사적 전개를 추적한다고 하는 당면한 필자의 과제에 관련하여 볼 경우 거기에는 간과할 수 없는 얼마간의 문제가 있다. 요컨대 이 문제는 이미 제1편에서 고찰을 시도한 것처럼 삼론 학파에는 섭산 삼론의 사실상의 확립자인 지관사 승전 이래 반야 중관과 선의 일체관一體觀이라는 경향이 현저하게 보이고 법랑 문하의 대명 법사의 계통에 이르러서는 특히 달마계 선자와의 교류가 분명하

---

5   『마하지관』 권2상, "一常坐者, 出文殊說文殊問兩般若, 名為一行三昧."(T46, 11a.)

게 인정된다. 이러한 양자의 친근 관계라는 것은 사상적으로 공통의 기반에서 있어서 비로소 가능하다고 생각되는데, 이 지점에서 『반야경』에서 설하는 일행 삼매가 초기의 달마선을 특징짓는 주제였다는 선학의 지적은 관점을 바꾸자면 중국 불교에서의 삼매관 그 자체의 전개·변용이라는 한 측면에서 재차 이 양자의 역사적·사상적 얽힘을 규명하기 위한 하나의 방증을 제시하는 것이 된다.

이상, 선학의 우수한 논문이 이미 존재함에도 불구하고 왜 이러한 논제하에 고찰을 진행하게 되었는지 그 이유의 일단을 서술했다. 이하 본제에 들어가 고찰을 계속하려 한다.

2

이른바 『문수반야』라고 칭해지는 경전은 *Saptaśatikā-Prajñāpāramitā*(칠백송반야)를 양梁의 만다라선曼陀羅仙이 번역한 『문수사리소설마하반야바라밀경』 2권(T8, no.232)이 제1역이고 그 외에 동본 이역으로서 승가바라僧伽婆羅 역 『문수사리소설반야바라밀경』 1권(T8, no.233), 당 현장 역 『대반야바라밀다경』 제7회 574~575권(T7, no.220)이 있고 만다라선 역본은 『대보적경大寶積經』 제46회 115~116권(T11, no.310) 중에도 들어 있다. 다만 ekavyūha-samādhi를 '일행삼매一行三昧'라고 번역한 것은 만다라선 역뿐이어서, 현장 역에서는 '일상장엄삼매(삼마지)一相莊嚴三昧(三摩地)'라 번역하고 승가바라 역에서는 '불사의삼매不思議三昧'라고 되어 있다.[6] 『칠백송반야』는 초전의 만다라선 역이 양의 무제 천감 2년(503)의 역출이라는 것에서도 『반야경』 성립으로서는 중기 이후에

---

6   『대반야바라밀다경』 권575, "曼殊室利復白佛言, 云何名為一相莊嚴三摩地. 諸菩薩眾云何修行. 佛告曼殊室利童子, 此三摩地以法界相, 而為莊嚴, 是故名為一相莊嚴三摩地"(T7, 972a.) 『문수사리소설반야바라밀경』, "云何而入不思議三昧. 我初發心欲入是定, 而今思惟, 實無心相而入三昧."(T8, 736c.)

속하는데, 일행 삼매라고 칭하는 삼매관이 문헌에 나타난 것은 이『문수반야』
가 최초가 아니며 더 일찍 성립했다고 생각되는『반야경』중에 이미 그 이름을
볼 수 있다. 그리고 많은 경우 이것은 108삼매 중의 하나로서 설해진다. 예를
들면 *Pañcaviṃśatisāhasrikā-Prajñāpāramitā*(이만오천송반야)를 한역한 나집 역
『대품반야』에서는 권3「행상품行相品」제10,[7] 권5「문승품問乘品」제18[8] 등에서
설해지는데,『반야경』에서의 108삼매는 결국 공·무상無相·무작無作(내지 무
원無願)의 3삼매에 통섭된다. 즉『대지도론』의「석행상품釋行相品」에서 이 108
삼매를 주석한 마지막에

> 아직 열반에 가깝지 않은 때에는 많이 남은 길이 있다. 열반에 가까운 때
> 에는 오로지 하나의 길이 있다. 공과 무상과 무작이다. 모든 나머지 삼매
> 는 모두 이 세 가지 해탈문에 들어간다.[9]

라고 설하는 것에서도 분명하다. 주지하듯이『반야경』이란 일종의 신비적인
서술로 끝없이 '공'을 설하는 경전인데, 그것과 동시에 이 경전이 108삼매와
같이 많은 삼매를 설하는 것은 결국 이 삼매에 의해 얻어지는 '신비적 직관'[10]
의 세계의 진실을 기술하려고 했기 때문인 것에 다름 아니어서 이것은 결국
보살의 반야바라밀의 체득이기도 하다. 즉『대품반야』에서는

---

7 『마하반야바라밀경』권3(T8, 237c~238a.)

8 위의 책, 권5(T8, 251a~253b.)

9 『대지도론』권43, "未近涅槃時多有餘道. 近涅槃時惟有一道. 空無相無作. 諸餘三昧皆入此三解脫門."(T25, 373c.)

10 梶山雄一,『空の論理』(『佛敎の思想』3, 1969년 6월, 角川書店) pp.55~66 참조.

> 반야바라밀은 모든 삼매와 다르지 않고 모든 삼매는 반야바라밀과 다르
> 지 않으니, 보살은 반야바라밀 및 삼매와 다르지 않고 반야바라밀과 삼매
> 는 보살과 다르지 않다.[11]

라 설하고, 『대지도론』에서는 이것을 반야와 삼매와 보살의 '3사 불이三事不
異'[12]라고 주석한다. 요컨대 여기서 설해진 반야바라밀·삼매라는 것은 깨달음
의 목적에 이르는 수단이 아니라 목적 그 자체로서의 반야바라밀이고 삼매라
할 수 있는데, 그것이 공·무상·무작이라는 세 가지 삼매에 의해 대표된다.

일행 삼매(ekavyūha-samādhi)라는 것도 이러한 반야적인 내용을 가진 108삼
매 내지는 그 통섭으로서의 공·무상·무작의 세 가지 삼매의 일환으로 설해진
것인데, 이것을 『대지도론』에서

> 일행 삼매란 이 삼매는 항상 일행으로서 필경공畢竟空에 상응한다. 삼매
> 중에서 다시 여행餘行의 차제次第가 없다.[13]

라고 정의한다. 여기서 여행의 차제라는 것은 "무상행無常行 중에서 다음에
고행苦行이 있고 고행 중에서 다음에 무아행無我行이 있는 것과 같다."라고
설하는 것이다. 요컨대 무상을 관하고, 고를 관하고, 무아를 관한다는 것과
같은 많은 단계적 행에 의하지 않는 단순한 일행, 게다가 필경공에만 상응하는
삼매, 그것이 반야바라밀에 어울리는 일행 삼매라고 하는 것이다. 여기서 매우

---

11 『마하반야바라밀경』권3, "般若波羅蜜不異諸三昧, 諸三昧不異般若波羅蜜, 菩薩不異般若波羅蜜及三昧,
    般若波羅蜜及三昧不異菩薩."(T8, 238b.)

12 『대지도론』권43, "何以故. 三事不異故, 般若不異三昧, 三昧不異般若, 般若不異菩薩三昧, 菩薩三昧不異
    般若, 般若三昧即是菩薩, 菩薩即是般若三昧."(T25, 373c.)

13 위의 책, 권47, "一行三昧者, 是三昧常一行, 畢竟空相應. 三昧中更無餘行次第."(T25, 401b.)

명백한 것은 여행의 차제가 아닌 삼매, 필경공에만 상응하는 삼매라고 하는 것이기 때문에 분명히 소승선에 대한 강한 부정을 보여주는 것에 가장 어울리는 삼매로서 이것이 설해졌다는 것이다.

이것은 『대지도론』의 설인데, 이 해석의 원전인 『대품반야』의 「마하연품」에서는

> 어찌 하여 일행 삼매라고 하는가? 이 삼매에 머무른다는 것은 모든 삼매의 차안과 피안을 보지 않는 것이니, 이를 일행 삼매라고 한다.[14]

라고 정의한다. 이것은 너무 간결하게 지나가서 의미를 잘 알 수 없는데, 『대지도론』의 주해에 의하면

> 모든 삼매의 입상入相을 차안이라 하고 출상出相을 피안이라고 한다. 초득상初得相을 차안이라 하고 멸상滅相을 피안이라고 한다.[15]

라 하기 때문에 이 차안과 피안을 보지 않는다는 것은 통상적인 삼매에서와 같은 순서를 거치지 않는다는 의미로 이해하면 앞에서 서술한 설명과 수미일관하며 혹은 또 모든 삼매를 빙자할 필요가 없다는 의미이면서 이것이 『반야경』에서 설해진 모든 삼매의 요약적·상징적인 내용을 포함한 독특한 삼매였다고 할 수 있을 것이다. 어쨌든 설시의 방법 그 자체가 매우 간략하여서 경솔하게 단정할 수 없지만, 적어도 『대지도론』의 주해에 의해 보는 한 소승적

---

14 『마하반야바라밀경』 권5, "云何名一行三昧. 住是三昧, 不見諸三昧此岸彼岸, 是名一行三昧."(T8, 252c.)
15 『대지도론』 권47, "諸三昧入相為此岸, 出相為彼岸. 初得相為此岸, 滅相為彼岸."(T25, 401b.)

인 삼매를 사견捨遣하기 위해『반야경』이 특히 강조했던 삼매라는 인상이 강하게 엿보인다.

3

이것이『문수반야』에 오면 더 복잡한 설상으로 나타난다. 즉 이 경전에서의 일행 삼매란

> 법계는 일상一相인데, 이 법계를 계연繫緣하므로 이를 일행 삼매라고 한다.[16]

라고 한다. 그리고 다시 이 삼매의 내용과 그 방식을 다음과 같이 두 단계로 나누어 설한다. 즉 우선

> 선남자와 선녀인으로서 일행 삼매에 들고자 하면 마땅히 먼저 반야바라밀을 듣고 설한 대로 수학한 연후에 능히 일행 삼매에 들어가니, 법계와 같이 불퇴不退·불괴不壞·불사의不思議·무애無礙·무상無相을 대상으로 삼는다.

라 서술하고, 이어서

> 선남자와 선녀인으로서 일행 삼매에 들고자 하면 마땅히 공한처에서 모든 어지러운 생각을 버리고, 상모相貌를 취하지 않으며, 마음을 한 불타에

---

16 『문수사리소설마하반야바라밀경』권하, "法界一相, 繫緣法界, 是名一行三昧."(T8, 731a.)

게 묶어두어 오로지 칭명하고, 불타가 있는 곳에 따라 단정한 몸으로 똑바로 향하며, 능히 하나의 불타를 생각마다 상속하니, 곧 이 생각 중에서 능히 과거·미래·현재의 모든 불타를 본다. [17]

라고 설한다. 이러한 일행 삼매에 드는 자는 항하사 제불의 법계 무차별의 상을 본다고 정의한다. 앞에서 본 『대품반야』 등의 매우 간결하고 소박한 설상에 비교하면 현격하게 조직적·체계적 서술이 되어 있어서 어떤 의미로는 아비달마적인 것에 가까운 느낌이 든다. 이것은 첫째로는 경록에서 전하는 것처럼[18] 역자 만다라선은 부남扶南 사람으로 양의 무제 천감 2년(503)에 도래하고 같은 해 본경을 번역하는데, 도래 직후이고 원래부터 양언梁言을 잘 알지 못했기 때문에 칙명에 의해 같은 부남 출신의 승가바라와 함께 번역일에 종사했다고 한다. 그런데 이 승가바라는 원래 『아비담심론』의 학자로서 저명한 사람으로 『개원록開元錄』[19]이나 『정원록』[20]에서는 '아비달마에 치우쳐 배웠다(偏學抪法)'라는 폄하가 섞인 평가를 받는 사람이다. 따라서 공역인 이 만다라선 역에도 그 영향이 있었다고도 생각되는데, 분명히 후에 승가바라가 단독으로 역출했던 제2전傳의 『문수사리소설반야바라밀경』 1권에서 그 경향이 분명하게 인정되지만 그것에 비하면 만다라선 역은 권수는 많아도 차라리 중용을 얻은 것이라 할 수 있으며, 이것은 티벳 역의 『성반야바라밀다칠백송대승경聖般若波羅蜜多七百頌大乘經』Hahags pa Śes rab kyi pha rol tu phyin pa bdun brgya

---

17 위의 곳, "若善男子善女人欲入一行三昧, 當先聞般若波羅蜜, 如說修學然後能入一行三昧, 如法界緣不退不壞不思議無礙無相. 善男子善女人欲入一行三昧, 應處空閑捨諸亂意, 不取相貌, 繫心一佛專稱名字, 隨佛方所端身正向, 能於一佛念念相續, 即是念中能見過去未來現在諸佛."(T8, 731a~b.)

18 『대당내전록大唐內典錄』 권4(T55, 266a) 참조.

19 『개원석교목록開元釋教目錄』 권6(T55, 527b.)

20 『정원신정석교목록貞元新定釋教目錄』 권9(T55, 835b.)

pa shes bya ba theg pa chen poḥi mdo(동북목록東北目錄 no.24)의 내용과도 만다라 선 역이 잘 합치하는 것에서도 오히려 중기 이후 성립한 반야 경전에 이미 특유한 설상이라고도 할 수 있다.[21]

어쨌든 이『문수반야』를 직접의 전거로 하여 천태 대사 지의가 일행 삼매를 설했던 것은 앞에서도 서술한 대로이다. 즉 지의는 그의 저술『마하지관』 권2상에서 이것을 '4종 삼매' 중의 제1로 헤아리고 상좌 삼매常坐三昧라고 하여 조직한다. 이 점에 대해서는 선학의 지적도 있어서 상세한 것은 생략하지만 하나 특히 주의를 끄는 점은 지의가 다음과 같이 서술하는 지점이다. 그것은 이 삼매의 방법과 권수勸修를 서술했던 뒷 단락에서

> 단좌 정념端坐正念하여 악각惡覺을 견제鐲除하고 모든 어지러운 생각을 버려 잡다한 사유를 하지 않으며 상모相貌를 취하지 않고 오로지 법계를 계연繫緣하며 법계만을 일념一念한다.

라고『문수반야』의 설을 부연한 후에

> 계연繫緣이 지止이고, 일념一念은 관觀이다.[22]

라고 하는 점이다. 보통 지관의 지(śamatha)란 마음을 닦아 일체의 외경이나 난상亂想에 흔들리지 않고 마음을 특정의 대상에 집중하는 것을 지라 하고,

---

21 渡邊楳雄,「曼殊般若波羅蜜多經の研究」(『法華經』を中心としての大乘經典の研究」, 1956년, 靑山書院) pp.142~169 참조.

22 『마하지관』 권2상, "意止觀者, 端坐正念, 鐲除惡覺, 捨諸亂想, 莫雜思惟, 不取相貌, 但專繫緣法界, 一念法界. 繫緣是止, 一念是觀"(T46, 11b.)

관(vipaśyanā)이라는 것은 그것에 의해 올바른 지혜를 일으키고 대상을 관하는 것이 관이다. 지의는『문수반야』에서 설하는 일행 삼매의 두 종류의 방식에서 '계연법계繫緣法界'를 지라 하고 '일념법계一念法界'를 관이라고 하여 그의 지관의 체계 속에 이것을 위치시킨다. 그렇다면 이것이 어떤 의미를 가지는지를 다음에서 고찰해보려고 생각한다.

4

본래 지관이라는 것은 서로 다른 것을 성립시켜 불도佛道를 온전히 하는 불리不離의 관계에 있는데, 지금 이것을 임시로 편의적으로 나누어 고찰해보면 이른바 소승선이라고 칭하는 것에서도 일찍부터 실천의 두 가지 수양법으로 지관 2법을 닦아야 하는 것이 설해진다. 예를 들어 아함 경전에서도『증일아함경』권9「참괴품慚愧品」18에는

너 지금 난타여, 마땅히 두 가지 법을 닦아야 하니, 무엇이 두 가지 법인가? 이른바 지와 관이다.[23]

라 하고 또『잡아함경』권17「잡인송雜因誦」제3품의 5에서는

지를 닦아 익히기를 마치고서 관을 이루고 관을 닦아 익히고 나서 또 지를 이루니, 말하자면 성인의 제자는 지와 관을 함께 닦아 모든 해탈계解脫界를 얻는 것이다.[24]

---

23 『증일아함경』권9, "汝今難陀當修二法. 云何為二法. 所謂止與觀也."(T2, 592b.)
24 『잡아함경』권17, "修習於止, 終成於觀, 修習觀已, 亦成於止, 謂聖弟子止觀俱修, 得諸解脫界."(T2, 118b.)

라고 지관구수止觀俱修를 강조한다. 이것이 아비달마에 오면 다시 조직적·체계적으로 정비되는데, 주지하듯이 소승의 지법止法(śamatha)에서는 특정의 대상에 마음을 머물게 하여 산심散心을 막고, 그 특정의 대상이 되는 것은 코의 끝이든지 발의 끝이든지 이러한 구체적인 사물이 대상이어서 그것에 마음을 전주專注하는 것에 의해 차례대로 예를 들어 무상이고, 고이며, 무아라고 하듯이 관하는 것이다. 요컨대 매우 차원이 낮은 것이지만 여기에는 틀림없이 지관 2법의 평등한 수습이라는 것이 강조되었던 것이다. 그러나 대승의 공관 불교에서 설하는 삼매라는 것은 공·무상·무원의 3삼매에 의해 대표되듯이 존재론적인 의미로도 인식론적인 의미로도 거기에 특정한 실마리가 되는 마음의 대상이 본래 존재하지 않는다는 것이 그 특징이고, 오히려 그러한 것을 준열하게 거부함에서 출발한다. 거기에서는 언제라도 진실은 말이나 사유를 초극하는 것으로 혹은 그 이전에 있다는 것이어서 그것이 반야바라밀의 개현에 다름 아니라는 것이 공관 사상의 기본적 입장이다. 바로 이에 직결하여 반야 공관의 삼매가 설해졌던 것이다.

거꾸로 중국에서의 선관禪觀 사상의 발달을 고찰해보면 옛날에는 후한의 지루가참支婁迦讖 역『반주삼매경般舟三昧經』등을 선구로 하여 이른바 대승선이라는 것이 도입되었는데, 명료하게 소승선과 대승선의 구별이 의식된 것은 구마라집에 의한 각종 선경禪經의 번역이 이루어졌기 때문이다. 당연히 그 대승선의 기조가 되었던 이념은 대승의 공관이고 제법실상관이다. 따라서 그 커다란 특징은 관법 그 자체를 중시했던 것이다. 예를 들어 나집 역의 『사유략요경思惟略要經』등에서 현저하게 보여 거기에는 '4무량관법無量觀法', '부정관법不淨觀法', '백골관법白骨觀法', '관불삼매법觀佛三昧法', '생신관법生身觀法', '법신관법法身觀法', '시방제불관법十方諸佛觀法', '관무량수불법觀無量壽佛法', '제법실상관법諸法實相觀法', '법화삼매관법法華三昧觀法'의 10종의 관법이 경전의 주제로 되어 있다.[25] 여기에는 지법止法에 대해서는 아무런 관설關說된 것이 없다. 이것은 요컨대 중국의 대승선이 관법觀法에 의해 "대승 불교의 진수로서 반야의 지혜를 체득하고 이것을 자유무애하게 활용하는 것을 목적으로 삼았기"[26] 때문이다. 이러한 성격의 반야공관계의 대승선이라는 것이 남북조를 통해 반야 삼론의 연구와 함께 중국 선관 사상의 주류를 형성해갔는데, 그러나 동시에 소승 경전 이래 실천 법문의 대표인 지·관 2법의 총합에 의해 대승선이 목표했던 것과 같이 법신法身·무상無相을 체득하려고 한 주장이 이미 나집과 동시대의 불타발타라佛陀跋陀羅(Buddhabhadra) 등에 의해 주창되고, 특히 북지에서는 반야계 선학禪學에 대한 반발로서 이러한 경향이 끊임없이 잠재했다. 이것이 남북조 시대의 후반부터 정혜 쌍수의 슬로건하에서 남북의 불교가 통합되는 기운이 형성된 것과 함께 단순히 공혜空慧의 성취를 목표하는 관법에만 역점을 두었던 반야계 선학의 불충분성을 보충하여 새롭게 지관의 이념의 확립을 기하려고 한 운동이 일어난 것이다. 양대에 『문수반야』가 전역되어 성립한 것은 역사적으로는 바로 이러한 시점에서이고 거기에 설해진 일행 삼매라는 것도 이러한 역사적 배경하에 새롭게 지관의 이념에 의해 기초지어진 필연성이 있었다고 생각된다. 그 점에서 지의가 이 『문수반야』의 일행 삼매를 앞서 서술한 것처럼 해석하고 이것을 자기의 지관의 틀 중에 거두어들였다는 것은 그가 사상사적으로는 이러한 요청을 배경으로 그 체계적인 총합을 목표했기 때문임에 다름 아니다.

이것을 간접적으로 입증하는 것으로서 지금 하나의 '일행 삼매'의 유명한 전거로 들 수 있는 『대승기신론』의 경우는 어떠한지를 고찰해보면(『대승기신

---

25 『사유략요법思惟略要法』(T15, 297c~300c.)
26 水野弘元, 「禪宗成立以前のジナの禪定思想史序說」(『駒澤大學研究紀要』 제15호, 1957년 3월).

론』이 성립했던 것도 시대적으로는 바로 이 즈음이기 때문인데), 주지하듯이
『기신론』의 실천문인 '5행行'의 마지막인 '지관문'에서는 특히 지법(śamatha)
수행의 자리에 진여 삼매를 설하고 이것을 일행 삼매라고 이름한다.[27] 그래서
설해진 지법이란

> 만약 지止를 닦는다면 고요한 곳에 머물러 단좌하고 뜻을 바르게 하며, 기
> 식氣息에 의지하지 않고, 형색形色에도 의지하지 않으며, 공에도 의지하지
> 않고, 지·수·화·풍에도 의지하지 않으며, 내지 견見·문聞·각覺·지知에도
> 의지하지 않는다. 일체의 상념은 모두 염념에 따라 제거하고 또한 제거한
> 다는 상념도 제거한다. 일체 제법은 본래 무상無相이므로 생각마다 불생이
> 고 생각마다 불멸이니, 또한 마음 바깥을 따라 경계를 염상한 후에는 마음
> 으로 마음을 제거할 수는 없는 것이다. 마음이 만약 치달아 흩어진다면
> 곧 마땅히 끌어 모아 정념正念에 머무르게 해야 한다. 이 정념이란 유심唯
> 心으로서 바깥의 경계는 없다고 마땅히 아는 것이다. 곧 또한 이 마음 또
> 한 자상自相이 없으니, 생각마다 불가득이다.[28]

라는 것이다. 요컨대 여기서 말하는 지법이란 기식이나 형색, 내지 4대大 견문
각지 등에 마음을 머물게 하는 것이 아니라 일체법은 본래 불생불멸이고 바깥
의 경계도 없으며 마음 또한 무상 불가득無相不可得이라는 '도리'에 마음을
머무르게 하는 것이다. 그리고 그것에 의해 진여 삼매에 수순隨順하여 득입得
入하는데, 이러한 삼매에 의해 "법계는 일상一相임을 아니", 요컨대 "일체 제불

---

27 『대승기신론』, "依如是三昧故, 則知法界一相, 謂一切諸佛法身與眾生身平等無二, 即名一行三昧. 當知, 真
    如是三昧根本."(T32, 582b.)
28 위의 곳, "若修止者, 住於靜處端坐正意, 不依氣息, 不依形色, 不依於空, 不依地水火風乃至不依見聞覺知
    一切諸想隨念皆除, 亦遣除想. 以一切法本來無相, 念念不生, 念念不滅, 亦不得隨心外, 念境界後以心除心
    心若馳散, 即當攝來住於正念. 是正念者, 當知唯心無外境界. 即復此心亦無自相, 念念不可得."(T32, 582a.)

의 법신과 중생신은 평등 무이平等無二이다."[29]라고 체득하는 것이 일행 삼매이다. 이렇게 『기신론』의 지관문에서는 실상의 공리空理에 마음을 머무르게 하는 것이 지법(śamatha)의 정의가 된다. 이 경우의 지법은 분명히 구체적인 사물에 마음을 머무르게 한다는 소승의 지법과는 질적으로 다르고, 그 질적 전환의 매개가 된 것이 공관 사상인 것은 말할 것도 없겠다. 요컨대 단순히 제법실상·무상을 관하는 것을 궁극의 목적으로 삼았던 반야계 선학의 관법뿐인 선禪을 일보 진전시켜, 그것을 도리로 삼아 제법실상의 공리空理 혹은 법계 法界라고 하는 것처럼 종교적 실재와 같이 간주하고 이것을 śamatha라고 하여 마음에 머무르게 하는 것에 의해 법신과 중생신이 평등 무이라고 관한다든가 법계는 일상一相이라고 관하고 내지 일념 중에 삼세 제불을 본다고 하는 것과 같은 새로운 일행 삼매의 해석이 행해지게 되었던 것이다. 이렇게 하여 일행 삼매는 새롭게 지관의 이념에 의해 통합 귀납되는 것에 의해 예를 들어 도작道 綽(562~645)이나 선도善導(613~681)에 의한 전칭 불명專稱佛名, 염불念佛의 일 행一行으로 발전하는 등 다양한 방면으로 전개를 보여간다.

그러면 선의 일행 삼매란 이러한 지관의 이념에 의해 통합된 일행 삼매 그대로의 전개였는지라는 것이 다음으로 문제가 되겠다.

5

이 고찰에 들어가기 앞서 지의와 동시대인이고 똑같이 북방 지론계의 선관에 기초하여 지관의 체계를 세웠던 정영사 혜원(523~592)[30]에 관해서 보면 혜원은 그의 저술 『기신론의소』 권하말에서

---

29 주 1092 참조.
30 정영사 혜원의 지관 체계에 대해서는 福島光哉,「淨影寺慧遠の止觀思想」(『東方學』 제36집, 1968년 9월)에 상세하고, 이하는 같은 논문의 시사에 힘입은 바가 많다.

진여 삼매라는 것은 이정理定을 말한다. 소승에서는 단지 마음의 흐름과 머무름이 하나의 대상(境)에서 그치게 하는 것을 득정得定이라 한다. 대승에서는 그 공리空理를 이해하여 도리 중에 마음을 머물게 하는 것을 득정이라 한다. 그러므로 경전에서 제불·보살은 항상 선정에 머물러 법성法性에서 노닌다고 하였다.[31]

라고 서술하여 대승의 지법은, 구체적인 대상에 마음을 머물게 한다는 사정事定을 의미하는 소승의 지법과는 달라서, 실상인 공리에 마음을 머무르게 하는 이정理定이라고 정의한다. 또

'자약수관자대치自若修觀者對治' 이하는 셋째로 지와 관이 서로 의지함을 밝힌다. 만약 선정이 너무 많다면 침몰沈沒하고, 만약 지혜가 너무 많다면 부승浮昇한다. 정과 혜가 평등하면 곧 알맞고 편안한 것이다.[32]

라고 서술한다. 혜원에서도 또한 반야계 선학의 초극·통합이라는 모습으로 그의 지관 사상이 구축되어 있는 것을 살펴볼 수 있다. 그러나 동시에 혜원은 『대승의장』권10 '지관사의止觀捨義 8문 분별'에서 지관과 함께 '사捨'의 뜻을 설한다. 거기서 혜원은

---

31 『대승기신론의소』권하의 하, "言真如三昧者謂理定也. 小乘之中但止心流住在一境, 名為得定. 大乘之中解其空理理中住心, 名為得定. 故經中云, 諸佛菩薩常在住定遊法性也."(T44, 201a.)
32 위의 곳, "自若修觀者對治下, 第三明止觀相資. 若定過多則是沈沒, 若慧偏多則是浮昇. 定慧平等爾乃調柔故."(T44, 201b.)

정혜 쌍수하고 치우친 수습을 벗어나니, 이를 이름하여 사捨라고 한다.

라 하고 또

공에 머물러 상相을 버리니, 이를 이름하여 사捨라고 한다.[33]

라 정의하며, 다시

정혜가 평등하지 않다면 사捨를 닦아야 한다. 또 경에서 널리 설하니, 정혜가 평등하면 사를 닦아야 한다.[34]

라고 사捨의 수득修得을 설한다. 요컨대 정혜를 평등하게 닦고 치우친 수습을 사리捨離하는 것이 사捨의 뜻이라는 것과 함께 정혜 평등이라면 공에 머물러 그 상相을 떠나는 것이 사捨라는 것이다. 경전에서 널리 설한다고 하는 경전이란 뒷 단락에서 혜원 자신이 말하는 것처럼 『열반경』에 의거했던 것으로 권30(북본)에는

삼매와 지혜의 이상異相을 보지 않으니, 이것을 사상捨相이라고 한다. (중략) 불성을 보는 것을 사상捨相이라고 한다.[35]

---

33 대승의장』권10, "捨中有二. 一定慧雙修, 離於偏習, 名之爲捨義. (중략) 住空捨相, 名之爲捨."(T44, 666c.)
34 위의 곳, "定慧不等則須捨. 又經宣說. 定慧平等則宜修捨."(T44, 667a.)
35 『대반열반경』(북본) 권30, "不見三昧智慧異相 是名捨相 (중략) 見佛性者名爲捨相"(T12, 547a.) 또 혜원이 인용한 『열반경』은 항상 북본(40권본)이고, 길장이 의용했던 것은 남본이다.

라는 것처럼 여러 가지로 사捨의 뜻을 설한다. "삼매와 지혜의 이상異相을 보지 않는다."란 이미 본 것처럼 『반야경』에서의 삼매와 바라밀과 보살의 '3사 불이三事不異'의 사상과 완전히 같다. 사실 혜원은 이 지·관·사止觀捨를 3삼매에 배당하고 『대승의장』에서

> 저 공 삼매를 지라고 한다. (마음이 공에 머물러 분별을 벗어나기 때문이다.)
> 무원 삼매를 관이라고 설한다. (혜는 생사를 관하여 능히 끊어서 버리기 때문이다.)
> 무상 삼매를 사행捨行이라고 설한다. (열반에 증입하여 여러 상相을 버리기 때문이다.)[36]

라고 한다. 혜원은 지론의 학설을 계승했던 사람이므로 여기서는 단계적·차제행적 일면을 남기는데, 지관의 완성은 '사'에서 완전해진다는 그의 사상은 충분히 주목할 만하다.

그래서 선의 일행 삼매가 어떻게 설해졌는지를 마지막으로 본다면 예를 들어 신회의 『보리달마남종정시비론菩提達摩南宗定是非論』(하)에서는 '무념無念'이 반야바라밀이고 일행 삼매라 기록되고, 이 일행 삼매에 직입直入하려고 한다면 우선 『금강경』을 독송하고 반야의 법을 수학해야 한다고 하는데, 그 '무념'이란 무엇이냐 하면

> 무념이란 곧 하나의 경계도 없는 것이다. 하나의 경계라도 있다는 것은 곧 무념과 상응하지 않는 것과 같다. 그러므로 모든 선지식이여, 여실하게

---

36 『대승의장』 권10, "彼空三昧名之為止. (以心住空離分別故.) 無願三昧說之為觀 (慧觀生死能斷捨故.) 無相三昧說為捨行. (證入涅槃捨眾相故.)"(T44, 667a.)

보는 자는 매우 깊은 법계를 요달하니, 곧 일행 삼매이다.[37]

라고 한다. 하나의 경계가 없다는 것은 설령 그것이 실상의 공리空理와 같은
것이라 해도 마음을 머무르게 하는 대상을 일체 갖지 않는 것이다. 『육조단경
六祖壇經』에서는

일행 삼매란 모든 곳에서 행·주·좌·와行住坐臥하면서 항상 하나의 직심直
心을 행한다는 것, 그것이다.[38]

라고 하는 것과 같이 바뀌는데, 이것도 『대승기신론』의 지관문에서는 여래와
중생심이 평등 불이의 일심一心이라고 하는 형이상적인 일심을 관하는 것이
일행 삼매였던 것에 대해 이것을 보다 주체적이고 순수하게 하나의 직심을
행하는 것이라고 명확히 토로한다. 더 내려가서 마조馬祖 아래의 대주 혜해大
珠慧海의 『돈오입도요문론頓悟入道要門論』에 오면

일체처에서 무심하여 이와 같은 것을 얻은 자는 곧 열반에 들어 무생법인
을 증득하니, 또한 불이 법문이라 하고, 또 무쟁無諍이라고 하며, 또 일행
삼매라 한다.[39]

---

37 『보리달마남종정시비론』권하, "是無念者, 卽無一境界. 如有一境界者, 卽與無念不相應. 故諸知識, 如
   實見者, 了達甚深法界, 卽是一行三昧."(胡適, 『新校定的敦煌寫本神會和尙遺著兩種』, 中央研究院, 歷史語
   言研究所集刊 第29本, 臺灣, 1958年.)
38 『육조단경』, "一行三昧者, 於一切處行住坐臥, 常行一直心是也."(T48, 352c.)
39 『돈오입도요문론』, "一切處無心得如是者, 卽入涅槃證無生法忍, 亦名不二法門, 亦名無諍, 亦名一行三
   昧."(X63, 22c.)

라고 표현에 다소 미묘한 차이가 있지만 그 근본 취지에서는 똑같다는 것이 매우 명백하다. 이러한 선의 일행 삼매는 현상적으로는 남북조 말에서 수대에 걸쳐 설해진 일행 삼매의 연장인 것처럼 볼 수 있으면서도 실은 천태적인 지관의 이념에 의해 통합된 일행 삼매와는 오히려 역의 방향을 목표하는 것이었다고 생각한다. 요컨대 그것은 혜원이 말하는 사捨의 방향에서 지관의 철학을 뛰어넘어 반야 경전의 원사상에 돌아가려고 하는 운동이었다고 생각한다. 그렇게 생각하는 것에 의해 왜 동산 법문 이래 초기 중국 선종의 역사에서 공관 사상이 수없이 보이는지에 관한 설명이 성립한다. 그것은 실상의 공리를 관한다는 것과 같은 중국의 대승선과 곧바로 결부되는 것은 아니었다. 왜냐하면 이것은 천태적인 지관의 체계 중에 통합되고 귀납되어야 하는 것이기 때문이다. 그런 것이 아니라 바로 그 완성의 극단에서 그와의 대결을 통해 그 본질에 환원하려고 하는 운동이 중국 선종의 성립이었다고 하겠다. 환언하자면 반야바라밀의 근원으로 되돌아간다는 의미에서 초기 선종과 공관 사상은 밀접하게 결부되어 있었다고 할 수 있다.[40]

그리고 이것은 길장의 무득 정관과 그 기조를 같이 한다. 삼론계 습선자의 선관이 어떤 것이었는지 자세히 알 수는 없지만, 그것은 반드시 천태적인 지관의 세계에 통합된 대승선의 주류와 완전히 동일했던 것은 아니다. 앞서 서술했듯이 중국 대승선의 선관 사상은 일반적으로 예를 들어 『대승기신론』

---

[40] ㊂ 일행 삼매의 개념을 매개로 필자는 반야계 선관의 본질과 그 변천 과정을 서술하는데, 먼저 소승의 지관 수행은 특정한 대상에 대한 선인 사정事定이라면 반야계 선관의 일행 삼매는 공리空理와 같은 추상적 이치에 대한 선인 이정理定이고, 다음으로 천태 및 『대승기신론』의 지관 개념은 소승의 지관 수행을 차용하면서도 이정理定인 대승선을 결합한 성격을 띤다. 그런데 여기서 천태의 선관은 특정한 대상에 대한 선인 사정事定의 차원을 넘어서긴 하지만 공리空理·무이리無二理와 같은 실상實相의 이치를 종교적 실재로서 다시 대상화하는 반면, 삼론의 선관은 특정한 이치가 아니라 끊임없이 이어지는 공무소득空無所得의 지평 그 자체에 충실하려 한다는 것이고, 초기 선종은 이 반야 삼론계 선관의 연장선에서 이해되어야 한다는 것이 필자의 주장의 요점으로 보인다.

에 이르기까지 실상의 공리를 관하고 반야를 체득한다는 것을 목표했으므로 넓게 해석하여 대승선은 모든 반야 삼론계의 선관이라 간주되었다. 그러나 그것은 나집 역의 선관에서 비롯한다는 광의의 반야 삼론계 선학이어서 협의에서의 순수한 삼론계 습선자라는 것과 동일하다고는 생각될 수 없다. 그것은 종래 고찰해왔던 것 같이 길장의 무소득의 사상을 살핀다면 충분하다. 오히려 초기 달마계의 선자들이 '일행 삼매'를 통해 『반야경』의 원사상에 회귀하려고 했던 그것과 똑같은 자세와 방향을 길장 또한 목표했던 것이다. 그런 의미에서 길장의 사상과 교학은 오히려 아비달마적인 지관의 철학에 대결하고 그것을 초극하려고 했던 달마선의 새로운 운동의 사상적 매개의 역할을 수행했던 것으로서 재평가되어야 하겠다.

제3절 '무주無住' 개념의 형성과 전개

1

『단경』의 '혜능전慧能傳'에 의하면 선종 6조인 혜능(638~713)은 『금강경』을 들어 개오했다고 전해지며,[1] 특히 5조 홍인弘忍(601~674)이 혜능에게 『금강경』을 설했을 때 "머무르는 것이 없이 마음을 내어야 한다."(應無所住而生其心)라는 1구에 이르러 혜능이 그 말 끝에 대오했다[2]는 일화가 후세 인구에 회자되었다. 하기야 『금강경』과 혜능의 관계는 수많은 『단경』의 이본異本에 공통적으로 보이는 현상인데, 이 '응무소주이생기심應無所住而生其心'과 혜능의 관계는 돈황본 『단경』처럼 이른 시기에 성립했던 것에서는 보이지 않고 오로지 유포본에 이르러서 비로소 나타나는 것임도 일찍이 학자들이 지적하는 내용이다.[3] 따라서 이 '응무소주應無所住'의 1구는 분명히 후세의 부가이어서 『조계대사별전曹溪大師別傳』을 위시하여 『송고승전』 제8이나 『경덕전등록景德傳燈錄』 제5 등의 각종 '혜능전'에서도 보이지 않는다.

그런데 유포본 『단경』의 '혜능전'이 혜능과 『금강경』의 관계에 관련하여 같은 경전에서 특히 '응무소주'의 1구를 선택하여 이것을 부가 삽입했다는 것은 '무소주無所住' 내지 '무주無住'라는 말이 혜능선의 종지를 단적으로 표시하는 것으로 이미 개념화되어 있었던 흔적을 보여준다. 즉 유포본뿐 아니라

---

1 종보宗寶 편 『육조대사법보단경六祖大師法寶壇經』, "(전략) 見一客誦經, 惠能一聞經語, 心即開悟, 遂問客誦何經, 客曰, 金剛經."(T48, 348a.)

2 위의 책, "(전략) 爲說金剛經, 至應無所住而生其心, 惠能言下大悟."(T48, 349a.)

3 鈴木大拙, 『禪思想史研究第二』(『鈴木大拙全集』 제2권, 1968년 5월, 岩波書店) pp.325~327. 宇井伯壽, 『第二禪宗史研究』(1941년 11월, 岩波書店) p.31 등 참조. 또 대정장경에 수록된 당唐 법해집法海集, 『남종돈교최상대승마가반야파라밀경육조혜능대사어소주대범사시법단경南宗頓教最上大乘摩訶般若波羅蜜經六朝慧能大師於韶州大梵寺施法壇經』을 앞의 종보宗寶 본의 동일한 곳과 대조해보면 주 1번에 대해서는 "忽見一客讀金剛經, 惠能一聞心名便悟."(T48, 337a)라고 동일한 내용을 보여주지만, 주 2번에 대해서는 "喚惠能堂內, 說金剛經, 惠能一聞言下便悟."(T48, 338a)라고 할 뿐이다.

돈황본 등의 비교적 고형古形으로 보이는『단경』의 대목에서 그것도 일찍부터 유명한 구절로서

> 선지식이여, 내 스스로의 법문은 앞서부터 무념無念을 세워 종의로 삼고, 무상無相을 체로 삼으며, **무주無住를 근본으로 삼는다.**[4]

라고 하여 이미 '무주'라는 말이 보이기 때문이다. 다시 또『조계대사별전』에 의하면 전의傳衣에 의한 홍인弘忍의 부촉으로서 홍인이 반야와 불성에 관해 언급하여

> 반야의 공적 **무주공적無住空寂**를 안다면 곧 법신을 안다. 불성의 공적 **무주**를 본다면 이것이 참된 해탈이다.[5]

라 혜능에게 논했다고 전한다. 이『별전』에서 전하는 홍인의 부촉에는 분명히 『반야경』사상과『열반경』사상의 결합이 보이는데,『별전』이 지닌 이러한 성격에 관해서는 다음 절에서 다시 논하기로 하고, 지금 여기서 주목되는 것은 양자의 사상적 통합의 매개로서 '무주'라는 말이 사용된다는 것이다.

그래서 생각될 수 있는 것은, '혜능전'에서의 혜능과『금강경』의 '응무소주' 의 1구와의 관계는 '무주'라는 개념의 선사상에서의 정착화가 선행하여 후세

---

4 宇井伯壽, 앞의 책, pp.117~172에 돈황본『단경』의 사본을 기초로『단경』의 고형을 추정하고 그 전문과 번역이 게재되어 있다. 이 번역은 같은 책 p.127을 그대로 인용한 것이다. 앞에서 인용한 법해집『단경』에서는 "善知識, 我自法門, 從上已來, 頓漸皆立無念爲宗, 無相爲體, 無住爲 本."(T48, 338c)이라고 한다.
5 『조계대사별전』, "法是如來甚深般若, 知般若空寂無住, 卽而了法身, 見佛性空寂無住, 是眞解脫."(X86, 50b.)

에 다시 혜능의 대오를 계기로 삼는 전설이 구성되었던 것이지, 그 반대로 요컨대 혜능과 『금강경』의 '응무소주'의 1구와의 관련이 사실史實로서 존재하고 이 사실에 기초하여 혜능선의 종지를 '무주'라는 개념으로 표현하는 것이 시도되었던 것은 아니라는 것이다.

그러면 도대체 이 무주라는 술어는 어떻게 하여 형성되고 어떻게 하여 혜능선의 중추라고도 보일 정도로 중요한 개념으로서 정착하기에 이르렀는지를 다음에 고찰해보려고 한다.

2

'무주' 내지 '무소주'라는 말이 『반야경』의 중심적인 사상을 보여주는 것임은 쉽게 예측된다. 그러나 무주라는 말 그 자체가 한역의 반야 경전에서 명확한 형태로 제시되는 경우는 그다지 많지 않다. 이것은 똑같이 『반야경』에서 설해진 공(śūnya)의 실천적 측면을 보여주는 동의어라고도 할 무소득無所得(anupalambha)이라는 말이 꽤 명료하게 개념화되어 많이 사용되는 것과는 두드러진 차이이다. 예를 들면 비교적 술어(term)에 가까운 형태로 사용되는 사례로 나집 역『소품반야』에서 "무주심無住心을 이름하여 여래라 한다."[6]라고 하는 1구가 보인다. *Aṣṭasāhasrikā-Prajñāpāramitā*(팔천송반야)에 의하면 이것은 대략 다음과 같이 설해진 것이다. 즉

사리푸트라 장로가 말했다. 수부티 장로여, 여래·아라한·정등각자는 어디에도 머무르지 않는다. 그것은 왜인가? 여래·아라한·정등각자는 무주를 마음으로 삼기 때문이다. 그는 실로 유위계에도 머무르지 않고 또 무위

6 　『소품반야바라밀경』 권1, "舍利弗言, 如來無所住, 無住心名爲如來."(T8, 540b.)

계에도 머무르지 않으니, 또 거기로부터 나오는 것도 아니다.[7]

라고 설해진다. 따라서 무주심(apratiṣṭhita-mānasa)이란 어디에도 머무르지 않는, 요컨대 집착을 갖지 않는 마음이며, 그것은 유위계에도 머무르지 않고 무위계에도 머무르지 않는다고 말해지듯이 생사에도 머무르지 않고 열반에도 머무르지 않는 보살의 무주처열반(apratiṣṭhitanirvāṇa)과 완전히 같은 뜻으로 사용된다. 또『대품반야』에서는 108삼매의 하나로서 '무주 삼매'가 설해지는 데, 이것은 "이 삼매 중에 머물러 일체법의 머무름을 보지 않는다. 이것을 무주 삼매라고 이름한다."[8]라 정의되는 것으로 이것을 주석한『대지도론』에서는 "이 삼매 중에 머물러 제법을 관하면 생각마다 무상하여 머무르는 때가 없다."[9]라고 설한다. 따라서 '무주 삼매'란 일체의 사상事象이 무상하여 조금도 머무르는 것이 없는 모습을 관하는 삼매이다. 그래서 새삼 말할 것도 없지만 '무주'란 어디에도 머무르는 것이 없다는 의미이고, 이것을 주체적·실천적으로 표현한다면 어느 것에도 얽매이는 바가 없는 존재 방식을 말하며, 무소득·무집착과 내용적으로는 완전히 똑같이 공(śūnya)의 실천적 측면을 표시하는 말이다.

그런데 한역 반야경전에서 보는 한 이 말은 항상 '부주不住……'(na……tiṣṭhati)라고 표현되는 경우가 많다. 예를 들어 앞서 서술한 '무주심'에 대해서 말하자

---

7 Aṣṭasāhasrikā-Prajñāpāramitā ed. by P.L. Vaidya, (Darbhanga, 1960), "āyuṣmān Śāriputra āha na kvacid āyuṣman Subhūte tathāgato`rhan samyaksambuddhaḥ sthitaḥ/ tat kasya hetoḥ? apratiṣṭhita-mānaso hi tathāgato`rhan samyaksambuddhaḥ/ sa naiva saṃskṛte dhātau sthito nāpy asaṃskṛte dhātau sthito na ca tato vyutthitaḥ//"(p.19. ll. 12~15).

8 『마하반야바라밀경』권5 '문승품問乘品' 제18, "云何名無住三昧. 住是三昧中, 不見一切法住, 是名無住三昧."(T8, 251c.)

9 『대지도론』권47 '석마하연품釋摩訶衍品' 제18의 나머지, "無住三昧者, 是三昧名無住三昧. 住是三昧中 觀諸法. 念念無常無有住時."(T25, 399c.)

면 다시 다음과 같이 설시되는 내용의 결어結語로서 말해진다.

> 교시가여, 보살은 대장엄승大莊嚴乘을 발하여 대승에서 공법으로 반야바라
> 밀에 머무니, 마땅히 색에 머물지 않고, 마땅히 수·상·행·식에 머물지 않
> 으며, 마땅히 색이 상주라거나 무상이라는 것에 머물지 않고, 마땅히 수·
> 상·행·식이 상주라거나 무상이라는 것에 머물지 않는다. (중략) 마땅히
> 색이 공이라거나 불공이라는 것에 머물지 않고, 마땅히 수·상·행·식이
> 공이라거나 불공이라는 것에 머물지 않는다. (후략)[10]

또 『대품반야』의 「문주품問住品」에서도 똑같이 다음과 같이 설한다.

> 교시가여, 보살마하살은 색에 머물러서는 안 되니 유소득이기 때문이며,
> 수·상·행·식에도 머물러서는 안 되니 유소득이기 때문이다. (중략) 또 교
> 시가여, 보살마하살은 초지에 머물러서는 안 되니 유소득이기 때문이고,
> 내지 10지 중에도 머물러서는 안 되니 유소득이기 때문이다. 왜 그런가?
> 제불이 아뇩다라삼먁삼보리를 얻을 때 일체 제법은 무소득이기 때문이다.
> 이와 같이 교시가여, 보살은 반야바라밀에서 머물러서는 안 되니 유소득
> 이기 때문이다.[11]

---

10 『소품반야바라밀경』 권1, "憍尸迦. 菩薩發大莊嚴乘, 於大乘以空法住般若波羅蜜, 不應住色. 不應住受想
行識. 不應住色若常若無常, 不應住受想行識若常若無常. (중략) 不應住色若空若不空, 不應住受想行識若空
若不空. (후략)"(T8, 540a～b.)

11 『마하반야바라밀경』 권7 「문주품問住品」 제27, "須菩提言, 憍尸迦. 菩薩摩訶薩不應色中住, 以有所得故.
不應受想行識中住, 以有所得故. (중략) 復次憍尸迦. 菩薩摩訶薩初地中不應住, 以有所得故, 乃至十地中不
應住, 以有所得故. (중략) 何以故. 諸佛得阿耨多羅三藐三菩提時, 一切諸法無所得故. 如是憍尸迦. 菩薩於般
若波羅蜜中不應住, 以有所得故."(T8, 274b～275b.)

이처럼 무엇에도 머물러 집착하지 않는다고 하는 무착無著·무집無執의 실천은 항상 '不(應)住……'라는 표현 형식으로 설해지는 경우가 대부분으로, 이것이 '무주無住'라는 술어로 표현된 것은 거의 없다.

그러나 『대품반야』에는 이렇게 무엇에도 머무르지 않는다는 보살의 반야바라밀의 실천을 '부주법不住法'이라는 개념으로 통섭하려고 한 경향이 존재하는 것 또한 지적될 수 있다. 즉 앞에서 서술한 인용의 이어지는 문장에 이것을 총괄하여

> 보살마하살은 반야바라밀 중에서 이와 같이 머물러야 한다. 제불이 머무르는 것과 같이 제법 중에서 머무름도 없고 머물지 않음도 없다. 사리불이여, 보살마하살은 반야바라밀 중에서 이와 같이 배워야 한다. 나는 마땅히 **부주법**不住法에 머물러야 하기 때문이라고.[12]

라 서술하는 것이 그 일례이다. 이러한 경향은 이미 『대품반야』의 「서품」에서 "보살마하살은 **부주법**으로 반야바라밀 중에 머문다."[13]라고 하여 반야바라밀 행의 기본적인 의미를 보여주는 것으로서 『반야경』의 서두에서부터 제시된다. 당연하겠지만 이 '부주법不住法'은 '무주법無住法'이라고 환언할 수 있다. 이것을 앞에서 인용한 『대품반야』「방편품」에서는 다음과 같이 말한다. 즉

> 또 수보리여, 보살마하살은 이러한 생각을 해야 한다. 나는 색 중에 머물지 않아야 하고, 수·상·행·식 중에 머물지 않아야 하며, 내지 일체종지

---

12 위의 곳, "舍利弗, 菩薩摩訶薩般若波羅蜜中, 應如是住. 如諸佛住, 於諸法中非住非不住舍利弗, 菩薩摩訶薩般若波羅蜜中應如是學, 我當住不住法故."(T8, 275b.)
13 위의 책, 권1「서품」, "菩薩摩訶薩以不住法住般若波羅蜜中."(T8, 218c.)

중에도 머물지 않아야 한다고 이와 같이 6바라밀을 닦아야 한다. 왜 그런가? 이 색은 머무를 바가 없고, 내지 살바야도 머무를 바가 없다. 이와 같이 수보리여, 보살마하살은 **무주법**無住法으로 6바라밀을 닦아 아뇩다라삼먁삼보리를 얻어야 한다.[14]

라고 하여 보살은 '무주법'에 의해 6바라밀을 닦아야 하는 것이 설해진다. 이것은 일견 표현 형식으로서 본 경우 앞에서 서술한 '부주법'과 동일한 의미 내용을 갖는 말이라고 생각되지 않는 것도 아니다. 그러나 여기서 말하는 '무주법'이란 '색의 무소주' 내지 '살바야의 무소주' 등을 내용으로 하여 말해지는 것이다. 따라서 엄밀하게 말하자면 '부주법'과 '무주법'은 기본적 입장은 같다고 해도 동일 내용을 갖는 개념의 단순한 환언은 아님을 알 수 있다. 즉 "색에도 머무르지 않고 살바야에도 머무르지 않는다."라는 주체적인 무집무착의 실천적 본연의 자세가 '부주법'이고, '색의 무소주 내지 살바야의 무소주'라는 색 내지 살바야의 일체법에는 자성·실체가 없고 1법이라도 머물러 집착하는 바가 없는 상태가 '무주법'이다.[15] 즉 후자가 보다 공성(śūnyatā)에 가까운 개념 내용을 가지는 말이라고 이해된다. 따라서 이것은 또 다음과 같이 설해진다. 즉『대품반야』「등공품等空品」에

---

14 위의 책, 권21「방편품」제69, "復次須菩提, 菩薩摩訶薩應作是念. 我當不住色中, 不住受想行識中, 乃至不住一切種智中. 如是應習行六波羅蜜. 何以故. 是色無所住, 乃至薩婆若無所住. 如是須菩提, 菩薩摩訶薩以無住法, 習行六波羅蜜, 應當得阿耨多羅三藐三菩提."(T8, 371a.)

15 앞서 인용한「방편품」에는 '무주법'의 설시에 앞서 '부주법'에 대해 다음과 같이 설해진다. "世尊, 菩薩摩訶薩如是行般若波羅蜜, 當住何處, 佛言, 菩薩摩訶薩如是行, 不住色乃至不住一切種智. 世尊, 何因緣故色中不住乃至一切種智中不住. 佛言, 不著故不住. 何以故. 是菩薩不見有法可著可住. 如是須菩提, 菩薩摩訶薩以不著不住法, 行般若波羅蜜."(T8, 370a.) 즉 일체법에 머물러 집착하지 않는다는 반야바라밀의 실천이 '부주법'이라고 보인다. 이것에 대해 이 뒷 단락에서 그 이유로서 제시되는 것이 일체법은 '무주법'이라는 주 14번의 문장이다.

수보리여, 허공의 무생無生·무멸無滅·**무주無住**·무이無異와 같이 마하연도 이와 같으니, 무생·무멸·무주·무이이다.[16]

라고 설해지는 것이다.

그래서 다시 한번 앞에서 나온 "무주심을 이름하여 여래라고 한다."라는 경우의 '무주심'을 음미해보면 『팔천송반야』에 의해서도 알 수 있듯이 여래·아라한·정등각자가 "무주를 마음으로 삼는 것"이었다. 무주를 마음으로 삼으므로 그는 무엇에도 머물러 집착하는 바가 없으니, 따라서 '부주'인 것이다. 마찬가지로 '무주 삼매'란 '일체 제법의 무주(공적空寂)인 상태를 관하는 삼매'이었다. 따라서 이 두 가지에서 '무주'의 용법은 분명히 '허공'에 비유될 수 있는 '무주'와 동일한 의미 내용의 용례이다. 나집 역의 『반야경』이 '부주(법)', '무주(법)'로서 이것을 따로 역출했던 것은 단순한 말의 환언이 아니라 각각에 이러한 두 가지 뜻을 함축한 것으로서 엄밀하게는 이것을 구별했던 용례라고 생각될 수 있다. 그래서 앞에서 본 『별전』의 '반야의 공적 무주'와 '불성의 공적 무주'라는 것의 '무주'란 이 『반야경』에서 '허공'에 비유된 것 같은 공성 내지 제법 실상의 뜻인 '무주'이다. 이것에 대해 『단경』에서 말하는 '무주'는 어느 쪽이냐고 한다면 『반야경』에서 '부(응)주……'(na……tiṣṭhati)라고 설해지는 무착 무집의 '무주'라고 할 수 있다. 양자는 기본적으로는 동일한 이념에 기초한 것이면서도 한 쪽은 반야공의 주체적 실천의 본연의 모습을 보여주는 것이고, 다른 쪽은 공리·공성으로서의 제법의 실상을 보여주는 말이다.

후세에 선의 종지를 보여주는 개념으로 정착된 '무주'는 이러한 『반야경』에

---

16 『마하반야바라밀경』 권6 '등공품' 제22, "須菩提, 如虛空無生無滅無住無異, 摩訶衍亦如是, 無生無滅無住無異."(T8, 262c.)

서 설한 두 가지 뜻의 통합인 '무주'에 다름 아닌데, 이러한 선사상에서의 무주의 개념은 이것이 직접 선자에 의해『반야경』의 설상 자체를 전거로 하여 형성되었다고 생각하는 것은 경솔하다. 왜냐하면『반야경』자체에는 대부분 '무주'라는 말에 의한 직접적인 표현이 보이지 않기 때문이다. 당연히 거기에는『반야경』이 본질적 잠재적으로 가졌던 '무주'의 이념을 이론적으로 기초하여 이것을『반야경』의 종지로서 드러낸 사상적인 매개자의 존재라는 것을 예측하지 않을 수 없다.

3

『반야경』의 사상의 본질을 '무주'에서 발견했던 중국 불교 사상가의 한 사람이 가상 대사 길장이다. 즉 길장은 경의「문주품」에 주석한『대품경의소』중에서

> 반야는 **무주를 종지로 삼는다**. 그러므로 전도는 머물러 집착하는 것(住著)을 근본으로 삼는다. 지금 전도의 주착을 논파하고자 한다. 그러므로 소리내어 **무주**를 밝힌다.[17]

라고 서술한다. 요컨대 전도의 주착을 논파하는 무집 무착의 정신을 여기서 길장은 분명히 '무주'라는 말로 보여주고 이것을 반야의 종지라고 하는 것이다.『반야경』에서는 이러한 무착 무집의 실천이 도처에서 강조되었음에도 불구하고 반드시 '무주'라는 말로 제시된 것은 아니었다. 그것이 명확하게

---

17 길장,『대품경의소』권6, "深入究竟住者, 二義. 一者般若以無住爲宗. 故倒以住著爲本. 今欲破顚倒住著. 是故發音明無住也."(X24, 260c.)

여기서는 『반야경』의 종지로서 나타나는 것이다. 이 '무주'가 '무소주·무집착'의 의미인 것은 별도로

무의無依하고 무득無得하며 하나라도 머무는 바가 없는 것(一無所住)이 곧 반야의 현종玄宗이다. 의지하여 머무는 바가 있는 것은 모두 반야의 종지가 아니다.[18]

라고 경전의 종지를 설하는 것을 보아도 명확하다. 물론 완전히 같은 의미로 길장은 '부주'라는 말도 다용한다. 길장에게 양자는 분명히 일체인 것으로서 사용된다. 그러나 오히려 길장에서 '부주'란 '무주'라는 명제의 개념 내용으로서 무주의 '주住'의 구체적 본연의 상태를 보여준다. 즉 앞의 「문주품소」에서 길장은 '정주반야正住般若'의 의미를 다음과 같이 설한다.

무엇을 정주반야正住般若라고 하는가? 하나라도 머무는 바가 없는 것이 반야에 머무는 것이다. 반야에 머문다면 머무는 바가 없다. 주住라는 것은 부주不住로써 주住하는 것이다. 말미암는 바 없이 진속 유무에 머무르지 않으니, 일체에 모두 머무르지 않는다. 생사 열반에도 모두 머무르지 않는다. 이러한 머무름이 반야에 머무르는 것이다. 반야는 어디에 머무르는가? 일체에 모두 머물러서는 안 되니, 부주를 주라고 한다.[19]

---

18 위의 책, 권1, "無依無得, 一無所住, 即是波若之玄宗. 有所依住皆非波若宗也."(X24, 208c.)

19 위의 책, 권6, "云何是正住般若. 一無所住是住般若. 住般若則無所住. 言住者不住以為住. 無所從不住真俗有無, 一切皆不住. 生死涅槃亦皆不住. 是住住般若. 般若何所住. 一切皆不應住, 以不住為住也. (X24, 261c～262a.)

라고 설한다. 여기서 '정주반야'란 하나라도 머무르는 바가 없는 것이 반야에 머무르는 것이라고 하는데, 이 반야에 머무르는 것이 '무소주', 말하자면 '무주'이다. 그리고 바로 무주의 주란 "부주로써 주하는 것이다."라고 하기 때문이다. 요컨대 여기서 길장이 말하는 '정주반야正住般若'가 '무주'인데, 이것은 "부주로써 주한다."라는 것이다.

길장에서의 이 양자의 관계를 다시 부연한다면 앞서『대품경의소』에서 길장은 "무주가 반야의 종지이다."라고 정의하고 혹은 또 "무의 무득無依無得, 무소주가 반야의 현종이다."라고도 서술했다. 요컨대 간단히 말하자면『반야경』의 종지는 '무주'와 '무소득'이라고 하는 것과 같다. 그런데 길장의『대품유의』는 대단히 소부小部의 논소인데,『대품반야』의 종지를 간결하게 정리한 것으로 우수한 작품이다. 이『유의』중에서 길장은『대품반야』의 종지에 시종始終을 나누어 다음과 같이 말한다. 즉

그러므로 경종의 처음을 전개하면 **부주법으로써 머물고**, 그 뜻의 마지막을 설명하면 **무득으로써 득이라고 한다.**[20]

라는 것이다. 이것을 앞에서 본『의소』에서 경전의 종지의 표명에 비교할 때 이『유의』에서 의미하는 것은 스스로 분명하다. 즉 "부주법으로써 머문다."는 것이 '무주'이고, "무득으로써 득한다."는 것이 '무소득'이다. 물론 이 문맥에서만으로는 '부주'는 곧바로 '무주'와 동의어이고, '무득'은 '무소득'과 완전히 같다고 이해되지 않는 것은 아니다. 그러나 앞에서 본 것처럼 "부주로써 주한다."는 표현은 길장에서는 자주 보이지만 "무주로써 주한다."라고는 결코

---

20   길장,『대품유의』, "故開經宗之始, 以不住法住, 辨其義之終, 以無得爲得."(T33, 63b.)

말하지 않는다. 마찬가지로 "무소득으로써 득한다."라는 것도 없다. 그만큼 '무소득' 내지 '무주'라는 말은 길장에게는 명확한 의미 내용을 가진 개념으로 확립되어 있었다[21]고 생각하지 않을 수 없다.[22]

그러나 본래 무엇에도 주착하는 것이 없다는 의미로는 '부주'도 '무주'도 기본적으로는 동일하다. 따라서 『반야경』의 직접적인 해석을 떠나 오로지 파집破執의 개념으로 이것을 사용할 때 그 용법은 결코 고정적인 것이 아니라 매우 유동적으로 사용된다. 예를 들어 '삼론' 중에서도 특히 파사적 경향이 강한 『백론』에 관해 승조(374~414)가 저술한 「서문」의 1절에서는

> 이 논서에서는 말을 하지만 무당無當하고(言而無當), 논파하지만 집착함이 없다. 태연히 근거를 두지 않지만 일에 진실을 잃지 않는다. 고적하여 의 지하지 않지만(蕭焉無寄) 도리가 저절로 깊이 회통된다. 근본으로 돌아가 는 도리가 여기서 드러난다.[23]

라고 간결하게 『백론』의 종지를 보인다. 이것에 주석했던 길장은 "말을 하지 만 무당無當하다."(言而無當.)의 '무당無當'이란 "이것은 **무주**·무착의 이명異名 이고, 무의·무득의 별칭이다."[24]라고 이해한다. 또 "고적하여 의지하지 않는

---

21 ㉑ 부주不住는 일반적 술어로서, 특히 무주無住의 개념과 관련하여 주住의 내용을 이루는 용어에 해당하는 반면 무주無住는 길장에게 반야공의 주체적 실천의 본연의 모습이나 공리·공성으로서 의 제법의 실상을 보여주는 전문 용어로서 확립되었고, 길장에 의해 이루어지는 이 무주의 개념 화 과정은 선사상에서의 무주 개념의 정착을 위한 매개의 역할을 한다는 것이 필자의 논지인 것으로 보인다.

22 길장이 『대품반야』의 종지를 인과시종因果始終으로 나누어 인을 '무(소)주', 과를 '무소득'이라 하는 사고방식은 이미 초기의 작품인 『법화현론』 중에도 명료히 엿보인다. 즉 『법화현론』 권3에서, "大品 直明無所住因, 無所得果, 破眾生有所得心即便了悟, 不須別開緣正因果也."(T34, 388a~b)라는 것을 참조.

23 승조, 「백론서」, "其爲論, 言而無當, 破而無執, 儻然靡據, 而事不失眞, 蕭焉無寄, 而理自玄會. 返本之道著 乎玆矣."(T30, 167c~168a.) 또 승우, 『출삼장기집』 권11 「백론서」 제3(T55, 77b) 참조.

24 길장, 『백론소』, "無當者是無住無著之異名, 無依無得之別秤也."(T42, 234c.)

다."(蕭焉無寄.)에 주석하여 "또 이것은 **부주**의 이름이며, 무소주로써 도리와 깊이 회통한다."[25]라고 한다. 분명히 여기서 말하는 '무주'와 '부주'는 무소착·무소주의 의미이며, 완전히 동의어로 사용된다.

그런데 길장의 교학 사상은 그의 스승인 흥황사 법랑(507~581)을 계승했던 것인데, 법랑은 무소착·무소집를 표현하는 경우 항상 '부주'라는 말을 다용했던 형적이 있다. 예를 들어 『승만보굴』에서는

> 가문의 스승인 법랑 화상은 고좌高座에 오를 때마다 그의 문인들을 가르쳐 항상 다음과 같이 말했다. 말은 부주不住를 단서로 삼고 마음은 무득을 위주로 삼는다. 그러므로 경전에 깊은 고장高匠은 중생을 깨우치고자 마음에 집착하는 바가 없도록 했다. 왜냐하면 집착은 번뇌의 근본이고 모든 고통의 근본이 집착이기 때문이다. 삼세 제불이 경론을 연설하는 것은 모두 중생의 마음에 집착하는 바가 없도록 한다. (중략) 경전을 홍포하고 사람들을 이익되게 하며 도를 행하게 하고자 한다면 스스로 행하여 집착심을 일으키지 말라고 하니, 이것이 설교의 대의를 서술한 것이다.[26]

라고 법랑의 말을 전한다. 길장은 이것을 법랑의 '설교의 대의'라고 칭하는데, 그 대의는 "집착심을 일으키지 않도록 한다."라는 무착·무집의 강조이다. 법랑은 이것을 '부주'와 '무득'으로 대표한다. 『중관론소』에서는 "스승이 말하기를, 방등方等의 대의는, 말은 부주不住를 단서로 삼고 마음은 무득을 위주로

---

25 위의 곳, "蕭然無寄猶是不住之名, 以無不(所)住與理玄會."(T42, 235b.) 또 번역자의 주석(椎尾辨匡 역 『百論疏』 國譯一切經和漢撰述28, '論疏部'8, p.13 주22)과 같이 속장續藏·정장본正藏本에서도 '無不住'라고 하는데, 소화본昭和本에서 정정된 '無所住' 쪽이 올바를 것이다.

26 길장, 『승만보굴』 권상본, "家師朗和上, 每登高座, 誨彼門人, 常云, 言以不住為端, 心以無得為主. 故深經高匠, 啟悟群生, 令心無所著. 所以然者, 以著是累根, 眾苦之本以執著故. 三世諸佛, 敷經演論, 皆令眾生心無所著. (중략) 欲令弘經利人, 及行道自行, 勿起著心, 此敘說教之大意也."(T37, 5c.)

삼는다."²⁷라고 하여 여기서는 '방등의 대의'로 되어 있는데, 어쨌든 이것들은 길장이 『반야경』의 종지를 '무주'와 '무소득'으로 간주했던 취지와 완전히 동일하다. 요컨대 법랑에게는 『반야경』의 원표현에 보다 가까운 '부주'라는 말로써 '무득의 정관'을 강조하는 것이 많았던 것에 대해, 길장에서는 단순히 '주착하지 않는다', '얽매이는 것이 없다'는 의미의 개념 내용밖에 갖지 않는 '부주'에 한정하지 않고 이것과 같은 뜻의 파집破執의 의미를 갖는 것과 동시에 그 위에 공리·공성에 가까운 의미도 포함하는 보다 상위의 개념인 '무주'에 의해 이것을 통섭하려고 하는 경향에 있었다는 것을 지적할 수 있다. 『백론소』에서 보이는 것 같은 두 개념의 혼용은 어쩌면 의식적·무의식적인 법랑의 영향으로서 그 말을 예로 들어 무소득의 정신을 강조했던 것으로도 보이는데, 오히려 길장에서 그 개념화가 철저해지는 과정을 보여준다고 이해하는 것이 타당하겠다.

4

그래서 이러한 '무주'의 개념화가 보다 진행된 것으로 예를 들어 다음과 같은 『삼론현의』의 예가 거론될 수 있다. 즉

> 뜻의 근본은 **무주**로써 체중體中이라고 하니, 이것은 합문合門이다. 체중을 나누어 2용으로 삼으니, 진과 속을 말한다. 이것이 용중用中이니, 곧 개문開門이다.²⁸

---

27 길장, 『중관론소』 권1본, "師云, 方等大意, 言以不住爲端, 心以無得爲主."(T42, 12a.)
28 길장, 『삼론현의』, "義本者, 以無住爲體中, 此是合門. 於體中, 開爲兩用, 謂眞俗. 此是用中, 卽是開門也."(T45, 14c.)

라는 문장이다. 이것은 "해석이 다르다."(釋中不同.)라고 하여 다른 학파에서 말하는 '중도'의 뜻을 열거한 후에 삼론의 정의正義를 보여주었던 것이다. '의 본義本', 즉 여러 뜻의 근본으로서의 정의는 "무주가 중도의 체이다."라는 것으로 이것을 나누어 진속 이제를 설하는 것이 용으로서의 중도라는 것이다. 따라서 여기서 말하는 '무주'는 '진여' 또는 '실상'에 가까운 의미 내용을 가지는 개념이다.[29] 또『대승현론』 '이제의'에는 진속 이제로 이름을 세운다고 한다면 체의 입장에서는 무명無名이라고 하여

이름을 세운다면 부진불속不真不俗은 또한 중도이고 또한 무소유라고 하며 또한 정법이라 하고 또한 무주라고 하지만 이 비진비속은 무명無名이다.[30]

라고 한다. 그리고 다시

반야와 정법과 무주의 이 세 가지는 안목眼目의 이명異名이다.[31]

라고도 한다.

이리하여 '무주'는 중도의 체이고 '반야'와 '정법'[32]과 동의어가 되어 무명상

---

29 징선澄禪,『삼론현의검유집』권7의 이서裏書에, "言無住者眞如異名也."(T70, 496c)라 하고, 또 따로 "私云, 無住者實相也, 曇叡(影)中論疏出."(497a)이라고도 한다.

30 길장,『대승현론』권1, "立名者, 不真不俗, 亦是中道, 亦名無所有, 亦名正法, 亦名無住, 此非真非俗無名."(T45, 16c.)

31 위의 곳, "波若正法無住, 此三眼目之異名."(T45, 17a.)

32 길장에게 '정법'이라는 말은 단순히 불타의 교법의 의미가 아니라 제법 실상을 보여주는 개념으로서 다용된다.『중관론소』권8말 '관법품소'에서, "問, 法是何義 答, 以理言之, 只是一正法, 如云正法性遠離等. 又云, 一切無礙人一道出生死等."(T42, 124a)이라 하는 등 길장 장소에서 그 용례가 많다. 상세하게는 졸론,「實相と正法－吉藏における法の觀念と體系」(『佛教における法の研究』, 平川彰博士還曆記念論集, 1975년 10월, 東京 春秋社) 참조.

의 제법의 실상을 보여주는 것으로서 매우 적절한 개념으로 길장의 교학에서 한층 정착되기에 이르렀다. 이것을 예를 들어 길장은『중관론소』의 '관법품소 觀法品疏'에서

> 이 실상에 미혹하면 곧 6도 생사가 어지러워진다. 그러므로『정명경』에서 무주의 근본으로부터 일체법을 세운다고 한다. 그런데 실상의 체는 중덕 衆德을 포함하여 법성 바깥으로 벗어남이 있지 않으며, 용은 선교 방편을 다하여 일체의 문문을 구비한다.[33]

라고 하는 것과 같은 전개를 보이면서 다양하게 설한다.

그런데 이 인용에서 보는 것처럼 분명히 실상을 보여주는 개념으로 '무주'가 사용될 때에는 예외 없이 그 전거로 나집 역『유마힐소설경』「관중생품」의 "무주의 근본으로부터 일체법을 세운다."(從無住本立一切法. T14, 547c)라는 장구를 거론한다. 앞서 서술한『대승현론』'이제의'에서도

> 『정명경』에서 말한다. "무주의 근본으로부터 일체법을 세운다." 무주는 곧 무본無本이다. 그러므로 능能이든 소所이든 모두 무주를 근본으로 삼는다.[34]

라고 역시『유마경』을 전거로 한다. 길장은 특별히 이『유마경』의 1구를 좋아 하여 그의 장소의 도처에서 이것을 인용한다.[35] 본래 이 경의 원문은 "전도된

---

33 『중관론소』권8말, "迷此實相便有六道生死紛然. 故淨名經云, 從無住本立一切法. 然實相體含眾德, 無有 出法性外, 用窮善巧, 備一切門."(T42, 124a.)

34 『대승현론』권1, "淨名經云, 從無住本立一切法. 無住即無本. 故云, 若能若所, 皆以無住為本."(T45, 16c～ 17a.)

35 예를 들면『중관론소』에서만도 권3본(T42, 38b), 권6본(T42, 92a), 권8말(T42, 124a)에서 이 구절의 인용이 보인다.

생각은 무엇을 근본으로 삼아 발생하는가?"라는 물음에 대한 답으로서 "무주를 근본으로 삼는다."라고 했던 것으로, "무주는 곧 무본이다."라고도 하듯이[36] 전도된 생각이 번뇌라는 본성에 의해 생기는 것이 아님을 말했던 것이다. 나집은 이것을

> 법은 자성이 없고 인연에 초감되어 일어난다. 그것이 아직 일어나지 않았음에 당하여서는 의지할 바를 알지 못한다. 의지할 바를 알지 못하므로 머무르는 바가 없다. 머무르는 바가 없다면 비유무이다. 비유무이어서 유무의 근본이 된다. 무주라면 그 근원을 다하여 다시 벗어날 바가 없다. 그러므로 무본이라고 한다. 무본이면서 사물의 근본이 된다. 그러므로 일체법을 세운다고 한다.[37]

라고 주석한다. 따라서 번뇌라는 성품은 '무자성공'이므로 그것에 집착심을 일으키는 것으로부터 전도된 생각 내지 일체법의 발생을 본다는 것으로서 다음에 유명한 천녀의 산화散華에 대한 보살과 성문의 무집착과 집착의 차이를 비유적으로 설한다.[38] 여기서는 오히려 번뇌를 실체시하여 이것을 대치하려고 하는 성문의 종교적인 노력을 역설적으로 '집착'으로 간주하는데, 그 근거가 번뇌의 무자성공에 있음을 설했던 것이 이 경의 '무주'와 '무본'의 의미이다. 따라서 앞서 서술한 나집의 주석에서도 연기의 이법으로서 성공性

---

36 『유마힐소설경』권중 「중생품」제7, "又問, 顚倒想孰爲本. 答曰, 無住爲本. 又問, 無住孰爲本. 答曰, 無住則無本."(T14, 547c.)

37 『주유마힐경注維摩詰經』권6, "法無自性, 緣感而起. 當其未起, 莫知所寄. 莫知所寄, 故無所住. 無所住故, 則非有無. 非有無而爲有無之本. 無住則窮其原, 更無所出. 故曰無本. 無本而爲物之本. 故言立一切法也."(T38, 386c.)

38 『유마힐소설경』권중, "時維摩詰室有一天女, 見諸大人聞所說法便現其身, 即以天華散諸菩薩大弟子上, 華至諸菩薩即皆墮落, 至大弟子便著不墮, 一切弟子神力去華不能令去. (후략)"(T14, 547c.)

空의 의미를 해명하는 것을 주안점으로 삼으며, 후세에는 그 위에 이것을 '진여' 또는 '실상의 도리'로서 개념적으로 고정화되는 경향에 있었던 것은 앞에서 인용한 『검유집』의 주석에서도 분명하다(주 29). 길장은 중관론소 권6본에서 "산중사는 옛날에 성공性空에서 일체법을 세운다고 하였다."(山中 舊云, 於性空立一切法. T42, 91b)라고 지관사 승전의 말을 소개하는데, 이것은 필시 지금의 『유마경』의 1문의 개작改作인 것은 자명하다. 즉 승전은 『유마 경』의 '무주'를 '성공'이라고 환언했던 것이다. 도생(355~434)도 "무주는 곧 무본의 도리이다."(無住卽是本本之理也. T38, 386c)라고 주석한다. 당연히 길장 에서도 이것이 제법실상의 도리로서 보다 원리적인 개념에 의해 상징되는 것이 예상될 수 있는데, 길장은 오히려 종래 보아왔듯이 '무주'라는 표현 자체를 중시하여 이것을 보다 강조했다는 것은 이 말이 무본·성공이라는 무집착의 이론적 근거임과 동시에 구체적으로 표면에 나타났던 것으로서 일체를 공이라 하고 무엇에도 집착하지 않는다는 『반야경』 이래 주체적인 공의 실천도 여실하게 보여주는 말이었기 때문이다. 후세에 선자가 '무주'를 자신의 종지로 간주했던 이유도 또한 거기에 있었다고 생각된다.

5

예를 들어 남종선의 확립자였던 신회神會(670~762)가 그의 주장의 하나로 서 '무주'를 강조했던 것은 북종의 선법이 '자성청정심'을 설하고 '마음에 머물 러 청정을 봄(住心看淨)'을 그 특색으로 삼았던 것에 대한 반박이었다고 한다.[39] 즉 『보리달마남종정시비론菩提達摩南宗定是非論』에서

---

39 鈴木哲雄, 「荷澤神會論」(『佛敎史學』 제14권 제4호, 1969년 10월) 참조.

마음은 내부에 머무르지도 않고 또한 외부에 있지도 않다. 이것을 연좌宴坐라고 한다. 이와 같이 좌선하는 자는 불타가 곧 인가한다. 위로 6대 이래로 모두 한 사람이라도 마음을 집중하여 선정에 들거나(凝心入定), 마음에 머물러 청정을 보거나(住心看淨), 마음을 일으켜 밖으로 비추거나(起心外照) 마음을 거두어 내증하는(攝心內證) 일이 있지 않았다.[40]

라고 하여 '응심입정凝心入定', '주심간정住心看淨' 등의 북종의 선법을 비판한다. 이러한 북종의 선법의 특색은 가령 신회가 말하는 대로는 아니었다고 해도 자성청정한 것으로서의 마음을 실체시한 경향에 있었다는 것은 부정하지 못할 것이다. 길장은 "반야와 정법(실상)과 무주의 이 세 가지는 안목眼目의 이명異名이다."라고 했는데, 반야=무주라는 개념 설정은 이러한 '간심看心의 좌선'에 대해 가장 효과적인 슬로건이 아니었을까? 북종의 선법에 대한 남종의 반야주의라는 것은 이렇게 마음의 '무주'를 설하는 것에서 시작했다고 해도 과언이 아니다. 즉 신회는 "마음에 주처住處가 있는가? 답한다. 마음은 무주처無住處이다." "마음이 이미 무주라면 마음의 무주를 아는가, 알지 못하는가?"라고 발문發問하여 '무주'의 개념을 도입하고는

무주는 적정寂靜이다. 적정의 체는 곧 이름하여 정定이라고 한다. 체로부터 자연스럽게 지智가 있고, 능히 근본인 적정의 체를 아는 것을 이름하여 혜慧라 한다.[41]

---

40   신회, 『남종정시비론』, "心不住內, 亦不在外, 是爲宴坐, 如此坐者, 佛郞印可, 從上六代已來, 皆無有一人凝心入定, 住心看淨起心外照, 攝心內證, 是以不同."(歷史語言硏究所集刊 『新校定的敦煌寫本神會和尙遺著兩種』) p.846.

41   신회, 『남양화상돈교해탈선문직료성단어南陽和上頓教解脫禪門直了性壇語』, "心有住處不. 答, 心無住處. 和上言, 心旣無住, 知心無住不. 答, 知 (중략) 無住是寂靜. 寂靜體卽名爲定. 從體上有自然智, 能知本寂靜體, 名爲慧."(歷史語言硏究所集刊本) p.831. (이하 『단어壇語』라 약칭.)

라고 하여 '정정定定과 혜혜慧慧'를 무주인 마음의 적정에 의해 정의한다. 별도로 "무주의 체에 본래 본지本智가 있다. 본지로써 능히 항상 염상하여 본지로 하여금 그 마음을 발생하도록 하는 것을 안다."[42]라고 하는 것도 표현은 다르나 내용은 같은 것인데, 후자에서 '본지本智'라고 하는 것은 '반야'를 일컫는 것이므로 여기서는 반야와 무주의 상관이 잘 보인다고 할 수 있을 것이다. 또 '관觀'에 대해서도 『유마경』의 "내 자신이 이 몸 그대로의 실상을 보듯이 불타를 보는 경우도 이와 같다. 나는 여래를 다음과 같이 본다. 여래는 과거로부터 온 것도 아니고, 미래로 가는 것도 아니며, 따라서 현재에 머물러 있는 것도 아니다."(如自觀身實相. 觀佛亦然. 我觀如來, 前際不來, 後際不去, 今則不住. T14, 554c~555a)의 구절을 논거로 "마음의 무주를 아는 것이 관이다."[43]라고 한다.

앞에서 『단경』을 인용하여 무념無念과 무상無相과 무주無住의 세 가지가 대표적인 혜능선의 종지의 주장을 보여주는 것이었다고 서술했는데, 이것들은 어느 것이나 '반야바라밀'의 대변인 것은 말할 것도 없다. 예를 들어 '무념'에 관해 신회는

무념이란 곧 일념이고, 일념이란 곧 일체지이며, 일체지란 곧 매우 깊은 반야바라밀이고, 반야바라밀은 곧 여래선如來禪이다.[44]

라고 한다. 여래선은 달마선의 별칭인데, 이러한 '무념'이라는 개념 사상도 결국은 마음의 무주를 근거로 하여 전개된 것이라고 할 수 있을 것이다. 즉

---

42 『신회록』, "無住體上自有本智. 以本智, 能知常念, 令本智而生其心."(石井本, 『신회록』, p.17.)

43 『단어』, "知心無住是觀." pp.833~834.

44 『신회록』, "無念卽是一念, 一念卽是一切智, 一切智卽是甚深波若波羅蜜, 波若波羅蜜卽是如來禪."(石井本, 『신회록』, pp.43~44.)

단, 본체는 적정이자 공무소유이고 또 주착함이 없으며 허공과 똑같이 두루하지 않는 곳이 없음을 알면 곧 이는 제불의 진여신眞如身이다. 진여는 무념의 체이다. 이러한 뜻이므로 무념을 세워 종의로 삼는다.45

라고 하기 때문이다. 또 별도로 "단, 작의하지 않으면서 마음에 일어나는 것이 없다면 이는 참된 무념이다."46라고 하듯이 '부작의不作意'가 '무념'인데, 부작의의 반대인 '작의作意'가 '주심住心'이라고도 한다. 즉

법신의 체성은 보려고(看) 수고하지 않는다. 본다는 것은 곧 주심이고 곧 작의이다. 작의는 다시 망상妄想의 덩어리와 같다.47

라고 설한다. 작의-주심, 부작의-(무주심)-무념이라는 도식은 그 중심에 '무주'가 놓여 있다고 볼 수 있을 것이다.
마찬가지로 '무상無相'에 대해서도

본체가 공적하여 한 사물이라도 얻을 만한 것이 있지 않으니, 이를 아뇩보리라고 한다. 『유마경』에서 무주의 근본으로부터 일체법을 세운다고 하였다. 보살의 광채와 계율의 광채도 이와 같으니, 자성이 공적하여 형상이 있지 않다.48

---

45 『단어』, "但自知本體寂靜, 空無所有, 亦無住著, 等同虛空, 無處不遍, 卽是諸佛眞如身. 眞如是無念之體, 以是義故, 立無念爲宗." p.832.
46 위의 책, "但不作意, 心無有起是眞無念." p.857. (胡適의 『단어』의 '校寫後記'의 지적에 의거한다.)
47 『남종정사정오갱전南宗定邪正五更轉』, "法身體性不勞看. 看則住心便作意. 作意還同妄想團." p.837.
48 『단어』, "本體空寂, 無有一物可得, 是名阿耨菩提. 維摩經云, 從無住本立一切法. 菩薩光戒光, 亦復如是, 自性空寂, 無有形相" p.835.

라고 한다. 여기서는 곧바로 '무상'을 설하지는 않는다. 그러나 "자성이 공적하여 형상이 있지 않다."(自性空寂, 無有形相)는 쉽게 '무상'의 개념에 의해 드러나는 내용을 포함한다. 또 신회는 「여척발개부서與拓拔開府書」에서 다음과 같이 설했다고 한다.

> 일체 중생의 마음은 본래 무상이다. 상相이란 모두 허망심이다. 무엇이 허망인가? 작의作意하는 바의 주심住心이다. 공을 취착하고 청정을 취착하며 내지 마음을 일으켜 보리와 열반을 증험하기를 추구한다면 모두 허망에 속한다. 단, 작의하지 않는다면 마음에는 본래 사물이 없다. 곧 사물이 없는 마음은 자성이 공적이다. 공적의 체에는 본래 본지本智가 있고, 능히 아는 것을 관조의 용(照用)으로 삼는다. 그러므로 『반야경』에서 머무르는 바가 없이 마음을 발생시켜야 한다고 하였다. 머무르는 바가 없다는 것은 본적本寂인 체이고, 마음을 발생시킨다는 것은 본지本智인 용이다. 단, 작의하지만 않는다면 본래 마땅히 깨달아 들어간다.[49]

라 설했다고 한다. 여기서 '무상'이란 일체 중생의 마음이 본래 무상이라는 것을 말하는데, 이것은 부작의의 무물심無物心이자 자성 공적이라고 한다. 이자성 공적의 체가 '무주'이므로 여기서는 곧바로 무상＝무주이다. 이렇게 '무주'는 곧바로 '무념', '무상'으로 발전하고, 그의 선사상의 중핵을 형성한다. 또 앞 문장의 뒷 단락에서 신회는 "공적의 체에는 본래 본지本智가 있다."라고 했다. '본지'가 '반야'라는 것은 이미 서술했고, 이 문맥은 자주 설해진다. 따라

---

49 「여척발개부서」, "一切衆生心本無相, 所言相者, 並是妄心, 何者是妄, 所作意住心, 取空, 取淨, 乃至起心求 證菩提涅槃, 並屬虛妄, 但莫作意, 心自無物, 即無物心, 自性空寂, 空寂體上, 自有本智, 謂(能)知以爲照用, 故般若經云, 應無所住而生其心, 應無所住, 本寂之體, 而生其心, 本智用, 但眞作意, 自當悟入."(胡適 校 『神會和尙遺集』 권1, p.102, 歷史語言研究所集刊本) p.858 참조.

서 신회에게 '무주'는 공적인 본체이고 반야는 공적의 체 상에서 자유롭게 활동하는 본지로서의 용이다. 즉 '무주'와 '반야'는 '체용 상관'의 관계에서 설해지는데, 이것은 '중도'의 체를 '무주'라고 설했던 길장의 개념 구성과 흡사하다. 앞에서 인용한 『중관론소』(주 33)에서도 "무주의 근본으로부터 일체법을 세운다."(從無住本立一切法)라고 설하여 이것을 "실상의 체는 중덕衆德을 포함하여 법성 바깥으로 벗어남이 있지 않으며, 용은 선교 방편을 다하여 일체의 문을 구비한다."라고 설했다. 이러한 '체용 상관'의 논리는 본서에서도 자주 지적했듯이 길장의 장기였다.

여기서 본 '무주'와 '반야'의 상관은 바로 그 전개이고 변주이다. 다만 억지로 양자의 차이를 말한다면 '마음'(心)이라는 국면에서 파악하여 이를 철저하게 설한다는 한 가지 일에 있는 것이어서 그 상징적인 것이 "머무는 바가 없이 마음을 발생시켜야 한다."였다고 할 수 있을 것이다. 선의 사상에서 설해진 '무주'가 매우 고도로 개념화되고 추상화되어 원리적인 것으로 보임에도 불구하고 이것이 통상의 개념적 고정화나 유착화라는 함정을 모면한다고 한다면 그것은 오로지 '무주'라는 것이 '마음'이라는 한 지점에 집약되어 사용되기 때문이다.

이렇게 '무주'라는 개념의 형성 과정이나 그 다양한 전개를 통해 보는 한에서도 선가禪家와 길장으로 대표되는 삼론 학파라는 양자의 사이에는 매우 밀접한 사상적 친연 관계를 발견할 수 있다. 그것은 반드시 신회의 사상이 직접 길장의 사상을 계승했다는 것은 아니지만, 이것을 사상사의 연속으로 본 경우 거기에는 일관된 사상적 전개라는 것이 인식된다. 그런 의미에서 길장에게 『반야경』이나 『유마경』의 사상의 유의미한 바를 길어내어 배양되었던 것이 선가에서 그 개화와 결실을 본 하나의 사례로서 '무주'의 개념의 전개를 거론할 수 있다.

제4절 남종선 성립의 한 관점

1

선종 5조 홍인弘忍(601~674)의 회하에서 혜능慧能(638~713) 계통과 신수神
秀(~706) 계통의 이른바 남북 양종으로 나뉜다는 것은 꽤 후대에 성립한 설이
라는 것이 요즘의 학계에서는 상식으로 되어 있다.[1] 따라서 남돈 북점 2파의
분기를 상징하는 것으로 인구에 회자된 신수의 "몸은 보리수요, 마음은 밝은
거울과 같다. 항상 부지런히 닦아서 티끌이 끼도록 하지 말아야 한다."(身是菩
提樹, 心如明鏡臺, 時時勤拂拭, 莫使有塵埃)의 1게와 혜능의 "보리에는 본래 나무가
없고 밝은 거울에도 받침대가 없다. 본래 한 사물도 없는데, 어디에 티끌이
묻겠는가?"(菩提本無樹, 明鏡亦非臺, 本來無一物, 何處惹塵埃)라는 1게의 대립도 뒷
사람의 견강부회한 전설이어서 도저히 사실史實이라고는 생각할 수 없는 것이
지만[2] 이 두 게송이 상징하는 것은 매우 흥미로운 것이 있다. 보통 이 대적적인
두 게송은 북종의 능가주의楞伽主義에 대해 남종의 반야주의般若主義를 상징하
는 것으로서 알려지는데, 전자는 이것을 『열반경』의 불성 상주 사상으로 치환
해보아도 조금도 곤란할 것이 없다.

그런데 이른바 남종선의 조사가 된 6조의 혜능은 매우 전설적인 요소가
농후한 인물이다. 전기나 사상을 말하는 자료의 대부분이 신회(670~762)의
사후에 갑자기 출현한 것뿐으로 그 내용이 차차 발전하는 것도 있어서 그
기록의 자료 비판을 엄밀하게 행하는 것이 혜능 연구에서 필요한 전제 조건인
데, 지금은 본 절의 주제와는 직접 관계를 갖지 않으므로 이러한 문헌 비판의
문제는 모든 선학의 연구를 의용한다면, 혜능전에 대해 가장 신뢰를 받는

---

1   柳田聖山, 『初期禪宗史書の硏究』(1967년 5월, 京都, 法藏館) p.33 참조.
2   關口眞大, 『禪宗思想史』(1964년 7월, 山喜房佛書林) p.108 참조.

것은 최징最澄(767~822)이 들여온『조계대사별전曹溪大師別傳』1권인 것이 지적되어 있다.[3] 야나기다세이잔柳田聖山 교수는 본서의 내용을 16조로 요약하면서[4] 본서라고 하더라도 그 많은 것이 사실史實이 아니라는 것을 논증하는데, 그러나 "『별전』이 혜능의 조계 입사入寺의 동기로서 무진장 비구니와의 『열반경』에 관한 문답을 전하면서(16조의 2) 혜기惠紀 선사의 지적을 동산 참문東山 參問의 이유로 삼는(16조의 3) 것은 어쩌면 어느 정도까지는 혜능 그 사람의 사실史實을 전하는 것일지도 모른다."[5]라 서술하고, 거기에 광주廣州 법성사法性寺에서의 인종印宗(627~713)과의 만남(16조의 6)은 "모든 혜능전을 일관하는 커다란 정점"으로 "그것이 다소 다르게 전해지는 것은 있어도 그 원형이 되었던 사실史實 그 자체를 의심할 수는 없다."[6]라고 밝힌다. 거의 사실이라고 인정되는『별전』의 이 기록이란 함형咸亨 원년(670)에 신주新州(광동성 신흥현新興縣)에서 조계로 와서 유지략劉志略과 상면하고 유씨의 고모인 무진장 비구니와 『열반경』의 불성의를 논하고는 추천되어 보림사에 들어갔다는 이야기나[7] 의봉儀鳳 원년(676) 혜능 39세 때 광주 제지사制旨寺에서 인종이 『열반경』을 강설하는 것을 듣고 '풍동번동風動幡動'의 문답에 의해 인정받아 인종에게 '견성'의 의의를 설하고 다시『열반경』에서 불성 불이佛性不二의 법을 밝힌 것이 선이라고 설했다는 이야기이다.[8]

3　스즈키다이세츠鈴木大拙 박사는 "혜능의 실전實傳이라고도 전할 만한 것은 대체로 전교傳教 대사가 들여온 이른바『조계대사별전』인 것밖에는 없다고 생각한다."라고 서술한다.『禪思想史研究第二』(『鈴木大拙全集』제2권, 1968년 5월, 岩波書店) p.325 참조.

4　柳田, 앞의 책, pp.219~222 참조.

5　위의 책, p.223.

6　위의 책, p.225.

7　『조계대사별전』, "至咸亨元年, 時惠能大師俗姓盧氏, 新州人也. 少失父母, 三歲而孤. 雖處群輩之中, 介然有方外之志. 其年大師遊行至曹溪, 與村人劉志略結義為兄弟. 時春秋三十. 略有姑出家配山澗寺, 名無盡藏, 常誦『涅槃經』. 大師書與略役力, 夜即聽經. 至明為無盡藏尼解釋經義. 尼將經讀, 大師曰. 不識文字. 尼曰. 既不識字, 如何解釋其義. 大師曰. 佛之理非關文字能解. 今不識文字何怪. 眾人聞之皆嘆歎曰. 見柳敬此. 天機自悟, 非人所及. 堪可出家住比寶林寺."(X86, 49c.)

8　위의 책, "至儀鳳元年, 初於廣州制旨寺, 聽印宗法師講涅槃經. (중략) 法師每勸門人商量論義. 時屬正月十

이러한 사실에서 추론하여 혜능이 특히 『열반경』에 친숙한 사람이었다는 것도 최근에는 학자들이 일치하여 인정하는 점으로[9] 고래로 혜능의 '사상적 거점'인 것으로 된 『금강경』보다도 역사적으로는 『열반경』에 보다 가까운 사람이었다는 것이 정설로 되어 있다.[10] 특히 모든 혜능전의 기본이 되는[11] 이 『조계대사별전』에 한정하여 말한다면 인용 경전에서 보아도 『열반경』이 압도적으로 많으며 사실史實로 인정되는 주요한 점에 관해서도 『열반경』을 둘러싼 문제였던 것은 지금 본 대로이다. 스즈키다이세츠鈴木大拙 박사는 『별전』에는 『금강경』은 없고 『열반경』이 있다[12]고 확언한다.

그런데 다시 앞에서 남북 2파의 분기가 되었다고 한 '본래무일물本來無一物'의 게송으로 돌아가면 거기에는 분명하게 반야주의의 경향이 농후하게 살펴진다. 게다가 논파의 대상이어야 할 신수의 게송이 오히려 능가경 내지는 열반경적인 사상에 비견된다는 것은 가령 그것이 후대 사람의 견강부회일 것이라면 『반야경』의 사상에 기초하여 오히려 열반경적인 사상을 비판하는 혜능상慧能像의 확립을 기대하는 것이다. 이것은 단순한 도식으로 말하자면 『열반경』으로부터 『반야경』(『금강반야』)으로라는 혜능 사상의 역사적 전개를 상징하는 것이라고 할 수 있다. 그러나 이때 각종 혜능전의 기초가 되는

五日, 懸幡諸人夜論幡義, 法師廊下隔壁而聽. 初論幡者, 幡是無情, 因風而動. 第二人難言, 風幡俱是無情, 如何得動. 第三人因緣和合故動. 第四人言幡不動風自動耳. 衆人評論喧喧不止, 能大師高聲止諍人曰, 幡無如餘種動, 所言動者, 人者心自動耳. 印宗法師聞已, 明日講次欲畢. 問大衆曰, 昨夜某房論義在後者是誰, 此人必裏承好師匠. (중략) 能大師答曰, 唯論見性不論禪定解脫無爲無漏. 法師曰, 如何不論禪定解脫無漏無爲. 能答曰為此多法不是佛性, 佛性是不二之法. 涅槃經明其佛性不二之法即此禪也."(X86, 50c.)

9 우이하쿠쥬宇井伯壽 박사도 "5조와 6조 만남의 문답이 모두 불성에 대해서였던 것에서 보아도 『열반경』을 알았던 것은 확실하고, 『금강경』만으로는 불성이라는 것이 생각될 도리가 절대로 없다."(『제이선종사연구』 p.188)라고 한다.

10 柳田, 앞의 책, p.224 참조.

11 宇井, 앞의 책, p.211에서 『조계대사별전』에 대해 "틀린 것이 적지 않지만, 6조의 전기에 관해서는 대체로 한 시기를 구획하는 것으로, 이 별전에서 처음으로 볼 수 있었던 것이 후세의 '6조전'에서 표면화되어 있는 것이 많다."라고 서술되어 있다.

12 鈴木, 앞의 책, p.325.

『조계대사별전』의 '사상적 거점'이 『열반경』에 있다는 것은 매우 불편한 것이
된다. 그래서 『송고승전』이나 『경덕전등록』의 혜능전에는 혜능이 광주에서
나무꾼을 하고 있을 때 한 사람의 객으로부터 『금강반야』를 듣고 이것이 황매
산黃梅山의 홍인에게서 나온 사상이라고 가르침을 받아 후에 무진장 비구니나
혜기 선사와 만나 다시 홍인의 문하에 가도록 진행되었다는 구성을 갖는[13]
것은 『금강반야』를 대전제로 하여 무진장 비구니나 혜기 선사의 『열반경』으
로부터 홍인하에서의 『반야경』으로라는 역사적인 전개를 추적하려고 했던
것으로, 요컨대 『열반경』에서 『반야경』으로라는 도식의 정당화가 사실史實의
순서를 혼란시킨다고도 말할 수 있다. 그러면 '본래무일물'의 게송에 의해
상징되는 것과 같은 '반야주의'의 혜능상과, 사실史實 또는 『별전』에서 말하는
'『열반경』이 사상적 의지처였다'고 하는 혜능상과의 혼동을 둘러싼 이러한
문제는 사상사적인 견지에서 어떤 의의를 가지는 것일까? 이 점에 대해 다음
에 고찰해보려고 한다.

2

　다시 『조계대사별전』으로 돌아가서 앞에서 서술한 모든 혜능전에 공통적으
로 보이는 인종印宗과의 만남으로 되돌아와 생각해보면 인종이라는 사람은
『송고승전』 권4에 기재된 당 회계산會稽山 묘희사妙喜寺의 인종[14]이다. 전기에
의하면 인종은 일찍부터 『열반경』에 정통하고 함형 원년(670) 북지의 장안에
서 왕성하게 교화를 행했던 사람이다. 상원上元 연간(674~675)에는 칙명에

13　『송고승전』 권8 '당 소주 금남화사 혜능전唐韶州今南華寺慧能傳', "能負薪矣日售荷擔, 偶聞廛肆間誦
　　金剛般若經, 能凝神屬垣遲遲不去. 問曰, 誰邊受學此經. 曰從蘄州黃梅馮茂山忍禪師, 勸持此法, 云即得見性
　　成佛也. 能聞是說, 若渴夫之飮寒漿也. 忙歸備所須留奉親老. 咸亨中往韶陽遇劉志略, 略有姑無盡藏. 恒讀涅
　　槃經. (후략)"(T50, 754c.) cf. 『경덕전등록』 권5, 제33 조혜능대사장祖慧能大師章(T51, 235b) 참조.
14　『송고승전』 권4, '당 회계산 묘희사 인종전'(T50, 731b.)

의해 대애경사大愛敬寺에 입사入寺를 명 받았는데 이것을 사양하고 동산에 홍인을 찾아 선법을 받고 번우番禺 법성사法性寺에서 혜능을 만났다는 것으로 되어 있다. 야나기다柳田 교수는 이 홍인과의 만남이 허구일 것이라고 의심하는데,[15] 그렇다면 이 기록에는 분명히 법성사에서 혜능과의 회견을 장엄하기 위한 각색의 기미가 다분히 살펴진다. 어쨌든 일찍부터『열반경』의 대가로서 알려지고 북지의 장안에서 천하의 명덕으로 이름이 높았다는 것이 기본적인 인종의 사실史實이다. 이 인종으로 하여금 지금까지 설해온『열반경』은 마치 기와와 자갈처럼 쓸모없는 것에 지나지 않았다고 찬탄하게 하는 것이『조계대사별전』이 말하는 혜능상인 것이다.

그런데 인종은 계보가 정해져 있지 않지만 율학의 대가로 고향인 오군吳郡에서 자사인 왕주王冑의 귀의로 계단戒壇을 설치하고 수천에 이르는 사람들을 제도했다고『송고승전』에서도 전한다.[16] 또 동산의 홍인에 참여했다는 월주越州 묘희사의 승달僧達(637~719)[17]이 이 인종에게서 율을 받았다는 사실에서도 이것은 분명하다. 그래서 인종이 북지의 장안에서 활약했다는 점과 율학의 대가였다는 두 가지의 사실에서 생각해보면 여기에 인종의 열반학이라는 것이 어떤 경향의 것이었는지 하나의 추측이 가능하다. 그것은 북지 계통의 열반학이다. 이미 안도오토시오安藤俊雄 박사의 연구[18]에서 보는 것처럼 북지의『열반경』연구는 율학과 밀접하게 결부되어 있기 때문이다. 주지하듯이 북지에서는 북위北魏 태무제太武帝(423~452 재위)라든가 북주北周 무제(560~

---

15 柳田, 앞의 책, p.226 참조.
16 『송고승전』 권4 '인종전', "還鄕地, 刺史王冑禮重殊倫, 請置戒壇, 命宗度人, 可數千百."(T50, 731b.)
17 『송고승전』 권29 '당 월주 묘희사 승달전', "遇印宗禪師重磨心鑑, 光州見道岸律師更勵律儀"(T50, 889b.)
18 安藤俊雄,「北地涅槃學の傳統と初期の四論師」(橫超慧日 編『北魏佛敎の硏究』, 1970년 3월, 京都 平樂寺書店) 참조.

578 재위)에 의한 폐불이라는 미증유의 법난을 만나면서 불교자의 위기감이 절실했다. 『열반경』에는 이러한 상계 말법像季末法 시대에 정법을 수호해야 하는 보살의 윤리 규범이 자주 설해진다. 불성을 계율의 근본으로 삼는 사상과 함께 북지의 학자들은 오히려 실천 수도의 규범을 설하는 안성맞춤의 대승 율전으로서 이 경을 존중했다는 안도오토시오 박사의 견해는 십분 주목할 만하다. 승전에 율과 열반을 겸학했다는 북지계의 불교자는 인종 한 사람에 그치지 않고 다수를 헤아릴 수 있는 것은 분명히 그것이 북지 열반학의 경향이었기 때문이다.

3

그런데 북지에서 『열반경』이 대승의 율전으로서 전수되었다는 특징 외에 필자는 또 하나의 특징으로 『열반경』이 습선자에 의해 연구 전수되었던 흔적이 있음을 지적하고 싶다. 예를 들어 그 열반학에 대해 '조와 위 지방에서 진리의 등불을 전한 아름다움'(趙魏傳燈之美)이라고 찬탄 받았던 도빙道憑(488~559)[19]이 있다. 도빙은 『화엄』이나 『지론』도 배웠던 사람인데, 가장 『열반경』에 뜻을 두어 7하夏에 걸쳐 『열반경』을 강론하려고 했지만 일단 단념하고는 우선 『열반경』의 진의를 파악하기 위해 선을 행하고 각지의 선장禪匠을 방문한다. 도빙 자신도 소림사에 머물러 좌선을 닦은 후 혜광慧光의 문하에서 율을 배우고 10년 후에 비로소 『열반경』을 강론했다고 말해진다. 이 '도빙전'에 의해 알려지는 것은 『열반경』이 당시 율과 함께 수학되었다는 것과 『열반경』의 진의를 전하는 자가 각지의 습선자였다는 두 가지이다. 이것은 예를 들어 당시 『열반경』「성행품聖行品」에서 설하는 '4념처관'에 의해 달마의 계통과는 다른 독자의 선법을 고안한

---

19 『속고승전』 권8 '제 업서 보산사 석도빙전齊鄴西寶山寺釋道憑傳'4(T50, 484b~c.)

승조僧稠(480~560)[20]와 같은 선자가 있었던 것을 상기시키는데, 승조와 도빙은 완전히 동시대인이었고 지역적으로도 근접해 있으므로 도빙이 방문했던 선장이란 어쩌면 승조와 같은 인물을 가리켰던 것인지도 모른다. 어쨌든 이 양자에서『열반경』과 '습선'이란 밀접하게 결부되어 있었다.

이것을 방증하는 것으로 지금 한번『속고승전』의 '호법편'에 기재된 담무최曇無最[21]를 거론할 수 있다. 무최는 시대적으로는 앞서 서술한 도빙이나 승조의 선배로 북위 낙양洛陽의 융각사融覺寺에 머무르면서『화엄』과『열반』에 정통하여 보리류지로부터 동토東土의 보살이라고 칭해졌던 사람인데, 율에도 정통하고 일찍이 감단邯鄲의 숭존사崇尊寺에서 천 명 이상의 대중에게 계율을 설하며, 또 "선나禪那를 편애하여 마음이 텅비고 고요하였다."(偏愛禪那, 心虛靜謐)라고 전해지므로 선자이기도 했다고 생각된다. 남악 혜사南岳慧思(515~577)가 수업 중 방문했다고 전해지는 여러 선사 중 '최사最師'[22]라는 이는 아마 이 담무최였다고 생각되므로 분명히 선자로서의 일면도 가졌던 것이다. 요컨대 북지의 대표적인 불교자 사이에 선·율·열반의 삼위일체관이라는 것이 하나의 경향으로 지적될 수 있다. 안도오安藤 박사는 이 북지계 열반학이 사론사四論師를 매개로 하여 천태 지의(538~597)에까지 유지 전승되고 지의에서 하나의 정점에 달했다고 본다.[23]

그런데 7세기 후반의 강동江東에서 양주揚州 용흥사龍興寺를 중심으로 하는 율학의 흥륭이 있었고 여기에 이른바 선율 호전禪律互傳의 경향이 있었다고

---

20 위의 책, 권16 '제 업서 용산 운문사 석승조전齊西龍山雲門寺釋僧稠傳'8(T50, 553b~555b.)
21 위의 책, 권23 '위 낙도 융각사 석담무최전魏洛都融覺寺釋曇無最傳'1(T50, 624b~625a.)
22 위의 책, 권17 '진 남악 형산 석혜사전陳南岳衡山釋慧思傳'2에서, "後往鄴最等師, 述己所證."(T50, 563a) 이라고 하는 것을 참조.
23 安藤, 앞의 책, pp.197~201 참조.

하는 학자의 지적이 있으며,[24] 선자로서 인종이 율학의 대가이기도 했다는 것은 이 강동에서 선율 호전의 선례를 이룬 것이라고 간주한다.[25] 그렇다면 강동의 선율 호전의 경향이라는 것이 천태계 선자에 의해 매개되었던 것이든 아니면 인종과 같은 사람을 선구로 하여 본래 감진鑑眞(687~763)의 출생지라고 하는 율학의 중심지에서 새롭게 선과의 병습이 행해지게 되었던 것이든 이것이 사상 경향으로는 본래 북방 불교에서 싹을 틔웠다는 것이다. 그리고 분명히 선율 호전의 경향을 대표하는 한 사람인 인종에서 다시 『열반경』을 소의로 삼는 또 하나의 중요한 요인이 존재했다는 것은 사상사적 계보로서 인종의 열반학이 선·율·열반의 삼위일체를 기도한 북지의 열반학에 관련되는 것이었다고 할 수 있다. 중당 이후에서도 이러한 경향이 보이는데, 그 일례로 예를 들어 『송고승전』의 '습선편'에 게재된 장안 대안국사大安國寺 능가원楞伽院의 영저靈著(691~746)[26]가 있다. 영저는 후에 신회의 북종 공격의 대상이 된 보적普寂(651~739)의 제자인데, 이 사람의 전기에 "40세에 비니毘尼의 도에 정통하고 겸하여 열반을 강론하며 일율 일경一律一經으로 전법하기에 부지런했다."[27]라는 기재에 의해서도 살필 수 있다. 사상사적으로는 이러한 계보에 관련된 인종의 열반학이라는 것을 『조계대사별전』에서는 분명하게 부정한다. 요컨대 이것은 북지계 열반학의 명확한 부정을 의미하는 것이다. 그러나 그렇다고 해서 직접적으로 혜능의 열반학이 이 북지의 전통과 상대하는 남지 열반학의 단순한 계승이라는 의미는 아니다. 왜냐하면 남지 열반학은 북지의 그것과 서로 대립하는 것으로서 동일한 차원에 서 있기 때문이다. 오히려 그러한

---

24 柳田, 앞의 책, p.198 참조.
25 위의 책, p.226 참조.
26 『송고승전』 권9 '당 경사 대안국사 능가원 영저전'(T50, 761b~c.)
27 위의 곳, "年四十精毘尼道, 兼講涅槃, 一律一經勤於付授."(T50, 761b.)

이미지도 부정하는, 요컨대 이 양자를 지양하는 다른 차원에 혜능의 열반학이 서 있다는 전제하에 이『별전』의 드라마가 성립한다고 하지 않으면 안 된다. 또 한편 이『열반경』문제는 본래부터 전의傳衣의 문제 등과 관련하여 혜능을 돋보이게 하는 역할로서 똑같이『열반경』의 대가인 인종을 등장시켜 혜능을 칭찬하기 위한 단순한 동기에 기초하는 것이었다고 볼 수도 있다. 그러나 『조계대사별전』에서의 주장은 필시 혜능을 현창했던 신회(670~782)의 의뢰에 의해 쓰인 왕유王維(700~761)의『육조능선사비명六祖能禪師碑銘』에서 비롯한다는 야나기다柳田 교수의 지적[28]에 주의한다면 전의傳衣 등의 전설을 사상捨象하여 순수하게 사상사적인 문제로서 고찰하는 경우 그것은 단순히 혜능의 현창 이상으로 남종선이라는 것이 성립하는 과정 중 하나의 투영으로서『열반경』을 축으로 한 신회 일파의 남종의 사상에 하나의 질적인 전환이 있었던 것의 상징이 아니었을까라고 생각한다. 그 의미를 다음으로 신회의 입장에서 생각해보자.

4

스즈키테츠오鈴木哲雄 씨가 서술한 것처럼[29] 각 학자의 설을 종합해보면 신회의 저술의 성립 연대와 사상의 발달 과정 사이에 크게 3단계가 있다고 한다. 그 첫째는 남양 용흥사 시대의『남양화상돈교해탈선문직료성단어南陽和上頓教解脫禪門直了性壇語』나『남양화상문답잡징의南陽和尙問答雜徵義』등 비교적 이른 시기에 성립했다고 생각되는 것으로, 이 시기의 것은 북종 배격 이전의, 특히『금강반야경』의 중시가 보이지 않고 주로 인용된 경전은『열반경』과

---

28 柳田, 앞의 책, p.227 참조.
29 鈴木哲雄,「荷澤神會論」(『佛教史學』제14권 제4호, 1969년 10월).

『유마경』이라는 것이 그 특징이다. 둘째는 『보리달마남종정시비론菩提達摩南宗定是非論』으로 대표되는 것으로, 이 시기에는 예리한 북종 배격과 가장 중시된 경전이 『금강반야경』이라는 것이 특징이다. 또 셋째는 아마 최만년의 성립이라고 생각되는 『돈오무생반야송頓悟無生般若頌』으로 대표되는 시기로, 여기서는 『열반경』의 사상과 『반야경』의 사상과의 교섭·융합이 현저하게 드러나는 것이라는 이상의 세 가지이다.

주지하듯이 신회(670~762)는 처음 옥천사玉泉寺에서 신수(~706)에게 배우고 보적(651~739)이나 의복義福(658~736) 등과 동문으로 후에 이 보적과 대결하는 것에 의해 남종의 입장을 확립해갔는데, 북조의 선학禪學을 초극해간 근본적인 '거점'은 좌선 관심坐禪觀心의 방편을 빌리지 않는 돈오의 입장이다. 이 '돈오'나 '견성'의 사상적 배경에는 축도생竺道生(355~434)이나 보량寶亮(444~509) 이래의 전통적인 남방 열반 교학의 체질을 상정하지 않을 수 없고,[30] 그것이 초기의 저작인 『단어』 등에 『열반경』의 인용이 가장 많이 보이는 이유의 하나가 된다. 이것이 『남종정시비론』에서는 일변하여 북종과의 대결을 통해 『금강반야경』의 중용에 의한 반야 사상의 고양으로 이행해간 것인데, 그것은 예를 들어 "금강반야바라밀이 가장 존귀하고 가장 우수하며 가장 제일이다."(金剛般若波羅蜜最尊最勝最第一.)[31]라는 것이고, 제2절에서 보았듯이 초기 선종의 기본적 입장을 보여주는 '일행 삼매'에 관해서도

---

30 야나기다柳田 교수는 "조계 혜능의 견성설 같은 것도 아무리 독창적이었다고 해도 남방에서의 불성론 내지는 열반 교학의 지반 없이는 결코 발생할 수 없었을 것이다."라고 하여, 설령 그것이 직접적 발전이라기보다 안티테제라고 해도 남종의 교학적 기반은 열반 교학의 불성론에 보다 커다란 영향을 받는다고 생각한다. (柳田, 앞의 책, pp.166~167.)
31 『남종정시비론』(歷史語言研究所集刊, 『新校定的敦煌寫本神會和尚遺著兩種』) p.850.

여러 선지식에게 고하니, 만약 매우 깊은 법계에 요달하여 곧바로 일행
삼매에 들어갈 수 있고자 하는 자라면 먼저 반드시 『금강반야바라밀경』
을 외워 지니고 반야바라밀을 수학해야 한다.[32]

라고 서술하여 '반야바라밀', 특히 '금강반야바라밀'의 송지誦持, 수학을 권고
한다. 왜 『금강반야』를 중시했는가라는 이유로서는 이것이 북종의 『능가경』
에 상대하여 의식적으로 행해진 것이고, 또 당시 교선敎線을 확대해갔던 남북
양종 이외 제3의 세력인 우두종의 반야주의에 자극받았다는 것도 고찰되며,
때마침 당의 개원開元 시기(713~741)에 일반적인 유행을 보였던 『금강반야경』
이 이 역사적인 요청에 합치했다고 생각될 수 있다. 또한 당시 남방의 선자
간에도 『열반경』에서 설하는 불성 상주의 입장을 강조한 나머지 신성 불생멸
神性不生滅을 설하여 남양 혜충南陽慧忠 국사(~775)에게 선니先尼 외도의 견해
와 유사하다는 비판을 받았다는 사례[33] 등이 보이는 것처럼 남지의 열반 종지
의 잔재인 불성상주·심성불멸 등의 견해가 선자 사이에서도 강하게 남아 있
었기 때문이다.

　신회는 북종이나 우두종의 사람들에 대항하여 자신의 입장이 남방 열반사
의 아류가 아니라는 것을 명시하기 위해서도 동산 법문 이래의 반야주의를
특별히 강조할 필요가 있지 않았을까. 그것이 당시 유행의 『금강반야』와 결합
되었던 점에서 『열반경』에서 『반야경』으로라는 전개의 도식이 성립했다고

32　위의 책, "告諸知識. 若欲得了達甚深法界, 直入一行三昧者, 先須誦持金剛般若波羅蜜經, 修學般若波羅
　　蜜."(p.951.)
33　'광택사혜충어록光宅寺慧忠語錄'(19)(宇井伯壽, 『第二禪宗史硏究』 수록)에 남방 선객의 말로서, "彼方
　　知識直下示學人, 卽心是佛, 佛是覺義, 汝今悉具見聞覺知之性, 此性善能揚眉瞬目. (중략) 心性無始以來,
　　未曾生滅…… (중략) 師曰, 若然者與彼先尼外道, 無有差別. 彼云, 我此身中有一神性. (후략)(같은 책,
　　pp.313~314)라는 것을 참조.

생각한다. 게다가 남종선의 기본적인 입장인 돈오의 선법은『열반경』의 '견불성'을 실천적으로 '견見' 또는 '견성見性'으로서 파악했던 것이었다.[34] 여기에 『열반경』의 사상이『반야경』의 사상에 의해 융합되지 않으면 안 되는 필연성이 본래적으로 존재했고, 이것이 셋째로『무생반야송無生般若頌』에서의 반야와 열반의 교섭 상즉이다. 예를 들어『무생반야송』에서

> 반야는 비추지 않지만 능히 열반을 비춘다. 열반은 비추지 않지만 능히 반야를 발생시킨다. 열반과 반야는 이름은 다르지만 체는 같다. 뜻에 따라 이름을 세우므로 법에는 고정된 상이 없다. 열반은 능히 반야를 발생시키므로 곧 불신을 갖춘다고 이름한다. 반야는 열반을 완전히 비추므로 여래의 지견이라고 부른다.[35]
> 般若無照, 能照涅槃. 涅槃無照, 能生般若. 涅槃般若, 名異體同. 隨義立名, 法無定相. 涅槃能生般若, (卽名)具佛身. 般若圓照涅槃, 故號如來知見.

라는 등은 그 전형이다. 요컨대 신회가 말하는 '무생'이란 '열반'인 것이므로 '무생 반야'란 열반의 반야, 반야의 열반에 다름 아니다.『조계대사별전』이 혜능의 주장의 '거점'으로 삼았던『열반경』의 사상이란 실은 이러한『반야경』의 사상과 융즉했던『열반경』이었다고 생각될 수 있다.

5

그래서 마지막으로『조계대사별전』그 자체에 의해 이 점을 살펴보면 예를 들어『별전』에서 최초의 혜능과 인종의 문답의 첫 번째에 '견성'의 뜻이 논해

---

34 鈴木哲雄, 앞의 논문.
35 『무생반야송』(歷史語言研究所集刊本, p.882).

지는데, 거기서는

> 혜능 대사가 답했다. 오로지 견성을 논할 뿐 선정, 해탈, 무위, 무루를 논하지 않는다.
>
> 법사가 말했다. 어찌하여 선정, 해탈, 무루, 무위를 논하지 않는가?
>
> 혜능이 답했다. 이는 다법多法이므로 불성이 아니다. 불성은 불이의 법이다. 『열반경』에서 불성 불이의 법을 밝힌 것이 곧 이 선禪이다.[36]

라고 서술한다. 요컨대 '견성'이란 '불성 불이의 법'이라고 한다. 그래서 이 '불이법'이란 무엇이냐 하면 이것을 다음과 같이 서술한다.

> 법사가 또 물었다. 어찌하여 불성이 불이의 법인가?
>
> 혜능이 말했다. 『열반경』에서 고귀덕왕高貴德王 보살이 불타에게 말했다. (중략) 불타는 고귀덕왕 보살에게 일러주었다. 선근에는 두 가지가 있으니, 하나는 상주이고 둘은 무상이다. 불성은 상주도 아니고 무상도 아니므로 부단不斷이니, 이것을 불이不二라고 한다. 하나는 선善이고 둘은 불선不善이다. 불성은 선도 아니고 불선도 아니므로 부단이니, 이것을 불이라고 한다. 또 말한다. 온蘊과 계界를 범부는 두 가지라고 본다. 지혜로운 자는 그 성품이 무이無二임을 요달한다. 무이의 성품이 곧 실성實性이다. 명과 무명을 범부는 두 가지라고 본다. 지혜로운 자는 그 성품이 무이임을 요달한다. 무이의 성품이 곧 실성이고, 실성은 무이이다.
>
> 혜능 대사가 법사에게 말한다. 그러므로 불성은 불이의 법임을 안다. 인종

---

36 『조계대사별전』, "能大師答曰, 唯論見性, 不論禪定解脫無為無漏. 法師曰, 如何不論禪定解脫無漏無為. 能答曰, 為此多法, 不是佛性. 佛性是不二之法. 涅槃經明其佛性不二之法, 即此禪也."(X86, 50c.)

은 이 해설을 듣고서 곧 일어나 합장하고는 경건하고 정성스럽게 스승으로 섬기기를 원했다.[37]

즉 견성이 불이의 법이라고 하는 것은 실성實性의 무이성無二性을 보는 것인데, 무이성이란 불상·부단이라고 서술한다. 여기서 결미에 인용되어 있는 『열반경』의 "또 말한다." 이하에서 말하는 "명과 무명을 범부는 두 가지라고 본다. 지혜로운 자는 그 성품이 무이임을 요달한다. 무이의 성품이 곧 실성이다."(T12, 651c)라는 문구는 이미 보았듯이 길장이 『열반경』 인용 중에서도 가장 즐겨 사용했던 것으로 길장의 장소에 자주 발견되고 길장의 '불이인이, 이인 불이'라는 교학의 근본 기조를 보여주는 것으로서 중요한 성구成句였다. 또한 『별전』에서는 고종高宗의 사절로서 혜능에게 법을 들었던 설간薛簡과의 문답을 다음과 같이 기록한다.

설간이 말했다. 대사여, 무엇이 대승의 견해입니까?
대사가 말했다. 『열반경』에서는 "명과 무명을 범부는 두 가지라고 본다. 지혜로운 자는 그 성품이 무이임을 요달한다. 무이의 성품이 곧 실성이다."라고 한다. 실성이란 곧 불성이다. 불성은 범부에서 덜하지 않고 현성에서 더하지 않는다. 번뇌에서라고 하여 더럽지 않고 선정에서라고 하여 깨끗하지 않다. 부단불상不斷不常이고 불래불거不來不去이다. 또 중간이거나 내외內外도 아니고 불생불멸이며, 성상性相이 상주하여 항상 변하지 않는다.[38]

---

37 위의 책, "法師又問, 如何佛性是不二之法. 能曰, 涅槃經高貴德王菩薩白佛言, (중략) 佛告高貴德王菩薩, 善根有二, 一者常, 二者無常. 佛性非常非無常, 是故不斷, 名之不二. 一者善, 二者不善. 佛性非善非不善, 是故不斷, 名爲不二. 又云, 蘊之與界, 凡夫見二. 智者了達其性無二. 無二之性卽是實性, 明與無明, 凡夫見二. 智者了達其性無二. 無二之性卽是實性, 實性無二. 能大師謂法師曰, 故知, 佛性是不二之法. 印宗聞斯解說, 卽起合掌, 虔誠願事爲師."(X86, 50c~51a.)

38 위의 책, "薛簡云, 大師, 何者是大乘見解. 大師云, 涅槃經云, 明與無明, 凡夫見二. 智者了達其性無二, 無二

942　제2편 길장의 삼론 교학에 대한 사상적 연구

라고 재차 『열반경』의 "명과 무명은 불이이다."(明與無明不二..)의 1구를 인용하여 "부증불감不增不減, 부정불구不淨不垢, 부단불상不斷不常, 불래불거不來不去, 불생불멸不生不滅" 등을 밝히고 이것을 '대승의 견해'라고 설시한다. 이 인용의 이어지는 문장에는 대사가 설하는 '불생불멸'이 외도가 말하는 '불생불멸'과 어떻게 다른가라는 물음에 대해 "나의 설은 본래 무생이므로 지금 곧 무멸이라는 것이니, 외도와 같지 않다."(我說本自無生, 今卽無滅, 不同外道.)라고 답한다. 다시 설간에게 일러 다음과 같이 말한다. 즉

> 대사가 설간에게 일러 말했다. 그대가 심요心要에 나아가고자 한다면 일체의 선악에 대해 모두 사량함이 없어서 심체는 담적하고 응용은 자재하라.
> 大師告薛簡曰, 君欲將心要者, 一切善惡都無思量, *心體湛寂 應用自在*

라고 서술한다. 이 결말의 "심체는 담적하고 응용은 자재하라."란 결국 사상적으로 말하자면 체용 상즉, 체용 불이의 사고방식에 다름 아니다. 이것 또한 중국의 사상에 본래적·잠재적으로 있었던 경향이 길장에게서 특히 정밀한 모습으로 완성을 보았던 것이 아닐까. 그래서 『별전』에서는 설간이 말 끝에 대오하여 다음과 같이 술회했다고 한다. 즉

> 설간은 말 끝에 대오하여 말했다. 대사여, 오늘 비로소 불성이 본래 있는 것임을 알았습니다. 옛날에는 장차 크고 멀다고 여겼지만, 지극한 도는 멀지 않아 행하는 것이 곧 그것임을 오늘 비로소 알았습니다. 열반은 멀지 않아 만지고 보는 것이 보리임을 오늘 비로소 알았습니다.

之性卽是實性, 實性者卽是佛性, 佛性在凡夫不減, 在賢聖不增, 在煩惱而不垢, 在禪定而不淨. 不斷不常, 不來不去. 亦不中間及內外, 不生不滅, 性相常住, 恒不變易."(X86, 52a.)

薛簡於言下大悟云, 大師, 今日始知, 佛性本自有之. 昔日將為大遠, 今日始知, *至道不遠 行之即是* 今日始知, *涅槃不遠 觸目菩提* (후략)

라고 하는 것이다. 이 "지극한 도는 멀지 않아 행하는 것이 곧 그것이며, 열반은 멀지 않아 만지고 보는 것이 보리이다."(至道不遠, 行之即是, 涅槃不遠, 觸目菩提)라는 표현은 승조의 "이러하다면 도가 멀다고 하겠는가. 부딪치는 일마다 진제이므로 성인이 멀다고 하겠는가. 체득하면 바로 신령해지는 것이다."(然則道遠乎哉, 觸事而眞, 聖遠乎哉, 體之卽神. 『부진공론』, T45, 153a)라는 표현과 흡사하다.

결어

이렇게 본다면 『조계대사별전』의 『열반경』 사상이라는 것은 매우 반야·삼론적인 『열반경』이라고 할 수 있다. 요컨대 인종印宗으로 대표되는 것 같은 북지계의 열반학과도 다르고 또 불성의 상주를 설하는 남지의 열반 종지도 지양했던 제3의 입장인 『반야경』과 『열반경』의 상즉을 목표했던 것이 혜능 내지 신회의 입장이 아닐까 생각한다. 이것이 좌선이라는 실천의 장에서 받아들여지는 점에 이 인물들의 혁신적인 까닭이 있다고 생각하는데, 지금 이것을 순수한 사상의 형태로서 본 경우 이미 본 대로 이것은 길장에서 그 사상의 중핵을 형성하는 것이다.

길장의 공관 사상이 『열반경』 사상과의 교섭 결합 상에서 성립되는 것은 종래 일관되게 논해온 것인데, 단순히 이것이 남지의 전통적인 불성 상주 사상 그대로의 계승이 아닌 것은 『열반경』의 해석에 관한 종래의 설과 길장의 설과의 차이를 보면 분명하다. 즉 『열반경』의 종지를 상주에 있다고 하는 것이 도생(355~434) 이래 대부분의 열반사涅槃師의 정설인데,[39] 길장은『열반경유의』에서 "상주를 밝히든 무상을 밝히든 인연 가명의 문자로 설한 것이니, 무상이 있을 수 없고 상주도 얻을 수 없다."(明常, 明無常, 因緣假名字說, 無有無常可有, 亦無有常之可得.)라고 한다. 또 "하나라도 머무르는 바가 없으므로 무소득이라고 한다."(一無所住故, 名無所得. T38, 232c)라고도 하여 '무소주'를 '무소득'이라 이름하고 '무소득'으로써 경의 종지로 삼는다. 이 '무주'라는 개념은 후에 남종선에서 중요한 개념이 되었던 것은 이미 앞 절에서 서술했다. 이것을

> 지금 제법은 일찍이 상주거나 무상인 적이 없다고 밝힌다. 혹은 상주라 설하고 혹은 무상이라고 설하니, 제법 실상은 상주와 무상을 행하는 것이다. 그런데 무소득은 비단 이 경전의 종의일 뿐 아니라 회통하여 일체 대승의 정의正意이다.[40]

라고 결론짓는다.

이 길장이 말하는 "제법 실상은 상주와 무상을 행하는 것이다."라는 단적인 표현을 실천의 장에서 구현했던 사람들, 그것이 선자가 아니었을까. 제1편의 마지막 장에서 서술한 것처럼 삼론 학파의 사람들은 순수한 삼론 연구가와 습선자라는 2개의 커다란 계통으로 나뉘어 있었는데, 그 근저에는 반야바라밀의 완성을 목표하는, 선과 삼론의 일체관이라고 할 수 있는 것이 저류로서 있었기 때문이다. 지금 재차 사상의 형식으로 볼 때 양자 간에는 적어도

---

39 布施浩岳, 『涅槃宗の研究』(1942년 3월, 東京, 叢文閣) p.590 참조.
40 『열반경유의』, "今明, 諸法未曾常無常. 或說常, 或說無常, 諸法實相行常無常也. 然無所得非但是此經宗, 通是一切大乘之正意也."(T38, 232c.)

공통의 형식을 볼 수 있었다. 길장 일파의 삼론학과 후세의 선사상의 사이에 직접적인 관계는 없을지도 모르지만, 무소득을 대승의 정의라고 설했던 길장의 자세는 때와 장소를 달리 해서라도 불교 중에서 발생한다는 것만은 확실하다.

1. 저자 소개

히라이슌에이平井俊榮(1930~현재)는 메이지明治(1868~1912) 후기 신불교 운동 이래 다이쇼大正(1912~1926) 데모크라시 이후 전개된 문예 부흥의 기조 속에서 일본의 근대 불교학이 낳은 최상급의 연구자들 중 한 사람이고, 그의 『중국반야사상사연구-길장과 삼론학파』는 중국 반야사상사 연구에 있어 일본 불교학의 총괄적 보고서라 평가할 수 있다. 본서의 머리말에서 히라이 스스로 술회하는 바에 따라 그의 학문적 이력을 나열해보면 그가 일단 삼론학 연구에 뜻을 두게 된 계기는 토쿄東京대학 대학원의 은사인 히라카와아키라平川彰의 지도에 의한 것이며, 대학원 재학 중 그가 사사한 선생들은 하나야마신쇼오花山信勝·츠지나오시로오辻直四郎·미즈노코오겐水野弘元·유우키레이몬結城令聞·나카무라하지메中村元·타마키코시로玉城康四郎·쿠레바야시코오도오榑林皓堂·카가미시마겐류우鏡島元隆·카마다시게오鎌田茂雄·타카사키지키도오高崎直道·야스모토토오루泰本融·미야모토쇼오손宮本正尊·오오쵸오에니치橫超慧日·야나기다세이잔柳田聖山·오가와코오칸小川弘貫 등이라 밝히고 있는데, 일별해 보아 한국의 불교 연구자들에게도 익숙한 일본 불교학계의 거장들로부터 학문적 역량을 키워왔던 인물이다. 그의 동료로서는 요시즈요시히데吉津宜英·하카마야노리아키袴谷憲昭·이토오타카토시伊藤隆壽 등으로 특히 이토오타카토시는 히라이와의 학문적 연계 속에서 삼론학을 중심으로 중국 불교의 전후 관계에 대한 학문적 도식을 구성한 이로 알려져 있다. 히라이가

1976년에 발표한 본서는 그의 학문적 이력에서부터 삼론학 분야에 관한 한 이전까지의 연구를 총결산하는 책이라고 보아도 무리가 없을 것이다.

그의 학문적 토양에 관한 자부심은 그저 선배 연구자들의 면면을 나열하는 데에 근거를 두고 있는 것이 아니라 본서의 곳곳에서 드러나듯이 선행 연구에 대한 치밀한 분석들에 뒷받침되고 있다는 점에서 높이 평가받지 않을 수 없다. 그의 학문적 성실성이 돋보이는 대목들 중 하나의 사례를 들자면 고구려 승랑 僧朗(450~530경)의 행적을 분석하는 곳에서 그의 대선배격인 사카이노코우요 오境野黃洋(1871~1933)와 우이하쿠쥬宇井伯壽(1882~1963)의 견해를 조목조목 반박하는 대목을 거론할 수 있다. 저간의 사정을 간단히 개관해보면 사카이노 와 우이 두 학자는 승랑의 행적에 관해 다음의 세 가지 사항을 들어 사실과 다르다고 주장하고 있었다. 첫째로 『삼종론三宗論』의 저자이자 남조 현학가로 서 이름을 떨쳤던 주옹周顒이 승랑으로부터 삼론의 종지를 전수받았다는 점 과, 둘째로 양 무제가 승랑에 의해 성실成實을 버리고 대승으로 개종하였다는 점 및 셋째로 승랑의 삼론학이 장안長安의 나집羅什 문하로부터 직접 상승한 것이라는 점 등이 그것인데, 히라이는 방대한 전거와 치밀한 논증으로 선대 학자의 견해를 반박하고 있는 것이다. 자세한 논의 맥락을 파악하고자 한다면 본문 내용을 직접 읽는 것이 가장 좋은 방법이겠지만 그의 결론만을 정리해보 면 「서하사비명棲霞寺碑銘」에 의거할 때 승랑과 주옹의 해후는 가능한 사실일 수 있고, 양 무제의 「주해대품서注解大品序」의 문장과 육운陸雲의 「어강반야경 서御講波若經序」의 문장을 근거로 승랑에 의한 양 무제의 대승 개종 역시 사실 일 수 있다. 마지막으로 나집 문하로부터의 직접 상승설은 승랑이 삼론의 주지 를 주옹에게 주었고 그에 따라 『삼종론』이 저술되었다고 한다면 『삼종론』의 작품 수준상 그것은 장안 나집의 근본설을 본받은 것이 아닐 수 없으므로, 수긍되지 않을 수 없다고 주장한다. 고구려승 승랑에 대한 분석에서 히라이는 일본 학자로서 학문적 성실성뿐 아니라 정직성까지 확보된 연구 역량을 유감 없이 드러내고 있는 것이다.

1958년 코마자와駒澤대 불교학부를 졸업하고 1974년 「길장을 중심으로 한 삼론학파의 연구(吉蔵を中心とする三論学派の研究)」로 토오쿄오東京대에서 문학박사 학위를 취득했다. 코마자와대 교수로 재직하다가 2001년 명예교수로 위촉되었다. 저서로는 본서(1976) 외에 『법화문구의 성립에 관한 연구(法華文句の成立に関する研究)』(1985), 『법화현론의 주석적 연구(法華玄論の註釈的研究)』(1987), 『속·법화현론의 주석적 연구(続·法華玄論の註釈的研究)』(1996) 등이 있고 이외 다수의 정예로운 논문들이 있다.

2. 본서의 내용 및 특징

1) 역사적 연구 부문

본서의 내용 및 특징을 개관하자면 크게 역사적 연구 부문과 사상적 연구의 두 부문으로 나누어볼 수 있는데, 실제로 본서는 '제1편 길장에서 본 삼론학파의 성립사적 연구'와 '제2편 길장의 삼론 교학에 대한 사상적 연구'의 2편으로 구성되어 있다. 역사적 연구 부문에 해당하는 '제1편'에서는 길장에 이르러 삼론학의 체계가 집대성되기까지 그 이전의 역사적 원류 계보를 재구성한다. 말하자면 히라이는 먼저 종래에 논란이 되었던 삼론학의 학계를 구마라집鳩摩羅什-승예僧叡·승조僧肇-승랑僧朗-승전僧詮-법랑法朗-길장의 7조설로 확정한 후 이 계보를 기본 골격으로 삼아 삼론학 성립의 역사에서 중요한 학술적 인물 및 사건들을 연대기적으로 거론하는 방식으로 삼론학의 원류를 치밀하게 추적한다.

기본적으로 위에서 언급된 삼론의 조사祖師들에 대한 설명에 많은 지면이 할애되고 있지만 그 외에도 이들에 부수하여 다양한 인물들이 소개되고 있는데,『중론소』의 저자로서 나집 문하 최초의 본격적『중론』연구자였던 담영曇影이라든가 삼론 성실 병습併習의 선구인 승도僧導, 또 한 명의『중론소』저자인 남조南朝의 지림智琳과『삼종론』의 저자인 현학가 주옹周顒, 북조北朝의 삼론 논사들로서 담란曇鸞·침법사琛法師, 법랑의 문하로서 길장의 계통 이외에 지구智矩 및 혜철慧哲의 계통, 그리고 삼론계 습선자習禪者의 계통으로서 나운羅雲·법안法安·대명大明 등 삼론학의 원류 계보를 더욱 입체적으로 재구성해 내기 위해 다양한 인물들 각각의 행적을 역사적으로 성실하게 추적해낸다. 이러한 학술적 작업을 위해 동원되는『고승전』류 및 각종 역사 자료들의 규모에만 비견해도 히라이의 학문적 우수성은 두말할 것 없이 인정되어야 한다. 여기에 더해야 할 탁월한 점은 단순히 인물들의 행적 및 그 계보만을 역사적으로 추적하는 작업에 그치는 것이 아니라 각 인물들이 전개하는 역사적 사건의 시비 문제들에 대해 그 사상 및 사상사적 의미까지 면밀히 규정하고 있다는 사실이다. 앞서 언급한 승랑 관련 시비 문제뿐 아니라 중국 불교에서 종파의 성립 문제에 천착하여 '삼론종三論宗' 개념의 역사적 허구성을 밝히는 작업이라든가 담영과 지림의『중론』연구가 갖는 사상사적 의의 및 그들의 연구가 길장에게 미친 영향을 정리하는 대목, 주옹의『삼종론』에 대한 사상적 분석 작업, 신삼론·고삼론의 문제에 대한 천착, 승전의 학풍으로부터 삼론 학파의 좌선 삼매 전통의 선구를 읽어내는 대목, 법랑을 기점으로 삼론 학파에서의『열반경』연구의 기원을 추적하는 대목 등은 불교 사상의 연구자에게 역사적 고증의 치밀함이 더해졌을 때 얼마나 더 우수한 연구 결과가 나올 수 있는지 보여주는 좋은 사례들이라고 평가할 수 있다.

2) 사상적 연구 부문

(1) 내용 개괄

사상적 연구 부문에 해당하는 '제2편 길장의 삼론 교학에 대한 사상적 연구'에서는 삼론학에서 자체적으로 불법의 대종大宗이라 선양하는 '무득 정관無得正觀'의 이념을 삼론학의 근본 주제로 설정하고, 이 '무득 정관'의 이념을 뒷받침하는 다양한 교학적 개념들을 체계적으로 고찰한다. 먼저 히라이는 세속제와 제일의제의 상즉相卽을 표방하여 이른바 약교 이제約敎二諦의 근본 구조를 논리적으로 정식화한 '삼론 초장의三論初章義'와 삼론학 고유의 경전 해석학이라 할 수 있는 '4종 석의釋義', 즉 의명석依名釋(수명석隨名釋)·이교석理敎釋(현도석顯道釋)·호상석互相釋(인연석因緣釋)·무방석無方釋 및 이제설의 발전적 구조인 '3종 이제설'의 이론들을 다루어 삼론학의 기초 범주를 정리한다. 본격적으로 삼론학 체계의 특징을 규정하기 위해 '이제의二諦義', '이지의二智義', '불성의佛性義'의 세 가지 주제를 설정하여 '이제의'에서는 이제설의 삼론학적 변주인 '어교 이제於敎二諦'와 '3종 중도' 등의 개념을, '이지의'에서는 '반야도般若道'와 '방편도方便道' 및 '이지병관二智並觀' 등의 개념을, '불성의'에서는 5종 불성 및 정성正性으로서의 중도 불성中道佛性 등의 개념을 논의한다. 삼론 교학의 체계를 치밀하게 정리한 이 사상적 연구 부문의 내용은 단적으로 길장에 의해 집대성된 삼론 교학의 주요 개념들을 총망라하여 재해석한 삼론학의 근대적 집대성으로 이후 동아시아 삼론학 연구의 확실한 이정표로서 그 역할을 수행해왔다고 평가할 수 있다. 히라이는 결론에서 중국 삼론학의 특징을 『반야경』의 파사破邪 사상적 경향과 『열반경』의 현정顯正 사상적 경향의 결합으로 규정하면서 공유空有의 상즉에 기반한 현실 긍정의 사상이라 주장하는데, 이러한 삼론 교학의 특징은 사상사적으로는 혜능으로 대표되는 남종선南宗禪 성립에 다분히 영향을 주고 있다고 부언한다.

(2) 삼론학에 대한 히라이슌에이 해석의 특징

삼론학에 대한 히라이의 해석의 특징을 짚어보자면 크게 두 가지인데, 하나는 삼론학의 중심 이론을 이제 상즉의 삼론 초장의로 설정하는 지점이고, 또 하나는 앞서 언급했듯이 삼론학의 특징을 『반야경』과 『열반경』의 의식적 결합에서 찾는 지점이다. 먼저 히라이는 삼론 초장의를 삼론학의 처음이자 끝으로 규정한다.

> 초장이란 삼론학파의 기본적 입장, 전교학을 일관하는 근본주제를 의미하는 것이고, 동시에 그것은 형식과 내용에서 상즉의 유무를 설하려고 했던 것이 분명하다.(본서, 613쪽.)

> 길장에게서 약교 이제설約敎二諦說의 대의를 그 사상의 형성 과정에 나아가 보는 경우 이것들은 어느 것이나 초장 이제의의 근본 구조에 기초한 하나의 발전적 구조를 보여준다. 길장의 발전적 이제설은 이상의 3중·4중의 이제설에 그치는 것이 아니며, 예를 들면 약리約理와 약교約敎의 이제의 상위를 실천적인 득실의 면에서 논하려고 했던 것으로 유명한 어교於敎의 이제가 있고, 그의 이러한 다양한 특징 있는 이제설의 전개는 최종적으로는 이제 논쟁의 근본적인 과제인 세속제와 승의제의 상즉 여하의 문제를 논하는 하나의 지점으로 집약되어간다.(본서, 675쪽.)

히라이가 삼론 초장의를 삼론학의 핵심 이론으로서 설정하는 까닭은 상즉의 논리를 정식화한 삼론 초장의의 궁극적 이념에 비추어 볼 때 삼론 초장의 논리는 대승의 근본 정신을 가장 훌륭하게 표현하고 있기 때문이다. 소승 아비달마 불교가 분별의 사상이고 대승은 무분별의 사상이라고 한다면 여기서 상즉이라는 술어는 대승을 무분별의 사상으로 규정하는 개념적 근거의 역할을 한다. 분별의 사상인 아비달마 불교에서는 성과 속이 구분되어 세속과 차별되는 열반의 획득을 추구하는 반면, 무분별의 철학인 대승에서는 성과 속의 차별이 폐지되어 세속과 열반이 상즉하는 지평을 추구한다. 삼론 초장의 골간은 단적으로 말해 열반의 진리인 제일의공과 세간의 진리인 세속유가 서로 간의 명목적 차이에도 불구하고 불법의 대종인 연기와 중도의 개념적 매개를 통해 실질적 동일성을 확보할 수 있다는 내용이므로 색즉시공·공즉시색의 명제로 표명되는 대승적 상즉 사상을 논리적으로 수렴해내는 이론이 바로 삼론 초장의이다. 이런 의미에서 어교於敎의 이제라든가 3중·4중의 이제, 이제중도설 등 매우 특색 있고 화려한 삼론학 독자적 이론들의 존재에도 불구하고, 히라이의 표현에 따르면 삼론학 체계상에서 '하부 구조'를 형성하는 초장의가 삼론학의 기초이자 최종적 귀의처로서 설정되었던 것이다. 삼론 초장의를 삼론학의 근본 이론으로 설정한 지점은 이론의 여지가 없는 탁견이다.

다음으로 삼론학을 반야 사상과 열반 사상의 의식적 결합으로 주장하는 관점을 살펴보면, 우선 히라이는『중관론소』·『법화현론』등 길장의 저작들에서 인용되는 경전들의 횟수를 따져보아『열반경』이야말로 가장 많이 인용되는 경전으로서 압도적인 다수를 차지하고 있음을 면밀히 조사함으로써 열반사상이 삼론학에 결정적 영향을 주었던 것은 산술적 통계에 기초한 진실임을 증명한다. 예를 들어『중관론소』의 경우『열반경』의 인용횟수는 125회에 달하는 반면 파사론의 대표적 준거경전이라 할『대품반야경』의 인용횟수는 70회에 불과한 것으로 보고된다. 이러한 문헌학적 고증에 이어 히라이의 교학적 분석 작업의 결론이라 할 만한 내용을 인용해보면 다음과 같다.

길장의 공관 사상이 『열반경』 사상과의 교섭 결합상에서 성립되는 것은 종래 일관되게 논해온 것인데, 단순히 이것이 남지南地의 전통적인 불성 상주 사상 그대로의 계승이 아닌 것은 『열반경』의 해석에 관한 종래의 설과 길장의 설과의 차이를 보면 분명하다. 즉 『열반경』의 종지를 상주에 있다고 하는 것이 도생道生 이래 대부분의 열반사涅槃師의 정설인데, 길장은 『열반경유의涅槃經遊意』에서 "상주常住를 밝히든 무상無常을 밝히든 인연 가명의 문자로 설한 것이니, 무상이 있을 수 없고 상주도 얻을 수 없다."("明常, 明無常, 因緣假名字說, 無有無常可有, 亦無有常之可得." T38, 232c.)라고 한다. 또 "하나라도 머무르는 바가 없으므로 무소득無所得이라고 한다."("一無所住故, 名無所得." T38, 232c.)라고도 하여 '무소주無所住'를 '무소득無所得'이라 이름하고 '무소득'으로써 경의 종지로 삼는다. (본서, 944~945쪽.)

히라이에 따르면 무상無常의 개념과 비교하여 상주常住의 개념을 종지로 삼는다고 알려져 있었던 열반 사상에 대한 당시의 일반적 견해와 달리 삼론학에서는 중도적 관점에서 입각한 무소득의 개념으로 열반 사상을 파악하고 있다. 삼론학의 관점에서 『열반경』의 상주 사상은 어디까지나 인연 가명의 방편설일 뿐이며, 그 핵심은 무상과 상주를 모두 지양하는 무소득의 중도관에 놓여 있다. 『열반경』의 불성 상주의 개념 자체를 중생 교화의 방편으로 이해할 때 『열반경』의 불성 상주 개념에 대한 이른바 방편적 이해마저도 그 근원을 따져보자면 길장의 불이중도관不二中道觀에 깃들인 철저한 파사론적 원칙에 따른 것이다. 말하자면 비유비무의 불이중도관은 교화의 방편으로 중생에게 주어지는 유와 무의 자기부정성 그 자체를 의미하는 바 이 파사론적 불이중도관에 입각하여 성립하는 삼론학에서 『열반경』의 불성상주의 개념을 여러 방편들 중의 하나로 간주하는 것은 매우 당연한 일이다. 그러므로 삼론학에서

『열반경』의 불성 상주에 대한 논의를 적극적으로 받아들이는 그 의론의 내면적 뜻은 현정론적 성격의 열반 사상까지도 파사론 중심의 반야공관 사상으로 수용하려는 포부 속에서 전개되는 것으로 이해해야 할 것이다. 히라이는 이리하여 삼론학의 열반 사상을 "반야 사상에 의한 부정적 매개를 거친"(본서, 493쪽.) 사상이라 표현한다. 히라이의 학문적 통찰의 탁월성은 삼론학의 외연을 당시 유행하던 열반 사상과의 결합 과정 속에서 그려내면서도 그 내면적 특성을 규정하는 맥락에서는 반야 공관 사상의 전제에 입각하여 삼론학적 고유성을 정확히 짚어내고 있다는 점일 것이다.

3. 히라이순에이의 삼론 초장의初章義 분석에 관한 보충적 논의

1) 문제 제기

삼론학의 외연적 특징을 반야 사상과 열반 사상의 결합으로 규정할 때 히라이가 결론적으로 주장하고자 하는 함의는 중국 삼론학의 현실 긍정적 성격을 드러내려는 데 있다. 그의 진술을 들어보자.

> 제5장 '삼론 교학의 사상사적 의의'는 마지막 장으로서, 말하자면 결론에 해당한다. 길장의 사상은 인도의 공관 사상에는 없는 현실 긍정적인 면이 강하고 공유空有의 상즉을 보았던 것인데, 이것은 첫째로 『열반경』의 사상의 영향에 의한 것이어서 길장에게는 『반야경』과 『열반경』의 두 가지 사상의 결합이 의식적으로 이루어져 있었기 때문이다.(본서, 28쪽.)

> 아함경 이래의 전통적인 유무 단상의 2변邊을 차견遮遣하는 중도 선양의 형태를 이제로써 회통하려고 한 것인데, 동시에 유무 상즉의 입장을 강하게 도출하여 속제의 입장을 진제와 등가로 보려 하는 것은 인도의 중관

사상에는 없는 중국적인 전개라고도 말할 수 있다.(본서, 659~660쪽.)

히라이에 따르면 '인도의 공관 사상'의 본질은 "인도의 대승 중관파에서는 오로지 승의제, 제일의제를 강조하고 이것을 오로지 차견遮遣·부정이라는 자세로만 고찰하는"(본서, 836쪽) 것인 반면 중국의 삼론학에는 '현실 긍정적인 면'이 강하다는 점에서 차이를 보이는데, 그 원인은 열반 사상의 유를 중시하는 시점의 영향에 의한 것이다. 그리고 '이제 상즉'의 이론은 삼론학에 침투한 열반 사상의 영향력을 발견할 수 있는 주요사례라는 것이다.

역자가 제기하고자 하는 문제의식은 삼론학의 유무 상즉, 동어반복이지만 이제상즉의로부터 '현실 긍정'이라는 결론을 내리는 일이 과연 타당한가라는 것이다. 이제상즉의의 근거가 되는 삼론학의 이론은 앞서 언급했던 삼론 초장의에 해당하는데, 히라이는 초장의 논리 구조를 통해 드러나는 인연의 개념으로1부터 현실 긍정의 뜻을 읽는다. 다시 말해 유와 무는 그 의미론적 위상의 차이에도 불구하고 양자 모두 인연성을 갖는다는 점에서 동일하므로 길장의 유무상즉의는 현실 긍정의 의미를 내포한다는 것이다. 그런데 이것은 인연 개념에 대한 히라이의 이해의 내면을 드러내는 지점에 해당한다. 그의 해석 논리에 따르면 이제상즉의로부터 현실 긍정의 결론을 내리는 맥락에서 이 결론을 정당화하는 개념이 인연이므로 그에게 인연성이란 곧 현실 긍정의 의미를 갖는 개념이 되는 셈이다.

제법의 인연성, 다시 말해 모든 개별자의 상호의존성의 의미를 대승 이제설의 맥락에서 논리적으로 정식화해둔 것이 삼론 초장의 내용 중 하나임은 분명하다. 하지만 여기에서 상호의존적 개별자 및 그것이 처한 현실을 무조건적으로 긍정하고 있다는 내용의 단순한 결론이 내려진다면 거시적인 차원에서는 이 관점의 유효성을 인정할 수 있겠으나, 적어도 파사론 위주의 반야

사상과 현정론 위주의 열반 사상 사이에 놓이는 사상사적 간극을 전제한다면 삼론 초장의 논리 자체에 관한 보다 면밀한 분석이 요청된다고 하겠다. 단적으로 삼론 초장의에서 기술되는 인연의 개념만 하더라도 유와 무의 한 항목으로 분속될 수밖에 없는 세계내 개별자의 타자의존적 유한성의 의미를 드러내고 있다는 것 이상의 해석이 가능하지 않은 것으로 보인다. 나아가 삼론 초장의 논리 속에서 현실 긍정의 측면을 부각하기 위해서는 반드시 불이중도 개념에 깃든 자기부정성의 조건이 필수적으로 전제되어야 할 것이다.

히라이가 삼론학을 반야 사상과 열반 사상의 의식적 결합으로 규정하고 이에 따라 삼론학에서 이해하는 열반 불성론을 반야 공관에 의한 부정적 매개를 거친 사상이라고 규정하는 측면은 초장의를 삼론학의 근본 이론으로 상정하는 측면과 필연적 상관성을 갖는다. 삼론 초장의 논리 체계 속에는 이미 이 양자를 매개하는 선순환적 구조가 인연因緣과 중도中道 및 중가中假의 세 가지 개념축을 중심으로 체계적으로 정비되어 있기 때문이다. 히라이는 삼론 초장의 상즉의를 삼론학의 기본 입장이자 근본 주제임을 거시적으로 강조하는 데 비해 실제 삼론 초장에서 전개되는 대승적 논리의 함의에 관한 미시적 분석에는 다소 미진한 점이 있다. 이로 인해 일반적으로 통용되는 열반 불성론의 사상사적 위상에 의거하여 현실의 긍정이라는 왜소한 결론에 이르는 측면이 있는 것으로도 보인다. 본서 전체의 거대한 규모에 비추어 삼론 초장에 관한 논리 분석의 과제는 작은 부분에 불과하므로 하나의 주제에 많은 지면을 할애하여 논의할 수 없는 저자의 현실적 한계를 감안하면서 아래에서는 삼론

---

1 이하의 글은 역자의 발표 논문인 「삼론 초장의 이제상즉의」(『한국선학』 제39호, 한국선학회, 2014)의 내용을 부분적으로 가감하여 실은 것이다. 제목에서 보듯이 삼론 초장의 논리를 이제의 상즉으로 규정하여 사상사적인 측면과 논리적인 측면에 걸쳐 세부적으로 논의한 글이므로 지금

초장에 국한된 보충적 논의를 진행해보고자 한다.

2) 이제 상즉: 대승의 본질

상즉의 개념은 대승의 특징을 가장 집약적으로 드러내는 술어이다. 일반적으로 "아비달마 불교가 분별의 철학이라면, 대승은 무분별의 철학이다."[2] 여기서 상즉의 의미는 대승을 무분별의 철학으로 규정하는 개념적 근거의 역할을 한다. '분별의 철학'인 아비달마 불교에서는 성聖과 속俗이 구분되어 세속과 차별되는 열반의 획득을 추구하는 반면, '무분별의 철학'인 대승 불교에서는 성과 속의 차별이 폐지되어 세속과 열반이 무차별적으로 동일시되는[3] 지평을 추구한다. 반야계 경전들 도처에 등장하는 색즉시공·공즉시색의 명제나『중론』'관열반품'의 "열반과 세간은 조금도 분별되지 않는다."[4]라는 선언 등은 대승 불교의 이념적 특징이 상즉의 개념으로 수렴될 수 있음을 증명하는 사례들이라 하겠다.

상즉의 개념이 갖는 개념적 동요의 문제란 바로 그 개념 자체 속에 포함되어 있다. 어떻게 성과 속이 서로 동일한가? 어떻게 열반과 세간은 조금도 분별되지 않을 수 있는가? 상즉의 의미는 말하자면 유有와 무無, 생생과 멸滅, 상常과 단斷, 일一과 이異, 자성自性과 무자성無自性, 출세간出世間과 세간世間 등 모든 대립하는 개념들의 상호 동일성을 의미한다. 양자의 차이성에 입각하여 대립

　　의 문맥에 적합한 구성이라고 판단했다. 글의 말미에 이르러 저자와의 의견 충돌을 피할 수 없는 상황에 봉착하게 된 사실도 미리 밝혀둔다.

2　　권오민,『인도철학과 불교』(서울: 민족사, 2004), p.259.

3　　사카모토유키오坂本幸男는 '나아가다', '가깝다', '지금', '곧', '그대로' 등의 뜻을 갖는 한어 '즉卽'이 범어 'yad… tad' 혹은 'eva'의 번역어로 차용되는 과정을 다양한 사례를 들어 분석하는데, 그 과정에서 '즉'의 개념은 '동일' 또는 '동일체'의 의미를 갖는 불교학적 용어로 정착된다고 결론짓는다. 「卽の意義及び構造について」(『印度學佛教學研究』4~2, 東京: 日本印度學佛教學會, 1956), pp.341~343 참고.

4　　용수龍樹,『중론』권4(T30, p.36a). "涅槃與世間, 無有少分別."

하고 있는 이분법적 개념들에 대해 상즉이라는 술어를 부가하는 행위는 그 자체로 일종의 모순을 불러일으키며, 그런 한에서 어떻게 그러한 행위가 가능한가 또는 왜 그러한 행위를 하는가라는 물음이 언제나 수반될 수밖에 없다. 이 의문은 분별의 철학인 아비달마 소승 불교에서는 전적으로 불필요한 일이다. 왜냐하면 소승 불교에서는 대립하고 있는 개념들의 차이성에 머물러 더 제일의적인 개념을 분별하기만 하면 되기 때문이다. 이렇듯 상즉의 개념은 대승 불교의 이념적 방향성을 명시해주는 역할을 하지만 바로 그 까닭에 소승 불교에서는 불필요한 사유의 내용을 적극적으로 떠안아야 하는, 사상적 부담의 대상이기도 하다.

삼론학의 이제 상즉의란 대승 불교의 상즉의가 이제설의 논의 지평과 결합한 이론이라 하겠다. 그러므로 이제 상즉의를 고찰하려는 연구의 목적은 이제설의 논의 지평을 소재로 삼아 상즉의 개념에 내포된 물음을 숙고하려는 데 있다고 할 수 있다. 다시 말해 삼론학에서 제시하는 삼론 초장의 논리는 제일의제와 세속제로 분별되는 이제의 상즉이 어떻게 가능한가라는 물음에 대한 숙고의 산물이자 해답이다. 삼론 초장의에서는 해답의 핵심어로서 인연과 중도의 개념을 제시한다. 유와 무로 분별되는 이제는 서로 간의 명목적 차이에도 불구하고 인연과 중도의 개념적 매개를 통해 실질적 동일성을 확보할 수 있다는 것이 삼론 초장의의 골자이다.

3) 소승 이제설의 불상즉성

이제 상즉의를 해명하기 전에 선행해야 할 도론導論에 해당하는 내용이 소승 이제설의 성격을 규정하는 작업이다. 왜냐하면 삼론 초장에서 전개되는 이제 상즉의에 대비하여 소승 이제설에서는 이제의 불상즉성을 전형적으로 구현하고 있기 때문이다. 실제로 길장吉藏(549~623)의 『이제의二諦義』에서는 소승

이제설에 대한 분석과 비판 이후에 삼론 초장의 내용을 배치함으로써 이제의 불상즉과 상즉이라는 개념적 대조 효과를 높이고 있다.『이제의』에서 전개되는 삼론 초장의 사상사적 등장 경로를 복원하여 논의의 초점을 밝히고 상즉의가 갖는 대승적 의의를 두드러지게 하기 위해 소승 이제설의 성격 규정은 필수적인 작업이다.

  (1) 소승 이제설의 성격 규정: 제일의제의 유일성을 추구하는 일제설—諦說
『이제의』에서 소승 이제설의 대표적 유형으로 제시하는 두 부류는 살위와 방광[6]이다. 상견常見의 전형이 살위의 교학이라면 방광은 단견斷見의 전형이다. 소급하여 불타가 상견과 단견의 두 극단적인 견해(邊見)를 벗어난 중도를 천명할 때 그리고 용수가 불상부단不常不斷의 불이중도不二中道를 선언할 때 살위와 방광은 각각 그 한 축을 이루는 구체적 비판의 대상으로 상정될 수 있을 텐데, 삼론학에서는 양자를 명시적으로 거론하여 대승 이제설의 뜻을

---

5 『이제의』의 첫 단락인 '대의大意'장에서 이제설의 뜻을 잃는 부류로 소승 살위와 방광을 논의하는 지점은 T45의 p.82c 26줄에서 시작하여 p.83c 27줄에서 마무리되며, 유득 대승의 초장 전절은 곧바로 이어져 p.84a 4줄 이하에서 소개된다. 무득 대승의 초장 후절은 '대의'장의 결론인 총료간 總料簡, 즉 문답의 형식으로 이제설의 뜻을 총괄하는 문단(p.88b 이하) 아래(p.89b)에 소개되어 삼론 이제설의 정의正義로서 제시된다.

6 살위薩衛는 'Sarvāstivāda'(설일체유부설一切有部)의 음역인 살바아사저바지薩婆阿私底婆地의 약칭이다. 佛光大辭典編修委員會 編,『佛光大辭典』(佛光出版社, 1989), p.5919 참고. 일반적으로 방광方廣은 대승 경전의 성격을 표현하는 술어이고 삼론학에서도 그렇게 사용하고 있는 용어이지만,("대승의 이법이 올바른 것을 '방'이라 하고, 뜻이 풍부한 것을 '광'이라 하니, 문장으로 올바르고 풍부한 이법理法을 표현하므로 '방광경'이라고 한다."("大乘理曰方, 義富稱廣, 文詮方廣之理, 名為方廣經" 길장,『법화의소法華義疏』권4, T34, p.500c.) 삼론학에서 특정한 학파명으로 거론될 때는 소승의 한 부류를 일컫는다.『삼론현의』권1에서는 방광에 대해 "대승을 배운 자를 방광도인이라고 한다. 그릇된 공에 집착하여 가유假有를 알지 못한다. 그러므로 세제를 잃는다."("學大乘者, 名方廣道人. 執於邪空, 不知假有. 故失世諦. T45, p.6a.)라고 하고 있으므로 방광이란 대승의 방광경을 소승적으로 해석하는 부류라 하겠다. 한명숙은 "방광도인方廣人이란 반야경의 일체개공사상을 허무주의적인 존재론으로 받아들인 사람"이라 규정한다.『삼론학의 반야사상 연구』(한국학술정보주식회사, 2005), p.141. 야스이코오사이安井廣濟에 따르면 '방광부方廣部(Vetulyaka)'라는 학파명은 빨리 삼장 중『논사論事』(Kathāvatthu)에서도 거론되는데, 대공종大空宗(Mahāsuññatavādin)이라고도 불린다. 김성환 역,『중관사상연구』(문학생활사, 1988), pp.52~53 참고.

오해하는 소승의 두 부류로서 제시한다. "소승에서 이제를 알지 못하여 이제를 잃는 자는 곧 앞의 방광과 살위 두 사람이니, 모두 이제를 알지 못한다."[7] 살위와 방광은 이제설의 뜻을 어떻게 알기에 이제를 '알지 못한다'고 비판받게 되는가?

먼저 살위의 경우를 보자.

> 살위는 제법諸法이 자성유(性有)임을 밝혀 제법이 성공性空임을 알지 못한다. 성공을 알지 못하면 곧 제법이 전도되어 유임(顚倒有)을 알지 못한다. 성공을 알지 못하면 제일의제를 알지 못하고, 전도되어 유임을 알지 못하면 곧 세속제를 알지 못한다.[8]

비판의 문맥을 따라가다 보면 그 말미에서 대승 이제설에 대한 하나의 올바른 이해 기준을 만나게 된다. "성공을 알지 못하면 제일의제를 알지 못하고, 전도되어 유임을 알지 못하면 곧 세속제를 알지 못한다."라고 서술하고 있으므로 대승 이제설에서는 공의 개념이 제일의제이고 유의 개념이 세속제가 된다. 삼론학에서 제안하는 이 기준에서 볼 때 모든 존재자의 본질을 자성유의 개념으로 밝히는 살위의 이제설 이해는 우선 제일의제의 자리에 성공이 아닌 자성유의 개념을 배치하는 전도의 오류에 빠져 있다. 이 근본적 오류로 말미암아 살위에서는 유의 개념에 내포된 세속제의 의미마저도 올바로 이해할 가능성을 덤으로 잃어버린다. 이리하여 살위는 '이제를 알지 못하여 이제를 잃는 자'(不識二諦失二諦者)로 규정된다.

---

7   길장, 『이제의』 권1(T45, p.83c). "小乘不識二諦失二諦者, 即是前方廣薩衛兩人, 竝不識二諦."

8   위의 책(p.83c). "薩衛明諸法性有, 不知諸法性空. 既不知性空, 即是識諸法顚倒有. 不知性空不識第一義諦, 不知顚倒有即不識世諦也."

삼론학의 비판을 역으로 추론해보면 우리는 살위 이제설의 자체적 구조와 그 의미를 규정할 수 있다. 가장 쉽게 확정될 수 있는 지점이라면 살위에게 제일의제의 내용은 자성유라는 것이다. 살위는 모든 존재자의 제일의적 본질을 자성유, 즉 자성의 있음이라는 개념 속에서 사유한다. 자성이 없는 존재자는 제일의제의 대상이 될 수 없다. 자성이 있는 존재자란 단적으로 다른 존재자에 의존하여 수동적으로 만들어진 존재가 아니라는 점에서 자족적이다. 아울러 스스로의 존재 근거를 타자가 아닌 자신 속에서 발견하는 이 자족적 존재자는 자기 보존을 위해 자신의 소유를 타자에게 양도해야 하거나 타자로부터 그 소유를 양도받아 자신의 존재 양상을 변화시킬 필요가 없다. 살위는 자족성과 불변성의 개념으로 요약되는 완전한 존재자의 이념을 추구한다. 이 이념을 이제설의 지평에서 표현한 내용이 제일의제로서 자성유의 개념이다.

살위의 제일의제인 자성유 개념 아래에서 볼 때 세속의 존재 지평은 존재의 결핍으로 인해 항상 타자 의존적인 무자성의 존재자들이 이합집산의 가변적 흐름 속에서 덧없이 부유하고 있는 상태로서 드러난다. 살위에게 자성이 있는 존재자가 제일의제의 대상이라면 세속제의 대상은 무자성인 존재자가 되며, 그런 한에서 세속제의 내용은 무자성인 공의 개념으로 구성된다. 이제의 내용에 대해 살위가 전개하는 제일의제~자성유와 세속제~무자성공의 개념 구성은 돌이켜보면 삼론학에 의한 비판에서 전도의 오류로 지적되었던 맥락에 정확히 일치한다. 삼론학에서는 단적으로 제일의공과 세속유의 개념 기준에 따라 살위의 이제설 이해의 전도성을 비판하고 있기 때문이다. 하지만 살위에 대한 삼론학의 비판 맥락을 무시한다면, 제일의제인 자성유와 세속제인 무자성공의 개념 구조는 그 자체로 살위의 이제설이 갖는 논리적 성격을 대변한다.

살위 이제설의 논리적 본질은 제일의제인 자성유의 개념 일변에 전도된 일제설이라고 규정할 수 있다. 형식적으로는 무자성공인 세속제와 자성유인 제일의제로 구성되는 이제설의 모습을 취하고 있지만 그 함의는 세속제를 부정하고 제일의제만을 하나의 진리(一諦)[9]로서 긍정하는 데 있다. 살위에게 세속제의 의미란 제일의제의 궁극적 긍정을 위한 통과 의례의 지평으로서 이 부정의 과정에서 폐기되어야 할 잔여물들의 총합에 해당한다. 완전한 존재자를 이념으로 삼아 자성유의 개념을 추구하는 사유 주체에게 제일의제는 자기 실현과 자기 충족을 보장하는 유일한 진리인 반면 불완전한 존재자의 표징인 무자성공의 개념은 부정될 수밖에 없다. 이리하여 살위는 "제법성공을 알지 못하고 단지 제법성유만을 밝힌다."[10]

　　살위 이제설의 본질이 제일의제의 유일성을 추구하는 일제설로서 규정된다면 이 일제설적 경향성을 동일한 형식 속에서 반복하는 행태는 방광의 경우에도 마찬가지로 이어진다. 물론 "방광은 제법공諸法空을 밝혀 세속제를 잃는다."[11]라는 점에서 살위의 경우와 내용적으로 차이를 갖는다. 말하자면 방광은 살위와 반대로 무자성공의 존재 지평을 제일의제의 대상으로 삼고 자성유의 존재 지평을 세속제의 대상으로 삼아 부정한다. 삼론학에서 방광 이제설의 일제설적 성격을 갖추어 기술하는 대목을 보자.

9　소승의 이제설을 '일제一諦'의 용어로 규정하는 일은 문헌적 근거를 갖지는 않음을 밝혀둔다. 이제설의 뜻을 알지 못하는 부류에 대한 『이제의』에서의 논의 과정에서 소승의 이제설을 일제설이라 명명하는 문장은 발견되지 않으며, 정작 일제설이라 규정·비판되는 부류는 따로 있기 때문이다.("然大乘失二諦, 復有二種 一者學二諦成性二諦. 二者學二諦成一諦." 위의 책, p.83c~84a.) 다만 이 용어는 삼론학의 소승 이제설 비판에 근거하여 대승의 이제 상즉론과 대비되는 소승 이제설의 성격을 적극적으로 규정하기 위해 추론하는 과정에서 도출된 해석의 결과물이다.

10　위의 책(p.84b). "不知諸法性空, 但明諸法性有."

11　위의 책(p.83b). "方廣明諸法空, 失於世諦."

방광도인方廣道人은 일체법이 공이니, 마치 거북이의 털이나 토끼의 뿔과 같다고 헤아린다. 인과 및 군신과 부자간의 충효의 도리가 없으니, 이 사람은 여래의 세속제를 알지 못한다.[12]

방광은 세간에서 유의미한 가치로 상정하여 중시하는 일체의 도리들을 거북이의 털이나 토끼의 뿔과 같은 공상적 허구의 관념으로 간주하여 부정한다. 그들이 긍정하는 제일의제는 오로지 일체법의 무자성공의 개념뿐이다. 앞서 살위 이제설의 논리적 본질이 제일의제인 자성유의 개념 일변에 전도된 일제설이라고 규정하였듯이 방광 이제설의 논리적 본질 역시 무자성공의 개념 일변에 전도된 일제설이라 할 수 있다.

양자가 공통적으로 일제설로서의 논리적 본질을 갖는다는 명제는 곧 양자 모두 형이상학적 상향 추론의 논리 전략을 전개한다는 것을 의미한다. 그들에게 하위의 진리인 세속제는 배제와 부정의 대상일 뿐이다. 그들은 보다 상위의 진리에 대한 동경이 견인하는 상향 추론의 계열 속에서 그 높이의 궁극에서 만난 하나의 진리만을 각각 제일의제로서 표명한다. 그러므로 방광 역시 살위와 동일한 일제설의 본질을 가진다는 점에서 방광의 이제설은 형이상학적 존재론의 한 종류라 하겠다. 살위가 형이상학적 실재론이라면 방광은 형이상학적 허무론이다. 형이상학적 허무의 존재론으로서 방광의 이제설은 단지 살위가 주장하는 형이상학적 실재에 대한 소극적 부정만을 의미하지 않는다. 무자성공의 개념이 대변하는 허무의 존재론은 자성유의 존재 지평을 대체하는 또 하나의 존재 지평을 적극적으로 형성함으로써 '인과 및 군신과 부자간의 충효의 도리' 등을 무가치화하는 무소불위의 권능을 소유한다. 이리하여 방광

---

12 위의 책(p.83b). "方廣道人計一切法空, 如龜毛兎角. 無因果君臣父子忠孝之道, 此人不識如來世諦."

의 제일의제인 무자성공의 개념 지평은 모든 것을 무화시키는 힘의 실제적 근거로서 정립된다.

(2) 상즉의 불가능성: 인연과 중도 개념의 배제와 억압

『이제의』에서는 소승 이제설에 대한 비판을 요약하면서 "소승에 두 가지 잃음이 있다. 첫째, 자성의 유가 이제를 잃는다. 둘째, 그릇된 공이 이제를 잃는다."[13]라고 진술하는데, 여기서 "이제를 잃는다."라는 문장을 "이제의 상즉의를 잃는다."라고 새겨도 그다지 무리는 없을 것이다. 왜냐하면 자성의 유와 그릇된 공의 개념에 집착하여 제일의제의 유일성을 추구하는 소승 이제설의 일제설적 성격으로부터 곧바로 연역될 수 있는 주제가 이제의 불상즉성이기 때문이다. 소승의 이제설에서는 제일의제의 최종적 긍정을 위해 세속제를 부정한다. 이미 세속제의 존립 근거가 부정되어 제일의제의 상대가 소멸된 마당에 이제 상즉의 가능성을 논구할 여지는 원천적으로 봉쇄된다. 이 봉쇄의 지점은 이제설의 지평에서 소승을 대승과 구분하는 논의의 근거에 해당하는 것이기도 하다.

삼론학에 따르면 이제의 대승적 상즉은 인연과 중도의 개념에 근거하여 성립한다. 그러나 소승의 이제설에서는 그 일제설적 성격으로 인해 이제의 상즉을 논구할 여지가 원천 봉쇄되므로 인연과 중도의 개념 역시 억압과 배제의 대상이 될 수밖에 없다. 먼저 살위의 제법분별론의 체계를 반추해보면 인연의 개념이 어떻게 억압되고 배제되는지 파악할 수 있다. 유위법에 의해 파생된 존재자와 유위법 그리고 무위법의 세 가지로 범주화되는 제법분별론의 존재론적 계열[14]은 이제설의 논의 형식에 따라 단계별로 재구성된다. 이른

---

13 위의 책(p.84a). "小乘有兩失. 一性有失二諦. 二邪空失二諦."
14 제법분별론의 법수 체계에 대해서는 권오민, 『유부아비달마와 경량부철학의 연구』(경서원, 1994), pp.110~111의 도표 참고. 첨언하자면 무위법의 개념에 대해 "유위상을 여읜 불생불멸의

바 72법에 해당하는 유위법들은 유위법들에 의해 파생된 세속의 존재자들에 비교하여 제일의적 진리의 대상이 된다. 유위법들은 더 이상 분석되지 않는다는 점에서 불변의 영원성을 갖는 자성유의 존재자들이기 때문이다. 반면 유위법들의 이합집산에 의해 파생된 세속의 존재자들은 6인因·4연緣·5과果의 인연 법칙에 따라 찰나 간에 소멸할 수 있는 인연·공의 존재자이다. 살위의 제법분별론이 이른바 인공법유人空法有의 개념으로 압축되는 맥락이다.

무위법, 특히 이 범주에 소속하는 열반의 개념에 비교될 때 유위법의 범주는 다시 세속제의 지평으로 격하된다. 택멸 무위擇滅無爲로서 열반의 개념은 "인과적 제약을 벗어난 것이기 때문에 택멸의 이계과離繫果는 원인을 갖지 않는 결과로서, 6인 4연에 의해 생겨난 결과가 아니다."[15] 단적으로 열반의 개념은 인연 법칙의 제약으로부터 벗어나 있는 무제약적 자성유의 존재 지평을 가리킨다. 이에 비해 유위법은 제약된 자성유의 존재자이다. 유위법은 여전히 인연 법칙이라는 외재적 원리에 종속되어 있다. 그 까닭은 유위법의 존재론적 가치가 불변성을 내포할지는 몰라도 무제약적 자족성을 갖지는 못한다는 점에서 찾아질 수 있다.

낱낱의 유위법의 독자성은 언제나 다른 유위법과의 차이에 의존하여 존립한다. 유위법의 개념에 근원적으로 내재하는 비자족적 타자 의존성으로 말미암아 유위법의 자성은 자기 외적 원리인 인연 법칙에 종속될 수밖에 없다. 유위법은 자성을 지닌 주체이긴 하지만 인연 법칙에 따라 단지 세속의 지평을 구성하는 주체, 이합집산의 운동을 영원히 반복해야 하는 윤회의 주체일 뿐이다. 이리하여 유위법의 개념은 무위법인 열반의 개념이 가리키는 무제약적

무제약적, 초월적 존재"(위의 책, p.111)라고 규정하는데, 이제설의 지평에서 제법분별론의 존재론적 성격을 밝히려는 우리 논의의 맥락에서 주목되는 지점이다.

15 세친世親, 권오민 역, 『아비달마구사론』1(서울: 동국역경원, 2002), p.300.

존재 지평과 절대적으로 유리된다. 무위법인 열반의 개념은 인연 법칙에 제약되지 않는, 다시 말해 인연 법칙을 거부·배제하는 자기원인적 존재 지평으로서 성립한다.

살위가 일제를 추구하는 과정에서 거듭 배제하는 개념이 인연이었다면, 중도의 개념은 방광이 그릇된 공으로서의 일제를 추구하는 과정의 끝자리에서 억압된다. 허무주의적 존재론을 대변하는 방광의 공의 개념은 살위의 경우처럼 자성유의 긍정을 위해 부정되는 부정성이 아니다. 살위의 세속제로서 공의 개념은 인연의 법칙에 제약된 세속적 존재자의 유한성을 의미하므로 제일의 제인 무제약적 자성유의 개념에 의해 다시 부정되는 부정성이다. 반면 방광이 추구하는 공의 개념은 살위의 경우와 같은 세속제 차원의 부정성을 갖는 것이 아니라 제일의제의 차원에서 무소불위의 권능을 갖는 부정성, 다시 말해 더 이상 부정되지 않는 부정성을 갖는다.

일체를 무력화시키면서도 그 개념적 위상이 갖는 무제약적 부정성 때문에 어떤 술어로도 적극적으로 규정될 수 없는 미지의 무규정적 존재 지평, 이것이 방광의 공의 개념에 의해 상정되는 사태라면 여기에 중도의 개념이 들어설 여지는 없다. 중도의 개념은 단적으로 비유비무 또는 같은 말이지만 비유비공의 논리 표식으로 표명된다.[16] 유의 부정인 "공의 개념도 다시 공이다."(空亦復空)[17]라고 하여 공의 개념에 대한 이른바 방편론적 관법에 의해 성립되는 중도의 개념과, 방광에서 주장하는 더 이상 부정될 수 없는 부정성으로서의 공의 개념은 서로 양립할 수 없는 모순 관계에 있다. 『중론』에서는 "만일 공이

---

16 삼론학에서 유와 공의 개념이 혼용되는 까닭에 대해서는 강찬국, 「삼론학에서 공성을 깨닫는 방법」(『한국사상과 문화』 제69호, 2013), pp.320~323 참고.

17 공역부공空亦復空의 의미가 등장하는 『중론』의 대목은 다음과 같다. "眾緣具足和合而物生, 是物屬眾因緣故無自性, 無自性故空, 空亦復空. 但為引導眾生故, 以假名說, 離有無二邊故, 名為中道."(용수, 앞의 책 권4, p.33b.)

있다는 견해를 다시 갖는다면 모든 불타에 의해서도 교화되지 못한다."[18]라고 하여 방광의 공관이 갖는 자리적自利的 성격을 불타의 권위까지 빌려 호되게 질타하지만, 방광의 시각에서 보면 그들의 제일의제를 부정하는 중도의 개념 이야말로 오히려 최우선적으로 억압되어야 할 대상이다.

4) 유득 대승의 자성 이제설

제일의제의 유일성을 추구하는 소승의 일제설적 경향성은 결과적으로 이제의 불상즉성을 증시한다. 소승의 이제설에 대비하여 다음으로 삼론학에서는 일체의 불법을 소통시키는 근본 원리라는 뜻인 '초장'[19]의 이름 아래 대승 이제설의 성격을 정식화한다. 초장 전절에서는 유득 대승의 논리를 제시하여 자성의 이제설이라 부르고, 초장 후절에서는 무득 대승의 논리를 제시하여 인연·중도의 이제설이라 명명한다. 무득의 대승뿐 아니라 유득의 대승까지도 초장의 이름 아래 공속시키는 까닭은 양자가 모두 이제의 상즉을 추구한다는 지점에 놓여 있다. 상즉의 개념은 이제의 불상즉성을 노출하는 소승에 대비하여 대승의 성격을 구분하는 포괄적 기준이 된다.

---

18 위의 책 권2(p.18c). "若復見有空, 諸佛所不化."

19 '초장初章'에 대한 『이제의』에서의 설명은 다음과 같다. "초장이란 배우는 자의 장문의 시초이다. 그러므로 초장이라 한다. 이 용어는 『십지경十地經』 제1권에 나오는데, 일체의 문자가 모두 초장에 포섭된다고 밝히고 있다. 여기 삼론 교학에서도 그러하다. 초장은 일체법을 소통시킨다."("初章者, 學者章門之初. 故云初章. 此語出十地經第一卷, 明一切文字皆初章所攝. 今亦爾. 初章通一切法." 길장, 앞의 책, p.89b.) '초장'은 배우는 자가 수학의 공리처럼 새겨두어야 할 근본 원리를 의미한다. 그러므로 '삼론 초장'이란 일체의 불법을 소통시키기 위해 삼론학에서 제시하는 근본 원리의 명칭이 된다. 정작 『십지경』에서는 같은 문맥의 자리에 '초장' 대신 '자모'字母라는 용어가 나오며 『십지경론十地經論』에서는 '자모' 대신 다시 '초장'의 용어를 사용하므로(천친天親, 『십지경론』 권1, T26, p.129c. "一切書字數說等, 皆初章爲本") 자모는 초장의 원의라고 할 것이다. 『십지경』에서는 십지十地의 의미를 자모에 비유하여 모든 글자와 단어 및 문장(書字數說)이 처음부터 끝까지 자모를 벗어날 수 없는 것처럼 십지의 지地 역시 수행의 처음부터 불지佛智를 증득하기까지 시종으로 근본이 됨을 서술하고 있다.(『십지경』 권1, T10, p.537a. "譬如一切書字數說, 字母爲始, 字母爲終, 無有少分書字數說離字母者. 佛子, 一切佛法亦復如是, 以地爲始發修行故, 以地爲終證佛智故.")

(1) 자성 상즉: 이제의 무차별적 긍정

유득 대승의 자성 이제설은 세속제와 제일의제의 상즉이 어떻게 가능한지를 논리적으로 증명하기 위해 고안된 이론이다. 이 이론의 성격은 이제의 무차별적 긍정의 논리라고 규정할 수 있는데, 초장 전절에서는 이 무차별적 긍정의 과정을 자성의 개념을 근간으로 삼아 정식화한다.

> 이제를 배우고도 이제를 잃어 자성의 이제를 이루는 자는 유를 듣고 유에 머무르며 공을 듣고 무에 머무른다. 종래의 초장은 다음과 같다. 다른 학파에서 유는 유일 수 있고, 무는 무일 수 있다. 유가 유일 수 있는 것은 무에 말미암지 않기 때문에 유이다. 무가 무일 수 있는 것은 유에 말미암지 않기 때문에 무이다. 무에 말미암지 않으므로 유이니, 이 유는 자성의 유이다. 유에 말미암지 않으므로 무이니, 이 무는 자성의 무이다. 자성유는 곧 유이므로 유이고, 자성무는 곧 무이므로 무이다. 이것은 곧 인연의 이제를 잃고 자성의 이제를 이루며, 불이不二의 이제를 잃고 이二이기 때문인 이제를 이루는 것이다.[20]

자성의 이제를 이루는 자는 세속제인 유의 개념에도 제일의제인 공 또는 무의 개념에도 무차별적으로 머무른다. 우선 이 지점에서부터 그는 이미 소승이 아닌 대승이다. 세간과 열반의 형이상학적 위계를 엄격히 분별하여 부정과 긍정의 사유 행위를 차별적으로 적용하는 쪽이 소승이라면 대승은 세간과 열반의 무분별적 평등성에 주목한다. 유득 대승이 세속제와 제일의제의 어느 쪽에도 치우치지 않고 평등하게 머물러 진행하는 사유의 내용는 양자의 무차

20 吉藏, 앞의 책(p.84a). "學二諦失二諦, 成性二諦者, 聞有住有, 聞空住無. 如從來初章. 他有有可有, 有無可無. 有有可有, 不由無故有. 有無可無, 不由有故無. 不由無故有, 此有是自有. 不由有故無, 此無是自無. 自有卽故有, 自無卽無故無. 斯卽失因緣二成性二, 失不二二成二故二也."

별적 긍정이다.

초장 전절에서는 "유는 유일 수 있고, 무는 무일 수 있다."라는 명제로부터 출발한다. 그런데 소승의 이제설과 대비해보면 이 명제에 깃든 전환적 사유의 기점을 발견할 수 있다. 말하자면 살위의 이제설에서는 유만이 유일 수 있고, 무는 무일 수 없다. 살위는 형이상학적 존재 함량의 차이에 천착하여 제일의제의 존재 지평만을 진리의 대상으로 긍정하고 그 위계의 하위에 놓인 존재 지평을 무력화한다. 방광도 마찬가지이다. 유는 유일 수 없고, 무만이 무일 수 있다. 방광 역시 제일의제의 무제약적 지평을 긍정하는 만큼 세속에서 유한한 존재자들의 현존이란 무의미하다. 하지만 유득 대승은 세속제와 제일의제의 개념적 차이를 존재론적 가치 서열의 차별성으로 환원하지 않는다.

유의 개념은 무의 부정이고 무의 개념은 유의 부정이다.[21] 서로간의 이 부정성은 단지 논리적인 것일 뿐 존재론적 위계의 의미를 갖지 않으므로 어느 한쪽의 현존을 폐지하는 결과를 빚지 않는다. 유는 무에 의해 부정되었기 때문에 오히려 유로 규정되어 존립한다. 무도 마찬가지이다. 규정이란 어떤 한계를 설정하는 행위인 한에서 그 한계 밖의 지평에 대한 부정이기도 하므로 모든 규정은 곧 부정이다. 무 역시 유의 부정으로서 스스로의 한계를 설정하여 유와 동등하게 존립하는 하나의 온전한 개념 지평이다. 이제의 평등성을 지향하는 유득 대승의 전환적 사유에서는 어느 한편이 다른 한편을 귀속시키거나 배제시킬 수 있는 독점적 권력이란 허용될 수 없다. 독점적 권력의 허용은 사유의 폐쇄성을 증시하는 섣부른 행위일 뿐이다. 소승의 이제설이 전체를

---

21 『이제의』에서는 유득 대승의 사유가 전개하는 이제의 논리적 차이 관계를 다음과 같이 서술한다. "너희들(유득 대승)에게 비유비무는 무엇인가? 비유는 다시 무이고 비무는 다시 유이다."("汝非有非無是何物耶. 非有還是無, 非無還是有." 위의 책, p.88하.) 물론 이 서술은 유득 대승의 이제관에서 무득 대승의 중도의가 소실되는 사태를 논파하는 맥락에서 제출된다.

온전히 구성하지 못하는 부분적 사유의 전형이라면 유득 대승의 미덕은 진리의 다수성을 반성적으로 인정함으로써 존재 세계의 총체성을 구현하는 사유의 개방성에 있다.

초장 전절에서 세속유와 제일의무의 개념은 서로에게 '말미암지 않는'(不由) 독자적 개념 지평을 형성한다. 유의 존재 근거는 무에 의존하지 않으며, 무도 마찬가지이다. 소승에서처럼 개념의 가치 서열적 차별성에 집착하지 않는 것이 아닌 한에서 이 유와 무의 비의존성 또는 독자성은 개념의 부정적 차이 관계로부터 곧바로 연역된다. 양자가 서로를 자기 아닌 타자로서 부정하면서도 공존할 수 있는 까닭, 그리하여 세계의 총체성에 함께 참여할 수 있는 까닭도 여기에 있다. 유와 무의 이제는 타자에 말미암지 않고 스스로의 존재 근거를 자체 속에 소유하는 자기원인적 개념으로서 '자성유'(自有)와 '자성무'(自無)이다. 이리하여 초장 전절에서는 자성의 개념을 매개로 삼아 이제의 무차별적 상즉성을 중시한다. 이제는 모두 자성을 가진다는 지점에서 서로 동일하다.

(2) 자성 이제설의 불상즉성: 분리된 공동체

소승의 폐쇄적 사유는 유와 무의 개념적 차이로 인한 상호 부정성을 존재론적 차별성으로 이해하여 항상 어느 한쪽의 존재 지평에만 치우침으로써 자기와 다른 타자적 진리 주체의 현존을 폐지한다. 반면 유득 대승의 이제설에서는 양자의 개념적 차이를 각 개념 지평의 독자성으로서 이해하여 무차별적으로 긍정하는 사유의 개방성을 구현함으로써 타자적 진리 주체의 현존을 인정한다. 이리하여 세계 전체의 총체성을 담아내는 무차별적 개방의 사유 지평은 소승적 사유에서는 원천적으로 봉쇄되었던 이제 상즉의 가능성을 실질적으로 타진해볼 수 있는 장소로서 드러난다. 그러나 타자적 존재 지평을 다시 복원하고 개방하여 세계의 총체성을 회복하는 과정이 상즉의 이념을 실현하기 위해 필수적이라 하더라도 그 과정이 여전히 자성 개념의 인도에 따라 진행되는 한 참된 의미의 상즉의 이념은 완성될 수 없다. 문제는 자성의 개념이다.

삼론학에 따르면 "유득 대승은 유애有礙의 이제이다."[22] 복수의 진리 주체들의 평등한 존립으로 형성되는 공동체가 유득 대승의 이제설에서 지향하는 전체로서의 세계이다. 그런데 자성의 개념을 매개로 통일된 이 전체 세계 속에는 여전히 장벽(礙)이 있다. 이 장벽의 의미는 다시 자성의 개념으로부터 연역적으로 이해될 수 있다. 자성을 지닌 진리의 담지자인 개별 주체들은 단적으로 나는 나이고 너는 너일 뿐이라는 자타 분리의 의식 속에 머무른다. 이 분리의 의식이 너와 나 사이에 장벽을 쌓게 하는 원동력이다.

낱낱의 진리 주체들은 각자 자신이 형성한 장벽 안에 유폐되어 있음에도 불구하고 타자에 말미암지 않는 영원한 자기원인적 자족성을 짐짓 향유하는 듯하다. 하지만 유폐된 자족성의 향유라는 허위 의식은 타자적 진리에 대한 망각의 결과이므로 유득 대승의 초발심, 즉 세계의 총체성을 구현하고자 고백했던 순수한 서원에 대한 배반이기도 하다. 주체가 자성을 소유하려는 의지를 스스로 부정하지 않는 한 이 대승적 허위 의식은 자기 모순을 피하고자 의도된 망각의 장벽 뒤로 유폐되는 수밖에 없다. 자성과 공동체의 개념은 양립할 수 없다. 타자에 무관심한 진리 주체들의 집합에 의해 형성되는 공동체란 곧 장벽으로 분리된 공동체이며, 그런 한에서 이 분리된 공동체의 개념은 그 자체로 결정적 모순을 드러낸다. 공동체는 분리가 아닌 결합 또는 연대의 의미 속에서 형성되는 것이기 때문이다. 이리하여 상즉의 이념, 즉 참된 공동체의 이념을 실현하고자 처음으로 기획된 유득 대승의 사유 실험은 자성의

---

22 위의 책(p.85c). "有得大乘是有礙二諦."

개념이 빚어내는 분리의 장벽에 가로막혀 좌초한다. '자성의 이제'(性二)는 이제 '인연의 이제'(因緣二)와 '불이의 이제'(不二二)에 자리를 내주어야 한다.

5) 무득 대승의 인연·중도 이제설

적어도 유득 대승에게 대승 보살과 중생의 위계적 구분은 폐지된다. 그럼에도 불구하고 보살과 중생의 온전한 상즉은 불가능하다. 그들은 마치 물과 기름처럼 이제설이라는 하나의 그릇 속에서 기계적으로 공존할 수는 있겠지만 따로 분리되어 이른바 화학적 결합을 이루어내지 못한다. 무득 대승은 이제 상즉의 이념을 실질적으로 구현하기 위해 인연과 중도의 개념을 표명하며, 초장 후절의 내용은 이 인연과 중도의 개념에 대한 논리적 정식화이다.

(1) 인연 상즉: 타자와의 연대

초장 전절과 초장 후절은 서로 좋은 대구(對句)를 이룬다. 초장 전절에서는 "유는 유일 수 있고, 무는 무일 수 있다."라는 명제로부터, 초장 후절에서는 "유는 유일 수 없고, 무는 무일 수 없다."라는 명제로부터 출발하며, 이후의 논의 전개 역시 같은 형식을 취한다. 그 목적은 두말할 것 없이 자성 이제설에 상대하여 인연·중도 이제설의 차이를 밝히기 위해서이다. 초장 후절은 다음과 같다.

> ①유는 유일 수 없고, 무는 무일 수 없다. ②유가 유일 수 없는 것은 무에 말미암기 때문에 유이다. 무가 무일 수 없는 것은 유에 말미암기 때문에 무이다. ③무에 말미암으므로 유이니, 유는 자성의 유가 아니다. 유에 말미암으므로 무이니, 무는 자성의 무가 아니다. ④자성유가 아닌 유라면 이것은 무인 유이고, 자성무가 아닌 무라면 이것은 유인 무이다. ⑤무인 유는 유가

아니고 유인 무는 무가 아니다. 이 유와 무는 불유와 불무를 표시한다.[23]

유득 대승의 사유가 자성의 개념을 근간으로 삼아 전개됨에도 불구하고 대승의 한 부류에 속하는 까닭은 개별적 진리 주체들의 평등한 존립과 그로 인해 회복되는 세계의 총체성을 구현하기 때문이다. 그러므로 초장 후절의 서두에서 "유는 유일 수 없고, 무는 무일 수 없다."라고 무득 대승이 기술하는 명제의 주안점은 세계의 총체적 평등성이라는 대승의 이념을 뜻없이 부정하려는 데 있을 리 없다. 부정적 술어로 구성된 이 명제는 자성의 개념을 지양하려는 의지의 표현인 동시에 새로운 사유의 틀, 즉 인연의 이제설의 출현을 예고하는 일종의 선언적 의미를 갖는다.

'유가 유일 수 없는 것'은 무에 말미암기 때문이다. 다시 말해 유는 무에 말미암지 않고는 유일 수 없다. 유는 무를 근거로 삼아 존립한다. 세속유 개념의 존립 근거는 제일의무에 있다. 그러므로 유는 자성의 유일 수 없고, 마찬가지로 무는 자성의 무일 수 없다. 유득 대승의 자성 이제설에서는 유와 무의 부정적 차이 관계로부터 진리 주체의 다수성을 인정하여 개별 진리 주체에게 영원한 자족성과 자기 원인성을 소유할 수 있는 권리를 부여했지만, 한낱 개별자에게 이 불가침의 권리를 부여하는 행위를 받아들이기에 무득 대승의 사유는 너무 소박하고 정직하다. 무득 대승이 유와 무의 부정적 차이 관계로부터 주목하는 지점은 유와 무로 다수화된 진리 주체들의 개별성과 그 개별자가 갖는 근원적 유한성일 뿐이다. 그러므로 자성의 개념은 유와 무로 다수화된 진리에 제약되어 있는 개별 진리 주체에게 부여될 규정성으로서 적합하지

---

23 위의 책(p.89b). "①無有可有, 無無可無. ②無有可有, 由無故有. 無無可無, 由有故無. ③由無故有, 有不自有. 由有故無, 無不自無. ④不自有有, 是無有, 不自無無, 是有無. ⑤無有不有, 有無不無. 此有無表不有無." 번호는 논의의 편의를 위해 첨가했다.

않다.

초장 후절에서는 무인 유(無有)와 유인 무(有無)의 논리 표식을 제출하여 최종적으로 인연 상즉의 뜻을 정립한다. 무인 유와 유인 무의 논리 표식은 각각 타자에 의해 말미암음, 즉 유에 대해서는 무가, 무에 대해서는 유가 타자로서 존립의 근거가 되는 사태를 표현한다. 무 없이는 유가 존재하지 않는다. 그러므로 유는 자성유가 아니라 무인 유이다. 이 무인 유의 개념 지평에서 이해되는 타자성이란 유득 대승의 경우에처럼 자성을 소유하려는 주체에 의해 망각되어야 할 대상이 아니라 주체를 성립시키는 존립 근거로서 오히려 주체보다 선행하는 개념적 위상에 있다. 무에 빚진 유, 다시 말해 타자에 빚진 주체의 개념에 입각하여 형성되는 무득 대승의 사유 지평에서는 주체가 타자를 자기 존재의 주인으로 받드는 행위가 하등 이상할 것이 없다. 이리하여 "모든 불·보살은 무애無礙의 이제이다."[24] 타자에 빚진 주체로서의 의식 속에서는 유득 대승에 의해 쌓아올려진 자타간 분리의 장벽(礙)이 들어설 자리가 없다. 무의 경우도 마찬가지이다. 유 없이 무도 존재하지 않으므로 무는 타자인 유에 빚진 무, 즉 유인 무이다.

인연 개념의 논리 표식인 무인 유와 유인 무의 개념에 따르면 주체의 본질은 타자성으로 이해된다. 다시 말해 인연이란 주체의 타자성, 즉 유한한 개별 주체의 타자 의존성을 의미한다. 무득 대승의 인연 상즉의에서는 유와 무의 개념이 타자적 주체에 공통적으로 의존한다는 지점에서 이제의 평등성을 정립하고, 타자적 주체를 자기 존재의 주인으로 받든다는 지점에서 자타 분리의 장벽을 넘어 타자와의 연대의 이념을 성립시킨다.

---

24 위의 책(p.85c). "諸佛菩薩無礙二諦."

(2) 중도 상즉: 주체의 자기 부정

자성 이제설에서 인연 이제설로의 이행이 유와 무의 개념을 무인 유와 무인 유의 논리 표식으로 바꿔 사유하는 관법에 의해 이루어진다면 중도 이제설에서는 유와 무의 개념을 비유와 비무의 논리 표식으로 이해하도록 인도한다. 이제 상즉의 관점에서 말하자면, 인연 상즉의 지평에서는 인연 개념의 무차별적 타자 의존성으로부터 자타 분리의 장벽을 넘어가는 상호 연대의 이념을 형성한다면 중도 상즉의 지평에서는 중도 개념의 무차별적 부정성으로부터 자기 부정의 이념을 구현한다.

초장 후절에서 중도 상즉의 논리가 전개되는 단락은 ⑤에 해당한다. "무인 유는 유가 아니고 유인 무는 무가 아니다." 논리적으로만 보아 무인 유는 무와 인연 관계에 있는 유이므로 자성의 유가 아니고 유인 무 역시 그러하다고 단순하게 이해한다면 이 문장은 무인 유와 유인 무의 개념이 대변하는 인연 상즉의 뜻을 속절 없이 반복하는 맥락 정도의 차원을 벗어날 수 없게 된다. 왜냐하면 자성과 인연의 개념적 차이는 이미 인연 이제설의 전개에 의해 판명되었기 때문이다. 무인 유와 유인 무로부터 비유와 비무로 이행하는 과정이 인연 상즉 논리의 단순한 반복이 아니라는 사실은 단락 ⑤ 이전에 전개되었던 인연 이제설의 불충분성을 반증한다. 인연의 이제설만으로는 대승적 상즉의 이념을 온전히 설명하지 못한다. 이제 상즉의 이념은 불이중도 개념에 내포된 자기 부정성의 뜻이 밝혀질 때 이론적으로 완결된 구조를 이룬다.

먼저 가성假性의 유무를 밝히니, 이는 자성의 유무를 항복시키는 것이다. 다음으로 가성의 유무를 밝혀 비유비무에 들어가면 곧 자성의 유무는 영

구히 단절된다.[25]

『이제의』이외에 삼론학에서 삼론 초장의 논리를 다루고 있는 또 다른 문헌인『중관론소』에서는 항복(伏)과 단절(斷)의 개념짝이 갖는 차별적 의미에 근거하여 인연 이제설의 불충분성을 논의하고 있다. 먼저 '가성의 유무'란 곧 무인 유와 유인 무를 가리킨다. 자성유와 자성무로부터 무인 유와 유인 무로의 개념적 이행은 자성의 유무를 항복시키는 과정이다. 하지만 이 이행만으로는 자성의 유무를 아직 영구히 단절시키지는 못한다.

항복과 단절의 개념짝이 제공하는 삼론학적 관법의 타당성은 인연 이제설의 결론에 해당하는 무인 유와 유인 무의 논리 표식 자체에 대한 반성으로부터 증명될 수 있다. 무인 유와 유인 무의 개념은 타자를 주체의 존립 근거로 받아들여 그 앞에 항복하는 사태의 표현이므로 타자와의 분리의 사태를 표현하는 유득 대승의 자성유 개념으로부터 분명히 벗어난다. 하지만 무인 유와 유인 무의 논리 표식에는 타자에 항복하는 '주체'의 현존이 무인 '유'와 유인 '무'의 형태로 여전히 남아 있는 한에서 자성유의 개념으로부터 완전히 벗어나지는 못한다. 단절의 개념이 제공하는 관점 아래에서 더 미루어보자면 타자에 한시적으로 항복하는 주체는 언제든 타자를 자기화하는 지경으로 퇴행할 가능성 속에 있다. 소승의 이제설에서 세속적 존재 지평의 타자 의존성을 부정하여 제일의적 존재 지평의 자기 원인성으로 초월해가는 일제설적 경향성을 소급하여 떠올릴 때 무인 유와 유인 무 개념을 곡해할 위험의 정도가 어디까지일지 추측할 수 있다.

불이중도의 이제설은 인연의 이제가 다시 자성의 이제로 퇴행할 가능성을

---

25 길장,『중관론소中觀論疏』권2(T42, p.28a). "初明假有無, 是伏性有無. 次明假有無, 入非有非無, 即性有無永斷也."

영구히 단절한다. 왜냐하면 불이중도의 개념은 이제의 무차별적 부정(不二)을 표현하는 비유비무의 논리 표식에 의해 정립되기 때문이다. 다시 말해 여기서 부정되고 있는 유와 무의 개념은 타자에 항복하는 그 주체를 가리키므로 불이 중도의 개념은 무인 유와 유인 무의 개념 속에 잔존하는 주체성마저도 완전히 소멸시킨 사태를 의미한다. 이리하여 중도 개념의 무차별적 부정성은 자기부 정성이 된다. 중도의 이제설에서는 단적으로 타자의 부정이 아니라 주체의 완전한 부정을 지향한다. 사유 주체의 제일의제를 긍정하기 위해 타자적 진리 인 세속제를 부정하거나 자기 진리의 주체적 자족성을 긍정하기 위해 타자적 진리 주체를 분리의 장벽 뒤로 고립시키는 여타의 이제설과 달리 초장 후절에 서는 인연 이제설의 상호 연대의 뜻과 더불어 중도 이제설의 자기 부정의 뜻을 밝힘으로써 이제 상즉의 대승적 이념을 이론적으로 완결한다.

(3) 중가의中假義: 인연과 중도 개념의 상호 보충적 선순환 관계

논의의 진척을 위해 항복과 단절의 개념짝이 제공하는 관점을 재론하자면 먼저 인연 상즉의 지평에서는 타자에 항복하는 주체를 무인 유와 유인 무의 논리식으로 표현하여 자성의 유와 무를 항복시킨다. 다음으로 중도 상즉의 지평에서는 타자에 항복하는 주체까지 완전히 소멸시킨 사태를 비유와 비무 의 논리식으로 표현하여 단절의 개념을 완성한다. 자성의 유와 무에서 인연의 유와 무로 그리고 인연의 유와 무에서 중도의 유와 무로 나아가는 이행의 연쇄 구조는 얼핏 보아 중도 상즉이라는 최종적 목적을 향해 점점 비약해가는 과정으로 이해될 수 있다. 여기서 제기될 수 있는 물음은 다음과 같다. 인연 이제설과 중도 이제설의 관계는 어떻게 설정되어야 하는가? 유득과 무득이라 는 술어를 사용하여 자성 이제설과 인연 이제설의 대승으로서의 가치를 평가 하는 방식과 똑같이 인연 이제설과 중도 이제설의 가치도 그렇게 구별될 수

있는가? 삼론 중가의中假義는 인연 상즉과 중도 상즉의 관계 설정에 대한 물음에 대답하기 위해 제출된다. 중가의에서의 대답은 양자를 어떤 비약이 허용되는 과정과 목적의 관계가 아니라 단적으로 상호 보충적 선순환 관계로서 설정해야 한다는 것이다.

삼론 중가의는 『중론』 '관사제품'의 공·가·중 삼시게三是偈에 이론적 연원을 두면서 그 자체로 상당히 복잡한 체계를 갖는 삼론학의 고유 이론으로 삼론학 문헌 도처에서 불법의 정의正義를 해석하는 기본 원칙이기도 하다.[26] 여기서 논의의 초점은 삼론 중가의가 삼론 초장의에 접속되는 지점과 그 의미로 국한되는데, 먼저 초장의와 중가의의 접속 지점이 어디인지를 알아보자.

④우리 학파에서는 유가 자성의 유가 아니라면 불유인 유(무인 유)라 이름하고, 무가 자성의 무가 아니라면 불무인 무(유인 무)라고 이름한다. 이 네 구절의 말을 초장이라고 한다. ⑤불유인 유라면 비유이고 불무인 무라면 곧 비무이다. 비유비무를 유무라고 가설하는 것, 이것은 중가의이다.[27]

삼론학 문헌에서 삼론 초장을 갖추어 언급하는 대목은 『이제의』와 『중관론소』인데, 인용문은 『중관론소』에서 삼론 초장을 진술하는 마지막 대목이다. 앞서 인용한 적이 있었던 『이제의』의 삼론 초장과 비교해보면, 『이제의』에서는 ①~⑤까지의 5구절이 모두 초장의의 범주 내에서 뭉뚱그려 논의되어 있는 반면 『중관론소』에서는 ①~④의 4구절이 초장의이고 ⑤의 1구절은 중가의라

---

26 중가의의 이론적 체계에 대한 연구들로는 김성철, 『중관철학』(서울: 민족사, 2006), pp.289~297, 平井俊榮, 『中國般若思想史研究』(東京: 春秋社, 1976), pp.440~456, 伊藤隆壽, 「三論教學における初章中假義」上(『駒澤大學佛教學部研究紀要』32, 東京: 駒澤大學, 1974)·中(『駒澤大學佛教學部研究紀要』33, 1975)·下(『駒澤大學佛教學部研究紀要』34, 1976) 등 참고

27 길장, 앞의 책(p.28a). "今有不自有名不有有, 無不自無名不無無. 此四節語為初章也. 不有有則非有, 不無無即非無. 非有非無假說有無, 此是中假義也."

고 구분되어 있는 차이점을 발견한다. 문제의 ⑤구절에서 앞 문장인 "불유인 유라면.비유이고 불무인 무라면 곧 비무이다."라는 이미 『이제의』에서도 중도 상즉을 구현하는 대목으로 제시되어 있으므로 『중관론소』에서 초장의와 중가 의를 구분하는 의식의 근거는 "비유비무를 유무라고 가설하는 것, 이것이 중가의이다."의 문장에 있음을 산술적으로 쉽게 알 수 있다. 『중관론소』에서 는 『이제의』에 없던 내용을 첨가함으로써 초장의에 중가의를 접속시키고 있 는데, 그 요지는 '비유비무를 유무라고 가설하는 것'에 있다. 히라이슌에이平井 俊榮는 "초장과 중가는 동일한 기조에서 성립하면서 초장의의 연장선 상에 중가의가 확립되는 것을 보여준다."[28]라고 하여 중가의를 초장의에 딸린 단순 한 파생 논리 정도로 간주하지만, '비유비무를 유무라고 가설하는' 첨가된 관법이 이제 상즉의에 접속하여 일으키는 이론적 효과를 외면한 채 삼론 초장 의 전체 기조를 온전히 파악할 수는 없다.

중가의가 겨냥하는 지점은 단적으로 인연 상즉과 중도 상즉의 상즉이라고 규정할 수 있다. 이제 상즉의 지평에서 인연과 중도의 개념은 중가의를 근거로 따로 떨어져 있는 섬이 아니라 이어져 있는 대륙과 같은 것이 된다. 돌이켜보 면 초장 후절의 논리 전개는 자성유와 자성무에서 무인 유와 유인 무로, 다시 무인 유와 유인 무에서 비유와 비무로의 이행의 과정이다. 이 과정에서 무인 유와 유인 무의 인연 개념은 자성의 유무와 같이 비유비무라는 목적지에 닿기

---

28 平井俊榮, 앞의 책, p.444. 히라이슌에이가 삼론 초장에서 중가의의 의의를 굳이 부각하지 않는
    까닭은 이어지는 진술인 "초장은 단순히 유무의 상즉을 보여주는 기본적인 입장인 것에 대해
    중가의 쪽은 확정적으로 유무는 비유비무라고 밝혀가는 것이다."에서 밝혀진다. 그는 중가의를
    중도의와 혼동하여 정작 중가의의 내용인 '비유비무를 유무라고 가설하는 것'의 의미를 등한시하
    고 있기 때문이다. 반면 김성철은 ⑤구절에서 중가의의 내용을 가려내어 "삼론 초장에서는 네
    단계의 논의를 통해 속제인 유가 유가 아니고 진제는 무가 무가 아니라는 중도적 조망에 도달하
    였다. 그런데 중가 이론에서는 이런 중도에 근거하여 다시 가명으로서의 유와 무를 설한다."라고
    판명하게 해설하고 있다. 이어서 그는 중가의에서 가설된 유와 무의 개념을 규정하여 "중도의
    세척을 거친 가명"이라 밝힌다. 김성철, 앞의 책, p.290 참고

위해 잠시 머무르는 방편적 의미 이상이 아니게 된다. 하지만 중가의에 따르면 비유비무의 중도 개념은 최종적 목적지가 아니다. 그 길은 중가의의 인도에 따라 가설된 유와 무, 즉 무인 유와 유인 무의 지평으로 다시 이어지고 있기 때문이다.

중도의 개념 지평은 자성유와 자성무로 대변되는 개별 진리 주체들의 주체성을 평등하게 단절하여 이제의 상즉을 실현한다. 그런데 만약 이 무주체성, 즉 무아의 중도 지평이 인연의 지평과 이어지지 못하고 따로 떨어진 섬처럼 단독적으로 존립할 수 있다면 이것은 어떠한 사태를 초래할까? "외인은 비유비무를 듣자마자 곧 다시 진속의 이제가 없다고 하면서 바로 단견斷見을 일으킨다. 그러므로 다음으로 유와 무(而有而無, 무인 유와 유인 무)를 이제로 삼는다고 설하여 그 단견의 마음을 잇는다."[29] 외인의 정체가 단견의 주체인 소승 방광이라면, 무득 대승에서 소승 방광으로의 퇴행은 찰나간에 이루어진다. 소승 방광의 단견은 단적으로 중도의 개념에서 인연의 개념으로 다시 이행하지 못하는 무능력에서 발생하며, 이 무능력한 단견은 결국 불이중도의 무차별적 부정성을 맹목적적 무의미의 나락에 빠뜨린다.

이 맹목적적 단견의 마음을 다시 이어주는 개념이 인연인 한에서 불이중도로부터 인연으로의 재이행이 목적하는 바란 무인 유와 유인 무의 논리 표식이 가리키는 타자와의 온전한 연대이다. 다시 말해 무득 대승의 중도 개념에서 주체성의 완전한 부정을 추구하는 목적은 타자성의 완전한 긍정에 있다. 이리하여 중가의는 인연과 중도의 개념이 갖는 상호 보충적 관계의 내면적 필연성을 중시한다. 소극적으로 말하자면 타자와의 완전한 연대를 지향하는 인연

---

29 길장, 앞의 책(p.11b). "外人既聞非有非無, 即謂無復真俗二諦便起斷見, 是故次說而有而無以為二諦, 接其斷心."

상즉의 개념은 주체의 완전한 부정을 지향하는 중도 상즉의 개념 없이 성립할 수 없다. 동시에 주체의 완전한 부정을 지향하는 중도 상즉의 개념 역시 타자와의 완전한 연대와 일치를 지향하는 인연 상즉의 개념을 전제하지 않는 한 단견에 빠져 역시 성립할 수 없다. 적극적으로 말해 중가의에서는 서로가 서로를 필연적으로 요구하여 성립하는 인연 상즉과 중도 상즉의 개념 지평을 직선적 위계의 관계가 아닌 선순환적 평등 관계로 설정하기를 제안한다.

6) 삼론 초장의에서 나타나는 대승 불교의 불가사의적 종교성

무득 대승은 소승 살위와 비교하여 주체의 운동 방향을 정반대로 설정한다. 살위는 주체의 절대적 자족성을 추구하여 타자를 끊임없이 자기화하는 방향으로 운동하는 반면 무득 대승은 주체의 무소유를 추구하여 자기를 끊임없이 타자화하는 고통스런 운동을 이어간다. 다른 한편 주체의 완전한 소멸을 지향하는 무득 대승의 실천이 맹목적 자기 부정이 아니라 타자의 완전한 긍정을 위한 자기 부정인 한에서 소승 방광과의 비교 역시 분명해진다. 소승 방광의 절대적 부정성은 어디까지나 자기 진리로의 복귀를 위한 부정이므로 그에게 타자의 완전한 긍정이란 언감생심이기 때문이다. 결론적으로 말하자면 무득 대승은 유득 대승에 의해 표방된 세계의 총체성을 실질적으로 구현하고자 인연 상즉의 이념과 중도 상즉의 이념 사이를 무한히 순례하는 자이다.

대승 불교의 종교적 초월성은 높고 높은 곳에 임재하는 것이 아니라 낮고 낮은 곳에 깃든다. 자기를 위해서는 아무것도 소유하고자 하지 않으면서 오로지 모든 타자에 대한 전인적 긍정과 연대를 위해 자기를 한없이 낮추는 행위가 무득 대승이 추구하는 실천 수행의 준범이라면 이 준범에 따라 실천하는 무득 대승의 구체적 목적지는 가장 낮은 타자, 다시 말해 가장 고통 받고 있는 타자, 가장 소외된 타자의 지평이다. 이 타자적 지평의 무한성을 의식하는 한 이제

상즉의 실현, 즉 모두가 하나된 공동체의 실현은 아직 실현되지 않은 미래적 이념일 수밖에 없다. 그러므로 대승 불교가 추구하는 이제 상즉의 지평이란 미지의 모든 타자를 위해 이른바 무한한 이타행을 결단하는 대승 보살의 서원 속에 계시적으로 깃들 수 있을 뿐인, 불가사의不可思議의 종교성을 갖는다.

　　대승 불교의 태동이 불교 사상사에서 신기원을 이루게 된 기초의 핵심은 단적으로 반야계 경전군들에 의해 일체개공一切皆空의 반야 사상이 제시되어 모든 존재의 평등성이라는, 시대를 초월하는 진보적 이념의 싹을 틔웠던 데 있다고 하겠다. 이 전칭명제에 따르면 아비달마 불교의 보수적 이론 전통에 따라 엄격하게 정립되어왔던 재가와 출가, 중생과 아라한 등 모든 위계적 차별의식이 한낱 이기적 집착의 소산일 뿐인 것으로 전락한다. 모든 존재는 공의 논리에 따르는 반야(지혜)의 빛 아래에서 전적으로 평등하다. 불교 사상사에서 새롭게 태동한 일개 세력이 아비달마 교학의 방대한 이론적 성과 앞에서도 주눅 들지 않고 스스로에게 대승이라는 존칭을 부여할 수 있었던 호기로움은 시대를 초월하는 진보적 이념을 각 시대에 선취한 자들이 공통적으로 소유하는 불퇴전의 자기 확신으로부터 비롯했을 것이다.

　불생역불멸不生亦不滅, 불상역부단不常亦不斷, 불일역불이不一亦不異, 불래역불출不來亦不出. 한글로 옮길 필요가 없을 정도로 단순명료한 이 여덟 가지 부정(八不)의 명제는 대승의 반야 사상을 이론적으로 집대성한 용수 조사가 그의 주저인 『중론』의 첫머리에서 부처님 가르침의 위대함에 귀의하고 경배하기 위해 읊은 게송의 전부이다. 이에 따르면 생만 부정되는 것이 아니라 멸도 부정되고, 상단, 일이, 내출 등이 모두 마찬가지이다. 한쪽을 긍정하기 위해 다른 한쪽을 부정하는 것, 세속의 살림(生, 世俗諦)을 부정하고 열반의 적멸(滅, 第一義諦)만을 긍정하는 소승 아라한의 사유 방식, 또는 그 반대인 범부의 사유 방식들은 용수에게 한낱 폐기되어야 할 분별의식의 전형일 뿐이다. 양립 불가능한 두 가지 진리(二諦), 그 어느 하나에도 머무르지 않고 양자를 전적으로 부정하기(不二)를 주문하는 팔불 명제의 간명한 논리는 궁극적으로 자기를 위해서는 그 어느 하나도 남겨두지 않고자 염원하는 대승 보살의 실천 강령이 되고, 동시에 아함 이래 부처님의 가르침에 적중하는 길(中道)로서 무아·무소유의 이념을 회복하는 시금석이 된다.

길장의 등장을 정점으로 삼는 중국 삼론학은 인도에서 정립된 대승 중관학의 충실한 계승이자 발전이다. 길장은 그의 최초 저작인『이제의』서두에서 "이 네 가지 논서(『중론』, 『백론』, 『십이문론』, 『대지도론』)는 비록 명칭과 부류는 같지 않더라도 그 커다란 귀의처에서는 통일되어 있으니, 모두 이제二諦를 펼쳐 불이不二의 길을 드러낸다."라고 천명함으로써 사론을 소의논서로 삼는 대승 중관학이 이제라는 방편적 교설로부터 불이중도라는 실상을 드러내는 과정의 체계임을 정확히 지적한다. 그러므로 삼론학의 정립이라는 사건은 반야 공사상을 기점으로 태동된 대승 불교가 무아·무소유의 실천을 위한 근본 원칙으로서 불이중도론의 기치를 세움으로써 부처님 가르침의 정통성을 획득하는 과정이 동아시아 불교 사상사에서도 이미 고도로 실현되었고 동시에 이른바 격의불교 시대의 이론적 난맥상이 종식되었음을 뜻한다. 나아가 삼론학에서 정립한 무한한 자기부정의 원칙은 마치 나아가야 할 길을 알려주는 이정표처럼 우뚝 서서, 이후 법화의 일승 사상과 열반의 불성상주 사상 및 화엄의 법성 사상 등에서 적극적으로 전개하는 끝없는 존재 긍정의 다채로운 길들이 자칫 불법의 정통성에서 벗어나 반야의 빛을 잃지 않을 수 있도록 북돋는 사상적 밑거름의 역할에 매진한다.

『중국 반야사상사 연구』는 그 제목에서 보듯이, 대승 불교의 사상적·역사적 전개의 밑거름인 반야 사상이 동아시아에서 전개되어가는 전체적 흐름을 가장 높은 수준의 학술적 엄밀성 속에서 추적하는 책이다. 삼론학이라는 대지를 탐사할 때 반드시 참고해야 하는 지침서로서 중시되어 실제로 학계의 연구자들 사이에서 가장 많이 인용되어온 이 책은 1976년 출간된 이후 중국 반야 사상 연구의 전범이자 이정표로서 그 역할을 수행해왔고 현재까지도 여전히 삼론학 해석의 주류로서의 권위를 행사하고 있는 기념비적 저작이다. 저자인 히라이슌에이는 스스로 이 책에 대해 "중국 반야 사상의 중핵적 존재였던 길장이나 삼론 학파의 인물들이 완수한 역사적·사상적 역할의 일단을 기술한 것에 지나지 않는 서론격의 저술이라고" 서술하여 겸양을 표현한다. 하지만 역사적 고증의 방대함과 사상적 분석의 치밀함을 성취하고 있는 본서의 우수성에 입각한다면 중국 수나라 때 길장이 당시 삼론학의 집대성자로서 공인되었던 정황에 비견할 정도로 이 책은 중국 반야사상사에 대한 현대적 재해석이자 집대성이라고 해도 과언이 아니다. 독자들은 방대한 규모의 체계, 대서사 그 자체에서 밀려오는 감동과 함께 다양한 논리가 냉정히 구사되는 각각의 세부 장절들 곳곳에서 저자의 학문적 열정을 만끽할 수 있으리라 추측한다. 저자인 히라이슌에이의 소개 및 본서의 내용과 특징에 관해서는 책의 말미에 짤막한 글을 작성해두었으므로 각설한다.

번역서를 출간하게 된 일을 계기로 개인적 기억을 돌이켜보면 이 책과의 인연은 학위논문을 막 준비하던 시절인 십수년 전으로 돌아가야 하니, 먼저 감회가 새롭다. 모든 것이 상품화되어야만 살아남는 고도 자본주의의 시절에 일본 판본으로 약 700여 쪽에 달하는 거질의 학술 서적이 하나의 상품으로서 번역·출간되기를 바란다는 것이 꽤나 순진한 일임을 알게 된 때는 번역작업이 일차 마무리된 후 이리저리 출판사를 알아보는 와중이었다. 결과적으로 상품화되지 못하여 마치 세상에 쓸모없는 잉여물처럼 소외되어 있던, 하지만 내 편에서 보자면 그러하기에 더욱 가치 있는 이 책이 사단법인 불교학연구지원사업회가 주관하는 무상 보시의 원력으로 이렇게 세상에 빛을 볼 수 있게 된 과정을 지켜보면서 크나큰 감동을 느꼈다. 사단법인 불교학연구지원사업회를 이끄시는 큰스님 여러분과 사무국장님 및 사부대중들께, 그리고 도서출판 씨아이알 구성원분들의 노고에도 감사와 존경의 예를 올린다. 선한 인연의 연쇄에 하나의 고리로서 참여할 수 있게 된 것이 그저 영광일 뿐이고, 얕은 견식에도 불구하고 끈기 하나로 과욕의 번역 일을 버텨갔던 시간들을 다시 돌아볼 수 있도록 선지식들의 다양한 질정을 바랄 따름이다. 아무쪼록 본서의 출간을 계기로 남을 모시기 위해 나를 비워 마침내 내가 너고 네가 나임을 실현하고자 서원하는 이 땅의 모든 보살들의 마음속에 반야의 촛불 빛이 더욱 영롱해지기를 감히 빌어본다.

2020년 12월
강찬국

/ Table of Contents /

988

/ ABSTRACT /

This work is divided into two parts. The First Section, "A Study of the Historical Development of the Sanlun Tradition from the Standpoint of Chi-tsang", is a discussion primarily based on various historical data presented in Chi-tsang's works and the ideas of Chi-tsang himself of the history of the Sanlun tradition from the 5th century transmission of the Three Treatises by Kumārajīva in Ch'ang-an, through the establishment of an academic tradition centered on Mt. She in Chiang-nan, and later developments. The process of the formation of the Sanlun tradition, relative to the results of past studies, will be critically examined from Chi-tsang's perspective and the errors of transmission of the Nara Sanron School will be revised. This section is an attempt to systematize historically the Sanlun tradition from a new point of view. Finally, this section will discuss the historical development of the Sanlun tradition following the Mt. She period from the viewpoint of the polarizing tendency between the Ch'an practioners and monk-scholars.

The Second Section, "A Conceptual Study of Sanlun Doctrine in Chi-tsang", is a discussion of the doctrinal theories of Chi-tsang, the great conceptual systematizer of the Sanlun tradition, and the distinctive features of his thought. Although his thought is based on the same Mahāyāna Buddhist concept of insight into emptiness, it differs from the Indian Mādhyamika tradition, for it can be seen very strikingly that what Chi-tsang emphasizes in the Chinese Sanlun tradition is the affirmative and positive aspects of emptiness. And this, in great part, is due to the influence of the Mahāyāna Nirvāṇa-sūtra涅槃經. This section discusses the fact that the distinctive characteristic of Chi-tsang's theoretical thought is to be found in his organic integration of the concepts of the *Prajñāpāramitā-sūtra*般若經 and the Three Treatises and the concepts of the *Nirvāṇa-sūtra*

The First and Second sections are each composed of an introductory chapter and five essay chapters. The essential points of each chapter in the First Section are:

The Introductory Chapter, "The Historical Character of the Chinese Sanlun Tradition", demonstrates on the basis of historical data from Chinese Buddhism that, while the Three Treatises of Chinese Buddhism have been refered to as "the Sanlun School"三論宗, due to the traditional transmission of Japanese Buddhism, this is an unsubstanted and non-historical designation which ignores the actual state of Chinese Buddhism. The Introductory Chapter's main investigation is not a study of the "Sanlun tradition"三論學派.

Chapter One, "The Origins and Genealogy of the Sanlun Tradition", comments on the deficiencies and inadequacies which can be seen in past studies concerning the doctrinal and genealogical history of the Sanlun tradition and discusses, at least in terms of its systematizer, Chi-tsang, which individuals were recognized as the inceptors of the Sanlun tradition. In this context, because Chi-tsang frequently refers to the disciples of Kumārajīva who studied the Three Treatises in Ch'ang-an as "the Old Theories of Kuan-ho"關河舊說, this chapter will re-examine the meaning of this phrase and relate the author's new opinions concerning the conceptual lineage of the Sanlun tradition from the standpoint from the standpoint of Chi-tsang.

Chapter Two, "The Translation of the Three Treatises and the Diffusion of its Study", discusses the circumstances surrounding the translation of the Mādhyamika treatises by Kumārajīva, the significance of the study of the Three Treatises by Kumārajīva's disciples, as well as the individuals responsible for the initial diffusion of the Three Treatises to Chiang-nan and their historical circumstances. Among the disciples of Kumārajīva who studied the Three Treatises, three individuals, Seng-jui僧叡, T'an-ying曇影, and Seng-chao僧肇, are important, for Chi-tsang specifically considers these men as representative of the Sanlun tradition of Ch'ang-an. In particular, with regard to T'an-ying, the first individual who wrote a commentary on the *Middle Treatise*中論, we note the influence of T'an-ying's commentary on Chi-tsang's commentary, and since there are many past studies concerning Seng-chao, our viewpoint changes, and we indicate that Chi-tsang's understanding of Seng-chao's thought captures its essence. Together with a consideration of the development of the concept of "essence and function"體用, this chapter demonstrates that the concept of the identity between essence and function, the distinctive feature of Seng-chao's thought, was finalized by Chi-tsang. In terms of the diffusion of the Three Treatises to Chiang-nan, the historical facts of the role played by the religious group of Hui-yüan 慧遠 on Mt. Lu and the spread of the teachings to the south by Seng-jui are affirmed as the cornerstone for the revitalization of the Three Treatises in Chiang-nan. With regard to Seng-tao僧導, we append a criticism of past studies which have viewed Seng-tao as the greatest contributor to the spread of Sanlun teachings in Chiang-nan and indicate that Seng-tao's objectives were different, that from his religious group there arose the trend of the simultaneous study of the Three Treatises and the *Ch'eng-shih lun*成實論, and that the merits and demerits of this offset each other because this point forecasts the dark age of Sanlun study in Chiang-nan.

Chapter Three, "Some Problems Concerning the History of the Development of Sanlun Doctrine", primarily discusses, beginning with the transmission of the Three Treatises to Chian-nan to the establishment of a Sanlun tradition on Mt. She, various problems concerning the study of the Three Treatises in the Sung宋 and Ch'i齊 periods. In particular, it emphasizes the contributions toward the revitalization of the Sanlun by two individuals, the Buddhist scholar Chih-lin智琳(409-487) of Nan-ch'i and Chou-yung周顒, the student of "Dark Learning"玄學, and discusses, as the result of concrete investigation, the importance of the former's *Chung-lun su*中論疏 and the latter's *San-tsung lun*三宗論 in terms of their influence on the writings of Chi-tsang and Chi-tsang's own assesment of them. In addition, we note that "the Sanlun Master of the North"北土三論師 refered to in Chi-tsang's writings does not definitely mean a Northern Sanlun tradition, but refers to an individual commentator on the *Middle Treatise*, and further, we argue that the academic basis for the theory which has traditionally distinguished a "New" and "Old" Sanlun tradition is limited and provisional.

Chapter Four, "The Establishment of the Sanlun Tradition on Mt. She", describes the details of the resurgence of Sanlun study centered on Mt. She and discusses the establishment and development of the Sanlun tradition from Seng-lang승랑 to Seng-ch'üan僧詮, or, what Chi-tsang refers to as, "the She-ling transmission"攝嶺相承. In particular, with regard to Seng-lang, we demonstrate the historical possibility, as asserted by Chi-tsang, that Chou-yung's theories were inherited from Seng-lang. With regard to Seng-ch'üan, we clarify his position as the actual founder of the Sanlun tradition on Mt. She and discuss the fact that the scholastic tradition of the exclusive study of the Three Treatises and the practice of Ch'an determined, thereafter, the course of the development of the Sanlun tradition.

Chapter Five, "The Lineage of Hsing-huang's Transmission", relates the prevailing temperament of Sanlun study by Hsing-huang Fa-lang興皇法朗(508-581) and his disciples and completes the development of the Sanlun tradition. Among the disciples who studied under Fa-lang, in the later periods his influence is comparatively obvious within a group of four individuals, Hui-che慧哲, Chie-chü智矩, Ming Fa-shih明法師, and Chi-tsang. In particular, we can see the striking fact that, within the Sanlun tradition of Fa-lang's disciples, the polarizing trend between the group of monk-scholars who studied the Three Treatises and the group of Ch'an practioners was uninterrupted, and the fact that individuals mutually appeared from both group is confirmed by the *Hsü Kao-seng-chuan*續高僧傳. This chapter indicates that we can clearly anticipate the integration of the Sanlun and Ch'an, the tradition following Seng-ch'üan, even from the standpoint of the historical relationships between individuals in later periods. Conceptually, it is suggested that the Sanlun tradition of Fa-lang's disciples, which was systematized by Chi-tsang, rather than being the current mode of thought, finally merged with the Ch'an practioners, in particular, the Ta-mo達摩 tradition of Ch'an practioners, and was eventually absorbed within it. Further, among the disciples of Fa-lang, although the *Nirvāṇa-sūtra* was a common object of study, it became the greatest distinguishing quality of Chi-tsang's theoretical thought, and it is suggested that this work became the conceptual medium for the coupling of Ch'an and the Sanlun.

A summary of the chapters in the Second Section is as follows:

The Introductory Chaphter discusses the biography of Chi-tsang based on Tao-hsüan's *Hsü Kao-seng-chuan*.

Chapter One, "The Works of Chi-tsang" surmises the sequential relationship between the compositions which currently exist in Chi-tsang's *oeuvre* of twenty-six texts, and in particular, we divide Chi-tsang's life into three periods of writing activity and discuss the works representative of each period. Although there are different opinions in the academic field concerning the commentaries on the *Lotus Sūtra*法華經, we will particularly consider this subject in detail and critisize and examine the past theories.

Chapter Two, "The Logical Structure of Chi-tsang's Thought", grasps, by way of a logical structure, the distinctive character of Chi-tsang's thought. It describes the logical connection between the concepts of "principle and teaching"理教, "essence and function"體用, "middle and provisional"中假, etc., which are recognized as fundamental categories, and "the Initial Thesis"初章, which expresses the basic theme of Sanlun doctrine. We explain, from the standpoint of the logical structure, what connection there is between the theory of the Two Truths이제, the pivotal tenet of the Sanlun, and these categories.

Chapter Three, "Chi-tsang's View of the Scriptures-A Study Based on Textual Quotations", considers how Chi-tsang viewed the Mahāyāna scriptures from the viewpoint of "doctrinal classification and evaluation"判教, the peculiar feature of Chinese Buddhism. It is not necessarily true that Chi-tsang had a value and ranking view of the Mahāyāna scriptures, and consequently, as in the case of past studies, we discuss the error of regarding the theories of "the Two Canons"二藏 and "the Three Turnings of the Dharma-wheel"三輪 as Chi-tsang's theory of doctrinal classification. Next, among the *sūtras and śātras* quoted in the works of Chi-tsang, we inductively demonstrate that the works most frequently cited are the Nirvāṇa-sūtra and the *Ta-chih-tu-lun*大智度論, and we discuss, particularly from the standpoint of the Nirvāṇa-sūtra as a canonical authority, their great influence in determining the theoretical thought of Chi-tsang.

Chapter Four, "Two or Three Problems Concerning Sanlun Doctrine", selects three subjects, "The Two Truths"二諦義, "The Two Knowledges"二智義, and "The Buddha-nature"佛性義, and discusses the distinctive character of Sanlun doctrine. With regard to the Two Truths, we pose, in particular, the problem of their identity, and in terms of the Two Konwledges, we argue the thesis that it contains the occasion for the dimension of practice in the Sanlun tradition. We discuss the Buddha-nature in terms of the development of the theory of "Five Kinds of Buddha-nature"五種佛性, the central concept among the Buddha-nature theories of Chi-tsang, and within this central concept, we denote new views concerning the basis for, and the meaning of, the particularly important concept of "the Buddha-nature of the Middle Path＝the True Nature"中道佛性＝正性.

Chapter Five, "The Historical and Conceptual Significance of Sanlun Theories", is the final chapter and corresponds to our conclusion. Chi-tsang's thought strongly emphasizes the positive and dffirmative aspects of emptiness which are not found in the Indian concept of insight into emptiness. They aim at the identify of emptiness and existence, and this, for one, is due to the influence of the concepts of the Nirvāṇa-sūtra and because the integration of the two concepts was consciously executed by Chi-tsang. In this regard, we demonstrate that the theoretical basis of the Ch'an practioners of the early period also maintained the integration of *prajñā and nirvāṇa*. Therefore, it can be pointed out that the pattern of thought of both the Ch'an practioners and Chi-tsang's tradition stands on a common foundation. Accordingly, as demonstrated in the final chapter of the First Section, the consolidation of these two traditions from the standpoint of historical and human interchange can also be substantiated from the standpoint of the form and distinctive features of their thought which we have seen vis-a-vis the concepts of Chi-tsang. We conclude, for this reason, that, in the Buddhism of the following generation, we can see a form of Buddhism which genuinely inherited the Sanlun concepts which spoke of "true insight into non-acquisition"無得正觀.

1004

1012

1032

◆ 저자 소개

히라이슌에이平井俊榮(1930~현재) ─────────────────

이와테(岩手)현 출생. 1958년 코마자와(駒澤) 대학 불교학부를 졸업하고 1974년 「길장을 중심으로 한 삼론학파의 연구(吉蔵を中心とする三論学派の研究)」로 도쿄(東京) 대학에서 문학박사 학위를 취득했다. 코마자와대 교수로 재직하다가 2001년 명예교수로 위촉되었다. 저서로는 본서(1976) 외에 『법화문구의 성립에 관한 연구(法華文句の成立に関する研究)』(1985), 『법화현론의 주석적 연구(法華玄論の註釈的研究)』(1987), 『속·법화현론의 주석적 연구(続·法華玄論の註釈的研究)』(1996) 등이 있고 이외 다수의 정예로운 논문들이 있다.

◆ 역자 소개

강찬국 ───────────────────────────────

1969년 부산 출생. 연세대학교 경제학과를 졸업하고 동 대학원 철학과에서 「삼론학의 방편적 이제설 연구」로 철학박사 학위를 취득했다. 연세대, 울산대 등에서 연구원으로 활동, 번역서로 『반야바라밀다심경략소연주기회편』(동국대출판부, 2016)이 있다.

중국 반야사상사 연구
:길장과 삼론학파

초 판 인 쇄 2020년 12월 22일
초 판 발 행 2020년 12월 29일

저　　　자 히라이슌에이
역　　　자 강찬국
펴 낸 이 김성배
펴 낸 곳 도서출판 씨아이알

편 집 장 박영지
책 임 편 집 김동희
디 자 인 안예슬, 김민영
제 작 책 임 김문갑

등 록 번 호 제2-3285호
등 록 일 2001년 3월 19일
주　　　소 (04626) 서울특별시 중구 필동로8길 43(예장동 1-151)
전 화 번 호 02-2275-8603(대표)
팩 스 번 호 02-2265-9394
홈 페 이 지 www.circom.co.kr

I S B N 979-11-5610-915-0 (93220)
정　　　가 43,000원